Principles of
SUPPLY CHAIN MANAGEMENT
A Balanced Approach

Joel D. Wisner
Keah-Choon Tan
G. Keong Leong

공급사슬관리 5th Edition

김수욱 • 김창희 • 부제만 • 양종곤 • 최강화 옮김

CENGAGE 한 경 사

Andover • Melbourne • Mexico City • Stamford, CT • Toronto • Hong Kong • New Delhi • Seoul • Singapore • Tokyo

CENGAGE

***Principles of Supply Chain Management*,**
5th Edition

Joel D. Wisner
Keah-Choon Tan
G. Keong Leong

ISBN-13: 978-89-6844-214-8

Cengage Learning Korea Ltd.
14F YTN Newsquare 76 Sangamsan-ro
Mapo-gu Seoul 03926 Korea
Tel: (82) 2 330 7000
Fax: (82) 2 330 7001

Cengage Learning is a leading provider of customized learning solutions with office locations around the globe, including Singapore, the United Kingdom, Australia, Mexico, Brazil, and Japan.
Locate your local office at: **www.cengage.com**

Cengage Learning products are represented in Canada by Nelson Education, Ltd.

To learn more about Cengage Learning Solutions, visit **www.cengageasia.com**

Printed in Korea
Print Number: 01 Print Year: 2020

| 차 례 |

|3부| 공급사슬관리의 운영 이슈

|4부| 공급사슬관리의 유통 이슈

공급사슬관리의 중요성은 이제 국내 기업뿐 아니라 전 세계 기업이 인정할 만큼 당연한 이야기가 되었습니다. 국가의 중요 발전 계획은 물론이고 학계 및 산업계에서도 공급사슬관리와 관련된 활발한 논의가 이루어지고 있으며, 국내외 유명 대학의 경영학 커리큘럼에서 공급사슬관리는 중요한 축을 담당하고 있습니다. 이러한 시대의 부름에 발맞추어 다양한 형태의 공급사슬관리 서적과 교과서가 출판되고 있으며, 본 교과서도 5판에 대한 개정 번역서를 출간하게 되었습니다. 시중에 유통되고 있는 모든 공급사슬관리 교과서가 나름의 장점과 특징을 가지고 있으나, 본 교과서는 좀 더 균형 잡힌 관점에서 바라보고, 최신의 사례를 추가하여 급격하게 변화하는 세계의 트렌드에 한 걸음 더 가까이 다가갔다고 자부합니다.

이번 개정판의 특징은 여러 가지가 있는데, 그중 가장 중점을 두어 개선된 점은 각 장의 말미에 다뤄지는 사례 연구와 본문 구석구석 숨어 있는 다양한 회사의 SCM Profile일 것입니다. 추가된 부분들은 대학 강의에서 많은 도움이 될 만한 Action Learning 등의 주제로 활용될 수 있을 것이라 기대합니다.

기존의 공급사슬관리 교재들이 주로 구매나 생산운영 또는 유통물류의 한 분야에 치중하여 편중된 시각으로 기술된 것에 비교하여 이 책은 전술한 대로 균형 잡힌 시각에서 공급사슬 관련 주제를 구매, 생산운영, 유통과 배송, 그리고 공급사슬의 전반적인 통합이라는 네 부분의 구성으로 만들어 논리적으로 자연적인 흐름을 이루어 놓아 전체적인 내용을 이해하기 쉽다는 것이 장점이라고 하겠습니다.

특히 이번 개정판에서 최신 이슈에 대한 논의를 덧붙임으로써 학생 스스로 생각하고 토론할 수 있는 주제가 각 장마다 포함되었습니다. 문제에 대한 자세한 배경 설명을 통해 실제 해당 기업의 공급사슬관리자로서, 혹은 공급사슬파트너로서의 당면한 문제에 대해 해당 장에서 습득한 지식을 토대로 진행하는 논의는 강의실에 긍정적인 활력을 줄 것이고, 본 교과서를 통해 공부하는 실무자는 인사이트를 얻을 수 있을 것이리라 믿습니다.

이에 책을 번역하면서 최대한 원서의 내용과 느낌을 그대로 전달하고자 노력하였으며, 라이센스 등의 문제가 있는 SCM Globe와 같은 책에 포함된 시뮬레이션 등에 대한 기술은 부득이하게 삭제하였습니다. 이러한 이유로 원서에서는 볼 수 있는 SCM Globe 등의 학습 보조 자료에 대한 내용이 번역서에는 포함되지 못한 점, 양해 바랍니다.

이 책이 경영학을 공부하는 학생들, 공급사슬관리에 관심이 있는 일반인이나 실무자들께 조금이라도 도움이 되길 바랍니다. 마지막으로, 이 책이 출간되기까지 도움을 주신 모든 분께 감사의 말씀을 전합니다.

2020년 1월 역자 일동

공급사슬관리 5판에 오신 것을 환영한다

오늘날 전 세계의 모든 산업에서 공급사슬관리가 널리 사용되어 모든 기업에 혜택을 제공하고 있다. 우리(저자 일동)는 이 책이 구매, 운영, 물류, 프로세스 통합 등 네 가지 기본적 관점에서 논의를 제시하는 새롭고 논리적인 접근방식을 사용한다는 점에서 다른 책과 구별된다고 생각한다. 또한, 이 책이 주제에 대한 균형적인 관점을 제시하기 때문에, 다른 공급사슬관리 서적과의 차별성이 있다고 믿는다. 현재 대부분의 공급사슬관리 서적은 구매, 운영, 물류 등 세 가지 영역 중 하나에 주로 집중하는 경향을 보이고 있다. 이 책은, 독자로 하여금 공급사슬관리가 회사의 거래파트너의 다양한 영역 및 프로세스에 어떤 영향을 미치는지 고찰하게 하고, 공급사슬관리자가 일반적으로 사용하는 전략이나 프로세스에 대해 설명함으로써 성공적인 공급사슬관리를 수행한 회사들이 어떻게 그 경쟁적인 위치를 달성할 수 있었는지를 보여주는 데 초점을 맞추어 집필하였다. 저학년, 고학년의 경영학을 전공하는 학생들과 MBA 학생뿐 아니라 실무 책임자에게도 이 책이 도움이 될 수 있을 것이라 생각한다.

공급사슬관리 5판에서는 몇 가지 변경 사항이 있다. 그중 가장 큰 변화는 각 장의 끝에 있는 세 가지 사례이다(1장에는 한 가지의 사례만 존재한다). 각 사례에 대한 교육 방법은 Instructor's Manual에서 찾을 수 있다. 또한 본문 전반에 걸쳐 기술적인 발전에 대해 초점을 맞추어 저술하였으며, 각 장에는 Introduction과 다수의 SCM Profile로 구성된 많은 회사의 프로필이 포함되어 있다. 본문 전체에 걸친 각 장은 독자의 참여와 정보를 제공하기 위해 새롭고 흥미로운 줄거리로 업데이트되었다. 또한 새로운 단원에 대한 토론, 에세이, 프로젝트 질문, 연습 문제 등이 추가되었다.

1장 부록에서는 교수자가 실제로 학생들과 게임을 할 수 있도록 하기 위한 비어 게임에 대한 논의가 이루어진다. 1부는 공급사슬관리의 주제에 대한 개요와 소개로 이루어져 있는데, 이 장에서는 공급사슬관리의 기본적인 이해를 위해 개념을 소개하고 학생들이 이 주제의 중요성을 깨닫게 하기 위해 저술되었다. 2부에서는 공급사슬관리의 공급 문제를 제시한다. 2부는 매우 중요한 내용으로, 구매관리, 공급자관계 관리, 윤리적이고 지속 가능한 소싱 등에 대한 세 개의 장으로 구성되어 있다. 3부에서는 공급사슬관리의 운영 문제에 대한 4개의 장을 포함하며, 예측, 자원계획 및 재고관리에서 식스시그마로 발전하는 과정으로 구성되어 있다. 4부는 공급사슬관리의 유통 문제에 대해 논의하고 있으며, 미국 및 국제 물류에 대한 논의로부터 시작한다. 마지막 5부에서는 공급사슬을 관리하는 것과 공급사슬 통합 및 성과측정에 대한 주제를 다루고 있다.

우리는 독자의 참여를 유도하기 위해 흥미로운 공급사슬관리 주제를 정리하였으며, 독자 여러분이 이를 잘 활용하기를 바란다. 이 책의 개선을 위한 논의나 제안은 언제든지 환영하며, 모든 의견과 제안은 Wisner에게 메일을 보내길 바란다.

Joel D. Wisner (joel.wisner@unlv.edu)

Keah-Choon Tan (kctan@unlv.edu)

G. Keong Leong (gkleong@csudh.edu)

1부 공급사슬관리 개요

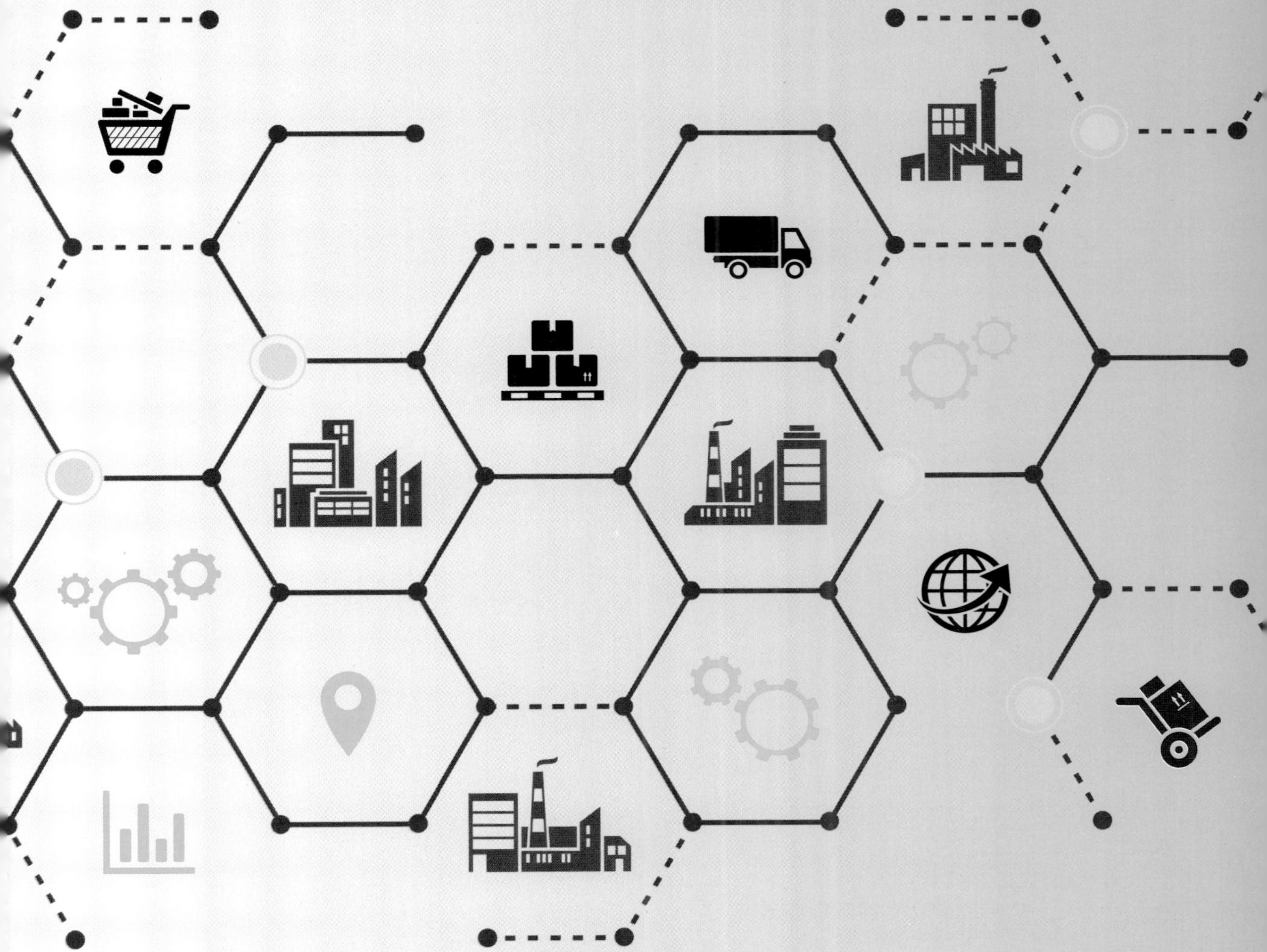

part 1. SUPPLY CHAIN MANAGEMENT: AN OVERVIEW

1장

공급사슬관리 입문

INTRODUCTION TO SUPPLY CHAIN MANAGEMENT

점점 더 많은 기업이 리더십과 전문적 기술을 더 높은 수준으로 끌어올리기 위해 공급사슬의 능력 기반을 기술적 능력 이상으로 확장해야 한다 이것은 모든 단계의 직원이 빠르게 움직이는 산업에서 지속적인 기술 혁신을 지원할 수 있도록 힘을 주고 영감을 줄 수 있는 잠재력을 가지고 있고, 더 참여적이고 효과적인 공급사슬을 만드는 것을 도울 수 있는 새로운 형태의 리더십을 창출한다.

Kelly Marchese,
principal, Deloitte Consulting[1]

세계 수준의 공급사슬관리는 근본적으로 제품과 정보의 중단 없고 원활한 흐름에 관한 것이다. 이들 요소의 통합은 애자일 공급사슬의 기반이지만, 이러한 통합을 달성하는 것은 기업들에게 과제가 될 수 있다.

John Menna, VP of Global Strategy,
Healthcare, Logistics, UPS[2]

학습목표

- 공급사슬을 설명하고 공급사슬관리를 정의할 수 있다.
- 공급사슬관리의 목표와 요소를 설명할 수 있다.
- 공급사슬관리의 기본 활동을 설명할 수 있다.
- 공급사슬관리의 간단한 역사와 최근 경향을 설명할 수 있다.
- 채찍효과가 공급사슬 구성요소에 어떻게 영향을 미치는지 이해할 수 있다.

SCM PROFILE

공급사슬 5대 기업

코네티컷에 위치한 리서치 기업 Gartner는 2016년에 12번째 '올해의 공급사슬 기업 순위'를 발표하였다. 순위의 목적은 기업 간부들에게 공급사슬관리의 중요도을 인식시키기 위함이다. 이 순위는 공급사슬 리더십, 운영 및 혁신의 우수성, 기업의 사회적 책임 그리고 공급사슬관리 개선욕구에 초점을 맞춘다. 상위 5개의 기업과 그 공급사슬을 아래에 요약한다.

1. 애플(Apple): 애플의 공급사슬 전략은 delivery of winning customer solutions이다. 이 전략은 물리적 공급사슬의 혼합 소유권을 사용하면서 이루어졌다. 오늘날, 애플은 최신 물품 생산라인에 대한 제조 도구와 장비에 수십억 달러를 투자하고 있다. 애플은 핵심 부품 기술 인수를 통해 보다 수직적으로 통합됐다. 최근에는 아이패드와 아이폰 부품까지 들여왔다.
2. P&G(Proctor & Gamble): P&G는 소비자 사회 데이터를 포함한 다양한 입력 정보를 통합한 수요관리의 선구자이다. P&G는 또한 유통업체들과 잘 협력한다. 신흥시장을 공략하기 위해서, P&G는 퍼스널 케어 및 화장품 본사를 싱가폴로 옮겼다. 현재 P&G는 싱가폴에 진보된 혁신 센터를 가지게 되었으며, 이는 생산속도를 높이고, 소비자 테스팅을 위한 작은 규모의 제품을 제조하고 포장에 혁신을 창조하는 활동을 할 수 있게 하였다.
3. 유니레버(Unilever): 유니레버는 2020년까지 자사의 환경적 가치 수준의 절반을 사용하여 수익을 두 배로 늘린다는 목표를 가지고 지속 가능한 성장을 야심 차게 추구해왔다. 유니레버의 공급사슬 프로그램은 수익성 있는 성장을 위해 각 채널이 필요로 하는 올바른 수준의 서비스와 마케팅 지원을 결정할 수 있도록 설계되었다. 또한 유니레버의 cost-to-serve 프로그램도 유통 네트워크를 향상시킬 수 있도록 한다.
4. 맥도날드(McDonald's): 맥도날드의 최근 전략 중 두 가지는 공급사슬에 따른 추가 조정과 시장 출시 속도 향상이다. "McDonald's System"은 소유자, 공급자 그리고 본사의 운영원칙을 명확하게 전달한다. 맥도날드는 주요 공급자들과의 장기적 전략 파트너십을 강조하는 문화를 만들었다. 맥도날드는 또한 대형 글로벌 네트워크에 사용 가능한 고성능 공급사슬을 만들어냈다.
5. 아마존(Amazon): 아마존은 혁신적인 제품과 서비스를 만들기 위해 지속적으로 노력하고 있다. 최신 기술을 사용하며, 아마존은 공급사슬을 정확하고 효율적으로 관리한다. 오늘날, 아마존은 소형 항공 드론을 사용하여 아마존 유통센터에서 신발 박스 크기의 택배 배송 시스템을 일부 시장에서 실험하고 있다.[3]

개요

세계시장과 경쟁업체의 수는 노동, 자재, 부동산 그리고 연료의 가격과 함께 증가하고 있다. 오늘날 기업 환경에서 성공적으로 경영하기 위해서는 공급자와 고객에 대하여 많은 것을 알아야 한다. 글로벌 경쟁이 심화됨에 따라 소비자가 구매하고 싶은 제품을 만들고 서비스를 제공한다는 것은, 원자재가 어디로부터 공급되고 있으며 공급자의 제품과 서비스가 어떻게 설계되고 조립되는지, 완제품이 어떻게 운송·보관되고 소비자 또는 최종소비자가 요구하는 바가 무엇인지에 기업이 좀 더 많은 관심을 기울여야 함을 의미한다.

지난 30여 년 동안 대기업이나 재벌들은 수직통합기업(vertically integrated firm)의 모든 사업단위를 효율적으로 관리하는 것이 대단히 어렵다는 것을 깨달았다. 그래서 오늘날 이런 회사들은 조직을 감축하여 좀 더 핵심역량에 집중하는 동시에, 각자의 분야에서 우위를 갖고 있는 공급자, 운송 및 창고회사, 배송업자, 그리고 고객과의 연합이나 전략적 파트너십(strategic partnerships)을 추구하고 있다. 제품과 서비스를 생산하고 분배하기 위한 이러한 협력적 접근방식은 성공적으로 사업을 영위하기 위한 효율적인 방법이 되고 있으며 공급사슬관리의 중심이 되고 있다.

오늘날 기업들이 그 어느 때보다 더 효과적으로 협력해야 하는 데는 몇 가지 이유가 있다. 인터넷과 전사적자원관리(ERP) 시스템(6장에 상세히 다룸) 활용에 의한 컴퓨터 네트워크를 통한 의사소통과 정보 교환 덕분에 글로벌 팀워크가 가능하게 되었을 뿐만 아니라, 대부분의 시장에서 경쟁하기 위해서도 반드시 필요하게 되었다. 정보통신기술은 계속 빠르게 발전하고 있으며 이는 글로벌 파트너십과 글로벌 팀워크를 이전보다 훨씬 용이하게 만들고 있다. 모든 산업 분야와 시장으로 경쟁이 급속도로 확산되면서 새로운 원자재·제품·인력·자원이 모이고 결합되어 개인이 일정 지역에서 운영하는 영세 자영업은 고객을 유지하기가 훨씬 더 어려워졌다. 최근의 글로벌 경제위기로 인해 고객은 높은 수준의 품질과 서비스를 추구하면서 가격에 더 민감해지고 이는 기업으로 하여금 더 나은 경쟁방안을 찾도록 요구하게 되었다. 정부가 변하고, 전 세계 고객이 텔레비전, 라디오 그리고 여행자와의 교류를 통하여 신제품에 대한 이해가 높아짐에 따라, 새로운 시장이 개방되고 있다. 고객은 기업이 더 사회적이고 책임감 있고 환경친화적으로 활동할 것을 요구한다. 이러한 모든 변화를 고려하면, 지금은 기업이 새로운 고객을 발굴하고 신제품을 개발하며 좀 더 성공적으로 경쟁하기 위하여 좋은 기회를 포착할 수 있는 시기이다. 기업이 더 나은 경쟁기반을 구축함에 따라 구매, 생산, 물류, 공급사슬관리 분야에서 새로운 일자리와 기회가 열리고 있다.

이 책을 통하여 공급사슬관리의 개념을 알 수 있게 되고, 오늘날 글로벌 경제에서 좀 더 우수한 관리자가 되기 위하여 어떻게 그 개념을 활용하는지를 배우게 될 것이다. 교재의 주제를 알기 쉽게 설명하기 위해 본문 전반에 걸쳐 예제를 활용하였으며, 공급사슬관리에서의 문제해결 능력, 의사결정 및 서술 능력을 검증할 수 있도록 교재의 각 단원에서 사례를 제공할 것이다. 이 교재를 마친 후, 여러분이 공급사슬관리의 가치를 알고, 배운 바를 미래 전문분야에서 응용할 수 있게 되기를 바란다.

이 장에서는 공급사슬관리를 정의하고 그것의 중요성과 역사, 그리고 지금까지의 발전과정에 대하여 논의한다. 이 장의 뒷부분에서 공급사슬관리의 최근 추세를 다룰 것이다.

공급사슬관리 정의

공급사슬관리를 이해하기 위해서 〈그림 1-1〉과 같은 공급사슬에 대한 개념부터 살펴보자. **공급사슬**(supply chain)은 철광석, 원유, 목재, 식량 등과 같은 원자재를 추출하는 기업에서부터 시작한다. 그리고 이 같은 원자재들을 목재회사, 제강공장이나 원료 유통업자 같은 원자재 공급업체들에게 판매한다. 그 다음으로 원자재 가공업체가 부품 제조업체의 주문과 사양에 따라 원자재를 가공하여 철판, 알루미늄, 구리, 목재 등을 생산하고, 이어서 부품 제조업체는 완제품 제조업체의 주문과 사양에 따라 중간부품(예: 전선, 직물, 배관류, 너트와 볼트, 성형 플라스틱 제품, 가공식품 등)을 생산하게 된다. 그리고 보잉(Boeing), GM(General Motors), 코카콜라 등과 같은 완제품 제조업체는 완제품을 생산하여 도매상이나 물류업체에게 판매하고 이들은 다시 소매업체에게 판매한다. 마지막으로 소매업체가 이 완제품을 최종고객에게 판매하게 된다.

최종고객은 제품의 가격, 품질, 가용성, 애프터서비스, 그리고 평판에 근거하여 제품을 구매하며, 구매한 제품이 자신의 요구와 기대를 충족시키기를 바란다. 공급사슬과 함께, 고객이 원하는 바를 모두 제공할 수 있는 회사는 궁극적으로 성공할 것이다. 최종고객은 제품을 반품하거나 보증수리의 필요성을 느낄 수도 있고, 또는 제품을 버리거나 재활용할 수도 있다. 이런 역물류(reverse logistics) 활동 역시 공급사슬에 포함되며 9장에서 다루게 된다.

〈그림 1-1〉에서 가운데 위치한 기업을 중심기업(focal firm)이라 하고 중심기업에 직접 부품

〈그림 1-1〉 일반적인 공급사슬

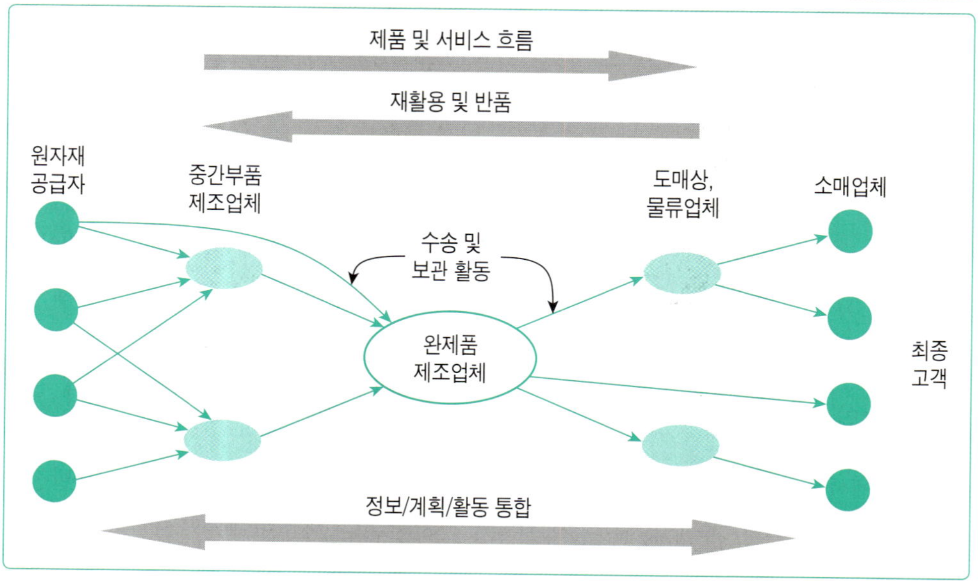

을 공급하는 업체를 1차 공급업체(first-tier supplier), 중심기업의 직접적인 고객을 1차 고객(first-tier customer)이라고 한다. 또한, 1차 공급업체의 공급업체는 중심기업의 2차 공급업체(second-tier supplier)가 되고, 1차 고객의 고객은 중심기업의 2차 고객(second-tier customer)이 된다. 하지만 모든 공급사슬이 〈그림 1-1〉과 같은 것은 아니다. 자동차 공급사슬의 경우에는 많은 차수(tiers)의 공급업체와 고객이 존재하고 법률사무소와 같은 경우에는 적은 차수의 공급업체와 고객을 갖는다.

결국 생산, 납품, 자재, 부품 및 최종제품의 재활용, 그리고 서비스 기능을 포함하여 궁극적으로 제품과 서비스를 생산하여 소비자에게 제공하는 일련의 과정을 공급사슬이라 한다. 여러 제품을 가진 기업들은 여러 종류의 공급사슬이 있다. 모든 제품은 어떤 유형의 공급사슬을 통하여 소비자에게 전달되는데, 어떤 제품의 공급사슬은 다른 제품의 공급사슬보다 크거나 더 복잡한 형태를 띨 수도 있다. 어떤 경우에는 외국의 공급업체를 포함할 수도 있다.

이와 같은 공급사슬의 개념을 고려하면 공급사슬 전체를 통하여 진정한 이익의 원천은 최종소비자임을 쉽게 알 수 있다. 글로벌 경영 컨설팅 회사인 Business Excellence Inc.의 창업자이자 사장인 Manuvora에 따르면, 고성능의 공급사슬은 상품을 적시에 배송하는 것에 대해 중요할 뿐만 아니라, 경쟁에서 한발 앞서기 위해 글로벌 기업들은 고객의 다양한 기대를 관리하려고 공급사슬을 이용한다.[4] 공급사슬상의 개별기업이 공급사슬상의 다른 기업의 이익을 무시한 의사결정을 하게 되면 이러한 부분 최적화는 비용과 대기시간을 증가시켜 결국은 완제품 가격을 상승시키고, 공급사슬의 서비스 수준을 저하시켜 제품에 대한 최종소비자의 수요를 감소시킨다.

공급사슬과 간접적으로 연관되어 있는 회사가 많이 있는데, 그들은 완제품을 소비자에게 배송하는 과정에서 대단히 중요한 역할을 한다. 이들은 트럭운송업자, 항공운송업자 및 선박회사, 정보 시스템 공급자, 창고회사와 컨설턴트 등 다수의 서비스 공급업체이다. 이러한 서비스 공급업체는 공급사슬상에 있는 여러 회사에게 대단히 중요하다. 왜냐하면 이러한 서비스업체들이 제품을 필요한 시기에 필요한 곳으로 전달하고, 구매자와 판매자를 효과적으로 연결해주며, 저렴한 가격으로 제품을 고객에게 제공해줄 수 있도록 하기 때문이다.

지금까지 공급사슬에 대한 설명을 하였는데, 그러면 과연 **공급사슬관리**(supply chain management: SCM)란 무엇일까? 공급사슬관리에 관한 정의를 여러 문헌에서 찾을 수 있으며 일부는 공급사슬관리의 실무와 관련된 세 조직으로부터 제공받은 것이다.

- 공급사슬관리전문가협의회(Council of Supply Chain Management Professionals): 발주, 조달, 생산에 관련된 모든 활동의 계획과 관리 및 모든 물류관리 활동. 공급업체, 유통업체, 제3자 물

류업체, 그리고 고객 등 모든 유통채널 파트너와의 조정과 협력도 포함한다.[5]

- 공급관리협회(Institute for Supply Management): 최종소비자의 니즈를 충족시키기 위하여 조직의 경계를 초월하여 끊어짐 없는 부가가치 프로세스를 설계하고 관리하는 것.[6]
- 생산관리연합(The Association for Operations Management: APICS): 순가치 창출, 경쟁력 구축, 전 세계 물류 활용, 수요에 따른 공급 동기화 그리고 세계적으로 성과측정을 목표로 두고 공급사슬을 설계, 계획, 실행, 제어 및 모니터링하는 활동.[7]

공급사슬 내의 모든 조직이 지속적으로 경쟁력 우위를 확보하기 위해서 운영 효율, 품질, 고객서비스를 향상시키도록 공급사슬 관련 기업 간의 제품 관련 활동을 통합하거나 조정하는 것은 공급사슬관리에 관한 어느 정의에서나 동일하다. 따라서 공급사슬관리가 성공적이려면 공급사슬 내의 기업들은 수요예측, 생산계획, 생산능력 변경, 새로운 마케팅 전략, 신제품과 서비스 개발, 신기술 개발, 구매계획, 납기일자, 그리고 구매, 생산 및 배송 계획에 영향을 미치는 사항 등에 관한 정보를 공유하며 협력해야 한다. 최근 MHI와 딜로이트사의 공급사슬 혁신 설문조사에 따르면, 공급사슬 간부를 위한 두 가지 전략적 우선순위는, 공급사슬 분석(내부 및 외부 정보를 이용해 공급사슬에 관한 비용과 위험을 줄이는 데 도움이 되는 혁신적 통찰력을 제공하는 도구)과 다채널 이행(고객이 언제 어디서든지 원하는 것을 살 수 있도록 하고 상품이 빠르고 일관적으로 제공하는 것)이다.[8]

이론상 공급사슬 내의 모든 기업은 단일 경쟁단위로 활동한다. 공급사슬 내에 있는 기업들은 자유롭게 공급사슬의 관계를 맺었다가도 더 이상 유익하지 않다고 생각되면 그 관계에서 벗어난다. 수직통합기업 집단보다 공급사슬이 더 효과적으로 운영되도록 도와주는 것이 자유시장 조직이다. 예를 들어, 공급부족으로 특정의 자재나 제품의 가격이 상승하게 되면 기업은 이러한 부족 자재나 제품을 안정적으로 확보하기 위하여 이들의 공급업체와 제휴 관계를 맺는 것이 유리하다고 생각한다. 이러한 제휴 관계는 공급자에게는 새롭고 미래지향적인 제품의 판매기회인 신시장을 제공하고, 구매자에겐 장기적인 공급원 확보와 안정적인 가격을 제공하는 등 구매자, 공급자 모두에게 유리할 수 있다. 나중에 새로운 공급 경쟁자가 제품 생산에 참여하거나 수요가 감소하면 구매자는 더 이상 기존의 공급자를 소중하게 여기지 않을 수도 있다. 그 대신 기업은 구매요구를 충족시키기 위하여 다른 공급자와 협상하여 원래의 공급자와 구매·공급계약을 해지할 수도 있다. 또한 예상치 못한 사건과 사고가 공급사슬관리에 문제를 만들 수도 있다.

인디애나에 위치한 Zimmer Bioment의 예를 보자. 인공관절과 치아용 기구를 만드는 이 회사는 최근 주가하락을 공급사슬 혼란 문제로 원인을 잡았다. Zimmer Biomet의 CFO인 Daniel Florin은 "우리의 최근 공급사슬은 완전히 통합되지 않은 상태였고, 이는 우리가 제품조합 이동에 효과적으로 반응하지 못하게 방해하였다."라고 설명하였다.[9] 2015년 중국에서는 시안화 나트륨과 폭발성 질산 암모늄을 포함한 3,000톤 가량의 유해화학물질이 든 화학창고에서 두 차례의 폭발이 일어났다. 이 폭발로 1.2마일 이내에 건물, 기반시설의 파괴와 인명피해가 발생하는 동시에 10,000대 이상의 새 자동차가 전소되었다. 재규어 랜드로버, 폭스바겐, 피아트 크라이슬러, 현대, 르노 등 심각한 차량 손실로 보고되었고, 이는 공급사슬 효과성에 방해를 주었다.[10] 이 예에서 설명한 바와 같이 공급사슬은 대단히 역동적이고 유동적이어서 공급사슬을 효과적으로 관리하는 데 문제가 생길 수도 있다.

공급사슬관리는 공급사슬 내의 조직에 대하여 수직적 통합의 이점을 제공하지만 성공적인 공급사슬관리를 위해서는 특정한 조건이 갖추어져야 한다. 아마도 가장 중요한 조건은 공급사슬 내의 모든 기업의 조직문화적 변화일 것이다. 자사의 단기성과를 강조하는 전통적인 조직문화는 여러 가지 측면에서 공급사슬관리의 목표와 상충하게 된다. 그래서 공급사슬관리의 성공 여부는 공급사슬 내 기업 간의 높은 신뢰도, 협력과 협동, 그리고 정직하고 정확한 의사소통 등에 달려 있다.

통합된 공급사슬의 범위 또한 역동적이다. 공급사슬의 범위는 '공급자의 공급자로부터 고객의 고객'으로 확대되어 왔는데, 오늘날 대부분 회사의 공급사슬관리의 조정 노력 측면에서는 그 범위를 넘지 않는다. 사실, 매우 중요하고 직접적인 혹은 제1차 공급자와 제1차 고객의 범위를 넘는 조정은 대단히 어렵다는 것을 많은 기업이 알고 있다. (어떤 조사에서 많은 기업의 최고경영자들이 자기 회사의 공급사슬 노력은 자사의 내부 공급자와 고객에 대한 것일 뿐이라고 밝힌 바 있다.)[11] 그러나 시간이 흐름에 따라 많은 기업이 자사의 공급사슬 범위를 **제2차 공급자**(second-tier suppliers)와 **제2차 고객**(second-tier customers)(공급자의 공급자 및 고객의 고객) 또한 로지스틱 서비스 공급자(운송과 창고)로 확대하고 있다. 공급사슬관리에서 최고의 기업으로 간주될 수 있는 기업들은 모두 익숙한 이름이다. 매년, 경영 자문 회사인 Gartner INC는 25개의 최고 공급사슬 경영 성과와 리더십의 회사를 발표한다. 이 장의 시작 부분의 SCM PROFILE이 상위 5개를 요약하여 보여주고 있다.

공급사슬관리의 중요성

모든 기업이 제품과 서비스를 고객에게 전달하는 공급사슬의 일부분이기는 하나, 반드시 모든 공급사슬이 완벽하게 통합되거나 조정되는 방식으로 운영되는 것은 아니다. 기업은 여러 산업에서 독립적으로 운영되는데 관리자가 오로지 다음 고객과 내부의 일상적 운영 및 매출과 이익에 집중하는 것은 쉬운 일이다. 결국에는 고객이 불평하고, 종업원을 교육시켜야 하며, 공급자의 납품이 지연되고, 부채상환기일은 돌아오고, 설비는 수리를 요하는 상황에서, 누가 공급사슬 내 기업과의 관계를 구축하고 공급사슬관리에 필요한 노력을 하겠는가? 특히나 2009년부터 시작된 장기화된 경제침체에 기업들은 단지 살아남기 위해서만 노력했으며 이에 공급사슬관리의 노력이 약화되었을 수가 있다.

그렇지만 많은 회사가 공급사슬관리 노력으로 가치 증진과 장기적인 이익이 창출된다는 것을 알게 되었다. 재고를 많이 보유하고 있거나, 공급자가 많거나, 제품 조립이 복잡하거나, 구매액이 많은 고객을 보유하고 있는 기업이 공급사슬관리의 도입으로 이익을 가장 많이 얻을 수 있다. 이들 기업에 대해서는 공급사슬관리가 어느 정도만 이루어져도 구매 및 재고비용의 절감, 양질의 제품, 높은 수준의 고객서비스와 매출 증대를 가져올 수 있다.

미국 조사국이 조사한 제조업체에 대한 연간 조사보고서에 의하면, 2014년도 미국 제조업체의 총 자재 구입비용은 3.4조 달러를 넘었으며 이는 전년 대비 250억 달러, 전전년 대비 800억 달러 증가한 것이다. 2014년 재고비용은 2012년 6,010억 달러에서 증가하여 6,230억 달러를 넘어섰다.[12] 따라서 공급사슬관리 전략을 활용하면 구매, 재고비용 및 운송비용을 상당히 절감할 수 있을 것이다. 사실상, 2013년에 MHI와 딜로이트가 시행한 450명의 공급사슬 간부 대상 설문에 따르면, 70% 이상의 응답자가 통제 비용이 간부들이 가장 집중해야 할 가장 우선순위 분야라고 대답하였다. 이에 더해, 대부분의 응답자는 앞으로 3년 동안 공급사슬에 대한 투자를 늘릴 것이라 예상하였다.[13]

기업은 공급사슬관리 노력이 작은 것, 예를 들면 한 개의 주요 공급자로부터 출발할 수 있다는 것을 깨달아야 한다. 그런 후 다른 주요한 공급자나 고객 및 운송업체 등과 좀 더 나은 공급사슬을 구축한다. 분명히 이해관계자 매수 및 사내 또는 클라우드 IT 솔루션 사용과 같은 다른 막후 활동도 포함될 것이다. 그리고 궁극적으로 2차 공급자와 고객(이들은 고객의 고객이고, 공급자의 공급자이다)과 공급사슬을 구축한다. 그러면 왜 이러한 통합 활동이 중요한가? 이미 언급한 바와 같이 기업과 그 고객 및 공급자 모두가 상호 간의 미래 계획을 알고 있다면 그들의 계획 과정은 더 쉬워지고 더 정확해질 것이다. 반면에 공급사슬관리 효율성의 부족은 조직에 문제를 야기할 수도 있다. 〈예제 1-1〉은 개별적인 계획으로 인한 비용과 공급사슬 정보 공유와 조정의 결여로 인한 비용을 보여준다.

〈예제 1-1〉 그렙슨사의 공급사슬

피어슨(Pearson Bearing)사는 그렙슨(Grebson)사를 위해 정기적으로 롤러 베어링을 제조한다. 그들은 다음 분기에 그렙슨사의 롤러 베어링의 수요가 25,000개에 이를 것으로 예측하고 있다. 피어슨사와 여러 베어링 제조회사 간의 경쟁과, 그렙슨사 고객으로부터의 수요 변동으로 인하여 피어슨사에 대한 그렙슨사의 롤러 베어링 수요가 과거에는 다소 불규칙적이었으므로, 피어슨사는 베어링의 안전재고 수량을 5,000개로 예상하고 있다. 피어슨사의 제조공정에 사용되는 철강재료는 보통 CJ스틸스(CJ steels)사로부터 구매한다. CJ스틸스사는 피어슨사의 롤러 베어링에 소요되는 고탄소 철강재의 분기수요 예측치를 가지고 있다. 그 예측치에는 CJ스틸스사가 향후 3개월간 피어슨사에 판매할 예측치에 대한 20% 정도의 안전재고를 포함하고 있다.

이러한 간단한 예는 대부분의 공급사슬에서 발생하는 몇 가지 문제점을 보여준다. 피어슨사는 그렙슨사의 롤러 베어링 수요가 다음 분기에 얼마나 될지 모르기 때문에(수요가 전혀 없을 수도 있고 또는 25,000개를 초과할 수도 있다) 5,000개의 안전재고 제조비용을 추가로 부담해야 한다. 게다가 피어슨사는 그렙슨사에 판매하지 못할지 모르는 재고를 보유하는 리스크를 감수하게 되며, 그렙슨사의 수요가 25,000개를 초과할 경우 판매기회를 상실하게 되는 리스크도 부담하게 된다. CJ스틸스사도 피어슨사와 동일한 어려움에 봉착하게 된다. 즉, 안전재고 생산을 위해 자재비와 노무비를 추가로 부담해야 하며, 현재와 미래의 판매기회 상실에 따른 재고부족 비용을 부담해야 한다. 이에 더해, 그렙슨사는 이미 롤러 베어링을 주요 고객들을 위한 다른 제품에도 사용하기 때문에, 그렙슨사의 수요패턴은 이미 안전재고를 포함하고 있다.

롤러 베어링 주문에 포함되어 있는 그렙슨사의 안전재고는 피어슨사의 공장에서는 더 많은 양의 안전재고로 필요하게 되었다. 그렙슨사의 일부 불규칙한 구매패턴은 아마 남은 안전재고 때문일 것이다. 이는 후속 생산주기 동안에 구매 수량을 줄이는 것을 야기한다. 이것은 수요 변동성을 증가시키고 피어슨사가 안전재고 수준을 더 높이는 결정을 내리게 한다. 이 같은 시나리오는 피어슨사와 CJ스틸스사 간에 똑같이 발생하게 된다. 공급사슬이 길어질 경우, 주문이 더 많은 공급자에게 이루어짐에 따라 주문량이 안전재고를 포함하는 수요에 근거하게 되는 안전재고의 증폭현상은 계속될 것이다.

이러한 공급사슬의 재고와 생산 문제를 **채찍효과**(bullwhip effect)라고 한다. 만약 그렙슨사가 고객의 다음 분기 구매계획을 알 수 있다면 롤러 베어링 생산계획에 있어서 안전재고는 있다고 해도 얼마되지 않을 것이다. 그리고 그렙슨사는 롤러 베어링을 피어슨사로부터만 구매하며 피어슨사에게 자사의 분기별 구매계획을 알려주고, 또한 마찬가지로 피어슨사가 같은 내용을 CJ스틸스사에게 알려주면 공급사슬 전체의 안전재고는 크게 감소되어서 구매, 생산과 배송 각 단계에서의 롤러 베어링 원가가 많이 절감될 것이다. 업계 추산으로는 채찍효과가 공급사슬에 있는 각 회사의 주문에 대한 12~15%의 초과원가를 유발한다고 하며, 이는 엄청난 경쟁력 저하를 가져오는 것이다. 이러한 내용은 5장에서 설명할 CPFR이라는 공급사슬관리 개념의 기초를 제공해준다.

공급사슬을 통해 공급사슬 내 기업 간의 관계가 성숙되어감에 따라 좀 더 편안한 마음으로 고객을 위하여 양질의 설비와 좋은 제품, 양질의 서비스에 투자할 수 있게 된다. 고객은 공급자와 더 많은 정보를 공유할 수 있게 되고, 공급자는 주요 고객의 신제품 설계에 참여할 수 있을 것이다. 이는 잘 통합된 공급사슬로 얻게 되는 더 중요한 혜택이 된다. 다음 장에서 기타 관련된 혜택에 대해 명확히 설명할 것이다.

미국 내 공급사슬관리의 기원

1950년대와 1960년대에 미국의 제조업체는 공급자와의 파트너십 유지, 프로세스 설계와 유연성 및 제품 품질 향상에 상대적으로 관심을 덜 가진 반면, 원가를 절감하고 생산성을 향상시키기 위하여 대량생산방식을 채택하였다(그림 1-2 참조). 신제품 설계와 개발은 지지부진했고, 전적으로 내부 자원과 기술력, 그리고 생산능력에 의존하였다. 전략적 구매자-공급자 파트너십을 통하여 기술과 전문지식을 공유한다는 얘기는 그때까지 들어볼 수 없었다. 기계를 가동시키고 자재흐름을 원활하게 유지하기 위해 재고를 보유하였으며 그 결과 공정재고(work-in-process: WIP)에 많은 투자가 이루어지게 되었다.

1960년대와 1970년대에는 자재소요계획(MRP) 시스템과 제조자원계획(MRP II) 시스템이 개발되었고, 재고량이 제조비용과 보관비용에 미치는 영향을 제조업체가 인식함에 따라 자재관리의 중요성이 강조되었다. 컴퓨터 기술의 발전에 따라 재고추적 소프트웨어도 더 정교해졌으며, 이로써 구매부품과 보급품에 필요한 내부 의사소통이 원활하게 되었고 재고비용 절감이 가능하게 되었다.

1980년대에는 공급사슬관리가 탄생하였다. 1982년에 발간된 한 논문에서 공급사슬관리라는 용어가 처음 등장했다.[14] 1980년대부터 시작된 극심한 글로벌 경쟁으로 인하여 미국 제조업체는 질 높은 고객서비스와 함께 저원가·고품질의 제품 생산에 주력하게 되었다. 제조업체는 품질개선, 제조 효율성, 납기개선을 위하여 적시(JIT)생산 시스템과 전사적품질경영(TQM) 시스템 전략을 활용했다. 재고가 거의 없이 운영되는 적시생산 시스템 환경에서 공급자-구매자-고객의 협력적이고 전략적인 관계의 중요성과 혜택을 기업이 이해하게 되었다. 이

〈그림 1-2〉 미국의 역사적인 공급사슬관리 사건

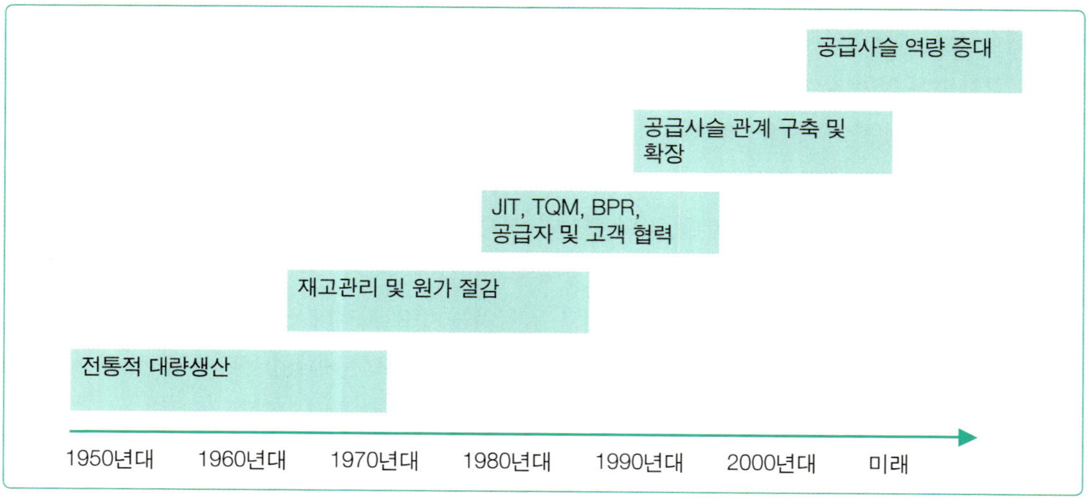

러한 파트너십과 협력의 개념은 제조업체가 적시생산 시스템과 전사적품질경영을 경험함으로써 나타나게 되었다.

1990년대에 물류비와 재고비 증가, 시장의 글로벌화 경향으로 미국 내에서의 경쟁이 더욱 치열해짐에 따라, 품질개선, 제조 효율성, 고객서비스, 신제품 설계 및 개발과 관련한 도전도 증가되었다. 이러한 도전에 대처하기 위해서 제조업체는 검증되고 우수한 서비스품질을 보유한 소수 선별된 공급업체로부터 부품을 구매하기 시작하였고, 또한 원가절감, 품질개선, 서비스개선 분야는 물론이고 신제품 설계 및 개발 분야까지 이러한 우수 공급업체들을 참여시켰다. 다시 말하면, 제조업체가 대부분의 구매 물량을 소수의 정예 공급자에게 몰아주면, 그 대가로 이들 공급업체에게 도움을 받아서 납기, 품질, 제품 설계의 개선을 통하여 더 많은 매출을 창출할 수 있으며, 또한 자신의 공정, 원자재, 부품에 관심을 기울여 원가절감을 할 수 있음을 깨달았다. 이러한 구매자-공급자 협력관계는 대단히 성공적이었음이 입증되었다.

1950년대 이전에도 공급사슬관리에 관한 논의가 있었다. 1915년에 하버드대학의 Arch W. Shaw는 「Some Problems in Market Distribution」이라는 저서에서 공급사슬관리에 관한 주제를 처음으로 언급하였다. 이 저서에서는 원자재를 어떻게 최선으로 구입할 것인가와 제품 수송, 시설입지, 그리고 생산성과 낭비에 관한 분석을 어떻게 할 것인지를 설명하였다. 그는 공급사슬관리 이슈에 대하여 시스템적 연구를 주장하였다.[15]

비즈니스 프로세스 리엔지니어링(business process reengineering: BPR)은 낭비를 줄이고 성과를 제고하기 위하여 비즈니스 프로세스를 재설계하는 기법으로 1990년대 초에 도입되었으며, 기업의 장기적인 경쟁력을 제고하기 위하여 원가절감과 핵심역량을 강조한 결과였다. Michael Hammer와 James Champy의 유명한 책인 「Reengineering the Corporation: A Manifesto for Business Revolution」은 "리엔지니어링은 성공에 필수적이며 반드시 실행되어야 하는 것"이라는 Peter Drucker와 같은 저명한 비즈니스 전문가들의 많은 진술과 결합되어, 그 당시 사업을 성공시키기 위한 일종의 마술 알약이나 쉬운 방법을 찾고 있던 관리자들 사이에서 열광을 불러일으켰다.[16] 이러한 '유행'이 1990년대 중반에서 말경에 사라지게 됨에 따라('비즈니스 프로세스 리엔지니어링'이라는 용어는 '다운사이징'이라는 용어로 대체되었다), 공급사슬관리가 기업 경쟁력 우위의 원천으로 급속히 떠올랐다.

또한 이 시기에 관리자와 컨설턴트 그리고 학자들은 물류관리와 공급사슬관리의 차이를 이해하기 위해 노력하였다. 그때까지 공급사슬관리는 단순히 기업 외부의 물류관리로서 간주되었다. 기업이 공급사슬관리를 주도적으로 시행하게 됨에 따라, 그들은 공급사슬 관련 기업들 간의 모든 주요 비즈니스 프로세스를 통합하고 공급사슬을 하나의 개체로서 운영하도록 할 필요성을 이해하게 되었다. 오늘날 물류관리는 광의의 공급사슬관리 개념의 주요 요소로 간주된다.

동시에 기업은 고객과 협력관계나 파트너십 관계를 맺음으로써 많은 혜택을 얻을 수 있음을 알게 되었다. 고객과 장기적이고도 밀접한 관계를 유지함(고객관계관리(custmer relationship management))으로써 기업은 앞서 채찍효과에서 언급한 바와 같이 완제품을 안전재고로 더 적게 보유해도 되고, 고객을 위해 더 좋은 제품과 서비스를 제공하는 데 자원을 활용할 수 있게 되었다. 동시에, 고객에 대한 제품의 시장점유율이 상승했을 때에는 결과 또한 기업에게 이점이 된다.

이와 같이 공급사슬관리는 두 가지 경로, 즉 (1) 산업구매자 관점에서의 구매와 공급 관리, (2) 도·소매업자 관점에서의 운송과 물류 관리를 따라 발전해왔다. 1990년대 후반부터 최근까지 공급자와 고객(그리고 공급자의 공급자와 고객의 고객)과의 제휴가 계속 유행하는 것은 전형적인 공급사슬 내에서 기업에게 운송, 보관, 문서기록, 관세업무 등을 제공하는 선적업, 창고업, 물류업 서비스기업들에 대한 의존도가 크다는 것을 의미한다. 이에 따라 지속적인 제품공급능력을 확보하기 위하여 **제3자 물류 제공업자**(third-party logistics provider: 3PL)인 이들과의 관계 구축도 점점 중요해지고 있다. 공급사슬관리의 성장과 함께 이들 관계에 대한 정기적인 성과평가의 필요성도 제기되고 있다. 오늘날 공급사슬관리에 관련된 많은 기업이 직면하고 있는 과제 중 하나는 복잡하고 글로벌화된 공급사슬에서 전반적인 성과를 적절하게 평가하는 것이다. 이 같은 공급사슬 평가에 연관된 재정, 지속 가능성, 속도 그리고 위험을 포함한 다양한 관점에 대해서는 14장에서 다룰 것이다.

도·소매산업에서의 공급사슬관리는 제조보다 입지와 물류관리에 초점을 맞춘다. 도·소매산업에서의 공급사슬관리는 신속 대응(quick response), 서비스 대응 물류(service response logistics), 또는 통합 물류(integrated logistics)로 언급되기도 한다. 지난 20여 년간 전자자료교환(EDI) 시스템, 바코드 시스템, 인터넷 시스템, 무선검색기술의 발전은 통합 공급사슬 개념의 발전에 크게 도움을 주었다. 소매산업 조직은 시장의 불확실성 증가와 복잡성에 대응하고 공급사슬 전반에 걸친 재고를 줄이기 위하여 공급사슬관리를 적극 활용해왔다.

통합 공급사슬관리와 전자상거래를 포함한 클라이언트/서버 공급사슬관리 소프트웨어의 급속한 발전은 공급사슬관리의 도입과 발전과정에서 큰 도움이 되고 있다. 이 소프트웨어들은 주로 **ERP**(enterprise resource planning) 시스템에 연관이 되며, 세계적인 ERP 서비스 제공업체는 SAP와 Oracle이 있다. 2015년 세계 ERP 제품 판매액은 800억 달러를 넘었으며, 지난 10년간 판매 증가율은 매년 평균적으로 10%를 보이고 있다.[17] 인터넷을 통한 공급사슬 파트너와의 정보 공유가 가능해짐에 따라 저장, 물류, 자재구입, 선적 등을 통합하여 기업 경영과 고객 대응을 더욱 효과적으로 처리할 수 있게 되었다.

오늘날 공급사슬의 환경적 및 사회적 영향에 대한 강조가 이루어지고 있다. 고객은 기업과 그들의 공급사슬에 윤리적이고 사회적으로 책임 있는 방식으로 경영활동을 할 것을 요구한다. 여기에는 공급업체들이 종업원을 어떻게 고용하고 훈련하는가와 그들의 활동이 어떻게 환경에 영향을 미치며 어떤 유형의 지속가능방침을 활용하는가 등이 포함된다. 공급사슬에서의 **지속가능성**(sustainability)이라는 단어는 광범위한 용어로, 환경보호 및 사회적 책임을 포함하는 동시에 재무성과까지 이른다(그러므로 지속가능성의 연결은 **3중 하한선**(triple bottom line)이라 불리는 사람(people), 지구(planet), 이익(profit)으로 말할 수 있다). 지속가능성은 경제적, 환경적, 사회적 도전 측면에서 미래세대의 니즈를 충족시키는 능력을 저해하지 않는 동시에 현재의 공급사슬 구성원의 니즈를 충족시키는 능력으로 정의될 수 있다. 쉽게 말해서, 지속가능성은 경제적 논리에 맞게 올바른 일을 하는 것이다. 이는 4장에서 자세하게 논의할 것이다. 이와 같이 공급사슬관리자는 새로운 시장과 새로운 공급원 그리고 새로운 고객의 니즈를 수용할 수 있는 탄력적인 공급사슬을 유지해야 한다.

공급사슬관리의 주요 요소

여기에서는 공급사슬관리의 몇 가지 주요 요소를 소개하고자 한다. 이들 요소는 이 교재의 목차를 구성하고 있으며 〈표 1-1〉과 같이 구분된다.

공급요소

구매자-공급자 관계는 전통적으로 다원적 조달, 경쟁입찰, 단기계약 활용 등을 강조한다. 이러한 관계는 대립관계가 되기도 하며, 공급자 선정의 기준으로 공급자의 역량과 구매업체의 장기적 경쟁력 제고에 대한 기여도가 고려되는 대신 제품의 구매가격에 초점이 맞추어지기도 한다. 대부분 구매는 일개 사무원에 의해서 이루어졌다. 하지만 지난 25년간 구매에 관하여 전략적 접근방식으로 점점 변화했고, 이 폭넓은 접근방식은 **공급관리**(supply management)

〈표 1-1〉 ATV사의 총괄계획

공급사슬관리 요소	주요 쟁점	해당 장(chapter)
공급	공급자 감축, 공급자 제휴, 공급자관계관리, 글로벌 발주, 윤리적 발주 및 지속가능 발주	2, 3, 4
생산	수요관리, 협력적 계획·예측·보충전략, 자재소요계획, 전사적자원관리, RFID, 린생산, 식스시그마	5, 6, 7, 8
물류	수송관리, 고객관계관리, 네트워크 설계, RFID, 글로벌 공급사슬, 지속가능경영	9, 10, 11, 12
통합	조정/통합 활동, 글로벌 통합 문제, 성과측정, 환경 공급사슬	13, 14

로 불린다. 이제는 공급관리 전문가들이 구매활동을 행하고 있고, 효율적인 공급관리는 경쟁 이점을 달성하기 위해 일반적으로 작게 공급원을 설정하고, 장기적인 관계를 구축하며, 신뢰와 상호 이익이 되는 관계를 구축하였다. 최근에는 앞에서 설명한 바와 같이 경쟁우위 실현하기 위하여 (**공급자관계관리**(supplier relationship management)로 불리는) 장기적인 공급자 관계로의 변화가 이루어져 왔다.

구매 자재의 품질, 납품시기, 구매가격은 구매자-공급자 관계와 공급자의 역량에 따라 달라지므로, 구매는 공급사슬관리에서 매우 중요한 요소이다. 수입 자재 품질, 납품 시기, 구매 가격, 제품 안전 및 구매가 환경에 미치는 영향은 모두 구매자-공급자 관계와 공급자의 역량에 의해 영향을 받기에, 구매와 공급관리의 전략적 개념은 공급사슬관리의 토대 중 하나이다. 소프트웨어업체인 Sparta Systems의 산업 솔루션 디렉터인 Mohan Ponnudurai는 "오늘날의 이슈들은 도전적이며 세계적이다."라고 말한다. "이 도전은 바로 공급업자들을 관리하는 것이다. 동시에 기업은 미션을 안전, 규정 준수, 비용 및 글로벌 입지를 지키는 동시에 브랜드 리스크 관점에서 알맞은 공급자일 수 있도록 보장을 하여야 한다."[18] 2, 3, 4장에서 이러한 주제를 다루게 된다.

최근의 경기침체로 인하여 공급사슬의 추가적인 문제, 즉 주요 공급업체를 언제 퇴출시킬 것인가의 문제가 추가되었다. 조지아에 위치한 RSM McGladrey사의 제조 및 도매 물류 담당 부사장인 Tom Murphy는 "우리가 배운 교훈 중의 하나는 우리가 고객의 지불능력을 파악하는 데 익숙하지만 공급업체의 재무적 수단을 파악하는 데는 능숙하지 않다는 것이다."라고 했다.[19] 따라서 공급사슬관리자는 관리불능이 되기 전에 공급사슬의 가시성과 보안을 소프트웨어와 빈번한 소통을 통해 구축해야 한다.

구매에서 가장 중요한 문제는 **공급자관리**(supplier management)이다. 간단히 말해 공급자관리는 공급자로 하여금 기업이 원하는 바를 행하도록 하는 것이며, 이를 위한 방법은 여러 가지가 있다. 이러한 방법에는 공급자의 현재 역량을 평가하고 그 역량을 어떻게 개선할 것인가도 포함된다. 따라서 공급자관리에서의 주요 활동은 **공급자 평가**(supplier evaluation) 또는 공급자 역량 파악이다. 이러한 활동은 미래의 구매를 위하여 잠재력이 있는 공급자를 평가할 때와 기존의 공급자를 정기적으로 평가할 때 실시된다. 이러한 활동과 밀접하게 연관된 활동으로 **공급자 인증**(supplier certification)이 있다. 인증 프로그램은 기업 자체에서 설계하여 시행하는 것이거나 또는 ISO 9000 인증과 같이 국제적으로 인정되거나 표준화된 프로그램일 수 있다. 공급자 인증은 공급자가 제품 품질과 서비스 요구사항을 충족시키고 있음을 보증하는 것이며 시험 및 검사의 중복과 공급자 평가에 대한 추가적인 필요성을 줄여준다. 예를 들어, 농기구 제조업체인 Deere&Company는 Achieving Excellence라는 자체 평가 프로그램이 있는데, 이는 공급자들을 매년 몇 가지 평가 항목으로 평가한다. 이는 고득점자에게 보상을 주며 계속적인 성장을 도모하기 위해 피드백을 제공하기 위함이다. 2015년에는 노르웨이 기업인 WWL(Wallenius Wilhelmsen Logistics)이 파트너 레벨 공급자로써의 표창을 얻었다. 이는 Deere사의 가장 높은 평가로써 높은 수준의 제품과 서비스 그리고 계속적인 개선으로 인해 선정되었다. WWL은 세계적으로 Deere사의 해양 운송과 물류를 맡은 공급자이다.[20]

효과적인 공급자관리 노력이 이루어짐에 따라 기업은 불량 공급자를 배제하고 우량 공급자와 신뢰할 수 있는 관계를 형성할 수 있게 된다. 이러한 우량 공급자는 구매기업과 공급사슬 전체에 상당한 혜택을 제공할 수 있다. 다음 장에서 자세히 설명하겠지만, 공급자로부터의 대량구매는 비용 절감(매출 증가에 기여하는 것보다 이익에 더 효과적임)과 우수한 품질 그리고 양호한 배송 서비스를 가능하게 한다. 이러한 특성은 기업 경쟁력에 긍정적인 영향을 미치므로 전략적으로 중요한 것으로 간주된다. "제조업 생태계에서 성공하기 위해서는 알맞은 비용, 시간, 품질, 성과 그리고 사양을 준수하여야 하기 때문에 우리는 공급자들과 의지하며 일한다." 제트엔진 제조사인 Pratt & Whitney의 전략 소싱 부사장인 Dave Emmerling의 말이다. "우리의 공급사슬팀은 엔진 생산을 높이기 위한 제조 기술과 도구를 보장하기 위해 공급자들과 가까이서 일을 한다."[21]

공급자 역시 장기적으로 높은 매출액을 보장받게 되므로 상당한 혜택을 누리게 된다. 이러한 거래파트너 관계를 **전략적 파트너십**(strategic partnership)이라고 하며 공급사슬관리의 기본으로서 이 책 전반에서 강조하는 사항이다. 업계 출판물인 「Industrial Distribution」에 나온 2015년 운영 설문조사에 따르면, 기업들은 전략적 공급자 파트너십을 통해 시장점유율 상승을 지속하려고 한다. 설문조사에서 제품 품질이 전략적 공급업자들을 평가하는 데 가장 중요하다고 보여줬고, 다음으로는 적시배송, 서비스 및 지원 그리고 가격이 뒤따랐다.[23] 3장에서는 공급자관계관리와 관련된 주제를 다루게 된다.

최근에는 공급사슬관리에 **윤리적 및 지속가능 발주**(ethical and sustainable sourcing)가 강조되고 있다. 기업은 공급업체가 이익과 비용에 영향을 미칠 뿐만 아니라 기업의 평판에도 영향을 미친다는 것을 알고 있다. 그러므로 공급사슬관리자는 사회적 책임성과 환경친화적인 발주 전략을 어떻게 개발할 것인지를 배워야 한다. 다음 SCM PROFILE에 나온 철도 산업이 예시를 잘 보여준다. 이러한 주제는 4장에서 다루게 된다.

생산요소

자재, 부품, 그리고 다른 구매부품이 회사에 배송되면, 적량의 제품을 생산하고, 완제품의 품질과, 가격, 소비자에 대한 서비스 등이 요구수준을 충족하도록 제품을 조립하거나 가공하기 위하여 내부의 생산요소가 작동하게 된다. 이러한 내용은 5~8장에서 설명될 것이다.

SCM PROFILE

철도업계 공급자의 모임

독일, 네덜란드, 프랑스 등에 있는 6개 철도 회사는 철도산업 공급사슬 전반에 걸쳐 지속 가능한 소싱 관행을 지원한다는 목표로 2015년 Railsponsible Initiative를 설립했다. 지속 가능한 구매는 조직, 경제, 환경에 도움이 되기 때문에 산업계의 우선순위가 되었다. 또한 공급사슬 관행은 산업 규정을 준수해야 한다. 이를 위해 사회적 및 환경적 우려를 고려한 공식적인 산업표준을 제정할 필요가 있게 되었다.

Railsponsible은 철도회사들을 하나로 묶어 철도산업 전반에 걸쳐 책임 있는 공급사슬 관행을 공식화하고 시행한다. Railsponsible은 업계에서 가장 생태학적이고 사회적으로 책임지는 조달 관행에 대한 교환과 논의를 위한 포럼을 시작했다. Railsponsible는 책임 있는 공급사슬을 촉진하고자 하는 모든 철도 회사에게 열려 있다. "이 협력적인 작업은 철도 부문 전체의 공급사슬에 이익을 주고, 보다 지속 가능한 제품과 솔루션의 개발을 촉진하는 동시에, 생산성 향상, 비용 절감에 기여할 것이다." Railsponsible의 Oliver Baril 회장의 말이다.

Railsponsible 회원들은 그들의 모범사례와 과정을 공유하고 기업의 책임과 지속가능성의 범위를 넓히기 위해 일하는 일년 내내 정기적으로 모인다. Railsponsible 출범 이후 460여 개 공급업체가 기업의 사회적 책임에 대해 평가를 받았다.[22]

일반적으로 계절적 수요의 변동이 연중에 발생한다. 기업은 과거의 수요 형태에 근거하여 이러한 변동이 언제 발생할지 예측할 수 있으며, 예측기법을 활용하여 주간 또는 월간 생산계획 수립에 참고하게 된다. 수요가 예측한 대로 발생하지 않으면 기업은 과잉재고를 보유하게 되거나 재고부족이 발생한다. 이러한 경우 기업은 비용을 부담해야 하고, 재고부족이 발생하면 미래의 사업기회를 잃어버릴 수도 있다. 최근 설문조사에 따르면, 63%의 미국인은 자신이 좋아하는 전자 브랜드의 재고가 부족할 때 대안 브랜드를 찾아볼 경향이 높다고 답했으며, 14%만이 재고가 부족해도 좋아하는 브랜드에 충성을 하겠다고 답을 했다.[24] 이러한 비용을 최소화하기 위해서, 수요를 생산능력에 맞출 목적으로 생산일정계획을 개선하거나, 수요감축, 주문연기시스템 활용, 혹은 생산능력 증대 등을 활용하는 **수요관리**(demand management) 전략을 추진하게 된다.

재고 관리나 통제는 생산 분야에서 가장 중요하고 가치 있는 일이다. 기업은 재고관리를 위해 **자재소요계획**(material requirements planning: MRP) 시스템을 활용할 수 있다. 이 시스템은 **전사적자원관리**(enterprise resource planning: ERP) 시스템에 의하여 기업과 공급사슬 파트너에 연결될 수 있으며, 매출자료, 재고기록, 생산정보 등을 실시간으로 공급사슬 파트너에게 제공한다. 이 시스템의 구성은 제품의 수와 복잡성 및 공급사슬의 구조에 따라 변하게 된다. 월마트와 같은 소매상에서는 제품이 팔릴 때마다 그 제품의 바코드를 검색하면, 자재소요계획 시스템이 재주문점에 도달할 때까지 재고에서 판매수량을 차감해나간다. 재고 수준이 재주문점에 도달하면 컴퓨터 시스템은 자동적으로 물류센터의 자재소요계획 시스템과 교신하여 상품주문을 한다. 물류센터에서는 이 주문과 다른 주문의 제품을 함께 배달한다. 결국 물류센터의 재고는 보충이 필요하고, 그 시점에 물류센터의 자재소요계획 시스템은 월마트에 납품하는 제조업체에 자동적으로 제품주문을 한다. 주문과 관련한 원활한 의사소통과 **재고 가시성**(inventory visibility)은 공급사슬 전반에 확장될 수 있고, 이렇게 함으로써 재고부족이나 과잉재고가 되지 않도록 한다. 2015년에는, 절반의 미국 소매 브랜드가 실시간 관리로 매장 내 재고 가시성을 확보하였고(2014년엔 36%) 이는 부분적으로 MRP와 이에 대한 패키지의 내용을 설명하는 **RFID**(radio frequency identification) 태그를 사용하는 RFID 시스템을 사용하는 데 도움을 받았다.[25]

또 다른 재고관리의 일반적인 형태로 **린생산 시스템**(lean production system) 혹은 적시생산 시스템을 들 수 있다(린생산 시스템은 도요타 생산 시스템(Toyota Production System)이라고도 한다). 이 시스템은 자재소요계획과 같은 밀기식(push-type) 생산 시스템과 반대로 끌기식(pull-type) 생산 시스템이라고도 불리는데, 고객의 주문이 있을 때까지 최종조립을 미룰 수 있는 신속하고도 유연한 시스템이다. 이러한 적시생산 시스템은 신속한 배송, 재고 수준 감축, 고품질의 제품을 가능하게 한다.

린생산 개념을 사용한 기업들은 대개 공급업체 간 및 내부 생산시설과의 지속적인 품질 준수를 보장하기 위해 **식스시그마 품질관리**(Six Sigma quality management) 전략을 시행하고 있다. 식스시그마는 1980년대에 모토로라(Motorola)에서 만들어진 개념이며, 모토로라는 1988년에 Baldrige Quality Award 수상을 하게 되면서 식스시그마의 가치를 증명했다. 많은 조직이 식스시그마를 사용하면서 많은 비용을 절감했다고 보고하였고, 이는 포드 17억 달러, 모토로라 170억 달러, 3M 12억 달러, GE 80달러 등의 예시가 있다.[26] 린과 식스시그마는 8장에서 자세히 다룰 것이다.

물류요소

제품이 완성되면 다양한 운송수단을 통해 고객에게 배송된다. 적시에 적량의 제품을 고객에게 배송하려면 기업과 고객, 그리고 여러 배송요소와 서비스(운송수단, 창고, 하역 또는 재포장 서비스 등) 간에 고도의 계획과 협력을 필요로 한다. 반면에 서비스 같은 경우, 생산과 동시에 고객에게 제공되기 때문에, 서비스는 고객 요구사항을 충족하기 위해 서버 용량을 성공적인 서비스 제공에 극도로 의존한다. 물류는 공급사슬관리의 세 번째 기반이며, 9~12장의 주제가 제시되어 있다.

물류관리에 관한 의사결정은 비용과 배송시기 또는 대고객서비스 사이의 절충문제이다. 보통 트럭을 이용한 운송은 철도운송보다 비싸지만, 근거리인 경우 더 효율적이고 신속하다.

항공운송은 비싸지만 다른 어느 수송수단보다도 신속하다. 해상운송은 시간이 많이 소요되지만 비용이 가장 저렴하다. 파이프라인을 이용한 운송은 유류나 물, 천연가스 등의 수송에 활용된다. 이러한 다양한 운송수단을 조합하여 서비스하는 운송회사도 많이 있다. 이들은 또한 통관과 창고 서비스도 함께 제공하기도 한다. 적시생산 시스템 방식을 사용하는 공급사슬 환경에서는 공급사슬의 전반적인 성공에 운송회사가 매우 중요한 요소가 된다. 많은 경우에 이러한 운송회사는 공급사슬 파트너로서 인식되고, 공급사슬을 강화하기 위한 핵심요소로 간주된다.

JIT 제공이 일반적인 전형적인 통합 공급사슬 환경에서, 제3자 물류 서비스 또는 3PL은 공급사슬의 전반적인 성공에 중요하다. 많은 경우, 이러한 서비스는 공급사슬 파트너로 간주되며 공급사슬에서 핵심 가치 증진제로 간주된다. 지진, 토네이도, 홍수 및 기타 위험 가능성이 있는 환경에 이르기까지 기업들은 3PL과 협력하여 가시성, 유연성 및 공급 성능을 향상시키고 공급사슬 내의 위험을 줄이고 있다. APL 로지스틱스 3PL 공급업체의 Jim McAdam 사장은 “전 세계적으로 제조업체와 소매업체들이 이러한 이벤트를 계기로 공급사슬을 재설계하고 재설계하는 데 관심을 보이고 있다.”고 말했다.[27]

배송의 목적은 고객서비스이다. 바람직한 수준의 고객서비스를 제공하기 위해 기업은 고객 요구사항을 확인해야 하고, 요구사항을 충족시키기 위하여 운송수단을 적절히 배합하고 보관, 포장, 정보 서비스를 아울러 제공해야 한다. 고객과의 빈번한 접촉을 통하여 납기준수, 고객의 불만, 고객과의 의사소통, 고객이 요구하는 배송서비스 등을 어떻게 결정하고 해결할 수 있는지와 관련한 고객관계관리(customer relationship management: CRM) 전략을 발전시켜 나아가야 한다. 공급사슬관리 관점에서 볼 때, 2차 단계, 3차 단계 그리고 최종제품 소비자는 궁극적으로 공급사슬 내 각 단계에서의 배송 결과에 의존하기 때문에 이러한 고객을 위한 활동은 더욱 중요하다. 최근 조사에 따르면 데이터 분석의 활용이 물류 결정에 인기를 얻고 있는 것으로 나타났다. 3PL 중 71%는 가장 큰 가치 데이터 분석이 제공하는 것이 공정 품질과 성능 향상에 있다고 답했으며, 70%는 물류 최적화가 가장 중요하다고 답했으며 53%는 공급사슬 전체의 통합 개선을 주요 이점으로 꼽았다. Penske Logistics의 엔지니어링 및 기술 부문 수석 부사장인 Tom McKenna는 “데이터 기반 의사결정은 공급사슬에서 확실히 증가하는 추세”라고 말했다.[28]

배송 네트워크(distribution network)를 설계하고 구축하는 것은 제품배송을 성공적으로 하기 위한 한 가지 방법이다. 배송 시스템 설계비용과 고객서비스 간에는 절충이 있을 수 있다. 예를 들면, 제품을 신속하게 고객에게 배송하기 위하여 여러 지역에 창고를 운영할 수 있다. 공장에서부터 창고까지의 운송비용, 재고유지비용, 창고를 건설하고 운영하는 비용은 꽤 많이 들지만, 이러한 비용을 지출함으로써 고객서비스는 더 좋아지게 된다. 반면에, 운송비용을 절감하고, 재고유지비용, 창고건설과 운영비용을 절감하면서 소수의 창고를 운영할 수도 있는데 이 경우에는 고객서비스가 문제가 될 수 있는 것이다. 오늘날, 거대시장 지역에 서비스를 제공하기 위해 거대하고 효율적인 창고의 사용이 증가하고 있다. 예를 들어 브라우닝 투자/듀크 부동산 제휴는 인디애나주 플레인필드의 올포인트 중서부 산업단지에 90만 평방피트 규모의 창고를 건설했으며 미주리주 노스포인트 개발은 인디애나주 레바논 비즈니스 파크 근처에 74만 평방피트 규모의 창고를 건설하고 있다. 이 건물 급증의 상당 부분은 온라인 쇼핑이 점점 더 보편화됨에 따라 전자상거래 시설을 혼란스러운 속도로 개방하는 소매상들에 의해 주도되고 있다.[29]

글로벌 기업의 경우 공급사슬은 더욱 복잡하여 11장에서 설명할 글로벌 입지 결정이 중요한 요소가 된다. 신생 글로벌 시장의 수요 증가로 인하여 많은 기업이 중국과 같은 생산원가가 낮은 국가에서 해외생산을 하게 된다. 기업들은 해외에서의 운영의 위험과 이점, 그리고 이것이 그들의 **글로벌 공급사슬**(global supply chains)에 미칠 수 있는 영향을 모두 이해해야 한다. 이러한 경우 대규모 시장에의 접근, 구매 및 생산에서의 규모의 경제 실현, 저렴한 인건비 등의 장점도 있지만, 생산, 보관, 구입, 판매 등에 영향을 미치는 환율의 문제나 경영노출(operating exposure), 정부의 간섭, 정치적 불안정 등의 위험요소를 고려해야 한다.

이러한 문제에 대해서는 글로벌 공급사슬에 융통성을 구축해둠으로써 성공적으로 대응할 수 있다. 즉, 여러 곳의 해외입지에 다수의 공급업체와 제조설비, 저장시설 등을 둠으로써 해결할 수 있다. 제품 수요와 경제 상황이 변함에 따라 공급사슬은 이익을 극대화하기 위해 기회나 비용 변화를 이용하기 위해 반응할 수 있다. 노스캐롤라이나에 위치한 리스크 인터내셔널(Risk International Services)사의 부사장인 마크 테일러는 "다수의 지역이나 국가에 생산설비를 두는 것은 단일 지역이나 국가에 단일 생산설비를 두는 경우보다 리스크가 적다."라고 말했다. 또한 그는 "90%를 주요 공급자로부터 받아도, 2, 3차의 자격 있는 공급자를 유지함으로써 변화에 대한 리드타임을 대폭 단축한 것이다."라고 말했다.[30]

서비스 상품의 물리적 전달 문제는 훨씬 간단하다. 서비스가 적시에 제공되도록 하는 것이 12장의 주제다. 서비스를 적절한 형태로 제공하는 것은 서비스 대응 물류(service response logistics)에 관한 문제이다. 대부분의 서비스는 고객이 요구할 때 이루어진다. 차량 정비소에 차량을 점검받으러 온 고객의 예를 들어보자. 이 고객은 서비스를 받을 동안 두어 명의 직원과 이야기를 할 것이지만 결국엔 수리양식을 작성할 것이고 서비스가 완료될 때까지 기다릴 것이며 수리가 된 차량을 받을 것이다. 고객이 정비소에 온 목적(차량 정비)을 달성하고, 기대했던 서비스 종류(적당한 대기시간, 해박한 직원 그리고 수리된 차량)를 받고 적당한 가격을 지불했으면 고객은 만족한 채 정비소를 떠날 것이고 아니면 불만족했을 가능성 높다.

따라서 성공적인 서비스 제공을 위해서는 서비스 위치(서비스 제공자는 서비스 받기를 원하는 고객 가까이 있어야 한다), 신속한 서비스 제공 능력(고객은 너무 오래 기다리면 떠난다), 서비스 신뢰(고객은 서비스 제공자의 말을 믿을 수 있어야 한다) 등이 확보되어야 한다. 성공적인 서비스의 최종 요건은 고객이 무엇을 원하는지 아는 것이다. 예를 들어, Residence Inn은 가족친화적인 여러 편의시설을 제공한다. 이 회사는 고객의 약 3분의 1이 미니바 제품을 제거해 음식과 음료수를 식히고, 절반 가량은 싱크대에서 물건을 세척하는 것을 알고 있다. Residence Inn의 스위트룸은 이러한 요구를 처리하기 위한 장비를 갖추고 있다.[32] 캐나다 식료품 가게 Vince's Market은 고객이 무엇을 원하는지 알고 있기 때문에 부분적으로 성공할 수 있었다. 이 회사는 SCM PROFILE에 설명되어 있다.

통합요소

지금까지 기업과 고객 및 공급자 간에 발생하는 구매, 생산, 물류 혹은 배송 활동 등과 같은 공급사슬관리의 기본요소에 대하여 살펴보았다. 마지막 요소는 가장 어려운 단계로, 공급사슬의 구성기업 사이의 이러한 활동을 조정하고 통합하는 것이다. 공급사슬 **과정 통합**(process integration)은 마지막 두 장에서 상세히 논의할 것이다.

공급사슬의 이익에 영향을 주는 배송, 재고, 생산, 구매 의사결정을 하면서 공급사슬 구

SCM PROFILE

Vince's Market의 고객파악

캐나다 온타리오에 있는 Vince's Market은 개발자들이 많이 찾는 식료품점이 되었다. 매장 운영자인 Giancarlo Trimarchi는 "우리는 많은 단지에서 주요 판매자로 입점해달라는 연락을 받았다."고 말했다. 2014년에 Vince's Market는 800평방피트를 추가하고 부서의 크기를 조정하기 위해 Newmarket에 약 200만 달러를 지출했다. 냉동식품과 식료품 코너는 줄어들었고, 대신 델리나 대용량 코너가 확장되었다. "우리는 현대의 쇼핑 패턴에 맞춰 공간을 늘렸다. 지금까지 그것은 우리의 기대에 부응하고 있다."라고 Trimarchi는 말했다.

요즘은 분석이 계획 과정에서 큰 역할을 한다. Trimarchi는 "우리가 생산량을 초과하거나 과소생산한 부분을 알 수 있도록 매주 생산량을 비교하는 것"이라고 말했다. 그러나 데이터 또한 유기농(추세 향상)과 냉동식품(추세 하락)과 같은 추세를 정확히 파악할 수 있다.

2012년에 Vince's는 Go Natural 브랜드로 건강식품 라인을 출시했다. 그리고 2014년에는 새로운 라인을 몇 개 추가하면서 자체개발 브랜드인 Vince's Own을 만들었다. 공동 소유주 Carmen Trimarchi에 의해 만들어진 Vince's의 홈스타일 파스타 소스는 현재 많이 팔리는 식료품 중 하나이다. Vince's의 Newmarket점은 항상 정육점을 현장에 두고 있었지만, 고객은 이를 볼 수 없었다. 가게가 확장되는 동안, 벽은 유리로 교체되었고, 그래서 쇼핑객은 생생하게 정육 현장을 볼 수 있었다. Vince's의 고객들은 그 가게에 정육점이 있는지 알고 싶어했다. Vince's는 275개의 치즈 품종을 보유하고 있으며 매년 치즈 축제를 열어 제품을 선보이고 소비자를 교육한다. 그 결과, 치즈는 이제 가장 많이 팔리는 품목이다.[31]

성기업이 함께 협력하게 되면 공급사슬 활동이 조정되고 있다고 말한다. 공급사슬의 어느 한 부분이 잘못 수행되면 공급사슬 전체의 효과성이 저하된다. 공급사슬 통합이 성공하려면 공급사슬관리가 모든 구성기업의 전략계획 과정의 일부분이 되어야 함을 모든 구성기업이 이해해야 한다. 모든 구성기업의 전략계획의 목표와 방침은 최종고객의 니즈에 근거하여 일관되게 설정되어야 한다. 결국 공급사슬 내 각 단계에서 구매 수량, 제품 가용성, 서비스 수준, 리드타임, 생산량, 그리고 기술적 지원을 적정하게 결정함으로써, 공급사슬의 전체 이익을 극대화하기 위해 모든 구성기업은 함께 행동하는 것이다. 이러한 통합과정은 공급사슬이 하나의 조직체로 활동하도록 각 구성기업 내 활동의 내부적 기능 통합을 요구한다. 이러한 공급사슬 통합의 사고는 여러 공급사슬 참여기업의 개별적인 이익극대화 목표와는 상반될 수 있다. 따라서 공급사슬 통합이 현실화되려면 장애물 제거, 적대적인 태도와 관계의 변화, 부문 간 장벽의 극복 등을 위하여 지속적으로 노력해야 한다.

공정 통합의 필요성과 가치는 특히 자동차 산업에 영향을 미쳤다. Rick Snyder 미시간 주지사와 Kathleen Wynne 온타리오 주지사는 2016년 8월 자동차 산업의 경쟁력을 높이기 위한 양해각서(MOU)를 체결하는 등 북아메리카에서 닥칠 잠재적 불황에 대응하기 위해 공세를 폈다. 이 협약은 모범사례, 공급사슬 통합 개선, 기술이전 협정 등을 다루고 있다. 온타리오와 미시간주는 Great Lakes 지역에서 차량 생산의 26% 이상을 차지하고 있다. "자동차 부문 개선을 위한 협력은 두 경제에서 지속적인 성장과 일자리 창출로 이어질 자원의 큰 활용이다. 모범사례를 공유하고 공급사슬을 통합하면 미시간주와 온타리오주의 자동차 업계 선두 자리를 앞당길 수 있을 것이다." 라고 Snyder가 말했다.[33]

통합과 관련된 또 다른 과제는 **공급사슬의 성과측정**(supply chain performance measurement) 시스템이다. 성과측정은 공급사슬 기업의 공급사슬관리 노력을 파악할 수 있도록 전체 공급사슬에 대하여 이루어져야 한다. 조직이 재정적 곤란에 처하기 전에 어떤 전략이 기대한 대로 작동하는지를 파악하는 것은 대단히 중요하다. 공급사슬 기업은 장기적인 공급사슬관리 전략을 함께 개발하고 이 전략을 실천할 단기 전술을 개발하게 된다. 성과측정은 기업이 이러한 전술의 가치를 판단하는 데 도움을 주며, 구매, 생산, 배송, 및 통합의 각 분야에서 성과를 평가할 수 있도록 개발되어야 한다. 성과측정치는 각 공급사슬의 활동과 관련되어야 하며 단순한 판매수치나 재고 수준이 아닌 자세한 정보가 되어야 한다. 공급사슬에서 각 회사의 전략이 전체적인 공급사슬 전략과 조화를 이룰 때 높은 수준의 성과를 실현한다. 따라서 공급사슬 기업은 공급사슬 내에서의 역할과 최종고객의 니즈, 공급사슬 다음 단계의 고객 니즈, 그리고 이러한 니즈가 어떻게 내부 생산 요구사항으로 변환되고 공급업체에 대한 요구사항으로 변환되는지를 이해해야 한다. 이러한 니즈와 제품 및 서비스가 공급사슬을 통해 효과적으로 전달된다면, 성공적인 공급사슬관리가 가능하게 되며 이와 관련된 혜택이 실현될 것이다.

공급사슬관리의 추세

많은 회사가 통합 공급사슬에 수반되는 유익한 점과 문제점을 이제야 깨닫기 시작하는 바와 같이, 공급사슬관리는 매우 최근의 현상이다. 공급사슬관리는 참여자 사이의 문화적 변화, 새로운 소프트웨어와 의사소통 시스템에서의 투자와 훈련, 참여기업 간의 경쟁 전략의 변화나 재조정 등을 포함하는 대단히 복잡한 시도이다. 경쟁상황, 제품, 기술, 그리고 고객의 변화에 따라, 공급사슬이 유연성 있게 대응하기 위하여 공급사슬의 우선순위 역시 변화해야만 한다.

경영진을 대상으로 한 최근의 산업조사를 보면 공급사슬 분석의 사용, 공급사슬 지속 가능성 향상, 공급사슬 가시성 증가 등 오늘날 기업들이 다루고 있는 여러 가지 공급사슬 문제가 드러난다.[34] 이러한 문제와 기타 공급사슬관리 문제는 본서의 여러 곳에서 논의되지만, 이러한 최신 동향은 독자에게 오늘날 경영진과 그들의 회사 공급사슬에서 직면하고 있는 몇 가지 문제에 대한 더 나은 인식을 제공하기 위해 아래에서 논의된다.

공급사슬 분석의 활용

공급사슬 분석(supply chain analysis)은 원시 공급사슬 데이터를 검토한 후 정보를 사용하여 결론에 도달하거나 예측하는 것을 말한다. 이것은 공급사슬관리자들이 더 나은 사업 결정을 내리도록 하기 위해 많은 산업에서 사용된다. 공급사슬 분석 솔루션 시장은 매년 약 15%씩 성장하고 있고, 2018년 전 세계 매출이 48억 달러를 넘어설 것으로 예상되고 있다. 솔루션에는 공급사슬 계획 및 조달, 판매 및 운영 계획, 예측, 제조 분석, 운송 및 물류 분석, 시각화 및 보고 도구가 포함된다. 이러한 성장은 소매, 의료, 제조 및 전자 등 비즈니스 조직에서 생성되는 방대한 양의 데이터(**빅데이터**(big data))와 컴퓨터 기능의 엄청난 성장 그리고 분석 솔루션 이점에 대 한 경영진의 인식수준 향상에 의해 가속화되고 있다.[35]

분석은 공급사슬을 따라 사용될 수 있다. 예를 들어 예상 공급업체 납품에 따라 생산 일정을 잡거나, 배송 트럭을 유통 네트워크를 통해 이동시키거나, 고객이 배송을 수락할 가능성이 가장 높은 시기를 판단하기 위해 사용할 수 있다. 분석 솔루션 제공업체 Blue Yonder는 소매업체를 위한 예측방법을 개발했다. 예를 들어, Stock keeping units(SKUs) 13만 대와 영향변수 200개가 각 점포에서 올바른 제품을 보충하기 위해 매일 15만 건의 확률 분포를 생성한다. 예측 정확도가 높아지면 재고 및 기타 공급사슬 비용이 절감된다. 교통 애플리케이션에서, UPS는 교통 상황에 따라 실시간으로 최적화된 경로를 찾기 하기 위해 도로 통합 최적화 및 내비게이션 시스템을 개발하는 데 10년을 투자했다. 비용 절감이 분석 계획의 주 원인인 경우가 많지만, 고객은 재고부족 상태의 감소와 보다 정확한 배송량(delivery slot)

의 이점을 누릴 수 있고 있다.[36]

공급사슬의 지속가능성 향상

이 장 앞에서도 언급했듯이, 공급사슬 지속가능성은 경제적, 환경적, 사회적 도전의 관점에서 미래 세대의 요구를 충족시키는 능력을 저해하지 않고 현재의 공급사슬 구성원의 요구를 충족시키는 것을 말한다. Ernst & Young이 UN 글로벌 컴팩트와의 협력으로 수행한 100명이 넘는 주요 회사 임원의 인터뷰를 통해 수집된 2016년 보고서에서, 목표는 기업이 지속가능성을 지원하는 방식에서 공급사슬을 어떻게 관리하고 있는지를 더 잘 이해시켜 주었다. 전반적으로, 이 연구는 공급사슬 전체에 걸쳐 환경, 사회 및 지배구조 성과를 개선함으로써, 기업은 프로세스를 개선하고, 비용을 절감하고, 생산성을 높이며, 제품 혁신을 발견하고, 시장 차별화를 달성하고, 사회적 결과를 개선할 수 있다는 것을 보여주었다. 이 연구는 대부분의 회사가 자사 공급사슬 지속가능성 실적을 향상시키기 위해 노력하고 있다는 것을 발견했다.[37]

2016년 포드자동차는 환경 및 자원 보존 목표를 공급사슬 내로 확장하기 위한 노력을 발표하여 이른바 청정 환경을 위한 파트너십을 공개했다. 40개국의 800개 제조공장을 대표하는 25개 공급업체와 협력하여 포드의 파트너십은 물, 에너지 및 이산화탄소 감소와 자재 재사용을 위한 모범사례를 이들 공급업체와 공유할 것이다. 포드의 공급사슬 지속가능성의 수석 매니저인 Mary Wroten은 포드가 자체 생산업체에서 발견된 것들을 공급업체와 공유함으로써 물, 에너지 사용 및 온실가스 배출 감소를 배가시킬 수 있다고 말했다. "기후는 경쟁 공간이 아니며, 이에 대해 우리가 이야기하고 공유하고 있는 것은 강한 지구를 만드는 것 이상이다."라고 Mary가 말했다.[38]

공급사슬의 가시성의 증가

공급사슬 가시성은 공급사슬 내 어느 지점에서든 제품이 정확히 어디에 있는지 알 수 있는 공급자, 제조자, 사업파트너 및 고객의 능력으로 정의할 수 있다. 이러한 재고 가시성은 기술적으로 명백하게 더 용이하며 홍수, 허리케인, 정치적 재난과 같은 파괴적인 사건을 처리할 때 매우 유리하다는 것을 증명할 수 있다. UPS와 페덱스 추적 방법은 가시성의 좋은 예로서, 선적을 추적하고 기술을 사용하여 모니터링하며, 물건이 운송 중이기 때문에 선장에게 경고가 전송된다. 오늘날, 주문, 재고, 납품, 반품, 심지어 직원 출석까지 추적하기 위해 더 정교한 소프트웨어 애플리케이션이 개발되고 제공되고 있다.[39]

자동차 제조업체 르노는 클라우드 플랫폼을 사용하여 전 세계 모든 수출 시장에 예비 부품을 추적하고 있다. 르노는 자사의 클라우드 플랫폼이 국제 시장과 고객에게 더 나은 서비스를 제공하는 동시에 재고와 운송 비용을 절감할 수 있을 것으로 기대하고 있다.[40] 또 다른 예로 콜로라도에 기반의 운송관리 시스템 제공업체 10-4 시스템이, 모든 양조장 출하량에 가시성을 더하기 위해 Anheuser-Busch와 제휴했다. "AB는 고객의 제품 및 배송 가시성 경험을 개선할 수 있는 기회를 인식했다. 10-4의 CEO인 Travis Rhyan은 "우리의 기술은 운반 가시성을 중앙 집중화하고 가시화된 정보를 최종사용자에게 전달되는 방법을 현대화함으로써 그들이 목표를 달성하도록 도울 수 있었다"고 말했다. 이에 Anheuser-Busch의 물류전략실장인 James Sembrot는 "공급사슬 공정 강화에 기술 활용에 전념하고 있다. 10-4의 플랫폼을 사용하여, 우리는 현재 고객 배달을 통해 미국 양조장에서의 모든 화물을 추적하고 있으며, 물류 운영 팀이 운송 문제를 사전에 해결할 수 있도록 하고 있다."라고 말했다.[41]

요약

공급사슬관리는 원자재 추출로부터 마지막 최종고객에 이르기까지의 중간가공, 운송, 저장활동, 그리고 최종고객에의 판매 등을 포함하는 주요 경영프로세스의 통합이다. 오늘날 공급사슬관리는 경쟁력 제고의 관점에서 그 중요성을 더해가고 있다. 많은 회사가 공급사슬 통합의 이점을 이제 깨닫기 시작하였다. 공급사슬관리는 물류 및 구매 활동의 확장이며 1980년대 이래로 그 활용도가 크게 높아졌다. 공급사슬관리에서의 주요 요소는 구매, 생산, 그리고 배송 분야이다. 시장, 기술, 경쟁 등의 변화에 따라 공급사슬관리 역시 변화해야 한다. 이 장은 공급사슬관리에 대한 개요를 설명하며 나머지 장에서 어떤 내용을 다룰지 설명한다.

토의문제

1. 공급사슬관리란 무엇이며 공급사슬관리에는 어떠한 주요 활동이 있는가?
2. 지역 샌드위치 가게나 자전거 가게 같은 작은 사업이 공급사슬관리를 실천함으로써 이익을 얻을 수 있을까? 그들은 어떤 측면에 가장 집중하는 게 좋을까?
3. 자전거 수리점의 공급사슬을 설명하고 그려서 중요한 공급사슬 구성원을 설명하라.
4. 자전거 수리점은 공급사슬을 둘 이상 가질 수 있는가? 이에 대해 설명하라.
5. 공급사슬관리에서 '협력'과 '신뢰'는 어떤 역할을 하는가?
6. 왜 기업들이 수직적 통합을 하지 않고 공급사슬을 관리하려고 하는가?
7. 어떤 조직이 공급사슬관리를 실천하면서 가장 큰 이익을 얻을것인가? 어떤 종류의 개선점이 예상되는가?
8. 공급사슬관리의 이점은 무엇인가?
9. 비영리, 교육 또는 정부 기관은 어떻게 공급사슬관리의 혜택을 받을 수 있는가?
10. '제3차 공급자'와 '제3차 고객'의 뜻은 무엇인가? '중심기업'은 무엇을 의미하는가? 예를 들

어 설명하라.

11. 채찍효과는 무엇이며, 그 원인은 무엇인가? 어떻게 채찍효과를 줄일 수 있는가?
12. 공급사슬에 대한 아이디어와 용어는 언제 처음으로 나왔는가? 공급사슬관리의 기반이 된 두 가지 운영관리 항목은 무엇인가?
13. '공급사슬관리는 단순히 최신경영 트렌드일 뿐, 몇 년 후면 사라질 것 같다'는 생각에 대해 찬반을 밝히고 자신의 의견을 피력하라.
14. 기술이 공급사슬관리에 어떠한 영향을 미쳤는가?
15. 공급사슬관리의 4대 기본 요소는 무엇인가?
16. '다수의 공급자를 이용하는 것이 좋다'는 생각에 대해 찬반을 밝히고 그 이유를 설명하라.
17. 공급자를 선택하는 올바른 방법은 가장 낮은 가격을 제시하는 공급자인가? 언제 이것이 좋은 방법이 아니겠는가?
18. 공급자관리란 무엇인가? 공급자관리의 활동은 무엇인가?
19. 공급사슬관리와 물류의 차이점은 무엇인가?
20. 수요관리란 무엇이며, 왜 수요관리가 공급사슬관리의 중요한 부분인가?
21. MRP 시스템과 ERP 시스템의 차이점은 무엇인가?
22. 정보시스템이 공급사슬관리에 어떤 역할을 하는가? 몇 가지 예를 들어보자.
23. 린생산 및 식스시그마 시스템 용어를 간략하게 설명하라.
24. 3PL이란 무엇이며, 공급사슬관리에서 어떤 역할을 하는가?
25. 물류란 무엇인가? 물류의 목표는 무엇인가?
26. 월마트의 3중 하한선은 무엇이며, 이를 어떻게 표현하겠는가?
27. 유통 시스템 설계 시 반드시 고려해야 할 트레이드오프는 무엇인가?
28. 글로벌 공급사슬과 관련된 장점과 위험은 무엇인가?
29. 프로세스 통합의 의미는 무엇인가? 공급사슬관리가 이것 없이 성공할 수 있을까? 왜 그런가? 혹은 왜 그렇지 않은가?
30. 협력업체의 실적이 좋더라도 기업은 협력업체가 인증을 받도록 요구해야 하는가?
31. 공급자는 어느 시점에 회사와 전략적 제휴를 맺어야 하는가?
32. 공급사슬을 관리하려고 할 때 성능측정 시스템이 중요한 이유는 무엇인가?
33. 글로벌 공급사슬은 국내 공급사슬보다 더 많은 위험을 가지고 있는가? 그 이유는 무엇인가?
34. 빅데이터와 데이터 분석은 어떤것인가? 공급사슬에 어떻게 쓰일 수 있는가?
35. 공급사슬 멤버들이 지속가능성을 향상시키기 위해 어떤 일을 할 수 있는가?
36. 공급사슬 가시성에 대해 묘사하고, 왜 공급사슬관리자가 좋아하는지 설명하라.

조사연구문제

1. 이 장에서 언급된 웹사이트를 방문하고 웹사이트에서 강조된 다섯 가지 공급사슬관리의 적용사례와 활동내용을 설명하라.
2. 공급사슬관리를 검색해보라. 결과를 확인하고 다섯 가지 정도의 관련 웹사이트에 대하여 설명하라.
3. http://www.agrichain-centre.com에 가서 뉴질랜드의 공급사슬관리의 현황에 관하여 토론하라.
4. 채찍효과를 검색하고, 채찍효과에 대한 영향과 관련된 기업들을 논하라.
5. 공급사슬관리 소프트웨어 애플리케이션에 대해 검색하고 기업들이 재무성과를 높이기 위해 이를 어떻게 활용하고 있는지 논하라.
6. 그린 공급사슬에 대해 검색하고 환경법규에 대한 국제 규제 상태와 이것이 공급사슬관리에 어떠한 영향을 주고 있는지 논하라.

사례문제

공급사슬관리: 큰 그림을 그려라!!

사이버 로직 시스템즈(Cyber Logic Systems)는 사이버 보안을 전문으로 하는 미국의 성공적인 지역 기업이다. 기업과 정부 데이터베이스의 해킹이 극적으로 증가했기 때문에 사이버 로직 시스템은 지금이 사업을 확장할 때라고 보고 있다. 최고경영자인 엘머 암스트롱은 이사회를 열어 회사의 비전을 설명했다. 엘머는 유럽과 남미까지 공격적으로 진출할 계획이었고 이사회는 엘머에게 진행하라고 일렀다.

엘머는 참모 회의를 소집하고 그들에게 자신의 비전을 설명했다. 그는 사이버 로직 시스템이 그렇게 공격적인 확장을 진행하기 전에 즉각적인 해결이 필요한 주요 이슈를 물었다. 론다 멘도자 운영부장은 회사의 현재 공급사슬 구조가 이 확장을 지원할 수 없을 것이라고 말했다. 그녀는 또한 공급사슬 구조가 그 긴장하에서 붕괴될 것이며, 따라서 그들의 지역사업뿐만 아니라 확장도 위태롭게 될 것이라고 말했다. 엘머는 론다에게 어떻게 하면 공급 구조가 확장될 수 있을 만큼 견고하게 될 수 있는지에 대한 계획을 개발하라고 지시했다.

론다는 공급, 운영, 물류, 통합 등 4대 기반 요소를 검토하여 회사의 공급사슬관리 니즈를 분석하기 시작했다. 분석을 수행하면서, 론다는 현재의 일부 공급자가 유럽과 남미에서 사이버 로직 시스템의 운영을 지원할 수 있는 능력을 가지고 있지 않다는 것을 깨달았다. 론다는 각 공급업체에 대해 상세한 공급자 평가를 실시하기로 결정했다. 이 평가를 통해, 그녀는 일부 공급자가 유럽 사업을 쉽게 지원할 수 있는 반면, 다른 공급자들은 남미 사업에 더 적합하다고 판단했다. 게다가 사이버 로직 시스템의 엄청난 자산이었던 일부 공급자는 현재의 지역 사업만 지원할 수 있을 것이다.

미국, 유럽, 남미 등 각 시장 지역은 사이버 보안에 대한 기준이 서로 다른 규제를 가지고 있었다. 사이버 로직 시스템의 기술사양은 세 시장에서 크게 달랐다. 론다는 이것이 상당한 문제가 될 수 있다고 결정했다. 그녀의 해결책은 간단하면서도 품위 있는 공급자 증명이었다. 공급자 인증은 특정 운영 시장을 지원하는 공급자가 특정 규제 요건을 충족할 자격을 갖도록 보장할 것이다. 비록 사이버 로직 시스템이 설치된 시스템이 주로 소프트웨어였지만, 종종 소프트웨어를 지원하기 위해 새로운 하드웨어가 요구되었다. 이에 론다는 현재의 유통망은 부적합하다고 생각했다. 그래서 적시에 제품을 배달할 수 있도록 보다 자기소생적인 유통망을 재설계하고 구축할 필요가 있었다. 지역 분배 시스템의 사고방식에서 세계적인 공급사슬로 옮겨갈 필요가 있었다. 이 요구사항은 고객과 가까운 공급업체에서부터 조달하는 것을 의미한다. 고객이 사이버 보안 문제를 가지고 있을 때 최대의 적은 시간이다. 새로운 시스템은 고객의 데이터베이스에 대한 추가 손상을 방지하고 계속 작동할 수 있도록 가능한 한 빨리 설치되어야 한다.

론다는 그녀가 확장을 진전시키기 전에 개선되어야 할 핵심요소를 확인했다고 믿었다. 마지막 장애물은 공급, 운영 및 물류라는 세 가지 기초 요소가 독립적 부품이 아닌 하나의 매끄러운 글로벌 공급사슬로 작동하도록 보장하는 방법이었다. 이것은 모든 것의 가장 큰 도전이었다. 사이번 로직 시스템이 이 문제를 해결하지 못했다면 실패할 확률이 높았다.

론다는 운영과 공급사슬관리에 관한 자신의 연구에 대해 반영했고, 그 문제에 대한 해답은 프로세스 통합이었다. 그녀는 이것은 큰 도전이라는 것을 알고 있었다. 회사는 각 공급사슬 파트너에게 이 공급사슬관리 구조가 모든 사람의 전략적 계획 과정의 일부가 되어야 한다고 확신시켜야 한다. 그래야만 개별적인 부품, 구매, 재고, 운영, 물류, 품질 등이 기름칠이 잘 된 하나의 기계로서 함 께 작동할 수 있을 것이다. 론다는 엘머와 다른 선임 직원에게 자신의 계획을 개략적으로 설명할 준비가 되어 있었다.

토론사항

1. 공급사슬관리의 토대인 '공급'에 대해 분석을 할 때, 사이버 로직 시스템이 반드시 해결해야 할 구체적 문제점은 무엇인가?
2. 공급사슬관리의 토대인 '운영'에 대해 분석을 할 때, 사이버 로직 시스템이 반드시 해결해야 할 구체적 문제점은 무엇인가?
3. 공급사슬관리의 토대인 '물류'에 대해 분석을 할 때, 사이버 로직 시스템이 반드시 해결해야 할 구체적 문제점은 무엇인가?
4. 과정이 진정으로 통합이 되기 위해서는 기업은 어떤 문제점들을 극복해야 하는가?

참고자료

Burgess, R. "Avoiding Supply Chain Management Failure: Lessons from Business Process Reengineering," *The International Journal of Logistics Management* 9(1), 1998: 15–24.

Chopra, S., and P. Meindl. *Supply Chain Management: Strategy, Planning, and Operation*. NJ: Prentice-Hall, 2001.

Frazelle, E. *Supply Chain Strategy: The Logistics of Supply Chain Management*. New York: McGraw-Hill, 2002.

Hammer, M., and J. Champy. *Reengineering the Corporation*. London: Nicholas Brealey, 1993.

Handfield, R. B., and E. L. Nichols. *Introduction to Supply Chain Management*. NJ: Prentice-Hall, 1999.

Lambert, D. M., M. C. Cooper, and J. D. Pagh. "Supply Chain Management: Implementation Issues and Research Opportunities," *The International Journal of Logistics Management* 9(2), 1998: 1–19.

Lee, H. L., V. Padmanabhan, and S. Whang. "Information Distortion in a Supply Chain: The Bullwhip Effect," *Management Science* 43(4), 1997: 546–558.

Simchi-Levi, D., P. Kaminsky, and E. Simchi-Levi. *Designing and Managing the Supply Chain*. New York: McGraw-Hill, 2000.

Stevens, G. C. "Integrating the Supply Chain," *International Journal of Physical Distribution and Logistics Management* 19(8), 1989: 3–8.

Tan, K. C. "A Framework of Supply Chain Management Literature," *European Journal of Purchasing and Supply Management* 7(1): 39–48.

Webster, S. *Principles & Tools for Supply Chain Management*. New York: McGraw-Hill/Irwin, 2008.

미주

1. Blanchard, D., "A Supply Chain Investment That's Guaranteed to Pay Off," *Material Handling & Logistics*, June 9, 2015: 1.
2. Barlow, R., "Crises, Disasters Should Disrupt Supply Chain's Status Quo," *Healthcare Purchasing News* 39(2), 2015: 10,12–13.
3. Aronow, S., D. Hofman, M. Burkett, J. Romano, and K. Nilles, "The 2014 Supply Chain Top 25: Leading the Decade," *Supply Chain Management Review* 18(5), 2014: 8–17. Also see: https://www.rankingthebrands.com/The-Brand-Rankings.aspx?rankingID=94
4. Vora, M., "7 Steps to Link Quality Improvement to your Supply Chain," *Supply Chain Management Review* 19(4), 2015: 44–51.
5. Listed in the CSCMP Terms and Glossary at www.cscmp.org
6. Found in the ISM Glossary of Key Supply Management Terms at www.ism.ws
7. Found in the APICS dictionary at www.apics.org
8. Prest, G., and Sopher, S., "Innovations That Drive Supply Chains," *Supply Chain Management Review* 18(3), 2014: 42–49.
9. Dye, J., and A. Samson, "Zimmer Biomet Sinks After Supply Chain Problems," *FT.com*, October 31, 2016: 1.
10. McLeod, D., "Tianjin Blast Rocks Insurer Balance Sheets," *Business Insurance* 49(23), 2015: 1.
11. Tan, K., S. Lyman, and J. Wisner, "Supply Chain Management: A Strategic Perspective," *International Journal of Operations and Production Management* 2(6), 2002: 614–631.
12. U.S. Census Bureau information found at https://factfinder.census.gov/faces/tableservices/jsf/pages/productview.xhtml?pid=ASM_2014_31GS101&prodType=table
13. Prest, G., and S. Sopher, "Innovations That Drive Supply Chains," *Supply Chain Management Review* 18(3), 2014: 42–49.
14. Keith, O., and M. Webber, "Supply-Chain Management: Logistics Catches Up with Strategy," *Outlook*, 1982, cit. M. G. Christopher, *Logistics, The Strategic Issue*. London: Chapman and Hall, 1992.
15. Shaw, A., *Some Problems in Market Distribution*. Cambridge, MA: Harvard University Press, 1915.
16. See, for example, Burgess, R., "Avoiding Supply Chain Management Failure: Lessons from Business Process Re-engineering," *The International Journal of Logistics*

Management 9(1), 1998: 15–23; Hammer, M., and J. Champy, *Re-engineering the Corporation: A Manifesto for Business Revolution*. New York, NY: Harper Business, 1993; and Morris, D., and J. Brandon, *Re-engineering Your Business*. New York, NY: McGraw-Hill, 1993.

17. See, for instance, https://www.appsruntheworld.com/top-10-erp-software-vendorsand-market-forecast-2015-2020

18. Dutton, G., "Is Your Supply Chain Safe?" *World Trade* 26(1), 2013: 35–40.

19. Cable, J., "What You Can't See Can Hurt You," *Industry Week* 259(1), 2010: 44.

20. See, for example, http://www.2wglobal.com/about-us/wwl/press-releases/walleniuswilhelmsen-logistics-earns-recognition-as--john-deere-partner-level-supplier/#.WE8jO0bzMa8

21. Anonymous, "Pratt & Whitney Notrs USD18BN in Supplier Long-Term Agreements," *Airline Industry Information*, April 6, 2015: 1.

22. Noureldin, A., "Railsponsible Encourages Responsible Procurement," *International Railway Journal* 56(9), 2016: 94–95.

23. Hockett, M., "Survey of Distributor Operations: Best Practices," *Industrial Distribution*, May 24, 2016: 1.

24. Anonymous, "Elementum: Holiday Shortage Fears Outweigh Brand Loyalty," *Wireless News*, December 15, 2016: 1.

25. Sanders, B., "RFID and Retail: The New Power Couple," *Customer* 32(6), 2014: 26–27 and Anonymous, "L2 Rolls out Intelligence Report: Omnichannel Retail Study Results," *Entertainment Close-Up*, September 17, 2015: 1.

26. Barsalou, M., and R. Perkin, "A Structured, Yet Flexible, Approach," *ASQ Six Sigma Forum Magazine* 14(4), 2015: 22–25, 3.

27. Walz, M., "Trends to Watch in 2012," *World Trade* 25(1), 2012: 24–28.

28. Anonymous, "Survey: Need for Big Data in Logistics Keeps Growing," *Fleet Owner*, September 27, 2016: 1.

29. Olson, S., "Lauth Planning Big Warehouse in Brownsburg," *Indianapolis Business Journal* 35(35), 2014: 6.

30. Phillips, Z., "Outsourcing Overseas Cuts Costs, Raises Risks," *Business Insurance* 44(31), 2010: 11–12.

31. Burns, G., "Where Meals and Math Make Sense," *Canadian Grocer* 128(9), 2014: 48–49.

32. Anonymous, "Lodging Companies: Residence Inn Helps Families," *Marketing Weekly News*, May 19, 2012: 1358.

33. Walsh, D., "Dual View of Auto Horizon: Fear of Recession Clouds Technology Excitement at Industry Conference," *Crain's Detroit Business* 32(32), 2016: 3.

34. See, for example, Blanchard, D., "Supply Chain & Logistics: The Competitive Advantage of a Supply Chain," *Industry Week*, July 11, 2014: 1; Prest, G., and S. Sopher, "Innovations That Drive Supply Chains," *Supply Chain Management Review* 18(3), 2014: 42–49; and Stank, S., P. Dornier, K. Petersen, and M. Srinivasan, "Global Supply Chain Operations: A Region-by-Region Assessment of Readiness," *Supply Chain Management Review* 19(1), 2015: 10–18.

35. Anonymous, "Global Supply Chain Analytics Market Solutions Report 2015-2019," *PR Newswire Europe Including UK Disclose*, April 1, 2015: 1.

36. Hoberg, K., and K. Alicke, "The Customer Experience," *Supply Chain Management Review* 20(5), 2016: 28–30, 32–37.

37. Anonymous, "How to Build a Responsible Supply Chain," *Material Handling & Logistics*, August 23, 2016: 1.

38. Anonymous, "How Auto Companies Are Saving the Environment and Making Money," *Material Handling & Logistics*, March 31, 2016: 1.

39. McCrea, B., "Supply Chain and Logistics Technology: Defining Visibility," *LogisticsManagement.com*, September 1, 2011: 1.

40. Anonymous, "Renault Expects Better Supply Chain Visibility from Cloud," *Material Handling & Logistics*, December 5, 2012: 1.

41. Anonymous, "10-4 Partners with Anheuser Busch," *Fleet Owner*, November 18, 2016: 1.

42. Copyright © 1994 President and Fellows of Harvard College (the Beer Game board version) and © 2002 The MIT Forum for Supply Chain Innovation (the Beer Game computerized version).

부록 1·1

맥주게임

맥주게임은 1960년대에 MIT에 의해 개발된 이후로 운영관리와 공급사슬관리 과목에서 매우 인기 있는 게임이 되었다. 이 게임은 소매업자, 도매업자, 유통업자, 생산자로 구성된 간단한 공급사슬에서 상품과 정보의 흐름을 가상으로 만들어낸다. 게임에서 한 사람은 하나의 공급사슬 파트너 역할을 맡는다. 게임의 목적은 전체 공급사슬 재고와 이월주문(back order) 비용을 최소화하는 것이다. 이런 방식으로 한 학급은 4인으로 구성된 몇 개의 공급사슬로 나누어지며 각각의 공급사슬은 서로 경쟁하게 된다. 게임은 공급사슬에서 나타나는 채찍효과와 구매와 관련하여 정확하고 적시에 이루어지는 의사소통과 정보 제공의 중요성을 설명하기 위해서 사용된다. (게임에서 현재 주문량 외에는 어떤 정보도 공유해서는 안 되는데 이는 관리되지 않은 또는 연결되지 않은 공급사슬에서 나타나는 바와 같다).

각 공급사슬 참여자는 다음과 같은 일련의 활동을 따르게 된다.

1. 각 참여자는 현재 가용재고에서 고객주문을 충전하며, 만약에 수요를 맞출 수 없으면 이월주문을 창출한다.
2. 참여자는 고객수요를 예측한 후 공급자에게 맥주를 주문하는데(참여자가 생산자라면 맥주 생산일정을 계획한다), 이것이 배송될 때까지는 몇 주일이 걸린다.
3. 각 참여자는 이월주문비용, 재고품절비용, 재고유지비용을 최소화하기 위해 재고를 관리하도록 한다.

〈그림 A-1〉은 맥주 공급사슬과 운송 및 정보지연을 보여준다. 소매업자와 최종소비자 간

〈그림 A-1〉 맥주게임 공급사슬

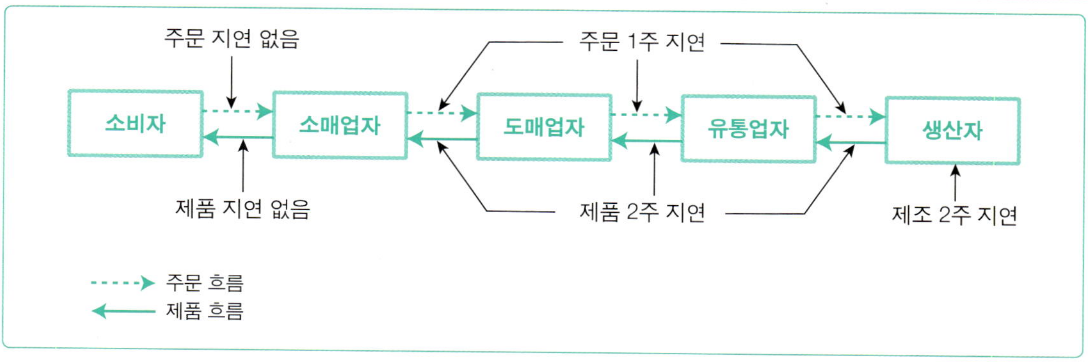

에는 상품 운송과 주문지연 등이 발생하지 않는다. 다른 공급사슬 구성원들 간에는 고객주문과 공급자 주문수취 사이에 1주일의 시간 간격이 발생하며, 고객주문을 받은 때부터 주문배송이 고객에게 전달될 때까지 2주일의 운송시간이 있다. 또한 공장에서 생산주문을 완료해서 고객주문을 충족하는 데 사용하기까지 2주일이 걸린다.

다음은 게임을 진행하는 방법이다.

시작 조건. 게임을 시작할 때(0주) 생산자를 제외한 공급사슬 구성원은 기말재고로 12상자의 맥주를 갖고 있으며(표 A-1), 4상자가 2주차 입고 운송 중, 4상자가 1주차 입고 운송 중, 4상자가 1주차 초에 입고 운송될 예정이다. 생산자는 기말재고로 12상자의 맥주를 기말재고로 갖고 있으며, 4상자를 2주차 생산예정, 4상자를 1주차 생산예정, 4상자를 1주차 초에 생산할 예정이다. 각 참여자는 출하주문(또는 생산주문) 상자에 4상자가 대기 중이다. 소매업자는 20주의 고객 수요정보를 진행자로부터 받아서 시작하는데 매주의 수요를 한 번에 한 주씩만 볼 수 있다. (예를 들어 이 수요정보를 20개의 메모지에 써서 붙여놓고 하나씩 볼 수 있도록 한다.)

1단계. 각 참여자는 각자의 맥주 재고를 파악한다.

- 2주차 입고대기 중인 맥주 상자들을 전기의 기말재고에 더한 후 합계를 이번 기의 초기재고에 기입한다(표 A-1의 0주차와 1주차를 볼 것). 생산자의 경우에는 이것은 생산대기에 해당함.
- 재고를 1주차의 입고대기(업데이트된 열)에서 2주차 대기로 옮길 것 (표 A-1을 볼 것).
- 재고를 1주차의 입고대기(시작 열)에서 1주차의 입고대기(업데이트된 열)로 옮길 것(표 A-1을 볼 것).

2단계. 각 참여자는 고객주문을 충족시킨다.

- 소매업자는 이번 주의 고객 수요정보를 열어서 수치를 파악한 후 앞면을 뒤집어서 도매업자가 정보를 볼 수 없도록 폐기한다.
- 소매업자는 파악된 주문을 충족시키고 (이월주문이 남아 있으면 먼저 충족시킬 것) 수요량을 초기재고에서 뺀다. 남은 양이 기말재고가 된다. 만약에 기말재고가 음수가 되면 그것만큼 이월주문 만들어지고 기말재고는 0으로 처리한다.
- 소매업자는 지난 주의 주문정보를 도매업자의 주문상자에 넣는다.
- 마지막으로 소매업자는 미래 수요를 예측하여 주문용지에 적어서 주문상자에 앞면을 밑으로 하여 넣음으로써 도매업자에게 맥주를 주문한다. (주문용지의 앞면을 밑으로 하여 상자에 넣어두는 것은 도매업자에게 전달되는 기간 동안 도매업자가 주문용지를 미리 보지 못하게 하는 것이다. 주문에는 1주일의 지연기간이 있기 때문에 이 주문용지는

〈표 A-1〉 재고 기록 시트

참여자 공급사슬 역할:

참여자 성명: 팀 명칭:

공급사슬 고객으로부터의 수요	폐기 장소	공급자에게 보내지는 주문, 또는 제조업자에게 보내지는 생산주문

주차	기말재고	초기재고	이월주문	2주차 입고대기	1주차 입고대기	
					업데이트	초기
0	12		0	4	4	4
1		16		4	4	
2						
3						
4						
5						
6						
7						
8						
9						
10						
11						
12						
13						
14						
15						
16						
17						
18						
19						
20						
합계						

발주 주문량

주: 이월주문이 있을 때 기말재고는 0이어야 한다. 기말재고가 0보다 크면 이월주문이 0이어야 한다.
이월주문 = 전기의 이월주문 + 입고주문 − 현재재고
게임 종료 시: 기말재고 열과 이월주문 열의 수치를 합하여 총비용을 계산한다. (총기말재고 x $1) + (총이월주문 x $2) = 총비용.
그 후에 모든 참여자의 총비용을 합하면 총공급사슬비용이 나온다.

다음 주에 도매업자에게 전달될 예정이다.)

도매업자는 위와 동일한 절차를 따라서 진행한다. 즉 들어오는 주문지를 읽은 후 폐기하고 주문지에 적힌 수요정보에 따라 초기재고에서 주문량을 충족시킨다. 이월주문이 있으면 먼저 충족시켜야 한다. 이때 도매업자는 소매업자에게 주문량 중에서 얼마가 배송되어 충족될 수 있는지 알려주고, 소매업자는 이 충족량을 현재 주기의 1주차 시작지연에 기록한다. 도매업자는 기말재고와 이월주문량을 업데이트하고 지난 주의 주문정보를 유통업자에게 전달한다. 그런 후에 이번에는 얼마를 주문할지 정해서 주문지를 앞면을 밑으로 하여 내보낼 주문상자에 넣어둔다. 이는 유통업자가 주문정보를 보지 못하도록 하는 것이다.

유통업자도 도매업자에게서 주문이 들어오면 위와 동일한 절차를 따라 진행한다.

생산자도 동일한 절차를 따라 진행하지만 지난 주의 주문정보를 다른 곳으로 보내는 것이 아니라 주문량을 파악한 후에 원자재 창고에서 필요한 만큼을 1주차 초기 생산지연으로 옮겨서 생산요청을 진행한다. (원자재 창고에서는 주문충족에 필요한 숫자만큼 상자를 만들어낼 수 있다.)

3단계. 1단계와 2단계를 반복하여 게임이 끝날 때까지 계속한다. 게임이 끝난 후 총비용을 계산한다.

보통 게임은 20주 정도 지속하는데 이 정도의 기간이면 채찍효과가 나타나는 데 충분하다. 게임을 진행하기 위해서 메모지를 사용하여 주문을 하고 〈표 A-1〉을 이용하여 재고, 주문, 이월주문을 기록하고 추적한다. 참여자들은 게임하는 동안 다른 참여자들과 얘기를 하거나 자신들이 받는 주문정보 또는 다음 중에 계획하고 있는 주문정보들을 알려주면 안 된다. 또한 소매업자는 진행자가 제공하는 고객의 미래 수요정보를 미리 보면 안된다. 이 게임은 공급사슬 구성원들 간에 미래 주문이나 주문전략 등에 관한 정보교환이나 의사소통이 없으면 어떤 상황이 펼쳐지는지 보여주기 위한 것이 목적임을 명심해야 한다.

20주가 다 지나면 (시간이 부족하면 더 짧게 할 수도 있음) 참여자들은 자신들의 재고기록지를 보고 재고와 이월주문의 총비용을 계산한다(이월주문은 1상자/1주당 2달러, 재고비용은 1상자/1주당 1달러임). 이 비용을 바탕으로 기본전략은 재고품절이나 이월주문을 가급적 피하면서 총재고비용을 최소화하는 것이다. 이를 위하여 미래수요를 정확히 예측할 필요가 있다(시간이 지나면서 각 참여자들은 자신들의 재고기록지를 보고 수요정보를 예측에 사용할 필요가 있음). 공급사슬 총비용이 가장 작은 팀이 우승팀이 된다.

연습문제

1. 소매업자를 제외한 모든 참여자는 이 질문에 대답해야 한다.
   - 당신은 소매업자의 고객수요 패턴이 어떤 것이라고 생각하는가?

- 당신의 고객주문은 게임을 하는 동안에 어떻게 변화했는가?

2. 공급사슬을 따라 소매업자에서 상류 쪽의 생산자로 옮겨갈수록 현재 재고수준이 어떻게 변화했는가? 그 이유는 무엇인가?
3. 공급사슬 구성원들은 미래의 재고와 이월주문 비용을 어떻게 줄일 수 있을까?
4. http://www.beergame.lim.ethz.ch/를 방문하여 인터넷으로 게임을 해보고 경험을 보고서로 작성해보라.

2부 공급사슬관리의 공급 이슈

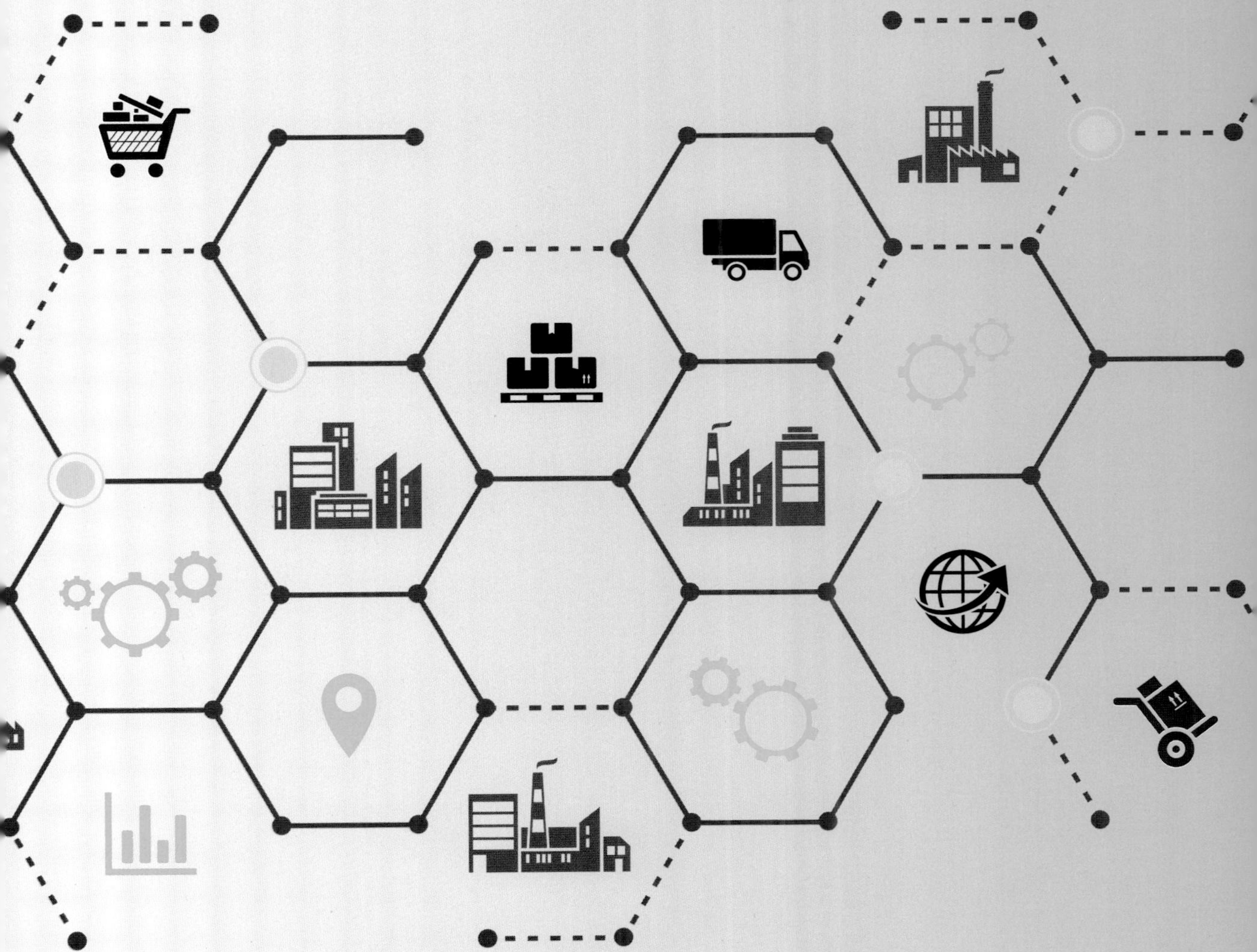

part 2. SUPPLY ISSUES IN SUPPLY CHAIN MANAGEMENT

2장 구매관리

PURCHASING MANAGEMENT

조달청은 더 이상 구식 구매자가 아니라, 조달 문제를 해결하기 위하여 국가 지출 능력을 새로운 방식으로 해결하는 전략적인 선두자가 되어가고 있다. 정부는 구매 능력을 변화에 대응하는 것뿐 아니라 장기적인 정부 재정 안정을 위한 초석으로 삼고 있다.

Krista Ferrell, National Association of State Procurement Officials[1]

공급사슬은 불안정한 경제에서 많은 사업의 심장부를 지탱하는 생명선이다. 임원들이 공급사슬 혁신과 파트너십의 총체적 가치를 실현하게 되면서 공급관리 역할이 더욱 중요해지고 있다. 더 이상 공급사슬이 비용 절감의 장으로 여겨지지 않는다. 공급사슬은 이제 건전하고 장기적인 사업 전략의 근본이며 매우 가치 있는 부분이 되었다.

Lisa Arnseth, Inside Supply Management[2]

학습목표

- 구매의 역할과 조직의 경쟁우위에 미치는 전략적 영향을 설명한다.
- 전통적인 구매 프로세스, 전자조달, 공공조달, 녹색구매에 대해 설명한다.
- 소액구매주문을 취급하는 방법을 이해한다.
- 조달의사결정, 생산 혹은 구매, 손익분기분석 등 공급자 선정에 영향을 미치는 요인을 분석하고 평가한다.
- 총소유비용을 이해하고 계산한다.
- 단수공급자발주와 복수공급자발주의 장단점을 설명한다.
- 중앙집중식 구매, 분산식 구매, 혼합형 구매 조직의 주요 특징을 비교·설명한다.
- 글로벌 발주의 기회와 도전을 이해한다.

SCM PROFILE

세계적 수준의 구매 전략 개발

오늘날의 글로벌 시장에서, 구매 관리자는 세계적 수준의 구매 전략을 개발하기 위한 기술과 도구를 갖추어야만 한다. 구매기능이 회사의 수익에 중요한 영향을 미침에도 불구하고, 대부분의 제조업의 구매부서는 전체 지출의 5%에도 미치지 못하는 적은 인력 비용으로 매출원가의 65%를 관리하고 있다. 다행히도 구매 관리자가 세계적 수준의 구매 전략을 구현하는 데 도움이 되는 도구가 있다.

예를 들어, 원자재 가격이 안정적임에도 5%의 가격 인상을 요구하는 부품 공급업체를 고려해보자. 연간 판매량은 5,000,000개($3/개), 공급업체의 매출총이익률은 35%라고 가정한다. 가격 인상은 자재비용에 $750,000(5,000,000개×$3×5%)를 추가한다. 일반적인 구매 관리자가 가격 인상을 인정하는 반면, 세계적 수준의 구매 관리자는 물량의 25%를 다른 공급업체에 이동시키는 것을 고려할 것이며, 시장의 상황에 의해 지원되지 않는 증가는 $750,000의 이익을 감소시킬 것이라고 공급자에게 대응할 것이다.

3달러일 때의 이익:

5,000,000개×$3/개×35% = $5,250,000

3.5달러일 때의 이익

(5,000,000개×75%)×($3/개×35%+$1.5/개)

= $4,500,000

이익의 변화:

$5,250,000 − $4,500,000 = $750,000

세계적 수준의 구매 관리자를 위해 필요한 또 하나의 도구는 공급자가 마진 상승, 특히 합리적이지 않은 인상을 통과시키는 것이 쉽지 않다는 것을 보여주는 것이다. 분명 재능 있는 구매 리더는 세계적 수준의 구매 전략을 개발하고, 실행하고, 후속 조치를 취하는 데 필요하다. 단 하나의 구매 전략으로는 적합하지 않다. 대신 관리자는 비즈니스 강점을 활용하여 맞춤형 구매 전략을 개발하고, 세계 수준의 지위를 유지하기 위해 지속적인 개선 사이클의 일환으로 약점을 개선해야 한다.

세계적 수준의 구매 전략을 성공적으로 실행하기 위해서는 시장 정보, 전략 계획, 훌륭한 프로젝트 관리 및 우수한 성과측정과 같은 다른 기술과 지식이 필요하다. 시장 정보의 네 가지 중요한 부분은 가격 책정, 시장 뉴스, 제품 공급 및 수요, 제품 예측/비용 모델이다. 마케팅 가격은 회사가 공정한 가격을 지불하는 데 필수적이며, 시장 뉴스는 불필요한 위험을 감소시킨다. 제품 공급 및 수요는 시장 가격 및 제품 가용성에 영향을 미친다. 마지막으로, 제품 예측/비용 모델은 예산 책정 및 구매 결정 우선순위에 필요하다.[3]

자, 자신이 세계적 수준의 구매 관리자라고 가정해보자. 중요한 구성 부품에 대한 새로운 공급업체는 여러 해 동안 저렴한 가격의 계약을 제공한다. 새로운 다년 계약을 수락할 것인가? 장기 계약을 수락할지 여부를 결정하는 데 분명히 시장 정보가 필요할 것이다.

개요

공급사슬관리(supply chain management)에서 구매는 화폐나 동등한 자산의 교환으로 상품, 자본설비, 원재료, 서비스, 유지, 보수, 운영을 위한 소모성 자재(MRO) 등을 얻는 활동으로 정의될 수 있다. 구매는 크게 **소모재 구매**(merchant buyer)와 **산업재 구매**(industrial buyer) 두 개의 영역으로 나눌 수 있다. 첫째, 소모재 구매자는 도매업과 주로 재판매를 목적으로 구매하는 소매업을 포함한다. 일반적으로, 구매자는 수량할인이나 운송의 경제성이나 보관 효율성 등 다른 인센티브를 얻기 위하여 대량으로 상품을 구매한다. 그들은 상품을 통합하고, 벌크상품을 구매하거나, 운송 서비스를 제공받음으로써 가치를 창출한다. 둘째는 생산적인 목적으로 원재료를 구매하는 산업재 구매자들이다. 이들 또한 서비스, 자본설비, 소모성 자재들을 구입한다. 서비스업종인 레스토랑이나 조경업체, 플로리스트들도 생산을 목적으로 원재료를 구매하지만, 전형적인 산업재 구매자들은 제조업자이다.

효과적이고 효율적인 구매 시스템은 기업의 성공에 결정적인 역할을 한다. '제조업체에 관한 연간 조사'[4]에 의하면 상품의 총구매비용이 미국 내 제조업에서 얻어지는 부가가치를 넘고 있다는 것을 일관되게 나타내고 있다. 지난 30년 동안 진화해온 구매 개념과 이론이 산업 구매자의 원자재 구입과 경쟁우위 확보를 위한 구매 방법에 중점을 두는 것은 놀랄 일이 아니다.

이번 장에서의 주요한 초점은 이 산업재 구매자이다. 조직에서 구매의 역할, 전통적인 구매 시스템의 프로세스, 거래 문서의 활용, 전자구매 시스템의 작동법, 소액주문의 문제들을 조정할 수 있는 다양한 전략, 집중구매 시스템과 분산구매 시스템의 장단점, 비영리단체나 정부기관의 구매, 공급자 선정을 포함한 원천적인 주제, 그리고 공급사슬관리에서 구매의 역할이나 구매관리에 영향을 미치는 주요한 주제들을 다룰 것이다.

구매 용어의 변천사

구매(purchasing)는 자원, 서비스, 설비를 획득과 관련된 기업의 주요한 기능이다. 서비스의 획득은 일반적으로 거래라고 불린다. 오늘날 경영환경에서 구매 역할이 전략적으로 중요해짐에 따라 구매 전문가의 역량과 책임이 더욱 강조되고 있다. 결과적으로 **공급관리**(supply management)라는 용어가 구매 전문가들의 책임의 확대를 설명하기 위해서 구매 현장에서 더 많이 사용되고 있다. 더 이상 청구서와 구매주문서를 받는 전통적인 구매의 기능만으로는 적절하지 않다. 대신에 직관적이고 포괄적인 구매 전략은 조직의 전략목표와 일치하도록 요구된다.

공급관리협회(Institute for Supply Management: ISM)는 공급관리를 "조직이 전략적 목표를 달성하기 위해서 필요한 자원을 파악하고, 획득하고, 관리하는 활동"이라고 정의하였다.[5] 공급관리의 주요 활동은 기본적인 구매기능을 넘어 협상, 물류, 거래의 개발 및 관리, 재고관리, 공급자관리 등 다른 활동으로 확장되었다. 그러나 여전히 구매는 공급관리의 핵심 활동이다. 조달(procurement)이라는 용어가 구매 대신 자주 사용되지만, 조달은 일반적으로 사양 개발, 가치분석, 협상, 신속 처리, 계약관리, 공급업체의 품질관리 및 일부 물류 활동을 포함한다. 이러한 이유로, 구매의 유형과 정부 공급업체와의 빈번한 서비스 계약으로 인해 정부기관에서 널리 사용된다. 그러나 공급관리의 시작과 끝을 명확하게 구분하는 것은 어려운 일이다. 게다가 많은 조직에서 이 용어들을 혼용하고 있다. 이 책에서는 구매 본래의 기능을 강조하기 위해 공급관리 대신에 '구매'라는 전통적인 용어를 사용하였다.

조직에서 공급관리의 역할

전통적으로 구매는 생산에 대한 서비스로 간주되었고, 기업의 임원들은 구매와 관련된 문제에 많은 주의를 기울이지 않았다. 그러나 1980년대에 들어서 글로벌 경쟁력이 강화되면서 재공품과 원재료 재고의 양이 제조원가와 품질, 신제품 개발, 배송 리드타임에 미치는 영향에 대하여 깨닫게 되었다. 유능한 관리자들은 전체 경영 전략에서 구매를 협의의 지원기능으로 고려하기보다는 주요한 전략적 경영 프로세스로 강조하는 새로운 공급사슬관리 개념을 채택하였다.

미국 통계국(U.S. Census Bureau)의 '제조업체에 관한 연간 조사(표 2-1)'에 의하면 매출액의 50% 이상이 원자재 구매에 지출되는 것으로 나타났다. 원자재 구매비용은 매출액의 50%가 되지 않는 제조비를 초과하고 있다. 소비재는 주로 재판매 목적으로 구매되므로 소비재의 매출액에 대한 구매비용 비율은 훨씬 더 높을 것으로 예상된다. 유감스럽게도 소비재에 대한 통계는 따로 표시되지 않았다.

그러나 개별적인 정보는 미국증권거래위원회의 연간보고서(Form 10K)에서 확인할 수 있다. 예를 들어 월마트는 2011년부터 2017년까지 7년 동안 순매출액의 74.4~75.7%가 상품원가라고 보고하였다. 이 비율은 기업의 이익에 미치는 구매의 영향력이 상당함을 나타낸다. 또한 성공한 많은 기업이 구매가 핵심 전략 프로세스라고 말하고 있는 것은 분명하다.

구매의 주요 목적은 원자재를 최소비용으로 확보하고, 완제품의 품질을 향상시키며, 고객 만족을 극대화하기 위해서 원자재가 중단되지 않고 공급이 보장되어야 하는 것이다. 이러한 목적을 달성하기 위해 좋은 재료와 신뢰할 만한 공급자를 탐색하고, 공급자의 전문성을 활용하여 원자재의 품질을 개선하고, 신제품 설계와 개발 과정에 공급자와 구매 인력을 참여시켜야 있다. 구매는 공급부서와 조직 자체의 중요한 연결고리이며, 고객과 공급자 모두의 생산성 향상을 위한 활동을 지원할 수 있다. 동시공학 활동에서 구매와 전략적 공급업체의 참여는 요구되는 품질의 원자재와 부품을 확보하는 데 중요하며 설계에서 생산까지의 사이클타임을 단축하는 데에도 도움을 준다.

〈표 2-1〉 자재비가 매출액에서 차지하는 비율

연도	매출액 (백만 달러)	원자재 구매비 금액 (백만 달러)	원자재 구매비 비율 (%)	제조비 금액 (백만 달러)	제조비 비율 (%)	자본 지출 금액 (백만 달러)	자본 지출 비율 (%)
2015	$5,546,998	$3,117,562	56.2%	$2,430,098	43.8%	$175,388	3.2%
2014	$5,880,890	$3,486,762	59.3%	$2,400,063	40.8%	$173,310	2.9%
2013	$5,846,768	$3,456,983	59.1%	$2,398,392	41.0%	$172,992	3.0%
2012	$5,704,167	$3,384,339	59.3%	$2,348,112	41.2%	$166,458	2.9%
2011	$5,498,599	$3,240,477	58.9%	$2,295,220	41.7%	$146,652	2.7%
2010	$4,916,647	$2,763,128	56.2%	$2,185,326	44.4%	$127,952	2.6%
2009	$4,436,196	$2,438,427	55.0%	$1,978,017	44.6%	$130,081	2.9%
2008	$5,486,266	$3,213,708	58.6%	$2,274,367	41.5%	$168,505	3.1%
2007	$5,338,307	$2,975,906	55.7%	$2,390,643	44.8%	$159,422	3.0%
2006	$5,015,553	$2,752,904	54.9%	$2,285,929	45.6%	$135,801	2.7%
2005	$4,742,077	$2,557,601	53.9%	$2,210,349	46.6%	$128,292	2.7%
2004	$4,308,971	$2,283,144	53.0%	$2,041,434	47.4%	$113,793	2.6%
2003	$4,015,387	$2,095,279	52.2%	$1,923,415	47.9%	$112,176	2.8%
2002	$3,914,719	$2,022,158	51.7%	$1,889,291	48.3%	$123,067	3.1%
2001	$3,967,698	$2,105,338	53.1%	$1,850,709	46.6%	$142,985	3.6%
2000	$4,208,582	$2,245,839	53.4%	$1,973,622	46.9%	$154,479	3.7%
1999	$4,031,885	$2,084,316	51.7%	$1,954,498	48.5%	$150,325	3.7%
1998	$3,899,810	$2,018,055	51.7%	$1,891,266	48.5%	$152,708	3.9%
1997	$3,834,701	$2,015,425	52.6%	$1,825,688	47.6%	$151,510	4.0%
1996	$3,715,428	$1,975,362	53.2%	$1,749,662	47.1%	$146,468	3.9%
1995	$3,594,360	$1,897,571	52.8%	$1,711,442	47.6%	$134,318	3.7%
1994	$3,348,019	$1,752,735	52.4%	$1,605,980	48.0%	$118,665	3.5%
1993	$3,127,620	$1,647,493	52.7%	$1,483,054	47.4%	$108,629	3.5%
1992	$3,004,723	$1,571,774	52.3%	$1,424,700	47.4%	$110,644	3.7%
1991	$2,878,165	$1,531,221	53.2%	$1,341,386	46.6%	$103,153	3.6%

자료: *Annual Survey of Manufactures*, 1991-2015 U.S. Census Bureau.

공급관리의 재무적 의의

구매는 지난 20년 동안 점진적으로 글로벌화되었고, 경영 전략의 관심대상이었다. 비핵심적인 활동에 대한 외주의 증가는 기업에서 구매의 역할을 더욱 확대했다. 게다가 기업의 경쟁우위에 영향을 끼치는 구매는 수익성에 직접적으로 영향을 미친다. 다음은 구매가 재무성과에 미치는 영향이다.

이익-레버리지 효과

구매비용(purchase spend)은 기업이 상품이나 서비스에 지출하는 금액을 말한다. 구매의 **이익-레버리지 효과**(profit-leverage effect)는 총매출액과 기타 비용이 변하지 않는다는 가정하에, 기업의 세전 이익에서 구매비용의 변화의 영향을 측정한다. 이 측정방법은 일반적으로 구매비용의 감소가 세전 이익을 직접 증가시킨다는 것을 보여주는 데 사용된다. 단, 구매비용의 감소가 낮은 비용으로 향상된 품질이나 수율을 달성할 수 있도록 하는 향상된 구매 전략을 달성하기 위한 것이어야 한다. 〈표 2-2〉는 이익-레버리지 효과의 사례를 보여준다. 회사의 담당자가 원자재 구매비용을 2만 달러 감소시켰을 경우, 매출원가의 원자재 구매비용이 2만 달러 낮아지므로 세전 이익이 그만큼 증가하게 된다. 실제로, 구매비용의 감소가 순이익에 동일한 효과를 가져왔다. 〈표 2-2〉를 보면 순이익이 5만 달러에서 5만 2,000달러로 증가하였다. 기업의 수익성에 대한 구매기능의 효과는 기업의 경영진이 지속적으로 구매기능을 개선하도록 노력하는 중요한 이유이다. 매출 증대와 원가 절감이 이익을 증가시키는 유일한 방법이 아니라, 현명한 구매를 하는 것이 이익을 개선하는 매우 효율적인 방법이다.

총자산 순이익률

총자산 순이익률(Return on Assets Effect: ROA)은 기업의 총자산에 대한 순이익을 나타낸 재무비율이다. 이 비율은 또한 **투자자본수익률**(return on investment: ROI)과도 관련이 있다. 재무적 관점에서 총자산은 유동자산과 고정자산(비유동자산)으로 구성된다. 유동자산은 현금, 매출채권, 재고자산 등을 포함하고, 고정자산(비유동자산)은 설비자산, 건물, 부동산 등을 포함한다. ROA는 총자산이 이익을 창출하는 데 얼마나 효율적으로 운영되는지를 나타낸다. ROA가 높다는 것은 경영진이 적은 투자로 얼마나 큰 이익을 창출할 수 있는지를 상대적으로 나타낸다. ROA는 다음과 같이 구할 수 있다.

$$\text{ROA} = \frac{\text{순이익}}{\text{총자산}}$$

〈표 2-2〉에 나타난 기업의 총자산은 50만 달러이고 ROA는 10%($50,000 ÷ $500,000)이다. 보다 효율적인 구매 전략을 통해 원자재의 구매비용이 2만 달러 감소했을 경우, ROA는 14%($70,000 ÷ $500,000)로 증가한다. 또한, 구매비용의 2만 달러 감소는 원자재 재고를 감소시키는 결과를 가져온다(따라서, 총자산 감소). 그러나 이러한 재고의 변화가 ROA에 미치는 영향은 각각의 회사와 산업에 따라 총자산에 대한 원자재 재고 비율과 총매출원가에 대한 원자재 비율이 다르기 때문에 정량화하기는 어렵다.

〈표 2-2〉 이익-레버리지 효과

	요약 손익계산서	구매비용을 2만 달러 감소시켰을 경우
총매출액	$1,000,000	$1,000,000
매출원가(구매비용+제조비용)	$500,000	$480,000
매출총이익	$500,000	$520,000
판매비와 관리비(총 매출액의 45%)	$450,000	$450,000
세전 이익	$50,000	$70,000

재고자산 회전율 효과

재고자산 회전율(inventory turnover)은 회계기간(주로 1년) 동안 기업의 재고자산이 얼마나 사용되고 대체되는지를 나타낸다. 재고자산 회전율을 계산하는 수많은 방법이 있지만, 가장 널리 사용되는 공식은 평균 재고비용 대비 매출원가의 비율이다. 월별 회전율을 계산할 때는 월초재고와 월말재고의 평균을 평균 재고비용으로 사용한다. 이 월별 재고 평균은 연간 재고회전율을 계산하기 위한 좋은 방법이다. 일반적으로 재고회전율이 낮으면, 판매 부진, 과잉 재고, 악성 재고 등을 나타낸다. 경쟁업체와 비교하여 회사가 얼마나 잘 하고 있는지를 판단하기 위해서는 업계표준 재고자산 회전율과 비교하여야 한다. 몇 개 회사의 재고자산 회전율의 구체적인 사례를 7장에서 살펴볼 것이다. 보다 효과적인 발주전략을 통해 구매는 재고자산 회전율을 개선함으로써 재고 투자비용을 감소시킬 수 있을 것이다. 다음은 재고자산 회전율과 관련한 공식을 몇 가지이다.

$$\text{재고자산 회전율} = \frac{\text{매출원가}}{\text{평균 재고}}$$

$$\text{월별 재고자산 회전율} = \frac{\text{월간 매출원가}}{(\text{월초재고} + \text{월말재고}) / 2}$$

$$\text{연간 재고자산 회전율} = \frac{\text{연간 매출원가}}{\text{월별 재고의 평균}}$$

2016년 12월 31일의 재고가 12만 5,000달러인 회사를 가정해보자. 회계자료는 다음에 따른다. 월별 그리고 연간 재고자산 회전율을 계산하면 다음과 같다.

월 (2017년)	월말재고	매출원가	월 재고회전율
1	\$52,000	\$85,000	$\frac{\$85,000}{(\$125,000 + \$52,000) / 2} = 0.96$
2	\$88,000	\$1,250,000	$\frac{\$1,250,000}{(\$52,000 + \$88,000) / 2} = 17.86$
3	\$85,000	\$950,000	$\frac{\$950,000}{(\$88,000 + \$85,000) / 2} = 10.98$
4	\$55,000	\$750,000	$\frac{\$750,000}{(\$85,000 + \$55,000) / 2} = 10.71$
5	\$75,000	\$950,000	$\frac{\$950,000}{(\$55,000 + \$75,000) / 2} = 14.62$
6	\$85,000	\$850,000	$\frac{\$850,000}{(\$75,000 + \$85,000) / 2} = 10.63$
7	\$156,000	\$555,000	$\frac{\$555,000}{(\$85,000 + \$156,000) / 2} = 4.61$
8	\$215,000	\$1,325,000	$\frac{\$1,325,000}{(\$156,000 + \$215,000) / 2} = 7.14$
9	\$65,000	\$985,000	$\frac{\$985,000}{(\$215,000 + \$65,000) / 2} = 7.04$
10	\$100,000	\$850,000	$\frac{\$850,000}{(\$65,000 + \$100,000) / 2} = 10.30$
11	\$165,000	\$1,250,000	$\frac{\$1,250,000}{(\$100,000 + \$165,000) / 2} = 9.43$
12	\$105,000	\$1,050,000	$\frac{\$1,050,000}{(\$165,000 + \$105,000) / 2} = 7.78$

연간 총매출원가 = \$85,000 + \$1,250,000 + \$950,000 + \$750,000 + \$950,000 + \$850,000 + \$555,000 + \$1,325,000 + \$985,000 + \$850,000 + \$1,250,000 + \$1,050,000 = \$10,850,000

평균 월별 재고 = [(\$125,000 + \$52,000)/2 + (\$52,000 + \$88,000)/2 + (\$88,000 + \$85,000)/2 + (\$85,000 + \$55,000)/2 + (\$55,000 + \$75,000)/2 + (\$75,000 + \$85,000)/2 + (\$85,000 + \$156,000)/2 + (\$156,000 + \$215,000)/2 + (\$215,000 + \$65,000)/2 + (\$65,000 + \$100,000)/2 + (\$100,000 + \$165,000)/2 + (\$165,000 + \$105,000)/2]/12 = \$104,667

따라서 2017년의 연평균 재고회전율은 $\frac{\$10,850,000}{\$104,667} = 103.66$ 이다.

구매 과정

전통적인 구매 과정은 수작업 및 문서를 위주로 한 시스템이다. 그러나 정보기술과 인터넷의 출현으로, 많은 기업은 보다 자동화된 전자기반 시스템으로 나아가고 있다. 완벽한 구매 시스템의 목표는 사용자로부터 구매 담당자, 나아가 공급자들에게 효율적인 정보를 전달하는 것이다. 정보가 적절한 공급자에게 전달되면, 시스템은 공급자로부터 사용자에게 구매된 자재의 효율적인 전달과 회계 담당자에게는 송장의 전달을 보장할 수 있어야 한다. 최종적으로, 시스템은 구매자금의 남용을 예방하기 위해서 적절한 운영과 **내부통제**(internal control) 기능을 하여야 한다. 예를 들면, 구매주문서(purchase orders: POs)는 미리 번호가 매겨지고 중복 발행되어야 하며, 구매자는 지불송장을 승인할 권한이 없어야 한다. 번호가 매겨진 구매주문서는 누락되거나 확인되지 않은 구매주문들을 쉽게 찾아낼 수 있어야 한다. 중복 발행된 구매주문서는 내부통제 목적으로 회계부서로 발행되고, 향후 지불이나 자원의 투입을 위한 부서로 전달되어야 한다. 대금지불을 승인하는 부서는 구매주문서를 승인하는 부서와는 달라야 한다.

매뉴얼 구매 시스템(수동 구매 시스템)

〈그림 2-1〉은 전통적인 매뉴얼 구매 시스템을 단순화한 것이다. 〈그림 2-1〉의 매뉴얼 구매 시스템은 바람직한 구매 시스템의 핵심요소만을 정리한 것이다. 이 매뉴얼 구매 시스템은 속도가 느리고 구매 과정의 여러 단계에서 자료 입력이 중복해서 이루어지므로 오류가 발생하기 쉽다. 예를 들어 자재요구서에 있는 제품 설명과 같은 정보가 구매주문에서도 중복된다.

자재요구서

구매 과정은 자재 사용자가 **자재요구서**(material requisition: MR)를 중복으로 발급하여 자재에 대한 요구를 함으로써 시작된다. 일부 회사에서는 자재요구서라는 용어 대신 **구매요구서**(purchase requisition: PR)라고 하는 경우도 있다. 자재요구서에는 제품명, 수량 및 배송기한 등이 포함된다. 자재요구서는 중복으로 발급되는데 발급 부수는 내부 회계통제시스템에 따라 다르다. 일반적으로 발급부서에서 복사본을 가지고 창고는 원본과 부본을 갖는다. 주문자재가 창고에서 사용자로 이동하면 부본도 함께 이동한다. 또한, 이 부본은 회계부서가 해당 사용자 또는 부서에 해당 자재에 대한 요금을 청구하는 데 필요한 필수 정보를 제공한다.

대부분의 자재요구는 일반 자재요구서를 통해 이루어지지만, 반복적으로 요청되는 자재와 표준품에 대해서는 **이동요구서**(traveling requisition)가 활용된다. 즉, 일반적인 자재요구서에 제품에 관한 설명을 하는 대신, 배송 기한과 수량 등 필요한 정보기 표기된다. 재공급이 필요하게 되면 사용자는 수량과 기한만 기재하여 창고에 제출한다. 일단 재공급 정보가 기록되면, 이동요구서는 사용자에게 다시 전달되어 향후에 사용할 수 있게 된다.

자재소요계획(MRP)에서 **계획발주**(planned order releases)는 공급자에게 주문을 할 때 활용된

〈그림 2-1〉 전통적인 매뉴얼 구매 시스템

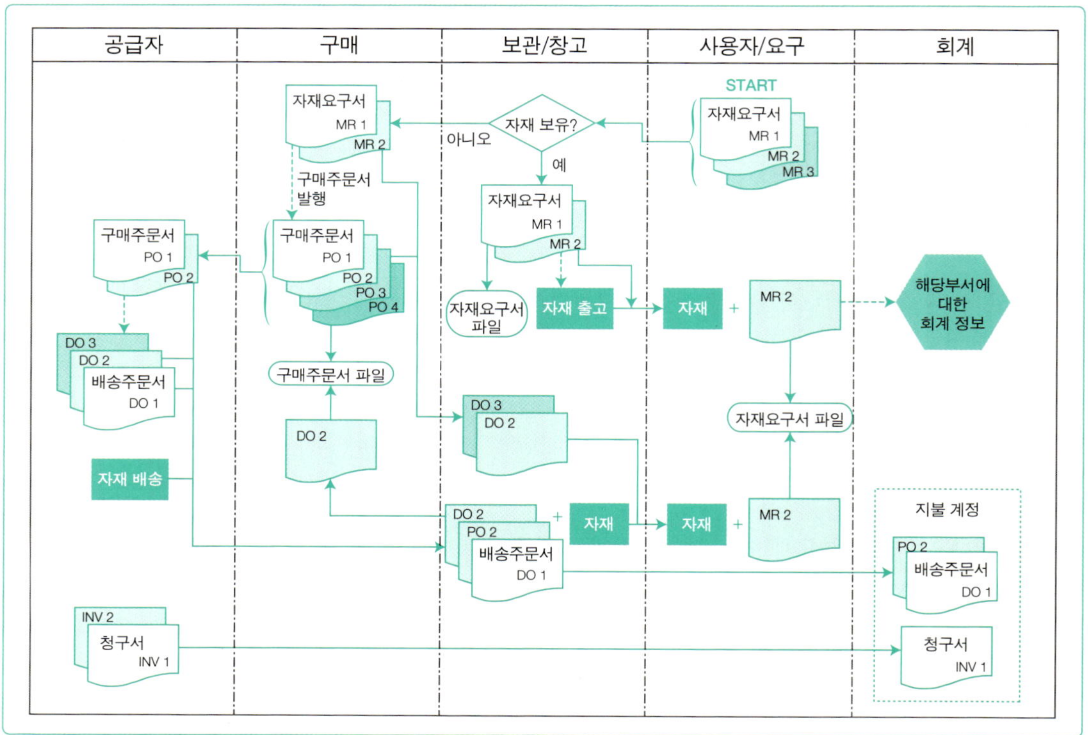

다. 이 방법은 상대적으로 오랜 기간 동안 표준품을 제조하기 위하여 동일한 부품을 사용하는 기업에 적절하다.

요청한 자재가 창고에 있으면 구매부서를 통하지 않고 사용자에게 자재가 공급된다. 그렇지 않으면 자재요구서는 해당 자재를 담당하고 있는 구매자에게 할당된다. 만약 요청한 자재에 대한 적절한 대체품이 있으면 구매부서에서는 사용자에게 대체품을 추천할 수 있다. 그러나 구매부서에서 사용자의 동의 없이 자재의 명세를 변경할 수는 없다. 적절한 공급자를 선정하는 것이 구매부서의 권리이자 의무이지만, 많은 경우에 사용자가 가능한 공급자 목록을 제시한다. 〈그림 2-2〉는 자재요구서의 예이다.

견적요청서 및 제안요청서

요청한 자재가 창고에 없으면 자재요구서는 구매부서로 전달된다. 해당 자재에 대한 현재의 공급자가 없으면 구매자는 검증된 공급자군을 파악해서 **견적요청서**(request for quotation: RFQ)를 발급해야 한다. 복잡하고 매우 기능적인 부품, 특히 완전한 제품명세를 모르는 경우에는 **제안요청서**(request for proposal: RFP)가 발급될 수도 있다. 제안요청서는 공급자들이 신자재

〈그림 2-2〉 자재요구서의 예

BabiHutan Inc.
523 Las Vegas Blvd
Las Vegas, NV89154
Tel: 702-123-4567

자재요구서

RX #: 6334554

요구자: ______________________ 부서: ______________________

전화번호: ____________ 계정번호: ____________ 날짜: ____________

추천 공급자: ____

주소: __________________________________ 전화번호: ____________

No.	품명	가격	수량

특기사항: ____

승인자: __________________________________ 날짜: ____________

Distribution: White-Purchasing/Yellow-Purchasing (return to requestor)/Pink-Department

와 신기술을 제안하는 것을 허용하므로 기업은 공급자의 전문성을 활용할 수 있다.

공급사슬관리를 실시하는 기업에서 많이 추진하는 것이 **공급자 개발**(supplier development)이다. 적절한 공급자가 없을 경우, 기존 공급자나 신규 공급자에게 필요한 기술과 자금을 지원함으로써 생산역량, 품질, 납기, 원가 등을 개선하도록 도움을 줄 수 있다. 이러한 방식으로 공급자를 개발함으로써 기업은 비핵심분야를 공급자에게 **외주**(outsourcing)로 주고 핵심역량에 집중할 수 있게 된다.

구매주문서

적절한 공급자를 찾게 되면 구매자는 선정된 공급자에게 **구매주문서**(purchase order: PO)를 중복으로 발급한다. 일반적으로 구매주문서 원본이나 최소한 복사본이 공급자에게 전달된다. 구매주문서에는 구매와 관련된 약관이 이면에 기재되어 있다. 구매주문은 구매자의 제안이며 공급자가 접수하게 되면 법적 구속력을 가지는 계약이다. 그러므로 기업은 주문의 접수를 알 수 있도록 구매주문서 복사본을 반송하도록 공급자에게 요구해야 한다. 〈그림 2-3〉은 구매주문서의 예이다.

〈그림 2-3〉 구매주문서의 예

BabiHutan Inc.
523 LasVegas Blvd
Las Vegas, NV89154
Tel: 702-123-4567

구매주문서

PO#: 885729
날짜: ________

공급자:

입고처 주소:

요구납품일자: ________
지불조건: ________
FOB 조건: ________
가격협정번호: ________

Include PO # in all packages, invoice, shipping papers & correspondence. Mail original and one copy of invoice attached to second copy of Purchase Order for payment.

No.	품명	단가	수량	계
		주문 금액 합계		

구매자: ________ 전화: ________ 팩스: ________

구매자 서명: ________ 요청번호: ________

SEE REVERSE FOR TERMS & CONDITIONS

Distribution: White-Vendor/Yellow-Vendor(return with invoice)/Pink & Blue-Purchasing/Green-Fixed Assets

공급자가 단일 공급자이거나 제품 관련 특허를 보유하고 있다면 공급자의 조건으로 제품을 공급할 수도 있다. 이 경우 공급자의 **판매주문서**(sales order)가 사용된다. 판매주문서는 공급자의 제안이며 구매자가 수용하게 되면 법적 구속력을 가지게 된다.

주문이 접수되면 구매부서는 **후속작업**(follow-up)이나 **주문촉진**(expediting)을 함으로써 구매 자재가 정시에 배송될 수 있도록 해야 한다. 후속작업은 배송지연을 방지하기 위한 예방적 방법이며, 주문촉진은 납기를 초과한 주문을 보다 신속하게 하기 위한 사후적 방법이다.

UCC(Uniform Commercial Code)는 루이지애나주의 경우를 제외하고는 미국에서의 물품구매 및 판매를 관장한다. 루이지애나주는 Napoleonic Code에 기초한 법률 체계를 가지고 있다.

전자조달 시스템

전자자료교환(electronic data interchange: EDI)은 구매 프로세스를 개선하기 위해 1970년대에 개발되었다. 그러나 특허문제로 인하여 상당한 선행 투자를 필요로 하였다. 1990년대 인터넷 기술의 급격한 발달로 더욱 유연한 인터넷 방식의 전자조달 시스템(electronic procurement system: e-procurement)이 보급되었다. 1990년대 후반에 많은 전자상거래 서비스 제공업체들이 등장했지만 2000년 닷컴 버블(dot-com bubble) 이후 많이 쇠퇴하였다. 오늘날에는 사용자에게 서비스의 이점을 인정받은 잘 관리된 전자상거래 회사만이 번성하고 있다.

〈그림 2-4〉는 라스베이거스주 네바다대학에서 사용하는 인터넷 기반 전자구매 시스템

〈그림 2-4〉 인터넷 기반의 전자구매 시스템

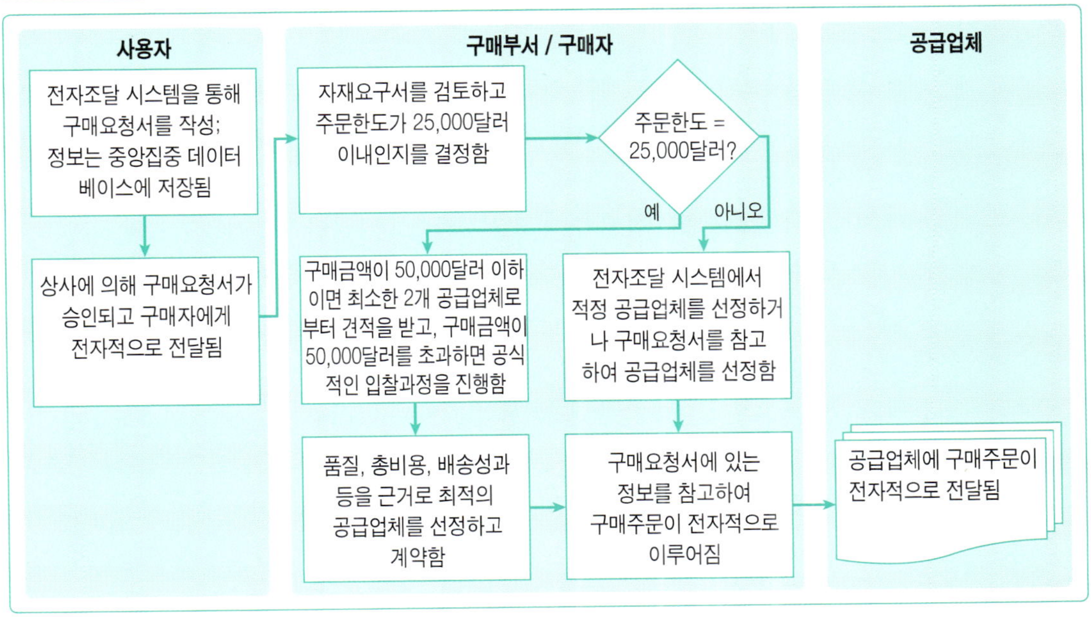

으로, 전자조달을 구동하는 데이터베이스는 서버에 있고 소프트웨어는 워크스테이션에 장착되어 있다. 이 전자조달 시스템은 인터넷 접속이 가능하며 사용자는 구매요청서를 구매부서에 전자적으로 제출하고 구매자는 구매주문을 공급업체에 인터넷, 팩스, 전자 메일 또는 우편을 통해 전달할 수 있다.

자재 사용자는 구매 요청 및 필요한 수량, 필요 시기와 같은 관련 정보를 자재요구모듈에 입력함으로써 전자조달 과정을 개시하게 된다. 자재 사용자는 자재 공급업체 또는 잠재적 공급원을 추천할 수 있다. 다음에, 자재요구서는 승인절차를 거친 뒤에 구매부서의 구매자에게 전자방식으로 전송된다. 구매자는 자재요구서의 정확성과 적정한 승인수준을 검토하고 구매금액을 결정한다. 금액이 2만 5,000달러 미만이면 데이터베이스에 저장된 구매요청 내역을 참고하여 공급업체를 선정한다. 구매금액이 2만 5,000달러에서 5만 달러 사이인 경우 구매주문을 하기 전에 견적요청서가 필요하게 된다. 그러나 금액이 5만 달러를 초과하는 경우 공식적인 입찰 과정에 의하여 공급업체가 선정되어야 한다. 입찰은 정해진 시간과 장소에서 공개적으로 이루어져야 한다. 구매는 모든 요구사항을 충족시킨 가장 저렴한 입찰업체에 의뢰한다. 이후 전자 구매주문서(또는 서비스 구매를 위한 정식 계약서)가 준비되고 낙찰된 공급자에게 전송(또는 우편 발송)된다.

전자조달 시스템의 이점

전통적인 매뉴얼 구매 시스템은 자재요구서와 구매주문서를 발급하는 데 노동집약적인 특성을 가지고 있다. EDI가 이러한 문제 중 일부를 해결했지만, 특허문제로 높은 투자비를 필요로 하므로 소규모 기업은 이용하기 어려운 단점이 있다. 이에 비하여 전자조달 시스템은 다음과 같은 장점이 있어 대부분의 기업이 이용할 수 있다.

1. 시간 절약: 전자조달은 (a) 잠재적 공급자를 선정하고 유지할 때, (b) 견적요청서와 구매주문서를 처리할 때, (c) 반복 구매를 할 때 더욱 효율적이다. 개별 구매자는 선호하는 공급자 목록을 만들 수 있다. 이 목록은 수정될 수 있고 모든 구매자와 공유된다. 공급자 성과 자료도 신속하게 최신화될 수 있고 실시간으로 온라인으로 이용 가능하게 된다. 견적요청서를 수집하고, 정리하고, 검토하고, 비교하는 일은 많은 인력과 시간을 필요로 한다. 전자조달 시스템은 부가가치를 창출하지 않는 이러한 일을 줄여준다. 구매주문서에 자료를 중복해서 입력하는 일도 없어진다. 또한 전자조달 시스템은 구매요청서를 부서간에 전달할 필요도 줄여주며 승인절차를 간소화하고 구매주문을 자동화하게 된다.

   전자조달 시스템은 정기적으로 주문하는 품목에 대해서는 자동으로 입찰하도록 할 수 있다. 자동입찰은 소량을 주문해야 하는 부패성 품목이나 자주 주문하는 규격품에 대해 매우 유용하다.

2. 비용 절감: 구매자는 더욱 많은 구매를 처리할 수 있으며 수작업을 줄일 수 있다. 기타의 비용 절감으로는 더욱 많은 공급자와 접촉할 수 있으므로 재화와 서비스의 가격을 낮출 수 있으며, 구매횟수를 증가시킴으로써 재고 수준이 줄어들어 재고비용을 줄일 수 있고, 구매인력 감축, 관리비 절감, 신속한 주문충족 등을 들 수 있다.
3. 정확성: 전자조달 시스템은 자재 사용자와 구매자에 의해 각각 이루어지던 이중 입력방식을 지양한다. 또한 구매자와 공급자 간의 의사소통의 정확성을 향상시킨다. 온라인에서 즉시 이용할 수 있는 공급업체에 대한 최신 정보를 통해 사용자는 구매요구서를 작성하기 전에 상품 및 서비스의 옵션을 평가할 수 있다.
4. 실시간: 전자조달 시스템은 구매자가 실시간으로 입찰을 개시할 수 있게 해주며, 공급자도 실시간으로 입찰에 응할 수 있게 한다. 즉, 자재요구서가 일단 처리되면 구매자가 모든 공급자와 개별적으로 접촉할 필요가 없이 즉시 입찰을 개시할 수 있다.
5. 이동성: 구매자는 위치와 시간에 구애받지 않고 공급자와 의사소통할 수 있고 입찰 결과를 점검할 수 있으므로, 전자조달 시스템은 매우 융통성이 있다.
6. 추적가능성: 모든 거래내역의 감사기록을 전자형식으로 유지할 수 있다. 전자입찰과 전자거래를 추적하는 것은 문서기록보다 훨씬 용이하며 신속하다. 구매자와 공급자는 추가적인 정보를 요청할 수 있으며 의견을 남기거나 입찰에 대한 관심도를 나타낼 수 있다.
7. 경영상의 이점: 전자조달 시스템은 공급자와 관련된 중요한 정보를 저장하도록 설계할 수 있다. 경영진이 향후 계획을 검토하고 활용할 수 있도록 공급자에 관한 요약 통계 및 성과보고서가 작성될 수 있다.
8. 공급자에 대한 혜택: 진입과 거래의 용이성, 다수의 구매자에 대한 접근성, 시장 상황에 즉각적으로 적응하는 능력 등을 들 수 있으며 이러한 혜택은 대부분의 공급업체에게 전자조달 시스템의 이점으로 작용한다.

소액구매주문

주문을 처리하는 데에는 상당한 비용이 발생한다. 매뉴얼 구매 시스템을 사용할 경우 주문처리비용은 175달러에 이르는 것으로 나타났다.[6] 이 수치는 구매 인력이 중견 간부이거나 구매와 관련된 기타의 간접비를 고려하면 더 높을 수 있다. 구매주문을 처리하는 데 드는 비용이 주문 자체 비용을 초과하는 경우도 흔한 일이다. 소액구매주문의 기준은 기업의 규모에 따라 달라지겠지만, 500~1,000달러 정도 수준이 될 수 있을 것이다.

소액구매주문은 특히 매뉴얼 시스템에서 최소화되어 구매자가 불필요한 구매에 시간을 뺏기지 않도록 해야 한다. 전자조달 시스템의 효율성으로 인하여 구매자는 소액구매주문에 대하여 부담을 덜게 된다. 소액구매로 인한 불필요한 관리비를 통제하고 주문소요시간을 줄이기 위하여 구매 관리자는 다양한 대안을 가진다. 일반적으로 이들 대안은 사무용품 및 간접 자재의 구매에 활용된다. 그 대안을 살펴보자.

조달신용카드/기업구매카드

조달신용카드(procurement credit card)나 **기업구매카드**(corporate purchasing card: P-card)는 구매 조직의 승인된 직원에게만 발급되며 보통 5,000달러 이내의 한도를 가지는 신용카드이다. 많은 기업에서 구매액의 절반 이상이 500달러 미만인 경우가 많다. 아메리칸 익스프레스, 마스터카드, 비자 및 다이너스 클럽은 일반적으로 이러한 목적으로 사용된다. P-card는 자재 사용자가 구매부서를 거치지 않고 공급자로부터 자재를 직접 구매할 수 있게 한다. 일반적으로 사용자는 승인된 공급업체목록에서 필요한 자재를 구매해야 한다. 조달신용카드는 지난 20년간 정부기관에서 특히 인기를 얻었다. 2012년 P-card에 관한 연구에서, 2,500달러 이하의 소액구매를 위한 P-card 거래가 2009년 이후로 수표를 초과한 것으로 보고되었다.[7] 후속 조사에 따르면 북미지역의 P-card 지출은 196달러(2013년 기준), 공공부문(29%)보다 민간부문(31%)의 성장률이 약간 앞섰다. 평균 거래 규모는 454달러였고, 평균 월 지출액과 카드당 월 거래액은 각각 2,767달러와 6.1달러였다. P-card 지출은 2016년까지 3180억 달러, 2018년까지 3,770억 달러로 증가할 것으로 예상된다.[8]

권한이 부여되면, P-card를 사용하여 식사, 숙박 및 기타 출장 경비를 지불할 수 있으므로 사전에 출장 경비를 처리할 필요가 없다. 이 유형의 P-card는 일반적으로 **여행카드**(travel card)라고 한다. 월말에 항목별 명세서가 구매부서, 카드 소지자의 부서 또는 직접 회계부서로 발송된다. 일반적으로 구매부서는 전체 프로그램 관리 책임은 있지만 개별 부서에서 카드 소지자를 관리해야 한다. 조달신용카드 시스템의 적절한 내부 통제를 목적으로 각 카드 소지자의 횡령을 예방하기 위하여 월별 명세서를 검토할 감독자를 지정해야 한다. 카드 소지자는 각 구매에 대한 적절한 증빙서류 및 기록을 보관해야 한다.

P-card 프로그램의 성공에도 불구하고 전 세계적으로 프로그램을 확장하는 데는 고유한 문제가 있다. P-card 프로그램은 미국과 호주 같은 영어권 지역에서 보편화되었으며, 프랑스, 독일 및 이탈리아에서는 자동이체가 더 일반적이다. 이직률이 높은 일부 아시아 시장에서 고용주가 카드 사기에 대해 우려하고 있다. 카드 발행 은행들은 그들의 P-card 프로그램을 모든 국가로 확대하는 데 있어 제한된 네트워크를 가지고 있다. 또한 국가별 과제도 존재한다. 예를 들어 독일은 복잡한 데이터 보호법을 가지고 있으며, 새로운 프로그램은 각 회사의 노동조합(workers council)에서 검토해야 한다. 데이터 보호법과 관련된 문제는 자동이체를 선호하는 프랑스에서도 나타났다. 동유럽에서 법인카드시장은 여전히 초기 단계에 있다.[9]

총괄 혹은 개방형 구매주문

총괄 구매주문(blanket purchase order)은 분기별 혹은 연간 등 고정된 기간 동안 반복적인 공급을 위한 것이다. **개방형 구매주문**(open-end purchase order)은 추가적인 품목과 만료기간이 재협상될 수 있다는 점에서 총괄 구매주문과 약간의 차이가 있다. 각 품목의 가격과 예측 수량 그리고 기타의 조건이 협상되고 주문에 포함된다. **총괄 주문발주**(blanket order release)나 생산계획과 같은 다양한 메커니즘이 주문에 대한 특정 수량을 발주하는 데 사용될 수 있다. 총괄 혹은 개방형 구매주문은 유지·보수·운영(MRO) 부품과 사무집기를 구매하는 데 적합하다. 공급자는 보통 월별로 주문에 대한 발주내역을 구매기업에 송부한다.

총괄 구매주문은 소액구매를 처리하는 데 자주 사용되지만 총괄 주문조정, 협력업체관계 및 단일발주과 함께 사용할 경우 대형의 다품종 생산 회사의 복잡한 구매 요청을 처리하기 위한 강력한 도구이다.

백지수표 구매주문

백지수표 구매주문(blank check purchase orders)은 보통 구매주문서 아래에 서명된 백지수표로 특별 구매주문을 할 때 사용된다. 일반적으로 500~1,000달러를 초과하는 경우에는 사용할 수 없다고 인쇄되어 있다. 정확한 구매금액을 알고 있는 경우, 구매자는 수표에 금액을 입력한 후 공급자에게 전달한다. 그렇지 않은 경우, 공급자가 수표로 지불할 금액을 입력하고 자재가 선적된 후 현금화한다. 오늘날 구매 관리자는 P-card 사용을 장려하고 백지수표 구매주문을 단계적으로 중단하고 있다.

무재고 구매 혹은 시스템 계약

무재고 구매(stockless buying) 또는 **시스템 계약**(system contracting)은 총괄 구매주문의 확장이다. 이 방식은 공급자에게 최소한의 재고 수준을 유지할 것을 요구하여 요구품목을 항상 확보할 수 있게 하는 것이다. 이 방식은 공급자에게 재고 보유의 부담이 지워지므로 구매자는 무재고를 유지할 수 있다. 어떤 기업은 주문소요시간을 줄이기 위해서 구매자의 생산설비에 공급자의 재고를 보유하도록 요구하기도 한다.

소액 현금

소액 현금(petty cash)은 중간관리자나 사원이 가지고 있는 소액의 현금이다. 일반적으로 자재 사용자는 필요한 자재를 구매한 후 영수증을 소액 창구 직원에게 제출하여 소액 현금에 대한 구매를 청구한다. 이 시스템의 이점은 영수증에 의해 정확한 상환이 이루어지다는 것이다. 그럼에도 불구하고, 소액 현금 또한 P-card의 이점으로 단계적으로 폐지되고 있다.

자재와 부품의 표준화 및 단순화

구매부서는 필요하다면 자재와 부품을 표준화하기 위하여 설계, 엔지니어링, 그리고 생산부서와 협력해야 한다. 예를 들어 자동차 제조업체가 동일한 시동 메커니즘을 사용하여 다른 모델의 자동차를 설계함으로써 사용량이 늘어나고, 저장공간이 줄고, 수량할인도 받을 수 있었다. 또한 이러한 방법은 소액주문의 수를 줄일 수 있다.

단순화(simplification)는 제품 또는 프로세스에 사용되는 구성요소, 소모품 또는 표준자재의 수를 줄이는 것을 의미한다. 예를 들어 컴퓨터 제조업체는 각 모델마다 다른 비디오 카드 모듈을 사용하는 대신 마더보드에 직접 비디오 카드를 통합할 수 있다. 표준화와 마찬가지로 수량할인을 받을 수 있고, 저장공간을 줄이며, 소액구매주문의 횟수를 줄일 수 있다.

대량주문을 만들기 위한 소량주문 누적

자재요구가 긴급을 요하지 않는다면 여러 개의 소량주문을 누적시켜 대량주문화할 수 있다. 그렇지 않으면 구매를 할 때 단순히 주문량을 늘리게 된다. 대량주문을 하게 되면 구매가격을 낮출 수 있고 단위당 운송비용도 절감된다.

특정 자재에 대한 고정주문간격 활용

소량주문을 통제하는 또 다른 효과적인 방법은 재재를 범주화하여 각 범주에 속하는 자재에 대하여 고정주문간격를 활용하는 것이다. 즉, 주문간격은 사용량에 따라 격주 혹은 월간으로 정하고 개별 자재를 주문하는 대신 각 범주에 속하는 자재의 적당량을 하나의 구매요구서로 주문하는 것이다. 이 방식은 주문금액을 증가시키고 소액주문의 수를 줄여준다.

조달 의사결정: 생산 혹은 구매 의사결정

외주(outsourcing)라는 용어는 일반적으로 자재와 부품을 자체 생산하는 대신 구매하는 것을 의미한다. 과거에는 수직적 후방통합과 수직적 전방통합 등에 의한 자체 생산을 선호하였으나 최근에는 공급사슬 구축과 결합된 외주를 선호하는 추세이다. **수직적 후방통합**(backward vertical integration)은 공급원을 인수하는 것이며, **수직적 전방통합**(forward vertical integration)은 수요원을 인수하는 것이다. 완제품 제조업체가 부품공급업체를 인수하는 것은 후방통합의 예이며, 배송업체나 아웃바운드 물류 서비스업체를 인수하는 것은 전방통합의 예이다.

자재나 부품을 **생산할 것인지 구매할 것인지**(make or buy decision)는 조직의 경쟁력에 영향을 미칠 수 있는 전략적 의사결정문제이다. 대부분의 조직은 유지·보수·운영 관련 부품과 사무실 집기의 경우 생산하기보다는 구매를 하고 있다. 그러나 기업의 경쟁력에 영향을 미치는 고도의 복잡한 엔지니어링 부품을 어떻게 확보할 것인가는 매우 복잡한 문제이다. 혼다 자동차(Honda Motor company)는 왜 자동차 제조에 사용되는 엔진을 구매하지 않고 생산한다고 생각하는가?

전통적으로 조달 의사결정에서 가격은 중요한 결정기준이 되어왔다. 그러나 최근에는 조달 의사결정이 조직의 경쟁력에 미치는 전략적 영향에 더 초점을 두고 있다. 예를 들어 혼다는 엔진이 자동차의 성능과 명성에 매우 중요한 역할을 한다고 생각하기 때문에 엔진을 외주로 하지는 않을 것이다. 그러나 고품질, 저가격의 브레이크 드럼 전문기업에게 브레이크 드럼의 외주를 줄 수는 있을 것이다. 일반적으로 조직은 핵심활동에 초점을 두는 반면 비핵심활동에 대해서는 외주를 주게 된다. 생산 혹은 구매 의사결정은 둘 중에 하나만을 선택해야 하는 배타적인 의사결정이 아니다. 일부 부품 혹은 서비스는 자체 생산하고 나머지는 공급자로부터 구매할 수 있는 것이다.

구매 혹은 외주의 이유

기업이 자재와 부품 혹은 서비스를 구매하거나 외주를 주는 이유는 다음과 같이 여러 가지가 있다.

1. 비용상의 이점: 많은 기업의 경우 비용은 구매 혹은 외주를 하는 중요한 이유이며, 조직의 경쟁력에 중요하지 않은 부품에 대해서는 특히 그러하다. 공급자가 동일한 품목을 다수의 사용자에게 공급하기 때문에 **규모의 경제**(economies of scale) 이점을 가질 수 있는 자재에 대해서는 비용이 중요하게 된다. 외주를 하는 대부분의 경우에는 필요한 수량이 매우 적어서 자체 생산에 필요한 자본투자를 정당화시킬 수 없는 경우이다. 일부 외국의 공급자는 저렴한 인건비와 자재비를 이용하여 비용상의 이점을 가질 수 있다.
2. 불충분한 생산능력: 부품을 생산할 수 있을 만한 생산능력이 갖추어지지 않은 경우와 수요가 예상보다 갑자기 증가하여 충족시킬 수 없을 경우에는 구매나 외주를 해야 한다. 기업은 핵심 작업에 초점을 맞추고 단기간에 수량을 확보하기 위해 부품이나 구성요소를 구입한다. 또한, 기업은 수요를 충족시키기 위해 매우 엄격한 조건하에 필수 구성요소 및/또는 운영을 하청할 수 있다. 외주업체가 적절하게 관리될 경우 **하도급계약**(subcontracting)이 구성요소 또는 최종제품의 제조 프로세스 및 기타 요구사항을 보다 잘 통제할 수 있기 때문에 구매 대신 외주가 단기 용량을 확장하는 데 보다 효과적인 수단이다.
3. 전문성의 결여: 기업이 특정 품목을 생산할 만한 기술과 전문성이 없을 때가 있다. 비핵심활동에 대한 장기간의 기술 및 경제적 능력을 투자하는 것은 핵심역량에 집중하는 기

SCM PROFILE

정보기술의 외주 전략

공급관리 전문가들은 복잡한 정보기술을 아웃소싱할지 내부에서 처리할지 끊임없이 논의하고 있다. 특히, 구형 시스템이 상위 수준의 데이터 분석 기능을 처리할 수 없거나 충분한 데이터 저장 공간을 제공할 수 없는 경우 더욱 그러하다. 정보기술은 급속도로 발전하고 있기 때문에 조직이 이를 앞서가는 것은 어렵다. 외주(out-sourcing)는 제3의 공급자의 규모의 경제를 활용할 수 있다는 이점이 있지만, 비즈니스에 미치는 다른 잠재적 영향력을 반드시 고려해야 한다.

정보기술 외주의 주요 이점은 상당한 초기자본 지출 없이 제3자 공급자의 전문화된 프로세스와 저렴한 노동력을 제공받을 수 있다는 것이다. 구매 회사는 인프라 및 응용 프로그램 소프트웨어에 막대한 투자를 하는 대신, 변동비로써 사용하는 부분에 대해서만 비용을 지불할 수 있다. 공급자의 역량과 전문성 높은 수준의 서비스를 제공하고, 구매 회사가 비즈니스 프로세스 및 핵심역량에 집중할 수 있게 해준다. 또한 제3의 공급자는 정기적인 업데이트로 최상의 시스템을 유지한다. 예를 들어 구매부서와 대금 지급 부서를 통합하는 기술은 많은 중소기업에 이전에는 없었던 기능을 제공한다.

그러나 공급 관리자는 정보기술 외주에 따른 비용, 이점 및 위험을 분석해야 한다. 정보기술 외주의 주요 위험은 통제의 손실이다. 기업은 비공개 계약에 따라 데이터가 보호되는 경우에도 기밀 데이터를 타사 제공업체 및 경쟁사에 노출시킬 위험이 있다. 또 다른 위험은 타사 제공업체와 작업을 조정하는 것이 어려울 수도 있다는 것이다. 아웃소싱 서비스는 회사 운영에 부합되는 맞춤형 사내 시스템에 보다 표준화되는 경향이 있다.

리스크를 분석할 때 공급 관리자는 리스크가 실제인지 지각인지를 평가해야 한다. 변화관리에 대한 두려움이 관리자들로 하여금 차선의 결정을 내리는 원인이 되는 것은 드문 일이 아니다. 항공우주 및 방위산업 기업이 클라우드에 데이터를 저장하는 경우 기존의 제조회사 또는 서비스 조직은 데이터 보안에 대해 왜 걱정해야 할까?

실행 가능한 비즈니스 전략을 아웃소싱 하기 위해 공급 관리자는 아웃소싱 할 필요성 및 정보기술을 결정하기 위한 가시성, 분석 도구 및 실행 기능을 제공하는 3단계 프레임워크를 선택해야 한다. 첫째, 아웃소싱 소프트웨어는 공급업체, 고객 및 ERP 시스템의 정보를 한 곳으로 모아 데이터 분석을 위한 가시성을 갖추어야 한다. 둘째, 아웃소싱 소프트웨어에는 비용 분석, 판매 예측 및 시나리오 모델링과 같은 데이터 분석을 위한 적절한 분석도구가 있어야 한다. 셋째, 아웃소싱 소프트웨어는 문제가 발생할 경우 시정 조치를 할 수 있어야 한다.[10]

업의 역량에 영향을 줄 수 있다. 또는 공급자가 공정이나 제품에 대한 특허를 보유하고 있어서 기업이 생산하는 것이 불가능할 수도 있고 환경이나 안전기준을 충족시킬 수 없어서 생산하기 못하는 경우도 있다.

4. 품질: 공급자는 우량한 기술과 공정, 숙련된 작업자, 그리고 규모의 경제 이점을 가지고 있어서 구매 부품이 품질 면에서 우수할 수 있다. 공급자가 연구개발에 더욱 많이 투자할 수 있기 때문이다. 급속한 혁신이 이루어지는 첨단기술산업에서 더욱 그러하다.

생산의 이유

기업이 자재·부품·서비스·설비를 생산하는 것은 다음과 같은 이유 때문이다.

1. 특허기술의 보호: 생산을 하는 주된 이유는 특허기술을 보호하기 위해서이다. 기업이 개발한 설비·제품·공정은 경쟁우위를 위해서 보호될 필요가 있을 수 있다. 기술이 공개되지 않도록 보호함으로써 경쟁자를 압박할 수도 있고 신제품을 시장에 먼저 출시할 수도 있다.
2. 경쟁력 있는 공급자의 부재: 우량 부품을 공급하는 공급자가 없거나 부품을 생산하는 기술이나 역량을 갖춘 공급자가 없을 경우, 기업은 단기간이라도 그 부품을 생산할 수밖에 없다. 장기적으로 그 부품을 생산할 수 있도록 신규 또는 기존 공급자를 개발할 수 있다.
3. 품질관리의 용이함: 자체 생산을 함으로써 설계, 제조공정, 노동력, 기타 생산요소에 대한 직접적인 통제가 가능하게 되어 고품질의 부품을 생산할 수 있다. 경험과 효율성으로 정확한 부품을 제조하므로 공급업체는 이러한 정확한 사양과 요구사항을 충족시킬 수 없다. 반면 공급자가 양질의 부품을 생산할 수 있는 기술과 생산공정을 보유할 수도 있어 어떠한 방식이 부품의 품질수준을 제고하는 데 유리한지는 논란의 여지가 있다.
4. 기존 유휴 생산능력 활용: 유휴 생산능력을 가진 기업은 부품을 생산함으로써 과잉 생산능력을 활용할 수 있다. 이러한 전략은 계절적 수요를 가진 제품을 생산하는 기업에 유용하다. 부품생산에 과잉 생산능력을 단기간 활용함으로써 숙련된 작업자의 해고를 회피할 수도 있다.
5. 리드타임, 수송, 창고비의 통제 가능: 자체 생산을 하게 되면 설계, 제조 및 배송 프로세스 등을 통제할 수 있게 되어 리드타임과 물류비를 쉽게 통제할 수 있게 된다. 예를 들면, 보관비용을 최소화하기 위해 사용지점 근처에서 제품을 생산하기도 한다.
6. 비용 절감: 부품이 지속적이고 대량으로 필요한 경우라면 자체 생산을 하는 것이 더욱 경제적이다. 자체 생산을 하려면 자본투자가 필요하므로 고정비가 높아지지만, 공급자에게 이윤을 보장하지 않아도 되므로 변동비는 낮아지기 때문이다.

생산 혹은 구매 손익분기 분석

자체 생산을 함으로써 특허기술을 보호하거나 우수한 제품특성을 달성하는 등의 장점이 없다면, 설비와 자재 및 서비스를 구매하는 조달방식을 활용하는 것이 최근의 추세이다. 그러나 외주를 하는 것은 통제의 어려움이나 공급자와 관련된 리스크와 같은 단점이 있다. **손익분기 분석**(break-even analysis)은 전략적 조달 의사결정에 있어서 비용요소를 고려하는 간단한 방법이다. 이 분석에는 다음과 같은 몇 가지의 가정이 필요하다. (1) 관련된 모든 비용-

은 고정비와 변동비로 분류할 수 있으며, (2) 분석대상기간 중의 고정비는 동일하다. (3) 변동비는 선형(linear)이다. (4) 자체 생산을 위한 고정비는 시설투자비 때문에 구매의 경우보다 더 높고, (5) 구매로 인한 변동비는 공급자의 이윤 때문에 자체 생산의 경우보다 더 높다.

부품을 생산할 것이지 구매할 것이지를 결정하려는 가상의 회사 예를 들어보자.

연간 수요량은 15,000단위이다. 공급업자는 부품을 단위당 7달러로 공급할 수 있다. 공급자와 계약하려면 500달러의 비용이 소요될 것으로 예상하고 있다. 이 부품을 생산하려면 설비에 2만 5,000달러를 투자해야 하며 단위당 생산비는 5달러로 예상한다.

비용	자체 생산	부품 구매
고정비용	\$25,000	\$500
변동비용	\$5	\$7
연간 수요량 = 15,000단위		

손익분기점(Break-even Point)

손익분기점 수량(Q)은 두 가지 경우의 총비용이 동일할 때 Q의 값으로 구할 수 있다(그림 2-5 참조).

생산할 경우의 총비용	= 구매할 경우의 총비용
⇒ \$25,000 + \$5Q	= \$500 + \$7Q
⇒ 7Q − 5Q	= 25,000 − 500
⇒ 2Q	= 24,500 단위
⇒ 손익분기점 수량, Q	= 12,250 단위

두 가지 경우의 손익분기점은

$$TC_{BE} = \$25{,}000 + (\$5 \times 12{,}250) = \$86{,}250$$

연간 수요량이 15,000단위이므로, 생산하는 경우의 총비용은

$$TC_{MAKE} = \$25{,}000 + (\$5 \times 15{,}000) = \$100{,}000$$

구매하는 경우의 총비용은

$$TC_{BUY} = \$500 + (\$7 \times 15{,}000) = \$105{,}500$$

비용의 차이는 다음과 같다.

$$TC_{BUY} - TC_{MAKE} = \$105{,}500 - \$100{,}000 = \$5{,}500$$

〈그림 2-5〉 손익분기 분석

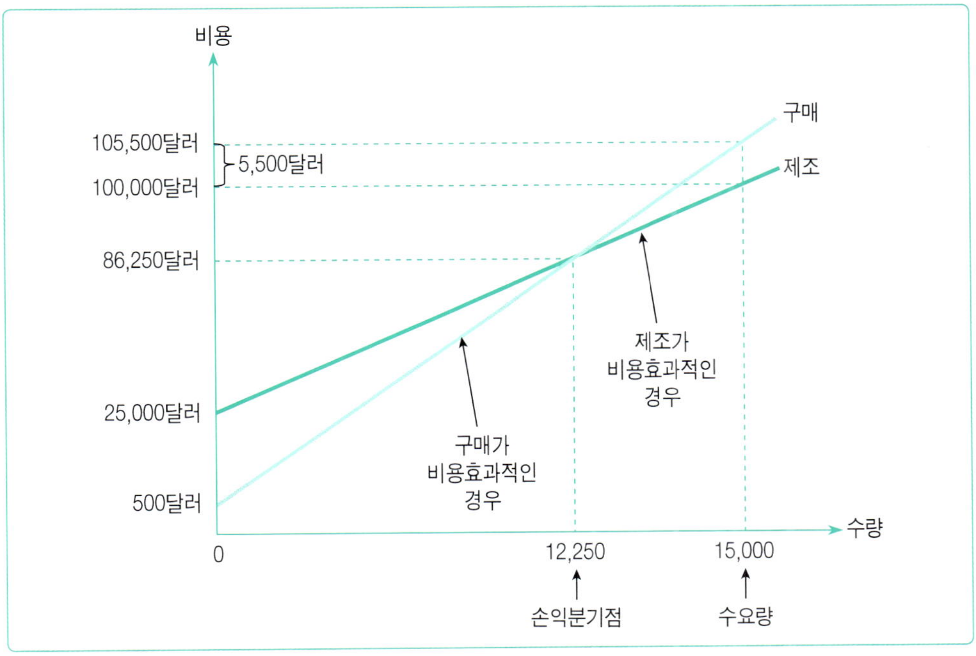

위의 계산에 의하면 손익분기점 수량은 12,250단위이며, 손익분기점의 총비용은 86,250달러이다. 수요량이 12,250단위 미만이면 구입하는 것이 더 저렴하고, 12,250단위 이상의 부품을 필요로 하는 경우 부품을 생산하는 것이 더 저렴하다. 즉, 필요 수량이 적을 경우(12,250단위 미만)는 구매하는 경우의 고정비용이 낮기 때문에 총비용 절감을 가능하게 하는 것이며, 필요 수량이 많을 경우(12,250단위 이상)는 자체 생산할 경우의 변동비용이 낮기 때문에 더 합리적이다. 이 예에서는 필요수량이 손익분기점 수량보다 크기 때문에 부품을 생산하는 것이 더 유리함을 보여준다.

공급기반의 역할

공급기반(supply base) 혹은 **공급자기반**(supplier base)은 기업이 자재, 설비, 서비스를 공급받는 공급자 목록을 말한다. 공급사슬관리에 관련된 기업은 구매품목의 수를 줄이고 공급자의 수를 줄여서 공급기반을 축소함으로써 장기적인 전략적 공급자 협력관계를 구축한다. 예를 들어 제록스(Xerox)와 크라이슬러(Chrysler)는 1980년대 공급기반을 약 90%까지 축소하였다. 마찬가지로, 세계 최대 자동차 부품 공급업체인 델파이(Delphi Automotive)는 2000년대에 전 세계 공급기반을 약 75% 축소하였다.[11] 기업의 경쟁우위에 기여하는 효과적인 공급기반은 성공의 핵심이다. 유능한 구매 관리자는 공급사슬 전략을 지원할 수 있도록 공급기반을 발전시켜 공급자가 전략적 역할을 하도록 한다. 우수한 공급자는 구매품목을 공급하는 것 외에도 다음과 같은 역할을 한다.

1. 구매기업의 생산, 특히 제품 개발에 유용한 제품 및 공정기술과 지식 제공(이것을 조기 참여라고 함)
2. 자재·공정·설계의 최신 추세에 관한 정보의 제공
3. 주요 자재의 공급에 악영향을 미칠 수 있는 가격 인상, 재고 부족, 정치적 불안정 등 공급시장에 관한 정보의 제공
4. 예상수요 이상의 수요충족능력
5. 다수의 구매기업에 동일한 품목을 생산 공급함으로 인한 규모의 경제에 의한 비용 절감

공급사슬관리에 있어서 공급자는 이러한 서비스를 제공할 수 있어야 한다. 공급기반은 공급사슬관리의 성공에 중요하게 기여한다.

공급자 선정

사무용품이나 별로 중요하지 않은 자재에 대한 공급업체를 선정하는 것은 별로 어렵지 않다. 그러나 기업의 경쟁우위에 영향을 미칠 수 있는 주요 자재의 공급자를 선정하는 과정은 복잡하며 다수의 기준에 의하여 이루어져야 한다. 원가와 납기뿐만 아니라, 제품기술과 공정기술에 공급자가 어떻게 기여할 수 있는가도 고려해야 한다. 공급자를 선정할 때 고려해야 할 요인은 다음과 같다.

1. 제품기술과 공정기술: 공급자는 구매기업의 경쟁력을 향상시킬 수 있도록 합리적인 가격과 우수한 제품을 생산하기 위한 경쟁력 있는 공정기술을 보유해야 한다.
2. 기술과 정보의 공유 의지: 자신의 핵심역량에 집중하고 비핵심분야는 외주를 통하여 공급자의 역량을 활용하는 것이 최근의 추세이다. 이런 추세를 따르는 기업에게는 기술과 정보를 기꺼이 공유하려는 공급자를 찾아내려는 일이 매우 중요하다. 공급자는 구매자의 신제품 개발과 설계에 **조기 참여**(early supplier involvement: ESI)하여 개념설계 대안을 개발하고, 부품·기술의 선정 및 설계 평가를 지원하여, 비용효과적인 제품·공정의 설계를 선택할 수 있도록 도움을 줄 수 있다. 설계 과정에 공급자를 참여시킴으로써 구매기업은 핵심역량에 더 집중할 수 있게 된다.
3. 품질: 구매품목의 품질수준은 공급자 선정의 매우 중요한 요소이다. 부품의 품질은 완제품의 품질에 직접적인 영향을 미치므로 높은 수준이고 일관성이 있어야 한다.

4. 원가: 자재의 단가는 공급자 선정의 유일한 기준은 아니지만 총소유비용은 중요한 요소이다. **총소유비용**(total cost of ownership 또는 total cost of acquision)은 자재의 단가, 지불기간, 현금할인, 주문비, 재고유지비, 물류비, 유지비, 그리고 기타의 평가하기 쉽지 않은 정성적 비용 등이다. 총소유비용 분석은 단위당 가격을 제외한 기타 비용이 어떻게 구매결정에 영향을 미치는지를 보여준다.
5. 신뢰성: 신뢰성은 공급자를 믿고 함께 협력할 수 있는지에 관한 것이다. 예를 들어 공급자가 재무적으로 안정적인가? 그렇지 않다면 연구개발에 투자를 할 수 없을지도 모른다. 또, 공급자의 납기 리드타임은 신뢰할 수 있는가? 그렇지 않다면 자재 부족으로 생산공정에 차질이 생길지도 모른다.
6. 주문 시스템과 주문 사이클타임: 주문 시스템의 편리성과 주문 사이클타임은 매우 중요하다. 즉, 공급자에게 주문을 하는 것은 쉽고, 빠르고, 효과적이어야 한다. 배송 리드타임은 짧아서 소량을 자주 주문하여 재고 보유비를 줄일 수 있어야 한다.
7. 생산능력: 공급자가 주문량을 충족시킬 만한 생산능력을 보유하고 있는지, 그리고 필요한 경우 대량주문을 충족시킬 수 있는지를 고려해햐 한다.
8. 의사소통 역량: 공급자는 당사자 간의 의사소통을 촉진시키는 역량을 가지고 있어야 한다.
9. 입지: 공급자의 지리적 위치는 배송 리드타임, 수송, 물류비 등에 영향을 미치므로 공급자 선정에서 중요한 요소가 된다. 어떤 기업은 생산설비의 근거리에 공급자가 입지할 것을 요구하기도 한다.
10. 서비스: 공급자는 필요할 경우 제품에 대한 좋은 서비스를 제공함으로써 제품을 뒷받침할 수 있어야 한다. 예를 들어 제품 정보나 보증 서비스가 필요할 때 공급자가 즉시 대처할 수 있어야 한다.

이 외에도 공급자를 선정할 때 고려해야 하는 전략적인 혹은 전술적인 요인이 많이 있다. 전략 품목에 대하여 최저가 경쟁입찰을 하던 시기는 이미 지나갔다. 경쟁력 있는 전략적 공급자를 선정하는 능력은 기업의 경쟁력에 직접 영향을 미친다. 전략적 공급자는 기업의 파트너로 인식되고 기업의 설계 및 생산 노력의 한 부분이 되고 있다.

완제품이 엄격한 품질 표준 및 복잡한 제조공정을 준수해야 하는 복잡한 조립단계로 구성된 항공 우주, 자동차 및 컴퓨터 산업에서 계층화된 공급사슬 모델이 널리 사용된다. **OEM**(Original Equipment Manufacturer)은 최종제품을 생산하는 회사이다. **1단계 공급업체**(tier-1)는 OEM에 부품 또는 서비스를 직접 제공한다. **2단계 공급업체**(tier-2)는 1단계 공급업체에게 산출물을 제공하지만 직접 OEM업체에 제공하지는 않는다. **3단계 공급업체**(tier-3)는 2단계 공급업체에 산출물을 납품한다.

총소유비용의 개념

총소유비용(total cost of ownership: TCO)은 원래의 구매 원가 및 자본 장비 비용만을 고려한 전통적인 손익분기 분석을 확장한 개념이다. 운송 및 재고유지비, 금형, 관세, 환전 수수료, 지불조건, 유지 보수 및 비성능비용을 포함한 기타 질적 및 양적 요인을 고려해야 한다. 기업은 총소유비용 분석을 사용하여 가장 효율적인 비용의 공급업체를 선택하거나 개선해야 하는 분야에 대해 공급자에게 제시하는 협상 도구로 사용할 수 있다. 〈예제 2-1〉은 총원가 분석을 보여준다.

〈예제 2-1〉 Kuantan ATV Inc.: Kuantan ATV Inc.: 총소유비용 분석

Kuantan ATV Inc.는 네바다주 라스베이거스에서 판매하기 위하여 다양한 기성 부품을 사용한 각기 다른 다섯 가지 모델의 ATV를 조립한다. 이 회사는 모든 모델에 동일한 엔진을 사용한다. 구매담당자인 Jane Kim은 엔진 공급자를 선정하기 위한 고민을 하고 있으며, 제약사항은 다음과 같다. 창고의 크기와 관리 문제로 인해 엔진은 각각 1,000개 단위로 주문해야 한다.

표준화된 엔진의 독특한 특성상 제조공정에서 특수한 가공이 필요하다. Kuantan ATV Inc.는 이 가공에 대해 공급업체에 배상책임을 지니고 있다. 엔진을 늦게 공급할 경우, 50%의 매출 손실과 50%의 이월주문(back order)이 발생한다. Jane은 신뢰할 만한 두 공급자로부터 견적을 받아 어느 공급자가 더 비용 효율적인지 결정하고자 한다. 다음의 내용을 참고하라.

요구량 (연간 예측수량)	12,000단위
엔진당 무게	22파운드
주문처리비용	$125/1회
재고 보유율	20%/년
운전자본비용	10%/년
이익률	18%
완성 ATV의 단가	$4,500
이월주문비용	$15/건

두 공급업체에서 제출한 견적은 다음과 같다.

단가	공급자 1	공급자 2
1~999개	$510.00	$505.00
1,000~2,999개	$500.00	$498.00
3,000개 이상	$490.00	$488.00
가공비용	$22,000	$20,000
신용조건	2/10, n/30	1/10, n/30
운송거리	125마일	100마일
불량률(결함)	2%	3%
지연율	1%	2%

또한, 운송비용은 다음에 따른다.

전용 화물운송(TL≥40,000파운드)	$0.80/톤–마일
소화물 혼적운송(LTL)	$1.20/톤–마일

단, 톤–마일=2,000파운드–마일, 1년=365일로 가정함.

총소유비용계산 – 공급자 1

창고크기를 고려하여 주문당 로트사이즈 Q는 1,000단위로 제한한다.

(1) 총 엔진 구입비용 = 연간 수요량 × 단위당 원가
= 12,000단위 × $500/단위
= $6,000,000

(2) 결제할인 (1년은 365일로 계산)
신용조건 2/10, n/30은 30일 이내에 결제, 송장(invoice) 발행일 10일 이내 결제 시 2% 할인을 의미함.
두 가지 경우를 각각 고려하여 다음과 같이 계산할 수 있다. 본 문항에서는 결제금액을 최소화하는 방법을 가정한다.
(A) n/30; 송장 발행일 기준 30일에 대금을 지불하는 경우 운전자본비용 절감효과
= 총 엔진 구입비용 × 운전자본비용 × 30/365
= $6,000,000 × 10% × 30/365 = $49,315
(B) 2/10; 송장 발행일 기준 10일에 대금을 지불하는 경우, 2%의 현금할인을 적용한 운전자본비용 절감효과
= 총 엔진 구입비용 × (운전자본비용 + 2% 현금할인)
= $6,000,000 × (10% + 10/365 + 2%)
= $136,438
단, 10일 이내에 대금을 결제해야만 신용조건에 따라 2%의 할인을 적용받을 수 있다.

(3) 가공비용 = $22,000

(4) 운송비용
1,000단위로 주문하는 경우, 각 적재량의 총량은 22,000파운드이다. 40,000파운드 미만일 경우, 소화물 혼적운송(LTL)을 이용해야하므로 $1.20/톤–마일을 적용한다.
총 운송비용 = 이동거리 × 운송량 × 중량/단위 × 단위당 요금
= 125마일 × 12,000단위 × 22파운드/단위 × $1.20/2,000파운드–마일
= $19,800

(5) 주문비용 = 연간수요량/1회당 주문량 × 1회당 주문비용
= (12,000단위/1,000단위) × $125 = $1,500

(6) 평균재고 = 주문량/2
재고비용 = 평균재고 × 단위당 비용 × 재고보유율
= (주문량/2) × 단위당 비용 × 재고보유율

= (1,000단위/2) × \$500/단위 × 20% = \$50,000

(7) 품질비용 = 총 엔진구입비용 × 불량률(결함)

= \$6,000,000 × 2% = \$120,000

(8) 배송지연비용

(A) 이월주문비용(50%) = 총소요량 × 배송지연율 × 이월주문보상비용 × 단위당 이월주문비용

= 12,000단위 × 1% × 50% × \$15/단위 = \$900

(B) 매출손실(50%) = 총 소요량 × 배송지연율 × 매출손실보상비용 × 제품(ATV)의 단가 × 순이익률

= 12,000단위 × 1% × 50% × \$4,500/단위 × 18% = \$48,600

(9) 공급자 1의 총소요비용

= (1) \$6,000,000 − (2) \$136,438 + (3) 22,000 + (4) \$19,800 + (5) \$1,500 + (6) \$50,000 + (7) \$120,000 + (8) \$900 + (9) \$48,600

= \$6,126,362

공급자 2의 총소유비용도 위와 같은 방법으로 계산한다. 〈그림 2-5〉의 총소요비용분석은 공급자 1의 단위당 단가와 가공비용이 공급자 2보다 다소 높지만, 총소요비용은 공급자 1이 더 낮음을 확인할 수 있다. 결제할인, 품질비용, 배송능력은 공급자 2를 공급자 1보다 비용우위에 있게 하였다. 공급업체 선택에서 단가를 유일한 기준으로 사용했다면 회사에는 더 많은 비용이 발생했을 것이다.

〈그림 2-5〉 총소유비용 분석

항목	공급자 1		공급자 2	
1. 총 엔진 구입비용	12,000단위×\$500	\$6,000,000.00	12,000단위×\$498	\$5,976,000.00
2. 결제할인				
n/30	\$6,000,000×10%×30/365 \$49,315.07		\$5,976,000×10%×30/365 \$49,117.81	
1/10	N/A		\$5,976,000 (10%×10/365 + 1%) \$76,132.60	
2/10	\$6,000,000 (10%×10/365 + 2%) \$136,438.36		N/A	
최적할인		\$(136,438.36)		\$(76,132.60)
3. 가공비용		\$22,000.00		\$20,000.00
4. 운송비용 (22,000 lb LTL)	125마일×12,000단위×22 lb×\$1.20/2000	\$19,800.00	100마일×12,000단위×22 lb×\$1.20/2000	\$15,840.00
5. 주문비용	(12,000/1000)×\$125	\$1,500.00	(12,000/1000)×\$125	\$1,500.00
6. 재고비용	(1000/2)×\$500×20%	\$50,000.00	(1000/2)×\$498×20%	\$49,800.00
7. 품질비용	\$6,000,000×2%	\$120,000.00	\$5,976,000×3%	\$179,280.00
8. 배송지연비용				
이월주문보상비용(50%)	12,000×1%×50%×\$15	\$900.00	12,000×2%×50%×\$15	\$1,800.00
매출손실보상비용(50%)	12,000×1%×50%×\$4,500×18%	\$48,600.00	12,000×2%×50%×\$4,500×18%	\$97,200.00
총소유비용		\$6,126,361.64		\$6,265,287.40

공급자의 수

각 구매품에 대하여 얼마나 많은 공급자를 선정할 것인가는 복잡한 문제이다. 여러 문헌에서 구매자와 공급자의 파트너십을 촉진하기 위해서 핵심 자재에 대해서 단수발주(single-sourcing) 방식을 제안하지만, 이 방식은 매우 위험할 수도 있다. 제록스와 크라이슬러가 1980년대 공급기반을 실질적으로 감축했지만, 주요 자재와 부품에 대해서 단수발주방식을 채택했다는 기록은 없다. 반드시 단수발주를 해야 하는 것은 아니지만, 공급기반을 줄이는 것이 현재의 추세이다. 이론적으로는 최선의 공급자와 긴밀한 관계를 유지하려면 단수발주나 소수의 발주방식을 활용해야 한다. 그러나 단일 공급자에 대한 의존도를 높이면, 공급자의 문제로 완제품의 품질이 나빠지거나 공장가동을 중단하게 되는 위험이 증가한다. **단일공급자 발주**(sole sourcing)와 **단수공급자 발주**(single sourcing)는 혼용되어 사용되어 왔지만, 단일공급자 발주는 공급자가 유일할 경우에 해당하며 단수공급자 발주는 많은 공급자 중 하나로부터 공급을 받는 경우를 말한다. 다음 비교 자료는 단수공급자 발주와 복수공급자 발주의 장점을 보여준다.

단수공급자 선호의 이유

1. 좋은 관계를 구축함: 단수공급자 발주방식은 서로 신뢰할 수 있고, 도움이 되는 관계를 유지하는 데 유리하며, 특히 공급자의 기술과 역량을 이용할 수 있을 때는 더욱 그러하다. 그래서 특정 자재의 공급기반을 줄여서 공급자와 전략적인 협력관계를 구축하는 경우가 있다.
2. 품질의 변동을 줄임: 단수공급자로부터 부품을 공급받게 되면 부품생산에 동일한 기술과 공정이 활용되므로 복수공급자로부터 부품을 공급받는 경우보다 품질수준의 변동성이 적다.
3. 원가 절감: 단수공급자에게 구매할 경우 구매량을 집중시키게 되므로 단위당 구매원가를 줄일 수 있다. 특히, 특정 부품이 높은 셋업비용을 필요로 하는 경우 중복되는 고정비를 단수공급에 의하여 줄일 수 있다.
4. 수송의 경제성: 단수공급자 발주방식에서는 구매량을 집중시키므로 소화물 혼적운송(less-than-truckload: LTL) 방식보다 단위당 수송원가가 저렴한 전용 화물운송(truckload: TL) 방식을 활용할 수 있게 된다. 장거리 운송에는 철도운송(rail carrier)이 보다 효율적이다.
5. 특허제품이나 특허공정의 구매: 공급자가 제품이나 공정에 대한 특허를 보유하고 있을 경우에는 단수공급자로부터 구매할 수밖에 없다.
6. 소량의 구매량: 부품의 수량이나 구매액을 기준으로 구매력이 매우 적다면, 주문을 나누

는 것은 별로 의미가 없게 된다. 또한, 주요 부품이 아닌 경우에는 단수공급자 발주방식이 바람직하다.

복수공급자 선호의 이유

1. 생산능력의 부족: 수요가 단수공급자의 생산능력을 초과하면 복수공급자를 활용할 수밖에 없다.
2. 공급장애의 위험 분산: 복수공급자 발주방식은 공급자의 파업, 품질문제, 정치적 불안정 혹은 기타의 문제로 인한 공급장애의 위험을 분산시킨다.
3. 경쟁 촉진: 복수공급자 발주방식은 가격과 품질 면에서 공급자들 간의 경쟁을 촉진시킨다. 현대적인 공급자관리 철학에서는 단순히 경쟁만 촉진시키는 복수공급자 발주방식을 지양하고 있지만, 기업의 경쟁우위에 영향을 미치지 않는 단순부품에 대한 발주방식으로는 선호될 수 있다. 단순부품에 대하여 단수공급자 발주방식을 활용하는 것은 비용면에서 효과적이지 않을 수 있기 때문이다.
4. 정보: 복수공급자들은 일반적으로 시장 상황이나 신제품 개발, 신제품기술 등에 관한 정보를 더 많이 보유하고 있다. 제품수명주기가 짧은 제품의 경우 이러한 특성은 더욱 중요하다.
5. 사업상의 특수한 거래: 정부와 계약으로 하는 사업의 경우 기업이 자발적으로 혹은 법에 의하여 소규모 공급자나 지방 공급자, 혹은 여성이 운영하는 공급자에게 구매량의 일부를 할당할 필요가 발생하는 경우가 있다.

공급자의 수는 전통적인 방식인 복수공급자에서 현대적인 방식인 소수의 신뢰할 만한 공급자 그리고 경우에 따라서는 단수의 공급자로 변화하고 있다. 구매자와 공급자 간의 관계는 전통적으로 단기적이고, 적대적이며, 주로 원가에 기초했는데 결과적으로 상호 간의 신뢰부족을 야기하게 되었다. 그리고 오늘날과 같은 통합된 공급사슬 환경에서 구매자와 공급자의 관계는 신뢰와 협조, 그리고 장기적인 상부상조의 관계로 발전하게 되었다. 또한 기업은 품질과 납기, 서비스, 가격 및 정보 등 성과를 지속적으로 개선하는 공급자를 더욱 개발하면서 공급기반을 최상의 공급자들로 줄이고 있다.

구매 조직

기업에서 구매 조직은 오랜 기간을 통하여 진화하여 왔는데, 이 과정에서 부품 구매 책임은 사무적 지원역할에서 사업 전략 수립에서의 중요한 역할로 바뀌었다. 요즈음에는 실제 구매 과정뿐만 아니라 제품 설계, 생산 의사결정 및 기타의 운영 측면에 구매가 관련되어 있다. 구매의 목적을 최대한 달성하기 위해 구매 활동을 어떻게 조직화할 것인가 하는 것은 기업마다 다르고 업종에 따라 다르며 시장 상황이나 필요한 자재의 유형 등 많은 요소에 따라 달라진다. 구매 조직의 구조는 한 쪽 끝은 중앙집중화, 다른 한 쪽 끝은 분산화로 나타나는 연속체로 간주될 수 있다. 순수하게 어느 한 쪽으로 치우쳐 완전한 중앙집중화나 완전한 분산화를 채택하고 있는 기업은 거의 없지만, 각각의 장점을 구체적으로 살펴볼 필요가 있다. 최근에는 주요 자재에 대하여 기업이 규모이 경제의 이점이나 다른 혜택을 누리기 위하여 구매집중화를 선호하는 경향이 있다.

중앙집중식 구매(centralized purchasing)는 본사에 위치한 구매부서가 주문량·가격정책·계약·협상, 그리고 공급자 선정 및 평가와 같은 모든 구매 의사결정을 하는 것을 말한다. 반면에 **분산식 구매**(decentralized purchasing)는 사업장과 같은 개별 혹은 지역별 구매부서가 자신의 구매 의사결정을 하는 것이다. 각 구매방식의 장점과 단점은 다음과 같다.

중앙집중화의 장점

1. 구매의 집중화: 중앙집중식의 가장 뚜렷한 이점은 구매를 한 곳으로 집중하여 수량할인과 배송의 경제성을 얻을 수 있다는 점이다. 이것을 **구매량 레버리지**(leveraging purchase volume)라고도 한다. 또한 구매 조직은 더 많은 협상력을 가질 수 있게 된다. 공급자는 더 적극적으로 협상에 임하며, 더 유리한 조건을 제시하고, 대량의 구매로 인하여 기술공유에 협조적이 된다.
2. 중복의 방지: 중앙집중식에서는 구매인력이 한 곳에 집중되기 때문에 업무기능의 중복 가능성을 배제할 수 있다. 즉, 여러 부서에서 요청하는 동일한 자재를 대량으로 한 번에 주문할 수 있게 되어 업무의 중복을 줄이고 인건비도 절감된다.
3. 전문화: 구매자는 집중화를 하게 됨에 따라 모든 구매 자재에 대해서 책임을 지는 대신 특정 품목에 대해서 전문화할 수 있게 된다. 구매자는 책임을 지고 있는 자재에 대하여 더 많은 시간과 자원을 투자하여 전문역량을 갖출 수 있다.
4. 수송비의 절감: 구매품목을 집중하여 대량으로 주문하게 됨에 따라 수송비의 절감이 가능하게 된다.
5. 부서 간 구매 경쟁 방지: 분산화된 시스템에서 각 부서가 동일한 자재를 구매할 경우, 특히 희소한 자재를 동일한 공급자로부터 구매할 경우 각 부서가 구매 경쟁을 할 우려가 있다. 집중화는 이러한 문제를 최소화할 수 있다.
6. 공통의 공급기반: 공급기반이 공통화되면 공급기반의 관리와 계약 협상이 용이해진다.

분산식의 장점

1. 요구사항에 대한 정확한 이해: 개별 부서의 구매자는 중앙부서의 구매자보다 개별 니즈를 더 정확하게 파악하게 된다.
2. 지역 발주: 기업이 지역사업을 지원하고자 한다면, 지역 구매자는 지역 공급자에 관한 더 많은 정보를 보유하고 있게 된다. 지역 공급자를 활용하게 되면 배송시간이 단축되고, 주문횟수를 늘릴 수 있으며 공급자와의 관계를 더욱 긴밀하게 유지할 수 있다.
3. 관료주의 배제: 분산화는 관료주의적 행태를 줄이게 되어 사용자와 구매자가 더 긴밀하게 접촉할 수 있어 더욱 신속한 대응이 가능하다. 또한, 생산부서와 타부서 간의 조정과 의사소통이 더 효율적이다.

중앙집중식 구매는 원가를 절감하게 하고 협상력을 제고할 수 있게 하지만, 여러 종류의 연관성이 적은 사업을 수행하는 대규모의 조직에서는 지나치게 경직화된 방식이 될 수도 있다. 이러한 이유로 **혼합형 구매 조직**(hybrid purchasing organization)이 활용될 수도 있다. 예를 들어 많은 사업단위를 가지고 있는 대규모 기업의 경우, 기업 전체 수준에서는 구매를 분산화하고 사업단위에서는 조달기능을 집중화시킨 **분산-집중화 구매구조**(decentralized-centralized purchasing structure)를 활용할 수 있다. 반대로 국가적인 계약을 기업 전체 수준에서 협상하고 구매기능을 사업단위로 분산화한 **집중-분산화 구매구조**(centralized-decentralized purchasing structure)도 활용된다. 혼합형 구매 조직은 중앙집중식과 분산식의 이점을 모두 활용하기 위한 것이다.

글로벌 발주

무역장벽 완화와 자유무역 촉진을 목적으로 하는 국제협약의 체결로 기업들이 공급사슬을 확대하여 **글로벌 발주**(global sourcing)(국제적 구매(international purchasing)라고도 함)를 시행할 기회가 늘어났다. 2015년 세계무역 거래규모는 상품의 경우 15조 9,850억 달러, 서비스는 4조 7550억 달러에 이른다.[12] 미국은 2015년 세계 최대의 상품 수입국(2조 3,080억 달러)이고 두 번째의 상품 수출국(1조 5,050억 달러)이었다. 같은 해, 미국은 세계 최대의 서비스 수출입국이었다(수입은 4,690억 달러, 수출은 6,900 달러). 세계 3대 상품 수출국은 중국(2조 1,575억 달러), 미국(1조 5,050억 달러), 독일(1조 3,290억 달러)이었다. 글로벌 발주는 품질, 원가, 납기 등을 개선하는 기회를 제공하지만, 구매 담당자들은 새로운 도전을 받는다. 글로벌 발주는 국제적 공급자, 물류, 의사소통, 정치적, 문화적 및 기타의 쟁점 등 국내 발주에서 발생하지 않았던 문제에 대처하기 위한 추가적인 기술과 지식이 요구된다. 〈사례 2-1〉의

TCO(Total Cost of Ownership)는 국내 발주과 글로벌 발주의 비용 효율성을 비교하는 데 활용될 수 있다.

글로벌 발주에는 다양한 방법이 있다. 외국에 구매사무실을 설치하거나 기존의 구매인력을 이용하는 데에만 제한되지 않는다. **수입중개상**(import broker)이나 **판매대리인**(sales agent)을 이용할 수도 있다. 수입중개상은 재화의 소유권을 갖지 않고 거래를 중개하는 역할을 하며 소유권은 판매자에서 구매자에게 직접 이전된다. **수입상**(import merchant)은 재화를 구입하여 구매자에게 판매한다. 다양한 제품을 취급하는 **무역회사**(trading company)를 통하여 제품을 구매할 수도 있다.

국가 간의 관세 및 비관세 장벽을 줄이기 위한 국제무역조직이 많이 있다. **관세**(tariff)는 수입이나 수출품에 대해 주관국가(host country)가 부과하는 세금 리스트이다. **비관세 장벽**(non-tariff barriers)은 수입이나 수출품에 부과되는 수입할당량, 라이센스 협약, 금지조치, 법규 및 각종 규제를 의미한다. 다음은 각종 국제무역기구와 협약이다.

1. 세계무역기구(Worls Trade Organization)는 국가 간의 무역에 관한 규칙을 제정한 세계 최대의 국제기구이다. WTO는 1995년 1월 1일 관세 및 무역에 관한 일반협정(General Agreement on Tariffs and Trade: GATT)를 대체하였다. WTO의 주요 목적은 국가 간의 국제무역이 원활하고, 예측 가능하고, 자유롭게 이루어지도록 보장하는 것이다. WTO 임시 이사회는 스위스 제네바에 있으며, 2017년 3월 현재 164개 회원국이 있다.
2. 북미자유무역협정(North American Free Trade Agreement)은 1994년 1월 1일에 발표되었다. 이 협정의 목적은 미국, 캐나다 및 멕시코의 무역 및 투자 장벽을 제거하는 것이다. 미국과 캐나다 간의 농업 무역에 영향을 미치는 대부분의 관세는 1998년까지 철폐되었고, NAFTA는 2008년 1월 1일부터 완전하게 시행되었다. 경제성장률, 인플레이션, 실업률과 같은 많은 경제적인 요인이 영향을 미치기 때문에 NAFTA의 경제적 영향력을 별도로 측정하기는 어렵지만, 이 협의가 발효된 이래 캐나다, 멕시코와의 미국 무역은 3배 이상 증가하였다. 멕시코와의 무역은 캐나다와의 무역보다 더 빠르게 증가했다. 2016년 캐나다는 미국 수출의 선두 시장이었으며 멕시코는 두 번째로 미국 수출의 34%를 차지하였다. 수입 부문에서는, 캐나다와 멕시코가 미국 수입의 26%를 차지하며 두 번째와 세 번째로 큰 수출국이었다.[13]
3. 유럽연합(EU)은 1950년 5월 9일에 설립되었으며 벨기에, 프랑스, 룩셈부르크, 이탈리아, 네덜란드 및 독일으로 구성되었다. 1973년에 영국, 덴마크, 아일랜드가 추가로 가입하였으며, 2017년 3월 현재 EU회원국은 28개국이다. EU의 주요 목적 중 하나는 회원국 간의 경계를 제거하여 재화와 서비스의 단일시장을 만들어서 회원국이 미국과 같은 시장과 더 효과적으로 경쟁하는 것을 목적으로 하고 있다. EU회원국의 총국내총생산(GDP)은 2014

년 18조 5,740억 달러에서 2015년 16조 3,120억 달러로 감소한 반면 미국의 GDP는 2014년 17조 3,930억 달러에서 2015년 18조 370억 달러로 증가하였다.[14] 2016년 6월 23일 영국은 2019년 3월까지 EU에서 탈퇴하기로 결정했다.[15] EU에서 탈퇴하기 위한 영국의 국민투표는 Brexit으로 널리 알려져 있다.

글로벌 발주의 이유

기업은 여러 가지 이유로 외국의 공급자를 공급기반에 포함시킨다. 그 이유는 낮은 가격, 우수한 품질, 외국 공급자의 특허 보유, 해외 배송의 신속성, 우수한 서비스, 우수한 공정 및 제품기술 등이다.

외국 공급자로부터 자재를 구매하는 주된 이유는 구매가격을 낮추는 것이다. 앞에서 언급한 바와 같이 기업의 경쟁력에 영향을 미치지 않는 표준자재를 구매할 경우 구매가격이 가장 중요한 요소이다. 해외 공급자로부터 자재를 구매할 때 가격이 낮아지는 것은 인건비와 원자재비가 저렴하거나, 유리한 환율, 효율적인 공정 혹은 해외 공급자의 헐값판매(dumping) 등으로 인한 것이다.

추가적으로, 제품이나 공정기술이 현대화되어 해외제품의 품질이 더 나을 수도 있다. 그리고 해외 공급자가 지리적으로 멀리 떨어져 있을 수 있으나 효율적인 수송 및 물류 시스템으로 국내 공급자보다 더 신속하게 재화를 배송할 수도 있다. 해외 공급자는 재고를 유지하고 호스트 국가에 지원사무소를 설립하여 국내 공급자와 경쟁하며 더 나은 서비스를 제공할 수도 있다.

기업이 자회사가 있는 지역의 경제를 지원하기 위하여 해외 공급자로부터 구매할 수도 있으며 지역 공급자로부터 구매한 원자재에 상응하는 재화나 서비스의 수출을 요구하는 **구상무역**(countertrade)을 할 수도 있다. 해외구매는 구매자에게 혜택을 줄 수도 있지만 각종 문제를 야기할 수도 있다.

글로벌 발주를 위한 도전

지난 수십 년간 통신수단과 수송기술의 발전, 국제 무역장벽의 제거, 수송산업에 대한 규제완화 등으로 글로벌 발주가 많이 활용되어 왔다. 그러나 글로벌 발주를 효과적으로 처리하려면 몇 가지 도전에 직면하게 된다. 예를 들어 해외 공급자 선정과 관련된 비용과 복잡성, 관세와 환율문제, 정치적·법적 문제 등을 들 수 있다.

국내 공급자와는 달리 해외 공급자를 파악하고, 선정하고, 평가하는 일과 관련된 비용은 높을 수 있다. 해외 공급자가 원거리에 위치하고 있을 경우에는 수송문제로 인하여 납기를 충족시키기가 어려울 수도 있다.

글로벌 구매자는 국내 구매자보다 더 복잡한 운송조건을 취급해야 한다. 국제상공회의소(International Chamber of Commerce)는 구매자, 판매자 및 선적회사의 선적 비용, 의험 및 책임과 관련하여 상품의 국제 거래를 단순화하기 위한 **인코텀즈**(incoterms: International Commercial Terms; 국제상업요건)라는 규정을 제정하였다. 그러나 인코텀즈는 상품 소유권 양도를 다루지는 않는다. 인코텀즈는 종종 지리적 위치와 연계되어 사용된다. 인코텀즈 2010은 2000년에 채택된 13개의 인코텀즈를 4개의 카테고리로 나누어 11개의 규칙으로 개정했다. 이 11개의 규칙 중 7가지는 수상운송(바다를 건너 운반하는 방법)에 적용되며 운송 방법에 따라 두 가지 범주로 나누어진다.[16]

구상무역

글로벌 발주에는 국내기업의 재화나 서비스가 해외기업의 재화나 서비스와 교환되는 구상무역(countertrade)이 포함될 수 있다. 즉 구상무역이란 거래대금의 전부 또는 일부를 현금이 아닌 물건으로 결제하는 무역거래를 말한다. 수출과 수입이 연계된 무역거래인 점에서 연계무역(link trade)이라고도 한다. 구상무역은 경화(hard currency)가 부족하거나 기술을 습득할 목적으로 거래하는 국가의 경우에 사용되며, 재화나 서비스를 교환하기 때문에 통화 거래보다 복잡하다.

구상무역의 형태는 물물교환, 상계, 대응구매등 다양하다. **물물교환**(barter)은 화폐 교환 없이 동일한 가치의 재화나 용역을 교환하는 것이다. 판매자는 재화나 용역을 소비하거나 재판매할 수 있다. **상계**(offset)는 군사 관련 수출 조건으로 산업재 또는 서비스에 대한 교환 협정이다. 항공 우주 및 방위 분야에서 일반적으로 사용된다. 상계는 직접상계와 간접상계로 구분할 수 있다. **직접상계**(direct offset)는 관련된 재화나 서비스의 공동생산이나 합작투자 및 교환을 의미하며, **간접상계**(indirect offset)는 항공 분야나 국방 분야에 관련되지 않는 재화나 서비스의 교환을 말한다. 마지막으로 **대응구매**(counterpurchase)는 원 수출업자가 외국 수입업자에게 상품이나 서비스를 판매하는 것과 동시에 외국 수입업자로부터 특정 상품이나 서비스를 구매하는 것을 협약하는 것을 말한다. 많은 개발도상국에서 대응구매나 상계 협정의 일부로 기술을 이전하는 것을 의무화하고 있다.

정부 및 비영리기관의 조달

공공조달(public procurement) 또는 **공공구매**(public purchasing)는 교육기관, 병원, 연방정부, 주정부 및 지방정부 같은 정부 및 비영리부문의 구매 및 공급 관리 기능을 관리하는 것을 말한다. 공공조달은 정치적 압력과 공공 감시를 받지만 그 목표는 민간부문과 유사하다. 그러

주정부 지출은 미국에서 큰 경제 동인 중 하나이다. 민간부문과 마찬가지로 국가 조달 전문가는 제품과 서비스를 구매하는 방식에 끊임없이 혁명을 일으키고 있다. 조달 전문가가 직면한 주요 쟁점 중 일부는 새로운 기술, 주 전체 중앙집중화, 계약관리, 재능 있는 직원 채용 및 유지이다.

기술: 정보화 시대의 탄생으로 컴퓨터 및 프린터와 같은 하드웨어에 초점을 맞춘 전통적인 기술 조달이 고도로 복잡한 정보기술 인프라, IT 시스템 및 클라우드 서비스로 변경되었다. 국가 조달 전문가는 이제 사이버 보안, 데이터 소유권 및 책임 한도를 포함한 새로운 문제를 처리해야 한다. 전통적인 조달 방법은 기업 전반의 효율성을 높이고 국가의 구매력을 확대하기 위한 이러한 새로운 요구를 적절하게 처리할 수 없다. 다행스럽게도 2015년 국가조달협회(State Procurement)의 프로세스 개혁 및 리엔지니어링이 2016년의 가장 중요한 관심 분야로 분류된다.

중앙집중화: 국가 조달 전문가들은 조달 권한을 중앙집중화하여 프로세스를 간소화하고 구매를 통합한다. 중앙집중식 조달은 주 차원에서 경쟁을 극대화하기 위해 증가한다. 또한 중앙집중식 시스템은 조달 기능의 중복을 피하고 지역 단위의 경쟁을 없애고 지역 조달 전문가가 전략적 프로젝트를 개발하고 프로세스 초기에 핵심 공급업체와 계약을 관리할 수 있도록 공통 공급기반을 구축한다.

계약관리: 비용 초과를 관리하는 것 외에도 주정부는 기술적 장점, 혁신 및 수명주기 비용을 평가하여 고품질의 재화와 서비스를 확보하는 방법을 모색하고 있다. 주 계약에는 공급업체 성과를 측정하기 위한 잘 정의된 핵심 성과지표가 포함되어야 한다. 주 조달 전문가는 공급업체와의 지속적인 협력관계 구축에 초점을 맞추고 공공-민간 파트너십, 사회적 영향 채권 및 카테고리 관리와 같은 새로운 조달 모델을 인식해야 한다. P3은 연방정부, 주 또는 지방정부와 같은 공립 교육기관과 두 가지 권리의 기술과 자산이 대중에게 상품이나 서비스를 제공하는 데 사용되는 민간단체 간의 계약적 약정이다. 사회성과연계채권(Social Impact Bond)은 투자자가 초기 자본을 지원하고 원하는 사회성과 달성 시 정부가 합의하는 성과기반 계약을 통해 사회 서비스를 지원하기 위해 사용되는 공공-민간 파트너십이다.

재능 있는 인력: 국가 조달 사무소는 공급사슬관리 및 공공계약을 이해할 뿐만 아니라 전략, 데이터 관리 및 공공계약에 대한 지식이 있어야 하며 전략, 데이터 관리에 대해 알아야 하는 우수한 자격을 갖춘 재능 있는 조달 전문가를 고용하고 유지해야 한다. 지도력 및 국가 기관을 위한 법적 틀. 수익성 있는 보상 패키지와 민간부문의 직업기회는 주 조달 사무소가 재능 있는 조달 전문가를 고용하거나 유지하는 것을 더욱 어렵게 만든다. 또한 국가예산이 계속 줄어들면서 현재 인력에 대한 전문훈련과 개발기회도 줄어들게 된다.

이러한 어려움에도 불구하고 정부 조달 전문가는 국민의 세금을 공공의 이익을 위해 사용하는 방안을 개발할 수 있다. 공공부문은 신선한 시각을 통해 조달을 살펴보고 가치를 극대화하고 비용을 절감하는 방식으로 시민들에게 봉사하는 전략적 가치를 추구해야 한다.[17]

나 공공조달은 연방정부, 주정부 및 지방정부에 의해 수립된 특별 규칙 및 규정의 적용을 받는다. 예를 들어 미국 연방정부의 모든 구매는 FAR(Federal Acquisition Regulation, 연방획득규정)을 준수해야 한다.[18] 결과적으로 공공조달 절차는 민간부문과는 다르다. 재화와 서비스 구매가 법령과 정책을 엄격히 준수하는지 확인하는 것 외에도 공공조달 절차는 일반적으로 경쟁을 극대화하도록 설계된다. 〈그림 2-4〉에 설명된 전자조달 시스템은 공공조달 시스템의 사례이다. 전형적인 운영 통제 외에도 〈그림 2-4〉의 전자조달 시스템은 2만 5,000달러를 초과하는 추가 구매에는 별도의 처리를 필요로 한다.

미국의 경우, 제 81회 의회를 통과하고 1949년 해리 트루먼 대통령이 승인한 총무청(General Services Administration: GSA)이 대부분의 연방 구매에 대한 책임을 가지고 있다. 워싱턴DC에 본청을 둔 GSA는 보스턴, 뉴욕, 필라델피아, 애틀랜타, 시카고, 캔자스시티, 포트워스, 덴버, 샌프란시스코, 오번(워싱턴) 및 워싱턴DC에 11개의 지청을 두고 있으며, 세계 최대의 구매 주체이다. 미국 국방부(Department of Defense: DOD) 역시 주요 공공조달기관이다.

공공조달의 특징

공공조달의 독특한 특징은 공급업체 간의 경쟁을 장려하기 위해 경쟁 입찰을 사용하는 것이다. 예를 들어 정부기관은 3,000달러 이상 1만 달러 미만의 구매에 대해 서면 견적서를, 2만 5,000달러 미만인 구매에 대해서는 2건의 견적서, 10만 달러 미만의 구매에 대해서는 3건의 견적서, 10만 달러 이상의 구매에 대해서는 경쟁 입찰서가 필요한 조달 절차를 구현할 수 있다.

경쟁 입찰에서 계약은 대개 대응이 빠르고 책임감이 있는 최저가 입찰자에게 낙찰된다. 반응형 입찰(responsive bid)은 입찰 제한에 부합하는 입찰가이며 책임 입찰(responsible bid)은 지정된 대로 작업을 수행할 의사가 있는 입찰가이다.

일반적으로 입찰 프로세스는 시간이 많이 소요되므로 소액구매에는 비용 면에서 효율적이지 않다. 1994년 10월 13일 빌 클린턴 미국 대통령은 10만 달러 미만의 공공구매에 대한 많은 제약 조건을 없애기 위해 FASA(Federal Acquisition Streamlining Act)에 서명했다. 정부기관은 10만 달러 미만의 공공구매에 대하여 완전 공개경쟁 입찰을 사용하는 대신 행정 세부사항이 적고 승인수준이 낮으며 문서가 필요 없는 단순화된 절차를 사용할 수 있다. 3,000달러 미만(2,500달러에서 2006년 3,000달러로 수정)의 **소액구매**(micro-purchases)는 경쟁 가격을 받지 않고 구매할 수 있다. 또한 구매자가 가격, 품질, 납기에 경쟁력이 있는 두 개 이상의 중소기업으로부터 제안받을 수 없는 경우를 제외하고는 2,500달러에서 10만 달러 사이의 모든 연방구매는 중소기업이 확보할 수 있다. 미국에서는 중소기업을 직원 수 100명 미만으로 정의하고 있다.

미국 정부기관은 25,000달러 이상의 모든 계획 구매를 광고해야 한다. 요구사항이 명확하고 정확하며 완전할 때 정부기관은 일반적으로 입찰을 위한 **초대장**(invitation for bid: IFB)을 사용하여 **봉인된 입찰**(sealed bids)을 요청한다. 제안된 구매사양, 입찰 준비 지침, 구매·인도 및 지불 일정의 조건은 보통 IFB에 포함된다. 또한 IFB는 입찰 개시 일자와 시간을 지정한다. 봉인된 입찰가는 초대장에 지정된 시간에 구매 사무소에서 공개되며 각 입찰에 대한 사실을 소리 내어 읽고 녹음한다. 가장 낮은 입찰가를 제시한 책임감 있고 대응이 빠른 입찰자에게 낙찰된다.

일반적으로 입찰자는 낙찰자가 명시된 대로 계약을 이행할 수 있도록 입찰 채권을 제공해야 한다. 입찰 채권에는 세 가지 기본 유형이 있다. **입찰**(bid) 또는 **담보 채권**(surety bonds)은 낙찰자가 계약을 수락할 것을 보장한다. **성과 채권**(performance bonds)은 낙찰자의 작업이 명시된 시간 내에 사양을 충족하도록 보장한다. **지불 채권**(payment bonds)은 입찰자가 이행하지 않은 제3자의 유치권에 대해 구매자를 보호한다.

공공조달의 또 다른 특징은 국내 제품과 동일한 외국 제품 간의 가격 차이가 일정 비율을 초과하지 않는 경우 연방기금을 사용하여 미국 정부 구매 및 제3자 구매에 대하여 국내 생산 제품을 구매하는 미국산 우선 구매법(Buy American Act)이다. 그러나 미국 대통령은 미국산 우선 구매법을 포기할 권한이 있다.

녹색 구매(green purchasing)는 새로운 구매 개념은 아니지만 공공부문에서 녹색 구매 요건을 확대할 것을 촉구하고 있다. 구매 결정을 내릴 때 연방 구매 공무원에게 환경 고려사항과 인체 건강을 포함하도록 요구하는 사항이 최소한 5개의 연방법령과 12개 이상의 대통령령에 대한 행정명령이 있다.[19] 공공조달은 보다 에너지 효율적인 제품, 바이오기반 제품, 재활용된 제품, 비오존 파괴물질, 친환경 전력 및 기타 환경친화적인 제품의 구매를 장려한다.[20]

요약

지난 십년간 전통적인 구매기능은 공급사슬관리 전체의 한 부분으로 발전해왔다. 구매는 전반적인 영향력에 크게 기여를 한다. 대부분의 조직에서 구매는 가장 대규모의 단일 기능이며 매출의 50% 이상을 차지하는 활동이다. 구매의 효율화는 생산과 이익에 직접적으로 영향을 미친다. 구매 담당자는 고객, 공급자, 내부설계자, 재무, 마케팅 및 생산 담당자, 그리고 최고경영자와 의사소통을 하게 된다. 이들로부터 얻게 되는 정보는 더욱 양질이고 값싸며 적시에 공급되는 제품과 서비스를 생산하고 공급하는 데 유용하게 활용된다. 따라서 유능한 경영자는 경영 및 공급사슬관리 성과를 제고하기 위해 구매에 많은 노력을 기울인다.

토의문제

1. 전통적인 매뉴얼 구매 시스템의 절차를 설명하라.
2. 전자조달 시스템은 무엇이며, 매뉴얼 구매 시스템과 비교할 때의 장점은 무엇인지 설명하라. 전자 시스템의 단점은 없는가? 전자조달 시스템이 매뉴얼 구매 시스템을 대체할 수 있다고 생각하는가? 그 이유는 무엇인가?
3. 구매가 조직의 경쟁력을 향상시키는 데 어떻게 도움을 줄 수 있는가?
4. 구매의 수익 레버리지 효과는 무엇인가? 구매의 자산수익 효과란 무엇인가?
5. 상품 구매자와 산업재 구매자는 어떻게 다른가?
6. 자재요구서, 구매주문서, 견적요청서, 제안요청서의 목적을 설명하라. 자재요구서는 구매주문서와 동일한 목적을 가지는가?
7. 소량구매주문은 왜 문제인가? 어떻게 구매해야 이 문제를 효과적으로 처리할 수 있는가?
8. 단가를 공급자 선정의 유일한 기준으로 사용해야 하는가? 그 이유는 무엇인가?
9. 수직적 후방통합에 대해 설명하라. 수직적 후방통합과 비교할 때 외주의 장점은 무엇인가?
10. 어떤 경우에 자사에서 부품을 제조하는 대신 외주를 해야 하는가?
11. 공급자를 선정할 때 어떤 것들을 고려해야 하는가?
12. 단일공급자 발주와 단수공급자 발주의 차이점을 설명하라.
13. 단수공급자를 이용하는 이유는 무엇인가? 일반적으로 단수공급자 방식이 자재구매에서 가장 효과적인 방법인가?
14. 중앙집중식 구매와 분산식 구매에 대하여 설명하고, 각각의 이점을 설명하라.
15. 혼합형 구매 조직의 기능을 설명하라.
16. 시내의 대규모 레스토랑을 여러 개 소유하고 있는 회사의 조달 시스템을 관리하는 데 총괄구매가 어떻게 활용될 수 있는지 설명하라.
17. 공공조달은 기업구매와 어떻게 다른가?
18. 입찰 채권의 유형을 설명하라.
19. 소액구매(micropurchases)란 무엇인가? 이것이 공공조달을 개선하기 위해 어떻게 활용되는가?
20. 외국의 공급자로부터 구매를 하는 이유는 무엇인가? 글로벌 발주와 관련된 위험은 무엇인가?
21. 구상무역은 무엇인가? 구상무역의 몇 가지 형태를 설명하라.
22. 전형적인 정부입찰 프로세스를 설명하라.
23. 글로벌 발주가 기업의 경쟁력을 어떻게 증진시키는가?
24. 글로벌 발주의 단점과 기업의 경쟁력에 미치는 부정적인 영향과 이유를 설명하라.

25. 1단계, 2단계, 3단계 공급업체에 대하여 설명하라.

조사연구문제

1. 세계무역기구(WTO)의 홈페이지에 들어가서 다음 사항에 관한 보고서를 작성하라.
   (a) 세계무역기구의 기능
   (b) 최근의 회원국가 수
   (c) 세계무역기구와 관세 및 무역에 관한 일반협정(GATT)과의 관계
   (d) 1994년 GATT 회원국 수
   (e) 최근에 WTO에 가입한 다섯 국가
2. '인코텀즈 2010'을 인터넷에서 검색하고 (a) 인코텀즈를 두 개 그룹으로 나누어 요약하고, (b) 11개의 규칙을 각각 설명하라.
3. 미국 총무청(General Services Administration) 홈페이지에 방문하여, GSA의 역할을 간단히 요약하여 보고서를 작성하라. 또한, 연방획득규정(FAR), 연방관리규정(FMR), 연방운송규정(FTR)의 역할에 대해 논하라.

연습문제

1. 어느 기업의 순이익(세전 이익)이 12만 달러이고, 총자산은 150만 달러일 때, 이 기업의 총자산이익률(ROA)은?
2. 어느 기업의 총자산이 250만 달러이고 총자산이익률이 12%일 때, 이 기업의 순이익은?
3. 기업이 판매 및 관리 비용은 동일하게 유지하고, 현명한 구매를 통해 5만 달러를 절감하였을 경우, 매출 총이익에 미치는 이익-레버리지 효과는? 세전 이익에 미치는 이익-레버리지 효과는?
4. 어느 기업의 매출원가는 250만 달러이고, 평균 재고는 50만 달러이다. 재고자산 회전율을 계산하라.
5. 어느 기업의 매출원가는 500만 달러이고, 재고자산 회전율은 10이다. 평균 재고를 계산하라.
6. 한 기업의 재고자산 회전율은 8이고, 평균 재고는 16만 달러이다. 매출원가를 계산하라.
7. 라스베이거스의 한 소매업자의 2018년 12월 31일 기말재고는 25만 달러였다. 다음 2019년 자료를 참고하여 물음에 답하라.

월	월말 재고	매출원가	월	월말 재고	매출원가
1	$ 225,000	$ 1,200,000	7	$ 85,000	$ 1,650,000
2	325,000	1,250,000	8	156,000	1,325,000
3	240,000	1,350,000	9	220,000	1,750,000
4	325,000	1,500,000	10	265,000	850,000
5	460,000	950,000	11	100,000	2,200,000
6	220,000	850,000	12	350,000	3,500,000

(a) 월별 재고자산 회전율을 계산하라.

(b) 연간 평균 매출원가와 연간 평균 재고는?

(c) 연간 재고자산 회전율을 계산하라. 월마트와 비슷한 업종이라고 가정할 때, 기업성과를 산업표준과 비교하라.

8. 다음은 어느 소기업의 회계 자료이다. 이 기업의 2018년 12월 31일 기말재고는 52,000달러이다.

월	월말 재고	매출원가	월	월말 재고	매출원가
1	$ 75,000	$ 225,000	7	72,000	85,000
2	56,000	325,000	8	45,000	156,000
3	25,000	240,000	9	52,500	220,000
4	85,000	325,000	10	120,000	265,000
5	125,000	460,000	11	162,500	100,000
6	95,000	220,000	12	255,000	350,000

(a) 월별 재고자산 회전율을 계산하라.

(b) 연간 평균 매출원가와 평균 재고를 계산하라.는?

(c) 연간 재고자산 회전율을 계산하라. 기업의 성과를 개선하기 위하여 구매부서는 어떻게 해야 하는가?

9. 다음 자료를 보고 물음에 답하라.

비용	자체 생산	구매
고정비	$125,000	$5,000
변동비	$15	$17

(a) 손익분기점을 구하고, 손익분기점에서의 총비용을 계산하라.

(b) 생산요구량이 150,000개라면 생산과 구매 중 어느 것이 비용면에서 효율적인가? 두 방식의 차이는 얼마인가?

10. 다음 자료를 보고 물음에 답하라.

비용	자체 생산	구매
고정비	$25,000	$3,000
변동비	$8	$12

(a) 손익분기점을 구하고, 손익분기점에서의 총비용을 계산하라.

(b) 생산요구량이 4,500개라면, 생산과 구매 중 어느 것이 더 효율적인가? 그 차이는 무엇인가?

(c) 생산요구량이 6,000개라면, 생산과 구매 중 어느 것이 더 효율적인가? 그 차이는 무엇인가?

11. Kuantan ATV사의 구매 담당자인 Jane Kim은 공급자와 2만 개의 공통 구성부품 구매를 협상하고 있다. 자체 생산에 대한 예비 비용 분석 결과, 자본설비에 5만 달러, 단위당 변동비 25달러인 것으로 추정한다. 공급자와 계약을 하기 위해서는 고정비용이 1,000달러가 발생한다고 할 때, 공급자와 협상할 최대 구매가격은 얼마인가? 또한, 협상해야 할 다른 요소는 무엇인가?

12. 한 제조기업이 구성부품을 생산할 것인지 제조할 것인지 결정하려고 한다. 이 부품의 연간 수요량은 2만 개이고, 공급자는 단위당 10달러에 공급할 수 있다고 한다. 또한, 공급자와의 계약을 위한 고정비용은 600달러로 추정된다. 이 부품을 자체 생산할 경우, 자본설비(고정비)에 5만 달러가 필요하며, 단위당 생산비용은 8달러이다.

(a) 부품의 생산과 구매를 결정할 때, 손익분기 분석을 통해, 비용만을 고려한다고 가정한다. 손익분기수량과 손익분기점에서의 총비용을 계산하라.

(b) 소요량 2만 개일 때, 두 가지 경우의 총비용을 계산하라. 어떤 것이 더 합리적인 결정인가?

13. 다음 주어진 자료를 보고 총비용 분석을 통해 어느 업체가 더 비용 효율적인지 판단하라. 납기가 늦어지면 60%의 매출 손실과 40%의 이월주문이 발생한다.

주문 lot 수량	1,000
수요량(연간 예측수량)	120,000개
단위당 무게	22파운드
주문처리비용	$125/1주문
재고운반비율	20%/년
운전자본비용	10%/년
이익율	15%
제품단가	$4,500
이월주문비용	@$15

		공급자 1	공급자 2
단위당 가격	1~999개	$ 50.00	$ 49.50
	1,000~2,999개	49.00	48.50
	3,000개 이상	48.00	48.00
툴링비		$ 12,000	$ 10,000
조건		2/10, n/30	1/10, n/30
거리		125마일	100마일
불량률		2%	2%
배송지연율		1%	2%

전용 화물운송(TL≥40,000파운드): $0.85/톤-마일
소화물 혼적운송(LTL): $1.10/톤-마일
*/톤-마일=2,000파운드/마일, 1년=365일

14. 다음 자료는 최종제품 생산을 위한 구성부품을 구매하기 위해 세 군데의 공급자로부터 입찰받은 내용이다. 주어진 자료를 보고 총비용 분석을 통해 어느 공급자를 선택해야 할지 결정하라. 부품의 납기가 늦어질 경우 70%의 매출손실과 30%의 이월주문이 발생한다.

주문 lot 수량	2,000
수요량(연간 예측수량)	240,000개
단위당 무게	40파운드
주문처리비용	$200/1주문
재고운반비율	20%/년
운전자본비용	10%/년
이익율	15%
제품단가	$10,500
이월주문비용	@$120

		공급자 1	공급자 2	공급자 3
단위당 가격	1~999개	$ 200.00	$ 205.00	$ 198.00
	1,000~2,999개	195.00	190.00	192.00
	3,000개 이상	190.00	185.00	190.00
툴링비		$ 12,000	$ 10,000	$ 15,000
조건		2/10, n/30	1/15, n/30	1/10, n/20
거리		120마일	100마일	150마일
불량률		2%	1%	2%
배송지연율		1%	1%	2%
전용 화물운송(TL≥40,000파운드): $0.95/톤-마일 소화물 혼적운송(LTL): $1.20/톤-마일 */톤-마일=2,000파운드/마일, 1년=365일				

사례문제

1. 3 Bees Buttermilk Corporation – 공급자 선정

바실 브랜든버그(Basil Brandenburg), 버니 보트라이트(Bernie Boatwright), 뷰포드 바움가트너(Buford Baumgartner)는 3 Bees Buttermilk사를 공동으로 소유하고 있다. 3 Bees Buttermilk사는 전 세계에 납품하는 글로벌 기업이다. 이 회사는 버터밀크 판매 사업을 다양한 식품을 판매하는 사업으로 확장하였다. 식품산업의 경쟁은 매우 치열하다. 바실, 버니, 뷰포드의 주요 비즈니스 전략은 저비용 리더십으로 가능한 낮은 비용을 유지하고자 한다. 이것이 회사의 지속 가능한 경쟁우위라고 믿고 있다.

전 세계적으로 공급되는 품목 수가 매우 많기 때문에 공급자 선정은 3 Bees사의 주요한 활동이며, 비용관리가 필수적이다. 뷰포드의 아들인 벅(Buck Baumgartner)은 공급사슬관리를 공부하며, 3 Bees사에서 인턴을 하고 있다. 올해 뷰포드는 벅에게 공급자 선정과 관련한 내용을 가르치고자 한다.

최고경영자(CEO)인 바실은 벅에게 공급업체를 선정할 때 의사소통 능력이 가장 중요한 요소라고 설명했다. 식품산업 제품에는 유통기한이 있다. 정확한 위치에 정확한 제품을 가져오는 것이 필수적이다. 따라서 일정, 배송 및 모든 문제에 대한 의사소통이 사업의 필수요소이다. 바실은 고려해야 할 또 하나의 중요한 요소는 신뢰성이며, 의사소통 능력을 보완할 수 있다고 말했다.

최고재무책임자(CFO)인 버니는 비용요소가 중요하다고 했다. 그는 벅에게 총소유비용을 결정해야 한다고 설명했다. 총소유비용은 단가뿐 아니라 지불조건, 결제할인, 주문비용, 운송비용 등을 포함한다.

최고기술책임자(CTO)인 뷰포드는 공급업체의 프로세스 및 생산기술을 강조했다. 또한 공급업체의 기술공유 의지에 중점을 두었다. 뷰포드는 이런 측면에서 3 Bees가 신제품을 개발할 때 공급업체의 조기 참여를 보장했다.

위의 설명을 들은 벅은 공급자 선정에서 고려해야할 요소가 누락되었음을 깨닫고, 3 Bees에 필요한 다른 요인을 찾기로 계획했다.

토론사항

1. 위 사례에 언급되지 않은 공급자 선정 프로세스의 두 가지 요소는 무엇인지 제시하고, 그에 관해 설명하라.
2. 공급자 조기 참여의 이점은 무엇인가?
3. 총소유비용을 계산할 때 고려해야 할 정성적 요소와 정략적 요소는 어떤 것들이 있는지 구분하라.

2. Frank's driving Appurtenances — 구매 혹은 생산 의사결정

프랭크 지글러(Frank Ziegler)는 자동차광이다. 어린 시절부터 자동차 만드는 것에 관심이 많았다. 나이가 들면서 프랭크의 자동차에 대한 관심은 운전의 편안함, 편의성, 즐거움을 향상시키는 방법으로 발전했다. 프랭크는 타고난 기업가정신을 발휘하여 Frank's driving Appurtenances라는 자신의 사업을 열기로 결정했다.

프랭크는 먼저 자동차 정비 산업에 대해 조사했다. 그는 자신과 마찬가지로 많은 사람이 개성을 표현하기 위해 차에 액세서리를 추가하기를 즐긴다는 것을 발견했다. 그는 자신과 친구들을 위해 컵홀더, 거울에 거는 장식, 차량 외부를 꾸밀 수 있는 것과 같은 독특한 아이템을 디자인했다. 프랭크는 관련 품목에 거대한 시장이 있다고 믿었다.

프랭크는 독특한 액세서리를 디자인, 제조, 판매하는 기술에 자신이 있었다. 하지만 그가 조사한 바에 따르면, 프랭크가 만든 것과 비슷한 품목을 생산하는 공급업체가 이미 많이 존재했다. 스스로 물건을 만들 필요가 없이 물품을 구매해서 재판매할 수 있었다. Frank's driving Appurtenances의 첫 번째 단계는 손익분기 분석을 하는 것이었다. 사업의 동기는 자신의 제품을 공유하는 것이었지만, 그는 현실주의자였다. 먼저 구매 혹은 생산에 대한 최선의 경제적 결정을 하는 것이 가장 좋은 방법임을 알고 있었다. 구매하여 재판매하는 것이 경제적으로 좋은 결정이라면, 품질과 개성에 대한 명성을 확립한 후에 자체 생산을 할 수 있을 것이라고 판단했다.

프랭크는 두 가지 경우의 비용을 모두 계산했다. 직접 생산할 경우에는 고정비용이 많이 발생하고, 제품 제작을 위한 도구와 작업공간이 필요했다. 그에게는 예상한 수량을 모두 생산할 만한 공간이 충분하지 않았다. 구매하는 경우를 검토한 결과, 변동비의 한 요소가 배송비용임을 발견했다. 그가 원하는 품목을 판매하는 대부분의 공급업체는 해외에 있었다. 품목의 기본가격은 큰 차이가 없었지만, 기본비용에 추가되는 운송비용은 꽤 차이가 났다.

프랭크는 구매 혹은 생산 의사결정의 손익분기 분석에서 중요한 데이터 중 하나가 판매량이라는 것을 깨달았다. 그는 제품을 얼마나 팔 수 있을까? 잘못된 판매 예측량은 잘못된 손익분기분석과 잠재적 실패를 초래할 수 있다.

토론사항

1. 손익분기 분석을 사용하는 목적은 무엇인가?
2. 손익분기 분석을 할 때, 프랭크가 반드시 고려해야 할 두 가지 유형의 비용은 무엇인가?
3. 일반적으로, 생산하는 경우에는 어떤 유형의 비용이 높고, 구매하는 경우에는 어떤 유형의 비용이 높은가? 그 이유는 무엇인가?

3. Middleton Fine Furniture — 공급사슬을 통한 비용절감

가구산업은 전 공정을 완성하기 힘든 산업이다. 매우 가격 중심적이며, 모든 비용을 가능한 지속적으로 검토하고 축소해야 한다. Middleton Fine Furniture는 경기침체의 압박을 느끼고 비용을 절감해야 했다. 그렇지 못하면 유일한 대안은 직원을 해고하는 것이었다.

Middleton Fine Furniture의 최고경영자인 샐리 셔먼(Sally Sherman)은 100년 동안 운영된 Middleton Fine Furniture의 직원들을 가족같이 여긴 사실을 자랑스러워 했고, 해고가 대안이라고 생각하지 않았다. 샐리는 경제가 회복될 때까지 허리띠를 졸라매야 한다고 생각했다. 그러나 일시적인 긴축재정보다는 지속 가능한 비용절감을 원했다.

샐리는 재무담당최고책임자인 케니샤 요스트(Kenisha Yost), 공급관리부사장인 엘리 고메즈(Ellie Gomez)와 함께 Middleton의 재정적 어려움에 대해 논의했다. 샐리는 회사가 잠재적으로 반복적인 절감효과를 가져올 수 있는 방식의 해결책을 강조했으며, 지금의 금융위기를 극복하는 것만이 아니라 이러한 상황이 다시 발생하기 않기를 원했다.

케니샤와 엘리는 장기적인 해결책을 제공하기 위해 할 수 있는 일에 대해 브레인스토밍을 시작했다. 케니샤는 운영에 필수적이지만 자금을 쌓아두어야 하는 재고에 대해서 언급하며, 그대로 두어서는 안 된다고 생각했다. 운영에 지장을 초래하지 않고 재고를 감축하는 방법은 무엇일까?

엘리는 재고를 줄이기 위해서 먼저 현재 재고회전율을 계산해야 한다고 지적했다. 일단 이를 기준으로 설정하면 재고감축을 위한 구체적인 작업을 할 수 있다. 또한, 현재 재고회전율을 분석하여 공급부서 이외의 다른 부서에서 발생하는 낭비도 확인할 수 있으며, 쌓여있는 자금을 현금화할 수 있다고 했다. 만일 재고회전율이 낮다면 판매부진, 과잉재고, 악성재고의 지표가 될 수 있으며, 이를 개선하려면 판매부서의 지원이 필요하다고 했다.

엘리는 Middleton Fine Furniture의 공급사슬관리 프로세스를 면밀히 살폈다. 회사의 조달방식은 복수공급자를 선호하고 있었다. 가구를 제작하는 데 모든 부품이 단일공급자일 수는 없지만, 일부는 가능한 부분도 있었다. 품질이 중요한 대량의 특정 부품들에 대해 단일공급자로 전환하면 품질변동이 적고 잠재적으로 낭비를 줄일 수 있다. 이것이 진정한 비용절감이다. 또한, 단일 공급업체로부터 부품을 구매하면 수량이점을 통해 부품의 단가를 낮출 수 있을 것이다.

엘리는 이 문제에 대해 깊이 고민하며, Middleton의 지난 몇 년간 프로세스 변화를 검토했다. 초기 몇 년간 Middleton은 가구의 모든 부품을 생산했다가 회사가 성장하면서 점점 많은 부품을 공급업체로부터 조달했다. 손익분기 분석을 통해 여전히 자체 제작하는 부품과 공급업체로부터 조달하는 부품을 결정하는 데 적절한 시기를 결정해야 했다. 이 작업은 까다롭고 시간이 소요되지만, 비용절감의 잠재적 이점은 필요한 노력보다 크다고 판단했다.

케니샤와 엘리는 샐리를 만났다. 그들이 추구하는 세 가지 쟁점인 재고회전율 분석, 특정 부품에 대한 복수공급자/단일공급자 선정문제, 그리고 해당되는 경우 구매 혹은 생산의 변경 여부에 대해 평가했다. 샐리는 이러한 해결책이 필요한 비용절감효과를 가져올 것이며, 프로세스를 진행하며 지속가능한 비용절감을 촉진할 것이라고 믿었다.

토론사항

1. 재고회전율을 결정하는 이유를 설명하라. 이것은 기업에 어떤 가치가 있는가?
2. 단수공급자 선정을 통해 비용을 절감하는 주요한 두 가지 방법은 무엇인가? 이 경우 위험요소는 무엇인가?
3. 회사의 구매 혹은 생산 의사결정을 진행할 때 고려해야 할 비용의 두 가지 종류는 무엇인가?

참고자료

Johnson, P. F., and A. E. Flynn. *Purchasing and Supply Management*, 15th ed. New York: McGraw-Hill Irwin, 2015.

Monczka, R., R. Handfield, L. C. Giunipero, and J. L. Patterson. *Purchasing and Supply Chain Management*, 6th ed. Boston, MA: Cengage Learning, 2016.

Prahalad, C. K., and G. Hamel. "The Core Competence of the Corporation," *Harvard Business Review* 68(3), 1990: 79–91.

Tan, K. C. "A Framework of Supply Chain Management Literature," *European Journal of Purchasing & Supply Management* 7(1), 2001: 38–48.

Tan, K. C., V. R. Kannan, and R. B. Handfield. "Supply Chain Management: Supplier Performance and Firm Performance," *International Journal of Purchasing and Materials Management* 34(3), 1998: 2–9.

Wisner, J. D., and K. C. Tan. "Supply Chain Management and Its Impact on Purchasing," *Journal of Supply Chain Management* 36(4), 2000: 33–42.

미주

1. Ferrell, K. "The State of State Procurement," *Inside Supply Management* 27(5), June/July 2016: 32–33.

2. Arnseth, L. "The Evolution of Supply Management," *Inside Supply Management* 28(1), January/February 2017: 22–25.

3. Ray, J. "Develop World Class Purchasing," *ICIS Chemical Business* 290(5), August 15–21, 2016: 26–28.

4. "Annual Survey of Manufactures: Geographic Area Statistics: Statistics for All Manufacturing by State," *Annual Survey of Manufactures*, U.S. Census Bureau, January 19, 2017.

5. ISM Glossary of Key Supply Management Terms, www.ism.ws/glossary, accessed March 10, 2017.

6. Tan, K.C., and R. Dajalos. "Purchasing Strategy in the 21st Century: E-Procurement," *Practix: Best Practices in Purchasing & Supply Chain Management* 4(3), 2001: 7–12.

7. Palmer, R., and M. Gupta. "2012 Purchasing Card Benchmark Survey Results," RPMG Research Corporation.

8. Palmer, R., and M. Gupta. "2014 Purchasing Card Benchmark Survey Results," RPMG Research Corporation.

9. Hannon, D. "P-card Program Expansion Is a Global Challenge," *Purchasing* 138(12), December 19, 2009: 53–55.

10. Doerfler, S. "Keeping Up with the Curve," *Inside Technology Supplement to ISM*, July 2016: 4–7.

11. Sherefkin, R. "Delphi aims for smaller global supply base," *Automotive News*, 78(6107), August 16, 2004: 4.

12. World Trade Organization. "International Trade Statistics 2016," WTO Publications, Geneva.

13. Villarreal, M.A., and Fergusson, I.F. "The North American Free Trade Agreement (NAFTA)," Congressional Research Service (R42965), February 22, 2017: 7–5700.

14. "European Union GDP," http://www.tradingeconomics.com/european-union/gdp, accessed March 12, 2017.

15. "The History of the European Union - 2016," http://europa.eu/european-union/abouteu/history/2010-today/2016_en, accessed March 12, 2017.

16. "Incoterms 2010," https://cdn.iccwbo.org/content/uploads/sites/3/2010/01/ICC-Introduction-to-the-Incoterms-2010.pdf, accessed March 12, 2017.

17. Ferrell, K. "The State of State Procurement," *Inside Supply Management* 27(5), June/July 2016: 32–33.

18. "Federal Acquisition Regulation (FAR)," https://www.acquisition.gov/?q=browsefar, accessed March 12, 2017.

19. Case, S., and D. Arnold. "Greening Federal Purchasing," *Government Procurement*, August 2005: 18–26.

20. "Green Procurement Compilation," https://www.gsa.gov/portal/content/198257, accessed March 12, 2017.

3장

공급자관계관리

CREATING AND MANAGING SUPPLIER RELATIONSHIPS

전략적 발주를 통해 최적의 가격을 확보하는 것은 더 이상 조달 기능의 전략적 능력으로 인식되지 않는다. 비핵심역량을 외주한 결과, 조직은 혁신력, 공급 보안, 기업의 사회적 책임 및 지속적인 비용 절감 등 여러 관점에서 공급업체에 대한 의존도가 높아짐을 깨닫게 되었다. 전략적인 제휴는 많은 글로벌 조직의 기업 아젠다의 상위에 있으며, 공급자관계관리는 여전히 중요한 아젠다로 여겨진다.

PricewaterhouseCoopers website[1]

FCA가 세계적으로 계속 성장함에 따라, 우리는 최고 품질의 자동차를 전 세계 운전자들에게 제공하기 위하여 최고의 공급자 파트너와 협력할 것이다.

Scott Thiele, Global purchasing Officer for FCA Group[2]

기업문화와 사업방식에 있어서의 가장 큰 변화는 파트너십을 기반으로 하는 가속 성장일 것이다.

Peter F. Drucker[3]

학습목표

- 공급자 파트너십의 중요성을 설명한다.
- 성공적인 파트너십을 개발하기 위한 주요 요소를 이해한다.
- 공급자평가와 인증프로그램을 개발한다.
- 공급자 인정 프로그램의 중요성을 설명한다.
- 공급자관계관리의 역할을 설명한다.
- 공급자관리를 위한 SRM 소프트웨어의 이점을 설명한다.

SCM PROFILE

포드의 공급자관계관리

2008년 금융위기 이후 포드(Ford)는 공급자와의 협력관계를 발전시키기 시작했다. 2007년 초 포드는 원포드프로그램(One Ford program)을 시행하여 전 세계 자동차 플랫폼 수를 27개에서 8개로 줄이는 전략적 조치 덕분에 규모의 경제를 실현할 수 있었다. 이 상생협력 모델은 일부 공급자와의 장기개발 및 구매계약을 수반하였다. 포드의 글로벌 구매를 담당하는 임원인 Thai-Tang은 원포드프로그램은 업계 최고의 모범사례를 모델로 하였으며, 신뢰할 만한 상품은 최저입찰자에게 구매하는 것이 아니라, 기업의 혁신을 돕기 위한 장기적인 전략적 파트너를 선정하는 것이라고 하였다. 포드는 새로운 글로벌 시장에서 제조를 시작할 때 적극적으로 공급자를 개발한다. 예를 들어 포드는 인도시장을 개척할 때 자동차산업에 종사하지 않는 공급자를 찾아 협력하여 가전제품을 생산했던 작업경험을 포드의 부품생산에 활용하였다. 포드는 공급자를 개발하는 데는 3년 이상이 소요되며, 초기 설계공정에 공급자의 참여가 중요하다고 말한다. 또한, Thai-Tang은 "우리가 해결해야 할 고객의 문제가 무엇인지 상의하고, 최상의 설계비용과 공정한 이익을 보장하기 위해 어떻게 협력할 것인지, 공급자의 지식과 전문성을 활용하고, 고객기반의 경험을 배우는 것"이라고 말했다.[4]

플래닝 퍼스펙티스사(Planning Perspectives, Inc.)의 공급자관계에 대한 최근 연구에 따르면, 포드, 제너럴모터스(Gerneral Motors), FCA US(이전 크라이슬러)와 닛산은 도요타와 혼다와의 공급자관계 개선을 통해 작년 운영이익이 총 20억 달러 이상 증가했다. 도요타와 혼다는 플래닝 퍼스펙티브가 개발한 공급자관계 순위에서 최고를 차지했고 포드는 최근 닛산을 앞질러 3위에 올랐다. 도요타와 혼다는 기본 운영에 충실하고 공급자관계 개선 활동에 집중하여 지속적으로 개선하기 위해 노력하고 있다. 따라서 포드, 닛산, GM 및 FCA와의 격차를 늘리고 있다.[5] 기본 운영에는 구매기능의 실행능력, 그리고 기술지식, 신뢰성, 문제 해결 능력, 의사소통 능력과 같은 OEM 업체와의 협력이 포함된다.

개요

오늘날과 같은 경쟁환경에서는 기업이 핵심역량에 더욱 집중함에 따라 외주의 수준이 계속 높아지된다. 기업은 공급자에게 혁신적이고 품질 좋은 제품을 적시(just-in-time: JIT)에 경쟁력 있는 가격으로 공급할 것을 요구하고 있다. 지난 수십여 년간 공급자와 긴밀하고 원만한 관계를 유지하는 것은 납기, 품질, 정보, 원자재 흐름 등을 개선하는 데 도움이 된다는 것을 배웠다. 많은 기업은 양호한 공급자 파트너십이 경쟁우위의 성과를 달성하는 데 중요하다고 강력히 믿고 있다. 즉, 기업은 공급자와 상생(win-win)하는 그리고 장기적인 관계를 구축하는 것이 중요함을 알고 있다. 고객과 공급자가 전술적인 관점보다 전략적인 관점에서 강력한 관계와 파트너십을 구축하며 모든 당사자의 가치를 창출하는 데 이러한 관계를 활용하는 것이 매우 중요하다. 주요 공급자와 성공적인 파트너십을 맺는 것은 기업의 경쟁우위를 창출하는 혁신에 기여하며 잠재능력을 보유하는 데 도움을 준다. 적절한 공급 파트너를 선정하고 이들과의 관계를 성공적으로 관리하는 것은 전략적으로 중요하며, '어떤 기업의 우수성은 가장 낮은 수준의 공급자와 동일하다'고 할 수 있다. 이 장의 도입 부분에 SCM PROFILE에 있는 바와 같이 제너럴모터스와 포드도 공급자와의 신뢰 구축에 상당한 개선을 이루었지만 도요타와 혼다는 여전히 북미 자동차부품 제조업체와의 공급자관계를 이끌고 있다. 플래닝 퍼스펙티브의 사장 John Hedge는 부품제조업체는 자동차 제조업체의 이익에 상당한 영향을 미치므로 공급자와의 협력관계 개선을 위해 새로운 자원과 교육프로그램에 대한 상당한 투자가 필요하다고 말한다.[6]

공급관리협회(Institute for Supply Management)의 용어 설명에 따르면 "공급자 파트너십은 장기간에 걸쳐 관련 정보와 위험과 보상을 공유하면서 상호 이익을 위하여 함께 노력하는 것이다. 이러한 관계는 상호 간의 기대에 대한 명확한 이해와 개방된 의사소통과 정보 교환, 상호 신뢰, 그리고 미래에 대한 동일한 방향 추구 등을 필요로 한다. 이러한 형태의 활동은 법적 파트너십이 아닌 협력적 경영활동이다."[7]

포드자동차의 Aligned Business Framework는 윤리적 비즈니스 관행, 노동조건, 글로벌 제조 및 개발, 소수민족·베테랑 및 여성소유기업 발주 같은 분야에서 협업 및 공정한 업무에 중점을 두고 있다.[8] 이 프레임워크는 원가를 절감하고 공급자의 혁신적 기술을 확보할 수 있다는 점에서 포드에 유익하다. 공급사슬관리의 목표를 달성하기 위해 포드는 인권, 근로조건 및 환경 지속가능성과 같은 중요한 문제에 대하여 공급자의 적극적인 참여와 의사소통을 통해 장기적인 관계를 촉진하고 공급자의 경영상의 잠재적 위험을 완화하고 공급의 연속성을 보호하고자 한다. 앞선 사례는 포드의 공급자관리 개선을 보여준다. 최근 포드는 2016년 워싱턴DC에서 열리는 자원개발 G7협약(Alliance Forum on Resource Efficiency) 워크숍에서 청정 환경 프로그램을 위한 파트너십을 발표했다. 포드그룹의 글로벌 구매 담당 임원인 Hau Thai-Tnag은 환경에 대한 영향을 보다 광범위하게 최소화하기 위해 글로벌 공급자관리를 확대할 것을 약속했다.[10] 종단개발, 통합, 지속 가능한 공급사슬을 위해 우수한 공급자관계 및 협업이 필요하다.

공급자 파트너십의 개발

일본에 있는 오마에 연구소의 설립자인 켄이치 오마에는 "국가가 항상 알고 있던 것을 기업이 이제 막 깨닫기 시작했다. 위험한 상대방으로 가득 찬 복잡하고 불확실한 세계에서는 여럿이 함께 가는 것이 최선이다."라고 말하였다.[11] 강력한 공급자 파트너십을 위해서는 구매자와 판매자 모두 열심히 그리고 헌신적으로 노력해야 한다. 진정한 파트너십은 쉽게 창출되지 않으며 파트너십으로부터 좋은 결과를 얻기 위해서 해야 할 일이 많다. 레이시온

SCM PROFILE

레이시온의 공급자관계관리[12]

레이시온(Raytheon)은 '국방, 민간정부 및 사이버보안 솔루션 전문 기술 및 혁신 리더'이다.[13] 이 회사는 전 세계적으로 61,000명의 직원을 두고 있으며 매출액은 230억 달러가 넘는다. 이 회사는 경쟁이 치열한 미국 방위산업에서 우수한 기술만으로는 주문을 확보하기에 충분하지 않다는 것을 깨달았다. 구매가격 및 유지보수비용과 같은 요소가 더욱 중요해지고 있다. 결과적으로 레이시온은 협상 가격에 기반한 전술적 관계에서 실제 원가 절감이 가능한 신제품 설계 초기에 공급업체가 참여하는 보다 전략적인 관계로 전환하게 되었다. 레이시온은 1만 개 이상의 공급자를 가지고 있었으며, 많은 공급자와 긴밀한 관계를 유지하는 것은 불가능했다. 레이시온은 시장에서 성공적으로 경쟁하기 위해 파트너십을 개발하기 위해 핵심 공급자를 식별해야 했다. 공급관리 분야의 저명한 리더인 넬슨(Dave Nelson)은 레이시온에 "공급업체로부터 특혜를 받는" 계획을 제안했으며, 이는 기본적으로 "고객 선택"으로 해석된다. 그들이 필요로 하는 어려운 일을 해내는 것이다. 권고안 중 하나는 SAC에 참여하기 위해 대기업과 중소기업의 조합을 대표하는 공급업체의 하위 집합이 선정된 SAC(Supplier Advisory Council)를 설립하는 것이었다. Whitmor/Wirenetics의 마크 리(Mark Lee)는 "공급자로서 리더십이 원하는 것과 조달 및 엔지니어링이 수행하는 작업 사이에 괴리가 있음을 자주 발견한다. SAC는 보복에 대한 두려움 없이 공급자가 경영진이 인지하지 못한 문제를 논의할 수 있는 기회를 제공한다. 솔직하지 않으면 효과가 없을 것이다."라고 말했다.[14] 레이시온이 설계 단계에서 비용을 절감하고 저렴한 가격뿐 아니라 유지보수비용이 적게 드는 혁신적인 기술을 개발하는 것이 진정한 SAC의 이점이다.

은 공급자와 긴밀한 협력관계를 맺어왔다(SCM PROFILE 참고). 성공적인 파트너십을 개발하기 위해서 필요한 주요 요소는 다음과 같다.

신뢰 구축

신뢰는 어떤 형태의 파트너십이나 제휴에 대해서도 필수적인 요소이다. 신뢰는 경영층에서뿐만 아니라 조직의 모든 계층에서 구축되어야 한다. 신뢰를 구축함으로써 조직은 가치 있는 정보를 공유하게 되고, 상대방의 사업을 위해 시간과 자원을 투자하며, 독자적으로 얻게 되는 결과보다 더 좋은 결과를 달성할 수 있게 된다. 조단 루이스(Jordan Lewis)는 「Trusted Partners」라는 자신의 저서에서 "신뢰는 조화를 의미하지는 않는다. 경영은 너무나 복잡해서 모든 쟁점에 대해 합의가 쉽게 될 것이라 기대할 수는 없다. 그러나 상호 간에 신뢰하는 관계가 구축되면 갈등이 생기더라도 더 이해하기 위해 노력하며 건설적인 해결책을 찾기 위해 노력하게 된다. 신뢰는 어떤 기업이 좋아하지 않는 일을 다른 기업이 하게 되더라도 양자의 관계를 지속시켜주는 호의를 창출한다"고 하였다.[15] 신뢰가 있으면 파트너는 함께 노력하려는 의지를 더 갖게 되고, 문제에 대한 타협안을 찾으며, 양자의 장기적인 이익을 달성하기 위해 함께 노력한다.

비전과 목표의 공유

모든 파트너십에서 구매자와 공급자의 기대, 파트너십의 이유와 목적, 관계의 와해에 대비한 계획 등이 규명되어야 한다. Bristol-Myers-Squibb의 조달 전문가인 렌우드 그랜트(Lenwood Grant)는 "필요에 의한 파트너십은 바람직하지 않다. 어떤 상대와의 파트너십이 별로 좋지 않다고 생각하지만 (그 상대가 유일한 자재 공급자이기 때문에) 어쩔 수 없이 해야 하기 때문이라면 그것은 진정한 파트너십이 될 수 없고 실패할 가능성이 많다."고 하였다.[16] 파트너십의 당사자들은 동일한 비전을 공유해야 하며 분명하고 상호 합의한 목표를 가져야 한다. 목표가 당사자 간에 조정되지 않았거나 지나치게 낙관적이어서 실패한 제휴와 파트너십이 많이 있다. 파트너십의 초점이 전술적인 쟁점을 초월하여 기업의 성공에 관련된 전략적인 사항으로 옮겨져야 한다. 또한, 파트너가 동등한 의사결정권을 가지고 있을 때 파트너십은 성공 가능성이 더 높다.

개인적인 관계 구축

구매자-공급자 파트너십에서 서로 의사소통을 하고 일을 하는 것은 사람이기 때문에 개인 간의 관계는 중요하다. 「Managing Strategic Relationships」의 저자인 레너드 그린핼프(Leonard Greenhalgh)는 "제휴나 파트너십은 회사 간의 관계라기보다는 특정 개인 간의 관계"라고 하였다.[17]

상호 간의 이익과 필요

파트너 관계는 상생(win-win)의 결과를 가져와야 한다. 서로의 필요는 협력을 위한 환경뿐만 아니라 혁신의 기회를 창출하게 된다. 양 당사자가 파트너십의 혜택을 공유하면 그 관계는 생산적이며 장기간 지속할 수 있을 것이다. 제휴는 결혼과 마찬가지로, 한 쪽만 행복해서는 결코 오래 지속될 수 없다. 파트너인 공급자가 이익을 내는 것은 자사가 이익을 내는 것만큼 중요하다는 인식을 바탕으로 공급자와의 관계를 구축해야 한다. 예를 들어 도요타의 엔지니어는 공급자와 성과개선 프로그램을 지원할 때, 프로그램에서 발생하는 모든 비용 절감을 공급자와 공유하며, 공급자가 합리적인 수익을 올릴 수 있도록 한다. 성공을 위해서는 구매자가 공급자 간의 거래가 매우 공정하고 상호 신뢰할 수 있어야 한다.

몰입과 최고경영층의 지원

적절한 파트너를 찾는 것은 시간이 많이 소요되고 어려운 일이다. 파트너를 찾고 나면 파트너십을 성공적으로 만들기 위하여 양 당사자가 시간과 자원과 사람을 투자해야 한다. 참여는 최고경영층에서 시작해야 한다. 최고경영층에서 파트너십을 적극적으로 지지하면 파트너십이 성공할 수 있다. 스테판 코베이(Stephen R. Covey)는 "참여가 없으면 몰입도 없다. 참여에 표시를 하고, 별표를 하고, 밑줄을 쳐라."라고 하였다.[18] 몰입은 최고경영층에서 시작해야 한다. 파트너십은 고위경영진이 적극적으로 지원할 때 성공할 수 있다. 조직의 최고경영층이 보여주는 협력과 참여의 수준은 공동 문제를 해결하기 위한 기반이 된다.

성공적인 파트너들은 그들의 사업을 함께 성장시킬 기회를 지속적으로 찾기 위해 노력한다. 경영진은 제휴에 필요한 내부적인 태도를 조성해야 한다. 파트너십에서는 여러 가지의 장애물이 있을 수 있으므로 경영진이 갈등 해결을 위한 협력적인 접근방법을 취하는 것이 중요하다.

변화관리

기업은 파트너십으로 야기되는 변화의 결과로서 핵심 사업으로부터 이탈되는 것을 피해야 한다. 즉, 기업은 새로운 파트너십의 구축으로 인한 변화를 효과적으로 관리해야 한다. 스테판 코베이는 "성공적인 변화관리의 핵심은 변화하지 않는 핵심 원칙에 집중하는 것"이라고 하였다.[19] 휴렛팩커드(Hewlett Packard: HP)는 사례 연구를 통해 더 나은 변화관리를 위한 몇 가지 다음 몇 가지 사항이 필요하다는 것을 찾아냈다.[20]

- 내부 챔피언 선정
- 보안 책임자 바이-인(buy-in)
- 내부 커뮤니케이션 및 지원 팀 조정
- 영향력 있는 관리자에 대한 교육 및 설문조사
- 핵심 고객그룹과 비즈니스 검토 수행

HP는 내부 챔피언과 조정을 통해 보다 나은 변경관리가 가능하다는 것을 발견했다.

정보 공유와 의사소통

정보의 원활한 흐름을 촉진하기 위하여 공식적이고 비공식적인 의사소통 라인이 구축되어야 한다. 신뢰관계가 높아지면 정보 시스템은 더욱 효과적으로 구축된다. 재무 정보와 제품공정 정보는 비밀이 유지되어야 한다. 당사자 간의 어떠한 갈등도 의사소통 채널이 개방되면 해결할 수 있다. 예를 들어 규격 변경이나 신제품 출시를 공급자에게 조기에 통보하는 것은 파트너십의 성공에 도움이 되는 요소가 될 수 있다. 구매자와 공급자는 계획 변경에 관하여 토론하고, 결과를 평가하며, 파트너십의 성공에 중요한 쟁점을 상의하기 위하여 정기적으로 만나야 한다. 특히 정보나 비밀유지가 필요한 자료를 보호하기 위해서는 비공개 협약을 맺기도 한다. 정보 공유의 성공은 정보의 양이 아니라 정보의 질과 정확성에 달려 있는 것이다.

협력이 긍정적인 면을 가지고 있기는 하지만, 구매자와 공급자 간에 민감한 정보가 공유될 경우 영업기밀(trade secrets)이 누설될 위험도 있다. 1996년에 제정된 경제스파이법(Economic Espionage Act)에 의하면, 영업기밀은 다음과 정의된다. "모든 형태의 재무적, 사업적, 과학적, 기술적, 경제적 혹은 공학적 정보를 말하며, 이는 유형 혹은 무형 그리고 전자적으로, 도식적으로, 사진으로 저장되었거나 기록된 형태, 계획, 편집물, 프로그램 도구, 공식, 설계, 프로토타입, 방법, 기술, 프로세스, 절차, 프로그램 혹은 코드를 말한다."[21] 영업기밀은 특유 기술이나 프로세스가 경쟁우위를 제공하게 되는 첨단산업 분야에서 더욱 치명적이다. 영업기밀을 보호하는 기본적이고 성공적인 방법 중 하나는 종업원과 공급자에게 비공개 준수에 관한 서약을 하도록 하는 것이다.

관계역량의 개발

조직은 공급자와의 장기적인 관계를 수립하기 위한 역량을 개발해야 한다. 조지아주에 있는 전략컨설팅 기업인 해킷그룹(Hackett Group)은 세계적인 구매 조직에 관한 연구에서 우수한 성과를 내는 기업 사례에서 공통목표 달성을 위한 다기능팀(cross-functional team)을 활용하고 있음을 발견하였다.[22] 문제 해결을 위해 다기능팀을 오랫동안 유지해왔던 조직은 내부적으로 성공적인 공동 작업을 수행할 수 있을 뿐 아니라, 외부적으로도 그렇게 할 수 있는 역량을 지니고 있다. 주요 공급자들은 원가, 품질, 그리고 납기 요구사항을 충족시킬 수 있는 기술과 역량을 보유하고 있어야 한다. 또한 공급자는 변화하는 고객의 요구사항에 신속히 대응할 수 있는 유연성을 가지고 있어야 한다. 기업이 어떠한 파트너십을 맺기 이전에 공급자의 역량과 핵심능력에 대하여 철저하게 분석해야 한다. 기업은 시장에서의 경쟁우위를 실현하기 위하여 신제품이나 서비스 개발에 도움이 되는 기술적 능력을 가지고 있는 공급자를 선호한다.

성과측정

오랜 격언인 "측정할 수 없으면 개선할 수 없다."는 말은 특히 구매자-공급자 제휴 관계에 맞는 말이다. 품질·원가·납기·유연성에 관련된 측정치는 공급자의 성과를 평가하기 위하여 전통적으로 사용되어 왔다. 공급자 성과로 제공되는 이러한 정보는 전체 공급사슬의 효율성을 제고하는 데 활용될 것이다. 따라서 훌륭한 성과평가 시스템의 목표는 이해할 수 있으며, 측정하기 쉽고, 구매자와 공급자의 실제 부가가치 결과에 초점을 맞춘 측정치를 제공하는 것이다.

기업은 성과를 평가함으로써 예외적인 성과나 발전의 필요가 있는 공급자를 파악하고, 공급자와의 의사소통을 개선하며, 위험을 줄이고, 보고자료 분석을 기초로 한 파트너십을 관리하고자 한다. 노스럽 그러먼(Northrup Grumman)은 품질, 납기, 고객 만족, 공정(린식스시그마)의 네 가지 카테고리에 기반한 스코어카드 형식을 사용하여 공급자 성과를 평가한다.[23] 결국 최고의 고객은 최고의 공급자와 일하기를 원하게 된다. 최고의 공급자는 자신의 성과에 대하여 보상도 받고 인정도 받는다. 공급자 시상제도는 다음 장에서 설명하기로 한다.

구매가격은 공급자 선정의 중요한 요소이지만, 기술적 전문성, 리드타임, 환경인식, 시장지식 등과 같은 요소도 고려되어야 한다. 식스시그마 혁명을 이루었던 전자산업에서는 공급자 선정에서 전략적 중요성으로 인하여 품질이 가장 중요한 선정기준이며 원가보다는 오히려 신기술과 혁신을 추진하는 공급자의 역량이 주요 요소가 된다. 따라서 성과측정을 위해서는 다양한 기준의 접근방법이 필요하다. 〈표 3-1〉은 성과측정표의 예이다.

지난 수년간 광의의 성과지표 개념인 **총소유비용**(total cost of ownership: TCO)이 공급사슬 문헌에 폭넓게 논의되었다. 총소유비용은 '재화와 서비스의 확보, 사용, 유지 등과 연관된 모든 비용'으로 정의할 수 있으며 **거래 전 비용**(pretransaction), **거래비용**(transaction), **거래 후 비용**(posttransaction costs)으로 구성된다.[24]

- 거래 전 비용: 구매제품의 주문과 수령에 앞서서 발생하는 비용으로, 공급자를 인증하거나 훈련하는 비용과 공급대안을 찾는 비용과 신규 공급자를 위한 배송 수단을 찾는 비용 등이 있다.
- 거래 비용: 제품 및 서비스 비용과 주문을 하거나 받는 비용으로, 구매비, 주문준비비, 배송비 등이 있다.
- 거래 후 비용: 제품이 주문회사의 소유가 된 후의 비용으로 실패비용, 유지비, 보증비 등이 있다.

총소유비용은 비용과 공급자 성과를 이해하기 위한 선행적 접근방법(proactive approach)이다. 그러나 총소유비용을 결정하는 데 필요한 주요 비용요소를 효과적으로 파악하는 것이 과제이다.

〈표 3-1〉 성과지표의 예

1. 원가/가격
- 경쟁가격
- 원가내역의 가용성
- 생산성 개선/원가 절감 프로그램
- 가격 협상의 의지
- 재고비
- 정보비
- 수송비
- 원가개선을 위한 협력의 정도
- 표준원가, 목표원가, 원가 절감 목표, 벤치마크 원가 등에 대비한 실제 원가

2. 품질
- 무결점
- 통계적 공정관리
- 지속적 공정개선
- 용도 적합성
- 수정조치 프로그램
- ISO9000과 같은 문서화된 품질 프로그램
- 보증
- 과거의 품질, 규격품질, 목표품질 등에 대비한 실제 품질 수준
- 과거의 품질, 품질개선 목표에 대비한 품질개선
- 품질개선을 위한 협력의 정도

3. 납기
- 신속성
- 적시성/신뢰성
- 무결점 배송
- 납기 약속일에 대비한 실제 납기일
- 납기개선을 위한 협력의 정도

4. 대응성 및 유연성
- 고객에 대한 대응성
- 기록보존의 정확성
- 팀과 효과적으로 일하는 능력
- 상황 변화에 대한 대응성
- 공급자 인증 프로그램에의 참여/성공
- 수요의 단기간 변화/유연한 생산능력
- 납기일정의 변화
- 신제품 개발에의 참여
- 문제 해결
- 제품/서비스 변경에 관련하여 투입물을 찾는 공급자의 의지
- 제품/서비스 변경에 따른 공급자의 사전 통보
- 파트너십이나 팀워크에 대한 수용성

5. 환경
- 환경에 대한 책임성
- ISO14000과 같은 환경경영 시스템
- 환경문제 개선을 위한 협력의 정도

6. 기술
- 검증된 제조/서비스 기술을 활용한 개선
- 우수한 제품/서비스 설계
- 기술 개선을 위한 협력의 정도

7. 경영성과
- 동종업계에서의 공급자/리더십의 평판
- 장기적 관계
- 정보 공유의 질
- 재무 건전성(신용평가)
- 강력한 고객지원그룹
- 총현금흐름
- 투자수익률
- 경영성과 개선을 위한 협력의 정도

8. 총소유비용
- 구매제품의 수송비
- 특수취급비
- 구매자의 일정계획과 수송의 요구에 따른 추가적인 공급자비용
- 불량비용, 재작업비용 및 구매와 관련된 문제 해결

지속적 개선

성과측정치에 의하여 공급자를 평가하는 과정은 지속적 개선(continuous improvement)의 기회를 제공한다. 8장에서는 지속적인 개선이 일련의 작은 개선을 지속적으로 수행하여 시스템 내의 낭비를 제거하게 됨을 보여줄 것이다. 구매자와 공급자는 원가·품질·납기·지속가

능성 및 기술 등에 관한 고객의 요구사항을 충족하기 위해 자신들의 역량을 지속적으로 개선해야 한다. 파트너들은 단순히 실수를 고치는 데 초점을 맞출 것이 아니라 실수를 근본적으로 제거하도록 해야 한다. 지속적인 개선이 이루어지기 위해서는 종업원들 스스로 개선해야 할 부분을 파악해야 한다. 이러한 개선은 다른 프로세스의 개선을 실현하기 위한 기초를 제공하며, 더 많은 성공으로 이어질 것이다. 제품과 서비스가 고객의 요구를 충족시킬 수 있도록 지속적인 개선 프로그램을 공급자와 협력하여 추진해나가야 한다.

공급자관계 성과평가

조직이 공급자관계를 대한 핵심 쟁점에 대한 확고한 이해가 없다면 관계의 이점을 얻기는 어렵다. 공급자관계관리에 대한 평가를 통해 보다 효과적인 관리를 할 수 있다. 식품산업에 대한 연구에서 나타난 공급사슬관계 성과를 측정하는 다섯 가지 핵심성과지표는 다음과 같다.[25]

- 창의성: 품질 향상, 혁신, 성능 향상을 위한 장기적 접근방식
- 안정성: 투자, 목표의 동기화, 신뢰 구축
- 의사소통: 원활한 의사소통 및 정보의 공유
- 신뢰성: 제품, 서비스의 운송과 공동비용 절감
- 가치: 상생(win-win)관계 도출

또한, 이 연구에서는 다음과 같은 관계성과의 특징을 발견하였다.[26]

- 장기적인 관점: 안정성, 연속성, 예측가능성 및 장기적인 공동 이익
- 상호의존성: 상호협력을 통한 이익 보장
- C-행동(C-Behavior): 협업(collaboration), 협력(cooperation), 조화(coordination)
- 신뢰: 영업력 향상을 위한 상호작용
- 협약: 관계의 유지관리를 위한 노력
- 조정: 제품, 절차, 재고, 경영, 태도, 가치 및 목표를 관계의 필요에 맞게 조정
- 개인적인 관계: 개인적인 상호작용을 통한 신뢰와 공유의 극대화

핵심성과지표를 평가함에 있어 문제가 무엇인지 명확하게 파악해야 문제를 해결하고 관계를 개선할 수 있다.

주요 사항

공급자와의 파트너십을 개발하는 것은 쉬운 일이 아니다. 여기에서 언급하는 모든 사항은 공급자관계가 성공적이라는 전제하에 가능한 것이다. 공급자와의 파트너십이 좋은 예가 많이 있지만, 기대만큼의 성과가 나오지 않은 예도 많이 있다. 예를 들어 몇 년 전 영국에서는 햄버거에서 말고기가 검출되는 사건이 있었다. 말의 DNA가 들어있는 패티는 아일랜드의 ABP그룹의 한 공장에서 제조되었다. 캘리포니아주에 있는 공급사슬 자문회사인 캐세이솔루션(Cathay Solution)사의 운영 담당 이사인 라이언 핀스태드(Ryan Finstad)는 "제조업체와 오랜 기간 동안 관계를 유지한 회사는 시간이 지날수록 느슨해지는 경향이 있다. 이들은 원가 절감 방법을 찾고 나서 제조업체의 감시를 없애거나 줄여왔을 수도 있다."고 했다.[27] 결과적으로 양질의 검증 프로그램이 없으면 공급자가 품질을 저하시키고 표준 이하의 제품을 쉽게 제공할 수 있다. 공급자관계의 중요성은 아무리 강조해도 지나치지 않으며, 이러한 관계를 확장시키는 것은 전 세계적으로 사업을 수행함에 있어 필수적인 부분이다.

SCM PROFILE에 소개된 폭스바겐의 사례는 자동차산업 분야에서 역사상 가장 많은 실패비용을 지불하게 된 사건이다. 폭스바겐은 이 사건으로 3개의 연방기관과 합의하기 위해 147억 달러를 지불하였다. 폭스바겐의 주요 공급자였던 보쉬도 많은 책임을 부담하였다. 이러한 문제를 피하기 위해서는 공급자관계의 투명성과 의사소통이 매우 중요하다.

공급자 평가와 인증

최상의 공급자만이 파트너의 대상이 된다. 기업은 최상 공급자의 전문성과 기술 활용으로 경쟁우위를 실현하기 위하여 그들과 파트너십을 개발하기 원한다. 기업의 주요 공급자가 어떻게 업무를 수행하는지 아는 것은 부가가치 창출활동에 더욱 협조적으로 참여할 기회를 제공할 수 있다. 공급자 평가와 인증 프로세스는 기업이 신뢰하는 공급자를 파악하는 데 도움을 줄 수 있다. 많은 조직이 공급자 평가 시스템의 일환으로 제품과 서비스 품질, 적시배송, 고객서비스 노력, 그리고 원가통제 프로그램을 추적하고 있다. 이러한 정보는 문제를 해결하고 공급사슬 성과를 제고하기 위한 공급자 프로그램을 개발하는 데 활용될 수 있다.

공급자 평가와 인증은 최선의 그리고 가장 신뢰할 만한 공급자를 파악할 수 있도록 실시되어야 한다. 조달 의사결정은 사실에 근거하여 이루어져야 하며 단순히 공급자의 역량에 대한 인식에 의존해서는 안 된다. 공급자 성과에 대하여 피드백을 자주 하는 것은 갑작스런 일로 인한 충격을 줄이고 좋은 관계를 유지하는 데 도움이 된다.

공급자를 평가하는 목적 중의 하나는 공급자가 구매자의 요구사항에 맞게 업무를 수행하는지를 결정하는 것이다. 공급자 평가의 확장된 형태는 공급관리협회(Institute for Supply

SCM PROFILE

폭스바겐의 디젤 배출 파문

폭스바겐의 디젤 배출 파문이 자동차 시장을 강타했다. 이 문제는 궁극적으로 폭스바겐의 공급사슬에 상하로 영향을 미쳤다. 고객들은 자신의 자동차 가치의 손실을 이유로 회사를 고소했다. 폭스바겐 대리점들도 영향을 받았으며, 판매에도 악영향을 끼쳤다. 충격적인 것은 고객과 정부기관에 대한 고의적인 기만행위였다. 폭스바겐의 한 엔지니어는 "자동차 제조업체가 배기가스 테스트를 속이는 데 협조하였고, 독일에서 거대한 손실을 초래한 사건으로 미국에서 유죄 판결을 받은 최초의 사람이 되었다."고 유죄를 인정했다.[28] 폭스바겐은 일찍이 미국에서 약 60만 대의 디젤 자동차와 전 세계적으로 1,100만 대의 차량에 불법적인 배출가스 조작 소프트웨어를 설치했다고 인정했다. 이러한 악행은 2006년 11월에 시작되어 2015년 9월 부정행위가 발각될 때까지 계속되었다. 법무부가 기업조사에서 개인에게 청구한 첫 사례이다. 폭스바겐은 디젤 과다 배출 혐의로 회사를 고소한 3개 연방기관과의 합의과정에서 147억 달러를 지불하였다.[29]

폭스바겐에 대한 조사는 그 공급자들에도 확대되었다. 블룸버그통신은 법무부가 "… 업계 공급자들이 폭스바겐의 디젤 차량에 배기가스 검사를 속일 수 있도록 하는 소프트웨어를 설치하는 것을 알고 있었거나 기여했는지 조사하고 있다."고 보도했다.[30] 특히 자동차 업계의 세계 최대 부품 및 시스템 제조업체인 보쉬(Bosch)는 "… 시험목적으로 폭스바겐에 디젤 소프트웨어를 공급했지만 그대로 차량에 탑재되었다.[31] … 자동차 업계에서 흔히 그러하듯이 보쉬는 자동차 제조업체의 사양에 맞추어 부품을 공급한다. 이 부품들을 보정하고 완성차에 통합하는 것은 각 자동차 제조업체의 책임이다."라고 성명을 발표했다. 보쉬는 이 사건과 관련된 법적 비용으로 750만 유로를 지출했다.[32] 이 스캔들은 폭스바겐과 보쉬 모두에게 매우 큰 대가를 치른 사건이었다.

Management)에서 "수입검사를 제거할 목적으로 주요 공급자의 품질 시스템을 평가하는 과정"이라고 정의한 **공급자 인증**(supplier certification)이다.[33] 인증 과정은 구매자와 공급자의 관계 개선을 위하여 당사자의 목표, 참여 및 위험을 공유하는 의지를 의미한다. 또한, 공급자 인증 프로그램은 장기적 상호 참여와 관심을 의미한다. 예를 들어 인증 프로그램은 부품을 구매기업의 사용처까지 직접 운송하여 수입검사와 재고 관련 비용을 줄인 공급자에게 인센티브를 제공할 수도 있다.

공급자 인증을 효과적으로 운영하는 것은 공급기반을 줄이고, 장기적인 관계를 구축하며, 수입검사에 소요되는 시간을 줄이고, 배송과 대응성을 개선하며, 지속적 개선에의 참여를 촉진하고, 전반적인 성과를 향상시키는 데 매우 중요하다. 공급자 인증은 어떤 공급자가 파트너십에 가장 많이 기여하며 최고의 역량을 지니고 있는지를 파악하게 해준다. 다음은 인증 프로그램에서 일반적으로 제시되는 기준이다.

- 특정 기간 동안 제품 불량으로 인한 기각이 없을 것(예: 불량률 0.5% 미만)

- 특정 기간 동안 제품특성과 관련이 없는 이유로 기각이 없을 것(예: 납기 지연)
- 특정 기간 동안 공급자 생산과 관련된 부정적인 사건이 없을 것
- ISO 9001/Q 9000 인증 또는 현장품질 시스템 평가 통과
- ISO 14001 인증
- 상호 간 명확히 합의한 품질성과측정치
- 원가통제와 지속적 개선 능력을 갖춘 문서화된 공정 및 품질 시스템
- 공급자의 안정적인 공정

가중기준평가 시스템

공급자를 평가하고 인증하는 방법 중 하나는 다음과 같은 가중기준평가 시스템을 활용하는 것이다.

1. 구매자와 공급자가 모두 수용할 수 있는 주요 성과 차원을 선정한다.
2. 성과자료를 모니터하여 수집한다.
3. 기업의 목표를 고려하여 성과 차원별 상대적 중요도에 따라 가중치를 부여한다.
4. 각 성과측정치에 대하여 0(목표나 성과를 충족시키지 못한 경우)에서 100(목표나 성과를 완전히 충족시킨 경우) 사이의 점수로 평가한다.
5. 각 점수에 가중치를 곱하고 이들을 모두 합하여 총점을 구한다.
6. 총점을 기준으로 공급자를 분류한다.
   - 불합격(50점 미만): 공급자에서 탈락함
   - 조건부 합격(50~70점): 개선노력을 해야 하며 성과가 없으면 추후에 탈락할 수 있음
   - 인증(70~90점): 요구되는 성과수준을 측정함
   - 우수(90점 초과): 신제품 개발에 참여시키고 구매량을 늘릴 것을 고려함
7. 검사 및 지속적인 인증 사후관리를 실시한다.

〈예제 3-1〉에 위에서 설명한 평가 및 인증 과정의 예가 있다.

페더럴모글(Federal-Mogul)은 공급자 평가를 위해 가중기준을 적용하였다. 공급사슬 점수표(SupplyNet Scorecard) 웹사이트[34]에서 공급업체를 품질(40%), 납기(40%), 공급자 원가 절감 제안(20%)의 세 가지 범주로 나눈 공급자 평가 기준을 제시하고 있다. 품질 점수는 100만 개 중 불량 개수와 공급자 개선조치 요청 수량을 토대로 계산된다. 납기 점수는 당월 공장 가동률에 대한 평균 백분율, 적시 납품 비율은 납기일 혹은 이전에 주문주량의 ±5%가 납품된 비율, 정시 납품률은 수량한 부품 수를 납품해야 할 부품 수로 나누어 계산된다. 총점은 0점에 100점까지이며, 90~100점으로 평가되면 우수한 공급자로 간주된다. 우수한 공급자에

〈예제 3-1〉 XYZ를 위한 공급자 점수표

성과측정치	평가	×	가중치	=	점수
기술	80		0.10		8.00
품질	90		0.25		22.50
대응성	95		0.15		14.25
납기	90		0.15		13.50
비용	80		0.15		12.00
환경	90		0.05		4.50
경영 실적	90		0.15		13.50
총점			1.00		88.25

주: XYZ사는 총점 88.25로서 인증 공급자로 평가된다.

게는 신제품 개발에의 참여기회와 신규 계약, 그리고 시장경쟁력 유지를 위한 지원 등이 제공된다. 70~89점은 합격수준으로 개선대책을 제출해야 한다. 0~69점은 개선대상수준으로 3개월 연속 이 등급으로 평가받으면 페더럴모글사는 공급자에게 개선조처를 요구하게 된다.

외부인증

오늘날 ISO 9000 및 ISO 14000과 같은 외부인증제도도 내부 공급자 평가 및 인증 프로그램의 확장 형태로 전 세계적으로 보편화되고 있다.

ISO 9000

국제표준화기구(International Organization for Standardization: ISO)는 1987년에 설계·개발·생산·설치·서비스에 관한 품질보증표준인 **ISO 9000**을 개발하였다.[35] ISO 9000시리즈에는 다음과 같은 사항이 포함된다.

- ISO 9000:2015 – 기본 개념 및 언어
- ISO 9001:2015 – 품질경영시스템 요구사항
- ISO 9004:2009 – 품질경영시스템의 효과적이고 효율적인 운영방법
- ISO 19011:2011 – 품질경영시스템의 내부 및 외부감사에 대한 지침

1992년 EU는 ISO 9001을 제3자 인증으로 하는 계획을 채택하였다. 그 결과 많은 기업이 ISO 9001 인증을 받은 공급자를 선호하게 되었으며, 글로벌 시장에 진출하고자 하는 기업은 ISO 9001 인증을 받아야 한다.

현재까지 100만 개 이상의 ISO 9001 인증서가 수여되었으며,[36] 미국에서는 33,000개가

넘는 인증서가 발행되었다. 중국은 가장 많은 ISO 9001 인증서를 보유한 국가로서 전체 인증서의 28.3%를 차지하는 292,000개 이상을 보유하고 있다. ISO 9001 인증 획득은 공급자가 이미 확립된 품질경영시스템을 갖추고 있음을 나타낸다. ISO 인증은 조직이 고객 및 법적사항 및 규제 요구사항을 충족하는 제품을 일관되게 제공하도록 한다. 또한 조직은 품질경영시스템의 지속적인 개선을 통해 고객 만족도를 향상시키기 위해 노력한다. 최근 조사에 따르면, ISO 9001 인증획득의 주된 이유는 고객 만족도 향상이다. ISO 9000/9001에 대한 사항은 8장에서 더 자세히 논의하기로 한다.[37]

ISO 14000

환경경영에 관한 국제표준규격인 **ISO 14000**은 1996년에 처음 도입되었다. 2004년에 ISO 14000은 이해의 용이성과 ISO 9000과의 정합성을 제고하기 위하여 개정되었다. ISO 14000 시리즈는 "환경경영 - ISO 14000 국제 표준"에서 다루고 있다.[38] ISO 14001:2004는 효과적인 환경경영시스템을 운영하기 위한 기준 및 프레임워크를 제시하지만, 환경성과에 대한 요구사항은 명시하지 않았다.

ISO 14000 표준을 기반으로 한 **환경경영시스템**(Environmental Management System: EMS) 투자의 이점은 다음과 같다.[39]

- 현재 및 미래의 법적사항 및 규제요구사항 준수 시연
- 리더십과 종업원의 업무 향상
- 전략적 의사소통을 통한 기업이미지 제고 및 이해관계자의 신뢰 향상
- 환경문제를 포함한 경영으로 전략적 사업목표달성
- 효율성 향상 및 비용 절감을 통한 경쟁력 및 재무성과 향상
- 공급자와의 조직적인 협업을 통한 공급자의 환경성과 향상

2015년 192개 국가에서 319,324개의 인증을 받았으며, 미국은 2%에 해당하는 6,067개의 인증을 획득하였다.[40] 중국와 일본은 ISO 14001 인증을 받은 상위 2개국이다. 지속가능성에 대한 관심을 고려할 때 환경경영시스템 및 ISO 14001에 대한 투자는 계속 증가할 것이다. ISO 14001 인증을 받은 조직이 많을수록 관련요구사항을 공급자에게 전달할 가능성이 높아지며, ISO 14001은 조직의 경영진, 종업원 및 외부 이해관계자가 환경영향을 측정하고 개선할 수 있도록 한다.

공급자 개발

공급자 개발(supplier development)이란 "구매자가 단기 및 장기 니즈를 충족시키기 위하여 구

매자가 실시하는 공급자의 성과와 역량 제고 활동"이다.[41] 공급자 개발은 구매자와 공급자 모두 재무적, 인적자원의 투자를 필요로 하며, 공급자의 인적자원 훈련, 공급자의 생산에의 투자, 그리고 지속적인 성과평가 등과 같은 다양한 활동을 포함한다. 기업이 점점 더 많은 부품을 외주로 조달함에 따라 원가의 대부분이 공급사슬상의 외부기업과 관련되며 따라서 내부적으로 원가 절감을 하는 것이 더욱 어렵게 되고 있다. 이러한 난관을 극복하는 한 가지 방법은 공급자와 구매자재의 원가를 낮추는 노력을 함께 하는 것이다. 공급기반을 활용하여 총원가 구조에 영향을 미치도록 할 수 있는 기업이 시장에서 경쟁우위를 가지게 될 것이다.

다음은 공급자 개발을 위한 일곱 단계의 접근방법이다.[42]

1. 주요 제품 및 서비스 파악: 전략적인 관점에서 제품과 서비스의 상대적 중요도를 평가한다. 구매량이 많거나 공급원이 제한되어 있는 제품과 서비스는 전략적 공급물로 간주할 수 있다.
2. 주요 공급원 파악: 품질·적시납품·원가·기술·사이클타임 등에서 최소한의 요구사항을 충족시키지 못하는 공급원은 개발 대상이 된다.
3. 기능 간 팀 구성: 부서 간 기능 팀을 구성하여 공급자 개발의 명확한 합의를 도출할 수 있다.
4. 공급자 최고경영자와의 만남: 구매자의 기능간 팀은 공급자의 최고경영자와 만나서 세부적인 전략적 조정, 공급자 성과측정, 개선 및 전문성 등에 관해 토의한다.
5. 주요 과제 파악: 여러 종류의 과제를 가능성, 자원과 시간 투자, 예상되는 투자수익률 등의 관점에서 평가하여 가장 유망한 과제를 선정한다.
6. 세부적인 합의: 개발 과제에 대한 전반적인 합의 후에 당사자들은 품질, 납기, 사이클타임의 개선비율과 같은 성과지표에 대하여 공동으로 결정한다.
7. 진행 상황 점검 및 전략 수정: 지속적인 성공을 위하여 경영층은 적극적으로 진도를 모니터링하고, 정보 교환을 촉진하며 필요한 경우 전략을 수정해나가야 한다.

인텔(Intel)사의 공급자 지속적 품질개선(Supplier Continuous Quality Improvement: SCQI) 프로그램은 "공급자의 전반적인 성과수준을 지속적으로 향상시키기 위하여 인텔의 공급자관리 도구와 프로세스를 활용하는 전사적 프로그램"이다.[43] SCQI 프로그램은 공급자 품질 향상과 제품 검사 소요시간 최소화를 목적으로 1980년대에 시작되었다. 인텔은 품질, 원가, 가용성, 기술, 고객서비스, 노동 및 윤리 시스템 및 환경지속가능성과 같이 중요한 모든 핵심 영역에서 업계 최고수준의 성과와 헌신을 입증한 공급자에게 SCQI상을 수여한다.[44]

인텔에 의하면 SCQI 프로그램은 다음과 같은 목적을 지니고 있다.

- 정렬된 목표, 지표, 성과표를 설정함

- 공급자 성과의 벤치마킹을 가능하게 함
- 인텔에 영향을 미치기 이전에 잠재적인 품질 문제를 파악함
- 공급자의 신속성과 선도적 제품과 서비스를 제공하는 능력을 유도함
- 인텔과 공급자 간의 관계를 성숙하게 함
- 협력, 팀 문제 해결, 쌍방의 지속적 학습을 장려함
- 지속적 개선을 장려함
- 공급자 인정을 위한 데이터를 제공함

인텔은 SCQI 프로그램으로 공급자로부터 많은 혜택을 수확할 수 있었으며 공급자의 품질이 개선됨으로써 발전을 위한 기회를 더욱 많이 가질 수 있었다.

허니웰(Honeywell)은 꾸준히 공급자 성과를 추적함으로써 추세를 파악하고 문제를 조기에 인식할 수 있다. 허니웰은 3.4ppm(또는 99.9997%) 이상의 불량률을 갖지 않는 규격을 충족시키고, 낭비를 줄이며 공급자의 활동을 일체화하는 린생산 기법을 적용하기 위하여 변동을 제거하는 것을 목적으로 한 식스시그마 플러스 프로그램을 실행했다. 이 프로그램은 "모든 프로세스, 제품 및 서비스에서 개선을 촉진하고 낭비 제거와 결함 및 변동 감축으로 불량품질 비용을 줄이는 전반적인 전략"을 말한다.[45] 식스시그마 전략의 궁극적인 목표는 경영 전반에 대하여 논리적이고 체계적인 접근방식을 통해 고객에게 최상의 가치를 제공하는 것이다.

요약하자면, 조직이 공급자 개발 프로그램을 구축하는 것은 매우 중요하다. 이 프로그램은 현재와 미래의 니즈를 모두 충족시킬 수 있도록 관리되어야 한다. 선도적인 공급자 개발 프로그램을 통해 공급자는 오늘날의 역동적인 환경에서 선두적인 역할을 유지할 수 있다.

공급자 인정 프로그램

공급자의 성과를 추적하는 기업이 많이 있지만 그중 절반 정도의 기업만이 공급자 수상제도를 시행하고 있다. 최고의 공급자에게 더 많은 사업을 제공하는 것만으로는 충분하지 않으며, 기업은 그들의 업적을 인정하고 축하해주어야 한다. 보잉(Boeing)사는 공급자 수상제도가 매우 중요하다고 인식하고 있다. 이 회사의 '올해의 공급자상(Supplier of the Year Award)'은 "제품 또는 서비스의 높은 품질과 보잉 및 전 세계 항공사, 미국 및 관련 정부고객을 위한 가치"를 기반으로 하고 있다.[46] 보잉은 회사가 기술과 혁신의 최첨단을 지키기 위해서는 훌륭한 공급자를 필요로 한다는 것을 잘 알고 있다. 보잉사의 회장이자 CEO인 데니스 뮬렌버그(Dennis Muilenburg)는 "최고의 공급자가 보잉사의 성공을 위해 중요한 역할을 수행한 것을 직접 목겼했다. 우리의 공급자 파트너는 오늘날 힘들고 역동적이 비즈니스 환경에서 고객에게

적은 비용으로 더 많은 기능을 제공할 수 있도록 돕는다. 우리는 우리의 확장된 팀과 긴밀히 협력하여 미래에 대한 야심찬 목표를 달성할 것"이라고 했다.[47]

인텔은 CQSI 프로그램의 일부로서 Certified Supplier Award(CSA), Preferred Quality Supplier(PQS) Award, 그리고 Supplier Continuous Quality Improvement(SCQI) Award, 세 종류의 인정 수상제도를 가지고 있다. CSA는 인텔의 기대수준을 충족시키고 지속적 개선을 확실하게 실행한 공급자에게 주어진다. PQS는 품질에 탁월한 실적을 보이고 성과목표를 성공적으로 달성한 공급자를 위한 상이다. 인텔의 세 가지 수상제도 중 가장 권위 있는 SCQI는 원가, 품질, 가용성, 납기, 기술 그리고 환경, 사회적 요소, 정부 목표에서 95점 이상의 점수를 획득하고, 지속적인 개선 계획과 우수한 품질, 경영 구조에서도 90점 이상의 점수를 획득해야 수여받을 수 있다. 인텔의 제조 총괄책임자인 소하일 아흐메드(Sohail Ahmed)는 "인텔을 SCQI 수상자는 뛰어난 우수성에 대한 끊임없는 노력, 책임, 서비스 및 전문성에 대한 최고의 수준을 지녔다."고 말했다.[48] 인텔의 글로벌 공급관리 책임자인 잭클린 스트럼(Jacklyn Strum)에 의하면 인텔 인정 프로그램의 수상자들은 인텔의 성공에 없어서는 안 될 요소이며, 끊임없는 개선과 출시시간의 혁신은 세계 최고의 지원의 산물이며 또한, 인텔을 엄청난 혁신의 선두주자로 만드는 중요한 요소이다.[49]

호멜푸드(Homel food)의 No.1 수상 프로그램은 5년에 한 번 시상을 한다는 점에서 여느 프로그램과 다르다. 호멜푸드는 1996년에 첫 번째 시상을 하였고, 마지막 상은 2016년에 발표했다. No.1상을 수상하려면 공급자가 다음 기준을 충족하여야 한다.[50]

- 공급자는 보고년도 4분기에 공급자 평가지수가 96% 이상이어야 하며, 5년 평균 공급자 평가지수 또한 96% 이상이어야 한다.
- 호멜푸드가 매년 시상하는 Sprit of Excellence Award의 지난 5년간 최소 4회 이상 수상 업체이어야 한다.
- 호멜푸드에 납품한 제품의 수와 매출금액, 지속적인 개선 프로세스 참여 등과 같은 요구사항을 충족시켜야 한다.

호멜은 12개월 동안 공급자 등급지수의 92점 이상을 달성한 공급자에게 매년 Sprit of Excellence Award를 수여한다. 공급자 등급지수의 기준에는 요구사항을 충족시키는 역량, 정시배송, 정확한 관리지원, 재고유지, 고객지원, 환경문제에 대한 인식, 매출액 등이 포함된다. 호멜푸드의 공급사슬관리 임원인 브라이언 판스워스(Bryan D. Farnsworth)는 "수상업체에게 축하의 인사를 전하고 싶다. 당신이 우리에게 제공한 재화와 서비스가 우리 회사에 기여한 탁월한 공헌에 감사한다."고 말했다.[51] Sprit of Excellence Award는 호멜의 지속적인 개선에 공급자의 역할을 인정하고 있다.

공급자관계관리

공급자관계관리(supplier relationship management: SRM)는 공급사슬관리를 수행하는 기업의 주목을 받아왔다. 글로벌 컨설턴드인 액센츄어(Accenture)는 SRM을 "조직과 파트너 간의 협업, 구매, 거래 실행 및 모니터링을 용이하게 하는 다양한 기능을 포함하고 있으며, 최신기술을 활용하여 설계부터 발주, 원천과 계약, 조달 등의 공급자 지향 프로세스를 향상시키는 것"이라고 하였다.[52] SRM은 구매자와 공급자 간의 프로세스 및 의사소통을 간소화하고 이러한 프로세스를 보다 효율적이고 효과적으로 관리할 수 있는 소프트웨어 응용 프로그램을 사용하는 것이다.

전자조달의 성공은 조직의 공급자들을 관리하기 위한 SRM 솔루션의 필요성을 만들어 냈다. SRM 소프트웨어는 복잡하고 시간이 많이 소요되는 공급자 간의 정보 교환을 자동화하여 조달 효율성과 원가를 개선하고 의사소통을 신속하게 하며 공급자와 구매자 간의 협력을 원활하게 해준다. 〈표 3-2〉는 SRM 소프트웨어 공급업체와 고객 리스트이다.

많은 기업이 SRM 소프트웨어 모듈에 투자하고 있다. SRM 소프트웨어는 공급자 정보를 조직화할 수 있으며 다음과 같은 질문에 대한 답을 제공해준다.

- 우리의 공급자가 누구인가? 그들은 공급자로서 적절한가?
- 우리의 최선의 공급자는 누구이며 그들의 경쟁순위는 어느 정도인가?
- 정시배송, 품질, 원가 등의 측면에서 우리 공급자의 성과수준은 어떠한가?
- 규모의 경제를 위해 구매를 통합할 수 있는가?
- 입지와 설비를 초월하여 우리는 공급자와 성과 면에서 일관성을 가지고 있는가?

〈표 3-2〉 SRM 소프트웨어 제공기업

JDA Software Group, Inc. (www.jda.com)
고객사: Airbus SAS, Finmeccanica SpA, Galileo Avionica SpA, GES International Limited, Honeywell International Inc., Lockheed Martin Integrated Systems & Solutions, Northrop Grumman Information Systems, Rafael Advanced Defense Systems Ltd., Rockwell Collins, Inc., Samsung SDS Co., Ltd., Sandia National Laboratories, Schneider Electric SA, The Tokyo Electric Power Company, Inc., Toshiba Semiconductor Company
(2006년 7월 Manugistics 인수, 2010년 1월 i2 Technologies 인수)

Oracle (www.oracle.com)
고객사: Dartmouth-Hitchcock Medical Center, Commonwealth Bank, Duke Energy, Foxwoods, City of Los Angeles
(2015년 PeopleSoft 인수)

SAP (www.sap.com)
고객사: British American Tobacco, Capgemini Procurement Services, Consol Energy Inc., Deloitte, Johnson Controls, Pitney Bowes Inc., Newell-Rubbermaid, envia Mitteldeutsche Energie AG, Swisscom

- 우리는 어떤 제품/서비스를 구입하는가?
- 신제품 설계에 어떤 부품이 재사용될 수 있는가?

SAP의 SRM 애플리케이션은 혁신적인 접근방식으로 기업을 혁신하여 주요 공급자와 비즈니스 프로세스를 효과적으로 조정한다. SAP SRM을 통해 기업은 조달전략을 최적화하고 공급자와의 업무를 효율적으로 처리하여 장기적인 관계를 유지할 수 있다. SAP SRM을 사용하면 구매행동을 조사 및 예측하고, 조달주기를 단축하며 파트너와 실시간으로 협력할 수 있다. 결과적으로 기업은 신뢰할 수 있는 파트너로 입증된 모든 공급자와의 장기적인 관계를 발전시킬 수 있다.[53]

일반적으로 SRM 소프트웨어는 공급자에게 제공되는 기술에 따라 공급자별로 달라진다. AMR 리서치(AMR research)사는 SRM 시스템의 다섯 가지 주요 원칙을 다음과 같이 제시하였다.[54]

- 기업과 공급자 간 거래 프로세스의 자동화
- 내부 사용자와 외부 파트너를 위한 다수의 부서, 프로세스, 소프트웨어 애플리케이션을 포괄하는 통합화
- 조직 간 및 조직 내 정보와 프로세스 흐름의 가시화
- 정보 공유 및 조직의 공급사슬정보 시스템에 공급자가 직접 투입자료를 입력할 수 있는 등의 협력화
- 데이터 웨어하우스와 OLAP(on-line analytical processing) 등을 통한 프로세스와 의사결정의 최적화

SRM에는 두 가지 형태, 거래적 SRM과 분석적 SRM이 있다. 기본적으로 **거래적 SRM**(transactional SRM)은 주문계획, 주문대금 지불, 반송 등과 같은 공급자와의 거래를 추적할 수 있게 한다. 따라서 거래적 SRM은 단기적인 보고와 '어제 무엇을 구입했는가', '어디에서 구입했는가', '구입가격은 얼마였나' 등과 같은 사건에 치우치는 경향이 있다. 반면에 **분석적 SRM**(analytic SRM)은 공급자 기반 분석을 가능하게 한다. 즉, '어떤 공급자와 장기적인 관계를 맺을 것인가? 어떤 공급자가 수익성을 제고시켜줄 것인가?'와 같은 질문에 대한 답을 제공해 준다. 결국 거래적 SRM은 주문량과 같은 전술적인 문제에 대한 답을 제공하고, 분석적 SRM은 장기적인 조달전략과 관련된 문제에 대한 답을 제공해주는 것이다. 분석적 SRM으로 조직의 어제와 오늘, 그리고 전략적 구매목표를 달성하기 위해 미래에 어디로 가야 할지를 평가할 수 있게 된다.

SRM 소프트웨어를 실행하는 데 있어서 어려운 점은 필요한 데이터를 모두 모으는 일과 효과적인 종업원 훈련을 제공하는 것이다. 예를 들어 공급자 정보를 분석하려면 ERP, MRP,

회계 및 공급자 정보 데이터베이스에 접근할 수 있어야 한다. SRM을 도입하기 전에는 공급자관계 개발에 10%, 작업독촉에 40%, 그리고 주문처리/추적에 50%의 시간을 소모하였는데, SRM도입 후에는 협력계획에 50%, 공급자관계 개발에 30%, 작업독촉에 10%, 그리고 예외관리에 10%의 시간을 할당하고 있는 것으로 추정되고 있다.

최근 몇 년 전까지 구매전문가들은 자신의 업무를 효과적으로 수행할 수 있는 적절한 기술을 보유하지 못하였다. 구매자가 예외적인 프로세스만을 관리하고 구매 활동을 자동화하면 상당한 비용 절감 효과를 얻을 수 있다. 이를 통해 구매자는 협업계획과 같은 보다 전략적이며 부가가치가 높은 활동에 집중할 수 있다. 또한 구매전문가는 공급자관계를 극대화하기 위한 작업을 효과적으로 할 수 있다. SRM 소프트웨어 사용으로 인한 조달가시성 향상은 보다 원활한 프로세스, 빠른 사이클타임, 신제품 개발 단축, 출시시간 단축, 효율적인 구매 및 재고비용 감소로 이어진다. 도시바사(Toshiba Semiconductor company)는 JDA의 SRM 소프트웨어를 사용하여 경쟁력 있는 공급자들로만 공급기반을 구성하여 최상의 가격, 품질 및 납기에 성과를 얻을 수 있었다.

요약

지난 수십 년 간, 구매자-공급자관계 관리는 상호 대립적 접근방법에서 장기적인 파트너십을 구축하는 방법으로 진화해왔다. 공급자와 긴밀하게 업무를 수행함으로써 경쟁우위를 달성할 수 있었다. 비전의 공유, 상호이익 추구, 최고경영층의 몰입 없이는 파트너십은 오래 갈 수 없다. 이 외에도 공급자관계를 지속하기 위해서는 신뢰, 개인적인 관계 구축, 효과적인 변화관리, 정보 공유, 그리고 우수한 역량을 창출하는 성과측정지표의 활용 등이 필요하다. 공급자 성과를 모니터하기 위한 상호 합의된 성과지표는 공급자의 품질·원가·납기를 향상시키기 위해 지속적인 개선의 기초가 된다. 공급자 인증을 통해 구매자는 최상의 공급자와 협력하여 원가·품질·납기 및 신제품 개발 프로세스를 개선하여 경쟁우위를 확보할 수 있다. 마지막으로, 공급자관계관리 소프트웨어는 정보 교환을 자동화하고, 공급자관계를 관리하고, 성과를 향상시키는 데 효율성과 효과성을 높여준다. 공급자관계관리에 성공한 조직은 품질 향상, 비용 절감, 공급업체의 신기술 활용, 시장출시속도 개선, 위험감소 및 높은 성과를 달성할 수 있다.

토의문제

1. 조직의 성과를 위한 공급자관계관리의 중요성을 설명하라.
2. 고객과 공급자관계에서 대립관계와 파트너십 접근을 비교하라.
3. 조직은 어떻게 공급자를 효과적으로 관리할 수 있는가?
4. 지속적인 공급자관계에 영향을 미치는 주요 요소는 무엇인가?
5. 제조업체가 경쟁우위를 확보하기 위해 공급업체를 어떻게 활용할 수 있는지 설명하라.
6. 공급자관계의 성과를 객관적으로 측정하는 데 사용되는 핵심 성과지표를 설명하라.
7. 많은 전략적 제휴가 실패하는 이유를 설명하라.
8. 공급자를 평가하는 기준은 무엇인가?
9. 조직이 어떻게 공급자를 평가하고 인증 프로그램을 개발하는지를 토의하라.
10. 조직이 공급자 개발 프로그램에 투자할 때의 이점과 과제는 무엇인가?
11. 성공적인 공급자 개발 프로그램을 위해 필요한 단계를 기술하라.
12. ISO9000인증의 이점은 무엇인가?
13. 지속가능성에 대한 관심이 구매 결정에 영향을 미치는가? ISO14000 인증의 이점은 무엇인가?
14. ISO 웹사이트(http://www.iso.ch)를 조사하고 아프리카/서아시아, 중남미, 북미, 유럽, 극동, 호주/뉴질랜드와 같은 지역에서의 ISO9000과 ISO14000의 발전에 대해 설명하라.
15. SRM소프트웨어의 주요 기능을 설명하라.
16. 공급자 수상 프로그램을 운영하는 이유는 무엇인가?
17. 공급자 인증이란 무엇인가? 기업이 공급자 인증을 활용하는 이유는 무엇인가?
18. 공급자 개발 및 관계가 조직의 명성과 수익성을 저해하는 제품 사기 및 리콜과 같은 스캔들을 피하는데 어떻게 도움이 될 수 있는가?
19. JDA, Oracle, SAP에서 제공하는 SRM 소프트웨어 기능의 유사점과 차이점을 나열하라.
20. 공급자관리에서 SRM솔루션을 사용하는 이점은 무엇인가?
21. 거래적 SRM과 분석적 SRM의 차이는 무엇인가?

조사연구문제

1. 공급관리협회(ISM)의 웹사이트(www.ism.ws)를 방문하여 최근 ISM Annual International Supply Management Conference 목록을 찾고, 이 장에서 다루는 주제에 관해 발표된 논문을 요약하라.
2. 개발 프로그램을 사용하여 공급업체의 성능 및 기능을 향상시킨 경험을 가진 회사를

찾아보라.

3. 성공적으로 공급자 인증 프로그램을 구현한 회사를 찾아 사례를 요약하라.
4. RM을 사용하는 회사를 검색하여 소프트웨어 솔루션의 성공 및 문제점을 찾아보라.
5. 많은 조직에서 최고의 공급업체의 업적을 인정하고 축하하는 것이 필요하다고 생각된다. 공급자 인정 프로그램을 사용한 회사를 검색해보라. 회사가 공급자로부터 얻는 이익에는 어떤 것들이 있는가?
6. SRM 소프트웨어를 제공하는 회사를 찾아 성공 사례를 요약하라.
7. 플래닝 퍼스펙티브사는 정기적으로 자동차 제조업체의 공급자관계관리 능력을 조사한다. 주요 자동차 업체를 선택하여 시간이 지남에 따라 공급자관계관리의 진전을 조사하고, 어떤 요인이 순위의 상승 또는 하락에 영향을 주었는지 확인해보라.
8. 최근 공급사슬 스캔들과 기여요인을 찾아보라. 회사는 어떻게 함정을 피할 수 있었는가?

사례문제

1. Donnell Truong Ventures

Donnell Truong는 광대한 부동산 제국의 최고운영사무소이다. 주요 업종은 리조트 호텔이며, 5성급 호텔의 리조트 시설이 40개 이상의 국가에 있다. 고객의 인식과 기대에 크게 의존하는 경쟁이 치열한 산업에서 높은 평가를 유지해야 하는 과제는 엄청난 일이다. Donnell의 모든 호텔에는 카지노가 있으며, 각 호텔/카지노 총괄관리자에게 고객을 특별대우 할 것을 요구하고 있다. 더 중요한 것은, Donnell은 호텔이 시행하는 설문조사에서 고객만족도가 항상 5점으로 탁월한 등급이 될 것을 요구한다.

호텔산업은 공급업체에 크게 의존하는 산업의 좋은 예이다. Donnell의 호텔/카지노는 내부 서비스 외에도 5성급 레스토랑, 크루즈 연결, 골프코스 이용, 지역 스파 회원 가입 등에 대한 부가 서비스를 제공한다. 결과적으로, 식품공급업체, 주류공급업체 등 직접 공급업체를 위한 공급자관리 프로그램이 있지만, '일상(routine)'을 넘는 부가서비스에 대한 공급자 인증 프로그램을 개발해야 한다고 결정했다. 호텔의 5성급 등급이 부유한 고객에게 호텔이 추천하는 크루즈, 레스토랑 등을 포함한 고객의 전체 경험에 달려있기 때문이다. 따라서 이러한 간접 또는 보완적인 공급업체도 인증을 받아야 한다고 판단했다.

Donnell은 고객의 전체 경험에 영향을 미치는 부가적인 편의시설을 '공급(supply)'하는 사업체들이 이 계획을 지지할 것이라고 확신했다. 그들 사업의 대부분은 호텔의 추천과 호의에 달려있기 때문이다. 이론적으로, 보완적인 공급자 인증 프로그램에 참여하는 것은 모두에게 상생(win-win)이다. 문제는 이 '협력 공급업체(complementary suppliers)'가 제품이 아닌 서비스를 제공한다는 것이다. 주요한 측정항목은 무엇인가?

Donnell의 경영진은 강력한 공급자관계에 대한 연구를 참고했다. 현 상황에서 신뢰(trust), 몰입(commitment), 적응(adaptation), 개인적 관계(personal relationships)라는 네 가지 본질적인 특성이 가장 중요하다고 믿었다. Donnell은 정량적 성과지표에 큰 비중을 두고, 네 가지 본질적 특성을 준수하는 '협력 공급업체'를 입증할 구체적인 측정기준을 선정하도록 조치했다.

토론사항

1. 네 가지 특성이 Donnell의 사업체의 관계성과 측정기준으로 가장 적합한가? 그렇지 않다면, 어떤 특성이 더 적합한가? 각각의 경우 구체적인 예를 들어 합리적으로 설명하라.
2. '협력 공급업체'에 대한 측정기준을 개발할 때, 직접 공급업체에 사용하는 것과 동일한 측정기준을 사용해야 하는가? 그 이유는 무엇인가?
3. 이 인증에 사용되어야 한다고 생각하는 다른 지표를 나열하고 근거를 설명하라.

2. Jaeger Industrial Solutions

Jaeger Industrial Solutions의 공급사슬 관리책임자인 노라 포레스터(Nora Forrester)는 다음 회계연도의 예산 요구사항을 수립하고 있다. Jaeger Industrial Solutions는 화학처리시설, 용수처리 및 냉각시스템, 발전소를 위한 맞춤형 제어장치, 특수 배선장치 등을 공급하며, 이 장치들은 시설의 생산성과 안전에 매우 중요한 요소이다.

전임자인 제레미아 코스그로브(Jerimiah Cosgrove)는 복수공급자를 활용하는 것을 강력하게 지지했다. 여러 공급업체가 존재하는 것이 공급업체 간의 경쟁을 통해 입찰가를 조금이라도 더 낮출 수 있으므로 Jaeger에 재정적 이점을 제공한다고 믿었다. 비용은 그의 가장 주된 고려사항이자 유일한 고려사항이었다. 이러한 접근방식은 공급자 과잉으로 이어졌다.

하지만 노라의 철학은 달랐다. 물론 비용을 고려했지만, 소소한 금액을 아끼기 위해 애쓰는 것보다 품질이 훨씬 더 중요하다고 생각했다. 또한, 오늘날의 경쟁 환경에서는 강력한 공급자관계에 추가적인 비용을 지불할 가치가 있다고 믿었다. 게다가 수많은 공급업체의 성능 모니터링을 위한 작업이 그로 인해 얻는 이익에 비해 타당해 보이지 않았다. 결과적으로 공급업체 수를 1,000개에서 100개로 줄이기로 하였다. 이것은 당연히 어려운 과제일 것이다.

노라는 1,000개의 공급자를 모두 분석하도록 지시했다. 기존에는 비용에만 초점을 두었지만, 이번에는 비용, 품질, 납기, 대응성, 환경, 기술, 경영지표, 총소유비용의 8개 주요 성과에 대한 자료를 수집했다. 데이터가 제한되어 있어, 처음에는 비용, 품질, 대응성, 경영지표에 집중하기로 하였다. 이 네 가지 범주에 대한 근본적인 기준에 중점을 두고 C-행동(협업(collaboration), 협력(cooperation), 조화(coordination))를 선택했다.

토론사항

1. Nora의 C-행동 선택은 공급업체 개선을 위한 가장 좋은 측정방법인가? 그렇다면, C-행동의 이점을 설명하라. 그렇지 않다면, 다른 의견을 제시하고 설명하라.
2. C-행동을 고려하여, 〈표3-1〉의 지표에 나타난 항목 중 2개를 선택하여 근본적인 기준에 적합한 이유와 실행방법을 제시하라.
3. 공급업체 수를 줄이려는 노라의 전략에 대한 의견을 제시하라. 노라가 달성하고자 하는 것은 무엇인가? 이것이 현명한 계획이라고 생각하는가?

3. Cyber Logic Systems — 공급자관계관리

Cyber Logic Systems는 사이버 보안을 전문으로 하는 미국 기업이다. 이 기업은 최근 유럽과 남미 지역으로 사업을 확장했다. 이 기간 동안 론다 멘도자(Rhonda Mendoza)는 운영책임자에서 공급사슬관리 부사장으로 승진했다. Cyber Logic Systems의 주요 제품은 소프트웨어지만, 때론 강력한 소프트웨어 지원을 위한 하드웨어가 필요하다. 하드웨어의 규정과 사양은 시장에 따라 다르기 때문에 론다는 공급자 인증 절차를 도입했다. 이 절차가 공급업체가 해당 규정 및 사양을 준수하는 데 중요하다고 판단했다.

해커로 인한 고객 데이터베이스의 추가 손상을 피하려면 가능한 빨리 새로운 사이버 보안 시스템을 구축해야 하므로 새로운 하드웨어는 즉시 사용가능 해야 한다. 이 요건을 충족하도록 공급자 인증 절차에 가중평가시스템을 활용하도록 했다. 모든 공급업체의 성능 데이터를 수집하여 고객의 요구(서비스 사양)와 해당 규정에 강조된 내용에 따라 성능 기준의 각 요소에 가중치를 할당한다. 이 정보를 검토하여 공급업체 성과에 따라 등급을 부여하며, 기준에 미달 업체는 즉시 교체된다. 다음 공급자 성과지표는 공급자 A, B, C, D가 특정 성과척도를 어떻게 수행하는지를 보여준다.

성과척도	공급자 평가				가중치	공급자 최종 평가			
	공급자 A	공급자 B	공급자 C	공급자 D		공급자 A	공급자 B	공급자 C	공급자 D
비용	80	85	70	78	0.10				
납기	85	80	85	82	0.15				
환경	75	85	65	88	0.10				
품질	95	93	90	89	0.20				
대응성	80	90	95	84	0.25				
기술	92	90	87	98	0.20				
총점									

공급업체는 전체 실적에 따라 분류한다.

- 불가 — 60점 미만: 다음 사업에서 제외

- 조건부 — 60점 이상 70점 미만: 성능 향상을 위한 개발이 필요하며, 계속적인 성능 저하 시 제외될 수 있음
- 인증 — 70점 이상 90점 미만: 의도한 목적 또는 성능을 만족
- 선호 — 90점 이상: 신제품 개발 및 추가 사업기회 고려

론다는 공급업체가 공급자 인증 절차의 기준을 충족해야 하지만, Cyber Logic Systems 또한 책임이 있다는 것을 깨닫고, 품질 중심의 공급업체를 지원하기 위해 공급자 인증 절차를 보완하고 강화하는 공급자 개발 절차를 수립했다. 공급자 개발 절차의 매우 중요한 한 가지 측면은 상호 작용하는 공급자 개발팀을 만드는 것이다. 이 팀은 Cyber Logic Systems의 인력과 공급업체의 인력으로 구성되어 있으며, 이 팀의 목표는 전략적 제휴, 성과지표 및 측정에 대해 논의하는 것이다. 팀의 의사소통과 관계 기능은 공급업체 성과를 개선하는 데 도움이 되는 상생(win-win)할 수 있는 상황을 제공한다.

론다는 공급자관계관리에 대한 당근과 채찍 접근법을 믿는다. 공급자 평가 및 인증 절차 외에도 공급자 인식 프로그램을 도입하여 정시 납품, 품질, 대응성, 비용절감 등과 같은 여러 분야에서 매년 뛰어난 성과에 대해 인정받도록 한다.

공급자관계관리는 모든 조직의 큰 과제이다. 따라서 Cyber Logic Systems의 능력을 강화하기 위해 공급자관계를 효과적이고 효율적으로 관리할 수 있는 공급자관계관리(SRM) 시스템을 도입했으며, 공급업체 기반 전체를 분석할 수 있는 분석적 SRM을 선택했다. 공급사슬관리 부사장으로서 론다는 장기적인 조달전략에 중점을 두고 있다. 분석적 SRM은 공급자관계의 과거 상태, 현재 상태를 파악하여 향후 최상의 방향을 결정할 수 있는 기능을 제공한다.

SRM 시스템은 내부 사용자와 외부 파트너를 모두 시스템에 통합할 수 있는 기능을 제공하므로 모든 사용자가 공급망에 대한 정보를 확인할 수 있다. 또한 정보 공유를 통한 협업을 강화할 수 있다. 일부 민감하고 중요한 정보는 모든 사용자가 공유할 수 없거나 공유되어서는 안 되므로 SRM 시스템은 역할별로 사용자 권한을 지정할 수 있으며, 경영자의 의사결정 최적화를 지원한다.

토론사항

1. 공급업체 성과지표에 따라 각 공급자는 어떤 분류에 적합한가?
2 교체, 성능 개선 프로그램 투입, 추가사업을 해야 하는 공급자가 있는가? 그 이유는 무엇인가?
3. Cyber Logic Systems의 특정 성과특정 기준에 대해 선호하는 분류기준을 충족하는 공급자에 대해 연간 수상을 한다면 자격이 있는 공급자가 있는가? 있다면, 어느 업체이고 어떤 성과에 대해 그러한가?

미주

1. "Supplier Relationship Management: How Key Suppliers Drive Your Company's Competitive Advantage," PwC; https://www.pwc.no/no/publikasjoner/pwc-supplierrelationship-management.pdf
2. "FCA US Honors Outstanding Supplier Partners at Sixth Annual Awards Ceremony," PR Newswire, July 15, 2016; http://www.prnewswire.com/news-releases/fca-us-honorsoutstanding-supplier-partners-at-sixth-annual-awards-ceremony-300299372.html
3. Corporate Partnering Institute; http://corporatepartnering.com/4-wisdom.htm
4. "Building Better Supplier Relationships at Ford," *Industry Week*, March 14, 2016; http://www.industryweek.com/manufacturing-leader-week/building-better-supplierrelationships-ford
5. "OEM-Supplier Relations Study Shows Strong Gains for Toyota and Honda, with Ford, Nissan, FCA and GM Falling Well Behind," Planning Perspectives, Inc., May 18, 2015; http://www.prnewswire.com/news-releases/oem-supplier-relations-studyshows-strong-gains-for-toyota-and-honda-with-ford-nissan-fca-and-gm-falling-wellbehind-300084605.html
6. "Supplier Relations: GM Better, but Toyota, Honda Lead," May 16, 2016; http://www.freep.com/story/money/cars/general-motors/2016/05/16/supplierrelations-gm-better-but-toyota-honda-lead/84284124/
7. "ISM Glossary of Key Supply Management Terms: Supplier Partnership," Institute of Supply Management website.
8. "Our Supply Chain Strategy," Ford Sustainability Report 2015–16; http://corporate.ford.com/microsites/sustainability-report-2015-16/supply-strategy.html
9. "Our Supply Chain Strategy," Ford Sustainability Report 2015–16; http://corporate.ford.com/microsites/sustainability-report-2015-16/supply-strategy.html
10. "Ford to Share Environmental Stewardship Program for Its Suppliers at G7 Alliance Forum on Resource Efficiency," Ford, March 21, 2016; https://media.ford.com/content/fordmedia/fna/us/en/news/2016/03/21/ford-to-share-environmental-stewardshipprogram-for-its-supplier.html
11. "Our Supply Chain Strategy," Ford Sustainability Report 2015–16; http://corporate.ford.com/microsites/sustainability-report-2015-16/supply-strategy.html
12. Trebilcock, B., "How They Did It: Supplier Relationship at Raytheon," *Supply Chain Management Review*, March/April 2015; http://www.scmr.com/plus/SCMR1503_F_Raytheon.pdf
13. "Raytheon: Who We Are Website"; http://www.raytheon.com/ourcompany/
14. Trebilcock, B., "How They Did It: Supplier Relationship at Raytheon," *Supply Chain Management Review*, March/April 2015; http://www.scmr.com/plus/SCMR1503_F_Raytheon.pdf
15. Lewis, Jordan D., *Trusted Partners: How Companies Build Mutual Trust and Win Together*. New York: The Free Press, 1999: 7.
16. "Buyers Target Strategic Partners," *Purchasing*, April 5, 2001; www.manufacturing.net/pur/
17. "Supplier Selection & Management Report," March 2002, Institute of Management and Administration (IOMA).
18. Covey, S. R., "Covey Quotations," Stephen R. Covey Sayings; http://www.goodreads.com/author/quotes/1538.Stephen_R_Covey
19. MacDonald, M., "Managing Change: A Matter of Principle," *Supply Chain Management Review*, January/February 2002.
20. "Delivering Value through Strategic Supplier Relationships," October 2013; http://www.procurementandsupply.com/resource/2a.%20Delivering%20value%20through%20strategic%20supplier%20relationships%20-%20Debbie%20Johnstone.pdf
21. Drab, D., "Economic Espionage and Trade Secret Theft: Defending against the Pickpockets of the New Millennium," August 2003, Xerox Corporation; http://www.xerox.com/downloads/wpaper/x/xgs_business_insight_economic_espionage.pdf
22. Hannon, D., "Best Practices: Hackett Group Outlines the World-Class Procurement Organization," *Purchasing*, December 8, 2006.
23. "Supplier Scorecard Guidelines SG-0110," Northrup Grumman, June 23, 2016; http://www.northropgrumman.com/suppliers/OasisDocuments/Supplier_Scorecard_Guidelines.pdf
24. "ISM Glossary of Key Supply Management Terms: Total Cost of Ownership," Institute of Supply Management website.
25. Humphries, A. S., and L. McComie, "Managing and Measuring for Supply Chain Relationships Performance"; http://www.sccindex.com/Documents/Food Supply Chains CH2.pdf
26. Ibid.
27. Finstad, R., "Total Recall: A Flawed System of Trade," *Far Eastern*

Economic Review 70(9), November 2007: 46–50.

28. Viswanatha, A., and C. Rogers, "VW Engineer Pleads Guilty in Emissions-Cheating Scandal," *Wall Street Journal*, September 9, 2016; http://www.wsj.com/articles/former-vw-engineer-to-plead-guilty-in-emissions-cheating-scandal-1473433341

29. Atiyeh, C., "Everything You Need to Know About the VW Diesel-Emissions Scandal," *Car and Driver*, November 15, 2016; http://blog.caranddriver.com/everything-youneed-to-know-about-the-vw-diesel-emissions-scandal/

30. Woodyard, C., and K. Johnson, "Reports: VW Emissions Probe Widens to Supplier Bosch," *USA Today*, September 16, 2016; http://www.usatoday.com/story/money/cars/2016/09/16/reports-vw-emissions-probe-widens-supplier-bosch/90523484/

31. Sorokanich, B., "Report: Bosch Warned VW About Diesel Emissions Cheating in 2007," *Car and Driver*, September 28, 2015; http://blog.caranddriver.com/report-bosch-warned-vw-about-diesel-emissions-cheating-in-2007/

32. McGee, P., "Bosch Product Under Scrutiny in VW Emissions Scandal," *Financial Times*, October 4, 2016; https://www.ft.com/content/6e0ec870-798e-11e6-97ae-647294649b28/

33. "Glossary of Key Supply Management Terms: Supplier Certification," Institute of Supply Management website.

34. See www.federalmogul.com/en-US/Suppliers/Pages/SupplyNet-Scorecard.aspx#.UuqR4bTDXlc

35. ISO 9000—Quality Management; http://www.iso.org/iso/home/standards/managementstandards/iso_9000.htm

36. The ISO Survey of Management System Standard Certifications—2015; http://www.iso.org/iso/iso-survey

37. Jarvis, A., and C. MacNee, "Improved Customer Satisfaction—Key Result of ISO 9000 User Survey," December 2, 2011; http://www.iso.org/iso/home/news_index/news_archive/news.htm?refid=Ref1543

38. "ISO 14000—Environmental Management—The ISO 14000 Family of International Standards"; http://www.iso.org/iso/theiso14000family_2009.pdf

39. "ISO 14001 Key Benefits"; http://www.iso.org/iso/iso_14001_-_key_benefits.pdf

40. "The ISO Survey of Management System Standard Certifications—2015"; http://www.iso.org/iso/iso-survey

41. Handfield, R. B., D. R. Krause, T. V. Scannell, and R. M. Monzka, "Avoid the Pitfalls in Supplier Development," *Sloan Management Review*, Winter 2000: 37–49.

42. Ibid.

43. "Supplier Continuous Quality Improvement (SCQI) Program"; https://supplier.intel.com/static/quality/scqi.htm

44. "Supplier Continuous Quality Improvement (SCQI) Program"; https://supplier.intel.com/static/quality/scqi.htm

45. Honeywell Six Sigma; https://www51.honeywell.com/hrsites/neo/howweworksixsigmaplus.html

46. "Boeing Honors 12 Suppliers for Outstanding Performance in 2015"; http://boeing.mediaroom.com/2016-04-28-Boeing-Honors-12-Suppliers-for-Outstanding-Performance-in-2015

47. Ibid.

48. "Intel Honors Eight Companies with Supplier Continuous Quality Improvement Award"; https://newsroom.intel.com/news-releases/intel-honors-eight-companieswith-supplier-continuous-quality-improvement-award-4/

49. "Intel Honors 26 Companies with the Preferred Quality Supplier and Achievement Awards," Intel; https://newsroom.intel.com/news-releases/intel-honors-27-companieswith-preferred-quality-supplier-and-achievement-awards/

50. Press Releases: "Hormel Foods Announces Recipients of Prestigious Supplier Award," August 19, 2016; http://www.hormelfoods.com/Newsroom/Press-Releases/2016/08/20160819

51. "Hormel Foods Honors Suppliers with Spirit of Excellence Awards," April 18, 2013; http://www.hormelfoods.com/Newsroom/Press-Releases/2013/04/20130418

52. "Accenture Builds High Performance in Supplier Relationship Management with mySAP SRM Solutions"; https://www.accenture.com/jp-ja/~/media/Accenture/Conversion-Assets/DotCom/Documents/Local/ja-jp/PDF_1/Accenture-SRM-Building-High-Performace6.pdf

53. "SAP Supplier Relationship Management (SAP SRM)"; https://help.sap.com/srm

54. Barling, B., "The Five Tenets of SRM," *AMR Research*, June 10, 2002.

4장

윤리적이고 지속 가능한 발주전략

ETHICAL AND SUSTAINABLE SOURCING

우리는 제품을 통해 소비자의 삶을 더 건강하고, 쉽고, 풍요롭게 만들기 위해 끊임없이 노력하고 있다. 우리는 책임감 있게 생산하고, 우리의 제품을 얻는 천연자원을 보존하고, 지역사회의 생산팀을 강화하기 위한 노력을 하고 있다.

Ken powell, Chairman and CEO of General Mills[1]

우리는 제품, 프로세스, 사람 및 기업시민정신을 지속적으로 개선하려고 노력한다. 우리는 지속 가능한 사업 관행의 새로운 길을 모색하는 것을 목표로 하고 있다. 우리의 목표는 주류산업의 지속가능성 노력의 측정기준이 되는 것이다.

Ed Shirely, President and CEO of Bacardi Limited[2]

학습목표

- 윤리적이고 지속 가능한 발주의 동향을 이해한다.
- 윤리적이고 지속 가능한 발주의 주요 요소를 설명한다.
- 윤리적 발주와 지속 가능한 발주의 차이점을 설명한다.
- 윤리적이고 지속 가능한 발주 전략을 어떻게 개발하고 실행할 것인지를 설명한다.
- 환경적 공급자 인증의 활용을 이해한다.
- 전략적 제휴의 이점을 설명한다.
- 벤치마킹을 정의하고 전략적 발주에서 어떻게 활용되는지를 설명한다.
- 기업이 발주 능력을 평가하려는 이유에 대해 논의한다.

SCM PROFILE

미쯔비시의 지속 가능한 식량 확보

지속 가능한 식량에 대한 수요가 증가함에 따라 미쯔비시 상사(Mitsubishi Corporation)는 농업무역상 올람(Olam)의 일부를 인수했다. 미쯔비시는 싱가포르에 본사를 둔 아시아와 아프리카의 외딴 지역에 있는 소규모 농민들에 대한 올람의 전문지식에 접근하기를 원했다. 올람-미쯔비시 협정은 지속가능성이 농산물 공급사슬 거래에 영향을 미치기 시작했다는 증거이다.

예를 들어, 올람은 커피, 면, 코코아 같은 상품을 취급하는 데 완전히 성공하여 현재 세계에서 소비되는 8개의 초콜릿 바가 올람이 취급하는 콩으로 만들어진다. 미쯔비시가 올람에 지불한 11억 달러가 모두 올람의 지속가능성 역량에 관한 것은 아니지만, 그 금액은 지속 가능한 실천에서 진정한 가치가 있음을 확인시켜주는 것이다. 미쯔비시는 지속 가능한 제품에 대한 수요가 탄력을 받고 있으며 올람과 유사한 거래 네트워크를 처음부터 만들려면 수 년이 걸릴 것이라는 것을 알고 있었다.

올람은 지속가능성에 막대한 투자를 한다. 2014년에 올람은 농민대출 1억 8,400만 달러를 지원하고, 교육 및 지역사회 개발에 600만 달러를, 기업의 책임과 지속가능성 프로그램에 추가로 3,000만 달러를 지출했다. 올람의 CEO인 Sunny Verghese는 농업 최종제품의 소비자들이 지속가능성에 대한 투자수요, NGO, 소비자의 증가를 충족시켜줄 공급자를 원하기 때문에 지속 가능한 방식으로 행동하는 기업이 경쟁사들보다 우위에 있다고 말한다. "지속가능성은 절대적으로 경쟁우위에 있다."

한편, 상품 거래자와 식품회사들에 대한 NGO 및 압력단체의 감시가 강화되면서 지속가능성을 추구하지 않는 기업은 명성에 위협을 받게 된다.

올람의 새로운 직원들은 사업진출 초기에 지속가능성의 중요성을 인식할 수 있는 외딴 농촌 지역에서 시간을 보낸다. 그것이 실제로 재정적인 수익으로 이어질 때 그 중요성을 인정하게 된다. Verghese는 다음과 같이 말한다. "지속가능성을 위한 구매를 확보하기 위한 진정한 '아하' 하는 순간은 추가수익이나 비용 절감을 통해 이니셔티브의 진정한 재정적 가치를 입증할 수 있는 시점이다."[3]

개요

2장과 3장에서 논의된 바와 같이 구매부서가 조직에 매우 중요하며 전략적 역할을 한다는 인식이 점차 확대되고 있다. 이것은 구매부서가 제품의 설계와 품질, 매출원가, 사이클타임, 그리고 궁극적으로 수익성과 경쟁력에 영향을 미치기 때문이다. 최근 5년에서 10년간 구매부서의 또 다른 관심은 윤리적이고 지속 가능한 발주의 활용이다. 전 세계 인구 증가, 환경 문제에 대한 인식 증가, 그리고 기업의 보다 나은 책임에 대한 소비자의 요구가 복합적으로 작용하여 효과적인 공급사슬관리에 대한 압력이 높아지고 있다. 또한 세계 경제가 글로벌화됨에 따라 경영진은 장기간 생존을 위한 운영비용 절감의 압력을 받고 있다. 비용, 환경, 윤리적인 성과에 대한 기업의 관심은 공급사슬관리의 성공과 기업이미지에 상당한 영향을 주고 있다. 이와 관련된 활동을 이 장에서 설명한다.

회사의 경영진뿐만 아니라 내·외부 고객, 공급자, 디자인, 제품, 재무, 마케팅, 그리고 회계 담당자들과 함께 상호작용한다는 점에서 조직과 조직의 경계를 연결하는 구매의 능력은 아주 독특하다. 기업이 공급사슬관리에 있어서 좀 더 선행적인 역할을 수행함에 따라 구매부서는 이러한 노력의 주요 기획자와 촉진자로 간주된다. 이 역할에는 본 장에서 설명하는 윤리적, 지속 가능하며 비용 중심의 관행이 포함된다. 실제로 딜로이트(Deloitte)가 실시한 최근 소매업 설문조사에서 응답자의 92%는 현재 자신의 조직이 윤리적 발주와 관련한 능력을 강화하고 있거나 앞으로 그렇게 할 계획이라고 밝혔다.[4]

세계 경기 침체, 일본의 쓰나미, 영국의 유럽연합(EU) 탈퇴와 같은 세계적인 경제요인들로 인하여 많은 기업이 더 나은 공급사슬관리 전략을 수립하려는 계획을 추진하고 있다. 이러한 전략의 목표는 외국 공급자에 대한 의존도를 줄이고, 납기, 환경영향, 품질, 고객서비스 및 윤리적 이미지를 제고하는 것이다. 또한 글로벌 경쟁자의 증가, 고객의 윤리적·환경적 요구, 높은 연료 및 자재 비용은 공급사슬관리의 획기적인 성과를 달성하려는 기업에 추가적인 압력이 되고 있다.

오늘날 이러한 경향은 **전략적 발주**(strategic sourcing)와 공급사슬 시도의 동기가 되었다. 전략적 발주는 발주의 개념을 취합하여 발전시키고 회사의 장기적인 목표를 지원하는 방식으로 회사의 외부자원을 관리하는 것이라 할 수 있다. 여기에는 윤리적이고 지속 가능한 발주 전략 개발, 공급자 관계 및 역량 관리 및 개선, 환경 및 사회적인 인식을 갖춘 공급자의 식별 및 선정, 공급자 성과 모니터링 및 인정이 포함된다. 일부는 이미 앞에서 다루었으므로 이번 장에서는 특히 윤리적 및 지속 가능한 발주와 관련하여 자세히 다룬다.

경쟁우위를 창출하는 사회적 책임이 있고 환경친화적인 발주전략을 개발하는 것은 쉬운 일이 아니다. 윤리적이고 지속 가능한 환경발주를 하는 것은 관련 기업들에 많은 혜택을 준다. 그러나 이것이 전략의 부적합, 참여 부족, 미실현 목표, 신뢰 결여로 깨지는 경우가 많다. 공급사슬을 선응적으로 관리하는 관리자라면 공급사슬에 따라서 적합한 발주전략이 다르다는 것을 이해해야 한다. 기업은 제조를 위한 구매품목과 최종제품들에 관련된 수많은 공급사슬을 가질 수 있다. 이 중 몇 개의 공급사슬은 전반적으로 낮은 원가 전략에 의하여 구성될 수도 있고, 어떤 공급사슬은 품질 또는 서비스를 가장 중요한 목표로 하여 구성될 수도 있다. 한 제품에 사용되는 부품과 부속품에 대해서도 다른 공급사슬 전략이 적용될 수 있다. 다음에서 윤리적이고 지속 가능한 발주전략의 성공적인 개발과 이러한 전략을 구성하는 세부요소에 대해서 설명한다.

윤리적이고 지속 가능한 발주전략의 정의

윤리적 발주

먼저 윤리적 발주와 지속 가능한 발주라는 용어의 기원을 살펴볼 필요가 있다. 기본적인 개념으로서 **경영윤리**(business ethics)란 경영에 윤리적 원칙을 적용하는 것이다. 일반적으로 어떤 행동이 윤리적인지 아닌지를 판단하는 두 가지 방법이 있다. 첫 번째 방법은 **공리주의**(utilitarianism)로서 공리성을 가치 판단의 기준을 하는 사상이며 윤리적인 행위는 다수 인간의 이익과 행복을 증진하는 데 기여한다고 보는 것이다. 두 번째 방법은 **권리와 의무**(rights and duties)로서 어떤 행위는 결과에 상관없이 그 자체로 옳거나 잘못될 수 있다는 것이다.

오늘날, 경영윤리는 **기업의 사회적 책임**(corporate social responsibility: CSR)으로 언급되고 있다. 지금까지 기업의 사회적 책임에 대한 논의의 대부분은 개인이 할 수 있는 것처럼 기업이 윤리적으로 행동할 수 있다고 가정한다. 많은 기업이 윤리적 발주를 포함한 공식적인 CSR 추진조직을 구성하고 있으며, S&P 500 기업의 대다수가 이제 기업의 책임에 대한 행동을 규정하고 CSR 보고서를 작성하고 있으며, 전 세계적으로 증가하고 있다. 2014년 EU는 매년 기업의 사회적 책임을 보고하도록 했으며, 개정안에 따르면 직원 수가 500명을 초과하는 약 6,000여 개의 기업이 해당한다.[5] 코니카 미놀타(Konica Minolta)는 CSR의 활동 범위를 "CSR 물류"프로그램을 포함하도록 확대하였다. 비즈니스 파트너와의 협력을 통해 물류 단계에서 인권, 윤리, 보건 및 안전, 환경 고려 사항 등의 측면을 개선함으로써 사회적 과제를 해결하는 데 기여하고 코니카 미놀타 및 비즈니스 파트너의 기업 가치를 향상시킨다.[6]

윤리적 발주(ethical sourcing)는 "조직의 구매에 있어서 공익적 결과를 고려하거나 구매행위를 통해 긍정적인 사회변화를 야기하는 시도"[7]라고 정의할 수 있다. 윤리적 발주에는 소규모 기업, 소수인종 기업, 여성이 경영하는 기업 등으로부터 의도적으로 구매하거나, 사회적으로 용납되지 않은 노동행위를 한 기업으로부터의 구매를 단절하고 환경친화적인 기업이나 노사관계가 좋은 기업으로부터 구매하는 활동 등이 포함된다.

이러한 윤리적 발주에는 구매 관리자와 기업의 임원이 중심적인 역할을 한다. 매사추세츠에 위치한 운동복 소매업체인 리복(Reebok)은 1990년대 초에 윤리적 발주 프로그램을 가동하였다. 이 회사는 공급업체 공장의 작업장 상태를 양호하게 유지하는 데 공장 관리자의 역할을 강조하고 있다. 또한, 리복의 경쟁업체들이 동일한 공급업체에서 부품을 구매할 수 있도록 경쟁업체와 공동의 인권지침을 설정해두고 있다. 2002년에는 인터넷 기반의 인권준수 점검 소프트웨어를 구축하였고 이를 위한 비영리조직을 설립하였다. 2004년에는 National Retail Federation의 지원으로 Fair Factories Clearinghouse를 가동하였다.[8] 영국에 본사를 둔 러쉬(Lush Fresh Handmade Cosmetics)는 원재료를 전 세계적으로 공급하고 있으며, 동물실험을 하지 않는 공급업체에서만 원료를 공급받는다. 또한, 러쉬는 공정무역 및 지역무역사업을 지원하고 있다. 러쉬의 CEO인 마크 울버턴(Mark Wolverton)은 "우리 브랜드의 핵심은 사람, 동물 및 지구를 돌보겠다는 약속이다."라고 했다.[9]

개발도상국에 있는 공급업체로부터 제품을 구매하는 것은 인권이나 동물보호, 안전, 환경적 오용 등이 공급업체와 연관되어 위험할 수 있다. 즉, 이러한 문제로 인하여 구매업체에 대한 평판이 나빠지고 제품불매운동으로 이어질 수 있으며 구매업체에 대한 평판이 나빠지고 제품불매운동으로 이어질 수 있으며 종업원 사기 저하와 주가 하락을 가져올 수 있다. 1990년대 중반에 나이키(Nike)가 파키스탄 공장에 축구공을 발주했을 때 이 공급업체가 10세 정도의 어린이를 생산공장에 고용함으로써 이러한 문제가 발생한 적이 있다. 거의 같은 시기에 캄보디아와 말레이시아에서도 비슷한 문제가 발생하였다. 1998년에 이 회사의 CEO인 필 나이트(Phil Knight)는 나이키 제품이 노예 임금, 초과 근무 강제 및 남용 등으로 인식되었음을 인정하고, 나이키의 나쁜 이미지를 바꾸기로 약속하였다. 예를 들어 말레이사아에서는 근로자를 재배치한 후 재계약을 하였으며, 30여 개의 말레이시아 공장 대표들과 만나 노동기준 집행에 대한 회합을 하였다.[10]

기업이 외국 시설을 통해 생산비용을 절감하려고 함에 따라 이러한 유형의 위험은 더 증가하게 된다. 이러한 위험을 줄이기 위해 윤리적 발주는 다음의 내용을 포함해야 한다.

- 모든 구매 제품이 어디에서 오고 어떻게 만들어지는지를 결정한다.
- 공급업체가 기본적인 노동원칙(기회균등권, 적정임금 보장, 노조참여권 등)을 지키는지를 파악한다.
- 공급업체에 대한 윤리적 평가를 실시한다.
- 공급업체의 법적 준수에 관한 독립적인 검증을 실시한다.
- 공급업체의 법적 준수를 이해관계자에게 보고한다.
- 윤리적 발주에 대한 세부적인 기대수준을 공급업체에 제공한다.[11]

윤리적 발주를 실천하는 것은 말처럼 쉬운 일이 아니다. 현대의 공급사슬에는 다양한 노동문제와 임금 및 생활조건을 가지고 있는 다양한 국가가 포함되어 있다. 나이키의 글로벌 공급사슬의 예를 들면 14개국 150여 개의 신발공장과 41개국 430여 개의 의류공장이 포함되어 있다.[12] **ETI**(Ethical Trading Initiative)는 발주기업과 공급업체의 윤리적 실무표준인 ETI 기본 법규를 실천하고 노동조건을 향상시키고자 하는 조직의 연합이다. ETI의 기본 법규는 〈표 4-1〉에 있다.

기업이 윤리적 구매를 추구함에 따라 **공정무역제품**(fair trade products) 구매가 증가하고 있다. 공정무역제품이란 개발도상국의 열악한 생산업체가 생산하거나 재배한 제품에 공정한

〈표 4-1〉 ETI의 기본 법규

조항	요약
1. 자유로운 고용	강제 노동, 비자발적인 구속을 할 수 없다. 고용주는 근로자에게 '예치금(deposit)'을 요구할 수 없다. 근로자는 적정한 통지 후에 자유롭게 이직할 수 있다.
2. 노조가입의 자유와 단체협약 권한의 존중	근로자는 노동조합에 가입하고 단체교섭을 할 권리가 있다. 고용주는 노동조합의 활동에 대해 개방적인 태도를 취한다. 노동자 대표는 차별대우를 받지 않는다. 단체교섭의 권리가 법에 의해 제한받는 경우, 고용주는 교섭을 위한 병행적 수단의 개발을 촉진한다.
3. 근로환경의 안전 및 위생	안전하고 위생적인 근로환경이 제공되어야 한다. 작업장에서 위험요소를 최소화하기 위한 적절한 조치를 취해야 한다. 근로자는 정기적인 건강 및 안전교육을 받아야 한다. 숙소는 깨끗하고 안전하며 근로자의 기본요구를 충족해야 한다. 회사는 고위경영진에게 건강 및 안전에 대한 책임을 부여한다.
4. 아동 노동 금지	아동 노동자는 신규채용 하지 않는다. 18세 미만의 노동자는 야간 또는 위험 조건에서는 고용할 수 없다. 정책과 절차는 관련 국제노동기구 표준의 규정을 준수해야 한다.
5. 최저임금기준	임금과 복리후생은 국가 법률 또는 산업 표준 중 더 높은 기준을 충족해야 한다. 임금은 기본적인 요구를 충족시키기에 충분해야 한다. 모든 근로자는 고용 전 자신의 고용상태에 대한 정보와 급여가 지급될 때마다 세부사항에 대한 정보를 이해 가능한 서면으로 제공받아야 한다.
6. 근로시간 초과 금지	근로시간은 국가 법률과 관련 산업 표준을 준수하며, 근로자에게 유리한 보호 기준을 택한다. 근로자는 정기적으로 주당 48시간을 초과하여 근무할 필요가 없으며, 7일마다 최소 1일 이상의 휴무를 제공받아야 한다. 초과근무는 자발적이며, 주당 12시간을 초과할 수 없고, 항상 추가수당이 제공되어야 한다.
7. 모든 차별 금지	인종, 계급, 국적, 종교, 나이, 장애, 성별, 혼인여부, 성적 성향, 노동조합 혹은 정치적 소속을 기준으로 채용, 보상, 고용, 승진, 해고, 퇴직에 대한 차별을 할 수 없다.
8. 법률적 고용	업무수행은 반드시 국가 법률과 관행을 통해 확립된 인정된 고용관계에 기초해야 한다. 노동법 또는 사회보장법에 따른 근로자에 대한 의무는 노동 전용 계약, 하도급 또는 도급 제도를 통해 회피할 수 없다.
9. 가혹적 또는 비인간적 행위금지	신체적 학대 또는 훈련, 신체적 학대의 위협, 성적, 기타 괴롭힘, 또는 다른 형태의 위협은 금지되어야 한다.

자료: Ethical Trading Initiative website: www.ethicaltrade.org

가격을 부과한 제품을 말한다. 일반적으로 이 용어는 개발도상국에서 생산되어 선진국의 대기업에 수출되는 커피, 코코아, 바나나, 설탕, 차 및 목화와 같은 농작물을 의미하지만, 최근에는 모든 종류의 제품에 적용된다. 캐나다 아웃도어 소매·유통업체인 MEC는 30개의 새로운 공정무역인증 의류 스타일, 새로운 공정무역 공장 파트너 및 공정무역 프로그램을 태국으로 확장한 사례를 보고하였다. 현재 MEC의 모든 공장 파트너는 공정무역 프로그램을 진행하고 있다.[13]

Fairtrade Foundation, Fairtrade International 및 World Fair Trade Organization과 같은 기관은 '공정무역제품'인증을 하고 있다.[14] 미국의 공정무역제품 인증기관인 Fair Trade USA는 소비자들이 공정무역에 대한 신뢰가 빠르게 증가하고 있다고 보고하였다. 미국에서는 오늘날 공정무역제품을 제공하는 수백 개의 회사가 있다.[15] 2011년에는 120개 이상의 농장과 60개국 이상의 근로자가 공정무역에 참여하였다. 공정무역협회(Fairtrade International)은 소비자 중 약 60%가 공정무역마크를 보았고, 약 90%가 그것을 신뢰한다고 하였다.[16]

지속가능 발주

지속가능 발주(sustainable sourcing)의 개념은 기업마다 차이는 있지만, 2007년 윤리 무역에 대한 영국 식품산업 지속가능성 전략 챔피언 그룹(U.K. Food Industry Sustainability Strategy Champions Group on Ethical Trade)은 지속가능 발주의 세 가지 범주를 다음과 같이 정의하였다.

- 수익성 있는 거래 창출로 인한 인권 존중과 빈곤 퇴치
- 지구의 한정된 자원의 활용
- 저탄소 경제

즉, 공정하고 수익성 있는 환경친화적 구매는 조직의 세 가지 우선순위였으며, 오늘날 대부분의 지속가능 발주 개념에 공통적으로 포함되어 있다. 400개 이상의 제품브랜드를 소유한 다국적 소비재 회사인 유니레버(Unilever)는 지속 가능한 농업 발주를 통해 토양을 유지하고 물과 비료 사용을 최소화하며 농민의 생계를 향상시키고 생물 다양성을 보호하는 방식으로 식량을 재배하는 활동을 하고 있다. 유니레버는 토양 손실, 해충 관리, 에너지, 물, 지역경제 및 동물 복지 등 11가지 사회적, 경제적, 환경적 지표를 사용하여 지속가능 발주를 정의한다. 유니레버의 가장 큰 브랜드인 크노르(Knorr)는 원료의 92%를 지속 가능한 공급한 공급원에서 공급받고 있으며, 2020년까지 농업 원료의 100%를 지속 가능한 공급원으로 하는 것을 목표로 하고 있다.[17]

지구환경보호는 수년 동안 관심사가 되어왔으며, 최근에는 정치인과 유권자가 자주 다루는 주제가 되었다. 전 미(美) 부통령이자 환경론자인 앨 고어(Al Gore)는 2007년 환경 분야의 업적으로 노벨평화상을 수상하였다(2006년 앨 고어의 슬라이드를 바탕으로 지구온난화 다큐멘터리인 〈불편한 진실〉이 제작되었다). 또한, Goldman Environmental Prize와 같은 상은 환경개혁을 위한 글로벌 홍보의 역할을 한다. Goldman Prize는 1990년에 시작되어 각 수상자에게 175,000달러를 수여하면 매년 4월 지구의 날에 발표된다. 1991년 수상자인 케냐의 마타이(Wangari Maathai)(1070년 대에 나무 심기, 환경 보전 및 아프리카 여성의 권리에 중점을 둔 환경단체인 그린벨트운동을 설립함)를 포함하여 2016년 4월 현재, 175명에게 수여되었다. 마타이는 아프리카에서 처음으로 '지속 가능한 개발, 민주주의 및 평화에 기여한 공로'로 2004년 노벨평화상을 수상하였다.[18] 시에라 클럽(Sierra Club)의 영구 이사인 데이빗 브라우어(David Brower), Discovery Channel의 아이린 오닐(Eileen O'Neil), Greenpeace International의 공동 설립자인 패트릭 무어(Patrick Moore) 등이 현대 환경운동의 선두에서 중요한 역할을 해오고

있다.[19]

이러한 환경에 대한 인식을 새롭게 하기 위한 것이 **녹색구매**(green purchasing) 아이디어이다. 녹색구매란 폐기물 감소, 유해물질 제거, 재활용, 자원 재사용과 같은 환경적 목적을 충족시키는 제품과 원자재를 구매하는 것을 말한다. 공급관리협회(Institute for Supply Management)에 따르면 녹색구매는 '제품 및 공정설계부터 제품 폐기까지의 구매 과정 전반에 걸쳐 환경을 의식하는 의사결정'으로 정의된다.[20] 캘리포니아에 본사를 둔 의료 서비스 제공업체인 카이저 퍼머넌트(Kaiser Permanente)와 맥주생산업체인 앤호이저부시(Anheuser-Busch)는 녹색구매의 선구자로 인정받고 있다. 2001년 카이저 퍼머넌트는 지속 가능한 운영을 실시하였으며, 앤호이저부시는 공급업체와 맥주 캔의 뚜껑 지름을 줄이는 노력을 한 결과, 매년 수백만 파운드의 알루미늄을 줄이고 캔을 생산하고 운반하는 데 소요되는 에너지를 줄였다.[21]

지속가능성(sustainability)은 공급사슬에 적용될 경우 녹색구매뿐만 아니라 재무성과 및 사회적 책임을 포함하는 넓은 개념이다. 지속가능성은 "경제적, 환경적, 사회적 도전의 관점에서 미래 세대의 필요를 충족시키는 능력을 저해하지 않으면서 현재 공급사슬 구성원의 필요를 충족시키는 능력"으로 정의된다. 지속가능성에 대한 아이디어는 분명 새로운 것은 아니다. 초기 아메리카 인디언들이 생각하고 살았던 방식에도 이러한 아이디어가 있었고, 미국 산림청 수석이었던 기포트 핀콧(Gifford Pinchot)이 1908년 다음과 같은 기사를 썼다.

> 우리는 번영의 샘, 산업과 상업의 원료, 자본과 노동의 고용주를 결합하여 보호할 것인가? 아니면 그것들을 소멸시킬 것인가? 우리가 국가 복지의 수혜자로서 우리의 책임을 당연시하거나 무시할 때, 우리의 자녀들과 그들의 자녀들은 고통을 겪게 될 것이다.[22]

오늘날, 지속가능성은 기업과 거래파트너에게 경제적 이익을 창출하는 방식으로 올바른 가치를 창출하는 것으로 보인다. 일부는 사람(people), 지구(planet), 이익(profit)을 의미하는 **세 가지 P**(three P's)로 지속가능성을 언급하고 있다. 지속가능성의 목표는 우리가 살고 있는 세계를 유지하는 것뿐만 아니라 회사의 수익성을 유지하는 것이다. SCM PROFILE을 통해 볼 수 있듯이 수년간 월마트의 식품 지속가능성 개념은 확장되고 있다.

지속가능 발주(Sustainable sourcing)는 넓은 개념에서의 한 활동이며, 여기에는 녹색구매, 재무적 혜택 제공, 윤리적 발주 등이 포함된다. 간단히 설명하면, "장기적으로 인간, 이익, 그리고 지구에 미치는 영향을 고려한 제품 및 서비스 구매 과정"[24]으로 정의할 수 있다.

지속가능 발주를 실천하는 선도기업은 다음과 같은 활동을 추구한다.

- 새롭고 차별화된 지속가능 제품과 서비스를 개발하여 수익을 늘린다.
- 자원의 효율성을 높이고, 법을 준수하지 않는 공급업체를 회피하며, 배송 설계를 재고함으로써 원가를 절감한다.

SCM PROFILE

월마트의 식량 지속가능성 전략

월마트(Walmart)는 최근 식품 비용을 낮추고 건강한 식품에 대한 접근성을 개선하며 식품의 기원과 성분에 투명성을 제공한다는 목표로 새로운 식품 지속가능성 이니셔티브를 시작했다. 월마트의 CEO 더그 맥밀론(Doug McMilon)은 "식량의 미래는 우리 사회와 사업 모두에 절대적으로 중요하며, 이는 우리가 여기서 큰 변화를 만들 수 있는 엄청난 기회가 있음을 의미한다."고 하였다. "우리는 지속가능 경영의 여정에서 사회적, 환경적 가치와 비즈니스 가치를 동시에 창출할 때 가장 성공적이라는 것을 알게 되었다. 식품은 전 세계적으로 우리의 1등 품목이며, 앞으로 훨씬 더 많이 필요로 하게 될 것이다. 식량의 지속 가능한 미래를 여는 것은 사회와 우리 사업에 필수적"이라고 강조했다.

월마트의 식품 지속가능성 노력은 다음의 네 가지로 나타낼 수 있다.

- 저렴한 가격: 공급업체와 협력하여 월마트는 고객에게 매일 저렴한 비용에 농산물을 제공하고 농업 관행에서의의 환경 영향을 줄인다. 월마트는 농작물 수확량, 온실가스 배출량 및 물 사용량을 보다 잘 파악할 수 있는 '기후 스마트 농업 플랫폼(Climate Smart Agriculture Platform)'을 시작하였다.
- 접근성: 2010년부터 월마트와 샘스클럽(Sam's Club)은 15억 파운드 이상의 식량을 기증하여 초기 목표인 11억 파운드를 초과했다. 또한 월마트와 월마트재단은 향후 5년 동안 미국 내에서 40억 인분의 건강식을 필요로 하는 사람들에게 제공하는 것을 목표로 접근성에 대한 의지를 높이고 있다.
- 건강증진: 월마트는 건강에 더 좋은 음식을 쉽고 저렴하게 먹을 수 있도록 최선을 다하고 있다. 이 회사는 자체 라벨 제품에서 나트륨을 13%, 설탕을 10% 줄였으며 "Great for You" 아이콘을 출시하여 소비자가 더 건강한 식품 옵션을 식별할 수 있도록 했다.
- 안전·투명성: 월마트는 식품 안전, 근로자 안전, 동물복지의 향상을 도모하기 위해 투명한 식품체인을 만들고 있다. 또한 월마트는 제품에 대한 정보와 투명성을 제공하기 위해 노력하고 있으므로 고객은 제품의 출처, 제품의 제조 방법 및 제품 구성요소를 쉽게 확인할 수 있다.[23]

- 브랜드와 명성을 관리하고, 규제를 충족시키며 사회적이고 환경적으로 의식 있는 고객을 유치하기 위한 방법을 개발함으로써 리스크를 관리한다.
- 사회적 및 환경적 책임을 다함으로써 브랜드와 명성을 제고하여 무형의 자산을 구축한다.[25]

이러한 목표를 달성하기 위하여 기업은 주요 공급업체 및 고객과 긴밀한 협동적 관계를 구축해야 한다.

허쉬(Hershey)사는 2012년 다른 대형 초콜릿 생산업체인 마스(Mars), 네슬레(Nestlé)와 같이 지속 가능한 코코아 원료의 사용 전략에 동참할 것을 발표했다. 블로머 초콜릿사(Blommer Chocolate Co.)의 킵 워크(Kip Walk)는 "지금까지 지속가능 제품에 대한 초점은 유럽, 호주 및 캐나다에서 이루어졌으나, 허쉬의 발표는 미국산업의 지속가능성에 대한 관심을 의미한다."고 했다. 모든 초콜릿 업체는 2020년까지 100% 지속 가능한 원료 사용을 목표로 하고 있다.[26]

지방정부와 각국 정보는 조직이 달성할 수 있는 명확한 목표를 설정하기 위해 관여하고 있다. 중국은 지속가능성에 대한 정책으로 에너지 사용 목표, 물 사용량, 이산화황 배출량 등을 설정하고 있다. 2010년 생산량이 급증하면서 중국의 5개년 계획에서 설정된 것보다 많은 온실가스 배출량이 발생했을 때 정부는 중공업 지역을 전력을 차단함으로써 많은 공장을 일시적으로 폐쇄하였다. 대부분의 선진국에서는 생각하기 어려운 이러한 강력한 정책은 중국에서 지속가능성 목표가 경제 목표보다 중요하지 않음을 보여준다. 오늘날, 지속가능성은 자발적에서 지속가능성 보고 요구사항을 포함하여 법적으로 점차 이동하고 있다. Governance & Accountability Institute의 조사에 따르면 S&P 500에 속하는 미국 기업의 약 4분의 3이 2014년 기업 지속가능성 보고서를 발표하였다. Global Reporting Initiative와 같은 환경 투자 그룹 및 조직의 압력이 증가함에 불구하고, 미국 기업의 지속가능성에 대한 노력은 상당 부분 자발적인 것에 의지하고 있다. 이와 반대로 지속가능성에 대한 EU의 새로운 요구사항은 2017년부터 효력을 발생한다.[28]

2013년 타이어 제조업체인 Bridgestone Americas가 20개 도시의 소비자를 대상으로 실시한 소비자 재활용 및 지속가능성 조사에서 다음과 같은 결과를 얻었다.

- 대부분의 소비자는 제품의 지속가능성에 대해 책임을 지는 기업을 선호한다.
- 기업이 환경적 책임을 보여줄 수 있는 세 가지 방법은 (1) 에너지 및 용수사용을 최소화하는 것, (2) 폐기물을 적게 만드는 것, (3) 탄소배출을 최소화하는 것이다.
- 응답자의 86% 이상이 재활용을 하고 있다고 응답했으며, 36%가 재활용업체를 활용한다고 답했다.[29]

기업과 정부기관 모두 구매가 지구 환경에 미치는 영향을 인식하고 구매함으로써 비용을 절감할 수 있다. 원재료 및 완제품을 수거, 운송, 제조 및 폐기할 때 화석연료를 사용하며, 먼 공급자로부터 조달할 때 더 많은 연료를 필요로 하게 된다. 선박이나 철도를 통해 운송되는 물품은 트럭이나 항공보다 연료의 사용이 적다. 일반적으로 식물을 기반으로 한 제품, 태양에너지나 풍력에너지로 구동되는 공장은 석유를 기반으로 한 제품이나 석유나 석탄으로 구동되는 공장보다 환경에 미치는 영향이 적다. 또한 에너지효율이 높은 제품은 에너지를 적게 소비할 수 있다.

윤리적이고 지속 가능한 발주전략의 개발

지금까지 이 장에서 설명한 목표를 달성하기 위해서 많은 발주 혹은 공급 위주의 전략이 고려되고 실행되어야 한다. 이들 구매계획은 신중하게 개발하여야 한다. 발주전략과 공급사슬 목표를 정합하지 못하면, 발주활동 설계에 상당한 자원을 투자하고도 원래 예상한 수준에 훨씬 못 미치는 성과를 거두게 될 것이다.

마틴 피셔(Martin Fisher)는 이 주제에 관한 자신의 논문에서 공급사슬을 **기능제품**(functional product)을 위한 것과 **혁신제품**(innovative product)을 위한 것으로 나누고 각각에 적합한 공급사슬 전략을 설명하였다.[30] 기능제품의 예로는 유지·보수·운영(MRO) 품목과 일상적으로 구매하는 품목이 있다. 이러한 품목들은 낮은 수익성, 상대적으로 안정된 수요, 높은 수준의 경쟁이라는 특징을 지니고 있다. 그래서 기능제품을 구매하는 회사들은 가장 낮은 비용으로 안정된 공급을 확보하는 발주전략을 사용하게 된다.

대표적인 혁신제품의 예로는 아마존(Amazon) 킨들(Kindle)과 테슬라(Tesla)의 자동차인 Model S가 있다. 공장 환경에서 혁신제품은 새로운 유형의 제어 메커니즘, 새로운 소프트웨어 응용 프로그램 또는 새로운 로봇 시스템을 들 수 있다. 혁신제품은 제품 수명주기가 짧고 수요가 많으며 이윤이 높고 상대적으로 경쟁이 적은 특징이 있다. 결과적으로 이들 제품에 대한 구매 기준은 공급업체의 품질 평판, 전달 속도, 유연성 및 커뮤니케이션 기능과 밀접하게 연관될 수 있다.

1987년 미국마케팅협회(American Marketing Association)에서 설립된 Edison Award는 매년 가장 혁신적인 상품과 서비스를 평가하여 수여된다. Edison Award는 혁신 촉진에 중점을 두고 개념, 가치, 전달 및 영향 면에서 탁월한 제품을 후보로 지명한다.[31] 수상자에게는 Edison 수상 인감이 주어지며 영예를 알릴 수 있다. 또한, 제품 샘플링, 소셜 미디어, 제품 리뷰 등 맞춤형 마케팅 계획에 참여할 수 있는 기회가 주어진다. GM, Harvard Business School, Tesla, Lenovo, Apple, TED, MIT 및 Blank and Decker등이 수상하였으며, 〈표 4-2〉에 2016년 수상내역 일부가 나타나있다.

30년 전에 보편적으로 사용되었던 구매 전략의 상당수는 오늘날 잘 통하지 않는다. 예를 들면, 연간 **구매지출**(purchasing spend)(또는 구매비용(purchasing expense))을 낮추기 위해 공급자를 '쥐어짜는' 것은 궁극적으로 구매자와 공급자 관계를 손상시키고 결국 품질, 윤리적 평판, 지속가능성 성과 및 고객서비스의 악화를 초래할 수 있다. 장기간의 발주계획이 성공하려면 장기적인 공급사슬 및 경영 전략과 일관성이 있어야 하며, 공급자는 발주계획의 실행으로 어느 정도의 혜택을 얻을 수 있어야 한다. 윤리적이고 지속 가능한 발주 전략 개발을 위한 구조는 〈표 4-3〉과 같다.

〈표 4-2〉 2016년 Edison Award 사례

기업	설명
Vegetable Factory™ by Spread Co., Ltd.	통제된 실내 환경에서 하루 3만 포기의 상추 생산이 가능하고, 거의 모든 곳에 설치 가능한 완전 자동화된 대규모 농업혁신. 환경 친화적인 방법으로 전 세계의 식량 안정을 목표로 하고 있다.
Abom Goggles by Abom, Inc.	능동형 김서림 방지 기술이 적용된 스노우 고글. 소형 리튬배터리는 2개의 렌즈 사이에 놓인 투명 필름에 열을 가해 최대 6시간 동안 김서림을 방지할 수 있다.
MasterClass by MasterClass	세계 최고 전문가들로부터 온라인 수업을 통해 어느 곳에서든 누구나 접할 수 있는 마스터클래스. (예: 더스틴 호프먼은 연기를 가르친다. 세레나 윌리엄스는 테니스를 가르친다.) 수업의 촬영은 웹캠 대신 아카데미상과 에미상 수상 감독들에 의해 촬영되고 상호작용이 가능하도록 한다.
Kuna Smart Home Security Light by Kuna Systems	침입 방지를 위해 옥외 조명에 내장된 스마트 가정 보안 시스템. 와이파이 카메라, 사이렌, 양방향 인터폰으로 구성된 쿠나는 문에 있는 사람을 감지하고 스마트폰의 라이브 비디오 피드를 통해 그들을 확인하고 상호작용할 수 있게 해준다.
Daisy Squeeze Sour Cream by Daisy Brand LLC	짜기 쉬운 양방향 포일 사워크림 파우치. 사워크림을 다양하게 사용할 수 있게 하며, 오염을 방지하고 폐기물을 최소화한다.
Cryogenic Carbon Capture™ by Sustainable Energy Solutions, LLC	화석 연료 발전소에서 나오는 모든 배출물을 대체 에너지 비용의 절반으로 제거할 수 있으며, 내장된 시스템의 저장장치를 통해 더 많은 태양열과 바람의 에너지를 저장할 수 있다.
LoanGifting™ by RKS	학생대출상환혜택을 통한 교육 크라우드펀딩을 제공하는 웹 플랫폼. 기부를 통해 1조 3천억 달러 규모의 학생대출로 인해 1인당 4천만 달러의 빚을 지고 있는 학생들을 구제하는 데 도움을 줄 수 있다.

자료: Edison Awards: www.edisonawards.com

1단계에서 윤리적이고 지속 가능한 발주방침을 공식화한다. 이들 방침은 해외 공급업체 활용, 구매품목의 유형, 그리고 이러한 종류의 발주 경험 등에 따라 달라진다. 윤리적 발주 방침에는 공정한 작업환경, 소수집단, 여성소유 및 중소기업에 대한 강조가 포함되어 있어야 하며, 인권, 어린이 노동착취, 공급업체 보고와 검증절차 등에 관한 지침이 있어야 한다. 지속 가능한 발주 방침에는 낭비 절감/에너지 보존, 재생 에너지 활용, 유해물질 제거, 재활용, 자원 재사용 등이 포함되어 있어야 한다.

2단계에서는 방침에 대한 훈련과 의사소통이 이루어진다. 윤리적이고 지속 가능한 발주 방침을 개발하는 것이 바람직하지만 이들 방침이 실천될 수 있도록 해야 한다. 예를 들어 2000년 초에 캐나다 소매업체인 허드슨베이(Hudson Bay)는 선제적인 지속가능 발주계획을 개발하였으나 2002년에 제조현장의 노동력 착취로 고발당한 바 있는데 이는 그들의 공급업체에 새로운 규범을 제대로 전달하지 않았기 때문인 것으로 밝혀졌다. 게다가 이 회사의 이해관계자와 일반 대중은 이 회사의 사회적 준수 프로그램에 대해 모르는 것으로 나타났다. 현재 허드슨베이의 사회적 준수 프로그램은 공식화되어 있고 폭넓게 전달되었으며 그들의 공

〈표 4-3〉 윤리적이고 지속 가능한 발주 전략 개발을 위한 구조

단계	설명
1. 윤리적이고 지속가능한 발주에 대한 정책 수립	비전과 방향을 설정하고 윤리적이고 지속가능한 발주의 중요성을 강화한다.
2. 구매직원 교육; 공급자와 고객에게 정책을 전달	구매담당자가 발주에 있어 환경 및 사회적 고려사항을 숙지하고, 공급자와 고객이 구매 결정을 내리는 이유와 방법을 이해하도록 한다.
3. 윤리적이고 지속가능한 기회 및 실현의 용이성에 따른 항목의 우선순위 선정. 시작.	성공적인 전략 구현을 위한 증거로 제공된 "달성하기 쉬운 항목"을 먼저 선택한다.
4. 성과측정시스템 개발	점진적으로 개선 가능한 측정 방법을 선택하고, 정기적으로 검토한다.
5. 진행상황검토 및 개선. 공정무역인증 및 친환경 제품/서비스 사용 증대.	성과측정지표를 이용하여 약점을 보완한다. 기업과 공급기반은 더 나은 성과를 개발하기 위한 노력을 강화한다.
6. 다른 부서 및 고객을 포함하는 확장전략. 브랜드 가치 증대.	구매부서의 성공과 영향력을 활용하여 기업과 고객 사이의 인지도를 향상시킨다. 기업의 이해관계자들에게 전략의 성공과 프로그램을 전달한다.

자료: Based in part on Newman, D., "Steps You Can Take to 'Green' Your Procurement," Summit 9(4), 2006: 10; "Buying a Better World," found at www.forumforthefuture.org

급업체들이 규범을 준수하고 있는지를 철저히 점검하고 있다.[32]

3단계는 시작하는 단계이다. 초기의 노력을 단순화하고 신속하게 성공전략을 찾은 뒤에 이러한 성공전략을 구축하는 것이 중요하다. 지속 가능한 발주 정책에 의하여 재무적인 이득이 발생하지 않으면 궁극적으로 이들의 노력은 실패할 것이다. 이러한 점을 고려하여 어떤 품목에 대해 윤리적이고 지속 가능한 발주를 할 것인지를 우선순위를 정한다. 파리에 본사를 두고 있는 향수 회사인 Fragrance Du Bois의 사례를 통해서도 중요성을 확인할 수 있다(SCM PROFILE 참조).

4단계에서는 윤리적이고 지속 가능한 발주에 대한 성과를 평가하는 척도를 개발한다. 이 척도는 원가, 품질, 시간, 유연성 및 혁신성에 대한 영역에서 질적 또는 양적일 수 있다. 공급사슬 성과지표는 거래 당사자 간에 표준화되어야 하며, 지속가능성을 위한 척도는 포장, 에너지 사용, 유해물질 및 재활용 분야에 사용될 수 있다. 측정항목에는 공정무역인증 제품의 수, 공급업체가 채택한 윤리적 표준 수, ETI의 기본 코드를 채택한 공급업체 수 등이 포함된다. 제품, 공급업체 및 시장이 변화함에 따라 척도를 재검토하고 개정할 필요가 있다. 이러한 척도에 대한 자세한 사항은 13장과 14장에서 설명한다.

5단계에서는 윤리적이고 지속 가능한 발주 목표를 달성했는지를 점검하고 지속가능성 목표를 적절하게 충족시키기 위하여 업무계획, 우선순위, 방침 및 공급업체 활용 등을 조정하게 된다. 여기에는 각종 관련 프로그램의 수정과 행동규범의 개정이 포함될 수 있다 지속적으로 이러한 개선이 이루어지게 되면 더욱 많은 공정무역제품과 환경친화적 제품이 파악

SCM PROFILE

우드의 공급을 보호하는 Fragrance Du Bois

Fragrance Du Bois는 세계적으로 인기 있는 향수 성분 중 하나인 우드(oud)를 침향나무(Aquilaria tree)에서 추출한다(오늘날 특히 향수산업의 고급 브랜드들로부터 매우 높은 수요가 있다). 자연적인 우드는 독특한 향기를 주며, 깊이와 장수를 제공한다.

침향나무가 거의 멸종위기에 처했기 때문에 우드의 공급에 사기가 많다. 순수하고 자연적인 우드에 대한 수요는 수년 동안 원료의 가격을 증가하게 했다. 증가하는 수요를 충족시키기 위해 합성 제품이 만들어졌지만, 전문가들은 실제와 같은 것은 없다는 데 입을 모은다. Fragrance Du Bois는 지속 가능하고 재생 가능하며 윤리적으로 건전한 공급원을 만들기 위해 침향나무를 재배하고 있다. 결과적으로 Fragrance Du Bois는 우드를 원료로 한 향수를 확대하여 두바이, 런던, 파리, 룩셈부르크 및 제네바에도 새로운 매장을 열게 되었다.

침향나무 재배지에 대한 Fragrance Du Bois의 투자는 침향나무를 멸종으로부터 구하는 데 도움을 주고 있다. 이 회사는 또한 파촐리, 베티베르, 통카 빈, 대나무, 장미, 소나무, 노송나무 및 레몬그라스 등으로 재배식물을 확장하고 있다. Fragrance Du Bois는 높은 가치를 지닌 우드와 멸종위기에 놓인 침향나무의 공급을 보호하고 있다.[33]

될 것이다.

마지막으로 6단계에서는 윤리적이고 지속 가능한 발주가 조직, 거래파트너 및 기업의 브랜드에 미치는 기타의 영향을 분석한다. 성공적으로 인식되면 기업의 다른 부서와 거래파트너들도 관심을 갖게 될 것이다. 최근의 글로벌 경기침체에도 불구하고 소비자들은 윤리적이고 지속 가능한 접근을 하는 기업을 선호했다. 실제로 캐나다 소비자를 대상으로 한 2014년 Nielsen 조사에서 응답자의 약 55%는 사회적 책임을 가진 기업에 근무하기를 희망했으며, 40%는 사회적, 환경적 기업의 제품과 서비스에 추가적인 지불을 할 의사가 있다고 응답했다. 이는 2011년 33%보다 증가한 수치이다.[34]

이 장의 나머지 부분에서는 윤리적이고 지속 가능한 발주와 관련된 전략적 발주에 대해 설명한다. 이러한 발주방식은 기업의 내부 생산이나 고객관계관리 등과 잘 결합되면 성공적인 공급사슬관리의 기초가 될 수 있고 궁극적으로는 기업의 경쟁력 향상에 도움이 될 수 있다.

윤리적이고 지속 가능한 발주 전략

윤리적이고 지속 가능한 공급자 인증 프로그램

전략적 제휴를 혁신적으로 만들어가는 것은 공급사슬을 관리하는 기업의 중요한 목적이 되었다. 전략적 제휴는 협력관계의 좀 더 공식적인 형태로서 장기간 서로 협력하고 이익과 비용을 공유하며, 문제를 함께 해결하고, 지속적인 개선과 정보를 공유하는 것이다. 이러한 관계 덕분에 공급자가 그들의 전문 영역에 자원을 더 많이 투자할 수 있게 되어, 구매자의 생산설비에 근접하여 생산설비나 물류창고를 짓고, 통신시설과 정보 시스템을 구축하며 궁극적으로 제품의 품질과 납기를 개선할 수 있는 우수 기술에 투자하게 되는 것이다.

윤리적이고 지속 가능한 공급자 인증은 전략적 제휴를 원하는 후보기업을 파악하거나 기존의 제휴 관계를 발전시키는 방법이 된다. 대부분의 경우 인증 프로그램은 ISO 9000과 ISO 14000시리즈처럼 국제적으로 인정된 인증제도를 기초로 한다.[35] 일부의 경우 이러한 유형의 인증 요구사항이 구체적인 부분에서 충분하지 않을 수도 있다. 이러한 경우 기업은 ISO인증을 포함한 자체 공식 인증 프로그램을 개발한다. 재생용지에 대한 FSC(Forest Stewardship Council) 인증, 다양한 환경 표준에 대한 Energy Star 인증 또는 사회적 윤리적 성과를 위한 공정무역인증 등이 있다.

공급자에 대한 **윤리와 환경 인증**(ethical and environmental certifications)이 증가하고 있다. 뉴욕에 있는 열대우림동맹(Rainforest Alliance)와 캘리포니아 소재의 비영리단체인 Fair Trade USA는 매년 수십개 국가의 공급업체에 대해 수십억 달러의 커피, 바나나와 코코아에 대해 인증을 하고 있으며, 공급자들은 환경보존을 위해 노력하고 있다.[36] 매사추세츠 소재의 인테그리티(Integrity Interactive Corp.)는 공급사슬 구성원들에게 윤리규범을 전달하는 웹 기반의 서비스를 제공하고 있다. 이 인증 웹사이트를 통해 공급자의 문제를 파악하고 공급사슬에 문제를 일으키기 전에 악성 공급업체를 식별할 수 있다. 윤리적 요구사항에 따라 인증을 받지 못한 공급자는 여러 가지 결과를 감수해야 한다. 라이더 시스템(Ryder System)과 크래프트 하인즈(Kraft Heinz)와 같은 세계적 수준의 기업들은 공급업체를 인증하기 위해 이 시스템을 사용하고 있다.[37]

공급기반 합리화 프로그램

2장에서 설명한 바와 같이, 많은 경우 기업은 열등한 공급자로부터의 구매를 줄이고, 최상의 공급자에게 구매를 집중시키고 구매량을 증가시킨다. 이를 **공급기반 합리화**(supply base rationalization) 또는 **공급기반 감축**(supply base reduction) 또는 **공급기반 최적화**(supply base optimization)라고 한다. 기업이 그들의 공급기반을 최적화, 합리화하는 것은 1980년대 후반부터 일상적인 일이었다. 구매자-공급자 관계를 육성하고 공급자의 성과와 가치를 증가시키는 활동은 공급자 수가 적을수록 더 쉬워진다. 따라서 공급기반 합리화 프로그램은 최상의 공급자만이 공급기반에 남아있기 때문에 구매가격의 절감, 공급자관리 문제의 축소, 구매자와 공급자 사이의 긴밀성과 상호작용의 증대, 그리고 품질과 배달 신뢰성의 전반적인 수준 향상과 같은 이점을 지닌다.

기업은 윤리적이고 지속 가능한 성과 요구사항에 기초하여 공급기반 합리화 계획을 수립할 수 있다. 이러한 방법으로 기업은 윤리적이고 지속가능성을 가진 공급자와 더 긴밀하게 상호작용할 수 있다. 최상의 공급자와 협력하여 앞서 말한 사항은 물론 브랜드 이미지 향상 및 환경적·윤리적 성과 개선과 함께 많은 이익을 얻을 수 있다. 온실가스 프로토콜 표준(GHG Protocol standards)으로 알려진 WRI(World Resources Institute)와 WBCSD(World Business Council on Sustainable Development)의 두 가지 국제표준은 개별 제품의 탄소 발자국을 다루며 처음으로 구매자가 공급자의 온실가스를 측정할 수 있게 하였다. 2014년 탄소배출조사에 응답한 Fortune지 선정 500대 기업 중 86%가 온실가스 프로토콜 표준을 사용하였다.[38]

제품과 서비스의 외주

기업이 핵심 사업에 자원과 시간을 집중하기 위해 원자재와 부품, 서비스 및 조립부품 등을 **외주**(outsource)로 결정함에 따라 매출액에 대한 구매비는 수년 동안 계속 증가해왔다. 오늘날 많은 기업이 구매를 늘리고 제조는 적게 하는 것이다. 신뢰 수준이 높은 공급사슬이 구축된 구매자-공급자 관계에서 외주의 활용이 더욱 증가하고 있다. 또한, 윤리적이고 지속가능성이 뛰어난 공급자에게 외주를 하는 것은 브랜드를 강화와 지속가능성에 대한 잠재적인 비용을 감소시킬 수 있다. 조지아에 있는 판금부품 제조업체인 Metcam은 지속가능성을 이유로 여러 기업으로부터 외주를 받고 있다. Metcam의 ISO 14000인증은 사업을 성공시키는데 도움이 되었다. 예를 들어 미시간에 있는 가구제조업체인 Steelcase는 지속가능성에 대한 목표를 달성하기 위해 Metcam에게 외주를 주었다. Steelcase는 공급업체의 재활용에 관한 정보, 사용된 자재 및 운송 비용에 대한 정보를 추적할 수 있다.[39]

단순히 낮은 비용만을 전제로 한 외주는 매우 위험할 수 있다. 2013년 4월 방글라데시 다카의 레나플라자(Rena Plaza)의 붕괴는 1,100명의 노동자에게 끔찍한 손실을 입혔다. 이 시설에는 여러 대형 의류 공급업체가 이용하던 의류 제조업체가 많이 있었다. 공급업체 윤리적 데이터 교환(Supplier Ethical Data Exchange: Sedex)은 책임감 있고 윤리적 비즈니스 관행에 중점을 두고 산업 구매자에게 이러한 외주의 위험을 피하는 데 도움이 되는 사항을 제공한다. Sedex에 따르면 감사 결과 방글라데시에서 22% 이상의 화재 안전 비준수가 확인되었고, 다음으로 중국 18%, 파키스탄 17%로 나타났다. Sedex의 대변인인 Mark Robertson은 "화재 안전 문제는 모든 위험 문제의 최우선순위에 있으며, 건물이 어떤 식으로든 취약한 경우, 공급업체, 회사 및 투자자에게 큰 위험을 초래한다."고 했으며, "회사와 투자자는 사고가 발생할 때까지 위험을 무시한다."고 덧붙였다.[40]

캘리포니아에 위치한 Applied Materials Inc.의 CIO 인 Ron Kifer는 외주가 회사의 사회

적 및 윤리적 목표와 부합하는지 확인하는 노력을 해야 한다고 말했다. 그는 "우리는 지난 몇 년 동안 IT 외주에 참여하였고 같은 생각을 적용하고 있다. 즉, 지역사회에 환원하고 우리가 살고 있는 경제를 지원하며 환경을 생각한다. 우리의 공급자는 회사와 동일하게 높은 수준으로 운영되고 있다."고 했다.[41] 다음으로 몇 가지 전략적 발주에 대하여 살펴본다.

공급자의 조기 참여

공급자와의 관계가 더욱 신뢰할 만하며 안정적이고 장기적으로 됨에 따라 주요 공급자는 공정 설계 활동에서 제품의 재고관리를 포함하여 내부 운영에 더 깊이 관여하게 된다. 주요 공급자는 제품 조립 설계, 신제품 자재 활용 및 신제품 생산에 활용되는 공정 설계에 관한 의사결정에 참여할 수 있다. 따라서 전략적 공급자들은 거래 관계가 성숙해짐에 따라 조직의 의사결정 과정에서 더욱 중요한 역할을 하게 되며, 공급사슬을 더욱 공고히 한다. 캘리포니아에 있는 Lam Research의 자회사인 반도체 회사 Novellus는 제품 설계 과정에 공급자를 참여시키는 데 오랜 역사를 가지고 있다. 이를 통해 비용을 절감하고 높은 이윤을 창출하는 동시에 생산 리드타임과 제품 출시시간을 단축할 수 있었다. 이전에 Novellus는 공급자의 문제로 생산 지연과 비용 상승을 경험하였고 공급자의 조기 참여가 중요함을 인식하였다.[42]

구매자의 신제품 개발에 참여하는 공급자의 의견을 통해 원재료 비용 절감, 제품 품질 및 혁신적인 개선, 제품 개발 시간 단축 등의 성과를 얻을 수 있다. 보다 표준화된 부품을 사용하면 부품 수를 줄이고 원자재 비용을 낮출 수 있다. 부품을 설계할 때 이러한 **공급자의 조기 참여**(early supplier involvement)를 통해 얻은 정보를 사용하여 구매자의 사양과 일치하도록 하여 비용, 품질, 혁신 및 납기의 개선이 이루어질 수 있다. 이러한 **가치공학**(value engineering) 기법을 사용하면 우수한 품질과 비용 절감을 이룰 수 있다.

공급자의 조기 참여는 아마도 매우 효과적인 공급사슬 통합기술 중 하나일 것이다. 독점적인 설계 및 제조 정보를 공유함으로써 경쟁력 있는 신뢰와 협력관계를 수립하여 미래의 많은 공동 작업 및 성공적인 프로젝트를 창출할 수 있다. 몇 가지 추가적인 공급자의 조기 참여 활동에 대해 알아본다.

공급자재고관리

공급자재고관리(vendor managed inventory: VMI) 서비스는 공급자에 의한 가치향상 활동의 하나이다. 과거 실적을 통해 구매자의 재고를 관리할 수 있는 공급자의 역량에 대한 신뢰가 쌓이면 운송비용이 절감되고 재고 부족을 방지할 수 있다. 구매자의 측면에서 공급자가 재고를 추적하고 납품 일정과 주문량을 결정하게 되면 시간과 비용을 절약할 수 있다. 공급자 측에서는 구매자의 잘못된 주문을 회피할 수 있고, 재고설정, 배송방식, 배송시기를 결정할 수 있게 된다. 또한 공급자는 구매자에게 다른 제품에 대하여 교육할 기회를 부여받기도 한다. VMI프로그램은 많은 기업에게 매우 인기를 얻고 있다. Gatepoint Research가 실시한 2015년 설문조사에 따르면 응답자의 약 70%가 VMI를 사용하고 있었다. 이 응답자의 대부분은 Fortune지가 선정한 1000대 기업의 고위 관리자였다.[43]

이상적으로는 이들 공급자들은 실시간으로 고객재고를 관리한다. 이것은 품목이 사용되거나 판매될 때 재고 수준을 즉시 최신화하는 바코드와 스캐너로 가능하게 된다. 무선주파수 식별 시스템에 대하여는 7장에서 논의한다. 이 데이터는 호환 가능한 재고관리 시스템 또는 보안 웹사이트를 통해 공급자에게 제공된다. 이를 통해 공급자는 수요를 축적하여 정확한 예측을 하게 되고 재고 수준이 재주문점(reorder point: ROP) 이하가 되면 주문량을 배송하게 된다.

월마트(Walmart)는 기저귀 재고관리를 위해 1990년대 중반에 P&G와 VMI 활용을 대중화한 것으로 알려져 있다. 러버메이드(Rubbermaid)사와의 VMI도 곧 이루어졌다.[44] 오하이오에 위치한 VMI 서비스 제공업체인 Dataliance의 Carol Hall은 VMI 서비스를 통하여 점점 더 많은 소매업체가 제품공급업체를 통해 공급사슬을 개별 매장에 원활하게 제공할 수 있도록 지원하고 있으며, 매장수준의 보충 계획을 통해 제품의 가용성을 향상시키고, 동시에 관리비용을 절감할 수 있다고 하였다. 또한 협력업체 차원에서 매장 직접 보충을 통해 판매량과 이익률을 높이고 소매업체와 공급업체의 비용을 모두 절감할 수 있는 솔루션 제공에 초점을 두고 있다고 하였다.[45]

VMI보다 다소 협력적인 형태로 **공동재고관리**(comanaged invetories)가 있다. 이 경우에는 구매자의 정기적 수요예측, 정보 공유 방법, 주문량, 주문시기, 그리고 배송 시기와 위치 등에 관하여 구매자와 공급자가 합의를 하게 된다. 이러한 형태의 통제된 VMI는 고가의 품목이나 전략 품목의 구입에 활용될 수 있다.

전략적 제휴 개발

공급사슬관리의 성장이 지속될수록 기업은 공급자를 더욱 철저히 관리해야 하며 공급기반이 생산과 서비스 역량을 향상시킬 수 있도록 도와주어야 한다. 간단히 말하자면, **전략적 제휴 개발**(strategic alliance development)은 공급자 개발(3장에서 다룸)의 연장으로서 주요 공급자나 전략적 공급자의 역량을 향상시키는 것이다. 공급기반이 작아짐에 따라, 공급자와의 협력관계를 형성할 수 있는 기회가 증가하고 전반적으로 관리하기도 쉬워지게 되었다. 전략적 공급업체 제휴가 점점 더 많은 공급기반을 형성하면서 공급자관리 활동에 드는 시간은 감소하게 되었고, 결과적으로 구매기능의 더 많은 자원과 시간을 전략적 제휴 개발에 사용하게 되었다. 많은 기업과 경영진은 전략적 공급업체 제휴의 성공이 시장점유율을 향상시키고 서비스를 개선하며 기술 및 지식의 향상을 이룰 수 있음을 인식하고 있다. SCM PROFILE에 언급된 MLGW는 변압기 공급과 관련하여 SPX와 전략적 제휴 관계를 맺고 있으며, 이러한 제휴 관계를 통해 상호 이익을 얻고 있다.

외주가 많아지고, 기업이 적은 수의 우수한 공급자들에게 의존하게 됨에 따라 공급자 개발 활동이 더욱 중요해지고 있다. 기업의 주요 공급자가 자신의 제휴 개발 활동을 개시함에 따라 제휴 개발을 기업의 2차 공급자까지 확대될 것이다. 기업과 주요 공급자 간의 제휴 개발을 위해서는 양측이 시간, 인력, 의사소통 및 금전적 자원을 투자해야 하며, 양측 모두의 이익이 되는 목표를 달성하도록 더 많은 협력을 해야 한다. 구매기업과 주요 공급자는 개선 활동, 요구되는 자원, 그리고 진척도를 측정할 수단을 공동으로 결정한다. 개선이 이루어짐에 따라 공급자는 주요 공급자로부터 동일한 역량을 학습하고 이러한 역량이 공급사슬에 확대되어 전반적인 공급사슬 성과와 경쟁력을 향상시킨다.

SCM PROFILE

MLGW의 SPX와의 전략적 제휴

멤피스에 위치한 MLGW(Memphis Light, Gas and Water Division)은 미국에서 규모가 꽤 큰 전력회사 중 하나이다. MLGW에 전원 변압기가 필요한 경우 공급업체가 아직 승인을 받지 않았다면 공급자 선정 및 승인 프로세스에 최대 8개월이 소요된다. 수요가 많은 시기에는 공급자 제휴를 통해 신속하게 장비를 조달할 수 있다. 이런 시기에는 특히 리드타임이 긴 부품 및 장비의 경우 제휴를 맺는 것이 필수적이다. MLGW의 현재 전력 변압기 제휴 파트너는 SPX Transformer Solutions이다.

전국적으로 40년이 넘는 전력 변압기가 있는 시설을 찾는 것은 드문 일이 아니며, 그 변압기의 대부분은 유효 수명이 다해가고 있다. 수요가 증가하면 기존의 제휴가 없는 한, 일반적으로 변압기의 리드타임이 증가하게 된다. 이를 방지하기 위해 MLGW는 전력 변압기, 고전압 회로차단기 및 변전소 개폐장치에 대해 5년간 구매 제휴를 체결하였고, 운송시간 단축과 가격절감 등 큰 혜택을 얻었다. 또한, 전략적 제휴를 통해 운영 및 유지보수를 도울 수 있다. 유지보수를 담당하는 직원은 새로운 변압기를 주문할 때마다 새로운 장비를 학습할 필요가 없다. 제휴를 체결하는 것은 동일한 제조업체의 제품이 이미 시스템에 있기 때문에 예비부품 재고를 줄인다. 또한, 응용 프로그램에 대한 기술지침이 필요한 경우 제조업체의 전문가에게 접근 권한을 부여할 수 있다.

제휴의 가장 큰 장점은 제조사 일정에 예약을 할 수 있다는 것이다. 예상치 못한 사건이 발생하였을 때 이러한 혜택은 매우 크게 작용한다. 비상사태가 발생했을 때, MLGW는 구매주문시점부터 변압기가 인도되기까지 12주만에 전력 변압기를 공급받을 수 있었다. 이것은 다른 고객이 생산일정을 취소하여 가능하였다. 제휴로 인해 제조사의 생산일정에 대한 최종변경의 혜택을 누릴 수 있었다.[46]

전략적 제휴 개발은 기업이 관계를 개선하고, 실수와 성공에서 배우며, 공동의 문제 해결을 위한 투자를 요구한다. 많은 기업이 전략적 관계 관리자를 고용하고 있으며, 그들의 업무는 제휴 파트너와의 신뢰, 헌신 및 상호가치를 구축하는 것이다. 이러한 관계 관리자는 조직 내 여러 부서의 제휴 업무를 표준화하는 상생협력협상을 통해 상호 이익을 추구하도록 한다. 미국 정부의 방위 시스템 계약자인 레이시온(Raytheon)은 공급자 자문위원회를 구성하여 전략적 공급자와의 의사소통 및 관계를 개선하기 위해 한발 더 나아가고 있다. 2014년 5월 초, 레이시온의 통합방위시스템(Integrated Defense Systems)의 임원들은 13개 주요 공급사 임원들과 협의하였다. 공급자들은 레이시온의 최초 SAC(Supplier Advisory Council)을 구성하였으며, SAC의 궁극적인 목표는 고객 선택의 우대조치, 또는 최상의 조건, 필요한 생산능력 및 시장에서 승리할 수 있는 혁신을 이룬 공급업체를 확보하고 고객에게 제공하는 것이었다.[47] 전략적 공급자 제휴는 상품과 마찬가지로 자체 라이프 사이클을 가지고 있다. 성공을 모니터링하고, 갈등을 관리하며, 협력을 위한 기본 규칙을 재검토하고, 상호 문제를 조정하기 위해 지속적인 관리, 개발 및 협상 활동을 필요로 한다. 성공적인 제휴 프로그램을 조직하고 관리하는 것은 기업의 경쟁력에 매우 중요하다. 〈표 4-4〉는 전략적 제휴 관계를 조직하는 과정을 설명한다.

전략적인 제휴 프로그램을 성공적으로 만들기 위해서 기업은 다부문에 걸친 프로그램을 어떻게 조직할 것이며, 조직 내에 정보를 어떻게 신속하고 효과적으로 전달하며, 필요한 자원을 어떻게 획득할 것인지를 결정해야 한다. 어떤 기업은 파트너에게 제휴 관리자들을 배정함으로써 주요 제휴 파트너를 조직하였다. 또 어떤 기업은 조직 내 여러 부서의 제휴와 제휴 관리자들을 감독하기 위하여 제휴 이사회를 만들기로 결정했다. 제휴 관리자의 가장

〈표 4-4〉 성공적인 전략적 제휴 프로그램의 유지 관리

단계	내용
1. 주요한 전략적 변수를 결정하고 관련 조직을 구축한다.	전략적 변수는 사업단위, 지역, 업종, 주요 제휴 파트너 혹은 이들의 조합이 된다.
2. 정보 전파를 촉진한다.	제휴 창출 및 관리 정보는 중앙에서 통제되어야 하며, 내부 웹사이트나 팸플릿에 설명되어야 한다.
3. 전략적 제휴 기능의 중요성을 강조한다.	제휴 프로그램 책임자를 선임한다. 제휴 프로그램을 위한 일관된 절차를 구축한다.
4. 제휴 성과를 지속적으로 평가한다.	경영층은 제휴 프로그램의 가치를 증대시킬 수 있다. 제휴 관리는 지속적인 재평가를 필요로 한다.
5. 공급자에 대한 보상을 실시한다.	보상은 주문량의 증가와 비금전적인 보상으로 이루어진다.

자료: Adapted from Dyer, J., P. Kale, and H. Singh, "How to Make Strategic Alliances Work," Sloan Management Review 42(4), 2001: 37-43.

중요한 책임은 제휴 개발 정보의 유통을 촉진시키는 것이다. 제휴의 기능은 문제 해결을 위한 협상전략으로부터 프로그램과 워크숍에 이르기까지의 모든 형태의 제휴 니즈와 관련된 정보의 교환소로서 역할을 하는 것이다. 제휴 기능에 신뢰감을 주기 위해서 프로그램 관리자는 기업의 최고경영자에게 보고해야 한다. 마지막으로 제휴는 시간이 지남에 따라 변화하므로 정기적으로 평가되어야 한다. 즉, 어떤 제휴는 지속될 필요가 없는 경우도 있다. 이를 위해서는 성과평가 척도가 설정되어야 한다. 앞에서 간단히 언급했듯이, 지속적인 성공은 공급자와 구매자가 제휴 관계를 통해 상호 이익을 달성하는 데 달려있다. 전략적인 제휴 파트너와의 협상주제는 다음과 같다.

상생을 위한 전략적 제휴 협상

제휴 파트너들과 협상할 때, 가장 유리한 결과는 **양측이 협력하여 협상**(collaborative negotiations)을 할 때 도출된다. 이것을 **통합 협상**(integrative negotiations) 또는 **상생 협상**(win-win negotiations)이라고 한다. 다시 말해, 양측은 공동 결과를 극대화하거나 최적의 결과를 도출하기 위해 협력한다. 한 측의 이익(**분배 협상**(distributive negotiations))을 선호하는 결과를 추구하기보다는 협력을 통해 얻는 것이 더 많다고 여겨진다. 성공하기 위한 상생 협상을 위해서는 양측이 서로 신뢰하고 서로의 관점에서 타당성을 믿고 함께 협력해야 한다. 주요 공급사슬 거래파트너의 관점에서 볼 때 이러한 요구사항은 이미 존재하므로 적극적으로 관리되는 공급사슬에서 협업 협상을 더욱 쉽게 달성할 수 있다.

성공적인 협상을 위해서는 공개 토론과 당사자 간의 자유로운 정보 교환이 필요하므로 대면 회의가 바람직하다. 협력관계에 관한 국제 권위자인 Kate Vitasek 교수는 자신의 저서 「Getting to We: Negotiating Agreements for Highly Collaborative Relationships」에서 '내게 있는 것이 무엇인지'에서 '우리 안에 있는 것'으로 옮겨가는 과정을 설명하고 있다. 협업파트너는 협력 행동을 유도하고 상호 성공적인 결과를 달성하기 위해 호혜, 자율, 정직, 형평, 충성도 및 무결성 원칙을 준수해야 한다. 지난 25년 동안 재규어(Jaguar)가 Unipart Logistics와 성공적으로 거래한 사실을 예로 들 수 있다. Unipart의 부품 수급 지연으로 Unipart는 물론 구매자인 재규어의 이미지도 매우 나빠졌다. 두 회사의 CEO는 비전과 내부 및 외부 제휴를 공유하는 파트너십을 구축하기로 결정하였고, JD Power and Associates의 고객 만족도 조사에서 9위에서 1위로 올라서게 되었다. 서비스의 증가로 재규어의 매출이 향상되었고 Unipart Logistics 또한 많은 수익을 얻게 되었다. 이것은 최선의 협력 협상이었다.[48]

대조적으로, 분배 협상은 적대적이며 보통 일부 정보가 유보, 왜곡, 지연되거나 완전히 잘못 전달된다는 것을 의미한다. 이런 협상이 발생할 가능성은 거래관계의 성격, 협상 중인 품목의 전략적 성격 및 잠재적인 힘의 균형에 달려 있다. 자동차 분야, 특히 도요타(Toyota)의 협력 협상은 린(lean) 사고방식의 일부로, 일반적으로 구매자가 유리한 협상으로 이끌 수 있는 높은 수준의 구매자 우위를 누리고 있다.

공평한 협력 협상을 달성할 수 있는 가능성을 극대화하기 위하여 공급사슬 파트너는 협력 협상 인프라를 먼저 개발한 다음 상생하는 결과를 얻을 수 있도록 협상방식을 용이하게 해야 한다. 〈표 4-5〉는 협력 인프라 개발 단계를 설명한다. 시간이 지남에 따라 구매 담당자는 거래 상대방의 이익에 대해 이해하고 이전 협상에서 배우고 각 거래 상대방과 최선의 협력 방법을 결정할 때 협력 협상을 잘 수행할 수 있다. 협상 관리자는 정보 교환을 장려하고, 협상 문제를 공정하게 처리하며, 상호이익을 얻기 위한 브레인스토밍 과정을 활용할 수 있다.

〈표 4-5〉 협력 인프라 개발 단계

단계	내용
1. 준비 과정 구축	양 당사자의 이익을 이해한다; 가치 극대화법을 활용하고 및 용어에 대한 브레인스토밍을 실시한다; 양측이 합의하여 공정성을 평가하는 기준을 선정한다.
2. 협력 데이터베이스 개발	표준, 관행, 사례, 지표, 사용된 창의적인 해결책 및 학습된 교훈에 대한 목록을 만들기 위해 이전 협상을 검토한다.
3. 협상 프로세스 설계	공통된 용어를 작성하고, 업무관계를 구축하고, 공유 의사결정 프로세스를 작성하여 협력에 중점을 둘 수 있도록 하는 환경을 만든다.
4. 보고 프로세스 개발	협상팀에 피드백을 제공하고, 학습된 교훈을 정리하는 보고 프로세스를 만든다.

자료: Adapted from Kliman, S., "Enabling Win-Win," Executive Excellence 17(4), 2000: 9-11.

공급자 성과에 대한 보상

훌륭한 성과를 내는 **공급자에 대한 보상**(rewarding suppliers)을 통하여 여러 가지 목적을 달성할 수 있다. 즉, 주요 공급자들이 모두 소정의 성과 목표를 (초과) 달성하게 하는 지속적인 인센티브를 제공한다. 또, 한 수준 아래의 공급자들에게는 등급을 올려서 보상을 받고자 하는 인센티브가 역할을 한다. 더 나아가서, 보상을 받은 공급자들이 자사의 공급자들에게 보상을 도입하고 공유하게 하는 인센티브를 제공한다.

이러한 방법으로 성과의 혜택을 공유하는 것은 공급사슬을 효과적으로 구축하는 주요한 기반이 된다. 이 장의 앞부분에서 언급한 바와 같이 공급자와 구매자 모두가 공급사슬 관계의 혜택을 깨달아야 한다. 만약 공급자 성과에 대한 보상이 없다면 공급자들을 그들이 생산 과정에서 학습한 개선내용을 공개하려 하지 않을지도 모른다. 이와 같은 정보와 혜택 공유가 지속되면 공급사슬 내의 건전한 관계의 발전을 저해하고 결국은 전반적으로 낮은 성과를 초래하게 된다. 벨기에의 공급사슬 소프트웨어 공급업체인 PearlChain의 Ellen

Malfliet은 다음과 같이 말했다. “현재 공급사슬에 속한 모든 사람은 고객에게 집중하고 있다. 원자재 공급업체, 제조업체, 유통업체 및 판매업체가 실행 가능한 최종제품을 만들기 위해 협력적인 환경에서 모두 함께 일해야 하는 자동차 제조를 예로 들어보자. 결국 고객 성공 사례는 실제로 고객을 마주하는 공급사슬뿐 아니라 공급사슬을 통해 모든 이의 성공으로 이어진다. 누구나 승리하는 것이다.”[49]

점점 더 많은 기업이 윤리적, 환경적 성과에 대해 공급자들에게 보상을 하고 있다. 나이키, 유니레버, 네슬레와 같은 회사들은 공급자들이 탄소 발자국을 줄이고 브랜드를 향상시키는 데 어떤 역할을 하는지 잘 알고 있다. 한때 나이키는 윤리적 활동가들의 표적이 되었지만, 오늘날에는 제품을 생산하는 공장 내 환경을 관리하는 데 있어 선두주자가 되었다. 사회적 감사요건을 넘어서 공장들의 관행이 다른 회사들에게 비슷한 방식으로 행동하도록 압력을 행사할 수 있음을 보여주는 사례이다.[50] 지난 몇 년간 월마트는 친환경기업으로 재정립하기 위해 노력해왔고, 그렇게 함으로써 수익성도 높아졌다. 월마트는 큰 규모와 지배력으로 공급업체에 상당한 영향력을 행사하고 있으며, 탄소배출량 감소, 수질보전, 신재생에너지 개발 등을 바탕으로 한 많은 사업으로 환경에 앞장서고 있다.[51]

성과의 동기유발은 당근과 채찍을 포함하는 여러 가지 형태로 나타날 수 있다. 이러한 동기유발적인 요인들은 공급자관리와 공급자 개발 프로그램에 필수적인 것이다. 예를 들면, 채찍으로는 앞으로의 주문량을 줄인다든지, 공급자에 대한 평가를 강등시킨다든지, 혹은 그들의 배송지연이나 나쁜 품질 때문에 발생한 **손실비용에 해당하는 금액을 청구**(billback penalty)하는 등의 형태가 있을 수 있다. 반면에 공급자가 기대 이상의 성과를 올리면 여러 가지 적절한 보상을 할 수 있다.

전략적 공급계약으로 공급자가 누릴 수 있는 혜택에는 다음과 같은 것들이 있다.

- 개선으로 인한 비용 절감의 공유
- 공급자와의 협업으로 인한 비용 절감의 공유
- 더 많은 거래와 장기 계약
- 구매자의 훈련 세미나와 기타 자원을 이용할 권리
- 표창을 통한 회사의 사회적 인정 획득

이러한 혜택으로 인하여 공급자들은 생산역량이나 품질, 원가 및 서비스의 개선에 더 적극적으로 투자하게 된다. 미국의 의료산업이 좋은 사례이다. 병원에서의 구매비가 급속히 증가하고 있기 때문에 병원들은 비용을 낮추기 위해 공급자들에게 인센티브를 제공하고 있다. 텍사스에 소재한 CHRISTUS Health의 공급사슬을 관리하는 Ed Hadding은 이렇게 말한다. “솔직히, CHRISTUS Health와 사업을 하는 것은 명예롭고 수익성이 있는 일이다. 오늘날 제3자는 협력성이 높고 약속을 지키고 더 많은 사업을 하는 성공한 협력업체와 일할 수 있는 특권을 추구한다. 그것은 특권일 뿐만 아니라, 우리는 이러한 제3자들로부터 우리의 합의를 넘어 가치를 제공하겠다는 의지도 발견한다. 우리의 신뢰를 저버리는 것은 우리의 공급사슬에서 벗어나는 결과를 가져온다."[52]

성공적인 발주 사례의 벤치마킹

벤치마킹(benchmarking)이나 우수기업을 모방하는 것은 공급사슬의 성과를 신속하게 제고하는 데 매우 효과적인 방법이다. 기업이 벤치마킹을 하지 않는다면 직접 경험을 통해서 가장 좋은 기술과 방법을 배워야 한다. 벤치마킹을 잘 하면 스스로 경험을 통하여 배우는 과정을 건너뛰어 타 기업에서 성공한 것들을 시도할 수 있게 한다. 기업은 여러 가지 공식적 혹은 비공식적 방법으로 발주와 관련된 의미 있는 벤치마킹 자료를 얻을 수 있다. 즉, 기업의 고객과 공급자에게 공급자관리와 개발에 관한 설문조사를 하거나, 경영협의회나 발표회에서 발주전략에 관해 토론할 수 있으며, 벤치마킹 연구에 관한 출판 자료를 수집하는 등 다양한 방법이 있을 수 있다.

발주전략을 성공적으로 추진하고자 하는 기업에 유용한 자료가 많이 있다. 비영리 독립 조사기구인 CAPS(Center for Advanced Purchasing Studies)는 전략적 구매에 관한 연구 정보를 제공하여 기업이 경쟁적 우위를 실현하도록 돕고 있다. 예를 들어 CAPS는 구매 전문가와 학자를 위하여 매년 구매 관련 심포지엄과 토론회를 개최하고 있으며, 이를 통해 연구조사, 벤치마킹 리포트, 그리고 우수사례 연구보고서 등을 제공한다.[53]

또 다른 조직인 공급사슬협의회(Supply Chain Council)는 업체들이 공급사슬 비용을 줄이고 고객서비스를 개선할 수 있도록 도와주는 조직으로서 공급사슬 개선을 위한 기본 골격인 SCORE(Supply Chain Operations Reference) 모델을 제공하며, 전 세계적인 정기 경영발표회에서 우수사례에 관한 토론의 기회를 제공하고 사례연구 결과를 제공한다.[54]

1915년에 설립된 공급관리협회(Institute for Supply Management)는 최신 공급사슬경영의 경향에 관한 월간 간행물과 세계적인 인증 프로그램인 CPM(Certified Purchasing Manager), CPSM(Certified Professional in Supply Management) 및 APP(Accredited Purchasing Practitioner) 프로그램을 제공한다. 또한, 세계적으로 인정받는 공급사슬관리 저널을 발행하고 공급관리컨퍼런스를 개최하며, 공급관리 전문가를 대상으로 하는 많은 세미나와 웹 컨퍼런스를 지원한다.[55]

최선의 구매관행은 지난 수년간 많은 연구의 주제가 되었고, 이 연구 결과는 최선의 발주관행을 벤치마킹하려는 기업에 매우 유익하다는 것이 입증되었다.[56] 일부 연구 결과는 구매 벤치마킹과 기업성과 간에 긍정적인 관계가 있음을 발견하였다. 조사대상 기업 간에 공통적인 발주관행으로는 다음과 같은 사항들이 있다.

- 부품, 공급자, 리드타임 및 기타의 구매정보에 접근하기 위해서 중앙집중식 데이터베이스를 사용한다.
- 공급자와 정보 공유를 하기 위한 소프트웨어가 있다.
- 공급자 탐색을 위해 인터넷을 사용한다.
- 특정 부품의 주요 공급자와 장기 계약을 하고 제휴 관계를 맺는다.
- 공급자 인증을 실시하고 주요 공급자의 납품에 대해서는 수입검사를 생략한다.
- 신제품의 연구개발 과정에 공급자를 참여시킨다.
- 기업의 공급기반을 줄인다.
- 공급자 성과를 지속적으로 측정하고 공급자 개선목표를 정한다.
- 윤리적이고 지속 가능한 공급사슬을 창출한다.

최고의 윤리적 구매관행에 관해 영국의 CCP(Chartered Institute of Procurement & Supply)가 조달 윤리강령을 개발하였으며, 내용을 요약하면 다음과 같다.

- 뇌물, 사기, 부패 및 현대 노예, 아동 노동과 같은 인권 침해를 포함한 비윤리적 사업 관행을 근절하기 위해 노력한다.
- 존중, 정직, 성실성으로 모든 비즈니스 관계를 수행하고 비즈니스 의사결정의 결과로 타인에게 해를 입히지 않도록 한다.
- 적극적으로 기업의 사회적 책임(CSR)을 지원하고 증진한다.
- 조달 업무에 해를 끼치는 비즈니스 관행을 피한다.
- 공급사슬에서 비윤리적 관행을 몰아내기 위한 조달 전략을 사용한다.
- 조달 결정이 인권과 환경에 대한 부정적인 영향을 최소화하면서 가치와 서비스 수준을 극대화하도록 노력한다.
- 윤리적 정책과 절차를 수립하고 정기적으로 모니터링 및 업데이트하며 규정을 준수한다.
- 비윤리적 행위를 예방, 보고 및 개선하기 위한 조치를 취한다.
- 비윤리적 관행의 보고를 위한 안전한 환경을 제공한다.[57]

기업의 구매기능 평가와 개선

이 책에서 언급한 바와 같이 구매는 조직의 가치를 증진시키는 주요한 기능 중의 하나이다. 구매담당 직원은 비용을 절감하고 서비스와 품질을 향상시켜야 하므로 조직의 전략적 내부 공급자로 간주되어야 한다. 이러한 점을 염두에 두면 기존의 기준과 목표, 그리고 산업 벤치마크와 비교하여 구매기능의 성과를 정기적으로 평가하는 것이 바람직하다. 이와 같이, 기업이 지속적으로 제품과 공정을 개선하기 위하여 노력함에 따라, 구매 역시 기업의 가치 향상에 기여하였는지 그리고 공급사슬의 개선에 기여하였는지를 평가받을 수 있다.

앞에서 설명한 것처럼, 평가 기준은 기업의 전략적 목표에 대한 구매담당 직원들의 기여에 관하여 그들에게 피드백을 제공하는 데 활용될 수도 있다. 설문 조사 또는 감사는 연례 평가 프로세스의 일환으로 구매 담당자가 실시 할 수 있다. 평가에는 엔지니어링, 판매, 마케팅 및 재무 인력과 같은 구매기능의 내부 고객으로부터의 피드백이 포함될 수도 있으며, 공급자 대표가 포함될 수도 있다. 구매부서의 성과를 평가하기 위한 평가 기준은 다음의 몇 가지 사항을 포함해야 한다.

- 가치공학/가치분석에의 참여
- 윤리적이고 지속 가능한 공급업체 탐색, 평가
- 공급기반의 최적화
- 국내, 지역 그리고 글로벌 공급자관리와 개발
- 공급자의 조기 참여 유도
- 공급자와의 전략적 협력관계 구축
- 기존의 주요 공급자와의 개발과 통합 장려
- 신제품 개발 노력에의 기여
- 공급자 원가 절감 프로그램 개시
- 구매 제품과 서비스 품질개선에의 기여
- 기업 내 협력관계 유지와 개선

이러한 평가 기준은 정량적인 평가과 정성적인 평가를 모두 요구하기 때문에 여기서는 3장에서 소개된 가중기준 평가방법이 활용될 수 있다. 구매 활동은 이와 같은 많은 활동이 포함되어 있기 때문에 구매담당 직원의 역량과 성과를 지속적으로 평가해야 한다.

구매기능이 약 30년 전의 전술적이고 사무적인 기능에서 오늘날과 같은 매우 전략적인 기능으로 발전됨에 따라 구매전문가에게 요구되는 기술도 변화되어 왔다. 앞의 평가 기준에서 세계 일류수준의 성과를 얻으려면 구매담당 인력도 세계 일류수준의 기술을 가져야 한다. Purchasing이라는 잡지가 수행한 조달 전문가에 관한 최근의 연구에 의하면 가장 중요한 세 가지 책임은 계약협상, 공급업체 선정, 그리고 공급자관계관리로 나타났다. 최근의 경기침체로 인하여 원가통제도 구매 담당자의 주요한 역할로 간주된다. 원가통제 활동에는 공급기반 축소, 글로벌 공급업체와의 협상 그리고 구매 활동에 맞는 신기술의 도입 등이 포함된다.[58]

요약

공급사슬관리는 발주 활동에서 시작된다. 이 장에서는 구매기능의 전략적 역할과 공급사슬에 미치는 영향에 관하여 설명하였다. 이 중요성을 인식하지 못하는 기업은 장기적으로 공급사슬관리의 성공을 경험하지 못할 것이다. 발주활동은 기업에 지속적인 경쟁우위를 제공해주는 여러 관련 활동으로 구성되어 있다. 기업은 효과적인 공급사슬 전략을 개발하고 시장과 경쟁업체, 그리고 기술이 변화함에 따라 이 전략을 정기적으로 평가하고 수정함으로써 이러한 경쟁우위를 극대화할 수 있다. 공급사슬의 내부 운영 부분을 공부할 때 제시한 발주의 중요성을 계속 인식하기를 바라며, 자재와 서비스 및 정보가 공급사슬을 따라 궁극적으로 고객에게까지 이동함에 따라 구매기능이 기타의 프로세스와 어떻게 상호작용하는지를 이해하기 바란다.

토의문제

1. 전략적 발주란 무엇인가?
2. 구매와 전략적 발주의 차이점은 무엇인가?
3. 윤리적 발주란 무엇이며 기업이 윤리적 발주를 하는 이유는 무엇인가?
4. 기업윤리, 공리주의 및 권리와 의무는 윤리적 발주와 어떤 관련이 있는가?
5. 윤리적 발주의 일반적인 관행이나 활동은 무엇인가?
6. 윤리적 발주의 위험에는 어떤 것이 있는가? 이점은무엇인가? 윤리적 발주가 좋은 관행이라고 생각하는가? 그 이유는 무엇인가?
7. 기업윤리와 기업의 사회적 책임은 어떻게 다른가?
8. 개발도상국에서 상품을 구매할 때 어떤 위험이 있는가? 이 위험을 감소시키는 방법은 무엇인가?
9. 공정무역제품이란 무엇인가?
10. 지속가능발주란 무엇이며, 윤리적 발주 및 녹색구매와의 차이점은?
11. 지속가능발주의 이점은 무엇인가? 이것을 통해 실질적으로 기업이 돈을 벌 수 있는가? 지속가능발주가 좋은 관행이라고 생각하는가? 그 이유는 무엇인가?
12. 3P는 무엇을 말하는가? 지속가능성과의 관계는 무엇인가?
13. 지속가능성을 공급사슬에 어떻게 적용할 수 있는가?
14. 지속가능성과 윤리적 행동과 관련하여 우리 대학에서 시행하는 것들을 나열하라.
15. 조직에서 윤리적이고 지속 가능한 발주 정책은 어떻게 수립되는가?
16. 정부는 지속가능성 요구사항에 어떻게 참여하고 있는가?

17. 무엇이 혁신적 제품이고, 기능적 제품인가? 기능적 제품을 윤리적인 방법으로 구매해야 하는가? 지속 가능한 방법으로 구매해야 하는가? 혁신적 제품의 경우는 어떠한가?
18. 윤리적이고 지속 가능한 인증을 취득하는 이점은 무엇인가? 그리고 왜 구매업체가 공급업체에 이 인증을 취득하도록 하는가?
19. 기업자체의 공급자 인증 프로그램은 ISO9000과 같은 인증제도에 비하여 어떠한 이점이 있는가?
20. 공급기반 합리화란 무엇이며, 이점과 단점은 무엇인가?
21. 외주란 무엇인가? 구매와의 차이점은 무엇인가? 기업은 핵심 제품이나 프로세스를 외주로 하기를 원할까? 그렇다면/그렇지 않다면 그 이유는 무엇인가?
22. 제품이나 프로세스를 내부발주로 하는 경우는 언제인가?
23. 윤리적 또는 지속가능성을 이유로 외주를 하는가? 그렇다면 예를 들어보라. 이것이 회사의 평판에 어떤 영향을 미칠 수 있는가?
24. 가치공학에서 발주의 역할은 무엇이며 기업에 어떠한 혜택을 주는가?
25. 공급자 조기 참여가 공급사슬을 통합하는 데 좋은 방법인 이유는 무엇인가?
26. 공급자는 왜 구매자의 신제품 개발에 참여하고자 하는가?
27. 공급자재고관리와 공동재고관리의 차이점은 무엇인가? 그리고 각각은 언제 유용할 수 있는가?
28. 공급자관리와 전략적제휴개발에는 어떠한 차이점이 있는가?
29. 기업이 많은 수의 공급자와 전략적 제휴을 맺고 있다면, 이를 관리하는 가장 좋은 방법은 무엇인가?
30. 공급자 제휴를 실패하게 만드는 요인은 무엇인가? 기업은 이러한 실패를 어떻게 줄일 수 있는가?
31. 통합 협상과 분배 협상의 차이점, 그리고 각각이 언제 사용되어야 하는지 설명하라.
32. 2차 공급자와 3차 공급자가 발주기업에 중요한 이유는 무엇인가?
33. 2차 공급자를 개발하기 위한 일반적인 방법은 무엇인가?
34. 만약 당신의 기업이 500개의 공급자를 가지고 있고, 그들은 각각 100개의 공급자를 가지고 있다면, 2차 공급자의 수는 몇인가? 공급기반을 20개로 줄인다면 어떨까?
35. 구매자가 사용할 수 있는 공급자에 대한 당근(보상)과 채찍(처벌)에는 어떤 것이 있는가?
36. 당신이 기업에 근무한다면, 공급자에 대한 보상과 처벌을 어떻게 할 것인지 설명하라.
37. 벤치마킹이란 무엇인가? 학교에서 당신의 성과를 향상시키기 위해 사용할 수 있는 벤치마킹 방법에는 무엇이 있는가?
38. 기업은 왜 자체구매실적을 모니터하려 하는가?
39. 성공적인 윤리적 발주 사례를 기술하라.

40. 윤리적이고 지속 가능한 구매를 향상시키기 위해서 기업은 벤치마킹과 성과측정을 어떻게 사용할 수 있는가?

조사연구문제

1. ISO 홈페이지(www.iso.ch)를 이용하여 ISO의 역사를 설명하고 각종 인증 제도에 관하여 요약하라.
2. CAPS 홈페이지(www.capsresearch.org)에 들어가서 최근 산업 간 벤치마킹 보고서를 찾아 요약하라. 현재 CAPS는 어떤 벤치마킹 연구를 하고 있는가?
3. Fair Factories Clearinghous(www.fairfactories.org)에 들어가서 이 조직이 수행하는 이벤트를 설명하라.
4. Goldman 환경상 웹사이트(www.goldmanprize.org)에 들어가서 최근의 수상자에 관하여 설명하라.
5. ASP는 무엇인가? 인터넷에서 ASP를 검색하고, 이 장에서 설명하지 못한, 그들이 하는 일을 설명하라.
6. 사업윤리 및 윤리적 구매에 대한 최신 뉴스 및 이슈에 대해 요약하라.

사례문제

1. Maryann Franklin Industries

코니 폭스(Connie Fox)는 MFI(Maryann Franklin Industries)의 최고경영자이다. MFI는 경기침체의 압력을 느끼고 있지만, 코니는 MFI가 이 폭풍을 견뎌낼 것이라는 것을 알고 있다. 오히려 지금이 보다 나은 비용관리를 실시할 때라고 생각한다. MFI는 지난 10년 동안 매우 빠르게 성장했으며 성장에 따른 몇 가지 비용문제가 무시되어 왔다는 것을 파악했다.

비용을 절감할 수 있는 기회는 모든 부서에 있지만 공급사슬관리 부서에 가장 많은 기회가 있다고 판단했다. 따라서 공급사슬관리 부사장인 레오나드 버틀러(Leonard Butler)에게 품질 저하 없이 비용을 절감할 방법을 찾도록 지시했다. 또한 가능한 비용을 줄이면서 품질을 향상시킬 수 있다면 더 좋을 것이라 말했다.

레오나드는 직원들과 함께 과제를 논의했다. 공급사슬관리 책임자인 조나단 로버트(Johnathan Robert)는 세 가지 접근 방법을 제안했다. 첫째는 공급자 수를 조사하고 그 수를 줄일 방법을 찾는 것이었다. 공급기반 최적화를 통해 MFI가 상당한 비용절감을 할 수 있으며, 공급기반 최적화의 핵심 도구는 위험이나 가치에 따라 공급업체를 분류하는 것이라 했다.

둘째는 공급업체와의 현재 계약을 검토하고 재협상 가능한 계약을 결정하는 것이었다. 공급업체들에게 공급기반을 줄이는 작업을 하고 있다고 설명하면 일부는 협상에 응할 것이라는 생각이었다. 레오나드는 그의 생각을 지지하며, 공급업체들이 이것을 위협으로 생각하지 않도록 해야 하며, 파트너십을 강화하고 더 강력한 전략적 제휴를 구축할 수 있는 기회로 여기기를 희망한다고 덧붙였다.

셋째는 MFI가 공급망 커뮤니티 내에서 모범사례를 찾을 수 있도록 외부 사례를 활용하는 것이었다. 다른 회사의 활동에 대한 벤치마킹은 가장 효과적이고 효율적인 개선방법이 될 것이다.

토론사항

1. 조나단은 공급업체를 분류하는 것이 공급기반 최적화를 가능하게 할 것이라고 제안했다. 인터넷을 활용하여 공급업체를 분류하는 방법을 연구하라. 최소 세 가지 이상의 범주를 찾아 공급기반 최적화를 지원하는 방법을 설명하라.
2. 레오나드는 공급업체와의 재협상에 대한 생각에 동의했지만 큰 우려를 가지고 있었다. 공급업체들이 협력 협상에 참여하기 위해 어떠한 제안을 했는가? 선택한 협상 유형의 특성을 설명하고, 레오나드의 우려와 어떻게 관련 있는지 제시하라.
3. APICS 웹사이트에서 '쉬운 참조 안내서(Quick Reference Guide)'를 다운로드하라. SCOR 지표의 다섯 가지(신뢰성, 대응성, 민첩성, 비용, 평가관리 효율성) 중 세 가지 범주에서 각각 하나의 지표를 선택하고, 선택한 지표에 대한 벤치마킹을 통해 개선 방법과 모범사례를 설명하라.

2. Fitz-Simmons Consultants

Fits-Simmons Consultants는 윤리적이고 지속 가능한 발주에 대한 조언을 하는 세계적인 기업이다. 사람과 환경을 대하는 방법이 성숙해짐에 따라 더 많은 기업이 윤리적이고 지속 가능한 발주에 관심을 집중하고 있다. 세계적인 수준의 조직으로 인식되기 위해서 다루어야 할 필수주제라는 것은 분명하다.

Fits-Simmons Consultants는 공급업체의 윤리적이고 지속 가능한 자격 증명을 평가하기 위한 지침을 개발하기로 했으며, 벤치마킹을 위해 가장 활용하기 위해 좋은 지표는 유엔개발계획(United Nations Development Programme: UNDP)이라 결정했다. 유엔개발계획은 깨끗한 물과 위생, 기후활동, 기아제로 등과 같은 17가지 영역에 대한 목표를 설정하고 있다.

고객 목록을 검토한 Fits-Simmons는 고객의 공급업체를 몇 개의 그룹으로 나눌 필요가 있다고 판단했다. 그룹화를 진행하며 첫째로 책임 있는 소비와 낭비 감소에 초점을 두었다. 그들은 오염물질 예방, 재활용, 재이용 영역을 기반으로 공급자 인증 프로그램을 개발했다. 또한 공급업체가 이러한 실무관행을 택하는 것뿐만이 아니라 이 내용을 연간보고지표에 포함시켜야 한다고 했다.

Fits-Simmons가 고객을 위한 지침을 개발할 때 발견한 과제는 많은 공급업체와의 관계가 양호하지만, 이 공급업체들이 모두 현재 Fits-Simmons가 제안한 요구사항을 충족하지는 못한다는 점이다. Fits-Simmons는 공급자 인증 프로그램이 최종 목표임을 깨달았고, 이를 통해 공급업체를 현재 상태를 개선하는 방법이 필요하다고 판단했다. 현재 공급업체와의 관계만을 개선한다면 인증 프로그램은 의미가 없을 것이다.

토론사항

1. Fits-Simmons의 고객이 공급자 관계가 좋다면 분명 공급업체 개발에 참여했을 것이다. 공급업체와의 관계를 유지하면서 공급업체가 새 프로그램을 구매할 수 있도록 하기 위한 중요한 첫 번째 단계는 무엇인가?
2. 윤리적이고 지속 가능한 발주를 위한 새로운 공급자 인증 프로그램이 시작되고 시행되면, 공급자 수를 줄이기 위한 프로세스는 무엇인가? 이 단계를 활성화하기 위한 몇 가지 기준을 제시하라.
3. 기업이, 고객이 공급업체와 관계를 지속한다는 명백한 이점 외에 인증 프로그램을 준수하는 공급업체에 대한 가치를 부가할 수 있는가? 기업이 할 수 있는 구체적인 예를 제시하라.

3. Dean Vanwinkle Enterprises

Dean Vanwinkle Enterprises는 전 세계에 공급처를 둔 수십억 달러 규모의 회사이다. Dean Vanwinkle Enterprises의 회장 겸 CEO인 딘 밴윙클(Dean Vanwinkle)은 항상 인권에 대해 강력히 지지해왔다. 자신의 회사가 유사한 가치를 가진 공급업체로부터 발주를 잘 수행했다고 생각한다. 그러나 최근 경제상황으로 인해 공급업체들이 불황을 겪고 있고 이러한 추세에 대해 매우 불안했다. 따라서 이 문제를 이사회 및 책임자들과 논의하기로 결정했다.

딘은 이사회와 고위직원들에게 자신의 우려를 밝히고, Vanwinkle Enterprises의 큰 구매력은 엄청난 영향력을 가지고 있다고 설명했다. 딘은 이러한 구매자의 힘을 최고의 금융거래뿐 아니라 노동인권과 지역사회에 대해 윤리적인 공급업체와 협력하는 데 사용하고 싶어 했다.

딘은 인사담당 부사장인 안토니아 벤틀리(Antonia Bentley)에게 공급업체들이 이 분야에서 어떻게 성과를 내고 있는지 평가하기 위한 일련의 기준과 프로세스를 개발하도록 했다. 안토니아는 이 프로젝트를 시작하는 가장 좋은 방법은 부패가 공급업체와 그들의 인적자원에 미치는 잠재적인 영향을 조사하는 것이라 제안했고 국제투명성기구(Transparency International)을 통해 이것을 연구하기 시작했다.

안토니아는 정부의 부패가 기업을 포함한 사회 전반의 부패를 낳는다고 믿었다. 따라서 먼저 특정 국가가 매우 부패한 것으로 평가될 경우 해당 국가의 공급업체를 식별하고, 이 주제와 관련한 성과를 검토하는 것으로 결정했다. 직원들에게 모든 공급업체 및 해당 국가 목록을 작성하도록 한 뒤, 이 데이터를 SRM 시스템에 입력하도록 했다. 또한, 국제부패인식지수(Transparency International Corruption Perception Index)를 활용하여 2012년부터 2016년까지 각 국가의 데이터를 입력하도록 했다. 현재(2016년)의 목록에는 1위부터 176위까지 나타나있다. 예를 들어 덴마크와 뉴질랜드는 1위로 가장 부패하지 않음을 나타낸다. 안토니아는 미국이 1위에 가까울 것이라고 예상했으나 18위라는 사실에 놀랐다. SRM 데이터베이스를 활용하면 해당 국가의 부패인식지수가 높은 공급업체를 신속하게 식별할 수 있다.

안토니아는 추세를 파악하기 위해 2012년부터 2016년까지의 정보를 요청했다. 국가 및 공급업체 목록을 검토하면서 국가의 등급이 하락하는지 상승하는지 확인해볼 필요가 있었다. 등급이 하락한 국가의 공급업체는 즉시 평가하기 위해 목록의 맨 위에 배치하였다.

또한 안토니아와 직원들은 공급업체의 윤리적 가치를 조사할 때 사용할 기준의 유형에 대해 브레인스토밍을 실시했다. 딘의 강조사항인 인권에 중점을 두고, ETI의 기본 법규를 사용하기로 했다. 9개의 주요 항목은 모두 매우 중요했지만, 현재로써 가장 좋은 전략은 공개된 정보나 공급업체를 통해 구체적인 자료를 얻을 수 있는 영역을 식별하는 것이었다. 따라서 단체교섭, 아동 노동 금지, 최저임금 지급 및 근로시간 준수의 기준을 선택했다.

안토니아는 딘에게 다음과 같이 제안했다. 해당 국가의 부패인식지수에 근거하여 잠재적인 윤리문제가 있는 공급업체를 식별할 것이며, 등급이 하락한 국가의 공급업체가 우선 평가될 것이다. 네 가지 기준 각각에 대한 데이터를 수집하여, 해당 데이터를 SRM 데이터베이스에 입력하면 효과적인 분석을 할 수 있을 것이다. 그 결과 우려되는 공급업체에 연락을 취하여 해당 내용을 전달할 것이다.

토론사항

1. 〈표 4-1〉을 활용하여 안토니아와 직원들이 결정한 네 가지 기준 중 두 가지를 대체하고, 공급업체를 평가하는 데 대체된 두 가지 기준이 더 적합한 이유를 설명하라.
2. www.transparecy.org 웹사이트의 2016년 부패인식지수를 참고하여 지부티(Djibouti), 라오스(Laos), 모로코(Morocco), 시에라리온(Sierra Leone)에 대해 검토하라. 이 국가들에 대한 당신의 평가는 어떠하며, 전체 순위 이외에 해당 국가들의 의미는 무엇이라고 생각하는가? 자료를 기반으로 안토니아에게 어떤 권장사항을 제시할 것인가?
3. 안토니아가 개발한 과정은 공정한가? 당신의 관점을 설명하라.

참고자료

Anderson, M., and P. Katz., "Strategic Sourcing," *International Journal of Logistics Management* 9(1), 1998: 1–13.
Burt, D., D. Dobler, and S. Starling, *World Class Supply Management: The Key to Supply Chain Management*. 7th

ed. New York: McGraw-Hill/Irwin, 2003.

Kaplan, N., and J. Hurd, "Realizing the Promise of Partnerships," *Journal of Business Strategy* 23(3), 2002: 38–42.

Lummus, R., R. Vokurka, and K. Alber, "Strategic Supply Chain Planning," *Production and Inventory Management Journal* 39(3), 1998: 49–58.

Simchi-Levi, D., P. Kaminsky, and E. Simchi-Levi, *Designing and Managing the Supply Chain: Concepts, Strategies, and Case Studies*. 2nd ed. New York: McGraw-Hill/Irwin, 2003.

Vonderembse, M., "The Impact of Supplier Selection Criteria and Supplier Involvement on Manufacturing," *Journal of Supply Chain Management* 35(3), 1999: 33–39.

미주

1. Anonymous, "General Mills Releases Global Responsibility Report," *Food and Beverage Close-Up*, May 3, 2013: 1.
2. Anonymous, "Bacardi Limited; Bacardi Cuts Water Use in Half, Reduces Energy Consumption and Greenhouse Gases by One-Third," *Global Warming Focus*, April 8, 2013: 11.
3. Terazono, E., "Mitsubishi Seeks Olam's Sustainable Approach," *FT.com*, October 28, 2015: 1.
4. Burnson, P., "Private Label Sourcing at a Crossroads," *Logistics Management* 52(10), 2013: 24–25.
5. Branny, K., and J. Nwagbaraocha, "How Are You Treating Your Employees, Your Neighbors and Mother Earth? New EU Directive Clarifies the Scope of CSR Reporting," *EHS Today*, September 12, 2014: 1.
6. Anonymous, "Konica Minolta Launches 'CSR Logistics,' Joint Initiative with DHL Supply Chain," *News Bites – Electronics*, July 13, 2015:1.
7. Worthington, I., M. Ram, H. Boyal, and M. Shah, "Researching the Drivers of Socially Responsible Purchasing: A Cross-National Study of Supplier Diversity Initiatives," *Journal of Business Ethics* 79(3), 2008: 319–331.
8. Berthiaume, D., "Reebok's Sourcing Strategy Places Ethics First," *Chain Store Age*, January 2006: 32A.
9. Wilson, M., "Bigger Is Better for Lush," *Chain Store Age* 92(1), 2016: 12–13.
10. Boggan, S., "Nike Admits Mistakes over Child Labor," *Independent/UK*, October 20, 2001; www.independent.co.uk; Levenson, E., "Citizen Nike," *CNNMoney.com*, November 17, 2008; www.cnnmoney.com/2008
11. Coleman, F., "In Search of Ethical Sourcing," Directorship 33(2), 2007: 38–39; Cooper, B., "Perspectives on the Ethical Sourcing Debate in the Clothing Industry," *Just-Style*, November 2007: 21.
12. See http://marketrealist.com/2014/12/overview-nikes-supply-chain-manufacturingstrategies/
13. Anonymous, "MEC Introduces 30 New Fair Trade Styles," *Manufacturing Close-Up*, May 20, 2016: 1.
14. Murray, S., "Confusion Reigns over Labeling Fair Trade Products," *Financial Times*, June 13, 2006: 2. Also see: http://www.fairtrade.net, http://www.wfto.com
15. Anonymous, "Fair Trade USA—Mainstream Consumers Drive Fair Trade Certified Sales Up 24 Percent," *Economics Week*, March 25, 2011: 658.
16. See, for instance, http://www.fairtrade.net/
17. See https://www.unilever.com/sustainable-living/the-sustainable-living-plan/reducing-environmental-impact/sustainable-sourcing/
18. For more information, see the Goldman Environmental Prize web page: www.gold manprize.org and also www.nobelprize.org
19. See, for example, Androich, A., "Get Your Green On," *RealScreen*, July/August 2007: 14; Watson, T., "Environmental Pioneer Dies," *USA Today*, November 7, 2000: 24A.
20. To visit the Institute for Supply Management website, go to www.ism.ws
21. Turner, M., and P. Houston., "Going Green? Start with Sourcing," *Supply Chain Management Review* 13(2), 2009: 14–20.
22. Pinchot, G., *The Conservation of Natural Resources*. Washington, DC: U.S. Department of Agriculture, 1908. (Farmers' Bulletin, 327) NAL Call no.: 1 Ag84F no.327; also see Beatley, T., "Sustainability 3.0 Building Tomorrow's Earth-Friendly Communities," *Planning* 75(5), 2009: 16–22.
23. Springer, J., "Walmart Launches Food Sustainability Initiative," *Supermarket News*, October 6, 2014: 1.
24. Mulani, N., "Sustainable Sourcing: Do Good While Doing Well,"

Logistics Management 47(7), 2008: 25–26.

25. Ibid.

26. Anonymous, "Brave New Chocolate," *Candy Industry* 178(1), 2013: 50–55.

27. Anonymous, "China Treats Sustainability and Economic Growth as Complementary, Not Conflicting, Goals," *Economics Week*, March 2, 2012: 585.

28. Grayson, E., and G. Kjelleren, "Environmental Sustainability: What Businesses and Their Lawyers Need to Know," *GPSolo* 33(3), 2016: 33–36.

29. Bridgestone Americas Media Center, "Bridgestone Releases Earth Day 2013 Consumer Recycling and Sustainability Survey Findings"; http://www.bridgestoneamericasmedia.com/2013-04-22-Bridgestone-Releases-Earth-Day-2013-Consumer-Recycling-and-Sustainability-Survey-Findings

30. Fisher, M., "What Is the Right Supply Chain for Your Product?" *Harvard Business Review* 75(2), 1997: 105–116.

31. See http://www.edisonawards.com

32. Reeve, T., and J. Steinhausen, "Sustainable Suppliers, Sustainable Markets," *CMA Management* 81(2), 2007: 30–33.

33. Anonymous, "Fragrance Du Bois Partners with Asia Plantation Capital to Source 100% Natural, CITES-Certified, Oud Oil," *PR Newswire*, September 17, 2015: 1.

34. Allison, C., "Doing Well by Doing Good," *Canadian Grocer* 128(6), 2014: 17.

35. The interested reader is invited to navigate the ISO website: www.iso.org

36. Alpert, B., "Do-Gooders Who Could Do Better," *Barron's* 87(46), 2007: 40–41.

37. Anonymous, "Integrity Interactive Corporation, New Integrity Interactive Service," *Business & Finance Week*, April 14, 2008: 195.

38. Jeffries, E., "Setting Standards on Carbon," *Supply Management* 17(3), 2012: 44–46; also see http://ghgprotocol.org/standards

39. Andel, T., "Sustainability's Chain Reaction," *Material Handling & Logistics*, April 15, 2013: 1.

40. Sulliovan, R., "The Devastating Cost of Cheap Outsourcing," *FT.com*, June 16, 2013: 1.

41. Pratt, M., "Ethical Outsourcing," *Computerworld* 42(17), 2008: 32–33.

42. Atkinson, W., "Novellus Realizes Benefits of Early Supplier Involvement," *Purchasing* 137(4), 2008: 15.

43. Anonymous, "Gatepoint Research Finds Legacy Systems Fail to Deliver on Vendor Managed Inventory," *Wireless News*, June 20, 2015: 1.

44. Shister, N., "Applying the Ideas of the Wal-Marts of the World to Smaller Companies," *World Trade* 19(3), 2006: 26–29.

45. Anonymous, "Computers, Software: Datalliance Expands Staff to Support Growth in VMI," *Marketing Weekly News*, May 19, 2012: 509.

46. Simon, J., "MLGW Eliminates Long Lead Times," *Transmission & Distribution World* 66(1), 2014: 54.

47. Trebilcock, B., and J. Sandor, "How They Did It: Supplier Relationship Management at RAYTHEON," *Supply Chain Management Review* 19(2), 2015: 18–23.

48. Vitasek, K., "Getting to We: Negotiating Agreements for Highly Collaborative Relationships," *Government Procurement* 24(3), 2016: 14; Nyden, J., and K. Vitasek, "The Fine Art of Negotiation," *Supply & Demand Chain Executive* 13(1), 2012: 8, 10, 12–14, 16.

49. McCrea, B., "The Evolution of Supply Chain Collaboration Software," *Logistics Management* 54(9), 2015: 62S–64S, 66S, 68S.

50. Murray, S., "Commercial Approach Can Help Fill the Gap," *FT.com*, June 19, 2012: 1.

51. Anonymous, "Social Sciences," *Library Journal* 136(7), 2011: 1.

52. Barlow, R., "CHRISTUS Supply Chain Targets Teamwork as No. 1 Aim," *Healthcare Purchasing News* 40(8), 2016: 10, 12–16.

53. See http://www.capsresearch.org for more information

54. See http://supply-chain.org for more information

55. See http://www.ism.ws for more information.

56. See, for instance, Andersen, B., T. Fagerhaug, S. Randmael, J. Schuldmaier, and J. Prenninger, "Benchmarking Supply Chain Management: Finding Best Practices," *Journal of Business and Industrial Marketing* 14(5/6), 1999: 378–389; Carr, A., and L. Smeltzer. "The Relationship among Purchasing Benchmarking, Strategic Purchasing, Firm Performance, and Firm Size," *Journal of Supply Chain Management* 35(4), 1999: 51–60; Ellram, L., G. Zsidisin, S. Siferd, and M. Stanly, "The Impact of Purchasing and Supply Management on Corporate Success," *Journal of Supply Chain Management* 38(1), 2002: 4–17; Krause, D., S. Vachon, and R. Klassen, "Special Topic Forum on Sustainable Supply Chain Management," *Journal of Supply Chain Management* 45(4), 2009: 18–25.

57. See https://www.cips.org/cips-for-business/supply-assurance/corporate-ethicalprocurement-and-supply/corporate-code-of-ethics/

58. Avery, S., "Today's Travel Procurement Professional Knows How to Manage Supplier Relationships," *Purchasing* 138(2), 2009: 54.

5장

수요예측

DEMAND FORECASTING

아무리 강력한 소프트웨어라도, 혹은 아무리 재능이 뛰어난 전문가라 할지라도 완벽한(혹은 매우 정확한) 예측을 할 수는 없다. 예측의 목표는 합리적으로 예측할 수 있도록 무엇이 예측되는지를 고려하여 최대한 정확한 예측을 전달하는 것이다.

Michael Gilliland and Udo Sglavo, Analyticsmagazine.com[1]

정확한 예측은 고객서비스를 최적화시키고, 재고를 최소화시키며, Nestlé의 효과적인 마케팅을 위한 기반을 마련한다.

Nestlé[2]

소매업자에게 경영 의사결정을 위해 필요한 것은 얼마나 정확하게 수요를 예측하는가이다. 매장 및 SKU 수준에서 수요를 예측함으로써 소매업자는 주문 수량, 재고 수준 및 매장 출하 할당을 최적화할 수 있게 된다. 특히 가장 중요한 것은 소매업자가 고객의 관심을 끌고 그들의 충성도를 높이기 위해 더 잘 경쟁할 수 있다는 것이다.

Tom O'Reilly, President and CEO, Aptaris[3]

학습목표

- 공급사슬에서 수요예측의 역할을 설명한다.
- 예측의 요소를 파악한다.
- 계량적 예측기법과 정성적 예측기법을 비교하고 그 차이점을 구별한다.
- 예측의 정확성을 계산하고 평가한다.
- 협력적 계획·예측·보충전략(CPFR)을 설명한다.

SCM PROFILE
미국 공급관리협회 제조업 경기동향 보고서

공급관리협회(Institute of Supply Management: ISM)는 설문지를 사용하여 미국 내 400명 이상의 구매 및 공급 부문 관리자들로부터 생산, 신규 수주, 신규 수출 주문, 수입, 고용, 재고, 가격, 리드타임, 공급자 납기실적 등에 대한 월간 변동을 수집하여 매월 초 '제조업 경기 동향 보고서(The Manufacturing Report on Business)'를 발간한다. 이 보고서는 제조 부문의 전반적인 경기 방향과 건실성을 정확하게 반영하는 것으로 인정받는데, 다음 세 건의 인용이 보여주는 바와 같이 매우 유용하게 쓰인다.[4]

> 나는 구매 및 공급 경영자들을 대상으로 한 설문조사가 정부의 각종 부서나 기구에서 발표하는 자료를 훌륭히 보완한다는 것을 알고 있다.
>
> 미국 연방준비은행 의장 Alan Greenspan

> ISM이 발간하는 제조업 경기 동향 보고서는 시차가 매우 작은 거시경제 보고서 중 하나이며 경기를 전망하는 데 매우 중요하다. 또한, 다른 곳에서는 찾아볼 수 없는, 리드타임이나 납품지연과 같은 지수도 포함하고 있다. 이 보고서는 미국통계조사와 경제정책에 크게 기여한다.
>
> 클린턴 대통령 경제자문위원회 의장 Joseph E. Stiglitz

> ISM의 제조업 경기 동향 보고서는 매우 유용하다. 그 보고서의 종합지수인 PMI는 매월 제조 부문의 건실도를 가장 먼저 보여준다. 경제 상태를 평가하는 데 필수적인 요소이다.
>
> 후버 연구소 수석 연구원 Michael J. Boskin

이 보고서에는 제조 부문과 관련하여 고객 재고, 신규 수주, 생산, 고용, 공급자 인도, 재고, 가격, 지체 수주, 신규 수출 및 수입액과 같은 지수들이 있다. 가장 중요한 지수는 미국 상무부의 수석 경제학자 Theodore Torda가 개발하고 1982년에 도입된 구매 관리자 지수(Purchasing Managers Index: PMI)이다. PMI는 다섯 가지의 계절조정지수를 가중평균한 것이며, 신규 수주(0.20), 생산(0.20), 고용(0.20), 공급업체 납품(0.20), 재고(0.20) 등의 가중치를 합하여 계산된다. 이때, 지수가 50 미만이라면 경기가 위축되었음을 보여주고, 50 이상이라면 전월 대비 제조업의 성장이나 확장을 의미한다. 구매 조사(purchasing surveys)는 경제 상태를 파악하고, 경기 예측을 개발하기 위한 포괄적인 자료를 제공한다. 2008년 1월, ISM은 비제조업 분야의 종합 지수를 취합하기 시작했다. 비제조업 지수(Nonmanufacturing index: NMI)는 사업 활동(계절 조정), 신규 주문(계절 조정), 고용(계절 조정), 재고 관리 등의 네 가지 가중 지표를 기반으로 하는 지표이다. NMI 지수가 50을 넘으면 전월 대비 경기 비제조업의 성장이나 확대를 나타내며, 50 아래면 위축을 나타낸다.[5] 구매 및 공급 파트의 임원들이 이 보고서를 다양한 방법으로 사용하는데, 예를 들어, 고객의 재고 지수는 미래의 새로운 주문과 생산을 예측하기 위한 강력한 지표로 공급사슬 활동의 변화를 측정하는 데 활용된다.

개요

수요 주도의 공급사슬에 대해 많은 논의가 이루어지고 있다. 오늘날과 같은 경쟁환경에서는 기업들이 변화하는 고객의 요구에 신속히 대응하기 위해 수요 주도의 공급사슬로 바꾸고 있다. 오늘날의 시장에서 소비자들은 과거보다 요구가 더 많아지고 더 까다로워졌다.

시장 상황은 고객이 공급자에게 어떤 상품을 언제 공급할지를 지시하는 '끌기(pull)형' 환경으로 바뀌고 있다. 소매상은 어떤 공급자로부터 원하는 상품을 원하는 양만큼 제때에 공급받지 못하면 그 요구를 충족시켜줄 수 있는 다른 공급자를 찾을 것이다. 품절이 발생하면 그것이 일시적인 것이라 하더라도 매출과 이익 그리고 고객관계에 심각하게 부정적인 영향을 미친다.

수요에 가깝게 공급을 맞추는 방법은 몇 가지 있다. 그 한 가지는 공급자가 충분한 재고를 유지하면서 고객이 주문하면 언제나 납품하는 것이다. 이 방법은 매출을 최대화하는 장점이 있지만 높은 재고유지비용뿐만 아니라 비수기에는 때에 따라서는 가격할인을 해야 하고 이에 따른 비용이 발생하는 단점이 있다. 또 다른 방법은 유연한 가격정책이다. 수요가 증가하면 가격을 올려서 수요를 억제하고 수요 가 둔화되거나 재고가 늘어나면 가격을 내려서 판매를 늘린다. 하지만 이 방법도 판매 손실이나 품절을 피할 수 없으므로 이상적이거나 고객친화적이지 못하다. 단기적으로는 늘어난 수요에 맞추기 위하여 잔업이나 하청 또는 임시노동력을 활용할 수 있다. 하지만 이때도 종업원 훈련기간 동안에는 판매 손실이 발생하거나 품질이 나빠지는 경향이 있다.

미래의 소비자의 요구를 정확히 예측하기가 어렵기 때문에 수요관리는 매우 어려운 일이다. 공급사슬 통합이 성공하기 위해서는 공급자가 수요를 정확히 예측해서 고객이 요구하는 양을 적절한 시기에 비용효율적으로 생산하고 납품할 수 있어야 한다. 그러므로 하나의 공급사슬이 다른 공급사슬과 경쟁하기 위해서는 그 공급사슬상의 모든 공급자가 고객의 수요에 맞추어 최적의 비용과 품질 및 고객서비스를 보장할 수 있어야 한다. 고객수요에 맞추어 적기에 납품하는 데 부정적 영향을 끼치는 문제가 발생하면 반드시 전 공급사슬에 좋지 못한 파급효과가 나타난다.

스페인 의류 및 액세서리 소매업체인 Zara Espana S.A.는 빠른 응답 시간을 이용하여 타 경쟁업체에 비해 큰 경쟁우위를 지닌 패션산업계의 거인이다. Zara는 6개월 전에 시즌 제품의 15~20% 정도만을 승인하지만, 50% 정도의 의류 라인이 최근 시즌에 설계되고 생산되었다.[6] 패션업계는 제품 수명주기가 짧고, 판매 시즌도 짧다. 따라서 패션업계의 이러한 상황에 맞추어 Zara는 시장의 수요에 빠르게 대응하기 위해 설계와 기획, 생산을 긴밀하게 통합했다. Zara의 신제품 도입을 위한 리드타임이 불과 2주이기 때문에, Zara는 2주 전에 수요를 예측해야만 한다. Zara는 고객, 매장관리자, 시장전문가, 디자이너, 생산 스태프 간의 최신 정보 흐름을 통해 황소 채찍효과(안전재고의 수준이 높아지는 경향을 가지는 효과)를 완화시킨다. 따라서, Zara는 부정확한 예측으로 인해 패션업계에서 일반적으로 발생하는 과도한 생산이나 높은 할인율 등의 문제를 피해갈 수 있다.

수요예측의 중요성

수요예측은 수요관리의 중요한 요소이다. 수요예측은 미래의 수요에 대한 추정치이며 계획과 의사결정을 위한 근거가 된다. 미래의 일은 알 수 없으므로 수요예측과 실제 수요 사이의 오차는 피할 수 없다. 그러므로 예측기법의 목표는 이 오차를 최소화하는 것이다. 예측은 미래에 대한 예상이므로 수요예측을 할 때에는 수요에 영향을 미치는 요인과 그 효과, 그리고 이들 요인이 미래에도 계속 영향을 미칠지 여부를 충분히 고려해야 한다. 또한, 구매자와 판매자는 하나의 합의된 예측을 얻는 데 관련된 모든 자료를 공유하여 정확한 수요와 공급을 결정할 수 있도록 해야 한다. 예측의 향상은 해당 회사뿐만 아니라 공급사슬상의 다른 기업에도 도움을 준다. 정확한 수요예측은 구매부서가 적정량의 제품을 주문하도록, 생산부서가 적정량을 생산하도록, 배송부서가 적정량을 배송하도록 도와준다. 따라서 시기적절하고 정확한 수요정보는 효율적인 공급사슬에 필수불가결한 요소이다. 부정확한 예측은 공급과 수요의 불균형을 초래한다. 오늘날과 같이 경쟁이 치열한 사업 환경에서는 구매자와 판매자 간의 협력(혹은 협동과 정보 공유)이 필수사항이다. 예측 향상으로 누릴 수 있는 혜택에는 재고 감축, 품절 감소, 보다 평준화된 생산계획, 원가 절감, 고객서비스 개선 등이 있다.

이번 장의 첫 부분에서 논의된 바와 같이 ISM은 제2차 세계대전 기간의 4년을 제외하고 1931년 이후 매월 ISM 보고서를 발행해왔다. 보고서의 제조 부문에는 신규 주문, 생산, 제조업 고용, 공급업체 인도, 재고 자산, 고객 재고, 가격, 주문 잔량, 수출 및 수입 등이 포함되어 있다. 많은 경영자 및 임원들이 이 정보를 활용하여 경제의 전반적인 방향이나 제조 부문의 건전성을 예측한다. 예를 들어 구매 및 공급 관리자는 고객의 재고 정보를 활용하여 향후 신규 주문량을 예측할 수 있으며, 이를 통해 생산에 대한 의사결정을 할 수 있으며, 공급사슬 활동의 변화를 측정할 수 있다. 월스트리트저널은 제조 부문과 비제조업 부문을 모두 포함하는 ISM 보고서를 출간하고 있다.

흔히들 수요예측은 과학이면서 동시에 기술이라고 한다. 미래를 훤히 볼 수 있는 마술 안경이 없는 한 항상 100% 정확하게 예측한다는 것은 불가능하다. 부실한 의사소통과 부정확한 수요예측은 공급사슬 전체에 영향을 미치며 채찍효과를 일으켜 재고품절, 판매기회 손실, 과도하게 높은 재고와 부족 비용, 시장 변화에 대한 느린 대응과 수익률 저하를 초래한다. 신제품을 출시할 때 수요예측이 실제 고객수요와 맞지 않아서 문제가 됐던 사례가 여러 개 있다. 예를 들어 2016년 10월에 캐나다 토론토 소재의 장난감 제조업체인 Spin Master가 Hatchimals를 해당 시즌의 가장 인기 있는 장난감으로 소개한 적이 있다. 알에서 부화하는 새 모양의 장난감 로봇 동물은 큰 히트를 쳤고, 이에 어마어마한 수요를 충족시키지 못했다. Hatchimals는 매장에서 69.99달러에 판매되었지만, 심각한 품절 현상으로 Craigslist,

Kijiji, Ebay 등에서 원래 가격의 3~4배에 거래되기도 했다.[7] 이는 판매량에 대한 예측에서 회사가 어려움에 직면한 상황을 보여주며, 이에 따라 회사는 제품에 대한 수요 충족을 통해 시장 지위를 지켜야 함을 시사한다.

수요예측기법

예측이 자주 틀리는 것은 사실이지만 그렇다고 해서 전혀 개선할 수 없는 것은 아니다. 정성적 예측이나 계량적 예측 모두 거래 당사자들의 참여를 통하여 향상할 수 있다. **정성적 예측기법**(qualitative forecasting method)은 의견과 직관에 근거하는 반면, **계량적 예측기법**(quantitative forecasting method)은 과거 자료와 수학적 모형을 이용한다. 계량적 예측기법은 시계열모형(time series model)과 인과모형(associative model)으로 구분할 수 있다.

정성적 예측기법

정성적 예측기법은 직관이나 판단에 의존하는데, 일반적으로 자료가 제한적이거나 구할 수 없는 경우 혹은 자료가 있더라도 더 이상 의미가 없는 경우에 사용한다. 정성적 예측기법은 소요 비용이 상이하다는 특징이 있으며, 정확도는 예측자의 기법이나 경험, 관련된 자료의 양, 시간, 금액에 크게 영향을 받는다. 특히, 정성적 예측은 기존의 자료가 별 소용이 없는 상황에서 장기 전망을 하는 경우나 아예 수요 관련 자료가 없는 신제품을 도입할 때 종종 사용한다. 흔히 쓰이는 정성적 예측기법 네 가지를 보면 다음과 같다

경영진 의견

시장과 경쟁사 및 사업환경에 밝은 기업의 고위경영자들이 집단적으로 예측하는 것을 말한다. 상당한 경험을 가진 사람들이 협력한다는 장점이 있지만 한 사람이 토론을 압도하는 경우에는 예측의 가치와 신뢰도가 떨어질 수 있다. 이 방법은 장기계획과 신제품 도입에 적합하여 일반적인 수요예측에 사용된다. 이러한 유형의 수요예측은 미국의 상업은행이 중기 수요예측을 할 경우 일반적으로 사용된다.

델파이기법

델파이기법은 1950년대 후반에 프로젝트 RAND(민간조사기구)에 의해 개발되어 수요예측을 포함한 다양한 분야에 사용되어 왔다. 일단의 내·외부 전문가들을 대상으로 합치된 의견을 모으는 것을 목적으로 미래의 사건이나 장기 수요에 대하여 몇 회의 의견 조사를 실시한다. 참여자들은 실제로 만나지 않기 때문에 소수의 주도에 의한 편향을 피할 수 있다. 예측 담당자는 매회 의견을 집계하고 요약하여 참여자들에게 제공하고, 각 참여자는 이를

참작하여 자신의 의견을 수정할 수 있다. 일정 수준의 합의에 다다랐다고 판단될 때까지 이 과정을 반복한다. 델파이기법은 이처럼 전문가들의 협조를 수차례나 얻어야 하므로 시간이 많이 걸리고 비용 또한 많이 들 수 있다. 이 방법은 고위험 기술예측, 대형 프로젝트, 주요 신제품 도입 시에 적합하다. 궁극적으로 델파이기법의 가치는 해당 조사에 참여하는 전문가들의 자격에 따라 좌우된다고 할 수 있다. 델파이기법에 참여하는 전문가의 수는 환경이나 상황, 가용 시간, 활용 가능한 전문가의 수에 따라 달라질 수 있다.

영업진 예측 합성

영업진은 훌륭한 시장 정보원이다. 이 방법은 영업사원들이 가지고 있는 시장에 대한 지식과 고객수요에 대한 예상을 근거로 수요예측을 한다. 영업사원들이 고객과 가까이 있다는 점은 이 방법에 의한 예측의 신뢰성을 높이지만 영업사원 개인별 편향에 노출되어 있으므로 효과가 떨어질 수 있다. 예를 들어 실제 판매액이 예측치를 초과할수록 보너스를 많이 받는 경우 영업사원들은 비관적 예측을 하는 경향을 띤다.

소비자 조사

수요예측 설문지는 향후 고객들의 구매 요구, 신제품 아이디어나 기존 제품에 대한 의견 등의 중요한 문제를 포함하여 작성할 수 있다. 이를 통한 소비자 조사는 설문 형태로 전화, 인터넷, 우편 혹은 개인 인터뷰(면담)를 통해 시행될 수 있다. 이러한 조사에서 수집된 데이터를 분석한 결과로부터 예측치를 도출할 수 있다. 예를 들어 2015년도의 딜로이트(Deloitte) 소비자 조사에서는 스마트폰이 전 세계 인구 통계 및 지역 조사에 있어서 필수 요소라고 밝혔다. 이후 2016년의 후속 연구에서 딜로이트는 소비자가 하루에 47번 정도 스마트폰을 사용하고 있으며, 해당 숫자가 18~24세 인구에서는 82배 증가하였다는 것을 발견하였다.[8] 구글의 안드로이드(Android)가 스마트폰 운영 체제 시장에서 압도적이기 때문에, 구글은 Pixel 스마트폰을 개발하면서 급성장하는 하드웨어 시장에 진출을 하고자 하는 전략을 수립하였다. 구글의 새 하드웨어 부문 책임자인 Rick Osterloh에 따르면 하드웨어와 소프트웨어를 함께 사용할 때, Google Assistant와 같은 기능을 최대한 활용할 수 있으며, 이를 통해 구글은 고객이 구글에게 기대하는 스마트한 경험을 제공하기 위해 머신러닝 및 AI에 축적된 자료를 활용할 수 있다고 한다.[9]

계량적 예측기법

계량적 예측 모형은 수학적 기법으로서 과거 자료에 근거하며 수요예측을 위한 원인변수를 포함하기도 한다. **시계열예측**(time series forecasting)은 미래는 과거의 연장이라는 가정에 바탕을 두고 있기 때문에 과거 자료를 사용하여 미래를 예측한다. 인과적 예측(associative forecasting)은 한 개 혹은 그 이상의 요인(즉, 독립변수)이 수요에 영향을 미친다고 가정하므로 이 요인들을 이용하여 미래를 예측한다. 이러한 계량적 방법은 전적으로 과거 자료에 의존하므로 예측기간이 길수록 정확성이 떨어진다. 따라서 장기예측의 경우에는 일반적으로 계량적 기법과 정성적 기법을 함께 사용하는 것이 권장된다.

시계열의 구성요소

시계열예측은 전형적으로 다음의 네 가지 요소를 포함한다.

- 추세변동(trend variations): 추세는 수년에 걸친 증가 혹은 감소를 나타내는 것으로 인구의 증가와 이동, 문화적 변화, 그리고 소득 변동과 같은 요인들에 기인한다. 흔히 볼 수 있는 추세선으로는 직선, S형 곡선, 지수형, 점근선(asymptotic)이 있다.
- 순환변동(cyclical variations): 순환변동은 그 기간이 일 년을 넘는 파동과 같은 움직임으로 거시경제 및 정치적 요인의 영향을 받는다. 그 한 예로 경기 후퇴나 확장과 같은 **경기순환**(business cycle)을 들 수 있다. 미국의 경우 19세기까지 거슬러 올라가면 32회의 경기순환이 있었는데 평균 주기는 4.5년이다. 최근에 와서는 세계 곳곳에서 벌어지는 사건들이 경기순환에 영향을 많이 주었는데, 예를 들면 1973년의 석유 금수, 1991년의 멕시코 금융위기, 1997년의 아시아 경제위기, 2001년의 911테러, 2005년의 허리케인 카트리나와 리타의 발생과 같은 것들이 있으며, 또한 2008년의 미국발 국제 금융 위기(1929년 미국 대공황 이후 최악의 경재 재난)도 이 사례라 할 수 있다.
- 계절변동(seasonal variations): 일정한 시간간격(시간, 일, 주, 월, 년, 계절 등)으로 골짜기와 봉우리가 반복되는 것을 말한다. 이러한 계절성으로 인하여 많은 기업은 철에 따른 매출 변동을 경험한다. 예를 들면, 제설기의 매출은 가을과 겨울에 올랐다가 봄과 여름에 떨어지는 경향이 있고, 패스트푸드 음식점은 하루 중 아침, 점심, 저녁 시간에 판매가 상대적으로 높다. 또한 미국의 호텔에는 독립기념일(7월 4일), 추수감사절, 성탄절, 1월 1일과 같은 전통적인 명절에 고객이 많이 몰린다.
- 우연변동(random variation): 자연재해(태풍, 토네이도, 화재), 파업, 전쟁과 같이 예상하기 힘든 사건으로 인한 변동을 말한다. 한 가지 예는 최근에 발생한 아이슬란드 화산폭발 때문에 유럽 본토까지 화산재구름이 도달한 것을 들 수 있다. 이 때문에 영국과 유럽 사이의 항공편이 수없이 결항되어 2차 세계대전 이후에 최악의 항공교통 단절사태가 발생하였다.[10] 또 다른 자연재해로 하이티를 덮친 7.0 규모의 지진이 있다. 이 지진 때문에 25만 채의 주택과 3만 채의 상업용 빌딩이 무너지고 23만 명이 목숨을 잃었으며 30만 명이 부상당하고 100만 명 이상의 사람이 집을 잃었다.[11] 또한 2016년의 허리케인 매튜(Matthew)는 서대서양, 아이티, 쿠바, 도미니카, 미국 남동부 및 캐나다 해상에서 105억 이상의 손

해액을 내며 재산 및 인명 피해를 야기하기도 했다.[12]

시계열예측 모델

앞에서 설명하였듯이 시계열예측은 과거 자료가 있어야 이용할 수 있다. 예측치는 과거 자료를 근거로 미래를 추정한다. 과거 자료를 활용할 수 있다면 시계열예측 모델은 더욱 널리 활용할 수 있다. 시계열 모형의 경우 일반적으로 사용되는 모델로는 평균이나 간단한 트렌드분석, 지수평활법 등이 있다. 일반적으로 수요예측은 조달, 공급, 재고보충, 매출의 계획에 사용되었다. 단순이동평균법(simple moving average), 가중이동평균법(weighted moving average), 지수평활법(exponential smoothing), 추세조정지수평활법(trendadjusted exponential smoothing) 등 널리 쓰이는 시계열예측기법을 자세히 살펴보기로 한다.

단순예측(Naïve Forecast)

단순예측(Naïve Forecast)을 사용하면 다음 기간의 예측치는 바로 전 기간의 실제 수요와 같다. 수식으로 표현하면 다음과 같다.

$$F_{t+1} = A_t$$

여기서 F_{t+1} = 기간 t+1의 예측치

A_t = 기간 t의 실제 수요

예를 들어 현재의 실제 수요가 100개이면 다음 기간의 예측치는 100개이다. 이 기법은 이해하기 쉽고 모형 개발과 자료 보관과 운영이 용이하다. 그러나 인과관계를 고려하지 않고, 예측이 정확하지 못한 단점이 있다. 많은 경제, 경영 자료가 기법의 적용에 적합한 것으로 여겨지는데 그 이유는 이런 자료들이 우연적 변동(random walk) 형태를 보이기 때문이다.

단순이동평균예측

단순이동평균예측(simple moving average forecast)은 과거 자료를 이용하여 예측치를 생성하는데 수요가 상당히 안정적일 때 적합하다. 기간 이동평균예측치는 다음 공식을 사용하여 계산한다.

$$F_{t+1} = \frac{\sum_{i=t-n+1}^{t} A_i}{n}$$

여기서 F_{t+1} = 기간 t+1의 예측치

n = 이동평균을 계산하는 데 사용하는 기간

A_i = 기간 i의 실제 수요

기간을 표시하는 n이 1일 때 단순이동평균은 위에서 설명한 단순예측과 같아진다. 평균을 계산하는 데 사용하는 자료의 수(즉, 기간의 수)가 적을수록 실제 수요의 변동에 민감하다. 하지만 우연변동에도 민감하게 반응하는 부작용이 있다. 그러므로 의사결정자는 변화에 늦게 반응하는 데 따른 비용과 우연변동에 반응함으로 인한 비용 사이에 균형을 맞추어야 한다. 이 방법의 장점은 사용하기 쉽고 이해하기도 쉽다는 점이고, 단점은 추세변동에 빨리 반응할 수 없다는 점이다. 〈예제 5-1〉에서 이 방법을 구체적으로 보기로 한다.

〈예제 5-1〉 단순이동평균예측

다음 자료를 이용하여 4기간 단순이동평균법으로 기간 5의 예측치를 구하라.

기간	수요	기간	수요
1	1,600	7	3,300
2	2,200	8	3,200
3	2,000	9	3,900
4	1,600	10	4,700
5	2,500	11	4,300
6	3,500	12	4,400

풀이

$$F_5(\text{기간 5의 예측치}) = \frac{1600 + 2200 + 2000 + 1600}{4} = 1850$$

엑셀을 이용한 단순이동평균 예측이 다음 〈그림 5-1〉에 나타나 있다.

〈그림 5-1〉 엑셀을 이용한 단순이동평균예측

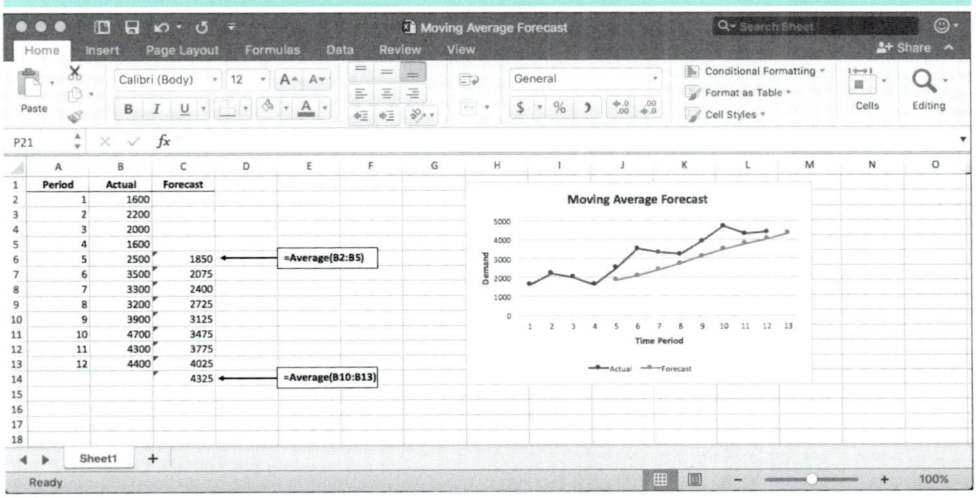

가중이동평균예측

단순이동평균예측은 n개의 자료의 각각에 대해 동일한 가중치를 적용하는데 어떤 상황에서는 이것이 바람직하지 않을 수 있다. 이에 반해 n-기간 가중이동평균예측은 n개의 자료에 대해 서로 다른 가중치를 적용하여 평균을 계산한 것이다. 한 가지 조건은 가중치는 양이어야 하며 합이 1이라야 한다. 가중이동평균예측은 다음 공식을 사용하여 계산한다.

$$F_{t+1} = \sum_{i=t-n+1}^{t} w_i A_i$$

여기서 F_{t+1} = 기간 t+1의 예측치

n = 이동평균을 계산하는 데 사용하는 기간

A_i = 기간 i의 실제 수요

w_i = 기간 i의 가중치($\sum w_i = 1$)

가중치 0.5, 0.3, 0.2를 이용한 3-기간 가중이동평균예측의 계산은 다음과 같다.

$$F_t = 0.5A_{t-1} + 0.3A_{t-2} + 0.2A_{t-3}$$

일반적으로 가중이동평균예측은 수요패턴의 변화를 반영하기 위하여 3-기간 단순이동평균예측보다 최근의 자료에 더 큰 비중을 둔다. 그러나 때로는 최근의 급격한 변화에 대한 영향을 줄이기 위해 최근 자료의 가중치를 가장 작게 할 수도 있다. 이처럼 가중치는 예측자의 경험을 반영할 수 있으며 이것이 가중이동평균예측의 장점이다. 가중이동평균법은 단순이동평균법보다 수요의 변동에 더 민감하게 반응하지만 평균을 취하므로 여전히 변동에 시차가 있다. 그러므로 가중이동평균법은 자료의 추세변화를 따라잡는 데에는 여전히 미흡하다. 〈예제 5-2〉는 가중이동평균법을 이용한 예측치를 계산하는 과정을 보여준다.

〈예제 5-2〉 가중이동평균예측

〈예제 5-1〉의 자료를 사용하여 기간 5의 예측치를 4기간 가중이동평균법에 의하여 계산하라. 단, 가중치는 가장 최근 기간으로부터 과거로 한 기간씩 거슬러 올라가면서 0.4, 0.3, 0.2, 0.1이다.

풀이

$$F_5 = 0.1(1600) + 0.2(2200) + 0.3(2000) + 0.4(1600) = 1840$$

엑셀을 이용한 가중이동평균 예측이 〈그림 5-2〉에 주어져 있다.

〈예제 5-2〉 가중이동평균예측

Description	Weight
Fourth most recent period	0.1
Third most recent period	0.2
Second most recent period	0.3
Most recent period	0.4
Total	1.0

Period	Actual	Forecast
1	1600	
2	2200	
3	2000	
4	1600	
5	2500	1840
6	3500	2100
7	3300	2670
8	3200	3030
9	3900	3220
10	4700	3530
11	4300	4020
12	4400	4230
		4380

=B9*C$2+B10*C$3+B11*C$4+B12*C$5

=B17*C$2+B18*C$3+B19*C$4+B20*C$5

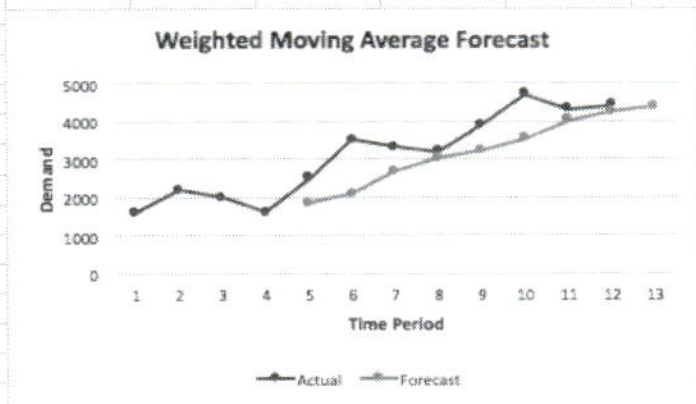

단순지수평활예측

단순지수평활예측법은 좀 더 세련된 가중이동평균예측법인데, 다음 기간의 예측치는 현 기간의 실적치에서 예측치를 뺀 값의 일부분을 가지고 현 기간의 예측치에 더한 값이다. 이 방법은 단지 두 개의 자료만 필요로 하므로 가중이동평균법보다 적은 자료가 필요하다. 이 방법은 자료 요구가 최소한이고 계산 과정이 간단하므로 널리 쓰인다. 다른 시계열모형들과 마찬가지로 이 모형도 자료가 추세나 계절성을 거의 보이지 않을 때 적합하다. 추세나 계절성을 보이는 자료에 대해서는 뒤에 나오는 고차원적인 지수평활 모형들이 더 적합하다. 지수평활 모형은 다음과 같다.

$$F_{t+1} = F_t + \alpha(A_t - F_t)$$

혹은

$$F_{t+1} = \alpha A_t + (1 - \alpha)F_t$$

여기서 F_{t+1} = 기간 t+1의 예측치

F_t = 기간 t의 예측치

A_t = 기간 t의 실제 수요

α = 평활계수($0 \le \alpha \le 1$)

평활계수 α의 값이 1이면 단순지수평활예측치는 단순예측치와 같아진다. 평활계수 α의 값이 1에 가까울수록 최근 자료의 반영도를 높여 최근 수요의 변동에 더 민감하게 반응한다. α의 값이 작으면 과거 수요(전 기간의 예측치에 반영되어 있음)에 가중치가 더 많이 주어지고, 모형은 수요의 변화에 늦게 반응한다. 따라서 수요변동 반영의 민감성 측면에서 보면 지수평활법에서 α의 값은 이동평균법에서 평균 계산에 사용되는 기간의 수와 역의 관계가 있다. 즉, 지수평활법에서는 α가 클수록 이동평균법에서는 기간 수가 적을수록 수요변동에 민감하게 반응한다. 지수평활법에서는 최근의 예측오차에 부분적 조정만 할 수 있으므로 일반적으로 예측이 실제 자료에 있는 추세를 반영하는 데에는 시차가 있다. 최초의 예측은 델파이방법 같은 정성적 방법을 사용하여 구하든지 아니면 당기의 실제 수요로 대치할 수 있다. 지수평활법에 의한 예측을 〈예제 5-3〉에서 보기로 한다.

〈예제 5-3〉 지수평활법

〈예제 5-1〉에 주어진 자료를 이용하여 기간 3의 예측치를 지수평활법으로 구하라. 단, 기간 2의 예측치는 1,600으로 가정하고 지수평활계수 α=0.3을 사용하라.

풀이

문제의 가정으로부터

$$F_2 = 1600,\ \alpha = 0.3$$

$$F_{t+1} = F_t + \alpha(A_t - F_t)$$

$$F_3 = F_2 + \alpha(A_2 - F_2) = 1600 + 0.3(2200 - 1600) = 1780$$

따라서 3주차의 예측치는 1,780이다.

엑셀을 이용한 지수평활예측이 〈그림 5-3〉에 주어져 있다.

〈그림 5-3〉 엑셀을 이용한 지수평활예측

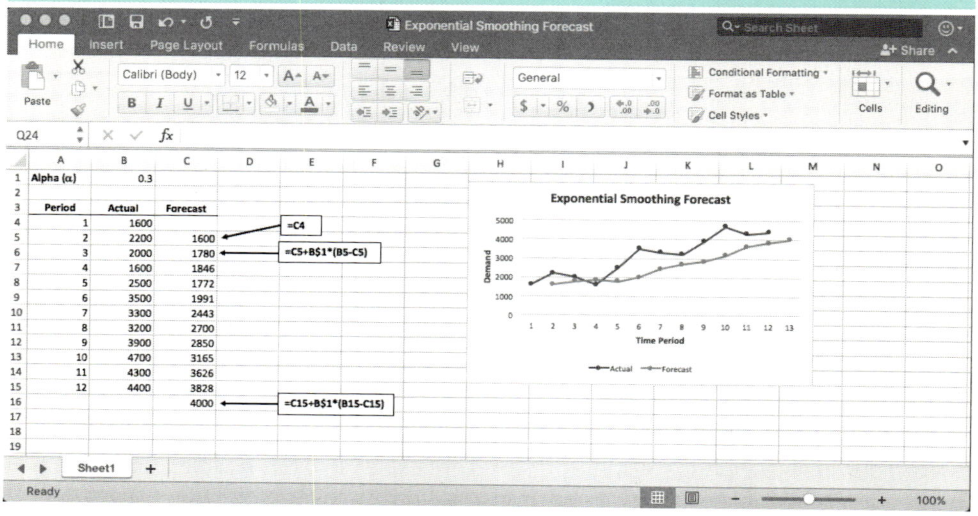

선형추세예측

선형추세예측(linear trend forecast)은 과거의 자료를 직선으로 추정하기 위해서 단순회귀분석을 사용한다. 이 모형을 단순추세모형이라고도 한다. 추세선은 선형식을 추정하기 위해 오차 제곱의 합을 최소화하는 최소제곱법을 사용하여 추정한다. 선형추세추정법은 다음과 같다.

$$\hat{Y} = b_0 + b_1 x$$

여기서 $\hat{Y}$ = 예측 혹은 종속 변수

x = 기간을 나타내는 (독립)변수

b_0 = 직선의 종축 절편

b_1 = 직선의 기울기

이때 계수 b_0와 b_1은 다음과 같이 계산할 수 있다.

$$b_1 = \frac{n\sum(xy) - \sum x \sum y}{n\sum x^2 - (\sum x)^2}$$

$$b_0 = \frac{\sum y - b_1 \sum x}{n}$$

여기서 x = 기간을 나타내는 변수

y = 종속변수

n = 기간 수

〈예제 5-4〉는 선형추세예측 과정을 보여준다.

〈예제 5-4〉 선형추세예측

미키 장난감회사의 수요는 다음과 같다.

기간	수요	기간	수요
1	1,600	7	3,300
2	2,200	8	3,200
3	2,000	9	3,900
4	1,600	10	4,700
5	2,500	11	4,300
6	3,500	12	4,400

추세선의 식을 구하고, 기간 13의 수요를 예측하시오.

풀이

기간(x)	수요(y)	x^2	xy
1	1,600	1	1,600
2	2,200	4	4,400
3	2,000	9	6,000
4	1,600	16	6,400
5	2,500	25	12,500
6	3,500	36	21,000
7	3,300	49	23,100
8	3,200	64	25,600
9	3,900	81	35,100
10	4,700	100	47,000
11	4,300	121	47,300
12	4,400	144	52,800
$\Sigma x=78$	$\Sigma y=37{,}200$	$\Sigma x^2=650$	$\Sigma xy=282{,}800$

$$b_1 = \frac{n\sum(xy) - \sum x \sum y}{n\sum x^2 - (\sum x)^2} = \frac{12(282800) - 78(37200)}{12(650) - 782} = 286.71$$

$$b_0 = \frac{\sum y - b_1 \sum x}{n} = \frac{37200 - 286.71(78)}{12} = 1236.4$$

추세선은 다음과 같이 결정된다.

$$\hat{Y} = 1236.4 + 286.7x$$

기간 13의 수요는 x=13을 대입하여 예측한다. 즉,

기간 13의 수요예측치 = 1236.4 + 286.7(13) = 4963.5 또는 4964.

엑셀을 이용한 풀이가 〈그림 5-4〉에 주어져 있다.

인과적 예측 모형

인과적 예측 모형은 원인(독립변수들)과 영향(종속변수)을 나타내는 변수들을 포함한다. 가장 흔히 사용되는 모형은 회귀분석이다. 대상 상품의 수요를 예측하기 위해 상품의 수요 결정에 관계가 있다고 판단되는 한 개 혹은 그 이상의 외생변수를 먼저 정한다(일반적으로 외생변수를 독립변수 혹은 설명변수로 부름). 이들 외생변수와 대상 상품의 수요 사이의 관계를 함수로 나타내고 이 함수를 예측도구로 사용한다. 몇 가지 인과적 예측 모형을 살펴보기로 한다.

단순회귀분석

인과모형 중 설명변수가 한 개만 있는 경우를 단순회귀분석 모형(simple linear regression

〈그림 5-4〉 엑셀을 이용한 선형추세예측

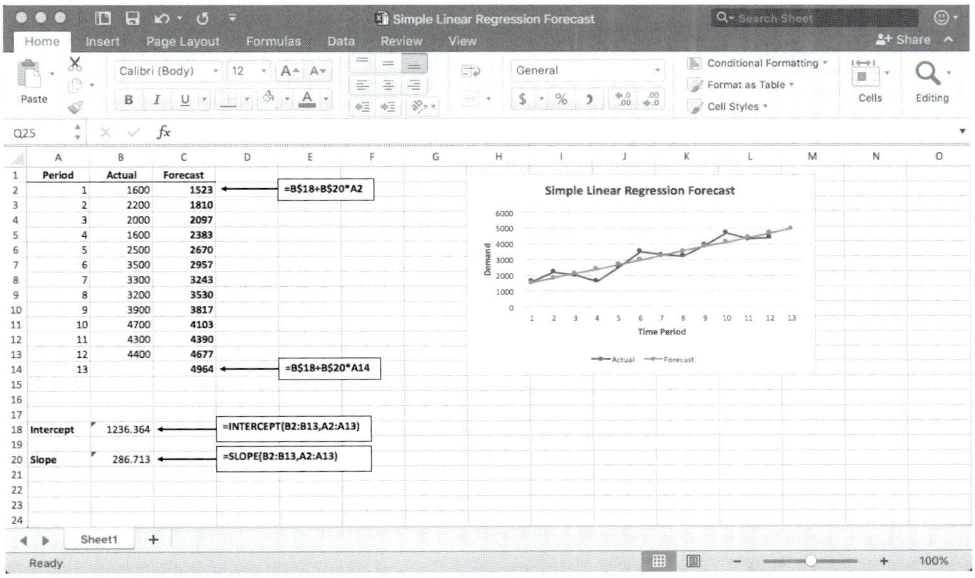

forecast)이라고 부르는데 이것은 앞에서 설명한 선형추세 모형과 형태는 동일하지만 변수 x가 여기서는 시간이 아니라 설명변수라는 점에서 다르다. 예를 들면 수요는 광고예산의 크기에 따라 다를 수 있다. 이 모형의 방정식은 다음과 같다.

$$\hat{Y} = b_0 + b_1 x$$

여기서 $\hat{Y}$ = 예측 혹은 종속 변수
x = 설명(혹은 독립)변수
b_0 = 직선의 종축 절편
b_1 = 직선의 기울기

단순회귀분석모형의 사용을 〈예제 5-5〉를 통하여 알아보자.

〈예제 5-5〉 단순회귀분석모형

다음 자료를 이용하여 광고비와 매출액 사이의 선형관계를 구하라.

매출액(Y)	광고비(x)	매출액(Y)	광고비(x)
100,000	2,000	50,000	1,000
150,000	3,000	170,000	3,500
125,000	2,500	135,000	2,750

풀이

매출액(Y)	광고비(x)	x^2	xy
100,000	2,000	4,000,000	200,000,000
150,000	3,000	9,000,000	450,000,000
125,000	2,500	6,250,000	312,500,000
50,000	1,000	1,000,000	50,000,000
170,000	3,500	12,250,000	595,000,000
135,000	2,750	7,562,500	371,250,000
$\Sigma y = 730{,}000$	$\Sigma x = 14{,}750$	$\Sigma x^2 = 40{,}062{,}500$	$\Sigma xy = 1{,}978{,}750{,}000$

$$\hat{Y} = b_0 + b_1 x$$

$$b_1 = \frac{n\sum(xy) - \sum x \sum y}{n\sum x^2 - (\sum x)^2} = \frac{6(1978750000) - 14750(730000)}{6(40062500) - 147502} = 48.43836$$

$$b_0 = \frac{\sum y - b_1 \sum x}{n} = \frac{730000 - 48.43836(14750)}{6} = 2589.041$$

이 회귀식은 광고비를 1달러 늘이면 매출이 48.44달러 증가함을 의미한다. 또한 월 4,000달러의 광고비를 지출하면 매출은 196,349달러가 될 것임을 보여주고 있다.

다중회귀분석

여러 개의 설명변수를 사용하는 경우에는 **다중회귀분석 모형**(multiple regression model)이 적합하다. 다중회귀분석은 수요에 영향을 미치는 요인들(독립변수 혹은 설명변수)과 수요(종속변수) 사이의 관계가 강하고 안정적일 때 효과적이다. 다중회귀식은 다음과 같다.

$$\hat{Y} = b_0 + b_1 x_1 + b_2 x_2 + \cdots + b_k x_k$$

여기서 $\hat{Y}$ = 예측 혹은 종속 변수

x_k = k번째 설명(혹은 독립)변수

b_0 = 상수

b_k = k번째 독립변수의 회귀계수(regression coefficient)

이 모형의 모수를 계산하기 위한 수식은 복잡하지만 엑셀이나 통계패키지(SAS, SPSS 등)를 이용하면 간단하게 계산할 수 있다. 다중회귀분석에 대한 보다 상세한 설명은 대부분의 통계학 교과서에서 찾아볼 수 있다. 다중회귀분석을 이용한 예측은 이전에 설명한 어느 예측기법보다 많은 자료가 필요하므로 예측비용이 증가한다. 따라서 이 비용과 예측의 정확성 향상 사이에 균형을 취할 필요가 있다.

예측 정확성

예측 작업의 궁극적인 목표는 정확하고 편향되지 않은 예측을 얻는 것이다. 예측오차는 상당한 비용을 초래할 수 있는데 그 예로 판매손실, 안전재고, 고객불만, 고객의 호의 손실 등을 들 수 있다. 기업들은 예측오차를 추적하고 예측 정확도의 향상을 위하여 필요한 조치를 취해야 한다. 일반적으로 예측오차는 전체 상품군의 합계에서보다 개별 상품 단위에서 더 크게 발생한다. **예측오차**(forecast error)는 실제 수요와 예측치 사이의 차이로 정의하는데 다음 식으로 표현한다.

$$e_t = A_t - F_t$$

여기서 e_t = 기간 t의 예측오차

A_t = 기간 t의 실제 수요

F_t = 기간 t의 수요예측치

몇 가지 예측오차 척도를 보면 다음과 같다.

평균절대오차(mean absolute deviation: MAD) $= \dfrac{\sum_{t=1}^{n}|e_t|}{n}$

평균절대백분율오차(mean absolute percentage error: MAPE) $= \dfrac{100}{n}\sum_{t=1}^{n}\left|\dfrac{e_t}{A_t}\right|$

평균제곱오차(mean square error: MSE) $= \dfrac{\sum_{t=1}^{n} e_t^2}{n}$

누적예측오차(running sum of forecast errors: RSFE) $= \sum_{t=1}^{n} e_t$

여기서 e_t = 기간 t의 예측오차

A_t =기간 t의 실제 수요

n =평가에 사용된 기간 수

RSFE는 예측의 편향성을 나타내는 한 지표이다. **예측의 편향성**(forecast bias)이란 예측이 실제 수요보다 일관성 있게 낮거나 높은 성향을 의미한다. 양(+)의 RSFE는 예측치가 일반적으로 너무 낮은 것을 나타내며 음(−)의 RSFE는 반대로 너무 높은 것을 나타낸다. 0의 RSFE는 과소예측과 과대예측이 같음을 의미하며 예측이 반드시 정확함을 의미하는 것은 아니다.

추적신호(tracking signal: TS)는 예측 편향성이 허용 범위 내에 있는지를 검토할 때 사용되며, 다음 수식과 같이 표현된다.

$$추적신호 = \frac{RSFE}{MAD}$$

만약 TS가 현재의 허용 범위를 벗어나면 예측방법에 편향성이 존재하며 예측절차를 검토하여 볼 필요가 있다. 앞에서도 언급하였듯이 편향된 예측은 과잉 재고나 품절을 초래한다. 일부 재고관리 전문가들은 고수요 품목에 대해서는 TS 범위로 4를 사용하고 저수요 품목에 대해서는 8을 사용하기를 추천하며 다른 전문가들은 이보다 작은 값을 선호한다. 예측 품질이 상승할 만큼의 기간이 지나면, TS 범위를 ±3으로 줄일 것을 권고하고 있다. TS 범위를 줄일수록, 실제로는 어떤 조치도 필요하지 않은 경우에도 허용 범위를 벗어났다는 오보의 확률이 높아지는 단점이 있으나, 다른 측면에서는 수요의 변화를 더 빠르게 감지할 수 있다는 장점이 존재하며, 이 장점을 통해 수요 예측을 한층 더 개선할 수 있다. 〈예제 5-6〉은 이들 예측 정확성 지표들의 사용을 보여주고 있다.

〈예제 5-6〉 예측 정확성

다음 표는 XYZ사의 12개월에 걸친 수요와 그 예측을 나타낸다.

기간	수요	예측
1	1,600	1,523
2	2,200	1,810
3	2,000	2,097
4	1,600	2,383

기간	수요	예측
5	2,500	2,670
6	3,500	2,957
7	3,300	3,243
8	3,200	3,530

기간	수요	예측
9	3,900	3,817
10	4,700	4,103
11	4,300	4,390
12	4,400	4,677

이 자료를 이용하여 MAD와 MSE, 그리고 MAPE와 추적신호를 계산하고 이 예측의 정확성에 대하여 논하라. 추적신호의 허용범위는 3으로 가정하라.

풀이

기간	수요	예측	오차(e)	절대오차	e^2	백분율절대오차
1	1,600	1,523	77	77	5,929	4.8
2	2,200	1,810	390	390	152,100	17.7
3	2,000	2,097	−97	97	9,409	4.9
4	1,600	2,383	−783	783	613,089	48.9
5	2,500	2,670	−170	170	28,900	6.8
6	3,500	2,957	543	543	294,849	15.5
7	3,300	3,243	57	57	3,249	1.7
8	3,200	3,530	−330	330	108,900	10.3
9	3,900	3,817	83	83	6,889	2.1
10	4,700	4,103	597	597	356,409	12.7
11	4,300	4,390	−90	90	8,100	2.1
12	4,400	4,677	−277	277	76,729	6.3
합계			0	3,494	1,664,552	133.9
평균				291.17	138,712.7	11.16
			RSFE	MAD	MSE	MAPE

$$MAD = 291.2$$

$$MSE = 138712.7$$

$$MAPE = 11.2\%$$

$$RSFE = 0$$

$$TS = \frac{RSFE}{MAD} = 0$$

계산 결과를 보면 예측에 편향성이 없고 추적신호는 허용범위 ±3 이내에 있음을 알 수 있다. 하지만 예측치는 매 기간 평균 11.2%의 오차를 보인다. 이런 오차의 원인을 조사하든지 MAD를 줄여주는 예측기법을 강구할 필요가 있다.

한 연구에 의하면 종업원의 동기유발이나 고객수요를 충족하기 위하여 의도적으로 편향된 수요예측을 하는 경우도 있다.[13] 예를 들면, 영업사원들은 판매 할당량을 초과 달성하기

SCM PROFILE

테라 테크놀로지사의 2015년도 Forecasting Benchmark Study[14]

코네티컷에 본사를 둔 테라 테크놀로지(Terra Technology)는 수요 계획 성능과 관련된 연구를 5년째 진행하고 있다. 2015년의 연구에서는 500개의 유통센터, 45만 개의 제품 위치, 약 50억 건의 실제 사례 등, 관련 기업의 연매출을 합하면 1,300억 달러가 넘는 자료를 다루고 있다. 2015년의 연구에서는 신제품 출시가 전반적으로 5년 동안 3배 증가한 것으로 나타났다. 하지만 신제품의 수요예측의 어려움과 과거 자료의 부재로 인해 수요를 예측하는 것이 더욱 어려워진 것으로 나타났다. 제품별 주간 판매 오차는 2010년 이후로 비슷한 수준을 유지하고 있고, 그룹별 편향은 5%로 향상되었는데, 이는 5년간 가장 낮은 편향도 수준이다. 매출의 증가는 프로모션이나 신제품 출시에 영향을 받았으나, 일반 판매보다 오차와 편향이 네 배 이상 증가하면서 수요예측은 더 어려워졌다.

다음은 테라 테크놀로지의 보고서의 주요 결과를 요약한 것이다.

1. 네트워크 복잡성이 매출보다 지속적으로 증가하고 있다. 2010년부터 제품의 품목 수는 32% 증가한 반면, 매출은 4%만 증가했다. 결과적으로 제품 품목당 평균 매출은 22% 감소하였다.
2. 신제품 출시 비율이 상당히 높아져서 지난 5년간 판매 건수가 거의 3배 정도 늘었으며 197%가 증가한 반면, 82%의 신제품은 더 이상 판매되고 있지 않다.
3. 롱테일 현상은 계속 더 길어지고 있으며, 현재 전체 품목의 약 81%를 차지한다. 데이터에 따르면 제품 품목의 상위 10%는 매출의 75%에 기여하지만 하위 50%는 1%만 기여한다.
4. 기존의 수요 계획 기술 및 프로세스가 한계에 도달했으며, 2010년부터 예측 부가가치와 정확성이 거의 일정하며, ±2% 정도의 변화만 보이고 있다. 이는 빠른 변화에도 불구하고 현상유지를 해왔지만 지속 가능하지 않다.
5. 수요를 감지하는 것은 경영진이 시장 데이터의 자동화를 통해 단계별 성능의 변화를 제공하고, 예측 부가가치를 두 배로 높이고 평균 예측오차를 37%까지 줄인다.

위하여 과소 예측을 하는 경향이 있으며, 생산부문은 과대 예측을 선호하는데 이것은 과잉 재고로 인한 문제가 품절로 인한 문제보다 덜 심각할 경우이다.

정확한 예측을 수립하는 데 있어서 핵심은 조직의 내부 및 외부의 관련 당사자들과 협력하여 예측오차를 줄이는 것이다. 다음에 설명할 협력적 계획·예측·보충(CPFR)에서는 공급사슬상에서 거래 당사자들 간에 예측 자료와 판매시점(point of sale: POS) 자료, 판촉 정보 등 관련정보를 자유롭게 교환한다. 이러한 협동 노력이 복잡하고 비싼 예측기법보다 예측의 정확성을 현저히 높이는 데 더 유효할 수 있다.

협력적 계획·예측·보충

협력적 계획·예측·보충(collaborative planning, forecasting, and replenishment: CPFR)은 GS1 US와 2012년 합병한 VICS(Voluntary Interdustry Commercial Solutions)에서 개발한 개념이다. 공급사슬관리 전문가협의회(Council of Supply Chain Management Professionals)에 따르면 CPFR은 다음을 의미한다.

> 협력 활동을 지원하여 공급사슬 통합을 증진시키려는 개념이다. CPFR은 공급사슬 전체를 통해 가시성 확보와 제품의 공동조달을 하는 협력적 재고관리를 추구한다. 공급자와 소매업자 간의 정보 공유가 계획수립과 고객수요를 충족시키는 데 도움이 된다. 계속적인 재고 정보와 고객 요구사항의 업데이트를 가능하게 하여 공급사슬 프로세스를 시작부터 끝까지 더 효율적으로 만들어준다. 효율성은 또한 공급사슬 참여자 전체를 통해 상품판매, 재고, 물류, 운송 과정에서 비용을 절감함으로써 개선되기도 한다.[15]

CPFR의 목적은 수요예측의 정확성 제고와 필요한 제품의 적기 적소 공급, 그리고 전 공급사슬에 걸친 재고 감축과 품절 방지 및 고객서비스 수준 향상을 통한 공급사슬의 최적화이다. 이러한 최적화는 기본적으로 관련 당사자들이 긴밀히 협조하고 조화로운 프로세스를 통하여 정보와 위험을 자발적으로 공유할 때 가능하다.

복잡한 알고리즘으로 수요예측의 정확성을 제고하려는 노력보다는 오히려 공급사슬의 관련 당사자들 간의 예측정보 교환이 CPFR의 실익을 가져다준다. 개별 기업의 독자적 수요예측은 정확성이 떨어지는 것이 사실이다. 공급자와 구매자가 기초 판매량, 판촉 노력, 매장의 개폐, 신제품 도입 등 정보를 동시에 감안하면서 합의를 통하여 단일수요예측을 얻으려고 협력할 때, 구매자의 니즈와 공급자의 생산계획을 동기화하여 효율적으로 재고를 보충할 수 있다. 이렇게 협력할 때, 실제 수요와 판촉 활동의 변화에 적절히 대응하여 수요예측을 조정할 수 있으며, 뒤늦게 높은 비용을 부담하면서 생산을 수정하는 비효율을 피할 수 있다.

개별 기업이 불완전한 정보에 의존하여 독자적으로 의사결정을 할 때에는 실상은 재고가 공급사슬의 다른 부분으로 옮겨졌을 뿐인데도 불구하고 표면적으로는 자신의 내부 프로세스를 최적화한 것처럼 보이게 할 수 있다. 거래 당사자들 사이의 협력과 정보 교환 없이는 공급사슬 활동은 항상 최적화를 이루지 못하고, 전체 공급사슬 차원에서 보면 이익을 최대화할 수도 없다.

CPFR은 수요관리를 잘하기 위한 필요 사항들을 다루고 있으며 다음과 같은 이점이 있다.

- 거래 당사자들 사이의 관계를 강화한다.
- 공급사슬의 상류 및 하류의 매출과 주문 예측 분석을 제공한다.
- 판매시점 자료, 계절성 활동, 판촉 노력, 매장 개폐, 신제품 도입 등 정보를 활용하여 예측의 정확성을 높일 수 있다.
- 수요사슬관리에 있어서 일상적인 현상과 특이한 현상을 쉽게 식별할 수 있어서 이러한 현상이 일어나기 전에 미리 대처할 수 있다.
- 미래의 소요량 파악과 계획수립에 협력할 수 있게 한다.
- 공동으로 판촉 활동을 계획하고 관리한다.
- 계획과 예측 그리고 물류 활동을 통합한다.
- 카테고리 관리와 소비자의 구매 습관을 효율적으로 파악할 수 있게 한다.
- 예측 정확도, 예측 이상, 제품 리드타임, 재고회전율, 품절률 등 주요 성과지표의 분석을 제공하여 공급사슬의 비효율을 줄이고 고객서비스를 개선하여 매출과 이익을 늘리게 한다.

캘리포니아 소재의 보트 기자재 공급자인 웨스트마린(West Marine)사는 CPFR을 사용하여 많은 혜택을 본 기업의 대표적 예로, 2001년 1월에 파일럿 프로그램을 시작하였다. 2004년 말까지 200개의 공급업체와 CPFR 관계를 수립하였으며 85%의 예측 정확도, 80%의 정시배송, 96%의 성수기 재고배송률을 기록하였다. 웨스트마린사는 내부적으로뿐만 아니라 공급업체와의 관계에서 업무 프로세스와 문화적인 이슈까지도 다루었다. CPFR의 성공을 위해서는 외부업체와의 협력이 절대적으로 중요한 요소이긴 하지만 기업 내부의 협력도 마찬가지로 중요한 영향을 미친다. 예를 들어 운송, 계획, 조달 부서의 직원들은 상호 밀접하게 협력할 필요가 있는 것이다. 웨스트마린사는 다음의 열 가지 과제를 CPFR의 성공적 실행을 위한 개선과제로 파악하였다.[16]

1. 장기적이고 총체적 해결방안을 모색할 것.
2. 상충되는 목표를 조정할 것.
3. 사업에 직접적인 관련이 없는 전문가에 의존하지 말고 포괄적인 해결방안을 추구할 것.
4. 아이디어의 창출과 협력적 문제 해결방식 및 조직 간 경계를 뛰어넘는 수용태도를 권유하는 협력 프로세스를 퍼뜨릴 것.

5. 이슈를 정의하고 원인을 파악하고 해결책을 도출할 수 있도록 CPFR, SCOR, 6시그마와 같은 체계적인 방법론을 사용할 것.
6. 지속적 개선을 추구하는 문화를 발전시킬 것. 특히 고객과 직접 대면하는 직원들의 수준에서 필요한데 그 이유는 이 직원들은 무엇이 필요한지 가장 잘 알기 때문이다.
7. 전통적인 조직 구조보다는 핵심적인 업무 프로세스에 초점을 두고 명확한 책임과 권한을 부여할 것.
8. 실행, 의사소통, 예외관리, 원인분석 등을 위해 테크놀로지를 사용할 것.
9. 의사결정 시간을 단축할 것.
10. 신속히 실행할 것.

CPFR 계획의 일환으로 회사는 공급과 수요를 일치시키기 위해 공급업체들과 긴밀하게 협력했다. CPFR 프로그램은 웨스트마린의 공급업자 네트워크로 확장되었다. CPFR을 이와 같이 일찍 도입한 회사들로는 P&G과 월마트가 있다.

CPFR 구현에 있어서 3대 과제는 기업의 내부 변화의 어려움과 비용 그리고 신뢰이다. 모든 대규모 프로젝트에 있어서 그렇듯이 최고경영층이 변화에 대한 내부 저항 문제를 다루어야 한다. 변화는 항상 어렵다. 하지만 최고경영층이 의지를 가지고 개입하면 그 성공 가능성은 훨씬 높아진다. 기업은 종업원들에게 변화의 혜택과 현상 집착의 폐해를 교육해야 한다. 소규모 거래업체들은 CPFR의 규모를 줄이고 그리하여 구현비용을 줄이는 것에 대해 논의한다. 비용을 무시할 수는 없지만, CPFR 도입계획이 없는 기업은 점점 많은 기업이 CPFR을 구현함에 따라 자신이 경쟁열위에 놓이게 되지 않는지 판단해보아야 할 것이다. 신뢰는 매우 중요한 문화적 요소로서 CPFR을 광범위하게 구현하는 데 있어서 큰 장애물로 여겨지는데 이는 많은 소매업자가 자신의 고유 자료를 CPFR에서 요구하는 만큼 공유하기를 꺼리기 때문이다. 예를 들어 P&G와 같이 월마트에 납품하는 업자는 자신의 민감한 자료를 월마트와는 기꺼이 공유하고자 하겠지만 다른 납품업자들이 이 자료를 입수하는 것을 원하지 않는다. 한편, 다른 전문가들은 신뢰 문제가 CPFR의 폭넓은 도입의 장애물이라고 믿지 않는다. 벤치마킹파트너스(Benchmarking Partners, Inc.)사의 Jim Uchneat는 다음과 같이 말했다. "신뢰 문제는 많은 다른 문제를 망라하는 매우 포괄적 용어일 수는 있지만, 나는 사람들 사이에 신뢰가 문제가 되는 경우를 경험한 적이 없다. CPFR이 소매업자와 구매자 사이의 역학 관계를 바꾸지 않는다. 사람들이 이것이 사실이기를 바라거나 '신뢰'로 본다면 스스로를 속이는 것이다. 신뢰의 결여는 오히려 자료의 신뢰성 부족과 소매업자나 제조업자의 내부통합 결여와 관련이 있다."[17]

또 다른 예로, CPFR 소프트웨어 솔루션 제공업체인 디멘드솔루션(Demand Solution)사를 들 수 있다.[18] Demand Solution Collaboration 소프트웨어로 기업들은 고객의 수요를 최적화된 재고와 생산을 위한 공급자의 생산용량(capacity)와 동기화할 수 있다. 또한, 공급사슬 협업은 회사에게 지속 가능한 경쟁우위를 제공할 수도 있다. 디멘드솔루션사에 따르면 그들의 소프트웨어는 공급사슬의 가시성을 증가시키고 재고 최적화, 재고 축소, 비용 절감, 고객 만족, 매출 증가를 가져올 수 있다고 한다.

유용한 예측 관련 웹사이트

예측에 관한 유용한 정보를 제공하는 웹사이트를 소개한다.

1. Institute for Business Forecasting & Planning (https://ibf.org/)

   기업예측 기관 IBF(The Institute of Business Forecasting & Planning)는 수요계획, 예측, 판매 및 운영 계획의 성장을 사명으로 1982년 설립되어 세계적으로 인정받는 단체다. IBF에서는 교육, 벤치마킹 연구, 인증, 컨퍼런스 및 자문 서비스를 전 세계에 제공하고 있으며, 기업이 예측과 계획을 개선함으로써 현금 흐름, 시장점유율, 성장률을 높이는 데 도움을 준다. 학습, 공유, 진보는 IBF의 회원들과 그들의 회사가 경험하게 되는 기본적인 사이클이다. IBF만큼 수요 계획이나 예측에 대한 교육 콘텐츠 제공에 깊이와 경험이 있는 회사는 없으며,[19] 현재 IBF에서는 Journal of Business Forecasting을 발간하고 있다.

2. 국제예측전문가협회(www.forecasters.org)

   국제예측전문가협회(International Institute of Forecasters: IIF)는 학자와 실무자들로 구성된 예측 분야의 명망 있는 단체이며 다양한 분야에서 예측과 관련된 지식을 창출하고 배포하고 사용하도록 장려하고 있다. 국제예측전문가협회는 다음과 같은 목적을 갖고 설립된 단체이다.[20]

   - 예측을 경영행태과학, 사회과학, 공학 및 관련 분야를 통합한 종합학문으로 발전시키고자 한다.
   - 기업과 정부 분야에서 예측을 실행하고 사용할 책임이 있는 분석가와 정책 전문가들을 육성하는 데 기여하고자 한다.
   - 이론과 실무의 차이를 줄여서 연구의 주제를 설정하는 데 도움이 되도록 실무를 발전시키고 아울러 실질적으로 유용하게 사용할 수 있는 결과를 도출해내는 연구를 할 수 있도록 돕는다.
   - 각국의 정책입안자, 예측전문가, 연구자들이 함께 모여 예측의 정확성과 유용성을 개선하도록 노력한다.

3. 예측원리: 증거에 근거한 예측(www.forecastingprinciples.com)

   '예측원리(Forecasting Principles)' 사이트는 예측에 관한 모든 유용한 정보를 정리하여 연구자, 실무자, 교육자 등이 사용할 수 있도록 제공한다. 이 사이트는 다양한 연구그룹과 예측 관련 시험, 간행물, 연구기금 정보 등을 제공한다. 주된 정보자료는 「예측원리」라는 간행물에 담겨 있으며 이것은 40명의 저자와 123명의 심사자가 관여한 예측 관련 지식의 총정리판이다.[21]

4. 예측 관련 블로그

(i) Business Forecasting (www.businessforcastingblog.com)

해당 블로그를 운영하는 책임자인 클라이브 존스(Clive Jones)는 자신의 웹사이트에서 다음과 같이 언급하고 있다. "이 블로그는 예측과 예측 분석에 대한 나의 흥미를 위주로 다루고 있다. 나는 1995년부터 IT 기업(마이크로소프트, 휴렛패커드 등)의 예측과 데이터 분석, 공공 기관 및 정부기관의 데이터 분석에 종사해왔다. 이 블로그는 2012년 봄에 시작되고 2014년에 리뉴얼되었다. 다양한 범위의 기술에 대한 이해를 높이는 것이 목표이며, 해당 블로그에 컴퓨터를 활용한 분석적 내용으로 경제 예측이나 예측자들에 대한 분석 비디오나 인터뷰를 게시하고 있다."[22]

(ii) No Hesitations: A Blog by Francis Diebold (http://fxdiebold.blogspot.com.au)

프랜시스 디볼드(Francis Diebold)는 펜실베이니아 대학(University of Pennsylvania)의 경제학 교수다. 그의 블로그는 경제학이나 재무적인 동적 예측 모델의 뉴스, 견해, 논평, 비평 등을 담고 있다.[23]

예측 소프트웨어

예측을 수작업으로 하는 경우는 거의 없다. 계량적 예측기법을 사용할 경우 소프트웨어 솔루션을 사용하면 시간과 노력을 절약할 수 있다. 몇몇 공급자와 제품을 소개한다.

1. Business Forecast Systems, Inc.(www.forecastpro.com/)

1986년에 창립되었으며 이 회사의 Forecast Pro는 비즈니스 예측의 선도적 소프트웨어다. 예측 관련 교육과정의 우수한 제공자이기도 하다. 세계적으로 35,000명 이상의 사용자가 있으며, 기업들이 예측 정확도를 높여서 계획을 개선하고 재고비용 절감과 재고품절을 줄이는 데 기여하였다.[24]

고객들의 각기 다양한 필요에 맞추기 위해 Forecast Pro Unlimited, Forecast Pro TRAC, Forecast Pro XE의 세 가지 버전이 제공되고 있다. 이 장에서 다룬 기법인 이동평균, 추세, 지수평활법이 포함되어 있다. Honeywell Safety Product는 Forecast Pro 소프트웨어의 효과를 가장 크게 본 고객들 중 하나이다. Forecast Pro를 사용한 그들의 경험을 다음 SCM Profile에서 논의하도록 한다.

SCM PROFILE

Honeywell Improves Customer Service with Better Forecasting

허니웰(Honeywell Safety Products: HSP)사는 전기 안전 및 일반 산업 종사자들을 위한 개인 보호 장비의 세계적인 선도 공급업체다. HSP에서 제공하는 제품에는 안전모, 인공호흡기, 응급처치 킷 등이 포함되어 있다. HSP는 연간 8억 달러 이상의 매출을 올리고 있다. 주요 과제는 럼피(lumpy) 수요(일관성 없는 수요)와 SKU(Stock Keeping Unit)(최소 유지상품 단위)의 확산이다. HSP는 미국 및 캐나다 시장을 대상으로 월간 32,000개 이상의 데이터를 예측한다. 이러한 상황이 그들을 Forecast Pro TRAC으로 이끌었으며, Forecast Pro TRAC의 실행 동안 여기서 생성된 예측을 기존 소프트웨어의 예측과 병행하여 검토하였다. HSP는 또한 Forecast Pro TRAC와 현재 시스템을 사용하여 12개월 동안 예측의 변화 정도를 비교했다. Forecast Pro TRAC의 도입 이후, HSP는 품목별, 제품군별 수준에서 정확도를 측정하기로 결정했다. MAPE를 사용한 첫 3분기의 개선 결과, 1분기 24.4%, 2분기 13.6%, 3분기 12.9%로 나타났다. 수요 관리자인 리사 가드너에 따르면, "Forecast Pro TRAC을 실시한 후 대부분의 제품군의 예측 정확도가 향상되고 있는 것으로 나타났다"고 한다. 이 밖에 존 로마노 제품 담당 임원도 Forecast Pro TRAC가 더 나은 정보를 통해 더 깊은 논의를 할 수 있게 해주었다고 언급하면서, Forecast Pro TRAC가 제공하는 양적 프레임워크와 판매와 마케팅에서의 질적 투입이 결합되면서 공감대를 형성하고, 시장과 시장의 요구를 간결하게 바라볼 수 있게 되었다고 말했다.[26]

2. John Galt(www.johngalt.com/)

John Galt Solutions사는 1996년에 창업되었으며, 소비자 주도의 공급사슬관리를 위해 적절한 가격의 예측 및 재고관리 솔루션을 제공한다.[25] 이 회사가 출시한 소프트웨어인 ForecastX Wizard와 Atlas Planning Suite는 중간시장의 기업들을 위해 디자인된 저렴하고 사용하기 쉬운 공급사슬계획 솔루션이다.

이 회사의 기본적 예측 소프트웨어인 ForecastX Wizard는 엑셀 애드인 기능을 갖고 있으며 통계적 예측, 안전재고 계산, 재고계획 개발, 신상품 출시계획 등의 기능을 수행할 수 있다. ForecastX Wizard Premium은 추가적으로 개선된 재고계획, 폐쇄형 협력, 정리보고 기능이 있다. 5,000명 이상의 고객들이 예측 정확도를 높이고 재고 수준을 최적화하고 공급사슬 성과를 극대화하기 위해 이 회사의 솔루션을 사용한다.

3. JustEnough (www.justenough.com/)

JustEnough는 복잡한 수요 문제들을 과도하게 복잡한 방법을 사용하지 않고 해결한다.[27] 다른 회사들은 복잡한 지표를 사용하는 방법으로 수요 예측 및 관리를 과학적인 측면에 초점을 맞추어 진행하는데 비해, JustEnough의 소프트웨어는 회사의 전문지식에 따라 계획 결정을 실행할 수 있게 한다.

호주의 대규모 전문 유통업체 중 하나인 Strandbags 그룹은 호주, 뉴질랜드, 중동, 남아프리카에 350개 이상의 매장을 가지고 있다. 이 회사는 JustEnough의 판매 예측 및 재고 계획 솔루션을 사용하여 "재고를 가장 판매될 가능성이 높은 매장으로 보내고, 실제 판매 이력을 바탕으로 각 제품에 대해 판매 가능성을 최적화하고, 재고가 항상 고객의 기대에 부합하도록 하는 등의 진보된 프로모션 전략을 사용하였다."고 말했다. 스트랜드백스의 비즈니스 분석가인 Nathan Toussaint는 "영업점 수준에서는 SKU 조합에서 무엇이 필요한지 아는 것이 거의 불가능했다. 그러나 JustEnough는 Strandbags의 재고를 스토어/SKU 수준에서 정확하게 예측하고 보충하는 독특한 방법을 가지고 있다. 이 방법이 아니었다면, 많은 노동력이 투입되었을 것이다."[28]

또 다른 'Justenough' 고객은 남아프리카에서 아기용품, 아기 가구, 소비재, 의류, 금융 서비스 제품을 판매하는, 오래된 소비자 소매상 중 하나인 Ackermans이다. 이 회사는 남아프리카 전역에 450개 이상의 상점을 가지고 있다. "우리는 너무 복잡하거나 지나치게 정교하지 않은 무언가를 통해 사용자들을 만족시킬 수 있는 것이 필요했다."라고 애커맨스의 기획 매니저인 Bouwer Strydom은 말했다. "또한 우리가 유지하기에 너무 복잡하거나 비용이 많이 들 수도 없었다. 그것은 우리가 보충을 위해 어떤 것도 다시 설계할 필요 없이 우리의 진행 중인 비즈니스 프로세스에 적합해야 했다. JustEnough의 수요 예측 솔루션은 우리와 함께 성장할 수 있을 것으로 판단했다."[29]

4. Avercast, LLC (http://www.avercast.com/)

Avercast는 40년 이상의 수요 관리 경험을 가지고 있는 회사로, 가장 까다로운 요구사항을 만족시키기 위해서 최첨단 소프트웨어를 개발하였다. Avercast의 업계를 선도하는 204개의 예측 알고리즘은 업계에서 가장 빠르고 효율적인 수요관리 소프트웨어를 제공한다.[30]

남아프리카공화국의 오래된 유통·도매업체 중 하나인 S. Bacher는 Avercast의 예측 소프트웨어를 사용한다. 이 회사의 조달 담당자인 저스틴 시프(Justin Seef)는 Avercast의 예측 소프트웨어를 중소기업을 위한 완벽한 솔루션이라고 하면서, 6개월간 이를 사용하고 재고가 23% 감소하였으며, 항목 수준까지 쉽게 관리할 수 있었으며, 특히 이 소프트웨어가 매우 간단하며 효과적이라고 강조했다.[31]

5. SAS (https://www.sas.com/en_us/home.html)

SAS Forecast Server는 대량으로 양질의 예측자료를 신속하게 자동적으로 생성하여 기업들에게 효과적으로 미래 계획을 수립할 수 있도록 한다. 이 소프트웨어는 모든 단위계층에서 신속하고 자동적으로 통계적인 기반을 가진 예측을 생성하여 사업운영이 보다 효율적으로 이루어질 수 있도록 도와준다. 이것은 SAS 고성능 예측 엔진과 SAS Forecast Studio GUI를 합친 것이다. 이 소프트웨어를 사용하는 고객은 Alcon(세계적인

SCM PROFILE

정확한 예측으로 고객서비스를 향상시킨 네슬레 사례

네슬레(Nestlé)는 86개국 469개의 지역에 33만 명 이상의 직원이 근무하는 세계 최대의 식품 회사다. 매일 10억 개 이상의 제품이 제조되는데, 이는 네슬레의 시장 규모를 보여준다. 네슬레는 적절한 제품이 적시에 배달되도록 유지해야 할 의무가 있으며, 이를 위해 좋은 예측이 필요하다. 네슬레는 고객이 네슬레의 제품을 쉽게 구매할 수 없다면 어떤 마케팅 프로모션도 중요하지 않기 때문이다. 네슬레에는 만 개 이상의 제품이 있어 전 세계적으로 계획을 작성하기가 매우 힘들다. 제품 카테고리, 다양한 판매 지역, 다양한 판매부서 등 관리해야 할 일이 많고, 계절적 영향, 수확에 영향을 미치는 날씨, 수요 변동 및 상하기 쉬운 성질 등도 관리해야 한다. 이는 물류와 생산 계획을 더욱 복잡하게 만든다.

네슬레의 수요계획 및 통계예측 책임자인 바움가트너(Baumgartner)는 다음과 같이 언급하였다. "올바른 제품을 적시에 적당한 양을 공급하기 위해서 우리는 가능한 한 고객의 주문을 정확하게 예측하려 한다. 결정적인 요인은 예측의 신뢰성을 평가할 수 있는 것인데 이는 변동성을 처리하는 것과 SAS를 통해 해결할 수 있다. 특정 제품의 수요를 예측할 수 있는지 여부는 그 제품의 수요 변동성에 크게 좌우된다. 특히 수요가 큰 폭으로 변동하는 제품은 예측기법의 선택이나 이들의 조합이 매우 중요하다. SAS의 Forecast Server는 이 작업을 매우 단순화시켰다." 네슬레의 고객 주문을 예측하는 능력은 회사의 제품의 적정량을 적재 적소에 납품할 수 있게 한다.

네슬레에서는 수요가 높은 대량 생산품을 묘사하는 데 쓰는 용어인 '미친 황소(mad bulls)'를 관리하는 데 중점을 둔다. 미친 황소의 예로는 네스카페를 들 수 있는데, 네스카페는 일년 내내 정상적으로 판매되지만 가끔 마케팅이나 무역 프로모션으로 인해 수요 급증이 일어나기도 한다. 네슬레는 SAS Forecast Server가 전문적인 수요 계획을 완벽하게 대체할 수 없다는 사실을 알고 있지만, SAS 덕분에 제품 기획자는 이러한 번동성(volatile)이 높은 제품에 대해 내리는 생산 결정에 더 많은 시간을 할애할 수 있다.[33]

안과 관련 업체), AmBev(라틴아메리카의 최대 음료회사), America West Airlines(현재 US Airways), CartaSí(이탈리아의 크레딧카드업체), Kirin(양조업체) 등이다. SAS Forecast Server는 2005년 잡지 KMWorld에서 '올해의 제품'으로 선정되었다.[32]

네슬레는 SAS Forecast Server를 이용하여 예측 기능을 잘 사용한 세계적 회사의 사례이다(SCM Profile 참조).

클라우드 기반 수요예측

지금까지 언급한 소프트웨어를 사용하는 것 대신에 많은 기업이 수요를 예측하기 위하여 클라우드 기반 예측 서비스를 이용하고 있다. 클라우드 기반 예측은 공급업체의 호스팅을 사용하거나 SaaS(Software-as-a-Service)를 사용하는 형태이다. 최근 클라우드 기반 예측은 계절 및 순환 조정 모델을 사용한 최첨단 시계열예측 알고리즘으로 이루어져 있다. 일부는 고객의 상황에 가장 적합한 예측방법을 선택하기 위하여 AI 기반의 전문가 시스템을 이용하기도 한다.

클라우드 기반 예측을 통해 조직은 오래된 사내 애플리케이션을 쉽게 우회하여 데이터 저장 및 데이터 분석 기능을 즉시 향상시킬 수 있을 뿐만 아니라, 소프트웨어나 하드웨어 및 교육에 시간과 자원을 투입하지 않고도 새로운 기능을 제공할 수 있게 되었다. 이때 사용자가 필요한 것은 오직 브라우저뿐이며, 하루만에 실행될 수 있다. 기업은 IT 관련 비용을 크게 절감할 수 있고, 직원의 생산성을 높이고 예측 정확도 역시 향상시킬 수 있으며, 총결산비용과 재고운송비용도 절감할 수 있다. 이러한 대부분의 애플리케이션은 운송, 고객관계, 영업인력 등의 관리 시스템과 같은 대규모 클라우드 기반 기업 관리 응용 프로그램의 일부로 제공된다. 몇 가지 예시를 살펴보자.

애리조나에 본사를 둔 AFS 테크놀로지사는 주문형 무역 프로모션 관리 및 기타 소프트웨어 솔루션을 소비재산업에 제공하는 회사다.[34] AFS의 사용하기 쉬운 도구를 통해 사용자는 창고에서 고객으로 전달되는 매출 상황을 명확하게 파악할 수 있으며, 다른 프로그램과 연계하여 판매 예측을 할 수 있다. 캐나다에 본사를 두고 있는 Angoss Software는 기업의 CRM 전략의 일부로 지식점수(KnowledgeSCORE) 주문형 예측 판매 분석을 제공하고 있다.[35] 이들의 클라우드 기반 데이터 분석 기술은 빅데이터를 활용하여 동종업계 최고의 예측 분석 기술을 결합하여 생산성과 판매 예측을 개선할 수 있다. 호주의 우편물 배달업체인 메일플러스(Mailplus)는 빠른 성장을 하면서 사내 비즈니스 관리 시스템의 한계에 부딪혀 NetSuite의 클라우드 기반 통합 비즈니스 시스템을 사용하기 시작하였다. 메일플러스의 CEO인 크리스 버기스(Chriss Burgess)는 "우리가 더 많은 프랜차이즈를 추가할수록 시스템 부하는 더 커져 이를 유지하고 서비스하는 데 매달 수천 달러의 비용이 든다."고 이야기한다. 이에 메일플러스는 판매와 재무 상황의 예측을 포함한 광범위한 애플리케이션에 NetSuite의 SuiteCloud 시스템을 사용한다.[36] Halo는 공급사슬 계획을 위한 데이터 통합 및 분석 소프트웨어를 제공하는 선도업체로서 음료 공급업체와 유통업체의 판매와 생산 예측 및 재고 충족 계획을 단일 클라우드에서 보조하기 위한 Halo SkuBrain 애플리케이션을 개발했다. 사장 겸 CEO인 키스 피터슨(Keith Peterson)은 "전 세계의 많은 Halo 음료 고객은 합리적인 투자 수준에서 강력한 수요 공급 계획 솔루션을 필요로 하며, 음료업계의 계획 솔루션 요구는 굉장히 특별하여 계획하기에 많은 어려운 점이 있는데, 이는 많은 SKU, 강한 계절성, 새로운 맛과 새로운 포장의 빠른 변화에 기인한다. SkuBrain for Beverage는 엑셀 스프레드시트와 비싼 계획 시스템들 사이에서 고민하는 기업에게 음료 시장에 맞는 분석을 제공함으로써 강력한 해결책이 되었다. 수제 음료 시장이 빠르게 성장함에 따라, 빠르게 성장하고 있는 기업들은 고객서비스 수준을 맞출 수 있는 명확한 계획을 필요로 한다. 그리고 많은 SKU가 계절성을 띠고 출시됨에 따라 SkuBrain은 새로운 제품 출시 예측을 지원하는 기능도 제공한다."고 언급했다.[37]

요약

예측은 수요관리의 필수 부문으로 미래 수요의 추정을 제공하고 훌륭한 계획과 의사결정의 기초가 된다. 수요와 공급의 불일치는 과잉 재고, 품절, 이익감소, 고객의 호의 상실을 초래할 수 있다. 적절한 수요예측은 자원의 계획과 이용률을 향상하여 기업의 경쟁력을 높인다. 수요예측기법에는 정성적 예측기법과 계량적 예측기법 이 있다. 정성적 예측기법은 판단과 직관에 의존하며, 계량적 예측기법은 수학적 기법과 과거 자료를 사용한다. 계량적 예측기법은 시계열 모형과 인과 모형으로 구분할 수 있다. 실제로 예측이 완벽하게 정확한 경우는 거의 없으므로 경영자는 예측오차를 감시하고 예측 과정을 개선하기 위하여 노력해야 한다.

독자적인 예측은 부정확한 경향이 있다. 협력적 계획·예측·보충(CPFR)은 기업들이 상호 합의하는 계획을 개발하고 자신의 행동에 책임을 지는 협력적 과정이다. CPFR의 목적은 상호 동의하는 예측을 수립하고 적시 적소에 필요한 제품을 배달하여 품절을 피하고 고객서비스를 향상함으로써 공급사슬을 최적화는 것이다. GCI(Global Commerce Initiative)와 VICS(Voluntary Interindustry Commerce Standards)는 CPFR을 세계적으로 표준화하고 확산하는 데 도움이 되었다. 월마트, 워너램버트, P&G와 같은 주요 기업들은 CPFR을 조기에 도입하였다.

수요예측 과정에 수반되는 계산을 수작업으로 하는 경우는 거의 없다. Forecast Pro, SAS, SPSS, Microsoft Excel과 같은 예측 소프트웨어는 쉽게 구할 수 있다. 주요 CPFR 솔루션 공급업체로 JDA Software와 Oracle이 있다. 더 최근에는 클라우드 컴퓨팅이 예측이나 공급사슬 소프트웨어를 인터넷에서 필요에 따라 사용하는 것을 가능하게 만들어준다.

토의문제

1. 수요관리란 무엇인가?
2. 수요예측이란 무엇인가? 효과적인 공급사슬관리를 위해 수요예측이 중요한 이유에 대해 설명하라.
3. 공급과 수요의 불일치가 기업에 미치는 영향에 대해 설명하라. 기업들이 수요에 영향을 미치기 위해 채택 가능한 전략은 무엇이 있는가?

4. 정성적 예측기법들을 설명하라. 이 기법들이 적합한 경우는 언제인가?
5. 시계열 자료의 주요 요소는 무엇인가? 시계열 모형과 인과 모형의 차이점을 설명하라. 어떠한 상황에서 한 모형이 다른 모형보다 선호되는가?
6. 단순지수평활법에서 평활계수값의 영향은 무엇인가?
7. 예측 범위가 예측 정확도에 미치는 영향에 대해 설명하라.
8. 경영진의견 방법과 델파이기법을 비교 설명하라.
9. 가중이동평균법과 단순지수평활법의 주요 차이점을 설명하라.
10. 예측 정확도의 세 가지 척도는 무엇인가?
11. 지수 평활법을 위해 MAD를 어떻게 사용하여 더 나은 평활지수를 만들 수 있는가?
12. 추적신호란 무엇인가? 추적신호는 예측의 질을 향상시키기 위해 어떤 정보를 제공해주는가?
13. CPFR의 주요 특징들은 무엇인가? 기업들이 CPFR을 사용하는 이유는 무엇인가?
14. 웨스트마린사는 CPFR의 성공적 실행을 위한 개선단계 열 가지를 파악하였다. 웨스트마린사의 방식은 그들만의 독특한 것인가 또는 다른 기업에도 적용될 수 있는가? 다른 기업들이 CPFR을 실행하기 위해 극복할 문제는 무엇인가?
15. CPFR의 확산이 기대에 못 미치는 이유는 무엇인가?
16. 클라우드 컴퓨팅이란 무엇이며, 기업들은 공급사슬 예측 문제를 해결하기 위해 이 기술에서 어떤 혜택을 기대할 수 있는가?

조사연구문제

1. 예측 솔루션을 제공하는 회사를 찾아보고, 해당 회사의 제품을 이용해본 고객의 경험을 조사하라.
2. CPFR을 사용하는 온라인 회사를 찾아보고, 해당 경험에 대해 논하라.
3. 예측 솔루션을 제공하는 온라인 소프트웨어 회사를 찾아보고, 해당 회사의 소프트웨어에 포함된 다양한 예측 기능에 대해 열거하고 논하라.
4. 2007년 처음 소개된 아이폰에 대한 애플 입장에서의 수요예측과 각 세대 아이폰 모델에 대한 실제 판매량을 비교한 보고서를 작성해보라.
5. Business Forecasting(www.businessforcastingblog.com)과 같은 블로그를 방문해보고, 최신 토론 주제에 대해 논하라.

연습문제

1. Winne Lin의 회사는 컴퓨터를 판매한다. 6개월간의 월 판매량이 오른쪽 표와 같다.

월	판매량
1	18,000
2	22,000
3	16,000
4	18,000
5	20,000
6	24,000

   (a) 6개월간 판매량의 꺾은선 그래프를 그려보라.

   (b) 다음과 같은 방법으로 7월의 판매량을 예측하라.

   ① 4개월 이동평균법

   ② 3개월 가중이동평균법(가중치는 6월=0.5, 5월=0.3, 4월=0.2로 할 것)

   ③ 선형추세식

   ④ 지수평활법(단, α=0.4, 2월 예측치=18,000)

   (c) 어느 방법이 가장 적합하지 못한가? 왜 그런가?

   (d) (b)의 네 기법에 대해 각각 MAD를 계산하고 어떤 것이 가장 적절한지 이유를 설명하라.

2. 미국의 2016년 월별 물가 상승률은 다음 표와 같다.

월	물가 상승률	월	물가 상승률
1	1.4	7	0.8
2	1.0	8	1.1
3	0.9	9	1.5
4	1.1	10	1.6
5	1.0	11	1.7
6	1.0	12	2.1

   (a) α=0.3 혹은 α=0.5를 이용하여 2017년 1월의 물가 상승률을 지수평활법으로 예측하라. (2016년 2월의 예측치를 1.4라고 가정하라.)

   (b) (a)의 두 가지 방법에서의 MAD를 각각 계산하고, 어떤 것이 더 나은지를 논하라.

3. Chocolate Outlet Store의 주인은 초콜릿 수요를 예측하고자 한다. 지난 4년간의 수요는 오른쪽 표와 같다.

   다음과 같은 방법을 사용하여 연도 5의 수요를 예측하라.

연도	수요(파운드)
1	68,800
2	71,000
3	75,500
4	71,200

   (a) 3년 이동평균법

   (b) 3년 가중이동평균법(가중치는 연도 4=0.40, 연도 3=0.20, 연도 2=0.40)

   (c) 지수평활법(단, α=0.30, 연도 1의 예측치=68,000)

4. 최근 12개월간 Accugolf사의 월별 최고급 골프공 수요는 다음과 같다.

월	수요
1	5,500
2	5,700
3	6,000
4	5,800
5	6,300
6	7,000

월	수요
7	7,500
8	7,200
9	6,800
10	6,300
11	6,000
12	5,800

(a) 골프공 판매량의 단순 회귀식을 구하라.

(b) 이때 다음 해 1월의 수요예측치를 구하라.

5. 두 가지 방법에 의한 예측치와 실제 매출이 다음 표와 같다.

월	수요	예측 1	예측 2	예측 3
1	269	275	268	280
2	289	266	287	295
3	294	290	292	290
4	278	284	298	280
5	268	270	274	270
6	269	268	270	260

이를 사용하여 각 예측방법에 대하여 MSE, MAD, MAPE, TS를 구하라. 어느 방법이 더 적합한가? 왜 그런가?

6. Toro 커트러리 회사의 월간 판매 정보는 다음 표와 같다. 회사는 이동평균법과 지수평활법의 두 가지의 예측기법을 테스트 해보고자 한다.

월	판매량
1	20,000
2	16,000
3	42,000
4	100,000

월	수요
5	92,000
6	30,000
7	90,000
8	50,000

월	수요
9	30,000
10	90,000
11	80,000
12	90,000

(a) 다음 해 1월의 수요예측치를 3개월, 4개월, 5개월 이동평균법을 이용하여 구하라.

(b) α=0.5일 때 다음해 1월의 수요예측치를 지수평활법을 이용해서 구하라. (올해 2월의 예측치를 20,000이라고 가정하라.)

7. Sun Devils Corporation사는 두 개의 예측기법을 고민하고 있다. 두 가지 예측 모델의 예측치와 실제 수요에 대한 정보는 다음 표와 같다.

월	판매량	모델 1 예측	모델 2 예측
1	170	175	172
2	190	165	185
3	195	190	190
4	180	185	195
5	170	170	175

월	판매량	모델 1 예측	모델 2 예측
6	170	165	170
7	160	160	165
8	175	170	175
9	180	185	180
10	175	170	175

이때 MAPE와 RSFE를 각각 구하고, RSFE가 수요예측 정확도를 측정하기에 좋은 기

법인지를 논하라.

8. The Dominguez Hills사는 두 가지 예측방법을 통해 다음 예측치들을 구했으며, 이 표에는 실제 해당 기간의 판매량도 나와 있다.

연도	판매량	예측 1	예측 2	연도	판매량	예측 1	예측 2
1	880	875	850	5	860	875	875
2	895	866	890	6	870	870	880
3	890	890	895	7	860	860	860
4	880	885	890	8	875	870	875

이때 각 예측기법에 대한 추적신호를 구하라. 이때 왜 추적신호가 수요예측모델의 성과를 측정하는 데 중요한지를 설명하라.

사례문제

1. Quincy Snodgrass Enterprises — 예측

Quincy Snodgrass는 기업인이자 야외활동을 사랑하는 사람이다. 대학 시절, 그는 경영학을 전공하였고, 졸업한 뒤 다양한 회사에서 경험을 쌓았다. 몇 년 동안 그는 여분의 돈을 저금했고, 이를 자신의 사업을 시작하기 위한 자본으로 삼았다. Quincy Snodgrass는 조경사업을 시작할 계획에 있었는데, 그의 사업 모델의 주요 서비스는 잔디 깎기, 덤불 다듬기 등의 서비스이며, 이는 오직 봄이나 여름, 초가을 등의 계절성 수요를 가지게 될 것이 분명했다. 따라서 그는 겨울에 제설 서비스를 제공할 계획을 가지고 있으며, 그의 목표는 이런 기본 서비스를 계속 제공하면서 실제 조경 작업으로 확장시키는 것이다.

그의 초기 도전은 매달 얼마나 많은 고객을 확보할지에 대한 예측치를 얻는 것이다. 이것은 추가 고용 문제를 해결하기 위해서도 꼭 필요하다. 하지만 안타깝게도 그는 예측과 관련된 일에 종사한 적이 없었다. 그는 대학 시절 공부한 공급사슬관리 과정과 예측과 관련된 공부를 했던 기억을 더듬어 정성적 예측방법과 정량적 예측방법의 두 가지 방법이 있다는 것을 기억하였다.

그는 계량적인 사람으로 가능하면 정량적 예측방법을 사용하지만, 이것이 불가능한 경우 정성적인 예측기법을 사용하길 마다하지 않는 인물이다. 그는 야외에서 일하는 회사들에서 몇 번의 여름을 보냈고, 그때마다 자신의 미래 사업을 위해 해당 자료를 기록하였다. 그의 주요 고객들은 작은 마을에 있기 때문에, 과거에 그가 일했던 큰 회사들만큼의 높은 비용을 부과할 수는 없고, 그가 원하는 수익을 얻기 위해서는 많은 일거리가 필요하다.

이에 그는 인구 700명의 Smithburg, 1,800명의 Emeryville, 그리고 2,500명의 Golf Creek 등의 세 작은 마을에 초점을 맞추었다. 그는 각 마을당 10% 정도는 자신을 고용하리라고 믿고 있으며, 각 마을의 정보를 이용해 해당 마을 인구의 25%가 주택 수라고 추정했다. (4인 1

주택이라고 추정했다는 뜻이다.) 이는 Smithburg의 주택의 잠재 개수가 약 175채라는 것과 동일한 의미이며, 그는 본인의 추정이 타당하며, 이 예측치가 향후 예측에 기반이 될 것이라고 믿고 있다.

토론사항

1. Quincy는 과거 자료가 없기 때문에 어떤 정성적 방법을 사용하고 있는가? 그의 수요예측이 맞다면, 총 몇 명(몇 주택)의 손님이 오게 될 것인가? 그가 평균 수수료로 25달러를 받는다고 할 때, 그의 사업은 지속 가능할 것인가?
2. 지역사회의 유형 때문에 Smithburg는 주택의 20%, Emeryvill은 10%, 그리고 Golf Creek은 7%만 대상이 된다고 하고, 집 한 채당 25달러를 청구한다고 하자. 이때, 월별 예측의 변화는 그의 월 수입에 어떤 영향을 미치는가? 그는 현재 수수료를 인상해야 하는가? 이에 대해 설명하라.
3. Quincy는 5년이 넘게 자료를 모았다. 이를 통해 현재 매달 손님의 수에 대한 기록을 가지고 있다고 하자. 또한 어느 달에 가장 비가 많이 오는지 등의 정보를 가지고 있다고 하자. Quincy가 예측 정확도 향상을 위해 이 자료들을 사용하고 싶어하고, 이때 인과 모형을 선택한다고 한다면, 가장 좋은 방법은 무엇이며, 예측 공식의 변수에 대해 설명하라.

2. **Alvin Ortega's Social Media Dream Alvin Ortega의 소셜 미디어에 대한 꿈**

Alvin Ortega는 소셜 미디어의 광팬이다. 그가 가장 좋아하는 소셜 미디어는 트위터이며, 그는 소셜 미디어를 좋아할 뿐 아니라 프로그래밍의 귀재이기도 하다. 그는 프로그래밍 기술의 연마를 위해 컴퓨터공학을 전공하고 있다. 그는 현재 동급생들에 비해 높은 프로그래밍 기술 수준을 가지고 있지만, 그의 소셜 미디어 플랫폼을 만들기 위해 학위 과정을 지속하고 있다. 자신의 꿈을 위해 전공 선택 과목들 역시 모두 경영학 과목으로 들으며, 이를 통해 회사 경영을 이해하고 싶어하며, 이를 통해 사업 투자자들을 얻을 수 있는 기회를 높여줄 것이라고 믿고 있다.

Alvin Ortega은 트위터와 유사한 형태의 소셜 미디어 플랫폼을 계획하고 있지만, 트위터와 경쟁하기 위해 몇 가지 독특한 특징을 만들었다. 그는 이러한 그의 비즈니스 플랜을 작성할 때, 실제 데이터를 이용하여 그의 사업의 성공 가능성을 입증하고 싶어한다. 하지만 아직 창업을 하지는 않았기 때문에 실제 데이터는 존재하지 않는다. 이에 그는 Statista라는 통계 정보 사이트에서 데이터를 받아 트위터와 관련된 2010년부터 2016년까지의 분기별 이용자 수에 대한 자료를 찾았다.

Alvin Ortega은 자신의 소셜 미디어 플랫폼의 잠재력을 설명하기 위하여 2011년 자료를 사용하기로 결정하고, 이를 자신의 잠재적 사용자 기반을 예측하기 위한 수준으로 설명하려 한다.

Alvin Ortega는 α=0.2의 지수평활법, α=0.9의 지수평활법, 2분기 이동평균법, 3분기 이동평균법의 네 가지 방법을 사용하여 예측을 진행해보기로 했다. Alvin Ortega는 이를 위해 트위터의 자료를 이용하여 어떤 예측방법이 가장 중요한지를 판단하려 한다. Alvin Ortega은 다음 표를 채워가며 앞에서 언급한 네 가지 방법을 모두 사용하여 예측값을 구해보고자 한다.

Quarter/ Year	Actual number of users in millions	Forecasted Demand—2-quarter moving average	Absolute Forecast Error	Forecasted Demand—3-quarter moving average	Absolute Forecast Error	Exponential smoothi ng with smoothing constant of 0.2	Absolute Forecast Error	Exponential smoothi ng with smoothi ng constant of 0.9	Absolute Forecast Error
Q1/2010	30								
Q2/2010	40								
Q3/2010	49								
Q4/2010	54								
Q1/2011	68								
Q2/2011	85								
Q3/2011	101								
Q4/2011	117								
Q1/2012									

토론사항

1. 2분기 이동평균법과 3분기 이동평균법을 이용하여 수요를 예측하라.
2. α=0.2, α=0.9일 경우의 지수평활법을 사용하여 각각 예측하라. 이때 1분기에 예측한 예측치를 1분기의 수요 수준과 같다고 가정하라.
3. 각 예측방법의 MAD를 계산하라. 이 결과를 통해 당신이 Alvin Ortega의 친구라면 어떤 방법을 추천하겠는가? 이유를 함께 설명하라.

3. Hammerstein University — 등록

해머타인 대학의 블레이크 서먼 총장은 자신의 대학의 생존을 우려하고 있었다. 미국 일리노이주는 몇 년 동안 재정 문제를 겪어 왔고, 최근 2년 동안 예산 통과에 문제가 있었다. 한 가지 문제는 학생들이 지난 몇 년간 받아 왔던, 주에서 지급하는 등록금을 받지 못했다는 것이다. 이 문제는 다음과 같은 여러 문제를 가져오게 되었다. (1) 국가 재원이 부족하여 학생 등록이 적었다. (2) 등록한 학생들은 학교에 남아있지 않으려 하였고, 중퇴율이 높아졌다. (3) 이러한 학생들의 지원을 위해 해머스타인 대학은 자체적으로 등록금 지원 프로그램을 확대 시행했다. 이러한 결과는 모두 해머스타인 대학의 재정에 영향을 미치고 있었다.

생존을 위한 방법은 어떻게 보면 간단하다. 학생 등록은 현재 학위 프로그램, 현재 수준으로 교직원을 지원하는 만큼 이루어져야 한다. 또한 건물을 수리하는 비용이나 운영비용이 남아 있으므로, 만약 입학 정원만큼 등록이 되지 않는다면 총장은 비용을 감축해야 한다. 또한 비용을 지불하지 않는 무료 학위 프로그램 등은 삭감되어야 하며, 이는 교수진에게 영향을 미칠 것이다.

또한 재정 위기로 인해 일부 스포츠 역시 중단될 수 있다. 총장은 이러한 다양한 형태의 감축 조치가 단기적으로는 재정 위기를 완화시킬 수 있지만, 이런 조치를 지속하게 된다면 장기적으로는 학생들의 등록을 더 감소시키고 계속된 하향 곡선을 그릴 수 있음을 우려하고 있다.

이에 총장은 지난 6학기 동안의 입학 정원 등록에 대한 자료를 받았으며, 이는 오른쪽 표에 있다. 총장은 현재의 재정 상황에서 학생들에 대한 손익분기점을 계산하도록 재정 담당 부총장인 리로이 하디에게 지시하였다. 또한 주정부가 학생들에게 학비 보조를 다시 제공하기 시작할 때의 손익분기점에 대한 계산도 지시하였다. 부총장은 이에 대해 3,265가 손익분기점이라고 밝혔으며, 주정부가 학비 보조를 제공한다면 3,000이 손익분기점이라고 이야기하였다.

총장은 2017년 가을에 대한 예측치를 아직 보고받지 못했으나, 과거 등록 현황을 살펴본 결과 결코 낙관적일 수 없었다. 2017년 봄 학기와 2016년도 가을 학기에 주정부가 학비 보조를 해주지 않는 경우의 손익분기점 이하의 학생들이 등록을 했기 때문이다. 총장은 2017년 가을 학기에 대한 추정치를 아직 받지 못했지만, 주정부가 학비 보조금을 주지 못한다면, 다른 대책을 마련해야 될 것이라고 생각하고 있다.

학기	등록자 수
2017 가을	
2017 봄	3,120
2016 가을	3,249
2016 봄	3,716
2015 가을	3,520
2015 봄	3,170
2014 가을	3,094

토론사항

1. 2017년 가을의 잠재 등록자를 최근 학기 중 세 학기의 가중이동평균법을 이용하여 계산하라. (최근 순으로 0.1, 0.3, 0.6을 사용하라). 2016년 봄학기부터 시작해 2017년 가을학기까지 계산해보라.
2. 2017년 가을의 잠재 등록자를 지수평활법으로 계산해보라. 2014년 가을의 예측치를 3,094라고 하고, α=0.2라고 가정한 뒤 문제를 풀어라. 1에서 풀이한 이동평균법과 2에서 풀이한 지수평활법 중 어떤 방법이 더 나은가? 그 이유는 무엇인가?
3. 주의 학비 보조금이 계속해서 지급되지 않을 경우, 어떤 예측이나 예측치가 손익분기점과 일치하거나 초과하는가? 일리노이주가 학비 보조금을 지급할 경우는 어떠한가? 이러한 상황에서 총장이 취해야 할 조치는 무엇인가?

미주

1. "Focus on Forecasting: Worst Practices in Business Forecasting," Analyticsmagazine.com; http://analytics-magazine.org/focus-on-forecasting-worst-practices-inbusiness-forecasting/
2. "How to Keep Fresh Products on the Shelves," SAS; http://www.sas.com/en_us/customers/forecasting-supply-chain-nestle.html#
3. O'Reilly, T., "Demand Forecasting Success Stories," Aptaris Insights, November 2016; https://goaptaris.com/demand-forecasting-success-stories/
4. The Institute for Supply Management's ISM Report On Business® is available at https://www.instituteforsupplymanagement.org/ISMReport/index.cfm?SSO=1
5. "ISM Report On Business® Frequently Asked Questions"; http://www.ism.ws/ISMReport/content.cfm?ItemNumber=10706&navItemNumber=12957
6. Hiiemaa, K., "In the Success Stories of H&M, Zara, Ikea and Walmart, Luck Is Not a Key Factor," ERPLY, March 18, 2016; https://erply.com/in-the-success-stories-of-hm-zara-ikea-and-walmart-luck-is-not-a-key-factor/
7. Nyugen, L., "Hatchimals Craze Causes Frustration as Demand Outstrips Supply," Canadian Press, November 25, 2016; http://globalnews.ca/news/3088222/hatchimals-craze-causes-frustration-as-demand-outstrips-supply/
8. "2016 Global Mobile Consumer Survey: US Edition," Deloitte; https://www2.deloitte.com/us/en/pages/technology-media-and-telecommunications/articles/globalmobile-consumer-survey-us-edition.html
9. "Technology: Why Google's Pixel Is More about Strategy than Smartphones," Knowledge@Wharton, November 15, 2016; http://knowledge.wharton.upenn.edu/article/googles-pixel-strategy-smartphones/
10. "2010 Eruptions of Eyjafjallajökull"; http://en.wikipedia.org/wiki/2010_eruptions_of_Eyjafjallajökull
11. "2010 Haitian Earthquake"; http://en.wikipedia.org/wiki/2010_Haiti_earthquake
12. "Hurricane Matthew"; https://en.wikipedia.org/wiki/Hurricane_Matthew
13. Lawrence, M., M. O'Conner, and B. Edmundson, "A Field Study of Forecasting Accuracy and Processes," *European Journal of Operational Research* 22(1), April 1, 2000: 151 – 160.
14. "2015 Forecasting Benchmark Study Highlights," Terra Technology; http://beetfusion.com/sites/default/files/Terra%20Technology%202015%20Forecasting%20Benchmark%20Study%20Highlights.pdf
15. "Supply Chain Management Terms and Glossary," Council of Supply Chain Management Professionals; http://cscmp.org/sites/default/files/user_uploads/resources/downloads/glossary-2013.pdf
16. Smith, L., "West Marine: A CPFR Success Story"; http://www.lomag-man.org/cpfr_industrie_achat_distribution/documentation_cpfr/WestMarineA_CPFRSuccStory-SupChManReManNet_an.pdf
17. J. Uchneat, "CPFR's Woes Not Related to Trust," Computerworld, July 22, 2002; www.computerworld.com/news/2002/story/0,11280,72834,00.html
18. "Supply Chain Collaboration," Demand Solutions; http://www.demandsolutions.com/collaborative-planning-cpfr-supply-chain-collaboration-software.html
19. "What Is the IBF? The Institute of Business Forecasting & Planning," Institute of Business Forecasting & Planning; https://ibf.org/index.cfm?fuseaction=showObjects&objectTypeID=4
20. "About the IIF," International Institute of Forecasting; http://forecasters.org/about/
21. "About ForPrin," Forecasting Principles; http://www.forecastingprinciples.com/index.php?option=com_content&view=article&id=34&Itemid=234#Objectives
22. Business Forecasting Blog; http://businessforecastblog.com/about/
23. No Hesitation: A Blog by Francis X. Diebold; http://fxdiebold.blogspot.com.au
24. Forecasting Pro: About Us; http://www.forecastpro.com/company/about/index.htm
25. John Galt the Forecast Xperts; http://www.forecastpro.com/company/about/index.htm
26. "Honeywell Safety Products Protects Customer Service with Better Forecasting," Forecast Pro; http://www.forecastpro.com/customers/success/honeywell.htm
27. "JustEnough: Company Overviews," JustEnough; http://www.justenough.com/about-us/
28. "JustEnough Restocks Strandbags' Stores with Fast-Moving Products, Reactively Replenishes Slower Items," JustEnough; http://www.justenough.com/resources/case-studies/strandbags/
29. "Ackermans: JustEnough Provides Visibility Into Premier Retailer's Stock Mix," JustEnough; http://www.justenough.

com/resources/case-studies/ackermans/

30. Avercast Supply Chain Software; http://www.avercast.com/

31. Avercast Customer Reviews; http://www.avercast.com/Reviews2.php

32. SAS Forecast Server Fact Sheet; https://www.sas.com/content/dam/SAS/en_us/doc/factsheet/sas-forecast-server-102236.pdf

33. "How to Keep Fresh Products on the Shelves," SAS; http://www.sas.com/en_us/customers/forecasting-supply-chain-nestle.html#

34. See afsi.com for more information.

35. Anonymous, "Angoss Software Corporation," Marketing Weekly News, July 14, 2012: 149.

36. Anonymous, "Computer Software—NetSuite Cloud Helps Accelerate Mailplus' Growth by 24 Percent," Marketing Weekly News, December 1, 2012: 208.

37. "Halo Releases Cloud-based Forecasting and Inventory Solution for Beverage Suppliers and Distributors," Halo Business Intelligence; https://halobi.com/2016/04/halo-releases-cloud-based-forecasting-and-inventory-solution-for-beverage-suppliersand-distributors/

3부 공급사슬관리의 운영 이슈

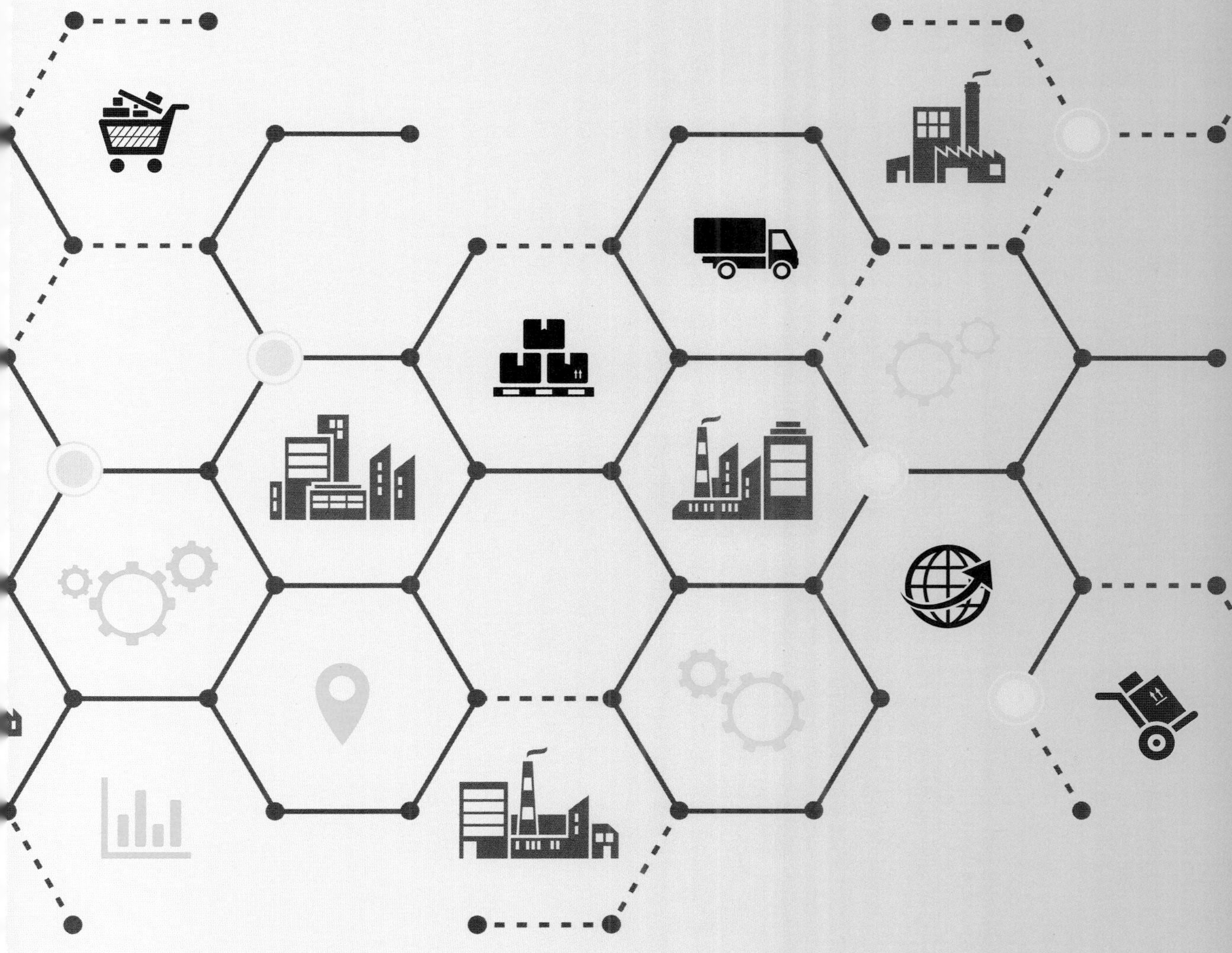

6장

자원계획시스템

RESOURCE PLANNING SYSTEMS

리더는 목적 완수를 위해 줄을 서 있는 사람들을 절대 잊어서는 안 된다. 그들에게 목적의식과 당신이 성취하고자 하는 임무에 대한 명확한 이해를 주기 위해 당신이 할 수 있는 모든 것을 하라. 그리고 그들이 당신의 신념을 공유하도록 하고, 그들이 그 일을 완수하기 위해 필요한 것을 가지고 있는가를 확인하라.

General Colin L. Powell, chairman of the Joint Chiefs of Staff, 1989–93[1]

내가 본 가장 큰 실수는 고객화를 통해 새로운 시스템에 나쁜 관행을 코드화하는 것이다. 구현 제품의 변경을 추진하기 전에 최고의 업계 관행에 기반한 시스템 및 프로세스의 효율성 향상을 찾아보라.

Patrick Pate, city manager, Manassas, Virginia[2]

아마도 우리의 성공의 가장 중요한 동인은 문화일 것이다. 우리는 근본적으로 성장 마인드에 기반을 둔 문화가 필요하다고 믿는다. 그것은 모든 사람이 성장하고 발전할 수 있다는 믿음에서 출발한다. 즉, 잠재력은 미리 결정된 것이 아니라 길러지고, 누구나 사고방식을 바꿀 수 있다.

Satya Nadella, chief executive officer, Microsoft[3]

학습목표

- 세 가지 총괄생산계획, 즉 추종전략, 평준화전략, 혼성전략을 이해한다.
- 자재계획(APP, MPS, MRP)과 능력계획(RRP, RCCP, CRP)을 사용하여 계층적 생산계획 과정을 설명한다.
- 약속가능량 계산, 자재소요계획 전개, 배송소요계획 집약 절차를 이해한다.
- 구식 자재소요계획 시스템의 한계를 이해하고 조직들이 통합적인 전사적자원관리 시스템으로 전환하는 이유를 이해한다.
- 전사적자원관리 시스템을 설명하고 그 장단점을 이해한다.
- 기능별 모듈형 ERP 솔루션과 단일 통합형 ERP 솔루션 구현을 설명한다.

ERP 소프트웨어, 승리를 위한 길

JGR(Joe Gibbs Racing)은 슈퍼볼팀인 워싱턴 레드스킨스의 전 코치인 조 깁스가 1991년에 창단한 레이싱팀이다. JGR은 1992년에 나스카(NASCAR)(전국 개조 자동차 경주 대회)에 처음 출전했으며 미국에서 매우 유명하고 성공적인 프로 스톡카(stock car)(경주차에 따른 모터 스포츠 분류 중 하나) 레이싱팀 중 하나이다. JGR은 13개의 레이싱팀으로, 나스카의 스프링컵 시리즈에 4대의 자동차, 그리고 나스카의 XFinity 시리즈에 3대의 자동차를 가지고 있다.

JGR은 40만 평방피트의 레이싱 숍에 약 560명의 종업원을 고용하고 있으며 자사의 경주용 스톡 자동차 전용 부품을 디자인하고 제조한다. JGR은 JobBOSS라는 작업 기반 ERP 시스템을 사용하여 비지니스 프로세스를 관리하며, 하루에 2교대씩 약 30대의 컴퓨터를 활용하여 운영 시스템을 제어하고 있다. JobBOSS는 회계, 수요예측, 스케줄링, 시퀀싱, 재고관리, 시간 추적 등을 포함하는 포괄적인 ERP 사업관리 시스템으로, 품질관리 및 고객관계관리와 같은 추가 솔루션을 포함하고 있다.

JGR의 JobBOSS 시스템은 생산 효율성 증진을 통해 기업의 지속적인 성공을 위해 중요한 역할을 하고 있다. 예를 들어 JobBOSS는 JGR이 부품과 공급품의 가용성을 실시간으로 예측하고, 재고와 용량을 관리하며, 생산일정을 잡으며, 전반적인 숍 플로우 생산성을 제어할 수 있게 함으로써 운영 효율성을 창출한다. 또한 JobBOSS는 긴급 작업을 쉽게 수행하는 데 필요한 숍 플로우의 시각적 작업물을 제공한다. JobBOSS 시스템은 JGR이 제조 혁신을 증가시키는 동시에 엔지니어가 제조비용을 추적하고, 향후 다른 대안과 비교를 통해 비용을 절감하는 데 기여하고 있다. JobBOSS 시스템은 엔지니어들이 납품 기한을 충족할 수 있는 제조 리드타임을 신속하게 결정할 수 있도록 도와주고 있다. 특히 경주용 자동차의 레이싱산업은 부품의 시의 적절한 대응 및 제조 리드타임을 신속하게 결정하는 것은 매우 중요한 의사결정 중의 하나이다.

JGR이 레이싱 산업에서 계속적으로 성공하는 데에는 양질의 자동차 부품을 적시에 생산하고, 차량을 트랙으로 운송하며, 중단 없이 성공적으로 경주에서 경쟁할 수 있게 해주는 작업 기반의 ERP 시스템의 효율성의 기여가 크다. JobBOSS는 작업 기반으로 설계되었기 때문에, JGR 엔지니어는 제품 원형을 개발하거나 새로운 부품의 설계 및 기존 작업의 수정을 쉽게 할 수 있다. ERP 시스템은 JGR의 운영을 프론트 오피스에서 숍 플로어로 간소화할 뿐만 아니라 경주용 자동차의 트랙 전달을 관리하는 데도 도움이 되고 있다.

최근 들어, JGR은 핵심 활동, 정보 및 이정표에 대한 실시간 가시성을 제공하기 위해 KnowledgeSync 이벤트 매니저라는 추가 모듈을 구현했다. 이 추가 기능은 지정된 간격에 따라 보고서를 자동적으로 발송할 수 있다. 예를 들어 품질관리 담당자는 특정 기계가 5개의 중요한 부품을 폐기했다는 통지 이메일을 받을 수 있으며, 주요 공급자에게 발송 지연을 알리는 등 외부로 통지를 보낼 수도 있다. 예외 보고서를 추출하는 데 귀중한 시간을 낭비하는 대신, 재고 부족에 대한 경고, 기회 누락, 직무 상태 변경 등을 자동으로 관련 직원에게 전송하도록 프로그래밍할 수 있다. JGR은 JobBOSS와 추가 모듈의 기능을 활용하여 빠른 성장을 촉진하고, 뛰어난 수준으로 자동차를 제조하고 레이싱을 계속하게 한다.[4]

개요

자원계획은 수요를 충족시키는 데 필요한 생산능력(capacity)을 결정하는 과정이다. 자원계획에서 생산능력이란 일정 기간 동안 한 조직이 처리할 수 있는 최대 부하를 말한다. 조직의 생산능력과 수요가 일치하지 않으면 자원을 충분하게 활용하지 못하거나 수요를 충족시키지 못하는 비효율이 발생한다. 자원계획의 목표는 생산능력과 수요 사이의 틈을 최소화하는 것이다.

생산능력에 맞추어 효율적으로 생산계획을 수립하는 일은 조직에서 매우 중요한 활동 중 한 가지이다. 조직이 재화와 용역의 생산을 위하여 자원을 효과적으로 활용하는 데 직접적으로 영향을 미치기 때문이다. 납기를 준수하고 낭비를 최소화하는 실효성 있는 생산일정계획과 생산능력계획을 수립하는 일은 복잡한 문제이다. 더 나은 생산일정계획에 대한 요구는 생산 관리자에게는 언제나 부닥치는 과제이며, 특히 오늘날의 치열한 글로벌 시장에서는 더욱 그러하다. 구매자와 공급자 사이에 협력적인 관계를 조성하면서 납기를 준수하고 낭비를 제거할 수 있도록 생산계획을 수립하는 일은 한 층 더 복잡해지고 있다. 이 문제는 통합적인 공급사슬에서는 더욱 더 복합적이다. 공급사슬의 한 단계에서 납기지연이나 품절이 일어나면 후속 단계들에 연쇄적으로 문제가 발생하여 **채찍현상**(bullwhip effect)이 증폭되고 전 공급사슬에 나쁜 결과가 나타난다.

생산 관리자는 생산능력과 산출 사이에 균형을 이루기 위하여 자원계획과 운영계획에 끊임없이 관여한다. 생산능력은 노동력(labor)이나 자재(materials) 또는 장비(equipment)로 표현할 수 있다. 생산능력이 지나치게 크면 작업자나 기계의 유휴에 따른 낭비로 인해 제품 단위당 생산 원가가 높아진다. 하지만 작업자나 기계에 과부하가 걸리면 품질이 나빠질 가능성이 있다. 기업들은 대체로 생산능력의 85% 수준에서 운영하는데 이것은 계획적인 수리 및 유지보수 작업을 위한 시간을 확보하거나 예상치 못한 수요 증가에 대비하기 위함이다.

이 장은 계층적인 생산계획 과정을 자재계획(materials planning)과 생산능력계획(capacity planning)으로 설명한다. 가상의 회사를 예로 들어 계층적 계획 과정을 보인다. 또한 자재소요계획에서 전사적자원관리 시스템으로 이어져 온 생산계획 및 통제 시스템의 진화도 다룬다. 이 장 시작 부분의 SCM PROFILE은 스톡카 레이싱 부분에서 ERP 시스템이 자동차 레이싱 자동차 기업의 경쟁력을 얼마나 성공적으로 강화시켜주고 있는지를 보여준다.

생산계획

생산계획은 보통 계층적이며 세 가지 범주, 즉 **장기**(long-range)·**중기**(intermediate or medium-range)·**단기**(short-range) **생산계획**(planning horizons)으로 나눌 수 있다. 세 가지의 구분 기준은 모호하지만 장기계획은 보통 1년 혹은 그 이상의 기간에 대한 계획을 의미하며, 상대적으로 더 일반적이고, 자원과 산출을 총괄적인 시간이나 단위로 표현한다. 중기계획의 기간은 일반적으로 6~18개월이며 단기계획은 기업의 유형이나 규모에 따라서 수일 또는 수주일을 그 기간으로 한다. 가장 먼저 장기계획이 수립되어 중기계획의 지침으로 사용되며, 중기계획은 단기계획의 지침이 된다. 장기계획은 대체로 생산능력에 대한 전략적 결정, 예컨대 새로운 시설의 건설이나 설비와 장비의 구입에 관한 결정을 다루는 반면 중기계획은 생산능력의 소규모 조절, 예컨대 고용수준의 조절을 다룬다. 단기계획은 가장 세부적이어서 주별, 일별 혹은 시간별로 생산할 최종제품과 그 양을 구체적으로 정한다.

〈그림 6-1〉은 계획기간과 사업계획이 각 단계를 거치면서 여러 가지 자재계획과 생산능력계획으로 점차 구체화·상세화되는 과정을 나타낸다. **총괄계획**(aggregate production plan: APP)은 장기적인 자재계획이다. 생산능력의 확장은 신규 설비의 건설이나 장비의 구입을 수반하므로 총괄계획 단계에서 생산능력은 계획기간 동안 일반적으로 고정된 것으로 간주한다. 총괄계획은 하나의 설비 전체에 대하여 총괄적인 산출률, 노동력 수준, 이용률과 재고, 그리고 필요하면 주문잔고 수준을 정한다. **기준생산계획**(master production schedule :MPS)은 중기계획으로 총괄계획보다 더 세부적인데, 최종제품의 기간별 생산량을 나타낸다. **자재소요계획**(material requirements plan: MRP)은 단기 자재계획이다. 자재소요계획은 기준생산계획을 실현하는 데 필요

〈그림 6-1〉 생산 계획 및 통제 시스템

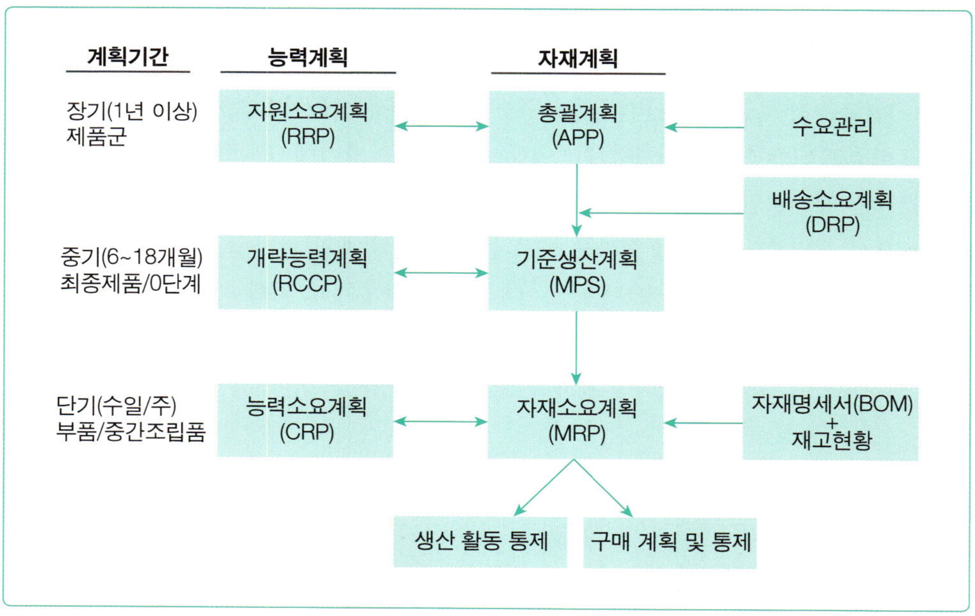

한 부속과 중간제품의 수량과 시점을 구하는 과정이다. 이것은 최종제품의 기준생산계획을 실천하는 데 필요한 부품의 양을 계산하여 그것들을 기간별로 할당하는 과정이다.

자재소요계획은 1960년대에 처음 개발되었다. 그 후 1980년대에 제조업체들에 많이 도입되고 컴퓨터 기술이 발전하면서 **제조자원계획**(manufacturing resource planning: MRP-II)으로 발전하였다. MRP-II는 MRP와 기준생산계획, 개략능력계획, 능력소요계획 그리고 다른 운영계획 소프트웨어 모듈을 결합한 것이다. MRP-II는 진화를 거듭해 결국 1990년대에 와서 **전사적자원관리**(enterprise resource planning: ERP) 시스템이 되었다.

배송소요계획(Distribution requirements planning: DRP)은 중앙공급창고나 배송센터로부터의 순배송요구량을 기간별로 할당한 것을 말한다. 이것은 총괄적인 기간별 순소요정보를 기준생산계획에 제공하여 생산계획과 배송계획을 연결한다.

총괄계획

총괄계획(APP)의 수립은 생산할 모든 제품의 연간 사업계획과 수요예측을 하나의 생산계획으로 전환하는 계층적 과정이다. 〈그림 6-1〉에 나타난 바와 같이, 수요관리 단계에서는 수요예측과 고객의 주문, 특별 판촉계획, 그리고 안전재고 요구량을 토대로 총괄수요를 결정한다. 이렇게 결정된 총괄수요에 따라서 이용률(utilization), 생산율, 노동력 수준, 재고와 주문잔고 등을 총괄적으로 결정한다. 총괄계획은 보통 제품군별로 세운다. 한 **제품군**(product family)은 유사한 특성이나 부속 혹은 생산공정을 공유하는 제품들로 구성된다. 예를 들면, ATV(all-terrain-vehicle)(거친 비포장 도로도 잘 달리는 오락용 탈 것) 제조회사가 자동변속형 및 수동변속형을 생산하는 경우 이 두 가지를 하나의 제품군으로 묶을 수 있다. 이 두 가지 ATV는 단지 변속기 옵션에서만 차이가 나고 생산공정이나 소요자재 등에서는 매우 유사할 것이기 때문이다.

총괄계획에서 계획기간은 보통 최소한 1년은 되고 분기마다 3개월씩 연장한다. 이렇게 함으로써 생산능력 소요량을 항상 최소한 1년 전에 산정할 수 있다. 총괄계획 단계에서 받아들인 수요예측 정보를 제품별로 풀어서 장기 사업계획을 중기계획인 기준생산계획으로 연결한다. 총괄계획의 목적은 재무 및 제조상의 제약 내에서 기간별 판매계획에 차질이 없게 충분한 양의 제품을 제공하는 것이다.

총괄계획 단계에서 고려하는 비용에는 재고비용, 가동준비비용, 기계운영비용, 채용비용, 해고비용, 훈련비용, 잔업비용, 그리고 첨두수요를 충족하기 위하여 사용하는 파트타임이나 일시적 근로자와 관련한 비용 등이 있다. 기업이 총괄계획을 세울 때 사용하는 세 가지 기본적인 전략으로 추종전략, 평준화전략, 혼성전략이 있다. 〈예제 6-1〉이 자세한 총괄계획의 예를 보여준다.

〈예제 6-1〉 ATV사의 총괄계획

ATV사는 세 가지 모델의 ATV를 생산한다. 모델 A는 0.4리터 엔진, 모델 B는 0.5리터 엔진, 그리고 모델 C는 0.6리터 엔진을 사용한다. 이 회사의 총괄계획은 이 세 가지 모델에 대하여 12개월에 걸친 월별 생산량과 노동력 수준을 모델을 구별하지 않고 뭉뚱그려 결정한다. 〈표 6-1〉은 1월의 기초재고가 100대(모델 A와 B는 각각 30대, 모델 C는 40대)이며 12월 말의 재고 목표는 140대인 것으로 가정하고 세운 1월부터 12월까지의 총괄계획이다. 차량 한 대를 생산하기 위하여 평균적으로 8인·시(man-hour: MH)가 소요되며 한 작업자는 월 평균 160시간(8시간/일 × 5일/주 × 4주/월) 작업한다. 〈표 6-1〉에서 12월에 필요한 1,120시간에는 1월의 기초재고 100대와 12월 말의 재고의 차이인 40대를 생산하는 데 필요한 시간(8시간 × 40대=320시간)은 포함되지 않는다.

〈표 6-1〉의 마지막 열(투입 계획량)은 핵심 노동력은 10명으로 최소로 유지하고 높은 계절적 수요 증가는 잔업과 하청으로 처리하려는 계획을 보여주는데, 이것은 전형적인 경우이다.

〈표 6-1〉 ATV사의 총괄계획

기간	수요예측 (대)	생산능력(작업시간)	
		소요량 (시간)	투입 계획량
1월	120	960	10명
2월	100	800	10명
3월	300	2,400	12명 + 잔업
4월	460	3,680	18명 + 잔업
5월	600	4,800	25명 + 잔업
6월	700	5,600	25명 + 잔업 + 하청생산
7월	760	6,080	25명 + 잔업 + 하청생산
8월	640	5,120	25명 + 잔업
9월	580	4,640	25명 + 잔업
10월	400	3,200	20명
11월	200	1,600	10명
12월	140	1,120	10명
합계	5,000	40,000	

추종전략

순수 **추종전략**(chase production strategy)에서는 기간별로 생산능력을 수요에 맞춘다. 근로자를 채용하거나 해고하면서 생산율을 수요와 일치시킨다. 따라서 월별 노동력은 변동하지만 완제품 재고는 일정하다. 〈예제 6-1〉의 자료를 이용하여 추종전략에 따라 작성한 총괄계획이 〈표 6-2〉에 주어져 있다. ATV사는 1월에 6명을 투입하여 120대를 생산하고 2월에는 1명을 임시해고하고 100대를 생산한다. 3월에는 10명을 채용하여야 300대를 생산할 수 있고 4월에는 추가로 8명을 채용하여야 한다. 이렇게 채용과 해고를 통하여 수요를 충족시킨다. 12월에는 비록 수요가 140대에 불과하지만 180대를 생산하여 기말재고 목표 140대를 확보한다.

〈표 6-2〉 추종전략의 예

기간	수요예측 (대)	생산량 (대)	생산능력(노동력)		기말재고 (대)
			시간	인원	
1월	120	120	960	6	100
2월	100	100	800	5	100
3월	300	300	2,400	15	100
4월	460	460	3,680	23	100
5월	600	600	4,800	30	100
6월	700	700	5,600	35	100
7월	760	760	6,080	38	100
8월	640	640	5,120	32	100
9월	580	580	4,640	29	100
10월	400	400	3,200	20	100
11월	200	200	1,600	10	100
12월	140 + 40	180	1,120 + 320	9	140
합계	5,040	5,040	40,320	252	

이 전략은 근로자의 사기에 악영향을 줄 것이 뻔하고, 근로자들의 채용과 해고 및 훈련이 쉽다고 가정하고 있다. 추종전략에서는 기간별 재고가 일정하고 노동력이 변동한다. 〈그림 6-2〉를 보면 생산량은 수요와 정확하게 일치하고 재고는 일정하게 100대로 유지되다가 12월에 40대 증가한다. 추종생산전략을 채택하면 채용·훈련·해고에 따른 비용이 원가의 상당한 부분을 차지할 수 있다.

이 전략은 **주문생산**(Make-To-Order: MTO)업체에게 적합한데, 이런 업체의 경우 완제품 재고

〈그림 6-2〉 추종전략에서의 일정한 재고

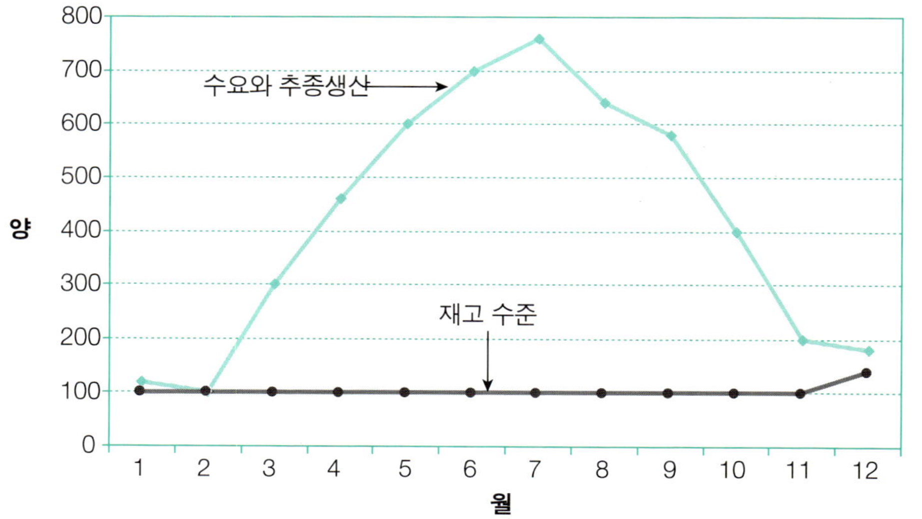

로 수요변동에 대처할 수 없기 때문이다. 주문생산업체는 일반적으로 고객의 요구 사양에 따라 독특한 제품을 만든다. 따라서 주문을 받기 전에는 고객이 원하는 제품의 사양을 알 수 없고 그렇기 때문에 미리 완제품을 만들어 놓을 수 없다. 주문생산 제품을 생산하는 데는 일반적으로 주문마다 사양이 다르므로 범용 장비를 사용하여 독특한 제품을 만들 수 있는 숙련된 인력이 필요하다. 추종전략은 비숙련 노동자가 필요한 경우에 적합하지만 숙련 노동자가 필요한 경우, 특히 그런 노동자를 구하기 어려울 때는 문제가 있다.

평준화전략

순수 **평준화전략**(level production strategy)은 산출률과 생산능력은 일정하게 유지하지만 재고 또는 주문잔고를 변동시키면서 수요 변동에 대처한다. 즉, 노동력 수준은 일정하게 유지하면서 재고 또는 주문잔고를 변동시키면서 수요를 충족한다. 평준화전략은 생산능력과 생산율을 일정하게 유지하므로 고숙련 노동력이 필요한 경우에 더 적합하다. 이 전략은 추종전략에 비하여 노동력의 생산성이나 사기가 더 높을 가능성이 있다. 〈예제 6-1〉의 자료를 다시 사용하면, 순수 평준화전략의 경우 월간 생산계획량은 420대[=(5,000연간수요−100연초재고+140연말재고)/12개월]이다. 따라서 필요 인원은 〈표 6-3〉에 나타난 바와 같이 일정하게 21명(420대×8시간/대×160시간/인)이다.

누적수요가 누적생산량보다 적을 때에는 재고가 늘어나며 그 반대의 경우(8월에서 11월

〈표 6-3〉 평준화전략의 예

기간	수요예측 (대)	생산량 (대)	생산능력(노동력)		기말재고/잔량 (대)
			시간	인원	
1월	120	420	3,360	21	400
2월	100	420	3,360	21	720
3월	300	420	3,360	21	840
4월	460	420	3,360	21	800
5월	600	420	3,360	21	620
6월	700	420	3,360	21	340
7월	760	420	3,360	21	0
8월	640	420	3,360	21	(220)
9월	580	420	3,360	21	(380)
10월	400	420	3,360	21	(360)
11월	200	420	3,360	21	(140)
12월	140+40	420	3,360	21	140
합계	5,040	5,040	40,320	252	

〈그림 6-3〉 평준화전략에서의 재고/주문잔고의 변동

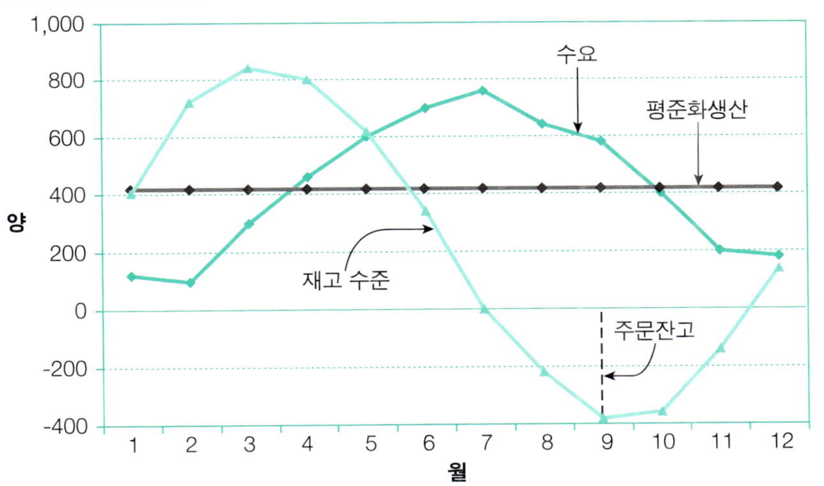

사이)에는 주문잔고를 통하여 수요를 처리한다. 〈그림 6-3〉에서는 노동력과 생산능력은 일정하지만 재고와 주문잔고가 변동하는 평준화전략의 특징을 보여준다. 평준화전략에서는 재고유지비용과 품절비용이 주요 비용 요소이다. 이 전략은 **재고생산**(Make-To-Stock: MTS)업체에 적합하다. 재고생산전략을 사용하는 업체들은 주문생산업체와 달리 표준제품을 상대적으로 저렴한 가격에 수요 발생 시 즉시 납품하는 것을 중요시한다. 따라서 이 전략은 거래선이 낮은 가격으로 기성품을 원하는 경우에 택하기에 적합하다. 고숙련 노동이 필요하고 그런 노동자가 귀한 경우에 평준화생산전략이 효과적이다.

혼성전략

순수 추종전략이나 순수 평준화전략 대신에 이 둘을 적당히 섞은 **혼성전략**(mixed production strategy)을 사용하는 기업이 많다. 이 전략은 핵심 노동력은 가능하면 안정적으로 유지하면서 잔업, 추가 교대, 하청, 파트타임이나 임시근로자 활용 등과 같은 단기적 수단을 통하여 수요의 변동에 대처한다. 혼성전략을 사용하는 업체들은 일반적으로 비수요기에는 예방보전을 실시하거나, 유사한 자원을 필요로 하면서 수요 사이클이 보완적인 제품을 생산하거나 성수기를 대비하여 재고를 비축한다.

예를 들면, ATV 제조업체는 비수기인 겨울에는 설(雪)상차량을 생산함으로써 일정한 작업량을 유지한다. 〈표 6-1〉에서 '투입 계획량'으로 칭한 열은 혼성전략인데 회사는 최소 핵심인력은 10명으로 유지하려고 애쓰고 있으며 성수기나 첨두수요기에도 25명 이상의 고용은 피하려 하고 있다. 25명보다 많이 고용하면 부속 확보나 기계 등 다른 생산능력 요소에 과도한 부하를 초래할 수도 있다. 혼성전략은 이러한 어려움을 피하기 위하여 성수기에는 잔업과 하청생산과 같은 수단을 사용한다. 노동력이 유일한 제약조건이라면 성수기에는 오히려 더 많은 인원을 채용하여 추가 교대조를 편성하여 대처할 수 있다. 여러 가지의 저가 주문생산 제품을 취급하는 업체의 경우 이런 전략을 사용하여 품절과 납기를 최소화할 수 있다.

기준생산계획

기준생산계획(master production schedule: MPS)은 총괄계획을 기간별 및 최종제품별로 분해한 계획이다. 이것은 총괄계획보다는 상대적으로 더 세부적인 계획이다. MPS의 계획기간은 총괄계획에 비해 짧지만 제품의 생산 리드타임보다는 길다. 그렇지 않으면 기준생산계획 기간 내에 해당 제품의 생산을 완료할 수 없기 때문이다.

한 예로 ATV사의 1월과 2월의 총괄계획을 분해하여 구한 기준생산계획인 〈표 6-4〉를 보자. 이 계획은 각 모델의 주별 생산량을 보여준다. 주별 기준생산계획량의 합은 해당 월의 총괄생산계획량과 같다. 예를 들면, 〈표 6-4〉의 1월과 2월의 경우 모든 모델의 MPS량(세 모델의 양은 각각 80, 80, 60임)의 합은 각 월의 APP량인 120대와 100대의 합과 일치한다. 기준생산계획은 총괄계획을 주별, 모델별로 상세하게 분해하여 산출량을 보여준다.

〈표 6-4〉 ATV사의 1월과 2월의 기준생산계획

기간	총괄생산계획	A모델	B모델	C모델
1월 첫째 주	120대	10	10	10
1월 둘째 주		10	10	10
1월 셋째 주		20	0	10
1월 넷째 주		0	20	10
2월 첫째 주	100대	20	0	0
2월 둘째 주		0	20	0
2월 셋째 주		0	0	20
2월 넷째 주		20	20	0
합계	220대	80	80	60

서비스산업에서는 일정 기간 동안 숙련 인력을 수요에 맞추어 배정한 예약대장이나 스케줄링 소프트웨어가 바로 기준생산계획에 해당된다. 기준생산계획(예약대장)은 인력이나 장비에 업무 부하가 과도하게 걸리지 않도록 하기 위해 동원 가능한 능력 이내에서 예약을 받는다. 기업은 최적 일정계획에 도달할 때까지 예약을 추가하거나 갱신한다. 병원에서 환자 예약스케줄링 소프트웨어를 사용하여 예약을 받는 것이 한 예이다.

기준생산계획 시간구획

기준생산계획은 제품별로 모든 수요를 충족시키기 위하여 필요한 생산량이며 기간별 소요량을 계산하는 데 기초가 된다. 자재소요계획은 기준생산계획을 이용하여 부속(component)과 중간조립품(subassembly)의 소요량을 계산한다. 기준생산계획이 자주 바뀌면 비용이 증가하고 시스템불안이 발생할 수 있다.

시스템불안(system nervousness)이란 상위 계획의 작은 변화가 하위 계획에 큰 변화를 초래하는 현상이라고 정의할 수 있다. 예를 들면, 동네 의원의 경우 이미 예약이 꽉 차버렸을 가능성이 높기 때문에 추가로 예약을 접수하기가 매우 어렵다. 이때 만약 응급환자가 발생하여 급하게 진료가 필요하면 다른 환자의 예약을 연기시키든가 아니면 의사가 퇴근을 늦추어야 할 것이다. 하지만 앞으로 충분한 시간 후에 진료해도 괜찮은 환자는 예약을 받기가 훨씬 쉽다.

시스템불안은 제조업체에 심각한 문제를 야기할 수 있다. 예를 들어 ATV사의 1월 생산계획량이 둘째 주에 갑자기 두 배로 늘어나면 이 회사는 자재 구입주문이나 완제품 생산지시를 긴급히 수정하여야 할 것이며 이는 회사 내부뿐만 아니라 공급사슬상의 다른 관련 업체들에게도 많은 문제를 연쇄적으로 야기할 것이다. 이러한 급작스런 변경은 납기지연을 초래할 가능성이 높다. 기업은 자재를 구매하여 완제품으로 생산하는 데 충분한 리드타임이 필요하다. 제조 리드타임이 긴 경우나 생산 로트가 큰 경우에는 특히 그렇다.

이 문제에 대처하기 위해 많은 기업은 **시간구획시스템**(time fence system)을 사용한다. 시간구획 시스템은 계획기간을 확정구간과 잠정구간으로 나눈다. 확정구간은 **수요구간**(demand time fence)이라고도 알려져 있는데 보통 현 기간으로부터 앞으로 몇 주간이다. 일반적으로 확정구간의 생산계획 또는 기준생산계획은 고위경영층의 허가 없이는 변경될 수 없도록 명시된다. 잠정구간은 **계획구간**(planning time fence)이라고도 하는데 일반적으로 확정구간 다음 몇 주간이다. 잠정구간은 일반적으로 확정구간보다 길며, 생산계획 담당자가 상황의 변화에 따라서 기준생산계획을 수정할 수 있는 시간적 여유를 준다. 계획구간 이후의 기간에 대하여서는 기존의 주문정책 및 계획정책에 따라서 기준생산계획량을 생산계획 시스템이 자동으로 잡을 수 있다.

약속가능량

기준생산계획은 개별 최종제품의 기간별 생산량과 더불어 특정 기간에 납품되어야 할 주문을 받아들여도 될지 판단하는 데 결정적으로 중요한 정보를 제공한다. 이 정보는 고객이 제품을 구매하여 다른 곳에 납품하여야 하는 경우에 특히 중요하다. 이 정보는 **약속가능량**(available-to-promise quantities: ATP)이라고 불리며 기업의 생산계획량 중 납품처가 아직 결정되지 않은 부분이다. 이것은 기업이 기준생산계획에 따라서 생산하려고 계획한 양과 그 기업이 고객에게 납품하려고 확정한 양과의 차이이다. 생산계획 담당자나 영업 담당자는 약속가능량 정보를 이용하여 새로 들어온 주문의 주문량이나 납기를 고객과 신속하게 협의할 수 있으며 이미 주문을 확정한 고객이 주문을 변경하고자 할 때에도 신속히 응답할 수 있다. 약속가능량을 계산하는 세 가지 기본적인 방법은 개별 약속가능량, 미래를 고려하지 않는 누적 약속가능량, 그리고 미래를 고려한 누적 약속가능량이다. 여기서는 개별 약속가능량(ATP:D) 계산법만 설명하기로 하고 나머지 두 가지에 대해서는 참고문헌만 소개한다.[5]

〈표 6-5〉에 제시된 ATV사의 1월과 2월의 각 모델의 기준생산계획을 사용하여 개별 약속가능량을 계산하는 방법을 설명한다. 1월과 2월에는 각각 4주가 있다고 가정하고 이들을 주 1~8로 표기한다. 기준생산계획 행은 〈표 6-4〉의 기준생산계획으로부터 구한 기간별 생산계획량이다. 'BI'로 표시된 수량은 주 1, 즉 1월 첫 주의 기초재고량이다. 확정 고객 주문(CCO) 행은 이미 고객에게 약속한 양이다. 그리고 개별 약속가능량은 아직 고객에게 할당되지 않고 남아 있는 양이다.

〈표 6-5〉 ATV사의 1월과 2월의 개별 약속가능량

	주							
	1	2	3	4	5	6	7	8
모델 A: 0.4리터 엔진								
기준생산계획 BI=30	10	10	20	0	20	0	0	20
확정 고객 주문	10	0	28	0	0	20	0	10
개별 약속가능량	30	2	0	0	0	0	0	10
모델 B: 0.5리터 엔진								
기준생산계획 BI=30	10	10	0	20	0	20	0	20
확정 고객 주문	20	10	7	0	0	20	18	0
개별 약속가능량	13	0	0	2	0	0	0	20
모델 C: 0.6리터 엔진								
기준생산계획 BI=40	10	10	10	10	0	0	20	0
확정 고객 주문	20	10	0	0	0	10	0	15
개별 약속가능량	30	0	10	0	0	0	5	0

개별 약속가능량(ATP:D) 계산 절차

개별 ATP는 다음과 같이 계산한다.

1. 첫 기간의 약속가능량은 기초재고(BI)에 기준생산계획을 더한 값에서 다음 기준생산계획이 잡힌 기간 직전 기간까지의 모든 기간의 확정 고객 주문량을 뺀 값이다.
2. 모든 후속 기간에 대해서는 다음과 같은 두 가지가 가능하다.
   a. 기준생산계획이 잡혀 있지 않으면, 즉 0인 경우: 약속가능량은 0이다.
   b. 기준생산계획이 양인 경우: 해당 기간의 기준생산계획량 값에서 그 기간부터 다음 기준생산계획이 잡힌 기간 직전 기간까지 모든 기간의 확정 고객 주문량을 빼고 남은 양이 약속가능량이다.
3. 약속가능량이 음이면 이 값만큼을 직전 기간에서부터 시작하여 이전의 기간들로 거슬러 올라가면서 양인 약속가능량에서 뺀다.

계산 오류를 간단하게 검사하는 방법은 다음과 같다. 모든 기준생산계획과 기초재고량을 합한 값이 모든 확정주문량과 약속가능량을 합한 값과 다르면 계산이 틀린 것이다. 이 절차를 사용하여 〈표 6-5〉의 개별 약속가능량을 계산하면 다음과 같다.

모델 A

1. $ATP_1 = BI + MPS_1 - CCO_1 = 30 + 10 - 10 = 30$
2. $ATP_2 = MPS_2 - CCO_2 = 10 - 0 =10$
3. $ATP_3 = MPS_3 - CCO_3 - CCO_4 = 20 - 28 - 0 = -8$ (ATP_2로부터 8대 사용할 필요가 있음)

   $ATP_2 = 10 - 8 = 2$, $ATP_3 = -8 + 8 = 0$으로 수정.
4. $ATP_4 = 0$ (MPS 없음)
5. $ATP_5 = MPS_5 - CCO_5 - CCO_6 - CCO_7 = 20 - 0 - 20 - 0 = 0$
6. $ATP_6 = 0$ (MPS 없음)
7. $ATP_7 = 0$ (MPS 없음)
8. $ATP_8 = MPS_8 - CCO_8 = 20 - 10 = 10$

기초재고(BI)와 8기간 동안의 총기준생산계획량을 합하면 110대이고 또한 같은 기간 동안 모든 확정주문량(CCO)과 약속가능량을 합하면 110대이므로 명백한 계산 오류는 없다. 이 계산 결과를 보면 모델 A는 1월 제1주부터 그 이후 기간에 대해 30대, 제2주부터 그 이후 기간에 대해 추가로 2대, 제8주부터는 그 이후 기간에 대해 또 추가로 10대를 납품할 수 있다고 약속할 수 있다. 8주간 총약속가능량 42대는 기초재고와 동 기간 동안의 총기준생산량의 합(110대)에서 동 기간 동안의 총확정주문량(68대)를 뺀 값과 같다. 또한 제6주에는 기준생산량이 0이지만 확정주문 20대가 여전히 가능한데 이것은 이전 기간들의 기준생산량 가운데 그만큼이 아직 아무에게도 납품되기로 확정되지 않았기 때문이다.

모델 B

1. $ATP_1 = BI + MPS_1 - CCO_1 = 30 + 10 - 20 = 20$
2. $ATP_2 = MPS_2 - CCO_2 - CCO_3 = 10 - 10 - 7 = -7$ (ATP_1 중에서 7대를 사용할 필요가 있음)

   $ATP_1 = 20 - 7 = 13$, $ATP_2 = -7 + 7 = 0$으로 수정
3. $ATP_3 = 0$ (MPS 없음)
4. $ATP_4 = MPS_4 - CCO_4 - CCO_5 = 20 - 0 - 0 = 20$
5. $ATP_5 = 0$ (MPS 없음)
6. $ATP_6 = MPS_6 - CC0_6 - CCO_7 = 20 - 20 - 18 = -18$ ($ATP_5 = 0$이므로 ATP_4 에서 18대 사용할 필요 있음)

   $ATP_4 = 20 - 18 = 2$, $ATP_6 = -18 + 18 = 0$으로 수정
7. $ATP_7 = 0$ (MPS 없음)

8. $ATP_8 = MPS_8 - CCO_8 = 20 - 0 = 20$

검산해보면, 기초재고와 8주간의 기준생산량의 합이 110대이고 8주간의 총확정주문량과 약속가능량도 110대이므로 명백한 오류는 없다. 계산 결과를 보면 모델 B는 제1주부터 그 이후 기간에 대해 13대, 제4주부터 그 이후 기간에 대해 추가로 2대, 제8주부터 그 이후 기간에 대해 또 추가로 20대를 납품 약속할 수 있다. 8주간의 약속가능량 35대는 초기재고와 총기준생산량의 합 110대에서 동 기간의 총확정주문량 75대를 뺀 값과 같다. 제7주의 확정주문량 18대는 비록 그 주에 계획된 기준생산량이 없어도 충족할 수 있는데, 이전 주들의 기준생산량 중에서 확정되지 않은 18대가 있기 때문이다.

모델 C

1. $ATP_1 = BI + MPS_1 - CCO_1 = 40 + 10 - 20 = 30$
2. $ATP_2 = MPS_2 - CCO_2 = 10 - 10 = 0$
3. $ATP_3 = MPS_3 - CCO_3 = 10 - 0 = 10$
4. $ATP_4 = MPS_4 - CCO_4 - CCO_5 - CCO_6 = 10 - 0 - 0 - 10 = 0$
5. $ATP_5 = 0$ (MPS 없음)
6. $ATP_6 = 0$ (MPS 없음)
7. $ATP_7 = MPS_7 - CC0_7 - CCO_8 = 20 - 0 - 15 = 5$
8. $ATP_8 = 0$ (MPS 없음)

기초재고와 8주 동안의 총기준생산량의 합을 구하면 100대이고 총확정주문량과 약속가능량도 100대이다. 그래서 뻔한 실수는 없어 보인다. 계산 결과를 보면, 모델 C ATV는 1월 제1주부터 그 이후 기간에 대해 30대, 제3주부터 그 이후 기간에 대해 추가 10대, 그리고 제7주부터 그 이후 기간에 대해 추가 5대를 납품 약속할 수 있다. 8주 동안의 총약속가능량 45대는 기초재고와 총기준생산량의 합 100대와 총확정주문량 55대의 차이와 같다.

납품이 약속되지 않은 총생산량은 총기준생산량에서 총확정주문량을 빼면 쉽게 구할 수 있지만 그 총량의 기간별 분포에 대한 정보는 없다. 이 때문에 약속가능량은 반드시 여기서 보인 바와 같이 결정되어야 한다. 이 정보를 이용하면 기준생산계획 담당자나 영업사원은 특정 기간까지 납품되어야 할 주문에 대해 그 납품 가능 여부를 즉시 판단할 수 있다. 수요 변동에 즉각적으로 대응하고 납기를 준수하는 능력은 공급사슬이 갖추어야 할 필수 요건이며 여기서 다룬 도구는 고객의 요구를 효과적으로 충족시키는 데 매우 유용하다. 공급사슬에서 속도와 유연성은 고객서비스에 영향을 미친다. 기준생산계획과 약속가능량 정보의 효과적 사용은 공급사슬에서 제품이 고객의 손에 들어가기까지 거치는 모든 단계에 걸쳐서 속도와 유연성을 유지하는 데 필수적이다.

자재명세서

자재명제서(bill of materials: BOM)는 최종 품목을 구성하는 모든 부속(component)과 조립품(assembly)을 나타내는 목록으로서 기술 문서이다. 〈그림 6-4〉는 ATV의 다단계 자재명세서이다. 이것은 품목들 간에 존재하는 상위품목(parent)–부속 관계와 상위품목 한 단위를 만드는 데 필요한 각 부속의 정확한 사용량을 보여준다. 예를 들면, 'engine assembly'는 'engine block'의 직 상위품목이고 역으로 'engine block'은 'engine assembly'의 부속이다. '24inch solid steel bar'는 '6inch steel bar'와 '12inch steel bar'에 쓰이는 공용부속이다. 또한 하나의 'piston assembly'를 만들기 위해서는 4개의 'connecting rods'가 필요함을 나타내고 있다. 한 대의 ATV를 만들기 위하여서는 4개의 'piston subassembly'가 필요하고 1개의 'piston subassembly'에는 3개의 'piston ring'이 필요하므로 한 대의 ATV를 만들기 위해서는 12개의 'piston ring'이 필요함을 알 수 있다.

자재명세서는 다단계로 표시되는데 단계 0에서 시작한다. 자재명세서의 하위 구성요소로 내려갈수록 단계번호는 증가한다. 단계 0은 최종제품으로 독립수요(independent demand) 제품이다. 이 예에서는 완성된 ATV가 이것에 해당한다. 독립수요는 추세와 계절적 변동과 전

〈그림 6-4〉 ATV사의 자재명세서

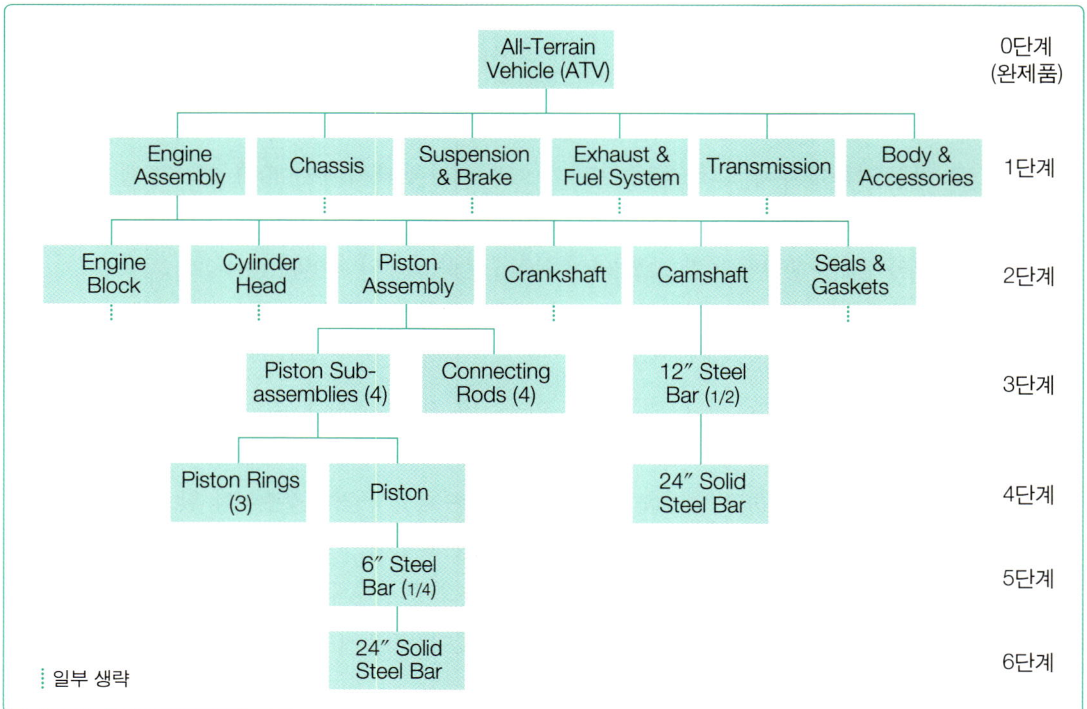

반적인 시장 상황에 좌우된다. 0단계의 총소요량은 기준생산계획에서 온다. (ATV사의 예에서는 〈표 6-4〉가 MPS이다.) 다음 단계는 1단계인데 ATV 한 대를 최종적으로 조립하는 데 필요한 모든 부속과 중간조립품(subassembly)으로 구성되어 있다. 1단계 부속과 중간조립품의 소요량은 0단계인 ATV의 수요로부터 계산한다. 그러므로 1단계와 그 이하 단계에 속하는 모든 항목의 소요량은 종속수요(dependent demand)라고 부른다. 예를 들어 ATV를 조립하는 데 들어가는 engine assembly, chassis, suspension and brake, transmission는 종속수요 항목이다. 하지만 동일한 부속이나 중간조립품들도 고객에게 수리 부속으로 팔리는 경우는 독립수요 항목이다.

다단계 BOM은 〈표 6-6〉과 같이 톱니식 BOM(indented BOM)으로도 나타낼 수 있다. 톱니가 한 단계씩 안으로 들어갈 때마다 단계 번호가 1씩 증가한다. 〈표 6-6〉의 톱니식 BOM은 〈그림 6-4〉의 다단계 BOM을 반시계 방향으로 90도 회전시킨 것으로 볼 수도 있다.

〈표 6-6〉 ATV사의 톱니식 자재명세서

부품명	단계	사용량
Engine assembly	1	1
Engine block (components not shown)	2	1
Cylinder head (components not shown)	2	1
Piston assembly	2	1
Piston subassembly	3	4
Piston rings	4	3
Pistons	4	1
6-inch steel bar	5	1/4
24-inch solid steel bar	6	1
Connecting rods	3	4
Crankshaft (components not shown)	2	1
Camshaft	2	1
12-inch steel bar	3	1/2
24-inch solid steel bar	4	1
Seals and gaskets (components not shown)	2	1
Chassis (components not shown)	1	1
Suspension and brake (components not shown)	1	1
Exhaust and fuel system (components not shown)	1	1
Transmission (components not shown)	1	1
Body and accessories (components not shown)	1	1

〈그림 6-5〉 ATV사의 슈퍼 자재명세서

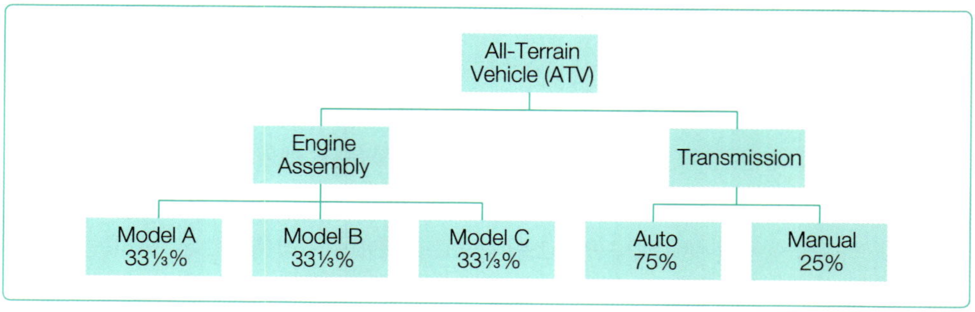

또 다른 형태의 자재명세서로 **슈퍼 자재명세서**(super bill of materials)가 있는데 이것은 계획 목적에 유용하다. 이것은 계획 자재명세서(planning BOM), 유령 자재명세서(phantom BOM), 또는 족 자재명세서(family BOM)로도 불린다. 〈그림 6-4〉의 ATV사의 자재명세서를 예로 들면 배기량이 서로 다른 엔진과 변속장치 선택사양이 있는 일군의 ATV들(즉 다른 모델들)을 나타내기 위하여 단순화된 제품구성도를 그릴 수 있다. 사용량 대신 각 선택사양의 사용 비율을 표시한다. 〈그림 6-5〉를 보면 ATV는 모델 A, B, C가 각각 $33\frac{1}{3}$%씩임을 알 수 있고, 변속장치는 자동식이 75%이며 수동식이 나머지 25%임을 알 수 있다. 그러므로 ATV사의 1월 생산계획량 120대는 세 가지 모델을 각각 40대씩 생산함을 의미한다(표 6-4 참조). 마찬가지로 120대의 75%인 90대는 자동변속 차량이며 나머지 30대는 수동변속 차량임을 알 수 있다.

슈퍼 자재명세서를 이용하면 이 회사가 전체 ATV 수요를 예측하고 개별 모델과 변속장치별 차량의 대수는 계산할 수 있으므로 개별 선택사양별로 예측을 하지 않아도 된다. 이리하여 계획된 생산을 수행하기 위하여 필요한 부속들의 수량을 즉시 알 수 있을 뿐만 아니라 기준생산계획의 수를 줄인다. ATV사의 예를 보면 모델별, 선택사양별로 기준생산계획을 구하는 대신 한 개 군의 기준생산계획을 구하므로 6(3×2)개의 기준생산계획이 한 개의 기준생산계획으로 줄어든다.

각 선택사양의 정확한 비율을 모를 때에는 불확실성을 감안하여 약간씩 높게 잡을 수 있다. 예를 들면, ATV사는 자동변속장치와 수동변속장치의 비율을 각각 78%와 27%로 올릴 수 있다. 이렇게 하면 결국 이 회사는 불확실성에 대비하여 생산계획량을 5% 늘리는 셈이다. 이렇게 생산계획량을 늘려 잡는 것을 **선택사양 과계획**(option overplanning)이라고 부른다.

자재소요계획

〈그림 6-4〉의 ATV 자재명세서가 보여주듯이 **종속수요**(dependent demand)라는 용어는 최

종제품의 **독립수요**(independent demand)에 따라서 기업 내부에서 발생하는, 그 제품을 구성하는 부속의 수요를 나타낼 때 사용한다. 중간조립품, 부속, 원자재가 종속수요 항목의 예이다. 종속수요는 완제품의 수요에 좌우되므로 급작스럽고 급격하게 변동하는 양상을 보일 수 있다. 특히 완제품이 큰 로트 단위로 생산될 때 이런 현상은 더욱 두드러진다. 완제품의 독립수요를 알거나 예측하고 나면 종속수요 항목의 소요량과 그것의 구입 시점 혹은 조립 시점은 자재소요계획 소프트웨어를 사용하여 정확하게 계산할 수 있다.

예를 들어, ATV사의 기준생산계획(표 6-4)을 보면 1월에 총 120대를 생산한다. 따라서 이 회사는 handlebar 120개와 wheel rim 480개가 필요함을 안다. 자재명세서와 기준생산계획에 나타난 완제품의 수요정보를 토대로 자재소요계획 소프트웨어를 사용하여 이 handlebar와 wheel rim 그리고 다른 모든 종속수요 항목의 수요를 계산할 수 있다.

자재소요계획(material requirements planning: MRP)은 소프트웨어에 기반한 생산계획 및 재고관리 시스템으로서 제조업체에서 종속수요 항목의 소요량과 시기를 계산하는 데 널리 사용돼왔다. 컴퓨터와 정보기술의 발달과 함께 자재소요계획 시스템은 그 기능이 점차 확장되어 총괄계획과 기준생산계획뿐만 아니라 능력소요계획까지 포함하여 **폐쇄식 자재소요계획**(closed-loop MRP)으로 진화하였다. 폐쇄식 자재소요계획은 자재와 자원 계획의 다른 측면들을 포함하여 제조자원계획(manufacturing resource planning 또는 MRP II)로 진화하였다. 완비된 제조자원계획 시스템은 주문접수, 생산일정계획, 재고관리, 배송관리 그리고 회계 및 재무 분석을 위한 여러 가지 모듈로 구성된다.

아직도 많은 소프트웨어 업체가 원래의 자재소요계획 시스템을 공급하지만 일부는 시스템을 확장하여 사용자들이 더 높은 수준의 분석을 할 수 있고 여러 나라에 산재되어 있는 생산설비를 통합적으로 운영할 수 있도록 발전시켰다. 이런 시스템을 전사적자원관리(enterprise resource planning: ERP) 시스템이라고 한다.

자재소요계획은 기준생산계획에 나타난 최종제품을 제조하는 데 필요한 중간조립품과 자재들이 언제 얼마만큼 필요한지 계산하여 구매 발주나 생산지시를 계획하는 데 사용한다. 자재소요계획의 계산 절차는 기준생산계획의 최종제품(자재명세서의 단계 0 품목) 소요량을 파악한 후 단계 1의 부속과 그 소요량 계산에서 시작하여 가장 낮은 단계 품목에 이를 때까지 각 항목의 재고와 그 항목의 제조에 걸리는 시간을 고려하면서 진행된다. 기준생산계획에서는 제조 리드타임과 배달 리드타임을 고려하지 않지만 자재소요계획 계산과정에서는 그렇지 않다. 예를 들어 어떤 품목의 하위부속의 리드타임이 3주이면 그 부속은 필요한 시기보다 3주 전에 발주되어야 한다.

자재소요계획은 종속수요관리 시스템으로서, 효과적으로 작동되기 위해서는 (1) 기준생산계획에서 도출한 독립수요(즉, 최종제품이나 서비스 부품의 수요) 정보, (2) 자재명세서로부터 상위품목-부속 관계와 사용량 및 리드타임 정보, 그리고 (3) 최종제품과 모든 부속의 재고 정보가 필요하다. 자재소요계획은 이 정보를 이용하여 최종제품과 모든 부속 및 중간 조립품의 기간별 순소요량을 계산하고 상위부속을 제조에 차질이 없도록 리드타임만큼 앞당긴 기간에 가공 지시나 구매 지시를 계획한다. 이 계획정보는 **계획발주**(planned order releases)라고 불리며 자재소요계획 시스템이 제공하는 가장 중요한 정보이다. 해당 항목의 계획발주는 그 항목을 내부에서 생산하는 경우에는 생산현장으로 전달되며 구매하는 경우는 구매부서를 경유하거나 직접 공급자에게 전달된다.

자재소요계획의 핵심적인 장점은 전 계획 기간에 걸쳐서 예정입고·보유재고·순소요량·계획발주와 같은 생산활동에 필요한 정보를 제공한다는 점이다. 이리하여 일정계획 담당자들이 미리 계획을 세울 수 있도록 앞으로 있을 일들을 볼 수 있는 가시성(visibility)을 제공한다. 그러나 순소요량의 계획발주 시점을 리드타임만큼 앞당겨야 하기 때문에 부품의 계획 기간에서 이런 가시성을 잃게 되는 문제가 있다. 이 문제는 자재명세서의 단계가 많을수록 심각해진다. 자재소요계획의 또 다른 결점은 앞에서 언급한 계획정보를 계산할 때 생산능력과 현장의 상황을 고려하지 않는다는 사실이다.

자재소요계획 용어

자재소요계획의 계산과정을 알아보기 전에 그것에 사용되는 용어를 정리해보자.

- 상위품목(parent) : 하위 단계 부속의 수요를 낳는 항목을 말한다. 0단계는 최종제품이다. 이것은 모든 1단계 부속의 상위품목이다. 마찬가지로 1단계의 각 항목은 그것을 만드는 데 필요한 2단계 부속들의 상위품목이다. 예를 들면, 〈그림 6-4〉에서 'piston assembly'는 'piston subassembly'와 'connecting rods'의 상위품목이다.
- 부속(components) : 상위품목이 필요로 하는 품목을 부속이라 한다. 예를 들면, 〈그림 6-4〉에서 'piston subassembly'는 'engine assembly'의 부속이다.
- 총소요량(gross requirement) : 어떤 항목의 기간별 소요량으로 보유 중인 재고와 리드타임을 감안하기 전의 값이다. 어떤 항목의 총소요량은 재고와 생산으로 충당한다.
- 순소요량(net requirement) : 한 기간의 소요량 중 충족되지 않은 양을 말한다. 이것은 그 기간의 총소요량에서 보유재고와 예정입고를 뺀 값이다.
- 예정입고(scheduled receipt) : 이미 발주된 주문 중 특정 기간에 입고되기로 예정된 양이다. 이 정보는 주문이 발주되면 자재소요계획 소프트웨어 로직에 따라 자동적으로 갱신된다. 예를 들면, 리드타임이 2주인 부속이 첫째 주에 발주되면 자동적으로 셋째 주에 예정입고로 잡힌다.

- 예상보유재고(projected onhand inventory) : 각 기간의 기말재고의 예상치이다. 각 기간의 예상보유재고는 그 기간의 기초재고에서 총소요량을 빼고 모든 이전 계획발주에 따른 예정입고의 계획된 입고량을 합한 값이다.
- 계획발주(planned order release) : 내부 생산품목의 경우 현장에 발주될 생산지시이며 구매품목인 경우는 납품업체에 발주될 구매주문이다. 계획발주는 소요 시기에 투입할 수 있도록 미리 적절한 시기에 일어나야 한다. 상위품목의 계획발주량은 그것의 부속에게는 총소요량이 된다는 점에 유념해야 한다.
- 단위기간(time bucket) : 자재소요계획에서 사용되는 기간이다. 통상적으로 일(day) 혹은 주(week)로 표현된다. 현재 단위기간을 행위기간(action time bucket)이라고 한다.
- 전개(explosion) : 상위품목의 계획발주량을 해당 부속의 총소요량으로 변환하는 과정을 일컫는 일반적 용어이다.
- 사용량(planning factor) : 직 상위품목을 한 단위 만드는 데 필요한 특정 부속의 수량을 말한다. 예를 들어 〈그림 6-4〉를 보면 한 개의 'piston subassembly'를 만드는 데에는 'piston ring'이 3개 필요함을 알 수 있다. 자재소요계획 계산할 때 고려해야 하는 중요 정보이다.
- 확정주문(firmed planned order) : 계획된 주문 가운데 상황이 바뀌더라도 자재소요계획 프로그램의 로직이 자동적으로 변경하지 못하는 것이다. 이렇게 주문을 확정하는 목적은 앞에서 기준생산계획에 대해 설명할 때 논의한 시간구획의 목적과 같이 시스템불안을 막기 위함이다.
- 페깅(pegging) : 특정 부속의 총소요량과 그 소요량을 발생시킨 계획발주를 연결한다.
- 최하위계층코딩(lowlevel coding) : 하나의 부속은 자재명세서의 여러 단계에 존재할 수 있다. 이때 자재소요계획 전개 시 중복 계산을 피하기 위하여 이러한 부속에 자재명세서의 최하위 단계 번호를 배정한다. 예를 들어 〈그림 6-4〉를 보면 '24inch solid steel bar'는 4단계와 6단계에 나타나는 공용부속이다. 이 부속의 계획발주를 단계 4와 단계 6에서 따로따로 계산하는 대신에 최하위단계 번호 6을 이 부속에 배정한다. 4단계에서의 이 부속의 순소요량을 6단계의 순소요량에 더하고 자재소요계획 전개는 단계 6에만 실행한다.
- 로트 크기(lot size) : 자재소요계획 계산과정에서 주문량의 크기를 말한다. 로트의 크기를 결정하는 데는 몇 가지 규칙이 사용될 수 있는데 고정주문량(fixed order quantity: FOQ)과 로트 대 로트(lot for lot: L4L 또는 LFL) 등이 있다. 로트 대 로트 규칙은 매 기간별 필요한 만큼 주문을 내는 것이다. 고정주문량 규칙에서 그 크기가 50이면 주문은 50의 배수로 결정된다. 순소요량이 85인 경우 L4L 규칙을 적용하면 크기가 85인 주문이 발생하지만 FOQ 규칙을 적용하면 크기가 100인 주문이 발생된다.

- 안전재고(safety stock) : 안전재고는 수요·공급·품질·리드타임 등의 불확실성에 대비하여 설정하는데 예상보유재고가 이 값 이하로 내려가지 않도록 해야 한다.

〈예제 6-2〉에서 자재소요계획의 전개과정을 살펴보자.

〈예제 6-2〉 ATV사의 자재소요계획

ATV사의 모델 A를 예로 들어 자재소요계획 로직을 설명한다. 우선 총소요량은 기준생산계획(표 6–4)에서 가져오고 연초 재고는 재고 현황을 보면 30이다. 상위품목–부속 관계와 사용량은 BOM(그림 6–4)에 있다. 다음에 제시된 로트크기(Q), 리드타임(LT), 안전재고(SS)를 사용하는 것으로 가정하고 모델 A와 그것의 몇 가지 부속에 대한 자재소요계획 계산과정을 보인다.

A모델 ATV – 0단계		**1**	**2**	**3**	**4**	**5**	**6**	**7**	**8**
총소요량		10	10	20	0	20	0	0	20
예정 입고			10						
예상보유재고	30	20	20	20	20	20	20	20	20
계획발주		20		20			20		

Q=10, LT=2, SS=15

×1 ×1 ×1

Engine Assembly – 1단계		**1**	**2**	**3**	**4**	**5**	**6**	**7**	**8**
총소요량		20		20			20		
예정 입고		20							
예상보유재고	2	2	2	0	0	0	0	0	0
계획발주		18			20				

Q=LFL, LT=2, SS=0

×1 ×1

Piston Assembly – 2단계		**1**	**2**	**3**	**4**	**5**	**6**	**7**	**8**
총소요량		18			20				
예정 입고		20							
예상보유재고	10	12	12	12	22	22	22	22	22
계획발주				30					

Q=30, LT=1, SS=10

×4

Connecting Rods – 3단계		**1**	**2**	**3**	**4**	**5**	**6**	**7**	**8**
총소요량				120					
예정 입고									
예상보유재고	22	22	22	52	52	52	52	52	52
계획발주			150						

Q=50, LT=1, SS=20

단계 0 자재소요계획 계산 — 모델 A ATV

첫 행은 계획기간인 1월과 2월의 8주간을 나타낸다. 총소요량은 기준생산계획으로부터 직접 가져온다. 제2주의 예정입고 10대는 지난 주에 발주되었거나 그 이전에 발주됐지만 제2주에 입고되기로 조정된 주문이다. 모델 A의 주문량은 10의 배수이고 리드타임은 2주이며 안전재고는 15대이다. 제1주의 예상보유재고 20대는 기초재고 30대에서 그 주의 총소요량 10대를 빼면 나온다. 제2주의 예상보유재고는 전주의 예상보유재고 20대에 그 주의 예정입고 10대를 더하고 그 주의 총소요량 10대를 빼면 나온다.

제3주에는 모델 A ATV가 추가로 입고 되어야 예상보유재고가 안전재고인 15대 이상 유지될 수 있다. 지난주에서 넘어오는 재고 20대는 모두 이번 주의 총소요량 20대를 충족하는 데 쓰이므로 순소요량은 15대이다. 주문은 10대의 배수여야 하므로 20대가 되며 이 주문은 리드타임 2주를 고려할 2주를 앞당겨 때 제1주에 발주해야 한다. 그래서 제1주의 계획발주 20대가 결정되었다. 제3주의 기말재고 20대는 전 주말의 예상보유재고 20대에, 이번 주에 입고될 제1주의 계획발주 20대를 더하고 총소요량 20대를 빼면 구할 수 있다.

비슷한 방법으로, 제5주와 제8주의 총소요량 20대도 주초 재고로 충당되며 이때 안전재고 수준을 지키기 위하여 15대씩의 순소요량이 발생된다. 리드타임 2주와 로트 크기(10의 배수) 규칙을 지키면서 이들 순소요량을 충족시키기 위하여 제3주와 제6주에 계획발주가 20대씩 잡힌다.

단계 1 자재소요계획 계산 — Engine Assembly

〈그림 6-4〉의 자재명세서에 의하면 engine assembly의 총소요량은 모델 A ATV의 계획발주로부터 도출됨을 알 수 있다. 그리고 사용량이 1이므로 제1주, 제3주, 제6주의 모델 A ATV의 계획발주가 그대로 engine assembly의 해당 주 총소요량이 된다. 제1주의 예정입고 20대는 이전에 확정된 것이다. 제3주와 제6주의 총소요량은 같은 기간에 18대와 20대의 순소요량을 발생시키고 이것은 (리드타임이 2주이므로) 제1주와 제4주에 18대와 20대의 계획발주를 발생시킨다. (이때 안전재고는 0이고 주문의 크기 결정 규칙은 LFL이므로 계획발주량은 순소요량과 같다. 또한 안전재고가 0이므로 예상보유재고는 0이 될 수 있다.)

단계 2 자재소요계획 계산 — Piston Assembly

Piston assembly의 총소요량은 engine assembly의 계획발주로부터 직접 도출한다. 〈그림 6-4〉의 BOM에 의하면 engine assembly는 piston assembly의 직 상위품목이고 사용량이 1이므로 piston assembly의 총소요량은 제1주와 제4주에 각각 18대와 20대이다. 예상보유재고와 계획발주도 앞의 계산방법을 사용하면 구할 수 있다. 이때 예상보유재고가 안전재고 10대 밑으로 떨어지지 않도록 하여야 하며 주문량은 30의 배수여야 한다.

단계 3 자재소요계획 계산 — Connecting Rods

〈그림 6-4〉의 자재명세서에 의하면 piston assembly 한 개를 만들기 위하여 네 개의 connecting rod가 필요하다. 그러므로 제3주의 connecting rod 총소요량은 동 기간의 piston assembly 계획발주량에 4를 곱하여 결정한다. 모델 A ATV의 총소요량은 전체 계획기간 8주 동안 각 기간에 대하여 알려져 있지만 자재소요계획 계산 시 리드타임만큼 기간을 앞으로 당겨야 하므로 connecting rod의 계획발주는 단지 제2주까지만 거슬러 올라갈 수 있다. 바로 이런 점이 앞에서 논의한 가시성visibility의 상실이다.

Connecting rod는 하위품목이 없으므로 ATV사는 이 부속을 구입한다고 가정할 수 있다. 따라서 계획발주는 (그림 6-1의 구매 계획과 관리 기능이 나타내는 바와 같이) 구매부서가 이 부속의 공급자에게 주문량과 납품 조건을 통지할 때 이용될 것이다. 생산활동 관리는 현장의 일정계획, 작업 투입순서 결정, 생산경로 결정, 그 외 여러 가지 관리 업무의 전반을 포함한다. 공급사슬에서 제조업체들은 자신의 계획발주 정보를 전자문서교환(EDI), ERP, 그 외 다른 통신 수단을 통하여 공유할 수 있다. piston assemblies는 내부에서 생산하므로 이 항목의 계획발주 정보는 제조 현장의 담당자에게 통보되어 생산 시점을 결정하는 데 사용된다. 결국 구매품목의 계획발주는 공급자에게 독립수요 항목의 총소요량이 된다. 이 정보를 정확하고 신속하게 전략적 공급자에게 알리는 것은 효과적인 공급사슬정보 시스템의 필수사항이다.

생산능력계획

총괄계획과 기준생산계획 그리고 자재소요계획과 같은 자재계획에 관한 지금까지의 논의는 오로지 생산과 자재관리만 다루었지만 생산계획을 수립할 때 생산능력의 제약도 반드시 고려하여야 한다. 생산능력이 과잉이면 장비나 설비의 유휴와 같은 자원의 낭비가 발생하고 생산능력이 부족하면 제품의 품질과 납기 준수를 포함한 고객서비스에 악영향을 미친다. 따라서 생산능력에 과부하가 걸리거나 일감이 너무 적은 상황을 피하기 위하여 자재계획과 더불어 생산능력계획도 수립하여야 한다.

생산능력계획 논의에서 **생산능력**(capacity)이란 기업의 노동력 및 기계와 관련이 있다. 생산능력이란 한 조직이 일정 기간에 처리할 수 있는 최대 산출이다. 생산능력계획은 〈그림 6-1〉에 나타난 자재계획의 기본적인 단계를 따른다. 총괄적 수준에서는 **자원소요계획**(resource requirement planning: RRP)으로 불리는 장기 생산능력계획 모듈을 이용하여 총생산자원이 총괄계획을 달성할 수 있을 만큼 충분한지 점검한다. 이 단계에서 점검하는 전형적인 자원으로는 노동력과 기계의 총투입가능시간이 있다. 일반적으로 이 단계에서의 능력확장 결정은 신규설비의 건설이나 장비의 추가 구입과 같은 장기적으로 영향을 미치는 사항이다. 기존의 자원으로는 총괄계획을 달성할 수 없을 것으로 판단되면 총괄계획을 수정하여야 한다. 이러한 수정과정은 자원소요계획을 사용하여 달성 가능한 총괄계획을 찾을 때까지 반복된다.

총괄계획은 달성 가능하다고 판명되면 좀 더 세부적인 중기생산계획, 즉 기준생산계획으로 분해된다. 자원소요계획을 사용하여 총괄적 수준에서 자원이 충분하여 총괄계획을 달성할 수 있는 것으로 판명되었다 하더라도 중기 수준에서는 자원이 충분하지 못하여 기준생산을 달성할 수 없을 수도 있다. 예를 들어 기준생산계획은 많은 인력이 휴가를 낸 경우에도 이것을 반영하지 않고 당초의 생산계획을 나타내고 있을 수 있다. 그러므로 중기 생산능력계획, 즉 **개략능력계획**(roughcut capacity plan: RCCP)을 사용하여 기준생산계획의 실현 가능성을 점검한다.

개략능력계획은 기준생산계획을 소요능력으로 변환한 다음 각 기간별로 가용한 능력과 비교한다. 중기 능력과 생산일정계획이 실행 가능하면 기준생산계획은 확정된다. 그렇지 않으면 기준생산계획을 수정하든지 생산능력을 조정한다. 중기 생산능력을 늘리는 대책으로는 잔업, 하청생산, 자원추가, 생산 경로 변경 등이 있다.

능력소요계획(capacity requirement planning: CRP)은 단기 능력계획 기법으로 자재소요계획의 실현 가능성을 점검하는 데 사용된다. 자재소요계획을 사용하여 자재소요계획에서 정한 품목을 생산하기 위하여 각 작업장에서 매 기간 필요한 소요능력을 자세하게 계산한다. 개략능력계획이 생산능력이 기준생산계획을 실행하는 충분하다고 판단하더라도 능력소요계획은 특정 기간에는 생산능력이 불충분한 점을 지적할 수도 있다.

생산능력 전략

생산능력의 확장과 감축은 생산전략의 필수 부분이다. 생산능력과 수요 사이의 균형은 경쟁력에 직접적으로 영향을 미치며 이 균형을 이루는 일은 매우 복잡한 의사결정이다. 단기 또는 중기 생산능력은 초과근무, 추가 교대, 외주 생산 등의 방법으로 늘릴 수 있지만 장기 생산능력은 새로운 생산 방법, 인력의 추가 채용, 기계와 설비의 추가로 늘릴 수 있다. 역으로 생산능력의 감축은 인원 감축, 유휴 기계와 설비를 처분하여 달성할 수 있다.

흔히 알려진 세 가지 생산능력 전략은 선행lead, 지체lag, 동행match 전략이다. **선행전략**(lead capacity strategy)은 선응(先應)적 접근으로 미래의 시장 상황과 수요에 관한 예측에 따라서 미리 생산능력을 추가하거나 감축하는 전략인 반면, **지체전략**(lag capacity strategy)은 반응적 접근으로 수요 변동에 따라서 생산능력을 조정하는 전략이다. 시장 상황이 유리할 때, 지체전략을 따르는 경우에는 일반적으로 생산능력이 완전히 가동되기 전에는 생산능력을 추가하지 않는다. 지체전략은 보수적인 접근으로 수요가 급증하는 경우에는 기회손실을 유발할 수 있으며, 반면에 선행전략은 상대적으로 더 공격적인 전략으로 재고 과잉과 유휴 생산능력을 초래할 수 있다. 전자산업에서 선두 기업들은 대체로 선행전략을 선호하는데 이는 제품의 수명주기가 짧기 때문이다. **동행전략**(match capacity strategy)은 **추적전략**(tracking capacity strategy)이라고도 하는데 수요와 시장 상황의 변동에 따라 조금씩 생산능력을 조정하는 접근이다.

배송소요계획

배송소요계획(distribution requirements planning: DRP)은 유통망에서 최종제품의 기간별 재고보충계획이다. 배송소요계획은 자재소요계획의 논리적 확장이며 논리적으로 자재소요계획과 유사하다. 배송소요계획은 최종제품의 기간별 총괄 순소요량을 결정하여 실제 유통 시스템과 생산계획 및 통제 시스템을 연결하고 기준생산계획 조정에 필요한 수요 정보를 제공한다. 자재소요계획과 배송소요계획의 주된 차이는 자재소요계획은 기준생산계획에서 정해진 생산 계획에 따라 기간별 부속의 소요량을 계산하는 반면, 배송소요계획은 최종제품에 대한 고객의 수요에 따라 움직인다. 그러므로 자재소요계획은 종속수요에 대해 적용하는 반면, 배송소요계획은 독립수요에 대해 적용한다. 자재소요계획이 집행되면 그 결과는 생산시설에서 최종제품의 재고 발생인 반면, 배송소요계획은 기간별로 생산시설의 완제품 재고를 중앙창고나 물류센터로 기간별로 옮긴다.

배송소요계획 시스템은 생산계획 및 통제 시스템의 시야를 유통 시스템으로 확장하여 기업이 생산계획을 조정하고 완제품의 재고 과잉을 피할 수 있게 하는데 이것은 배송소요계획 시스템이 지니는 또 하나의 분명한 이점이다. 이제 과잉 재고가 채찍 현상의 주된 원인이라는 점을 분명히 이해할 수 있을 것이다. 배송소요계획은 생산 및 유통 시스템이 완제품 재고와 생산능력을 효과적으로 배분하여 고객서비스와 재고 자산 투자를 개선하는 데 필요한 기간별 정보를 제공한다. 〈예제 6-3〉은 배송소요계획의 한 예이다.

〈예제 6-3〉 ATV사의 배송소요계획 사례

ATV사의 1월과 2월분 모델 A ATV의 배송일정계획을 사용하여 이 회사의 중앙 창고에서 두 곳의 물류 센터로 재고를 보충하는 배송소요계획을 설명한다. 배송소요계획에서 사용되는 단위 기간은 자재소요계획에서와 마찬가지로 주(week)이다. 배송소요계획은 주문량, 배달 리드타임, 보유 재고, 안전재고 정보를 사용하여 예상 시장 수요를 충족하는 데 필요한 계획주문발주를 결정한다.

먼저 수요관리 시스템으로부터 라스베이가스와 이스트랜싱에 있는 두 곳의 물류 센터에서 요구한 총소요량을 파악한다. 두 곳의 물류 센터에서는 자재소요계획 로직을 사용하여 계획발주를 계산한다. 중앙

공급창고의 총소요량은 라스베이가스와 이스트 랜싱 물류센터의 수요를 반영한다. 중앙공급창고의 첫 주 총소요량은 두 물류센터의 계획발주의 합이다. 중앙공급창고의 계획발주는 생산시설로 전달되어 기준생산계획에 반영된다. 이와 같이 물류 센터들에서 발생되는 수요 정보가 중앙공급창고에서 취합되고 처리되어 궁극적으로는 생산시설로 넘겨지는 과정을 일반적으로 집약(implosion)이라고 한다. 자재소요계획 전개(explosion)와 집약은 유사하지만 전자에서는 0단계, 즉 완제품 수요가 부속들의 수요로 퍼져 나가는 반면 후자에서는 여러 물류센터에서의 완제품 수요가 중앙공급창고의 총소요량으로 집약되는 차이가 있다.

예정입고와 예상재고

라스베이거스 물류센터 (Q=2, LT=2, SS=0)

A모델 ATV		1	2	3	4	5	6	7	8
총소요량		0	1	1	0	1	0	6	0
예정 입고									
예상보유재고	1	1	0	1	1	0	0	0	0
계획발주		2	0	0	0	6	0	0	0

이스트랜싱 물류센터 (Q=2, LT=1, SS=0)

A모델 ATV		1	2	3	4	5	6	7	8
총소요량		3	11	0	1	0	2	0	15
예정 입고									
예상보유재고	3	1	1	1	0	0	0	0	1
계획발주		12	0	0	0	2	0	16	0

중앙공급창고		1	2	3	4	5	6	7	8
총소요량		14	0	0	0	8	16	0	0
예정 입고									
예상보유재고	16	2	2	2	2	4	3	3	3
계획발주		0	0	10	15	0	0	0	0

Q=5, LT=2, SS=2

구식 자재소요계획 시스템

미국 제조업체들은 40년 이상 MRP 시스템을 구매·생산·재고 부문의 계획과 운영을 위한 최우선 도구로 선택해왔다. 많은 제조업체는 생산계획 시스템의 효율성과 효과성을 개선하기 위하여 **전자자료교환**(electronic data interchange: EDI)을 이용하여 계획발주 정보를 납품업체에 전달해왔다. 이 정보 시스템은 구매와 내부 생산 활동의 조정에 톡톡한 역할을 해왔다.

20세기가 끝날 무렵 전 세계적으로 사업 환경은 급속도로 변하였다. 값싼 원자재와 노동력의 이점을 살리거나 시장을 확대하기 위하여 많은 기업이 서둘러 해외에 공장을 건설하였다. 이리하여 경영자들은 여러 나라의 다양한 정치 환경 속에서 다양한 화폐와 언어를 사용하면서 하청업자들을 상대하게 되었다. 고객의 요구, 생산수준과 가용 생산능력, 전사적 재고 수준, 현 주문을 충족할 수 있는 공장 등과 같은 정보에 실시간으로 접근할 필요성이 그 어느 때보다 높아졌다. 하지만 기존의 MRP 시스템은 이런 요구를 처리하기에는 역부족이었다.

기업이 복잡한 국제 환경 속에서 사업을 수행하는 데 필요한 구매·계획·일정계획·유통에 관한 정보를 완벽하게 조정하기 위해서는 전사적인 정보 시스템이 필요하게 되었다. 이러한 필요에 따라서 구식 MRP 시스템을 대체하는, 단일 데이터베이스 기반의 전사적자원관리 시스템이 개발되었다.

구식 MRP 시스템(legacy MRP systems)이란 한 조직 내에서 운영 수준의 하위 생산활동 계획을 수행하는 낡은 정보 시스템을 일컬을 때 사용하는 일반적인 용어이다. 이러한 구식 시스템은 1960~1980년대에 많이 보급되었으며 시간이 지나면서 필요에 따라 대폭적으로 수정되었다. 현 시점에서 볼 때 이런 시스템들은 당초 의도한 수명 이상 생존했다. 이런 구식 시스템들은 애당초 사용자 편의성에 대한 고려가 미흡하였기 때문에 사용하기에도 불편하고 계속된 수정을 거치면서 매우 복잡하게 되었다. 구식 시스템은 특정 기능을 수행하도록 설계되었으며 전체 시스템의 요구 충족이나 다른 부문과의 조화를 거의 고려하지 않고 구현되었다. 구식 시스템들 사이의 소통은 제한적이며 기능 간 가시성은 매우 한정되어 있다. 구식 시스템들은 트랜잭션 목적으로 자료를 수집하도록 구현되었으므로 오늘날의 복잡한 글로벌 환경에 필요한 분석을 할 수 있는 기능이 결여되었다.

제조자원계획

구식 시스템의 개발은 자재소요계획에서 폐쇄식 자재소요계획을 거쳐 **제조자원계획**(manufacturing resource planning: MRP II)에 이르는 진화과정과 관련이 있다. 폐쇄식 자재소요계획의 개발은 자재소요계획 시스템의 자연스런 확장이었다. 이것은 자재소요계획에 능력소요계획과 처리 중인 주문의 진행 상황을 제공하는 피드백을 추가하여 자재소요계획을 공식적이고 명시적인 생산 계획 및 통제 시스템으로 확장하려는 시도였다. 원래의 자재소요계획은 오늘날의 폐쇄식 자재소요계획에 일부분으로 포함되었다.

제조자원계획은 폐쇄식 자재소요계획 시스템이 발전한 것이다. 사업계획과 영업계획이 포함되었고 재무 기능이 추가되어 재무관리를 생산과 마케팅 등 다른 부문과 연결했다. 제조자원계획이라는 개념은 이 정보 시스템이 내부 활동을 재무관리와 연결하여 경영자들에게 영업·구매·생산·재고·현금 흐름 등에 관한 최신 자료를 제공하여야 한다는 점을 의미한다. 또한 이 시스템은 내·외부 상황의 변화에 따른 'what-if' 분석도 가능하여야 한다. 예를 들면, 제조자원계획에서는 원자재의 납기지연으로 주문의 85%만 충족할 수 있을 때 이익과 현금 흐름에 미치는 영향을 계산할 수 있다. 제조자원계획은 공식적이고 명시적인 생산정보 시스템으로서 내부 부문들을 통합하여 생산계획과 영업을 연계할 수 있게 하는 한편 핵심적인 회계 및 재무 정보를 경영자들에게 제공한다.

오늘날 제조자원계획은 더욱 진화하여 다른 부문들도 포함한다. 조직의 정보 시스템들을 동기화하고 총괄계획, 기준생산계획, 능력계획, 자재계획, 영업에 대한 통찰을 제공하지만, 한 사업장의 내부활동에 초점을 두고 있다. 즉, 조직의 본부와 많은 해외지사의 사업을 연결하는 기능은 없다. 또한, 공급자나 고객과 같은 공급사슬의 외부 구성원과 직접 접속하는 기능도 없다. 이런 이유로 전사적인 정보 시스템의 개발이 시작되었다.

전사적자원관리 시스템의 개발

구식 자재소요계획 시스템이 아직도 쓰이며 다른 기능들을 포함하기 위하여 수정되는 가운데, 공급사슬관리와 전자상거래 그리고 글로벌 사업이 출현하고 성장함에 따라 공급자와 고객 그리고 해외지사들과 직접 정보를 교환할 필요성이 대두되었다. 따라서 생산정보 시스템의 개념도 진화하여 한 기업의 모든 부문과 사업장, 그리고 경우에 따라서는 공급자와 고객까지 동일한 소프트웨어 기반과 데이터베이스를 통하여 직접적으로 연결한다. 이런 형태의 생산정보 시스템을 오늘날 일반적으로 전사적자원관리 시스템(ERP)이라고 부른다.

전형적인 ERP는 포괄적 시스템으로서 생산 및 재고 계획, 구매, 물류 및 창고, 재무, 회계, 인적자원, 고객관계관리, 공급자관계관리와 같은 다양한 업무별로 전문화된 시스템을 하나의 공유 데이터베이스를 기반으로 하여 함께 묶는다. 하지만 정확하게 어떻게 구성할지는 ERP의 능력과 조직의 니즈에 따라 다르다. 〈그림 6-6〉은 일반적인 ERP를 나타내는데, 공

〈그림 6-6〉 일반적인 ERP 시스템

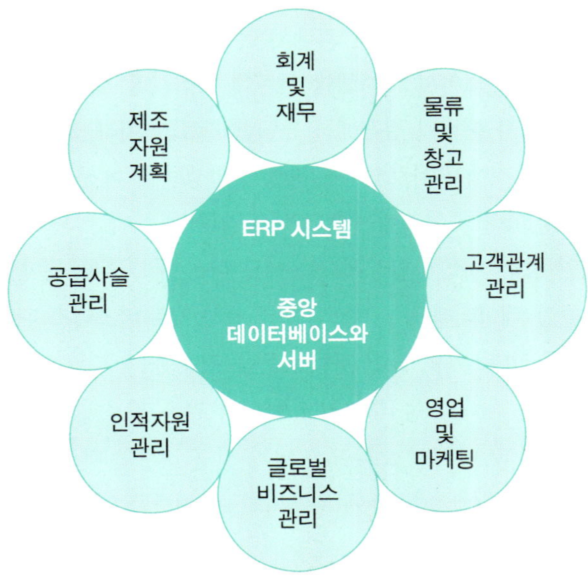

유 데이터베이스와 소프트웨어 응용 인프라를 이용하여 기업의 정보 시스템을 운영하며 본사와 지사 그리고 주요 공급자와 고객을 연결한다.

ERP는 기업 내부의 여러 부문에서 수행되는 활동과 공급자 및 고객을 관리하는 데 필요한 여러 가지 모듈로 구성된 응용 소프트웨어를 일컬을 때 널리 쓰이는 용어이다. 원래 ERP 소프트웨어는 복수 사업장으로 이루어진 기업이 하나의 동일한 정보 시스템을 사용하여 운영할 수 있게 위하여 기업의 각종 내부 활동을 통합하는 데 주안점을 두었다. 공급사슬경영의 시작과 함께 ERP를 공급하는 업체들은 고객관리와 공급자관리 모듈을 포함하는 시스템을 개발하고 있다. 예를 들면, 기업들은 ERP를 사용하여 핵심 공급자의 자원 가용성을 알고 싶으면 그 공급자가 마치 자사가 확장된 일부처럼 자재의 가용성을 직접 분석할 수 있다. 이와 유사하게 ERP는 어떤 기업의 핵심 고객들이 그 기업의 재고 정보와 생산 및 납품 계획에 직접 접근할 수 있게 하기도 한다.

전통적인 구식 MRP 시스템은 복수 데이터 베이스와 다양한 인터페이스를 사용하므로 자료의 중복이 잦고 그에 따라서 동일한 대상에 대한 자료가 지사 간이나 심지어는 부서 간에도 다른 경우도 있다. 하지만 ERP는 이와 같은 자료의 중복과 비일관성을 피하기 위하여 단일 공유 데이터베이스라는 사상에 입각하여 전 조직을 묶는다. ERP에서 자료는 그것을 생성하는 원천에서 단 한 번 입력되고 모든 사용자에게 제공된다. 이리하여 각 부문별로 서로 다른 시스템을 사용하고 동일한 대상에 대한 자료가 중복되기 때문에 하나의 대상에 대한 자료가 다르다든가 호환되지 않는 문제가 발생되지 않게 한다.

구식 자재소요계획 시스템은 보통 부문별로 상이한 소프트웨어 패키지와 데이터베이스를 사용한다. 각 부문은 일반적으로 다른 부문과의 공유를 염두에 두지 않고 자체의 독특한 필요에 따라 정보 시스템을 구축한다. 그래서 한 조직에 산재해 있는 다양한 소프트웨어 패키지들 사이에 호환성이 없어서 시스템들 사이에 직접적인 자료처리가 불가능한 경우가 종종 있다. 데이터베이스가 여럿인 경우에는 동일한 자료가 여러 곳에서 입력되고 저장되는 문제가 생긴다. 이러한 과정에서 자료의 비일관성이 발생한다. 예를 들면, 동일한 기업고객인 ATV사의 상호가, 한 데이터 베이스에는 'ATV사'로 입력되고 다른 데이터 베이스에는 'ATV 주식회사'로 입력되면 정보 시스템 입장에서는 서로 다른 두 고객이 존재한다.

ERP는 하나의 중앙 데이터베이스 시스템을 공유하므로 비즈니스 프로세스를 신속하고 정확하게 자동화할 수 있다. 예를 들어 판매주문을 접수하는 경우 영업사원은 재무 및 회계 모듈에서 고객의 신용 이력과 등급 그리고 한도와 같은 정보와 생산운영 모듈에서 생산 및 재고 수준 정보, 영업 및 마케팅 모듈에서 납기 일정 정보를 바로 볼 수 있다. 이 주문접수가 완료되고 그 내용이 데이터베이스에 입력되면 이 거래로 영향을 받는 공급사슬 내 다른 관련자가 적절히 대응할 수 있다. 예를 들어 이 회사의 공급자는 자신의 상류 거래사의 생산일정을 보고 이 주문이 처리될 수 있도록 자신이 공급하는 원자재와 부속의 생산 계획에 반영할 수 있다. 마찬가지로 이 회사의 고객사들도 동일한 정보 시스템과 데이터베이스를 활용하여 자기의 공급자에게 주문한 원자재와 부속의 납품 일정을 볼 수 있다.

이리하여, ERP는 공유 소프트웨어 플랫폼과 공유 데이터베이스를 이용하여 기업의 내부 활동을 통합한다. 또한 공급사슬 구성원들의 프로세스들을 동일한 정보 시스템으로 연결한다. ERP는 공급사슬 구성원들이 희소자원을 최대한 활용하여 재고와 채찍효과를 최소화하면서 수요를 충족할 수 있도록 정보를 공유할 수 있는 수단을 제공한다. 생산 계획이나 집행에 변경이나 기타 수정이 있더라도 신속하게 집행하여 납기를 단축할 할 수 있다. 〈예제 6-4〉는 전형적인 ERP 트랜잭션을 보여준다.

〈예제 6-4〉 가상 전사적자원관리 시스템 트랜잭션

다음 예는 ATV사에서 일어날 수 있는 가상적인 ERP의 트랜잭션을 보여준다. ATV사는 A, B, C의 세 가지 전지형 전동차를 생산한다. 이 회사의 본사는 미국에 있으며 생산시설은 미국과 멕시코에 있다. ATV사는 미국·멕시코·캐나다에 제품을 판매한다. 영업사원이 분기별로 고객을 방문하여 주문을 받고 필요한 서비스를 제공한다. 다음 단계들은 한 영업사원이 캐나다의 고객인 한 소매상을 방문하여 주문을 받는 트랜잭션을 설명한다.

이 소매상이 모델 A 100대와 모델 B 150대를 30일 이내에 배달해줄 것을 요구한다고 가정한다.

1. 주문 접수: 영업사원이 모델 A 100대와 모델 B 150대를 주문받고 가격과 대량구매할인, 보증, 리베이트에 관련된 정보를 보기 위하여 인터넷을 통하여 미국 본사 ERP의 영업 및 마케팅 모듈에 접속한다. 이 사원은 또한 재무 및 회계 모듈에서 이 고객의 신용 이력과 등급을 확인한다.
2. 납품 가능량 파악: 이와 동시에 ERP는 미국과 멕시코 공장의 재고와 약속가능량(ATP)을 조사하여 이 주문이 제때에 납품될 수 있는지 회신한다. 영업사원은 모델 A는 멕시코 공장에 재고가 충분이 있어서 당장 배달 가능하고, 모델 B는 미국 공장에서 10일 후에 생산될 수 있음을 확인한다. 물류 정보에 의하면 멕시코에서 캐나다로 배달하는 데는 2주일이 걸리고 미국 공장으로부터는 1주일 걸린다. 이리하여 주문 전량이 접수되고 멕시코 공장은 모델 A 100대를 캐나다로 즉시 선적하라는 지시를 받는다. 재고 정보도 상응하여 갱신된다. 멕시코 공장에서 선적이 완료되면 영어로 된 청구서가 출력되고 재무 및 회계 모듈이 이 고객의 주문이 부분 선적되었음을 기록한다.
3. 생산: 생산 모듈은 미국 공장에서 모델 150대의 생산일정을 즉시 계획한다. 모델 B 150대를 납기를 맞출 수 있도록 생산하는 데 필요한 모든 종속수요 항목과 노동력을 계획한다. 계획발주는 내부적으로 생산하는 항목들에 대해서는 생산 현장으로 전송하고 구매 항목에 대하여서는 구매부서를 통하여 공급자에게 전송한다.

인적자원 모듈은 미국 공장에서 이 주문을 완성하는 데 충분한 인력이 있는지 확인한다. 그렇지 못한 경우 관리자에게 회신하여 파트타임 근로자나 임시 근로자를 고용할 수 있게 한다.

4. 주문 조회: 고객관계관리 모듈은 고객에게 자신의 주문이 처리되는 상황을 조회할 수 있도록 ATV사의 ERP의 일정 부분에 대하여 접속을 허용한다. 이를 이용하여 고객은 항상 자신의 주문 처리 상황을 조회할 수 있다.

전사적자원관리 시스템의 급성장

ERP의 사용은 제조업에서 시작되어 점진적으로 서비스업으로 확산되었으며 대학의 강의에도 널리 사용되고 있다. 예를 들면, 미국의 많은 대학이 주요 ERP 공급자들과 협력하여 ERP 훈련을 교과과정에 도입하였다. 1990년대 초반 이후 일어난 ERP의 급성장에는 여러 가지 이유가 있다.

21세기로 바뀔 무렵 많은 기업이 Y2K 문제가 정보 시스템에 어떤 영향을 줄지 알 수 없었다. 당시 대부분의 프로그램은 연도를 나타내는 데 마지막 두 자리만 사용하도록 되어 있었다. 2000년은 00으로 기록되고 이것은 1900년으로 인식될 수도 있어서 1998년보다 98년 앞선 해를 나타낼 수 있었다. 이것은 시간에 민감한 프로그램(예를 들어 이자계산 프로그램)에 악영향을 줄 수 있었다. 더구나 구식 MRP 시스템은 오랜 기간 동안 수없이 수정되었기 때문에 프로그램 코드가 누더기가 되어 있어서 Y2K가 미칠 영향을 정확하게 분석할 수도 없었다. 또한 이런 누더기 코드가 쌓인 프로그램은 유지보수 비용이 너무 높았다. 이런 이유로 현명한 경영자들은 비용을 줄이고 Y2K 문제를 피하기 위하여 구식 자재소요계획 시스템을 효율성이 높은 ERP로 교체하기로 하고 선응적으로 예산을 배정하였다.

지난 30년 동안 컴퓨터와 정보기술의 급속한 발전은 ERP 사장의 급속한 성장을 견인해 왔다. 특히, ERP는 글로벌 비즈니스 경영정보 시스템의 핵심 구성요소 중의 하나로서, 글로벌 비즈니스 환경이 변화됨에 따라 글로벌 기업들 간의 인수합병(M&A)에 보다 빠르게 적응하고, 또한 실시간 모니터링 및 전략적 대응 방안을 제시하기 위해 더욱 유연하게 진화해오고 있다. 기존에 메인 프레임 컴퓨터에 제한되었던 ERP 관련 업무들은 최근에는 자본 투자의 극히 일부에 불과한 서버나 데스크탑 컴퓨터에서도 쉽게 구현될 수 있고, 현재 상당 수의 소규모 조직들이 이전에는 접근이 금지되었던 정보 시스템은 쉽게 접근할 수 있게 되었다.

최근의 ERP 개발 분야는 **클라우드 컴퓨팅**(cloud computing)으로 확장되고 있다. 오라클 클라우드(cloud)나 마이크로소프트 아주(Azure)와 같은 소프트웨어 벤더는 최종 사용자가 소프트웨어를 설치하거나 데이터를 로컬 하드 드라이브에 저장하지 않고도 원격 서버에 간단히 로그온할 수 있는 클라우드 기반 서비스를 제공하기 시작했다. 즉 클라우드 컴퓨팅은 사용자의 로컬 하드 드라이브 대신에 인터넷에 있는 프로그램에 직접 액세스하거나 데이터를 저장하는 것을 의미하며, 초고속 온라인 연결을 통해 언제, 어디서나 클라우드 컴퓨팅을 할 수 있게 되었다. 예를 들어 인기 있는 마이크로소프트 오피스 제품인 마이크로소프트 365는 현재 클라우드에서 쉽게 이용할 수 있다. 또한, 클라우드 컴퓨팅은 로컬 컴퓨터에서 애플리케이션 소프트웨어에 액세스할 수 있을 뿐만 아니라 데이터를 클라우드에 저장할 수도 있으며, 클라우드에 있는 데이터를 하나 이상의 로컬 하드 드라이브에 동기화할 수 있다. 이를 통해 인터넷 연결이 불가능할 때 로컬 하드 드라이브를 통해 오프라인으로 데이터에 액세

SCM PROFILE

의약품, 추적 가능한 유통로 전환

2013년 11월 27일, 오바마 대통령은 의약품 품질안정법(DQSA)에 관한 법률에 서명했다. DQSA의 두 번째 항목인 의약품공급망안전법(DSCSA)은 미국 내에서 특정 처방약들이 유통될 때 식별하고 추적할 수 있는 전자적 시스템을 구축하기 위한 중요한 단계를 개략적으로 설명한다. DSCSA는 제약회사들이 2015년 1월까지 공인된 거래파트너로부터 제품을 구입해야 하며, 로트 배치 수준에서 거래 데이터를 교환해야 한다고 명시하고 있다. 또한 거래파트너는 의심스러운 의약품들은 실시간 조사하고 격리하여 미국 식품의약국(FDA) 및 거래파트너에게 즉각 통보하는 절차를 마련하여야 한다.

또한, 2017년 11월까지 제약회사들은 의약품의 개별 패키지와 제품에 제품을 식별할 수 있는 식별자를 추가해야 한다. 제품 식별자는 제품의 표준화된 숫자 식별자, 로트 번호 및 만료 데이터를 쉽게 판독할 수 있는 형식으로 구성되어야 한다. 2023년 11월까지 DSCSA는 전자적 표식의 기록 보존 시스템으로 전환될 것이다. 즉 의약품은 신뢰성 있는 안전하고 합법적인 시리얼화와 공급망 관리 프랙티스를 구축하여 쉽게 개별 약품을 추적할 수 있어야 한다는 것이다.

DSCSA로 인하여, 상당수의 제약회사가 현재 자사 운영을 지원하기 위해 제약산업 전용 ERP 솔루션을 찾고 있다. 특히, ERP의 다수의 기능 중에서 추적 가능성 요건은 중소기업에 매우 큰 부담을 주고 있다. 대부분의 ERP 시스템은 현재 개별 항목 레벨까지 추적하는 것은 불가능한 상태이고, 이와 같이 개별 제품의 일련번호를 식별하기 위해 ERP 시스템을 수정하는 것은 매우 큰 비용을 발생시키기 때문이다. 그러나 이러한 요건을 갖추지 못한 중소기업은 마약단속국(DEA)에 의해 면허가 취소될 수도 있고, 또한 불이행에 대한 행정처분을 받을 수도 있다. 이러한 규정을 준수하기 위해서는 (1) 제약회사는 고객 정보를 연방 및 주정부차원에서 모두 보존해야 하며, (2) 공통 코딩 방식을 사용하여 제약 제품의 판매를 보고할 수 있어야 하며, (3) 공급사슬에서 제품을 추적할 수 있어야 하며, (4) DEA에 의해 통제되는 의약품들의 제조시점부터 판매시점까지 이동을 보고할 수 있어야 한다.

제약회사들은 의약품의 추적 가능성을 보장하고 DSCSA에서 요구되는 사항을 반영하기 위해 의약품의 제조 및 유통 프로세스를 간소화해야 한다. 이러한 상황 변화에 따라 클라우드 플랫폼의 ERP 솔루션은 고도로 규제되고 유연한 대안이 되고 있다. 현재 DSCSA의 규정은 2023년까지 개별 약물 추적능력을 강화하는 의약품 공급사슬을 확대하고 시장에서 위조 약품이 유통되는 것을 방지할 것이다.[6]

스할 수 있다. 단, 사용자는 클라우드와 로컬 하드 드라이브에 액세스하기 전에 최신 데이터를 동기화해야 한다는 단점이 있다.

일반적으로, 클라우드에서 데이터를 저장, 액세스 및 동기화하면 로컬 하드 드라이브를 사용하는 것에 비해 저장 및 검색 프로세스가 현저하게 지연된다. 이러한 사소한 단점에도 불구하고, 기술적으로 숙련된 사용자들은 데이터를 저장, 검색 및 공유하기 위해 클라우드 서비스를 활용하고 있다. 앞선 SCM PROFILE은 제약 산업에서 미국 식품의약국이 부과한 새로운 정책이 중소기업(SME)의 클라우드 기반 ERP 솔루션 채택을 촉진할 수 있다고 설명한다.

전사적자원관리 시스템의 도입

ERP는 꾸준히 발전해왔으며 이제는 대부분의 기업이 전자상거래, 고객관계관리, 공급자관계관리 등과 관련된 애플리케이션의 통합을 요구한다. 많은 기업은 잘 설계·구축된 ERP는 곧 중요한 경쟁우위가 된다고 믿고 있는 반면, 연구자들과 현업 실무가들 사이에는 ERP의 유용성뿐만 아니라 **단일 공급자 솔루션**(single integrator solution)과 **기능별 최고 솔루션**(best-of-breed solution)을 조합하는 모듈식 솔루션의 장단점에 대한 논란이 여전히 있다. ERP는 잘못된 사업상 결정을 해결해주는 만병통치약이 아니라 경쟁력을 향상시키는 데 사용할 수 있는 소중한 수단임을 이해하는 것이 중요하다.

모듈식 솔루션은 공급사슬관리에 필요한 여러 가지 기능별로 최고의 모듈을 택하여 결합한다. 이때 각 모듈을 공급하는 소프트웨어 업체는 다를 수 있다. 이렇게 구성된 시스템은 서로 다른 애플리케이션을 포함하며 이들은 해당 ERP 도입 프로젝트의 요구 범위를 모두 달성하기 위하여 하나의 시스템으로 조정되고 통합되어야 한다. 이 방식에 대한 주된 반대는 여러 공급자가 제공하는 복수의 응용 소프트웨어를 연결하기 위하여서는 복수의 데이터베이스가 필요할 수도 있다는 점이다. 이 점은 시스템이 데이터베이스를 신속하고 효율적으로 갱신하는 능력에 심각한 지장을 초래할 수도 있다. 이런 약점은 구식 MRP 시스템의 문제와 유사하다.

단일 공급자 솔루션을 도입하는 방식은 한 공급자로부터 모든 모듈을 도입하여 ERP를 구축하는 접근이다. 이 방식의 분명한 장점은 모든 모듈이 잘 결합되어 시스템 구축과 운영이 쉬울 것이라는 점이다. 기업의 글로벌화가 더욱 심화되고 나중에 호환성 있는 모듈들을 통합하고 싶어 하면서 단일 공급자 솔루션의 매력은 더 커진다. 하지만 정보기술이 꾸준히 진화하고 ERP 소프트웨어 시장에서 경쟁이 치열해지면서 공급자들은 다른 공급자들의 시스템과도 호환성이 향상된 제품을 개발하고 있다. 이에 따라 모듈식 솔루션의 구축은 점점 더 쉬워지고 있다. 기능별로 최고의 솔루션을 제공하는 소프트웨어 업체들은 주요 ERP 공급업체들이 제공하지 않는 특정 응용 프로그램을 가지고 시장에서 중요한 역할을 계속 유지할 것이다.

많은 기업은 ERP를 도입할 때 하나의 통합 시스템 업체가 제공하는 통합 솔루션을 채택할지 아니면 기능별로 우수한 소프트웨어를 모아서 결합할지 선택해야 하는 어려움이 있다. 그 선택권이 정보 시스템 부서에 있으면 대체로 단일 통합 업체의 솔루션을 채택하고, 각 사업 분야 책임자에게 있으면 모듬식을 택할 가능성이 높다.[7]

그러나 지난 10년 동안에 단일 시스템 통합 업체가 제공하는 ERP 솔루션이 출현했지만 이것이 분야별로 최고의 모듈을 제공하는 업체들의 멸종을 알리는 신호탄은 아니다. 지금은 그 수가 많이 줄어들었지만 분야별 최고 시스템을 공급하는 업체들은 대형 ERP 공급업체들이 진출하지 못한 영역을 계속 점유할 것이다. 일부 회사들은 한층 더 고도의 분석적인 의사결정을 내리기 위해 특정 분야에서 특화된 소프트웨어를 요구한다. 기업들은 흔히 기존의 ERP에 포함된 기본적인 기능의 사용에 머물지 않고 ERP가 제공하는 자료를 사용하여 영업이나 생산 활동을 계획하고 분석하는 업무와 같은 한 발 더 나아간 활용을 하고자 한다. 공급사슬관리 기능 중에서 통합 ERP 패키지들이 취약한 영역을 일찌감치 파고들어 혁신적으로 개선된 제품을 내놓아 성공을 거둔 특화된 업체도 많이 있다. 이들 특화 업체들 가운데 다수가 집중하는 영역을 예를 들면 재고관리 시스템이다.[8] 마지막으로 기업들은 도입한 ERP가 당초 예상한 비용 절감을 이루지 못하면 특화된 소프트웨어에 종종 눈을 돌린다. 상대적으로 덜 복잡한 업무 상황에서는 단일 업체의 통합 ERP 솔루션이 적합하지만 좀 더 특수하고 복잡한 업무 환경에서는 특화된 소프트웨어들이 일반적으로 더 낫다.[9] 다음의 SCM PROFILE은 지난 몇 년 동안 단일업체의 통합 ERP 솔루션과 모듈식 SCM 애플리케이션 간의 선호도가 차이가 얼마나 모호했는지를 설명한다.

많은 회사에게 ERP 도입은 정말 만만치 않은 것으로 드러났다. 대부분의 ERP는 몇몇 선정된 기업의 전범(best practices)을 토대로 하여 개발되었다. 그렇기 때문에 이런 시스템의 구축을 위한 한 가지 조건은 사용자의 비즈니스 프로세스가 해당 소프트웨어의 로직과 일치하여야 한다는 점이다. 이런 로직들은 ERP를 도입하는 기업의 프로세스와 매우 다를 수 있다. 기업의 비즈니스 프로세스를 소프트웨어에 맞추어야 한다는 접근은 프로세스에 맞추어 소프트웨어를 설계하는 관행과는 근본적으로 다르다.

성공적인 ERP 도입의 두 가지 주요 요구사항은 컴퓨터 지원과 정확하고 현실적인 자료의 입력이다. 일부 기업은 전체 시스템을 한 번에 도입하지 않고 현재 사업 운영에 절대적으로 중요한 모듈들만 선택적으로 도입하기도 한다. 다른 모듈들은 나중에 추가한다. 이런 방식은 기존 시스템의 중단을 최소화하면서 새 시스템을 가장 신속하게 도입하도록 한다. 하

SCM PROFILE

2016 ERP 시장 상황: 속도를 얻어라.

공급사슬관리(SCM) 애플리케이션은 소싱, 구매 주문처리, 공급업체관리, 재고관리, 창고관리, 고객 요구사항 처리에 사용되는 소프트웨어 모듈이다. SCM 애플리케이션은 광범위한 ERP 소프트웨어 시장보다 빠르게 성장하고 있지만, 대형 ERP 제공업체와 모듈식 SCM 애플리케이션 간의 선호도는 수년 동안 모호한 상황이었다.

SAP, Oracle, Info 및 Microsoft와 같은 대형 ERP 제공업체는 이제 공급사슬상의 여러 거래파트너를 포함하는 포괄적인 솔루션을 개발하려고 한다. 기존의 대형 ERP 제공업체들은 지난 몇 년 동안 SCM 애플리케이션 분야에서 입지를 다지고 있다. Gartner의 최근 연구에 의하면, 조사 응답자 중 63%가 대형 ERP 제공업체의 서비스를 이용하고 있는 반면, 응답자의 18%만이 모듈식 솔루션을 사용하고 있다. 이 연구는 기업들이 SAP, Oracle, Info 및 Microsoft와 같은 대형 ERP 제공업체에 대한 선호도가 높다는 것을 보여주고 있다. 추가적으로 이 연구는 57%의 회사가 향후 대형 ERP 제공업체로부터 SCM 애플리케이션을 구매할 것임을 제시하고 있다.

이와 같이, 대형 ERP 제공업체들이 SCM 응용 분야로 꾸준히 진출하고 있는 데에는 몇 가지 이유가 있다. 예를 들어 이미 ERP 솔루션을 구현한 기업들은 추가 SCM 기능을 얻기 위해 기존 ERP 제공업체와 협력하여야 한다. 더욱이 대부분의 ERP 솔루션은 이미 계획에서 조달 및 물류까지 공급사슬 프로세스를 지원하는 핵심적인 역할을 하고 있기 때문이다. 따라서 대형 ERP 제공업체들은 소형 SCM 솔루션 제공업체를 공격적으로 인수 합병하거나 자체적으로 새로운 SCM 솔루션을 개발함으로써 SCM 기능을 확장하고 있다. 오늘날의 ERP 애플리케이션은 전문화된 모듈형 SCM 솔루션보다 훨씬 더 진보된 클라우드 기반의 옵션을 통합한 기능의 SCM 솔루션을 제공한다. 이러한 클라우드 기반 솔루션은 따로 사용자를 지정할 필요도 없으며, 기존의 대형 ERP 애플리케이션에 쉽게 통합될 수 있는 통합적 접근방식을 사용하고 있다. 이미 SAP 및 Oracle과 같은 기존의 대형 ERP 제공업체는 모듈식 SCM 솔루션이 시장에서 더 이상 타당하지 않을 정도로 운송관리, 창고관리, 계획 및 조달 오퍼링을 포함하도록 SCM 기능을 개선해왔다. 즉 기존 ERP 제공자의 SCM 솔루션을 사용하는 단일 통합자 접근방식은 확장된 공급사슬에서 더욱 더 절감된 총소유비용, 프로세스와 기술의 표준화 및 데이터 일관성을 제공하고 있다.

그러나 대형 ERP 제공업체들이 그들의 ERP 솔루션에 SCM 기능을 추가함에 따라, 작은 규모의 모듈식 SCM 개발자들은 공급사슬의 가시성을 확대할 뿐만 아니라 개별 맞춤형 솔루션을 개발하고 있다. 따라서, 비즈니스 프로세스 관리 소프트웨어 분야의 창의성과 혁신은 대형 ERP 제공업체의 단일 통합자 접근방식이 모듈형 SCM 개발자를 대체할지를 결정할 것이다.[10]

지만 여러 가지 사유로 실패한 경우도 많다. ERP 도입 실패의 몇 가지 공통된 이유를 보면 다음과 같다.

- 최고경영자의 몰입 결여: 경영진은 새로운 ERP 구축을 위해 충분한 예산을 흔쾌히 책정하면서도 구축 과정에서는 적극적인 역할을 하지 않기도 한다. 이런 경우 사용자들은 새로운 ERP의 성능에 대한 지식이나 배우려는 관심이 부족하여 이전의 프로세스나 시스

템으로 회귀할 수 있다.

- 적절한 자원의 결여: 새로운 ERP 구축에는 상당한 투자와 장기간의 몰입이 필요하다. 컴퓨터 기술의 급속한 발전으로 비용은 점차 덜 부담스럽게 되었지만 소규모 조직에게는 완전한 ERP를 구축하는 것은 여전히 감당할 수 없는 투자이다. 이와 더불어, 작은 기업은 복잡한 시스템을 구축할 수 있는 인력이나 전문기술이 없을 수도 있다.
- 적합한 훈련의 결여: 많은 직원이 기존의 구식 자재소요계획 시스템에 이미 익숙할 수 있다. 그래서 새로운 ERP가 구축되면, 최고경영진은 그것을 사용할 직원들이 이미 충분히 준비되어 있다고 가정하고 신규 시스템을 가동하고 운영하는 데 필요한 훈련의 중요성을 과소 평가할 수 있다. 예산의 부족도 훈련의 부족을 초래할 수 있다.
- 소통 결여: 기업 내부에서의 소통 결여나 기업과 ERP 공급자 간의 소통 결여도 성공적인 구축의 장애 요인이다. 소통 결여는 보통 잘못된 사양이나 요구조건을 초래한다.
- 비호환적인 시스템 환경: 경우에 따라서는 기업 환경의 특수성으로 인하여 ERP가 별 이점이 되지 못할 수도 있다. 예를 들면, 소도시에서 가족끼리 운영하는 중고차 가게에서는 고가의 ERP를 구축하여도 별 이점이 없다.

전사적자원관리 시스템의 장단점

ERP를 적절하게 구축하고 운영하면 기업과 공급사슬은 중요한 경쟁우위를 얻게 되며 이 점은 시스템 구축에 투입한 시간과 비용을 충분히 정당화한다. 제 기능을 다하는 ERP는 기업의 생산능력 활용, 정확한 생산계획 수립, 재고 감축·납기 준수 능력을 향상시키고 공급사슬의 효율성과 효과성을 개선한다. ERP의 몇 가지 구체적 장단점을 살펴보자.

전사적자원관리 시스템의 장점

이미 앞에서 언급한 바와 같이 구식 자재소요계획과 비교할 때 ERP의 주된 장점은, 단일 데이터베이스와 공유 소프트웨어 인프라 사용으로 더 광범위한 최신 정보를 제공하여, 경영진이 더 나은 의사결정을 하도록 도와서 전체 공급사슬에 더 많은 혜택이 돌아오게 한다는 것이다. ERP는 또한 실시간 정보를 꽤 신뢰성 있게 제공하므로 운영상의 변동 정보를 공급사슬 참여사들에게 지체 없이 전달할 수 있다. ERP는 인터넷기술을 잘 활용하도록 설계되어 있으므로 사용자들은 인터넷을 통해 시스템에 접속할 수 있다.

ERP를 활용하면 전 공급사슬에 걸친 가시성(visibility)이 증가하여 재고를 줄일 수 있다. ERP는 전체 공급사슬에서 일어나는 주문충족(order fulfillment) 프로세스에 대한 가시성을 제공하여 공급·제조·물류 프로세스가 원활하게 진행되도록 해준다. 공급사슬 가시성은 채찍효과를 줄이고 공급사슬 참여사들이 생산과 최종제품의 인도 계획을 더 잘 수립할 수 있도록 도와준다.

ERP는 또한 생산 프로세스의 표준화를 촉진한다. 제조업체 중에는 유사한 제품을 조직 내부 여러 곳에서 생산하면서 상이한 공정과 정보 시스템을 사용하고 있는 경우가 종종 있다. ERP는 이러한 생산공정의 일부를 자동화하는 데 도움을 준다. 공정 표준화는 자원의 중복을 제거하고 생산성을 높인다.

ERP는 조직, 특히 여러 개의 사업단위로 구성된 기업이 종업원의 시간과 성과를 쉽게 추적하고 표준화된 방법으로 소통할 수 있게 한다. 전 조직에 걸쳐 동일한 기준과 표준을 사용하여 업무성과를 측정할 수 있다. 단일 소프트웨어 플랫폼과 공유 데이터베이스의 사용으로 ERP는 재무·생산·공급·고객 주문 등과 관련된 정보를 통합할 수 있다. 이 정보를 상호 소통이 어려운 여러 개의 시스템에 흩어놓는 대신 단일 소프트웨어 시스템에 보유함으로써 기업들은 물자·주문·재무 상태를 계속 감시하면서 동시에 여러 사업장이나 사업단위에 걸쳐 생산·재고·선적 등의 업무를 효율적으로 조정할 수 있다.

요즈음은 중소기업들이 자체 ERP 시스템을 구축하지 않고 인터넷을 통해 ERP서비스를 제공하는 업체에 가입하는 경우가 흔하다. 이런 유형의 인터넷 서비스는 클라우드 컴퓨팅이나 소프트웨어 서비스(software-as-a-service: SaaS) 모델이라고 불린다.

전사적자원관리 시스템의 단점

ERP는 그 혜택이 매우 클 수 있지만, 단점이 전혀 없는 것은 아니다. 예를 들면, 시스템의 구입과 구축에 막대한 투자가 필요하다. ERP 애플리케이션을 평가하고, 필요한 하드웨어와 소프트웨어를 구매하고, 신규 시스템을 운영하기 위하여 종업원들을 훈련시키는 데 상당한 시간과 예산을 배정해야 한다. ERP의 구축에 따른 총소유비용에는 필요한 하드웨어, 소프트웨어, 외부의 전문적 자문을 구입하는 데 비용과 내부 인건비가 포함된다. ERP는 또한 매우 복잡하고 구축이 어려우며, 특히 여러 사업단위로 구성된 조직의 경우 더욱 힘든 것으로 판명되었다.

하지만 ERP에 대한 가장 주된 비판은 그 구성 모듈들이 특정 비즈니스 프로세스들에 근거하여 특정 비즈니스 모델을 중심으로 설계되었다는 것이다. 비즈니스 프로세스는 업계의 전범(best practices)에 근거하여 채택되는 것이 보통이긴 하지만 채택하는 기업은 자신의 비즈니스 모델과 관련 프로세스들을 바꾸어서 ERP에 내장된 비즈니스 모델에 맞추어야 한다. 그러므로 채택하는 기업은 앞에서 이미 언급한 바와 같이 자신의 프로세스를 재구축하여 새로운 ERP와 호환되도록 하여야 한다. 이것은 기존의 비즈니스 프로세스를 지원하기 위해 소프트웨어를 설계하는 것이 아니라 소프트웨어 시스템이 비즈니스 전범과 프로세스를 결정하고 조직이 이에 따라야 하는 매우 어색한 상황을 초래하였다.

Y2K 소동 이후 대기업들이 거액을 들여가며 ERP를 광범위하게 도입했지만 그 구현에

따르는 어려움은 여전히 해결되지 않았으며 아직도 활용도가 턱없이 낮은 ERP도 아주 많다.[11, 12] 비즈니스 프로세스를 새로운 소프트웨어에 맞추려면 복잡한 비즈니스 프로세스 리엔지니어링 과제가 대두된다. 그 결과 기업들은 ERP의 투자를 합리화하고 활용도를 높이기 위해 애쓴다. 이것은 대기업들이 복잡하고 세련된 정보기술 없이 사업 활동과 공급사슬 활동을 효과적으로 관리할 수 있을 것인가 하는 의문을 제기한다.

전사적자원관리 시스템 소프트웨어 애플리케이션

ERP는 일반적으로 많은 모듈로 구성되고 이 모듈들은 서로 연결되며 하나의 공유 데이터베이스를 사용한다. 각 모듈은 고유의 기능을 수행하며 독립적으로 혹은 다른 모듈과 함께 설치될 수 있도록 설계되어 있다. 대다수 ERP 소프트웨어 공급업체는 자사의 제품을 경쟁업체의 제품과 호환성 있게 설계하므로 서로 다른 업체가 개발한 모듈들이 결합될 수 있다. 이제는 고객관계관리 모듈, 공급자관리 모듈, 전자구매 모듈을 ERP에 통합하는 것이 일반적이다.

오늘날 특정 시장이나 산업 유형을 목표로 하는 다양한 ERP 소프트웨어 제공업체가 있다. 시장점유율 측면에서 SAP와 Oracle이 선두주자이며, 그 뒤를 마이크로소프트와 Infor가 차지하고 있다. 각각의 ERP 소프트웨어 회사는 경쟁사들과는 서로 다른 제품을 구성하지만, ERP 시스템에 공통적으로 들어가는 모듈이 다음과 같다.

- 회계와 재무 모듈: 이 모듈은 조직이 재무통제와 회계처리를 할 수 있도록 돕는다. 수입·원가·자산·부채, 그리고 기타 회계 및 재무 정보를 수집하고 관리한다. 이 모듈은 또한 제품 원가계산서와 예산서, 그리고 회계 및 재무와 관련한 일상적 보고서와 고급보고서, 그리고 분석보고서 등을 생산한다.
- 고객관계관리(CRM) 모듈: 이 모듈은 고객관리 기능을 제공한다. 고객에게 최신 정보를 제공하여 조직과 고객이 협력할 수 있게 한다. 또한 고객이 스스로 자신의 주문을 추적할 수 있게 한다. CRM 모듈은 사용자가 기존 고객과 효과적으로 소통할 수 있게 하고 영업 자동화나 파트너관계관리를 통하여 신규 고객을 확보하는 데 도움을 준다. 이 외에도 CRM 모듈을 사용하면 고객을 세분화하고 고객별로 구매 활동을 추적하여 맞춤형 판촉을 계획할 수 있게 한다.
- 인적자원관리 모듈: 이 모듈은 조직이 인적자원을 계획·개발·운영·통제하는 데 도움을 준다. 이것은 조직의 전략적 목표를 지원하기 위하여 인적자원을 적재 적소에 배치하고 생산 수준에 맞추어 최적 노동력 수준을 계획할 수 있게 도와준다.
- 생산 모듈: 자재 계획을 수립하며 생산·생산능력·자재흐름 현황을 파악하고 관리한다.

품질 계획·검사·인증 기능을 포함할 수도 있다.

- 공급자관리(SRM) 모듈: 이 모듈을 사용하여 공급자를 관리할 수 있다. 공급자와 관련된 프로세스를 자동화하고 전사적으로 모든 공급자와 효과적으로 협력할 수 있도록 도와준다. 또한 공급자의 성적과 구입 물자의 배달을 조회할 수 있게 하며 개발·생산·유통 과정에 있어서 공급자들과 실시간 협력을 통하여 비즈니스 프로세스를 효과적으로 관리할 수 있게 한다.
- 공급사슬관리(SCM) 모듈: 이 모듈은 공급사슬에 수반되는 활동들의 계획·실행·통제를 처리한다. 이것은 기업이 공급사슬을 강화하여 납기 성적을 향상하도록 돕는다. 이 모듈은 수송, 창고 업무, 재고관리 등 다양한 물류 기능을 포함하기도 한다. SCM 모듈은 조직의 내·외부 공급사슬을 최적화할 수 있도록 하여 가치를 창조한다.

ERP는 21세기에도 지속적으로 진화하고 있다. 가장 최근의 발전은 인터넷을 이용한 e-비즈니스 기능의 통합이다. 이리하여 ERP 내에서 영업·구매·재고관리·고객서비스 등 업무를 인터넷을 통하여 처리할 수 있다. 고객과 공급자도 ERP를 통하여 주문처리현황, 재고 수준, 청구서 조정과 같은 정보에 접근할 수 있도록 요구한다. 정보기술이 지속적으로 발전하면서 ERP 공급자들은 새로운 기능과 성능을 꾸준히 자사의 시스템에 추가하고 있다.

요약

제조업체나 서비스업체 모두 수요와 생산능력의 균형을 맞추기 위하여 효과적인 생산 및 능력계획에 의존하지만 제조업체는 재고를 보유함으로써 생산능력을 비축하는 것과 같은 추가 이점을 누린다. 서비스기업은 서비스를 재고로 보유할 수 없으므로, 수요와 공급을 일치시키기 위하여 주문잔고나 예약, 다기능 훈련, 대기에 의존한다. 하지만 과잉 능력은 인력과 장비의 낮은 가동을 초래하고 궁극적으로는 불필요한 비용으로 연결되어 공급사슬의 모든 기업에 나쁜 영향을 미친다.

이 장은 자재계획, 능력계획, 전사적자원관리 시스템을 소개하였다. 이들은 모두 수요와 공급의 균형을 취하기 위하여 널리 쓰인다. 예를 통하여 총괄계획, 기준생산계획, 자재소요계획, 그리고 배송소요계획의 연관성을 보였다. 이 장은 또한 여러 가지 자재계획이 능력계획들과 어떻게 연관되는지 간략히 설명하였다. 자재계획의 핵심요소는 자재소요계획이며 이것은 기준생산계획, 자재명세서, 그리고 재고 현황을 이용하여 계획발주를 계산한다. 계획발주는 내부 생산 항목의 경우 생산 현장에 전달되며, 구매 항목의 경우에는 공급자에게 직접 전달된다.

마지막으로 ERP에 대해서도 논의하였는데, ERP와 구식 자재소요계획 및 제조자원계획과의 관계, ERP의 장단점, ERP 구현과 관련한 이슈, ERP 모듈, ERP 소프트웨어 제공업체 등을 다루었다. ERP 개발의 목표는 조직 구성 단위들의 지리적 위치나 취급 통화에 상관없이 단일 공유 데이터베이스를 토대로 전 조직의 요구에 부응할 수 있는 단일 소프트웨어 시스템을 구축하는 것이었다. ERP는 상당히 복잡하고 구축 비용이 높은 것이 사실이지만, 여러 대륙에 퍼져 있는 사업장들의 여러 가지 업무 부문을 통합하는 수단을 제공한다. 필요한 애플리케이션을 잘 선택하여 제대로 구축하면 이런 통합을 통하여 큰 혜택을 볼 수 있다. 하지만 불행하게도 많은 기업이 ERP를 구축하고도 당초의 기대 효과를 실현하지 못하였다.

ERP의 구축은 장기간에 걸쳐서 계속되는 프로젝트로 이해하여야 한다. 구식 시스템을 대체하기 위하여 프로젝트 초기에 얼마나 많은 자원을 확보하였든지 상관없이 ERP의 선정과 구현 그리고 사용자 교육을 위하여 경영층은 지속적으로 열의를 가지고 필요한 자원을 지원해야 한다. 기술 변화와 새로운 애플리케이션의 개발에 따라 새로운 기능과 비즈니스 프로세스를 조사·검토·개선하여야 할 것이다.

토의문제

1. 시장의 수요와 생산능력의 균형을 취하는 것이 왜 중요한가?
2. 장기, 중기, 단기 계획을 자재계획과 생산능력계획 맥락에서 설명하라. 이들의 연관성은 무엇인가?
3. 총괄계획, 기준생산계획, 자재소요계획, 배송소요계획을 설명하라. 이들의 연관성을 설명하라.
4. MRP가 어떻게 폐쇄식 MRP와 MRP-II를 거쳐 ERP로 진화하였는지 설명하라.
5. 추종전략과 평준화전략을 비교/대비하여 설명하라. 고도로 숙련된 근로자가 필요한 산업에서 더 적합한 전략은 어느 것인가? 왜 그런가?
6. 평준화전략을 회계 및 세무 서비스회사나 법률회사와 같은 순수 서비스산업에 적용할 수 있는가? 이런 기업들은 산출을 재고로 보유할 수 있는가?
7. 최하위계층코딩의 목적은 무엇인가?
8. 약속가능량은 그 목적이 무엇이며 보유재고와 어떻게 다른가?
9. 시스템불안이란 무엇인가? 그것을 최소화하거나 피할 수 있는 방안을 설명하라.
10. 자재소요계획의 필수 입력 정보는 무엇인가?
11. 자재명세서란 무엇이며 이것은 슈퍼 자재명세서와 어떻게 다른가?
12. 기준생산계획과 자재소요계획에 제조 리드타임이나 구매 리드타임이 고려되는가?
13. 예정입고와 계획발주의 차이는 무엇인가?

14. MRP 계산에서, 레벨 3 항목의 총요구사항은 레벨 2 항목의 총요구사항 또는 계획된 주문 발표에서 오는가? 계산 방식을 설명하라.
15. 자재소요계획 전개와 배송소요계획 집약의 차이는 무엇인가?
16. 자원소요계획(RRP), 개략능력계획(RCCP), 능력소요계획(CRP)을 간략히 설명하고, 이들의 관계를 설명하라.
17. 능력계획(ERP, RCCP, CRP)과 자재계획(APP, MPS, MRP)의 연관성을 설명하라.
18. 공급사슬경영에서 총괄계획과 재고관리가 중요한 이유는 무엇인가?
19. 지난 10년 동안 아주 많은 기업이 앞다투어 ERP 시스템을 구축한 이유는 무엇일까?
20. 구식 자재소요계획 시스템의 한계를 설명하라.
21. 전통적인 MRP 시스템은 시대에 뒤떨어졌다고 구식 시스템으로 여겨지지만 그것의 기본 원리는 여전히 알 필요가 있다. 그 이유는 무엇일까?
22. 구식 자재소요계획 시스템과 비교하여 ERP의 장점을 설명하라.
23. ERP 도입에서 단일 통합업체의 시스템을 구축하는 접근과 기능별로 특화된 모듈을 모아서 통합하는 모듬식 구축 접근을 설명하라. 모듬식 구축의 장단점을 들고 설명하라.
24. 왜 많은 ERP 구축 프로젝트가 당초 기대한 이점을 실현하지 못하는지 설명하라.
25. 클라우드 기반 ERP 시스템의 작동방식에 대해 설명하고, 기업은 클라우드 기반 ERP를 언제 사용하는 것이 가장 좋을지를 설명하라.

조사연구문제

1. 클라우드 컴퓨팅이 향후 사용자의 정보기술 활용에 매우 큰 영향을 미칠 것이다. 아직 등록하지 않았다면, 지금 당장 인터넷을 검색하여 OneDrive, Google Drive 및/또는 Dropbox에서 무료 클라우드 스토리지를 등록하라. 로컬 하드 드라이브와 파일을 동기화하는 것을 기억하길 바란다.
2. SAP, Oracle, Microsoft의 웹사이트를 방문하여 그곳에 있는 정보를 이용하여 이들 세 회사와 그들의 ERP 소프트웨어에 대한 간단한 보고서를 작성하라. 이들 회사의 제품은 구성이나 기능이 동일한가?
3. 인터넷에서 정보를 구하여 SAP와 Oracle이 어떻게 제품 구색을 확장했는지 간단한 보고서를 작성하라. 이 두 회사 중 기능별 최고 솔루션을 개발하는 업체를 공격적으로 인수하기로 정평이 난 회사는 어느 것이며 그 회사가 최근에 인수한 회사는 무엇인가?
4. 인터넷에 있는 정보를 이용하여 ERP 구현에서 단일 공급업자를 통한 구현과 모듬식 구현 중 어느 것이 대세인지 간단한 보고서를 준비하라.
5. 인터넷에 있는 정보를 이용하여 ERP 시장의 현재 및 예상 규모와 향후 5년간의 성장률

에 대한 보고서를 작성하라.

6. 인터넷에 있는 정보를 이용하여 ERP를 성공적으로 구현한 회사를 하나 찾아서 그 성공담을 정리하라.
7. 인터넷을 이용하여 실패한 ERP 구현의 사례를 찾고 그것의 교훈을 정리하라.
8. SAP과 Oracle의 웹사이트를 방문하여 양사의 (a) 공급사슬관리, (b) 공급자관계관리, (c) 고객관계관리 애플리케이션을 비교하고 보고서를 작성하라.
9. 인터넷에 있는 정보를 이용하여 마이크로소프트의 ERP 시장 전략과 현재의 위치에 대한 보고서를 작성하라.
10. 인터넷에 있는 정보를 이용하여 미국, 유럽, 중국에서 ERP 도입의 현황에 대한 보고서를 작성하라.

연습문제

1. 다음 표에 제시된 생산계획을 사용하여, (a) 추종전략, (b) 평준화전략을 사용할 경우 각각에 대하여 매월 생산량, 기말재고/주문잔고, 노동력 수준을 계산하라. 작업자 한 사람은 매월 100개씩 생산할 수 있고 1월 초 재고는 0이며 6월말 재고는 0으로 한다고 가정하라.

월	1 월	2 월	3 월	4 월	5 월	6 월
수요	2,000	3,000	5,000	6,000	6,000	2,000
생산량						
기말재고						
노동력						

2. 다음 표에 제시된 생산 계획을 사용하여, (a) 추종전략과, (b) 평준화전략을 사용할 경우 각각에 대하여 매월 생산량, 기말재고/주문잔고, 노동력 수준을 계산하라. 작업자 한 사람은 매월 50개씩 생산할 수 있고 1월 초 재고는 500이며 6월말 재고는 200으로 한다고 가정하라.

월	1 월	2 월	3 월	4 월	5 월	6 월
수요	2,000	3,000	5,000	6,000	6,000	2,000
생산량						
기말재고						
노동력						

3. 다음의 생산 계획에 대하여 개별 약속가능량(ATP:D)을 계산하라.

주(week)	1	2	3	4	5	6	7	8
기준생산계획 BI = 60	20	30	20	20	20	50	0	20
확정 고객 주문 ATP:D	50	10	30	10	20	20	10	0

4. 다음의 생산계획에 대하여 약속가능량(ATP)을 계산하라.

주(week)	1	2	3	4	5	6	7	8
기준생산계획 BI = 20	20	0	20	20	0	20	20	20
확정 고객 주문 ATP:D	10	10	10	10	10	0	0	10

5. 두 가지 최종제품(D, E)의 BOM, 재고 현황, 기타 관련 정보가 다음과 같다. D, E, F의 계획발주와 예상보유재고를 계산하라. (괄호 안의 숫자는 사용량이다.)

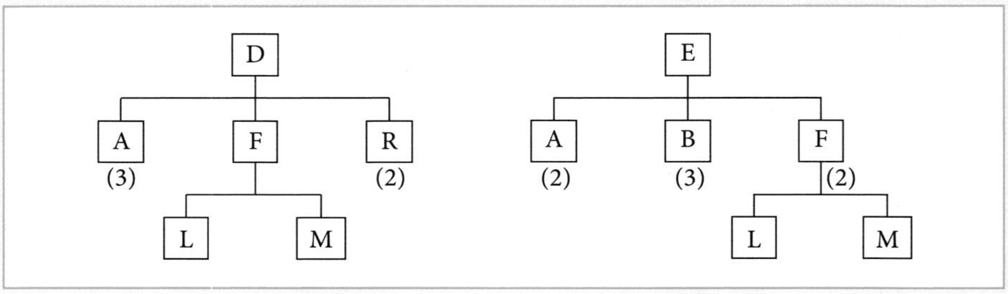

부품 D (Q=30, LT=1, SS=0)		1	2	3	4	5	6
총 소요량		7	11	9	5	8	6
예정입고							
예상 보유재고	10						
계획발주							

부품 E (Q=L4L, LT=2, SS=3)		1	2	3	4	5	6
총 소요량		10	12	15	11	6	8
예정입고			11				
예상 보유재고	15						
계획발주							

부품 F (Q=60, LT=1, SS=0)		1	2	3	4	5	6
총 소요량							
예정입고		60					
예상 보유재고	20						
계획발주							

6. 최종제품 E의 BOM, 재고 현황, 기타 관련 정보가 다음과 같다. 부품 E, F, M의 계획발주와 예상보유재고를 계산하라. (괄호 안의 숫자는 사용량이다.)

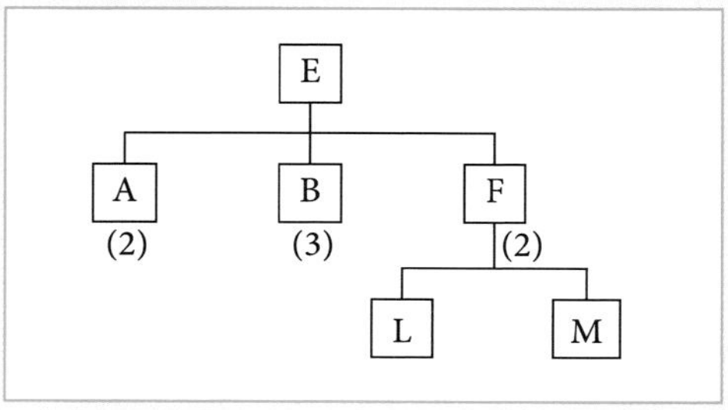

부품 E (Q=50, LT=2, SS=0)	1	2	3	4	5	6
총 소요량	20	0	0	20	0	40
예정입고						
예상 보유재고 20						
계획발주						

부품 F (Q=50, LT=2, SS=20)	1	2	3	4	5	6
총 소요량						
예정입고			50			
예상 보유재고 120						
계획발주						

부품 M (Q=60, LT=1, SS=30)	1	2	3	4	5	6
총 소요량						
예정입고	60					
예상 보유재고 10						
계획발주						

7. 어떤 회사가 라스베가스에 있는 중앙공급창고에서 보스턴, 덴버, 휴스턴에 있는 세 곳의 물류센터에 제품을 공급한다. 어떤 제품에 대한 앞으로 6주간의 배송계획이 아래에 주어진 바와 같다. 배송소요계획 로직을 적절히 사용하여 중앙공급창고와 세 곳의 물류센터의 보충계획을 완성하라.

보스턴 물류센터 (Q=30, LT=1, SS=5)	1	2	3	4	5	6
총 소요량	0	20	0	55	0	0
예정입고						
예상 보유재고 10						
계획발주						

덴버 물류센터 (Q=LFL, LT=2, SS=2)	1	2	3	4	5	6
총 소요량	0	20	10	0	0	20
예정입고		11				
예상 보유재고 15						
계획발주						

휴스턴 물류센터 (Q=60, LT=1, SS=0)	1	2	3	4	5	6
총 소요량	10	0	0	45	0	0
예정입고						
예상 보유재고 20						
계획발주						

라스베이거스 중앙공급창고 (Q=20, LT=1, SS=0)	1	2	3	4	5	6
총 소요량						
예정입고						
예상 보유재고 50						
계획발주						

사례문제

1. 폭스사의 가구 사업 부문

볼라 버튼(Beulah Burton)은 폭스(Fox)사의 가구 사업 부문의 부사장이다. 폭스사는 가구 사업 부문 이외에도 다양한 사업을 수행하고 있는 기업이다. 폭스사의 가구 사업 부문은 항상 수익성이 높았지만, 시스템, 장비 또는 공정의 노후화가 진행되고 있어 전면적인 수정이 필요한 상황이다. 폭스사의 최고경영자인 조 사이먼(Jo Simon)은 가구 사업 부문의 전면적인 수정을 위해 볼라 버튼을 고용했다. 볼라는 폭스사 가구 사업 부문의 현재 시스템, 장비, 공정을 검토하고 나서, 현재 폭스사의 가구 사업 부문이 상당히 구식 시스템이라는 것에 대해 충격을 받았다. 폭스 가구 사업부는 적어도 관련 산업의 다른 기업들에 비해 적어도 20년 이상 뒤쳐져 있었다. 그럼에도 불구하고 가구 사업부가 수익성 있는 부서라는 사실에 더욱 더 놀랐다.

버튼은 현재 시스템을 분석하면서 오래된 시스템으로 인하여 상당히 많은 데이터가 누락되어 있으며, 눈에 보이지 않는 비용 요소가 많아 비효율적으로 운영되고 있다는 것을 알게 되었다. 버튼은 조 사이먼을 만나 기업자원계획(ERP) 시스템이 필요하다고 설명했다. 버튼은 가구 사업 부문의 대부분의 종업원들이 오랜 기간 근무하면서 쌓인 노하우로 인하여 현재까지는 안정적인 수익을 창출하고 있지만, 오래된 숙련공들이 은퇴하게 되면 이러한 지식과 노하우가 새로운 종업원들에게 쉽게 대체될 수 없다는 것을 확신하였다. 따라서 폭스사는 이러한 데이터 수집과 관리를 통해 지식 축적이 필요한 상황이다.

사이먼은 ERP 시스템 도입 후 첫 번째 운영 보고서를 받고, 공정에 상당히 많은 과잉 재고가 쌓여 있다는 것을 보고 매우 놀랐다. 특히 '우드 스핀들(wood spindles)'과 같은 부품은 현재 제품군에 사용하지 않음에도 불구하고 수만 달러치의 구식 재고가 창고에 쌓여 있었다.

토론사항

1. 당신은 현재 볼라 버튼과 같이 일하고 있다. 그녀는 당신에게 현재 운영되고 있는 가구 부문의 재고관리 시스템을 폐기하고 새로운 ERP 시스템을 도입하여 효과적으로 운영하기 위해 어떤 특정한 조치를 취해야 할지를 결정하라고 지시했다. 무엇을 보고하겠는가?
2. 당신은 ERP 시스템의 계획과 구현에서 어떤 문제가 발생할지 예측하기 위해 버튼과 같은 팀에서 일하고 있다. 사례에 제시된 시나리오에 의하면, 이 팀이 직면할 수 있는 특정한 문제들은 무엇인가? 어떤 공통적인 문제(즉, 많은 회사에서 일어나는 문제)가 발생할 수 있는가? 어떤 해결책을 추천하는가?
3. ERP 시스템과 관련하여 버튼의 전면적인 ERP 도입 및 운영 계획에 동의하는가? 가구 사업 부문의 문제 해결을 위해 전면적 도입보다는 단계적 변화를 선택해야 하지 않았을까?

당신의 생각을 설명하라.

2. 공인회계사 오웬 풀

1/4분기는 오웬이 가장 좋아하는 시간이다. 오웬 풀(Owen Poole)은 공인회계사(CPA)이며, 그는 세금 시즌을 가장 좋아한다. 그는 세금 징수, 부과 및 납부의 절차를 간소화시키는 세금 개혁이 모든 사람을 행복하게 하는 방안이지만, 현실적으로 세금 개혁이 쉽지 않다는 것을 알고 있다. 이 시기에 오웬은 고객이 어떤 공제를 받을 수 있는지, 그리고 어떻게 하면 고객의 세금 환급을 극대화할 수 있는지를 알아내는 도전을 즐긴다. 오웬이 도전 자체보다 더 좋아하는 건 이기는 것이다.

오웬이 과거 회계학 학위를 취득할 때, 다른 비지니스 주제에서 몇 가지 선택과목을 수강했다. 그중에서 오웬이 가장 좋아했던 과목은 공급망 관리였다. 오웬은 이 과목을 수강하면서 비즈니스의 큰 그림을 볼 수 있게 되었다. 오웬의 고객 중 상당 수는 개인 고객이 아니라 사업가였기 때문에 넓은 관점에서 사업을 이해하는 것은 사업가 고객들의 수익성 향상뿐만 아니라 오웬 자신의 사업에도 중요했다. 오웬은 고객들의 수익률을 높이기 위해 가능한 한 많은 액수의 공제액을 찾아낼 뿐만 아니라 사업 내에서 더 효과적이고 효율적인 프로세스를 실행할 수 있도록 자문을 했다. 비록 오웬은 이러한 과정에 있어서 전문가는 아니었지만, 그는 그의 고객들이 올바른 방향으로 기업을 운영하도록 조언했고, 또한 몇몇 개의 오웬 고객사들은 오웬의 충고가 매우 큰 도움이 되었다.

오늘 오웬은 밴 워드(Van Ward)와 만나고 있다. 밴의 사업은 매우 빠르게 성장하고 있다. 오웬은 밴의 재무제표를 검토하면서 회사의 급격한 성장에도 불구하고 밴의 이익이 약간 감소하고 있다는 것을 알게 되었다. 밴의 재무제표는 오웬에게 많은 것을 말해주고 있었는데, 특히, 밴은 자원계획시스템(ERP)에 많은 투자를 하지 않고 있다는 점이다. 결과적으로, 밴의 사업이 성장하고 있지만, 반면에 기업 내부의 비효율성도 증가했다. 오웬은 오늘 밴과의 만남에서 밴이 지속 가능한 성장을 위해서는 ERP 시스템 분야에 대한 투자가 필요하다는 것을 설명하기로 결정했다.

토론사항

1. 오웬은 밴에게 자원 계획에 관한 필요성을 더 잘 이해시키기 위해 어떤 질문을 해야 하는가?
2. ERP 시스템의 도입 및 운영은 비용이 많이 든다. 오웬은 밴이 완전한 ERP 시스템을 구입하고 구현할 여유가 없다는 것을 알고 있다. 당신이 생각하기에 ERP 시스템 모듈 중에서 우선적으로 도입해야 하는 시급한 공통 모듈은 무엇인지를 설명하라. 또한 이러한 모듈의 도입은 기업에 어떤 이익을 가져다 줄 것인가를 논의하라.

참고자료

Chopra, S., and P. Meindl. *Supply Chain Management: Strategy, Planning, and Operation*. 6th ed. Essex, England: Pearson, 2016.

Fogarty, D. W., J. H. Blackstone, and T. R. Hoffmann. *Production and Inventory Management*. 2nd ed. Cincinnati: South-Western Publishing, 1991.

Hopp, W. J., and M. L. Spearman, "To Pull or Not to Pull: What Is the Question?" *Manufacturing & Service Operations Management* 6(2), 2004: 133–148.

Jacobs, F. R., and R. B. Chase. *Operations and Supply Chain Management*. 15th ed. Boston: McGraw-Hill, 2018.

Orlicky, J. *Material Requirements Planning: The New Way of Life in Production and Inventory Management*. New York: McGraw-Hill, 1975.

Simchi-Levi, D., P. Kaminsky, and E. Simchi-Levi. *Designing and Managing the Supply Chain*. 3rd ed. Boston: McGraw-Hill Irwin, 2008.

Vollmann, T. E., W. L. Berry, D. C. Whybark, and F. R. Jacobs. *Manufacturing Planning and Control for Supply Chain Management*. 6th ed. Boston: McGraw-Hill Irwin, 2011.

Monk, E. F., and Wagner, B. J., *Concepts in Enterprise Resource Planning*. 4th ed. Boston: Cengage Learning, 2013.

미주

1. Doerfler, S., "Spotlight On: General Colin L. Powell," *Inside Supply Management Magazine* 28(2), March 2017: 21.
2. Pate, P., "Managing Technology Implementations," *Public Management* 99(2), March 2017: 24–25.
3. Nadella, S., Microsoft 2015 Citizenship Report, 2015, p. 21.
4. Felix, C., "ERP Software Paves Road to Victory," *Production Machining* 16(12), December 2016: 36–39.
5. Fogarty, D. W., J. H. Blackstone, and T. R. Hoffmann. *Production & Inventory Management*. 2nd ed. Cincinnati: South-Western, 1991.
6. Snyder, M., "The Changing Face of Pharmaceutical Distribution Traceability," *Pharmaceutical Processing* 31(1), January/February 2016: 22–25.
7. Field, A. M., "Stretching the Limits of ERP," *The Journal of Commerce* 8, January 2007: 76–78.
8. Roberto, M., "ERP Enters Age of Infrastructure," *Manufacturing Business Technology* 25(7), July 2007: 24–25.
9. Curt, B., "The ERP Edge," *Multichannel Merchant* 3(7), July 2007: 50–54.
10. McCrea, B., "2016 State of ERP: Gaining Speed," *Modern Materials Handling* 71(8), August 2016: 70–76.
11. Jutras, C., "The ERP in Manufacturing Benchmark Report," *Aberdeen Group, Inc*. August 2006: 1–31.
12. Maas, J.-B., P. C. Fenema, and J. Soeters, "ERP System Usage: The Role of Control and Empowerment," *New Technology, Work, and Employment* 29(1), March 2014: 88–103.

7장 재고관리

INVENTORY MANAGEMENT

당신이 파트너십 관계에 있다면, 당신은 단지 가장 약한 파트너들과 다름없는 관계에 있는 것이다.

Robert Kraft, chairman and CEO, Kraft Group[1]

지난 10년간에 걸쳐 우리를 성공하게 만든 것은 앞으로 10년 동안 우리를 성공하지 못하게 만들 것이다.

Bob Weidner, president and CEO, Metals Service Center Institute[2]

한 상점에서 상품이 몇 개든 상관없이, 재고를 잘 관리하면 고객이 행복해지고 소매업자는 이익을 얻을 수 있다. 상당수의 편의점은 고객의 지속적 구매를 어림잡을 수 있는 기술적 방법을 이용한다.

Gail Fleenor, contributing editor, Convenience Store Decisions[3]

비용 절감은 산업, 입지, 사업부를 아우르는 보편적이고 글로벌한 이슈다. 비용 절감을 달성하기 위해서 공급 관리자들은 현재의 사업과 제조 과정을 검토해야 한다. 또한 그들은 비용 절감을 위해 또 다른 분야—재고 절감, 워크플로우 개편, 장비 최적화, 낭비 최소화, 공급업체 협상 등—를 찾아 자재 비용을 최소화하는 방안을 검토해야 한다.

Stan J. Woszczynski, chief manufacturing officer, Cummins[4]

학습목표

- 독립수요 재고와 종속수요 재고의 차이를 이해한다.
- 네 가지 기본적인 재고 유형과 그 역할을 설명한다.
- 재고 관련 비용과 재고회전을 이해한다.
- 재고의 ABC 분류, ABC 재고 행렬, 순환실사를 이해한다.
- RFID란 무엇이며 그것을 어떻게 재고관리에 활용할 수 있는지 이해한다.
- 경제적 주문량 모형과 그것의 가정들을 이해한다.
- 수량할인과 경제적 생산량 모형을 이해하고 나아가서 이것들과 경제적 주문량 모형과의 관계도 이해한다.
- 몇 가지 재주문점 모형과 그 차이를 이해한다.
- 연속조사 시스템과 주기조사 시스템을 이해한다.

SCM PROFILE

재고관리의 중요성

재고관리는 조직의 가장 중요한 업무 중 하나로, 재고 관리자는 ERP 시스템을 활용하여 재고관리를 지원할 수 있다. 예를 들어 ERP 시스템은 관리자에게 집중적 관리가 필요한 품목에 대한 정보를 제공하는 ABC 분류나 재고회전율 등과 같은 정보를 제공한다. 또한 관리자들이 적정 재고를 유지할 수 있게 안전재고, 리드타임, 재고검토 주기, 재주문, 경제적 주문량 등을 포함하는 재고보충 보고서와 예측 정보를 제공하고 있다.[5]

공급관리협회(ISM)의 보고서에 의하면, 미국은 2017년 4월까지 94개월 동안 연속적으로 경제 성장을 이어가고 있다.[6] 이러한 경제 성장세는 공급사슬에 재고가 많다는 것을 의미한다. 재고관리에 영향을 미치는 요인은 많지만, 재고 전문가들은 다음과 같은 린 재고관리 방식을 제안하고 있다. 첫째, 재고 관리자들은 수요계획에 세심한 주의를 기울여야 한다. 즉, ERP 시스템은 판매 예측 관련 정보를 쉽게 생성할 수 있지만, 보다 효율적인 재고관리를 위해서 모든 공급사슬에서 공급사슬팀에 해당 정보를 보다 명확하고 일관되도록 전달되도록 하는 것이다. 둘째, 재고비용을 절감하고 고객서비스 수준을 높이기 위해 재고 정책에 대한 최고 경영자의 의지가 필요하다. 셋째, 정보관리를 위한 중앙집중식 재고관리 도구를 채택하고, 공급사슬 전반에 걸쳐 고객 주문이 정확하고 효율적으로 이행되고 있는 가를 확인하고 모니터링할 필요가 있다. 넷째, 관리자는 정확한 실시간 데이터 분석 기술을 활용해서 재고 정확성을 높이기 위해 노력해야 한다. 다섯째, 관리자들은 조기 선적 통지서 및 무선 주파수 식별 등과 같은 디지털 기술을 이용하여 주문 정보 프로세스를 원활하게 진행해야 한다. 마지막으로, 효과적인 재고관리를 위해서는 적절한 직원 교육 및 인력관리가 필수적이다. 회사의 전략을 수립하는 것은 최고 경영진이지만, 비즈니스 프로세스를 운영하는 것은 중간 관리자들이다. 따라서 종업원 훈련은 경영의 모든 수준에서 필요하다.[7]

경기가 급속히 둔화되는 경우, ERP 시스템은 매출 감소를 반영할 만큼 충분히 빠르게 반응하지 않을 수 있다. 때에 따라서는 수동 조정이 필요할 수 있다. 예를 들어 주문 수량과 빈도를 계산하기 위해 경제 주문 수량과 재주문점을 사용하면 매출 감소로 인해 과거 연간 사용량이 과대 평가되기 때문에 재고 과잉이 발생할 수 있다. 마찬가지로, ERP 시스템의 과거 데이터에 기초한 판매 예측과 안전재고를 계산하기 때문에 현재 재고 수준을 과대평가할 수도 있다. 지난 12개월 동안 사용 중인 수량이 안전재고보다 높게 유지된 품목은 재고 과잉을 나타낼 수 있다. 따라서 재고 수준을 수동으로 조정해야 할 필요성이 있을 수 있다.[8]

재고관리의 성공은 재고 관련 운영 방침을 확립하고 유지하는 것에 달려 있다. 재고가 제대로 관리되지 않을 경우에, 충격적인 재고 부족 또는 과잉 재고가 불가피하다. 재고 부족은 고객의 수요를 충족시킬 수 있는 재고의 정확한 조합과 양이 부족할 경우에 발생하며, 이러한 재고 부족은 매출 손실과 고객 불만을 야기한다. 반대로 재고가 창고에 쌓이게 되면 재고비용 증가와 더불어 운전자본의 위축을 초래한다. 이 장에서는 재고관리의 개념과 도구에 대해 논의한다.

개요

재고는 기업에서 매우 큰 비중을 차지하는 자산 항목 가운데 하나일 수 있다. 기업에 따라서는 재고가 총매출액이나 총자산의 10%를 넘는 경우도 있다. 대체로 제조업체는 서비스

〈표 7-1〉 총매출액 및 총자산 대비 재고자산 비중

기업	회계연도 말	총매출 ($)	총자산 ($)	연말재고 ($)	총매출 대비 재고비율 (%)	총자산 대비 재고비율 (%)
Las Vegas Sands Corp.	2016.12.31	11,410	20,469	46	0.40	0.22
MGM Mirage	2016.12.31	6,455	28,173	98	1.52	0.35
Microsoft Corp.	2016.06.30	85,320	193,694	2,251	2.64	1.16
Ford Motor Co.	2016.12.31	151,800	237,951	8,898	5.86	3.74
General Motors Company	2016.12.31	166,380	221,690	13,788	8.29	6.22
Toyota Motor Corp.	2016.03.31	252,708	421,972	11,863	4.69	2.81
Walmart Stores, Inc.	2017.01.31	485,873	198,825	43,046	8.86	21.65
Target Corp.	2017.01.28	69,495	37,431	8,309	11.96	22.20
Pfizer, Inc.	2016.12.31	52,824	171,615	3,050	5.77	1.78
Intel Corp.	2016.12.31	59,387	113,327	5,553	9.35	4.90
Advanced Micro Devices, Inc.	2016.12.31	4,272	3,321	204	4.78	6.14

자료: Annual Reports on Form 10-K. All numbers in millions, except ratios.

업체보다 재고를 더 많이 유지하지만 재고관리는 제조업체나 서비스업체 모두에게 중요하다. 〈표 7-1〉은 세계적으로 인지도가 높은 몇몇 제조업체와 서비스업체의 재고금액과 재고가 총매출액 및 총자산에서 차지하는 비율을 보여준다. 〈표 7-1〉의 첫 두 기업처럼 카지노 호텔과 같은 서비스업체들의 총자산 대비 재고금액 비율은 대부분의 제조업체에 비해 낮지만 서비스업체에서 재고관리는 다른 종류의 어려움이 있다. 예를 들면, 카지노 호텔은 변질되기 쉬운 여러 가지 식자재를 시설에 유지해야 한다. 이러한 변질되기 쉬운 재고를 관리하는 데는 독특한 어려움이 있다.

재고관리 정책은 기업이 제품과 서비스의 생산에 자산을 얼마나 효율적으로 사용하는가에 영향을 미친다. 기업에서 낭비와 품절을 줄이기 위해 효과적인 재고관리 시스템을 개발하는 일은 복잡한 문제다. 적절한 수준의 재고는 제조와 물류 그리고 그 외 다른 부문에 도움을 주지만 지나친 재고는 재고관리가 제대로 되지 않음을 보여주는 징후이며 희소자원의 불필요한 낭비를 초래한다. 또한 과잉 재고는 재무성과에 악영향을 끼친다. 생산운영 관리자는 더 나은 재고관리 시스템을 갖추기 위해 끊임없이 노력해야 한다.

이 장은 우선 종속수요 항목과 독립수요 항목의 차이를 설명한다. 그 다음, 독립수요 항목에 집중하여 ABC 재고관리 시스템, 재고비용, 무선인식 등 재고관리에 관련된 기본적인 개념과 도구를 설명한다. 또한 세 가지 기본적인 확정적 재고 모형과 두 가지 주요 확률적 재고 모형도 다룬다.

종속수요와 독립수요

재고관리 모형은 일반적으로 재고의 특성과 형태에 따라서 구분하는데 독립수요 모형과 종속수요 모형으로 나눌 수 있다.

종속수요(dependent demand)는 최종제품을 구성하는 부품에 대한 기업 내부에서 발생하는 수요로서 해당 최종제품의 수요에 따라 결정된다. 중간조립품(subassembly), 부속, 원자재는 종속수요 제품의 예이다. 종속수요는 최종제품의 수요에 따라 결정되기 때문에 급작스럽고 급격한 변화를 보이는 경우가 많다. 특히 최종제품이 큰 로트 단위로 생산될 때 이런 현상은 더욱 뚜렷하다. 종속수요는 그것을 사용하는 최종제품들의 수요를 알면 계산할 수 있다. 그러므로 종속수요 제품의 수요는 자재소요계획 프로그램을 사용하여 정확하게 계산한다.

종속수요 재고 시스템에 대해서는 6장에서 논의했다. 예를 들어 ATV사의 기준생산계획(표 6-4)은 1월에 120대의 ATV를 생산할 것임을 보여준다. 이것으로부터 handlebar 120개와 wheel rim 480개가 필요함을 알 수 있다. handlebar와 wheel rim, 그리고 다른 종속수요 제품의 수요는 자재명세서와 기준생산계획에 명시된 최종제품의 생산계획에 의거하여 계산할 수 있다.

독립수요(Independent demand)는 기업이 생산하는 최종제품의 수요로서 그 패턴은 추세와 계절 추세, 그리고 일반적인 시장 상황의 영향을 받는다. 예를 들어 ATV의 수요는 독립수요이다. ATV의 조립에 쓰이는 배터리, 헤드라이트, 씰, 각종 개스킷의 수요는 종속수요 품목이다. 하지만 배터리, 헤드라이트, 씰, 개스킷도 정비소나 소비자에게 교체용으로 팔릴 경우에는 독립수요 품목이다. 마찬가지로 고객이 구입한 신차를 조립할 때 사용된 배터리는 자동차 제조업체에게는 종속수요 항목이지만, 고객이 자기 차의 낡은 배터리를 교체하기 위해 구입하는 배터리는 독립수요 항목이다. 독립수요 제품은 자재소요계획 로직을 사용하여 다른 제품의 수요로부터 계산할 수 없고 반드시 시장 상황을 고려하여 예측하여야 한다.

재고관리 개념과 도구

현명한 생산 관리자는 자기 조직 내부뿐만 아니라 공급사슬 전반에 존재하는 재고를 관리하는 데 관심이 있다. 효과적인 독립수요 재고 시스템은 원활한 생산활동을 보장하고 생산능력을 공정재고(work-in-process: WIP)나 완제품 재고의 형태로 저장할 수 있게 한다. 일부 업체는 결과물을 재고로 보관할 수 없지만 수요와 공급의 균형을 이루기 위하여 대기 예약, 작업자 스케줄링, 그리고 종업원에 대한 교차훈련을 사용할 수 있다.

제조업체든 서비스업체든 재고를 효과적으로 계획하고 통제하려고 한다. 물자를 재고로 유지하면 저장공간과 취급 활동이 필요하며 자본이 투입되고 또한 가치의 하락과 품질 저하가 따른다. 재고를 줄이면 기업의 운영비용과 재무성과는 향상되겠지만 품절로 고객서비스를 망칠 위험이 따른다. 그러므로 기업들은 재고와 고객서비스 사이에 균형을 취하도록 세심한 주의를 기울여야 한다. 이 절에서 우리는 재고와 관련된 몇 가지 중요한 개념과 도구를 다룬다. 공급자관리 재고와 공동관리 재고에 대해서는 4장에서 논의되었으므로 여기서는 다루지 않는다.

재고의 기본 유형과 역할

재고에는 구매한 원자재나 부품, 가공 중이거나 조립 중인 원자재나 부속품 그리고 완제품 등 모두가 포함된다. 재고의 기본적인 역할은 불확실한 시장의 충격을 흡수하거나 완화하고 공급사슬의 단계 사이의 상호의존성을 줄이는 것이다. 예를 들면 흔히 안전재고로 알려진 적당한 양의 재고를 사용하여 공급, 수요, 그리고 배달 리드타임의 기복에 따른 불확실성을 흡수하거나 완화할 수 있다. 마찬가지로 여러 단계로 이루어진 생산공정에서 각 단계마다 재고를 적당히 유지하면 일부 단계가 보전이나 수리에 들어가더라도 전체 공정의 생산을 당장 중단하지 않고 작업을 계속할 수 있다. 또한 단계별로 적당한 양의 재고를 유지하면 처리 속도가 빠른 단계는 비록 이전 단계가 느리더라도 원활하게 작업을 계속할 수 있다.

글로벌화가 날로 심화되는 경영환경에서 기업들이 지역별 생산 전문화라는 개념을 좇아 개발도상국에서 제품을 생산하는 예는 비일비재하다. 이 경우 개발도상국은 값싼 노동력과 풍부한 원자재를 제공하고 기업은 제품을 생산하는 데 필요한 기술과 자본을 제공한다. 완제품의 생산과 소비를 지리적으로 분리할 수 있게 하는 것은 재고의 핵심 역할이다. 생산자에게 재고는 저장된 생산능력과도 같다. 예를 들면 설상차 제조업체는 겨울의 높은 수요를 예상하면서 비수기에 생산을 계속하여 재고를 축적할 수 있다.

재고는 크게 네 가지 유형으로 분류할 수 있는데 원자재(raw materials: RM), 공정재고(work-in-process: WIP), 완제품finished goods(FG), 소모성자재(maintenance, repair, and operation: MRO)가 바로 그것이다.

- 원자재는 최종제품을 생산하기 위하여 구입한 가공하지 않은 자재를 말한다. 원자재는 제조과정이 완료되면 완제품의 일부가 된다. 원자재를 보유하는 데는 여러 가지 이유가 있을 수 있는데, 수송비 절감이나 물량할인을 받기 위한 대량구입, 가격상승이나 공급부족에 대비한 비축, 납기나 품질 불안정에 대비한 안전재고 확보 등을 들 수 있다.
- 공정재고는 일부 가공되었지만 아직 판매하기에는 완전하지 않는 자재를 말한다. 공정재고를 유지하는 한 가지 이유는 공정 단계 간 상호연결성을 줄이거나 작업장 간 의존성을 끊기 위함이다.

- 완제품은 출고를 기다리는 완성된 제품이다. 완제품 재고는 예상치 못한 수요 변동이나 생산 중단에 대처하기 위한 완충 역할을 하기도 하며, 셋업비용이 높을 때에는 생산의 경제성을 달성한 결과로 생기기도 하고, 계절성 제품의 경우에는 안정적인 생산율을 유지하기 위하여 필요하다.
- 소모성자재는 제품의 생산에는 필요하지만 제품의 일부가 되지 않는 자재나 원료를 말한다. 용매, 절삭 공구, 윤활유 등이 그 예이다. 소모성자재를 보유하는 주된 이유는 구매단가를 내리거나 이들의 소진으로 인한 생산 중단을 피하기 위함이다.

재고비용

효과적인 재고관리란 한 마디로 요약하면 재고비용과 품절의 최소화이다. 재고비용은 직접비용과 간접비용, 고정비용과 변동비용, 주문비용(또는 셋업비용)과 유지비용(보유비용) 등 여러 가지로 분류할 수 있다.

직접비용(direct costs)은 개별 제품을 만드는 데 들어가는 원료와 인건비처럼 개별 제품을 만드는 데 직접 소요되어서 발생의 원천을 바로 추적할 수 있는 비용이다. **간접비용**(indirect costs)은 개별 제품을 발생의 원천으로 바로 추적할 수 없는 비용으로서 제조간접비용과 동의어이다. 간접비용의 예로 소모성자재, 난방, 광열, 건물, 장비, 공장 보안에 드는 비용 등을 들 수 있다. **고정비용**(fixed costs)은 생산량에 무관하며 **변동비용**(variable costs)은 생산량에 따라 변한다. 건물, 장비, 광열, 난방, 보안에 드는 비용은 고정비용의 예이고 직접재료비와 직접인건비는 변동비용이다. 고정비용은 일반적으로 매몰비용으로 취급되므로 재고관리의 주된 관심 사항은 변동비용의 관리이다. 매몰비용이란 이미 발생해서 회수할 수 없는 비용을 말한다.

주문비용(order costs)은 공급자에게 주문을 내는 데 관련된 비용이며 **유지비용**(holding costs) 또는 **보유비용**(carrying costs)은 재고를 보유하는 데 따르는 비용이다. 주문비용에는 구매를 준비하는 데 드는 관리 및 사무 비용뿐만 아니라 해당 구매 때문에 발생하는 모든 비용을 포함한다. 유지비용의 예를 들어 보면 물건 취급 비용, 창고 비용, 보험, 도난, 변질이나 가치 저하, 세금, 자본 비용 등이 있다. 제조 맥락에서는 주문비용 대신 **셋업비용**(setup cost)이라는 용어를 사용하는데 이 비용은 일정량의 제품을 생산하기 위하여 장비와 기계를 그 제품의 생산에 적합하도록 준비하는 데 드는 비용이다. 그러나 재고관리에 대한 논의에서 주문비용과 셋업비용은 호환적으로 사용된다.

재고 투자

재고는 제조업체와 서비스업체에서 여러 가지 중요한 역할을 한다. 그러나 지나친 재고는 기업의 재무 상태와 경쟁력에 나쁜 영향을 미친다. 재고가 조직의 목적 달성에 기여하는 자산인가 아니면 부담스런 부채인가는 재고를 어떻게 관리하는가에 달려있다.

재고는 그 자체로 비용을 발생시키며 또한 운영자본도 붙들어 맨다. 게다가 재고를 유지하려면 보관 장소가 필요하고 다른 비용도 들어간다. 변질하기 쉬운 식품이나 위험한 물질을 유지하려면 특수한 보관 및 취급 방법이 필요하고 이것은 모두 유지비용을 증가시킨다. 재고는 또한 보관 중에 그 가치가 빠르게 떨어지기도 한다. 이 밖에도 재고는 보관 중에 새로운 자재나 기술이 출현하면 급속도로 낡은 것으로 전락할 수 있다. 그러나 무엇보다도 심각한 문제는 재고가 많으면 기업은 제조상의 문제나 기술 및 시장의 변화에 민첩하게 대응할 수 없다는 점이다.

재고 투자액은 여러 방법으로 측정할 수 있다. 해마다 실시하는 재고실사를 통하여 총 재고금액을 구할 수 있으며 이것이 재고 투자액의 절대적인 척도이다. 이렇게 구한 재고금액은 대차대조표에 기재된다. 이 값을 사용하여 당년도 재고 투자 계획이나 과거의 재고금액을 비교할 수 있다. 그러나 재고에 투자된 절대 금액은 기업이 재고를 현명하게 사용하는지 판단하는 데 충분한 증거가 될 수 없다. 한 기업이 매출을 창출하는 데 재고를 얼마나 효율적으로 사용하는지 결정할 때 널리 사용하는 한 가지 척도는 **재고회전율**(inventory turnover ratio 또는 ventory turnovers)이다. 이 비율은 한 회계 기간 중에 재고를 몇 번이나 갈아치우는지 보여준다. 일반적으로 재고회전율은 높을수록 좋은 것으로 여겨지는데, 그것은 재고회전율이 높을수록 단위 재고 투자액당 올리는 매출이 더 높음을 나타내기 때문이다. 더욱이 재고가 빨리 회전될수록 현금 흐름이 빨라지고 창고비용과 재고유지비용이 줄어들기 때문이다. 역으로 낮은 재고회전율은 재고가 지나치게 많거나 제품 구색과 마케팅 능력이 뒤떨어짐을 가리킬 수도 있다. 〈표 7-2〉는 〈표 7-1〉에 포함된 기업들의 재고회전율을 보여준다.

재고회전율 공식은 다음과 같다.

$$\text{재고회전율} = \frac{\text{매출원가}}{\text{평균 재고액}}$$

재고회전율은 월·분기·년 등 임의의 기간에 대해 구할 수 있다. 여기서 매출원가는 손익계산서에 나타난 매출원가이고 평균 재고금액은 기초재고액과 기말재고액의 평균이다. 그러나 회계연도 동안에도 재고 수준의 변동이 매우 클 수 있다. 그러므로 한 회계연도의 기초재고액와 기말재고액의 평균값은 연중 평균 재고액을 나타내는 지표로서는 매우 부적합할 수도 있다. 이런 경우 12개월의 매월 말 재고액의 평균치를 평균 재고액으로 사용하여 재고회전율을 계산할 수 있다. 연차보고서에는 월별 재고액의 평균치가 제시되지 않아서 회기 말 재고액을 사용하여 재고회전율을 계산했다.

예를 들어 Las Vegas Sands Corp는 2016년에 재고를 경이롭게도 127회나 회전시켰다.

〈표 7-2〉 재고회전율

기업	회계연도 말	매출액 ($)	매출원가 ($)	기말재고 ($)	재고회전율
Las Vegas Sands Corp.	2016.12.31	11,410	5,837	46	126.89
MGM Mirage	2016.12.31	6,455	5,496	98	56.08
Microsoft Corp.	2016.06.30	85,320	32,780	2,251	14.56
Ford Motor Co.	2016.12.31	151,800	135,488	8,898	15.23
General Motors Company	2016.12.31	166,380	145,125	13,788	10.53
Toyota Motor Corp.	2016.03.31	252,708	201,125	11,863	16.95
Walmart Stores, Inc.	2017.01.31	485,873	361,256	43,046	8.39
Target Corp.	2017.01.28	69,495	48,872	8,309	5.88
Pfizer, Inc.	2016.12.31	52,824	12,329	3,050	4.04
Intel Corp.	2016.12.31	59,387	23,196	5,553	4.18
Advanced Micro Devices, Inc.	2016.12.31	4,272	3,274	204	16.05

자료: Annual Reports on Form 10-K. All numbers in millions, except ratios.

그러나 이 회사의 특성상 주요 수입은 호텔 객실과 도박장 수입이고 재고는 대부분 식당과 관련이 있을 것이다. 그러므로 호텔 객실과 도박장의 수입은 재고회전율을 계산할 때 제외할 수도 있다. 이 기업은 재고회전율을 개선하는 데 중점을 두었다. 일반적으로 제조업체나 소매업자들이 연말에 재고를 줄이기 위해 다양한 판촉 활동이나 정리 처분을 하는 것은 일상적이다.

ABC 재고관리 시스템

재고관리 시스템의 한 가지 공통된 문제는 정확한 재고 기록을 유지하기가 어렵다는 점이다. 많은 기업은 실제 재고와 장부상의 재고의 차이를 해소하기 위해 기간별(가령, 월별 혹은 분기별)로 재고를 실제로 조사하는데 이를 **순환실사**(cycle counting)라고 한다. 순환실사는 진부화된 재고 및 재고와 관련된 문제점을 파악하여 적정한 시간 내에 시정조치를 내리는 데 도움이 된다. 하지만 재고실사는 비용과 시간이 매우 많이 소요되며 경우에 따라서는 생산 중단을 초래하기도 한다. 다음 SCM PROFILE은 사업에서 연간 실물 재고 조사 및 순환 재고 조사에 대한 중요성과 활용을 보여준다.

ABC 재고관리 시스템(ABC inventory control system)은 상대적으로 더 자주 실사를 시행하고 좀 더 면밀히 관리하여야 할 제품과 그렇게 하지 않아도 되는 제품을 구별하는 데 유용하다. ABC 재고관리 분석은 흔히 80/20 법칙, 즉 파레토 분석과 함께 한다. **80/20 법칙**(80/20

SCM PROFILE

정확한 재고 조사

미국의 일반적으로 인정되는 회계 원칙(GAAP)과 IRS 규정은 실지재고조사법과 계속 기록법을 실시하도록 요구하고 있다. 전자는 기업이 전체 재고를 실제로 측정하여 조사할 것을 요구하는 반면, 후자는 정해진 날에 지정된 장소에 있는 재고 중 일부를 계산하여 계속 기록하는 실사 방안이다. 실물 재고 조사는 모든 사업 운영을 일시적으로 정지시킬 수 있을 만큼 어렵고 힘든 과정이다. 순환 재고 조사법에서는 재고 자산의 모든 항목이 회계 기간에 적어도 한 번 이상은 조사되도록 프로세스를 반복한다. 즉, 순환 재고 조사는 사업 운영의 혼란을 줄이며, 특히 연간 재고 실사를 위해 장기간 문을 닫을 수 없는 기업들 사이에서 인기가 있는 방법이다.

실지 재고 조사와 순환 재고 조사는 실제 재고를 재고 기록과 대조하여 재고의 오류를 조정하는 과정으로 기업의 성공에 매우 중요한 부분이다. 더욱이, 이 과정에서 모든 재고의 정확한 수량 및 위치 정보를 확인할 수 있으며, 손실 재고분 상각을 통해 세금 부담을 줄일 여지도 있으며, 더 나아가 손상과 도난으로 인한 재고 부족 문제를 식별할 수 있다. 통상 단위 사업 책임자는 재고 조사가 제대로 수행되는가 또는 재고 기록과 실제 수량이 일치하는가 등의 정보를 확인할 책임이 있다.

예를 들어, 40년 이상의 경험을 가진 편의점 마케팅 담당자는 많은 편의점이 부실한 재고관리로 인하여 어려움을 겪는다고 강조한다. 그는 효과적인 재고관리를 위해 정확한 재고 목록을 제안한다. 예를 들어 편의점 주인은 편의점 내의 재고 상태에 대해 세부적으로 이해하고 있어야 하며, 공간의 효율적 배치를 통해 가시성 높은 재고관리를 해야 한다. 비좁은 곳에 보관된 재고는 집계하기도 어려우며, 또한 공간이 제한적이고 가시성이 낮은 영역은 일반적으로 도난당하기 쉬운 대상이 된다. 특히, 담배 제품과 포장재는 작기 때문에 직원이 교대 근무할 때마다 정확히 담배 재고 개수를 확인해야 한다.[9]

2016년 10월호 「Editor & Publisher」에서 출판업계의 관리자는 재고 조사를 하는 것이 매력적인 일은 아니지만, 정확한 재고 조사가 다른 필수적인 생산기능만큼이나 조직의 전반적인 건강에도 중요하다고 말한다. 또한 재고 조사는 재고에 대해 상당한 지식을 가진 사람이 실시해야 한다고 강조한다. 종이는 출판사에서 가장 중요한 재고임과 동시에 출판사의 가장 큰 비용 항목이다. 이 산업에서 종이 재고가 생산 원가로 전환되는 두 가지 옵션은 (1) 전체 종이 재고를 생산 원가로 보는 방법과 (2) 실제로 사용된 종이 양만큼을 원가로 보는 방법이다. 후자는 부분 롤에서 사용되지 않은 종이 부분을 재고로 계산하기 때문에 소규모 작업에서 선호된다. 단점은 그 과정이 실물 재고 조사에 더 많은 노력을 필요로 한다는 것이다.[10]

rule)은 목표의 80%는 과업들 가운데 20%만 수행하면 달성할 수 있지만, 나머지 20%의 목표를 달성하려면 80%의 과업을 수행해야 함을 시사한다. **파레토 분석**(Pareto analysis)은 처음의 범주에 속하는 과업들에 가장 높은 우선순위를 두고 면밀히 관리할 것을 권장한다.

ABC 재고관리 시스템은 재고 품목의 상대적 우선순위에 따라서 A, B, C 세 가지 군으로 나눈다. 그러나 더 많은 군으로 나누는 기업도 드물지 않다. A군에 속하는 품목에 최우선순위를 두고 C군에 속하는 품목은 우선순위가 가장 낮으며 일반적으로 품목의 가짓수가 가장 많으며 B군 품목은 이들 중간에 위치한다. 즉, A군에 속하는 품목에 대해서 상대적으로 더 많은 주의를 기울이고, 안전재고 수준도 높게 책정하며, 자원도 많이 투입한다. 우선순위를 정하는 기준은 대체로 연간 사용금액이다. 하지만 보관기간, 판매량, 중요도 등 다른 기준에 의하여 결정되기도 한다.

연간 사용금액을 기준으로 하여 우선순위를 정할 때, ABC 시스템은 품목 수 기준으로 대략 20% 정도를 차지하는 품목들이 전체 연간 사용금액의 80%를 차지하며 이들을 A군으로 분류하도록 제안한다. B군에는 대략 40% 품목이 속하며 연간 사용금액의 약 15%를 점한다. 나머지 약 40% 품목이 C군에 속하며 연간 사용금액의 약 5%를 차지한다. 〈표 7-3〉에 이 분류 기준이 정리되어 있다. A군 품목은 연간 사용금액 비율이 가장 높으므로 가장 빈번하게 관찰하여야 하며 품절에 대비하기 위하여 가장 높은 수준의 안전재고를 책정하는 것이 바람직하다. 특히 이들 품목이 공급사슬의 거래선에 공급될 때는 더욱 그러하다. C품목은 상대적으로 덜 빈번하게 실사하여도 되며 창고공간과 유지비용을 절약하기 위하여 경우에 따라서는 품절을 허용할 수도 있다.[11]

〈표 7-3〉 ABC 재고 분류

범주	연간 총 사용액 비중 (%)	총품목 비중 (%)
A품목	80	20
B품목	15	40
C품목	5	40

ABC 재고 분류는 월·분기·년마다 또는 미리 정한 기간마다 실시해도 좋다. 수요가 매우 높은 소비재 시장에서는 A품목이 수개월 또는 수주 이내에 C품목으로 바뀔 수 있다. 그러므로 이런 상황에서는 연간 사용금액에 따른 ABC 재고 분류는 유용하지 않을 것이다. 연간 사용금액을 기준으로 한 ABC 재고 분류의 한 예가 〈예제 7-1〉에 제시되어 있다.

ABC 재고 행렬

ABC 재고분석을 확장하면 진부화된 품목의 재고나 현재 재고를 올바르게 보유하고 있는지 파악하는 데 유용하게 사용할 수 있다. 이 과정은 ABC 분석을 두 차례 실시하여 그 결과를 비교함으로써 가능하다. 우선 (예제 7-1에서처럼) 연간 사용금액을 기준으로 ABC 분석을 하여 품목들을 A, B, C군으로 분류한다. 그 다음, (예제 7-2에서처럼) 현재 보유 재고를 대상으로 재고금액을 기준으로 ABC 분석을 하여 A, B, C군으로 분류한다. 마지막으로 두 가지 ABC 분석의 결과를 결합하여 〈그림 7-1〉과 같은 **ABC 재고 행렬**(ABC inventory matrix)을

〈예제 7-1〉 ABC 재고관리 시스템

주의: 이 예에서는 A군의 연간 사용금액은 67%밖에 안되며 B군은 28%를 점한다. 이것은 ABC 분류를 할 때 현실을 고려한 판단이 필요하며 80/20 법칙은 단지 하나의 지침일 뿐임을 보여준다.

품목 번호	단가 ($)	연간 사용량 (단위)	연간 사용액 ($)	사용액 비율 (%)	분류군
A246	1.00	22,000	22,000	35.2	A
N376	0.50	40,000	20,000	32.0	A
C024	4.25	1,468	6,239	10.0	B
R221	12.00	410	4,920	7.8	B
P112	2.25	1,600	3,600	5.8	B
R116	0.12	25,000	3,000	4.8	B
T049	8.50	124	1,054	1.7	C
B615	0.25	3,500	875	1.4	C
L227	1.25	440	550	0.9	C
T519	26.00	10	260	0.4	C
연간 총사용액:			$ 62,498	100%	

〈그림 7-1〉 ABC 재고 행렬

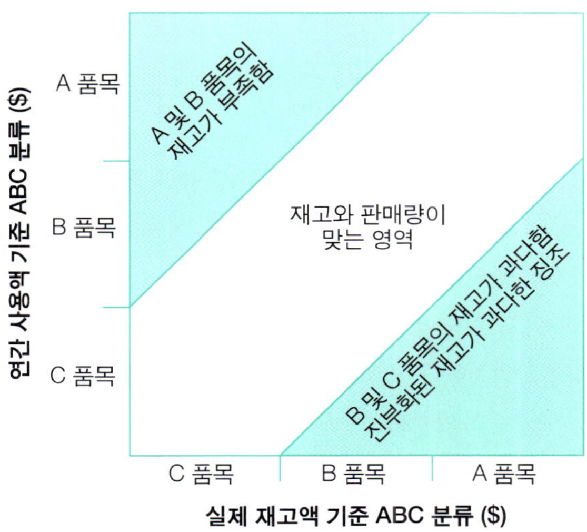

작성한다. 실제 재고액 기준에 따라 분류된 A품목들과 사용금액 기준에 따라 분류된 A품목들이 일치하여 음영이 없는 대각선 영역에 위치하는 것이 바람직하다. 마찬가지로 첫 번째 분류에서 B군과 C군에 속하는 품목들도 두 번째 분류에서 동일한 군에 속해야 한다. 그렇지 않으면 엉뚱한 품목을 재고로 보유하고 있다. ABC 재고 행렬은 또한 두 인접 군 사이에 중첩이 일어날 수 있음도 암시한다(넓은 대각선 영역이 가리키듯이). 예를 들면, 사용금액 기준으로 분류했을 때 겨우 B군에 속하는 일부 품목이 실제 재고액을 기준으로 분류했을 때는 C품목에 속할 수 있으며, 그 역도 성립한다.

〈그림 7-1〉에서 ABC 재고 행렬에서 좌측 상단 음영처리된 삼각형에 위치한 품목들은 사용금액을 기준으로 한 분류에서는 A군에 속하는 일부 품목이 현재 재고액을 기준으로 한 분류에서는 B군이나 C군에 속하고 이와 유사하게 연간 사용액 기준으로 B군에 속하는 일부 품목이 현재 재고액 기준으로는 C군에 속함을 보여준다. 이는 사용금액 기준으로 A군과 B군에 속하는 일부 품목의 현재 재고가 충분하지 않으며 따라서 품절의 위험이 있음을 시사한다. 역으로 우측 하단 음영처리된 삼각형에 위치한 품목들은 연간 사용액 기준으로는 C군에 속하는 품목이 현재 재고액 기준으로는 A군이나 B군에 속하고 이와 유사하게 연간 사용액 기준으로는 B군에 속하는 일부 품목이 현재 재고액 기준으로는 A군에 속함을 보여준다. 이는 이 회사는 B품목과 C품목의 현재 재고가 너무 많고 그에 따라 재고유지비용이 과잉으로 발생함을 시사한다. 이것은 재고회전율이 매우 낮다면 철이 지났거나 기술적으로 낡아서 인기 없는 품목을 과도하게 보유하고 있음을 가리킬 수도 있다. 인기 없는 품목은 빨리 처분하여 저장공간과 소중한 투자금액을 잘 팔려서 돈을 벌어주는 품목의 재고를 보유하는 데 사용해야 한다. ABC 재고 행렬은 재고회전율과 함께 사용하면 재고 투자를 관리하는 데 강력한 도구가 된다. 〈예제 7-2〉는 〈예제 7-1〉의 열 개 품목에 대해서 현재 재고액 기준으로 한 분류를 보여주며 또한 연간 사용액 기준으로 한 분류 결과도 포함하고 있다.

두 가지 ABC 분석 결과를 결합하여 작성한 ABC 재고 행렬이 〈그림 7-2〉이다. 각 품목을 '실제 재고금액 비중(%)'을 횡축으로 사용하고 '연간 사용금액 비중(%)'을 종축으로 하여 이 행렬에 표시했다. 예를 들어 품목 'T519'의 좌표는 (40.5, 0.4)일 것이다. 이 점들의 종축의 범위는 0.4%에서 35.2%이고 횡축의 범위는 0.2%에서 40.5%이다. 그래서 'T519'는 이 행렬은 아래쪽 극 우측 모서리에 위치한다. 〈그림 7-2〉에 찍힌 점들을 보면 여섯 품목은 대각선 위에 위치하는데, 이는 이들 품목의 재고 수준이 적절함을 나타낸다. 이 기업은 현재 'T519'와 'L227'의 재고는 과잉이고 'N376'과 어쩌면 'R116'도 재고 부족일 것이다. 그러나 재고가 얼마나 빨리 또는 천천히 회전되는지 파악하려면 ABC 재고 행렬은 재고회전율과 함께 사용되어야 한다는 점을 명심해야 한다.

〈예제 7-2〉 실제 재고금액에 따른 한 ABC 재고 분류

품목 번호	단가 ($)	실제 재고 (단위)	재고금액 ($)	재고금액비율 (%)	분류군	
					재고액 기준	시용액 기준
T519	26.00	300	7,800	40.5	A	C
A246	1.00	5,600	5,600	29.1	A	A
L227	1.25	1,200	1,500	7.8	B	C
C024	4.25	348	1,479	7.7	B	B
R221	12.00	80	960	5.0	B	B
P112	2.25	352	792	4.1	B	B
T049	8.50	50	425	2.2	C	C
N376	0.50	800	400	2.1	C	A
R116	0.12	2,100	252	1.3	C	B
B615	0.25	120	30	0.2	C	C
총재고액:			$ 19,238	100%		

〈그림 7-2〉 〈예제 7-2〉에 적용한 ABC 재고 행렬

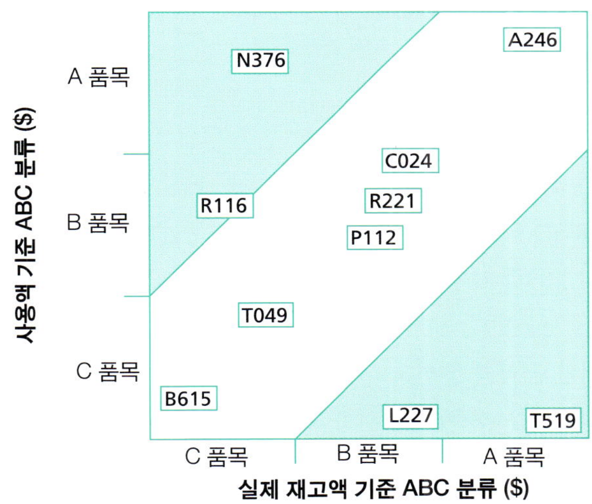

무선주파수 식별(RFID)

수십 년 동안 바코드는 종이 상자에 인쇄되어 그 안에 든 제품과 그것의 생산자를 인식하는 데 사용되어 왔다. 그러나 바코드에는 제품을 하나하나 개별적으로 식별할 만큼 충분

SCM PROFILE

RFID과 재고관리

오늘날 RFID 기술은 재고관리의 필수적인 부분으로 발전했다. 리바이스, 아메리칸 어패럴, 영국의 하이퍼마켓 체인 마크&스펜서 등 몇몇 대형 유통업체는 점포와 유통센터에 고정 위치판독기를 설치하여 RFID 적용 범위를 포괄적으로 넓히고 있다. 또한 RFID 판독기가 내장된 로봇을 이용하여 야간에 상점의 RFID 태그가 부착된 물건들을 스캔하기도 한다. 소매업자들은 RFID 태그를 품목 수준까지 확대 배치함으로써 고객 경험을 향상시킬 수 있다고 믿는다. 더욱이 품목 수준 태그 지정은 인건비와 같은 재고 관련 비용을 줄일 뿐만 아니라 재고 수치의 속도와 정확도를 높이고 있다.

메이시스 백화점은 개별 아이템 수준의 RFID를 사용하여 여성복의 "P2LU(Pick to the Last Unit)"이라는 새로운 주문 프로그램을 구현하고 있다. 메이시는 고객이 물리적 오프라인 매장에서 상품을 보고, 인터넷을 통해 주문을 한다는 것을 알고 새로운 주문 시스템을 구축하였다. 이를 통해 P2LU는 개별 점포에서 10억 달러 정도의 재고를 절감하였을 뿐만 아니라, 고객들이 어떤 점포에서든지 원하는 상품을 쉽게 구매할 수 있도록 만들었다.[12]

BCC 리서치의 연구는 전 세계적으로 RFID 기술 시장이 2016년 162억 달러에서 2021년 380억 달러로 성장할 것으로 추정했다. 또한 이 기술은 소매업에서 부정행위를 방지하는 등 재고 관리에 있어 새로운 응용 분야로 확대되고 있다. 명품과 고가의 소매 상품은 도난의 표적이 될 뿐만 아니라 위조 및 가짜 제품도 많아지고 있다. 예를 들어 싼 위조 와인이 포장과 라벨링이 그대로 유지된 고가의 와인 병에 다시 포장되는 것을 막기 위해 RFID 캡슐을 캡 또는 코르크 와인 병 위에 장착할 수 있다. 캡슐에는 와인이 진짜라는 것을 인증하고 맛이 손상되지 않았음을 증명하는 고유한 RFID 정보가 들어 있다.[13]

한 정보는 담을 수 없다. 또한 바코드는 인식기를 정면에서 조준하여야 읽을 수 있고 정보를 수정할 수도 없다. **RFID**(radio frequency identification)는 제품을 하나씩 개별적으로 추적하는 데 사용되어 왔다. RFID 태그는 인식기를 정면에서 조준하지 않아도 읽을 수 있고 그 내용을 수정할 수도 있다. RFID 기술은 또한 도서관, 여권 인식, 동물 추적, 의료 산업, 통행료 징수 등 많은 영역에서 사용된다. NFC 태그 또는 Android 기반의 기기들 간의 안전한 데이터 교환 방식으로 설계된 **근거리 통신**(near field communication: NFC)이라는 관련 기술이 있다. NFC는 RFID 기술의 하위 기술 수준으로, 위의 SCM PROFILE은 재고관리에서 RFID의 일부 응용 사례를 보여준다.

주요 RFID 표준에는 두 가지가 있는데 하나는 UPC 바코드를 만든 GSI의 자회사인 EPCglobal사[14]가 관리하는 **전자품목코드**(electronic product code: EPC)이고 다른 하나는 ISO-18000이다. 월마트와 미국 국방부가 RFID를 도입한 가장 큰 조직이다. 양 조직은 2005년에 주요 공급자들이 공급하는 물건에 RFID 태그를 의무적으로 부착하도록 했다.[15] 월마트는 EPC 표준을 채택했고 미국 국방부는 전반적으로 EPC 표준을 채택했으나 RFID 태그와 인식기 사이의 무선통신에 대해서는 ISO 표준을 채택했다. 일반적으로 EPC 표준이 더 널리

〈표 7-4〉 EPCglobal의 태그 유형

EPC 분류	특징	태그 유형
클래스 0	읽기만 가능	수동형(64 비트)
클래스 1	한 번 쓰고 여러 번 읽기 가능	수동형(최소 96 비트)
클래스 2	읽고 쓰기 가능	수동형(최소 96 비트)
클래스 3	읽고 쓰기가 가능하며 배터리가 있어서 인식 거리가 김	반능동형
클래스 4	읽고 쓰기 및 능동적 전파	능동형
클래스 5	읽고 쓰기 및 능동적 전파	다른 클래스 5태그와 통신할 수 있는 능동형

채택되었으며 민간부문에서 더욱 그렇다.

바코드 기술과 마찬가지로 인식기를 사용하여 RFID 태그에 담긴 정보를 읽는다. 그러나 태그의 전파 신호를 읽기 위해 태그를 향해 인식기를 조준하지 않아도 되는데 이는 바코드 기술에 비해 매우 유리한 점이다. EPC 표준에는 〈표 7-4〉에서 나타난 바와 같이 여섯 클래스class의 태그를 정의한다. 클래스 0 태그는 읽기만 가능하지만 클래스 1 태그는 그 안에 담긴 정보를 한 차례에 한하여 수정할 수 있다. 반복 쓰기가 가능한 CD처럼 클래스 2 태그는 반복적으로 쓸 수 있다. 클래스 0, 1, 2 태그는 자체 전원이 없는 **수동형**(passive RFID tags)이며 클래스 3과 4 태그는 자체 전원이 있어서 인식 거리가 수동형에 비해 더 길다. 클래스 5 태그는 다른 클래스 5 및 다른 장치와 통신할 수 있다.

현재 EPC 표준은 96비트의 초주파수(UHF) 클래스 1으로 2세대의 무수정 반복 읽기(Write Once Read Many: WORM)가 가능한 태그이다. EPC 글로벌 표준을 감독하는 GS1의 운영 이사회는 2015년에 새로운 EPC인 2세대 v2.0.1을 비준했다.[16] 2008년 이후, 주요 업데이트된 2세대 v2는 구버전에 대해 완전 호환이 가능한 EPC 표준으로 주로 860~960MHz의 UHF 범위에서 작동된다. 이 세대의 태그이면 쓰기와 읽기에 제한이 없는 고용량 클래스 2 태그를 향한 순조로운 길을 닦을 것으로 기대된다. 256비트 버전의 태그가 생성되지만 자세한 내용은 아직 제공되지 않고 있다. 클래스 3 태그는 아직 완전히 정의되지 않는 반면, 클래스 4 및 5 태그는 초기 정의 단계에 와 있다.

현재의 96비트 EPC 코드는 〈그림 7-3〉에서 보다시피 헤더(header)와 세 가지 종류의 자료로 구성된다. 8비트로 구성된 헤더는 해당 EPC 버전을 나타내고, 그 다음 28비트로 구성된 EPC 관리자(manager)는 해당 제품의 생산자나 공장을, 그 다음 24비트로 구성된 대상물 클래스(object class)는 제품군을, 그리고 나머지 36비트로 구성된 일련번호(serial number)는 개별 물건을 나타낸다. 8비트로 구성된 헤더는 최대 256(2^8)가지의 EPC 버전을, 28비트 EPC 관리자는 268,435,456(2^{28})개의 회사를, 24비트 대상물 클래스는 16,777,216(2^{24})가지의 제품을, 그리고

〈그림 7-3〉 EPC 코드의 구조

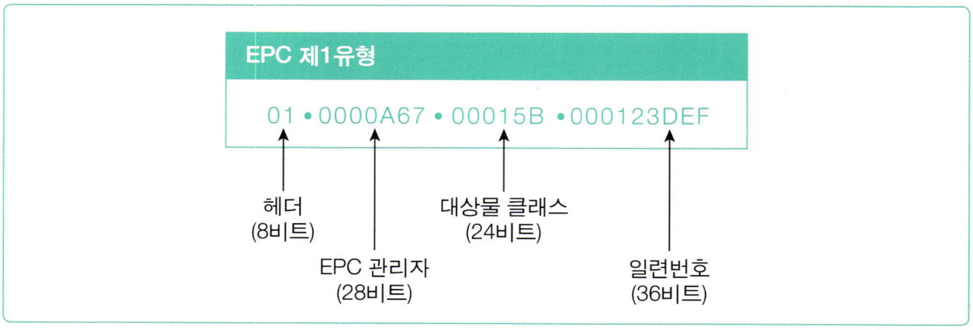

마지막 36비트 일련번호는 한 가지 제품당 68,719,476,736(2^{36})개의 개별 물건을 표시할 수 있다. 바코드는 결코 따라 올 수 없는 이 어마어마한 조합을 사용한다면 RFID가 공급사슬 전반에 걸쳐 재고관리를 혁명적으로 개선할 수 있으리라는 것은 어렵지 않게 상상할 수 있다.

RFID 시스템의 구성요소

RFID 시스템은 네 가지 요소, 즉 태그, 인식기, 통신망, 소프트웨어로 구성된다. 태그는 칩과 안테나로 이루어져 있으며 안테나는 휴대용 및 고정형 인식기와의 통신을 위한 것이다. 통신망은 인식기들을 연결하여 재고 정보를 중앙 컴퓨터로 보낸다. RFID 소프트웨어는 자료를 수집하고 동기화할 뿐만 아니라 창고관리, ERP, 공급사슬 계획 시스템과 통신하고 정보를 데이터베이스에 저장하는 일을 관리한다(그림 7-4).

RFID는 원래 개개 물건을 식별하기 위해 개발되었지만 아직은 태그가 비싸기 때문에 많

〈그림 7-4〉 RFID 시스템

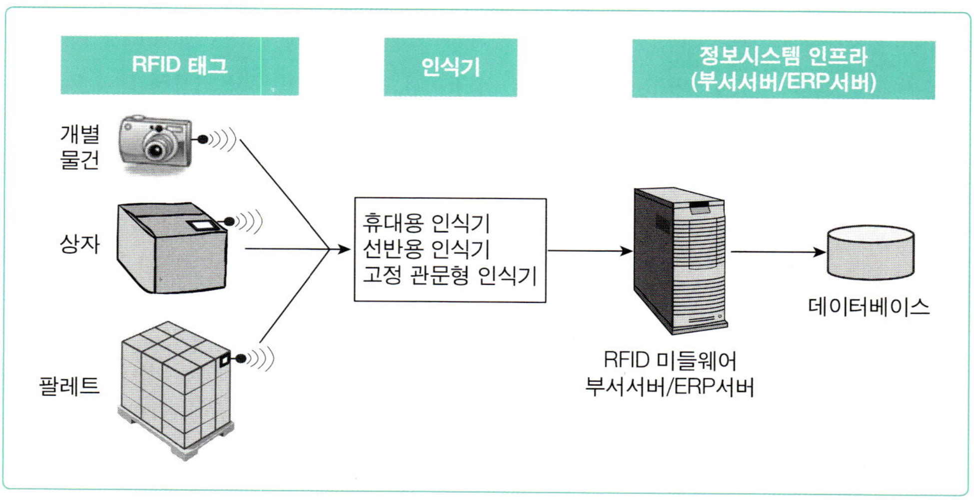

은 양의 물건을 담은 상자, 팰릿, 컨테이너 수준에 적용되는 실정이다. RFID 태그는 현재 그 가격이 약 10센트로 1999년의 2달러에 비하면 매우 낮아졌지만[17, 18] 저가 품목의 물건마다 부착하기에는 여전히 너무 비싸다. RFID 태그는 일부 소매업체들이 카메라나 전자 제품 등 고가품의 도난을 방지하고 재고를 더 면밀히 관리하기 위해 개별 물건에 RFID 태그를 부착하기 시작했지만, 아직은 제품 상자나 팰릿 등 큰 포장 단위에 주로 부착된다.

RFID를 활용한 공급사슬 자동화

RFID는 공급사슬에서 재고를 추적하는 데 소중한 기술이다. RFID 기술을 사용하면 생산자에서 유통업자를 거쳐 소비자에 이르는 전 공급사슬에서 물건과 정보를 동기화하여 적기에 적소에 있도록 할 수 있다. 마찬가지로 RFID를 사용하면 공급사슬을 통하여 반환된 물건을 추적할 수 있고 위조를 방지할 수 있다. 또한 품절도 줄일 수 있다. RFID가 재고관리와 공급사슬의 효율성을 개선하는 데 더 없이 소중한 도구라는 데는 의심의 여지가 없다. RFID를 활용하면 어떻게 공급사슬을 자동화할 수 있는지 단계별로 설명하겠다.

1. 자재관리: 자재를 싣고 운반하는 차량이 창고에 들어 올 때 출입구 주변에 설치된 고정 관문형 RFID 인식기가 팰릿이나 개개 물건에 부착된 태그에 담긴 정보를 읽고 그 물건의 취급, 이동 경로, 보관에 필요한 정보를 파악한다. 재고 정보는 자동적으로 갱신될 수 있다.
2. 제조: 생산 중에 있는 물건에 RFID 태그를 부착할 수 있는데, 고객의 요구사항을 그 태그에 미리 담아 두면 제조 과정에서 그 정보를 읽어 자동적으로 반영되도록 할 수 있다. 이것은 주문생산 환경에서 특히 소중하다.
3. 물류센터: 운반 차량이 상차 구역에 도착하면 입구에 설치된 고정 관문형 RFID 인식기가 차량에 부착된 태그와 교신하여 물건을 실어도 좋은지 확인해준다. 화물을 실은 차량이 상차 구역을 출발하여 출입구를 통과할 때 그 부근에 설치된 인식기가 화물에 부착된 태그들의 신호를 수신하여 RFID 소프트웨어와 ERP 시스템에게 알리어 재고 현황을 자동으로 갱신하고 조기선적통지서(advanced shipping notice: ASN), 출고증명서, 대금 청구서를 발행하도록 한다.
4. 소매점: 배달 차량이 하차 구역으로 들어오면 그곳에 설치된 고정 관문형 인식기가 차량에 실린 물건들에 부착된 태그의 신호를 수신하고 RFID 소프트웨어가 처리하여 그 화물의 처리와 목적지를 자동으로 알려준다. 매장의 선반에도 RFID 인식기를 설치하여 재고가 재발주점에 다다르면 자동적으로 재고보충 지시를 내게 할 수 있다. 더욱이 재고 현황은 공급사슬의 모든 단계에서 실시간으로 자동적으로 갱신될 수 있으며 휴대용 인식기를 사용하여 순환실사가 쉬워질 수 있다. 개개 물건에 부착된 태그는 보완적인 물건을 추천하는 데 사용될 수도 있다. 예를 들어 의류매장에서 탈의실에 컴퓨터 스크린과 인식기

를 설치해두면 고객이 어떤 정장을 들고 와서 입어 보면 인식기가 그 옷에 부착된 태그의 정보를 읽어 그 정장과 잘 어울리는 와이셔츠와 신발을 컴퓨터 스크린에 띄울 수 있다. 모든 개개 제품에 태그가 부착되면 계산대에서 기다리지 않고 그냥 매장 문을 나와도 자동적으로 계산되는 쇼핑은 더 이상 상상이 아니다. 매장의 출입문에 설치된 인식기가 손님이 밀고 나오는 쇼핑 수레에 실린 물건을 인식하고 그 손님에게 계산서를 제시할 수 있을 것이다. 그 손님이 해당 가게에 미리 등록되어 있다면 자동적으로 그 손님의 신용카드에 대금이 청구되도록 해 두면 물건 값을 치르기 위해 계산대 앞에 멈출 필요도 없다.

글로벌 RFID 이용 및 도전[19, 20, 21]

무선주파수 식별(RFID)은 재고관리 분야의 획기적 발전 중 하나이다. RFID 기술은 영국의 Marks & Spencer와 Tesco, 독일의 Metro Group을 포함한 전 세계 주요 소매업체에서 채택하고 있는 기술이다. 미국에서 월마트는 공급자들에게 창고에 배송되는 모든 물품에 RFID 태그를 붙이도록 요구했으며, 미국 국방부도 마찬가지로 공급자들로부터 창고에 배달된 팰릿에 RFID 태그를 붙이도록 요구하고 있다.

RFID 부착 전략은 지역별로 상당한 차이가 있다. 미국에서는 상자나 팰릿 수준의 부착에 집중하는 한편 유럽에서는 개개 물건에 부착하는 데 초점을 맞춘다. 미국의 소매 유통업자들은 재고관리를 더 정교하게 하여 고객서비스 수준을 개선하는 동시에 재고와 품절을 줄일 목적으로 상자와 팰릿에 RFID 태그를 부착하는 데 초점을 맞춘다. 소비자의 사생활 침해 이슈와 하드웨어 및 태그에 들어가는 비용 때문에 미국 기업들은 개개 물건에 태그를 부착하는 데는 주저한다. 유럽에서는 문화적으로 RFID 도입이 상대적으로 더 쉽고 소매 유통업자들은 상품 카테고리 관리와 의류의 정리를 위해 RFID 기술을 개개 물건 수준에 사용하며 자동 보충 방식을 사용하기 위해 상품 진열대를 더 똑똑하게 할 목적으로 RFID 기술을 사용하려고 한다. 대다수 아시아 소매 유통업체들은 공급사슬에 RFID 기술을 도입하여 득을 보려고 기대하지만 중국 업체들은 기밀일 수도 있는 정보를 해외업체들과 공유하는 데 회의적 입장이어서 다른 나라들에 비해 RFID 기술 도입에 늦다. 일본의 RFID 사업은 정부 부문에서의 활용과 물류 부문 그리고 자산에 태그를 부착하는 시장에 집중한다.

그러나 RFID 기술의 급속한 산업 채택은 기대했던 것보다는 덜 성공적이었고, 급기야 월마트의 경우에는 엇갈린 성공을 거두고 있다. 특히, 태그와 RFID 시스템 비용은 기술의 빠른 채택을 가로막는 주요 장애물이 되고 있다. RFID 태그의 가격은 바코드보다 10~20배 더 높으며, 새로운 Gen2v2.0.1 표준이 860~960MHz를 사용하지만 전 세계적으로 RFID 업계는 여전히 독자적인 UHF 주파수 할당을 가지고 있지 않다. 또한 지역별로 사용하는 주파수가 다른 점도 또 다른 걸림돌이 되고 있다. 미국은 915MHz의 UHF를 선호하지만 유럽인들은 868MHz의 UHF를 선호한다. 중국어는 840.25-844.75~920.25-924.75MHz의 주파수를 사용하고, 일본에서는 125–134kHz, 13.56MHz, 2.4–2.5GHz, 및 5.8GHz의 주파수를 사용하는데, 특히 950–956MHz의 UHF는 무면허 저전력용으로 할당되어 있다. 마지막으로, 몇몇 시범 사업 결과 그 혜택에 대한 정보가 많지 않아서 투자수익을 계산하기 쉽지 않다.

코드 표준화와 관련해서는 지난 몇 년 동안에 상당한 진전이 있었지만 여전히 해결해야 할 과제가 많다. 미국과 유럽은 EPCglobal사의 UHF Gen-2를 수정한 표준을 토대로 한 공동 표준을 위해 협력하고 있지만 중국과 일본은 독자적인 표준을 개발하기로 정했다. 중국은 국산품에 대해서 독자적인 EPC 분류 시스템을 채택하고 일본도 독자적인 Ubiquitous ID 표준을 사용한다. 이렇게 서로 다른 RFID 표준을 사용하면 궁극적으로는 이런 모든 표준을 수용할 수 있는, 비용이 높은 다중프로토콜 인식기가 필요하게 된다. 하지만 모든 이런 걸림돌에도 불구하고 결국은 RFID가 바코드를 대체할 것으로 보인다.

빅데이터 의사결정

재고 운영방식을 바꾸고 RFID와 결합하여 보다 효율적인 비지니스 의사결정을 가능하게 하는 새로운 기술이 바로 빅데이터다. **빅데이터**(big data)는 기존의 데이터베이스 관리 툴이나 데이터 처리 소프트웨어로 처리하기에는 너무 크고 복잡한 데이터 셋(set)의 집합을 말한다. 특히, 이러한 대규모의 데이터를 저장하고 처리하기 위해서는 수백 대 혹은 수천 대의 서버에서 동시에 실행되는 대규모 병렬 소프트웨어가 필요하다. RFID는 재고가 공급망을 통해 이동함에 따라 엄청난 양의 데이터를 생성한다. 빅데이터 기술은 RFID에 의해 포착된 정보를 이용해 데이터를 실시간으로 처리할 수 있게 한다.

빅데이터가 얼마나 경쟁력을 높일 수 있는지 보여주는 전형적인 예가 구글의 검색엔진이다. 구글의 핵심 사업은 마케팅과 광고다. 구글은 이 사업에서 탁월한 성과를 내기 위해 두 가지 유형의 빅데이터, 즉 웹상의 모든 콘텐츠의 인덱스와 라이브러리 그리고 구글의 제품 및 서비스와 상호 작용하고 있는 전 세계 구글 사용자의 행동을 연계해 활용하고 있다. 구글은 웹상의 모든 정보를 저장하고 인덱싱한다. 또한 빅데이터 관점에서 구글은 매달 약 120억 건의 검색을 처리한다. 구글은 웹이 1억 기가바이트를 초과하는 인덱스에 저장되는 60조 정도의 페이지로 구성된 것으로 추정했다. 구글은 웹과 소비자 행동에 대한 포괄적인 색인을 실시간으로 보유하면서 사용자의 의도를 반영한 매우 관련성이 높은 검색과 광고 서비스를 제공하고 있다.[22]

재고 모형

이 절에서는 여러 가지 독립수요 재고관리 모형을 크게 두 범주로 구분하여 살펴본다. 첫째 범주는 수요와 리드타임 그리고 기타 매개변수들을 알고 있다고 가정하는 결정적

(deterministic) 모형이다. 이 범주에 속하는 모형은 이미 그 값을 알고 있는 매개변수들을 사용하여 총재고비용을 최소화하는 최적 주문량을 도출한다. 그러므로 이 범주의 모형은 **고정 주문량 모형**(fixed order quantity models)이라고도 불린다. 경제적 주문량 모형(economic order quantity: EOQ) model, 수량할인 모형(quantity discount model), 경제적 생산량 모형(economic manufacturing quantity (EMQ) model)이 널리 쓰이는 고정주문량 모형이다. 다음으로 통계적 재주문점에 대해서 논의하겠는데, 이것과 앞의 범주에 속하는 모형 사이의 차이는 수요나 리드타임이 정해진 상수가 아니라 정규분포를 따르는 확률변수라고 가정한다는 점이다. 마지막으로 주문시점을 정하기 위한 연속조사 시스템과 주기조사 시스템을 간단하게 다룬다.

경제적 주문량 모형

경제적 주문량 모형(economic order quantity (EOQ) model)은 고전적인 독립수요 재고 시스템으로서 주문량 결정에 여러 가지로 유용하다. 가장 기본적인 결정은 연간 총재고비용, 즉 연간 주문비용과 연간 재고유지비용의 합을 최소화하기 위한 최적 주문량의 결정이다. 이때 이슈는 연간 재고유지비용과 연간 주문비용 사이의 상충관계이다. 어떤 품목에 대해서 주문량이 적어지면 자주 주문하여야 하므로 연간 주문비용이 늘어나는 반면에 그 품목의 연간 평균 재고 수준은 낮아져서 재고유지비용이 낮아진다. 한편, 어떤 품목의 주문량이 많아지면 주문횟수가 줄어들어서 연간 주문비용은 낮아지지만 그 품목의 연간 평균 재고 수준은 높아져서 연간 재고유지비용이 높아진다. EOQ 모형은 연간 재고유지비용과 주문비용의 합을 최소화하는 최적 주문량을 찾을 수 있게 해준다. EOQ 모형에서 유지비용 대신 보유비용이라는 용어가 그리고 주문비용 대신 셋업비용이라는 용어가 종종 쓰인다.

경제적 주문량 모형의 가정

경제적 주문량을 결정할 때에는 다음과 같은 가정이 성립하는지 면밀히 점검해야 한다.

1. 수요는 알려져 있고 변동이 없다. 예를 들면, 연간 365일 영업을 하고 연간 수요가 730개이면 일일 수요는 1년 내내 정확하게 2개이어야 한다.
2. 주문 리드타임은 알려져 있고 변동이 없다. 예를 들면, 주문 리드타임이 10일이면 주문마다 발주 후 정확하게 10일 후에 납품된다.
3. 보충은 한 번에 순간적으로 일어난다. 한 주문의 전체 물량이 한번에 인도되며 부분 납품은 허용되지 않는다.
4. 가격은 일정하여 물량할인은 없다.
5. 재고유지비용은 알려져 있으며 일정하다.
6. 주문비용은 알려져 있으며 일정하다.

7. 품절은 허용되지 않는다.

경제적 주문량의 유도

연간 총재고비용식으로부터 기초적인 미분과정을 거쳐서 쉽게 경제적 주문량을 구할 수 있다. 연간 총재고비용은 연간 구입비용과 연간 재고유지비용, 그리고 연간 주문비용의 합이다. 총재고비용 공식은 다음과 같다.

연간 총재고비용(TAIC) = 연간 구입비용 + 연간 재고유지비용 + 연간 주문비용

$$\text{TAIC} = \text{APC} + \text{AHC} + \text{AOC} = (R \times C) + \frac{Q}{2} \times (k \times C) + \frac{R}{Q} \times S$$

여기서, TAIC = 연간 총재고비용
APC = 연간 구입비용
AHC = 연간 재고유지비용
AOC = 연간 주문비용
R = 연간소요량 또는 수요
C = 구매단가
S = 건당 주문비용
k = 유지비용률, 단위당 연간 재고유지비용(= $k \times C$)
Q = 주문량

연간 총재고비용(TAIC) 식에서 R, C, k, S는 상수이므로 미지수는 Q밖에 없다. 최적 주문량은 다음과 같이 이 방정식을 Q에 관하여 1차 미분한 다음 그것을 0으로 놓고 풀면 구할 수 있다. TAIC식을 Q에 관하여 2차 미분하면 TAIC는 아래로 볼록한 함수임을 보일 수 있다. 그러므로 $\frac{d\text{TAIC}}{dQ}=0$은 연간 총재고비용 곡선의 최저점(즉, 최저비용 주문량)에서 성립한다.

$$\frac{d\text{TAIC}}{dQ} = 0 + \left(\frac{1}{2} \times k \times C\right) + \left(-1 \times R \times S \times \frac{1}{Q^2}\right) = \frac{kC}{2} - \frac{RS}{Q^2}$$

이제 $\frac{d\text{TAIC}}{dQ}=0$으로 놓으면,

$$\frac{kC}{2} - \frac{RS}{Q^2} = 0$$

$$\Rightarrow \frac{kC}{2} = \frac{RS}{Q^2}$$

$$\Rightarrow Q^2 = \frac{2RS}{kC}$$

$$\Rightarrow \quad \text{EOQ} = \frac{2RS}{kC}$$

TAIC를 2차 미분하면 다음을 얻는다.

$$\frac{d^2\text{TAIC}}{dQ^2} = 0 - \left(-2\times\frac{RS}{Q^3}\right) = \frac{2RS}{Q^3} \geq 0$$

이는 $\frac{d\text{TAIC}}{dQ}$=0일 때 TAIC의 값이 최소임을 의미한다.

위의 유도 과정에서 일차 미분을 하면 연간 구입비용은 사라진다. 이것은 물량할인이 없다면 연간 구입비용은 주문량 결정에 아무런 영향을 미치지 않음을 의미한다. 연간 구매량이 변하지 않는다면 1회 주문량의 크기에 상관없이 연간 구입비용은 일정할 수밖에 없으므로 당연하다. 그러므로 기본적인 EOQ 모형에서 연간 구입비용은 무시된다. 〈예제 7-3〉은 경제적 주문량을 구하는 과정을 보여준다. 모든 수요는 연간 소요량으로 변환되어야 하고 유지비용은 유지비용률과 구입단가의 곱임을 유의할 필요가 있다. 예를 들어 연간 유지비용률(k)이 12%이고 구입단가(C)가 10달러이면 연간 한 단위당 유지비용(kC)은 1.20달러이다.

〈예제 7-3〉 라스베이거스사의 EOQ 구하기

라스베이거스사는 전략적 공급사슬 파트너로부터 핵심부품을 구입한다. 양사는 연간 총재고비용을 최소화하는 최적 주문량과 주문시점을 구하려고 한다. 과거 자료로부터 다음과 같은 정보를 얻었다.

연간 소요량(R) = 7,200개
주문비용(S) = $100/주문
연간 재고유지비용률(k) = 20%
구매단가(C) = $20/개
주문 리드타임(LT) = 6일
연간 영업일수 = 360일

그러므로

$$\text{EOQ} = \sqrt{\frac{2RS}{kC}} = \sqrt{\frac{2\times 7{,}200\times 100}{0.2\times 20}} = 600\text{개}$$

1. 연간 구입비용 = $R \times C$ = 7,200 × 20 = $144,000.
2. 연간 재고유지비용 = $(Q/2)\times k\times C$ = (600/2) × 0.20 × 20 = $1,200.
3. 연간 주문비용 = $(R/Q)\times S$ = (7,200/600) × $100 = $1,200.
   (주문량이 경제적 주문량과 같으면 연간 재고유지비용과 연간 주문비용이 같음에 주목하라.)
4. 연간 총재고비용 = $144,000 + $1,200 + $1,200 = $146,400.
5. 주문 리드타임이 6일일 때 재주문점(reorder point: ROP)은

ROP = (일일 수요) × LT = (7200/360) × 6 = 120개

따라서 구매 관리자는 현재고가 120개가 되면 600개를 발주하여야 한다. 주문주기는 다음과 같이 계산할 수 있다.

6. 연간 주문횟수 = 7,200/600 = 12회.
7. 주문간격 = 360/12 = 30일.

〈그림 7-5〉 경제적 주문량과 총재고비용

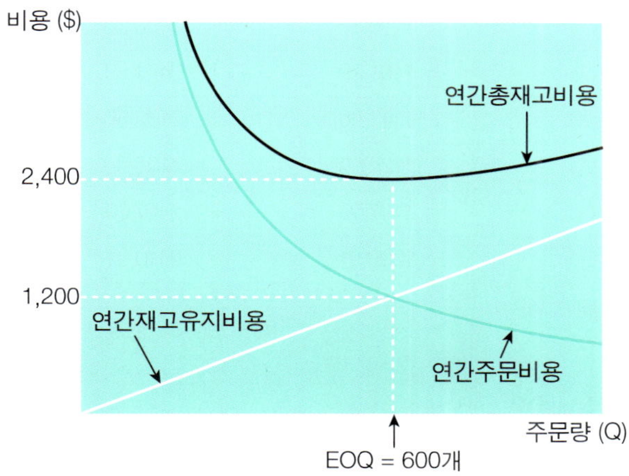

〈그림 7-5〉는 연간 재고유지비용과 연간 주문비용 그리고 연간 총재고비용 사이의 관계를 보인다. 〈예제 7-3〉의 자료를 사용하면 주문량이 EOQ(600개)일 때 연간 재고유지비용(1,200달러)과 연간 주문비용(1,200달러)이 같다. EOQ 부근에서 연간 총재고비용 곡선이 상당히 평탄한데 이것은 주문량이 EOQ로부터 약간 벗어나더라도 연간 총재고비용은 별로 민감하게 변하지 않음을 의미한다. 따라서 기본적 EOQ 모형은 비용 관련 매개변수인 재고유지비용률, 주문비용, 연간 사용량의 추정에 약간의 오류가 있더라도 별 문제가 없다고 할 수 있다. 〈표 7-5〉는 주문량이 EOQ일 때와 상하 10% 벗어난 때의 총재고비용을 비교한다. 이 분석을 보면 비용의 변동은 단지 최소값으로부터 0.01~0.56%에 그침을 알 수 있다.

〈그림 7-5〉와 〈표 7-5〉를 보면 주문량이 EOQ보다 약간 작아지면 연간 재고유지비용은 약간 낮아지고 연간 주문비용은 약간 높아짐을 알 수 있다. 전체적으로는 연간 총비용을 약간 늘리는 효과가 있다. 이와 유사하게, 주문량이 EOQ보다 약간 커지면 연간 재고유지비용은 약간 높아지고 연간 주문비용은 약간 낮아지며 전체적으로는 연간 총재고비용을 약

〈표 7-5〉 연간 총비용의 변동(%)

주문량 (개)	연간 재고유지비용 ($)	연간 주문비용 ($)	연간 총재고비용 ($)	변동률 (%)
540	1080.00	1333.33	2413.33	0.56
550	1100.00	1309.09	2409.09	0.38
560	1120.00	1285.71	2405.71	0.24
570	1140.00	1263.16	2403.16	0.13
580	1160.00	1241.38	2401.38	0.06
590	1180.00	1220.34	2400.34	0.01
EOQ=600	1200.00	1200.00	2400.00*	0.00
610	1220.00	1180.33	2400.33	0.01
620	1240.00	1161.29	2401.29	0.05
630	1260.00	1142.86	2402.86	0.12
640	1280.00	1125.00	2405.00	0.21
650	1300.00	1107.69	2407.69	0.32
660	1320.00	1090.91	2410.91	0.45

*EOQ에서 연간 총재고비용이 최저임을 나타냄.

〈그림 7-6〉 EOQ 모형과 실제 재고 움직임

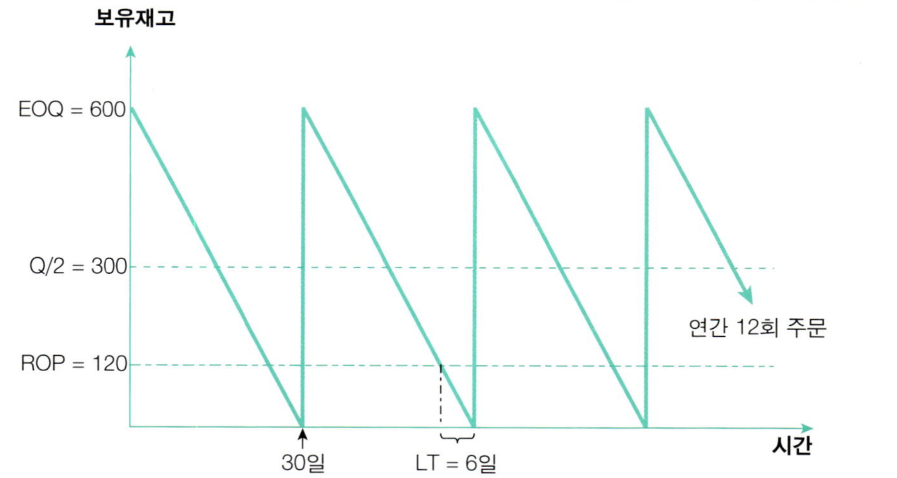

간 늘리는 효과가 있다.

〈그림 7-6〉은 주문량의 변화에 따른 실제 재고의 움직임을 보여준다. 또한 EOQ, 평균 재고, 리드타임, 재주문점, 주문사이클 사이의 관계도 보여주고 있다. 〈예제 7-3〉의 자료를

계속 사용하며, 시간 0에 회사는 600개로 시작한다고 가정한다. 재고는 매일 20개씩 일정한 비율로 소비된다. 24번째 날에 회사는 첫 주문 600개를 발주하고 이것은 6일 뒤(30번째 날)에 도착한다. 24번째 날에 재고는 120개 남으며 이것은 첫 주문이 도착하기 직전에 소진된다. 30번째 날의 수직선은 600개가 입고됨을 나타낸다(이것은 주문이 일시에 보충된다는 EOQ 모형의 가정이다). 연간 7,200개의 수요를 충족하기 위해 (처음의 600개를 포함하여) 총 12회의 주문이 발주된다.

수량할인 모형

수량할인 모형(quantity discount model 또는 price-break model)은 고전적 EOQ 모형의 한 변종이다. 이것은 고정가격 가정을 해제하여 수량에 따른 할인을 허용한 것이다. 이 경우, 주문의 크기에 따라서 제품단가가 달라질 수 있다. 예를 들어 공급자가 공급단가를 주문량이 200개 이하이면 5달러, 201~500개이면 4.5달러, 501개 이상이면 4달러로 제시할 수 있다. 이것은 구매자 입장에서 보면 많이 살수록 가격이 낮아지므로 가격할인으로 인한 비용 절감액이 더 많은 재고를 유지함에 따른 비용보다 크다면, 한 번에 더 많이 구입할 유인을 제공한다. 기본적 EOQ 모형과 달리 구입비용도 연간 총재고비용을 최소화하는 최적 주문량의 결정에 중요한 요인이 된다. 수량할인 모형에서는 한 번에 많은 양을 구매하면 가격 하락과 주문 횟수의 감소에 따라 연간 주문비용이 줄어드는 이점도 있지만 평균 재고량이 증가하므로 연간 재고유지비용이 상승하는 불리한 점도 동시에 고려해야 한다. 수량할인 모형에서는 TAIC식에 미지수가 두 개(구입가격 C와 주문량 Q)이다. 따라서 최적 주문량을 구하기 위해서는 새로운 방법이 필요하다.

구매단가 C는 EOQ 유도과정에서의 가정과는 달리 더 이상 상수가 아니다. 그러므로 연간 총재고비용에는 주문량에 따라 변하는 연간 구입비용이 반드시 포함되어야 한다. 새로운 연간 총재고비용 식은 다음과 같이 쓸 수 있다.

연간총재고비용(TAIC) = 연간구입비용 + 연간재고유지비용 + 연간주문비용

또는

$$\text{TAIC} = \text{APC} + \text{AHC} + \text{AOC} = (R \times C) + \left(\frac{Q}{2}\right) \times (k \times C) + \left(\frac{R}{Q}\right) \times S$$

수량할인 모형에서는 구매단가별로 연간 총재고비용 곡선이 다르다. 그러므로 주문량에 상관없이 사용할 수 있는 단일 곡선은 없다. 연간 총재고비용 곡선은 구매단가별 연간 총재고비용 곡선들을 일부씩 결합한 것인데, 최고 구매단가를 적용할 때의 연간 총재고비용 곡선으로 시작하여 단가가 바뀌는 점에서 곡선이 아래로 떨어진다. **단가변경점**(price break point)

은 새로운 가격할인을 받기 위한 최저 주문량이다. 각 구매단가에 상응하는 EOQ가 하나씩 있다. 하지만 이 EOQ는 해당 구매단가가 적용되는 주문량 구간에 속하지 않을 수도 있으므로 항상 유효하지는 않다. 연간 총재고비용 곡선이 계단형이기 때문에 최적 주문량은 타당한 EOQ 가운데 하나이거나 단가변경점들 가운데 하나이다.

다음과 같은 간단한 2단계 절차를 사용하여 수량할인 모형 문제를 풀 수 있다.

1. 가장 낮은 구매단가에 시작하여 유효한 EOQ를 얻을 때까지 구매단가별로 EOQ를 계산한다. 유효한 EOQ가 최저 구매단가에 상응하는 EOQ이면 이것이 바로 최적 주문량이다. 그 까닭은 최저 구매단가를 적용했을 때의 EOQ에 상응하는 연간 총재고비용은 연간 총재고비용 곡선에서 가장 낮은 점이기 때문이다(그림 7-7 참조). 유효한 EOQ가 최저 구매단가에 상응하는 것이 아니면 2단계로 넘어간다.
2. 1단계에서 찾은 유효한 EOQ에서 연간 총재고비용을 계산하고, 이 EOQ에 상응하는 구매단가보다 낮은 모든 구매단가에 해당하는 단가변경점에서의 연간 총재고비용을 계산한다. 유효한 EOQ를 낳은 가격을 사용한 총재고비용 곡선 함수에 대하여 단가변경점에서의 비용은 해당 EOQ에서의 비용보다 높을 것이므로 계산할 필요가 없다. 최저 연간 총재고비용을 낳은 주문량이 최적 주문량이다.

〈예제 7-4〉와 〈예제 7-5〉은 수량할인 모형의 한 보기이다.

〈그림 7-7〉 최저 구매단가에서의 EOQ가 최적 주문량일 경우의 연간 총재고비용

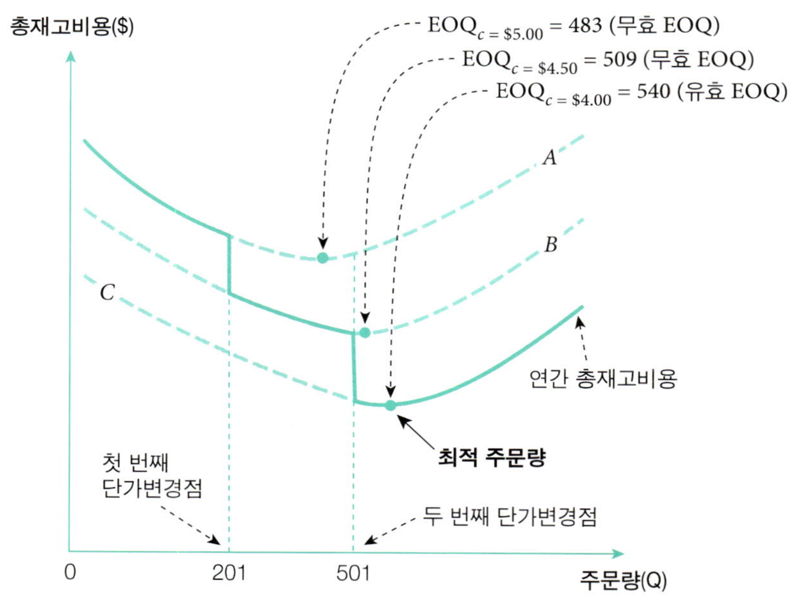

〈예제 7-4〉 수량할인이 허용될 때 최적 주문량 구하기(퀀턴사 예)

퀀턴사는 수량할인을 해주는 공급자에게서 어떤 부품을 구입한다. 퀀턴사의 공급사슬관리자는 연간 총재고비용을 최소화하려면 주문량을 얼마로 해야 할지 궁금하다. 이 회사의 이 부품 연간 소요량 예측은 7290이고 발주비용은 매번 20달러이며 연간 재고유지비용율은 25%이다. 공급자가 제시하는 가격은 다음과 같다.

주문량	단가
1~200	5.00
201~500	4.50
501~	4.00

1. 연간 총재고비용을 최소화하는 주문량은 얼마인가?
2. 연간 총재고비용은 얼마인가?

풀이

1단계: 최저 구매단가에서 출발하여 유효한 EOQ를 찾는다.

$$\text{EOQ}_{C=\$4.00} = \sqrt{\frac{2 \times 7{,}290 \times 20}{0.25 \times 4}} = 540\text{개}.$$

위의 가격표를 보면 이 EOQ는 단가가 4달러인 주문량 범위 안에 있으므로 유효하다. 그러므로 540개가 최적 주문량이다. 이 경우 최적 주문량은 EOQ 중의 하나이다.

2단계: 연간 총재고비용은 다음과 같이 계산할 수 있다.

$$\begin{aligned}\text{TAIC} &= \text{APC} + \text{AHC} + \text{AOC} = (R \times C) + (Q/2) \times (k \times C) + (R/Q) \times S \\ &= (7{,}290 \times \$4) + (540/2 \times 0.25 \times \$4) + (7{,}290/540) \times \$20 \\ &= \$29{,}160 + \$270 + \$270 = \$29{,}700\end{aligned}$$

최적 주문량이 EOQ 중의 하나이므로 연간 재고유지비용과 연간 주문비용이 같음을 볼 수 있다.

〈그림 7-7〉에서 비용곡선 A, B, C는 각각 구매단가가 5달러, 4.5달러, 4달러일 때의 연간 총재고비용 곡선이다. 각 곡선은 해당 단가가 적용되는 구간만 유효하므로 전체 연간 총재고비용 곡선은 이들 세 곡선을 결합한 것인데 각 단가변경점에서 순차적으로 곡선이 아래로 떨어진다. 〈그림 7-7〉은 최저 구매단가에 상응하는 EOQ가 전체 연간 총재고비용 곡선에서 가장 낮은 지점에 위치함을 보여준다. 그러므로 이 EOQ가 바로 최적 주문량이다. EOQ가 해당 가격이 적용되는 주문량 구간을 벗어나면 유효한 주문량이 아니므로 최적 주문량 계산에 고려할 필요가 없음을 보여주기 위해서 구매단가 4.5달러와 5달러에 상응하는 두 개의 유효하지 않는 EOQ도 그림에 나타냈다.

〈예제 7-5〉 구매단가가 수량할인될 때 최적 주문량 구하기

순(Soon) 코퍼래이션은 다국적 기업인데 수량할인을 제공하는 공급자에게서 한 가지 핵심 부품을 구매한다. 이 회사의 공급사슬관리자는 연간 총재고비용을 최소화하는 주문량을 결정하고자 한다. 이 부품에 대한 이 회사의 연간 소요량 예측은 1,000개 필요하고 발주비용은 매번 20달러이며 연간 재고유지비용율은 25%이다. 공급자가 제시하는 가격은 다음과 같다.

주문량	단가
1~200	5.00
201~500	4.50
501~	4.00

최초 단가변경점은 201개이고 두 번째 단가변경점은 501개이다. 연간 총재고비용을 최소화하는 주문량과 그것에 상응하는 연간 총재고비용은 얼마인가?

풀이

1단계: 최저 구매단가에서 출발하여 유효한 EOQ를 찾는다.

(A) $\text{EOQ}_{C=\$4.00} = \sqrt{\dfrac{2 \times 1{,}000 \times 20}{0.25 \times 4}} = 200$개.

이 EOQ는 단가가 4달러인 구간에 속하지 않으므로 유효하지 않다. (주문량이 200개일 때의 구매단가는 5달러이다.) 한 단계 더 높은 단가를 적용하여 EOQ를 계산한다.

(B) $\text{EOQ}_{C=\$4.50} = \sqrt{\dfrac{2 \times 1{,}000 \times 20}{0.25 \times 4.5}} = 189$개.

이 수량도 구매단가가 4.5달러인 구간에 속하지 않으므로 역시 유효하지 않다. 그래서 한 단계 더 높은 단가를 적용하여 EOQ를 계산한다.

(C) $\text{EOQ}_{C=\$5.00} = \sqrt{\dfrac{2 \times 1{,}000 \times 20}{0.25 \times 5}} = 179$개.

이 수량은 가격이 5달러인 구간에 속하므로 처음으로 유효한 EOQ이다.

2단계: 1단계에서 처음으로 찾은 유효한 EOQ에 상응하는 연간 총재고비용을 계산하고, 이 EOQ에 상응하는 구매단가보다 낮은 모든 구매단가에 해당하는 단가변경점에서 연간 총재고비용을 계산한다.

$$\text{TAIC} = \text{APC} + \text{AHC} + \text{AOC} = (R \times C) + (Q/2) \times (k \times C) + (R/Q) \times S$$

(A) $\text{TAIC}_{(\text{EOQ}=179,\ C=\$5)} = (1{,}000 \times \$5) + (179/2 \times 0.25 \times \$5) + (1{,}000/179 \times \$20)$
$= \$5{,}000 + \$111.88 + \$111.73 = \$5{,}223.61.$

(B) $\text{TAIC}_{(Q=201,\ C=\$4.50)} = (1{,}000 \times \$4.50) + (201/2 \times 0.25 \times \$4.50) + (1{,}000/201 \times \$20)$
$= \$4{,}500 + \$113.06 + \$99.50 = \$4{,}712.56.$

(C) $TAIC_{(Q=501,\ C=\$4.00)} = (1{,}000 \times \$4) + (501/2 \times 0.25 \times \$4) + (1{,}000/501 \times \$20)$
$= 4{,}000 + \$250.50 + \$39.92 = \$4{,}290.42$

위의 세 가지 연간 총재고비용을 비교하면 최적 주문량은 501개이고, 이때 가격은 가장 많이 할인된 가격이다. 이 경우 최적 주문량은 단가변경점 가운데 하나이다. 그러므로 연간 총재고유지비용(250.5달러)은 연간총주문비용(39.92달러)과 같지 않다. 재고유지비용과 비교할 때 구입비용 절감액이 크면 대량 구매하여 많은 재고를 유지하는 것이 일리 있다. 하지만 이것은 과잉 재고는 생산에서 있을 수 있는 문제를 은폐하고 급속하게 진부화될 수 있다는 사실을 무시한다. 그러므로 생산 관리자는 재고비용을 최소화하기 위한 주문량을 구할 때 과잉 재고가 기업의 성과에 미치는 영향도 고려해야 한다. 〈그림 7-8〉은 이 문제에서 연간 총재고비용 곡선들의 특징을 보여준다. 세 개의 비용곡선 A, B, C는 각각 구매단가가 5달러, 4.5달러, 4달러일 때의 연간 총재고비용 곡선이다. 종합적인 연간 총재고비용 곡선은 이들 세 곡선의 해당 부분을 수직적으로 각각의 단가변경점에서 연결하여 구한다.

〈그림 7-8〉 단가변경점이 최적 주문량인 경우 연간 총재고비용

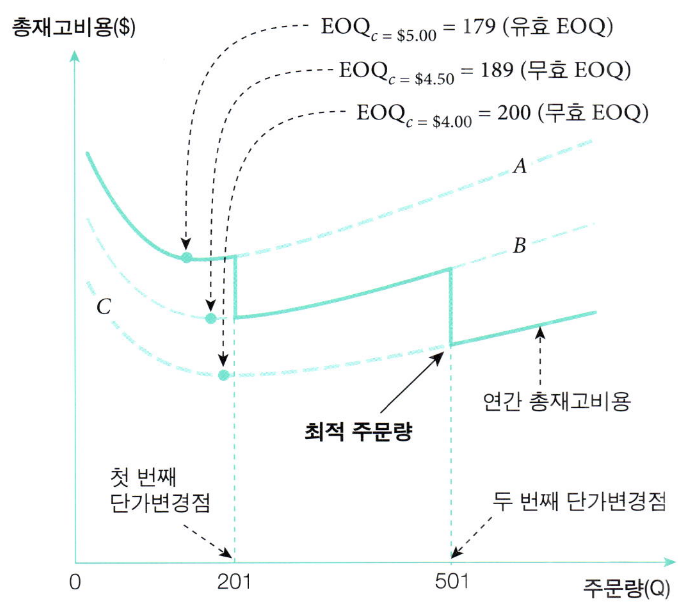

경제적 생산량 모형

경제적 생산량 모형(economic manufacturing quantity(EMQ) model)은 **생산지시량 모형**(production order quantity(POQ) model)이라고도 하는데 역시 고전적 EOQ 모형의 한 변종이다. 이 모형은 EOQ 모형의 순간적인 재고 보충 가정을 해제하여 생산기간 동안의 판매나 사용과 부분 입고를 허용한다. EMQ 모형은 생산과 소비가 동시에 일어나는 제품의 일회 생산량을 결정하는 데 특히 유용하며 이 때문에 경제적 생산량 모형이라고 불린다. EOQ 모형에서는 재고가 일시에 보충되지만 EMQ 모형에서는 생산이 지속되는 기간 동안에 재고가 점차적으로 축적된다.

예를 들어 하루에 100개씩 생산하고 수요는 하루에 40개이며 생산 로트는 600개라고 가정하자. 그러면 한 로트를 생산하는 데 6일(=600/100) 걸린다. 생산이 진행되는 동안에 소비도 일어나므로 생산기간 동안 하루에 100−40=60개씩 재고가 쌓인다. 최대 재고는 60×6=360개이며, EOQ 모형에서처럼 일시적인 보충 또는 생산을 가정할 때의 600개보다 적다. 그러므로 관련되는 기본 비용 요소들이 동일하더라도 EOQ 모형에 비해 EMQ 모형의 (연간) 재고유지비용이 더 작다. EMQ 모형에서 생산율이 수요보다 당연히 커야 한다. 그렇지 않으면 재고가 전혀 쌓이지 않는다. 7일째가 되면 첫 로트의 생산이 종료되고 재고는 9(=360/40)일 동안 하루에 40개씩 줄어든다. 그래서 15(=6+9)일마다 생산과 뒤이은 재고의 소진으로 이루어진 주기가 반복된다.

〈그림 7-9〉는 EMQ 모형에서 재고의 움직임을 나타낸다. 제품은 1회 생산마다 Q단위 생

〈그림 7-9〉 경제적 주문량 모형의 재고 움직임

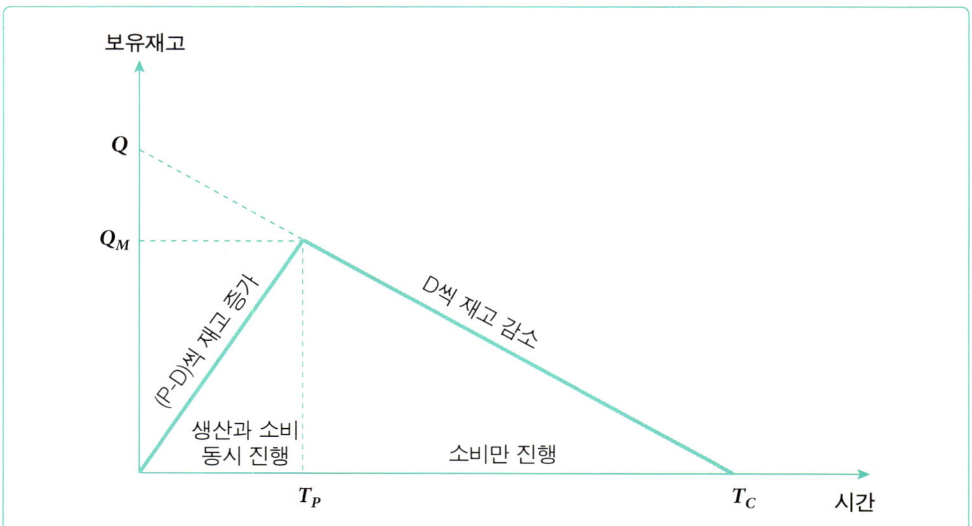

산되며 단위시간당 생산량과 수요는 각각 P단위와 D단위이다. 그러므로 생산이 진행되는 T_P 동안 단위시간당 $(P-D)$단위씩 재고가 쌓인다. 생산기간(T_P)이 끝나면 재고는 재고 주기 T_C가 끝날 때까지 단위시간당 D단위씩 감소한다.

생산율 P는 Q/T_P로 표현할 수 있으며 이것은 1회 생산량을 생산기간으로 나눈 것이다. 최대 재고량 Q_M은 재고 누적률과 생산기간을 곱하면 얻을 수 있으며 $(P-D) \times T_P$로 표현할 수 있다. 이들 관계는 다음과 같이 정리할 수 있다.

$$P = \frac{Q}{T_P}, \quad Q_M = (P-D) \times T_P$$

그러므로 $T_P = Q/P$이고 Q_M 식의 T_P를 Q/P로 치환하면 다음을 얻는다.

$$Q_M = (P-D) \times \frac{Q}{P} = \frac{PQ}{P} - \frac{DQ}{P} = Q\left(1-\frac{D}{P}\right)$$

따라서 평균 재고는 $Q_M/2 = (Q/2)(1-D/P)$이다.

연간 재고비용 식은 다음과 같이 구할 수 있다.

연간 총재고비용 = 연간 생산비용 + 연간 재고유지비용 + 연간 셋업비용

$$\text{TAIC} = \text{APC} + \text{AHC} + \text{ASC} = (R \times C) + \left[\left(\frac{Q}{2}\left(1-\frac{D}{P}\right)\right) \times (k \times C)\right] + \left(\frac{R}{Q} \times S\right)$$

여기서, TAIC = 연간 총재고비용

APC = 연간제품원가

AHC = 연간 유지비용

ASC = 연간셋업비용

R = 연간 소요량 또는 수요

C = 완제품 1단위의 원가

S = 한 차례 생산을 위하여 생산장비를 준비하는 데 드는 비용

k = 재고유지비용율, 단위당 연간 유지비용 = $k \times C$

Q = 주문량

EOQ 모형과 마찬가지로 연간 총재고비용 식 TAIC에서 미지수는 Q밖에 없다. 그러므로 TAIC식을 Q에 관하여 1차 미분한 다음 그 결과를 0으로 놓고 Q에 관해 풀면 최적 생산량을 구할 수 있다. TAIC식을 Q에 관해 2차 미분하면 TAIC가 아래로 볼록한 함수임을 알 수 있으므로 비용곡선의 최저점에서 $\frac{d\text{TAIC}}{dQ} = 0$가 성립한다.

$$\frac{\text{dTAIC}}{\text{d}Q} = 0 + \left[\left(\frac{1}{2}\left(1-\frac{D}{P}\right)\times k \times C\right] + \left(-1\times R\times S\times\frac{1}{Q^2}\right) = \left[\frac{kC}{2}\left(1-\frac{D}{P}\right)\right] - \frac{RS}{Q^2}$$

이것을 0으로 놓으면, 즉

$$\left[\frac{kC}{2}\left(1-\frac{D}{P}\right)\right] - \frac{RS}{Q^2} = 0$$

$$\left[\frac{kC}{2}\left(1-\frac{D}{P}\right)\right] = \frac{RS}{Q^2}$$

$$Q^2 = \frac{2RS}{kC\left(1-\dfrac{D}{P}\right)} = \frac{2RS}{kC\left(\dfrac{P-D}{P}\right)} = \frac{2RS}{kC}\left(\frac{P}{P-D}\right)$$

이므로 경제적 생산량 공식은 다음과 같다.

$$\text{EMQ} = \sqrt{\frac{2RS}{kC}\left(\frac{P}{P-D}\right)}$$

TAIC의 2차 도함수는 다음과 같다.

$$\frac{\text{d}^2\text{TAIC}}{\text{d}Q^2} = 0 - \left(-2\times\frac{RS}{Q^3}\right) = \frac{2RS}{Q^3} \geq 0$$

이는 $\frac{\text{dTAIC}}{\text{d}Q}=0$일 때 TAIC가 최소임을 의미한다.

EOQ 모형과 마찬가지로 연간 총제품원가는 TAIC를 Q에 대하여 1차 미분하면 사라지는데 이는 이 비용이 경제적 생산량을 구하는 데 무관함을 의미한다. 〈예제 7-6〉에서 EMQ 계산 과정을 연습해보기로 한다.

확률적 재주문점

재고관리에서 두 가지 주요 결정 사항은 (1) 주문량과 (2) 발주시점이다. 앞에서 독립수요 품목의 최적 주문량을 결정하는 세 가지 기본적인 기법에 대해서는 이미 논의했으나 언제 주문해야 하는가에 대해서는 아직 충분히 논의하지 않았다. **재주문점**(reorder point: ROP)은 품절을 피하기 위해 주문을 내어야 하는 최저 재고 수준을 말한다. 수요와 주문 리드타임이 확실하고 일정한 경우에는 〈예제 7-3〉에서 보았듯이 재주문점은 주문의 납품 리드타임 기간 동안의 수요와 같았다. 현실적으로는 수요와 리드타임은 변동하는 경향이 있다. 수요나 리드타임이 불확실하면 품절이 발생할 수 있으므로 이에 대비하기 위해 안전재고(safety stock)가 필

〈예제 7-6〉 보어사의 경제적 생산량 문제

보어사는 최첨단기술을 사용하여 자사 제품의 한 핵심 부속을 자체 생산한다. 공급사슬관리자는 이 부속의 생산 로트의 크기를 적절히 정하여 이 부속의 연간 재고비용을 최소화하고자 한다. 이 부속의 일일 생산량(P)은 200개이고 연간 소요량(R)은 18,000개이며 셋업비용(S)은 100달러이고, 연간 재고유지비용율(k)은 25%이다. 이 부속의 원가(C)는 120달러로 추정되며 이 회사는 연간 360일 근무한다.

풀이

1. 하루 수요 D = 18,000/360 = 50개.
2. $\text{EMQ} = \sqrt{\left(\frac{2RS}{kC}\right)\left(\frac{P}{P-D}\right)} = \sqrt{\left(\frac{2 \times 18{,}000 \times 100}{0.25 \times 120}\right)\left(\frac{200}{200-50}\right)} = 400$개.
3. 최대 재고량 $Q_M = Q\left(1 - \frac{D}{P}\right) = 400\left(1 - \frac{50}{200}\right) = 300$개
4. 연간 총생산원가 $= R \times C =$ 18,000개 × 120달러/개 = 2,160,000달러.
5. 연간 재고유지비용 $= \frac{Q_M}{2} \times k \times C = \frac{300}{2} \times 0.25 \times 120$달러 = 4,500달러.
6. 연간 셋업비용 $= \frac{R}{Q} \times S = \frac{18{,}000}{400} \times 100$달러 = 4,500달러.
   (주문량이 경제적 주문량일 때 연간 재고유지비용과 연간 셋업비용이 같음을 볼 수 있다.)
7. 연간 총재고비용 TAIC = 2,160,000 + 4,500 + 4,500 = 2,169,000달러.
8. 1회 생산기간 $T_P = \frac{\text{EMQ}}{P} = \frac{400}{200} = 2$일.
9. 재고주기의 길이 $T_C = \frac{\text{EMQ}}{D} = \frac{400}{50} =$ 일.
10. 생산기간 중 재고누적률 $= P - D = 200 - 50 = 150$개/일.
11. 연간 재고주기 수 = $\frac{360일}{8일}$ = 45회.

보어사의 EMQ 모형을 〈그림 7-10〉이 보여준다. 기본적인 EOQ 모형, 수량할인 EOQ 모형, EMQ 모형을 자세히 보면 주문량이 EOQ이거나 EMQ이면 연간 셋업비용(주문비용)과 연간 재고유지비용이 같다. 하지만 수량할인 EOQ 모형에서 주문량이 단가변경점일 때는 그렇지 않다는 사실도 보았다.

요하다. 이제 확률적 수요와 리드타임이 재주문점에 어떤 영향을 미치는지 살펴보겠다.

수요는 확률적이고 리드타임은 상수인 경우의 재주문점 결정 모형

이 모형에서는 제품의 리드타임은 일정하고 이 리드타임 동안의 수요는 확실히 알 수는

〈그림 7-10〉 보어사의 EMQ 모형

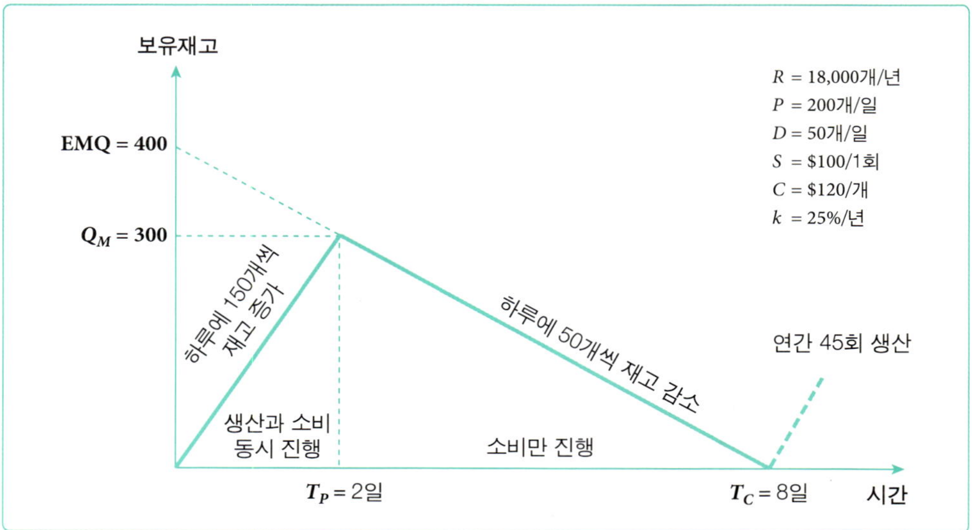

없지만 정규분포로 나타낼 수 있다고 가정한다. 확률적 재주문점은 재고의 수준이 신규 구매주문의 발주를 더 이상 미루면 안 되는 지점을 결정하므로 신규 구매주문 이전의 수요는 재주문점에 직접적으로 영향을 미치지 않는다. 〈그림 7-11〉이 안전재고와 품절이 발생할 확률 사이의 관계를 보여준다. 리드타임 기간 동안 발생하는 수요의 평균값을 μ로 나타내고 재주문점을 x로 나타내면 안전재고는 $(x-\mu)$이고 이것은 표준화 공식 $Z=(x-\mu)/\sigma$을 사용하여 계산할 수 있다. 그러면 품절확률을 α로 표기하면 수요를 모두 감당할 확률(혹은 비품절확률)은 $(1-\alpha)$이다. 비품절확률을 통상 **서비스 수준**(service level)이라고 한다. (사실은 진정한 서비스 수준을 계산하려면 손실함수를 사용하여야 하는데 이것은 본서의 수준을 넘어서므로 다루지 않는다.) 다음에는 Z의 값을 정해야 하는데 이것은 원하는 서비스 수준이 결정되면 표준정규분포를 사용하여 구할 수 있다(부록의 표준 정규분포 참조). 예를 들어 서비스

〈그림 7-11〉 안전재고와 품절확률의 관계

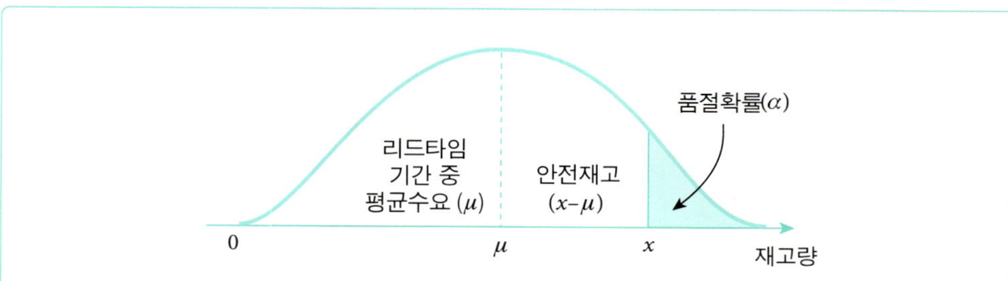

수준이 97.5%(혹은 동등하게, α=2.5%)에 해당하는 Z의 값은1.96이다. 정규분포 곡선의 가운데 지점은 재주문점이 리드타임 기간 동안의 평균 수요와 같은 경우인데 이때 안전재고는 0이며 품절확률은 50%일 것이다.

확률적 재주문점(x)은 주문 납품 리드타임 기간 동안의 평균 수요와 안전재고의 합으로 계산할 수 있다. 즉,

$$\text{ROP} = \bar{d}_{LT} + Z\sigma_{dLT}$$

안전재고 $Z\sigma_{dLT}$ 또는 $x-\mu$는 앞에서 본 정규분포의 표준화 공식에서 유도할 수 있다. 〈예제 7-7〉은 납품 리드타임이 일정하고 수요는 확률적인 경우 재주문점을 계산하는 방법을 보여준다.

〈예제 7-7〉에서 리드타임 동안 수요의 표준편차가 아니라 일일 수요의 표준편차가 제시되었으면 안전재고 계산은 수정이 필요하다. 이런 경우 리드타임이 하루보다 길면 일일 수요의 표준편차(σ_d)는 리드타임 기간 동안 수요의 표준편차(σ_{dLT})로 변환되어야 한다. 일일 수요의 분포가 리드타임 기간 동안 매일 독립적이고 동일하다면 리드타임 기간 동안의 수요의 분산은 하루 하루의 수요의 분산의 합과 같다. 이것을 식으로 표현하면 다음과 같다.

$$\sigma^2{}_{dLT} = \sigma^2{}_d + \sigma^2{}_d + \sigma^2{}_d + \cdots = \sigma^2{}_d\,(LT)$$

〈예제 7-7〉 런던사의 재주문점 구하기

런던사는 재주문 기간 동안의 수요가 정규분포를 따르는 한 가지 매우 중요한 부품을 취급한다. 과거 경험에 따르면 리드타임 기간 동안 발생하는 이 부품 수요의 평균(μ)은 550개이고 표준편차(σ_{dLT})는 40개이다. 공급사슬관리자는 품절률 5%, 즉 서비스 수준 95%를 목표로 하고 안전재고와 재주문점을 정하고자 한다. 또한 서비스 수준을 99%로 할 경우에 대해서도 안전재고와 재주문점을 알고 싶어 한다.

풀이

부록의 표준정규분포표를 보면 서비스 수준 95%(5% 품절 허용)에 해당하는 Z값은 1.65이다.

그러면 필요한 안전재고는 다음과 같다.

$$Z\sigma_{dLT} = 1.65 \times 40 = 66\text{개}$$

재주문점 ROP = $\bar{d}_{LT} + Z\sigma_{dLT}$ = 550 + 66 = 616개이다. 보유 중인 재고의 수준이 616개가 되면 발주해야 함을 의미한다.

서비스 수준을 99%로 할 때 필요한 안전재고는 $Z\sigma_{dLT}$ = 2.33 × 40 = 93개이고, 재주문점 ROP = 550 + 93 = 643개이다.

여기서, σ^2_{dLT} = 리드타임 기간 동안 수요의 분산

σ^2_d = 일일 수요의 분산. 리드타임 기간 동안 동일하고 독립적이라고 가정함

LT = 일 단위로 나타낸 리드타임

그러므로 리드타임 동안 수요의 표준편차는 $\sigma_{dLT} = \sigma_d\sqrt{LT}$ 이다. 따라서 안전재고와 재주문점은 다음과 같이 나타낼 수 있다.

$$\text{안전재고 } (x-\mu) = Z\sigma_d\sqrt{LT}$$

$$\text{재주문점 ROP} = \bar{d}_{LT} + Z\sigma_d\sqrt{LT}$$

〈예제 7-8〉에서 이런 경우의 안전재고와 재주문점 계산을 연습한다.

〈예제 7-8〉 브러셀스사의 재주문점 구하기

브러셀사는 지역의 주류 소매점으로, 맥주를 아주 싸게 판매한다. 과거 자료를 보면 맥주 수요가 정규분포를 따른다. 브러셀이 경험한 맥주의 일간 수요의 평균은 150상자이고 표준편차는 30상자이다. 브러셀에 맥주를 공급하는 주류 도매상은 주문을 받으면 틀림없이 6일 후에 배달을 해준다. 리드타임 기간 동안 브러셀의 맥주 수요의 표준편차는 얼마이며, 서비스 수준을 97.5%로 할 경우 안전재고와 재주문점은 얼마인가? 또한 서비스 수준을 90%로 하면 필요한 안전재고는 얼마인가?

풀이

일일 평균수요 $\bar{d}$ = 150상자.
일일 수요의 표준편차 σ_d = 30상자.
주문 리드타임 LT = 6일.

주문 리드타임 기간 동안 수요의 표준편차 $\sigma_{dLT} = \sigma_d\sqrt{LT} = 30\sqrt{6} = 73.5$상자.

표준정규분포표를 보면 서비스 수준 97.5%(품절 확률 2.5% 허용)에 해당하는 Z값은 1.96이다.

필요한 안전재고 $Z\sigma_d\sqrt{LT} = 1.96 \times 30\sqrt{6} = 144$상자.
재주문점 $= \bar{d}_{LT} + Z\sigma_d\sqrt{LT} = (150 \times 6) + 144 = 1{,}044$상자.

서비스 수준을 90%로 할 때 필요한 안전재고 $= Z\sigma_d\sqrt{LT} = 1.28 \times 30\sqrt{6} = 94$상자이며 이때 안전재고는 50상자 줄어든다.

수요가 일정하고 주문 리드타임이 확률적인 경우 재주문점 모형

제품의 수요는 일정하고 주문 리드타임은 불확실하지만 정규분포를 따르는 경우에는

안전재고를 사용하여 리드타임의 변동에 대처할 수 있다. 그러면 안전재고는 '일일 수요× $Z\sigma_{LT}$'이고 재주문점은 다음과 같다.

$$\text{ROP} = (\text{일일 수요} \times \text{평균 리드타임(일)}) + (\text{일일 수요} \times Z\sigma_{LT})$$

여기서, σ_{LT} = 주문 리드타임의 표준편차(일)

〈예제 7-9〉에서 이런 경우의 계산 과정을 보자.

〈예제 7-9〉 하퍼트스토어의 재주문점 구하기(수요가 일정하고 리드타임이 확률적인 경우)

하퍼트스토어는 브루섬 전자의 mp4 플레이어를 독점적으로 판매한다. 이 제품의 수요는 하루에 120개이며 매우 안정적이다. 하지만 주문 리드타임은 불규칙한데 평균이 8일이고 표준편차가 2일인 정규분포를 따른다. 서비스 수준을 95%로 할 때 안전재고와 재주문점은 얼마인가?

풀이

일일 수요(d) = 120개.
평균 주문 리드타임($\overline{LT}$) = 8일.
주문 리드타임의 표준편차(σ_{LT}) = 2일.
표준정규분포표를 보면 서비스 수준 95%에 해당하는 Z값은 1.65.

필요한 안전재고 = $d \times Z\sigma_{LT}$ = 120 × 1.65 × 2 = 396개.
재주문점(ROP) = ($d \times \overline{LT}$) + 안전재고 = (120 × 8) + 396 = 1,356개.

하퍼트스토어는 mp3 재고가 1,356개에 달하면 브러섬에게 추가 주문을 내야 한다.

수요와 리드타임이 확률적인 경우 재주문점 모형

수요와 주문 리드타임이 모두 알려져 있지 않지만 정규분포라고 규정할 수 있으면 안전재고는 수요의 변동과 리드타임의 변동을 모두 감당해야 하므로 수요나 리드타임 중 어느 한 가지만 일정하지 않을 경우보다 더 많아야 한다. 재주문점은 다음과 같이 계산할 수 있다.[23]

$$\text{ROP} = (\bar{d} \times \overline{LT}) + Z\sigma_{dLT}$$

여기서, σ_{dLT} = 주문 리드타임 기간 동안 수요의 표준편차
$= \sqrt{\sigma^2_{LT}(\bar{d})^2 + \sigma^2_{d}(\overline{LT})}$
σ_{LT} = 주문 리드타임의 표준편차(단위: 일)
σ_d = 일일 수요의 표준편차

'상수', 즉 '변동이 없는 값'의 표준편차는 0이라는 사실을 감안하면 앞서 소개한 리드타임의 표준편차 공식 σ_{dLT}는 다음과 같이, 재주문점에 대한 지금까지의 모든 예제에 적용할 수 있다.

1. 리드타임과 수요가 상수이면 σ_{LT}와 σ_d는 0이고, 1일 평균 수요와 평균 리드타임은 확정적 수요와 리드타임이다. 그래서 재주문점은 리드타임 기간 동안의 수요이다.
2. 일일 수요는 확률적이고 리드타임은 상수이면 σ_{LT}는 0이고 평균 리드타임은 확정적이다. 이 점을 감안하면 〈예제 7-8〉의 재주문점은 다음과 같이 계산할 수도 있다.

$$\text{ROP} = (150\times6) + 1.96\sqrt{0^2(150)^2 + 30^2(6)} = 900 + 1.96\times30\sqrt{6} = 1{,}044\text{상자}$$

3. 일일 수요가 상수이고 리드타임이 확률적이면 σ_d는 0이고 1일 평균 수요는 확정적인 일일 수요이다. 이 점을 감안하면 〈예제 7-9〉의 재주문점은 다음과 같이 계산할 수 있다.

$$\text{ROP} = (120\times8) + 1.65\sqrt{2^2\,120^2 + 0^2(8)} = 960 + 1.65\times2(120) = 1{,}356\text{상자}$$

〈예제 7-10〉은 일일 수요와 리드타임이 모두 확률적일 때 안전재고와 재주문점을 계산하는 연습이다.

〈예제 7-10〉 베스트셀폰의 휴대폰 재주문점 구하기

베스트셀폰은 한 지역에서 어떤 유명한 휴대폰을 독점적으로 판매한다. 이 휴대폰의 하루 수요는 정규분포를 따르며 평균은 120대이고 표준편차는 18대이다. 이 휴대폰은 생산자에게 직접 공급받는다. 과거 자료를 보니 납품 리드타임은 정규분포를 따르며 평균은 8일이고 표준편차는 2일이다. 95% 서비스 수준을 유지하려면 안전재고 재주문점은 얼마이어야 하는가?

풀이

일일 평균수요 $\bar{d}$ = 120대.
일일 수요의 표준편차 σ_d = 18대.
평균 주문 리드타임 $\overline{LT}$ = 8일.
주문 리드타임의 표준편차 σ_{LT} = 2일.
서비스 수준 95%에 해당하는 Z값은 1.65.

$$\begin{aligned}\text{필요한 안전재고} &= Z\sigma_{dLT}\\ &= 1.65\times\sqrt{\sigma^2_{LT}(\bar{d})^2 + s^2_d(\overline{LT})}\\ &= 1.65\times\sqrt{2^2(120)^2 + 18^2(8)} = 1.65\times245.34 = 405\text{대}\end{aligned}$$

$$\text{재주문점(ROP)} = (\text{d}\times\text{LT}) + \text{ZsdLT} = (120\times8) + 405 = 1{,}365\text{대.}$$

베스트셀폰은 서비스 수준을 95%로 유지하려면 재고가 1,365대가 되면 추가 주문을 내야 한다.

재고조사 시스템: 연속조사 및 주기조사

지금까지 논의한 주문량 모형과 재주문점 모형에서 보유 재고량은 언제든지 정확하게 안다고 가정한다. 이 가정은 재고의 증감 내용이 실시간으로 갱신되어야 하며 실제 재고량과 장부상의 재고량 사이에 차이가 없음을 의미한다. 다시 말하면 실제 재고가 재주문점에 도달하는 순간 주문을 낼 수 있으려면 실제 재고 현황을 실시간으로 조사할 필요가 있다. 하지만 실제 재고량을 계속 조사한다는 것은 쉽지 않고 비용이 많이 든다. 재고 조사를 주간 혹은 월간처럼 주기적으로 실시하면 재고 조사 비용을 줄일 수 있다. 하지만 주기조사 정책을 채택하면 연속조사 정책보다 발주 간격이 길어지므로 그만큼 수요의 변동도 커지고 이에 따라 안전재고도 더 많이 필요하다.

연속조사 시스템(continuous review system)과 **주기조사 시스템**(periodic review system)을 분석하기 위해 다음과 같은 기호를 사용한다.

s = 재주문점

S = 최고 재고 수준

Q = 주문량

R = 조사 기간

n = 1, 2, 3, ⋯

연속조사 시스템

연속조사 시스템은 실제 재고 수준을 언제나 알고 있음을 의미한다. 그러므로 관리 비용이 높다. 그러나 연속조사 시스템의 경우 유일한 미지수는 납품 리드타임 기간 중 수요이다. 그러므로 안전재고는 이 기간 동안의 품절에 대비할 정도만 필요하다. 연속조사 시스템에는 다음과 같은 두 가지가 있다.

1. (s, Q) 정책: 재고 수준이 재주문점 s에 도달하면 Q단위씩 주문을 낸다. 주문량 Q는 고정 주문량 결정 방식(예컨대 EOQ 모형)을 사용하여 정할 수 있다. 이 정책은 수요가 한 번에 한 단위 발생할 때 제대로 작동한다. 그렇지 않으면 재고 수준이 재주문점 s 아래로 내려갈 수 있다.
2. (s, S) 정책: 실제 재고 수준이 재주문점 s이 되거나 그 아래로 내려가면 실제 재고 수준을 미리 정해진 최고 수준 S로 끌어 올릴 만큼 충분히 주문한다. 수요가 한 번에 한 단위씩 발생하면 이 정책은 (s, Q) 정책과 같다. 그러나 한 번에 발생하는 수요가 한 단위보다 커서 실제 재고가 재주문점 아래로 떨어지면 주문량은 Q보다 크다. 예를 들어 s = 10, S = 120이고 현재 재고가 11 단위이며 다음 수요가 3단위이면 보유 재고가 8단위로 감소

할 것이다. 따라서 이때 122 단위를 주문한다.

주기조사 시스템

주기조사 시스템에서는 실제 재고를 일정 시간 간격마다 조사한다. 이 시스템은 관리 비용이 적게 들지만 불확실성에 대비해야 할 기간이 길어지므로 더 많은 안전재고가 필요하다. 다음과 같은 세 가지 주기조사 시스템이 있다.

1. (nQ, s, R) 정책: 재고 조사 시점에 실제 재고가 재주문점 s 이하이면 재고 수준이 s와 $(s+Q)$ 사이에 놓이도록 nQ만큼 주문한다. n은 자연수이므로 주문량은 Q의 배수이다. 실제 재고 수준이 재주문점보다 높으면 주문을 하지 않는다. 예를 들어 $s = 100$, $Q = 50$로 두자. 그러면 재고 조사 중에 실제 재고가 20 단위이면 $2Q(=2\times50=100)$ 단위를 주문하여 재고 수준을 120으로 끌어 올린다.
2. (S, R) 정책: 매 재고조사 때마다 충분하게 주문을 하여 재고 수준을 미리 정해진 S까지 끌어올린다. 이 정책에서는 실제 재고가 목표 수준 S보다 적으면 무조건 주문을 낸다. 발주비용이 높다면 이 정책은 분명히 그 선호도가 낮다. 하지만 동일한 공급자에게 여러 가지 제품을 공급받는 경우라면 실용적일 수 있다.
3. (s, S, R) 정책: 재고조사 시점에 실제 재고가 재주문점 s 이하이면 충분히 주문을 하여 미리 정한 목표 수준 S까지 끌어올린다. 그러나 재고 수준이 재주문점 s보다 높으면 주문을 내지 않는다. 이 정책은 (S, R) 정책의 주된 약점을 보완한다.

요약

조직은 재고를 활용하여 수요와 공급 사이의 균형을 취하고 공급사슬의 불확실성에 대비한다. 그러나 재고는 비용이 매우 많이 드는 자산일 수 있으므로 면밀히 관리되어야 한다. 적절한 수준의 재고는 사업의 운영을 뒷받침하지만 재고가 너무 적으면 고객서비스에 악영향을 미칠 수 있다. 역으로 과잉 재고는 불필요한 재고유지비용으로 이어질 뿐만 아니라 생산 시스템에 존재하는 문제와 기업의 다른 취약점을 가리기도 한다.

이 장은 재고의 근본적인 역할과 수요와 공급의 균형을 맞추기 위해 널리 사용되는 여러 가지 재고관리 기법을 다루었다. 기본적인 ABC 재고 분류 방법을 논의했으며 기업이 필요한 제품의 재고를 제대로 보유하고 있는지 파악하는 도구로 ABC 재고 행렬을 설명했다. 여러 가지 예제를 사용하여 주문량과 재주문점을 결정하는 모형들을 살펴보았다. 이 장은 또한 재고관리 최신 기법인 RFID도 다루었다. RFID는 앞으로 재고관리에 극적인 변화를 가져올 가능성이 분명히 있다.

토의문제

1. 종속수요와 독립수요를 설명하고 몇 가지 예를 들어보라.
2. 네 가지 기본적인 재고 유형을 기술하라.
3. ABC 재고 시스템이란 무엇이며 재고관리에 어떻게 쓰이는가?
4. ABC 재고 행렬이란 무엇이며 재고관리에 어떻게 쓰이는가?
5. 재고회전율이란 무엇이며 재고관리에 어떻게 쓰이는가?
6. 순환실사가 왜 중요한가?
7. 전자제품코드EPC란 무엇인가?
8. RFID가 어떻게 재고관리에 쓰일 수 있는지 간단히 설명하라.
9. RFID 태그를 개별 물건에 부착하는 것이 왜 상자에 부착하는 것보다 비용이 많이 드는지 설명하라.
10. 빅데이터란 무엇인가?
11. 기업은 효율적 의사결정을 위해 빅데이터를 어떻게 활용하는가?
12. 경제적 주문량(EOQ)과 재발주점(ROP)의 목적은 무엇인가? 이들이 어떻게 함께 사용될 수 있는가?
13. EOQ 모형의 가정은 무엇인가?
14. EOQ 모형이 고려하는 두 가지 주요 비용은 무엇인가? 왜 구입단가는 주문량 결정에 영향을 미치지 않는가?
15. EOQ 모형과 수량할인 모형의 관계를 설명하라.
16. EMQ 모형과 EOQ 모형의 관계를 설명하라.
17. EOQ 모형에 사용되는 비용 관련 매개변수들을 추산하는 데 약간 오차가 있더라도 EOQ 모형은 여전히 유용한가?
18. 어떤 부품의 주문량을 계산하기 위해 전통적 EOQ 모형을 사용하여 EOQ=20을 얻었다고 하자. 하지만 이 항목의 최소 주문량은 24이다. 이것이 연간 재고유지비용, 연간 주문비용, 연간 총재고비용에 어떤 영향을 미칠지 설명하라.
19. 재고 연속조사 시스템과 주기조사 시스템 가운데 어느 것의 안전재고가 더 클 가능성이 있는지 설명하라. 어느 것이 관리하는 데 노력이 더 많이 들 것 같은가? 왜 그런가?
20. 〈표 7-2〉를 보고 매출을 발생시키기 위해 어느 기업이 재고를 가장 효율적으로 활용하는지 찾아보라.
21. 다음 각각의 경우 연간 주문비용 또는 셋업비용과 연간 재고유지비용이 같을 때 주문량은 무엇인가? (a) EOQ 모델, (b) 수량할인 EOQ 모델, (c) EMQ 모델.
22. 왜 재고관리가 공급사슬관리에 중요한가?

23. 연간 재고 조사와 순환 재고 조사와의 차이를 설명하라.
24. NFC와 RFID의 관계를 설명하고 그 활용 방법을 제시하라.

조사연구문제

1. EPC글로벌사(EPCglobal, Inc.)의 웹사이트에서 정보를 구하여 RFID 기술과 RFID 도입 현황에 대한 간단한 보고서를 작성하라.
2. 인터넷을 검색하여 미국, 유럽, 아시아의 RFID 도입 실태에 대한 간단한 보고서를 작성하라.
3. 인터넷을 검색하여 월마트의 RFID 도입에 대한 보고서를 작성하라.
4. 인터넷을 활용하여 빅데이터와 비즈니스 분석에 대한 보고서를 작성하라.
5. 인터넷(예: http://finance.yahoo.com/)을 검색하여 자신이 좋아하는 상장사 세 곳의 연차보고서(재무제표와 대차재조표)를 구하여 (a) 최근의 매출, 매출원가, 총자산, 연말 재고를 정리하고, (b) 매출액 대비 재고 비율, 총자산 대비 재고 비율 그리고 재고회전율을 구하라. 이 비율들을 근거로 그 세 회사의 경영 성과를 평가하라(힌트: 표 7-1, 표 7-2).

연습문제

1. 어떤 회사의 매출액은 2,500,000달러이고, 매출원가는 850,000달러이며 연간 평균 재고액은 62,000달러이다. 재고회전율을 얼마인가?
2. 다음 자료를 사용하여 연간 재고회전율을 계산하라.

매출	22,000,000달러
매출원가	1,250,000달러
1분기 기말재고	85,000달러
2분기 기말재고	98,000달러
3분기 기말재고	125,000달러
4분기 기말재고	68,000달러

3. 다음 자료를 사용하여 경제적 주문량, 연간 재고유지비용, 연간 주문비용, 연간 총재고비용을 계산하라.

연간 수요(R) = 50,000개
주문비용(S) = 150달러/회
재고유지비용률(k) = 15%
구매단가(C) = 100달러/개

4. 어떤 부품의 연간 소요량은 360,000개이다. 주문비용은 120달러이고 재고유지비용률은

12%이며 구입단가는 2,500달러이다. 다음을 구하라. (a) EOQ, (b) 연간 재고유지비용, (c) 연간 주문비용, (d) 연간 총재고비용.

5. 어떤 부품의 주간 소요량은 950개이다. 주문비용은 85달러이고 단위당 연간 재고유지비용은 5달러이며 구입단가는 250달러이다. 이 기업은 연간 52주 영업을 한다. 다음을 구하라. (a) EOQ, (b) 연간 재고유지비용, (c) 연간 주문비용, (d) 연간 총재고비용.

6. 어떤 부품의 월간 소요량은 1,500개이다. 주문비용은 285달러이고 단위당 연간 재고유지비용은 56달러이며 구입단가는 850달러이다. 이 기업은 연간 12개월 영업을 한다. 다음을 구하라. (a) EOQ, (b) 연간 재고유지비용, (c) 연간 주문비용, (d) 연간 총재고비용.

7. 씽씽 스노우모빌사는 설상차량을 연간 1,200대 판매한다. 설상차량 1대의 구입가격은 2,500달러이다. 주문비용은 약 250달러가 들고, 대당 재고유지비용은 구입가의 35%이다. (a) EOQ, (b) 연간 재고유지비용, (c) 연간 주문비용, (d) 연간 총재고비용을 계산하라.

8. 쌩쌩 스피드보트사는 연간 1,500대의 모터보트를 판매한다. 모터보트를 공급해주는 도매업체에서 판매 촉진책으로 수량할인을 해준다. 주문비용은 300달러이고 대당 재고유지비용은 구매가의 32%이다. 주문량별 구매단가는 아래 표와 같다. (a) 최적 주문량, (b) 연간 구입비용, (c) 연간 유지비용, (d) 연간 주문비용, (e) 연간 총재고비용을 계산하라.

주문량	가격
1~50	18,500
51~100	18,000
101~150	17,400
151~	16,800

9. 문제 8의 쌩쌩 스피드보트사 문제에서 주문비용이 300달러에서 50달러로 낮아질 때 (a) 최적 주문량, (b) 연간 구입비용, (c) 연간 유지비용, (d) 연간 주문비용, (e) 연간 총재고비용을 계산하라.

10. 문제 8번의 쌩쌩 스피드보트사 문제에서 재고유지비용률이 32%에서 15%로 낮아질 때 (a) 최적 주문량, (b) 연간 구입비용, (c) 연간 유지비용, (d) 연간 주문비용, (e) 연간 총재고비용을 계산하라.

11. 프랑크푸르트 일렉트로닉스는 최첨단기술을 사용하여 어떤 전자 부품을 생산한다. 생산 관리자는 연간 재고비용을 최소화하기 위한 생산 로트를 결정하고자 한다. 1일 생산량은 500개, 연간 수요는 36,000개, 셋업비용은 150달러, 연간 재고유지비용률은 30%이다. 생산 관리자의 추산에 의하면 완제품의 원가는 80달러이다. 이 회사는 연간 360일 조업한다고 가정하고 다음을 계산하라. (a) 일일 수요, (b) 최적로트 크기, (c) 최대 재고수준, (d) 연간 생산비용, (e) 연간 총재고유지비용, (f) 연간 셋업비용, (g) 연간 총재고비

용, (h) 1회 생산기간, (i) 1회 재고 주기의 길이, (j) 생산기간 중 재고 누적률, (k) 연간 재고 주기 수. 그리고 1회 생산 주기 동안의 재고 수준의 움직임을 차트로 나타내라(그림 7-10 참조)

12. 파리 스토어가 취급하는 제품의 주문 기간 동안 수요는 정규분포를 따른다. 그 제품의 리드타임 동안 평균 수요는 650개이고 표준편차는 60개이다. 서비스수준 97.5%에서 안전재고와 재주문점을 구하라.

13. 린드너 서점은 대학생들에게 독특한 전자계산기를 판매한다. 이 계산기의 일일 수요는 정규분포를 따르는데 평균은 15대이고 표준편차는 4대이다. 이 주문의 리드타임은 5일이다. 이 제품에 대하여 일간 수요는 독립적이라고 가정하고 리드타임 동안 수요의 표준편차를 구하고 품절을 5% 허용할 때 안전재고와 재주문점을 계산하라.

14. 어떤 제품의 수요는 하루에 250개인데 매우 안정적이다. 하지만 납품 리드타임은 불확실한데 평균이 12일이고 표준편차가 3일인 정규분포를 따른다. 이 제품에 대하여 서비스 수준 97.5%를 만족하는 안전재고와 재주문점을 구하라.

15. 어떤 제품의 일일 수요는 평균이 250개이고 표준편차가 40개인 정규분포를 따른다. 주문하면 납품 리드타임도 불확실하다. 하지만 그 확률분포는 평균이 10일이고 표준편차가 3일인 정규분포이다. 이 제품에 대하여 서비스 수준 95%를 만족하는 안전재고와 재주문점을 계산하라.

16. 다음 재고 정보를 사용하여 ABC 분석을 실시하라.

제품번호	단가($)	연간 사용량	제품번호	단가($)	연간 사용량
B8867	6.00	100	T6334	70.00	500
J1252	5.25	6,500	W9856	0.75	800
K9667	0.25	4,000	X2215	1.50	8,000
L2425	1.00	1,500	Y3214	32.00	1,000
M4554	5.50	2,000	Y6339	4.00	3,500

17. 다음의 재고 정보를 사용하여 (a) 연간 사용금액을 기준으로 한 ABC 재고분석, (b) 현재 재고금액을 기준으로 한 ABC 재고분석, (c) ABC 재고분석을 작성하고 해당 기업이 재고를 제대로 확보하고 있는지 평가하라.

제품번호	단가($)	연간 사용량	실제 재고	제품번호	단가($)	연간 사용량	실제 재고
B8867	6.00	100	8,000	T6334	70.00	500	800
J1252	5.25	6,500	120	W9856	0.75	800	20,000
K9667	0.25	4,000	1,000	X2215	1.50	8,000	2,000
L2425	1.00	1,500	375	Y3214	32.00	1,000	500
M4554	5.50	2,000	500	Y6339	4.00	3,500	125

18. 다음의 재고 정보를 사용하여 (a) 연간 사용금액을 기준으로 한 ABC 재고분석, (b) 현재 재고금액을 기준으로 한 ABC 재고분석, (c) ABC 재고분석을 작성하고 해당 기업이 재고를 제대로 확보하고 있는지 평가하라.

제품번호	단가($)	연간 사용량	실제 재고	제품번호	단가($)	연간 사용량	실제 재고
A967	32.00	1	4,500	L242	1.00	1,500	375
B886	6.00	100	8,000	M455	5.50	2,000	500
C314	5.25	32	115	N007	7.21	54	525
D879	12.50	54	254	P231	5.25	32	300
E536	0.05	125	120	Q954	3.25	25	240
F876	0.07	423	500	T633	70.00	500	800
G112	0.12	500	1,008	W985	0.75	800	20,000
H098	1.22	235	750	X221	1.50	8,000	2,000
J125	5.25	6,500	120	Y321	32.00	1,000	500
K966	0.25	4,000	1,000	Z633	4.00	3,500	125

19. 다음은 어떤 구매품에 대한 자료이다. 다음을 계산하라. (a) EOQ, (b) 총구매비용, (c) 연간 총재고유지비용, (d) 연간 주문비용, (e) 연간 총재고비용, (f) 재주문점, (g) 연간 주문횟수, (h) 주문 간격. 엑셀을 사용하여 수평축을 주문량으로 하고 수직축은 비용으로 하여 연간 총재고유지비용, 연간총주문비용, 연간 총재고비용을 동일한 차트에 그려라.

연간 수요(R) = 5,000개
주문비용(S) = 100달러/회
재고유지비용률(k) = 20%
구매단가(C) = 20달러/개
리드타임(LT) = 6일
연간 조업일수 = 360일

20. 다음은 어떤 구매품에 대한 자료이다. 다음을 계산하라. (a) EOQ, (b) 총구매비용, (c) 연간 총재고유지비용, (d) 연간 주문비용, (e) 연간 총재고비용, (f) 재주문점, (g) 연간 주문횟수, (h) 주문 간격. 그리고 엑셀을 사용하여 수평축을 주문량으로 하고 수직축은 비용으로 하여 연간 총재고유지비용, 연간총주문비용, 연간 총재고비용을 동일한 차트에 그려라.

월간 수요 = 3,500개
주문비용(S) = 250달러/회
재고유지비용(kC) = 8.65달러/개/년
단가(C) = 85달러/개
리드타임(LT) = 12일
연간 조업일수 = 365일

사례문제

1. 램의 자동차 부품공급

몰리 램(Molly Lamb)은 10대 때부터 자동차 마니아였다. 이러한 열정으로 그녀는 자동차 용품 가게를 열게 되었다 그녀의 주요 고객은 소형 자동차 수리점들이며, 이러한 상점의 상당수는 다양한 제조사와 모델의 자동차를 수리하는 서비스하고 있다. 또 다른 고객층은 몰리와 같은 자동차 매니아들이다. 이들 고객은 자동차 애호가로 클래식 자동차를 소유하고 있다. 그들은 종종 오래된 고물차를 사서 다시 수리하여 사용하기도 하고, 원래 자동차에 다른 사양의 부품을 부착하여 개조된 자동차를 제작하기도 한다. 문제는 이러한 오래된 제조사 또는 모델의 부품을 찾는 것이 매우 어렵다는 것이다.

몰리는 아주 오래된 자동차 애호가로서, 종종 인터넷, 자동차 폐차장, 그리고 사용 가능한 중고 자동차 부품들을 찾아다녔으며, 공장의 한 구석에 스타터, 허브 캡, 도어 핸들 등 클래식 자동차를 위한 부품 적재 창고를 마련했다. 클래식 자동차 수리 및 제작하는 사업에 몰리만한 경쟁자는 없었다. 몇몇 수리점이 오래된 클래식 자동차 모델의 부품을 가지고 있기는 하지만, 몰리는 1940년대로 거슬러 올라가는 모델들의 중요한 자동차 부품 재고를 가지고 있다. 반면에 그녀가 주로 서비스하는 고객의 자동차 모델은 1970년대 초반의 것들이다.

램의 자동차용품 재고 목록의 한 부분은 지난 10년 이내에 제작된 최신 모델을 위한 것이다. 그러나 최신 모델의 부품 재고 목록이 클래식 자동차 부품 재고 목록보다 훨씬 많고 상당히 큰 부분을 차지함에도 불구하고 달러 가치 면에서 살펴보면, 클래식 자동차 부품 재고 목록의 가치가 훨씬 크다. 몰리가 안고 있는 한 가지 도전은 바로 창고 공간이다. 재고 용량은 기본적으로 공간과 직결된다. 따라서, 몰리는 가능한 한 두 고객 부문을 모두 만족시키기 위해 자신의 창고 공간을 최적화하려 한다.

몰리 자신은 어떤 재고를 어디에 가지고 있는지 알고 있지만, 실제로 특정 부품 재고 목록을 사용하지는 않는다. 이미 창고는 한계 용량에 거의 도달하였다. 이제 몰리는 보다 효율적인 재고관리의 방안이 필요하다는 것을 느끼고 있다. 창고 공간을 늘리는 것은 선택사항이 아니다. 그녀는 자신이 가지고 있는 공간을 더 효율적으로 이용해야 한다. 몰리는 서로 상이한 두 고객층을 모두 만족시킬 수 있는 재고 관리 방안이 무엇인가를 곰곰히 생각하기 시작한다.

토론사항

1. 클래식 자동차 부품은 구하기가 어렵기 때문에 몰리는 이 부품들을 위해 창고의 일정 비율을 준비해야 한다고 결정했다. 클래식 자동차의 특정 부품을 구매하고자 하는 고객들을 위해 몰리는 클래식 자동차용 부품 재고 목록을 관리해야 한다. 이것이 신형 자동

차의 부품 재고 관리에 어떤 영향을 미치는가? 몰리가 자동차 수리용 부품의 부족 현상을 보이지 않도록 보장하기 위해 어떤 시스템이나 프로세스가 필요한가? 당신의 추천이 몰리에게 어떻게 도움이 되는지 설명하라.

2. 몰리가 처한 현재 상황과 목적이 서로 상이한 두 고객층을 고려하면 ABC 분류체계가 그녀에게 도움이 될 것이라고 생각하는가? 그 이유를 설명하라.
3. EOQ 또는 통계적 재주문 시점 방법을 통해 몰리가 자신의 클래식 자동차 부품 목록을 더 잘 관리할 수 있는지 설명하라.

2. 크랩트리 전자 회사

실베스터 부시(Sylvester Bush)는 크랩트리(Crabtree) 전자 회사를 소유하고 있다. 그는 몇 년 전에 개업한 이후로 사업이 아주 잘 되고 있다. 고객의 대부분은 회로판, 트랜지스터, 저항기, 콘덴서 등과 같은 전자 부품이 필요한 다른 중소기업들이었으며, 일부 소수의 고객은 가정용 사운드 시스템 및 기타 품목을 제작하는 취미 애호가들이다

오늘날 많은 기업과 마찬가지로 크랩트리 전자 회사도 전반적인 경제상황의 둔화로 인하여 약간의 어려움을 겪고 있다. 실베스터는 조망간 경기가 회복될 것이라고 낙관하지만, 그때까지 그는 허리띠를 좀 졸라맬 필요가 있다. 따라서 그는 중점적인 재고관리를 통해 기업에 비용 구조를 개선하고자 한다. 실베스터는 과잉 재고는 선반에 앉아 있는 돈이라는 것을 알고 있다. 과거에 그는 어떤 부품을 얼마나 구매해서 창고에 쌓아두어야 하는가에 대한 의사결정을 직감으로 수행해왔다. 또한 현재까지는 그의 고객에 대한 그리고 고객들의 니즈에 대한 직감이 적중해왔다.

그럼에도 불구하고, 실베스터는 지금 어려운 시기를 극복하기 위해 효과적인 재고 시스템의 구축 필요성을 느끼고 있다. 현재 크램트리의 재고 목록에는 값 비싼 품목은 거의 포함되어 있질 않으며, 대부분의 품목은 트랜지스터, 레지스터, 집적 회로 기판, 와이어 등과 같은 비교적 저렴한 품목들이다. 고가의 부품이 필요할 경우에는 필요할 때마다 개별적으로 주문하며, 2일 이내에 필요한 부품을 조달 받을 수 있다. 때때로 긴급 주문이 발생할 경우가 있기는 하나, 이런 일은 거의 일어나지 않기 때문에 실베스터는 굳이 값 비싼 부품에 먼지 쌓이는 재고 관리를 원하지 않으며, 재고 회전이 빨라지기를 희망하고 있다. 따라서 실베스터는 재고 운영정책에 대한 다양한 옵션을 고려하고 있다.

토론사항

1. 실베스터 부시는 훌륭한 사업가지만, 그는 재고관리 시스템에 익숙하지 않다. 그가 효율적인 재고관리를 위해 ABC 분류 시스템과 EOQ 중 하나를 선택하도록 도와라. 그가 수행해왔던 재고 관리 방안과 취급하는 품목의 일반적인 프로세스에 근거하여, 그에게 가

장 적합한 접근방법은 무엇인가? 아니면 둘 다 사용해야 하는가?

2. 크랩트리 전자는 상대적으로 저렴하지만 상당히 많은 양의 부품을 취급한다. 그가 공급하는 사업 중 일부 사업자는 전자 부품을 대량으로 구매해야 하는 대형 계약을 체결하는 경우가 많다. 실베스터가 이것을 자신의 사업에 유리하게 바꿀 수 있는 방법이 있을까? 당신의 의견을 제시하라.

참고자료

EPCglobal, "EPC Radio-Frequency Identity Protocols Generatio-2 UHF RFID," EPCglobal Inc., 2013.

EPCglobal, "EPC/RFID UHF Air Interface Protocol 2.0.1," EPCglobal Inc., April 2015.

Fogarty, D. W., J. H. Blackstone, and T. R. Hoffmann, *Production & Inventory Management*, 2nd ed. Cincinnati: South-Western, 1991.

Hax, A., and D. Candea, *Production and Inventory Management*. Englewood Cliffs, NJ: Prentice-Hall, 1984.

Jacobs, F. R., and R. B. Chase, *Operations and Supply Chain Management*, 15th ed. Boston: McGraw-Hill/Irwin, 2018.

Jacobs, F. R., W. L. Berry, D. C. Whybark, and T. E. Vollmann, *Manufacturing Planning and Control for Supply Chain Management*, 6th ed. Boston: McGraw-Hill/Irwin, 2011.

Krajewski, L. J., M. J. Malhorta, and L. P. Ritzman, *Operations Management: Processes and Supply Chains*, 11th ed. Reading, MA: Prentice-Hall, 2016.

미주

1. Doerfler, S., "Improving the Process," *Inside Supply Management Magazine* 28(1), January/February 2017: 27.
2. Anonymous, "Continuing to Use Technology Is Called Vital Key to Ongoing Success for Metals Distributor Sectors," *American Metal Market*, February 24, 2016, http://ezproxy.library.unlv.edu/login?url5http://search.proquest.com0/docview/1776015698?accountid53611, accessed May 18, 2017.
3. Fleenor, G., "Turning to Inventory Management," *Convenience Store Decisions* 27(5), May 2016: 60–61.
4. Murphy, M., "Debrief: Robert Kraft on Buying the Patriots, Drafting Tom Brady, and Being Pals with Trump," *Bloomberg Businessweek*, May 15–21, 2017: 54–59.
5. Anonymous, "ERP Aids Inventory Analysis," *Metal Center News*, Summer 2016: 2–3.
6. Holcomb, B. J., "ISM Report on Business: Manufacturing," *Inside Supply Management* 28(3), April 2017: 12.
7. Michel, R., "Best Practices for Better Inventory Management," *Logistics Management* 55(2), February 2016: 44–48.
8. Friedman, D., "TechTips: Inventory Management Tips," *Supply House Times* 59(9), November 2016: 114–115.
9. Callahan, J., "Convenience Store Solutions: Achieving Inventory Control," *Convenience Store Decisions* 27(2), December 2016: 16.
10. Simpkins, J., "Production: Keeping Count," *Editor & Publisher* 149(10), October 2016: 28–30.
11. Napolitano, M., "Top 8 Guidelines to Improve Inventory Management," *Logistics Management* 57(3), March 2013: 40–43.
12. Berthiaume, D., "RFID Update," *Chain Store Age* 92(2), February/March 2016: 22.
13. Romeo, J., "RFID: A Fast Track for Improved Security," *Security* 54(2), February 2017: 36–38.
14. http://www.gs1.org/epcglobal, accessed May 25, 2017.
15. Anonymous, "Wal-Mart, DOD Start Massive RFID Rollout;

Is Everybody Ready?" *Inventory Management Report* 5(1), January 2005: 1, 10–12.

16. GS1, "EPC/RFID UHF Air Interface Protocol 2.0.1," EPCglobal, April 2015, http://www.gs1.org/sites/default/files/docs/epc/Gen2_Protocol_Standard.pdf, accessed May 19, 2017.

17. Songini, M. L., "Procter & Gamble: Wal-Mart RFID Effort Effective," *ComputerWorld* 41(9), February 26, 2007: 14.

18. "RFID Frequently Asked Question," RFID Journal, https://www.rfidjournal.com/faq/show?85, accessed May 25, 2017.

19. Fish, L. A., and W. C. Forrest, "A Worldwide Look at RFID," *Supply Chain Management Review* 11(3), April 1, 2007: 48–55.

20. Hoffman, W., "Wave of the Future: Changes in Technology, Industry Consolidation, Global Standards Begin to Raise RFID's Profile," *Journal of Commerce* 9(35), September 8, 2008: 44.

21. Wu, N., H. H. Tsai, Y. S. Chang, and H. C. Yu, "The Radio Frequency Identification Industry Development Strategies of Asian Countries," *Technology Analysis & Strategic Management* 22(4), May 2010: 417–431.

22. Dearborn, J., "BIG Data: A Quick-Start Guide for Learning Practitioners," *T+D* 68(5), May 2014: 52–57.

23. Narsimhan, S., D. W. McLeavey, and P. Billington, *Production Planning and Inventory Control*, 2nd ed. Saddle River, NJ: Prentice Hall, 1995.

8장

프로세스 관리: 공급사슬에서의 린과 식스시그마

PROCESS MANAGEMENT — LEAN AND SIX SIGMA IN THE SUPPLY CHAIN

우리는 모든 개별 매장을 하나의 팀으로 통합했으며, 우리의 목표는 확장 가능하고 지속 가능한 린 프랙티스와 린 사고방식과 같은 운영 환경을 기반으로 지속적으로 성장하고 성과를 만들어내는 것이다.

Robert Benjamin, COO of Pacific Elite Collision Centers[1]

우리는 통제 가능한 비용 관리와 운영 실행에 지속적인 관심을 가지고 있다. 우리는 린생산 방식을 통해 안전, 품질, 효율성 및 재고 회전 등을 개선하는 데 초점을 맞추고 있다.

Doug Oberhelman, chairman and CEO of Caterpillar[2]

제조업에서 기계가 모든 작업을 수행하기 때문에 근로자는 더 이상 기술을 가질 필요 없다는 인식이 있다. 그러나 기계가 가장 효율적인 방법으로 저비용, 고품질 제품을 계속해서 생산하기 위해서는 근로자가 비판적 사고와 팀워크를 테이블로 끌어내는 것이 중요하다.

Greg Higdon, president and CEO of the Kentucky Association of Manufacturers[3]

학습목표

- 린 사고와 식스시그마의 주요 요소들을 논의하고 비교한다.
- 린 사고와 식스시그마가 공급사슬관리의 필수 요소인 이유를 설명한다
- 도요타 생산 시스템 그리고 그것과 린생산과의 관계를 설명한다.
- 린 프로그램과 환경보호 사이의 관련성을 논의한다.
- 린 사고와 식스시그마의 역사를 기술한다.
- 식스시그마의 도구들을 기술하고 사용한다.
- 품질개선에서 통계적공정관리의 중요성을 이해한다.

SCM PROFILE

린 방식이 빅토릭사에 가져온 거대한 변화

펜실베이니아에 위치한 배관연결시스템 제조업체인 빅토릭사(Victaulic Co.)는 수년 전부터 린생산 방식의 필요성을 인식하게 되었다. 전 세계적으로 약 4,000명의 직원을 고용하고 있는 빅토릭은 생산 분야에서부터 단계적으로 린생산방식을 도입하였다.

이 기업은 린 철학을 포함한 다양한 워크숍을 통해 종업원들의 린생산 시스템에 대한 이해도를 높이고, 기업이 운영하고자 하는 린 방식에 보다 친밀해질 수 있게 교육 훈련을 진행해왔다. 또한 작업자들이 생산 단계에 다양한 도구를 활용하여 린생산 시스템을 발전시켜 나갈 수 있도록 교육을 진행해왔다. 린 리더들은 종업원들의 아이디어를 행동으로 옮길 수 있게 같이 작업을 수행했다.

빅토릭의 린 목표는 안전성을 높이고 배달, 생산성 및 재고회전율을 개선하는 것이었다. 각 목표 영역의 지표에 대한 데이터가 수집되고, 이러한 데이터는 각 목표에 가장 큰 영향을 미칠 수 있는 변경사항을 기업에게 알려준다. 또한 새로운 데이터는 변경사항의 결과를 추적한다.

예를 들어, 빅토릭은 새로운 위험 식별 프로그램을 통해 위험을 식별하고 제거했으며, 거의 모든 위험 시설에서 작업자들의 부상이 감소되었다. 이를 통해 빅토릭의 재해율은 최근 7년 동안 거의 87%나 떨어졌다. 고객 배송률 측면을 살펴보면, 린 방식이 시행되기 전까지만 해도 약속한 납기일까지 납품된 재고 품목은 64.7%, 비재고 품목 32.4%에 불과했다. 그러나 린 전략 계획을 사용하고 있는 현 시점의 정시 배달율은 재고 및 비재고 품목 모두 97%를 상회하고 있다.

린 방식을 이용하기 전에, 빅토릭 공장은 열악한 예측방법을 사용했고, 대규모 배치 형태로 제품을 만들었으며, 공급 수준을 균형 있게 유지하기 위해 여러 장소 사이에 배치 형태의 제품들을 이전했다. 이는 제품의 이중 취급 문제, 설비 용량의 낭비, 초과 작업의 문제 등을 발생시켰다. 빅토릭은 새로운 칸반을 도입하여 컨테이너 수량이 비워질 때마다 수요를 발생시키는 시스템을 구축하였는 데, 이를 통해 더 자주 그리고 더 적은 양의 제품을 생산할 수 있게 되었다. 이러한 풀 시스템은 신제품 배송 시스템과 함께 배송 시간을 30일 이상에서 8일 이하로 단축했다. 그 결과, 빅토릭은 보다 가치 있는 공급사슬 파트너가 되고 있다.

빅토릭의 한 공장에서는 생산공정을 재구성함으로써 작업자의 반복적인 스트레스를 제거하여 종업원 안전성을 높이고 작업자의 동선 낭비를 제거했다. 또한 전체 설비를 재조직함으로써 차량 운행 횟수가 줄었고 장비와 연료비가 절감되었다. 주문 기계를 기반으로 U자형 배치로 장비를 배치하였고, 작업자들의 사용 지점에 부품이나 구성품을 놓음으로써, 지게차의 필요성을 크게 줄였다.

린팀은 인체공학적으로 개선된 워크스테이션에서 작업자들이 제품을 생산할 수 있게 하였을 뿐만 아니라 페인트 라인을 통합하여 주물 상태를 검사와 도장을 같이 진행할 수 있도록 만들었다. 그 결과, 35%의 생산성 향상과 작업자들의 피로 및 실수가 감소되었다. 빅토릭은 린 방식이 이러한 성공을 이끄는 문화의 일부분이라고 생각한다.[4]

개요

이미 논의한 바와 같이 공급사슬관리는 어떻게 하면 전 공급사슬에 걸쳐 낮은 비용으로 고품질과 신속대응을 달성할 수 있느냐에 관한 내용으로 구성되어 있다. 오늘날 고객은 이것들—고품질, 신속대응, 저원가—을 기대한다. 따라서 기업은 속도, 혁신, 협력, 품질, 그리고 효율을 중시하는 전략적 과제들을 채택할 필요가 있다.

린 사고와 식스시그마 품질은 공급사슬을 성공적으로 관리하는 데 핵심적으로 중요한 두 가지 운영 철학으로서, 고품질·신속대응·저원가를 동시에 추구할 때 대두되는 상충관계(trade-off)를 해결하면서 이러한 전략적 과제의 달성을 추구한다.

공급사슬관리는 1990년대에, 당시 이미 사용되고 있던 **신속대응**(quick response: QR), **효율적 소비자 대응**(efficient consumer response: ECR), 적시생산, 일본식 **계열**(系列) **관계**(keiretsu relationships) 등과 같은 관행을 결합하여 새로운 패러다임으로 등장했다. 신속대응과 효율적 소비자 대응은 속도 및 유연성과 관련이 있고 일본식 계열관계는 파트너십과 관련이 있다. 신속대응은 1980년대 중반 섬유산업에서 유통업자들과 공급자들이 정보를 공유하여 고객의 요구에 신속하게 대응하고 재고와 낭비를 줄이면서 고객서비스를 높이자는 취지로 시작한 JIT의 한 갈래다.[5] 효율적 소비자 대응은 1990년대 초반 미국에서 식료 잡화(grocery) 공급사슬의 경쟁력 제고를 목표로 출범한 특별 위원회가 개발했다. 식료 잡화점의 판매시점(point-of-sale: POS) 자료가 컴퓨터를 통해 생산자와 중간 단계 유통업자들에게 전달되어 상점에 재고가 신속하게 보충되도록 했다. 그리하여 상점들은 안전재고를 최소한으로 보유하면서도 고객서비스를 유지할 수 있었다.[6] 일본식 계열은 일본의 제조업체와 납품업체들 사이의 협력 집단이다. 이런 관계는 제조업체들이 납품업체에 자금지원을 해주는 관행의 결과로 형성되는 경우가 많다.[7]

공급사슬관리와 JIT 사이에는 밀접한 관계가 있다. 많은 사람이 헨리 포드(Henry Ford)와 그의 회사(포드자동차)가 JIT를 발명했다고 주장하지만, **적시생산**(just-in-time: JIT)이라는 용어의 유래는 칸반(kanban)을 고안한 다이이치 오노를 비롯한 도요타자동차의 경영자들과 관련이 있으며 낭비를 제거하기 위한 지속적 문제 해결이라는 철학을 포함한다. 린(lean)이라는 용어는 JIT라는 용어를 대체하여 사용되기 시작했으며 도요타 생산 시스템(Toyota Production System: TPS)과 관련이 있다. 린 사고라는 개념은 JIT와 밀접한 관계가 있지만 JIT보다는 더 넓은 일종의 경영 철학으로서, 제품과 서비스를 개선하면서 시간·인적자원·자산·생산성 등에 대하여 경제적 최적화를 추구하는 도구를 포함한다. 1980년대 초반에 이런 관행들이 서구로 전파되기 시작했으며 처음에는 JIT로 받아들여지다가 오늘날에는 **린생산**(lean production), **린 제조**(lean manufacturing), 또는 **린 사고**(lean thinking)로 불린다. 린 사고는 오늘날 많은 조직에서 업무방식으로 진화했다.

품질의 평가와 개선은 린생산의 필수 요소이다. 첫째, 낭비 제거 활동에 따라 재고가 줄어들기 시작하면 생산 활동 및 물자의 입출에 따르는 노동력 소요, 대기, 리드타임, 품질, 업무 간의 일정 등에 존재하는 문제가 자연스럽게 드러난다. 이런 문제들은 결국 해결되고 품질과 고객서비스가 향상된다. 둘째, 쓰루풋타임의 단축을 지속적으로 추진하면서 생산 시스템 전반에 품질개선을 일관성 있게 강조할 수밖에 없게 되고 이 때문에 전사적인 품질 향상 프로그램, 즉 식스시그마가 필요하게 된다. **식스시그마**(Six Sigma)는 조직이 고객의 기대를 파악하여 충족시키거나 나아가서 기대 이상으로 충족시킬 수 있게 되려면 최고경영자가 식스시그마 추진에 결연하게 관여해야 한다는 점을 강조한다. 기술과 경쟁 양상의 변화와 함께 최근의 글로벌 경기 부진과 같은 환경의 변화는 고객의 기대에도 변화를 초래하므로 기업은 환경과 자신의 능력을 지속적으로 재평가하고 개선하기 위한 프로그램을 추진할 필요가 있다. 이런 지속적인 프로그램도 식스시그마의 필수 요소이다. 따라서 원가 절감·품질개선·신속대응이라는 주된 목표를 달성하기 위하여 공급사슬관리는 전 공급사슬에 걸쳐서 린 사고와 식스시그마 사고를 활용하여야 한다.

린생산과 도요타 생산 시스템

린생산이란 용어는 본질적으로 수십 년에 걸쳐서 도요타자동차의 핵심 경영자들이 이루어낸 **도요타 생산 시스템**(Toyota Production System) 전체를 가리킨다. 도요타는 2010년에 전 세계적으로 800만 대가 넘는 차량의 리콜을 초래한 품질 및 안전 문제로 엄청난 비난을 받았다. 그 문제들은 이 장의 도입부에 제시된 도요타 사장 도요타 아키도의 사과문이 보여주듯이 진실로 심각했지만 이 때문에 린생산 또는 도요타 생산 시스템의 가치가 줄어들 수는 없다. 실제로 도요타는 '고객 제일' 원칙으로 돌아가겠다고 약속했다.[8] 인터브랜드(Interbrand)의 2015년 '베스트 글로벌 브랜드' 연차 보고서에서 도요타는 세계에서 가장 가치 있는 자동차 브랜드의 타이틀을 다시 획득하게 되었다. 인터브랜드는 도요타의 2015년 브랜드 가치를 490억 달러로 추정했다. 미국 도요타자동차 판매의 잭 홀리스 마케팅 담당 부사장은 고객을 최우선 가치로 여기는 도요타는 뛰어난 스타일링, 성능 및 가치로 흥미 진진한 신제품을 선보이며 좋은 성과를 거두었다고 평가했다.[9] 다음에 도요타 생산 시스템의 몇 가지 중요한 사건을 서술해보기로 한다.

도요타 사키치는 1902년에 인력 대신 동력을 사용하는 직기를 발명했으며 1926년에는 도요타 자동직기제작소를 창립했다. 그는 1937년에 포드(Ford)나 지엠(GM) 자동차와 경쟁하기 위해 직기 특허를 팔아서 조성한 자금으로 자동차공장을 지었다. 이 신규 자동차공장은 당시 일본 자동차 생산량의 90% 이상을 생산했다. 이 공장의 경영은 도요타 사키치의 아들 도요타 키이치로가 맡았다.[10]

키이치로는 1년 동안 디트로이트에 머물면서 포드와 다른 회사들의 생산 시스템을 배운 다음 귀국하여 미국에서 배운 생산방식을 소량 생산에 맞게 변형했고 자재도 소량씩 자주 납품받도록 했다. 이 방식을 나중에 도요타에서는 적시생산(just-in-time) 방식이라 불렀다. 당시 포드의 생산 시스템은 부품이 내부에서 만들어져 조립라인에 직접 공급된 다음 수분 내에 차량에 조립되도록 설계되어 있었다. 헨리 포드는 이 방식을 흐름생산(flow production)이라고 불렀으며 이것은 JIT의 전신이다.[11]

1936년에는 도요타 사키치의 조카 도요타 에이지가 도요타에 입사했다. 도요타는 1950년에 조직 재정비와 함께 회사의 이름을 도요타자동차제작소로 바꾸었고 에이지가 사장이 되었다. 에이지도 역시 디트로이트를 방문하여 포드자동차의 생산 시스템을 연구했으며 품질관리에 특별히 감명받았는데 무엇보다도 종업원제안제도가 가장 인상적이었다. 그는 또한 13년 동안 도요타의 총 누적 생산량이 겨우 2,700대인데 비해 포드자동차의 1일 생산량이 7,000대나 되는 데 깊이 감명받았다. 일본으로 돌아와서 그는 미국에서 본 개념들을 실천에 옮겼으며 이때 실천한 것들이 오늘날 말하는 도요타 생산 시스템의 기초가 되었다.

1957년에는 회사의 명칭이 도요타(Toyota Company)로 다시 바뀌었다. 도요타는 그 해에 최초로 미국 시장에 자기들이 생산한 차를 선보였는데 그 이름은 토요펫 크라운(Toyopet Crown)이었다. 결과는 참담했다. 일본에서는 인기가 높았지만 품질·속도·외관 문제 때문에 14개월 동안에 고작 288대가 팔렸다. 미국 소비자들과 자동차의 신뢰성에 대한 그들의 요구를 더 분석할 필요를 통감하고 도요타는 미국시장에서 철수했다. 그 뒤 도요타의 만회 노력에 대해 미시간 소재 자동차연구소(Centre for Automotive Research)의 회장 데이브 콜은 다음과 같이 말했다. "그들은 아무리 사소한 것도 소홀하게 다루지 않았으며 고객에게 세심하게 주의를 기울였다." 1965년 도요타는 승용차 크라운을 가지고 미국 시장에 다시 진출했으며 1972년에 누적 판매량 100만 대를 달성했다.[12] 1982년에 에이지는 미국에 판매법인인 Toyota Motor Sales USA를 설립했으며 1983년에 회사명을 도요타자동차주식회사로 바꾸었다.

오노 다이이치(大野 耐一)는 1932년에 도요타 자동방직기제작소에서 직장생활을 시작했다. 그는 키이치로와 에이지가 세운 개념을 확장했는데, 그들의 방법을 발전시키고 더욱 정교하게 다듬어 모든 부품은 그것을 필요로 하는 다음 단계의 부품이나 최종 차량의 조립을 위해 요구되는 경우에만 생산하도록 했다. 그는 디트로이트를 여러 차례 방문하여 자동차 생산 기술을 관찰했다. 제2차 세계대전 후 도요타의 생산시설은 재건되었으며 이때 오노는 자신이 이전에 개발했던 소로트 생산 원리들을 정립하는 데 주역을 맡았다. 전후 일본은 심각한 물자난을 겪고 있었으므로 이런 원리들은 당시 그 가치가 매우 높은 것으로 입증되었다. 다이이치와 에이지가 미국 방문 중에 분명히 본 것은 모든 곳에서 벌어지는 엄청난 낭비였다(일본어로는 **무다**(むだ)로 불린다). 도요타의 당시 사정으로 볼 때 이와 같은 인력·재고·공간·시간·작업의 낭비는 결코 있어서는 안 되었다. 이런 깨달음에서 모든 생산공정에서 부품은 다음 단계에서 필요로 할 때만 생산되어야 한다는 생각이 나왔다. 일종의 신호나 칸반이라고 부르는 카드가 사용되면서 이 시스템은 훨씬 더 효과적으로 되었다. 이것이 도요타

내부에서 **칸반**(kanban) 시스템 또는 JIT 시스템으로 불리기 시작했다.

오노 다이이치의 지도 아래 JIT 개념은 계속 정교하게 발전되었으며, 그는 훗날 이 시스템을 다음과 같은 두 가지에서 아이디어를 얻어 고안했다고 밝혔다. 그중 한 가지는 헨리 포드의 자서전으로 거기에는 오늘날 린 시스템의 전신으로 간주되는 포드생산 시스템이 설명되어 있으며, 다른 하나는 매일 상품이 배달되어 전시되는 슈퍼마켓의 운영방식인데, 오노는 이것을 1956년 방미 때 보았다. 도요타 생산 시스템 개발에 공헌이 큰 주목할 만한 마지막 두 사람은 도요타가 고용한 품질 자문가 시게오 싱고와 에드워즈 데밍이다. 데밍은 전후에 일본에서 총인구조사를 돕고 있었으며 통계적 품질관리 기법을 논의하는 학술 모임에 참석하고 있었다. 데밍은 1950년대 일본에서 많은 생산 엔지니어 및 경영자들과 자신이 만든 14가지 품질경영 지침과 지속적인 개선에 관한 자신의 생각을 토론했다.

싱고는 1961년에 도요타에서 일할 때 **포카요케**(Poka-Yoke) 개념을 개발했다. 포카요케는 오류나 실수가 일어나지 못하게 한다는 뜻이다. 우선 애당초부터 실수나 불량품이 발생되지 못하도록 공정을 설계하고 만약 그래도 실수나 불량이 발생하면 더 이상 발생하지 않도록 방지한다는 개념이다. 이러한 실수방지 장치는 전기적·기계적·시각적·절차적 방법일 수도 있고 문제나 실수 또는 불량품의 발생을 막아 주는 무슨 방법이든지 해당된다. 또한 이런 장치나 방법은 조직의 어느 곳에서나 실현될 수 있다. 포카요케는 그래서 한층 더 높은 품질과 고객서비스를 가져온다.[13]

1959년에 이르자 도요타는 한 해에 10만 대의 차량을 생산했다. 그러나 1950년대 후반에는 앞에서 언급했듯이 미국시장에서의 판매를 어렵게 한 품질 문제를 겪었다. 이 문제를 해결하기 위해 도요타는 JIT 시스템과 더불어 자칭 총체적품질관리(total quality control: TQC) 제도를 실행했다. 이것은 도요타 생산 시스템의 마지막 요소가 되었으며 나중에 좀 더 다듬어져 전사적품질경영(total quality management: TQM)으로 불리었다. 2007년 제1사분기에 도요타는 전 세계에 걸쳐 GM보다 더 많은 차를 팔아서 76년간 지속되어온 GM의 세계 최대 자동차 제조업체 지위에 종지부를 찍었다.[14] (2014년부터 2016년까지 3대 자동차 제조업체는 폴크스바겐, 도요타, GM이고, 2016년에는 폴크스바겐이 1위를 차지했다.[15])

사실 린생산이란 용어는 도요타에서 만들어지지 않았다. 이 용어는 매사추세츠 공과대학의 국제자동차프로그램(International Motor Vehicle Program: IMVP)이 수행한 국제 비교연구에서 처음 사용되었다. IMVP는 전 세계의 자동차 산업을 대상으로 품질과 생산성에 관한 비교연구를 수행했으며 그 결과는 1990년에 「세계를 바꾼 기계(The Machine that Changed the World)」란 책으로 나왔고 그 책에 린생산의 구성요소가 제시되었다.[16] '군살 없이 날씬한'이란 의미를 지닌 '린lean'이라는 용어가 제안된 까닭은, 상응하는 미국 자동차공장에 비해 일본의 자동차공장은 차 한 대를 생산하는 데 노동력과 공간을 절반만 사용했고 새로운 모델을 개발하는 기간도 절반만 소요되었기 때문이다. 일본 자동차공장들은 또한 같은 수량의 자동차를 생산하는 데 평균의 절반에도 훨씬 못 미치는 재고를 사용했으며 불량도 훨씬 적었다.

린 사고의 사용은 그 후 여러 산업의 많은 기업으로 빠르게 퍼져 나갔다. 예를 들어 2014년에서 2015년 사이 유가가 급격히 떨어졌을 시기에 석유회사는 무엇을 할 수 있었을까? 뉴욕에 본사를 둔 헤스사(Hess Corp.)는 린생산으로 전환하여 2015년 상반기에 노스다코다의 유전을 시추하는 데 한 곳당 약 40만 달러의 비용을 절감했으며, 시추하는 데 걸리는 시간도 크게 단축시켰다. 회사 관계자는 린생산방식을 적용하면서 1,200개의 벅켄(Bakken) 유정을 수익성 있게 유지할 수 있었다고 말했다.[17] 과거에 낡은 관료주의 기업으로 간주되었던 타이어 제조업체인 굿이어(Goodyear)는 제품 개발 프로세스에 린 사고를 도입했다. 이를 통해 굿이어는 리드타임을 절반 이상으로 줄이고 수익성이 높은 신제품을 완벽하게 시장에 안착시켰다.[18] 다음의 SCM PROFILE은 자동차 수리 회사에서 린 사고를 사용하는 방법을 설명한다.

SCM PROFILE

엘리트에서 린의 활용

엘리트 콜리젼(Elite Collision) 센터는 1998년 캘리포니아주의 풀러튼(Fullerton)에서 단일 매장으로 사업을 시작하였다. 2014년에 퍼시픽 엘리트 콜리젼으로 브랜드를 전환한 이후, 이 회사는 캘리포니아주의 로스앤젤레스, 오렌지카운티 및 인랜드 엠파이어 지역의 14개 매장을 운영하고 있다. 2015년에는 린생산방식에서 20년 가까이 경험을 쌓았던 로버트 벤자민(Robert Benjamin)을 최고생산관리자(COO)에 임명하였다.

벤자민은 엘리트 센터의 운영방식을 개선하기 위해 린 방식을 활용하고 있다. 회사의 지역 관리자들은 한 달에 한 번 만나 자신이 직면했던 문제를 해결하기 위한 다양한 방안을 개발하고, 모범사례를 공유했다. 벤자민은 "우리는 린 가치에 초점을 맞추고 매달 함께 모여 매장 리더십을 개발하는 과정을 통해 생산성과 쓰루풋(처리량)뿐만 아니라 품질과 서비스에도 큰 변화를 경험하고 있다. 또한 문제를 해결하는 것뿐만 아니라 이런 문제들이 다시 발생되지 않도록 노력하고 있다."고 말했다.

린 시스템을 통해 구현하고자 하는 기업의 비전은 탁월한 서비스와 프로세스 개발을 통해 기업을 성장시키는 것이다. 벤자민은 "우리는 항상 좋은 품질의 제품을 원하지만, 이는 프로세스 개발을 통해서만 가능하다. 우리는 고객 가치와 낭비 제거 그리고 문제 해결방법에 대해 종업원을 교육시키고 있으며, 지속적으로 낭비 제거를 위해 노력하고 있다."고 말했다.

엘리트의 매장들은 가까이 위치한 지리적 요인으로 인하여 작업 부하를 상당히 줄여줄 수 있었으며, 콜센터는 작업량을 균등하게 유지하는 데 큰 기여를 했다. 벤자민은 "우리는 점포들 간의 작업 부하를 평준화하는 것이 아니라 일일 작업량을 평준화하는 것이다. 이를 통해 우리는 월요일에 작업의 90%가 들어와서 금요일에 나가게 되는 그런 함정을 피할 수 있었다. 일주일 내내 작업 부하를 균등하게 유지함으로써 우리는 훌륭한 고객서비스를 제공하고 더 많은 고객 요구를 충족시킬 수 있다."고 말했다.[19]

린 사고와 공급사슬관리

공급사슬관리의 목적은 간단히 말하면 전 공급사슬에 걸쳐서 물자의 흐름을 고객의 요구에 맞추어 최적의 원가·품질·서비스를 유지하는 것이다. 린생산은 낭비 감축, 지속적 개선, 내부 물자흐름의 동기화를 중요시하며, 궁극적으로는 일차 공급자 및 고객과의 물류도 동기화를 지향한다. 즉, 앞에서도 설명한 바와 같이 공급사슬관리는 여러 측면에서 전 공급사슬에 린 사고를 적용하려고 한다. 공급사슬관리는 교차훈련, 내부고객의 만족, 물자의 신속한 이동, 최종고객의 수요에 관한 예측 자료와 생산계획을 공급자와 공유할 것 등을 권장하고 전체 공급사슬 재고 수준의 최적화를 추구한다. 또한 기업 내부만이 아니라 공급사슬상의 거래파트너들 사이에도 린 사고를 구현하면 그 혜택은 훨씬 더 크다.

전 공급사슬에 걸쳐 린 전략의 도입에 착수한 기업이 많이 증가했다. 린 실무의 새로운 용어 중의 하나는 **요꼬텐**(yokoten)이다. 요코텐은 "어디에나 있는"이라는 의미의 일본어로, 모범사례를 서로 공유하는 것을 의미한다. 린 전략을 이용하는 기업들은 요코텐을 통해 공급업체들과 고객을 더욱 밀접히 연결시킨다. 제조업체의 경우에 대부분의 제품비용은 공급사슬에서 파생된다. 결과적으로, 효율적인 린 시스템 구현의 출발점은 바로 공급사슬관리이다. 잡지 「Logistics Management」가 수백 명의 구독자를 대상으로 실시한 린 시스템에 대한 설문 결과를 살펴보면, 공급사슬관리에서 린 전략 사용이 2007년 30%에서 2011년 46%로 획기적인 증가를 보이고 있으며,[20] 이러한 추세는 현재도 계속되고 있다.

많은 기업이 자원, 제품 특성, 고객의 요구 및 공급업체 역량을 토대로 성공적인 린 시스템을 구현하고 있다. 커피점업계의 거물인 스타벅스의 린 전략팀은 여러 지역 매장을 순회하면서 바리스타의 낭비되는 움직임을 줄이기 위한 방법을 모색하고 있고, 이를 통해 바리스타들이 더 많은 시간을 고객과 상호작용할 수 방안을 도출하였다. 스타벅스의 이러한 합리적인 운영 전략은 고객 만족을 증가시켰으며, 궁극적으로 수익성이 확대되는 결과를 가져왔다.[21] 린 전략 및 린 관련 주제에 대한 많은 저서를 저술했던 노르만 보덱(Norman Bodek)은 미국 제조 기업의 절반 이상이 린 전략을 사용할 것이라고 설명했다.[22]

린의 요소

〈표 8-1〉은 린의 주요 요소들을 간단히 요약한 것이며 이 절에서는 이에 대해 논의한다. 한 조직의 린 프로그램은 그 조직의 자원이 지닌 역량, 제품과 공정의 특성, 과거 다른 개선 프로젝트의 성패 경험에 따라 매우 다를 수 있음을 알아둘 필요가 있다. 린 프로그램이 성숙 단계에 있는 기업은 이들 요소 중 여러 가지를 실천하고 있을 가능성이 매우 높다.

〈표 8-1〉 린의 구성요소

구성요소	설명
낭비 감축	낭비 제거는 린 철학의 가장 중요한 관심사이다. 재고, 물자의 이동, 프로세스 단계, 폐기 손실, 불합격, 재작업 등은 필요 이상 존재하면 모두 낭비이며 감축되어야 한다.
린 공급사슬 관계	기업은 고객과 낭비 제거, 속도향상, 원가 절감을 공동목표로 삼고 협력한다. 공급자를 파트너로 여기며 고객과 친밀한 관계를 유지하려고 노력한다.
린 배치	공정재고는 해당 공정 가까이 두고, 설비배치는 자재와 작업자의 이동을 최소화하도록 설계한다. 공정 순서는 작업이 원활하게 흐르도록 정한다.
재고 및 셋업타임 감축	생산 로트의 크기, 안전재고, 셋업타임을 줄여서 재고를 줄인다. 공정의 문제를 피하거나 감추지 않고 오히려 만들거나 노출시켜서 관리하고 통제한다.
소량 로트 스케줄링	여러 가지 제품을 소규모 로트로 번갈아 가면서 평준화 생산을 한다. 발주와 납품도 소량씩 자주 한다. 칸반을 활용하여 공정재고를 끌어다 쓴다.
지속적 개선	대기시간과 리드타임의 단축에 따라 문제점이 더 빨리 노출되어서 문제 해결과 프로세스 개선에 더 주의를 기울이게 된다. 안전재고가 낮아지므로 품질수준이 높아야만 공정의 중단을 피할 수 있다. 공급자의 품질에 대한 관심이 높다.
작업자 강화	작업자들을 교차훈련하여 공정의 유연성과 문제 해결 능력을 높인다. 작업자들은 부품을 직접 검사할 수 있도록 훈련을 받는다. 종업원은 더 많은 역할을 하고 고위 경영층으로부터 문제를 파악하고 해결하는 데 필요한 자원과 지원을 받는다.

자료: Lamming, R., *Beyond Partnership: Strategies for Innovation and Lean Supply*. London: Prentice Hall, 1993; Ohno, T., *The Toyota Production System: Beyond Large-Scale Production*, Portland, OR: Productivity Press, 1988; Schonberger, R. J., *Japanese Manufacturing Techniques*. New York, NY: The Free Press, 1982; Womack, J., and D. Jones, *Lean Thinking: Banish Waste and Create Wealth for Your Corporation*. New York, NY: Simon and Schuster, 1996.

낭비 감축

린을 향한 힘든 여정의 주 목표와 장기 목표에는 **낭비 감축**(waste elimination)이 어김없이 포함된다. 낭비 감축으로 인한 바람직한 결과는 가치 제고이다. 그래서 기업은 생산 시스템에서 낭비를 제거하여 원가를 줄이고 제품과 서비스의 가치를 높일 수 있다. 건설업계에 린 방법을 제공하는 트루노스 개발사(True North Development) 대표인 스콧 세담(Scott Sedam)은 건설 분야의 낭비 감축의 중요성을 다음과 같이 요약한다. "결국에 경영자나 종업원, 공급자 그리고 관련된 모든 이들이 낭비 제거에 책임을 지는 문화의 변화가 필요하다. 이것은 도전이고 목표다. 그 목표에 도달하는 것은 쉽지 않겠지만, 이미 다른 많은 산업에서 해왔던 일들이다. 멀지 않은 시기에 홈 빌딩 분야도 필요하다."[23]

낭비란 매우 포괄적인 개념으로 필요 이상의 대기시간·재고·물자와 인원의 움직임·프로세스 단계·각종 변동을 비롯하여 가치 증가에 보탬이 되지 않는 모든 활동에 적용된다. 도요타의 오노 다이이치는 〈표 8-2〉에 기술된 바와 같이 **낭비를 일곱 가지로 분류**(seven wastes)했으며 이 분류는 세계 각 곳의 많은 산업에서 낭비를 파악하고 감축하는 데 적용되어왔다. 일곱 가지 낭비 모두에 공통적으로 적용되는 용어는 과잉이라는 수식어이다. 물론

〈표 8-2〉 일곱 가지 낭비

낭비	설명
과잉 생산	설비의 가동률을 높게 유지하기 위해 필요 이상의 물건을 만드는 행위.
대기	기계와 작업자의 과도한 유휴 시간. 물자가 처리에 앞서 과도하게 기다리는 시간.
과잉 운반	공정 단계 사이에 일어나는 물자의 과도한 이동. 물건을 여러 번 옮겨 실으면서 먼 거리를 이동하는 행위.
과잉 처리	가치를 부가하지 않는 제조, 자재 취급, 포장, 검사 활동.
과잉 재고	과잉 원자재, 공정재고, 완제품
과잉 움직임	작업자의 불필요한 이동.
폐기와 재작업	품질 불량으로 인한 폐기와 재작업 활동

자료: Ohno, T., *Toyota Production System*. Portland, OR: Productivity Press, 1988.

기업은 어느 정도의 재고, 물자와 작업자의 이동, 그리고 가공/처리 시간이 필요하다. 그렇다고 이들을 무작정 허용할 것이 아니라 이들의 적절한 수준과 그 수준을 가장 잘 달성하는 방법을 결정해야 한다.

그러나 이러한 다양한 유형의 낭비를 당연한 비용으로 여기는 기업도 많다. 낭비를 파악하고 제거하기 위해서는 근로자와 경영자들이 프로세스·작업 방법·물자가 판매 가능한 제품과 서비스의 가치 증대에 얼마나 기여하는지 지속적으로 평가해야 한다. 낭비 제거는 작업자와 관리자가 혼연일체가 되어 결연한 의지로 지속적으로 노력을 쏟으며 고객에게 그 효과에 대해 빈번히 의견을 구할 때 가능하다. 어느 정도 의미 있는 수준의 낭비 감축이 일어나면 원가 절감·리드타임 단축·품질개선·경쟁력 향상 등 여러 가지 긍정적인 결과가 나타난다. 최근과 같은 경기 침체기에는 낭비 제거는 매출 감소에도 불구하고 이익을 내는 수단이 될 수 있다. 그래서 린 프로그램의 구현은 최근 수년 동안 인기가 높아졌다.

5S를 통한 낭비 감축

낭비 감축을 위한 또 하나의 방법으로 5S라고 불리는 것이 있다. 5S는 도요타에서 생겨났으며 작업장의 정리와 관련된 다섯 가지 일본말을 가리키며 그것들을 소리 나는 대로 영어로 표기할 때 첫 철자가 모두 S여서 그렇게 불린다. 기본적인 논리는 5S를 실천하면 작업장이 더 깨끗하게 정돈되며 안전하게 되어서 낭비가 줄어들고 생산성이 향상되리라는 것이다. 5S는 유지관리 방안일 뿐만 아니라 문제를 식별하고 예방하는 시스템이다. 무언가 누락되거나 혹은 문제가 발견되었을 때, 근본적인 원인이 발견되고 수정될 때까지 "왜(why)"라는 질문을 반복적으로 함으로써 문제를 해결하려는 방식이다. 도요타의 오노 타이이치는 왜(why)라는 질문을 5번 물어보기 전까지는 근본 원인은 밝혀지지 않았을 것이라고 언급하며,

〈표 8-3〉 5S

일본 단어	일본 단어의 영어 의미	해당 영어 표현
1. Seiri	Organization	Sort: 정리
2. Seiton	Tidiness	Set in order: 정돈
3. Seiso	Purity	Sweep or shine: 청소
4. Seiketsu	Cleanliness	Standardize: 청결
5. Shitsuke	Discipline	Self-discipline or sustain: 습관화

Source: Becker, J., "Implementing 5S: To Promote Safety & Housekeeping," *Professional Safety* 46(8), 2001: 29-31; Rooney, S., and J. Rooney, "Lean Glossary," *Quality Progress* 38(9i6), 2005: 41-47.

이를 **5-Why** 근본적 원인분석 프로세스라고 한다.[24] 이들 다섯 가지 용어를 간단히 살펴보면 다음의 〈표 8-3〉과 같다.

처음의 두 가지 요소, 즉 정리와 정돈은 부품과 연장을 찾을 필요가 없게 하고 불필요한 동작을 피하고 엉뚱한 부품이나 연장을 사용하는 일을 피하는 것이 목적이다. 작업장에 두는 연장과 자재는 꼭 필요한지 평가하여 승인된 것만을 사용되는 장소에 가깝게 비치한다. 청소는 말 그대로 작업장을 깨끗하게 하고 이상이 없는지 점검하는 것이고, 청결은 공정의 변동을 줄이기 위하여 표준에 부합하지 않는 활동과 자원을 없앤다. 습관화는 효과적인 작업 습관을 형성하고 다듬는 것을 말한다.

5S 시스템은 어떤 제조업이나 서비스업에도 적용할 수 있다. 많은 린 프로그램은 5S의 실천으로 시작한다. 기업은 5S를 사용하여 '낭비 사냥'을 한 다음 불필요한 것으로 보이는 데에 빨간 딱지를 붙이는 '적찰운동'을 벌여 모든 불필요한 사항을 제거하거나 더 깊이 분석한다. 작업 환경의 안전성을 평가하고 작업장의 위험을 줄일 목적으로 5S에 안전safety을 나타내는 S를 추가하는 기업도 있다.[25]

린 공급사슬 관계

외부에서 구매하는 품목의 경우 납기가 불안정하거나 품질이 완벽하지 않기 때문에 재고를 유지하는 경우가 꽤 흔하다. 내부적으로는 기계가 말을 잘 듣지 않거나 프로세스의 원활한 진행을 방해하는 변동이 발생하는 경우를 대비하여 공정재고를 유지한다. 물류 유통 부문의 경우 품절을 피하고 고객서비스 수준을 유지하기 위하여 물건을 고객에게 선적하기 전에 창고에 보관하며 경우에 따라서는 그 기간이 수개월이 될 수도 있다. 이렇게 보유하는 재고는 비용을 초래하고 설령 제품이나 기업의 가치를 높인다고 하더라도 별로 크지 않으므로 낭비로 간주된다.

한 기업과 그것의 공급자 및 고객이 협력하여 고객의 요구사항을 파악하고 낭비제거·원가절감·품질개선과 고객서비스 향상을 위해 노력하기 시작하면 린 공급사슬 관계가 시작된 것이다. 캔자스에 본사를 둔 항공우주부품 제조업체인 콕스머신(Cox Machine)은 수년 동안 린 공급사슬을 성공적으로 수행해오고 있다. 콕스는 공급사슬의 모든 구성원에게 상호 이익이 되는 선적 방법, 사전선적통지, 바코딩을 사용하여 그들의 고객이 납기와 재고를 줄이도록 도와주었다. 또한 콕스는 그들의 공급자와 예측 정보를 공유하며, 필요한 자재를 바로 납품할 수 있도록 시스템을 구축하였다. 즉 자재가 도착하면 기계셀로 바로 전달되어 재고가 줄어들게 만들었다.[26]

공급자와 협력하여 린 사고를 실천하는 방안의 하나로 공급자가 부품이나 자재를 구매자의 사용 현장에 조금씩 자주 배달하는 납품방식을 들 수 있다. 이런 납품방식은 재고 감축에 도움이 된다. 하지만 빈번한 배달은 입항(入向, inbound) 운송비의 증가를 의미한다. 이러한 운송비를 줄이기 위해 공급자가 구매자와 가까운 곳에 창고나 생산시설을 두고 제품을 배송하는 사례가 종종 있다. 공급자에게 공급 물량을 늘려주어 창고에 투자하도록 유도하기 위해 많은 경우에 구매자들은 공급자의 수를 줄여야 한다.

부품을 아주 소수의 공급자로부터 조금씩 자주 구매하는 기업은 이들 공급자에게 매우 의존하게 된다. 구매자의 입장에서는 보유 재고 수준이 낮아지므로 고품질의 부품을 필요한 만큼 제때에 납품받는 것은 지극히 중요하다. 자동차 공급업체 관계지수(WRI)에 따르면, 혼다와 도요타는 2002년부터 공급업체 관계 구축 및 개선에 선두적이었던 상위 두 개 자동차업체이다. 이 연구에 따르면 포드, GM, 닛산 및 피아트 크라이슬러는 도요타 및 혼다와 공급업체 관계를 구축함으로써 자동차 한 대당 144달러에서 285달러의 이익을 얻을 수 있었다고 한다.[27]

기업은 주요 고객과 함께 린 사고를 활용할 수도 있다. 이런 관계가 형성되면 기업은 소수의 대형 단골 고객을 위하여 생산능력을 확장하기 시작한다. 이런 기업은 주요 고객과 가까운 곳에 생산시설이나 창고를 두고 고객의 시설 내 사용 현장에 소량을 자주 배달함으로써 운송시간도 단축하고 평균 재고 수준도 낮춘다. 고객과 함께 린 사고를 활용한다는 것은 낭비를 최소화하면서 고객이 원하는 것을 원하는 시간에 정확하게 제공하는 방법을 결정해야 함을 의미한다. 뉴욕 소재의 인쇄회로기판 제조업체인 IEC(IEC Electronics)사는 고객에게 직접 신제품 프로토타입을 전달하고 고객과의 보다 효율적인 고객관계를 구축을 위해 고객의 요구사항을 수시로 확인한다.[28]

그러므로 **린 공급사슬 관계**(lean supply chain relationships)에서는 상호의존과 상호혜택이 발생하며 결과적으로 제품의 가치가 높아지고 모든 참여기업의 경쟁력이 높아짐을 알 수 있다.

린 배치

린 배치(lean layouts)의 최우선 목표는 작업자·고객·작업물의 낭비성 이동을 줄이고 생산시설에서 제품이 원활하게 흐르도록 하는 것이다. 생산시설에서 일어나는 물자와 사람의 이동 그 자체는 제품의 가치를 높이지 않는다. 린 배치는 물자와 작업자의 이동은 필요한 때와 장소에서만 최대한 신속하게 되도록 한다. 따라서 부품·고객·작업자의 왕래가 빈번하게 일어나는 작업장·사무실·부서들은 가능한 한 가깝게 배치하여 이동으로 인한 낭비를 최소화하여야 한다. 다음의 SCM PROFILE은 워너 일렉트릭의 모범적인 린 배치를 보여준다.

린 배치는 시야가 트여 있어서 한 작업공간에서 일하는 작업자가 다른 작업장의 일을 보기 쉽다. 제조시설에서는 모든 구매품목과 공정재고를 사용하는 지점의 바닥에 두며, 병목이 발생함에 따라 쌓이는 재고는 쉽게 눈에 띈다. 이와 같은 문제나 제조 과정에서 발생하는 다른 문제들은 신속하게 눈에 띄고 해결된다. 작업공간이 비교적 가깝게 배치되므로 전통적인 배치에 비하여 면적을 적게 차지하고 팀워크 형성과 문제 해결을 위한 협력이 쉬워

SCM PROFILE

워너 일렉트릭의 세계 최고 수준의 린생산 공장

일리노이에 본사를 둔 워너 일렉트릭(Warner Electric)은 최근에 콜롬비아시 근처에 약 96,000평방피트 규모의 새로운 공장을 완공했다. 워너 일렉트릭은 세계 최고 수준의 이 시설을 통해 기존에 다른 세 곳의 장소에서 개별적으로 수행하던 생산 활동을 통합할 수 있게 했다. 이번 통합으로 워너 일렉트릭은 린 원칙을 활용한 최첨단 생산을 할 수 있는 기회를 얻게 됐다.

새 공장은 최적의 장비 배치와 재료 흐름을 확립하기 위해 다양한 카이젠 기법을 활용했다. 목표는 전체 생산공정에서 낭비되는 이동, 대기시간, 재고 등을 제거하는 것이다. 워너 일렉트릭 총괄매니저인 스탠 오웬스는 "이 공장은 카이젠 활동을 수행하기 위해 생산직 작업자, 자재 취급자, 엔지니어로부터 기업 임원까지 모든 계층을 망라한 15명 정도의 대표자로 각각의 팀을 구성했다."고 말했다. 각 팀은 현재 모든 제품의 생산공정을 매핑하는 것을 시작으로, 공장 배치를 실험하는 데 다양한 기법을 사용하였다. 각 팀에서 제안된 공장 배치는 린 기법을 사용하여 평가되었다.

최적화된 생산성은 자재들이 공장의 입고 라인에 전달되는 즉시 시작된다. 모든 자재 영수증은 빈 컨테이너의 칸반 카드에서 생성된 주문에 의해 공급자에게 제공된다. 자재 담당자와 품질 담당자가 이 모든 공정을 주도하고 시스템을 가동시킨다. 린 회계 기법은 가능한 가장 낮은 수준의 재고를 요구하는데, 이러한 낮은 재고 수준은 전자추적이 가능하고 빈번한 전달을 가능하게 하는 반응적 공급사슬 구성을 통해서만 가능하다.

공장의 모든 원자재와 완제품은 2시간마다 공장을 순환하는 독창적인 시스템을 이용하여 전달 및 회수된다. 자재 담당자는 생산라인에 부품 또는 구성품을 공급하는 데 전념하는데, 이동시간을 줄이기 위해 대부분의 자재는 중앙이 아닌 사용 지점에 보관된다. 오웬스는 "우리의 성공에 대한 중요한 척도 중 하나는 생산 '가동시간'과 '생산성'인데, 이 두 척도가 모두 매년 15% 이상 증가하고 있다."고 했다.[29]

진다.

린 배치는 문제의 발상지를 추적하기 쉬운 장점도 있다. 자재와 부품이 한 작업공간에서 다음 작업공간으로 이동하므로 매 단계마다 품질검사를 하는 경우, 품질문제가 발견되면 일반적으로 직전 단계에서 그 원인을 찾을 수 있다. 린 배치의 장점은 이 장의 도입 부분의 SCM PROFILE에서 볼 수 있다.

제조셀

제조셀(manufacturing cells) 또는 **작업셀**(work cells)은 장비와 작업자의 중복을 피하면서, 가공이나 처리 단계들이 동일하거나 유사한 모든 부품·부속·일감을 처리하도록 설계된다. 가공이나 처리 단계가 유사한 부품들을 **부품족**(part family)이라고 부른다. 제조셀은 〈그림 8-1〉과 같이 대부분 U자 형태로 설계되는데, 이렇게 하면 셀 내부에서 자재와 작업자의 이동이 쉽기 때문이다. 조립라인 시설에서는 제조셀을 조립라인에 근접 배치하여 제조셀에서 완성한 부품을 라인에 직접 투입한다. 이렇게 하면 완성부품을 저장공간으로 옮겼다가 나중에 다시 조립라인으로 옮기는 노력의 낭비를 피할 수 있다. 제조셀은 그 자체가 사실상 소규모 조립라인으로서 유연하게 설계되며 필요하면 기계의 배치를 변경할 수 있다.

재고 감축과 셋업타임 단축

린생산 논의에서 과잉 재고는 구매·생산·품질의 여러 가지 문제를 은폐하는 경향이 있기 때문에 낭비로 여겨진다. 물이 깊으면 배를 좌초하게 만드는 암초가 잘 노출되지 않듯이 재고가 많으면 공급사슬에서 가치를 손상시키는 문제들이 드러나지 않는다. 반대로, 수면이

〈그림 8-1〉 U자형 작업셀 배치

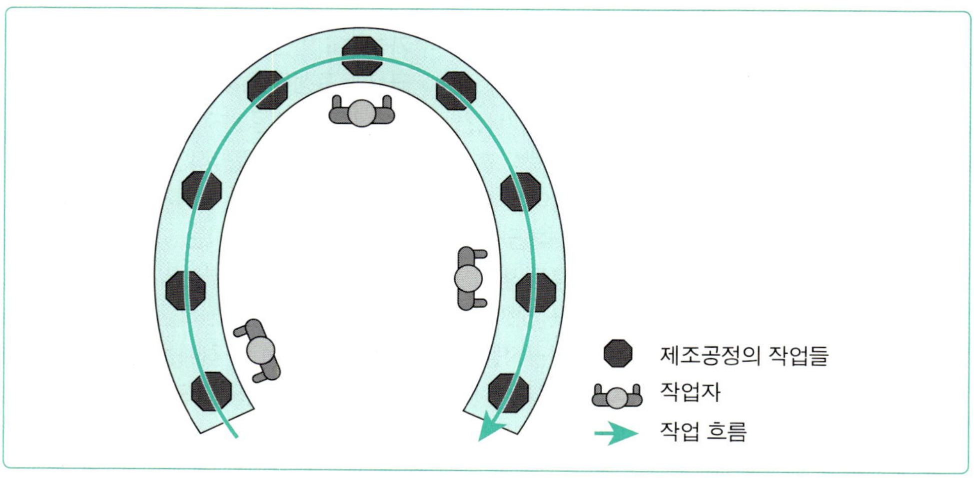

낮아지면 암초가 드러나듯이 재고가 줄면 공급사슬상의 조직들에 존재하는 문제가 노출된다. 문제가 드러나면 해결하여 제품의 가치를 향상할 수 있으며 시스템은 재고투자액을 낮추고도 더 효율적으로 운영할 수 있다. 예를 들면, 구매품목의 안전재고 수준을 낮추면 공급자가 제때에 납품하지 못할 경우 품절과 생산 중단이 발생한다. 이때 기업은 공급자와 함께 납기 문제 해결방안을 찾든가 아니면 더 나은 공급자를 찾아야 한다. 어느 쪽이든 공급사슬은 결과적으로 더 적은 재고로 더 원활하게 운영되게 된다. 이것은 기계에도 똑같이 적용될 수 있다. 기계는 적절하게 유지관리되면 고장이 적게 나므로 그 다음의 기계에서는 앞 기계의 고장으로 인한 일감 중단에 대비하여 유지하는 안전재고를 줄일 수 있다.

재고를 줄이는 다른 한 방법은 주문량이나 생산 로트의 크기를 줄이는 것이다. 〈그림 8-2〉가 이 점을 도식적으로 설명한다. 예를 들어 사용량이 변하지 않는다면, 주문량과 생산 로트의 크기를 절반으로 줄이면 평균 재고도 절반으로 줄어든다. 하지만 불행하게도 이것은 동시에 더 잦은 주문을 의미하여 연간 주문비용을 증가시킬 가능성이 있다. 그러므로 주문비용을 줄여야 하며 이것은 2장에서 논의한 바와 같이 구매 프로세스를 단순화하거나 자동화하여 달성할 수 있다.

생산 로트의 크기를 줄임에 따라 셋업 횟수가 늘어나고, 생산 **장비를 셋업**(equipment setups)하는 동안에는 그 장비가 생산활동을 할 수 없으므로 셋업 횟수를 늘리려면 셋업타임을 줄이는 방법을 찾아야 한다. 장비의 셋업타임을 줄이는 방법에는 여러 가지가 있는데, 그 장비가 생산을 하는 중에 다음 로트 생산에 필요한 셋업을 준비한다든지, 각종 필요한 도구를 장비와 가까운 곳에 비치하거나 절삭공구나 금형의 장탈착 방법을 개선한다든지, 셋업 절차를 표준화하고 셋업타임의 절약을 위한 여러 가지 방법을 연습한다든지, 셋업타임이 적

〈그림 8-2〉 주문량 혹은 생산 로트의 크기와 평균 재고량 사이의 관계

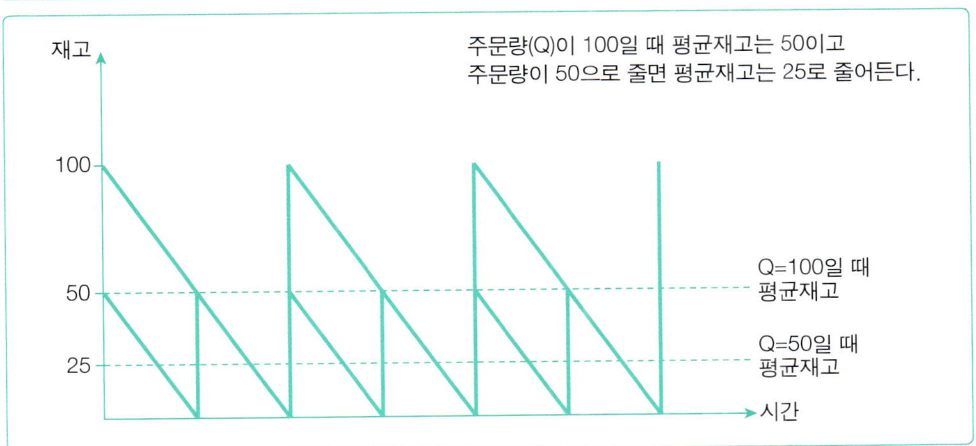

게 드는 장비를 구입하는 등의 방안을 들 수 있다.

끝으로 일단 재고가 줄어들고 작업의 흐름을 방해하는 문제점들이 발견되어 해결되면, 기업은 재고를 더욱 줄일 수 있으며 이를 통하여 아직 발견하지 못한 다른 문제를 발견하고 해결한다. 이 과정이 반복될 때마다 기업은 더 린 해져 사이클타임이 단축되고 운영 비용이 낮아지며 제품의 품질은 높아진다.

소로트 생산 스케줄링

우수한 공급자들로부터 자재와 부품을 조금씩 자주 구매하면서 셋업을 자주 하여 제품을 소량으로 생산하는 방식이 좋은 줄은 알지만 이것을 달성하기란 말처럼 쉽지 않다. 이를 시도했다가 실패한 기업이 많이 있다. 린생산에 따르는 문제들을 해결하지 못하여 결국 재고 수준과 생산 로트의 크기를 도로 올리고 말았다. 하지만 린생산을 달성하기 위해서는 전 생산 프로세스 및 외부 공급자와 협력을 통한 소로트 평준화 생산 스케줄이 반드시 필요하다.

소로트 생산 스케줄링을 하면 원자재·공정재고·완제품 재고가 줄어들어 원가가 낮아질 뿐만 아니라 고객의 다양한 수요를 더 유연하게 충족할 수 있다. 〈그림 8-3〉이 이를 도식적으로 보여준다. 짧은 셋업타임이 짧고 소로트 생산방식을 취하는 기업은 제품을 9회 바꾸는 동안 셋업타임이 길고 대로트 생산방식을 채택한 기업은 제품을 3회만 바꿀 뿐만 아니라 제품 D는 아예 생산을 못 한다. 미리 정해진 평준화된 소로트 생산 스케줄을 유지하면 공급자들도 그 스케줄에 따라서 생산계획과 납품계획을 세울 수 있어서 결과적으로 납기지연을 줄일 수 있다. 예를 들어 위스콘신주에 있는 울러 프리시전(Woller Precision)은 알루미늄 소재를 이용하여 상업용 항공기 내부의 좌석이나 긴 의자 그리고 식탁 등과 같은 부품을 소량으로 생산하는 업체이다. 이 기업은 의료용 및 방위 산업용을 부품도 제작한다. 울

〈그림 8-3〉 생산 로트 크기가 작으면 유연성이 증가한다

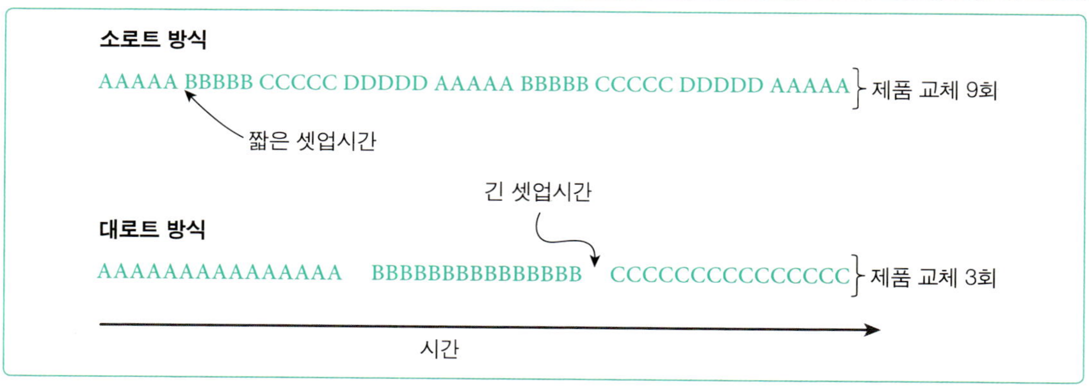

러 프리시전은 자동화 공정에 대규모 투자하여 생산 준비시간을 단축시키고 기업의 생산 흐름을 통제하고 있다. 고객은 계속해서 더 낮은 가격을 원하기 때문에, 기업이 부품 비용을 절감할 수 있는 유일한 방법은 로트 크기를 줄이고 재고를 감축하는 것이다. 고객이 최종 주문을 하기 전까지 재고에 기업의 자금을 묶어 놓는 큰 로트의 생산방식은 점차 사라지고 있다. 울러 프리시전은 자동화된 가공셀에서 부품을 신속하게 생산하는 방식을 통해 완성품 재고와 재공품 재고를 줄이고 있다. "5년 전까지만 해도 두 달 정도의 재고를 선반에 쌓아 놓는 데 문제가 없었다. 그러나 이제 고객은 짧은 리드타임을 요구하고 있으며, 빠른 속도와 고품질의 제품을 요구한다. 우리는 자동화된 수평적 기계 시스템을 통해 50%의 재공품 재고를 감축시켰으며, 가공셀은 부품을 신속하게 생산할 수 있어, 더 이상 원자재나 추가 부품에 기업의 유동 자금을 묶어 놓을 필요가 없다." 울러 프리시전의 애론 울러(Aaron Woller) 사장의 말이다.[30]

린생산시설에서 소규모 로트 이동은 종종 **칸반**(kanban)을 사용하여 수행된다. 일본에서 칸반이란 단어는 몇 가지 의미를 지닌다. 상점의 간판 혹은 옥외 광고판을 가리키기도 하고 옛날에는 사무라이를 섬기는 하인들이 자신이 속한 집단이나 영주의 명에 따라서 움직인다는 사실을 보이기 위해 착용한 제복을 나타내기도 했다. 다이이치 오노와 함께 일했던 전직 도요타 관리자 치히로 나카오의 기억에 의하면 도요타에서 칸반이란 단어가 사용된 유래는 다음과 같다. 어떤 작업자가 안전재고를 확보하려고 당장 필요하지도 않은 자재를 앞 단계 작업장에서 미리 가져오려고 하는 순간을, 확실하지는 않지만 추정컨대, 오노가 포착했다. 오노는 그 작업자를 불러 세워서 호통을 쳤다. "자넨 도대체 어디에서 온 누구인가! 도대체 자네가 뭔데 이 자재를 가져갈 권리가 있다고 생각하는가! 자네의 칸반을 좀 보여주게!"[31] 여기서 칸반에 대하여 오늘날 사용하는 '허가증' 또는 '권한'이란 정의가 유래되었다. 린생산시설에서는 단순히 신호를 의미한다.

한 제조셀에서 자재나 부품이 필요하면 칸반을 사용하여 그것을 공급하는 상류 제조셀이나 가공부서 또는 외부 공급자에게 신호를 보낸다. 이런 방식으로 하류의 요구가 있기 전에는 상류에서는 아무것도 내려 보내지 않는다. 이 때문에 린 시스템을 **풀 시스템**(pull system)이라고 부른다. 원칙적으로 부품은 표준 용기에 담으며 각 용기마다 칸반이 배정된다. 〈그림 8-4〉는 칸반 풀 시스템의 작동 원리를 시각적으로 설명한다. 작업셀 B에서 완성된 부품이 최종 조립라인으로 투입되면 다음과 같은 절차가 집행된다.

1. 작업셀 B의 출고 장소에 있는 용기가 비워지고 **생산칸반**(production kanban)(예를 들어 전등, 깃발, 신호)을 사용하여 작업셀 B에게 부품을 더 생산하여 출고 장소에 있는 부품 용기를 채우라고 신호를 보낸다.
2. 이 단계에서, 작업셀 B의 입고 장소로부터 가공 장소로 부품을 옮기고, 부품을 담고 있

〈그림 8-4〉 칸반 풀 시스템

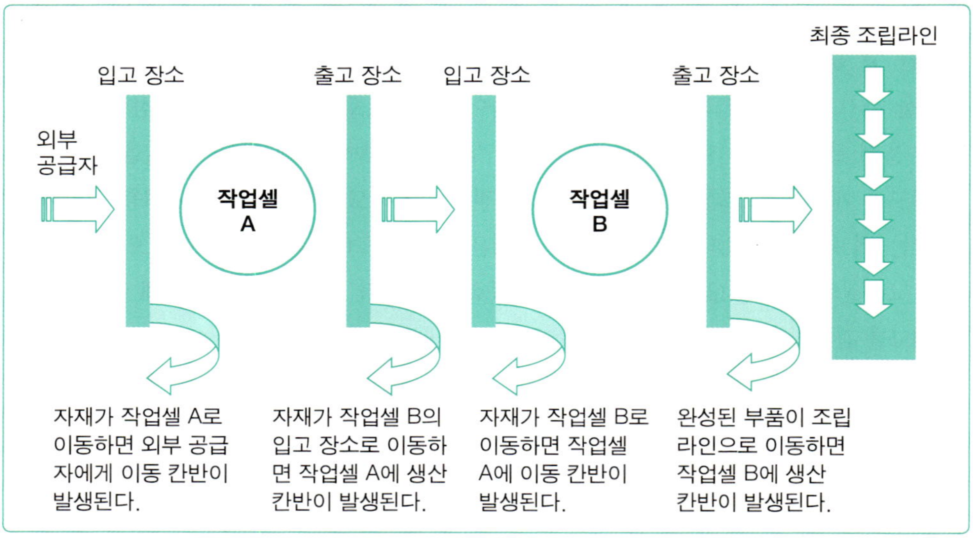

던 용기가 비면, 인출칸반을 사용하여 작업셀 A에게 부품이 더 필요하다고 알린다. 이렇게 하여 작업셀 A의 출고 장소로부터 작업셀 B의 입고 장소로 부품이 담긴 용기를 옮기는 일이 허가되고, 그 부품들이 다 사용되어 비게 된 용기는 작업셀 A의 출고장소로 옮겨진다.

3. 이런 이동에 일어나면, 생산칸반을 사용하여 작업셀 A에게 출고장소에 있는 빈 용기를 새로이 생산된 부품으로 채우기 위해 생산을 시작하도록 허가한다.
4. 마지막으로, 작업셀 A에서 가공이 진행되면서 작업셀 A의 입고장소의 용기들은 그 속에 담겨 있던 부품이 소진되면 비게 되고 이들 빈 용기는 인출칸반을 생성하고 이것을 외부 공급자들이 보고 그 빈 용기들을 부품으로 채운다.

이를 보면 칸반은 생산시설 전반에 걸쳐 재고의 흐름을 통제하는 데 사용됨을 알 수 있다. 각 용기에는 담을 수 있는 수량이 미리 정해져 있어서 이를 초과하여 담을 수 없으며 일정 기간 사용할 수 있는 용기의 수도 미리 정해진다. 따라서 생산시설 내에 있는 총재고는 용기의 용량에 용기의 수를 곱한 수량을 초과할 수 없다. 모든 용기가 차면 생산칸반이 제시될 때까지 생산이 중단된다.

JIT 생산 시스템에서 필요한 용기의 숫자는 다음과 같이 간단한 식을 사용하여 계산할 수 있다.

$$\text{용기의 수} = \frac{DT(1+S)}{C}$$

여기서, D = 조립라인의 생산 수요

T = 한 용기가 1회전하는 데 걸리는 시간. 즉, 용기를 부품으로 채우고, 이동하고, 부품을 소진하여 비우고, 다시 채우기 위하여 원래 장소로 옮기기까지 걸리는 시간

C = 용기의 용량(부품의 수)

S = 안전재고율(0~100%)

〈예제 8-1〉 칸반시스템에서 용기 숫자의 계산

메이자(Majza Mejza Manufacturing)사는 작업셀 B에서 부품 1을 생산한다. 이 부품에 대한 조립라인의 수요는 시간당 20개이며, 여기서 사용되는 표준 용기는 부품 1을 5개 포함할 수 있다. 또한 용기가 작업셀 B에서 조립라인으로 갔다가 돌아오는 데 2시간 걸리고 시스템 내에 부품 1을 10% 정도 여유 있게 유지하기를 바란다고 가정할 때, 이 시스템에서 필요한 용기 수는 다음 계산과 같다.

풀이

$$\text{용기 수} = \frac{DT(1+S)}{C} = \frac{20\text{개(시간당)} \times 2\text{시간}(1+0.1)}{5\text{개}} = 8.8 \rightarrow 9$$

이 시스템의 최대 재고량은 용기의 수(9)에 용기의 용량(5)을 곱한 값 45이다.

〈예제 8-1〉에서 언급된 바와 같이, 린생산의 한 가지 목표인 재고감축을 달성하려면 용기의 수를 줄이면 된다. 물론 이렇게 하면 용기의 순환 시간도 줄여야 수요를 충족할 수 있다. 이것은 셋업타임, 작업시간, 대기시간, 또는 이동시간을 줄이거나, 또는 이러한 요인들의 조합을 통해 달성된다.

지속적 개선

이미 간접적으로 언급했듯이 린 시스템은 결코 완벽해질 수 없다. 공간을 적게 차지하도록 생산시설을 배치하여 작업이 순서에 따라 신속하게 흐르도록 한다. 재고는 공급자의 운반 차량에서 곧바로 공장의 작업 현장으로 배달되어 정해진 용기에 담겨서 지정된 작업셀의 저장공간에 놓인다.

구매 주문 로트와 생산 로트가 작다. 이 시스템에서는 특히, 최소한 초기에는 공급자들은 빈번하게 정시에 납품하느라고 애쓰고 작업자는 셋업이 더 잦아짐에 따라 시간을 더 많이 까먹으면서도 생산성을 유지하기 위해 애쓰는 가운데 문제들이 노출된다. 린 시스템을 더 잘 운영하기 위해 종업원은 공급자의 납기 및 품질 문제를 줄이기 위한 방법을 지속적으로 찾고 생산 현장에서는 자재의 이동과 관련한 문제, 가시성 문제, 기계 고장 문제, 셋업 문

제, 그리고 내부 품질 문제를 해결하기 위한 방법을 모색한다. 일본에서는 이를 **카이젠**(kaizen, 改善)이라고 한다. 카이젠을 문자 그대로 해석하면 '좋은 변화'를 의미한다. 일부 기업은 기업 내 빠르고 혁신적인 개선을 달성하기 위한 대대적인 카이젠 작전으로 알려져 있으나, 그러나 대부분의 카이젠 개선은 창의성을 강조한 개별적인 작은 부분으로부터 시작된다.

품질 향상은 린 시스템에서 언제나 수행되는 지속적 개선 노력의 일부이다. 예를 들어 외부 공급자나 내부 작업셀로부터 받은 제품이 설계 요구사항을 충족하지 못하면 아예 아무 것도 받지 않은 것이나 다름없다. 이런 일이 벌어지면 린생산에서는 안전재고 수준을 낮게 유지하기 때문에 이런 공급에 의존하는 제조셀은 신속하게 공정재고가 고갈되어 작업을 계속할 수 없게 된다. 그러므로 안전재고와 공정재고를 낮게 유지하면서도 수요를 충족하려면 전 생산 시스템에 걸쳐 품질 수준이 높아야 한다. 다음 절에서 품질과 지속적 개선에 대한 논의를 계속한다.

작업자 몰입

린 시스템의 성공은 낭비 제거와 지속적 개선에 달려 있다고 해도 과언이 아니므로 종업원들이 적극적으로 참여하고 헌신적인 태도로 중요한 역할을 수행해야 한다. 경영자들은 종업원들에게 공정의 문제를 파악하고 해결책을 구현하는 데 필요한 기술·도구·시간 그리고 기타 필요한 자원을 제공하면서 린생산 노력에 지원을 아끼지 말아야 한다. 경영자들은 회사에 문제가 있으면 그것에 대한 종업원들의 발언이 권장되는 조직문화를 만들어야 한다. 조지아에 소재한 UTC는 종업원 교육에 막대한 투자를 하고 있다. 이 기업은 학사 및 석사 학위를 취득하는 모든 종업원의 학비를 지원하고 있다. 아테네 공장의 인사 관리자인 에밀리 미셀바흐(Emily Michelbach)는 "UTC의 목표는 세계에서 가장 높은 교육 수준의 인력을 확보하는 것"이라고 설명했다. UTC는 기업 차원에서 현재까지 교육 프로그램에 10억 달러 이상을 지출했다.[32]

린 제조 시스템에서 종업원들은 여러 생산 프로세스에 대하여 교차훈련을 받으므로 기계의 고장이나 작업자의 결근으로 인하여 필요하다면 다른 작업셀에 투입될 수 있다. 그들은 근무시간 중에 셋업타임을 단축하거나 문제가 발생하면 그것을 해결하는 데 시간을 쓸 수 있다. 종업원들은 또한 각자의 작업셀로 들어오는 부품의 품질을 확인하는 일도 한다. 작업자는 품질 문제를 발견하면 그 원인을 찾아내고 조치하기까지 생산을 중단할 권한도 있다. 린 기업에 근무하는 대부분의 종업원은 자신의 일을 즐긴다. 그들은 여러 가지 책임을 지며 성공적인 린 조직의 가장 중요한 일부로 대우받는다.

린 시스템과 환경

4장에서 윤리적이며 지속 가능한 구매란 주제를 소개했으며 공급사슬관리에서 그것의 중요성에 대해 논의한 바 있다. 린 시스템은 기업 및 전체 공급사슬 차원에서 낭비 제거에 궁극적으로 관심이 있으므로 린 시스템과 환경지속성 사이의 연관성은 분명하다.

린생산이 환경 관련 성과에 미치는 긍정적인 영향을 깨달은 조직이 많이 있다. 린생산 방식을 채택하면 낭비와 환경경영 비용이 감소하고 또한 환경 관련 성과의 개선으로 이어진다. 더욱이 린 시스템을 채택한 기업들이 첨단 환경경영 시스템을 도입할 가능성이 높아지고 이렇게 되면 결과적으로 환경 관련 성과는 더욱 개선된다. 킹(King) 교수와 레녹스(Lennox) 교수는 수천 개 기업의 1990년대 초반 성과를 연구한 결과 린생산과 환경지속성 사이의 이와 같은 관계를 지지하는 매우 강한 증거를 발견했다. 이들은 재고를 최소화하고 품질 표준을 채택한 기업들이 공해 방지를 실천하고 독성 화학 물질의 배출을 줄일 가능성이 높은 경향도 발견했다.[33]

이외에도 예는 수없이 많다. 다수의 친환경 인증 건물은 건물의 설계 단계에서 린 방식을 이용하고 있다. 아이오와에 있는 록웰 콜린스(Rockwell Collins)는 2009년부터 탄소 배출량을 줄이기 위해 린 프로그램을 사용하였다. 이 프로그램은 2014년까지 15%의 탄소 배출량 감축을 목표로 하였으나, 궁극적으로는 3%의 초과 목표를 달성하였다.[34]

지금까지 살펴본 바와 같이 린 프로세스를 만드는 일은 성공적인 공급사슬관리에 꼭 필요한 요소이다. 이와 마찬가지로 중요한 요소로 지속적인 품질개선 관행이 있다. 이런 관행의 가장 좋은 예가 바로 식스시그마 품질(Six Sigma Quality)이다. 식스시그마 품질이란 개념, 그리고 그것과 린생산 사이의 관계에 대해 알아보자.

식스시그마 품질의 유래

식스시그마 품질은 흔히 식스시그마로 간단히 불리기도 하는데 세계적인 통신장비회사 모토로라에서 1987년에 태동했다. 가치를 부가해가는 과정에서 획기적으로 품질을 개선하기 위해 통계학을 토대로 개발된 의사결정 틀이다. 단어의 첫 글자를 대문자로 하여 표기하는 식스시그마(Six Sigma)는 모토로라사의 등록 상표이기도 하다. 1980년대에 미켈 해리(Mikel Harry)라는 모토로라의 수석 엔지니어가 엔지니어들로 팀을 구성하고 통계분석을 사용하여 여러 가지 품질 문제를 해결하는 실험을 했는데 이것이 식스시그마의 기초가 되었다. 같은 회사의 고객서비스 담당 부사장 리차드 슈뢰더(Richard Schroeder)가 해리의 방법을 듣고 그것을 자신의 업무에 적용했다. 곧 두 그룹은 오류와 그로 인한 비용을 크게 줄인 실적들을 잇달아 발표했다. 그러다가 두 사람은 모토로라를 떠나서 식스시그마 아카데미(Six Sigma Academy)를 설립했다. 현재 그 회사는 뉴욕에 있으며 사명을 SSA & Company로 바꾸었다.[35]

식스시그마는 고객을 만족시키기 위한 과정으로 고객의 기대를 충족시킬 수 있는 고객 지향적 품질의 정의이다. 이 정의는 "품질은 고객 만족"이라는 의미에서 미국품질협회(American Society for Quality)의 반향을 일으켰다. 이러한 의미에서 패스트푸드점의 햄버거와 스테이크용 등심이 들어간 샌드위치는 비록 이 두 제품이 서로 맛과 형태가 다름에도 불구하고, 고객의 기대를 충족시킨다면 동일하게 고품질의 제품으로 봐야 한다.

식스시그마란 용어는 완벽한 품질을 향한 의지를 나타낸다. 이 용어는 공정이 통계적으로 통제 상태라고 가정할 때 표본 평균의 99.99966%는 실제 공정 평균에서 위로 4.5표준편차 벗어나 그어진 관리한계 아래에 속함을 가리킨다. 이것은 공정 불량률이 겨우 0.00034%, 즉 백만 번 측정할 때마다 평균 3.4회만 관리한계를 벗어날 정도로 완벽에 매우 가까운 공정을 의미한다. 이 설명을 들으면 이 방법은 4.5시그마라고 불리는 것이 마땅한 것처럼 생각된다. 이 두 숫자 사이의 차이인 1.5시그마는 많은 토론을 불러 일으켰으며 **시그마 이동**(sigma drift)[36]이라는 약간 혼동스러운 용어로 불린다. 시그마 이동이란 용어는 공정의 측정값이 설계 목표치를 벗어나면서 공정 변동이 커진다고 가정한다. 실제로는 프로세스 평균이 1.5표준편차나 바뀌면 품질 관리도에서 감지되고 개선활동을 통해 공정을 원래의 목표 수준으로 되돌린다. 〈표 8-4〉는 식스시그마 방법을 쓸 때 몇 가지 시그마 수준에서 **백만 번의 기회 중 불량 횟수**(defects per million opportunities: DPMO)를 나타낸다.

그러나 식스시그마 개념의 내용은 통계학이 전부는 아니다. 그것은 **전사적품질경영**(Total Quality Management)의 개념과 원칙, 고객 중심, 성과측정, 공식적인 품질관리 교육과 훈련 등을

〈표 8-4〉 식스시그마 주요 수치

평균으로부터의 거리	양품률 (%)	DPMO
2	69.15	308,537
2.5	84.13	158,686
3	93.32	66,807
3.5	97.73	22,750
4	99.38	6,210
4.5	99.865	1,350
5	99.977	233
5.5	99.9968	32
6	99.99966	3.4

주: 표준편차는 1.5s의 유동을 포함한다.

포함하는 보다 폭넓은 품질개선 전략이다. 식스시그마는 오히려 최고경영자에서 현장 근로자 및 일선 서비스 요원까지 모두 품질의 개선과 평가에 참여하는 조직문화의 체현이다. 식스시그마는 본질적으로 선응적이며 문제가 나타날 때마다 시간과 비용을 들이면서 프로세스를 조금씩 바꾸거나 땜질하기보다는 문제의 뿌리를 뽑아 다시는 되풀이되지 않도록 하려고 한다. 식스시그마에서는 프로세스의 변동으로 인하여 생산이나 고객 만족에 차질을 빚는 일이 발생하기 전에 그러한 문제의 근원을 찾아내어 고친다.

이제 초기에 식스시그마를 도입한 허니웰Honeywell, 제너럴 일렉트릭General Electric (GE), 다우 케미컬Dow Chemical 등과 같은 기업들 외에도 많은 기업이 식스시그마를 도입했다. 1999년에는 포드자동차가 미국 자동차업체 가운데 최초로 식스시그마 전략을 채택했다. 자동차 생산 과정은 식스시그마 사고의 필요성을 보여주는 더할 나위 없이 좋은 예이다. 자동차 한 대에는 **불량이 발생할 기회**(opportunities for a defect to occur: OFD)가 대략 2만 가지나 되므로 자동차 회사가 5.5시그마 수준(32 DPMO)에서 생산활동을 한다고 가정하면 차량 2대마다 한 건의 불량이 발생하는 셈이다. 식스시그마 수준으로 품질을 개선하면 차량 15대당 한 건의 불량이 발생함을 의미한다. DPMO는 다음 공식을 사용하여 계산할 수 있다.

$$\text{DPMO} = \frac{\text{불량 건수}}{(\text{생산단위당 OFD})(\text{생산량})} \times 1{,}000{,}000$$

〈예제 8-2〉는 DPMO 계산과 〈표 8-4〉의 식스시그마 DPMO 척도의 사용을 보여준다.

〈예제 8-2〉 블레이크스터 스피디 피자의 DPMO 계산

배달전문 피자가게 블레이크스터 스피디 피자의 주인 블레이크는 고객불만을 면밀히 주시하고 있다. 배달과 관련된 불만의 원인으로는 지연과 식은 피자나 주문과 다른 피자를 배달하는 것이다. 블레이크는 매주 총 배달 건 대비 배달 불량 비율을 구하여 자기 가게의 식스시그마 품질 수준을 계산한다. 지난 주에 이 가게는 총 620개 피자를 배달했다. 그중 배달 지연이 16건, 식은 피자가 배달된 경우는 19건, 그리고 엉뚱한 피자가 배달된 경우가 5건 있었다.

가게의 DPMO는 다음과 같다.

$$\text{DPMO} = \frac{\text{불량 건수}}{(\text{OFD/생산단위})(\text{생산량})} \times 1{,}000{,}000$$

$$= \frac{40}{(3)(620)} \times 1{,}000{,}000 = 21{,}505 \text{ DPMO}$$

〈표 8-4〉를 보면 이 가게의 품질 수준은 3.5시그마보다 조금 더 낫다고 판단할 수 있다.

프로세스 개선으로 원가 절감과 매출 증대를 이루기 위해 식스시그마 프로그램을 사용하는 기업이 점차 늘어나고 있다. 실제로 모토로라는 1986년부터 2001년까지 160억 달러의 원가를 절감했으며, 또한 GE는 1996년부터 1999년까지 44억 달러를, 허니웰은 1998년부터 2000년까지 18억 달러의 원가를 절감했다. 최근 인디애나에 본사를 둔 트럭 트레일러 제조업체인 와바시 내셔널(Wabash National)은 식스시그마를 이용해 2016년에 202.5백만 달러의 영업이익을 달성했으며, 이는 전년 대비 12% 증가된 수치이다. 또한 5년 연속 사상 최대의 영업 실적을 달성했다.[37] 이런 결과는 고객의 요구사항을 파악하고 발생 가능한 모든 실수나 불량을 찾아 식스시그마 품질 기준에 따라 성과를 평가하고 필요한 조치를 취하면 성취할 수 있다. 사업의 전략적 목표를 달성하고 제품이나 서비스의 변동을 최적 수준으로 줄여 고객을 만족시키는 제품이나 서비스를 생산하는 프로젝트가 성공적인 프로젝트이다.

과거의 중국이나 인도와 같은 국가들은 낮은 인건비로 인하여 경쟁에서 우위를 점할 수 있었다. 그러나 오늘날 이들 국가의 기업들은 글로벌 시장에서 보다 나은 경쟁우위를 점하기 위해 품질관리에 역점을 두고 있다. 예를 들어 중국의 국가표준원은 2012년 식스시그마 실행 표준을 개발했다.[38] 2012년에 독일, 프랑스, 스칸디나비아, 미국, 캐나다, 인도, 중국의 제조업체를 대상으로 한 설문조사 결과에 의하면, 이들 기업의 약 47%가 식스시그마 프로그램을 시작했고, 43%는 무결점 프로그램을 시작했으며 또한 약 83%는 지속적인 개선 프로그램을 사용하고 있는 것으로 조사되었다. 또한 대다수 기업은 이러한 프로그램의 결과에 매우 만족해하고 있다.[39] 인도 뭄바이의 다바왈라(dabbawala)(다바왈라는 "상자를 운반하는 사람"을 의미한다) 사례는 주목할 만하다. 다바왈라는 주로 뭄바이 주민들의 가정에서 갓 만들어낸 음식물을 상자에 담아 월 단위로 적은 요금을 받고 사무실로 배달한다. 5,000명의 다바왈라는 자전거, 버스, 기차만을 이용해 하루에 20만 상자를 배달하는데, 이들은 식스시그마에 대한 지식이 전혀 없음에도 불구하고, 99.999999%의 배달 정확도를 보였다. 포브스지는 이러한 사실을 토대로 2001년에 다바왈라에 식스시그마 인증을 수여했다.[40]

그러나 모든 개선 프로그램과 마찬가지로 식스시그마도 사업의 성공을 지속적으로는 물론, 심지어 도입 초기 잠깐 동안도 보장하지는 않는다. 아무리 훌륭한 식스시그마 프로그램도 경영진이 투자나 사업 활동에서 잘못된 결정을 내리거나 변화가 일어나기 어려운 문화를 가진 기업에서는 제대로 작동될 수 없다. 얄궂게도, 식스시그마의 발상지인 모토로라도 수년 동안 재정적으로 어려움을 겪었다. 2009년에 3년 동안 수십억 달러의 손실을 기록한 모토로라는 모토로라 모빌리티와 모토로라 솔루션이라는 두 개의 독립적인 회사로 분리되었다. 2012년에 모토로라 모빌리티는 구글에 인수되었다.[41] 또한 카메라와 필름을 만들던 폴라로이드는 2001년에 파산보호신청을 한 후 회사 명칭과 모든 자산을 일리노이주 소재의 뱅크원코퍼레이션(Bank One Corp)의 자회사에 매각했다.[42]

식스시그마와 린 사고

사실 식스시그마와 린 사고는 비슷한 점이 많다. 린 관행이 성공적으로 수행되려면 외부에서 조달하는 부품과 중간 조립품을 비롯하여 공정재고와 완제품 등 모두가 품질 요구사항을 충족하거나 초과 충족하여야 한다. 또한 린 사고의 요소 중 한 가지는 지속적 개선임을 감안하면 이런 비슷한 점들이 식스시그마 관행이 린 시스템에서 잘 활용될 수 있는 영역이다. 기업은 린 사고와 식스시그마를 동시에 추구하는 경우도 있다.

기업이 장기적으로 성공하려면 궁극적으로 고객서비스를 높게 유지하면서 적절한 가격에 고품질 제품을 제공해야 한다. 공장의 배치를 개선하고 생산 로트의 크기와 셋업타임을 줄이면 제조 리드타임과 재고도 감소할 것이고 원가도 낮아지며 납품 성과도 나아질 것이다. 이런 것들이 린생산 활동이다. 생산공정을 감시하기 위해 통계적 관리도를 사용하고 뛰어난 공급자들과 장기적인 관계를 형성하며, 유통 문제를 줄이는 활동은 식스시그마의 책임이다. 이런 간단한 설명은 기업의 전반적인 성과를 개선하려면 이 두 개념을 어떻게 보완적으로 활용하여야 할지를 기술한다. 린생산의 주 목적은 낭비 감축이고 식스시그마의 주 목적은 품질개선이다.

린식스시그마

린생산과 식스시그마 품질 관행의 융합을 나타내는 용어가 바로 **린식스시그마**(lean Six Sigma) 또는 줄여서 **린식스**(lean Six)이다. 2007년부터 미국 국방부의 린식스시그마 사무소는 330여 개 이상의 린식스시그마 프로젝트를 수행했고, 약 1,000여 명의 관계자를 대상으로 린식스 기술을 교육시켜 새로운 프로젝트를 수행할 수 있도록 했다. 또한, 3만 명 이상의 부서 직원이 린식스 교육을 받았다. 아일랜드에 위치한 애벗 다이그노스틱스 롱포드(Abbott Diagnostics Longford)는 건강관리 관련 제조시설로써, 다양한 린식스시그마 기법을 적용하여 공정을 강화하고, 핵심역량과 운영 효율성을 연계시켰다. 그 결과, 이 시설은 비용과 리드타임, 재고, 에너지 비용 및 폐기물을 획기적으로 절감하였으며, 직원 사기를 향상시킴과 동시에 산출물 증대라는 효과를 가져왔다. 이러한 결과를 기반으로 롱포드는 2015년에 싱고(Shingo) 상을 수상하였다.[44] 위의 SCM PROFILE은 휴스턴시의 린식스시그마에 대해 서술하고 있다.

식스시그마와 공급사슬관리

이제 더 나은 고객서비스, 저원가, 고품질과 같은 공급사슬관리의 목표가 익숙할 것이다. 기업은 경쟁력을 유지하고 높이기 위하여 이런 측면에서 경쟁자보다 더 높은 성과를 내

SCM PROFILE

휴스턴시의 린식스시그마

2011년 휴스턴 시장의 요청에 따라 직원들은 린 식스시그마를 받아들이기 시작했고, 휴스턴시의 재무국장은 린식스시그마팀을 구성했다. 이 도시의 식스시그마 프로그램을 운영하고 있는 마이자 라크(Myja Lark)는 식스시그마를 운영하는 방식의 변화가 필요하다고 말했다. "휴스턴시의 공무원 중에는 종신 재직자가 많은 편인데, 그들은 이곳에 온 지 20~30년이 되었다. 그들은 자신의 직업을 프로세스로 보기보다는 소유물이라고 느끼고 있다. 따라서 우리는 식스시그마의 적용방법뿐만 아니라 그들의 직업에 대한 인식을 바꿀 수 있게 훈련시키고 있다." 라크의 말이다.

식스시그마팀의 첫 번째 프로젝트는 휴스턴의 차량종합관리 부서였다. 이 부서는 ERP 소프트웨어를 사용하여 차량 관련 서비스를 확인하고, 차량의 작업에 대한 송장을 받을 때마다 지불금을 지급하는 형태였는데, 그 처리 과정은 평균 111일이 걸렸다. 공급업자들은 이렇게 길어지는 처리 과정에 항의하며 관련 서비스를 중단하였다. 결국 휴스턴시는 공정 매핑, 리엔지니어링, 낭비 제거 노력을 통해 처리시간을 결국 2.5일로 단축할 수 있었고, 부서 직원을 6명에서 1명으로 줄이는 성과를 달성하였다.

2011년부터 린식스시그마팀은 시각 제어, 칸반시스템 및 기타 도구를 사용하여 24개 이상의 프로젝트를 수행하였다. 재무부 부국장 제시 바운스(Jesse Bounds)는 "우리는 이러한 프로젝트를 통해 약 2,500만 달러의 증분수익 또는 비용 절감을 추산할 수 있으며, 그중 상당 부분은 수취 채권과 회수 과정에서 나왔다. 또한 우리는 약 300만 달러에서 400만 달러 정도의 린식스시그마 프로젝트를 가지고 있고, 추가 인력을 고용하지 않은 직접 효과로 약 100만 달러의 비용 절감을 경험했다."고 말했다.

휴스턴시는 린식스시그마 계획을 실행한 이후 52명의 직원이 그린벨트 교육을 받았으며, 이들 대부분은 마스터블랙벨트 인증을 받기 위해 노력하고 있다. 또한 휴스턴시의 모든 운영 부서에 약 1,000명 이상의 직원은 옐로우벨트 교육을 받고 있다. 제시 바운스는 "우리는 멘토링 역할을 하지만, 교육 훈련을 받고 성공하는 것은 직원들에게 달려 있다. 그리고 직원들은 경영진의 도움을 받아 교육받는 데 필요한 충분한 시간을 확보하고 있다."고 말했다.[43]

야 한다. 프로세스 통합과 소통의 개선을 통하여 전 공급사슬의 거래파트너들은 제품과 서비스의 품질이 열악하면 안전재고의 증가, 제품과 부품 수리로 인한 시간과 생산성 손실, 반환과 하자보수로 인한 비용 증가, 그리고 고객 상실과 평판 악화와 같은 부정적인 연쇄반응이 어떤 식으로 일어나는지 깨닫는다.

품질이 나쁘면 공급사슬에 나쁜 영향이 나타나며 기업의 평판도 훼손된다. 이 점은 완구업체 마텔(Mattel)이 중국산 제품을 팔면서 세계 여러 주요 시장에서 겪었던 문제를 보면 잘 알 수 있다. 2007년 8월 마텔사는 중국산 바비 인형과 폴리 포켓 인형을 비롯한 여러 가지 완구 900만 점을 매장의 선반에서 치워야 했다. 이 사건이 터지기 겨우 2주 전에도 마텔은 피셔프라이스(Fisher-Price) 유아용 완구 150만 개를 폐기했다(피셔프라이스는 유명한 영유아 장난감 회사로 1930에 설립되었으며 1993년에 마텔에 합병되었음—역자 주). 납 성분이 포함된 페인트와 어린이들이 삼킬 수도 있는 조그만 자석을 사용한 것이 문제였다. 실제로 몇몇 아이가 자석을 삼켰으며 건강상 피해를 입었다. 이런 사태로 마텔과 그 공급자들, 소매업체들, 그리고 이 장난감을 가지고 논 아이들이 치른 대가는 매우 비쌌다.[45] 이를 보면, 열악한 품질과 또한 역으로 우수한 품질의 영향은 공급사슬에 참여한 기업뿐만 아니라 궁극적으로는 최종소비자들도 느낀다는 것을 알 수 있다.

식스시그마는 공급자와 종업원 그리고 고객을 포함한 범조직적 철학이다. 그것은 조직이 고객이 원하는 제품과 서비스를 생산하는 데 수월성을 확보하도록 몰입할 것을 강조한다. 식스시그마 프로그램을 실천하는 기업은 고객의 기대를 이해하고 충족시키며 한 걸음 더 나아가 그것을 능가—이것은 모든 식스시그마 프로그램의 최우선 목표이다—하기 위한 결정을 내려왔다. 코네티컷에 본사를 둔 항공기 엔진 제조업체 프랫&휘트니(Pratt & Whitney)는 2020년까지 산출물을 지금의 세 배 이상으로 올린다는 목표를 세우고 2014년부터 제트엔진 생산을 늘려왔다. 그 회사는 구성품과 부품의 약 80%를 공급업체에 의존한다. 이러한 계획의 일환으로 프랫&휘트니는 90개 주요 공급업체와 장기 계약을 체결하기 위해 100억 달러 이상을 투자했으며, 최근에는 운영지원센터를 개소하여 이와 같은 계획을 수행되도록 지원하고 있다. 이 센터는 전 세계적으로 400개 공급업체와 기업 간의 린생산방식과 공급망의 지속적인 개선에 초점을 맞추고 있다. 운영지원센터의 총책임자인 리타 페랄타(Rita Peralta)는 "우리의 목표는 공급사슬에 잠재적인 제약 조건이나 장애가 발생하기 전에 문제를 조기에 파악하고 공급업체와 상호협력하는 것이다."라고 설명한다.[46]

훌륭한 공급사슬 파트너들은 고객의 니즈를 충족하고 공급자들이 업무 수행을 잘 할 수 있도록 보장하기 위해 식스시그마 방법을 사용한다. 이것은 더 나아가 궁극적으로는 최종고객들이 원하는 것을 원하는 때에 기꺼이 수용할 수 있는 가격에 구입할 수 있게 하는 것이다. 식스시그마 프로그램은 일반적으로 조직에 따라 그 세부 사항에는 차이가 있지만 모두 고객 만족을 달성하기 위한 몇 가지 정성적 요소와 계량적 요소를 포함한다. 대부분의 식스시그마 프로그램에서 가장 공통적으로 다루어지는 요소들에 대해서 논의하겠다.

식스시그마의 구성요소

식스시그마의 철학과 도구는 데밍(W. Edwards Deming), 크로스비(Philip Crosby), 쥬란(Joseph Juran)과 같은 여러 품질 전문가의 이론과 기법, 말콤볼드리지 품질 대상(Malcolm Baldrige National Quality Award), 국제표준기구(International Organization for Standardization)의 ISO 9000 및 14000 계열 표준들, 모토로라와 제너럴일렉트릭의 식스시그마 기법, 그리고 슈하르트(Walter Shewhart)가 개발한 통계적 공정관리(statistical process control: SPC) 등에서 빌려왔다. 이런 자료들을 종합하면 공통적으로 언급

되는 내용이 있는데 이것을 묶어서 식스시그마라고 부른다. 품질에 관한 몇 가지 원천적인 자료에 대해 논의한 다음 식스시그마의 정성적 요소와 계량적 요소들에 대해 간단히 살펴보자.

데밍의 공헌

데밍의 저서 「위기탈출(Out of the Crisis)」의 근본적인 내용은, 조직이 제 기능을 하도록 시스템을 만드는 책임은 경영자의 몫이고 조직의 문제 또한 작업자가 아니라 경영자의 책임이라는 주장이다. 따라서 오로지 경영진만이 도구·자원·격려·몰입을 적절하게 활용하고 조직문화를 바꾸어 문제를 해결할 수 있다. 데밍의 경영이론(Theory of Management)은 전 세계에 널리 보급된 그의 가르침의 핵심이며 〈표 8-5〉에 제시된 14 경영요점(Fourteen Points for Management)도 포함하고 있다.[47] (데밍은 1993년에 세상을 떠났다.)

데밍의 14 경영요점은 모두 식스시그마의 원리와 관련이 있으며 식스시그마 품질의 정량적 측면뿐만 아니라 정성적 측면도 포함한다. 그는 품질이 개인과 조직의 성장을 목표로 하는 포괄적인 철학의 결과라고 확신했다. 그는 또한 기업은 모든 종업원과 공급자에게 제시된 최고경영자의 비전·지원·가치를 통하여 성장한다고 주장했다. 가치는 훈련과 장비, 교육을 위한 지속적 투자, 문제의 파악과 해결을 위한 지원, 그리고 조직 내부에서 및 외부와의 팀워크를 통하여 표현된다. 품질 향상을 위해서는 통계적 방법을 사용하고 검사 위주의 품질관리와 가격에 근거한 구매결정을 포기하여야 한다고 설파한다. 오늘날 데밍의 업적은 그가 자신의 원칙과 비전에 대한 이해를 발전시키기 위해 설립한 비영리조직인 데밍연구소(Deming Institute)를 통하여 계승된다. 이 연구소는 데밍의 운영 철학을 사용하고자 하는 경영자들에 토론회와 세미나 그리고 훈련 자료들을 제공한다.[48]

크로스비의 공헌

크로스비는 뉴욕 주 소재 제조업체인 ITT의 품질 담당 부사장을 역임한 후 인생의 후반기에 매우 인기 있는 품질관리 컨설턴트로 활약했다. (그는 2001년에 작고했다). 그는 품질과 무결점(zero defects) 운동에 관하여 여러 권의 책도 썼는데 그중 유명한 것은 「품질은 공짜다(Quality Is Free)」와 「눈물 없는 품질(Quality without Tears)」이다.[49] 「품질은 공짜다」에서 논의한 바와 같이 그는 품질개선 프로그램에 투자하면 반드시 그 이상의 득을 보게 됨을 알게 되었다. 그는 「눈물 없는 품질」에서 자신의 '품질에 관한 네 가지 절대 명제'(표 8-6)에 대하여 논의했다. IBM과 GM 등과 같은 대기업이 크로스비의 아이디어를 실천하여 크게 득을 보았다. 크로스비도 데밍처럼 품질을 향한 경영진의 몰입, 불량 예방 시스템의 개발, 종업원 교육 및 훈련, 그리고 끊임없는 품질 평가를 강조했다.

〈표 8-5〉 데밍의 14 경영요점

1. 흔들리지 않는 제품·서비스 개선 목적을 세워라.	경영자와 종업원들에게 장기적인 방향을 제시할 가치·사명·비전을 정하고 혁신·훈련·연구에 투자하라.
2. 새로운 철학을 채택하라.	경영자와 근로자 간의 적대적 관계와 일감 할당량 제도는 오늘날의 경영환경에서는 더 이상 통하지 않는다. 경영자는 고객 만족과 품질향상을 목적으로 한 협력적 관계를 형성하기 위해 노력해야 한다.
3. 검사에 의존하는 품질향상 관행은 그만두라.	검사는 가치를 창조하지도 않고 열악한 품질을 막을 수도 없다. 작업자들은 품질 향상을 위하여 통계적공정관리를 사용해야 한다.
4. 가격을 기준으로 공급자를 선정하는 구매 관행을 버려라.	가격을 근거로 구매해서는 안 된다. 구매자는 소수의 우수한 공급자들과 장기적인 관계를 형성하여야 한다.
5. 생산·서비스 시스템을 끊임없이 개선하라.	지속적이고 점진적으로 개선하여 변동을 줄이고 공통원인을 제거하면 상당한 품질향상이 나타난다.
6. 업무 훈련을 제도화하라.	종업원은 충분한 직무 훈련과 통계적공정관리 훈련을 받아야 한다.
7. 리더십을 확립하라.	경영자는 리더이지 감독관이 아니다. 경영자는 종업원을 돕고 코치·격려·안내한다.
8. 두려움을 몰아내어 스스로 효과적으로 일하게 하라.	종업원을 지원하는 조직은 징계·실패·변화·불확실성과 통제력 상실에 대한 두려움을 몰아낸다. 두려움은 근시안적 사고를 낳는다.
9. 부서 간 장벽을 허물어라.	작업자는 팀워크를 통하여 업무에 집중하고 부서 간 장벽을 허물며 큰 그림을 볼 수 있다.
10. 작업자를 상대로 한 구호·강권·목표를 제거하라.	구호와 동기유발 프로그램은 작업자를 향하고 있지만 작업자가 열악한 품질의 원인이 아니다. 구호의 효과가 없으면 이런 것들은 작업자를 좌절시킨다.
11. 할당량과 목표경영제를 리더십으로 대체하라.	할당량은 단기적 사고이며 두려움을 야기한다. 구체적 수량 목표는 그것을 달성하게 하는 방법이 없으면 아무런 소용이 없다.
12. 자기의 일솜씨에 대한 긍지를 가로막는 장애를 제거하라.	작업자에게 적절한 도구도 없이 따분한 업무를 주고는 그 업무에 대하여 아무것도 모르는 감독이 업적 평가를 하는 경우가 너무나 흔하다.
13. 활기찬 교육 및 자기발전 프로그램을 제도화하라.	모든 직원들이 지속적인 교육을 통하여 자신의 재능을 넓히도록 격려하라.
14. 모든 사람이 변혁을 이루기 위하여 노력하도록 하라.	경영자는 전통과 결별하고 충분한 인원에게 변화는 누구도 피할 수 없다는 사실을 설명할 용기가 있어야 한다. 경영진은 한 목소리로 말하여야 한다.

〈표 8-6〉 크로스비의 품질에 관한 네 가지 절대 명제

1. 품질은 '사양에의 일치(conformance to requirements)'이다.	처음부터 제대로 하자(do-it-right-the-first-time)는 태도를 가져라. 고객에게 불량품을 결코 팔지 마라.
2. 예방이 품질시스템이다.	예방시스템의 일부로 통계적공정관리를 사용하라. 문제가 발생하면 교정조처를 하라. 예방조처를 하라.
3. 성과의 기준은 무결점이다.	공급자와 작업자에게 무결점을 요구하라. 교육·훈련·몰입이 결점을 제거할 것이다.
4. 품질의 척도는 사양 위반의 대가이다.	사양 위반의 대가는 열악한 품질로 인한 비용이다. 예방 프로그램을 시행하면 이것이 제거될 것이다.

쥬란의 공헌

쥬란 연구소(Juran Institute)의 설립자인 쥬란은 1951년 「품질관리 핸드북(Quality Control Handbook)」의 개발과 저술을 도왔으며(지금은 제7판이 출판됨) 이외에도 품질에 관한 책을 여러 권 썼다. 쥬란은 1904년에 태어났으며 2008년 103세의 나이로 작고하기까지 활발하게 강연을 했다. 그는 또한 뉴욕 소재 자신의 쥬란 재단(Juran Foundation)을 관리하고 활발히 저술활동을 했다. 그는 다음과 같은 말을 남겼다. "내 일은 동료 인간을 위한 공헌이었으며 이것은 끝나지 않은 위대한 사업이다."[50]

쥬란도 데밍처럼 1950년대에 시작된 일본의 품질 혁명을 설계하는 데에 도움을 주었다. 크로스비나 데밍과 비슷하게 그도 기업 경영자와 종업원들에게 품질에 대한 새로운 사고를 주입하려고 무척 힘썼지만, 그의 권고는 약간 달랐다. 그는 품질개선의 실천에 인간적 요소를 도입한 사람으로 인정받는다. 쥬란은 변화를 유발하기 위한 방법으로 문화적 변화를 추구하는 대신 시스템 내부에서 직접 활동하는 쪽을 택했다. 그는 경영자들이 귀를 기울이게 하려면 직접적으로 돈과 연결하여 설명하여야 한다고 생각했다. 반면에 작업자의 주의를 끌려면 세부적이고 구체적으로 말해야 한다고 생각했다. 그래서 그는 경영자의 주의를 끌기 위해서는 열악한 품질로 인한 비용을 파악하여야 한다고 말했으며 작업자의 관심을 끌기 위해서는 통계적공정관리 기법을 사용하여야 한다고 주장했다.

쥬란의 권고는 자신이 주창한 품질 삼위일체(Quality Trilogy)에 초점을 맞추고 있다(표 8-7).[51] 그는 여러 기업을 상대하는 과정에서 그들이 품질통제에 치중하고 품질 계획과 개선에 주의를 기울이지 않음을 알게 되었다. 일본과 미국 양국이 1950년 이래 품질통제 기법을 사용하고 있었지만, 일본의 전반적 품질 수준이 미국보다 빠른 속도로 성장한 것도 일본이 품질 계획과 개선에 훨씬 많은 노력을 기울였기 때문이다.

데밍과 크로스비, 쥬란의 품질 철학은 여러 측면에서 상당히 유사하다. 세 사람 모두 최고경영자의 몰입, 지속적 개선, 훈련, 그리고 통계 기법의 사용을 중시한다.

〈표 8-7〉 쥬란의 품질 삼위일체

1. 품질 계획	품질 목표를 달성하기 위하여 준비하는 과정. 내·외부 고객을 파악하여 그들의 니즈를 결정한 후 그 니즈를 만족시킬 제품을 개발하라. 경영자들은 장단기 목표를 세우고, 우선순위를 설정하고, 결과를 이전 계획과 비교하라.
2. 품질 통제	생산 중 품질 목표를 달성하는 과정. 무엇을 통제할지 결정하라. 척도와 표준을 수립하여 성과를 측정하고 실제 측정값과 표준을 비교하여 필요하면 조처하라.
3. 품질개선	전례 없는 성과 수준으로 도약하는 과정. 개선의 필요성을 보여주고, 개선 프로젝트를 발굴하고, 프로젝트를 위한 지원을 계획하고, 원인을 진단하고, 대책을 집행하고, 개선을 유지하는 데 필요한 통제를 할 수 있게 하라.

말콤볼드리지 품질 대상

1987년 8월 20일 미국 의회는 **말콤볼드리지 품질 대상**(U.S. Baldrige Quality Award) 제도를 통과시켰다. 상의 명칭은 레이건 대통령 집권 시 상무장관을 지낸 말콤 볼드리지의 이름에서 땄다. 말콤 볼드리지는 이 상의 제정을 앞두고 로데오 사고로 목숨을 잃었다. 이 상의 제정 취지는 미국 기업의 품질과 생산성 향상을 자극하고, 우수한 품질을 달성한 기업을 치하하고, 개별 기업이 독자적으로 자신의 품질개선 노력을 평가할 수 있도록 기준과 지침을 수립하고, 사례와 본보기를 제공하여 기업이 품질과 생산성을 관리하고 개선하는 데 도움을 주는 것이다.

이 상의 관리는 미국 국립표준기술원(National Institute of Standards and Technology: NIST)이 주관하며 매년 소기업(제조업과 서비스업 불문), 제조업, 서비스업, 교육, 보건 의료, 비영리 분야에 대하여 분야별로 최대 3개 조직에게 대통령이 직접 시상한다. 심사 영역은 리더십, 전략 계획, 고객 및 시장 지향성, 측정 및 분석과 지식 경영, 인적자원 지향성, 프로세스 관리, 성과 등 일곱 가지이다.[52] 〈표 8-8〉은 1988년부터 2016년까지의 수상 조직이다.

〈표 8-8〉 말콤볼드리지 품질 대상 수상 조직(1988–2016)[53]

연도	소기업	제조업	서비스업	교육	의료	비영리
1988	Globe Metallurgical	Motorola; Westinghouse Comm. Nuclear Fuel Div.				
1989		Xerox Bus. Products and Sys; Milliken & Co.				
1990	Wallace Co.	Cadillac Motor Car Co.; IBM Rochester	FedEx Corp.			
1991	Marlow Industries	Solectron Corp.; Zytec Corp.				
1992	Granite Rock Co.	AT&T Network Sys. Group; Texas Instr. Def. Sys. & Electronics Grp.	AT&T Universal Card Svcs.; The Ritz-Carlton Hotel Co.			
1993	Ames Rubber Corp.	Eastman Chemical Co.				
1994	Wainwright Indus.		AT&T Consumer Comm Svcs.; GTE Directories			
1995		Armstrong World Ind. Bldg. Prod. Ops.; Corning Telecomm. Prod. Div.				
1996	Custom Research; Trident Precision Mfg.	ADAC Laboratories	Dana Comm. Credit			
1997		3M Dental Prod. Div.; Solectron	Merrill Lynch Credit; Xerox Business Svcs.			

〈표 8-8〉 말콤볼드리지 품질 대상 수상 조직(1988–2016)[53] 〈계속〉

연도	소기업	제조업	서비스업	교육	의료	비영리
1998	Texas Nameplate	Boeing Airlift and Tanker Programs; Solar Turbines				
1999	Sunny Fresh Foods	STMicroelectronics—Region Americas	BI; The Ritz-Carlton Hotel Co.			
2000	Los Alamos Nat'l. Bank	Dana Corp.—Spicer Drvshft Div.; KARLEE	Operations Mgt. Int'l.			
2001	Pal's Sudden Svc.	Clarke American Checks		Chugach Sch. Dist.; Pearl River Sch. Dist.; Univ. of Wisc.-Stout		
2002	Branch-Smith Printing Div.	Motorola Comm., Gov't., and Indus. Sol. Sector			SSM Health Care	
2003	Stoner	MEDRAD	Boeing Aerospace Support; Caterpillar Financial Svcs. Corp.	Community Consol. Sch. Dist. 15	Baptist Hosp.; St. Luke's Hosp. of Kan. City	
2004	Texas Nameplate	The Bama Companies		K. W. Monfort Coll. of Bus.	R. W. Johnson Univ. Hosp.	
2005	Park Place Lexus	Sunny Fresh Foods	DynMcDermott Petroleum Opns.	Jenks Public Schools; Richland College	Bronson Meth. Hosp.	
2006	MESA Products		Premier		N. Mississippi Medical Center	
2007	PRO-TEC Coating				Mercy Health Sys.; Sharp HealthCare	City of Coral Springs; US Army ARDEC
2008		Cargill Corn Milling		Iredell-Statesville Schools	Poudre Valley Health System	
2009	MidwayUSA	Honeywell Federal Mfg. & Technologies			Heartland Health	VA Cooperative Studies Program
2010	Studer Grp.; Freese and Nichols; K&N Mgt.	MEDRAD; Nestle Purina PetCare		Montgomery Cty. Pub. Sch.	Advocate Good Sam. Hosp.	
2011					Henry Ford Health Sys.; Schneck Med. Ctr.; Southcentral Fndn.	Concordia Publishing House
2012	MESA	Lockheed Missiles and Fire Cont.			N. Miss. Health Svcs.	City of Irving, TX
2013				Pewaukee School District	Sutter Davis Hospital	
2014			PwC-Public Sector		Hill Country Memorial; St. David's HealthCare	Elevations Credit Union
2015	MidwayUSA			Charter School of San Diego	Charleston Area Medical Center Health System	Mid-America Transplant
2016	Momentum Group; Don Chalmers Ford				Memorial Hermann Sugar Land Hospital; Kindred Nursing and Rehab. Center-Mountain Valley	

참가 신청서는 자원 봉사하는 민간 전문가들이 앞에서 제시한 일곱 가지 영역에 대하여 심사한다. 최종 후보 조직들에 대해서는 방문 실사를 하여 재평가하며 이들 중에서 수상 조직이 선정된다. NIST는 개별 조직들이 이 상에 신청하기 전에 NIST에서 신청 안내서를 받아서 그것에 제시된 평가 기준과 평정 지침에 따라 자체적으로 평가해볼 것을 권장한다. 볼드리지상의 평가 기준에 따라 자체 평가 절차를 끝까지 따라가 보면 스스로의 강점과 약점을 파악할 수 있고 여러 가지 품질 및 생산성 개선 활동을 실천하는 데 유익하다. 이 평가 기준을 살펴 보면 식스시그마 철학과 일치하는 영역을 많이 찾을 수 있으며 지금까지 수천 개의 기업들이 신청 안내서를 요청했다.

ISO 9000 및 14000 계열 품질 표준

1946년 25개국의 대표들이 런던에 모여서 '산업표준의 조정과 통일을 진작'할 목적으로 새로운 국제기구를 창설하기로 결정했다. 이 새 기구는 국제표준화기구(International Organization for Standardization: ISO)로 명명되었으며 1947년 2월 23일 활동을 시작했다. 현재 이 기구는 스위스의 제네바에 있으며 회원국의 수는 162개이다.[54]

ISO의 표준은 자발적이며 시장의 요구에 따라서 개발되고 회원국의 만장일치로 결정된다. 이런 방식은 표준의 광범위한 수용을 보장한다. ISO는 각 표준을 5년마다 재심사하여 유지, 개정, 철회 여부를 결정하는데 이 과정에서 기술의 진화와 회원국의 이해를 반영하고 최신 표준의 지위를 유지한다.

ISO 표준은 기술에 대한 합의로서 전 세계적으로 호환되는 기술의 틀을 제시한다. 이와 같은 국제적 규모의 합의를 도출하는 일은 대단한 일이다. 전체적으로 보면 3,000개 정도의 ISO 기술 그룹이 있으며 해마다 대략 5만 명의 전문가가 ISO 표준 개발에 참여한다. 지금까지 ISO는 16,000가지의 국제 표준을 펴냈다. 그 예에는 농업 및 건설, 기계 공학, 의료 장비 등 분야의 표준들과 멀티미디어 응용 기술을 위한 오디오 및 비디오 디지털 코딩과 같은 정보기술의 대한 표준들이 있다.

1987년에 ISO는 국제 품질 표준인 ISO 9000 시리즈를 채택하여 5년마다 개정하고 있다. ISO 9001:2008은 품질관리 시스템의 기준을 규정하고 있으며, 이것은 조직 인증을 취득한 시리즈 중에서 유일한 표준이다. 이 기준은 활동 분야에 상관없이 어떤 조직에서도 사용할 수 있다. 2015년에 170개 이상의 국가에서 100만 개 이상의 기관이 이 인증을 채택하고 있다.[55] 이 표준은 미국 국립표준연구소(ANSI)와 미국품질협회(ASQ)에 의해 미국에서 채택되었다. 전 세계적으로 많은 기업이 ISO 9000 인증을 채택하지 않은 공급업체로부터 구매하지 않고 있다.

ISO 9000의 급진적 채택과 더불어 세계적으로 환경 기준이 증가하면서, ISO는 국제적인 환경경영표준의 제정 필요성을 인식했다. 이에 따라 1991년에 환경경영표준에 관한 자문단을 구성하였고, 이를 계기로 1997년에 국제 환경경영표준과 ISO14000 시리즈가 채택되었다. ISO 14001:2004는 일반적으로 환경경영과 관련한 기준을 제정하고 이런 인증 업무를 수행하는 조직의 인증요건을 다룬다. ISO14000 시리즈 가운데 가장 최근에 채택된 ISO14006 기준은 친환경적 설계 표준을 제공하고, ISO 14031은 환경성과 평가 수행의 단계와 절차를 제공한다. 또한 ISO14064 표준은 온실가스 회계와 입증을 다루고 있다.

ISO9000 시리즈와 ISO14000 시리즈의 인증을 합하면 이 두 시리즈의 표준은 ISO 표준 중 가장 널리 사용되는데, 175개국의 100만 개 이상의 조직이 이들 중 하나 또는 두 가지 모두에 대해서 인증을 받았다. ISO9000 시리즈와 ISO14000 시리즈를 이렇게 광범위하게 수용되게 한 표준들은 어떤 형태의 조직에게나 적용할 수 있는 '보편적인 경영 시스템 표준'들이다. '보편적'이라는 말은 또한 어떤 조직이 품질경영 시스템이나 환경경영 시스템을 수립하고자 한다면 그 조직의 활동 범위에 상관없이 ISO9000 시리즈나 ISO14000 시리즈의 해당 표준들이 필요한 요건을 제공함을 의미한다.

DMAIC 개선 사이클

〈그림 8-5〉는 5단계로 이루어지는 DMAIC 개선 사이클을 나타낸다. DMAIC 사이클은 식스시그마의 중요한 요소로서 프로세스 개선을 추진하는 데 필요한 단계이다. 이것은 서비스업체에서건 제조업체에서건 모든 프로세스와 프로젝트에 적용할 수 있다. 이 개선 사이클은 고객의 요구사항과 더불어 시작하고 그 요구를 충족하기 위하여 프로세스나 프로젝트를 분석하고 수정하려고 노력한다. 각 단계에 대한 설명은 다음과 같다.

1. 정의(Define) : 고객이 누구인지 확인하고 그 고객을 만족시키기 위하여 서비스나 제품이 갖추어야 할 핵심적인 사항을 파악하라. 이런 사항은 **핵심품질특성**(Critical-to-Quality(CTQ)

〈그림 8-5〉 DMAIC 개선 사이클

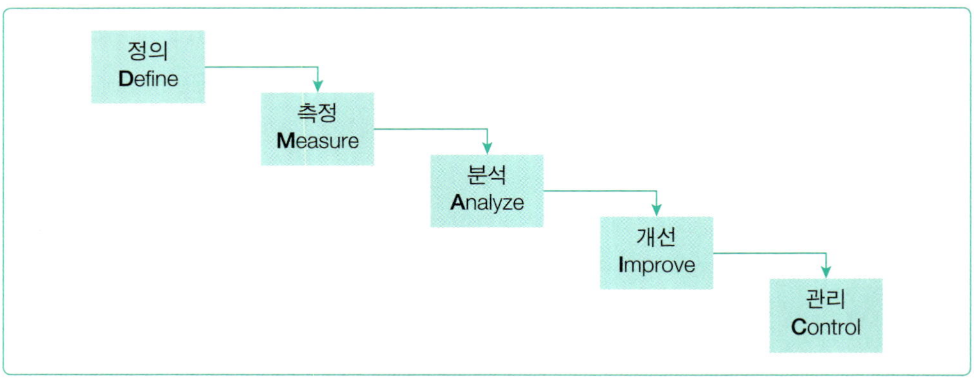

characteristics)이라고 부른다. 핵심품질특성과 프로세스의 산출 사이에 존재하는 모든 격차를 파악하고 식스시그마 프로젝트를 구성하여 줄여라.

2. 측정(Measure) : 프로세스의 성능을 측정하기 위한 자료수집 계획을 세워라. 격차가 있는 각 프로세스에서 측정할 대상과 측정 방법을 결정하라. 체크시트를 사용하여 체계적으로 측정하도록 하라.
3. 분석(Analyze) : 수집된 자료를 사용하여 프로세스를 분석하라. 파레토 차트와 특성요인도를 사용하여 프로세스의 변동이나 불량의 근본 원인을 파악하라.
4. 개선(Improve) : 개선 계획을 수립하고 실행하여 프로세스 변동의 원인을 제거하라. 이때 프로세스를 수정하거나, 재설계하거나, 리엔지니어링해야 할 필요가 있을 것이다. 개선 내용을 문서화하고 프로세스의 문제점이 유의미하게 감소했거나 제거되었음을 확인하라.
5. 관리(Control) : 개선된 프로세스의 성능이 유지되도록 프로세스를 감시하라. 통계적공정관리도를 작성하여 공정을 계속 감시하고 통제하라. 성능 미흡이 다시 발견되면 단계 1~5를 반복하라.

DMAIC 개선 사이클을 사용하면 기업은 고객 만족에 핵심적인 프로세스들을 지속적으로 감시하고 개선할 수 있다. 이러한 핵심 프로세스들과 핵심품질특성에 집중함으로써 기업들은 프로세스, 제품, 고객 만족에 획기적이며 커다란 개선을 이룰 수 있다. 인디애나주에 있는 6개 병원은 'Deaconess Health'이라는 시스템을 2011년부터 도입하였다. 이 시스템은 DMAIC 사이클을 사용하여 진료 계획에서부터 계약 변제까지 전 과정을 개선하였다. 5개월 후, 이들 병원은 일별 기준으로 3,800 달러 이상 수익 증가가 있었고, 이러한 기사가 발표될 데까지 7개월 동안 이러한 수익 증가는 지속되었다. 간단한 DMAIC 사이클로 이 병원들은 효율성을 개선하였다.[56]

식스시그마 훈련 수준

식스시그마 개선 프로젝트를 발굴하고 성공적으로 완수하려면 품질개선 방법에 대한 구체적인 훈련이 필요하다. 여러 교육기관이나 컨설팅업체들이 다양한 연수 과정과 식스시그마 기법에 대한 인증을 제공한다. 훈련 수준은 어느 정도 표준화되어 있는데 그 내용을 요약한 것이 〈표 8-9〉이다. 거대 글로벌 제조업체인 GE는 1980년대에 식스시그마를 시작했으며 모든 GE 직원은 식스시그마의 전략·통계학 도구·기법에 대하여 훈련을 받는다. 모든 직원은 언젠가는 식스시그마 그린벨트를 딴다. 다양한 수준에 맞는 연수 과정이 제공되며 식스시그마의 기본적인 사항에 대한 입문 세미나, 팀 구축, 마스터 블랙벨트, 블랙벨트, 그린벨트 연수 등이 있다.[57] 이제 몇 가지 계량적인 식스시그마 도구를 소개한다.

〈표 8-9〉 식스시그마 훈련 수준[58]

훈련 수준	내용
옐로벨트	식스시그마 방법론과 DMAIC 문제 해결 절차에 사용되는 도구에 대한 기초적인 이해. 이들 도구에는 프로세스 맵, 특성요인도, 간단한 자료 분석, 프로세스 개선과 제어 방법이 포함된다. 옐로벨트의 역할은 프로세스 개선 프로젝트 팀의 유능한 구성원이다.
그린벨트	팀원 중 특별히 훈련받은 자로서 상세하게 정의된 소규모 식스시그마 프로젝트에 파트타임으로 참여할 수 있다. 그린벨트는 옐로벨트에 비해 좀 더 높은 수준의 문제 해결 능력이 있고 블랙벨트가 책임지는 프로젝트를 지원하기 위하여 자료를 수집하고 실험을 수행하는 능력이 있다.
블랙벨트	블랙벨트는 식스시그마 철학과 원리에 대한 지식이 깊다. 팀 리더의 자질이 있고 팀에 존재하는 조직 동학을 이해하고, 팀원들에게 역할과 책임을 할당한다. 또한 식스시그마 원리에 입각한 DMAIC 개선 모형을 완벽하게 이해하고 린 개념에 대한 기초적인 지식이 있으며 비부가가치 활동을 즉각 파악하는 능력이 있다. 블랙벨트는 고급 통계학 지식이 있고 그것을 사용하며 팀을 성공적으로 코치하고 집단 평가를 한다. 블랙벨트는 프로젝트를 발굴하고 프로젝트 팀원을 선발하며 내부 컨설턴트 역할과 그린벨트 및 팀원들에게 멘토 역할을 하고 경영진에게 프로젝트에 대해 보고한다.
마스터 블랙벨트	마스터 블랙벨트는 프로세스 변동과 낭비 감축 그리고 성장 원리를 통달한 입증된 달인이며 식스시그마의 모든 내용에 대해 다른 사람을 효과적으로 훈련할 능력이 있다. 식스시그마 기법을 직접 활용하여 기존의 관행이나 지식이 더 이상 유효하지 않음을 보일 수도 있고 조직을 변화시키고 리드하는 데 필요한 지식과 조언을 제공한다. 마스터 블랙벨트는 그린벨트와 블랙벨트의 식스시그마 프로젝트 수행 능력을 지도하고 또한 블랙벨트 후보자들의 자질, 프로젝트 선정, 식스시그마 프로그램의 전반적인 수준 등과 관련하여 경영진에게 방향을 제시한다.

식스시그마의 통계학적 도구

흐름도

이것은 **프로세스 다이어그램**(process diagram) 또는 **프로세스 맵**(process map)이라고도 불리며 제조공정이나 서비스공정을 분석할 때 가장 먼저 필요한 도구이다. **흐름도**(flow diagram)는 주석이 달린 사각형을 사용하여 활동요소를 나타내고 타원으로 대기기간을 나타내며 이들을 화살표로 연결하여 물자나 고객의 흐름을 표시한다. 일단 한 프로세스 또는 일련의 프로세스들을 이렇게 상세하게 도식적으로 표현하고 나면 문제(예를 들어, 과도한 재고와 대기시간이나 처리능력 부족 등)를 일으킬 수 있는 부분을 파악하고 심층 분석할 수 있다. 〈그림 8-6〉은 식당에서 손님의 움직임을 나타낸 흐름도의 한 예이다. 이 흐름도를 이용해 식당 경영자는 각 프로세스 활동과 대기기간을 관찰하여 추가적인 분석이 필요한 잠재적인 문제들을 발견할 수 있다.

체크시트

체크시트(check sheets)를 이용하면 개별 문제들의 빈도를 파악할 수 있다. 〈그림 8-6〉에 소

〈그림 8-6〉 식당의 고객서비스 맵

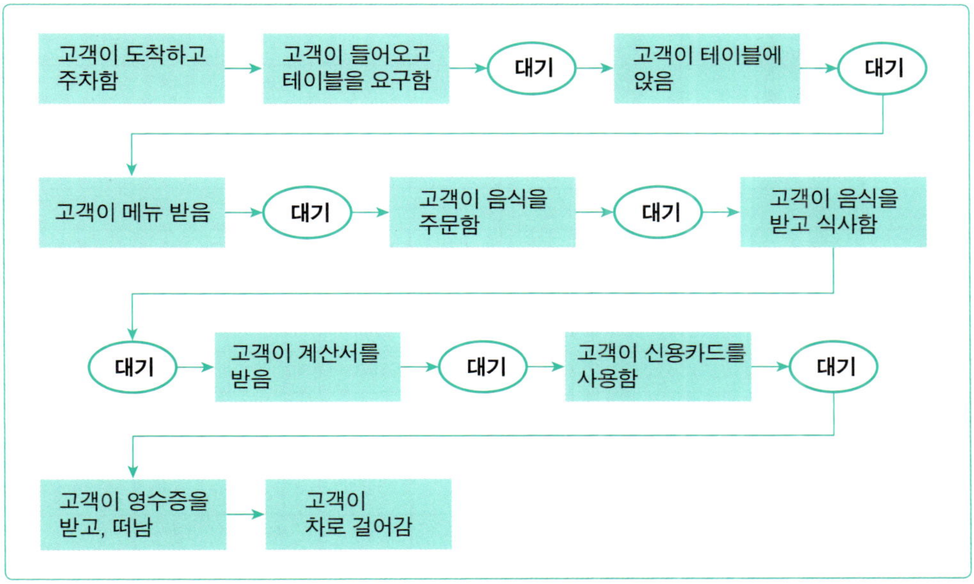

개된 식당의 경우 관리자는 경험과 관찰에 근거하여 일어날 수 있는 문제들의 목록을 작성하고 직원들을 시켜 진짜 문제의 수준을 결정하기에 충분한 기간 동안 각 문제의 발생 빈도를 체크시트에 기록하도록 한다. 이렇게 하여 자료수집이 끝나면 문제의 영역들을 비교 검토할 수 있다. 〈그림 8-7〉은 식당에서 사용할 수 있는 전형적인 체크시트이다.

파레토 차트

파레토 차트(Pareto charts)는 다양한 분야에 활용할 수 있으며 19세기 경제학자 파레토(Vilfredo Pareto)가 개발했다. 1906년에 파레토는 국가의 부의 불평등한 분배를 설명하면서, 국민의 약 20%가 국가 부의 약 80%를 소유하고 있다고 주장했다. 수십 년 후, 조셉 쥬란(Joseph Juran)은 어떤 것의 20%가 결과의 80%를 담당한다는 것을 언급하면서 **파레토 원칙**(Pareto Principle) 또는 80/20 규칙으로 널리 알려지게 되었다.[59] 이러한 법칙을 품질개선 문제에 적용하면, 기업에서 발생한 일부 문제가 문제 발생의 대부분을 차지한다는 것이다. 따라서 기업들은 가장 큰 문제부터 해결해야 한다는 것이다.

〈그림 8-8〉은 〈그림 8-7〉에서 수집된 자료를 가지고 작성한 두 가지 파레토 차트이다. 전체 문제를 문제 유형 또는 요일 관점에서 볼 수 있으며 긴 대기시간과 불친절한 접대원이 두 가지 가장 심각한 문제이고 토요일과 금요일에 대부분의 문제가 발생함을 알 수 있다. 이 경우 두 가지 문제를 해결하면 전체 문제의 상당한 부분이 사라진다.

〈그림 8-7〉 식당의 품질문제 체크시트

문제 항목	월	화	수	목	금	토	일	계	비율 (%)
장기 대기	//////	/////	////////	//////	/////////	//////////	////	48	26.5
식은 음식		//	/	/	///	//		9	5.0
맛없는 음식	//	/	///		/	////		11	6.1
바뀐 음식	/////	//	/	//	/////	///	/	19	10.5
불친절한 직원	//////	///	/////	/	//////	//	/	24	13.3
불결한 식탁		/	//		/	///	/	8	4.4
부적당한 실내온도			//	///	/////	/////		15	8.3
너무 비싼 가격	/	//	/	/	///	///		11	6.1
주차공간 부족			//		/////	///////		14	7.7
틀린 거스름돈	//////	/	////		////	///		18	9.9
기타		/	//			/		4	2.2
계	26	18	31	14	42	43	7	181	100

〈그림 8-8〉 식당의 품질문제 파레토 차트

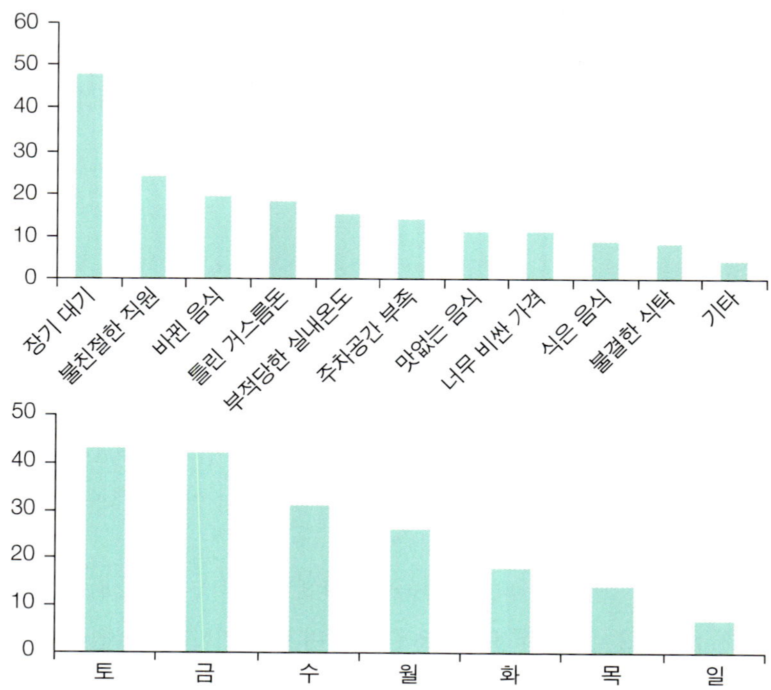

특성요인도

특성요인도(cause-and-effect diagrams)는 **어골도**(魚骨圖, fishbone diagram) 또는 **이시카와 다이어그램**(Ishikawa diagrams)이라고도 불리며 문제의 원인을 찾는 데 유용하다. 문제를 파악한 후 여러 사람이 브레인스토밍하는 데 특히 유용하다. 〈그림 8-9〉는 〈그림 8-8〉의 장기대기 문제의 원인을 찾기 위해 작성한 특성요인도이다. 분석하려는 문제가 그림의 앞(생선 대가리) 부분에 놓이며 네 개의 사선은 각각 일군의 잠재적 원인을 나타낸다. 그림에 나타난 자재(materials) · 장비(machine) · 절차(methods) · 직원(manpower)은 흔히 4M이라 부르는데 문제 원인의 표준적인 범주로서 원인 분석에 매우 유용한 체크리스트 역할을 한다. 거의 대부분의 경우 문제의 원인은 이들 네 가지 분야 중 한 가지 혹은 그 이상에 속한다.

일반적으로 식스시그마 팀원들이 모여서 브레인스토밍으로 이 네 가지 영역에서 문제의 잠재적인 원인을 찾는다. 사선의 각 가지는 한 가지 잠재적 원인을 나타낸다. 부차적인 원인도 브레인스토밍 과정에 사용하는데 주원인의 곁가지로 표시된다. 문제를 이와 같이 주원인과 부원인으로 분해하고 나면 작업자는 다시 프로세스로 돌아가 체크시트, 통계적공정관리, 파레토 차트를 사용하여 각 원인과 부원인의 상대적 중요성을 결정할 수 있다. 결국 기업은 가장 중요한 **원인**(root causes)과 부원인부터 시작하여 문제의 영향이 대부분 사라질 때

〈그림 8-9〉 장기 대기 문제의 특성요인도

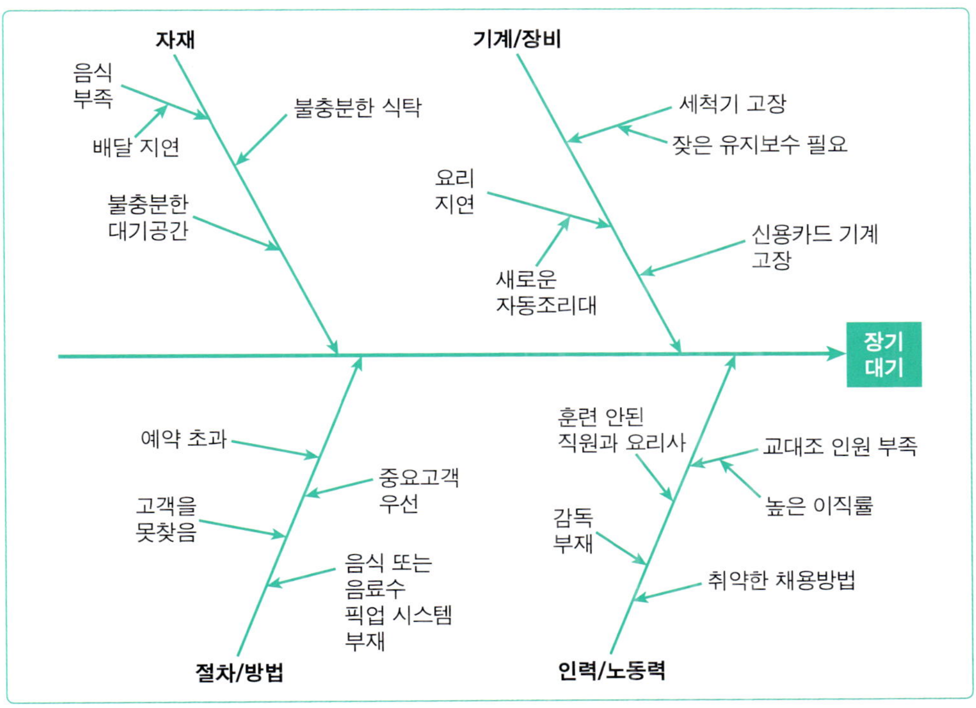

까지 원인들을 제거해 나간다.

적절히 작성된 특성요인도는 식스시그마 활동에 매우 강력한 도구가 될 수 있다. 이를 사용하면, 경영자와 작업자가 문제와 거의 관련이 없는 원인을 제거하려고 한다든지 하찮은 것을 가지고 씨름하는 우를 피할 수 있다. 일단 문제의 원인을 대부분 파악하여 해결하고 나면 해당 프로세스는 관리상태로 돌아오고 고객의 요구를 충족할 수 있을 것이다. 이 수준에 도달하면 기업은 다음에 논의할 통계적공정관리도를 작성하고 사용하기 시작할 수 있다.

통계적공정관리

통계적공정관리(statistical process control: SPC)는 모든 품질개선 노력을 위한 필수 도구이며 기업은 이를 사용하여 공정 성과를 시각적으로 관찰하고 원하는 수준이나 표준과 비교하여, 공정의 변동이 한계를 벗어나 제품이나 서비스 혹은 고객관계가 악화되기 전에 신속하게 조처할 수 있다. 일단 공정이 올바로 작동하면 기업은 공정의 성과 자료를 수집하여 **관리도**(control charts)를 작성하고 공정변동을 감시하기 위하여 계속적으로 공정에서 관심 항목에 대한 표본 자료를 수집한다. 이렇게 수집한 표본자료의 평균들을 관리도에 기입한다. 표본평균들이 허용할 수 있는 관리한계 안에 위치하고 원하는 값을 중심으로 정규분포를 따르는 것으로 보이면 공정이 통계적으로 관리상태에 있다고 말하며 공정이 작업을 계속하도록 허용하고 계속 표본을 추출하여 관리도에 기입한다. 표본이 허용범위 밖에 찍히거나 원하는 값을 중심으로 하는 정규분포를 더 이상 따르지 않는 것으로 보이면 공정이 통계적으로 관리상태에 있지 않다고 간주한다. 이런 판단이 서면 공정을 중지하고 문제를 파악하여 앞에서 기술한 바와 같이 그 원인을 찾아내어 제거한 다음 공정을 재개하고 표본을 추출하여 관리도에 해당 값들을 다시 기입하면서 공정을 감시한다.

관리도는 시간의 흐름에 따라서 공정의 성과를 추적하는 시각적 표현으로 원하는 값(관리도의 중심선)과 공정의 관리 상한과 하한을 포함한다. 이 시각적 보조도구를 사용하여 작업자는 매우 쉽게 자료를 기재하고 시계열적으로 비교한다.

변동

공정의 변동에는 **자연변동**(natural variations)과 **이상변동**(assignable variations)이 있다. 모든 공정은 이들 변동의 영향을 받으며, 주변환경의 소음과 자연변동은 있게 마련이다. 이상변동은 없고 오로지 자연변동만 있으면 그 공정은 통계적 관리상태에 있다. 이상변동은 구체적 원인(예를 들면, 〈그림 8-9〉에 나타난 것과 같은 것들)을 추적할 수 있는 변동이다. 이러한 이상변동은 파악되고 제거될 수 있는 원인에 의한 것으로 통계적공정관리의 표적이다.

표본

공정에서 측정한 관심 대상 항목의 값에는 변동이 있기 때문에 표본 자료를 수집하여 그 평균값을 관리에 기입한다. 표본 척도는 **변량자료**(variable data)이거나 **속성자료**(attribute data)이며 각기 다른 유형의 관리도를 필요로 한다. 변량자료는 시리얼 한 통의 무게, 고객 한 사람당 서비스 시간, 쇠 막대기의 길이 등과 같은, 제품이나 서비스의 특성 중 무게, 길이, 부피, 시간 등과 같이 연속적인 값으로 측정할 수 있는 것이다. 속성자료는 어떤 속성(예를 들어, 색, 만족, 작동가능성, 불량 여부, 고장 여부 등)의 유무를 나타낸다.

변량자료 표본은 측정치의 평균(예를 들면, 시리얼 네 상자의 평균 무게 12.04온스)으로 나타내고 속성자료는 표본의 불량비율(예를 들면, 전구 표본 중 10%가 불이 켜지지 않음)로 나타낸다. 이제 두 가지 유형의 관리도에 대해서 살펴 보자.

변량관리도(Variable Control Charts)

변량자료를 위한 관리도에는 **$\bar{x}$-관리도**($\bar{x}$ charts)와 **R-관리도**(R charts)가 있다. $\bar{x}$-관리도는 공정의 표본 평균들의 중심성향을 추적하기 위하여 사용하고 R-관리도는 공정 표본의 범위, 즉 각 표본의 변동을 추적하기 위하여 사용한다. 완벽한 공정이라면 표본의 평균은 대상 특성의 원하는 값과 같을 것이며 표본의 범위는 0일 것이다. 한 표본에서 몇몇 개의 관찰값의 차이가 매우 크더라도 평균은 아무런 문제가 없는 것처럼 보일 수 있다. 하지만 이때 범위는 크므로 어떤 이상의 발생을 의심할 필요가 있다. 이와는 반대로 공정에 이상이 발생하여 모든 관찰값이 일관성 있게 매우 크더라도 범위는 작은 값이어서 R-관리도만 보면 문제가 없는 것처럼 보일 수 있다. 이 때문에 이 두 관리도를 함께 관찰할 필요가 있다. 그렇게 하면 평균과 변동을 동시에 감시할 수 있다. 또한 변량자료에 대하여서는 공정이 관리상태에 있다고 판단하기 전에 $\bar{x}$-관리도와 R-관리도가 표본들이 관리상태에 있는 것을 먼저 보여야 한다. 이들 관리도 작성에 대하여 아래에서 설명한다.

$\bar{x}$-관리도와 R-관리도의 작성

관리도 작성의 첫 단계는 자료 수집이다. (물론, 공정이 이미 관리상태에 있다고 가정한다.) 일반적으로 크기가 5~10인 표본 25~30개 정도를 충분한 기간 동안에 적절한 간격으로 추출한다. 각 표본마다 평균($\bar{x}$)과 범위(R)를 계산한다. 다음에 모든 자료의 전체 평균($\bar{\bar{x}}$)과 범위의 평균($\bar{R}$)을 구한다. $\bar{\bar{x}}$와 $\bar{R}$은 각각 해당 관리도의 중심선이 된다. 〈예제 8-3〉의 자료를 이용하여 이들 중심선 계산 과정을 보도록 한다. $\bar{x}$-관리도와 R-관리도의 중심선을 계산하는 공식은 다음과 같다.

$$\bar{\bar{x}} = \frac{\sum_{i=1}^{k} \bar{x}_i}{k}, \qquad \bar{R} = \frac{\sum_{i=1}^{k} R_i}{k}$$

여기서, k는 표본의 수를 나타내고 첨자 i는 개별 표본을 나타낸다.

〈예제 8-3〉에서 $\bar{\bar{x}}$=11.96이고 $\bar{R}$=0.39임을 알 수 있다. 해일리수프사가 이 값을 수용할 수 있다고 판단하면 이들을 사용하여 관리도를 작성할 수 있다. 이 두 평균값을 사용하여 두 관리도의 상·하 관리한계를 다음 공식으로 계산한다.

$$UCL_{\bar{x}} = \bar{\bar{x}} + A_2\bar{R}, \quad LCL_{\bar{x}} = \bar{\bar{x}} - A_2\bar{R}$$

$$UCL_R = D_4\bar{R}, \quad LCL_R = D_3\bar{R}$$

〈예제 8-3〉 변량관리도 자료

해일리수프사는 수프 제조업체인데 수프를 캔에 주입하는 설비의 관리를 위해 사용할 관리도를 작성하기 위하여 공정자료를 수집했다. 이 회사는 다음과 같이 24시간에 걸쳐 매시간 캔을 4개씩 측정하여 총 24개의 표본을 수집했다.

시간	1	2	3	4	$\bar{x}$	R
1	12	12.2	11.7	11.6	11.88	0.6
2	11.5	11.7	11.6	12.3	11.78	0.8
3	11.9	12.2	12.1	12	12.05	0.3
4	12.1	11.8	12.1	11.7	11.93	0.4
5	12.2	12.3	11.7	11.9	12.03	0.6
6	12.1	11.9	12.3	12.2	12.13	0.4
7	12	11.7	11.6	12.1	11.85	0.5
8	12	12.1	12.2	12.3	12.15	0.3
9	11.8	11.9	12	12	11.93	0.2
10	12.1	11.9	11.8	11.7	11.88	0.3
11	12.1	12	12.1	11.9	12.03	0.2
12	11.9	11.9	11.7	11.8	11.83	0.2
13	12	12	11.8	12.1	11.98	0.3
14	12.1	11.9	12	11.7	11.93	0.4
15	12	12	11.7	11.2	11.73	0.8
16	12.1	12	12	11.9	12.00	0.2
17	12.1	12.2	12	11.9	12.05	0.3
18	12.2	12	11.7	11.8	11.93	0.5
19	12	12.1	12.3	12	12.10	0.3
20	12	12.2	11.9	12	12.03	0.3
21	11.9	11.8	12.1	12	11.95	0.3
22	12.1	11.8	11.9	12	11.95	0.3
23	12.1	12	11.9	11.9	11.98	0.2
24	12	12.3	11.7	12	12.00	0.6
평균					11.96	0.39

〈표 8-10〉 관리도 작성을 위한 상수[60]

표본크기(n)	A_2	D_4	D_3
2	1.88	3.268	0
3	1.023	2.574	0
4	0.729	2.282	0
5	0.577	2.115	0
6	0.483	2.004	0
7	0.419	1.924	0.076
8	0.373	1.864	0.136
9	0.337	1.816	0.184
10	0.308	1.777	0.223

여기서, A_2, D_3, D_4는 상수로서 표본의 크기에 좌우되며 〈표 8-10〉에 나타나 있다. (이 상수는 표본분포가 정규분포이며 관리한계는 모평균으로부터 3 (표본평균의) 표준편차 위치에 있다. 이렇게 하면 표본평균의 99.73%는 상·하 관리한계 사이에 위치한다.)

〈예제 8-3〉과 〈표 8-10〉의 자료를 사용하여 두 관리도의 상·하 관리한계를 계산하면 다음과 같다.

$$UCL_{\bar{x}} = \bar{\bar{x}} + A_2\bar{R} = 11.96 + 0.729(0.39) = 12.24$$
$$LCL_{\bar{x}} = \bar{\bar{x}} - A_2\bar{R} = 11.96 - 0.729(0.39) = 11.68$$
$$UCL_R = D_4\bar{R} = 2.282(0.39) = 0.89$$
$$LCL_R = D_3\bar{R} = 0(0.39) = 0$$

이제 앞에서 계산한 평균값과 이들 관리한계를 사용하여 관리도를 작성할 수 있다. 〈그림 8-10〉에는 중심선과 관리한계 그리고 표본의 평균과 범위들이 찍혀 있다. 이 두 관리도를 보면 공정은 실제로 통계적으로 관리상태에 있는 것 같다. 해일리 수프는 이 두 관리도를 사용하여 수프 주입 공정을 감시할 수 있다. 만약 두 관리도 중 어느 하나라도 통계적 관리상태를 보이고 있지 않으면 이들 관리도는 쓸모 없다. 공정 감사를 실시하여 문제를 제거한 다음 다시 관리도 작성 과정을 반복하여 관리상태가 될 때가지 감사-조처과정을 반복하여야 한다.

일단 관리도가 작성되고 공정이 통계적으로 관리상태라고 판명되면 다음과 같이 하여야 한다.

1. 주기적으로 크기가 4 또는 5인 표본을 추출한다. (표본의 크기는 공정의 종류나 자료 수집의 용이성에 따라 다를 수 있다.)

〈그림 8-10〉 관리도(해일리수프사의 주입 공정)

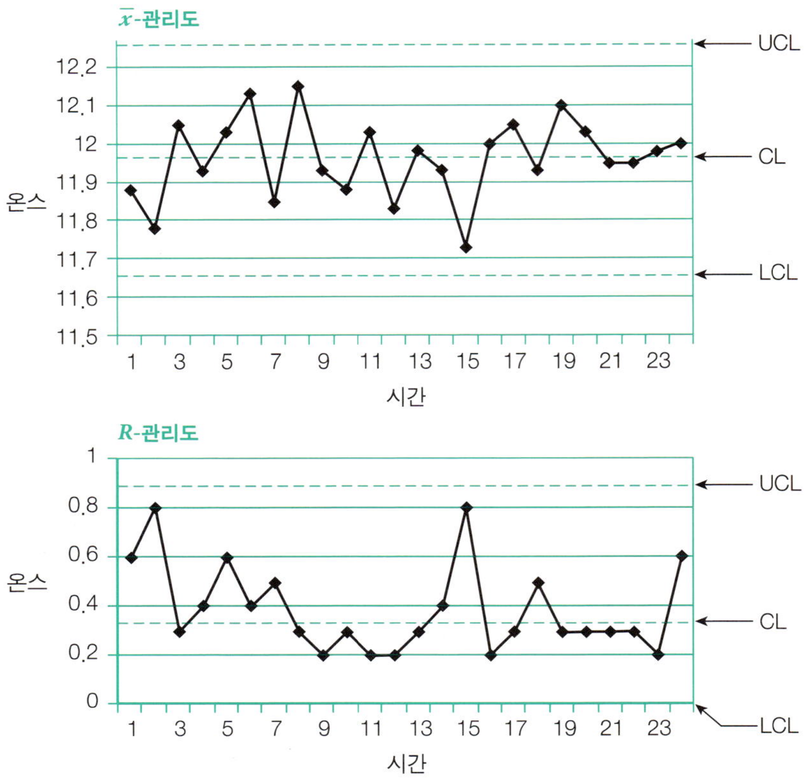

2. 표본의 평균과 범위를 관리도에 기입하고 관리상태 여부를 감시한다.
3. 공정이 관리상태를 이탈한 것으로 보이면 체크시트, 특성요인도, 파레토차트 등을 사용하여 이상변동의 원인을 찾아서 제거하고 공정변동을 제거한다.
4. 단계 1~3을 반복한다.

속성관리도(Attribute Control Charts)

공정이 불량품을 생산하는지 여부를 판단하기 위해 속성자료를 수집하는 경우에는 $\bar{x}$-관리도와 R-관리도를 사용할 수 없다. 이런 경우에는 P-관리도나 C-관리도를 사용한다. **P-관리도**(P charts)는 불량률 자료에 대하여 사용하고 **C-관리도**(C charts)는 결점수 자료에 대하여 사용한다.

P-관리도의 작성과 사용

이 관리도는 가장 널리 쓰이는 속성관리도이다. 자료를 수집할 때 표본의 크기가 크면 표본비율은 정규분포를 따르는 것으로 가정할 수 있고 관리도의 중심선과 상·하 관리한계는 다음 공식을 사용하여 계산할 수 있다.

$$\bar{P} = \frac{\sum_{i=1}^{k} P_i}{k}$$

여기서, $\bar{P}$는 모든 표본 항목들의 평균 불량률을, k는 표본의 수를, P는 표본의 불량률을, 하첨자 i는 특정 표본을 나타낸다. 그리고 관리상한과 관리하한은 다음 공식으로 구한다.

$$\mathrm{UCL}_P = \bar{P} + z\sigma_P, \quad \mathrm{LCL}_P = \bar{P} - z\sigma_P$$

여기서, z는 관리한계선과 중심선 사이의 간격을 (표본비율의) 표준편차 단위로 나타낸 값이다. (z=3이면 관리한계는 99.73%의 점들을 포함한다.) σ_P는 표본비율의 표준편차로서 다음 공식으로 계산한다.

$$\sigma_P = \sqrt{\frac{(\bar{P})(1-\bar{P})}{n}}$$

여기서 분모 n은 각 표본의 크기이다. 〈예제 8-4〉의 자료를 사용하여 $\bar{P}$, σ_P, 그리고 관리한계를 구할 수 있다.

〈예제 8-4〉에 나타나 있듯이 $\bar{P}$=0.014이다. 표준편차를 구하면 다음과 같다.

〈예제 8-4〉 속성관리도 자료

씨제이전구사(CeeJay Lightbulb Co.)는 100와트짜리 전구를 생산하는데, P-관리도를 사용하여 품질관리를 하기로 했다. 그래서 지난 30일 동안 매일 100개의 전구를 시험했다. 다음은 지난 30일 동안의 시험에서 얻은 불량률 자료이다.

일	불량률	일	불량률	일	불량률
1	0.01	11	0.02	21	0.02
2	0.02	12	0.03	22	0
3	0	13	0	23	0.01
4	0.03	14	0.04	24	0.02
5	0	15	0.01	25	0.01
6	0.01	16	0.04	26	0.03
7	0.04	17	0	27	0
8	0	18	0	28	0.02
9	0	19	0.01	29	0.01
10	0.02	20	0.03	30	0
					$\bar{P}$ = 0.014

〈그림 8-11〉 씨제이전구사의 P-관리도

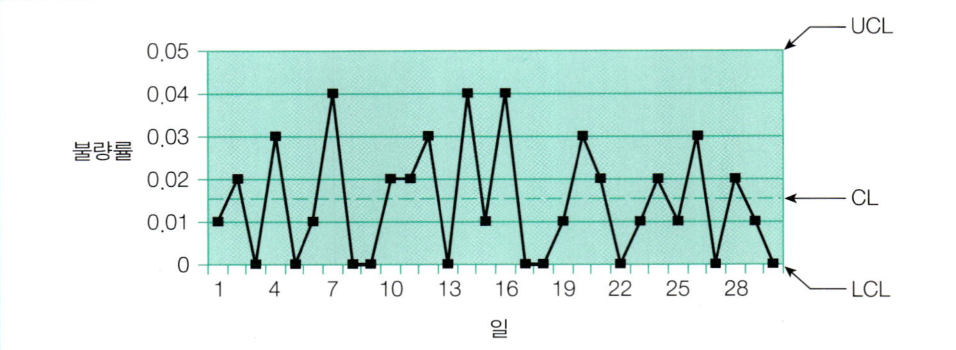

$$\sigma_P = \sqrt{\frac{(0.014)(1-0.014)}{100}} = 0.012$$

이제 관리한계가 99.73%의 점들을 포함하기를 원한다고 가정하고, 즉 z=3으로 하고 관리한계를 다음과 같이 계산한다.

$$UCL_P = 0.014 + 3(0.012) = 0.05$$
$$LCL_P = 0.014 - 3(0.012) = 0$$

관리하한이 0에서 잘린 점에 주목하라. 이것은 대부분의 *P*-관리도에서 일어나는 현상이다. CeeJay Lightbulb Co.의 *P*-관리도가 〈그림 8-11〉에 있다. 이 관리도의 점들이 중심선 주변에 랜덤하게 흩어져 있고 약 반반씩 중심선 양쪽에 있는 것으로 보아 공정이 관리상태에 있는 것으로 보인다. 이 회사는 이 관리도를 사용하여 전구의 품질을 관리해도 무방하다.

C-관리도의 작성과 사용

불량품 한 단위를 만드는 데 여러 개의 에러가 일어날 수 있는 경우 C-관리도를 사용할 수 있다. C-관리도는 제품이나 서비스 한 단위당 여러 개의 에러가 일어날 수는 있지만 매우 드물게 일어날 경우에 이런 에러들을 관리하는 데 적합하다. 예를 들면, 호텔에 하루 묵는 동안 불친절 경험 수, 교과서 한 권당 오타 수, LCD 모니터 스크린당 불량 화소의 수 등이 있다. C-관리도의 관리한계는 결점수가 포아송(Poisson) 확률 분포를 따른다는 가정에 근거하여 계산한다. 이 분포의 경우 분산과 평균이 동일하다. 그러므로 C-관리도의 경우, 중심선과 관리한계는 다음과 같이 계산할 수 있다.

$\bar{c}$ = 단위 측정 대상당 평균 결점 수(=결점 수의 분산)

$\sqrt{\bar{c}}$ = 표본표준편차

$\bar{c} \pm 3\sqrt{\bar{c}}$ = 관리한계

〈예제 8-5〉를 이용하여 C-관리도 계산을 보일 수 있다. 이 경우 측정 단위는 일(day)이다. 따라서 일 평균 실수는 29.1건(=중심선, 또한 분산)이고 관리상한과 관리하한은 각각 45.3건과 12.9건이다. 카세이 출판사는 이제 30일 실수 자료를 근거로 작성한 C-관리도를 사용하여 일별 실수율을 감시하면 된다.

〈예제 8-5〉 케이시 출판사의 편집실수 관리

케이시 출판사(Casey Publishing)는 매월 8명의 편집보조원들의 실수를 관찰하고 있다. 지난 30일 동안 총 872건의 편집 실수가 있었다. 이를 사용하여 C-관리도의 중심선과 관리한계를 구하면 다음과 같다.

$$\bar{c} = \frac{872}{30} = 29.1 \text{ 실수/일}$$

$$UCL_c = 29.1 + 3\sqrt{29.1} = 45.3, \quad LCL_c = 29.1 - 3\sqrt{29.1} = 12.9$$

합격판정표본검사법

한 가지 제품을 대량으로 공급자에게서 받거나 혹은 고객에게 보내기 전에 표본을 취하여 미리 정해진 합격 기준에 부합하는지 검사한다. 표본의 품질이 전체 화물의 품질을 나타낸다고 가정한다. (수량이 많은 경우 표본검사가 전수검사보다 시간이나 비용이 훨씬 적게 든다.) 공급사슬의 전략적 제휴 관계를 맺고 있는 공급사가 식스시그마 품질개선 도구를 사용하면 이 제휴사 제품에 대해서는 공급자 표본검사는 생략할 수 있고 다만 신규 공급자나 전략적 제휴 관계가 없는 공급자에게서 도착한 제품에 대해서만 표본검사를 적용하는 것이 이상적이다. 표본검사를 실시하는 경우 표본검사 결과에 따라서 전량을 받아들일지 아니면 반송할지 또는 구매자가 폐기하든지 아니면 비용 환급을 전제로 불량품을 수리하여 사용할지 등을 정한다.

표본검사에서 대두되는 한 가지 질문은 표본의 크기이다. 표본의 품질이 전체 물량의 품질과 일치하도록 보장하는 한 가지 방법은 표본의 크기를 전체 물량의 수량과 같도록 하면 되지만 이는 일반적으로 비현실적이다. 표본검사는 일부분만 검사하므로 잘못 판정할 위험이 따르며 표본의 크기가 작을수록 오판할 위험이 크다.

품질평가에 오류가 나면 공급자와 구매자 모두가 피해를 입는다. 실제로 전체 화물의 품질은 기준을 충족하지만 표본검사 결과가 기준에 미달하는 것으로 나타나서 전체 화물을 불합격 판정하는 경우를 **1종 오류**(type-I error)라고 한다. 이때 공급자 입장에서는 억울한데 이런 의미에서 이런 경우를 **생산자 위험**(producer's risk)이라고 부른다. 역으로 실제로 전체 화

물은 품질이 낮지만 표본검사 결과 기준을 통과하여 합격 판정하는 경우를 **2종 오류**(type-II error)라고 하고 기준미달의 화물을 받아들이므로 **소비자 위험**(consumer's risk)이라고 부른다. 이러한 두 가지 오류는 표본검사에서 피할 수 없는 만큼 공급자와 구매자가 합의하여 비용을 고려하면서 합격기준과 표본의 크기 등 표본검사 기준과 절차를 결정하여야 한다.

통계적공정관리와 공급사슬관리

이상적인 경우, 오랜 기간 동안 전략적인 관계를 맺어온 공급사슬 파트너들 사이에서는 출하검사나 수입검사가 필요하지 않을 것이다. 이미 품질이 아주 높기 때문이며, 따라서 직원들은 더 생산적인 노력에 시간을 투입할 것이다. 하지만 대부분의 프로세스와 공급자는 아직 완벽하지 않고 대부분의 산업에서 경쟁이 너무나 치열하여 기업들은 공정과 제품의 품질을 끊임없이 분석하고 평가하여야 한다는 점을 안다. 경영자는 기업의 목적 달성에 결정적으로 중요한 프로세스를 파악하고, 프로세스의 성과를 감시하는 방법을 결정하여야 하며, 자료를 모아서 적절한 관리도를 작성하고, 표본을 수집하여 공정과 제품의 품질을 감시하는 정책을 수립하여야 한다. 경영자는 또한 품질개선을 장려하고 종업원들이 제품과 서비스의 품질 향상에 필요한 변화를 일으킬 수 있는 분위기를 만들도록 힘써야 한다.

요약

공급사슬관리, 린 시스템, 식스시그마 품질경영은 획기적인 경쟁우위를 확보하는 위계를 형성한다. 공급사슬관리가 그 잠재력을 충분히 발휘하여 참여자들이 혜택을 보려면 거래파트너들은 린 운영 철학을 채택해야 한다. 마찬가지로 성공적인 린 프로그램의 최우선 구성요소는 식스시그마 사고와 개선 도구들을 사용하는 것이다. 이러한 철학이나 실천 방안 중에는 매우 유사하거나 중복되는 것이 많다. 대표적인 것으로 최고경영자의 지원과 종업원의 참여 그리고 지속적 개선을 들 수 있다. 이런 현상은 공급사슬관리, 린, 식스시그마 사이의 밀접한 관련성을 고려하면 당연하다. 이 장에서는 린과 식스시그마가 성공적인 공급사슬관리에 결정적으로 중요하기 때문에 이 두 가지에 대한 논의에 상당한 지면을 할애했으며 독자가 이 주제에 대해 깊이 이해할 수 있게 되었기를 바란다.

토의문제

1. 린생산과 식스시그마가 공급사슬관리의 성공에 중요한 이유를 설명하라.
2. 린생산의 주된 관심 사항과 목적을 간단히 설명하라.

3. 린생산과 JIT의 관계를 설명하라.
4. 도요타 생산 시스템은 JIT 및 린생산과 어떤 관계가 있는가?
5. 도요타에서 JIT 개념을 개발하는 데 공이 큰 사람들은 누구인가?
6. 〈표 8-1〉에 비추어볼 때 월마트의 공급사슬관리 수준은 어느 단계에 있다고 할 수 있는가? 여러분 학교 주변의 분식집과 재학 중인 대학의 경우는 어느 단계에 있는가?
7. 린 사고는 공급사슬관리와 어떤 관련이 있는가?
8. 공급자 및 고객과 협력하여 린 사고를 활용할 수 있는 방안의 예를 한 가지 들어 보라.
9. 일곱 가지 낭비란 무엇이며 이들을 여러분이 익숙한 기업을 예로 들어 설명해보라.
10. 숙제를 하는 방법을 개선하는 데 5S를 적용해보라.
11. 몇몇 소수의 공급자로부터 조금씩 빈번하게 구매하는 방식의 장단점을 설명하고 단점을 극복하는 방법을 들고 설명하라.
12. 린 배치는 왜 '시각적'이어야 하는가?
13. 작업셀은 무엇이며 그것이 린생산에서 중요한 이유는 무엇인가?
14. 로트 크기 축소와 셋업 증가는 대부분의 린생산 기업에서 흔한 실무관행이다. 왜 그럴까?
15. 칸반이란 무엇이며 린 시스템에서 그것을 사용하는 이유는 무엇인가?
16. 카이젠이란 무엇이며 그것이 린생산의 성공에 중요한 이유는 무엇인가?
17. 린 시스템과 환경지속성 사이의 연관성에 대해 논의하라.
18. 식스시그마의 유래와 주요 관련 인물에 대해 기술하라. 이 개념을 '식스시그마'라고 부르는 이유는 무엇이라고 생각하는가?
19. 린식스시그마 접근에 대해 기술하라.
20. 여러분의 학교가 품질을 개선하는 데 사용할 수 있는 세 가지 방법을 기술하라.
21. 데밍의 '경영이론'과 그것이 품질개선에 어떻게 사용될 수 있는지 설명하라
22. 〈표 8-9〉의 말콤볼드리지 대상 수상 기업의 제품은 품질이 높다고 생각하는가? 지금 이들 기업은 얼마나 성공적인가?
23. 말콤볼드리지 대상의 일곱 가지 평가 영역에 비추어 볼 때, 여러분의 회사(대학, 이전 직장)은 어느 정도 잘 하고 있는가?
24. ISO 표준 가운데 널리 사용되는 두 가지는 무엇이며 이들은 왜 그렇게 인기가 높은가?
25. 핵심품질특성이란 무엇이며 이들은 식스시그마에서 어떻게 사용되는가?
26. 여러분 대학의 등록절차를 흐름도로 나타내라. 문제점을 파악하기 위해 더 파고 들 분야가 있다면 그것은 무엇인가?
27. 대학에서 등록에 시간이 많이 걸리는 문제에 대하여 특성요인도를 작성하고 브레인스톰을 사용하여 가능성이 높은 원인을 찾아보라.

28. 공정 변동의 두 가지 유형은 무엇이며 이 가운데 통계적공정관리를 통하여 제거하려고 하는 것은 무엇인가? 나머지 유형의 변동에 대해서는 어떤 조처를 할 수 있는가?
29. 변량자료란 무엇인지 설명하고 변량자료로 측정되는 공정의 관리상태를 유지하기 위하여 두 가지 관리도를 사용하는 이유를 설명하라.
30. 모든 표본 측정치가 관리한계 내부에 있지만 여전히 관리상태가 아닐 수 있는가? 이에 대해 설명하라.
31. 여러분의 대학에서 교육의 품질을 감시하기 위해 수집할 수 있는 변량자료와 속성자료에는 어떤 것들이 있는가?
32. 제조시설에서 P-관리도는 어떻게 사용할 수 있을까?
33. 한 공정이 관리상태이지만 설계 사양을 충족할 수 없을 수 있는가? 설명하라.
34. 공급자 파트너십의 한 가지 목표가 합격판정표본검사를 생략하는 것이라면 누가 결정하는가?

조사연구문제

1. 말콤볼드리지 대상 웹사이트(http://www.quality.nist.gov)를 방문하여 이 책의 출간 이후에 수상한 조직을 찾아보라. 볼드리지 대상 제도와 수상조직과 관련한 최근의 움직임이 있으면 그것에 대해 보고서를 작성하라. 수상조직 가운데 파산한 조직이 있는가?
2. 2015년의 폭스바겐의 리콜 사태와 이에 따른 윤리적 문제에 대해 보고서를 작성하라.
3. 지속가능성(sustainability)과 공급사슬관리에 대하여 인터넷과 당신이 속한 대학의 논문 및 기사 데이터베이스를 검색하여 기업들 사례를 사용하여 공급사슬관리 관행에서 지속성의 중요성에 대한 보고서를 작성하라.
4. 중국 및 베트남 기업들의 린 사고 및 식스시그마 이용에 대해 논의하라.
5. 린식스 대하여 인터넷과 당신이 속한 대학의 논문 및 기사 데이터베이스를 검색하여 기업들 사례를 사용하여 이 방식이 최근에 어떻게 사용되고 있는지 보고서를 작성하라.

연습문제

1. 메히자 컴프레서(주)는 린생산 조립라인을 사용하여 컴프레서를 생산한다. 조립 장소에서 어떤 부품의 수요는 하루(8시간)에 100개이다. 사용하는 용기는 부품을 8개 담을 수 있다. 한 용기가 한 워크센터에서 다음 센터로 갔다가 다시 원 위치로 돌아 오는데 보통 6시간 걸린다. 이 회사는 또한 이 부품의 안전재고를 15% 정도 보유하고자 한다. 몇 개의 용기가 필요한가?

2. 이킨스 엔터프라이즈는 모형 보트를 생산하는데 린 제조 프로세스로 전환하고 있다. 부품 250개를 담을 수 있는 용기 한 개를 사용하면서 완성된 부품을 시간당 100개씩 조립하려고 한다. 이 회사는 또한 이 부품을 10% 정도 안전재고로 유지하고자 한다. 이 용기는 얼마나 빨리 시스템을 순환하여야 할까?

3. 코너 바이크 렌탈의 사장 짐 코너는 자기 회사의 품질을 분석하려고 한다. 자전거를 빌리는 고객들의 불만에는 다음과 같은 네 가지 유형이 있다. (1) 자전거가 제대로 작동하지 않는 경우, (2) 자전거의 크기가 몸에 맞지 않는 경우, (3) 자전거가 편하지 않는 경우, (4) 타는 중에 자전거가 고장이 나는 경우. 지난 한 주 동안 이 회사는 총 280대의 자전거를 빌려주었는데 총 16건의 불만을 접수했다.
   (a) 이 회사의 지난 주 DPMO는 얼마인가?
   (b) 이 회사의 식스시그마 운영 수준은 얼마인가?

4. 다음 자료는 포세트 베이커리의 도너츠 공정에서 12시간에 걸쳐 시간당 4개씩 표본을 채취하여 무게를 측정한 것이다.

시간	무게 (g)	시간	무게 (g)
1	110, 105, 98, 100	7	89, 102, 101, 99
2	79, 102, 100, 104	8	100, 101, 98, 96
3	100, 102, 100, 96	9	98, 95, 101, 100
4	94, 98, 99, 101	10	99, 100, 97, 102
5	98, 104, 97, 100	11	102, 97, 100, 101
6	104, 97, 99, 100	12	98, 100, 100, 97

이 자료를 사용하여 다음을 구하라
   (a) 각 표본의 평균($\bar{x}$)과 범위(R)
   (b) 전체평균($\bar{\bar{x}}$)과 범위의 평균($\bar{R}$)
   (c) $\bar{x}$-관리도와 R-관리도의 관리한계(UCL, LCL)
   (d) 공정은 관리상태인가? 왜 그런가?

5. 메리제인 피자리아는 조리시간과 배달 시간에 대하여 18시간 동안 매시간 4건의 주문씩 측정한 후 모든 표본의 평균은 27.4분이고 평균범위는 5.2분임을 알았다.
   (a) 이것은 변량자료인가 속성자료인가?
   (b) $\bar{x}$-관리도와 R-관리도의 관리한계(UCL, LCL)를 구하라(3 표준편차법 가정).

6. 스탠리 델리의 지배인이 12시간에 걸쳐 시간당 10명의 손님에게 식사가 만족스러웠는지 질문한 후 그렇지 않다고 대답한 비율을 계산하여 정리한 것이 다음과 같다.

시간	불만족률	시간	불만족률	시간	불만족률
1	0	5	0.1	9	0
2	0.2	6	0.2	10	0.2
3	0.4	7	0.1	11	0
4	0.1	8	0	12	0.1

이 자료를 사용하여 다음을 구하라.

(a) $\bar{P}$

(b) σ_P

(c) (3 표준편차법을 가정하고) UCL과 LCL

(d) 고객 만족이 통계적으로 관리상태인가? 이 분석을 어떻게 개선할 수 있을까?

7. 로베르토 스테이크하우스는 매일 고객불만을 수집하고 고객과 함께 문제를 해결한다. 지난 30일 동안 총 22건의 불만을 접수했다. 이 정보를 이용하여 다음을 계산하라.

(a) $\bar{c}$

(b) 3 표준편차 관리한계

사례문제

1. 샤프의 샌드위치 가게 – 품질 통제

돈 샤프(Dawn Sharp)는 샤프(Sharp) 샌드위치 가게 주인이다. 이 가게는 연중무휴로 운영되며, 전통적인 아침식사용 샌드위치를 비롯하여 주로 점심과 저녁 식사 때 소비되는 이국적인 버거와 샌드위치에 이르기까지 다양한 종류의 샌드위치를 판매하고 있다.

최근 돈 샤프는 샌드위치 생산의 주요 이슈 중의 하나로 재고관리 문제를 고민하고 있다. 샤프 샌드위치는 고객에게 빠른 서비스와 양질의 샌드위치를 제공하는 목표를 가지고 있으며, 이런 목표 달성을 위해 가게 메뉴를 아침, 점심, 저녁, 그리고 야간 시간대의 네 개로 구분하여 고객서비스를 제공한다. 아침 식사는 오전 5시부터 오전 11시까지이고, 점심은 오전 11시에 시작해서 오후 3시에 끝난다. 저녁은 오후 3시에 일찍 시작해서 오후 9시까지 계속되며, 야간은 저녁 9시에서 새벽 5시까지의 시간대로 구분하였다.

샤프의 샌드위치 가게는 바쁜 사람들로 가득 찬 뉴욕 시내 중심부에 위치하고 있다. 따라서 고객들은 샌드위치가 아무리 독특하거나 맛있더라도 오래 기다리기를 원하지 않는다. 이러한 문제를 해결하기 위해 돈 샤프는 특정한 메뉴의 샌드위치를 대량으로 생산할 수 있는 시스템을 주방에 설치했다. 예를 들어 햄과 치즈를 호밀 빵 위에 미리 얹은 포장한 뒤 준비된 통에 보관하는 것이다. 이렇게 하면, 손님이 호밀 빵 샌드위치를 주문하는 경우에 빠르게 제공해줄 수 있기 때문이다. 그러나, 이러한 방식으로 샌드위치를 미리 만들어 놓게 되면, 샌드위치가 항상 신선한 품질 상태를 계속 유지할 수 없다는 문제점을 가지고 있다. 차가운 샌드위치이건 또는 따뜻한 샌드위치이건, 어느 것도 이미 만들어진 상태로 용기에 오래 보관되는 것은 불가능하다. 또한 일정 시간에 지난 후에도 판매되지 않고 여전히 용기에 담겨 있는 샌드위치는 신선도가 떨어져 고객들에게 판매할 수는 없다. 대신에 이렇게 남겨진 제품은 기부를 위한 용기에 옮겨지게 되고, 이 용기에 담긴 샌드위치는 하루에 두 번 지역 노숙자 보호소에 기부된다. 기부용 용기에 담긴 샌드위치는 먹는 데는 전혀 문제가 없지만, 신선도가 떨어진 제품이라서 고객 판매용으로는 부적합하다.

돈 샤프는 고객 주문 전에 미리 샌드위치를 만들어 놓는 사전 생산방식과 관련한 재고관리 문제를 평가하면서, 샌드위치의 품질 문제를 발견하였다. 즉, 돈 샤프의 수정된 재고관리 방식에 의하면, 기부용 용기에 놓여진 모든 샌드위치는 낭비 목록으로 기록되는 데, 이러한 과정 속에서 기부용 용기에 담긴 낭비를 쓰레기 통에 버려진 실제 폐기물과 동일하게 보는 된다는 것이다. 이전에 돈 샤프는 전체 낭비(95%)의 상당량이 기부용 용기에 놓여진 음식물이라고 가정했다. 하지만, 돈 샤프는 그 숫자를 비교하면서, 그녀가 생각했던 것보다 더 많은 것들이 쓰레기 속으로 들어가고 있다는 것을 발견했다.

이러한 사실은 돈 샤프는 충격을 받았다. 품질은 샤프 샌드위치 가게에서 가장 중요한 성공 요인이다. 샌드위치의 신선함에 초점을 맞추면서 생긴 어쩔 수 없이 생기는 낭비는 일정 부분까지 통제할 수 있으며, 사전 생산방식을 통한 재고 운영방안은 이러한 상황을 어느 정도 개선시켰다. 그러나 총 폐기물 수치에 따르면 도저히 받아들일 수 없는 품질의 샌드위치가 고객에게 전달되었고, 고객의 불만과 반품은 증가하고 있다. 또한 부정적인 구전도 매우 빠르게 확대되고 있다. 원가를 절감하려고 했던 재고 정책과 달리, 이러한 품질 문제는 경쟁이 치열한 이 도시에서 고객 만족뿐만 아니라 비즈니스 생존과도 직결되는 중요한 문제 중의 하나이다.

돈 샤프는 다시 과거에 수강했던 공급사슬관리 강의의 린과 식스시그마에 대한 프로세스 관리 부분을 되짚어 보았다. 돈 샤프는 생산 효율성을 높이기 위해 품질을 외면했다는 것을 확인했다. 샤프의 샌드위치 가게는 품질에 관한 데이터를 수집하는 명확한 공정이 없었고, 결함이나 근본 원인을 분석하기 위해 품질 도구를 전혀 활용하지 않고 있다. 돈 샤프는 관련 데이터 수집과 분석이 사업에 가장 중요하다는 것을 알고 있으며, 재고 관리와 품질과 같은 여러 문제를 해결할 수 있는 프로세스가 필요하다는 것을 알고 있다.

토론사항

1. 샤프의 샌드위치 가게는 속도와 신선도 유지라는 두 가지 상반되는 품질 문제를 가지고 있다. 미리 만들어진 샌드위치는 고객에 대한 반응 속도를 향상시키지만 신선도에 영향을 줄 가능성이 크다. 어떤 종류의 시스템을 사용하면 사전적으로 샌드위치를 만드는

과정을 유지하면서 샌드위치의 신선함을 유지할 수 있을지 설명하라.

2. 현재 돈 샤프는 '낭비'라는 기준을 이용하여 음식의 품질을 평가하고 있는데, 즉 낭비가 증가함에 따라 제품의 품질이 감소하고 있음을 의미한다. 단순한 비용보다 품질을 평가하는 더 좋은 방법이 있는지를 돈 샤프는에게 추천하라.

2. 자동차 수리점의 전쟁

조니 크루즈(Johnny Cruz)는 텍사스의 옥스보우라는 작은 마을에 살고 있으며, 반경 50마일 이내에서 최고의 기술자이다. 사실, 옥소보우에서 반경 50마일 이내의 모든 마을은 약 1,500명 정도의 적은 주민이 살고 있으며, 이 지역 내 사업체들 간에는 서로 경쟁이 거의 없는 상황이다. 30마일 이내의 세 개 마을은 단 하나의 극장만 있으며, 어떤 지역은 큰 식료품 매장이 하나 있고, 다른 지역에는 작은 편의점들만 있다. 그 누구도 옥스보우 주변 지역들의 상권의 형성 및 운영에 대해서는 알지 못하지만, 지역 내 사람들은 만족하며 살아가고 있다.

조니 크루즈의 자동차 수리점은 주변 4개 타운에서 방문하는 단골 고객들로 인하여 꾸준히 성장하며, 이익을 내고 있다. 그러나, 로지 램(Rosie Lamb)은 약 6개월 전에 텍사스주 너클폴스에 자동차 수리점을 개점하고 같은 고객층을 놓고 조니 크루즈와 경쟁을 벌이고 있었다. 처음엔 조니는 걱정하지 않았다. 자신이 최고의 기술자라는 확고한 명성을 가지고 있었고, 결코 고객을 속이지 않았기 때문이다. 하지만 몇 달이 지나가자 조니는 오일 교환이나 브레이크 작업과 같은 일상적인 유지보수를 위해 방문했었던 단골 고객들 중 일부가 그들의 자동차 수리점에 오지 않고, 또한 중요 수리가 필요한 일부 고객들이 로지의 자동차 수리점으로 가고 있다는 것을 알게 되었다.

이러한 상황에 처한 조니는 가능하면 빨리 고객의 이탈을 막아야 한다는 것을 알고 있다. 그는 지역의 커뮤니티 대학에 가서 비즈니스 관련 교수들과 이러한 현재 상황에 대해 논의했다. 논의 결과, 조니는 현재 문제를 분석하고, 해결책을 개발하며 효과적인 의사결정을 하기 위해서는 데이터를 수집하는 것이 필요하다는 결론을 얻게 되었다. 조니는 식스시그마와 같은 문제 해결 프로그램에 대해 학습하였다. 비록 그는 이 분야에 익숙하지 않았지만, 그는 식스시그마 프로그램이 문제를 확인하고, 데이터를 수집하고, 데이터를 분석하고, 대안을 개발하기 위한 것임을 알게 되었다. 이를 통해 그는 가장 좋은 해결책으로 보이는 것을 골라 실행해보고, 다시 루프를 돌려가며 문제점을 찾고, 이러한 과정을 반복하면서 이 프로그램이 매우 효과적임을 확인할 수 있었다.

토론사항

1. 조니가 현재 이 상황에 현명하게 접근하고 있는가? 식스시그마가 최선의 방법이라고 생각하는가? 당신이 조니의 말에 동의한다면 식스시그마가 어떻게 조니를 도와줄 수 있는

지 그 방안을 설명하라. 만약 당신이 조니의 의견에 동의하지 않는다면, 그는 어떤 대안을 가지고 있는가?

2. 식스시그마는 조니가 사용할 수 있는 많은 도구를 가지고 있다. 당신은 텍사스주 옥스보우의 지역 커뮤니티 대학 교수의 입장에서 식스시그마의 어떤 도구들을 사용할지 그리고 어떤 순서로 사용할지 설명하라.
3. 고객 이탈 문제를 사용하여 가상의 인과관계 도표를 그려보라. 네 가지 주요 범주를 개발하고 가능한 원인들을 그림에 추가하라.

참고자료

Burt, D. N., D. W. Dobler, and S. L. Starling, *World Class Supply Management: The Key to Supply Chain Management*, 7th ed. New York: McGraw-Hill, 2003.

Crosby, P. B., *Quality Is Free*. New York: McGraw-Hill, 1979.

Crosby, P. B., *Quality without Tears*. New York: McGraw-Hill, 1984.

Deming, W. E., *Out of the Crisis*. Cambridge, MA: MIT Center for Advanced Engineering Study, 1986.

Evans, J. R., and W. M. Lindsay, *The Management and Control of Quality*, 4th ed. Cincinnati, OH: South-Western, 1999.

Heizer, J., and B. Render, *Principles of Operations Management*, 4th ed. Upper Saddle River, NJ: Prentice-Hall, 2000.

Jacobs, F., and R. Chase, *Operations and Supply Management: The Core*. New York: McGraw-Hill/Irwin, 2008.

Juran, J., and A. Godfrey, *Juran's Quality Handbook*. New York: McGraw-Hill, 2000.

Krajewski, L., L. Ritzman, and M. Malhotra, *Operations Management: Processes and Value Chains*, 8th ed. Upper Saddle River, NJ: Pearson/Prentice-Hall, 2007.

Lucier, G., and S. Seshadri, "GE Takes Six Sigma Beyond the Bottom Line." *Strategic Finance* 82(11), 2001: 40–46.

Smith, G., *Statistical Process Control and Quality Improvement*. New York: Macmillan, 1991.

Vokurka, R. J., and R. R. Lummus, "The Role of Just-in-Time in Supply Chain Management." *International Journal of Logistics Management* 11(1), 2000: 89–98.

미주

1. Albright, B., "New Identity, New Growth," *Automotive Body Repair Network* July 2016: 33–34, 36.
2. Anonymous, "Future Equipment Concerns Weigh Heavily on Industry," *American Metal Market* March 1, 2015: 1.
3. Shepherd, J., "Manufacturers Help Colleges Improve Tech Training Curriculum," *The Lane Report* 30(6), 2015: 26.
4. Manoway, D., "Rallying Behind Lean," *Industrial Engineer* 47(7), 2015: 44–48.
5. Lowson, R., "Retail Operational Strategies in Complex Supply Chains," *International Journal of Logistics Management*, 12(1), 2001: 97–111.
6. Harris, J., P. Swatman, and S. Kurnia, "Efficient Consumer Response (ECR): A Survey of the Australian Grocery Industry," *Supply Chain Management*, 4(1), 1999: 35.

7. Mukherji, A., "The Economic and Sociological Dimensions of Business Networks: Examining Differences between Japanese and U.S. Structures," *Advances in Competitiveness Research* 9(1), 2001: 72–86.

8. Reed, J., and B. Simon, "Toyota's Long Climb Comes to an Abrupt Halt," *Financial Times* February 6, 2010: 9.

9. Anonymous, "Toyota Remains Most Valuable Global Automotive Brand According to Interbrand," *Journal of Transportation* October 24, 2015: 59.

10. For histories of lean and the Toyota Production System see, for instance, Becker, R., "Learning to Think Lean: Lean Manufacturing and the Toyota Production System," *Automotive Manufacturing & Production* 113(6), 2001: 64–65; Dahlgaard, J., and S. Dahlgaard-Park, "Lean Production, Six Sigma Quality, TQM and Company Culture," *TQM Magazine* 18(3), 2006: 263–277.

11. Information on the Ford manufacturing system was found at www.lean.org

12. Arndorfer, J., C. Atkinson, J. Bloom, and M. Cardona, "The Biggest Moments in the Last 75 Years of Advertising History," *Advertising Age* 76(13), 2005: 12–15; and Reed and Simon, ref. 4.

13. Manivannan, S., "Error-Proofing Enhances Quality," *Manufacturing Engineering* 137(5), 2006: 99–105.

14. Nakamoto, M., and J. Reed, "Toyota Claims Global Top Spot from GM," *FT.com* April 24, 2007: 1.

15. See, for example, Schmitt, B., "Nice Try VW: Toyota Again World's Largest Automaker," *Forbes.com* January 27, 2016; and Anonymous, "Leading Motor Vehicle Manufacturers Worldwide in 2016, Based on Global Sales (in Million Units)," Statista, https://www.statista.com/statistics/275520/ranking-of-car-manufacturers-based-on-global-sales

16. Womack, J., D. Jones, and D. Roos, *The Machine that Changed the World*. New York, NY: Maxwell MacMillan International, 1990.

17. Manoway, D., "Rallying Behind Lean," *Industrial Engineer* 47(7), 2015: 44–48.

18. Morgan, B., "Manufacturers Seek Aggressive Growth," *Industry Week* July 8, 2016: 1.

19. Albright, B., "New Identity, New Growth," *Automotive Body Repair Network* July 2016: 33–34, 36.

20. Napolitano, M., "Still Doing More with Less," *Logistics Management* 50(11), 2011: 44–52.

21. Jargon, J., "Latest Starbucks Buzzword: 'Lean' Japanese Techniques," *Wall Street Journal* August 4, 2009: A1.

22. Jusko, J., "Lean Confusion," *Industry Week* 259(9), 2010: 32.

23. Sedam, S., "Building Lean—Beyond Value Engineering," *Professional Builder* September 2010: 1.

24. Simonis, R., "5S without 5Y is Just Housekeeping," *Industry Week* April 14, 2015: 1.

25. Anonymous, "Tool for Productivity, Quality, Throughput, Safety," *Management Services* 50(3), 2006: 16–18; Becker, J., "Implementing 5S: To Promote Safety & Housekeeping," *Professional Safety* 46(8), 2001: 29–31.

26. Beason, M., "Lean Machining—Integrating the Supply Chain," *Manufacturing Engineering* 151(2), 2013: 75–79.

27. Anonymous, "Poor Supplier Relationships Cost US Automakers $2bn," *Supply Management* 20(6), 2015: 8.

28. Katz, J., "Going Lean Revives Circuit Board Manufacturer," *Material Handling & Logistics* January 17, 2012: 1.

29. Anonymous, "Plant Practices: Optimized For Efficiency and Value," *Industrial Maintenance & Plant Operation* September 22, 2015: 1.

30. Waurzyniak, P., "Automating for Maximum Efficiency," *Manufacturing Engineering* 152(5), 2014: 109–113.

31. Harriman, F., "Origins of the Term 'KANBAN' from Conversations with Chihiro Nakao," www.fredharriman.com/resources/OriginsofKanban (February 22, 2010).

32. Blanchard, D., "Lean Culture Helps Carrier Transicold Keep Its Cool," *Material Handling & Logistics* April 7, 2016: 1.

33. King, A., and M. Lenox, "Lean and Green? An Empirical Examination of the Relationship between Lean Production and Environmental Performance," *Production and Operations Management* 10(3), 2001: 244–256.

34. Higginbotham, J., "LEED For Healthcare Offers New Paths to Green," *Building Design & Construction* November 2014: 1; and Hurley, B., C. McArtor, and C. Land, "Continuously Improving Sustainability," *Industrial Engineer* 46(9), 2014: 36–40.

35. Phillips, E., "Six Sigma: The Breakthrough Management Strategy Revolutionizing the World's Top Corporations," *Consulting to Management* 13(4), 2002: 57–59. Also see the SSA & Co. website: www.ssaandco.com

36. Information about Six Sigma and sigma drift can be found at multiple locations, for example, www.isixsigma.com, or www.wikipedia.org/Six_Sigma

37. Pulakanam, V., "Costs and Savings of Six Sigma Programs: An Empirical Study," *The Quality Management Journal* 19(4), 2012: 39–54; Anonymous, "Wabash National Reaches Record Operating Income in 2016," *Trailer/Body Builders* February 1, 2017: 1.

38. Boulanger, M., "Six Sigma Standard: Panacea or Albatross?" *ASQ Six Sigma Forum Magazine* 12(1), 2012: 28–29.

39. Spindelndrier, D., F. Lesmeister, and R. Schmitt, "People Matter Most," *Industrial Management* 54(6), 2012: 12–17.

40. Moore, K., "The Emergent Way: How to Achieve Meaningful Growth in an Era of Flat Growth," *Ivey Business Journal Online* November/December 2011: 1.

41. See, for example, CRN June 4, 2007: 12; Ante, S., "Motorola Is Split into Two," *The Wall Street Journal* January 5, 2011: 1; and *Google Official Blog: "We've acquired Motorola Mobility,"* Google (retrieved May 22, 2012).

42. "Business Brief—Primary PDC Inc.: Joint Bankruptcy Plan Filed to Dissolve Former Polaroid," *Wall Street Journal* January 17, 2003: B-3.

43. Kelly, S., "Creating a Culture of Continuous Improvement and Sustainable Management Systems at Abbott Diagnostics Longford," *Global Business and Organizational Excellence* 36(1), 2016: 6.

44. Brandt, D., "Messing with Process," *Industrial Engineer* 47(2), 2015: 5.

45. Gilbert, J., and J. Wisner, "Mattel, Lead Paint, and Magnets: Ethics and Supply Chain Management," *Ethics & Behavior* 20(1), 2010: 33–46.

46. Blanchard, D., "Leaning into the Supply Chain," *Industry Week* September 5, 2014: 1.

47. Deming, W. E., *Out of the Crisis*. MIT Press, 1986.

48. See www.deming.org for more information.

49. Quality Is Free is out of print; Crosby, P. B., *Quality without Tears*, McGraw Hill, 1984.

50. Butman, J., and J. Roessner, "Na Immigrant's Gift: The Life of Quality Pioneer Joseph M. Juran," PBS Documentary Video, produced by Howland Blackiston, copyright WoodsEnd, Inc.

51. See, for example, http://www.whatissixsigma.net/jurans-quality-trilogy/

52. Baldrige information was obtained from www.nist.gov/baldrige

53. See http://patapsco.nist.gov/Award_Recipients/index.cfm

54. ISO information was obtained from the organization's website, www.iso.org

55. See https://www.iso.org/the-iso-survey.html

56. Cash, B., "Getting It All," *ASQ Six Sigma Forum Magazine* 12(2), 2013: 9–14.

57. Information found in www.ge.com/sixsigma

58. Descriptions found in www.isixsigma.com, www.asq.org, and www.xlp.com

59. Found at http://management.about.com/cs/generalmanagement/a/Pareto081202

60. Adapted from Table 27 of the ASTM STP 15D ASTM *Manual on Presentation of Data and Control Chart Analysis*, © 1976 American Society for Testing and Materials, Philadelphia, PA.

4부
공급사슬관리의 유통 이슈

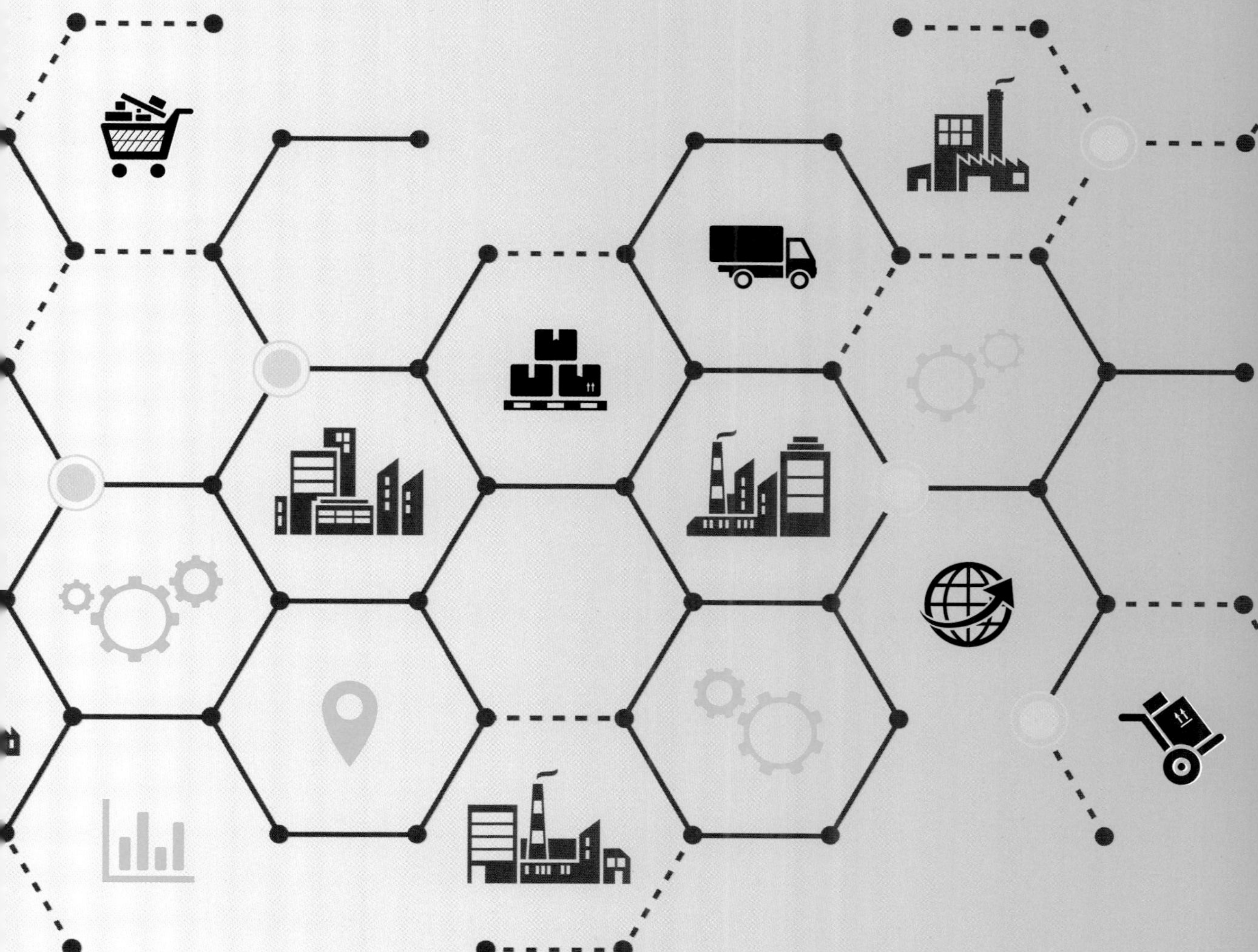

part 4. DISTRIBUTION ISSUES IN SUPPLY CHAIN MANAGEMENT

9장

미국 내 물류와 글로벌 물류

DOMESTIC U.S. AND GLOBAL LOGISTICS

해외 사업이 늘어나면서 복합 운송의 성장 속도가 더욱 빨라지고 있다. 북미자유무역협정은 훨씬 더 결속력이 강해지고 있다.

Tony Hatch, rail analyst and principal of ABH Consulting[1]

미국경제가 계속 성장하고 있는 가운데, 물류관리자들은 세계적인 불안으로 인한 환율의 높은 변동성에 대비할 필요가 있다. 석유산업만 보더라도 미국은 여전히 OPEC 생산에 의존해 공급 균형을 이루고 있다는 점을 기억할 필요가 있다.

Patrick Burnson, executive editor of Logistics Management[2]

학습목표

- 물류의 전략적 중요성을 이해한다.
- 다양한 운송 수단을 구분한다.
- 미국의 규제와 규제 완화가 운송에 미치는 영향을 이해한다.
- 물류의 국제적인 측면에 대해 논의한다.
- 물류가 공급사슬관리에 끼친 영향을 설명한다.
- 운송 · 보관 · 원자재관리의 상관관계를 조사하고 이해한다.
- 몇몇 제3자 물류업체를 알아본다.
- 다양한 역물류 활동에 대해 논의한다.

운송이 기존보다 더욱 커지고, 길어지고, 빨라지는 것을 보통 더 좋은 운송이라고 한다. 운송에서의 규모의 경제는 적은 이동, 적은 연료소비, 나은 장비 운용, 낮은 인건비를 의미하기 때문에 물류업자들은 규모의 경제 이점을 얻기 위해 때때로 운송 장비를 대용량으로 사용하기도 한다. 또한, 더 빠른 해상 운동 속도에 대한 지속된 요구를 통해 몇몇 기업은 더욱 빠른 시스템을 설계하고 있다. 다음은 몇몇 예시이다.

화물차 운송업(Motor Carriers)

호주에서는 인구 밀집도가 낮은 두 도시를 연결하기 위해 큰 트랙터 한 대에 서너 개 혹은 그 이상의 트레일러를 연결하여 도로를 이용해 이동한다. 이러한 트렉터와 트레일러의 결합형태를 대형 트레일러트럭(road trains)이라고 한다. 호주에서, 대형 트레일러 트럭은 법적으로 180피트 길이와 65mph 속도까지만 허용된다. 맥 타이탄 트렉터(Mack titan tractor)가 328피트 길이인 트레일러를 112개를 끌며, 호주 퀸즐랜드주 클리프턴(Clifton) 최장 대형 트레일러를 끌면서부터 2006년에 이 법안이 제정되었다. 이 대형 트레일러의 길이는 4,836피트였으며 무게는 290만 파운드였다.[3]

철도 운송업(Rail Carriers)

2016년 이후로, 제일 빠른 정기 운행 열차는 중국의 상하이 마그레브 열차(Shanghai Maglev)이다. 일인당 8달러만 지불한다면 마그레브 열차는 상하이 푸동 국제공항에서부터 상하이의 변두리인 롱양 메트로 역까지 19마일을 달린다. 이 열차는 자기부상 기술을 이용하여 운행을 마치기까지 7분 정도밖에 안 걸리며, 최고속도는 시간당 267마일에 달한다.[4] 현재로서는 제일 빠른 열차이지만, 일본 철도의 마그레브 총알 열차가 있다. 이 총알 열차는 603kph(374mph) 속도로 운행하며 2016년 시험 운행을 하였다(이 운행은 초당 1마일 속도였다).[5]

항공 운송업(Air Carriers)

신형 에어버스(Airbus) A380 제트 여객기와 구형 Spruce Goose는 크기가 꽤 크지만 Antonov An-225 상업용제트 화물기만큼은 아닐 것이다. Antonov An-225는 1988년에 발사추진보존 로켓과 우주선을 위한 소련의 우주 계획을 위해 만들어졌다. 290피트 날개와 같이 총 275피트의 길이이며 최고 이륙 무게가 640톤으로 787 보잉이 왜소해 보일 정도이다. 소련 연방이 1990년 붕괴되면서 잠시 보류되었다가, 결국 2001년 안토노브(Antonov) 항공사에 의해 쇄신되고 서비스를 제공하기 시작하였다. 이 서비스는 한때 기관차나 150톤 발전기로 불가능하다고 여겼던 것을 항공을 통해 가능하게 하였다. 또한 이는 아이티와 같은 지진 피해를 입은 재난지역에 많은 양의 구호물품을 빠른 시간 내에 운송하는 것을 가능하게 하였다.[6]

해상 운송업(Water carriers)

역사상 가장 큰 슈퍼탱크는 1979년에 수미토모 중공업(Sumitomo Heavy Industries)에 의해 지어진 Seawise Giant였다. 함선의 길이가 1,504피트였고, 46개의 탱크와, 34만 평방피트의 갑판을 가지고 있어서 영국해협, 수에즈 운하 및 파나마 운하를 통과하기에 너무 컸다. 함선에 짐을 가득 채웠을 경우, 무게가 64만 5,000톤이나 나갔고, 세로로 세우면 엠파이어 스테이트 빌딩보다 훨씬 길었다. 이제껏 만들어진 함선 중 가장 컸던 이 함선은 여러 해 동안 이름이 바뀌고, 여러 소유주를 거쳐 왔지만, 이는 너무 거대하여 2010년에 폐기되었다. 현재 가장 큰 컨테이너선은 2014년에 만들어진 CSCL Globe이다. 이는 전체 길이가 1,312피트이며 19,100개의 20피트 컨테이너를 수용할 수 있다.[7]

파이프라인 운송(Pipeline Carrier)

세계에서 가장 긴 수중 파이프라인은 북해 수중에 있으며 2007년 Norsk Hydro ASA로부터 완공되었다. 이 파이프라인은 노르웨이 연안의 가스전으로부터 746마일이나 떨어진 영국의 공정시설로 천연가스를 수송한다. 파이프의 각 부분은 세계적으로 가장 큰 파이프라인을 설비하는 함선에서 조립되었다. 그리고 조립된 파이프라인은 해저 3,000피트에 반복적으로 깔려있다. 세계적으로 가장 긴 육지 파이프라인은 2012년 12월 China National Petroleum Corportion에 의해 만들어졌으며 이는 중국 중비지방부터 상해 동쪽, 광저우 그리고 홍콩 남부까지 이어져 있다. 이 파이프라인은 225억 달러를 들여 건설하였으며 5억 명에게 천연가스를 공급하는 데 일조한다.[8]

개요

물류(Logistics)은 구입한 원자재들을 공급자로부터 구매자에게 이동하고, 회사 내에서 생산공정 중에 있는 원자재들을 이동하고, 완성품들을 고객에게 전달하고, 물품들을 반송하거나 재활용하고 이러한 제품들을 공급사슬 도중 저장하는 데 필수적이다. 효과적인 운송 시스템은 상업이 산업화된 사회에 존재하기 위해 필요하다. 물품들은 고객의 사용 지역에 필요한 시간에 맞추어 도달하기 전까지 고객에게 큰 가치를 지니지 못한다. 그러므로 운송은 시간 효용(time utility)과 장소 효용(place utility)을 창조한다. 시간 효용은 고객에게 제품을 빠르지 않고 늦지 않게 제 시간에 정확히 배송될 때 발생한다. 운송 기능은 제품이 얼마나 신속히 배송되고 배송 전에 어디에 보관할 것인지 결정함으로써 시간 효용을 발생시킨다. 장소 효용은 고객이 제품을 원하는 장소에 도착하게 할 때 발생한다.

세계적으로 인정받은 공급사슬관리전문가협의회(Council of Supply Chain Management Professionals)가 공지한 공식적인 **물류**의 정의는 다음과 같다.

> 고객 요구에 부합하기 위한 목적으로 서비스 및 관련 정보를 포함한 상품의 효율적이고 효과적인 운송 및 저장을 위한 절차의 계획, 실행 및 통제 프로세스.[9]

따라서 운송, 보관, 정보 시스템 그리고 고객서비스는 물류 체계에 있어서 매우 중요한 역할을 담당한다. 특히, 공급사슬의 경우 운송은 파트너들 사이에서 제품을 효율적으로 이동시켜 비용, 서비스 요건, 경쟁우위와 수익들을 최적화한다.

시내에서 움직이든 도시 간이나 국가 간을 움직이든 물류를 무시할 수 없다. 도로를 따라 천천히 움직이는 큰 트럭, 유개 화차를 끄는 기차, 고속도로 옆의 탱커와 가축 운반차, 도시의 산업 구역에서 물품을 보관하는 창고, 공항에서 이륙하는 비행기, 화물을 내리는 컨테이너선 또는 강을 따라 천천히 떠가는 바지선 등 어떤 형태로든 물류를 접하게 된다. 미국

〈표 9-1〉 물류 관련 서비스가 전체 미국 GDP에 차지하는 비중[10]

구분	1980	1985	1990	1995	2000	2005	2010	2014
전체 미국 국내총생산	2,788	4,218	5,801	7,415	9,952	12,623	14,783	15,961
물류 관련 서비스 GDP (미국 GDP 대비 비율)	102.6 (3.7)	137.1 (3.3)	172.8 (3.0)	231.7 (3.1)	301.4 (3.0)	369.5 (2.9)	421 (2.8)	441 (2.8)

이나 다른 고도의 산업 국가들에서 제품 운송은 늘 존재해왔다. 제품 운송이 없으면 소비자들은 일상적으로 찾는 가까운 소매점에서 원하는 것을 원하는 때에 찾을 수 있는 기회가 없을 것이다.

2005년에 미국 화물운송시스템(U.S. freight transportation system)은 매일 527억 달러 이상 가치의 495억 톤 물건들을 이동시켰다. 매년 미국에서 56톤 만큼의 성인 남자, 성인 여자, 아이들이 여객기를 탄다. 2014년 미국은 420만 마일의 공공도로와 14만 마일의 열차로, 220만 마일의 가스 유통 파이프라인, 25,000마일의 해상도로, 19,000개의 일반 및 인증된 공항, 183개의 부두가 있다.[11] 미국 운송부서(U.S. Department of Transportation)의 가장 최근의 통계자료를 보면, 2014년 말 미국의 국내총생산(GDP)에 기여한 그 해 총 미국 임대 물류 서비스는 약 2.8%로 4,410억 달러에 달했다. 〈표 9-1〉은 미국의 임대 물류 서비스 지출 증가가 이전 31년 전 지출의 4배보다 많은 것을 보여준다.

이 장에서는 다양한 유통 활동, 용어 그리고 기업의 일상적 활동에 영향을 미치는 이벤트들을 논의할 것이다. 또한 다양한 운송 수단과 운송과 보관 사이의 관계, 기업의 물류 관련 의사결정, 물류가 공급사슬관리에 미치는 영향을 논의하고 물류에 영향을 끼치는 국제적인 이슈, 전자상거래가 물류 활동에 미치는 영향 그리고 역물류라 일컬어지는 반송품 관리 등을 검토할 것이다. 운송에 관한 몇 가지 기본적인 내용도 다음에서 검토될 것이다.

운송의 기본

여기서는 운송 목표, 운송의 법률적 분류, 운송 수단, 복합 운송, 운송비, 운송 보안, 운송 규제 및 규제 완화 등 물류 기능 중 여러 가지 중요한 요소를 검토한다. 이것은 이 장에서 다룰 주제들을 논의하는 데 기초를 제시할 것이며 또한 물류 중에서 물류 이슈의 복잡성에 대한 이해를 증진시킬 것이다.

운송의 목표

사용자들은 운송의 최우선 목표는 단순하게 화물을 A점에서 B점으로 옮기는 것이라고 여길지 모르지만 운송업체 입장에서는 옮기는 것만이 목표가 아니다. 왜냐하면 이들은 운송을 비효율적으로 하게 되면 파산할 수도 있기 때문이다. 예를 들어 지난 20년 동안 미국의 많은 항공사들은 파산을 선언했고 운영을 계속하기 위해 노조 측에 협조를 요청했다. 유나이티드에어라인(United Airlines), 콘티넨탈에어라인(Continental Airline), 아메리카웨스트(America West), US에어웨이(US Airways), 델타에어라인(Delta Airlines), 노스웨스트에어라인(Northwest Airlines), 하와이안에어라인(Hawaiian Airlines), 프론티어(Frontier), 알로하에어라인(Aloha Airlines), 메사(Mesa) 그리고 사우던에어(Southern Air)와 같은 항공사가 그런 회사들이다. 2009년부터 2011사이의 급격한 경기침체와 연료 가격의 상승은 운송업체들에게 골칫거리만 안겨주었다. 2014년까지 연료비는 미국 항공사들 운영비의 35%를 차지하였다(이는 2000년 세 배 수준의 비율이다). 이 기간 중 8,500개의 미국 트럭회사가 파산하였고 32만 5,000대의 트럭이 쉬게 되었다. 2011년 이후, 연료 가격이 줄어들며 이 경향을 반전되었다. 제트기 연료 가격을 예시로 들어보면, 2011년 2.92달러에서 2016년 1.25달러로 하락하였다. 현재, 전세화물 적재량은 매년 2%씩 증가하고 있으며 360만 대의 트럭이 운행 중에 있다.[12]

물류관리자는 고객의 서비스 요구 조건을 정확하게 이해하고 회사 입장에서 수용할 만한 수익을 내면서도 운송비용을 충분히 충당할 수 있을 정도의 가격을 책정하기 위해 운송제공업체들과 협상뿐만 아니라, 서비스를 가능한 한 효율적으로 전달함으로써 자신들의 서비스 가치를 최대화하려고 노력한다. 마지막으로 물류관리자는 요구된 서비스가 효과적으로 이루어질 수 있도록 해야 한다. 위에서 언급했듯이, 연료 가격이 상승하면서 항공산업에서는 경쟁으로 인하여 가격이 기업의 고정 및 변동 비용을 충당할 수 없을 정도로 낮게 책정되는 바람에 많은 항공사와 트럭 회사가 엄청난 문제에 직면하였다. 일반적으로 비용을 최소화하고 수익 창출에 기여하면서 고객 만족을 핵심으로 하는 것이 운송의 목표이다. 물류관리자와 공급사슬관리자에게 있어 이것은 또한 가장 적절한 노선과 차량 스케줄 선정과 함께 어떤 형태의 운송, 보관 방식을 선택할지 결정하는 문제이다.

운송업의 법률적 분류

운송회사들은 법률상으로 일반, 계약, 면제, 자가 운송업체로 분류된다. 이러한 분류에 따른 각각의 운송업체의 특징들은 다음과 같다.

일반 운송업체

일반 운송업체(common carriers)는 모든 송하인에게 지정된 지역 간의 공표된 운임으로 운송서비스를 제공한다. 일반 운송업체는 차별 없이 대중에게 운송서비스를 제공해야 하는데 이것은 일반 운송업체가 모든 고객에게 동일한 요금을 부과해야 한다는 것을 의미한다. 미국에서 일반 운송업체는 요금이 지불되고 공간이 허용하는 한 법적으로 모든 승객과 화물을 운송하도록 되어있으며 이를 거절할 그럴듯한 이유는 존재하지 않는다. 일반 운송업체는 대중에게 서비스할 수 있는 권한을 부여받기 때문에 모든 운송업체 범주 중 가장 많은 규제를 받는다. 미국의 일반 운송업체로는 사우스웨스트항공사(Southwest Air), 앰트랙(Amtrak), UPS, 카니발크루즈라인(Carnival Cruise Lines)이 있다.

계약 운송업체

계약 운송업체(contract carriers) 또한 일반 운송업체와 마찬가지로 돈을 내고 이용할 수 있는 운송업체이지만 대중을 위한 것은 아니다. 계약 운송업체는 계약을 맺은 고객에게만 서비스를 제공한다. 계약은 협상을 통해 동의한 가격에 특정 화물을 이동하기 위한 것이다. 일반 운송업체 또한 계약 운송업체가 될 수 있지만 일부 계약 운송업체는 동일한 서비스에 대해 일반 업체들이 부과하는 운임보다 낮은 가격을 제의할 수 있는 특별한 권한을 갖고 있다. 예를 들어 사우스웨스트항공사는 프로축구팀 달라스 카우보이스가 원정경기를 할 때 교통편을 제공하기 위해 달라스 카우보이스팀과 계약을 맺었다. 송하인과 운송회사는 운임, 운송할 제품, 책임 운송 시기와 서비스 유형에 대해 자유롭게 계약을 협상할 수 있다.

면제 운송업체

면제 운송업체(exempt carrier) 또한 돈을 주고 고용할 수 있는 운송업체지만 서비스와 운임 규제를 받지 않는다. 운송회사들이 농산물, 가축, 석탄, 신문과 같은 특정 면제 제품을 운송할 경우 면제로 분류된다. 학교 버스나 택시 그리고 구급차의 경우도 면제 운송업체로 분류된다. 면제 운송은 원래 농부들이 공공 도로를 이용해 농산물을 운송할 수 있도록 허용하기 위해 만들어진 것이었지만 현재는 많은 일용품을 포함할 정도로 확대되었다. 일례로 특정 지역 간에 석탄을 운반하는 철도 운송업체는 모든 경제적 규제를 면제받는다. 모든 운송회사들 또한 이러한 특정 일용품을 운송하거나 경로를 이용할 경우 면제 운송업체가 될 수 있다.

자가 운송업체

자가 운송업체(private carrier)는 경제적 규제를 받지 않으며 일반적으로 자사에 속한 기업의 제품을 운송한다. 자사 제품을 운송하는 기업은 운송서비스를 고용하는 것보다 운송비가 적게 들 정도로 충분히 큰 규모의 수송 수단을 소유하고 운영한다. 제품 이동의 융통성과 통제 또한 자가 운송업체 소유에 중요한 역할을 할 수 있다. 예를 들어 월마트는 많은 트럭과 물류센터를 보유함으로써 2005년 여름 허리케인 카트리나가 루이지애나 해안을 강타했을 때 미국 정부 구조요원들보다 더 빠르게 대응할 수 있었다. 재난 이후 월마트는 즉시 음식과 물, 여러 구호물품들을 자사 트럭으로 지역 주민들과 구조 활동을 돕는 다른 기관들에게 공급했던 것이다. 3주 안에 월마트는 트럭 2,500대 분량의 화물들을 재난 지역에 운반했으며 가장 심각하게 강타한 지역의 상점을 신속하게 다시 열 수도 있었다. 카트리나가 지나간 직후에 뉴올리언스의 보안관 해리 리는 다음과 같이 말했다. "미국 정부가 월마트처럼 대응했다면 우리는 이러한 위기에 처하지 않았을 것이다."[13]

운송 수단

기본적인 다섯 가지 운송 수단은 화물차, 철도, 항공기, 선박, 그리고 파이프라인이다. 운송 수단은 모두 각각 독특한 이점을 가지고 있으며 운송 수단 선택은 운송제품, 제품에 따라 요구되는 운송 속도, 운송업자가 지불하고자 하는 가격 그리고 출발지와 도착지의 입지에 달려있다. 다음은 각 수단에 대한 논의이다.

화물차 운송

화물차 운송(motor carriers) 혹은 트럭 운송은 가장 융통성 있는 운송 수단으로 미국 총 화물 경비지출의 70%(2015년 약 105억 톤)를 차지하며, 다섯 가지 운송수단 중 제일 큰 규모이다. 화물차는 대규모 선적화물 운송뿐만 아니라 방문 서비스(door-to-door service), 지역 픽업(local pick up)과 배송, 규모가 작은 성적 운송도 제공한다. 화물차 운송은 고정비용과 변동 비용이 아주 저렴해서 중단거리 운송(1000마일 이하일 경우) 철도와 항공 운송에 대해 경쟁력이 있고 국경을 횡단하는 운송, 특히 배송 도착지가 여러 곳인 경우 다른 운송 형태에 비해 경쟁력을 지니고 있다. 화물차 운송은 또한 냉동 제품부터 가축, 자동차에 이르기까지 다양한 전문화된 서비스를 제공할 수 있다.

화물차의 주요 단점은 날씨와 교통 문제이다. 2007년 8월의 미시시피강 위에 위치한 미네소타 35번 주간고속도로의 35번 다리 붕괴참사는 13명을 사망으로 이르게 하였고 수송 기반시설의 중요성을 일깨워준 사건이었다. 하루 평균 약 5,700대의 상용차를 포함한 14만 대 이상의 차량이 미네소타의 가장 붐비는 교량을 이용하였다. (2005년 안전 검사에서 다리는 위험 진단을 받았고, 이는 보수 내지 교체가 필요함을 의미하였다.[14] 교체된 다리는 2008년 9월 18일 다시 운용되었다.[15]) 또한 4년마다 미국의 사회기반시설에 대한 미국사회시민엔지니어보고서카드(American Society of Civil Engineer's Report Card)에서 미국 운송 기반시설에 대한 상태와 실적을 보여준다-이는 물리적 상태와 개선되어야 할 투자 부분을 기반으로 등급을 매긴다. 항공술, 국내 수로 그리고 도로는 "D" 등급을 맞지만 부두, 다리는 "C+"등급, 그리고 열차로는 "B"등급을 받았다.[16]

화물차 운송은 대개 **부분적재 운송**(less-than-truckload(LTL) carriers)과 **만차 운송**(truckload(TL) carrier)으로 분류된다. LTL 운송은 트럭 한 대 분량이 안 되는 작은 포장물이나 화물을 운송하는 것으로 운송회사들은 작은 화물 여러 개를 모아 트럭 한 대 분량을 만든 다음에 도착지에서 개별 배송을 위해 각 선적화물을 분리하기 때문에 100파운드당 선적 운임이 TL운임보다 높다. 많은 운송회사는 LTL 운송이 TL 운송보다 저렴하다고 생각한다. LTL 운송은 전체 트럭운송 수익의 5%만 차지하며 미국에서는 소수의 큰 국영 LTL 운송회사들과 많은 수의 지역 회사들로 이루어져 있다. 2015년 말, 미국 내 5개의 높은 수익을 내는 회사들은 페덱스프레이트(FedEx Freight) 570억 달러, 엑스포로지스틱스(EXPO Logistics) 350억 달러, 와이알씨프레이트(YRC Freight) 300억 달러, 유피에스프레이트(UPS Freight) 250억 달러이다. 다수의 지역 LTL 운송회사들은 작은 규모이며 사설업체로, 새벽 배송이나 이틀에 걸친 배송을 한다. 현재, 5순위까지의 LTL운송업체가 전체 LTL 시장의 50%를 차지하고 있다.[17]

반대로, TL 운송은 해운 회사 화물 전용 트레일러를 가지고 있다. 소비자는 트레일러에 만차로 적재하면 TL 운송업체는 이를 받고 하역하는 최종 도착지까지 운송한다. 2015년 말, 5개의 큰 높은 수익을 내는 TL 운송업체들은 스위프트(Swift) 350억 달러, 스네이더(Schneider) 240억 달러, 제이비헌트(J.B. Hunt) 180억 달러, 랜드스타(Landstar) 170억 달러, 워너(Werner) 160억 달러이다. 이 산업군은 꽤 분열되어 있는데, 70%의 회사가 5개의 탑 회사들보다 적은 수익을 보인다. LTL 시장은과는 달리 5순위 내 TL 업체들은 오직 시장의 8%만을 차지한다.[18]

화물차 운송은 또한 배송 물품 유형에 따라 분류될 수 있다. **일반화물 운송업체**(general freight carriers)는 대부분의 제품을 운반하며 일일 운송업체들이 이에 해당한다. 반면 **전문 운송업체**(specialized carriers)는 액체연료, 가정물품, 농산물, 건축자재를 비롯한 기타 특별 제품들을 배송한다. 호주의 경우, 긴 트럭/트레일러 결합형태(대형 트레일러트럭(road train))이 철도가 지나가지 않고 지리적으로 분산된 지역사회에 물품을 운송한다. (이에 대한 자료는 이 책의 각 장 도입 부분에 있는 SCM PROFILE과 독특한 운송 서비스들을 참조하시오.)

철도 운송

철도 운송(rail carriers)은 장거리면서 선적화물이 무겁고 부피가 있을 때 가장 경쟁력이 있다. 한때 철도는 미국 내의 대부분의 선적화물을 운송했다. 그러나 2차 세계대전 이후 철도의 운송 시장점유율은 급격히 감소했다. 600억 규모 산업은 14만 열차로 이루어져 있는데 7 class Ⅰ이나 큰 열차로, 21개의 지역 열차로, 510개의 로컬 열차에 의해 운영된다. 14만 마일 시스템은 다른 전 세계 화물 열차 시스템보다 많은 화물을 움직이며, 22만 천 직업들을 제공한다. 현재 미국에서 열차 운송업체들은 매년 18억 톤 수화물을 움직인다.[19]

철도 운송은 비교적 느리고 융통성이 없다. 그러나 항공이나 화물차 운송보다 저렴하고 장거리 운송의 경우 매우 경쟁력이 있다. 경쟁력 강화를 위해 철도 운송은 화물차를 구입할 수 있으며 트럭 트레일러를 운반하는 목판차(flatcar)나 화물차를 이용하여 지점 간(point-to-point) 픽업 및 배송 서비스를 제공할 수 있다. 이는 **TOFC**(trailer-on-flatcar)로 알려진 서비스이다. 철도는 또한 화물차 운송과 비교했을 때 선적화물 훼손, 설비 유용성, 서비스 빈도 측면에서 다소 불리하다.

철도 회사들은 열차를 서로 공유하기 때문에 열차를 유지하거나 열차가 필요할 때 사용하는 것이 문제가 될 수 있다. 그러나 철도 여정, 스케줄 소프트웨어, 기차 식별 시스템의 발달로 이러한 문제는 어느 정도 보완되었다. 기동차에 설치된 **실시간 위치인식 시스템**(real-time location systems: RTLS)은 실시간으로 기동차(그리고 자산)을 추적할 수 있도록 활발하고 WiFi가 가능한 전파식별(RFID) 태그를 사용한다. 이 태그는 일정한 시간 간격으로 그 위치를 알려주기 위해 신호를 중개하도록 프로그램화 되어 있다. RTLS에는 냉동차 내부의 온도를 측정하기 위해 센서가 추가될 수 있으며, 이는 온도가 미리 조정된 범위를 벗어나면 신호를 전송할 수 있다.[20]

미국에서는 철로기반시설과 설비의 노후가 문제가 되고 있다. 그러나 1980년대 중반부터 낡은 철도 선로의 부분적인 교체와 기차 교체, 터미널 업그레이드 노력을 통해 철도산업이 다소 활기를 되찾았으며 기업 합병을 통해 협력을 도모하고 있다. 불행히도 열차 탈선이 빈번히 일어나기 시작했으며, 오래된 열차로를 교체하는 이슈에 힘을 기울이고 있다. 일례로, 브릿지포트주와 코네티컷주에서 동쪽으로 이동하는 통근 열차가 2012년 3월에 탈선되어 서쪽으로 이동하는 열차와 충돌하였다. 이는 70명의 사람들이 다쳤으며 열차로의 상당부분의 부서졌다. 결과적으로 코네티컷주 운송 부서(Connecticut Department of Transportation)는 1억 달러 넘게 사용하여 56마일의 뉴욕 통근 열차 트랙을 개선하였다.[21]

철도 운송에서 나타나는 최근 변화로 **고속열차**(high-speed trains)가 있다. 미국의 경우 앰트랙(Amtrak)이 운영하는 고속열차들은 미국 북동부 지역(보스턴-뉴욕-워싱턴D.C.)을 따라 운행된다. 몬트리올에 본사가 있는 운송 및 항공 회사 봄바디어사(Bombardier Inc.)는 앰트랙의 전자고속열차 아셀라(Acela)를 기획해서 제작했다. 이 열차들은 워싱턴D.C.에서 보스턴까지 대략 시속 85마일로 이동하여 6.5시간에 도달할 수 있고, 이때 최고시속은 120마일에 이른다. (속도가 더 느린 열차들과 직선 선로의 부족은 평균 시속을 70마일로 감소시키는 경향이 있다.)[22] 추가적인 개선을 통해 결국에는 속도가 160mp까지 이를 것으로 예상된다.[23]

아셀라(Acela)가 현재 미국 내의 유일한 고속열차이지만, 캘리포니아, 일리노이, 플로리다와 같은 지역에서 이러한 고속열차의 도입을 고려하고 있다. 2009년 미국에서 오바마 대통령은 야심찬 고속열차 프로그램을 착수하기 위해서 국회에서 105억 달러 승인받았다. 이 자금을 통해, 캘리포니아는 샌프란시스코에서 로스앤젤리스로 200mph 속도로 24개의 역을 지나는 680억 달러 고속열차를 건설하려고 한다. 이는 2029년 이전에 건설될 것으로 계획되고 있다. 플로리다에서는 주정부의 지원이 줄자, 마이애미와 올랜도를 잇는 올 어브로드 플로리다(All Abroad Florida)라고 불리는 고속열차 프로젝트를 위해 사적 출자를 받았다. 이 300억 달

SCM PROFILE

하이퍼루프

테슬라 모터스(Tesla Motors)와 스페이스엑스(SpaceX)의 CEO인 엘론 머스크(Elon Musk)는 2013년 사람 또는 화물을 운반하는 공간이 있는 진공튜브인 하이퍼루프(hyperloop)로 시속 750마일로 이동하는 기술로 관심을 받았다. 이 아이디어는 캘리포니아의 샌프란시스코와 로스엔젤레스 간 고속철도 계획에 대한 잠재적 방법으로 떠올랐다. 선견지명이 있는 기업가로부터 온 이 기술은 실제로 실용적이라는 것을 증명하기 위해 노력하는 신생 기업들 사이의 경쟁을 유발하기에 충분한 관심을 끌었다.

현재 하이퍼루프 원은 2017년에 시험될 네바다주 라스베이거스 인근에 500m 길이의 트랙을 건설하고 있다. 2017년 말 이전에 튜브로 3km가량 본격 가동할 계획이다. "우리가 이 시제품을 시연할 때, 모든 사람은 우리가 도시 정체 문제를 해결할 수 있다는 것을 깨닫게 될 것이다. 우리는 땅을 자유롭게 하고 도시를 재정의할 수 있다. 대박이다."라고 하이퍼루프원(Hyperloop One) CEO인 롭 로이드(Rob Lloyd)가 말했다. 하이퍼루프 개념을 지지하는 사람들은 이를 작동하도록 만드는 데 필요한 기술들이 모두 입증되었으며 극복해야 할 진정한 도전은 비즈니스 모델과 금융을 수반한다고 주장한다.

하이퍼루프원은 안전에 대한 규제적 우려를 해소하기 위해 승객보다는 화물을 처음 운반하는 것을 목표로 하고 있지만, 기술이 입증되면 사람들을 이동시킬 것이라고 말한다. LA에서 샌프란시스코로 가는 노선의 계획은 30초마다 6명에서 8명을 태우고 출발하는 캡슐을 타는 것인데, 티켓은 한 장당 20달러 정도 한다. 최고 속도로 순항하면 350마일의 여행은 약 30분이 걸릴 것이다. LA에서 샌프란시스코까지 노선을 건설하는 데 소요되는 예상 비용은 160억 달러이다.[24]

러짜리 기차는 평균 81mph 속도로 달릴 것이다(실제 고속열차는 보통 155mph 속도를 능가한다). 만약 이 열차가 개통된다면 이 열차는 미국에서 100년이 넘는 기간 동안 사설업체가 개발하고 개통한 최초의 열차가 될 것이다.[25]

현재 중국은 매년 2억 5,000명이 이용하는 제일 긴 고속열차 네트워크를 운영하고 있다(약 16,000km). 2015년 중국은 351대의 고속열차를 추가로 계약하는 데 사인하였다.[26] 프랑스나 일본과 같은 다른 국가들은 또한 거대한 고속열차로를 운영하고 있다. 프랑스 최초의 고속철도는 파리와 리옹을 잇는 노석을 필두로 하여 1981년에 시작되었고, 프랑스 전역의 이웃도시들을 이을 수 있도록 확장되었다. 일본의 고속열차인 신칸센은 1964년 도쿄와 오사카를 평균 시속 170마일로 잇는 노선으로 시작되었다. 유럽의 다른 많은 국가도 고속열차를 사용하고 있다. 말레이시아와 싱가폴은 최근에 쿠알라울룸프와 싱가풀을 잇는 고속열차로를 건설하는 계획을 공포하였다. 완공은 2020년까지이다. 테슬라 CEO인 엘론 머스크의 발명품인 진공 튜브 형태의 고속열차인 하이퍼루프(Hyperoloop)는 SCM의 관심을 받고 있다. 비용과 터미널의 위치에 따라 이와 다른 종류의 고속열차는 항공과 다른 형태의 지상 운송수단의 매력적인 대안이 될 수 있다.[27]

항공 운송

항공 운송은 다른 운송 수단에 비해 매우 비싸지만 신속하고 장거리의 경우 특히 유용하다. 전 세계의 항공사들은 매년 30억 명의 승객을 수송한다. 총화물량은 2015년, 5,800만 톤이며 508억 달러의 수익을 창출한다. 항공 운송은 또한 990만 가지의 연관된 직업을 창출한다. GDP 내 비중으로 비교하면, 글로벌 항공 운송 산업은 자동차산업보다 크다. 실제로, 만약 항공 운송 산업이 나라로 따지면 GDP는 세계 21위인 스위스나 스웨덴 수준이다.[28]

항공 운송(air carrieirs)은 아주 무겁거나 부피가 큰 화물을 운반할 수 없기 때문에 미국 총 화물 중 아주 적은 양만을 운송하고 있다. (단, 예외는 세계적으로 가장 큰 상업 화물 항공으로 우크라이나에서 만들어진 Antonov An-225인데, 자세한 사항은 이 장 도입 부분의 SCM PROFILE 참고.) 장거리를 신속하게 운송해야 하는 가벼우면서도 고가 제품의 경우 항공 운송이 최고의 대안이다. 바다나 강을 건너야 하는 경우 항공 운송의 유일한 대안은 선박으로 시간, 비용, 선적화물 무게 등을 고려해서 결정한다. 항공 운송은 선적화물 훼손 발생률이 아주 낮고 운항 빈도는 높지만, 지리적 측면에서 이용 가능 지역이 제한되어 있다. 미국의 경우 대부분의 중소 도시에는 공항이 없고 정기적인 서비스도 제공되지 않는다. 따라서 이러한 지역의 경우 화물차 운송서비스가 항공 운송과 연계되어야 한다.

오늘날 항공으로 운송되는 화물의 절반 정도는 페덱스(세계 최대 항공 화물회사이며 에미츠 스카이카고가 두 번째, UPS가 세 번째이다)와 같은 화물전문 항공사에 의해 운송된다.[29] 이는 대부분의 항공 화물이 여객기에 의해 운반되던 1960년대 후반 이후 급격히 변화하였다. 대부분의 여객기는 화물 운송 능력을 감소시키는 것보다 작고 고연비효율을 가진 비행기를 도입하였다. 중국과 같은 시장의 경제성장은 국제항공화물 운송량을 증가시켰다. 최근, 대부분의 항공 화물 수요는 아시아-태평양 지역이며 그 다음은 유럽, 북아메리카가 그 다음이다.[30]

해상 운송

해상 운송(water carriers)은 저렴하지만 매우 느리고 융통성이 없다. 해상 운송 유형으로는 내륙수로, 호수, 근해, 국제 해상 운송 그리고 원양 운송 등이 있다. 대부분의 내륙수로 운송은 석탄, 곡물, 모래처럼 무겁고 부피가 큰 저가 물품들을 운반하는 데 이용되고 일차적으로 철도, 파이프라인 운송과 경쟁한다. 내륙 해상 운송은 수로(미국의 미시시피강, 콜롬비아강이 그 예)를 통해 접근할 수 있는 지역으로 제한되기 때문에 운송 지역 면에서의 성장 또한 제한적이다. 철도 및 항공 운송체들과 마찬가지로 해상 운송업체도 일반적으로 화물차 운송업체와 연계하여 택배 서비스를 한다.

미국의 내륙 해상 바지선 2017-2022년 동안 기름과 석유화학 운송에 대한 높아진 수요로 이익을 볼 것으로 예상된다. 석유 및 석유화학 산업에 의한 해상 운송은 항해 가능한 내륙 해상로를 따라 정제 공장과 석유화학 관련 시설을 건설하는 주요 이유들 중 하나이다. 텍사스와 루이지애나는 미국 석유화학 생산의 80%를 차지한다. 이 정도 양을 수송하기 위해 새로운 높은 적재량을 가진 바지선들이 만들어지고 있는데 많은 수의 새 상인이 대규모 액체 화물을 운송하기 위한 해상 서비스를 제공하기 시작하였다.[31]

원양 운송(deep-sea transportation)의 발달로 해상 운송은 느린 운항 속도에도 불구하고 더 저렴해지고 향상되었다. 초대형 유조선과 컨테이너선의 개발 및 이용으로 이전에는 존재하지 않았던 운송 수단이 더해졌다. 오늘날 초대형 유조선은 길이가 1,200피트(미식축구 운동장 4개)에 이르며 200만 배럴 이상의 원유를 운송한다. 가장 거대한 유조선은 시와이즈 자이언트(Seawise Giant)로 1,500피트에 이르는 길이를 가지고 있고 56만 톤 이상 혹은 400만 배럴 이상의 원유를 운송한다(자세한 사항은 이 장 도입 부분의 SCM PROFILE 참고). 이제 산유국들은 원유를 필요로 하는 전 세계에 많은 양의 원유를 저렴하게 선적할 수 있게 되었고, 컨테이너선 위에 놓인 컨테이너에 소규모 화물들을 통합할 수 있기 때문에 소규모 송하인들도 저렴하게 해외로 선적할 수 있게 되었다.

컨테이너의 발달은 대부분의 포장 상품을 해외로 선적 가능하게 만들었을 뿐 아니라 화물을 보호해주는 역할도 하고 있다. 컨테이너선은 전 세계 대부분의 지역에 운송할 수 있을 뿐 아니라, 20피트 크기의 컨테이너 1만 개 이상을 운송할 수 있고(컨테이너는 보통 길이 20피트, 높이 8.5피트, 넓이 8피트이지만 다를 수도 있다), 각각 5만 2,000파운드까지 실을 수 있으며, 가치기준 총액으로 3억 달러에 이르는 물품을 운송하기도 한다. 약 500-600만 개의 컨테이너가 국가 간에 컨테이너선에 의해 항시 운송되고 있다.[32]

파이프라인 운송

파이프라인 운송(pipeline carriers)은 운송 가능 물품이 한정되어 있다. 그러나 일단 초기 투자액이 회수되면 아주 낮은 유지비만 들기 대문에 파이프라인 운송이 아주 저렴한 편이다. 파이프라인은 오직 액체 혹은 기체 상태의 물질만을 운송하기 때문에 성장 잠재력은 매우 제한적이다. 파이프라인이 운송하는 품목들 중 하나가 석탄이다. 처음에는 석탄을 작은 입자로 분쇄한 후 물에 떠있게 하여 **석탄 슬러리**(coal slurry)를 만들어 운송했다. 석탄 슬러리가 도착지에 다다르면 석탄과 물은 분리되었다. 이외에 운송 품목으로는 물, 원유, 휘발유, 천연가스 등이 있다. 파이프라인이 독특한 이유는 파이프라인 흐름이 끊기지 않고 이어진다는 점이다. 일단 한 품목이 목적지에 도달하면 그 품목은 계속해서 이용할 수 있게 된다. 오늘날 파이프라인은 엄청난 양의 천연 가스와 원유를 외진 지역에서 수백 수천 마일이 떨어진 제조 공장으로 운반하기 위해 설계되고 있다(원유와 가스 파이프라인에 대한 자세한 사항은 이 장 도입 부분의 SCM PROFILE 참고). 세계가 석탄, 원유, 천연가스 같은 에너지 자원에 의존하는 현 파이프라인 운송은 계속 필요할 것이다.

논쟁거리가 되고 있는 파이프라인 중 하나는 키스톤 XL 파이프라인으로, 원유를 알버타와 캐나다로부터 미국 걸프해안으로 가는 파이프라인이 있는 스틸시티, 네브라스카로 매일 83만 배럴을 운송한다. 많은 미국 정치인과 함께 많은 주정부는 장점들(낮은 가스 가격과 많은 직업들)과 환경비용(기름 유출과 자연 환경 파괴)을 내세웠다. 도널드 트럼프 대통령은 2017년 취임 후 파이프라인 공사에 미국 철강이 사용되도록 규정하면서 허가서를 발급했다. 그러나 이 결정은 프로젝트로 옮겨져 시작하지 못하고 있다.[33]

복합 운송

다양한 운송 수단의 결합인 **복합 운송**(intermodal transportation)은 점차 대중적인 운송 방법으로 자리 잡고 있으며 제품 운송을 훨씬 더 효율적으로 만들고 있다. 최초의 복합 운송은 영국의 브릿지워터 운하에서 석탄을 운송하기 위해 목재 컨테이너를 이용했던 최소 1800년대 초기로 거슬러 올라간다. 마차들은 석탄을 운하 바지선으로 옮겨 싣는 데 사용되었다. 제 2차 세계대전 당시 팔레트는 미군 장비를 창고, 트럭, 기차, 선박, 비행기 사이에 신속히 이송하는 데 사용되었다. 화물 취급의 감소는 인력 감소와 선적 시간의 단축을 의미했다. 표준화된 컨테이너의 사용은 1954년 주간 상공위원회(Interstate Commerce Commission)가 철도에 트럭 트레일러와 컨테이너를 철도 장물차(flatcar)에 실을 수 있다고 판결했을 때 미국에서 빠르게 성장하였다. 1970년대, 제3자 선박 대리점들은 트레일러에 있는 송하인들의 물품을 옮기고 열차를 운송의 일부로 이용하였다. 이러하나 대리점들의 초기 성공은 비슷한 수백 개의 회사를 낳았으며, 복합 운송의 성장을 이끌었다. 마지막으로, 교통산업의 규제 완화는 오늘날의 수준으로 복합 운송을 촉진시켰다.[34]

미국 기업 씨엘엑스 물류(CLX Logistics), 제이비헌트(J.B. Hunt), 허브그룹(Hub Group), RJW 운송(RJW Transport)과 같은 오늘날 대부분의 대규모 운송 서비스기업은 원스톱(one-stop) 서비스와 출발지에서 도착지까지 운송하는(door-to-door) 서비스를 제공한다. 복합 운송은 송하인의 물품을 비용을 들여 운송한 후 고객 요구사항을 가능한 한 저렴한 가격에 만족시키기 위한 최선의 복합 운송 및 보관 배치 결정을 제공한다. 다음은 많은 양의 복합 운송을 사용한 가상 선적 사례이다.

> 한 제조업체가 해외 고객에게 선적하기 위해 표준 8피트 컨테이너에 화물을 채운다. 근처 철도 터미널로 운송하기 위해 컨테이너를 잠가 화물 트레일러에 놓는다. 그런 다음에 컨테이너는 장물차(flatcar)에 실리고 또 다른 컨테이너와 함께 쌓여 있다가 미국 서부 해안으로 운송된다. 컨테이너는 해안에 도착하자마자 컨테이너선에 실려 일본으로 운송된다. 일본에서 컨테이너는 세관을 통과한 후 또 다른 화물차 트레일러에 실려 목적지로 보내진 후 개봉된다. 이 예에서 물품들은 정시에 포장되고 개봉된다. 컨테이너는 세 가지 운송 수단에 실려 최종 도착지에 도달하게 되고 세관 당국

이 물품을 개봉하고 조사하여 허용되기 전까지 개봉되지 못한다.

이 예는 여러 복합 운송 형태를 강조하고 있다. 가장 일반적인 것은 **TOFC**(trailer on-flatcar)와, **피기백 서비스**(piggyback service)라고도 하는 **COFC**(container-on-flatcar)이다. 동일한 컨테이너들은 컨테이너선과 항공기에 놓일 수 있다. 이러한 결합은 화물차의 융통성과 철도 혹은 해상 운송의 경제성을 결합한 것과 유사하다. 텍사스에 본사가 있는 BNSF사는 대규모 북미 철도망 중 하나이며 7개의 북미 Class 1 철도망 중 하나인 철도 사업을 한다. 미국의 28개 주와 캐나다의 3개 지방을 걸치는 32,500마일의 열차로를 가지고 있으며 25개의 복합 운송 시설을 가지고 있다. BNSF는 매년 180만 개의 석탄 수송량과 9,000만 명에게 제공하기에 충분한 곡물 수송량을 운송한다. 2016년, BNSF는 4만 1,000명의 임직원을 보유하고 있으며, 8,000개의 자동차, 19만 개 이상의 화물차량을 보유하고 있다.[35]

또 다른 예는 **ROROs**(roll-on-roll-off) 컨테이너선이다. 이 컨테이너선 덕분에 화물차 트레일러, 차량들과 특대형 화물들은 크레인을 사용하지 않고도 직접 운전해 배의 하갑판 차고에 안전하게 오르내릴 수 있다. 애틀랜틱 컨테이너(Atlantic Container Line)사는 광범위한 특대형 화물을 운반할 수 있는 세계에서 가장 크고 융통성 있는 RORO/컨테이너선 몇 척을 운영한다. 이들은 최근 새로운 3,800개의 20피트 컨테이너와 1,300대의 차량을 갑판 밑에 수용할 수 있는 G-4 RORO/컨테이너선을 받기 시작하였다.[36]

운송비

물류 서비스 제공업체들이 사용하는 두 가지 가격 전략은 **서비스 비용 가격**(cost-of-service pricing)과 **서비스 가치 가격**(value-of-service pricing)이다. 수송품이 충분히 클 경우에 운송업체들과 송하인들은 **가격 협상**(negotiated pricing)을 시작한다. 송하인의 경우 저렴한 가격을 원하는 반면에 물류업체는 높은 이익을 바라기 때문에 서로의 이해관계가 충돌하기 마련이다. 얼마 전까지만 해도 UPS와 같은 운송업체들은 비용을 똑같이 분배하였으며 모든 고객에게 균일하게 요금을 요청하였다. 컴퓨터 가격결정 모델이 발전하자 물류업체들은 다양한 고객의 비용 부담을 보다 정확히 알아볼 수 있게 되었고, 가격결정을 차별화하는 것이 일반화되었다. 이로 인해 작은 송하인들과 업체를 자주 사용하지 않는 고객은 엄청난 가격 인상을 겪게 되었다. 최근에 경제상황이 악화되자 운송 수요가 줄어 추가적인 수용량을 발생하면서 가격결정은 보다 경쟁력 있게 되었고 송하인들은 보다 좋은 조건에서 협상할 수 있게 되었다.[37] 다음에서 몇 가지 가격 관련 이슈와 함께 이 두 가지를 논의한다.

서비스 비용 가격 전략

서비스 비용 가격 전략은 운송업체들이 자사의 고정비와 변동비에 근거해서 가격을 책정하고자 할 때 이용된다. 이를 위해 운송업체들은 관련 비용을 확인한 후 이러한 비용을 정확하게 각 선적에 할당할 수 있어야 한다. 서비스 비용 가격은 화물의 양과 거리에 따라 변한다. 선적화물의 양이 증가함에 따라 각 선적화물에 할당된 고정비 부분은 감소하여 운송업체들은 가격을 절감할 수 있게 된다. 선적화물의 양의 많으면 운송업체들은 또한 부분 적재 운임 대신에 만차 운임을 부과할 수 있다. 선적 거리가 늘어남에 따라 가격은 오르기 마련이지만 거리에 관계없이 고정비는 본질적으로 일정하기 때문에 거리에 비례하여 상승하는 것은 아니다. 서비스 비용 가격은 운송업체들에게 가장 기본적이고 낮은 선적 가격을 의미하며 경쟁시장에서 운송업체들은 수익을 어느 정도 유지하기 위해 서비스 비용 가격에 근접하게 유지한다. 세계적인 경기 침체기에 이러한 상황을 많이 목격했듯이, 운송업체들은 이렇게 가장 낮은 가격조차도 유지하지 못했으며 이로 인해 많은 회사가 파산했다.

서비스 가치 가격 전략

서비스 가치 가격 전략을 사용하는 운송업체들은 시장이 감내할 수 있는 수준에서 가장 높은 가격을 책정한다. 따라서 가격은 각 서비스에 대한 경쟁과 수요에 근거한다. 이것은 이익을 최대화하는 가격결정 접근법이다. 운송업체가 경쟁이 거의 없으면서 수요가 높은 서비스를 제시한다면 가격은 꽤 높게 책정되기 마련이다. 다른 운송업체들이 이러한 서비스의 높은 수익 잠재력을 주목함에 따라 결국 경쟁이 증가해서 가격은 하락하게 된다. 경쟁이 늘어남에 따라 운송업체들은 수익을 유지하기 위해 비용을 줄일 수 있는 방법을 모색하게 된다. 오늘날, 일부 운송 서비스에 대한 수요는 공급을 초과하며, 이로 인해 서비스 가치 가격 전략이 우세해졌다. 항공업계에서는 수요 변동에 따라 온라인 예약 기능이 수익 관리 소프트웨어와 결합되어 가격을 조절함으로써 항공사는 수익을 극대화하기 위해 서비스 가치 가격 전략을 사용할 수 있게 되었다.

가격 협상

미국에서는 운송의 규제 완화로 인해, 송하인들과 물류 사업자들에게 운송 가격 협상이 훨씬 일반화되어 왔다. 또한 오늘날, 물류 서비스업체들이 공급사슬의 수요 변화에 반응하도록 만드는 데 중요한 역할을 하기 때문에, 송하인들은 그들과 협력관계를 개발하려는 경향이 있다. 이것은 또한 가격 협상을 더 많이 하게 만든다. 또한 송하인들은 운송업체들이 서비스 비용 가격을 사용하는 것을 추천하지만, 물류업체들은 서비스 가치 전략을 선호한다. 공평한 동반자관계를 유지하기 위해서는, 협상을 통해 운송업체들이 고정비와 변동비를 회수하여 적절한 수익을 올리고, 송하인들 또한 합리적인 가격에 그들이 원하는 물류 서비스를 받을 수 있도록 가격이 책정되어야 한다.

판매 조건

많은 경우에 있어서 공급자의 판매 조건은 운송비에 영향을 미친다. 공급업자로부터 제품을 구입할 때 공급자는 구매자 지역까지의 운송을 포함하는 가격을 제시할지 모른다. 이것은 선적 목적지까지의 본선인도조건(free on board: FOB)으로 **FOB 도착지 가격**(FOB destination pricing)으로 알려져 있다. 이것은 또한 제품이 목적지에 안전하게 도착하기 전까지는 제품의 법적 소유자는 공급자라는 것을 의미한다. 고가의 화물 또는 규모가 작은 화물이거나 구매자가 운송에 대한 전문적 지식이 거의 없을 때는 일반적으로 FOB 도착지 가격이 선호된다. 이와는 달리 구매자들이 제품을 구입하고 선적 도착지까지 직접 운송하기로 결정할 수도 있다. 이러한 경우 공급업자들은 낮은 **FOB 출발지 가격**(FOB origination pricing)을 정한다. 그러면 공급업자가 픽업 위치에 배달한 경우 제품은 구매자의 법적 책임이 된다.

운임 분류

운송업체 운임은 다양한 방법으로 분류될 수 있다. **노선운송 운임**(line-haul rates)은 제품을 지역이 아닌 도착지로 운송하는 데 부과하는 요금이다. 더 나아가 이러한 것들은 **화물등급별 운임**(class rates), 예외품목별 운임, 일용품별 운임, 기타 운임으로 분류될 수 있다. 화물등급별 운임은 대략 1,000개의 화물차 운송업체들로 구성되어 있는 비영리단체인 국립자동차화물교통협회(National Motor Freight Traffic Association: NMFTA)에 의해 매년 공표된다. 국립자동차화물분류(National Motor Freight Classification: NMFC)인 화물등급별 운임의 평가 기준은 밀도(density), 실을 수 있는 정도(stowability), 조작(handling), 법적 책임(liability)에 근거한다. 이 모든 특징을 합쳐 "수송능력(transportability)"이라고 부른다. 50부터 500까지 번호를 붙여 총 18가지로 분류되는데 화물등급이 높을수록 가격이 더 높아진다.[38] **예외품목별 운임**(exception rates)은 특정 출발-도착 지역이나 화물량에 대하여 화물등급별 운임보다 낮게 공표하는 운임으로 일반적으로 장부를 기초로 하여 측정된다. **일용품별 운임**(commodity rates)은 두 특정 지역 사이에 선적된 최소량의 제품에 적용된다. **기타 운임**(miscellaneous rates)은 두 측이 협상한 계약 운임과 다양한 제품을 포함하는 선적에 적용된다(이 경우 운임은 전반적으로 선적화물 무게에 근거한다). 오늘날 규모가 큰 선적 화물의 경우 대개 협상운임을 이용하는 편이기 때문에 운송업체가 부과하는 운임의 상당수는 기타 운임으로 분류된다.

운송 보안

미국에서 **운송 보안**(transportation security), 특히 **항공 보안**(airline security)은 2001년 9월 11일 이후 매우 중요한 이슈로 떠올랐다. 의회는 정부 보안 계약자들에게 희망을 주며 운송 보안을 감독하는 기관(Transportation Security Administration: TSA)을 만들면서 2001년 11월 19일에 항공 및 운송 보안법을 통과시켰다. 오늘날, TSA의 4만 2,000명(정규직 등가)이 넘는 운송 보안관은 전국 430여 개 공항에서 매일 190만 명 이상의 승객을 검문하고 국내외 여객기에 대한 화물 검사를 모두 실시하고 있다.[39] TSA 외에도 의회는 2002년 11월에 국토안보법(Homeland Security Act)를 통과시켰다. 2002년 국토안보부(Department of Homeland Security: DHS)를 신설하여 더욱 국가 안보에 협력하고 단일화하였다. 여기에는 21개 다른 연방 부처 및 기관과 함께 TSA가 포함되며, 연간 약 410억 달러의 예산을 가진 23만 명의 직원이 있어 미국의 전반적인 보안 리더십을 제공한다.[40]

이와 같은 미국 안보에 대한 지나친 관심은 여러 문제점을 발생시켰다. TSA는 9월 11일 이후 많은 특별 정부부서 수장이 있었으며 12조 달러가 넘는 비용을 공항과 비행기의 안보를 향상시키기 위해 투자하였다. 가장 최근의 TSA 계획 중 하나는 2016년에 시작되었는데, 그것은 전국에서 선택된 허브들(hubs)에서 자동 보안 검사 레인(automated security screening lanes) 및 컴퓨터 단층 촬영(CT) 스캐너였다. 자동화 검사 레인에는 보안 효과를 높이는 기술과 보안 검색대 개선이 통합되어 있으며, 여행자들을 보안 검사를 받는 데 걸리는 시간이 약 30% 감소되었다. 2013년 12월, TSA는 보안에 대한 위험 기반 및 인공지능 기반 접근방식으로의 변화를 통해 사전 검사 애플리케이션 프로그램(Pre Check Application Program)을 시작했다. 이 프로그램을 통해 미국 시민과 합법적인 영주권자는 직접 사전 검사에 참여할 수 있으며, 5년 동안 자격을 얻기 위해서는 신원 조사를 받아야 한다. 지금까지 약 200만 명의 사람이 이 프로그램을 사용하고 있다.[41] 또한 여객기로 운송되는 항공 화물은 미국에서 높은 수준의 보안 검사를 받고 있다. 오늘날, 2007년 미국의 보안법 개정에 의해 의무화되어 모든 항공 화물은 사전에 보안 검사를 받아야 한다.

다른 운송 수단에 대해서 TSA는 독극성의 화학제품이 운송되는 시간을 줄이기 위해서 철도산업과 연구하고 있으며 이로 인해 2006년 이후 철도 탱크 폭발과 독가스 유출에 대한 전반적인 위험도가 54% 감소하였다. 또한 TSA는 파이프라인 보안 프로그램을 실행하도록 모든 파이프라인 운영자들에게 권한을 부여하는 파이프라인 보안부서(Pipeline Security Division)을 가지고 있다. 트럭 운전사나 미국 원양 항구 근로자들과 같은 다른 운송 근로자들을 위해서 가장 최근의 운송 보안 계획인 **TWIC**(Transportation Worker Identification Credential)이 적용되었으며, 이는 2002 해양 운송 보안법과 2006년 안전 항구 법에 의해 권한이 주어졌다. TWIC는 2009년에 모든 항구 근로자들에게 의무화되었다.[42]

또 다른 카드 시스템으로는 트럭 운송자들의 연료 낭비와 근로 손실 시간을 줄이기 위해 사전에 자격이 갖춰진 미국 화물차 운송이 주 단위로 하는 점검과 트럭 무게를 측정하는 구역을 그냥 통과할 수 있도록 프리패스(PrePass)을 사용하는 것이다. 오늘날 50만 대 이상의 사전에 자격이 부여된 상용차들은 프리패스를 사용하여 300개 이상의 검사 시설을 넘어갈 수 있어 검사 인원들이 다른 차량을 검사하는 데 더 많은 시간을 할애할 수 있다. 추가적으로 프리패스는 프리패스 한 대당 5~8분의 시간을 줄이며 0.5갤런의 연료를 절약한다.[43]

미국 운송 규제와 규제 완화

미국 운송산업은 정부 규제와 규제 완화 기간을 모두 거쳤다. 한편, 운송 법규는 독점 가격, 안전 및 책임 면에서 소비자를 보호하는 동시에 전국적으로 적절한 운송 서비스를 보장하는 경향이 있다는 점에서 좋다고 많은 사람에 의해 주장되고 있다. 반면, 교통 규제 완화는 경쟁을 촉진하고 공급, 수요, 협상이 명시하는 대로 가격을 조정할 수 있도록 하기 때문에 좋다고 주장되고 있다. 또 이미 시행 중인 독점금지법(antitrust law), 안전법(safety law), 보안법(security law) 등은 운송 소비자를 보호하는 경향이 있다. 이 논쟁은 1994년 규제 완화가 미국 자동차 운송산업에 미치는 영향을 결정하기 위한 연구 주제였다. 이 연구는 운송 규제 완화로 인해 항공기가 노후화되고 정비 수준이 낮아지는 경향이 있기 때문에 서비스 비용 가격 전략, LTL 운송에 대한 화물 위험율 증가, 그리고 더 많은 안전 문제가 발생했다고 결론 내렸다.[44] 오늘날 미국의 운송산업은 근본적으로 규제를 철폐하고 있다. 그러나 많은 규제(주로 안전 및 보안 규정)가 여전히 존재하고 계속 개정되고 있다. 지난 몇 년 동안 특히 항공업계에서 파산 및 통합이 일어났을 때, 업계 전체의 재규제에 대한 새로운 요구도 나타났다. 몇몇 미국의 교통 규제와 규제 완화의 역사는 다음에 검토된다.

운송 규제

〈표 9-2〉는 1887년 주 간 상법(Interstate Commerce Act of 1887)을 초래한 1870년대의 그레인저법(Granger Laws)을 시작으로 미국의 주요 교통 법규를 요약하고 있다. 이 시기 이전에 미국의 철도들은 높은 요금을 부과하고 소형 선박과 차별화를 두었다. 그래서 많은 중서부 주는 철도를 광범위하게 규제하여 최고 요금을 정하고, 지역 차별을 금지하며, (경쟁을 조장하기 위해) 철도 합병을 금지하고, 공무원들에게 무료 통행을 금지하는 법을 통과시켰다. 나중에 미국 대법원이 이러한 법들을 파기했지만, 그레인저 운동은 의회가 철도 독점의 영향을 깨닫게 하였다. 이것은 1887년 주 간 상법(Interstate Commerce Act of 1887)을 통과시켰다.

1887년 법은 주 간 상거래위원회(Interstate Commerce Commission: ICC)을 만들었는데 철도 사업자에게 합리적인 요금을 부과하고 합리적 요금 비율을 공고 및 징수하며 대중이 이용할 수 있도록 하고, 차별적 관행을 금지하도록 하였다. 이 법은 또한 교통과 수익을 통합하기 위한 철도 간의 협약을 금지했다. 1887년과 1910년 사이에, 1887년 법에 대한 많은 개정이 ICC의 통제력과 강제력을 강화시켰다. 이 개정안은 철도가 공공의 이익에 부합하지 않는 요금과 서비스를 제공하는 것을 제한하고, 공시된 요금을 따르지 않거나 리베이트를 제공 및 수용

〈표 9-2〉 미국 운송 규제

날짜	규제	내용
1970년대	그레인저법(Granger Laws)	중서부 주들은 최고 요금을 정하고, 차별을 금지하며, 철도(RR)의 합병을 금지하는 법을 통과시켰다.
1987년	주 간 상거래법(Interstate Commerce Act)	주정부는 운송을 규제할 수 없기에 주 간 상거래위원회를 설립하였다. 주 간 상거래위원회는 최저 요금을 정하고, 차별 가격 설정을 허락하였으며 공동 출자를 금지하였다.
1920년	운송법(Trnasportation Act)	1887년 ICA법에 자동차 운송업자를 포함하도록 확장하여 ICC의 통제를 받게 하였고, 공통, 계약, 민간, 면제, 중개업 등 5개 등급의 사업자를 설립하였다. 합병은 ICC에 의해 허락받아야 한다.
1935년	화물 운송법(Motor Carrier Act)	이 법은 1887년 ICA를 자동차 운송업자를 포함하도록 확장하여 ICC의 통제를 받게 하였고, 공통, 계약, 민간, 면제, 중개업 등 5개 등급의 사업자를 설립하였다. 합병은 ICC에 의해 허락받아야 한다.
1938년	민간항공법(Civil Aeronautics Act)	이 법은 항공사를 규제하기 위해 민간항공위원회(CAB)를 설립하게 했다. 신규 진입자는 CAB 승인을 받아야 했다. CAB 는 요금을 통제하였고, 민간항공국은 항공 안전을 통제했다.
1940년	운송법(Transportation Act)	1887년 ICA를 확장하여 국내 운송에 대한 ICC 통제를 포함시켰다. ICC는 진입, 요금 및 서비스를 통제했다.
1942년	화물 탁송업자법(Freight Forwarders Act)	1887년 ICA법 확장의 리환으로 화물 탁송업자를 ICC 통제하에 두었고 ICC는 진입, 요금 및 서비스를 통제했다.
1948년	리드-불윙클법(Reed Bulwinkle Act)	1987년 ICA법 개정으로 요금 부서와 회의를 설립하는 것이 허용되었다.
1958년	운송법(Transportation Act)	다른 운송수단의 교통을 보호하기 위해 요금을 유지할 수 없다고 명시하여 요금제 규칙 수정하였다.
1958년	연방항공법(Federal Aviation Act)	CAA의 임무를 수행하기 위해 연방항공국을 창설했으며, FAA는 미국 영공을 관리하고 개발하며 미국 공항 시스템을 계획할 수 있었다
1966년	운송부법(Dept. of Transportation Act)	연방항공국(FAA)과 연구, 홍보, 안전 및 교통 관리를 위한 다른 기관들에게 임무를 주었고, 9개의 운영 부서와 6개의 행정 부서로 구성된 국가 교통 안전 위원회도 설립했다.
1970년	철도 여객 서비스법(Railway passenger Service Act)	암트랙(Amtrak) 창설로 이어진 철도 국가 여객 철도회사를 설립하였는데 이는 시외 철도 여객 서비스를 유지하고 향상시키는 것이 목적이었다.
1975년	위험물질 운송법(Harzardous Materials Transportation Act)	불법 덤핑 퇴치를 위한 법을 강화하였다. 유해물질에 책임을 묻기 시작하였다. DOT에 의해 규제받는 모든 운송의 최소 기준을 확립하였다. DOT에 의해 규제된다.

하는 것에 대한 처벌조항을 만들었으며, ICC의 승인을 받지 않는 한, 철도가 파이프라인이나 수도 운송회사를 소유하는 것을 금지하였다.

1917년까지, 요금 제한과 맞물린 경쟁의 증가는 미국 정부가 전쟁 노력에 필요한 효율적인 서비스를 제공할 수 없는 철도 시스템을 만들게 하였고 이로 인해 연방정부는 철도를 압수했다. 철도회사들은 이윤을 보장받았고 정부는 철도 시스템을 개선하기 위해 많은 돈을 쏟아부었다. 제1차 세계대전이 끝날 무렵, 의회는 철도에 대한 모든 부정적 통제가 산업에 해롭다는 것을 깨닫게 되었다. 이들은 철도를 개인 소유가 다시 가능하길 원하였다. 이는 긍정적인 통제, 즉 **1920년의 운송법**(Transportation Act of 1920)을 목표로 하는 많은 규제 중 첫 발자국이었다.

1920년 법은 ICC에 매년 공정한 수익률을 제공할 수 있을 만큼 철도 요금이 높게 책정되도록 하라고 지시했다(국회는 이를 처음에는 연 6%의 수익률로 설정). 기업들이 규정된 6% 이상을 벌었을 때, 초과액의 절반을 가져다 취약한 사업자에 대한 저금리 대출 자금으로 그들의 시스템을 개선하고 효율성을 증가시키는 데 사용하게 하였다. 이 법은 또한 ICC가 최저 요금을 책정하고, 터미널 시설의 공동 이용을 허용하며, 철도 회사 인수와 통합을 허용하도록 하였다. 마지막으로, 철도가 과도하게 자본화되는 것을 막기 위하여, 그 법은 ICC의 승인 없이 철도가 증권 발행하는 것을 금지하였다. 따라서 철도 시스템은 규제된 독점이 되었다.

1935년부터 1942년까지, 다른 교통수단에 적용되는 규정들이 통과되었고, 이들은 1920년 법안과 성격이 비슷했다. 1920년대와 경기 침체 기간 미국 고속도로를 건설하는 동안 많은 돈이 소비되었다. 그 후, 임대 화물차 운송(for-hire motor carriers)가 많이 등장하였다. 이 기간 동안 소형 트럭 운송 회사의 수가 엄청나게 증가하여, 해양 운송업체들이 더 싼 화물 운송 회사들을 이용하려고 하면서 철도 회사 간 경쟁을 야기시켰다. 1935년 **화물운송법**(Motor Carrier Act of 1935)은 자동차 운송업자를 ICC의 통제를 받았고, 따라서 자동차 운송업자의 시장 진입장벽 통제, 자동차 운송업종 운영의 확립, 합리적인 요금 설정, 모든 인수합병에 대한 ICC의 승인 의무화, 증권 발행의 통제 등을 하였다.

1938년 연방정부는 주 간 상거래법(Interstate Commerce Act)의 또 다른 연장으로 1938년 **민간항공법**(Civil Aeronautics Act of 1938)에 항공 운송업자에 대한 규제를 포함시키는 법안을 제정하였다. 이 법은 민간항공위원회(Civil Aeronautics Board)를 설립하여 시장 진입을 감독하고, 적절한 수준의 경쟁을 하는 노선을 수립하고, 지역 공급 항공사를 개발하며, 합리적인 요금을 책정함으로써 항공 교통 시스템과 항공 안전 및 효율적 노선 개발을 촉진하였다. 또한 항공 안전을 규제하기 위해 민간항공국(Civil Aeronautics Administration)도 설립되었다.

1940년의 운송법(Transportation Act of 1940)은 1887년의 주 간 상거래법을 더욱 확대하여, ICC의 미국 내 수상 교통 통제를 확립하였다. 미국 내 수상 운송업자에 대한 규정은 철도 및 자동차 운송업자에 부과된 규정과 유사하였다. 1942년 및 1887년 법은 통상적인 시장 진입, 요금 및 서비스에 대한 ICC의 통제와 함께 화물 운송업자를 대상으로 다시 한 번 확대되었다. 화물 운송업자들은 또한 어떠한 운송업을 소유하는 것도 금지되었다.

1970년까지 다른 많은 의회 법안이 제정되었으며, 운송 시장의 통제를 더욱 강화하고 개선하였다. 1948년, **리드-불윙클법**(Reed-Bulwinkle Act)은 운송 업계 단체들에게 ICC에 요금 변경을 제안할 수 있는 요금 관련 부서나 회의를 구성할 수 있는 권한을 부여했다. **1958년 운송법**(Tranpsortation Act of 1958)은 철도에 대한 일시적 대출 보증 제도를 확립하였으며 철도 내 요금에 대한 통제를 자유화했으며, 더 많은 운송 수단 간 경쟁을 보장하기 위해 요금 결정 법안을 개정했으며, 민간 운송업체와 화물자동차 운송회사(for-hire motor carriers) 간의 차이를 명확히 했다. **1958년 연방항공법**(Federal Aviation Act of 1958)은 민간항공국(Civil Aeronautics Administration)을 연방항공국(Federal Aviation Administration)으로 대체하고, 연방항공국에 항공 운송 규칙, 안전 규정을 제정하고 국가 공항 시스템을 계획할 수 있는 권한을 부여하였다. 1966년 **운송부법**(Department of Transportation Act)는 교통 관련 문제를 다루는 모든 정부 기관의 행정 기능을 조정하기 위해 운송부(Department of Transportation)를 신설하였다. 모든 운송 기관의 중앙집중적인 조율이 더 효과적인 교통 홍보와 계획으로 이어지기를 희망했다. 마지막으로, 철도 시스템의 승객 서비스 능력을 보존하고 개선하기 위해 1970년에 **철도 여객 서비스법**(Railway Passenger Service Act)가 통과되어 암트랙(Amtrak)을 창설하였다.

이전에 논의하였듯이, 의회는 안전과 보안을 다루는 여러 운송 법안을 보여줬으며, 1975년 위험물질 운송법(Hazardous Materials Transportation Act)만 〈표 9-2〉에 나와 있다. 이 시기 이전에, 많은 쓰레기 매립장이 유해 폐기물을 받아들이기를 거부하기 시작했고, 이로 인해 도로와 공터에 한밤중 덤핑 활동이 급증했다. 형편없는 조정 능력과 인원 부족은 기존 법을 제대로 시행하지 못했다. 이 법은 운송부가 관리하는 위험물질 운송에 대한 최소 규제기준을 제정하였다. 모든 위험 폐기물 운반자는 자신이 속한 주 및 연방 기관에 등록하고, 모든 픽업과 배송을 추적하고, 운송 중 유출된 모든 것을 청소해야 했다.

운송 규제 완화

1976년부터 의회는 수많은 교통 법규를 줄이고 없애기 위해 많은 법을 제정했다. 이는 〈표 9-3〉에 요약되어 있다. 이것은 시장 주체들이 가격, 진입, 서비스를 결정하도록 허용함으로써 완화된 경제 규제 움직임을 보여주기 시작했다. 미국 운송 역사의 현 시점에서 소비자와 정치인들은 대중보다 운송업자의 이익을 위해 운송 경제 규제를 더 많이 시행한다고 주장한다. 또 1970년대 중반 다수의 철도 회사 부도가 같은 기간의 아랍산 석유수출 금지와 결부되면서 규제가 비효율적인 운송 시스템에 상당 부분 책임을 가지고 있다고 비난받고 있었다.

일반적으로 4-R법으로 알려진 **철도 활성화 및 규제 개혁법**(Railroad Revitalization and Regulatory Reform Act)은 1976년에 통과되었고, 철도 회사들을 돕기 위한 여러 가지 규제 변경을 단행하였다. 첫째, 철도 회사는 ICC 승인 없이 경계 가격(threshold cost)와 시작 지배력 범위 안에서 요금을 변경할 수 있도록 허용되었다. 경계 가격(threshold cost)는 기업의 변동원가로 정의되었고 시장지배력은 기업이 시장 경쟁의 부재에 있는지 여부를 ICC가 결정하였다. 운송 관리자의

〈표 9-3〉 미국 운송 규제 완화

날짜	규제 완화	내용
1976년	철도 활성화 및 규제 개혁법(Railroad Revitalization and Regulatory Reform Act)	"4-R법"은 철도청의 제한 범위 내에서 ICC의 승인 없이 요금을 변경할 수 있도록 허용되었다. ICC 절차는 가속화되었다.
1977년	항공 화물 운송 완화법(Air Cargo Deregulation Act)	모든 항공 화물 운송업자를 CAB 규제로부터 벗어나게 했다.
1978년	항공 여객 규제 완화법(Air Passenger Deregulation Act)	항공사들은 노선을 확장하고, 운임을 제한 범위 내에서 변경할 수 있게 됐다. 작은 지역 노선은 보조금을 지급받았다. CAB는 1985년에 없어졌다.
1980년	화물 운송법(Motor Carrier Act)	시장 진입, 경로, 요금 사적 운송업자에 대한 완호된 규제가 이루어졌다.
1980년	스테거스 철도법(Staggers Rail Act)	철도회사가 제한 안에서 요금을 설정할 수 있도록 하였고, 계약 요금(contract rates)를 합법화하였으며, ICC 절차를 단축시켰다.
1982년	버스 규제 개혁법(Bus Regulatory Reform Act)	1980년 MCA을 버스에도 포함시켰다.
1984년	운송법(Shipping Act)	해상 운송에 부분적으로 규제 완화하였다.
1994년	트럭 산업 운송 개혁 법(Trucking Industry Regulatory Reform Act)	자동차 운송업자들은 ICC에 요금 신고를 안 해도 되었다.
1994년	연방항공청 권한법(FAA Authorization Act)	주에 의한 경제 규제로 부터 복합 항공 운송을 벗어나게 하였다.
1995년	주 간 상거래위원회 철폐법(ICC termination Act)	ICC를 해체시켰으며 운송부로 그 임무를 맡겼다.
1998년	해상운송 개혁법(Ocean Shipping Reform Act)	규제 완화 해양선박, 계약선박 허용, 요금청구 불필요

의사결정을 돕기 위해 여러 ICC 절차도 가속화되었다. 이와 같은 생각은 이후 규제 완화 노력에서도 다시 나타났다.

항공 화물은 1977년에 규제 완화되었다. 항공 화물업체들이 민간항공위원회(Civil Aeronautic Board)에 의해 적합하다고 여겨진다면 더 이상의 진입 장벽은 없었다. 기업 크기 제한도 해제되었고, 차별이 없다면 운송업자들은 자유롭게 요금을 부과할 수 있었다. 마지막으로, 운송업자들은 CAB에 운임 비율(freight rate)을 청구할 필요가 없었다. 이는 1978년 항공 승객 서비스의 규제 완화에 뒤이어 나타난 것이었다. 여객기 규제 완화에 대한 목표한 수혜자는 여객들이었다. 이 법안의 주요 후원자 중 한 명인 테드 케네디 상원의원은 이 법안을 상원에 상정하면서 "이 법안은 건강과 안전을 규제하는 정부의 권한을 유지하면서도 항공사가 소비자들이 더 적은 비용으로 더 나은 서비스를 받을 수 있게 해야 하는 자사의 비즈니스를 할 수 있게 한다."고 선언했다. 이것은 운송업체들이 경쟁으로부터 항로를 보호하는 동시에 그들의 시스템에 항로를 천천히 추가할 수 있는 단계적 진입 방식(phased-in approach)이었다. 운임은

CAB의 승인 없이 한도 내에서 조정될 수 있다. 소규모 지역사회가 서비스를 잃는 것을 막기 위해 1977년에 서비스를 제공하는 모든 도시는 10년 더 서비스를 할 수 있게끔 보장받았다. 1981년에는 모든 항로 제한이 해제되어 어떤 항로로든 운항할 수 있게 되었다. 항공사 요금과 합병은 1983년에 규제에서 해제되었다. 마침내, CAB는 1985년에 폐쇄되었다.

규제 완화의 영향은 미국 항공산업에 엄청난 영향을 미쳤다. 1977년에는 항공 여객선이 34척이었고 불과 5년 후에는 그 수가 90척으로 증가했다. 일부 요금은 크게 내린 반면 다른 요금들은 올랐으며 수요가 적은 지역으로 가는 노선은 크게 줄었다. 1981년까지 미국의 주요 항공사들 중에서 오직 미국, 델타, TWA만이 이익을 내고 있었다. 규제 완화 이후 몇 년 동안 놀라운 많은 항공사 실패도 있었다. 예를 들어 규제 완화가 미국과 해외에서 급속히 확대된 후, 브래니프(Braniff)는 많은 양의 비행기를 구입하여 큰 부채를 안게 되었고 1982년에 파산을 선언했다. 브래니프는 작은 항공사이었기에 파산으로부터 벗어날 수 있었지만 자금 조달에 실패하여 7년 후에 다시 파산을 선언하였다. 얼마 지나지 않아 브래니프의 사업 운영은 완전히 중단되었다. 규제 완화 직후부터 시작된 저가 무임승차 신규 항공사 피플 익스프레스(People Express)는 브래니프의 대형 확장 고비용 모델(large expansion-high-debt model)을 따랐고, 1986년까지 비슷한 방식으로 운영하다가 결국 1990년 스스로 파산신청을 하였고, 경쟁사인 텍사스 에어에 매각되었다. 모두 합쳐서, 이 기간 동안 약 150개의 항공사의 산업 통합(industry consolidation)과 계속된 파산으로 인해,[45] 미국 4대 항공사(American, Delta, Southwest, United)가 미국 시장의 약 70%를 장악했다. 이는 오늘날 이들에게 환불(check back)에 대해 요금을 부과하고, 표 교환에 200달러까지 부과하고, 음식을 없애고, 앉는 공간을 줄이고, 작은 도시로 가는 길을 줄이며, 항공료를 올릴 수 있는 독점력을 가져다 주었다.

1980년에 자동차 운송업자들을 대상으로 하는 규제가 풀렸다. 이 법의 목적은 안전하고 효율적인 자동차 운송을 촉진하는 것이었다. 진입 규제는 시장 진입을 용이하게 하기 위해 완화되었다. 기업들은 단지 "유용한 공공 목적"이 제공될 것이라는 것을 보여주면 될 뿐이었다. 연료의 낭비, 비효율 또는 공공의 이익에 반하는 것으로 간주되는 항로 법규들은 해제되었다. 또한 항공 승객 규제 완화와 마찬가지로, 많은 수의 새로운 자동차 회사가 서비스를 시작했다. 1981년까지 2,400개 이상의 새로운 자동차 운송 회사가 미국에서 시작되었다. 불행하게도, 1990년까지 이들 중 11,490개가 파산선고를 했다. 이는 1980년 규제 완화 이전 45년 동안 파산한 자동차 운송업체보다 많은 수였다.[46]

1980년 스테거스 철도법(Staggers Rail Act zof 1980)에 따라 46개의 철도가 추가로 규제 철폐되었다. 철도 기업들의 재정 상태는 악화되고 있었고, 이 법은 철도산업의 재정 개선을 위한 것이었다. 이 법에 따라, 철도 사업자는 자유 요금 범위 내에서 요금을 자유롭게 변경할 수 있었지만, 변동비는 160%이었으며 ICC 비용 공식에 따라 180%까지 다양하게 상한선이나 시장 지배율은 명확하게 확립되었다. 변동 비용의 160%와 ICC 비용 공식에 따라 최대 180%까지 다양함. 1984년 이후, 금리 인상은 물가 상승률과 연계되어 결정되었다. 철도와 선주간의 계약도 허용되었다.

1984년의 운송법(Shipping Act of 1984)은 미국 운송산업 전체를 규제 철폐하기 위한 의회 초기 추진의 끝을 의미했다. 이 법은 해상 운송업자들이 선박을 공동 관리 및 공유, 항만 배정, 요금 결정, 선박과의 계약을 체결을 허용하였다. **1995년의 ICC 종료법**(ICC Termination Act of 1995)과 **1998년의 해상운송 개혁법**(Ocean Shipping Reform Act of 1998)이 통과되면서 주 간 상업위원회(Interstate Commerce Commission)가 없어졌고, 해상운송업자가 연방해양위원회(Federal Maritime Commission)에 운임신청을 하도록 한 요건도 종지부를 찍었다.

지난 세기에 걸쳐 미국 운송산업에 많은 변화가 일어났다. 운송의 경제적 규제는 몇 가지 이유로 일어났다. 초기 교통 법규는 새로운 형태의 교통수단이 개발됨에 따라 기초 규칙을 제정하고 산업에 독점력이 존재할 때 가격, 서비스 및 노선을 통제하기 위해 제정되었다. 이후 규제 완화는 경쟁을 촉진하고 효율과 안전을 높이기 위해 사용되었다. 교통 규제와 규제 완화에 대한 성공과 필요성에 대한 논쟁은 여전히 남아 있다. 앞으로 경제 여건이 바뀌고 기술, 정치, 사회변화가 일어나면서 교통규제도 계속 바뀔 것이다.

보관과 유통

보관(warehousing)은 좀 더 신속하고 빈번한 배송서비스를 고객에게 제공하는 한편 기업들이 구매한 제품 또는 재공품이나 완제품을 저장할 수 있도록 하고 조립되거나 구분된 활동을 모두 수행하며 만약 이러한 보관 시스템이 정확하게 계획되고 운영된다면 보다 나은 서비스를 제공할 수 있다는 점에서 매우 전략적인 주제이다. 현재 기업들은 보관을 경쟁적인 자원으로 간주하고 있다. 아마존닷컴(Amazon.com)을 예로 들면, 더 나은 경쟁과 일부 지역에서 당일 서비스를 제공하기 위해 수년간 창고 네트워크를 크게 확장해왔다.

미국 내의 가처분소득이 증가하자, 소비자들은 다양한 유통 체계를 통해 이동하는 상품을 더 많이 구입하게 된다. 인도나 중국과 같이 빠르게 성장하는 경제에서는, 이는 창고에 대한 수요가 빠르게 증가하고 있다는 것을 의미한다. 미국에서도 창고의 수가 증가하고 있고 크기도 커지고 있다. 2000년부터 2012년까지 미국에서 30억 평방피트의 창고 공간이 늘어났다. 2015년 미국의 평균 상업용 창고 크기는 약 215,000 평방피트였지만,[47] 오늘날 40만 평방피트 규모의 창고가 점점 더 만연하고 있으며(거의 5개의 축구장 규모), 더욱 넓은 창고들도 많다. 타깃(Target)의 경우 2011년에 완공된 캘리포니아의 리알토에 150만 평방피트의 수입 창고를 가지고 있었는데 2017년 현재, 북아메리카에 있는 441개의 유통센터는 평균 130

만 평방피트에 달한다.[48]

요즘은 대부분의 창고가 제품을 보관하는 데 이용되기보다는 부품을 받아 분류하고 재포장해서 제품 제조업체에 배송하거나 완제품을 고객에게 배송하는 데 이용된다. 이러한 활동들은 총괄해서 **크로스도킹**(crossdocking)이라고 한다. 이 경우 창고는 좀 더 정확하게 **유통센터**(distribution center)로 정의된다. 다른 경우에 기업들은 보관 목적 또는 고객서비스 요구에 따라 창고를 공급자나 고객에 가까운 곳 혹은 도심지 주변으로 옮기고 있다. 물건 보관을 위해서 그리고 효율적인 제품 흐름을 위해서 창고는 여전히 아주 많이 이용되고 있다. 여기서는 창고의 중요성, 창고 유형, 리스크 풀링(risk pooling), 창고입지 설정, 린 창고보관을 포함해서 많은 보관 관련 문제를 논의한다.

창고의 중요성과 유형

6장에 설명했듯이 기업이 재고를 보유하는 이유는 다양하며 창고는 구매, 생산, 유통을 지원하기 위해 사용된다. 기업들은 원자재, 부속품, 조립 부품을 주문하고, 그러한 물품들은 일반적으로 구매자의 시설에 가까운 창고로 선적되어 있다가 필요할 때 사용자 시설로 운송된다. 어떤 소매업계에서는 창고가 지역별로 위치하는데, 여러 공급자로부터 대량의 주문을 받은 소매업체들은 이러한 주문을 분류하여 각 소매지점별로 주문을 분리 및 재구성한 다음 사설 트럭을 이용해 각 소매지점으로 운송한다. 제조업체가 대량의 선적화물을 지역시장 영역으로 운송하여 분리한 후 LTL 주문량을 고객에게 운송할 때 이와 비슷한 유통센터가 이용된다.

반대로 기업은 근처 지역 공급원들로부터 많은 LTL 선적을 모으기 위해 **통합창고**(consolidation warehouse)를 운영할 수 있으며 선적화물들은 TL 혹은 CL(컨테이너 취급 대량화물) 양으로 통합센터로부터 어느 정도 떨어진 거리에 있는 제조 혹은 사용자 시설로 운송된다. 창고와 유통센터의 통합 사용으로 기업들은 구매 경제와 운송 경제 모두를 실현할 수 있다. 기업들은 낮은 단가에 대량으로 제품을 구입할 수 있고 TL 혹은 CL 운임으로 물류센터나 생산하는 곳으로 직접 운송할 수 있다. 그들은 또한 적은 양의 제품들을 구입해서 LTL 요금으로 근처 통합창고로 운반할 수도 있다.

사설창고

사설 운송형태와 마찬가지로 **사설창고**(private warehouse)는 제품을 저장하는 기업 소유의 창고이다. 저장하거나 운송할 제품이 많은 기업의 경우 사설창고는 보관비용을 줄일 수 있는 기회를 의미한다. 현재 최대 전자상거래 기업 중 하나인 알리바바 그룹(Alibaba Group)은 중국 내 개인 창고를 확장해 전국적으로 납품을 간소화하고 있다. 물류회사인 카나오(Cainiao)는

2016년 현재 창고 공간을 약 5400만 평방피트로 늘렸다. 2013년 설립된 카나오는 알리바바에게 중국의 단편화된 패키지 배송산업의 주도적인 역할을 부여하기 위해 노력하고 있다. 택배업체와 제휴해 주문 트렌드부터 배송 경로, 날씨 패턴에 이르기까지 모든 것에 대한 수 많은 데이터를 압축해 효율성을 높이고 있다. 카나오 사장은 알리바바의 창고 소유권을 언급하면서 "사람들은 인터넷 회사가 자산을 가져서는 안 된다고 생각할지 모르지만 카나오가 단순한 데이터 회사가 될 수는 없다."고 말했다. "앱으로는 물류 문제를 해결할 수 없다."[49]

기업은 창고에 대한 여러 운영적인 측면 가운데 무엇을 저장할 것인지, 어떻게 저장할 것인지, 어떤 유형의 안전성을 공급할 것인지, 그리고 사용하고자 하는 기구의 유형에 대해 결정할 수 있다. 사설창고는 운송, 보관 그리고 유통센터 활동 측면에서 기업들이 자사의 노동력과 전문 인력들을 더 잘 활용할 수 있게 해준다. 또한 공급사슬이 보다 저렴한 공급 혹은 노동에 대한 이점을 누리기 위해 더욱 글로벌화됨에 따라, 사설창고가 증가하는 경향이 있다. 결론적으로 사설창고는 초과적인 용량과 자산의 감가상각을 임대하여 보다 큰 수익 창출과 세금 혜택을 가능케 한다. 이러한 이유 때문에 미국 내 대부분의 창고는 사설창고로 구성되어 있다.[50]

사설창고는 타깃(Target) 유통센터를 앞에서 언급했듯이 매우 거대할 수 있다. 사실, 세계적으로 큰 사설창고 중 하나는 워싱턴주 레이시에 있는 타깃의 수입 창고다. 이 거대한 20만 평방피트의 시설(미국 축구장 40개 크기)은 수입품을 지역 타깃 창고로 유통하기 위해 지어졌다. 주류 도매상인 Constellation Europe는 영국 브리스톨에 개인 창고를 가지고 있으며, 총면적은 100만 평방피트 미만이다. 한 번에 최대 5,700만 병까지 와인을 저장할 수 있다.[51]

그러나 창고를 소유한다는 것은 기업에게 재무적 리스크와 비유연성을 말한다. 창고를 짓고 설비를 갖추어 운영하는 것은 비용이 아주 많이 들기 때문에 대부분의 중소기업은 사설창고를 소유할 능력이 안 된다. 사설창고의 입지 또한 시간이 지남에 따라 최적 입지가 아닐 수도 있으므로 기업들을 묶어두게 된다. 또한 단기적으로도 창고의 크기나 용량이 유연하지 못하다. 또 다른 문제는 보험에 관련된 문제이다. 많은 경우에 보험회사들은 사설창고의 물품에 보험 드는 것을 선호하지 않는데 이는 보안 수준이 빈약하거나 아예 존재하지 않아 도난이나 화재 사고의 염려가 크기 때문이다.

공공창고

이름이 보여주듯 **공공창고**(public warehouse)는 영리단체가 소유하여 다른 기업들에게 제조, 보관, 유통 서비스를 제공하는 계약을 맺는다. 공공창고는 많은 전문적인 서비스를 제공하는데, 기업들은 다양한 선적 및 제품에 대한 고객 주문형 서비스를 창출하기 위해 이들을 묶을 수 있다. 이러한 서비스는 다음의 내용을 포함한다.

- 산적(breakbulk): 많은 양의 선적화물을 분리하여 품목들이 특정 고객의 주문에 맞게 묶일

수 있도록 한 다음 하적한다.

- 재포장(repackaging): 산적 후에 제품들은 특정 고객 주문을 위해 다시 포장된다. 창고 또한 개별 제품 포장 및 상표를 붙일 수 있다.
- 조립(assembly): 일부 공공창고는 고객 요구조건을 만족시키고 고객 주문형 완성품을 만들기 위해 최종 조립 운영을 제공한다.
- 품질검사(quality inspections): 창고 직원들은 들어오고 나가는 물품의 품질을 검사할 수 있다.
- 자재관리, 설비관리, 문서 서비스
- 장단기 저장

이러한 서비스 외에도 공공창고는 사설창고가 제공할 수 없는 융통성과 투자비 절감을 제공한다. 수요나 제품상의 변화가 생기면 공공창고는 단기적인 사용이 가능하기 때문에 기업들은 신속하게 창고입지를 변경할 수 있을 것이다. 또한 공공창고는 기업들로 하여금 시장 상황을 시험하고 수요가 구체화되지 않을 때 신속히 철수할 수 있도록 해준다. 공공창고는 비용이 아주 저렴한데 특히 창고 수용 요구사항이 최소한도일 때 그렇다.

보다 최근에는 제약회사들이 자사 제품이 구매자에게 좋은 상태로 전달되도록 제3자 **콜드 체인**(cold chains)과 연계하여 공용 창고를 사용하고 있다. 약품 콜드 체인은 온도 조절(2~8℃) 운송, 전송 및 보관을 말한다. 현재, 가장 잘 팔리는 약의 양 절반이 콜드 체인을 필요로 한다.[52] 약품 및 식품 콜드 체인에 대한 수요는 급격히 증가하고 있다. 영국 리서치 기업인 Companies and Markets의 CEO인 피터 메링(Peter Mehring)은 "우리는 음식의 질과 식품 안전에 더 많은 초점을 맞추고 있다."고 했다. 그는 "최근 1년 사이 구내식당이나 퀵서비스식당(quick service restaurant) 등의 관심도가 급증했다. 또한 농산물, 해산물, 육류 폐기물의 30~50%를 공급사슬의 책임으로 돌리고 있다."고 말했다. "농산물은 매시간 주변 온도에서 시간을 보내는데 이는 약 하루의 유통기한을 감소시킨다. 유통기한을 연장하기 위해서는 농산물을 즉시 냉각해야 하지만, 때때로 일찍 혹은 적절하게 수행되지 않는다. 미국에서는 재배하는 사람들이 냉각 시스템을 재배지로 들여왔지만 다른 나라에서는 냉각을 위해 포장공장(pack house) 도달하는 데 4시간이 걸릴 수 있다."라고 메링이 말했다.[53]

공공창고의 일차적인 단점은 제품 소유자들이 행사할 수 있는 통제력의 결여이다. 그 외의 단점으로는 창고 직원과의 커뮤니케이션 문제, 희망하는 장소에서의 불충분한 전문서비스 및 창고 수용력, 제품에 대해 주의 및 보안 등이 철저하지 못하다는 점을 들 수 있다.

기업들은 일부 지역에서는 사설창고를 사용하고 다른 지역에서는 공공창고를 사용하는 것이 이익이라는 것을 발견하게 될 것이다. 대기업들은 대형시장과 비교적 성숙제품(mature product)의 경우 공장을 소유하고 운영하는 것이 가장 합리적이라고 결정하는 반면에 시장이 초기 단계이거나 수요가 낮은 지역의 경우 공공창고에 대한 서비스 이용료를 지불하고 공간을 임대할 것이다.

리스크 풀링과 창고입지

창고에 관한 중요한 결정 중 하나가 창고의 입지를 정하는 문제이다. 이러한 결정은 필요한 창고의 수, 창고의 크기 혹은 수용량, 창고 시스템 재고 수준, 고객서비스 수준, 창고 시스템 비용 등에 영향을 미친다. 주어진 시장 영역 안에서 이용되는 창고의 숫자가 증가함에 따라 시스템은 더욱 분산된다. 이렇게 **분산 창고 시스템**(decentralized warehousing system)에서는 반응수준 및 배송 서비스 수준은 제품이 고객에게 좀 더 신속하게 배달될 수 있기 때문에 향상된다. 하지만 창고 시스템 운영비와 재고비용 또한 증가하게 된다. 여기에 포함되는 다른 비용에는 고객에게 제품을 운송하는 비용과 각 창고로 배송되어 들어오는 제품을 운송하는 비용이 있다. 따라서 기업이 자사의 창고입지에 대한 결정을 내릴 때에는 비용과 고객서비스 사이의 균형을 주의 깊게 고려해야 한다. **집중 창고 시스템**(centralized warehousing system)에서 창고 수가 적다는 것은 해외 운송 비용이 더 높고 서비스 수준이 낮다는 것을 의미하며 시스템 비용 또한 낮을 것이다. 이것은 **리스크 풀링**(risk pooling)이라는 아주 중요한 문제를 제기한다.

리스크 풀링

리스크 풀링은 창고, 재고, 고객서비스 사이의 많은 관계를 설명한다. 리스크 풀링은 다음과 같이 직관적으로 설명될 수 있다.

> 시장 수요가 일정하지 않을 때 일부 고객으로부터의 평균보다 높은 수요는 또 다른 고객으로부터의 평균보다 낮은 수요에 의해 상쇄될 것이다. 한 창고가 서비스를 제공할 수 있는 고객의 수가 증가함에 따라 이러한 수요의 변동성이 발생하고 그에 따라 서로 상쇄되는 경우가 빈번해짐으로써 전반적으로 수요 변동과 품절 가능성이 줄어들어 품절에 대비해 요구되는 안전재고량도 줄어들게 된다. 따라서 창고 시스템이 집중될수록 주어진 전 시스템에 이르는 고객서비스 수준을 달성하기 위해 요구되는 안전재고도 낮아지게 된다(고객서비스 수준이 주기당 품절 횟수에 역 비례한다는 점을 상기하라).

위에서 언급된 것처럼, 리스크 풀링은 창고들이 서비스를 제공하는 시장에서의 수요가 부적 상관관계를 나타낸다고 가정한다(한 시장에서의 수요가 평균보다 높을 때 다른 시장에서의 수요는 평균보다 낮게 될 것이다). 작은 시장 지역에서는 이와 같은 사실이 적용되지 않고 보관창고는 보다 강도 높은 안전재고를 요구하게 될 것이다. 이러한 이유로 큰 시장 지역에서는 많은 수의 분산된 보관창고들보다 몇몇 집중된 보관창고가 전반적으로 낮은 재고 시스템을 요구하게 된다.

위 원칙의 좋은 예는 1993년 유럽연합이 형성된 이후 유럽에서 발생하였다. 유럽연합 결성 이전에는 유럽의 물류업체 시스템은 국가의 선도에 따라 형성되었었다. 다시 말해서 각 국가의 유통 시스템은 각 나라에 보관창고를 입지하여 서로 독자적으로 운영되었다. 1993년 하나의 유럽시장으로 인해 미국 진단기구 제조업체인 벡톤 디킨슨(Becton Dickison)은 비효율적이고 비싼 유통 시스템으로 1990년대 초에 유럽으로 들어왔다. 벡톤 디킨슨은 품절된 물품이 많은 것에 비해 물품 비용과 재고의 평가 인하는 높았다. 유럽연합 형성 이후, 회사는 스웨덴, 프랑스, 독일, 벨기에에 있던 배송센터의 문을 닫고 대신 모든 배송 운영기관을 벨기에의 자동화된 센터로 옮겼다. 1년이 채 지나지 않아 회사의 평균 재고 수준은 45%만큼 떨어졌고, 평가 인하는 65%, 품절상품은 75%만큼 감소하였다. 유럽의 다른 기업들도 이와 비슷한 결과를 보였다.[54]

리스크 풀링의 효과는 **제곱근 법칙**(square root rule)에 의해 측정될 수 있는데, 이것은 기존의 시스템에 창고 몇 개를 새로 더한 후의 시스템 평균 재고는 변화된 창고의 수에 대한 제곱근을 기존 창고의 수에 대한 제곱근으로 나누어 준 것에 기존 시스템에 대한 재고를 곱한 것과 같다는 것이다.[55] 리스크 풀링에 대한 간단한 설명은 〈예제 9-1〉에 있다. 예에서 볼 수 있듯이 창고 수를 두 개에서 하나로 줄임으로써 평균 재고량이 약 29% 감소했다.

〈예제 9-1〉 톰슨의 부트반의 리스크 풀링

톰슨(Thompson)의 부트반(Boot Barn)은 현재 미국 남서부의 소매상을 비롯해 여러 고객에게 부츠를 발송하기 전에 보관하기 위해 피닉스와 로스앤젤레스에 두 개의 창고를 소유하고 있다. 주인인 빌 톰슨(Bill Thompson)은 라스베이거스에 창고 하나만 있는, 좀 더 중앙집권적인 시스템으로 바꾸는 것을 고려하고 있다. 그는 이 시스템이 자신의 시스템 재고에 미칠 영향을 알고 싶어한다. 부트반의 현재 재고는 각 창고에서 약 6,000켤레의 부츠이며, 현재 재고부족비율(stockout performance)는 약 1%이다. 제곱근 규칙을 사용하여 빌은 동일한 재고 실적을 유지하는 데 필요한 새로운 평균 재고 수준을 계산한다.

$$S_2 = \frac{\sqrt{N_2}}{\sqrt{N_1}}(S_2) = \frac{\sqrt{2}}{\sqrt{1}}(12{,}000) = \frac{1}{1{,}414}(12{,}000) = 8{,}486\text{켤레}$$

여기서, $S_1 = N_1$ 창고에서의 부츠에 대한 총시스템 재고 수

$S_2 = N_2$ 창고에서의 부츠에 대한 총시스템 재고 수

N_1 = 현재 시스템에서의 창고의 수

N_2 = 제안된 시스템에서의 창고의 수

톰슨의 새 창고 시스템으로 재고가 12,000켤레에서 8,486켤레로 줄었다.

$$\text{감소율} = \frac{12{,}000 - 8{,}486}{12{,}000} = 0.293 = 29.3\%$$

집중 창고 시스템과 분산 창고 시스템의 차이점은 다음과 같다.

- 안전재고와 평균 시스템 재고량: 기업이 창고 수를 줄여 좀 더 집결된 창고 시스템을 만들려고 함으로써 시스템을 통틀어 안전재고와 그에 따른 평균 재고량 수준이 감소한다. 감소폭은 다양한 시장 분야의 수요 상관관계에 달려 있다.
- 대응: 창고 집중화가 심해짐에 따라 배송 리드타임이 길어져서 그 결과 고객에게 늦게 배송할 리스크가 커지고 수요 변화에 기업의 신속한 대처 능력이 저하된다. 교통문제와 날씨로 인한 배송지연 등으로 인해 고객서비스 수준이 저하될 수 있다.
- 고객서비스: 창고 집중화가 심해짐에 따라 각 창고에서의 고객서비스 수준이 개선되어 주어진 레벨의 평균 시스템 재고품의 품절 가능성이 줄어든다.
- 운송비용: 집중화가 심화됨에 따라 LTL 선적화물의 경우 고객에게 도달하기 위해 더 장거리를 이동해야 하기 때문에 운송비가 증가한다. 반면에 제조업체들과 다른 납품업체들은 TL 운임으로 적은 수의 창고에 더 많은 양을 선적할 수 있기 때문에 내부 운송비는 감소한다. 운송비는 특정 창고입지, 보관 제품, 납품업자의 입지, 이용 운송 수단에 의해 영향을 받는다.
- 창고 시스템 자본과 운영비: 집중화가 심화됨에 따라 창고, 직원, 설비, 운영비가 모두 줄어들기 때문에 총운영비는 감소한다.

창고입지

공장, 서비스, 창고의 최적 입지를 정하기 위해 오랫동안 많은 입지 모델과 이론이 제기되었다. 11장에서 입지 분석 도구에 대해 논의하는데 이런 도구들은 창고입지를 정하는 데도 유용할 것이다. 여기서는 근대 운송 및 창고 네트워크 발달 초기에 몇몇 유명 경제학자들이 가정한 입지 이론들에 대해 논의하고자 한다.

'입지 이론의 아버지'로 일컬어지는 독일 경제학자 튀넨(Johan Heinrich von Thunen)은 1820년대에 시설 입지를 고려할 때 운송비만 최소화되어야 한다고 주장했다.[56] 그의 모델에 따르면 시장가격과 생산비는 창고의 입지에 관계없이 동일할 것이기 때문에 최적 입지는 운송비가 최소가 되는 지점이라고 가정한다. 훗날 또 다른 독일 경제학자 베버(Alfred Weber)가 최적 입지는 들어오고 나가는 운송 경비의 합계가 최저가 되는 곳이라고 주장했다는 점에서 튀넨의 이론과 아주 유사하다.[57]

1940년대 후버(Edgar Hoover)는 세 가지 유형의 입지 전략, 즉 시장입지 전략, 제품입지 전략, 중간입지 전략을 제안했다.[58] **시장입지 전략**(market positioned strategy)은 유통서비스를 최대화하고 각 창고에 TL과 CL 배송을 이용하여 기업들이 운송비를 절감할 수 있도록 창고를 고객에 가까운 입지에 정하는 것을 말한다. 이 전략에는 높은 수준의 유통 유연성과 서비스가 요구되고 공급원이 거의 없을 때 권장된다. **제품입지 전략**(product positioned strategy)은 기업이 다양한 제품을 모아 들어오는 운송비용을 최소화시켜 고객에게 선적할 수 있도록 공급원에 가까운 곳에 창고의 입지를 정하도록 하는 것이다. 이 전략은 공급원이 많거나 고객이 주문한 제품의 종류가 많을 때 아주 효과적이다. **중간입지 전략**(intermediately positioned strategy)은 공급원과 고객 중간에 창고의 입지를 정하는 것이다. 이 전략은 유통서비스 요구사항이 많고 고객이 다양한 지역에서 다양한 제품을 주문했을 때 유용하다. 1950년대 나온 그린헛(Melvin Greenhut)의 이론은 운송비보다는 수익에 기반을 두고 있다.[59] 그는 최적 입지는 수익을 최대화하는 곳으로 수요와 가격이 입지에 따라 잠재적으로 다를 수 있기 때문에 최소비용 지역과 일치하지 않을 수도 있다고 주장했다.

몇 가지 입지 선정방법(location methods)이 운송비에 근거해서 개발되었으며 이들 방법 중 하나가 무게 중심 접근법으로 11장에서 논의할 것이다. 이 접근법과 앞서 논의한 방법들 중 일부의 단점으로는 노동 가용성, 인건비, 용지비, 건축법, 세금 구조, 건축비, 유틸리티 비용, 지역 환경 같은 다른 많은 요인을 고려하지 않았다는 점이다. 또한 기업이 공공 창고를 이용하고 있다면 창고 선정 기준으로 창고서비스, 리스 비용, 커뮤니케이션 기능, 보도 횟수, 명성 등을 포함해야 할 것이다. 이러한 요인들은 중요요인 입지 분석을 통하여 잘 검토될 수 있고 또한 11장에서 논의된다.

린 창고 시스템

공급사슬관리 능력을 개발하는 기업들이 늘어남에 따라 상품은 창고와 유통센터 내·외부로 보다 신속히 운송될 것이다. 따라서 이러한 창고와 유통센터들은 비용을 절감하는 능력을 보다 증진시켜야만 할 것이다. 이러한 능력이 포함하는 몇 가지 예는 다음과 같다.

- 크로스도킹(crossdocking) 강조 심화: 창고 직원들은 선적화물을 받고 이 선적화물들을 신속하게 아웃바운드 선적화물들과 결합해야 한다. 오랜 기간 동안 저장되는 물품이 훨씬 줄어들 것이고 제품 보관 유닛의 수가 증가하는 반면에 평균 창고 재고 수준은 감소할 것이다.
- 창고 면적과 선적량의 축소: 인바운드 혹은 아웃바운드 선적량은 줄어들고 횟수는 빈번해지면서 제품이 섞이고 더 많은 손길이 요하게 된다.
- 고객 및 서비스 품질에 대한 헌신: 창고 직원들은 인바운드 및 아웃바운드 공급자들과 고객들의 요구사항을 만족시키기 위해 보관 활동들을 수행해야 한다.
- 자동화 증대: 스캐너/바코드 컴퓨터 추적 서비스에서 자동 저장 및 검색 시스템, 보관창고 관리 소프트웨어 응용 시스템에 이르기까지 처리 속도와 신뢰도 개선을 위해 더 많

은 창고 활동이 자동화될 것이다.

- 조립(assembly) 운영 증대: 대량고객화(mass customization)와 린 시스템을 실행하는 기업이 많아짐에 따라 창고는 특정 고객 요건을 만족시키기 위해 최종 조립 기능을 실행하도록 요청을 받을 것이다. 이로써 설비 요구사항과 함께 창고 직원들의 기술 요구사항은 달라질 것이다.
- 친환경적인 경향: 린 시스템은 폐기물을 덜 배출하는 경향이 있기 때문에 친환경적 창고 시스템은 린 창고 시스템의 부산물이다.

대부분의 유통센터는 **린 창고보관**(lean warehousing) 개념을 채택하고 있다. 도이치 포스트 DHL 그룹(Deutsche Post DHL Group)의 일부인 DHL 공급 체인은 웨어러블 "스마트글라스" 장치와 미국의 두 창고에서 창고 관리 소프트웨어를 결합하고 있다. 이 기업은 네덜란드 창고에서 실시한 테스트에서 휴대용 스캐너와 종이 작업 주문을 대체하여 제품을 고르고 배송하는 데 필요한 시간을 25% 줄였다고 밝혔다.[60] 펜실베이니아에 본사를 둔 제조업체 크라운 홀딩스(Crown Holdings)는 시설 간 물품 운송 필요성을 없애기 위해 배치을 변경하여 2만 마일 이상의 운송 마일, 27톤의 온실가스 및 많은 연간 노동 시간을 절약했다.[61] 알파컴 엔터프라이즈(Alphs Comm Enterprises)는 넷스위트(Netsuite)의 클라우드 웨어하우징 애플리케이션을 사용하여 실시간 창고 및 재고관리 데이터를 획득하며 판매 주문 정보를 통해 회사가 고객에게 더 잘 대응하고 내부 계획을 개선할 수 있다. 제품이 빠르게 노후화되는 빠른 속도의 시장(fast-paced market)에 빠르게 노후화되는 제품들을 제공한다는 점에서 린 창고 시스템은 알파컴에게 핵심적이다. 알파컴의 린 창고 시스템에 대한 모든 노력은 6년 동안 회사 수익이 500만 달러에서 5500만 달러로 급격히 증가하게 하였다.[62] 실제로 오늘날 창고 운영에서 린 창고 시스템을 시행하지 않으면 경쟁업체보다 뒤처지게 된다.

물류가 공급사슬관리에 미치는 영향

이번 장에서 언급한 바와 같이, 물류는 공급사슬을 통해 제품을 출발지점에서 소비지점으로 옮기거나 보관하는 것으로 시간 효용(time utility)과 장소 효용(place utility)을 창조한다. 공급사슬 환경에서 물류는 제품이 합리적인 가격에 좋은 품질 상태로 정시에 정확한 장소로 각 공급사슬 파트너에게 정기적으로 배송되어야 한다는 점에서 매우 중요하다. 물류 과정에서 실수가 발생하면 고객서비스와 비용 모두에 영향을 미치기 때문에, 반드시 보다 많은 안전재고가 확보되어야만 한다. 손실된 시간을 만회하기 위해서 운송비가 증가하지만 익일 배송(overnight deliveries)이 사용되기도 한다.

국제 공급사슬의 경우 물류 기능은 훨씬 더 중요하다. 적절한 운송과 창고 제공, 통관,

적시 해외지역 배송, 물류비 등은 모두 해외시장에서 공급사슬의 경쟁력에 영향을 미친다. 대부분 기업은 해외지역으로 제품을 효과적으로 운송하기 위해 외부기관 혹은 **제3자 물류 서비스**(third party transportation services: 3PL)를 사용할 수밖에 없다.

해외구매 또한 이와 유사하게 운송의 영향을 받는다. 기업들이 해외 공급자를 포함시키기 위해 공급사슬의 공급측면 확대를 고려할 때 물류비와 물류 시기는 의사결정에 아주 중요한 요인이 된다. 예를 들어 미국 동부 해안을 따라 구매자들에게 제품을 배송하는 중국 공급자들은 미국 서부 해안의 복잡한 철도보다는 파나마 운하를 통과하는 수로를 선호하는 경향이 있다. 구매자들은 수로만을 이용할 경우 더 싼 운임가격을 얻고 특정 시간에 도착하도록 계획할 수 있는 반면, 미국 국내 운송이 항만과 교통 혼잡 그리고 철도 미연결로 인해 지연될 가능성이 매우 클 수 있다. 모든 해상선적은 1990년대 초 이후 상당히 상승했다.[63] 이 때문에 파나마는 대형 선박을 수용하기 위해 2016년 파나마 운하를 50억 달러에 확장하는 공사를 완료했고, 현재 니카라과는 파나마 운하와 경쟁하기 위해 170마일, 800억 달러 규모의 운하를 건설을 위한 중국 투자를 기다리고 있다.[64] 미국 동부 항마다 컨테이너 화물 번호가 올라 있다. 기본적으로, 이러한 성장은 일반적으로 세계 무역의 증가와 특히 아시아 태평양 무역의 증가의 결과였다.

따라서 우리는 물류에 의해 창출된 공급사슬의 가치를 알 수 있다. 각각의 공급사슬 파트너를 효과적으로 연결하는 데에서 가치가 발생한다. 물류관리가 서투르면 생산비나 생산 제품의 질에 관계없이 공급사슬은 무너질 수밖에 없다. 반면에 훌륭한 물류관리는 공급사슬의 경쟁우위를 확보하는 요인이 될 것이다. 이와 관련된 많은 주제들이 이 장에서 더욱 깊이 다루어진다.

제3자 물류

대부분의 물류는 기업들이 운송수단, 창고입지, 통관과 같이 보다 나은 유통 대안을 활용할 수 있도록 운송과 창고 서비스를 동시에 제공한다. 일부 제3자 물류는 네트워크 최적화, 간단한 제조업 그리고 다른 부가가치 서비스를 포함한 모든 공급사슬관리 서비스를 제공한다. 몇몇 3PL은 네트워크 최적화, 경량 제조 및 기타 부가가치 서비스를 포함하여 완전한 종단간 공급사슬관리 서비스를 제공한다. 미국에서 3PL에 영향을 미치는 두 가지 최근의 경향은 제조의 인근 국가에서 제조(near shoring)와 노스다코타 발칸 형성(North Dokata Bakken Formation)에서의 원유 및 가스 생산의 발전이다. 이들 지역에서 물류 서비스를 제공할 수 있는 유연성을 갖춘 기업들은 증가하는 서비스 수요에서 이득을 보고 있따. BNSF Logistics와 같은 대형 3PL은 최근 몇 년 동안 인근 국가에서 제조하는 트렌드에 대처하기 위해 멕시코-미국 국경에 초월한 상당한 수용력을 만들어 놨으며, 노스다코타 생산자들과 협력하여 필요

한 물류 서비스를 제공하고 있다.[65]

내부 물류 전문가가 없는 중소기업과 규모와 다양한 물류수요가 있는 대기업을 위해, 물류요건을 3PL에 아웃소싱하면 기업들이 필요로 하는 서비스를 합리적인 가격에 얻을 수 있다. 많은 회사가 자사 물류 중 일부 또는 전부를 아웃소싱하면서 그들의 핵심역량에 더 많은 주의를 기울일 필요가 있다. 어려운 경제 상황에서 기업들은 고객서비스 수준을 유지하면서 비용을 절감하는 데 3PL을 사용했다. 대부분의 기업에게 힘든 시기였던 2009년에 미국 기업의 80%가 적어도 하나의 공급사슬에 3PL을 사용했다. 유럽에서는 유로화 지출의 약 66%가 아웃소싱이었다.[66] 오늘날, 3PL의 사용은 느린 속도지만 계속 증가하고 있으며, 산업 통합(industry consolidation)이 이루어지고 있다. 운송업자과 제3자 물류자들은 3PL 사용의 이점에 대해서는 여전히 동의하고 있다. 콘페리 인터내셔널(Korn Ferry International)이 실시한 2016년 3PL 사용 조사에서 3PL의 70%, 3PL 서비스의 85%가 물류 비용을 절감하는 데 기여했다고 말했다. 또한 3PL 서비스의 83%와 94%는 3PL의 사용이 고객서비스 개선에 기여했다고 말했다.[67]

모든 공급사슬관리 아웃소싱

몇몇 경우, 기업은 제3자 운송서비스업체에게 자사의 모든 혹은 대부분의 공급사슬관리를 위임하는 경우가 있다. 영세기업의 경우 직원들은 운송 경험이 부족하다는 이유로 운송서비스를 아웃소싱 할 수 있다. 대기업의 경우 제3자가 전 기능을 담당했을 때 아웃소싱은 잠재적인 비용 절감과 서비스 개선을 낳을 수 있다는 점에서 매력적인 요인이 될 수 있다. 예를 들어 가와사키 자동차(Kawasaki Motors Cop. U.S.A)의 2015년 세계 오토바이 판매액은 약 18억 달러였다. 미국의 이 사업은 또한 네브래스카주 링컨에 있는 공장에서 제조된 전지형 차량, 제트스키, 측면 유틸리티 차량들을 판매하고 유통한다. 최근의 변화 중 하나는 모든 국내 물류를 UPS(United Parcel Service)에 아웃소싱하는 것을 포함한다. 홍보 및 브랜드 관리자인 케빈 앨런(Kevin Allen)은 "우리는 물류와 유통 유지에 많은 노력을 기울이는 대신에 UPS에 의존하고 있으며, 우리는 공장에서 대리점에 납품하고 올바른 방식으로 제품을 마케팅하는 데 집중할 수 있다."라고 하였다.[68]

제3자 물류 기반 감소

앞서 4장에서 설명했듯이 공급기반을 줄이는 것은 조직에 많은 이점을 제공해줄 수 있다. 여기서 논의할 사항도 이와 유사하게 제3자 물류업체를 줄일수록 기업은 최고의 제3자 물류업체만을 선정해서 이용할 수 있게 하며 해당 물류업체는 선적수요가 증가하게 되는 것을 보게 될 것이다. 이것은 전반적인 서비스 향상과 함께 잠재적으로 더 낮은 가격을 설정할 것이다. 게다가 제3자 물류업체에게 주어진 기업의 운송 지분이 클수록 가격, 선적 스케줄, 서비스 등을 협상할 때 영향력을 행사할 수 있다. 예를 들어 2005년 말에 휴렛팩커드(Hewlett-Packard)는 사용하고 있던 제3자 물류업체의 숫자를 반으로 줄였고, 그 이후로도 지속적으로 숫자를 줄였다. 다른 기업들도 이와 흡사하게 '더 이상은 줄일 수 없는' 운송 제공업체 최소의 단위를 찾고 있다.[69] 따라서 제3자 운송 공급기반 감소는 특히 여러 운송 공급자가 있는 시장 안에서 효과적인 물류관리 전략의 필수적인 부분이 되어야 한다.

물류 수단과 제3자 물류업체 선정

물류 비용을 최소화하고 공급사슬을 따라 고객서비스를 개선시키고자 할 때 기업들은 그들이 구입한 원자재뿐만 아니라 그들이 속해 있는 여러 시장을 위해서도 가장 유용하고 바람직한 운송 수단 및 운송업체를 찾아내야 한다. 재고 운송비, 포장비, 보관비, 선적화물 훼손 비용을 포함한 다른 비용들도 이 결정의 영향을 받는다. 이 책의 2부는 모두 공급자 평가 및 선정 문제를 다루었는데 여기서 다루는 문제 또한 꽤 유사하다. 기업들은 제3자 운송업체 평가 및 선정을 위해 정량적 및 정성적 요인들을 혼합하여 이용하는데, 이러한 정책 결정 과정에 도움을 줄 수 있는 비교 방법이 많이 있다. 그중 가장 일반적인 것이 가중요소분석(weighted factor analysis)이다. 이미 실행된 많은 설문조사에 따르면 중요한 운송회사 선정 요인으로 운송 시간 신뢰성, 운송 운임, 총 운송 시간, 운임과 서비스 협상에의 적극성, 화물 훼손이 없는 배달의 빈도, 재정 안전성, 전자자료교환 이용, 배달을 신속히 하고자 하는 적극성 등이 뽑혔다.[70]

전략적인 물류업체 연합 형성

효율적인 공급사슬 네트워크를 형성 및 관리하기 위해서는 물류 서비스 공급업체와 협력해야 한다. 사실 다양한 기업 및 산업을 대상으로 한 몇 가지 설문조사에 따르면 공급사슬을 적극적으로 관리한다고 응답한 응답자 중 50%가 넘는 설문자들이 운송 및 창고 회사들도 공급사슬 파트너에 포함된다고 하였다.[71] 이러한 제휴는 공급사슬관리에서 운송의 중요성과 그 역할을 강조하고 있다. 오늘날의 비즈니스 분위기에서는 제3자 물류와 협력하는 것이 더욱 현명한 것이다. 이러한 파트너십은 공급사슬관리에서 물류가 차지하는 역할과 중요성을 강조하는 것이다. 다음 몇 가지 예를 보자.

플로리다에 본사를 둔 도매 유통업체인 에스원 홀딩스(S-One Holdings)는 3PL 파트너인 UPS Global과의 원활한 정보 교환을 통해 공급사슬을 간소화했다. 에스원의 자회사인 BMG는 한 달에 최대 5,500건의 주문을 수행하고 있으며 북미, 유럽, 아시아 태평양 지역의 16개 UPS 창고에 제조업체의 제품을 직송(drop-shipping)하고 있다. BMG와 UPS는 함께 UPS 시스템의 피드백을 넷스위트(NetSuite) 클라우드에 직접 통합하여 판매 주문, 구매 주문, 선불 통지, 반품 승인 등에 대한 쌍방 데이터 교환을 웹 서비스와 FTP 서버를 통해 수행할 수 있

SCM PROFILE

아리엔스, 적절한 제3자 물류 파트너를 찾다

운송 수요를 관리할 수 있을 뿐만 아니라 첨단 공급사슬 기술을 제공할 수 있는 제3자 물류(3PL) 공급업체를 찾기 위한 임무에서 위스콘신 소재 잔디 깎는 기계와 제설기 제조업체인 아리엔스(Ariens)는 이전의 제3자 물류 공급업체보다 더욱 적합한 업체를 찾고 있었다. 중요한 문제는 아리엔스가 매우 큰 제3자 물류업체의 작은 소비자였던 것이다.

아리엔스의 대부분의 제품은 개별 딜러를 통해 판매되며, 나머지는 로우스(Lowe's)나 홈데포(Home Depot)와 같은 대형 박스 매장(big box stores)에서 판매된다. 대부분의 경우, 아리엔스는 LTL을 사용하여 딜러에게 제품을 배송한다. 제임스 머윈 공급사슬 부사장은 "위스콘신에서 전국 구석구석까지 LTL을 공급하는 것은 비용 효율성에 좋지 않다."고 말했다.

아리엔스의 운송 네트워크가 항상 최적화되고 효율적이 되도록 하기 위해, 회사는 제3자 물류업체인 레드우드(Redwood Logistics)와 제휴하였는데 이 기업은 교통관리시스템(TMS), 전체 운송 능력, 창고 관리시스템을 제공한다. 가장 중요한 것은, 레드우드가 아리엔스의 구체적인 요구를 충족시켜주기 위해 기꺼이 시스템을 맞춤화, 개인화 및 조정했다는 것이다. 머윈은 "첫날부터 그들은 우리를 기존 형식에 맞추는 대신 미들웨어(middleware), 시스템 개발, 그리고 우리의 필요에 따라 플랫폼을 만들고 형성하는 능력을 통해 우리를 안내했다."고 말했다. 아리엔스는 또한 분석 및 보고 기능을 기반으로 새로운 제3자 물류업체를 선정하였다. 머윈은 "그들은 매일 선적 활동을 계속 검토하여 추천하며, 가능한 해결책을 분석하고 있다."고 말했다.

아리엔스는 이미 새로운 파트너와 제휴한 선택에서 실제적인 결과를 보고 있다. 이 제조업체는 몇 년 전에 비해 전체 화물운송 비용의 약 2%를 절약하는 데 속도를 올리고 있다. "기업 순이익(sales out of a business's expense budget)의 2%를 빼면 바로 수익률로 올라간다. 그것은 우리에게 엄청난 절약이다." 머윈의 말이다.[72]

도록 하였다. 에스원은 계속된 통합을 통해 이제 UPS 글로벌과 직접 통합하고 있으며 1억 5,000만 달러의 사업을 지원한다. 아리조나에 본사를 둔 고급 무선조종차 유통업체인 레드캣 레이싱(Redcat Racing)도 제3자 물류 파트너와 긴밀한 관계를 맺고 있다. 이에 가장 큰 비용은 운송과 재고 보유다. 레드캣은 클라우드 기반 ERP 및 재고 관리 시스템을 실행하고 있기 때문에 제3자 물류 파트너에게 정보를 제공하여 재고 균형을 개선할 수 있다. 레드캣은 그들이 다음 날과 비교해서 얼마나 많은 주문을 배송하는지 한눈에 알 수 있다(주문이 증가하기 시작하는 각 월의 날짜, 어떤 종류의 주문인지, 그리고 어떻게 조정하는지). 아리엔스(Ariens)는 또한 보다 효과적인 물류 시스템을 만들기 위해 제3자 물류업체와 제휴했고, 이에 대한 자세한 사항은 SCM PROFILE에서 볼 수 있다.

기타 운송 중개자

기업들은 가장 적합한 운송 수단과 서비스업체를 찾기 위해 큰 운송 자본을 갖고 있지 않는 **운송 중개자**(transportation intermediaries)를 사용하기도 한다. 물류 전문기술이 제한적일 수 있는 중소기업이나 필요한 물류 규모가 큰 대기업들은 중개자의 사용이 경제적으로 매우 유용할 수도 있다. 다음은 운송 중개자에 대한 몇 가지 설명이다.

화물 탁송업자

화물 탁송업자(freight forwarders)는 많은 건의 소규모 화물들을 모아서 트럭이나 차 한 대분의 요금으로 물건을 운송하는 화물차 트레일러나 철도 화물칸을 채운다. 이들은 또한 항공 운송에 대해서도 같은 서비스를 제공한다. 이렇게 해서 생긴 이익의 일부는 송하인들에게 돌아가고 나머지는 화물 탁송업자들의 소득이 된다. 따라서 화물 탁송업자들은 송하인(낮은 가격)과 운송업체(추가적인 비즈니스와 높은 장비 사용)에게 가치 있는 서비스를 제공하는 것이다. 화물 탁송업자들은 항공 혹은 육상 선적은 물론 국내 혹은 국제 선적을 전문으로 할 수 있다. 이러한 기업들은 또한 문서서비스, 특별화물처리, 세관통과를 제공한다.

최근에는 해운 회사들이 비용을 더 절감할 수 있는 방법을 찾으면서 화물운송 사업이 호황을 누리고 있다. 예를 들어 DHL 글로벌 포워딩(DHL Golobal Forwarding)은 해양과 항공 화물 탁송업 모두에서 가장 높은 등급의 회사들 중 하나이며, 또한 세계에서 가장 큰 제3자 물류업체이다. DHL 글로벌 포워딩은 또한 창고, 유통 및 공급 체인 솔루션을 제공한다. 배송, 추적, 수출/국제 배송, 수입/인바운드 배송, 국내/지역 배송, 도로 및 철도 운송, 계약 물류, 국제 우편 및 기타 서비스를 제공한다. 모기업인 DHL 그룹은 220개 이상의 국가에서 활동하고 있는 전 세계에서 가장 큰 민간 이용자 중 하나이다.[73]

물류 브로커

화물 브로커(freight broker) 및 **운송 브로커**(transportation broker)라고도 불리는 **물류 브로커**(logistics broker)는 선박과 자동차 운송업자를 모두 중개한다. 물류 브로커는 선박 또는 자동차 운송업자를 대신하여 운영할 수 있는 법적 권한을 가지고 있으며, 일반적으로 이러한 회사들은 이용 가능한 많은 운송 방법에 대한 지식 또는 운송에 필요한 많은 운송업자들을 알고 있기 때문에 고용된다. 운송 브로커들은 물품의 효율적인 운송을 돕는 것 외에도 화물 청구, 전문 장비 획득, 신뢰할 수 있는 운송업자 이용, 배송 추적 등을 실시간으로 처리한다. 불행하게도, 좋지 않은 물류 브로커들은 선박과 자동차 운송업자에게 상당한 책임을 전가하고, 화물운임료를 이중으로 받고, 낮은 정시 배송률을 보이며, 평판을 해칠 수 있다. 이에 따라 선박과 운송업체는 물류 브로커를 꼼꼼히 가려 선택해야 한다.

전형적인 물류 배치는 중소기업들이 그들의 운송 요구를 다량 처리하기 위해 브로커를 이용하거나, 배달이 완료된 후 중개인을 이용하여 역운송(back haul)을 위한 업체를 찾는 것을 발견할 수 있다. 많은 물류 브로커 종류가 존재하여, 해상 및 자동자 운송업자들은 그들의 요구에 맞는 종류의 브로커를 찾을 수 있다. ThomasNet.com과 FreightQuote.com은 두 가지 예시이다. FreightQuote.com은 수백 개의 물류 기업으로부터 견적을 받아 비교할 수 있게 해준다.

송하인 연합

미국 송하인연합연구소는 **송하인 연합**(shipper's association)을 '회원들 화물 운송의 국내 혹은 국제 계획을 하는 비영리 회원 조합'으로 정의한다. 송하인 연합은 자동차, 철도, 해상, 항공 또 다른 종류의 경로의 운송업체들의 물리적 화물 이동에 계약한다. 화물을 취합하고 단체회원 화물을 우호적인 크기로 선적할 수 있는 능력이 현대 송하인 연합 존재의 핵심이다.[74]

송하인 연합은 운송 물량을 늘리기 위해 여러 선박이 자신의 물량을 모을 수 있게 한다. 더 많은 선적 물량으로, 선박 협회는 회원들을 대신하여 해상 운송업자들과 물량할인이나 서비스 계약을 협상할 수 있을 것이다. 이 연합은 운송업체의 설비 활용을 높여서 운송회사들에게도 혜택을 준다. 송하인연합은 자신들과 제3자 운송회사들을 동일시하지 않기 때문에 관세율을 공표하거나 지키도록 요구받지 않으며 서비스 계약 내용을 비밀로 유지할 수 있다. 송하인연합의 회원들이 받을 수 있는 불이익은 할인 운임의 혜택을 받기 위해서는 최소 선적화물 양을 채워야 한다. 또한 일부 해양 운송업체들은 송하인연합과 거래하기를 거절하는 경우도 있다.

산업별로 다양한 송하인 연합이 존재한다. 예를 들어 중서부송하인협회(Mid-west Shippers Association)은 미국 중서부의 고품질 부가가치 곡물과 기름종자(oilseed) 산업을 발전시키기 위해 일하는 협동 무역협회다. 선박협회의 웹 포털은 식품과 사료 재료 구매자들을 콩, 기름종자, 생 곡물 재료(raw grain ingredient)의 공급자들과 연결시킨다. 중서부 송하인협회는 농업 생산자와 시장, 수출업자와 수입업자를 숙련된 해운물류 공급자와 연결시킨다. 국제송하인협회(International Shippers Association) 회원은 상업용, 군사용, 정부용 생활용품(government household goods), 무동반 수하물(unaccompanied baggage), 일반 물품을 조달하는 국제선박선과 운송업자들이다. 협회의 임무는 회원들에게 많은 물량을 통해서 할인을 받음으로써 가장 낮은 요금과 가장 좋은 가정용품의 운송 서비스를 제공하는 것이다. 이러한 할인은 우선 공급자와의 계약을 통해 실현된다.[75]

복합마케팅기업

복합마케팅기업(intermodal marketing companies: IMC)들은 복합철도 운송업체와 송하인 사이를 중개하는 역할을 한다. 이들의 영업 방식은 여러 칸의 화차나 여러 대의 트레일러 트럭을 구매하고 이것들을 채우기 위해 화주들로부터 화물 주문을 받는 것이다. 본질적으로 복합마케팅기업은 철도산업에서 운송 브로커인 셈이다. 이들은 철도 운송업체로부터 수량할인을 받고 이 이익의 일부를 송하인들에게 넘겨준다. 이러한 기업들은 복합 선적을 촉진하여 중요한 중개자가 되었다. 이 회사들은 중간 운송을 용이하게 하고 철도에 중요한 서비스가 되었다. 2025년까지 트럭 적재 화물의 25%를 철도로 옮기면 통근 교통에 소용되는 시간이 28억 시간 감소하고 연료가 170억 갤런 절약되며, 대기 오염이 80만 톤 감소할 것이다. 철도 수송은 트럭보다 연료 효율이 약 3배가 더 높다. 1톤이 화물은 디젤 연료 한 갤런으로 400마일 이상 이동할 수 있다.[76]

물류의 환경 지속가능성

오늘날 기업은 고객뿐만이 아니라 지역, 주, 그리고 정부로부터의 환경적인 명성을 향상시키라는 압력을 받고 있다. 또한, 이 단원의 도입부에서 언급했듯이 엄청난 양의 유류 저장이 세계적으로 물품을 운송하는 데 소비되고 있다(2015년 글로벌 전체 물류 비용은 4조 달러를 넘었으며 이 중 1.4조 달러는 미국에서 발생하였다).[77] 오늘날 회사들은 운송이 탄소 배출량, 총비용 그리고 전반적인 연료 소비량에 미치는 영향을 인지하였으며 이를 해결하기 위한 방안을 모색하고 있다. 화물차 운송 화물을 위에서 언급했듯이 철도로 옮기는 것도 탄소 배출량을 줄이는 한 전략이다. 정부 또한 유권자의 감정을 인지하고 운송과 관련하여 보다 강화된 환경 보호법을 제정하기 시작했다. 다음은 이에 관련된 예이다.

물류에서 큰 에너지 낭비 중 하나는 **엠프티 마일**(empty miles)이라고도 불리는 배송에서 돌아오는 빈 트럭으로부터 온다. 이 문제에 대처하기 위해, 일부 회사는 **수평적 협력**(horizontal collaboration), 즉 두 개 이상의 회사가 독립적으로 달성할 수 없는 이익을 실현하기 위해 특정 시장 활동에 대해 동일한 수준에서 협력하는 과정으로 눈을 돌리고 있다. 수평적 협력은 많은 공급사슬 프로세스를 포함할 수 있으며 화물 운송은 수익성 있는 파트너십을 위한 엄청난 잠재력을 제공하는 하나의 활동이다. 미네소타에 본사를 둔 식품회사 랜드 오 레이크스(Land O's Lakes)는 동부 해안가를 따라 많은 빈 트럭을 이동하곤 했다. 온라인 물류 중개업체인 니스테보닷컴(Nistevo.com)과 협력하여 특정 경로로 제너럴 밀스(General Mills)와 제휴할 수 있었다. 제너럴 밀스는 오 레이크스가 B지점에서 A지점으로 제품을 보내는 것과 비슷한 일정에 따라 A지점에서 B지점으로 제품을 보내고 있었다. 두 사람 모두 빈 트럭을 출발점으로 다시 옮기고 있었다. 두 회사는 엠프티 마일을 줄여 화물을 같이 옮길 수 있었다. 이와 같은 제휴를 통해 오 레이크스는 연간 200만 달러 이상을 절약할 수 있었다.[78]

물류회사들의 지속가능성 노력을 돕기 위해 많은 비영리 단체가 설립되었다. 1990년 이후 화물 운송 활동은 50% 이상 증가했으며, 2040년까지 다시 두 배 가까이 증가하여 더 많은 온실가스와 대기 오염을 발생시킬 것으로 예상된다. 전문가들은 2050년엔 세계 화물 운송 CO_2 배출량이 승용차 배출량보다 많을 것으로 전망하고 있다. 미국에서는 2004년 환경보호청(Environmental Protection Agency)이 교통 배출량을 줄이고 공급사슬 효율을 개선하는 인증 프로그램인 스마트웨이(SmartWay)를 출시했다. 스마트웨이는 기업이 화물 운송 효율성을 측정, 벤치마킹 및 개선함으로써 공급사슬 지속가능성을 개선하는 데 도움을 준다. 스마트웨이 웹사이트를 통해 사용자는 대체연료 충전소 위치를 찾고, 구매할 친환경 차량을 알려주며, 인증된 스마트웨이 운송 회사를 선택할 수 있다. 또한 화물 지속가능성 프로그램 개발을 모색하는 다른 나라에게도 도움을 준다.[79] 책임운송연합(Coalition for Responsible Transportation)은 수입업자, 수출업자, 트럭 운송 회사, 클린트럭 제조업체, 해양 운송 회사 등을 포함한다. 책임운송연합 회원들은 클린트럭 계획을 통해 미국 항구와 협력하여 환경적으로나 경제적으로 지속 가능한 클린트럭 프로그램을 구현한다. 책임운송연합 회원들은 연방정부 및 주정부, 그리고 전국 각지의 지방항구와 제휴하여 새로운 친환경적인 장비에 수백만 달러를 투자한다. 항구와 고객들은 서로 협력함으로써 항만 공동체의 환경 품질을 개선할 수 있다.[80]

유럽의 제3자 물류업체들과 항구들은 친환경적인 다양한 운영 정책을 도입함으로써 환경 지속가능성을 실현하기 위해 노력해왔다. 덴마크의 AP Moller-Maersk Group의 물류 지부는 고객이 자사의 공급사슬 탄소 배출량을 탐지할 수 있도록 Supply Chain Carbon Dashboard라는 그래픽 시스템을 도입하였다. "이는 공급사슬에서 탄소가 가장 많이 배출되는 지점을 바로 알아볼 수 있도록 한다." Maersk의 공급사슬발전팀의 대표 Erling Nielsen의 말이다. 독일 운송업체 DB Schenker의 EcoTransIT Internet은 출발점, 목적지, 선적 부피, 운송 화물을 알려줌으로써 고객이 유럽에서의 모든 운송수단에서 발생하는 에너지 소비량, 이산화탄소 및 오염물 배출량을 비교할 수 있도록 한다. 송하인들은 이를 참고하여 최적의 경로를 선택할 수 있고 모든 배출량 및 에너지 데이터도 획득할 수 있다. 8개의 유럽 항구들이 설립한 비영리협회 EcoPrts Foundation은 유럽 항구와 공급사슬에서의 지속가능성에 대한 이슈들을 알리는 효과적인 단합을 창조하기 위해 네트워크 플랫폼으로서의 역할을 한다. 모든 유럽 항구들은 자가진단방법(self-diagnosis method) 체크리스트를 완료하면 "EcoPort" 지위를 획득한다. 유일한 항구구역특별환경관리표준(port-sector-specific environmental management standard)인 PERS와 ISO 14001.81로 인증된 항구에 추가적인 크레딧을 제공한다.[81]

물류관리 소프트웨어 애플리케이션

6장에서 짧게 언급했듯이 물류관리 소프트웨어 애플리케이션은 다음과 같을 수 있다. 기업의 필요와 사용자의 경험 수준에 따라 물류관리 소프트웨어 애플리케이션은 ERP 소프트웨어에 추가될 수 있다. 보다 인기 있는 물류관리 애플리케이션(위에서 논의했던 구체적인 환경 애플리케이션을 제외하고) 중에는 운송관리시스템(transportation management systems), 창고관리시스템(warehouse management systems), 글로벌무역관리시스템(global trade management systems) 등이 있다. 기업은 일반적으로 이러한 물류 수행 시스템을 통해 상당한 이익을 얻는다. 많은 송하인은 물류 소프트웨어를 완전히 구입하는 것 대신에 비용 지출을 관리하기 위해 요금 기반 인터넷 물류관리 포털(fee-based Internet Logistics management portals)을 이용하는 것을 선택하고 있다. 하지만 몇몇 물류 소프트웨어의 이용은 여전히 핵심적으로 여겨지고 있다. 업계에 따르면 2015년에 실시한 설문 조사에서는 응답자의 약 60%가 창고관리시스템을 사용했으며, 약 절반은 새로운 WMS 소프트웨어를 구입할 계획이었다.[82] 이러한 시스템 중 일부를 다음과 같이 간략히 논의하였다.

운송관리시스템

운송비는 많은 조직에서 전체 물류 비용의 상당 부분을 차지한다. 이러한 비용을 절감함과 동시에 서비스 수준을 최적화하기 위해서 운송관리시스템(TMS) 애플리케이션은 기업이 운송업체를 찾고, 운송 서비스와 가격을 최적의 조합으로 선택하여 컨테이너 또는 트럭 트레일러의 최선의 사용, 운송 계약 관리, 운송 옵션 순위 결정, 관습 철폐, 트랙 연료 사용 및 제품 이동, 그리고 운송 회사 능력을 결정할 수 있도록 한다. 또한 규제권이 있는 집단들(regulatory bodies), 송하인들, 그리고 고객들은 운송 중인 상품의 위치를 알고 싶어하기 때문에 목적지를 향해 운송 중인 선적의 실시간 위치를 알려줄 필요가 있다. 따라서 제품이 글로벌 공급망을 통해 이동함에 따라 제조업체, 제3자 물류업체, 대리점, 화물 운송업자 등에 의해 정보가 제공되어야 한다. 이러한 가시성을 제공하기 위해 사용되는 기술에는 바코드 스캐너, RFID 태그, 인터넷 및 GPS 장치가 있다. 운송 관련 정보를 관리하는 데 지원하는 것이 바로 운송관리시스템의 일이다.

TMS를 사용하는 방법의 좋은 예로는 미주리주에 본사를 둔 미국 제조업체인 철도차 산업(Railcar industries)이다. 이들은 공급자로부터 받아오는 화물을 추적하는 데 어려움을 겪고 있었다. 미국 철도차 구매 대행 브렌트 로버는 "공급업체에서 제품이 준비됐을 때 화물 위치에 대한 가시성이 확보됐다가 부두를 떠나면 도착하기 전까지 제품의 위치를 알 수 없게 된다."고 언급하였다. 그래서 2009년에는 웹 기반 TMS 솔루션을 구매 및 물류 프로세스에 통합했다. 이후 모든 구매 주문은 ERP 시스템에서 TMS로 이어졌으며, 여기서 미리 선택된 공급자 목록에서 주문을 볼 수 있었다. 공급업체는 주문에 응답하여 주문의 발송 방법과 시기를 표시한다. 그 후 시스템은 미국 철도회사의 구매팀에게 운송이 언제 시작되었는지, 정해진 배송 시간에 근거하여 예상되는 도착 시점을 통지한다.[83]

부적절한 운송으로부터 국경을 보호하고자 하는 많은 정부는 국경 간의 물류 흐름을 더욱 세밀하게 규제한다. 이는 잠재적으로 운송 지연문제를 심화시켰으며 기업들은 심해진 관료주의와 여러 국경 출입국 지역 내 리포팅을 다루고 있다. 이러한 지연 문제를 완화시키는 데, 많은 TMS 소프트웨어 애플리케이션은 현재 관세 신고, 관세 계산 및 지불, 의무 사항, 의무 사항의 결점, 그리고 선적의 고급 서류 제출 등에 도움이 되고 있다.

창고관리시스템

많은 기업이 공급사슬관리 효율성을 높이기 위해 창고관리시스템(WMS)과 결합된 TMS를 포함하는 ERP 시스템을 구입하고 있다. 예를 들어 회사는 자사의 TMS를 사용하여 WMS가 제공하는 데이터를 기반으로 배송량을 예측한 다음 가장 효율적인 운송 수단을 추천할 수 있다. 그런 다음 WMS는 TMS 배송 정보를 기반으로 품목을 선택하고 창고 사용량을 예약할 수 있다. 창고관리시스템은 고객에게 아웃바운드 발송을 위해 물품을 적재할 때까지 창고나 유통센터의 입출고장에서 물품의 흐름을 추적하고 관리한다. 유통센터 내의 제품과 팔레트에 배치된 RFID 태그를 사용하여 제품의 흐름을 통제한다. WMS의 목표는 유통센터 인건비 절감, 제품 흐름 간소화, 제품이 유통센터 내에 있는 시간 단축, 유통센터 용량 관리, 서류 작업 감소, 크로스 도킹 프로세스 관리 등이다. 한 창고관리시스템 제품과 배송인(picker)이 운송해야 하는 거리를 축소하기 위해 제품을 재배치하여 창고 생산성을 향상시킬 수 있다. 이러한 운송 시간을 줄이면 창고 생산성이 10~20% 향상될 수 있다.

냉동식품 유통업체 NFT는 최근 영국 제너럴 밀스(General Mills UK)의 계열사인 요플릿 UK(Yoplait UK)로부터 계약을 따냈다. NFT는 매주 최대 50만 건 유통을 포함한 요플릿의 전체 영국 냉방 공급사슬을 관리할 것이다. 에섹스(Essex) 내 틸베리 항(port of Tilbury)에 있는 NFT의 온도 조절 부지(temperature-controlled site)는 유럽에서 가장 큰 냉장 및 신선한 창고 시설이다. 프랑스에서 요플릿 제품이 영국으로 들어오면서 전략적인 인바운드 위치를 제공하는 것이 필수적이었다. NFT 시설에는 요플릿의 다양한 제품에 대해 웹이 가능한 추적 기능을 제공하는 레드 프레리 창고관리시스템(Red Prairie warehouse magnagement system)이 장착되어 있다.[85]

TMS와 WMS의 사용도 RFID 태그와 기술의 사용을 증가시켰다. 다음의 SCM PROFILE에 있듯이, 유통센터의 RFID 시스템은 노동 강도를 감소시킬 뿐만 아니라 주문과 재고 정확도를 향상시킬 수 있다

국제무역관리시스템

복잡한 글로벌 공급사슬을 더 잘 관리하고자 하는 바람이 보편화됨에 따라, 국내외 보안 규정을 준수해야 할 필요성도 증가한다. 이는 저가의 공급자들을 지속적으로 찾고 물류

SCM PROFILE

킴블 체이스는 RFID로 주문을 관리한다

테네시에 본사를 둔 제약시험용 유리제품 제조 및 유통 업체인 킴블 체이스(Kimble Chase Life Science)는 창고관리시스템(WMS)에서 무선주파수 식별(RFID)을 효과적으로 사용한 좋은 사례다. 이 회사는 자사의 락우드(Rockwood), TN 제조 공장 및 유통센터에서 상품과 화물의 이동을 관리하기 위해 iTRAK이라는 RFID 시스템을 사용한다.

킴블 체이스는 iTRAK를 구현하기 전에 ERP(enterprise resource planning) 시스템에서 가져온 주문 데이터와 함께 창고의 문서 기반 프로세스를 사용했다. 완성품을 창고로 보내 고객 주문을 할당하고 가져가는 데 최대 이틀이 걸렸다. 기존 공정은 바코드 스캐닝으로 지원되어 아웃바운드 발송을 검증했지만, 느리고 노동 집약적인 공정이었다.

현재, 이러한 사례들은 공장에서 수동적인 RFID 태그를 부착하여, 완제품이 RFID 판독기를 통과할 때 창고로 들어오는 완제품에 대한 정보를 거의 즉각적으로 수신한다. 배송 분야에서는, 선택되어 출하할 준비가 된 팔레트를 판독기 스테이션으로 이동시켜, 모든 케이스 등급 데이터(case-level data)를 자동으로 인식하고, iTRAK의 주문 데이터에 대해 상호 확인한다.

제품은 상자 및 소형 "내부 팩(inner packs)"으로 배송되며, 이 또한 추적되어야 한다. 어떤 주문은 각각의 팔레트에 수백 개의 상자와 내부 팩을 가지고 있을 수 있다. 이전의 아웃바운드 주문을 확인하는 방법은 아웃바운드 팔레트에 각 케이스와 내부 팩을 손으로 스캔하고 다시 포장하는 것으로, 이 프로세스는 시간이 많이 소요되고 오류가 발생하기 쉬웠다. RFID를 사용하면 선택된 팔레트는 단순히 RFID 판독기로 이동되며, 여기서 몇 초 안에 케이스에 대한 데이터와 내부 팩에 대한 데이터를 캡처하고, 이를 iTRAK의 주문 데이터에 대해 상호 확인한다. 그 결과, RFID가 가능한 WMS는 노동 효율성과 창고 내 아웃바운드 주문 및 완제품의 정확성을 획기적으로 향상시켰다.[84]

비용을 절감하는 것과 결합하여 글로벌무역관리(global trade management: GTM) 시스템의 필요성을 가져왔다. 또 2017년 트럼프 미국 대통령이 환태평양 경제 파트너협정(Trans-Pacific Partnership)에서 미국을 제외하고 북미자유무역협정(NAFTA) 재협상 의사를 밝히면서 글로벌 교역국들 사이에 혼란이 가중됐다. 이로 인해 더 많은 회사가 GTM 소프트웨어를 찾게 되고 이용하게 되었다. 가트너(Gartner)의 윌 맥닐(Will McNeill) 수석 애널리스트는 "현재 미국 대선이 무역협정에 어떤 영향을 미칠지 혼란스럽다."고 말했다. GTM 소프트웨어 운송업체들이 새로운 기회를 키우고, 확장하며 추가할 수 있는 역량을 주며 지역 및 글로벌 무역 계약을 관리하도록 도울 수 있게 해주었다. "GTM은 좋은 위험 중재자(risk mediator)가 될 수 있다."라고 McNeill은 말하며 "당신은 시스템에 내장된 지능을 이용해 글로벌 기회를 파악할 수 있다. 소프트웨어 시장은 이 불확실성을 이용할 수 있는 기회다."라고 하였다.[86]

미국 세관 및 경계선 보호기관(US Customs and Border Protection: CBP)의 안전성에 관련된 제출서류(선적선과 운송업자들은 짐이 무역선 내에 진입하기 전 화물선에 관한 정보를 CBP에게 24시간 이내에 알려야 한다)는 많은 회사에게 어려움을 야기했다. 일리노이주에 있는 수입사인 엑스엘스크루(XL Screw)는 매달 100~300개의 수입 관련 서류를 관리한다. 그래서 CTM 시스템을 도입하기로 결정했다. 이 시스템은 CBP 요구사항을 단순하게 해결할 수 있게 했다. 엑스엘스크루의 가장 큰 이점은 어느 특정 선적에 관한 정보를 얻을 수 있다는 것이다. 그리고 이 정보를 시스템 내에 저장해 두었다가 다른 선적에 관한 양식을 작성할 수 있다.[87]

국제 물류

국제적인 상품의 이동을 위해서 물류관리자는 다양한 운송 수단의 가능성, 서비스, 가격, 그리고 한계점에 대해서 의식하고 있어야 한다. 미국에서 유럽이나 아시아로의 화물 이동은 항공 혹은 육상 운송을 내포하고 있으며, 최종목적지까지는 자동차나 철도 운송이 포함되어 있다. 인접하는 나라 사이에는 철도와 자동차 운송이 가장 일반적인 수단이다. 물품이 한 국가에서 다른 국가로 이동할 때마다 물류 문제와 기간 시설에 있어 많은 차이점이 발견된다. 유럽에서는 철로, 시설, 장치가 보다 최근 것이고 잘 유지되었기 때문에 미국에서보다 철도 운송이 더욱 신뢰성이 높고 보편적이다. 이것은 유럽은 대부분의 운송 수단을 정부가 소유하고 운영한다는 점에서 일부분 연유한다. 수로 운송은 해변에 있고, 내국의 수로가 발달되어 있는 국가에서는 독점적인 운송 수단일 것이다. 저개발국가 또는 미개발국가에서는 항구가 매우 열악한 상태로 유지되고, 간선 도로는 아예 존재하지 않을 것이다. 이것을 비롯하여 다른 국제 물류에 관한 이야기를 다음 장에 설명되어 있다.

국제 화물 보안

물류 보안에 관해서 잠깐 언급을 했었지만, 더욱 논의해야 할 주제는 미국국경횡단 시 화물운송 보안에 관해서이다. 지난 몇 년 동안 트럭 운송업체들은 **테러리즘 프로그램에 대항한 고객-무역 협력**(Customs-Trade Partnership Against Terrorism program: C-TPAT)과 보안 프로그램인 **자유와 안전 무역 프로그램**(Free and Secure Trade program: FAST)을 발전시키기 위해 미국 세관과 함께 일했다. C-TPAT는 테러리즘에 관한 민간기업의 공급사슬(특히 국제 트럭 운송)의 보안을 개선하는 데 초점을 맞춘 자발적인 공급사슬 보안 프로그램이다. FAST에 참여하려면 C-TPAT 인증을 받아야 하며, 상업용 운전자들은 애플리케이션을 다운받고 범죄 경력 검사를 받아야 한다. FAST 등록은 미국, 캐나다, 멕시코에서 온 트럭 운전사에게 허용된다. FAST 전용 차선의 대부분은 미시간, 뉴욕, 워싱턴의 북쪽 국경 항구에서 캘리포니아와 텍사스의 남쪽 국경 항구까지 이어진다. FAST에 참여하려면 제조업체, 운송업체, 운전자, 수입업체 등 공급사슬의 모든 주체가 C-TPAT 인증을 받아야 한다. 모든 FAST 참가자는 신속한 화물칸과 국경 교차로에서 전용 FAST 차선을 이용할 수 있다. 오늘날, 미국 수입업자/수출업자, 미국/캐나다

고속도로 운송업자, 미국/멕시코 고속도로 운송업자, 철도 및 해상 운송업자, 허가 받은 미국 세관 브로커, 미국 해상 항만 당국/터미널 운영자, 미국 화물 컨테이너, 해상 운송 중개업자, 비운영 일반 운송업자(non-operating common carriers)는 멕시코 및 캐나다 제조업체, 멕시코 장거리 운송업자를 포함한 전 세계 11,000개 이상의 회사가 C-TPAT 인증을 받았다.[88]

국제 물류 중개자

국제 중개자들은 기업들을 위해 국제선적, 통합, 수입/수출 서비스를 제공하고 국제무역에 참여하는 대부분의 기업에게 아주 유용하다고 입증될 수 있는 전문지식을 제공한다. 아직 설명되지 않은 다수의 중개자를 이 부분에서 간단히 소개할 것이다.

통관 브로커

통관 브로커(customs broker)들은 선적에 첨부하도록 요구되는 문서를 처리할 뿐만 아니라 기업들을 위해 국제선적화물을 운송하여 세관을 통과하게 한다. 해외 제품 수출에 대한 전문지식을 원하는 기업들은 종종 이러한 전문가들을 이용한다. 이들은 수많은 국가에 대한 다양한 수입 요구사항에 대해 잘 알고 있어서 제품의 국제운송과 세관 통과에 걸리는 시간을 상당히 단축시킬 수 있다.

국제화물 탁송업자

이 서비스는 육상, 항공 운송 혹은 창고를 이용하여 생산지역에서 해외 고객 도착지까지(아님 그 반대) 기업을 위해 제품을 운송한다. 국제화물 운송업자들은 소규모 선적화물을 모아서 좀 더 규모가 큰 TL, CL, 혹은 컨테이너 선적화물로 만든 다음에 이용할 운송 수단과 방법을 결정하고 모든 문서상의 요구사항을 처리한 후 도착지에서 선적화물들을 분류한다. 그들은 또한 이용할 최적 노선을 결정하고 저장, 산적, 재포장 요구사항을 감독하고 판매자의 기타 물류 요구사항을 들어준다. **국제화물 탁송업자**(foreign freight forwarders)를 통하면 물류비를 줄이고 고객서비스를 확대할 수 있으며, 소규모 송하인들의 경우 핵심 능력에 초점을 맞출 수 있다. 상품을 수출하거나 수입하는 많은 회사는 자사의 전문지식과 해외시장에서의 존재 때문에 국제화물 탁송업자를 이용한다.

최근까지 많은 송하인은 해안에서 멀리 떨어진 곳에서 고품질, 저비용 물품들을 수입, 선적해왔다(예: 미국 구매업자들이 중국 제조업자에게서 물품을 사는 경우). 오늘날에는 몇몇 구매업자들이 right-shoring이라는 전략을 사용하고 있다. **right-shoring**은 구매와 선적에 있어서 해안 근처나 멀리 떨어진 곳 그리고 국내의 기회들을 하나의 융통성 있고 소비지향적인 접근으로 통합한다. 원유 값이 변동하고 노동비용은 상승하며 미국 달러 가치가 감소하면서 국제 하송인들은 물품을 구입하는 곳에 관하여 더 융통성 있게 대처해야 한다는

것을 알게 되었다. 이러한 상황은 국제적으로 연결된 화물 탁송업자에 대한 필요성을 증대시켰다.[89]

무역회사

무역회사(trading company)들은 해외 구매자와 판매자를 결합하고 제품과 서비스에 대한 모든 수출입 절차, 문서화 및 운송을 처리한다. 대부분의 무역회사는 수출에 관여하고 있고, 이러한 회사들은 미국 내에서는 잘 이용되지 않는다. 무역회사들은 물건을 수출할 때 확정된 운송 및 창고 서비스를 사용하여 많은 양의 통합된 선적을 옮김으로써 대량생산에 의한 원가 절감에 재미를 보고 있다. 미국에서는 수출무역회사법(Export Trading Company Act)이 미국 수출업체들이 자사의 경쟁력을 향상시키는 데 도움을 주고, 미국 수출을 증진시키기 위해서 1982년에 법적으로 등록되었다. 미국 상무부 내에서는, 수출무역회사모임(Export Trading Company Affairs: ETCA)에서 미국과 외국 회사들 사이의 협동 벤처의 발전과 수출 무역 중개자들의 이용을 증진시키는 데 도움을 준다. ETCA 사무실은 1982년에 수출무역회사법에 의해서 세워졌다.[90]

비선박 운송회사

NVOCC이나 쉽게 NVO라고도 불리는 **비선박 운송회사**(non-vessel operating common carriers)는, 하는 일은 화물 탁송업자와 아주 비슷한 작용을 하지만 일반적으로 정기 선박편을 이용한다. 그들은 많은 송하인들로부터 받은 작은 국제 선적화물들을 모아 컨테이너에 가득 채운 후 송하인의 부두에서 모든 문서와 선적 절차를 다룬다. NVOCC는 출발지에서부터 도착지 부두까지 화물 운송에 대한 책임을 지니지만 선박에 대한 소유권은 없다. 그들은 원양 정기선과 계약을 맺고, 육로 이동을 위해 철도와 화물차 운송업체와 하청계약을 맺는다.

외국무역지대

외국무역지대(foreign trade zone: FTZ)는 관세청의 감독하에 있는 미국 내 안전지역이다. 이 지역들은 미국 상부무 장관이 의장으로 있는 외국무역지대이사회(foreign trade zones board) 공인을 받은 곳으로 오늘날 많은 국가에서 존재하는 소위 자유무역지대(free trade zones)에 필적하는 것이다. FTZ는 미국세관의 영향력이 행사되지 않는 곳으로 여겨지며 해외 혹은 국내 상품들은 공식적인 세관 통과나 관세 혹은 소비세를 지불하지 않고 들어갈 수 있다. FTZ은 제품 및 원료를 가져오고 저장, 수출, 제조, 조립, 재포장, 테스트, 수선 서비스를 제공하며, 어떠한 소매 활동도 허락되지 않는다. 완제품이 수출될 경우 관세나 소비세가 부과되지 않는다. 완제품이 수입되는 경우에는 공식적인 미국세관 입국 시 관세와 세금이 부과된다.

미국 의회는 미국 기업들의 국제무역을 장려하기 위해 1934년 외국무역지대이사회를 설립하였다. 의회는 2017년 현재 미국에는 50개 주 전체에 250개 이상의 범용 FTZ가 위치해 있으며, 전체 수입품의 약 12%(그중 75%가 원유였다)를 수입하고 있다. FTZ는 약 3,200개의 회사가 사용하고 있으며 매년 이 지역을 통해 6,500억 달러 이상의 상품을 운송하는 42만 명 이상의 미국 근로자들을 직접적으로 지원하고 있다. 석유 외에도, 제약, 자동차, 전자 회사는 미국 FTZ의 가장 많은 사용자이다.[91]

북미자유무역협정

북미자유무역협정(North American Free Trade Agreement: NAFTA)는1992년에 처음 승인되었고, 1993년 11월에 의회를 통과했으며 1994년 1월에 시행되었다. 이 협정은 궁극적으 로 미국, 캐나다, 멕시코 사이의 무역투자장벽들을 대부분 제거할 것이다. 2008년까지 세 나라 간 모든 의무와 정략적 제한은 폐지되었다. NAFTA의 목적은 세 나라가 국경을 넘는 무역을 용이하게 하고, 투자기회를 늘리고 공정한 무역을 수행하는 것이다. 오늘날 캐나다와 멕시코에 대한 미국의 수출은 300만 개 이상의 미국 일자리와 14만 개의 미국 기업을 지원하고 있다. 캐나다와 멕시코는 세계의 어느 나라보다 미국 내 상품과 서비스를 더 많이 구입한다. 북미자유무역협정(NAFTA)의 첫 20년 동안 지역 무역은 1993년 약 2900억 달러에서 2016년 1조 1,000억 달러 이상으로 급격히 증가했다. 미국의 멕시코 직접투자도 150억 달러에서 1,000억 달러 이상으로 급증했다. NAFTA의 성공으로 오늘날 미국은 20개국과 자유무역협정을 맺고 있다.

NAFTA가 언제나 환영을 받은 것은 아니다. 미국 노조들은 기업들이 저렴한 외국 노동력을 이용하기 위해 멕시코로 이동함에 따라 일자리가 줄어들어 노조의 협상력을 약화시켰다고 주장했다. 미국과 멕시코의 무역수지는 1993년 17억 달러 흑자에서 2014년까지 540억 달러의 적자로 돌아섰다. 경제정책연구센터(Center for Economic and Policy Research)의 딘 베이커(Dean Baker)와 같은 경제학자들은 이러한 수입 급증은 NAFTA가 없었더라도 일부 수입 증가가 일어났을 것이라는 것을 인정하지만, 20년 동안 60만 명에 이르는 미국 일자리를 잃게 했다고 주장한다. 미국 환경단체들은 오염과 식품안전법이 시행되기 어려워졌다고 우려를 표명했다. 또 다른 이들은 멕시코에 보조금을 지급한 농업 수출로 인해 이 소규모 멕시코 농부가 폐업하고 있다고 주장한다. 미국의 일부 사람들은 NAFTA를 멕시코 경제를 성장시키고 미국으로의 불법이민을 억제하기 위한 방법으로 보았다. 또 다른 사람들은 멕시코로 수출되는 농산물을 보조해주고 있기 때문에 멕시코의 영세 농부들이 파산하고 있다고 주장한다. 몇몇 사람들은 멕시코의 경제성장을 돕고 미국 내의 불법이민을 제한하기 위한 대안이 NAFTA라고 생각했다. 하지만 NAFTA 협정이 시행된 이후, 미국 내의 합법 및 불법 이민 모두 증가했다. 그 이유는 멕시코 남부지역의 장기간의 빈곤과 멕시코 산업이 중국과 경쟁하게 되자 야기된

폐소화 폭락 때문이었다. 이러한 우려사항들을 받아들여 이 문제들을 비롯한 다른 문제들을 해결하기 위해 미국, 캐나다와 멕시코는 보완 협정을 NAFTA에 추가했다.[92]

역물류

역물류(reverse logistics)는 **반송관리**(returns management)라고도 불리는데, 이는 최종 생성물 소비자나 공급사슬 내의 기관에 의해서 물건이 반품될 때, 공급사슬에서 고객으로부터 물품이 거꾸로 이동하는 것을 의미한다. 다른 말로, 역물류은 반품된 상품의 이동, 저장, 가공과정을 의미한다. 오늘날, 인터넷쇼핑, 제조업자 소매점 직배송, 제조업자고객 직배송의 발전으로 인해 반품이 증가하고 있다. 최근에 값싸고 검증되지 않은 외국 제공업체들의 사용이 미국에서 비교적 높은 숫자의 상품 회수를 야기했다. 2007년 8월 1일, 세계에서 가장 큰 장난감 제조사인, 캘리포니아주에 본사를 둔 마텔사(Mattel)는 납 성분이 검출되어 중국에서 만든 장난감 100만 개를 회수했다. 바로 다음 주 마텔사는 납이 들어있는 페인트와 질식의 위험성을 불러일으킨 작은 자석성분이 들어있는 장난감으로 인해 또다시 장난감 회수를 발표해야 했다. 사실, 2004부터 2007년에 회수된 마텔사의 9개 중 8개 장난감은 중국에서 만든 상품들이었다.[93]

전통 소매 고객은 판매의 6% 정도 환불을 요구하지만, 소매 웹사이트에서는 가끔 최대 20~30%까지도 환불을 요구한다. 역물류 연합(Reverse Logistics Association)에 따르면 순수한 미국 내 환불양은 1,500억~2,000억 달러이다. 그리고 이러한 반품을 진행하기 위해 드는 운송비는 매우 높을 수 있다. 현재 미국에서 해마다 운송, 관리, 진행, 처분, 분실 때문에 1,000억 달러가 들고 있다. 게다가 반품은 적절하게 관리되지 않으면 고객서비스, 기업 명성, 이윤에 직접적으로 부정적인 영향을 미칠 수 있다. "역물류는 손상을 자제하고 가공과정을 최대한 고객과 친근하게 운행하기 위한 것이다. 소비자를 한 번 실망시켰을 수 있지만 이러한 악순환을 최대한 빨리 끊어내야 한다." 세드랙(Sedlak Management Consultants)사의 부회장인 루 커니(Lou Cerny)의 말이다.[94]

일부 회사는 환불(return)을 좀비재고(zombie inventory)(즉, 죽지 않는 재고)로 본다. 이는 창고에서 팔리지 않고, 가게 진열대에 공간을 차지하거나, 유통센터에 병목 현상을 일으키기 때문에 노동자들은 이를 재활용, 수리 또는 폐기해야 할지 결정해야 한다. 그러나 다른 회사들은 환불을 숨겨진 이윤의 관점(hidden-profit view)에서 본다. UPS의 짐 제라드 부문장은 역물류는 제품의 수명을 연장할 수 있어 100%의 손실이 발생하지 않는다면서 전혀 다른 지역의 애프터 마켓에 재매매나 재사용을 준비하기 위한 목적으로 다시 제품을 회수하는 과정"이라고 말했다.[95]

많은 회사가 역물류를 전문으로 하는 제3자 물류업체를 고용하여 품목이 올바르게 관리되도록 한다. 예를 들어 연간 6억 개 이상의 반품 상품(returned item)을 처리하는 페덱스의 자회사인 젠코(Genco)는 기업을 위해 선별, 시험 및 수리, 재마케팅 및 제품 청산 솔루션을 제공한다. 연간 16억 달러의 매출과 130개 이상의 사업장에 11,000명 이상의 직원을 둔 젠코는 다양한 제품 수명주기 또는 역물류 서비스를 기술, 소비자, 공업, 소매, 헬스케어 시장에 있는 기업들에게 제공한다.[96]

역물류가 공급사슬에 미치는 영향

반품(returns)은 공급사슬에 상당한 역경을 의미한다. 많은 경우에 있어서, 역물류는 공급사슬관리에서 기피되는 활동으로 비치고 있다. 이러한 경우 역물류는 단순히 비즈니스를 하거나 정규적인 규제 정책 이슈에 관한 비용으로 간주된다. 문제점에는 반품을 관리하거나 상품의 역류를 모니터하는 정보 시스템의 부재, 역물류 과정에서 근로자의 훈련 부족, 반품된 포장에는 적거나 아예 없는 증명서류, 적합한 점검과 반품에 대한 검증의 필요성, 잠재적으로 손상된 반품들을 판매 상품으로 처리하는 것 등이 있다. 열악한 역물류 시스템은 전반적인 공급사슬에 재정적으로 영향을 미칠 수 있으며, 상품 브랜드에 대한 고객들의 이미지가 나빠지면 잠재적으로 미래 매각에도 큰 영향력을 행사할 수 있다. 일부 최근의 연구는 수익의 실제 비용이 총 수익의 약 3~5%를 차지한다는 것을 보여준다. "놀랍게도, 기존의 전통적인 소매업(bricks-and-mortal retail) 경우, 반품은 아웃바운드 배송(forward-outbound shipment)보다 3~4배 더 비싸다. 출판, 카탈로그 소매(catalog retail), 감사 카드와 같은 일부 산업에서는, 판매되는 모든 제품의 20% 이상이 결국 판매업자에게 반환된다." 제3자 물류 공급자인 세라시스(Cerasis)의 마케팅 전략을 감독하는 아담 로빈슨(Adam Robinson)의 말이다.[97]

마케팅 관점에서 보면, 효율적인 반환(returns) 과정은 신용을 창조할 수 있으며 물품 품질과 구매 리스크에 대한 고객들의 인식을 증가시킬 수 있다. 품질의 관점에서 상품 실패와 반환 정보는 품질 부서가 문제를 분석하고 디자인 부사가 향후 디자인 실수를 줄이기 위해 사용될 수 있다(상품 반환의 가장 큰 이유는 대부분 결점이 있거나 손상되었기 때문이다). 물류의 관점에서는, 반송된 상품은 여전히 수리된 부분이나 발전된 상품 심지어 본 상품만큼 가치를 창조를 할 수 있다. 이는 폐기 비용도 감소시키는 경향이 있다. 따라서 46%의 회사가 상품 반송에 대한 손실을 보고하는 반면에 8% 정도는 실제 수익으로 공표하기도 한다. 온라인 신발 판매 업체인 자포스(Zapoos)는 높은 환불율(약 35%)를 보였지만 이들은 아무 조건 없이 무료 환불 뿐만 아니라 높은 재구매율을 보여줌으로써 이를 경쟁우위의 관점으로 보았다.[98]

역물류와 환경

역물류는 재활용, 재료와 물품의 재사용 또는 사용한 상품의 개선과 같은 활동을 통해서 환경에 긍정적인 영향을 미칠 수 있다. **녹색 역물류 프로그램**(green reverse logistics programs)은 반품을 위해 사용되는 특정 운송 수단이 환경에 미치는 영향을 줄이는 것, 상품과 가공과정을 다시 제작하여 처분되는 상품 포장과 물품 재료의 양을 줄이는 것 그리고 재사용할 수 있는 화물과 팔레트를 만드는 것을 포함한다. "지속가능성은 역물류에서 중요한 역할을 하고 있다." UPS의 마케팅 책임자 폴 바살로의 말이다. "더 많은 회사가 환경에 미치는 영향을 줄이고, 상품을 처분할 때 이산화탄소를 배출하지 않는 방법을 찾기 위해 노력하고 있다."[99]

요약

이 장에서는 전반적인 산업화 사회와 공급사슬에서 물류가 맡은 중요한 역할을 논의하였다. 이는 매우 광범위한 주제이지만, 전 물류 분야와 공급사슬관리와의 관계에 대해 충분히 이해할 수 있도록 미국 국내 및 국외 물류 요소에 대한 검토를 시도했다. 이러한 요소들에는 물류 수단, 제3자 물류, 보관, 물류의 지속가능성, 국제 물류, 역물류 문제에 대한 기초지식이 포함된다. 독자들이 물류라는 광범위한 주제에 속하는 많은 요인과 이러한 요인들이 성공적인 공급사슬관리에서 중요한 이유를 이해하기 바란다.

토의문제

1. 물류란 무엇이며, 어떻게 시간 효용과 장소의 효용을 제공하는가?
2. 왜 물류 이슈는 비지니스 성공에 중요한가?
3. 물류에서 중요한 활동이나 요소는 무엇인가?
4. 비즈니스를 위한 운송의 목적은 무엇인가?
5. 왜 미국에서 지난 30년 동안 임대 물류 지출이 4배로 증가했다고 생각하는가?
6. 법과 운송 수단들을 열거하라. 어떤 운송 수단이 제일 싼가? 어느 운송 수단이 가장 많은 화물을 운반하는가? 어떤 운송 수단이 가장 빠르게 성장하고 빨리 수축했는가?
7. 운송 수단 간 운송 대안은 무엇인가?
8. TL과 LTL 운송의 차이점은 무엇인가? 왜 물류 100파운드당 LTL 배송료가 TL 운송료보다 비싼가?
9. 대형 트레일러트럭(road train)는 무엇인가? 만약 이들을 분류해야 한다면, 당신은 그들이 일반 화물 운송업자나 전문 운송업자라고 말할 것인가?

10. 왜 가장 빠른 기차가 미국 밖에 존재한다고 생각하는가? 오늘날 가장 빠른 열차는 어디에 있는가?
11. 서비스 비용 가격 대신 서비스 가치 가격을 언제 사용하겠는가? 언제 협상 가격을 사용하는가?
12. FOB 목적지 가격은 무엇이며 언제 사용하시겠는가?
13. 운송 보안은 무엇을 의미하며 어떤 운송수단이 보안 상 가장 우려되는가?
14. 프리패스(PresPass)란 무엇이며 그 장점은 무엇인가?
15. 정부의 운송 규제는 좋은가 나쁜가? 왜 그런가?
16. 오늘날, 미국의 운송 수단은 규제되는가, 아니면 규제를 완화하는가? 왜 그런가?
17. 세 가지 종류의 창고를 설명하고 각각의 장점을 설명하라.
18. 재고 보관 비용이 증가하여 창고에 물품을 보관하는 것이 나쁜데 왜 미국에서는 창고의 수와 크기가 증가하는가?
19. 유통센터(distribution center)와 창고(warehouse)의 차이점은 무엇인가?
20. 콜드 체인은 무엇이며 어떤 종류의 창고가 이들에 사용되었는가?
21. 리스크 풀링 및 중앙집중식 창고 시스템의 장단점을 정의한다. 리스크 풀링에는 어떠한 가정이 있는가?
22. 어떤 상황(중앙집중 또는 분산)에서 리스크 풀링이 안전재고를 덜 만드는가? 왜 그런가?
23. 아마존(Amazon.com)이 어떤 유형의 창고 위치 전략을 사용한다고 생각하는가? 왜 그렇게 생각하는가?
24. 린 창고 시스템은 무엇인가? 이는 언제 사용되는가?
25. 물류는 왜 성공적인 공급사슬관리를 위해 중요한가?
26. 제3자 물류는 무엇이며 왜 사용되는가? 어떤 종류의 기업이 이를 사용하는가? 왜 제3자 물류의 사용이 이렇게 빠르게 증가하고 있는가?
27. 제3자 물류는 효과적인 공급사슬 파트너가 될 수 있는가? 왜 그렇게 생각하는가?
28. 운송 중개자 또한 제3자 물류의 한 형태인가? 이에 대해 설명하라.
29. 여러 종류의 운송 중개자를 묘사하라.
30. 물류가 환경 지속가능성에 미치는 영향은 어떠한가? 이러한 영향을 최소화할 수 있는 방법은 무엇인가?
31. 엠프티 마일(empty miles)은 무엇이며운송업체는 이를 어떻게 줄일 수 있는가?
32. 가장 일반적인 물류 관리 소프트웨어 애플리케이션은 무엇이며 왜 사용자에게 이로운가?
33. ERP 시스템 없이 TMS를 가질 수 있는가? 아니면 WMS 없이 TMS를 가질 수 있는가?
34. C-TPAT와 FAST가 무엇인지 설명하라. 이를 사용하는 운송 수단은 무엇인가?

35. 오늘날 가장 시급한 글로벌 물류 문제는 무엇이라고 생각하는가? 왜 그렇게 생각하는가?
36. 몇 개의 글로벌 물류 중개업자를 설명하라. 이들은 또한 제3자 물류업자로 간주될 수 있는가?
37. 외국무역지대(FTZ)란 무엇인가? 이들은 자유 무역 구역과 어떻게 다른가? 이들이 제공하는 혜택은 무엇인가?
38. NAFTA는 미국, 캐나다, 멕시코 사이의 무역에 어떤 영향을 미쳤는가? NAFTA는 미국, 멕시코, 캐나다 생산자들에게 좋은가?
39. 역물류란 무엇인가? 공급사슬관리에 어떤 영향을 미치는가?
40. 역물류가 환경에 긍정적인 영향을 미칠 수 있는 방법은 무엇인가? 수익? 고객서비스? 재구매?

조사연구문제

1. BNSF 웹사이트(www.bnsf.com)에 접속하여 제공되는 복합운송 서비스의 종류를 기술하라.
2. '녹색 물류' 또는 '지속 가능한 물류'라는 용어로 검색하고 탄소 배출을 줄이기 위해 사용되는 물류 전략에 관한 보고서를 작성하라.
3. 미국 아마존의 창고 시스템에 대한 보고서를 작성하라.
4. 항공산업의 글로벌 규제완화에 관한 보고서를 작성하라.
5. '항만 보안 소프트웨어'라는 용어를 검색하고 이러한 소프트웨어 애플리케이션이 항만 보안과 글로벌 화물 보안에 어떻게 도움이 되는지 기술하라.

연습문제

1. 현재의 창고 시스템은 각 창고마다 3,000개의 물품을 수용하는 6개의 창고를 가지고 있다. 회사가 창고의 개수를 변경하여 보다 중앙집중화하여 동일한 고객서비스 수준을 유지하고자 하는 경우에는 아래 창고의 개수와 제곱근 규칙을 이용하여 평균 창고 재고 수준을 결정하라.
   (a) 창고 3개
   (b) 창고 1개
   (c) 위의 두 시스템에 대한 시스템 재고 감소율은 원래 시스템에 비해 얼마인가?
2. 현재의 창고 시스템은 각 창고마다 3,000개의 물품을 수용하는 6개의 창고를 가지고 있다. 만약 회사가 창고의 개수를 변경하여 동일한 고객서비스 수준을 유지하기를 원한다

면, 아래 창고의 개수와 제곱근 규칙을 이용하여 평균 창고 재고 수준을 결정하라.

(a) 창고 9개

(b) 창고 12개

(c) 위의 두 시스템에 대한 시스템 재고 증가율은 원래 시스템에 비해 얼마인가?

사례문제

1. 휘플물류사의 운송 도전

루비 쉘턴(Ruby Shelton)은 경영진 개발 훈련 프로그램의 일환으로 휘플물류사의 운송 부서에 임시로 배정되었다. 언젠가 고위직에 이르기 위한 수단으로 다른 부서에서도 경험을 쌓는 것이 목표였다.

루비는 이 기회에 흥분해 있다. 그녀의 배경은 운영관리 분야여서, 비록 전문가는 아니지만 운송 부문에 충족하는 역량을 가지고 있다. 도린 댈가도(Doreen Delgado)는 이 프로그램에서 루비의 멘토다. 도린은 수석 부사장으로, 중간 간부(junior executive) 시절 이 프로그램에 참여했다. 도린은 이때 경험의 가치를 알고 있다.

휘플물류회사(Whipple Logistics Company)는 새로운 고객을 가지고 있는데 이들은 사업을 위한 최고의 운송 수단에 대한 브리핑을 원하였다. 도린은 이 프로젝트를 루비에게 맡겼다. 도린은 이 브리핑이 특정 상품에 가장 적합한 운송 수단을 선택하는 것의 중요성을 루비가 깊이 이해할 수 있도록 도와주는 완벽한 도구라고 믿는다. 루비는 새로운 고객을 위한 브리핑을 준비할 것이다. 루비는 이 브리핑이 휘플에 대한 고객의 요구에 대해 더 많은 것을 배울 수 있는 좋은 기회라는 것을 알고 있다. 그녀의 연구는, 최고의 운송 수단은 운송을 사용하는 산업에 따라 달라진다는 것을 보여준다. 옥수수, 콩, 밀, 시멘트, 원유, 석탄 등 대용량 제품을 취급하는 업계는 어떤 운송 방식이 가장 좋은지를 결정해야 하는데 이 결정은 종종 화물을 운송해야 하는 거리에 기반한다. 트럭은 최대 500마일까지의 단거리 주행 시 비용상의 이점을 가지고 있으며, 따라서 주로 단거리일 경우 적절하다. 거리가 증가함에 따라 철도는 트럭에 비해 비용 면에서 유리하지만, 수로가 출발점과 목적지를 연결한다면 가장 큰 비용 이점을 갖는다.

휘플물류가 모든 산업에 배송 서비스를 제공하지만, 새로운 고객들은 주로 대량 물류 운송을 하고 있었다. 대량 운송의 경우, 바지선이 가장 저렴한 운송 수단이다. 그러나 수로는 출발지에서 도착지를 바로 연결하지 못한다. 따라서 중요한 요인은 운송 출발지와 항해가 가능한 수로와의 근접성이다.

루비는 비용 외의 영향 요인이 있는지 조사하기 시작했다. 그녀는 화물을 운반하는 데 단일 바지선만 사용되는 경우는 드물다는 것을 발견했다. 일반적으로, 바지선은 15-barge tow라고 불리는 케이블로 연결되어 22,500톤의 용량을 적재한다. 루비는 바지선이 철도와 트럭의 용량과 비교했을 때 어떤지 궁금하였다. 그녀는 철도 차량도 용량을 늘리기 위해 함께 연결되어 있다는 것을 알고 있었다. 표준은 운반용량이 11,200톤인 100량짜리 열차로, 15척짜리 견인용량에 걸맞게 100량짜리 열차 두 대가 필요하다. 세 번째 옵션은 세미트럭이나 "18륜차"다. 한 대의 승합차가 26톤을 수송할 수 있다. 불행히도, 세미트럭의 단점은 대형 운송 시스템을 만들기 위해 결합된 바지선이나 철도 차량과 달리 단일 운송 시스템이라는 점이다. 약 870대의 세미트럭이 15-barge 견인 또는 100-car 열차 두 대의 화물 용량과 같아야 한다.

루비는 출발지와 목적지가 물로 접근할 수 있다면, 바지선이 최고의 대량 운송 수단이라고 결정했다. 그녀는 단지 비용만 고려하였기에 더 복잡할 수 있다는 것을 이해하고 있다. 날씨와 특정 교통수단의 운반능력으로 인한 지연 가능성도 고려해야 한다.

토론사항

1. 루비는 이 브리핑에 어떻게 접근해야 하는가? 그녀는 각각의 유형을 설명해야 하는가 아니면 복합 운송의 개념만을 설명해야 하는가? 추천안을 제시하라. 왜 이 접근법이 다른 접근법보다 낫다고 생각하는가, 즉 브리핑 받는 사람들에게 어떤 이득이 있을 것이라고 생각하는가?
2. 당신의 의견으로는 어떤 운송 수단이 가장 많은 문제를 일으킬 가능성이 있는가? 이유를 설명하라.
3. 가장 유연한 운송 수단과 가장 비유연한 운송 수단을 말하고 그 이유를 설명하라.

2. 트리드웰 유통센터

트리드웰 유통센터(Treadwell Distribution Centers)는 완전 서비스 운송 회사(full service fulfillment company)다. 고객은 자신들의 상품을 보관하고 유통하기 위해 트리드웰과 계약을 맺는다. 트리드웰은 또한 고객을 위해 반품된 물건들을 처리한다. 최근에는 역물류와 관련된 문제가 커지고 있다.

반품량은 그동안 크게 늘었다. 트리드웰의 고객사들은 경쟁우위를 강화하기 위해 자사 고객에게 무료 반품 정책을 제공하고 있다. 물품을 창고로 돌려보내는 데 비용이 들지 않는다. 트리드웰의 고객사들은 그들의 고객에게 선불 운송 라벨을 제공한다. 게다가 재결제에 대한 수수료는 없다. 대부분의 트리드웰 고객들에 의해 사용되는 이 정책으로 인해 반품되는 물건이 증가하였다.

이때까지 트리드웰은 전산화된 기반 관리 시스템을 갖추고 있었지만, 그 누구도 창고 관리를 위해 특별한 시스템을 설계하지 않았다. 트리드웰 시스템은 자가 성장의 일환이었으며 사업이 커지며 시스템 능력 또한 확장되었다. 그러나 역물류 문제로 인해 더 이상 이 시스템을 실행할 수 없었다.

게다가 정부의 규제와 지역 환경단체들의 압력은 트리드웰 유통센터에 또 다른 이슈인 환경 지속가능성을 야기하고 있다. 환경 지속가능성 이슈는 지속가능성 우려에 기여하는 두 가지 요소, 즉 운송과 역물류를 포함한다. 운송 수단으로 볼 때 트리드웰의 트럭들은 점점 더 많은 엠프티 마일(empty miles)을 만들었다. 빈 트럭 운행이 늘고 있다.

역물류도 문제다. 트리드웰은 고객들로부터 반품된 자료를 수집하라는 압력을 받고 있다. 과거에 트리드웰이 한 모든 일은 반품을 수용하고, 미리 결정된 절차에 따라 반품을 가져올 수 있는지 확인한 후 폐기하거나 원래 제조사에 돌려보내는 것이었다. 그러나 고객이 원하는 정보는 더욱 구체적이다. 예를 들어 수리나 재가공할 수 있는가? 트리드웰의 경쟁사들은 향상된 데이터 수집을 제공하고 있기에 트레드웰도 그렇게 해야만 한다.

토론사항

1. 트리드웰에게 지속가능성과 역물류의 문제에 대해 어떤 조언을 할 것인가? 이 문제를 해결하기 위해 취할 수 있는 조치는 무엇인가? 그러한 조치의 이점을 설명하라.
2. 트리드웰 유통센터는 매우 경쟁적인 산업에 있다. 트리드웰이 이를 부채에서 자산으로 전환할 수 있도록 하는 역물류에 관한 선택지가 있는가? 왜 그렇다고 믿는지, 아니면 아니라고 믿는지 설명하라.
3. 트리드웰이 엠프티 마일 문제를 도와줄 수 있는 방법이 있는가? 만약 그렇다면, 방법을 설명하라. 그렇지 않다면, 왜 그렇지 않은지 설명하라.

3. 허니컷 창고&해운 주식회사

허니컷 창고&해운 주식회사(Honeycutt Warehouse and Shipping Corporation)는 상품의 선적과 보관을 전문으로 하는 글로벌 기업이다. 바지선, 철도차량, 세미트럭 등으로 구성된 자체 운송 수단을 소유하고 운용하고 있다. 최고운영책임자인 미니 하몬(Minnie Harmon)은 몇몇 신흥시장으로 사업을 확장하려고 한다. 미니는 다른 회사를 인수하거나 처음부터 사업을 추진하는 것을 고려하고 있다. 미니는 허니컷의 탄소 배출량을 걱정한다. 그녀는 환경을 보호하는 것이 중요하다는 것을 굳게 믿고 있기 때문에 회사의 지속가능성 결과를 향상시키기를 원한다.

이들의 보관 및 선적 시설은 고정된 장소에 수년간 있을 것이기 때문에, 미니는 창고 위치 선정이 가장 중요한 결정 중 하나라고 믿는다. 그래서 그녀는 위치 선정과 지속가능성을 어떻게 다룰지를 해결하기 위해 그녀의 고위직 임원들을 소집했다.

미니의 직원들은 조사해야 할 주요 요인들과 그 위치가 국내인지 전 세계인지에 대해 논의했다. 고려해야 할 주요 요인은 노동력, 토지 이용가능성 및 비용, 시장과의 근접성, 공급자와의 근접성, 세금 및 인센티브였다. 신흥시장으로의 확대를 도모하고 있는 만큼 통화교환, 안정성, 국가경쟁력 등도 고려해야 한다.

앞서 언급했듯이, 미니는 환경에 대해 걱정했고 지속가능성이 또한 해결되기를 원했다. 그러므로 지속가능성의 한 가지 열쇠는 에너지 소비를 줄이는 것이었다. 그 회사는 매년 수십만 톤의 화물을 옮긴다. 허니컷의 에너지 소비량은 엄청나다. 그렇기 때문에, 오염도 걱정할 부분이다. 미니의 직원들은 이러한 지속가능성 문제를 어떻게 해결해야 하는지에 대해 논의하였다. 한 가지 방법은 연료 효율이 더 높은 엔진과 같은 최첨단기술을 채택하는 것인데, 그 비용은 엄청날 것이기 때문에 전체 운송 수단에 단번에 적용할 수 없었다.

미니의 직원은 창고 위치 선택 요인을 더욱 고려하면 이러한 지속가능성에 대한 우려를 최소화할 수 있다는 것을 깨달았다. 시장이나 공급자와의 근접성에 초점을 맞추는 대신에, 균형 평가(balance assessment)를 더 많이 하면 에너지 소비와 오염을 크게 줄일 수 있다. 이 관점에서 운송 수요를 장기적으로 고려하고 분석하면, 이들은 운송 옵션을 보다 효율적으로 선택할 수 있을 것이다. 물류위원회(Council of Logistics)는 물류를 "상품의 효율적이고 효과적인 흐름을 위한 계획 과정"이라고 정의한다. 따라서 미니와 그녀의 직원들은 운송당 최적 비용뿐만 아니라 에너지 소비와 공해와 같은 화물 운송과 관련된 모든 우려를 해결하기 위해 물류 관리의 모든 부분을 활용해야 한다는 것을 알았다. 따라서 과거에는 지속가능성이 창고 위치 선정 과정의 요인이 아니였지만 이제는 주요 요인으로 포함시켜야 한다.

토론사항

1. 기업들은 한 운송 수단을만을 사용하는 대신에 여러 운송 조합을 사용할 수 있다. 이러한 접근방식에 대해 설명하라. 그리고 이것이 허니컷 회사에 대한 옵션이 될 수 있는지 설명하라.
2. 허니컷 회사가 물류 지속가능성을 개선하기 위해 사용할 수 있는 방법, 프로그램 또는 파트너십의 예는 무엇인가? 이들을 어떻게 도울 수 있는지 설명하라.
3. 지속가능성에 영향을 미치는 바지선, 철도, 트럭 운송 시스템의 몇 가지 이슈를 설명하라.

참고자료

Bloomberg, D. J., S. LeMay, and J. B. Hanna, *Logistics*. Upper Saddle River, NJ: Prentice Hall, 2002.

Coyle, J. J., E. J. Bardi, and C. J. Langley, *The Management of Business Logistics*. St. Paul, MN: West Publishing, 1996.

Lambert, D. M., J. R. Stock, and L. M. Ellram, *Fundamentals of Logistics Management*. New York: McGraw-Hill, 1998.

Sampson, R. J., M. T. Farris, and D. L. Shrock, *Domestic Transportation: Practice, Theory, and Policy*. 5th ed.

Boston: Houghton Mifflin, 1985.

Stock, J. R., and D. M. Lambert, *Strategic Logistics Management*. 4th ed. New York: McGraw-Hill, 2001.

미주

1. Burnson, P., "2016 Logistics Rate Outlook: A Global Ripple Effect," *Supplychain247.com* January 11, 2016: 1.
2. Levans, M., "Global Logistics: Prepare or Perish," *Logistics Management* 55(2), 2016: 9.
3. Material for road trains came from www.outback-australia-travel-secrets.com/australian-road-trains.html, www.truckersnews.com/riding-the-down-under-express, and www.ourterritory.com/katherine_region/road_trains.htm
4. See www.cntraveler.com/stories/2016-05-18/the-10-fastest-trains-in-the-world
5. See https://www.slashgear.com/japans-new-maglev-bullet-train-is-now-the-fastestin-the-world-22380159/
6. Material for the Antonov An-225 came from Spaeth, A., "When Size Matters," *Air International* December 2009: 29; www.theaviationzone.com/factsheets/an225.asp; www.airbususa380.tripod.com/id6.html; and www.antonov.com/products/air/transport.html
7. See http://www.ship-technology.com/projects/cscl-globe-container-ship/
8. Material for the largest pipelines came from Anonymous, "China Begins Using World's Longest Gas Pipeline," www.pennenergy.com/articles/pennenergy/2012/12/chinabegins-using-worlds-longest-gas-pipeline.html; Wise, J., "World's Longest Underwater Pipeline Will Tap the Sea," *Popular Mechanics* June 2007, www.popularmechanics.com/science/extreme_machines
9. Council of Supply Chain Management Professionals, www.cscmp.org/aboutcscmp/definitions
10. See https://www.rita.dot.gov/bts/sites/rita.dot.gov.bts/files/publications/national_transportation_statistics/index.html
11. See https://search.usa.gov/search?query=for-hiretruck+gdp+2016&op=Search&affiliate=dot-bts
12. "Number of Trucking Companies Declaring Bankruptcy Significantly Declines Last Quarter," http://www.roadscholar.com/blog/number-of-trucking-companiesdeclaring-bankruptcy-significantly-declines-last-quarter/; Hasbrouck, E., "FAQ About Airline Bankruptcies," *The Practical Nomad*, www.hasbrouck.org/articles/bankruptcy.html; Keeton, A., "Corporate News: Air Industry Faces Grim Year Ahead," Wall Street Journal September 16, 2009: B3; https://www.eia.gov/todayinenergy/detail.php?id=30012; http://www.trucking.org/article/ATA-Releases-2016-Edition-of-American-Trucking-Trends
13. Horowitz, S., "Wal-Mart to the Rescue: Private Enterprise's Response to Hurricane Katrina," *The Independent Review* 13(4), 2009: 511–528.
14. "Swift Currents, Debris Slow Recovery Effort," www.npr.org, August 13, 2007.
15. See http://www.dot.state.mn.us/i35wbridge/traffic_changes.html
16. See http://www.infrastructurereportcard.org/
17. See http://www.joc.com/sites/default/files/u48801/truck-tables_1_0.jpg
18. See http://www.joc.com/trucking-logistics/ltl-shipping/largest-us-ltl-truckloadcarriers-raise-combined-revenue-86-percent-60-billion-sj-consulting-reports
19. See https://www.aar.org/data-center/rail-traffic-data; https://www.fra.dot.gov/Page/P0362
20. Trebilcock, B., "RTLS: Find a Needle in a Haystack," *Modern Materials Handling* 61(7), 2006: 42.
21. Mann, T., "Rail Corridor Hit with Major Outage," *Wall Street Journal* May 20, 2013: A3.
22. "Acela Express, USA," www.railway-technology.com/projects/amtrak/
23. Mitchell, J., "Amtrak Seeking Florida's Rail Funds," *Wall Street Journal* April 28, 2011: A9.
24. http://www.dailymail.co.uk/sciencetech/article-4290138/Hyperloop-prototyperevealed-Las-Vegas.html#ixzz4bFJXSP2G
25. Parrish, M., "Why Is There Still No High-Speed Rail Network in America?" *Manufacturing.net* March 18, 2016: 1
26. Anonymous, "China Issues Tender for 351 High-Speed Trains," *International Railway Journal* 55(8), 2015: 14.
27. Macklem, K., "Is There a Fast Train Coming?" *MacLean's* 116(8), 2003: 24–25; Yong Chia, W., "KL-SG High-Speed Rail Proposal—Drawing Closer for Mutual Benefit?" *Shares Investment: Facts & Figures*, September 21, 2013: 1; Spegele, B., and B. Davis, "High-Speed Train Links Beijing, Shanghai—

Cornerstone of China's Rail Expansion Illustrates Megaprojects' Speed Bumps," *Wall Street Journal* June 29, 2011: A11.

28. See http://aviationbenefits.org/economic-growth/value-to-the-economy and http://www.joc.com/air-cargo/air-cargo-market-stay-subdued-2016-iata-says_20151210.html

29. https://www.google.com/#q=the+world%E2%80%99s+largest+air+cargo+airline

30. See www.boeing.com/resources/boeingdotcom/commercial/about.../cargo.../wacf.pdf

31. Anonymous, "Research and Markets – Barge Transportation Market in the US 2017-2021 with ACBL, Ingram Marine & Kirby Dominating," *PR Newswire Europe* December 16, 2016: 1.

32. Information found at en.wikipedia.org/wiki/Container_ship

33. Harper, D., and S. Nykolaishen, "A Canadian Perspective on the Keystone XL Pipeline," *Trends: ABA Section of Environment, Energy, and Resources Newsletter* 44(6), 2013: 2–5; http://www.bbc.com/news/world-us-canada-30103078

34. Martin, J., "Intermodal Transportation: Evolving Toward the 21st Century," *Transportation & Distribution* 37(2), 1996: 1–9.

35. BNSF website: www.bnsf.com

36. Atlantic Container Line website: www.aclcargo.com and http://gcaptain.com/acls-new-conro-atlantic-star

37. Richardson, H., "Pricing/Costing Series Part III—Pricing: Carriers Calculate Their Risks," *Transportation & Distribution* 35(3), 1994: 29–31.

38. See www.nmfta.org

39. See www.tsa.gov

40. See www.dhs.gov

41. https://www.tsa.gov/news/releases/2016/07/05/tsa-american-airlines-jointly-testing-innovative-airport-security

42. See the following: Edmonson, R., "TWICs Technology Challenge," *Journal of Commerce* February 22, 2010: 1; Staff, "Risk of Train Terror Attack Reduced: DHS IG," *Journal of Commerce* March 2, 2009: 1.

43. http://prepass.com/about-us/

44. Jerman, R., and R. Anderson, "Regulatory Issues: Shipper Versus Motor Carrier," *Transportation Journal* 33(3), 1994: 15–23.

45. See, for instance, Dempsey, P., "The Disaster of Airline Deregulation," *Wall Street Journal* May 9, 1991: A15; Leonard, W., "Airline Deregulation: Grand Design or Gross Debacle?" *Journal of Economic Issues* 17(2), 1983: 453–465; O'Brian, B., and C. Solomon, "Braniff Files for Protection from Creditors," *Wall Street Journal* September 29, 1989: 1; Staff, "Texas Air Provides $10 Million in Aid to People Express," *Wall Street Journal* October 16, 1986: 1; and Staff, "Business Brief—Texas Air Corp,"Wall Street Journal June 7, 1990: A1.

46. Barlett, D., and J. Steele, "The High Cost of Deregulation: Joblessness, Bankruptcy, Debt," *The Inquirer* October 24, 1991; www.philly.com/philly/news

47. http://www.3plogistics.com/pick-it-the-business-of-warehousing-in-north-america-2015-market-size-major-3pls-benchmarking-costs-prices-and-practices-report-isreleased-by-armstrong-associates-inc/

48. http://www.mwpvl.com/html/target.html

49. Ruwitch, J., "Alibaba's Logistics Arm to Expand Warehouse Space," *Reuters Market News* May 28, 2015: 1.

50. Feare, T., "Jazzing up the Warehouse," *Modern Material Handling* 56(7), 2001: 71–72.

51. Found at: www.universal-storage.co.za/largest-warehouses.asp

52 Burnson, P., "Conquering the Cold Chain," *Logistics Management* 52(4), 2013: 36–38.

53. Dutton, G., "A Curve Ball for Cold Chain," *World Trade* 27(1), 2014: 36–38.

54. Brown, M., "The Slow Boat to Europe," *Management Today* June 1997: 83–86.

55. Maister, D. H., "Centralization of Inventories and the 'Square Root Law,' " *International Journal of Physical Distribution and Materials Management* 6(3), 1976: 124–134.

56. Warnenburg, C. M., trans., and P. Hall, ed., *Von Thunen's Isolated State*. Oxford, UK: Pergamon Press, 1966.

57. Friedrich, C. J., trans., *Alfred Weber's Theory of the Location of Industries*. Chicago: University of Chicago Press, 1929.

58. Hoover, E. M., *The Location of Economic Activity*. New York: McGraw-Hill, 1948.

59. Greenhut, M. L., *Plant Location in Theory and in Practice*. Chapel Hill: University of North Carolina Press, 1956.

60. Dittmann, P., "11 Ways To Optimize Your Warehouse," *Industrial Engineer* 48(2), 2016: 44–49.

61. Trunick, P., "The 3 W's of Green Warehouses," *World Trade* 26(4), 2013: 40–43.

62. Geddam, S., "How Cloud Enables and Supports the Lean Warehouse," *Manufacturing Business Technology* April 15, 2015: 1.

63. Fabey, M., "Changing Trade Winds," *Traffic World* 263(8), 2000: 41–42.

64. See Daley, S., "Lost in Nicaragua, a Chinese Tycoon's Canal

Project," *New York Times online* April 3, 2016: 1; and Zamorano, J., and K. Martinez, "Panama Canal opens $5B locks, Bullish despite Shipping Woes," *AP online* June 6, 2016: 1.

65. Burnson, P., "Top 50 3PLs: Seeing Into the Future," *Logistics Management* 52(6), 2013: 56S.

66. Blanchard, D., "When You'd Rather Not Do It Yourself," *Material Handling Management* October 2009: 48.

67. See https://www.kornferry.com/media/sidebar_downloads/2016_3PL_Study.pdf

68. DiMartino, M., "Kawasaki Thinks Small," *Orange County Business* Journal 39(11), 2016: 1, 17.

69. Kerr, J., "What's the Right Role for Global 3PLs?" *Logistics Management* 45(2), 2006: 51–54; and Trunick, P., "3PL Mergers: Wiifm?," *World Trade* 26(1), 2013: 30–32, 34.

70. See, for example, Abshire, R., and S. Premeaux, "Motor Carrier Selection Criteria: Perceptual Differences between Shippers and Carriers," *Transportation Journal* 31(1), 1991: 31–35; Bardi, E., P. Bagchi, and T. Raghunathan, "Motor Carrier Selection in a Deregulated Environment," *Transportation Journal* 29(1), 1989: 4–11; Foster, J., and S. Strasser, "Carrier/Modal Selection Factors: The Shipper/Carrier Paradox," *Transportation Research Forum* 31(1), 1990: 206–212; and Murphy, P., J. Daley, and P. Hall, "Carrier Selection: Do Shippers and Carriers Agree, or Not?" *Transportation Research* 33E(1), 1997: 67–72.

71. Mejza, M. C., and J. D. Wisner, "The Scope and Span of Supply Chain Management," *The International Journal of Logistics Management* 12(2), 2001: 37–56; and Tan, K. C., and J. D. Wisner, "A Comparison of the Supply Chain Management Approaches of U.S. Regional and Global Businesses," *Supply Chain Forum* 2(2), 2001: 20–28.

72. McCrea, B., "Ariens Finds Just the Right Fit," *Logistics Management* 55(11), 2016: 28–31.

73. http://www.dhl-usa.com/en/contact_center/contact_global_forwarding.html

74. See https://www.export.gov/article?id=What-is-a-Shippers-Association

75. Information obtained from www.midwestshippers.com and www.iamovers.org/AffiliateGroups/ISA.aspx?navItemNumber=671

76. See http://trinity-logistics-site.trinity-logistics.trinity-logistics.d3corp.com/services/intermodal/

77. See http://cerasis.com/2015/04/22/logistics-infographic/ and http://www.logisticsmgmt.com/article/state_of_logistics_2016_us_business_logistics_costs_slow_considerably_with

78. Saenz, M., Gupta, R., and Makowski, C., "Finding Profit in Horizontal Collaboration," *Supply Chain Management Review* 21(1), 2017: 16–22.

79. See www.epa.gov/smartway

80. See www.responsibletrans.org

81. See www.godiswilson.com, www.dcvelocity.com, www.dbschenkerusa.com, and www.ecoports.com

82. Bond, J., "2015 Software Usage Survey: The Pursuit of Supply Chain Compatibility," *Logistics Management Online* July 24, 2015: 1.

83. Hannon, D., "American Railcar Uses TMS to Shine Light on Inbound Supply Chain," *Purchasing* 139(3), 2010: 13.

84. Michel, R., "Is RFID Ready for a Reinvention?" *Logistics Management* 54(10), 2015: 42–44.

85. Anonymous, "Distributor NFT Gains Yoplait Contract in Britain," *Dairy Industries International* 82(3), 2017: 7.

86. McCrea, B., "5 GTM Trends to Watch in 2017," *Logistics Management* 56(2), 2017: 38–40.

87. McCrea, B., "GTM Has Arrived," *Logistics Management* 49(1), 2010: 34.

88. See https://www.cbp.gov/border-security/ports-entry/cargo-security/c-tpat-customstrade-partnership-against-terrorism and Quinn, F., "Supply Chain Security in a High-Risk World," *Logistics Management* 50(1), 2011: 54–58.

89. Anonymous, "Freight Forwarders Best Foreign Performance," *Logistics Management* 48(8), 2009: 44.

90. U.S. Department of Commerce website: www.ita.doc.gov/td/oetca/staff.html

91. See https://www.cbp.gov/border-security/ports-entry/cargo-security/cargo-control/foreign-trade-zones/about#; http://enforcement.trade.gov/ftzpage/info/summary.html; Anonymous, "National Association of Foreign-Trade Zones Promotes Benefits of FTZs," *Economics Week* September 25, 2009: 29; the U.S. Department of Commerce Foreign-Trade Zones Board website: http://ia.ita.doc.gov/ftzpage/index; and Bolle, M., and B. Williams, "U.S. Foreign-Trade Zones: Background and Issues for Congress," September 5, 2012, http://www.fas.org/sgp/crs/misc/R42686.pdf

92. See: http://www.cfr.org/trade/naftas-economic-impact/p15790; Bedell, D., "Can NAFTA Fill the Gap?" *Global Finance* 24(3), 2010: 30–32; Schot, J., "North American Free Trade Agreement (NAFTA)," *The Princeton Encyclopedia of the World Economy* 2, 2009: 851–855; www.ustr.gov/trade-agreements; and www.europa.eu

93. Lawrence, D., "China Issues Food, Toy Recall Rules to Tighten

Safety," *Bloomberg.com News* August 31, 2007, www.bloomberg.com/apps/news?pid=20601080&sid=asUaOAct_vrc&refer=asia

94. Rogers, L., "Going in Reverse to Move Forward," *Modern Materials Handling* 64(9), 2009: 28; Rogers, D., R. Lembke, and J. Benardino, "Reverse Logistics: A New Core Competency," *Supply Chain Management Review* 17(3), 2013: 40–47.

95. McCue, D., "Dealing with Zombie Inventory," *World Trade* 26(3), 2013: 39–42.

96. http://supplychain.fedex.com/

97. Burnson, P., "Time to Embrace Reverse Logistics," *Logistics Management* 55(3), 2016: 36–38.

98. Martinez, R., "Best Practices in Returns Management," *Multichannel Merchant* 26(12), 2010: 29.

99. Rogers, L., "Going in Reverse to Move Forward."

10장

고객관계관리

CUSTOMER RELATIONSHIP MANAGEMENT

새로운 커뮤니케이션 도구가 소비자와 그들이 사업을 하는 조직이 동등한 기반에 놓이게 되며 고객의 독립성과 구매력이 두배가 되었다. 기술력과 투명성과 대응력이 뛰어난 고객관리는 상품화된 세상에서 새로운 시장 차별화가 될 것이다.

Mary Wardley, vice president, CRM and Enterprise Applications, at IDC[1]

고객관계관리 시장은 전 세계적으로 빠르게 증가하고 있으며 이에 대한 관점은 어느 때보다 강하다.

Larry Augustin, CEO of SugarCRM[2]

고객관계관리 해결책으로 고객 자료를 관리하지만, 고객관계를 관리한 적이 없다.

Loren Padelford, executive vice president at Skura[3]

학습목표

- CRM의 전략적 중요성에 대하여 논의한다.
- CRM 계획의 구성요소에 대하여 논의한다.
- 고객생애 가치를 계산한다.
- CRM 프로그램에 이용된 실행 절차에 관하여 논의한다.
- 고객 만족과 기업의 수익 증대를 위해 정보가 어떻게 이용되는지 논의한다.
- 기업이 현재 CRM 적용 방법들을 어떻게 통합시키는지 논의한다.
- CRM 최신 경향을 논의한다.

SCM PROFILE

나무여행사가 찾은 더 좋은 CRM 적용 방법

코스타리카에 있는 나무여행사(NAMU Travel Group)의 COO인 리차드 백슨(Richard Bexon)은 그의 조직의 전 CRM 시스템을 괴물이란 단어로 표현한다. 이 시스템은 8년 동안 사용되며 굉장히 많은 사람에게 맞춤화하였으며(customized) 다음 고객에게 CRM을 적용할 수 있는 매뉴얼을 만들지 않았다. 나무는 그래서 2015년에 당시 시스템을 버리고 클라우드 기반 CRM 적용 애플리케이션인 비피엠온라인(Bpm'online)을 사용하기 시작했다. 결과는 놀라웠다. 4개월 동안 271% 투자 회수율과 거의 30만 달러의 평균 수익을 낼 수 있었다.

나무는 1999년 사업을 개시할 때 주로 코스타리카에 집중하는 작은 여행사였다. 백슨은 "모든 운송(logistics) 정보를 관리하고 한 곳에 둘 시스템이 필요하다."고 말했다. 세일스포스(Salesforce)의 무료 CRM 소프트웨어로 시작해 그들의 필요에 맞게 제작했다. 회사가 성장하면서 시스템은 결국 이들이 통제할 수 없을 만큼 변형되었다. 시스템을 유지하는 것은 과학 프로젝트에 가까워졌다. 백슨은 시스템 내 정보들이 어떻게 연관되어 있는지를 고려해 "이 부분을 골라서 움직이면 효과가 있을 것"이라고 말했다.

비피엠온라인은 규모와 독창성 그리고 나무의 요구에 대한 관심 때문에 결국 나무의 사업을 따냈다. 비피엠온라인 대표들은 여느 회사와 달리 판매 발표를 하기 위해 코스타리카로 날아갔다. 또한, 나무는 웹 기반 앱을 제공하고 사용하기 쉬우며 마케팅, 영업 및 고객서비스 기능을 제공하는 것을 좋아했다. 비피엠온라인도 "이를 통해 우리의 손을 잡았다"고 백슨이 말했다. 비피엠온라인은 시스템 구현을 돕고 열흘 동안 현장에 머물며 사용법을 교육했다.

새로운 CRM 시스템은 기존 시스템에 필요했던 소프트웨어와 인건비를 피함으로써 비용을 절감했다. 또한 관리자들은 주당 약 2시간을 절약하여 매출에 더 집중하며 생산성을 향상시킬 수 있었다. 결국, 나무는 판매와 마케팅 생산성이 10% 향상시켰다. 백슨은 기존 시스템에 대해 "기존 시스템은 너무 많은 사람이 사용하고 있고 다양한 방식으로 구축되어 있어서 실제로 주목할 만한 결과가 없었으며 데이터 결과를 이끌어내기 어려웠다. 하지만 데이터를 일단 이끌어낸다면 의사결정을 시작할 수 있을 것이다."라고 말했다.[4]

개요

일단 기업이 고객과 처음 관계를 맺으면 고객관계관리(customer relationship management: CRM) 가 필요하다. 고객이 계속적으로 만족을 느끼고 다시 방문하도록 하기 위해, 기업은 자사의 능력과 그 능력이 고객에게 제공하는 가치를 보여주어야 한다. 흔히 회자되는 '새로운 고객을 찾는 것은 기존의 고객을 유지하는 것보다 5배의 비용이 더 든다'는 말이 바로 고객관계관리의 동기이다. 장기적으로 가치는 신뢰할 수 있는 정확한 배송, 우수한 품질의 제품과 서비스, 경쟁력 있는 가격, 혁신적인 신제품과 서비스, 고객의 요구에 대한 관심, 이러한 고객의 요구에 적절히 대응하는 유연성 등을 통해 고객에게 지속적으로 표현되어야 한다. 고객관계관리는 가장 먼저 고객의 요구사항에 맞춰 핵심역량을 쌓는 것으로 시작해서 높은 수준의 고객 만족을 이끌어낼 수 있는 방식으로 제품과 서비스를 제공하는 것으로 이어진다.

오늘날 고객관계관리, 즉 CRM은 7장에서 설명한 소프트웨어 모듈(software module) 혹은 대기업 ERP의 일부분인 자동 거래와 커뮤니케이션 애플리케이션과 관련이 있다. CRM 애플리케이션 글로벌 시장은 빠르게 성장하고 있다. 2015년에는 약 260억 달러로, 3년 전의 180억 달러보다 증가했다. CRM은 영업 자원 자동화, 마케팅 자동화, 고객서비스 및 지원 관리를 위한 애플리케이션을 포함한다. 소셜 미디어 관리, 고객 경험 관리, 활동 및 참여자 관리는 새롭게 이용 가능한 CRM 애플리케이션 중 하나이다. 많은 기업은 고객관계 프로세스를 자동화하기 위해 CRM 소프트웨어 애플리케이션이나 인터넷 웹페이지 부분에 상당한 투자를 해왔고, 이는 고객에게 많은 혜택을 제공했다. 또한, SaaS(Software-as-a-Service) 또는 클라우드 기반 애플리케이션은 CRM 시장을 점유하고 있으며 다른 애플리케이션들보다 2배 더 빠르게 성장하고 있다.[5]

CRM의 성장은 계속될 전망이다. 가트너(Gartner)의 한 비즈니스 조사에서 응답한 기업의 약 49%가 2017년에 CRM 투자를 늘릴 계획이라 밝혔으며, 가장 큰 지출은 안내 데스크와 고객서비스 소프트웨어에 있을 것이다고 밝혔다. 세일스포스(Salesforce)는 전 세계 CRM 시장에서 가장 높은 점유율을 차지하고 있으며, SAP, Oracle, Microsoft가 그 뒤를 따르고 있다.[6]

오늘날 고객은 인터넷에서 이뤄지는 커뮤니케이션과 거래의 편리함을 좋아할지 모르지만 고객이 만족해서 다시 방문하도록 만들기 위해서는 기업과 고객과의 개별적 접촉 또한 존재해야 한다. CRM의 최근 트렌드가 소셜 미디어와 클라우드 컴퓨팅이며, 이 장에서 다룰 것이다. 기업은 고객과 더 좋은 관계를 유지하기 위해 이 두 가지 방법을 활용하고 있다. 가령 링크드인(LinkedIn)과 같은 애플리케이션은 고객의 정보를 소셜 네트워크에서 바로 가져올 수 있어 CRM 시스템에 바로 저장한다. 또 다른 애플리케이션 이마케팅(eMarketing)은 몇 천 명의 고객에게 이메일을 보내주기도 한다.

기업은 고객에게 개별 서비스를 제공해야 할 필요성을 재발견하고 있다. 오늘날 우리는 기업의 인터넷 사이트 운영과 소프트웨어 애플리케이션이 많은 유형의 정보 혹은 제품 이동에는 바람직하지만, 다양한 산업 분야의 고객을 만족시키기에는 충분치 않다는 것을 알고 있다. 제품을 만지고 회사 직원과 마주보며 직접 말하는 것은 여전히 고객 경험의 필수적인 부분이다. 따라서 CRM은 고객과의 대화, 고객의 행동과 요구사항에 대한 이해, 그러한 고객의 요구사항을 만족시키는 시스템 구축 등이 포함되어야 한다. CRM은 소프트웨어 이상의 것이어야 한다.

기술의 급격한 변화에 따라 고객 정보를 얻고 이용할 수 있는 새롭고 흥미진진한 방법이 많이 개발되어 왔으며, 이러한 방법 중 상당수를 이 장에서 소개하고 있다. 그러나 기업/고객의 상호관계가 더욱 자동화되고 더 많은 e-서비스가 나오면서 기업은 계속해서 경쟁우위를 유지하기 위해 고객관계에서 가치를 더할 수 있는 새로운 방법을 식별하고 개발해야 할 것이다. 고객관계에서 인간적인 요소의 유지는 그러한 가치창출에 있어 언제까지나 필수적인 요소로 남을 것이다. 궁극적으로 CRM이 효과적으로 사용된다면 상생(win-win)하게 된다. 소비자는 기업으로부터 원하는 것을 얻을 수 있을 것이고, 기업은 소비자를 지속적으로 얻을 수 있을 것이다.

고객관계관리의 정의

고객관계관리(customer relationship management)는 수익성 있는 장기고객과의 관계 구축 및 유지를 설명하기 위해 선택된 용어이다. CRM을 구성하는 요소는 산업, 기업의 규모, CRM 소프트웨어 애플리케이션과의 친숙성에 따라 달라질 수 있다. 그러나 최종 분석에서 모든 CRM 형태는 지속적인 고객 만족을 추구하여 기업을 위해 수익과 이익을 창출해야 한다. CRM의 몇 가지 구체적인 정의를 살펴보자.

- 고객 가치의 설명과 증대를 가능하게 하는 기반과, 소중한 고객이 계속 충성을 유지하면서 더 많이 구매하도록 동기유발 하는 방법이나 수단.[7]
- 순이익을 향상시키기 위해 기업 내의 사람들 사이의 관계와, 고객과 회사의 고객서비스를 담당하는 사람들 사이의 관계를 관리하는 것.[8]
- 기업의 전통적인 인터페이스와 전자 인터페이스(electronic interface)상에서 고객과의 모든 상호관계를 관리하고 최적화하기 위한 핵심 비즈니스 전략.[9]

오늘날 대부분의 시장은 경쟁이 치열하기 때문에 CRM은 중요한 사업 전략 중 하나이며 잠재적으로 많은 비용이 드는 부분이 되었다. CRM 애플리케이션을 아직 설치하지 않은 대부분의 경영진은 이에 대해 투자하기로 계획하고 있다. 하지만 불행하게도, 이러한 투자의 상당 부분은 고객관계를 근본적으로 향상시키거나 충성 고객을 향상시키거나 기업들의 CRM 설치에 대한 긍정적인 결과를 얻는 데 실패하고 있다. 잘 구현되고 적절하게 사용되는 CRM 프로그램은 CRM에 지출되는 1달러당 약 5달러를 반환할 수 있지만, 조사에 따라 많은 비율의 프로그램은 기대에 미치지 못하고 있다.[10]

그렇다면 CRM 프로그램은 왜 효과를 발휘하지 못하는 경우가 많은 것인가? 이 문제를 연구한 몇몇 연구자들은 "CRM 실패의 7대 치명적인 죄"를 언급한다. 이는 기술 관점에서 CRM을 보는 것, 고객 중심적 비전의 결여, 고객의 평생 가치 개념을 이해하지 못하는 것, 불충분한 최고 경영자의 지원, 비즈니스 프로세스를 재설계하지 않은 것, 다양한 데이터 소스를 통합 과정을 과소평가하는 것, 변화를 가져오는 문제를 과소평가하는 것이다.[11] 따라서 부족한 것은 주로 CRM 인사자원 요소이다. 텍사스에 있는 Marquis Software 부사장인 플로이드 살라미노(Floyd Salamino)는 "사람들이 이 시스템을 일관성 있게 사용하지 않으면, 추천이나 후속 조치도 있을 수 없다. 직원의 개입이 중요하므로 소유권을 창출하고 매수하기 위해 초기 단계에 참여하도록 해야 한다."고 설명했다. 직원의 저항이 CRM 실패를 가져올 수 있기 때문에, 살라미노는 변화에 저항하는 사람들을 인식하고 구매를 강화하기 위해 그들과 협력할 것을 충고한다. Oregon-based Providence Federal Credit Unio의 최고 소매 책임자인 브렛 우든(Brett Wooden)은 "넓게 생각해야 한다. CRM은 누구에게 영향을 미칠건가? 협조 없이 CRM을 구현하면 부서마다 따로 일하게 되고 특히 대화를 하거나 다른 부서에 의존하는 업무에 익숙하지 않은 부서에서는 정보가 전달되지 않을 수 있다. 부실한 계획, 의사소통의 부족, 직원을 압도하는 것은 부정적인 사고를 가져온다. 대신, 처음부터 직원들에게 많은 질문을 하라. 이들이 필요한 것을 알아내고 잠재적인 장애물을 찾아라. 모든 조직은 다르지만, 목표는 같을 수 있다."고 설명한다.[12]

기업은 고객의 구매, 신용 및 개인 정보를 수집하여 데이터베이스에 저장하고 이를 사용하여 직접 마케팅 활동을 시작할 수 있지만, 고객관계를 구축하기 위해 고객의 신뢰와 충성도를 높이기 위한 실질적인 노력을 기울이지 않는 경우가 너무 많다. 만약 관계를 구축하고 유지하는 것이 진정으로 기업들이 추구하는 것이라면, 전화 문자에 답하고, 반품이나 제품 서비스를 쉽게 해주며, 고객이 정확한 정보를 얻고 기업 내의 적절한 사람과 연락하는 것을 쉽게 해줄 것이다. 당신은 고객으로서 조직과의 거래에서 얼마나 자주 대접받고 있다고 느끼는가?

오늘날 기업들은 분명히 회사의 중요한 활동 중 하나인 고객관계관리를 제3자 CRM 서비스업체, 소프트웨어 개발자 그리고 내부 IT 부서에 위임하는 경우가 상당히 많은데, 이들은 정보를 수집하고 데이트베이스를 구축하며 모델을 통해 소비자 구매 패턴을 예측하고자 한다. 이는 CRM에서 잠재적으로 가치가 있는 지원 요소이지만, 데이터 마이닝 하나로는 고객관계를 구축할 수는 없다. 몇 년 전, 유명한 정보 시스템 저자 겸 컨설턴트인 제시카 케이즈는 인포트렌즈 잡지의 인터뷰에서 "기술은 페인트와 캔버스가 반 고흐를 얻은 것과 같이 비교 우위를 주지는 않는다."라고 말했다.[13] 이러한 종류의 작업은 진실되고 장기적인 고객가치를 건설하기 위해 개인의 관심에 맞춰져야 한다. 성공적인 CRM은 문화적 변화, 효과적 CRM 관리, 직원 참여가 요구되며, 이는 CRM을 통해 얻은 정보의 도움으로 고객과의 장기적 관계를 맺게 한다.

간단히 말해서 기업은 고객을 제대로 대우해야 한다. 이것은 고객이 원하는 제품과 서비스를 경쟁력 있는 가격에 제공하는 것을 의미할 뿐 아니라, 가치를 더하고 진정한 고객 만족을 창출하는 지원서비스와 그 밖의 혜택을 제공하는 것을 의미한다. 이는, 고객은 모두 다르기 때문에 고객을 분류해서 각기 다른 부분에 속하는 고객에게 다른 제품과 서비스를 제공해야 한다는 것을 의미한다. CRM 컨설턴트 바톤 골드버그(Barton Goldenberg)에 따르면, 성공적인 CRM 실행의 구성요소는 50%가 사람이고, 30%가 프로세스, 그리고 20% 미만이 기술력이다.[14]

따라서 성공적인 CRM 프로그램은 단순하면서도 복잡하다. 즉 고객을 적절하게 대하고 고객들 스스로가 소중하게 대우받고 있다고 느끼게 해야 한다는 점은 단순하다. 하지만 (잠재적으로 수백만에 이르는) 고객과 그들의 요구사항을 식별하는 방법을 발견하고 고객에 대한 기업의 모든 활동이 고객 만족과 충성을 창조하도록 기업을 설계한다는 것을 의미한다는 점에서는 복잡하다. 이 작업을 성공적으로 해낸다면 성공의 결과를 보일 것이다.

예를 들어, 온라인 소매업자 아마존닷컴(Amazon)의 배달 서비스는 소비자에게는 매우 단순하게 보이지만, 뒤에서는 매우 복잡한 CRM 과정에 의해 관련 업무가 처리된다. "아마존을 닷컴의 승자로 기억하게 만든 것은 고객에게 초점을 맞춘다는 가장 기본적인 원칙에 집중한 것이다." 영국 아마존닷컴(Amazon.co.uk)의 제품 담당 책임자인 라키 파렉(Rakhi Parech)이 한 말이다. "우리는 낮은 가격으로 소비자에게 상품의 가격 우위를 제공하면서 시작하였고, 그들의 정보를 이용해 소비자들이 또 원하는 것이 무엇인지 알아는 것으로 확장시켰다." 오늘날 아마존은 계속해서 최종소비자뿐 아니라 도매 고객에게 더 잘 대하는 방법을 찾고 있다. 예를 들어 아마존은 2017년부터 유럽의 주요 도시들 주변에 1,300개 정도의 새로운 유통시설을 설립할 예정이다. 이 시설들은 주변의 고객에게 최종 배달 전 제품을 수령하고 저장하는 "라스트-마일(Last-mile)" 센터로서 기능할 예정이다. 도미노피자(Domino's Pizza) 역시 최근 피자 배달 부분에서 흥미로운 작업을 하고 있는데 이는 SCM PROFILE에 나와있다.

SCM PROFILE

도미노 피자 새로운 고객을 잡다

도미도 피자는 기술 변화를 수용하는 기업이다. 도미노 피자는 2015년부터 고객들이 피자 이모티콘을 보내 피자를 주문할 수 있도록 했다. 2016년 11월에 뉴질랜드에서는 한 고객에게 드론으로 피자를 배달하며 더 빠르고 안전하다고 주장했다. 또한 2017년에는 인공지능(AI) 활용을 발표해 고객들의 목소리를 통해 전화로 주문하고 아마존의 알렉사(Alexa)와 같은 가상 도우미 등으로 주문할 수 있도록 했다.

도미노 피자는 고객 경험을 향상시키고 피자 주문을 그 어느 때보다 쉽게 하기 위한 지속적인 전략의 부분으로 AI 플랫폼을 몇 년 동안 개발해왔다. 도미노 피자는 고객들을 즐겁게 하기 위해 사업 전반에 걸쳐 끊임없이 손보고 혁신한다.

도미노 피자의 흥미로운 점은 주식의 가치가 2017년 4월에 180달러에 비해 2008년 11월에는 고작 3달러에 불과했다는 것이다. 이러한 전환의 이유 중 하나는 고객이 이제 매장에서 식사하기보다 테이크아웃을 더 많이 하게 됐다는 점이다. 고객들은 음식을 주문하고 빠르고 싸게 받고 싶어한다. 도미노 피자는 이 목적을 달성하기 위해 AI 플랫폼과 드론을 이용한 배달을 사용한다.

AI 플랫폼을 활용하는 아이디어는 고객이 많은 페이지를 볼 필요 없도록 하기 위함이었다. 음성 조종 AI을 통해 고객은 원하는 종류의 피자를 말하기만 하면 된다. 이는 주문 프로세스를 훨씬 쉽고 빠르게 한다. 하지만 기술력은 도미노 피자의 최근 성공의 원인 중 한 가지에 불과한다. 음식의 질 역시 향상되었다. 결과적으로, 도미노 피자는 새로운 고객들을 잡을 수 있었다.[15]

고객관계관리의 주요 도구와 구성요소

기업이 효과적인 CRM계획을 수립하기 위해서는 여러 가지 요소가 필요하다. 이러한 요소에는 고객 분류, 고객 행동 예측, 고객의 가치 판단, 고객 커뮤니케이션 개별화, 판매 자동화, 고객과 서비스 특성 관리 등이 포함된다. 이러한 각각의 요소를 자세하게 논의한다.

고객 세분화

CRM의 주요 구성요소 중 하나는 **고객 세분화**(segment customers)이다. 기업은 특정 고객그룹을 위한 개별화된 커뮤니케이션과 마케팅 노력을 위해 다양한 방법으로 고객을 분류한다. 상향판매(up-sell)와 교차판매(cross-sell)에 대한 노력은 일부 그룹을 위해 이뤄지며, 추가 구매를 억제하기 위한 노력은 다른 그룹에 적용될 수 있다. 예를 들어 2009년 세계적인 불황은 몇 고객 성향의 변화를 일으켰다. 이는 기업들이 고객을 분류하고 이에 따라 마케팅 방법을 바꿨다. 구매 습관의 변화 가능성은 결국 다른 방식의 고객 분류를 야기한다.

고객은 판매 지역, 선호하는 판매 경로, 수익성, 구매 제품, 구매 이력, 인구통계학적 정보, 원하는 제품 특성, 선호하는 서비스 등에 근거하여 분류된다. 기업은 이러한 유형의 고객 정보 분류를 통해 고객이 선호하는 것과 다양한 유형의 **타깃 마케팅**(target marketing) 노력에 대해 고객이 보일 반응에 대해 어느 정도 알 수 있다. 기업은 특정 고객층을 겨냥함으로써 잘못된 고객층을 위한 마케팅 비용을 줄일 수 있다. 또한 타깃 마케팅을 이용해 기업들은 고객을 귀찮게 하여 경쟁사로 이동하는 것을 방지할 수 있다. 예를 들어 젯블루(JetBlue)의 타깃 고객층은 적은 예산 고객층으로서 편하지만 합리적인 가격의 비행을 원한다. 그들은 주로 어리고 소셜 미디어를 통해 소통하고 기업으로부터 빠른 응답을 기대하는 고객층이다. 젯블루는 트위터와 같은 방법으로 소통하고 "사장처럼 날고 인턴처럼 지불하자(Fly like a boss, pay like an intern)"과 같은 문구를 이용하고 트위터 계정의 이름 역시 @JetBlueCheeps로 하는 등의 마케팅 노력을 통해 고객층을 확보하고 있다.[16]

퍼미션 마케팅

타깃 마케팅이 확대된 형태가 **관계 마케팅**(relationship marketing) 혹은 **퍼미션 마케팅**(permission marketing)이다. 이 마케팅의 핵심은 고객이 기업과 커뮤니케이션 하는 형태와 시간을 정한다는 점이다. 최근 소비자는 수천 개의 상업적인 메시지를 매일 같이 다양한 방식으로 접하고 있다. 이러한 정보는 과하게 많아 소비자는 대부분을 무시한다는 것이 일반적인 의견이다. 하지만 아무도 이에 대해 대처하려는 자세를 보이지 않고 있다. 반면에 광고 산업은 상업적인 메시지를 소개하기 위한 새로운 방법을 모색하고 있다.

모바일 마케팅(mobile marketing)은 광고 메시지를 휴대전화에 유치하는 새로운 광고 방법의 한 예시이다. 사용자가 광고를 포함한 모든 서비스를 휴대전화로 받는 것을 선택하는 방법이다. 모그릿(Mogreet)의 공동 설립자이자 마케팅 총괄경영자(CMO)인 제임스 시트론(James Citron)은 "문자 메시지는 통합된 모바일 마케팅 계획의 필수적인 요소이다. 텍스트 마케팅은 미국 휴대전화 사용자의 98%가 접근할 수 있으며, 모바일 마케팅 중 이를 보는 비율이 가장 높다."고 말했다.[17] 모바일 마케팅의 한 유형으로 **QR코드**(quick response codes)가 있다. 이 원리는 스마트폰의 카메라를 활용하는 것인데, 스마트폰에 QR코드 리더기를 설치하면 간편하다. 전 세계의 소비자는 매장에서 휴대전화를 사용하여 가격을 비교하고 구매를 한다. 이러한 휴대전화와 매장의 융합은 세계 소매시장에서 형성된 일반적인 옴니채널 트렌드와 같다. 아시아-태평양 지역은 온라인 쇼핑을 위해 휴대전화를 사용하는 데 있어서 세계적인 리더이다. 이 온라인 쇼핑객의 절반 이상이 모바일 기기를 사용하여 구매를 한다. 중국에서는 모바일 쇼핑객의 수가 2억 명 이상으로 증가했으며 인도에서는 모바일 쇼핑객의 비율이 20%를 조금 넘는 수준에서 절반 이상으로 증가했다.[18]

퍼미션 마케팅에서 고객은, 신제품 정보에 관한 특정 이메일이나 우편메일 리스트에 자신의 이름을 포함할 것인지의 여부나 앞으로 있을 세일을 비롯한 다른 행사에 관한 연락을 수신할지에 대해 직접 선택하여 결정할 수 있다. 이제 고객들은 웹사이트에서 자신이 어떤 분야에 관심이 있는지, 언제 정보를 원하는지, 어떠한 종류의 정보를 원하는지 그리고 어떠한 연락 방법을 선호하는지 구체적으로 설명할 수 있다. 이러한 종류의 고객관계를 위해 고객 개인을 추적해 그들이 선호하는 연락 방법을 업데이트시킬 수 있는 소프트웨어 기능이 필요하다. 기업은 이러한 기능들을 이용하여, 세밀하고 구체적으로 분류된 고객 그룹에 대해 여러 개의 유사한 마케팅 캠페인을 계획하고 마케팅 과정 부분을 자동화함으로써 이전에 수동으로 마케팅 과정을 관리하며 소비했던 시간을 단축시킨다. 예를 들어 페이스북(Facebook), 링크드인(LinkedIn), 인스타그램(Instagram)은 잠재고객이 직접 방문을 할 수 있도록 웹페이지를 자체 제작할 수 있도록 한다. 이 페이지들의 방문자들은 스스로 선택하기 때문에, 이것은 본질적으로 퍼미션 마케팅에 해당한다. 이를 통해 기업들은 관심 있는 소비자를 식별하고, 대화에 참여하며, 그들에게 상품과 서비스를 판매할 수 있다. 2017년에 코카콜라(Coca-Cola)는 전 세계적으로 1억 4백만 명 이상의 페이스북 팬과 약 백만 명의 링크드인 팔로워가 있으며 나이키는 인스타그램에 7만 명 이상의 팔로워를 보유하고 있다.

교차판매

교차판매(cross-selling)는 고객이 처음 구입한 제품으로 인해 다른 제품을 추가적으로 구입할 때 발생한다. 고객에게 고객 자신과 동일한 제품을 구입한 사람이 구입한 또 다른 제품들을 소개하는 아마존닷컴(Amazon.com)의 이메일은 교차판매에 사용된다.

추가적인 제품이나 서비스의 판매가 먼저 판매한 제품보다 더 수익성이 있다면 이것은 기업에게 상당한 잠재적 이익을 제공할 수 있다. 게다가 기업이 교차판매를 통해 적절한 사람들에게 적절한 제품을 판매하는 데 성공한다면 고객들은 자신이 개별적인 관심을 받는다고 느끼고 만족해서 결국 충성스런 고객이 될 것이다.

BOA(Bank of America)가 메릴린치(Merrill Lynch)를 2009년에 500억 달러에 사들였을 때 자산관리 직원들은 각 고객의 저축, 예금 및 투자포트폴리오를 확인할 수 있었기 때문에 다양한 교차판매 기회가 있었다. 일 년 뒤, 이 교차판매 기회가 결실을 맺게 됐다. BOA의 글로벌 자산관리 사업이 팽창했고 수익이 20%를 초과하는 등 산업 평균보다 훨씬 높은 기록을 보였다.[19] 하지만 때로 공격적인 교차판매는 웰스파고(Wells Fargo)가 2016년에 보여준 것처럼 잘못된 판매로 이어질 수 있다. 200만 개에 이르는 유령 계정이나 신용카드가 고객이 모르는 사이에 만들어졌다. 그 목적은 명확했다. 판매량을 부풀려 목표를 달성해 보너스를 인상시키는 것이다. 그 사건으로 인해 5,000명 이상의 직원이 실직했다. 웰스파고는 1억 8,500만 달러의 벌금을 물었고 수십억 달러의 시장 가치를 없애 세계에서 가장 가치 있는 대출 업체의 명성을 잃었다.[20]

고객 행동 예측

고객의 구매 행동을 이해함으로써 고객의 미래 행동을 예측할 수 있다. 데이터 마이닝(data mining) 소프트웨어나 고객 행동 분석 프로그램을 활용하면 기업은 고객들이 어떤 제품을 구입할 가능성이 있고 다음에 구입할 제품은 무엇이며 얼마를 결제할 것인지 예측할 수 있다. 이러한 방법으로 기업은 가격정책을 검토하고 할인행사를 하며 특정 고객층에 대한 프로모션을 계획한다. 고객 행동을 예측하는 프로그램인 프로클리비티(Proclivity)의 창립자 쉘든 길버트(Sheldon Gilbert)는 소비자의 모든 것을 알고 있다. 당신이 좋아하는 색깔, 당신이 구매하지도 않는 평면 TV를 장바구니에 몇 번 담는 지와 휴식시간에 무엇을 하는지 알아낸다. 쉘던은 "한 링크를 클릭할 때마다 당신은 서버에 정보를 요구하는 것이다. 우리는 서버에 저장된 정보를 이용해 한 사람의 선호도와 성향에 대한 프로필을 만들어낼 수 있다."고 설명했다. 성향 조사 회사인 레이어알엑스(LayerRx)는 예들 들어, 제약회사들이 심근염을 연구하는 심장병 전문의나 지카 바이러스를 연구하는 바이러스 학자에게 디지털 광고를 판매할 수 있도록 한다.[21] CRM은 고객이 다음에 무엇을 구매할지 결정하는 것과 함께 **고객 이탈 분석**(customer defection analysis) 활동이 있다.

고객 이탈 분석

고객 결함(customer defection)이나 **고객 이탈**(customer churn)을 줄이는 것은 장기간 이익이 되는 고객관계를 운영하는 데 필수적인 요소이며, 상당히 그 값을 치른다. 하버드 경영대의 조사에 따르면, 고객관계에 있어서 5%의 발전이 수익에 있어서 75%를 인상시킨다는 결론이 나왔다.[22] 어느 고객이 왜 구매를 중단했는지는 조직에 매우 귀중한 정보가 될 수 있다. 최근 연구는 고객 결함의 주요 세 가지 이유를 소비자 수요의 변화, 제품 품질/고객서비스의 현저한 하락, 그리고 경쟁업체의 더 나은 가격이나 거래를 제공하는 것으로 밝혔다.[23] 이러한 고객들은 추가 구매를 권하기 위한 접근 대상이 되고 그 정보는 현재와 미래의 고객 유지에 이용될 수 있다. CRM 컨설턴트 터치포인트(Touchpoint Associates)사의 회장인 밥 푸니스(Bob Furniss)는 "만약 내가 80%의 만족도를 받고 있다면 초점은 만족하지 못한 고객 20%에게 맞춰야 한다. 만약 그 20%에게 무슨 일이 일어나고 있는지 모른다면 만족도에 깊은 충격을 받을 것이다."고 말했다.[24]

전화회사에서 얼마의 현금을 돌려주거나 몇 분의 무료통화를 제시하는 것은 경쟁사의 전화서비스로 옮긴 고객을 되찾으려는 노력의 예이다. 기업에게는 떠나기를 바라는 고객(무익한 고객)이 일부 존재할 수 있다. 각 이탈 고객의 가치를 결정함으로써 기업은 구매를 저하시키는 정책뿐만 아니라 고객을 유지하고 되찾기 위한 정책으로부터 피드백을 얻을 수 있다. 예를 들어 일부 백화점에서 반복해서 반품하는 고객들은 어느 선에서 현금 대신에 오직 예치금(store credit)만을 받게 된다. 회사의 피를 말리기 때문에 이러한 고객을 뱀파이어 고객이라 부른다. 구매 이력을 모니터링 함으로써 기업은 이러한 조치가 고객이 반품을 그치게 하는데 도움이 되는지 알 수 있다.

고객 수익성 결정

최근까지만 해도 비싼 CRM 시스템의 도움 없이 **고객 가치**(customer value) 또는 **고객 수익성**(customer profitability)을 결정하는 것은 아주 어려운 일이었지만, 오늘날에는 전사적자원관리(ERP) 시스템과 통합함으로써 많은 기업이 고객의 수익 정보를 얻을 수 있게 되었다. 그러나 이러한 정보의 부적절한 이용으로 일부 고객에 대해 잘못된 판단을 유발할 수 있다. 예를 들어 지금 당장에는 수익에 도움이 안 되는 고객이 나중에 기업에 큰 이익을 안겨줄 수도 있다. 가령 헬스클럽에는 좀처럼 다른 구매를 하지 않지만 자주 방문하여 시설을 사용하는 미혼의 회원들이 있을 수 있다. 이런 유형의 회원들은 무익하다고 여겨질 수 있지만 이들이 클럽에 만족한다면 다른 사람들에게 긍정적인 구전 활동을 할 가능성이 크고, 앞으로 그들은 결혼해서 가족 회원권으로 업그레이드할 수도 있다. 따라서 **고객 생애 가치**(customer lifetime value)나 수익성을 판단하고 그 다음에 각 고객에 대한 특정 혜택, 커뮤니케이션, 서비스, 정책 방향을 설정하는 것이 바람직하다.

기업이 고객 수익성에 관한 지식을 가지고 있다면 수익성이 있는 고객에게 전달되는 상당한 규모의 정책들을 선도할 것이다. 컨설턴트이자 데이터베이스 마케팅 전문가인 아더 미들톤 휴즈(Arthur Middleton Hughes)가 발표한 논문에는, 보스턴을 기반으로 한 플릿은행(Fleet Bank)

의 마케팅 사원이 수익성 없는 고객을 보유하기 위해서 얼마나 노력하고 있는지 설명되어 있다. 사실, 플릿은행의 고객 중 절반이 수익성이 없는 것으로 간주되었고, 하위 28%에 해당되는 고객은 은행의 연간 이익의 22%를 상쇄하고 있었다. (이후 플릿은행은 BOA에 병합되었다.)[25] 고객 생애 가치를 계산하는 것은 고객이 현재 구매한 물건들, 구매한 상품에 대한 평균 이윤 차액과 기획된 생애 가치 물건들의 현재가치에 기반이 되어있다. 그러므로 고객 생애 가치는 아래와 같이 계산된다.

$$\mathrm{NPV_A} = P\left[\frac{1-(1+i)^{-n}}{i}\right]$$

여기서, A = 고객 A

P = 연 평균 이익, 혹은 (연간 매출 × 이익률)

i = 연간 할인율

n = 희망 생명 연수

〈예제 10-1〉은 이 계산 과정을 보여준다.

고객의 총 생애 구매액을 예측하는 것도 적절한 고객 대상 관리에 자원을 집중하는 데 도움이 될 수 있다. 연간 2만 달러의 값어치를 구매하는 고객과 1만 달러를 구입하는 고객

〈예제 10-1〉 고객의 생애 가치 계산

네바다사(Nevada Seed Company)는 잔디 씨앗과 가뭄에 견디는 식물 씨앗을 지역 식물 종묘장에 판다. 개인화된 풀과 식물 종자 홍보를 설계하기 위해 각각의 종묘장 고객들의 평생 가치를 투영하기로 결정했다. 상위 두 고객사의 특징은 다음과 같다.

	연간 평균 씨앗 판매액	평균 이익 마진	희망 생명 주기
A 종묘장	22,000달러	20%	5년
B 종묘장	16,000달러	15%	15년

할인율이 8%이고 평균 판매량을 금액으로 계산한다면, 두 종묘장의 현재 생애 가치는 다음과 같다.

$$\mathrm{NPV_A} = P\left[\frac{1-(1+i)^{-n}}{i}\right] = \$22{,}000(0.2)\left[\frac{1-(1+0.08)^{-5}}{0.08}\right] = \$4{,}400\left(\frac{0.319}{0.08}\right) = \$17{,}568$$

$$\mathrm{NPV_B} = P\left[\frac{1-(1+i)^{-n}}{i}\right] = \$16{,}000(0.15)\left[\frac{1+(1+0.08)^{-15}}{0.08}\right] = \$2{,}400\left(\frac{0.684}{0.08}\right) = \$20{,}542$$

이 계산을 기반으로 하면, B종묘장이 더 높은 기대 생애 가치로 인하여 보다 중요한 고객이다.

두 명을 예로 들자. 첫눈에 봤을 때는 처음 고객이 더 가치 있다고 생각할 수 있다. 하지만, 만약 이 고객이 비슷한 물건에 대해 모든 공급자에게서 구입한 총가치가 3만 달러일 때 두 번째 기업이 20만 달러의 값어치를 갖고 있다면 두 번째 기업이 추가적인 판매에 대한 가능성을 더 갖고 있는 것이므로 더욱 신중하게 관리되어야 할 것이다.

고객 커뮤니케이션 개인화

고객과 고객의 행동 그리고 고객의 선호에 대한 정보는 기업이 특정 고객 그룹을 겨냥하여 맞춤화된 커뮤니케이션을 할 수 있게 한다. 고객의 이름을 부르거나 전에 이용했던 서비스를 제안하는 것은 고객에게 가치를 전달하고 판매를 증대시킬 가능성이 있다. 예를 들어 리츠칼튼호텔(Ritz-Carlton Hotel)은 고객이 재방문했을 때 그들이 선호하는 서비스를 제공하기 위해 각 고객에 대한 프로파일을 작성한다.

고객의 **클릭스트림**(clickstream)이나 웹사이트 항해를 분석할 수 있는 CRM 소프트웨어는 과거 사이트 이용을 바탕으로 사이트의 이미지, 광고, 할인을 기획할 수 있게 한다. 예를 들어 웹사이트는 고객이 마지막 구매를 한 이후 상당한 기간이 지났다면 고객을 다시 돌아오게 할 수 있는 유인책을 가지고 개인 이메일을 보낼 수도 있다. 교체주기가 짧은 오일과 윤활유 가게는 90일마다 고객의 주소로 카드를 보내어 고객들에게 오일 교체 시기라는 것을 상기시키고 다음 방문 때 할인을 제공한다. 동일한 카드로 엔진 턴업(turn-up), 타이어 교체처럼 고객들이 과거에 이용한 다른 서비스들에 대해서도 할인을 제공할 수 있다. 시간이 지나면서 기업이 서비스, 제품, 다양한 고객이 보여주는 구매 행위를 파악하게 됨에 따라 이런 맞춤형 대응 능력은 증가한다.

이벤트 마케팅

개인화 커뮤니케이션의 또 다른 형태는 특정 이벤트와 관련 있는 개별적인 프로모션을 제공하는 것이다. 예를 들어 어떤 은행이 최근에 주택 모기지(mortgage) 대출을 신청하여 대출받은 고객 모두에게 자동 모기지 지불 서비스를 판매하려 하는 경우를 생각해보자. 그 은행은 일단 고객의 모기지가 5년이 되면 고객에게 주택 수리비 대출을 제의할 수 있다. **이벤트 마케팅**(event-based marketing)(혹은 트리거-베이스드(trigger-based), 이벤트-드리븐(event-driven) 마케팅)은 적절한 순간에 적절한 제품과 서비스를 고객에 제의하는 것이다. 예를 들어 고객이 입장권이나 식사를 구매할 때 놀이공원이나 식당은 고객의 생일을 물어보고 고객의 기념일에 있을 향후 할인행사에 대해 안내해줄 수 있다. 혹은, 은행 고객이 전화로 기존 주택담보 대출에 대한 대금을 결정하는 것은 고객이 다른 은행을 고려하고 있음을 의미한다. 이에 맞는 이벤트 마케팅 전략은 콜센터에서 전화를 건 고객을 다른 특별 고객 관리 그룹으로 바꾸는 것이다. 다수의 고객을 대상으로 이벤트 마케팅 전략을 구사하는 것은 컴퓨터 자동화가 없이는 불가능하다. 따라서 이벤트 마케팅은 CRM 시스템을 구매하려 하는 기업들 사이에서 인기가 있는 편이다.

영업업무자동화 도구

영업업무자동화(sales force automation: SFA) 제품은 영업활동 문서화, 재택근무자와의 커뮤니케이션, 판매 내역서나 그 밖의 영업활동 관련 서류 정보를 검색하고 갱신하는 데 이용된다. 영업사원에게는 사무실을 비우는 동안 자신의 계정, 사업 기회와 커뮤니케이션을 관리할 수 있는 더 나은 방법이 필요하다. 이러한 능력을 제공하기 위해 기업은 1990년대 초반 이후로 CRM 도구를 사용해서 관리 및 영업직원들이 수요 증가로 요구되는 복잡한 정보들을 놓치지 않도록 돕고 있다. 현장 영업직원이 최근의 예측, 판매, 재고, 마케팅 계획, 계정 정보 등을 이용하려고 할 때 그들은 현장에서 더 빠르고 정확한 결정을 내릴 수 있어 궁극적으로 판매 생산량을 증대시키고 고객서비스 능력을 향상시킨다.

조넬엔지니어링(Jonel Engineering)의 클라우드 기반 영업 인력 분석 도구인 세일즈 인사이트(Sales Insight)는 영업팀이 모바일 컴퓨팅 기능을 이용하여 새로운 비즈니스 기회를 잡을 수 있도록 한다. 강력한 분석 도구와 긴밀하게 결합되어 있는 지원 가격 책정 및 예측 기능은 서비스 수준과 전반적인 고객 성능에 영향을 미치는 주요 시장 동향을 신속하게 파악할 수 있게 한다. 4차원 분석 모델은 수익, 지불, 생산성과 사업 용이성에 따라 고객을 평가한다. 이는 영업 관리자에게 특정 고객에게 서비스를 제공하는 것이 수익에 미치는 영향에 대한 전체적인 관점을 제공한다. 조넬의 사장인 마이크 로슨(Mike Lawson)은 "우리의 목표는 영업업무자동화를 다음 단계로 끌어올리는 것이다."고 말했다.[26]

영업활동관리

영업활동관리(sales activity management) 도구는 각 기업의 영업 정책과 절차에 적합하도록 맞춤 제작되고, 영업직원에게 각 고객과의 영업 과정을 지도하는 일련의 영업활동들을 제공한다. 이러한 표준화된 영업 과정 단계들은 적절한 영업활동이 실행되도록 보장하고 기업 전체를 통하여 일관된 영업 과정을 제시한다. **영업활동관리 시스템**(sales activity management system)의 사용으로 실수가 감소하고 고객 만족과 생산성이 향상된다. 이처럼 미리 규정된 영업 절차와 함께, 현장 영업사원들은 필요한 경우 주요 고객 활동들은 상기할 수 있고 적극적이지 않은 고객들에게 메일을 발송하며 경영진으로부터 의무를 할당받고 앞으로 이행할 업무 리스트를 만들 수 있다. 캘리포니아에 있는 클리어슬라이드(ClearSlide)의 공동창립자이자 세일즈 참여 플랫폼(Sales Engagement Platform) 제공자인 짐 벤톤(Jim Benton)은 "만나는 거의 모든 영업 지도자들은 영업팀의 생산성을 향상시키고 싶어한다. 하지만 어떤 활동과 행동이

차이를 만들어 낼지 확인하기 어려워한다."고 말한다. 최근의 한 보고서에 따르면 판매관리자는 영업사원의 판매에 도움을 줄 수 있는 시간이 평균 자신의 시간의 20% 미만이며, 영업사원의 60% 미만이 목표 판매량을 달성한다고 한다.[27]

영업권역관리

영업권역관리 시스템(sales territory management system) 덕분에 영업 관리자들은 고객별 계정에 대한 각 영업직원의 활동, 각 영업직원의 총매출액과 영업권역(sales territory), 진행 중인 매출 계획 등에 관한 최신 정보와 보고 기능을 얻을 수 있다. 영업 관리자는 이러한 도구를 사용하여 각 고객의 요구사항에 명확하게 들어맞는 영업팀을 만들고, 각 영업직원의 프로파일을 작성하고, 실적을 추적하며 현장에서 발생하는 새로운 흐름(lead)을 놓치지 않는다. 영업권역은 지리적 혹은 고객 유형에 기반해 만들어질 수 있으며, 영업 기회를 극대화하고, 우수한 고객서비스를 제공하고, 기존 고객관계를 확장하여 영업팀의 효과적인 사용을 촉진할 수 있다. 예를 들어 부적절한 영업권역은 판매 직원의 대면 시간을 줄여 판매량을 줄이는 결과를 가져올 수 있다.

리드관리

영업직원은 고객과의 거래 체결에 도움을 주는 판매 전망이나 기회를 처리할 때 **리드관리 시스템**(lead management system)을 이용해서 미리 규정된 영업 전략을 따를 수 있다. 이 도구는 거래 체결이나 협상 과정을 돕는 데 사용될 수 있다. 이 과정 동안 영업직원은 회사의 서버와 연결되어 있는 노트북이나 휴대형 단말기를 이용하여 직접 제품사양과 견적을 산출할 수 있다. 게다가 리드는 전망과 판매 영업 기술에 대한 요구에 기반을 두어 발생하는 대로 영업직원에게 할당될 수 있다. 따라서 리드 능력은 짧은 시간 내에 더 높은 거래 체결 성공률을 낳는다. 리드관리 도구의 또 다른 특성은 관리자가 영업직원의 성공과 각 리드에 의해 발생한 향후 주문을 추적할 수 있다는 것이다. 실제로, 2016년 보험 조사 결과 리드관리 시스템을 이용한 보험 회사들이 이용하지 않은 회사들에 비해 가구당 13% 더 많은 보험을 판매한 것으로 나타났다.[28]

정보관리

영업사원은 영업 전후와 영업 중의 계약, 고객과 경쟁사 프로파일, 고객 매출 내역, 기업 정책, 비용 상환 형태, 규제 및 법률 관련 문제, 매출 프레젠테이션, 프로 모션 자료, 이전 고객의 반응을 포함해서 다양한 정보를 필요로 한다. 정보관리 도구를 사용하여 이러한 정보를 쉽게 이용함으로써 신속한 결정과 양질의 고객서비스가 가능하고 영업사원들은 더 나은 능력을 갖출 수 있다. 영업이나 다른 부서의 직원이 한 조직을 떠나면 수년간 축적된 지식은 시스템에 기록되지 않는다면 사라지게 된다. 이 기능을 가능하게 하는 것이 바로 **정보관리**

시스템(knowledge management system: KMS)이다.

KMS에 저장된 정보는, 스마트폰이나 태블릿 등 다양한 기기를 통해 접속 가능해진다. 디지털화되는 세상에서 전자 기기는 필수적이다. 정보 관리 시스템은 다양한 비즈니스 프로세스와 업무를 보조하는 애플리케이션과 연결되어야 한다. 문서화된 작업 프로세스뿐 아니라 학습된 교훈도 모두 KMS와 연결되어야 한다. KMS 활용의 한 예시로 다음의 SCM PROFILE에서 볼 수 있는 애틀랜틱사(Atlantic States company)가 있다.

SCM PROFILE

아틀란틱사의 KMS

뉴저지의 아틀란틱 스테이츠(Atlantic States Cast Iron Pipe)는 1856년에 설립되었지만 수석 부사장인 데일 슈멜즐(Dale Schmelzle) 덕에 시설은 낙후되지 않았다. 그는 "아틀란틱 스테이츠는 '지식경영'을 주도하는 주조 공장이다."고 말했다. 최근 몇 년 동안 아틀란틱 스테이츠는 직원들이 좋은 사업 결정을 내릴 수 있도록 돕기 위해 지식관리 시스템(KMS)을 도입하여 시행해왔다.

아틀란틱 스테이츠는 새로운 차트와 대시보드를 프로그래밍하여 KMS를 활용해 발전소와 관리자 사무실에서 시스템의 데이터를 시각적으로 표현할 수 있도록 했다. 이 디지털 대시보드는 회사가 필요로 하는 실시간 지표를 제공한다. 여기에는 다음과 같은 내용이 포함되어 있다.

- 개방형 작업 주문(Open Work Orders): 작업 주문을 관리하면 기계 다운타임을 줄이고, 부품 비용을 절감하며 안전 위험을 줄일 수 있다. 관리자는 사무실에서 클릭 한 번으로 주문 처리 현황을 확인할 수 있다.
- 실제 톤별 비용(Actual Cost by Ton): 예산에 대한 실시간 비용을 제공한다. 부서들은 재정 예산 목표와 그 달 사용 가능한 양을 확인할 수 있다.
- 판매 및 배송된 톤(Sales and Shipped Tons): 고객에 의한 판매와 배송 상태를 확인할 수 있다. 회사가 매출액을 측정하고 병목(bottlenecks)을 한 눈에 확인할 수 있도록 한다.
- 백분위별 상위 10개의 스크랩 유형(Top 10 Scrap Types by Percentage): 고철은 회사에 수백만 달러의 손해를 보게 할 수 있다. 주물 부서와 발전소 관리자는 차트를 활용해 성능이 불량한 주물 기계를 파악할 수 있다.
- 생산설비 성능(Production Equipment Performance): 차트를 활용해 각 기계가 무엇을 생산하고 있으며 어떤 기계가 가동되고 있는지 확인할 수 있다. 영업과 배송 부서는 이를 통해 어떤 주문이 처리되고 있는지 확인할 수 있다.
- 당일 직접 비용 지출(Direct Charge Spent Today): 아틀란틱 스테이츠의 당일 지출을 확인할 수 있다. 예산을 줄이는 첫 단계는 지출을 줄이는 것이다.

각 점수표를 통해 발전소의 해당 시간, 날 및 주 동안 어떻게 작동하고 있는지를 확인할 수 있다. 발전소 관리인인 제이슨 트리머(Jason Trimmer)는 "이 대시보드의 좋은 점은 데이터를 세분화해 분석할 수 있다는 점이다. 부서의 작업 주문 번호를 알고 싶다면 각 작업 주문의 세부 사항을 바로 확인할 수 있다. 대시보드를 통해 주요 데이터를 한 눈에 확인할 수 있다."고 말한다. 아틀란틱 스테이츠는 디지털 대시보드를 통해 직원들이 발전소의 문제의 해결책의 일부가 되도록 동기를 부여했다는 사실을 발견했다. 또한 실질적인 비용 절감을 제공했다.[29]

고객서비스 능력 관리

CRM 계획의 주요 목표는 양질의 고객서비스를 제공하는 능력이다. 사실 고객을 다루는 과정에서 일차적인 목표는 항상 적절한 수준의 고객서비스를 제공하는 것이다. 그러나 고객서비스란 실제로 무엇을 의미하는가? 7장에서는 고객서비스가 안전재고와 재고관리 측면에서 논의되었다. 9장에서 고객서비스는 제품의 정시 배송과 관련이 있었다. 그리고 본 장의 서두에서 언급했듯이 고객서비스는 고객의 질문에 응답하고 분쟁이나 제품 혹은 서비스 문제를 신속하게 해결하는 것을 의미한다. 이처럼 고객서비스의 정의는 다양하다. 오늘날 많은 기업체와 산업에서 만족스럽지 못한 고객서비스에 대한 불평이 넘쳐난다. 이것은 과정이 올바르게 계획되고 운영된다면 기업의 진정한 경쟁우위를 창조할 수 있는 분야가 바로 고객서비스 분야임을 의미한다. 다음에서는 고객서비스의 몇 가지 요소에 대해 논의한다.

고객서비스 정의

고객서비스(customer service) 정의는 이미 언급된 대부분의 요소를 포함하고 있는데 그것은 **7R 규칙**(Seven Rs Rule)이다.[30] 7R은 적절한 제품(right product)의 적절한 양(right quantity)을 적절한 조건(right condition)에 적절한 장소(right place)에서 적절한 시간(right time)에 적절한 고객(right customer)을 위해 적절한 비용(right cost)에 제공하는 것을 뜻한다. **완벽한 주문**(perfect order)은 7R을 모두 만족시키는 주문이다. 이 정의는 모든 서비스나 제조업체와 고객에게 적용될 수 있다. 7R의 어느 하나라도 완전하지 못하면 불충분한 고객서비스를 낳게 된다. 결과적으로 경쟁우위는 일상적으로 7R을 충족시킴으로써 만들어질 수 있다.

실적 평가는 종종 7R 만족을 중심으로 계획된다. 예를 들어 품절(stock-outs)을 1%로 줄인다는 것은 고객이 99% 적절한 제품과 서비스를 얻는다는 것을 의미한다. 그리고 97%의 정시 배송 실적은 고객이 제시간에 주문 상품을 받는 경우가 97%라는 것을 의미한다. 그 외의 고객서비스 평가는 일반적으로 유연성(고객 주문 변화에 반응하는), 반응(정보 요구에 반응하는), 복귀(고객 문제를 해결하는 능력), 판매 후 지원(부품 설치, 수선 제공) 평가를 위한 것이다. 항공산업에서 고객서비스는 분실되거나 손상된 수하물, 승객들의 충돌, 취소된 비행, 정시 비행과 고객들의 불만의 발생 빈도에 따라 측정된다. 연간 항공사 품질 보고서에 따르면, 북미의 알래스카 항공(Alaska Airlines), 델타(Delta), 버진 아메리카(Virgin America)는 2017년에 고객서비스 부문에서 1위를 차지했고, 유나이티드(United), 아메리칸(American), 프론티어(Frontier)는 최악의 등급을 받았다고 한다.[31]

이런 유형의 서비스를 제공하면 고객은 계속 돌아오겠지만 그에 따른 비용도 들기 마련이다. 기업들은 고객서비스 개선으로 인한 비용(신속한 운송, 보강된 안전재고 수치, 커뮤니케이션 시스템 개선)뿐만 아니라 혜택(고객과 고객의 미래 소득 흐름 유지)도 고려해야 한다. 조직화된 공급사슬 관계에서 부실한 고객서비스의 대가는 상당하기 때문에 기업들은 서로 협력하여(비용도 함께 부담한다) 적절한 고객서비스를 정하기도 한다. 고객서비스 요소들은 거래 전, 거래, 거래 후 요소로 분류될 수 있다.

- **거래 전 요소**(pre-transaction elements): 실제 제품이나 서비스보다 먼저 발생하는 요소로서, 그 예로는 고객서비스 정책, 조직 구조, 시스템 융통성 등이 있다.
- **거래 요소**(transaction elements): 제품 판매 중에 발생하는 것으로 주문 리드타임, 주문 처리 능력, 유통 시스템 정확성 등이 포함된다.
- **거래 후 요소**(post-transaction elements): 이러한 요소들은 제품이나 서비스 판매 후에 발 생하는 것으로 보장 수리 기능, 불만 해결, 반품, 운영 정보 등이 포함된다.

따라서 기업이 높은 수준의 서비스와 가치를 고객에게 전달하기 위해서는 제품과 서비스의 판매 전후나 판매 중에 지속적으로 7R을 만족시키고 적절한 고객서비스 생산능력을 개발하기 위해 노력해야 한다. 고객서비스와 공급사슬 실적 개선을 위해 콜센터가 이용되고 있다.

콜센터

콜센터(call center) 혹은 **고객연락센터**(customer contact centers)는 오래 전부터 존재해왔던 것으로 일부 기업은 고객 만족과 고객들의 지속적인 충성을 위해 효율적으로 이를 이용해왔다. 반면에 콜센터 혹은 고객연락센터를 사업비용으로 여겨 수익을 고갈시키는 것으로 간주한 기업들도 있었다. 콜센터가 자동화됨에 따라 고객서비스 담당자들은 유사한 질문들이 과거에 어떻게 응답되었는지 신속하게 알 수 있게 되었고 신속한 문제 해결이 가능해져 콜센터의 효율성이 크게 증대되었다. 콜센터 시스템은 이제 모든 콜을 분류하고 평균 해결 시간을 결정하여 향후 콜의 양을 예측할 수 있다. 이러한 자동화된 시스템 덕분에 콜센터 인건비와 훈련시간이 단축되어 직원의 전반적인 생산성이 향상되는 한편 고객 만족 수준도 높아졌다.

콜센터는 최근 10년 동안 이용자들이 가장 편하다고 여기는 대기 시스템을 설치했다. 자동화된 도구는 전화한 고객이 대기순서에서 밀리지 않고 대리인으로부터 전화가 걸려오는 것을 요구할 수 있도록 한다. 이것은 이용자의 시간을 아낄 뿐만이 아니라, 콜센터에서도 전화한 사람을 대기시킴으로써 드는 요금을 줄일 수 있다. 더 최근에 콜센터는 고객 경험을 더욱 향상시키기 위해 모바일 애플리케이션과의 인터페이스를 개발했다. 모바일 고객이 자신의 거래를 완료할 수 없을 때, 자동으로 고객의 모바일 세션에 대한 기록을 연락센터로 전달한다. 그런 다음, 연락센터는 고객을 가상 대기열에 배치하고, 상담원이 언제 전화를 걸 것인지를 고객에게 통보한다. 고객은 예정된 시간에 전화를 받거나 더 편리한 시간으로 다시 예약할 수 있다. 어느 쪽이든 휴대폰 통화 시간은 낭비되지 않는다. 또한 상담원은 이미 고객이 어느 단계를 거쳤는지 알고 있다. 고객에게 전화를 걸었을 때, 상담원은 고객과 고객의 구매내역 등 전체 거래 상황을 알고 있다.[32]

콜센터는 고객 문제를 해결하는 것 외에도, 회사의 수익 원천으로 간주되고 있다. 실제로 영국과 미국의 사내 콜센터 관리자들을 대상으로 한 조사에서 60%가 콜센터를 수익 원천으로 본다고 응답했다. 오늘날 콜센터 직원은 교차판매(cross-sell)와 상향판매(up-sell) 기회를 추구한다. 또한, 관리자들 중 86%는 영업사원들이 이러한 수익을 전달하기 위해 광범위한 기술이 필요하다고 말했다. CRM 소프트웨어 공급업체인 포트레이트 소프트웨어(Portrait Software)의 부사장인 마크 스미스(Mark Smith)는 "점점 더 많은 소비자가 전화, 메일, 전자 메일과 같은 직접 마케팅을 기피하는 현상에 따라 회사들은 소비자와의 모든 상호 작용을 활용할 필요가 있음을 깨닫고 있다. 고객의 요구를 충족시킬 뿐만 아니라 개별적으로 관계를 구축하고 효과적인 상향판매(up-sell)과 교차판매(cross-sell)를 통해 고객 생애 가치를 확장시켜야 한다."고 했다.[33]

콜센터의 아웃소싱(outsourcing)은 수십 년 동안 지속되어 왔지만, 해외기업에 아웃소싱하는 관행은 1990년대 후반과 2000년대에 폭발적으로 증가했다. 영어 사용 인력 개발을 장려한 필리핀, 인도, 파키스탄과 같은 지역의 교육 제도, 값싼 외국인 노동력, 통신 능력의 성장, 인터넷의 성장은 모두 콜센터의 오프쇼어링(offshoring)을 위한 완벽한 환경을 조성했다. 그러나 오늘날에는 온쇼어링(onshoring)과 리쇼어링(reshoring)의 트렌드와 함께 상황이 역전되고 있다. 보안 문제 역시 이 흐름을 재촉하고 있다. 예를 들어 2015년에 AT&T는 두 명의 직원이 고객 정보를 재판매 했다고 자백하여 멕시코 콜센터에서 고객 정보 침해로 인해 2,500만 달러의 벌금을 부과받았다.[34]

고객 만족 측정

고객 만족 측정은 아직도 다소 미묘한 문제다. 고객들은 종종 금전등록기나 테이블에 배치된 고객의견카드, 우편이나 제품과 함께 제공되는 설문조사, 혹은 회사 웹사이트에서 실시한 설문조사를 통해 제품, 서비스, 회사에 대한 의견을 제시할 기회를 갖게 된다. 대부분의 경우, 고객은 문제가 발생한 경우에만 이러한 의견카드를 작성한다. 그래도 여전히 기업은 이러한 정보의 소중한 가치를 발견하게 될 것이다. 이러한 고객의 반응은 가장 빈번하게 발생하는 문제점을 해결하는데 분되고 이용될 수 있다. CRM 프로그램에서 고객 만족 설문조사는 특정 계층의 고객(customer segments)에 맞춰 개별화될 수 있고, 다양한 고객 그룹을 위한 커뮤니케이션과 서비스 기능에 대해 기업에게 방향을 제시하기 위해 고객 응답과 고객 프로파일을 맞춰볼 수 있다. 설문조사의 설계 또한 문제의 소지를 안고 있기 쉽다. 많은 경우에 설문조사는 고객들이 대답하기를 원하는 질문을 하지는 않는다. 많은 웹사이트 설문조사에서 고객들은 회사의 업무 수행이나 고객이 만족/불만족 사항보다는 웹사이트 디자인에 관한 질문을 더 자주 받는다.

한편, 기업은 고객과 실제로 대화하고 그들의 이야기를 듣고, 그들이 요구하는 대로 실천하고 있다고 적극 알려줘야 한다. 예를 들어 도미노 피자는 앞서 언급했듯이 고객 불만족 사항을 듣고 제품을 새롭게 디자인했다. 그 결과 고객은 더 만족했으며 도미노의 주가는 2012년 초 주당 33달러에서 2017년 주당 180달러로 올랐다. 신제품 개발 전문가 겸 작가인 돈 애덤스(Don Adams)는 많은 회사가 새로운 제품을 디자인하여 몇몇 잠재고객에게 테스트한 다음, 판매를 관찰하여 성공을 측정한다고 한다. 애덤스는 "고객과의 진심 어린 대화를 대신할 수 없다."고 하며 기업들은 제품을 설계하기 전에 고객으로부터 피드백을 받아야 한다고 했다.[35]

지금까지 성공적인 CRM 프로그램이 필수적으로 갖춰야 할 공통 요소에 대해 살펴보았다. 이러한 것은 대부분 테크놀로지나 소프트웨어를 사용한다. 그러나 이러한 모든 요소를 갖추고 있다고 해서 성공이 보장되는 것은 아니다. 기업과 CRM 프로그램이 성공하기 위해서는 프로그램 실행 전후와 도중에 고수해야 하는 많은 다른 요소가 작용한다. 이제 이러한 CRM의 중요한 측면을 논의할 것이다.

성공적인 CRM 프로그램의 설계와 실행

CRM 프로그램을 계획하고 실행하는 것은 고객에 대한 이해와 헌신, CRM 목표 고수, CRM에 도움을 주는 유용한 도구에 대한 이해, CRM 도구를 이용할 회사 임원과 다양한 부서의 열의(적극성), 고객의 변화하는 요구사항에 대한 지속적이 인식 등과 같은 여러 사항 때문에 정말로 어려운 일이다. 일반적으로 CRM이 해결하기로 되어 있는 문제를 이해하기도 전에 해결책을 이용하거나 CRM 애플리케이션 제공업체를 고용하려는 유혹은 CRM 계획이 실패하는 주된 이유다. CRM이 해결해야 할 문제는 무엇인가? 기업은 반드시 먼저 이 문제에 대한 해답을 제시해야 한다. 이 문제에 대답하기 위해 회사 전체의 모든 기능팀 직원들이 참여해야 하며 주요 고객에게도 물어보아야 한다. 충실한 CRM 계획을 세우기 위해 기업은 CRM의 필요성, 기술 대안, 그러한 기술 대안 제공업체에 대해 고려해야 한다. 적절한 도구와 제공업체 선정은 중요한 단계지만 CRM 계획이 완성된 이후에 실행되어야 한다.

CRM 계획 수립, 직원들의 CRM 아이디어 수용 및 활용 이외에도 기업은 이미 회사에서 단편적으로 실행된 현 CRM 계획들을 살펴봐야 한다. 이러한 능력들을 한 기업 전체의 계획으로 통합하는 것이 기업의 CRM 구현 과정 초기 목표의 일부분이 되어야 한다. 또한 기업은 프로그램의 구체적인 실행 결과와 평가를 결정해야 하고 CRM 애플리케이션 사용자들에게 충분한 트레이닝을 제공해야 한다.

CRM 계획의 수립

충실한 CRM 프로젝트 계획을 세우는 것은 CRM 애플리케이션 구입과 구현 및 경영진의 승인을 얻고 프로젝트 자금을 확보하는 데에 있어 기본 전제가 되는 중요한 활동이다. CRM 계획에는 CRM 프로그램의 목표, 기업 전략과의 적합성, 구입하거나 이용되어야 할 새로운 애플리케이션, 기존의 방법 혹은 오래된 시스템과의 통합 및 교체, 직원의 자격요건, 트레이닝, 정책, 업그레이드, 유지, 구현 비용과 구현 기간 등이 포함되어야 한다. 일단 이것을 문서로 작성하면 기업은 프로그램이 자리를 잡은 후 구입 및 실행 과정을 지시할 수 있는 로드맵을 갖게 될 것이다.

CRM 계획의 목표는 고객 중심이 되어야 한다. 그 예로 고객 1인당 매출 증가, 전반적인 고객 만족 개선, 회사의 주요 고객과 내부 과정의 좀 더 긴밀한 통합, 공급사슬 반응 증대 등이 포함될 수 있다. 이러한 것들은 기업의 전반적인 전략 핵심에 근거해서 다소 달라질 것이다. 일단 목표가 자리를 잡으면 전술상의 목표와 계획 등이 CRM 목표와 일관성을 갖는 기능적인 수준에서 실행될 수 있다. 마지막으로 전술상의 실행 평가를 이용하여 진행 상태에 있는 CRM 프로그램의 실행 성과를 추적할 수 있다. 이러한 실행 성과는 CRM 프로그램의 시작 비용과 운영비를 정당화하는 데에 이용될 것이다. 예를 들어 일리노이주의 바이브런트 크레디트 유니언(Vibrant Credit Union)은 최근 서비스 개선과 41,000명의 회원사와 영업 기회를 활용하기 위해 CRM 시스템을 업그레이드했다. 사장이자 대표인 맷 맥콤브스(Matt McCombs)는 "CRM이 회원들과 더 좋고 더 깊은 관계를 만들 수 있게 해준다. 우리의 목표는 멤버들이 어떤 모습을 하고 있는지 완벽하게 파악하고, 그들의 지난 기회나 어려움을 파악하고, 그들을 위해 더 나은 경험을 제공하는 것이다. 우리는 모든 관계를 깊이 있게 측정한다. 주로 가구당 서비스, 총예금, 총대출금, 특정 상품의 침투 수준을 측정한다. 우리의 목표는 이러한 지표를 공격적으로 증가시키는 것이다"고 설명한다.[36]

CRM 사용자를 초기부터 참여시키기

새로운 계획을 수용하기 위해서는 직원들의 참여와 지원이 필요하다. 이것은 처음부터 계획의 영향을 받는 모든 사람의 도움을 얻음으로써 가능해질 수 있다. 직원들은 프로그램을 전적으로 받아들이기 전에 CRM 계획이 자신의 업무에 어떤 영향을 끼칠 수 있는지 이해해야 한다. 예를 들어 영업, 고객서비스, 마케팅, 재정, 생산 분야 직원들로 구성된 프로젝트 팀은 CRM 계획을 선정하고, 교육하며, 이용하고, 수용하는 데 도움을 줄 것이다. 프로젝트 팀은 CRM 애플리케이션 제공업체와 접촉하고 기능과 비용에 관한 정보를 모을 수 있으며 기준 고객서비스, 판매, 불평을 비롯해 여러 가지 의미 있는 성과 정보도 얻을 수 있다. 프로젝트 팀은 또한 애플리케이션 평가 및 선정, 그리고 각 부서에서의 애플리케이션 실행 및 통합에 깊이 참여해야 한다. 실행을 꾸준히 시행함으로써 시스템 성과를 면밀하게 평가하는 것은 사용자들이 CRM 계획의 가치를 확신하게 할 것이다.

여러 연구가 CRM의 실제 적용을 분석했으며, 대부분의 연구 결과에서는 프로그램 성공과 직원 참여는 직접적인 관계를 갖는다고 밝혔다. 예를 들면, 최근에는 뉴질랜드 연구원들이 CRM 프로그램을 활용한 3개 은행 매니저들과 이야기를 나눴다. 2개 은행은 직원의 참여를 이끄는 데 실패했지만, 세번째 은행은 직원의 지지를 얻기 위해 새로운 판매 문화를 장착해 CRM 프로젝트를 보완했다. 결국, 세 번째 은행의 CRM 시스템은 성공적인 결과를 낳았다. 또 다른 사례로, 미시간주 소재 회계법인인 빈 가터(Beene Garter)사가 CRM을 직원들에게 '어필'하기 위해 사내 대회를 펼쳤다. 빈 가터사의 덴 오든(Den Ouden)은 "대회에 참가한 각 팀은 고객 기록을 관리하도록 '과제'를 받았고, 소프트웨어가 어느 팀이 업데이트를 잘 했는지 조사했다."고 말했다. "이 대회는 마치 올림픽대회를 연상케 했으며 소프트웨어 이름(GoldMine)을 본 따 '금을 찾아서'라고 명명했다." 이 노력으로 인한 회사의 결실은 대단했다. 신기하게도, CRM을 대하는 직원들의 마음은 모든 데이터를 입력해야 하는 압박감에서 친밀감으로 바뀌게 되었고, 회사는 CRM을 쉽게 적용하고 지속적으로 이용할 수 있게 되었다.[37]

적합한 애플리케이션과 제공업체 선정하기

기업은 일단 CRM 계획을 완성하면 앞으로 해야 할 일은 무엇이며 자동화 혹은 기술이 필요한 활동이 무엇인지 잘 파악해야 한다. 그 다음 해야 할 일은 적합한 애플리케이션을 선택하고, 수립된 계획을 위해 일대일 맞춤(customization)이 어느 정도 요구될 것인지 결정하는 것이다. 여러 방법을 통해 최고의 애플리케이션과 납품업체를 발견할 수 있다.

- CRM 관련 무역 전시회 방문
- CRM 컨설팅 사무소 이용
- 콜센터 잡지(Call Center magazine), 콜센터 뉴스(Call Center News), 인사이드 서플라이 매니지먼트(Inside Supply Management) 같은 CRM 혹은 비즈니스 출판물 검색
- 이미 CRM 시장에 대해 알고 있는 사내 IT 인력의 지식 활용
- CRM 공급업체의 목록과 웹사이트 검색

기업들은 이러한 대안을 통해 도움을 찾아야 하고 사내 IT 인력을 애플리케이션, 납품업체 식별, 선정 과정상의 사내 컨설턴트로 간주해야 한다. 기업들은 유용한 여러 제품을 분석하고 비교해야 한다. 디치(Dyché)는 자신의 저서 「CRM Handbook」에서 다음의 특성들을 비교 검토하도록 권한다.[38]

- 시스템 간의 통합과 연결 요건(하드웨어, 소프트웨어, 네트워킹 필수 요건과 기능을 살펴보라) 프로세싱과 성능 요건(얼마나 많은 자료와 사용자들을 지원할 수 있는가?)
- 시스템 보안을 위한 요건
- 보고서 작성 요건(미리 준비된 문서 양식과 맞춤형 보고서 작성 기능)
- 사용 편의성 요건(사용자가 소프트웨어를 맞춤형으로 만들고, 그래픽을 표현하고 정보를 인쇄할 수 있는 능력)
- 특색 있는 기능들(작업 흐름 관리, 이메일 응답 엔진, 예측 모델링)
- 성능 요건(다양한 질문에 대한 신속한 응답)
- 시스템 가용성 요건(다양한 시간대를 수용할 수 있는 능력)

이러한 CRM 능력을 비교하면 납품업체 리스트는 유능한 업체 중심으로 현저히 줄어든다. 최종적으로 애플리케이션 납품업체를 선정할 때 기업이 고려해야 하는 중요한 기준 중 하나는 애플리케이션 납품업체가 해줄 수 있는 지원의 여부이다. 실행과 판매 후 기업의 요구를 충족시키는 사용자 지원을 제공하는 납품업체는 다른 업체들보다 높이 평가되어야 한다. 기업이 고려해야 할 또 다른 사항은 납품업체가 기업에게 무료 시험사용(trial usage)을 제공해 제품 성능을 증명하는지 여부다. 마지막으로 비용과 계약 협상을 신중하게 고려해야 한다.

기존의 CRM 애플리케이션을 통합하기

대부분의 기업에서 CRM은 단일 상품이라기보다는 실행되어온 다양한 애플리케이션 집합체이다. 기업 내의 부서들이 다른 부서들과 서로 커뮤니케이션 하지 않고 다양한 CRM 형태를 실행하는 것은 대단히 큰 실수이다. 각 부서가 동일한 고객과 커뮤니케이션을 할 때 이처럼 각기 다른 시스템을 사용할 경우 서로 엇갈리게 되어 고객을 혼란스럽고 짜증나게 하여 빨리 이탈하게 만들 수 있다.

고객 연락 메커니즘들은 서로 통합되어 기업 내 모든 CRM 애플리케이션 사용자가 각 고객과 관련된 모든 활동을 알 수 있어야 한다. 오늘날, 이러한 통합이 제대로 이루어지지 않아 콜센터나 영업 부서가 고객충성도 프로그램, 우수고객카드를 비롯한 트위터(Twitter)나 페이스북(Facebook)과 같은 다양한 고객과의 접촉 방법과 같은 다른 유형의 고객 만족 프로그램을 채택하여 고객을 기쁘게 해서 고객이 다시 방문하도록 하려 할 때 문제가 생기고 있다. 게다가 회사 내 여러 개의 애플리케이션이 사용되는 경우, 노력이 중복되고 포맷이 서로 호환되지 않으며 금전적 낭비를 초래하게 된다. 기업이 원하는 것은 모든 고객 정보를 포함하고 있는 하나의 중앙 데이터베이스 혹은 **데이터 웨어하우스**(dat awarehouse)에 연결되어 각 부서들이 이용할 수 있는 호환 모듈이다. 이로써 기업의 사용자들은 한 데이터베이스에서 고객 프로파일, 구매 기록, 프로모션 반응, 결재 이력, 웹 방문, 제품 반환, 품질 보증에 의한 수선, 콜센터 연락 등에 관한 정보를 얻을 수 있다.

기업 전체에서 얻은 CRM 정보의 통합을 통해, 관리자들은 보다 쉽게 정보를 분석하여 고객의 요구에 보다 더 가까운 결정을 내릴 수 있다. 예측 모델과 통계 분석을 이용함으로써 기업들은 특정 제품을 구입할 가능성이 높은 고객, 프로모션에 응할 가능성이 높은 고객, 이탈할 가능성이 있는 고객을 식별할 수 있다. 고객의 수가 증가함에 따라 이들의 거래와 모든 정보를 분석하고자 하는 욕구를 **빅데이터 분석**(big data analysis)이라고 한다. 많은 양의 데이터를 분석하는 것은 오랜 시간 동안 있었지만 1950년대 사람들이 스프레드시트에서 손으로 분석한 것과 달리 오늘날 이 과정은 매우 빠르고 보다 빠른 결정을 위해 훨씬 더 많은 데이터를 분석할 수 있다. 오늘날 데이터를 분석하고 빠른 의사결정을 내릴 수 있는 능력은 놀랍다. 소매업체인 메이시(Macy)는 수요와 재고에 대한 정보를 기반으로 7,300만 개의 항목에 대해 거의 실시간으로 가격을 조정한다. 월마트(Walmart.com)는 텍스트 분석, 기계 학습, 심지어 동의어 마이닝을 사용하여 관련 검색 결과를 만들어내는 기술을 통해 온라인 구매 완료도를 10~15% 향상시켰다. 로스앤젤레스와 산타크루즈의 경찰서는 지진 예측에 사용되는 알고리즘을 수정해 범죄 데이터를 공급하기 시작했다. 이로 인해 범죄 발생 가능 지역을 500평방피트 내로 좁힐 수 있다. 로스앤젤레스는 소프트웨어를 사용하는 지역에서 강도 사건이 33% 감소하고 강력 범죄가 21% 감소하는 것으로 나타났다. 마지막으로 크리스찬 베일(Christian Bale)이 출연한 「The Big Short」로 소개된 2008년 이전에 서브프라임 모기지 대출(subprime mortgage loan)과 관련된 자료를 읽고 그것이 세계 경제에 미칠 파괴적인 영향을 볼 수 있었던 헤지펀드(hedge fund) 매니저인 마이크 버리(Mike Burry)의 이야기가 있다.[39]

성과평가 기준을 마련하기

CRM의 목표와 연관된 활동에 대한 실적평가를 통해, CRM의 관리자는 CRM 프로젝트의 진행 상태가 목적을 충족시키고 있는지를 검토할 수 있다. 이러한 평가는 또한 모든 사람이 잘 디자인된 CRM 프로그램의 혜택에 대해 충분히 이해할 수 있도록 하며, 실행이나 사용상의 문제가 발생하면 문제를 찾아내어 신속하게 원인을 발견하고 해결할 수 있도록 돕는다.

기업 차원에서의 실적 평가는, CRM의 생산성이나 CRM 프로그램이 일으킨 매출처럼 전략적으로 중요하게 생각되는 분야에 집중해야 한다. 이러한 평가의 예는 〈표 10-1〉에 나열되어 있다. 사용자 차원의 실적 평가는, 좀 더 전술적인 측면에 초점을 둠으로써 기업 차원의 전략적 목표를 지원할 수 있어야 한다. 이런 식으로 실적 평가를 연계하는 것은 기업이 CRM 프로그램을 성공적으로 실행하고, 지속적인 개선을 통해 향후에도 계속 이용할 수 있도록 할 것이다.

〈표 10-1〉 CRM 실적 평가

기업 수준 실적 평가	부서나 사용자 수준 실적 평가		
	영업 현장	콜센터	마케팅
고객 충성도	1. 고객 재구매율 2. 평균 재구매 수 3. 고객 추천 수	1. 고객 상품 정보 요구 수 2. 고객 칭찬 수	1. 촉진에 대한 고객의 반응률 2. 고객 추천 수
고객 만족도	1. 문제 해결을 위한 고객 방문 수 2. 고객당 현장 서비스 방문 수	1. 고객당 불만 수 2. 고객 만족도 설문 결과	1. 촉진에 한 번 이상 반응한 고객 비율 2. 소셜 연락처를 사용하는 고객 수
고객당 평균 매출	1. 판매 할당량 도달 수 2. 판매로 이어지는 반복 방문율	1. 고객 상담 당 매출 2. 고객 상담 당 교차판매 및 상향판매 수 3. 변환된 상담 비율	1. 고객당 웹사이트 방문 수 2. 고객당 웹사이트 구매
CRM 생산성	1. 판매 할당량 도달 수 2. 새로운 리드 발생 수 3. 새로운 리드 완료율	1. 평균 통화 시간 2. 해결된 불만 수 3. 매출/상담/시간 4. 거래/상담원/시간	1. 생산된 세분 카탈로그 수 2. 촉진 이메일 발송 수 3. 마케팅 캠페인 수 4. 평균 캠페인 반응 비율
CRM 사용자 만족도	1. 영업사원 만족도 점수	1. 콜센터 상담원 만족도 점수	1. 사용자 만족도 점수
CRM 사용자 교육	1. 영업사원 일인당 연간 교육시간 2. 영업사원 일인당 훈련된 CRM 애플리케이션	1. 상담원 일인당 연간 교육시간 2. 상담원 일인당 훈련된 CRM 애플리케이션	1. 사용자 일인당 연간 교육시간 2. 사용자 일인당 훈련된 CRM 애플리케이션

CRM 사용자 교육하기

구현 과정에서 또 하나의 중요한 단계는 모든 초기 사용자를 위해서 교육을 제공하고 이를 의무화하는 것으로, 애플리케이션이 첨가되거나 다른 직원들이 CRM의 이점을 인식하기 시작해서 CRM 사용이 회사 전반에 확산될 때 진행 상태에 근거해서 교육을 제공하는 것이다. 교육은 영업, 콜센터, 마케팅 인력들이 CRM 애플리케이션의 이점과 사용에 대한 확신을 갖는 데 도움이 된다. 교육은 CRM 프로그램 성공의 중요한 부분이다. 불행히도 잡지 「Customer Relationship Management」에서 실행한 설문에 따르면, 43%의 응답자는 자신이 받는 교육이 "개선이 필요하다"라고 말하였다.[41] 이용자가 해당 소프트웨어를 배우기 위해 투자하는 시간에 대한 개인적 보상이 없다면, CRM 애플리케이션들은 거의 사용되지 않거나 적게 사용될 것이다. 영국의 CRM 소프트웨어 개발업체인 세이지(Sage)의 제품 매니저인 카렌 아인리(Karen Ainley)는 교육의 지름길은 궁극적으로 비용이 많이 들 수 있다며, "CRM은 워낙 사용하기 쉬워 교육이 필요 없다는 인식은 잘못되었다. 사용자가 '사용 중 배우고' 자신의 업무에 적응하길 바라는 마음으로 교육의 필요성을 일축하는 것은 기업이 소프트웨어의

잠재력을 제한하는 것이다."라고 설명한다.[42]

핵심 고객 연락을 담당하는 관리자와 사용자들은 시스템 사용 전에 기업이 CRM 애플리케이션에 어떤 일대일 맞춤이 요구되는지 결정하는 데 도움을 줄 수 있다. 이것은 특히 공급사슬, 영업, 마케팅 과정이 복잡한 대기업에게 특히 중요하다. 많은 경우에 있어 CRM 구현은 이미 사용 중인 다른 시스템이 단계적으로 사라지거나 CRM 시스템과 통합하게 된다는 걸 의미한다. 트레이닝은 직원들이 어떻게 최적으로 오래된 시스템을 단계적으로 제거하고 새로운 시스템을 도입할지에 대한 결정을 하는데 도움이 된다. CRM 컨설턴트 바톤 골드버그(Barton Goldenberg)는 기업들이 컴퓨터 활용 능력, 비즈니스 과정 연습, CRM 적용 연습, 치료 교육과 새로운 사용자 교육 중 하나 또는 더 많은 분야에서 실행 과정 전, 현재, 후의 교육을 제공하기 위해 각 CRM 사용자에 대한 교육 분석표를 작성해야 한다고 한다.[43]

CRM의 최근 트렌드

CRM 잡지의 편집자들에 따르면, 오늘날 CRM의 네 가지 새로운 트렌드는 사용 편의성, 개인적 가치 창출, 지속적연결성, 그리고 소규모 데이터라고 한다.[44]

사용 편의성

CRM 솔루션은 다수의 인기 있는 소비자 웹사이트와 유사하게 사용자가 이해하기 쉬운 인터페이스를 요구하기 때문에 보다 직관적이어야 한다. 이는 CRM 애플리케이션 구현에 관련된 많은 교육이 불필요해질 것이다. CRM 사용자는 리드 생성, 리드 관련 상호 작용이나 시스템 내에서 쉽고 빠르게 보고서를 생성하는 것과 같은 간단한 작업을 수행할 수 있어야 한다. 사용하기 쉬운 CRM 애플리케이션은 사용자들에게 권한을 부여하고 CRM 제품에 적응력을 향상시킨다. 버지니아의 비즈니스 소프트웨어 검토 회사인 캡테라(Capterra)에 따르면 팀게이트(Teamgate)는 가장 높은 등급의 사용자 친화적인 CRM 소프트웨어이다. 클라우드 기반 시스템은 다양한 통찰력을 쉽게 얻을 수 있도록 명확한 그래프와 시각적 표현을 제공한다. 팀게이트의 스마트한 보고 능력은 전술적이고 전략적인 판매 의사결정을 내릴 수 있도록 돕는 유용한 도구이다. 소프트웨어는 안드로이드(Android), 아이오에스(iOS), 윈도우폰(Window phone)과 호환되며 구글 앱(Google Apps)과 타사 앱과 통합된다.[45]

개인적 가치 창출

CRM 시스템에서 대량의 데이터를 수집하는 것이 영업사원을 더 생산적으로 만드는 것은 아니다. 사용자들은 자신의 일상 작업에 가져다 주는 유용한 정보와 통찰에 따라 시스템의 가치를 평가한다. CRM 솔루션의 성공 여부는 사용자에게 주어지는 개인적인 가치로 측정된다. 기업 대 기업(B2B), 사스(SaaS) 및 금융 솔루션을 위한 독립 검토 플랫폼인 파이낸스 온라인(Finance Online)에 따르면 허브스팟(HubSpot)의 CRM은 최고 등급의 가치 향상 CRM 솔루션 중 하나이다. 한 가지 이유는 기본 플랫폼이 무료이기 때문이다. 허브스팟의 CRM은 무료이기 때문에 프리랜서나 중소기업들 사이에서 인기가 있으며 대기업을 위한 강력한 리드 생성 솔루션이기도 하다. 허브스팟은 2017년에 파이넌스온라인 전문가의 선택상(FinanceOnline's Expert's Choice Award)를 수상했다.[46]

지속적 연결성

디지털 시대인 오늘날 최고의 CRM 애플리케이션은 사용자의 일상 업무 환경에 더 통합될 것이다. 사용자는 언제 어디서든 스마트폰, 태블릿 및 데스크톱을 이용해 CRM 정보에 접근해야 한다. 최고의 CRM 시스템은 지속적인 연결성을 제공하여 빠른 의사결정을 가능하게 해야 한다. 오늘의 클라우드 CRM 애플리케이션은 웹 브라우저를 사용하여 액세스를 제공한다. 사용자는 인터넷이 가능한 컴퓨터나 장치에서 언제나 CRM 시스템에 로그인할 수 있다. 몇몇 클라우드 CRM 애플리케이션은 모바일 앱을 제공하여 스마트폰이나 태블릿에서 더 쉽게 사용할 수 있도록 한다. 위에 언급한 팀게이트와 허브스팟은 둘 다 클라우드 애플리케이션이다.

소규모 데이터

이 장과 이전 장에 앞서 논의한 바와 같이 최근에는 빅데이터 분석을 활용해 매출을 향상시키는 방법이 많이 논의되고 있다. CRM에서는 **소량 데이터**(small data)에 중점을 둘 필요가 있다. 소량 데이터는 빅데이터 이전부터 존재했던 데이터이다. 예를 들어 CRM 사용자는 고객의 다음 구매나 특정 제품이나 서비스를 구매한 소비자들의 인구통계학적 분석과 같은 유용한 통찰을 제공할 수 있다. 미시간의 디지털 마케팅 회사인 채널넷(ChannelNet)의 설립자이자 최고경영자인 폴 톰킨스(Paul Tompkins)에 따르면 소량 데이터를 잘 활용하면 CRM이 더욱 성공할 것이라고 한다. 모든 데이터를 한 번에 분류하는 것은 쉽지 않기 때문에, 특정 비즈니스 요구에 맞춘 고객 이동 맵(customer journey map)을 기반으로 콘텐츠 데이터 범위(content data scope)를 정의하는 것이 좋다. 고객 이동 맵을 통해 고객에게 가장 중요한 정보를 식별할 수 있으며 각 고객에 대한 이해를 심화시킬 수 있다. 폴라(Paula)에 따르면 고객 이동 맵은 고객의 금융 관계의 첫 인사부터 계약 종료까지 고객의 입장에서 생각하는 것과 유사하다. 목적은 간단하다: 소량 데이터를 사용하여 고객에 대해 알아보는 것이다.[47]

요약

본 장에서는 CRM의 요소, 공급사슬관리 분야에서의 위치, CRM 프로그램 성공적인 구현을 위한 요건, CRM의 현재 동향 등을 소개하고 논의하였다. 이 장에서 배운 바와 같이, 고객관계관리는 말 그대로 고객의 말을 경청하고, 고객에 대해 공부하고, 고객을 올바로 대우하는 것이다. 기업이 존재하는 한 일부 기업은 지속적으로 고객을 만족시켜 고객들이 계속 다시 찾게 만들겠지만 어떤 기업은 그러지 못할 것이다. 그러나 지난 10~15년 동안 시장과 유용한 컴퓨터 기술에서의 경쟁은 급속하게 치열해지고 있다. 따라서 장기적인 고객 수익성을 최대화하기 위해 고객을 개별적인 존재로 더 잘 분석하고 분류하며 서비스를 제공하는 기술과 소프트웨어 이용하려는 변화가 CRM에 생겼다.

오늘날 기업들은 고객에게 더 나은 서비스를 제공하여 결과적으로 서비스 개선과 매출을 늘리기 위해 많은 고객 연락 경로를 결합하는 방법을 배우고 있다. 많은 전통적인 CRM 애플리케이션은 비용이 많이 들지만, 기업들은 구조화된 접근방식을 사용하여 적절한 계획을 설계한 다음, 성공적인 CRM 프로그램을 구현하기 위한 적절한 애플리케이션과 공급업체를 분석하고 선택할 수 있다. 클라우드 기반 CRM 애플리케이션은 또한 많은 기업의 CRM 노력 개발에 있어 주요 고려사항이 되었다.

토의문제

1. 고객관계관리라는 용어와 지난 15~20년 동안 기업이 CRM을 바라보는 관점에 영향을 준 것을 정의하라.
2. CRM 실제 사용과 CRM 소프트웨어를 통한 사용과 어떻게 다른가?
3. 왜 많은 CRM에 대한 노력이 실패했는가? 당신은 CRM 노력의 좋은 또는 나쁜 개인적인 예시를 들 수 있는가?
4. CRM이 공급사슬을 관리하는 데 왜 중요한지 설명하라. CRM 프로그램이 좋은 회사들은 무엇을 하는가? 이 장에서 언급된 것 외에 다른 예시를 들어볼 수 있는가?
5. 고객 세분화는 무엇이며, CRM에서 가장 중요한 일인 이유는 무엇인가? 회사들은 일반적으로 고객의 세분화를 어떻게 하는가?
6. '퍼미션 마케팅', '교차판매' 및 '고객 이탈'을 정의하라.
7. 회사가 경쟁력을 갖기 위해 고객 이탈은 어떤 역할을 할 수 있는가?
8. 고객 생애 가치의 결정이 왜 중요한가?
9. 거주지 주변에 있는 특정 회사를 선택하고 고객과의 커뮤니케이션을 어떻게 개인화(personalize)할 수 있는지 설명하라.

10. CRM 애플리케이션이 기업의 영업 인력자원의 효과와 생산성을 높일 수 있는 몇 가지 방법을 설명하라.
11. 당신이 정의하는 고객서비스와 7R 규칙를 비교하라.
12. 당신의 지역에서 좋은 고객서비스를 제공하는 몇몇 사업에 대해 설명하고, 형편없는 고객서비스를 제공하는 몇몇 기업에 대해서도 설명하라.
13. 판매 전, 판매 중 및 판매 후 제공되는 고객서비스의 유형에 대해 설명하라. 이는 왜 CRM에 중요한가?
14. 콜센터는 기업에 좋은가 나쁜가? 콜센터에 대한 당신의 경험은 어떠한가?
15. 콜센터 아웃소싱이 고객서비스에 부정적인 영향을 미친다고 생각는가?
16. 콜센터 대신 셀프 서비스 웹사이트를 사용할 것인가?
17. 은행에서 고객 만족도를 어떻게 측정해야 하는가? 식당처럼? 제조회사처럼? 소매업체처럼?
18. CRM 애플리케이션이 불필요하게 고객의 프라이버시를 침해한다고 생각하는가?
19. 성공적인 CRM 프로그램을 설계하고 구현하는 데 필요한 단계를 설명하라.
20. CRM 프로그램을 설계하고 구현할 때 가장 흔히 저지르는 실수는 무엇인가?
21. CRM 성과를 어떻게 측정해야 한다고 생각하는가? 특정 기업에 대해 몇 가지 성과측정 방법을 제안하라.
22. 기업의 기존 CRM 애플리케이션 또는 기존 CRM 애플리케이션에서 어떤 종류의 문제가 발생할 수 있는가?
23. 빅데이터 및 빅데이터 분석은 무엇인가?
24. CRM 프로그램 사용자 교육은 왜 중요한가? 교육 요건을 어떻게 최소화할 수 있는가?
25. 기업은 어떻게 고객의 정보와 데이터의 프라이버시와 보안을 보장하도록 도울 수 있는가?
26. 다양한 소셜 미디어가 조직의 CRM 방법에 어떤 영향을 미치는가? 기업들이 소셜 미디어를 사용하여 새로운 고객을 유치해야 하는가?
27. 소셜 CRM의 진정한 가치는 무엇이라고 생각하는가?
28. 클라우드 컴퓨팅은 무엇이며 CRM의 장점은 무엇인가?
29. 주문형 컴퓨팅, Software-as-a-Service 모델, 클라우드 컴퓨팅의 차이점은 무엇인가?
30. 작은 데이터는 무엇인가? CRM과 무슨 관계인가?

조사연구문제

1. 국제고객관리원 홈페이지(www.icmi.com)로 가서 여러 가지 뉴스 이야기를 살펴본다.

콜센터 이용이나 기술의 새로운 발전 방법을 기술하라.

2. 주문형 인터넷 CRM 제공자(on-demand Internet CRM)를 식별하여 “무료”와 “유료”를 구분하라.
3. 콜센터 기술이라는 용어를 조사하고 콜센터에서의 최신 기술 몇 가지를 기술하라.
4. 인터넷 프라이버시 법률의 최근 상황은 어떠한가?
5. 올해의 최고와 최악 고객서비스기업을 설명하라. 이 회사들 중 한 곳이라도 이용해본 적 있는가? 만약 그렇다면, 당신의 서비스 경험을 설명하라.

연습문제

1. 아래에 제시된 정보로부터 고객의 평생 가치에 따라 순위를 매겨보라.

	연평균 매출	연평균 순이익	기대 수명
고객 A	2,500달러	17%	8년
고객 B	4,000달러	12%	6년
고객 C	1,200달러	30%	12년

6%의 할인율이며 연평균 매출액을 연금으로 처리한다. 이 고객들 중 누구라도 포기해야 하는가?

2. 식물을 관리하는 곳에 식물을 제공할 때 식물 제공자는 고객의 생애 가치를 고려하여 고객의 가치를 결정하려고 한다. 아래에는 두 명의 고객이 있다. 고객 생애 가치를 고려하여 각 고객의 중요도를 결정하라. 할인율은 8%이다. 어떤 고객을 추천하겠는가?

	연평균 매출	연평균 순이익	기대 수명
고객 A	21,500달러	20%	10년
고객 B	14,000달러	10%	6년

사례문제

1. 폴리스

아이리스 라이스(Iris Rice)는 10년 동안 폴리스(Polly's Sweet Treats and Drinks)를 관리해왔다. 주인인 마미 해몬드(Mamie Hammond)는 약 7년 전에 아이리스에게 전체적으로 통제권을 주었다. 마미는 거의 30년 전에 폴리스(Polly's)를 설립했고 지난 5년 동안 은퇴 후 비주기적으로 일해왔다. 마미는 이 가게의 판매를 고려하고 있으며 아이리스에게 우선 선택권을 주고 있다. 아이리스는 자신의 사업을 소유할 것이라는 전망에 극도로 흥분하고 있다. 하지만 아이리스는 메뉴를 확장하고 궁극적으로 장소의 수를 늘리기를 원한다.

아이리스는 마미에게 고객들이 이 변화를 어떻게 생각할지 1년 동안 조사할 수 있는지 물었다. 아이리스는 오너가 되는 것에 대해 기대가 되면서도 매우 긴장하고 있다. 다른 사람이 소유한 사업을 관리하는 것과 이를 직접 소유하는 것은 별개의 일이다. 마미는 폴리스를 시작했을 때 어떤 기분이었는지 되돌아보았다. 마미는 폴리스의 성공을 원했고 또한 폴리스가 성장하기를 원했다. 아이리스는 훌륭한 경영자였기 때문에, 마미는 아이리스가 훌륭한 주인이 될 것이라고 믿었다. 결과적으로 마미는 아이리스가 약간의 변화를 주고 이에 따라 자신감을 갖게 하는 동안의 시간적 가치가 충분하다고 생각했다.

폴리스에는 다양한 소비자가 있다. 비록 아이리스가 공식적으로 그것들을 어떤 특정한 카테고리별로 분류한 적은 없지만 이제 그녀가 오너가 될지도 모르기 때문에, 그녀는 카테고리를 분류하기 시작하였다. 라인들을 따라 생각하기 시작했다. 폴리스는 오전 11시에 문을 열고 오후 8시에 문을 닫는다. 점심식사 인파의 대부분은 학교에 다니는 아이를 둔 젊은 엄마들이며 노인들도 있다. 오후 3시쯤 사람들의 구성이 변한다. 대부분이 십대다. 이는 하교시간이기 때문이다. 오후 6시가 가까워지면 가족 단위가 군중을 이룬다.

현재 메뉴는 케이크, 파이, 타르트, 머핀, 도넛, 그 외 페이스트리와 같은 디저트 같은 음식으로 구성되었다. 이 음료들은 식이요법과 카페인이 없는 음료수를 포함한 다양한 음료수였다. 폴리스는 또한 우유, 핫초코, 밀크쉐이크, 냉동 음료뿐만 아니라 다양한 뜨거운 차와 차가운 커피도 제공했다. 폴리스는 약 30년 동안 영업을 해왔고 튼튼한 고객 기반을 가지고 있지만, 아이리스는 미래에 대해 걱정하고 있다. 아이리스는 결국 그녀가 새로운 가게를 확장하고 추가하기 위해서는 새로운 메뉴가 필요하다고 생각했다. 아이리스는 달콤한 간식과 음료수 이상의 것을 포함시키려면 메뉴를 확장해야 할 것이라고 생각했다. 그녀는 샌드위치와 "풀코스" 형태의 식사를 원하는 사람들을 위해 큰 접시에 담은 특별한 정식(a single blue plate special)을 첨가하는 것을 고려하고 있다.

아이리스는 경영학 학사 학위를 가지고 있다. 그녀가 가장 좋아하는 교수가 그녀에게 알려준 것은 효과적인 결정을 내리려면 자료가 필요하다는 것이었다. 분석해야 할 데이터를 수집한 후에는 이를 이용하여 의사결정을 유도해야 한다. 현재 아이리스는 오전 11시부터 오후 8시까지 매장에서 일어나는 일을 관찰한 것 외에는 다른 자료가 없다. 폴리스를 위한 최선의 결정을 내리기 위해, 아이리스는 그녀가 데이터를 수집할 필요가 있다는 것을 이해했다. 그녀는 자신이 필요하다고 느끼는 변화가 고객들 또한 이를 받아들일지 확신할 수 없었다.

아이리스는 이에 대해 마미와 얘기했다. 마미의 걱정은 이렇게 다양한 손님이 폴리스를 방문했을 때 이들이 원하는 모든 것을 충족시키는 것이 어려울 수 있다는 것이었다. 게다가 많은 사람이 기존의 가게를 좋아했다. 그들은 어렸을 때부터 이곳을 방문했고 지금은 아이들을 데리고 온다. 변화가 이루어진다면 이들 고객을 잃을까, 아니면 고객을 얻을까? 많은 논의 끝에 마미와 아이리스는 고객들이 좋아하고 좋아하지 않는 것에 대한 더 많은 정보가 필요하다는 데 동의했다.

토론사항

1. 아이리스는 폴리스의 사업 전략을 바꾸는 큰 발걸음을 내딛을 예정이다. 효과적인 결정을 내리는 데 필요한 데이터 유형을 수집하기 위해 그녀가 해야 할 일은 무엇인가? 당신이 그녀라면 어떻게 할 건지 설명하라. 당신의 계획은 무엇인지 구체적으로 설명하라.
2. 아이리스가 메뉴를 바꾸려는 계획을 진행한다고 가정해보자. 이는 현재의 고객 기반을 바꿀 수 있다. 고객 이탈을 해결하기 위해 취해야 할 조치에 대해 그녀에게 조언하라. 조치가 그녀에게 어떤 혜택을 줄 것이며 잠재적으로 고객의 이탈을 막을 수 있는지 설명하라.
3. 이 사례는 폴리스의 고객 중 다수가 같은 출신임을 보여준다. 부모들은 어린 시절부터 이곳에 방문했고 지금은 아이들을 이곳에 데려오고 있다. 아이리스가 소셜 CRM을 사용하는 것을 추천하겠는가? 왜 그런가? 혹은 왜 그렇지 않은가?

2. 펄펙션 콜센터

펄펙션 콜센터(Perfection Call Center)는 크고 작은 여러 다른 회사에 대해 고객서비스를 제공한다. 현재 고객들은 매우 만족하고 있지만, 새로운 사업을 하기는 어렵다. 이사회는 최근 팀 로이(Tim Roy)를 펄펙션 콜센터의 새 이사로 고용했다. 그의 주된 임무는 사업을 성장시키는 것이다.

팀은 콜센터와 매우 친숙하다. 그가 콜센터에서 일했거나 이와 관련된 일을 하였다. 그는 다른 일을 하기 전에, 펄펙션 안에서 사업이 어떻게 돌아가는지 관찰하고 그 장단점을 이해할 필요가 있다고 판단했다. 콜센터 직원의 전문성은 나무랄 데가 없었다. 팀은 다른 운영자의 전화 이후 온 전화를 들어보았고 그들이 공손하고, 박식하며, 해결 지향적이라는 것을 알았다.

팀이 할 다음 일은 고객을 만나 그들이 펄펙션에 대해 어떻게 느끼는지 철저히 이해하는 것이었다. 그가 각 고객 회사의 고위 인사들과 이야기를 나누면서 팀은 모든 사람이 매우 만족한다는 것을 발견했다.

놀랍게도, 그는 펄펙션 콜센터가 그리 많은 성능 데이터를 수집하지 않는다는 것을 발견했다. 게다가 현재 고객 대부분이 운영 초기에 시작되어 왔음을 알게 되었다. 결론적으로, 고객과 펄펙션 사이의 관계는 수년에 걸쳐 점차적으로 매우 강해졌다. 이는 그 결과는 고객들을 위해 뛰어난 성과를 보여주는 펄펙션을 자연스럽게 믿는 고객 기반으로부터 나오는 것이었다.

불행하게도, 잠재적인 신규 고객들은 그렇게 신뢰하지 않았다. 신규 고객들은 펄펙션 콜센터가 아들이 주장하는 만큼 훌륭하다는 증거를 보고 싶어 했다. 과거 고객 만족도를 보여줄 수 있는 과거 데이터는 무엇인가? 더 중요한 것은 어떤 유형의 보고서를 신규 고객에게 제공하여 고객이 자신의 기대에 부응하고 있음을 입증할 수 있는가? 팀은 이제 문제를 파악했다. 펄펙션 콜센터는 과거 성과가 매우 좋았다. 하지만 현재 고객들로부터 받은 증언들 외에, 그들은 이를 입증할 데이터가 없었다.

토론사항

1. 팀의 결론이 이해가 되는가, 즉 당신은 그것에 동의하는가? 펄펙션 콜센터는 펄펙션이 기대치를 충족한다는 것을 새로운 고객들에게 보여줄 수 있는 어떤 특정한 정보를 제공할 수 있었는가?
2. 팀은 또한 펄펙션이 구식 콜센터 시스템을 가지고 있다는 것을 발견했다. 그는 이사회에 대대적인 개선을 요청하기로 결정했다. 중요한 점은 팀이 새로운 시스템을 수익을 올리기 위한 것이지 비용을 늘리기 위한 것임이 아니다. 팀에게 콜 시스템 개선의 이점을 강조하는 주장을 전개하라. 이 시스템이 어떻게 고객 만족을 유도하여 잠재적으로 새로운 사업을 추진할 수 있는지 설명하라.
3. 팀은 일반적인 고객 문제 해결 서비스를 제공하는 것 외에, 펄펙션 콜센터가 고객의 수익 흐름을 향상시킬 수 있는 다른 서비스들이 있을 것이라고 믿는다. 또한 펄펙션은 계약을 통해 다음과 같은 기준에 따라 성과금을 받을 수 있다. 수입을 증가시키기 위해 펄펙션이 추가 서비스 유형은 무엇이 있는가? 그러한 서비스가 펄펙션 고객 수익을 잠재적으로 향상시키는 방법, 즉 그들 자신의 수익을 어떻게 향상시킬 수 있는지 설명하라.

3. 벌리스

밥 벌리(Bob Burley)와 그의 형 뷰포드(Buford)는 텍사스 댈러스에서 최고의 레스토랑을 운영했다. 많은 외지인이 댈러스를 방문하여 벌리스(Burley's Biskets, Beef, and Veggies)에 가서 좋은 식사를 할 것이다. 밥과 뷰포드는 댈러스만큼 활발한 마을에서 이들이 진행한 것은 식당이 24시간이라는 것이었다. 이는 모든 큰 경기가 있는 날에는 특히 중요했다. 어느 프로 스포츠든 수천 명의 사람이 자신이 좋아하는 팀을 보기 위해 도시로 몰려들었다.

밥과 뷰포드는 호화로운 삶을 살았지만 이들은 그 어떤 것도 당연시 여기지 않는 타입이다. 그들은 그 지역에서 가장 좋은 음식을 제공하며 서비스는 누구에게도 뒤지지 않는다는 것을 알았다. 하지만 주요 스포츠 행사들과 콘서트 같은 다른 활동들 사이에서, 이 식당은 항상 만원이 되지는 않았다. 밥과 뷰포드가 원하는 것은 사람들이 들어가고 싶어하고 기다리고 있는 꽉 찬 식당이었다.

벌리 형제는 무엇을 해야 할지 아주 길게 논의하였다. 주중에 사람들을 집 밖으로 또 식당으로 유인할 수 있는 방법이 있어야만 했다. 밥과 뷰포드는 한 가족이 외식을 하러 결정할 때마다 가장 먼저 갈 곳이 벌리스이길 바랐다.

호세 산체스(Jose Sanchez)는 벌리 형제의 절친한 친구였다. 호세는 마케팅 회사를 소유하고 있었고 호세의 장점 중 하나는 고객관계관리였다. 호세는 형제가 식당을 가득 채울 수 있는 방법에 대해 이야기하는 것을 들었다. 호세가 끼어들며 이들에게 CRM 프로그램에 대해 물어보기 시작했다. 밥과 뷰포드는 호세에게 이들은 CRM을 가지고 있지 않다고 말하였다. 이들은 CRM 프로그램이 정확히 무엇인지도 명확히 알지 못하였다. 호세는 CRM을 단순히 수익성 있는 장기 고객관계를 구축하고 유지하는 것을 의미한다고 설명했다. 호세는 얼마나 많은 재방문 고객이 있는지 물었다. 비록 그들은 식당에서 몇 번이고 본 사람이 많았지만, 밥도 뷰포드도 구체적인 숫자를 알지 못했다. 이후 호세는 분명한 사실을 말했다. 벌리 형제가 계속 사업을 하고 싶다면 CRM 프로그램을 개발하고 시행해야만 했다.

토론사항

1. 우리는 밥과 뷰포드가 다양한 종류의 고객을 가지고 있다는 것을 사례에서 보았다. 스포츠, 사업가, 단골, 아침, 점심 또는 저녁 인파로 그들을 분류할 수 있었다. 호세는 벌리에게 고객을 세분화하는 것의 이점을 어떻게 설명해야 하는가? 어떤 유형의 고객관계관리 활동을 통해 비즈니스를 이끌어야 하는가? 그러한 CRM 활동이 어떻게 도움이 되는지 설명하라.
2. 밥은 소셜 CRM을 실행하는 것이 흥미로웠다. 뷰포드는 소셜 CRM을 사용하는 것에 반대한다. 당신은 누구의 주장에 동의하며 그 이유는 무엇인가?
3. 이들의 CRM 계획의 일환으로 뷰포드는 7R 규칙을 활용하기를 원한다. 이것이 정말로 그들의 CRM 프로그램의 일부가 될 수 있을까? 아니면 그저 멋진 "슬로건"일 뿐인가? CRM 프로그램의 일부로 도움이 될 수 있는지 여부를 설명하라.

참고자료

Barnes, J. G., *Secrets of Customer Relationship Management*. New York, NY: McGraw-Hill, 2001.

Bergeron, B., *Essentials of CRM: A Guide to Customer Relationship Management*. New York, NY: John Wiley & Sons, 2002.

Bloomberg, D. J., S. LeMay, and J. B. Hanna, *Logistics*. Upper Saddle River, NJ: Prentice Hall, 2002.

Dychè, J., *The CRM Handbook: A Business Guide to Customer Relationship Management*. Upper Saddle Rivear, NJ: Addison-Wesley, 2002.

Fitzsimmons, J., and M. Fitzsimmons, M., *Service Management for Competitive Advantage*. New York, NY: McGraw-Hill, 1994.

Lawrence, F. B., D. F. Jennings, and B. E. Reynolds, *eDistribution*: Mason, OH: South-Western, 2003.

Metters, R., K. King-Metters, and M. Pullman, *Successful Service Operations Management*, Mason, OH: South-Western, 2003.

미주

1. Wardley, M., "Worldwide CRM Applications Software Forecast, 2016–2020: Cloud-Based ApplicationsIncrease in Penetration Mix," August 2016, https://www.idc.com/getdoc.jsp?containerId=US41645115
2. Bernier, P., "Come Together, Right Now, over Me: Companies Get Acquisitive About the Customer Experience," *Customer* 32(1), 2014: 8–9.
3. Bernier, P., "CRM: It's Getting Better All the Time," *Customer* 32(4), 2014: 8,10,12.
4. Miller, J., "How to Conquer a CRM Monster," *CIO* December 8, 2016: 1.
5. http://www.crmsearch.com/crm-software-market-share.php
6. http://www.superoffice.com/blog/crm-software-statistics
7. Dyché, J., *The CRM Handbook: A Business Guide to Customer Relationship Management*, Upper Saddle River, NJ: Addison-Wesley, 2002.
8. Bergeron, B., *Essentials of CRM: A Guide to Customer Relationship Management*, New York, NY: John Wiley & Sons, 2002.
9. Ragins, E., and A. Greco, "Customer Relationship Management and e-Business: More than a Software Solution," *Review of Business* 24(1) (2003): 25–30.
10. Anonymous, "Does CRM Really Work?" *The Financial Brand.com* September 11, 2015: 1.
11. Vella, J., and A. Caruana, "Encouraging CRM Systems Usage: A Study among Bank Managers," *Management Systems Review* 35(2), 2012: 121–133.
12. Sebring, S., "CRM Mistakes," *Credit Union Management* 40(1), 2017: 18–21.
13. Dickie, J., "Fueling the CRM Engine," *Customer Relationship Management* 11(4), 2007: 10.
14. Goldenberg, B., "Your People Are Half the Battle," *Customer Relationship Management* 14(4), 2010: 6.
15. Eastwood, G., "How Domino's Pizza Is Using AI to Enhance the Customer Experience," *CIO* March 3, 2017: 1.
16. https://blog.hubspot.com/blog/tabid/6307/bid/33749/7-Companies-That-Totally-Get-Their-Buyer-Personas.aspx#sm.0001xmpj5yz80efoyst18pubqxrv5
17. Anonymous, "Mogreet Lists 7 Goals for Boosting Mobile Marketing in 2014," *Entertainment Close–Up* January 27, 2014: 1.
18. Anonymous, "Research and Markets; Asia-Pacific M-Commerce Snapshot 2015," *Investment Weekly News* April 25, 2015: 74.
19. Hintze, J., "A Wealth of Progress," *USBanker* 120(4), 2010: 32–33.
20. Jenkins, P., "Crimes, Misdemeanours and Cross-Selling," *FT.com* September 19, 2016: 1.
21. https://www.proclivitysystems.com
22. Nadeem, M., "How e-Business Leadership Results in Customer Satisfaction and Customer Lifetime Value," *The Business Review*, Cambridge 6(1), 2006: 218–224.
23. http://www.mpellsolutions.com/customer-defections
24. Bailor, C., "Not Fade Away," *Customer Relationship Management* 11(2), 2007: 22–26.
25. Collieer, S., "Another Way to Look at 'Member Value'," *Credit Union Magazine* 73(1), 2007: 9A.
26. Anonymous, "Jonel Programs Mobile Device-Ready, Sales Force Analytics Tool," *Concrete Products* 119(4), 2016: 60.
27. Anonymous, "ClearSlide and LevelEleven Announce Partnership: Sales Activity Management System Now Integrates with Sales Engagement Platform Leader," *PR Newswire* October 5, 2016: 1.
28. Satter, M., "Tech Helps Sell Policies, But Doesn't Retain Customers," *Benefits Selling.Breaking News* May 11, 2016: 1.
29. Rankis, N., "Knowledge Management Using Digital Dashboards," *Modern Casting* 104(9), 2014: 40–43.
30. Shaprio, R. D., and J. L. Heskett, *Logistics Strategy: Cases and Concepts*, St. Paul, MN: West Publishing Co., 1985.
31. https://www.forbes.com/sites/grantmartin/2017/04/10/americas-best-airlines-2017/#2e0e0c501f29
32. Finneran, M., and B. Herrington, "Excelling at Mobile Customer Service," *Customer* 31(2), 2012: 42.
33. Terney, J., "Survey: Call Centers Now Profit Centers," *Multichannel Merchant* December 21, 2010: 1.
34. http://www.tmcnet.com/channels/call-center-management/articles/419851-5-callcenter-security-tips-protecting-customer-data.html
35. Anonymous, "Lessons from the Domino's Turnaround," *Restaurant Hospitality* 94(6), 2010: 30.
36. Franklin, D., "Implementing a CRM System," *Credit Union Management* 38(8), 2015: 24–27.
37. Shum, P., L. Bove, and S. Auh, "Employees' Affective Commitment to Change: The Key to Successful CRM Implementation," *European Journal of Marketing* 4211/12 (2008): 1346–1371; Lassar, W., S. Lassar, and N. Rauseo,

"Developing a CRM Strategy in Your Firm," *Journal of Accountancy* 206(2), A2008: 68–73.

38. Dyché, J., *The CRM Handbook: A Business Guide to Customer Relationship Management*, Upper Saddle River, NJ: Addison-Wesley, 2002.

39. http://searchcio.techtarget.com/opinion/Ten-big-data-case-studies-in-a-nutshell and http://dataconomy.com/2017/01/7-mistakes-big-data-analysis

40. Stockford, P., and J. Staples, "Contact Center Metrics That Matter," *Customer* 31(11), 2013: 44–45; Hughes, A., "How to Measure CRM Success," www.dbmarketing.com/articles

41. Dickie, J., "Don't Confuse Implementation with Adoption," *Customer Relationship Management* 13(5), 2009: 10.

42. Davey, N., "CRM Training's Most Common Calamities," *MyCustomer.com* September 19, 2011: 1–10.

43. Goldenberg, B., "A CRM Initiative's Bermuda Triangle," Customer *Relationship Management* 11(5), 2007: 10.

44. Keenan, M., "4 CRM Trends for 2016," *CRM.com* January 6, 2016, http://www.destinationcrm.com/Articles/Web-Exclusives/Viewpoints/4-CRM-Trendsfor-2016-108394.aspx

45. See www.teamgate.com

46. See www.financesonline.com and www.hubspot.com

47. Tompkins, P., "Reinventing the Mortgage Customer Experience," *Mortgage Banking* 76(7), 2016: 72–76.

11장 글로벌 입지 결정

미래에는 디지털화, 자동화, 3D 인쇄와 같은 진화하는 기술로 인해 영향받는 가치사슬은 기업의 투자 방식과 경쟁우위 입지를 정의하는 방식에 경쟁적으로 상당히 영향을 주었을 것이다.

IBM Institute for Business Value[1]

맥도날드는 입지 선정에 대단한 능력이 있었다. 맥도날드는 소매점을 위한 최적의 장소를 연구하는 선구자이다. 맥도날드가 한 일 중 하나는 외곽 도시가 어디에 있는지 매우 주의 깊게 조사한 것이다.

Eric Schlosser, author, "Fast Food Nation"[2]

세계화는 계속해서 국제 경제를 재편하고 있다. 많은 조직에서 글로벌 확장은 상하 양측에 엄청난 긍정적인 영향을 미칠 수 있다. 다른 사람들에게, 사업을 확장하거나 이전하는 것은 그들이 외국 경쟁자들로부터 증가하는 압력에 직면하고 있기 때문에 생존의 문제가 될 수 있다.

Greg Wiebe, Partner, KPMG LLP[3]

GLOBAL LOCATION DECISIONS

학습목표

- 국제적 입지 결정이 공급 사슬에 주는 영향을 설명한다.
- 입지 선정에 영향을 미치는 요소를 파악한다
- 지역무역협정이 입지 결정에 주는 영향을 이해한다.
- 몇 가지 입지평가 모델을 이용한다.
- 산업 클러스터의 이점을 이해한다.
- 지속 가능한 발전의 중요성을 이해한다.

SCM PROFILE

아마존의 글로벌 물류 시설 네트워크

제프 베조스(Jeff Bezos)는 1995년에 아마존닷컴(Amazon.com)을 설립했다. 아마존닷컴의 기업가치는 "고객이 온라인에서 사고 싶어할 만한 것을 찾고 발견할 수 있는 지구상에서 가장 고객 중심적인 회사가 되는 것"이다.[4] 이 회사 호주, 브라질, 캐나다, 중국, 프랑스, 독일, 인도, 이탈리아, 일본, 멕시코, 네덜란드, 스페인, 영국 같이 다양한 국가에서 글로벌 운영 중이다. 2016년 가준 아마존은 130여 개국의 판매자, 185개국의 고객 주문을 이행하면서 순매출액은 1,360억 달러에 달했다.[5]

초기 전자상거래에 대한 믿음은 시어즈(Sears)나 월마트(Walmart)의 인프라 없이도 수백만 명의 고객이 서비스를 받을 수 있다는 것이었다. 그리고 현재 온라인 소매상들은 자신만의 창고와 배송 능력이 없다면 고객서비스에 어려움을 겪을 수 있다는 것을 발견한다. 따라서 그들의 목표는 물류 개선과 고객에 대한 배송 시간 단축이었다. 아마존은 현재 미국 25개 주에 물류센터/유통센터, 식료품점/신선음식 유통센터, 구분센터, 배달소, 프라임 나우 허브 등의 물류시설을 갖추고 있다. 유럽 역시 체코, 프랑스, 독일, 이탈리아, 폴란드, 슬로바키아, 스페인, 영국에 물류시설을 갖추어 놓았다. 아시아에서는 중국, 인도, 일본에서 이행센터를 설립하였으며 캐나다, 멕시코, 브라질에도 물류 시설이 있다. 이처럼 미국에 설립한 214개 물류시설은 8,910만 평방피트를 넘으며, 미국 외 5,030만 평방피트를 넘는 149개 물류시설은 아마존의 공급사슬 강화로 이어졌다.[6] 아마존은 전략적인 물류시설 입지 선정과 운영 개선을 통해 전 세계적으로 더 빠른 서비스를 제공할 수 있게 되었다.

현재 아마존은 UPS, FedEx, DHL 등 제3자 물류회사를 납품에 활용하고 있다. 그러나 아마존의 광범위한 물류 시설 네트워크와 프라임 나우와의 초기 성공은 아마존이 포괄적 제3자 서비스를 제공할 수 있는 능력을 갖추고 있음을 보여준다. Baird Equity Research 보고서에 따르면, "아마존은 전 세계 UPS/FedEx/DHL과 효과적으로 경쟁할 수 있는 완료/유통 비율(fulfillment/distribution density)와 규모를 갖춘 유일한 기업이 되었다.[7]

개요

시설입지를 정하는 것은 공급사슬의 관리비용, 고객에게 제공되는 서비스의 수준, 기업의 전반적 비교우위에 영향을 미치는 중요한 결정 사항 등이다. 공급사슬은 시설 간의 네트워크이며, 생산시설, 창고, 물류센터 및 공급자의 입지가 이 시설에서 오가는 상품의 효율적 흐름을 결정한다. 일단 시설입지가 결정되면 시설을 옮기거나 폐쇄하는 데 많은 비용이 든다. 시설입지는 공급사슬에 장기적으로 영향을 미치므로 기업 공급사슬 전략의 핵심부분이 되어야 한다. 기술기반시설에 대한 투자, 보다 신속한 운송, 개선된 통신수단 및 세계화로 인하여 증대되는 열린 시장과 투자 증가로 기업들은 예전에는 생각조차 할 수 없었던 세계 어느 곳에서나 위치할 수 있게 되었다. 아마존은 전략적으로 물류시설을 위치시키고 운영을 개선함으로써, 더빠른 서비스를 글로벌하게 제공할 수 있게 되었다(위의 SCM PROFILE 참고).

다른 한편으로는, 세계시장과 기업 네트워크에 대한 접근의 용이함으로 인해 입지의 역할은 비교우위의 원천으로서의 중요성이 감소하고 있다 그러나 실리콘밸리, 월스트리트, 캘리포니아 포도단지, 이탈리아 가죽 패션 단지 등과 같은 성공적인 클러스터(cluster)들은 입지가 여전히 중요함을 보여주고 있다. 많은 산업에서 클러스터가 존재함은 혁신과 성공적 경쟁이 지리적으로 집중되어 있다는 것을 명백히 증명해준다. 마이클 포터 박사는 기업의 입지 결정에 내부적으로 영향을 미치는 사안들과 마찬가지로 당면한 사업 환경 역시 중요하다고 말하고 있다.[8] 클러스터는 이 장의 뒷부분에서 자세히 논의된다.

글로벌 입지 결정은 시설의 입지를 결정하는 것, 시설의 전략적 역할을 규정하는 것, 시설에 의해 공급되는 시장을 확정하는 것과 관련되어 있다. 예를 들어 혼다(Honda)의 글로벌 전략은 '현지 고객의 니즈에 가장 잘 맞는 지역에 비용효율적인 공장을 짓는 것'이다. 혼다의 '소규모 탄생(small born)' 제조 전략은 작게 출발하여 지역의 수요가 증가할 때 생산을 확장하는 것이다. 이러한 접근법으로 인해 혼다는 생산량이 적을 때조차도 효율성과 높은 수익성을 얻고 있다.

1982년에 혼다는 오하이오주 메리스빌에 첫 번째 자동차공장을 세웠다. 이후 혼다는 오하이오주 이스트리버티에 두 번째 공장을 세웠다. 점차 혼다 자동차에 대한 수요가 증가함에 따라, 혼다는 앨라배마주에 오디세이 미니밴을 조립하는 공장을, 인디애나주에 Civic GX 천연가스 차량을 생산하는 자동차공장을 열었다. 이전에 캐나다에서 생산되던 혼다의 리지라인 트럭도 현재는 앨라배마 공장에서 생산 중이다. 도요타, 닛산, 메르세데스, BMW, 폴크스바겐, 기아자동차, 현대차 등도 현지에 공장을 건설하여 내수시장을 공략하고 있다.

글로벌 입지 전략

글로벌 입지 결정은 공급사슬 성과를 최적화하고 기업의 경쟁 전략과 상응해야 한다. IBM이 발행하는 비즈니스 가치의 2016 글로벌 입지 트렌드(Business Value's 2016 Global Location Trend) 연간보고서에 따르면, "주요 경제와 향후 세계화에 대한 정치적 의지에 대한 불확실성이 커지고 있음에도 불구하고 기업들은 계속해서 국제화를 모색하고 있다. 그 일환으로 기업들은 투자 패턴을 바꾸고 있으며, 많은 나라는 글로벌 가치사슬에서 서로 다른 역할을 수행하고 있다."[9] 원가로 경쟁하는 기업은 원가우위의 입지를 중점적으로 선택해야 할 것이다. 예를 들어 이 장 도입 부분의 SCM PROFILE에서 논의한 아마존닷컴은 물류와 재고비용을 최소화할 수 있는 지역에 창고를 두었다. 또한 많은 장난감 제조업체가 공장을 베트남, 싱가포르, 태국, 중국으로 이전했는데, 이는 해당 국가에서 제공하는 원가우위를 위한 것이다.

페덱스(FedEx Corporation)와 같이 배송의 속도로 경쟁하는 기업은 입지 결정에 허브 앤 스포크(hub and spoke) 접근법을 사용한다. 페덱스의 미국 내 최초이자 가장 큰 허브는 테네시주 멤피스에 있다. 이 부지에는 130만 개의 소포를 분류할 수 있는 48마일 가량의 컨베이어 벨트가 존재하며, 7,000명의 근로자가 근무하고 있다. 매일 밤 약 150~160대의 트렁크 항공기와 130대의 트럭이 멤피스 국제공항에 도착한다. 시설의 목표는 각 컨테이너가 차량을 통해 분류 허브로 30분 이내에 배달되도록 하는 것이다. 컨베이어 벨트에서는 시간당 18만 개의 소포가 스캐너를 통해 분류되며 비행기들 90초당 1기의 비율로 도착한다.[10] 멤피스의 슈퍼허브 외에도, 페덱스는 미국 캘리포니아주 오클랜드, 뉴저지주 뉴어크, 텍사스주 포트워스, 인디애나주 인디애나폴리스, 알래스카주 앵커리지, 플로리다주 마이애미(중남미 담당), 이렇게 6개의 주요 거점을 두고 있다. 주요 국제 허브로는 캐나다 토론토, 두바이, UAE, 프랑스 파리, 독일 쾰른, 오사카, 일본 광저우, 중국, 싱가포르에 있다.[11] 각각 허브는 입지조건 및 고객에 대한 손쉬운 접근을 고려해 선정되었다.

해외시설로부터 최상의 결과를 얻기 위해서는, 관리자들이 이 시설들을 경쟁우위의 원천으로 다루어야 한다. 이 해외시설들은 수행해야 할 전략적 역할을 갖고 있다. 캐스라 퍼도우스(Kasra Ferdows) 박사는 시설의 입지와 그 활동 영역에 대한 전략적 근거에 의거해 여섯 가지 역할로 나누어 제시하고 있다.[12]

- **역외 공장**(offshore factory) 제조업체는 기술 자원과 관리 자원에 대한 최소 투자로 저원가 생산을 한다. 이 생산품들은 대개 수출된다. 역외 공장은 부품을 수입하거나 현지에서 구하여 완제품을 수출한다. 기본적인 목표는 단순히 저임금의 이점을 이용하는 것이다. 예를 들어 1970년대 초반에 인텔은 저비용의 간단한 컴포넌트를 생산하는 노동집약적 역외 공장을 말레이시아 페낭에 설립하였다.
- **소스 공장**(source factory)은 공급자 선정과 생산 기획을 포함한 공장 관리를 함으로써 역외 공장보다 더 광범위한 전략적 역할을 한다. 소스 공장의 입지는 저생산비용, 잘 발달된 기간시설, 숙련공 이용가능성에 따라 결정된다. 예를 들어 싱가포르의 휴렛팩커드 공장은 1970년에 역외 공장으로 시작했지만, 10년에 걸쳐 대규모 투자를 하여 계산기와 키보드를 생산하는 소스 공장이 될 수 있었다.[13]
- **서버 공장**(server factory)은 기본적으로 공장이 소재한 지역의 시장 공급에 있어서 정부 인센티브의 이점을 이용하며, 환리스크, 관세장벽, 세금, 물류 비용을 줄이기 위해 설립된다. 예를 들어 소규모 지리적 지역을 각기 이용하고 있는 코카콜라의 국제적 보틀링 공장이 있다.
- **콘트리뷰터 공장**(contributor factory)은 제품 개발 및 엔지니어링, 생산 기획, 주요 물류 의사결정, 공급자 개발 등에 관여함으로써 서버 공장보다 더 큰 전략적 역할을 한다. 예를 들어 1973년에 소니는 웨일즈의 브릿젠드에 새로운 서버 공장을 건설하였다. 1988년까지

그 공장은 생산되는 많은 제품의 설계와 개발에 관여하였으며, 지금은 소니의 세계 제조 네트워크의 한 콘트리뷰터 공장의 기능을 하고 있다.[14]

- **아웃포스트 공장**(outpost factory)은 재료, 성분, 기술, 제품에 대한 최신 정보에 접근하기 위하여, 선진 공급자, 경쟁자, 연구설비 및 지식센터가 풍 부한 지역에 설립된다. 일반적으로 이 시설은 물건을 생산하기 때문에, 그 이차적 역할이 서버 공장이나 역외 공장과 비슷하다. 예를 들어 레고는 높은 제조비에도 불구하고 여전히 덴마크, 독일, 스위스, 미국에서 몰드와 장난감을 생산하고 있다.[15] 레고의 공장들은 연구시설, 고차원의 지식연구소, 플라스틱 재료의 숙련 공급자에 대해 접근함으로써 아웃포스트 공장의 기능을 한다.
- **리드 공장**(lead factory)은 전체 조직의 경쟁우위와 제품 및 공정 혁신의 원천이다. 이것은 시장, 경쟁자, 고객에 대한 지식을 신제품으로 변형시킨다. 말레이시아 페낭의 인텔 공장과 싱가포르의 휴렛팩커드 공장이 리드 공장의 실례이다. 1970년대 초반에 두 기업은 동남아시아에 역외 공장을 설립하였는데, 시간이 지나면서 이 공장들의 전략상 역할은 리드 공장으로 향상되었다.

중요한 입지 요소

기업이 성장하여 입지를 새로 정하고 공장을 가동할 때 어려운 일 중의 하나는 장기적인 경쟁우위를 창출하기 위해 자산을 전략적으로 어느 위치에 두는가 하는 것이 다. 각각의 입지 후보에 대해 검토할 필요가 있는 질문과 관심사들은 다음과 같다.

- 주주, 고객, 경쟁자, 종업원의 반응은 어떠할 것인가?
- 목표시장(target market)이 어디에 위치했는가?
- 입지가 실질적인 경쟁우위를 줄 것인가?
- 제품이나 서비스 품질에 미치는 영향은 무엇인가?
- 적합한 사람들을 고용할 수 있는가?
- 공급사슬에 미치는 영향은 무엇인가?
- 예상 비용은 얼마인가?
- 배송에 미치는 영향은 무엇인가?
- 시장은 어떻게 반응할 것인가?
- 인력 이전이 필요한가, 만약 그렇다면 종업원들이 기꺼이 이주할 것인가?

기본적으로 입지 결정의 세 단계는 세계시장 또는 국가 선정, 하부지역 또는 주 선정, 지역사회와 부지 선정이다. 이 과정은 조직에 대한 전략적 이해가 담겨 있는 세계의 시장 지역

〈표 11-1〉 입지 결정과정에서의 중요한 요소

입지 요소	국가	지방 또는 주	지역사회
지역무역협정 – 무역장벽, 관세, 수입 관세	×		
국가경쟁력 – 경제적 성과, 정보 효율성, 기업 효율성, 인프라	×		
정부 세금 및 인센티브	×		
통화 안정성	×		
환경 문제	×	×	×
시장과의 접근 및 근접성	×	×	×
노조 문제	×	×	×
공급자 접근 및 비용	×	×	×
운송 문제	×	×	×
유틸리티 이용성 및 비용	×	×	×
삶의 질 문제	×	×	×
주 세금 및 인센티브		×	×
노동권리법		×	×
지역 세금 및 인센티브			×
토지 이용성 및 비용			×

을 분석하는 것으로 시작한다. 궁극적으로 한 국가가 목표로 설정된다. 국가가 선정되면, 초점은 기업의 입지 요구에 가장 잘 맞는 하부지역이나 주를 발견하는 것으로 옮겨간다. 끝으로 지역사회와 시설 부지가 선정된다. 이 장에서 추후 논의되는 가중요소평가 모델이 앞에서 언급한 각 단계에서의 입지 결정을 위해 사용될 수 있다. 각각의 입지 요소에 대한 논의는 〈표 11-1〉과 같다.

지역무역협정과 세계무역기구

지역무역협정(regional trade agreements)과 **세계무역기구**(World Trade Organization: WTO)에 대한 이해는 시설입지 결정 과정에 중요한데, 이는 이들이 상품과 서비스의 자유로운 흐름, 관세, 비용에 미치는 영향 때문이다. WTO는 2차 세계대전 이후 다자간 무역 시스템을 세운 관세 및 무역에 관한 일반 협정(GATT)의 후신이다. 오늘날 WTO는 국가 간 무역 규정을 다루는 유일한 국제 조직이다. 국제 거래가 가능한 원활하고 예측 가능한 범위에서, 자유롭게 진행되도록 하는 것이 WTO의 주요 기능이다.[16] 현재 164개의 회원국으로 구성되어 있으며, 궁극적으로 상품 및 서비스의 생산자, 수출입자들이 그들의 사업을 원활히 진행할 수 있도록 돕는 것에 초점을 맞춘다. 그 외 또 다른 기능으로 WTO 협정의 집행, 무역 중재에 대한 포럼 개최, 무역분쟁 처리, 국가의 무역정책 모니터링, 개발도상국가들에 대한 기술 지원 및 훈련 프로그램 제공, 다른 국제기구들과의 협력 등을 수행한다.

오늘날 WTO 산하에 발효 중인 지역무역협정은 423개가 있다.[17] 비교적 잘 알려진 지역무역협정의 예로서 **유럽연합**(European Union: EU), **북미자유무역협정**(North American Free Trade Agreement: NAFTA), **남미공동시장**(Southern Common Market: MERCOSUR), **동남아시아국가연합**(Association of Southeast Asian Nations: ASEAN), **남동아프리카공동시장**(Common Market for Eastern and Southern Africa: COMESA) 등이 있다.

- 유럽연합(EU): 2차 세계대전 후 세워진 EU는 벨기에, 독일, 프랑스, 이탈리아, 룩셈부르크 및 네덜란드 6개국으로 구성된 유럽연방을 만들자는 프랑스의 제안으로 1950년 5월 9일에 공식 출범하였다. 1973년에 덴마크, 아일랜드, 영국이 가입하였고, 1981년 그리스, 1986년 스페인과 포르투갈, 1995년 오스트리아, 핀란드, 스웨덴, 2004년 체코공화국, 에스토니아, 키프로스, 라트비아, 리투아니아, 헝가리, 몰타, 폴란드, 슬로베니아, 슬로바키아, 2007년 불가리아와 루마니아, 2013년 크로아티아가 연이어 가입함으로써 2013년 기준으로 총 28개 회원 연방이 되었다. 아이슬란드, 몬테네그로, 세르비아, 마케도니아, 터키의 5개의 후보국으로 거론되고 있다.[18] EU와 관련한 두 가지 주요 사건은 1993년 단일시장의 설립, 2002년 1월 1일 유로화의 도입이다. EU는 중국과 인도에 이어 세 번째로 많은 5억 8백만의 인구를 갖고 있으며 총GDP는 14,600억 유로가 넘는다. 2015년 그리스는 국제통화기금(IMF) 대출금 지급을 연체한 첫 국가가 되었을 때, EU 회원국들은 그리스가 채무 의무를 이행할 수 있도록 그리스에 구제금융을 지원했다. 이후 2016년, 영국은 시민투표를 통해 유럽연합을 탈퇴하기로 결정했다. 영국은 리스본 조약 제50조라는 협정을 발효시켜 EU를 떠나야 하며, 양측이 분단 조건에 합의할 수 있도록 2년을 주어야 한다.
- 북미자유무역협정(NAFTA): 미국, 캐나다 및 멕시코 간의 이 협정은 1994년 1월 1월 발효되어, 4억 5백만 인구와 연간 20조 달러가 넘는 상품 및 서비스 생산에 관련된 세계에서 가장 큰 자유무역지역을 창출하였다.[19] 많은 관세가 즉각 제거되었지만, 몇몇 관세는 5년에서 15년에 걸쳐 단계적으로 제거되고 있다. 미국 무역대표부(USTR)에 따르면 "캐나다와 멕시코에 대한 미국의 수출은 300만 개 이상의 일자리 창출로 이어졌으며, NAFTA 파트너와의 무역은 수백만 미국인에게 미국 내 일자리와 수출에 대한 기회를 열어주었다."[20] 게다가 캐나다와 멕시코는 미국의 가장 큰 수출 시장 중 두 곳이고, 세계의 어느 나라보다 더 많은 미국 내 상품과 서비스를 구입한다.
- 남미공동시장(MERCOSUR): 아르헨티나, 브라질, 파라과이, 우루과이 및 베네수엘라 간의 이 협정은 아순시온조약(Treaty of Asuncion) 체결과 더불어 1991년 3월에 형성되었다. 이 협정은

참여국들 간의 공동시장/관세동맹을 형성하려는 목적으로 만들어졌으며, 1986년부터 유지해온 아르헨티나와 브라질 간의 경제 협력을 토대로 한 것이었다. 2012년 메르코수르 민주조항(Democratic Clause of Mercosur)을 위반해 파라과이가 제명되자 베네수엘라가 정식 회원국으로 추가됐지만 베네수엘라 또한 2016년 12월 1일 제명됐다. 현재 회원국가로는 볼리비아, 칠레, 콜롬비아, 에콰도르, 페루, 수리남 등이 있다. 회원국의 총인구는 3억 700만 명이 넘는다.[21]

- 동남아시아국가연합(ASEAN): 이 연합은 1967년 태국의 방콕에서 만들어졌으며, 오늘날 동남아 지역의 브루나이, 캄보디아, 인도네시아, 라오스, 말레이시아, 미얀마, 필리핀, 싱가포르, 태국 및 베트남 총 10개의 국가로 구성되어 있다. ASEAN의 기본 목표는 지역의 번영과 평화를 위해 평등과 협력을 바탕으로 한 경제적, 사회적, 문화적 발전이다.[22]
- 남동아프리카공동시장(COMESA): COMESA는 국제적으로 완전히 통합되고 경쟁적인 지역이 되기 위해 1994년에 설립되었다. 모든 국민의 생활수준이 높은 아프리카 경제공동체로 합병하였다.[23] COMESA는 모든 국민을 높은 생활 수준을 위해 완전히 통합되고 국제적으로 경쟁력을 갖춘 지역경제공동체를 목표로 1994년에 설립되었다. COMESA의 우선적 목적은 무역, 관세, 통화 문제, 교통, 통신 및 정보, 기술, 산업, 에너지, 성별, 농업 등 모든 개발 분야의 협력과 통합을 통해 모든 회원국의 지속 가능한 경제 및 사회적 발전을 달성하는 것이다.[24] COMESA는 19개 회원국으로 구성되어 있으며 회원국의 총인구는 4억 9,250만 명 이상, 1인당 GDP 1,335 달러, 연간 약 1,830억 달러의 수입과 950억 달러의 수출로 대내외 무역의 주요 시장을 형성하고 있다.[25] 회원국은 부룬디, 코모로스, D.R. 콩고, 지부티, 이집트, 에리트레아, 에티오피아, 케냐, 리비아, 마다가스카, 말라위, 모리셔스, 르완다, 세이셸, 수단, 스와질랜드, 우간다, 잠비아, 짐바브웨 등이 있다.

국가 경쟁력

경제협력개발기구(OECD)에 따르면 국가경쟁력(국제무역에서)은 "국제시장에서 제품을 판매할 때 국가의 장단점을 나타내는 척도"로 정의할 수 있다.[26] 세계경쟁력 순위와 관련하여 두 가지 경쟁적인 자료가 있다. 하나는 매년 국제경영개발원(International Institute for Management Development: IMD)이 발행하는 세계경쟁력연감(World Competitiveness Yearbook)이고 다른 하나는 세계경제포럼(World Economic forum)에서 발간하는 글로벌경쟁력보고서(Global Competitiveness Report)이다. IMD 경쟁력 센터 이사 겸 재무 교수 아투로 브리스(Arturo Bris)에 따르면, "자국민의 번영을 보존하지 않고 지속 가능한 방법으로 성공한 나라는 세상에 단 한 곳도 없다. 경쟁력이란 국가, 지역, 기업이 장기적인 성장, 일자리 창출, 복지 증진을 위해 그들의 역량을 어떻게 관리할 것인지에 관한 목표를 의미한다. 따라서 경쟁력은 승자와 패자를 가르지 않고 발

〈표 11-2〉 국제경쟁력 순위

순위	2016-2017글로벌 경쟁력보고서(세계포럼)	2016-2017세계경쟁력연감(IMD)
1	스위스	홍콩
2	싱가포르	스위스
3	미국	미국
4	네덜란드	싱가포르
5	독일	스웨덴
6	스웨덴	덴마크
7	영국	아일랜드
8	일본	네덜란드
9	홍콩	노르웨이
10	핀란드	캐나다
11	노르웨이	룩셈부르크
12	덴마크	독일
13	뉴질랜드	카타르
14	대만	대만
15	캐나다	UAE
15	UAE	뉴질랜드
17	벨기에	오스트레일리아
18	카타르	영국
19	오스트리아	말레이시아
20	룩셈부르크	핀란드

Sources: http://www3.weforum.org/docs/GCR2016-2017/05FullReport/TheGlobalCompetitivenessReport2016-2017_FINAL.pdf; and https://www.imd.org/uupload/imd.website/wcc/scoreboard.pdf

전하는 한 방법이며, 두 나라가 경쟁할 때 둘 모두 이전보다 더 발전하게 된다."[27] 두 개의 기관이 순위 선정에 있어 각기 다른 지표를 사용하기 때문에, 그 결과는 본질적으로 판이하다. 〈표 11-2〉에 상위 20위 나라가 소개되어 있다.

세계경쟁력연감은 61개의 경제권을 다루고 있으며, 입지 결정에 대한 기본적인 정보를 제공하고 있다. 327개의 척도가 있으며, 이는 아래와 같이 광범위하게 네 개의 경쟁력 요소로 그룹화된다.[28]

- 경제적 성과(5개 하부지표) — 내수 경제의 거시적 평가: 내수경제, 국제무역, 국제 투자, 고용, 물가

- 정부 효율성(5개 하부지표) — 정부 정책이 경쟁력 이바지하는지를 다룸: 공공금융, 금융 재정정책, 연구체제, 사업법령, 사회구조
- 사업 효율성(5개 하부지표) — 국가적 환경이 기업이 혁신적이고, 수익적이며, 책임감 있는 방식으로 업무를 수행하는 데 도움이 되는지를 다룸: 생산성, 노동시장, 금융, 경영 실천과 태도와 가치
- 기반시설(5개 하부지표) — 기초적, 기술적, 과학적, 인적자원이 비즈니스적 요구를 충족시키는지를 다룸: 기초기반시설, 기술기반시설, 과학기반시설, 건강 및 환경, 가치 시스템, 교육

간행물은 수집된 데이터에 대한 분석을 제공하는 동시에 국가별 조직 경쟁력의 창출과 유지 능력을 바탕으로 순위를 매긴다. 보고서에 포함된 데이터는 해당 국가들을 세계적으로 비교하거나 5년간의 추세 파악, 강점과 약점 파악, 특정 요소와 그 하부요소들을 파악할 때 사용될 수 있다. 또한 기업들은 이 보고서를 투자계획 수립, 새로운 생산시설의 입지 선정을 진행할 때 참고할 수 있다.

세계경제포럼은 글로벌경쟁력을 '한 국가의 생산성 수준을 결정짓는 기관, 정책 및 여러 요소'[29]와 같이 정의한다. 2016-2017 발간된 글로벌경쟁력보고서는 이 사안에 대해서 138개의 국가를 조사했고, 포럼이 명명한 '경쟁력의 12가지 지주'를 참고해서 국가 경쟁력 순위를 정했다. 아래에 12가지 지주에 대한 간략한 설명이 있다.

세계경제포럼 - 경쟁력의 12가지 지주

1. 기업 — 합법적, 관리적인 기반
2. 사회기반시설 — 교통수단, 전기통신, 동력 네트워크
3. 거시경제환경 — 거시경제 환경의 안정은 기업에 중요하며, 여기에는 재정적자, 인플레이션율, 실업률, GDP 성장률과 같은 문제들이 포함된다.
4. 건강과 기초적인 교육 — 건강서비스의 투자와 기초교육의 양과 질
5. 수준 높은 교육과 훈련 — 노동인구의 제2산업, 제3산업 직업훈련
6. 효율적인 제품시장 — 물품교환 환경
7. 노동시장의 효율성 — 남성, 여성 노동자를 위한 환경
8. 금융 시장 개발 — 자원이 기업에 어떻게 흘러가는지
9. 기술 준비 — 경제가 새로운 기술에 적응하는 속도
10. 시장의 규모 — 자국 및 국제기업이 진입 가능성
11. 비즈니스 수준 — 비즈니스 네트워크의 질과 기업의 운영 및 전략 수준
12. 혁신 — 혁신을 위한 지원이 어느 정도 되나?

국가경쟁력보고서에 따르면 2016~2017년까지 세계 5대 최고 경쟁력 국가는 스위스, 싱가포르, 미국, 네덜란드, 독일이다. 세계경쟁력보고서의 기준은 기업이 입지 선정 시 참고할 만한 기준 내용을 포함하고 있다. 다른 조건이 같다면, 높은 순위를 받은 국가의 경우 낮은 순위를 받은 국가에 비해 잠재적으로 입지 선정 시 더 좋은 후보지가 될 수 있다.

이제 다른 경쟁력 순위에 대해 말하자면, 국제적 감사 및 관세 서비스인 KPMG의 경쟁력 대안 연구는 111의 주요도시의 비즈니스와 10개 주요 국가(호주, 캐나다, 프랑스, 독일, 이탈리아, 일본, 멕시코, 네덜란드, 영국, 미국)의 경쟁력을 조사하였다.[30] 이 연구는 7개 사업부문과 12개의 중요한 제조 부문에서 노동, 설비, 소득세, 기타 세금, 교통비, 자본비용, 공공요금 및 인센티브 등 26개의 주요 비용요인을 분석하였다. 이는 입지 이전 또는 새로운 국제적 운영 위한 잠재적 위치를 선별, 비교하는 데 도움이 될 수 있다. 10개국만을 대상으로 한다는 한계가 있지만, 해당국가에서 입지 선정을 고려하는 기업에게는 유용한 지침이 될 것이다. 2016년의 경우 최저 비용 국가 순위는 다음과 같다. 1-멕시코, 2-캐나다, 3-네덜란드, 4-이탈리아, 5-호주, 6-프랑스, 7-영국, 8-독일, 9-일본, 10-미국. 미국은 달러 강세로 인해 다른 나라와 비교했을 때 비용이 많이 드는 지역으로 선정되었다.

정부 세금 및 인센티브

정부 인센티브, 사업 태도, 경제 안정성 및 세금 또한 중요한 입지 요소들이다. 잠재적 입지를 평가할 때 정부의 몇 가지 단계가 고려되어야 한다. 연방정부 단계에 서의 관세는 국내 산업을 보호하고, 국가의 대금결제 균형을 지원하거나 수익을 올리기 위해 정부가 수입상품에 부과하는 세금이다. 따라서 고관세의 국가들은 기업이 상품을 국내로 수입하는 것을 방해할 것이다. 동시에 고관세는 다국적 기업에게 현지 생산공장을 설립하도록 부추긴다. 하지만 WTO 회원국들은 시장을 개방하고 수입상품에 부과된 관세를 경감하도록 요구하고 있다. NAFTA, MERCOSUR 및 EU 같은 지역무역협정 또한 상품의 자유로운 이동을 촉진하기 위해 회원국 간에 관세를 경감하도록 하고 있다. 많은 나라가 외국무역지대(foreign trade zone: FTZ)를 지정하는데, 여기서는 수입 재료가 궁극적으로 수출이 되는 상품의 생산에 투입되는 원료로 사용되는 한 면세로 수입될 수 있다. 상품이 내수로 팔리면, 상품이 FTZ를 떠날 때까지 면세가 적용된다. 미국에는 41개 주에서 개인소득세가 있으며, 46개 주가 법인 소득세를 갖고 있다. 예를 들어 네바다주는 법인소득세, 주 개인소득세, 법인프랜차이즈세, 법인면허세 또는 재고세가 없는 사업 친화적인 주이다. 아마존닷컴 같은 기업들은 이러한 이점을 이용하여 네바다에 창고를 설립하였다. 개인소득세가 없는 다른 주는 알래스카, 플로리다, 사우스다코타, 텍사스, 워싱턴 및 와이오밍이다.[31] 뉴햄프셔와 테네시는 개인에 대한 소득세가 제한되며 배당금과 이자에 대한 세금을 부과한다. 주, 지역정부 차원의 입지 인센티브 또한 입지 선정에서 중요한 요소이다.

통화 안정성

사업 비용과 그에 따른 입지 결정에 영향을 주는 또 하나의 요소는 환율의 안정성이다. 국제적인 비즈니스 기업은 환율변동으로 인한 위험에 항상 노출되어 있다. 앞선 SCM 프로파일에서 국제적 입지 선정비용에 대한 논의는 미국의 통화 강세가 입지 선정 비용 측면에서 미국에 어떤 영향을 미치는지 보여준다. 예를 들어 아마존닷컴의 경우 2016년 10-K 보고서에 제시된 바와 같이 환율변동의 위험에 노출되어 그들의 국제적 웹사이트 운영에 어려움을 겪은 적이 있다.[32]

외환위험

2016년 동안 국제부문의 순매출이 연결 수익의 32%를 차지했다. 글로벌 웹사이트 www.amazon.ca과 www.amazon.com.mx에서(북미 부문에 포함되어 있음) 발생한 순매출 및 관련 비용은 해당 웹사이트의 기능통화로 표시되며, 주로 유로, 일본 엔, 영국 파운드 등이다. 기업 운영 결과 및 기업 간 회계 균형(intercompany balances)과 연관된 국제적으로 초점을 맞춘 웹사이트와 AWS(Amazon Web Services)는 환율 변동에 노출되어 있다. 기업 합병 시점에, 환율 변동에 따라 순매출과 다른 영업 성과가 예상과 다를 수 있으며 이때 기업 간 환율변동에 따라 순매출과 그 밖의 영업성과는 예상과 크게 다를 수 있으며, 기업 간 회계 균형 재측정 시 큰 이익이나 손실을 기록할 수 있다. 예를 들어 2016년 환율 변동으로 인해 국제부문 순매출은 전년 대비 4억 8,900만 달러 감소했다.

환경오염

환경을 다루는 방법은 인간 건강에 중요한 영향을 미친다. 고체의 위험한 쓰레기를 아무렇게나 처리하고 쓰레기를 불법 투기하는 것은 A형 간염과 아메바증과 같은 질병의 발병률을 높인다. 지구온난화, 대기오염 및 산성비는 산업화로 인해 지불해야 하는 대가로써 논란이 점점 커지고 있는 문제이다. 수백만의 사람이 대기오염이 심각한, 천식이 최고기록에 달하는 도시들에 살고 있다 환경문제에 대한 우려가 증가됨에 따라, 클린턴 행정부는 북미환경협력협정(North American Agreement on Environmental Cooperation: NAAEC)과 협상을 벌여, NAFTA의 추가적 환경협정으로서 '상호 보완적 환경 및 경제 정책을 통한 환경 비파괴적 개발 촉진'에 대해 합의하였다. 합의의 핵심 목표는 "현재 그리고 미래세대의 안녕을 위해 협력국 영토에서 환경보호와 개선을 촉진한다" "협력 및 상호지원 환경경제정책에 기초한 지속 가능한 발전을 촉진한다"는 것이다.[35] 이 협정은 해당 세 국가가 북미환경을 보존·보호·강화하고 환경

SCM PROFILE

국제 비즈니스 입지 비용[33]

경쟁적 대안들은 1996년부터 북아메리카의 도시와 국가들, 유럽과 아시아 태평양의 성숙한 시장 경제에 대한 사업입지 비용정보를 제공해왔다. 2016년 보고서는 10개국의 100개 이상의 도시에서 12개의 제조 부문 운영과 7개의 개별적인 사업 서비스 운영을 포함하는 사업비를 비교하기 위한 포괄적인 지침을 제공한다. 해당 연구에서는 인건비, 시설비, 운송비, 유틸리티비, 자본비용, 소득세 및 인센티브 이외의 세금으로 분류된 26개의 입지 별 비용 요소를 다루고 있다. 미국을 기준으로 적용된다. 보고된 경쟁 대안에 관한 주요 비용 요소는 다음과 같다.[34]

- 인건비는 조사된 모든 산업에서 입지 민감 비용 요소의 가장 큰 비중으로 나타낸다. 서비스 운영의 경우, 인건비는 일반적으로 지역에 따라 72~86%인 반면, 제조 운영의 경우 일반적인 범위는 40~57%이다.
- 시설 비용은 다음으로 중요한 비용 요소로 나타난다. 서비스 운영의 경우 사무실 임대 비용은 총 위치별 비용의 4~15%를 차지한다. 시설을 임대하는 제조 사업장의 경우, 산업용 임대 비용은 지역에 따라 2~5%에 이른다. 설비를 보유한 경우 영향을 미치지 않겠지만, 이는 자본 비용(건물 부채 및 감가상각 이자)에 따로 영향을 미친다.
- 운송비용은 완제품의 시장 이동 비용을 반영하여 제조업에 대해서만 평가된다. 연구된 제조회사의 경우, 운송비용은 총 위치 별 비용의 6~21%를 차지한다.
- 효용 비용은 최대 7%까지 차지한다. 제조업자는 전기와 천연가스 비용의 비중이 비제조업보다 큰 경향을 보인다.
- 자본비용은 감가상각과 이자 모두를 포함한다. 자본비용은 제조업의 경우 위치에 따른 비용의 11~25%에 이르러 주요 비용 항목에 해당한다. 반면 서비스 운영업의 경우 관련 비용 0~8%로 훨씬 덜 중요하다.
- 세금은 소득, 재산, 거래 및 기타 사업세를 포함한다. 종합적으로 볼 때, 세금은 일반적으로 조사된 서비스 운영업의 총 위치별 비용 중 3~16%를, 제조업의 10~18%를 차지한다.

전체적으로 사업비가 가장 낮은 상위 3개국은 멕시코, 캐나다, 네덜란드이다. 반면 미국은 미국 달러화 강세로 인해 10위권인데, 이는 미국 경쟁력을 약화로 이어지고 있다.

법들을 효과적으로 집행할 수 있는 토대를 제공하고 있다.

무역자유화와 더불어 환경 협력에 대한 필요성이 대두된다. WTO 협정은 지속 가능한 개발, 환경 보호 및 보존에 대한 열망을 직접적으로 언급한다. WTO 회원국들은 "무역과 경제적 노력 분야에서 그들의 관계는 삶의 수준 증대, 완전한 고용 보장, 실질 소득 및 유효 수요 꾸준한 증가, 상품과 서비스의 생산과 교역의 확대를 도모하는 관점에서 이루어져야 한다"고 인식하고 있다. 이러한 관점에서 지속 가능한 개발의 목적에 따라 자원의 사용을 최적의 범위 내에서 허용하며, 경제 개발의 서로 다른 수준에서 각각의 필요와 우려에 부합하는 방식으로 환경 보호를 위한 수단을 강화하고자 한다.[36]

소비자와 비영리단체는 다국적기업에게 환경의식을 갖도록 종용하고 있다. 글로벌 단체는 탄소 그리고 생활사이클 분석에 집중함으로써, 전체적인 환경발자국을 측정하고 있다. 생활사이클 접근은 탄소 발자국의 범위를 넘어선 것처럼 보인다. 그 이유는 물품과 서비스가 어떻게 환경에 영향을 끼치는지 요람에서 무덤까지의 분석을 행하기 때문이다. 이러한 예시로 월마트는 최근에 공급업체가 에너지와 자재사용, 탄소 배출을 관리하기 위한 프로그램을 착수했다. 그리고 이제는 P&G, IBM, 퍼시픽 개스앤일렉트릭(Pacific Gas&Electric)과 같은 회사들도 이 방법을 도입했다.

시장/고객 접근 및 근접성

이전까지 많은 기업이 중국에 제조 공장을 설립한 주요 이유는 원가 경쟁력이었다. 하지만 중국의 1인당 국민소득이 계속 증가함에 따라 기업들은 이제 더 낮은 비용이 아닌 내수시장을 접근하기 위해 중국으로 확장하고 있다. 혼다(Honda) 역시 현지 고객의 니즈를 최상으로 만족시키는 입지에 공장을 설립하려는 목표를 가진 국제적 기업이다. 혼다는 혼다 자동차를 판매하는 몇몇 내수 시장을 공략하기 위해 미국, 일본, 말레이시아, 중국, 인도네시아에 조립 공장을 가지고 있다.

서비스산업에서는 고객 근접성이 보다 더 중요하다. 고객은 접근이 쉬운 다른 대안이 있다면 멀리 위치한 주유소나 슈퍼마켓을 찾지 않을 것이다. 이와 비슷하게, 패스트푸드 식당들은 교통량이 많은 지역의 이점을 활용하기 위해 고속도로 교차로 근처에 위치해 있다. 월마트의 초기 슈퍼센터들은 메트로폴리탄 지역의 메이저 할인점들과 직접적인 경쟁을 피하기 위하여 대부분 지방에 입지하여다. 제임스웨이(Jamesway), 브래들리스(Bradlees), 캘도(Caldor), 벤처(Venture), 힐스(Hills), 맥크로리스(McCrory's), 로지스(Rose's) 등 많은 지역 체인점은 월마트나 타깃(Target) 같이 더 크고 더 견고한 경쟁자들과의 경쟁 끝에 폐업했다. 최근 월마트는 입지 전략에 변화를 주어, 미국 서부와 북동부 지역의 도시에 상점을 입지시키고 있다. 중국에서 월마트 역시 대다수 고객이 위치해 있는 시내에 주로 입지하였다. 맥도날드를 예로 들자면, 그들의 고객이 어디에 있을 것인지를 나타내는 다음의 큰 도시 외각(sprawl)을 찾고 있다.

최대 가정용 가구 제조업체인 애슐리(Ashley Furniture Industries)는 몇 년 전 제조업의 중국 이전 추세를 뒤집고 노스캐롤라이나주 어드밴스지에 새 공장을 짓기로 결정했다. 애슐리는 고객의 요구에 빠르게 반응하는 것이 점차 중요해질 것이라고 생각했다. 이를 위해 애슐리는 동부 해안, 그중에도 특히 동남부 지역의 소비자와 소매 고객들에게 서비스를 원활하게 제공할 수 있도록 이 시설을 100만 평방피트로 더 확장하고 있다.[37] 이 회사는 여전히 유리와 거울과 같은 품목들을 전 세계로 공급하고 있지만, 그중에도 더 크고 무거운 부품과 장식품 등은 미국에서 만들어진다.

아마존닷컴(Amazon.com)은 고객들의 요구를 빠르게 충족시키는 것에 있어 좋은 성과를 거두고 있다. 많은 회사는 즉각적인 만족과 빠른 제품 배송이 중요한 시대에서 제품을 국내에서 생산하는 것이 더 낫다는 것을 깨닫고 있다. 포드(Ford)는 F-650과 F-750 트럭의 제조라인 멕시코에서 오하이오주 애본레이크에 있는 공장으로 옮긴 또 다른 제조업체다. 이는 시장과의 근접성을 바탕으로 배송비가 절감으로 이어졌고, 결과적으로 제조공정의 질도 향상됐다. 푸야오 유리 산업 그룹(Fuyao Glass Industry Group)이 중국에서 오하이오로 공장을 이전한 이유 중 하나는 고객과 가까워지기 위함이다. 푸야오는 중국 자동차 유리 공급업체로 관련 전 세계 시장의 20%를 점유하고 있다. 카오 드방 푸야오 회장은 "고객들은 공급사슬 안정을 위해 자신과 가까운 곳에 위치할 것이라는 기대를 기업에게 갖고 있다"고 말했다. 또한 "중국에서 선적할 경우 기상이나 선박회사 지연 등 온갖 차질을 빚게 된다."고 덧붙였다.[38]

노동력 문제

노동 가용성, 생산성, 숙련도, 실업률 및 불완전 고용률, 임금률, 이직률, 노동경쟁력, 고용경향 등과 같은 사안들이 시설입지를 결정하는 데 핵심요소이다. 멕시코는 값싼 노동력으로 오랫동안 경쟁해왔지만, 중국과 같은 저임금 국가의 등장으로 인해 그 경쟁우위 자원에 더 이상 의지할 수 없게 되었다. 중국 노동임금이 다른 국가들에 비해 낮지만, 인플레이션 및 고속경제성장으로 인해 임금이 가파르게 오르고 있다. 결과적으로 값싼 노동에 의존하는 의류봉제업체들은 '섬유산업의 허브'라고 불리는 중국 남부지역으로부터 노동임금이 상대적으로 낮은 베트남, 캄보디아로 이전할 생각을 하고 있다. 푸야오 유리산업그룹 카오더왕 회장은 중국에서 임금과 운송비가 점점 비싸지고 있다고 말했다. 4년 전과 비교했을 때, 오늘날 중국의 노동 임금은 3배가 되었다. 한편, 운송비의 경우 미국의 교통비는 킬로미터당 1위안 미만인 반면, 도로 통행료는 중국이 더 높다.[39]

저렴한 노동비용이 입지 결정에 중요한 요소라는 것이 사실이긴 하지만, 지속 가능한 경쟁우위는 투입물의 생산적 사용과 지속적인 제품 및 공정 혁신에 달려 있다. 싱가포르는 값싼 노동력을 외국인 직접투자를 결정짓게 하는 요인으로 의존한 첫 번째 국가이다. 시간이 흐를수록 싱가포르인들은 숙련되었고, 인적자원을 국가의 한 능력으로 발전시켰다. 싱가포르는 저원가 물품 생산국에서 고부가가치 물품 생산국으로 탈바꿈했다.

공급자 접근 및 비용

많은 기업이 재료 가용성 및 운송비 때문에 공급자와 가까운 입지를 선호한다. 공급자 근접성은 재료의 배송에 영향을 주고 결과적으로 공급사슬의 효율성에 영향을 준다. 일본의 전자제품 제조사들은 미국으로 완제품을 운송하는 비용이 더 높음에도 불구하고 중국이 제조시설을 설립하는 데 더 좋은 장소라는 점을 인식하고 있다. 그 이유는 완제품을 만들기 위한 부품 중 다수가 중국에서 만들어지기 때문이다. 애플의 아이폰을 예로 들자면 중국의 폭스콘(Foxconn)에서 생산된다.

유틸리티 가용성 및 비용

전기, 물, 가스의 가용성 및 비용 또한 중요한 입지 고려요소이다. 경제적으로 부상하고 있는 나라에서는 전기의 공급이 빠른 개발 속도와 보조를 맞추지 못하여 전기 부족으로 작업이 중단되는 일이 흔하다. 미국과 같은 선진국조차도 이유는 다를 지라도 에너지 문제에서 자유롭지 못하다. 미국 역사상 가장 큰 정전 사태는 2003년에 발생했는데, 당시 북동부, 중서부, 캐나다의 일부 지역에서 5,000만 명 이상의 사람이 정전을 겪었다. 정전의 일차적인 원인은 오하이오에 위치한 퍼스트 에너지 회사 통제실의 소프트웨어 문제였다. 에너지 전문가들은 미국의 전력망 약화에 대해 우려하고 있으며, 미국이 국가 전체 붕괴(a total meltdown in the country)가 아닌 하나의 큰 재앙(one big catastrophic)이 될 수도 있다고 예측하고 있다.

제철소와 알루미늄 제련소와 같은 중공업에서는 에너지의 가용성 및 비용이 중요한 고려요소이다. 기업들의 관심사는 필요 시 적정 가격으로 이용 가능한 전력을 가지는 것이다. 그 결과로서 저비용 전력을 제공하는 업스테이트 뉴욕, 테네시밸리, 캐나다의 일부와 같은 지역들은 풍부한 에너지 공급 때문에 입지적으로 인기를 얻고 있다. 기계, 자동차 그리고 철강과 같은 에너지 집약형 산업의 폭발적인 성장으로 인하여 중국의 전력 수요량은 시대적 공급능력을 초과하였으며, 과거에 중국은 전력 부족을 경험하였다. 그러나 세계적으로 가장 큰 복합수력발전기인 삼협 댐의 동력은 중국의 나날이 커져가는 에너지 수요를 충족시킬 수 있을 것이다. 중국 내 제조공장 수가 증가하면서, 중국은 깨끗한 동력발전소를 위해 끊임없이 투자해야 할 필요를 느끼고 있다. 실제로 오늘날의 중국은 세계에서 가장 큰 태양광 발전 생산국이다. 하지만 중국의 엄청난 크기로 인해 태양 에너지는 중국 에너지 생산량의 겨우 1%를 차지하는 데 불과하다.[40]

삶의 질 문제

삶의 질은 '개인과 사회의 보편적인 삶'으로 규정될 수 있다.[41] 그렇다면 삶의 질에 영향을 주는 사안들은 정확히 무엇일까? 삶의 질 요소(quality-of-life-factors)에 대한 명확한 동의는 없지만, 플로리다 잭슨빌의 상공회의소는 다음과 같은 사항을 포함하는 포괄적인 요소들을 기초로 하여 메트로폴리탄 지역의 삶의 질에 대한 보고서를 매년 발표한다.[42]

- 우수한 교육달성: 이것은 영유아학교(prekindergargen)에서 고등학교까지 구성된 공공교육 시스템과 고등교육을 포함한다. 고등학교 졸업률, 대학입시 점수, 교사 봉급, 학생대교사 비율, 대학과 고등교육기관의 학위 수 등이 교육 시스템의 질을 측정하는 지표이다.
- 활기찬 경제성장: 순수 고용 증가, 건물 신축, 실업률과 같은 지표들이 지역사회의 경제적 건전성을 보여준다. 또한 경제는 부부가 모두 지 속적으로 직업을 가질 수 있도록 충분히 다양해야 한다.
- 자연 환경보존: 이 카테고리의 사안들은 대기 질 지수, 매 일 평균 물 사용량 그리고 재생쓰레기 양을 포함한다. 실용적인 재생 프로그램 과 깨끗한 물은 녹색 환경에 대한 지역사회의 책임과 미래 건강을 나타낸다.
- 사회복지향상과 조화: 이 카테고리의 사안들은 기회 평등, 인종문제, 미혼모 출산율 자원봉사활동 비율, 노숙자 비율 등이다. 사람들과 기업들이 어려운 이웃을 돕기 위해 시간과 돈을 기부하는 사회는 행복하고 풍족하며 남을 배려하는 환경을 보여준다.
- 예술/문화/레크리에이션: 이 카테고리의 사안은 공공 및 개인 예술 지원, 공연 수, 행사, 도서관 유통을 포함한다. 문화적, 엔터테인먼트, 레크리에이션, 스포츠 활동 등 선택권을 주는 사회는 그렇지 않은 사회에 비해 굉장히 매력적이다.
- 건강한 사회 유지: 이 카테고리의 성과지표는 유아사망률, 건강보험 미가입 인구수, 암사망률, 자살률, HIV 사례 등을 포함한다. 주민들에 대한 사회의 양질의 의료 서비스 제공역량은 해당 주민들로 하여금 지역사회를 마음을 놓을 수 있고, 살기 좋은 곳으로 생각하게 만든다.
- 정부의 대응 유지: 이 카테고리는 투표율, 공공 서비스의 만족도, 공동체 집회 수, 다양화되어 있고 주민을 대변할 수 있는 정부를 포함한다. 지금과 같은 경제상황에서, 미국의 주정부와 지방정부는 불안정한 경제로 인해 예산을 균형 있게 잡는 데 어려움을 겪고 있다. 그러고 서비스 공급을 중단하고 세금을 더욱 부과하려고 한다. 이는 삶을 질에 부정적인 영향을 끼칠 것이다.
- 안전하고 효과적인 이동: 지역 내에서 그리고 다른 지역으로 쉽게 이동할 수 있는지의 여부도 주민들의 삶의 질에 영향을 준다. 평균 통근시간, 버스 이용자 수, 현지 공항으로부터의 직항 수, 교통사고 비율 등이 이동성의 척도들이다. 교통체증은 막대한 생산적 시간의 손실을 발생시킨다.
- 공공 안전 유지: 이 카테고리는 범죄율, 주민이 이웃에 대해 느끼는 안전도, 범죄의 피해자로 보고된 비율, 살인률 등을 포함한다. 미국에서는 보다 안전한 이웃이 있으면 더 살기 좋은 장소라는 인식 때문에 교외 생활을 하려는 경향이 관찰된다. 멕시코의 잔혹한 마약 전쟁에서 살인은 감소하고 납치 건수가 증가하는 경향이 나타나는데, 그 결과, 자

경단원들은 그들 스스로 정의를 실현하는 사례가 증가하고 있다.[43] 따라서 멕시코에서의 입지 선정을 고려하는 기업들은 이를 위협적으로 생각할 가능성이 있다.

노동권리법

오늘날 미국에는 24개 주가 **노동권리법**(right-to-work laws)을 갖고 있다. 앨라배마, 애리조나, 알칸사스, 플로리다, 조지아, 아이다호, 인디아나, 아이오와, 캔자스, 루이지애나, 미시시피, 네브래스카, 네바다, 노스캐롤라이나, 미시간, 노스다코타, 오클라호마, 사우 스캐롤라이나, 사우스다코타, 테네시, 텍사스, 유타, 버지니아, 와이오밍이다. 노동권리법은 종업원이 노조에 가입하거나 재정적 지원에 대해 스스로 결정하는 권리를 보장하고 있다.[44] 지난 20년 동안 미국의 자동차 산업이 남쪽으로 이전해왔다. 미국 자동차 기업의 공장들은 테네시, 사우스캐롤라이나 및 앨라배마 등 남부에 설립되었는데, 이들 주는 모두 노동권리법을 시행하는 주들이다. 사우던 오토 코리더(Southern Auto Corridor)라고 명명된 이 밀집지역이 미국 자동차 제조업의 새로운 시대를 시작하는 계기가 되었다. 좋은 기후와 인센티브, 노동권리법으로 인해 남부에 입지를 선정하는 추세는 계속될 것으로 보인다.

토지 이용률 및 비용

대도시의 지가와 건축비는 계속 상승하기 때문에 교외와 시골에 입지를 정하려는 것이 최근의 경향이다. 교외 입지는 지가와 넓은 선택의 폭, 가용 노동력, 그리고 발달된 운송 네트워크 때문에 매력적일 수 있다. 앞에서 언급했듯이, 혼다(Honda)가 미국에 공장을 설립하고자 처음 결정했을 때, 오하이오 주 콜럼버스로부터 약 40마일 떨어진 작은 마을인 메리스빌에 공장을 지었다. 고속도로 근처의 값싼 토지를 쉽게 이용할 수 있었으며, 노동력을 메리스빌 부근의 몇몇 지역사회로부터 유인할 수 있었기 때문이다. 이와 유사하게 오디세이 미니밴과 SUV의 증가하는 수요를 맞추기 위해 혼다가 앨라배마 주에 조립 공장을 건립할 때, 부지를 버밍햄에서 동쪽으로 40마일 떨어진 링컨으로 정하였다. 뉴저지에 본사를 둔 허니웰(Honeywell)사가 애리조나주 피닉스에 있는 제조시설을 중국으로 옮기려고 결정하였을 때, 이전 장소는 상해로부터 약 30마일 떨어진 도시인 쑤저우로 가는 것이었다. 상해의 푸동 산업단지 역시 매력적이었으나, 쑤저우가 입지 선정의 주요 요인인 땅값이나 노동비용이 더 낮았기 때문이다 쑤저우로의 이전을 결정했다.

이처럼 많은 미국 제조업자가 더 저렴한 생산지를 찾기 위해 해외로 이동하는 반면, 중국의 한 억만장자는 그의 반대로 사업을 미국으로 이전했다. 푸야오 글래스의 카오 드완 회장은 "저렴한 땅과 합리적인 에너지 가격, 기타 인센티브가 합쳐진 것은 높은 제조비용을 고려하더라도 중국산 판넬을 미국 시장에 수출하는 것보다 미국에서 생산하는 것이 더 큰 이

윤으로 돌아온다"고 말했다.[45] 푸야오 글래스는 10억 달러 이상을 투자해 오하이오주 모라인과 미시건주 플리머스 2곳에 공장을 열었다. 이 유리 제조업체는 2008년 말부터 공석이었던 오하이오주 제너럴모터스(GM) 조립공장을 1,500만 달러에 인수하였고, 오하이오주로부터 1,000만 달러 이상의 세액공제와 기반시설 개선을 약속받았다.[46]

시설입지모델

일반적으로 두 가지 모델이 기업의 글로벌 시설입지 결정 과정을 돕는 데 사용된다. 가중요소평가 모델과 손익분기점 모델에 대해 간단히 알아본다.

가중요인평가 모델

가중요인평가 모델(weighted-factor rating model)은 여러 가지 계량적/정성적 차원에서 몇 가지 입지의 매력도를 비교하는 데 사용되는 방법이다. 이 방법을 사용하여 시설입지를 선정하는 과정은 다음과 같다.

1. 시설입지 결정에 중요한 요인들을 확인한다.
2. 상대적 중요성의 관점에서 각 요인의 가중치를 할당한다. 일반적으로 가중치의 총합은 1이다.
3. 각 요인과 각 입지의 점수를 매긴다. 여러 점수 체계가 사용될 수 있지만, 일반적으로 점수는 1에서 100까지이다.
4. 각 요인의 가중치를 점수와 곱하고, 모든 요소의 가중점수를 더한다.
5. 가중점수가 가장 높은 입지가 추천되는 입지이다.

요인 각각의 가중치 및 점수가 분석가의 해석 및 성향에 따라 다르기 때문에, 이러한 유형의 분석을 할 때에는 팀 접근법을 사용하기를 강력히 권고한다. 팀은 마케팅부, 구매부, 생산부, 재경부 및 운송부의 대표자들과, 가능하다면 입지에 의해 영향을 받는 핵심 공급자와 고객까지 포함하여 구성하는 것이 이상적이다.

각 요인의 점수를 결정할 때 몇 가지 중간 단계를 포함시킬 수도 있다. 예를 들어 노동비용 점수를 비교할 때 보험, 세금 및 훈련비용에 따른 임금 범위, 각 잠재적 입지의 관련 노동비용 등의 결정이 포함될 수 있다. 그 후 총노동비용이 비교될 수 있으며, 가장 낮은 비용의 입지에 최고 점수를 할당하고 다른 입지들에는 각각의 노동비용에 의거하여 점수를 할당함으로써 각 입지에 대한 최종 노동비용 점수가 산출될 수 있다. 〈예제 11-1〉은 가중요인평가 모델을 설명한다.

〈예제 11-1〉 가중요인평가 입지 모델

아래의 요인들은 중국, 싱가포르, 인도네시아 중에서 입지 결정을 하기 위해 중요하다고 정의된 요인이다. 일단 부문별 관리자들이 분석에 사용하기 위한 요인, 가중치 및 점수를 결정하였다. 이 중에서 어느 나라에 새로운 시설이 입지해야 하는가?

중요 입지 요인	가중치 (총합 1)	중국 (1~100점)	싱가포르 (1~100점)	인도네시아 (1~100점)
노동비용	0.20	100	40	90
시장접근성	0.15	100	60	80
공급사슬 적합성	0.25	80	80	60
삶의 질	0.30	70	90	60
정부 안정성	0.10	80	100	50

세 나라의 가중점수는 아래와 같다.

$$\text{중국} = 0.20(100) + 0.15(100) + 0.25(80) + 0.30(70) + 0.10(80)$$
$$= 20 + 15 + 20 + 21 + 8 = 84$$
$$\text{싱가포르} = 0.20(40) + 0.15(60) + 0.25(80) + 0.30(90) + 0.10(100)$$
$$= 8 + 9 + 20 + 27 + 10 = 74$$
$$\text{인도네시아} = 0.20(90) + 0.15(80) + 0.25(60) + 0.30(60) + 0.10(50)$$
$$= 18 + 12 + 15 + 18 + 5 = 68$$

총 가중점수를 토대로 중국이 새로운 시설의 입지 장소로 추천될 수 있다.

손익분기 모델

손익분기 모델(break-even model)은 각각의 잠재적 입지의 고정비와 변동비가 결정될 수 있을 때 유용한 입지 분석 기법이다. 이 방법은 다음 단계로 이루어진다.

1. 고려할 입지들을 선정한다.
2. 각 입지별로 시설의 고정비를 결정한다. 고정비 항목은 토지비, 부동산세, 보험료, 장비 및 건물비용이다.
3. 각 입지별로 시설의 단위 변동비를 결정한다. 변동비 항목은 인건비, 재료비, 유틸리티 비용 및 운송비이다.
4. 그래프상에 각 입지의 총비용선을 그린다.
5. 그래프상에 손익분기점을 결정한다. 대신 손익분기점을 대수적으로 산출할 수도 있다.
6. 각 입지가 최저 비용을 가지는 범위를 파악한다.

〈예제 11-2〉 손익분기 모델의 사용

새로운 공장을 짓기 위한 적절한 후보로서 세 입지가 선정되었다. 각 후보지에 대해 고정비와 변동비가 다음 표와 같이 계산되었다. 예측된 수요는 1년에 3,000개이다. 어디가 최고의 입지인가?

입지	연간 고정비	단위 변동비
A	50만 달러	300달러
B	75만 달러	200달러
C	90만 달러	100달러

먼저, 다음과 같이 세 가지 총비용선을 그린다. 세 개의 곡선은 〈그림 11-1〉에서 볼 수 있다.

$TC_A = 500,000 + 300Q$
$TC_B = 750,000 + 200Q$
$TC_C = 900,000 + 100Q$

아래와 같이 입지 A와 입지 B 사이의 손익분기점을 결정한다.

$TC_A = TC_B$
$500,000 + 300Q = 750,000 + 200Q$
$100Q = 250,000$, 즉 $Q = 2,500$개

이것은 1년에 2,500개보다 적게 생산을 할 때는 입지 A가 저렴하고(낮은 고정비가 우세할 경우), 반면에 2,500개보다 많게 생산을 할 때는 입지 B가 저렴하다는 것을 나타낸다(낮은 변동비가 우세할 경우).

다음으로, 아래와 같이 입지 B와 입지 C 사이의 손익분기점을 결정한다.

$TC_B = TC_C$
$750,000 + 200Q = 900,000 + 100Q$
$100Q = 150,000$, 즉 $Q = 1,500$개

이것은 일 년에 1,500개보다 적게 생산을 할 때는 입지 B가 저렴하고, 반면에 1,500개보다 많게 생산을 할 때는 입지 C가 저렴하다는 것을 나타낸다.

마지막으로, 아래와 같이 입지 A와 입지 C 사이의 손익분기점을 결정한다.

$TC_A = TC_C$
$500,000 + 300Q = 900,000 + 100Q$
$200Q = 400,000$, 즉 $Q = 2,000$개

이것은 일 년에 2,000개보다 적게 생산을 할 때는 입지 A가 저렴하고, 반면에 2,000개보다 많게 생산을 할 때는 입지 C가 저렴하다는 것을 나타낸다.

〈그림 11-1〉의 비용곡선을 토대로, 일 년에 3,000개의 예측된 양을 생산한다면 입지 C가

가장 낮은 총비용을 가진다. 그러나 만약에 연간 예측된 수요가 1,000개라면 입지 A가 선호될 것이다. 〈그림 11-1〉로부터 입지 B는 세 가지 입지에 대한 비용을 동시에 비교하게 되면 어떤 경우에도 선호될 수 없다는 것을 알 수 있다.

〈그림 11-1〉 손익분기 그래프

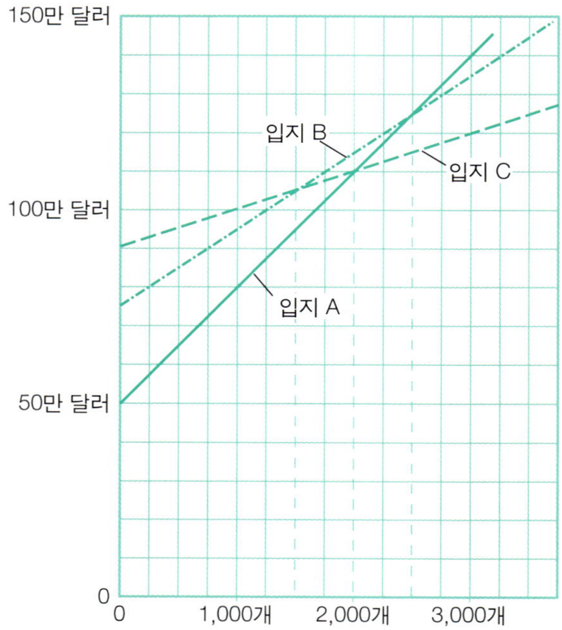

산업 클러스터

지난 10년에 걸쳐 많은 경향이 시설입지 과정에 영향을 미쳐왔다. 무역자유화, 기술 진보, 세계의 많은 지역으로부터 증가하는 수요 등으로 인해 시장은 급격히 세계화되었다. 많은 국가가 외국인 직접 투자를 위해 경쟁하고 있다. 국가들을 비교하는 데 필요한 더 많은 정보를 갖는 것은 관리자들이 더 나은 입지 결정을 하는 데 도움을 줄 것이다. 오늘날 전 세계적으로 많은 **산업 클러스터**(business clusters)가 세워지고 있다. 리서치 파크와 특별 경제/산업 지대가 클러스터에 매력적인 요인이 되고 있다.

산업 클러스터 개념은 입지 결정에 대한 새로운 사고방식을 제시하고, 기업 구성방식에 대한 전통적인 이론에 도전하며, 공급사슬을 조직하는 데 있어 새로운 접근법을 제시한다. 그렇다면 산업 클러스터란 정확히 무엇인가? 마이클 포터 박사에 따르면, "클러스터는 특정한 분야에서 상호 연결된 기업이나 단체들의 지리적 집결이다. 클러스터는 경쟁에 중요한 일련의 관련 공장들과 다른 실체들을 포함한다."[47] R&D, 부품 제조, 조립 공정, 마케팅 그리고 다른 연관된 사업부분을 한 지역에 위치시키는 것은 공급사슬, 기술과 정보 공유를 향상시킬 수 있다.

산업 클러스터에는 다양한 유형이 존재한다. 첫 번째는 캘리포니아의 실리콘밸리, 영국의 이스트런던 테크시티, 파리-사클레이와 같은 첨단 클러스터이다. 다른 하나는 지리적 위치로부터 발생하는 경쟁우위로 인해 생성되는 요인 기부 클러스터이다.[48] 캘리포니아의 나파와 소노마, 프랑스의 부르고뉴와 샴파뉴, 스페인의 롬바르디와 같이 양지바른 시골에서 좋은 포도가 자랄 수 있는 포도밭들이 그 예다. 그리고 많은 개발도상국에서 소프트웨어 엔지니어링 및 기타 IT 기반 서비스와 같은 전 세계적인 수요 증가에 기여하는 저비용 기술 및 분석 기술의 지리적 집중으로 정의되는 지식 서비스 클러스터가 있다.[49] 이러한 클러스터는 외국 기업으로부터 지원을 특히 잘 받는다. 해당하는 세 나라에 대한 논의는 다음과 같다.

- 멕시코: 멕시코는 티후아나, 멕시칼리, 테카테, 치와와, 살티요, 레이노자, 고달라하라 등의 도시들을 기점으로 오랫동안 전자기업의 핵심지역이었다. 멕시코에서 운영하는 주요 글로벌 기업들로는 IBM, 모토로라, 휴렛팩커드, 지멘스(Siemens), 에릭슨(Ericsson), 삼성, LG 전자, 소니 그리고 파나소닉을 들 수 있다. NAFTA에서는 제품이 북아메리카에서 관세 없이 수출될 수 있기 때문에 멕시코가 아메리카 대륙에서 전자 산업의 핵심이 될 수 있는 것이다. 멕시코는 전 세계 TV 수요의 25% 가까이를 생산하고 있다.
- 대만: 포브스지(Forbes)에 의해 '실리콘 섬'이라고 보도된 대만은 컴퓨터 하드웨어에 있어서 주도적인 산업주자이자 마더보드, 모뎀과 스캐너에 있어서는 가장 거대한 세계적인 시장 점유율을 보유하고 있다. 인텔과 컴팩이 대만의 주요한 두 투자자인데, 이는 부분적으로 거대한 기술인력(기술 관련 학위 소유자) 덕분이다.
- 인도: 인도는 소프트웨어 산업의 신흥주자이며, 고객화된 소프트웨어 개발을 실현하는 나라이다. 인도는 세계에서 세 번째로 많은 과학 기술 인력을 보유하고 있다. 또한 인도는 낮은 노동비 때문에 엄청난 가격 경쟁우위를 제공한다. IBM, 마이크로소프트, 오라클, 모토로라와 같은 기업들은 인도의 실리콘밸리로 불리는 방갈로, 히드라바드 그리고 뭄바이(이전의 봄베이)에 시설단지들을 건설해왔다.

클러스터가 성공적인 이유는 많다. 그중 하나는 관련 산업에서 결집한 기업가들 사이의 밀접한 협동, 협조와 신뢰를 들 수 있다. 또 다른 이유는 단지 내에 위치 한 경쟁기업들 사이의 극심한 경쟁을 들 수 있다. 기업들은 현지 공급자 기반과 정보, 기술에의 접근이 용이하기 때문에 운영에 있어 보다 생산적이다. 기업들은 또한 숙련된 지역 노동자를 채용할 수 있기 때문에 인력 교체 비용을 절감할 수 있다. 산업 클러스터 내의 치열한 경쟁과 지속적인 경쟁사 간 비교 때문에 기업들은 클러스터 외부에 위치한 기업들보다 고객의 필요와 유행에 보다 빨리 반응한다. 따라서 클러스터는 혁신과 이익을 증가시키는 경쟁적인 환경을 제공하게 된다.

하지만 모든 클러스터가 성공적인 것은 아니다. 예를 들어 미시간주는 석유를 많이 소비하는 자동차 제작에 지나치게 의존한 산업구조와 1970년대의 오일 쇼크 덕분에 공장 폐쇄와 노동자 파업을 겪어야 했다. 디트로이트에 있는 제너럴모터스, 포드, 크라이슬러와 같은 클러스터 구성원들의 집단적인 사고는 개별 기업들이 새로운 아이디어를 시도하고 연료절약형 자동차를 설계하는 등의 진보적인 혁신에 대한 큰 방해요인으로 작용했다.

지속 가능한 발전

세계 환경과 개발위원회(Brundtland Commission)는 **지속 가능한 발전**(sustainable development)을 '미래 세대의 필요와 능력을 손상시키지 않는 상태에서 현재의 요구를 충족시키는 발전'으로 정의하고 있다.[50] 우리가 현재 하는 행동이 미래 세대에 영향을 준다는 점에 서 지속 가능한 발전은 중요성을 지닌다. 지속 가능한 발전에 있어 주요 쟁점은 에너지소비와 생산, 대기오염, 그리고 기후변화이다. 이러한 문제들은 상호 간에 강력한 연관성을 지니며, 경제, 사회, 환경 정책과 연계되어 통합적인 방식으로 고려되어야 한다. 이처럼 지속 가능한 개발은 생활방식과 개발 전략에 직접적인 영향을 미치는 가치와 원칙의 변화를 요구한다.

화석연료의 세계적인 소비량 증가는 지구 온난화를 악화시켰다. 또한 수요가 늘어남에 따라 원유값은 지속적으로 상승하였다. 이처럼 더 비싼 연료는 배달 서비스와 상품생산의 비용을 증가시켰다. 이는 궁극적으로 공급사슬 비용에 영향을 미 칠 것이며, 보다 깨끗하고 저연비이자 수용가능한 에너지 기술과 재생 에너지 기술의 개발을 요구할 것이다.

산업발전이 신흥국들에게 경제성장과 빈곤 퇴치의 원동력임은 분명하다. 반면, 자원 효율성과 기술 혁신은 효과적인 공급사슬관리에 필수적인 비용 절감과 경쟁력 및 고용 증가를 이루어 낼 수 있는 기회이다. 대기 오염은 인간의 건강, 환경, 경제에 심각한 영향을 미친다. 이와 관련 이슈는 기후 변화 그리고 생태계 보존에 관한 것이다. 이러한 기후변화의 중요성을 인지한 대부분의 나라는 국제조약인 유엔기후변화협약(UNFCCC)에 가입하였다. "… 지구 온난화를 낮추기 위해 무엇을 할 수 있는지, 그리고 불가피한 기온 상승에 대처하기 위해 무엇을 해야 하는지 고려하기 시작했다."[51] 몇 년 전, 두 그룹의 과학자들이 온실가스에 의한 지구 온난화로 인해 남극 빙하가 불안정해졌다고 보고하였다. 페놀리지 과학(첫 싹, 첫 꽃, 첫 둥지 행동, 첫 이주 도착의 달력 기록)에 기초한 최근 보고서에 따르면 그린란드의

한 침전 종은 10년 전보다 26일 일찍 성장하고 있음이 확인되었다.[52] 미국 역시 많은 장소에서 이른 봄을 맞이하고 있다. USGS 생태학자이자 미국 국립 페놀로지 네트워크(USA National Phenology Network)의 국가 책임자인 제이크 웰트진 박사(Dr. Jake Weltzin)는 "쾌적한 날이나, 음울한 겨울 날씨에 휴식을 취하는 것을 좋아하지 않는 사람이 없기에 이러한 이른 봄을 큰 문제처럼 보지 않을 수 있지만, 이러한 현상은 우리가 경제와 사회에 영향을 미치는 중요한 문제들을 계획하고 관리하는 데 상당한 어려움을 주고 있다"고 주장한다.[53]

환경에 영향을 미치는 또 다른 프로젝트로는 키스톤 XL 파이프라인(Keystone XL pipeline)이 있는데, 이 파이프라인은 캐나다 앨버타에서 미국 걸프만 해안으로 중유모래(heavy oil sands oil)를 옮길 것으로 예상된다. 환경론자들은 중유처리 과정 중 기름이 유출될 경우 기후 변화와 공중 보건에 영향을 미칠 수 있다며 이 프로젝트를 중단시키기 위해 싸워왔다. 반면 지지자들은 프로젝트를 통한 일자리 창출, 그리고 파이프라인의 건설 여부와 관계없이 알베르타 오일은 추출되어 시장으로 운송될 것이라는 점을 들어 프로젝트를 지지하고 있다. 이 프로젝트는 수년간 격렬한 논쟁을 불러일으켜 왔다. 트럼프 미국 대통령은 오바마 전 대통령에게 거부당한 키스톤 XL 파이프라인과 다코타 액세스 파이프라인 프로젝트를 부활시켰다. 현재 석유회사들은 이 석유를 가공해 트럭과 열차를 이용해 운송하고 있지만, 이 역시 운송 중 기름 유출과 함께 높은 수준의 온실가스를 발생시킨다는 논란을 겪고 있다.

녹색발전(green development)이라는 유사한 용어가 친환경적인 발전을 기술하기 위하여 사용되어 왔다. 녹색발전과 지속 가능한 발전 사이의 차이점은 '환경적으로 지속 가능함에 관하여 경제적, 문화적 고려를 함에 있어 요소 간에 우선순위를 서로 다르게 함'에 있다.[54] 일례로 가난한 국가에 비싼 유지비용이 드는 오염물질 처리시설을 설치하는 경우이다. 환경 보호를 위해서는 이상적이지만 과도한 운영비용으로 인해 현실적으로 알맞지 않을 수 있고, 그 결과 폐쇄될 수 있다. 지속 가능한 발전의 관점에서는 환경적으로는 보다 덜 친화적일지라도 경제적으로 유지 가능한 장비의 사용이 수용될 수 있다. 의사결정자가 경제적 이슈와 사회적 이슈를 환경적인 문제와 함께 고려한다면, 지속 가능한 발전이 보다 더 타당한 것이다.

적층 제조와 적층제조가 시설 입지에 미치는 영향

최근에 개발된 신기술은 제조 환경을 변화시킬 수 있다(미국의 신발 제조업의 재조명에 관한 SCM PROFILE 참조). **적층 제조**(additive manufacturing: AM) 또는 **3D 프린팅**(3D printing)은 "디지털 모델에서의 가상 모형을 3차원 고체 물체로 만드는 과정"이다.[59] 이 기술은 해군연구소(Naval Research)와 국립과학재단(National Science Foundation)의 보조금으로 MIT에 의해 처음 개발되었다. 3D 프린터를 이용한 생산은 매우 얇은 층의 스테인리스나 세라믹 파우더를 깔고 액상

SCM PROFILE

미국 신발 제조의 리쇼어링

러닝화의 주요 공급자인 아디다스(Adidas)와 리복(Reebok)은 고성능 신발을 만들기 위해 미국에 공장을 열 계획이다. 리복은 2005년부터 아디다스의 자회사다. 아디다스는 독일에 있는 공장과 유사한 스피드 공장(SpeedFactory) 애틀랜타에 짓는 것을 고려하고 있다. 한편, 리복은 또한 새로운 리복 액체 속도 운동화(Reebok Liquid Spped Running shoes)를 만들기 위해 로드 아일랜드 링컨에 새로운 시설을 짓고 있다. 아디다스와 리복이 '미국에서 만드는' 트랜드에 동참하기 위해 채택한 브랜딩 전략이다. 리복의 미래부 대표(head of future)인 빌 매키니스(Bill McInnis)는 "소비자와 더 빠르고 더 가까워지는 것은 우리가 추구하는 것이다. 제조에 시간이 걸리는 선적과 거푸집을 제거할 수 있다면 소비자에게 더 가까이 다가갈 수 있다."고 말한다.[55] 미국에서 또 다른 신발 제조업체인 뉴발란스(New Balance)는 연간 400만 켤레의 운동화를 만들거나 조립하고 있다.[56]

아디다스 공장은 2017년 하반기에 5만 켤레의 신발을 생산할 예정이다. 2017년 5만 켤레의 신발 생산을 증가시켜 결국 50만 켤레로 증가시킬 예정이다. 한편, 리복은 신발 제조하는 방식을 바꾸려 하고 있다. 리복은 3D 프린팅으로 리퀴드 스피드 러닝화를 제작하려고 한다. 리복 개발 책임자인 빌 매키니스에 따르면, "모든 브랜드의 신발은 비싸고 시간이 많이 소요되는 거푸집을 사용하여 만들어진다. 액상 공장에서는, 우리는 신발의 제작 방식을 근본적으로 바꾸어, 거푸집 없이 신발을 제조하는 새로운 방법을 만들고 싶었다."[57] 생산공정은 BASF의 독점적인 액상 수지를 사용하여 한 번에 한 층씩 쌓음으로써 바깥쪽 바닥을 만드는 것을 포함한다. 매키니스는 "액체 공장 공정은 각 기계가 상상한 만큼 다양한 개념을 창조하는 데 사용될 수 있다는 점에서 매우 유연하다. 이는 틀이 아니라 프로그래밍이다. 스케일업(scale up)은 리퀴드 팩토리(Liquid Factory) 기계 설정을 더 설치하려는 것이다. 국내 제조업은 또한 시장 출시 속도 면에서 소비자와 훨씬 더 가까워지게 한다."[58] 리복은 우선 이 신발을 300켤레 정도 생산할 것으로 예상하는데, 한 켤레에 약 189달러에 팔릴 것이다. 리복의 액체공장은 기술혁신이 어떻게 제조업을 미국으로 되돌릴 수 있는지를 보여주는 예이다.

바인더를 사용하여 여러 층을 융합하여 최종제품을 만드는 작업이다. 이 기술은 방위, 항공우주, 자동차, 의료, 금속 제조업과 같은 광범위한 산업에 적용할 수 있다. 처음에는 3D 프린팅이 신속한 시제품 제작에 사용되었지만, 새로운 개발로 실제 생산에 사용할 수 있게 되었다. 적층 제조의 이점은 리드 타임 단축, 대량 맞춤화, 부품 수 감소, 더욱 복잡한 형태, 주문형 부품, 효율적인 재료 사용 및 에너지 소비 감소 등이다. 미국 오하이오주 영스타운에 있는 미국 적층제조혁신연구소(NAMII)는 아메리카 메이크스(America Makes)로 리브랜딩을 하였는데 이는 미국의 AM(적층 제조)와 3DP(3D 프린팅) 기술 연구, 발견, 창조, 혁신 분야의 협력 파트너로 새롭게 선정됐다. 또한 산업, 학계, 정부, 비정부기관, 인력 및 경제 개발 자원의 회원 기관과 민관 협력으로 이루어진 이 조직은 AM과 3DP를 혁신하고 가속화하여 국가의 글로벌 제조 경쟁력을 높이고 있다.[60]

디지털 치의학은 치과의사들이 3D 프린터를 이용해 병원 내에서 치아, 틀니, 치아 교정,

임플란트를 만드는 기술을 이용하는데, 3D 프린터를 이용하는 성장 분야 중 하나이다. 탄소 3D CEO(CEO of Carbon 3D)인 조셉 디시몬(Joseph DeSimone)는 "이제는 치아를 6.5분 안에 인쇄할 수 있다."고 설명했다.[61] 디지털 치과의학에서는 물리적 현상(physical impression)을 볼 필요가 없다. 치과의사들은 입, 턱, 치아의 해부학적 모습을 한 눈에 볼 수 있고, 높은 정확도와 최소한의 불편함, 아름다운 화장품을 갖춘 3D 프린터에 의해 정확한 모델을 제작할 수 있다. 3D 프린터는 치과에서 현장 생산을 가능하게 하는데, 이는 외부 판매업자에게 주문하는 것보다 치과에서 직접 제조하는 것이 빠르고 경제적이며 예측 가능하다.

3D 프린터의 저렴한 비용으로 인해 기업이 제조 수요로 해외로 나가는 것을 막거나 미국에서 다시 제조할 수 있다(미국의 신발 제조 리쇼어링에 관한 SCM PROFILE 참조). 3D 프린팅의 또 다른 측면은 속도다. 예를 들어 리복은 신발을 만들기 위해 3D 프린팅을 사용하는 로드아일랜드에 액상 공장을 짓고 있다. 리복(Reebok)의 빌 매키니즈(Bill McInnis) 미래부 대표는 "액체 공장의 가장 흥미로운 것 중 하나는 속도다. 우리는 실시간으로 신발 디자인을 만들고 맞춤화할 수 있다. 왜냐하면 우리는 거푸집을 사용하는 것이 아니라 단순히 기계를 프로그래밍하는 것이기 때문이다. 액체공장은 단순히 물건을 만드는 새로운 방식이 아니라 물건을 만드는 새로운 속도이다."고 설명했다.[62]

소규모 기업이나 기업가는 이제 자신만의 작은 공장을 가질 여유가 생겼다. 주요 회사들은 3D 프린터를 실험하고 있는데, 이는 이 기술을 주류시장으로 더 가까이 안착시키고 더 저렴하게 할 가능성이 있다. 다음은 3D 프린터를 사용하여 새로운 제품을 만들고, 구제품을 개선하며, 비즈니스 프로세스를 개선하는 주요 기업의 두 가지 예이다.

- 제너럴 일렉트릭(General Electric): 세계 최대 제조업체인 제너럴 일렉트릭은 3D 프린팅의 얼리 어답터이다. 이들은 최근 린 제조, 고급 및 적층 제조를 첨단 소프트웨어 분석과 결합해 생산성을 높이는 정교한 공장이라는 '브릴리언트 공장(Brilliant factory)' 개념을 도입했다.[63] 제조는 조립라인을 도입한 산업 혁명에서 발전하였다. 오늘날, 3D 프린팅의 등장으로, 우리는 제조 산업에서 점점 더 많은 혁신을 목격하고 있다. 제너럴 일렉트릭의 필립 코체트(Philippe Cochet) 수석 생산 책임자에 따르면 "적층 제조, 즉 3D 프린팅은 10년 전만 해도 초기 단계에 있었지만 제조업에 있어 엄청난 잠재력 있는 영역을 나타내는 작품"이다. 적층 기술은 우리가 이전에 들어보지 못한 정도로 정밀하고 효율적인 부품을 만들고, 이전에는 생산하기 불가능했던 새로운 유형의 부품을 만들고, 필요한 원료만을 사용하여 생산 중 폐기물을 줄일 수 있게 해준다. 이러한 발전은 미국의 국내 소싱을 이끌 것이다."[64]
- 보잉 항공사(Boeing): 보잉 항공사 역시 3D 프린팅의 얼리 어답터이다. 보잉은 자사 항공기에 사용되는 3D 프린팅 플라스틱 부품을 2만 개 이상 보유하고 있는 것으로 알려졌다.

최근 보잉사는 스타라이너 우주택시(Starliner space taxi)에 사용할 600개의 3D 프린팅 부품을 만들기 위해 옥스포드 퍼포먼스 머티리얼스 회사(Oxford Performance Materials Company)를 고용했다고 발표했다. 래리 바홀락(Larry Varholak) 옥스포드 항공우주사업 사장은 "옥스포드의 부품은 보잉사가 기존 금속 및 플라스틱 제조에 비해 7인승 캡슐(capsule)당 비용을 절감하고 무게를 줄이는 데 도움이 될 것"이라고 말했다.[65] 기네스북에 기재된 길이 17.5피트, 폭 5.5피트, 높이 1.5피트 날개 트림은 출시될 보잉 777X 비행기에 사용되는데 이는 세계 최대 3D 프린팅 기계가 만들었다. 이 3D 물체는 미국 보잉의 연구 파트너 중 하나인 오크리지 국립 연구소에서 만든 것이다.

요약

설비 입지 결정은 조직에 경쟁우위를 제공할 수 있으며, 따라서 전체적인 전략 계획의 필수적인 부분이 되어야 한다. 공급사슬의 효율성은 설비 입지에 의해 크게 영향을 받는다. 진전되는 세계화와 기술 향상으로 기업들이 시설을 찾을 수 있는 다양한 선택권이 생겨났다. 오늘날 기업들은 잠재적 입지를 분석할 때 여러 가지 요소를 고려해야 한다. 시설 위치에 대한 국가, 지역 및 커뮤니티를 고려할 때 몇 가지 비교 방법을 사용할 수 있다. 비즈니스 클러스터는 종종 강력한 비즈니스 개발, 협업, 성장 기회 및 공급사슬관리를 제공한다. 성공적인 클러스터의 존재는 혁신과 경쟁이 지리적으로 집중되어 있음을 시사한다. 오늘날 중국은 저렴한 노동력과 거대한 시장으로 인해 세계적인 기업들에게 매력적인 입지를 제공하고 있다. 지속 가능한 개발과 공급사슬의 녹색화와 글로벌 입지 결정에 미치는 영향에 대해 많은 논의가 있어 왔다. 마지막으로 적층 제조나 3D 프린팅과 같은 새로운 기술은 기업이 제조를 보는 관점과 생산시설 입지 결정에 큰 영향을 미칠 것이다.

토의문제

1. 설비 결정이 공급사슬에 미치는 영향은 어떠한가?
2. 효율적인 공급사슬관리를 위해 수요 관리가 중요한 이유는 무엇인가?
3. 비즈니스 클러스터란 무엇인가? 다양한 국가에 있는 비즈니스 클러스터에 대한 몇 가지 예를 제공하라. 클러스터링의 이점은 무엇인가?
4. 시설 입지에 영향을 미치는 요인은 무엇인가?
5. 아시아, 아프리카, 유럽, 라틴아메리카, 북아메리카의 주요 지역 무역 협정을 논의해보자.
6. 세계무역기구는 무엇이며 세계무역에서 세계무역기구의 역할은 무엇인가?

7. 커뮤니티와 사이트를 결정하는 데 있어서 중요한 요소는 무엇인가?
8. 월마트의 입지전략을 논하라.
9. 아마존의 글로벌 설비 네트워크에 대해 논하라.
10. 삶의 질을 정의하라. 왜 삶의 질이 시설 입지에서 중요한 요소인가? 플로리다 잭슨빌에 있는 상공회의소가 사용하는 삶의 질 요인은 괜찮은가? 설명하라.
11. 노동권리 상태(right-to-work state)란 무엇인가? 노동권리 상태에서 사업을 하는 것의 장단점은 무엇인가?
12. 중국이 왜 많은 기업에게 매력적인 곳인가?
13. 중국에서 사업을 하는 것의 어려움은 무엇인가?
14. 외국 시설의 여섯 가지 전략적 역할에 대해 논의하라.
15. 지속 가능한 발전이란 무엇이며, 왜 이 정책이 한 나라와 세계에 중요한가?
16. 녹색발전(green development)과 지속 가능한 개발(sustainable development)의 차이점은 무엇인가?
17. 3D 프린팅이 왜 미국 제조의 부활로 이어질 수 있는지를 설명하라.
18. 3D 인쇄를 사용하고 있는 미국의 주요 기업들의 예를 들어보고, 왜 제조를 다시 미국에서 하는지 설명하라.

조사연구문제

1. IMD 웹사이트를 방문하여 세계경쟁력연감(http://reports.weforum.org/global-competitiveness-index/#topic=data)을 참조하여 아프리카와 중동, 미주, 아시아와 태평양, 유럽과 유라시아와 같은 세계의 지역을 선택하라. 지역별 특징을 보여주는 보고서를 작성하고, 해당 지역에서 선정된 국가의 성과 개요를 작성하라.
2. 세계경제포럼 웹사이트 http://www.weforum.org/를 방문하여 상단 메뉴에서 "Initiatives"를 선택한 후 "미래 생산 형성"을 선택하라. 웹사이트에 제시된 기사를 바탕으로 신흥기술이 생산 시스템, 비즈니스모델, 지속가능성을 어떻게 변화시킬지 논의하는 보고서를 작성하라.
3. 세계무역기구 웹사이트 www.wto.org를 방문하여 "Documents, data, and resources" 메뉴 항목을 클릭하고 "Economic research"에 대한 옵션을 선택한다. "Publications"에서 최신 세계무역보고서를 선택하라. 보고서의 주요 조사 결과와 국제 무역의 변화하는 풍경, 글로벌 가치 사슬의 출현에 대해 설명하라.
4. 미국상업서비스 웹사이트 https://www.export.gov/ccg를 방문하여 조사하고자 하는 국가를 선택한다. 국가상업가이드에 근거하여, 조사하고 싶은 특정 산업에서 사업을 하기

위한 국가의 적합성에 대한 평가를 준비한다.

5. 웹사이트 http://www.reshorenow.org/로 가서 미국 기업들이 제조업을 다시 미국으로 옮겨야 하는 이유에 대한 보고서를 준비하라.

연습문제

1. 소프트토이사(Soft Toys Company)는 다음과 같이 네 곳의 공장입지 후보지에 대한 고정비와 변동비에 대한 정보를 수집하였다.

입지	연간 고정비	단위 변동비
A	20만 달러	50달러
B	30만 달러	45달러
C	40만 달러	25달러
D	60만 달러	20달러

(a) 한 개의 그래프에 네 곳의 공장입지에 관한 총비용곡선을 그려보라.
(b) 순익분기점을 찾고 각각의 입지가 비용 우위를 갖는 수요 범위를 계산하라.
(c) 수요가 30,000 단위일 때 최상의 입지는 어디인가?

2. 부다페스트사(Budapest Company)는 새로운 생산시설을 설치할 네 곳의 입지를 확인했다. 네 곳 각 위치와 관련된 고정비용과 변동비용을 다음과 같이 결정했다.

위치	연간 고정비	단위 변동비
피츠버그	1만 달러	5달러
아틀란타	3만 달러	4달러
마이애미	6만 달러	3달러
휴스턴	7만 달러	6달러

(a) 세 개의 발전소 위치에 대한 총비용곡선을 그래프로 표현하라.
(b) 손익분기점을 찾아 각 입지에 비용 우위가 있는 수요 범위를 결정한다. 비용상의 이점이 전혀 없는 도시는 어디인가?
(c) 수요량이 (i) 40,000대, (ii) 15,000대일 경우 가장 좋은 공장 위치는 어디인가?

3. 패스트바이(Fastbuy)는 캘리포니아의 주요 고객에게 원하는 더 빠른 배송을 충족시키기 위해 이들의 네트워크 확대의 일환으로 새로운 이행센터(fulfillment center)를 열 것을 고려하고 있다. 회사가 이 새로운 이행 센터의 입지를 결정하는 데 도움을 주기 위해, 세 지역의 정보는 다음과 같다. 어느 지역이 이상적인 이행센터가 될 수 있는가?

주요 입지 요인	요인 부하 (총합1)	모레노 발리 점수 (1~100)	온테리오 점수 (1~100)	산 발나디노 점수 (1~100)
노동 활용성	0.2	85	90	70
시장 근접성	0.25	100	80	80
공급자 기반	0.2	90	100	90
세금	0.1	80	70	80
이용시설	0.1	75	85	75
운송	0.15	90	75	85

4. 푸루하하 양조장(Bruhaha Brewery)은 미국 시장을 확장하기 위해 다른 양조장을 건설할 계획이다. 이 기업은 5개의 주요 입지 요인과 상대적 부하를 확인하였다. 잠재적 입지들에 대한 각 점수가 다음 표에 나와 있다. 어느 곳이 새 양조장이 되기에 적합한가?

주요 입지 요인	요인 부하 (총합 1)	콜럼버스 점수 (1~100)	라스베가스 점수 (1~100)	스포케인 점수 (1~100)
노동 활용성	0.15	70	90	50
시장 근접성	0.25	100	90	80
공급자 기반	0.2	80	100	70
삶의 질	0.3	90	60	60
세금	0.1	60	80	90

사례문제

1. 퀴글리 글로벌 운송

퀸지 퀴글리(Queenie Quigley)는 매우 성공한 기업가다. 그녀는 해양 항구 도시에서 자랐고 바다를 사랑했다. 그녀의 아버지는 상업적인 어부였고 여름 동안 종종 그녀를 데리고 다녔다. 바다에 대한 그녀의 사랑은 국제선박에 대한 관심을 불러일으켰다. 퀸지는 해양 교통 사업이 항상 필요한 서비스를 제공한다는 것을 알고 있었고 그녀는 결국 크고 성공적인 해양 교통 회사인 퀴글리 글로벌 운송(Quigley Global Transportation)을 만들었다.

퀸지는 자신의 운송회사가 최고의 계약을 따내기 위해 주요 항구에 위치해야 한다는 것을 알고 있다. 그녀의 고객들은 배에 올라 화물이 어떻게 처리되고 보관될지를 보기 위해 주위를 둘러보고 싶어한다. 이러한 유형의 고객들은 자주 오는 송하인은 아니지만, 그들은 자신의 상품이 손상되지 않은 채 먼 곳에 도착하도록 하기 위해 기꺼이 프리미엄 가격을 지불할 용의가 있다. 퀴글리 글로벌 운송선 중 한 척에 의한 운송은 확신과 신뢰를 심어주는 듯하다.

퀴글리 글로벌 운송은 현재 홍콩, 네덜란드, 로스앤젤레스, 뉴욕-뉴저지, 미국, 브라질 산토스, 터키 암바리 등의 항구에 배들을 배치하고 있다. 이들 항구는 2015년 전 세계 50위권

중 5위, 11위, 19위, 23위, 39위, 48위로 평가됐다. 퀸지는 자신이 이 항구들을 선택한 것이 회사의 성공에 중요한 요소라고 믿고 있다. 옛 속담에 따르면, 장소, 또 장소, 또 장소가 중요하다. 이 항구들은 퀴글리 글로벌 운송을 통해 그녀의 회사가 북미, 남미, 유럽, 중동, 아시아 등 세계의 모든 주요 지역에 서비스를 제공할 수 있게 해주었다. 하지만 퀸지는 다른 주요 항구로 확장될 수 있다면 더 많은 사업 기회가 있다는 것을 알고 있었다.

한 가지 중요한 기준은 20피트짜리 동급 단위 또는 TEU였다. TEU는 비록 부정확하긴 해도 일반적인 측정 단위다. 이 단위는 기본적으로 20피트×8피트×8피트인 일반적인 선적 컨테이너 크기를 대표한다. 항구들은 매년 수백만 TEU로 운송되는 물량으로 평가받는다. 퀸지의 회사가 얻을 수 있는 잠재적인 사업적 관점에서 볼 때, 연간 처리되는 총 TEU는 그녀가 다음 항구를 선정하는 가장 중요한 기준이다. 과거에 퀸지의 확장 전략은 주요 대륙에 접근할 수 있는 기회를 기반으로 했다. 그녀는 항구에 발판을 만들 수 있다면 계약을 했다. 그러나 퀴글리 글로벌 교통은 탄탄한 기반을 갖추고 있었기 때문에 퀸지는 보다 견고한 선정 기준을 개발하고자 한다. 그녀는 가중요인등급 모델(weighted factor rating model)을 다음 항구의 선택 도구로 사용하기로 결정했다. 그녀는 여전히 TEU가 제1의 기준이 되어야 한다고 확신하고 있다. 비록 그녀가 다음 표의 네 가지 다른 요소를 알고 있지만, 퀸지는 이들의 중요도에 대해서는 알지 못한다. 퀸지는 만약 그녀가 이 기준을 통해 현재의 항구를 선별한다면 앞으로 이 기준에 가중을 두는 방법을 결정하는 데 도움이 될 것이라고 생각했다.

국가	TEU 기준 항구 순위 (1=최고)	해당 국가 내 비즈니스 용이 정도	2016년 GDP 성장률	해당 국가 내 신용도	해당 국가 내 강제 계약
브라질	39	123	−3.30%	101	37
홍콩, 중국	5	4	1.40%	20	21
네덜란드	11	28	1.70%	82	71
LA, 미국	19	8	1.60%	2	20
NY, 미국	23	8	1.60%	2	20
터키	48	69	3.30%	82	33

토론사항

1. 퀸지에게는 아주 어려운 과제가 있다. 미리 언급했듯이, 그녀는 처음 6개 항구에 대해 어떠한 선정 시스템도 사용하지 않았다. 단지 그녀는 고객과의 계약을 확보하고 나서 그 항구의 발판으로 이를 만들었다. 퀸지는 좀 더 효과적인 선발 시스템을 원한다. 그녀의 첫 번째 기준은 여전히 TEU이고 그녀는 0~100%의 척도로 30%의 가중치를 부여할 계획이다. 어떤 두 가지 요소도 같은 가중을 둘 수 없다. 퀸지는 요소 간 가중 차이를 원한다. 나머지 네 가지 기준 각 어느 정도의 가중치를 매겨야 하는가? 그 이유는 무엇인가?
2. 퀸지는 아프리카로 사업을 확장하기를 원한다. 그녀의 초기 분석에 따르면 많은 아프리

카 국가가 충분히 큰 항구를 가지지 못했다. 그러나 다른 항구에서 아프리카 항구로 물건을 운송하는 것은 건강한 사업 움직임일 것이다. 퀸지는 퀴글리 직원들에게 아프리카에서 사용할 다섯 개의 항구 목록을 만들라고 하였다. 가중요인 모델에 대해 당신이 제공한 권장 사항과 다음 표를 사용하여 퀴글리 글로벌 운송에 가장 적합한 항구를 선택하라.

국가	TEU 기준 항구 순위 (1=최고)	해당 국가 내 비즈니스 용이 정도	2016년 GDP 성장률	해당 국가 내 신용도	해당 국가 내 강제 계약
아랍에미리트	44	28	2.30%	101	25
스리랑카	28	110	5.00%	118	116
사우디아라비아	36	147	1.20%	82	105
말타	49	132	4.10%	139	58
스페인	33	85	3.10%	62	29

3. 위 2번 문제에 언급된 항구들을 검토해보라(World Fact Book이 도움이 될 수 있음). TEU를 제일 중요한요소라고 생각할 때 어떤 다른 요소에 선택 과정을 향상시키기 위해 변화를 줄 것인가? 아프리카의 관점에서 질문을 생각해보자. 사업과 공급사슬 관점에서 더 나은 기준이 될 수 있는 요인은 무엇인가? 당신의 논리를 설명하라.

2. 피트맨의 벽난로

퍼시 피트맨(Percy Pittman)은 최근 가족 기업을 이어받았다. 피트맨의 벽난로(Pittman's Fireplaces)는 1922년부터 사업을 하고 있다. 이는 퍼시의 할아버지에 의해 시작되어 퍼시의 아버지가 이어받았다. 사업은 번창했고 이들은 미국 전역에 벽난로를 설치한다. 벽난로 외에도 피트맨의 벽난로는 벽난로를 방의 중심축으로 만들기 위해 생각할 수 있는 모든 부대용품을 판매한다.

퍼시는 사업을 한 단계 발전시켜 국제적 비즈니스를 하기 원한다. 피트맨의 벽난로의 명성은 뛰어나다. 이들은 미국에 있는 국가를 대표하는 외교관들의 집에 많은 벽난로를 설치했다. 게다가 뉴욕, 로스앤젤레스, 시카고, 그 외 여러 미국의 대도시에서 집을 유지하는 많은 국제적인 사업가들이 피트맨의 벽난로와 부대용품을 구입했다.

퍼시는 다음과 같은 점들을 고려하여 자신의 사업 확장을 어떻게 진행시킬지 결정한다. 첫째, 그는 노동자를 고려해야 할 것이다. 피트맨은 노동자들이 어떤 기술을 가지고 있어야 하며 어떤 기술을 위해 훈련시켜야 하는가? 또 다른 고려사항은 임금이다. 퍼시는 하루 일당을 공정하게 지불해야 한다고 믿는다. 그러나 노동비용은 어떤 사업에서든 큰 비용이다. 원재료는 피트맨의 벽난로에서 또 다른 중요한 요소다. 퍼시는 벽난로를 위해 가장 훌륭한 나무, 대리석, 화강암, 그리고 여러 종류의 석재를 공급한다. 최종적인 고려사항은 지역 환경법이다. 피트맨의 벽난로는 가스를 태우는 벽난로, 나무를 태우는 벽난로, 전기 벽난로를 판매한다. 규칙, 규정, 법률은 각 도시, 카운티, 주마다 다르다. 퍼시는 그가 외국에서도 같은 상황에 직면할 것이라고 가정한다.

퍼시는 세 나라를 조사하기로 결심했다(영국, 독일, 핀란드). 그의 가중요인 모델의 초기 기준은 인건비, 날씨(추운 겨울), 환경법, 미국과의 무역협정이다. 그러나 퍼시가 계속해서 좋은 요소들을 고려함에 따라, 그는 아직 어떤 것이 입지 결정 기준으로 가장 적합한지 확신하지 못하고 있다. 잘못된 기준들은 잘못된 나라로 진출하게 할 수도 있다.

토론사항

1. 퍼시는 그가 어느 나라로 먼저 확장해야 하는지에 대한 결정을 내리는 데 도움이 되는 몇 가지 도구를 조사하고 있다. 그는 이러한 도구들이 그가 영국, 독일, 핀란드를 평가하기 위해 어떤 특정한 요소들을 사용해야 하는지를 결정할 때 도움이 될 수 있다고 생각한다. 퍼시는 2016년 글로벌경쟁력보고서(2016 Global Competitiveness Report)와 2016년 세계경쟁력연감(2016 World Competitiveness Yearbook)을 모두 검토하고 있다. 두 문서에서 세 나라는 전혀 다른 등급을 받았다 이는 피트맨의 벽난로를 위한 중요한 결정이다. 비즈니스맨으로서 퍼시가 사용해야 할 두 가지 참고사항에 대해 당신의 의견은 무엇인가? 그 이유를 설명하라.
2. 퍼시는 가중요인 모델 내 5개 이상의 요인을 갖지 않기로 결정했다. 현재 그는 인건비, 날씨, 환경법, 미국과의 무역협정 등 네 가지 요인를 생각하고 있다. 그러나 그가 처음에 노동 기술, 노동 임금, 물질 공급, 환경법 등 이러한 요인들을 생각했던 상황을 곰곰이 생각하고 있었는데 당신은 마지막 네 가지 요인이 퍼시가 선택할 수 있는 가장 좋은 요인이라고 믿는가, 아니면 그가 원래 고려하고 있던 첫 네 가지 요인이 필요하다고 생각하는가, 아니면 다른 요인들이 있는가? 왜 그와 동의하는지 혹은 동의하지 않는지 설명하라. 또한 다섯 번째 요인은 무엇이 되어야 한다고 생각하는가?
3. 퍼시가 핀란드를 그가 국제 사업 확장을 시작하기 위한 최적의 장소로 선택했다고 가정하자. 이제 퍼시는 비용을 고려해야 한다. 그는 일년에 7,000개의 벽난로가 판매될 것으로 예상한다. 3개국에 대한 손익분기점을 계산하라. 퍼시는 여전히 핀란드를 최적의 장소로 생각해야 하는가 아니면 다른 나라를 선택해야 하는가? 예측이 5,000이라면 퍼시는 가중요인 모델을 무시해야 하는가? 왜 그런지 또는 왜 아닌지 설명하라.

장소	연 고정비	단위 변동비
핀란드	550,000달러	180달러
독일	450,000달러	200달러
영국	400,000달러	220달러

3. 오릴리 매니지먼트 솔루션

메리 오릴리(Mary O'Leary)는 매우 성공한 경영 컨설턴트다. 메리는 컨설팅 사업을 시작하기 전 여러 대기업에서 다양한 역할을 맡으며 일하였다. 메리의 강점은 오랫동안 확립된 경영 개념을 사용하되 이를 혁신적인 방법으로 적용하는 것이다.

결과적으로, 메리는 기업이 많이 찾는 컨설턴트가 되었다. 세월이 흐르면서 메리는 다른 매우 재능 있는 사람들을 고용하여 그녀의 접근법을 가르쳤다.

현재 오릴리 매니지먼트 솔루션(O'Leary Management Solutions)은 뉴욕에 위치해 있다. 하지만 그녀의 컨설턴트 회사는 미국 전역에서 사업을 운영한다. 이들은 32개 주에서 정기적으로 컨설팅을 진행하였다. 기술은 이동의 제한으로부터 벗어나게 해준다. 컨퍼런스콜(conference call), 이메일, 클라우드(cloud)를 사용한 파일 전송은 모두 오릴리가 고객과 긴밀하게 협력하는 동시에 자신의 시간을 효율적으로 사용하는 데 도움을 준다.

메리는 회사의 현재 상태를 돌아보고 미래를 내다보며 이제 두 번째 사무실을 열어야 할지 고민하였다. 기술이 도움이 되긴 하지만 메리는 직접 컨설팅(hands-on consulting)에 큰 믿음을 갖고 있다. 메리의 경험은 사람들을 직접 대면하는 것이 고객의 문제에 해결책을 찾을 때 결정적인 역할을 한다고 말한다. 하지만 대면 컨설팅은 점점 어려워지고 있는데 특히 서해안에 가까운 주에서는 더욱 어렵다.

메리는 이 아이디어를 직원들과 상의할 계획이지만, 그동안 그녀는 두 번째 장소를 선택할 때 어떤 요소들을 고려해야 하는지에 대해 개인적으로 브레인스토밍을 했다. 그녀의 직원들은 모두 열정이 넘치고, 고학력이며, 성공한 사람들이었고, 많은 사람에게 가족이 있었다. 이들은 비록 많은 휴가를 받지는 못하지만 휴가 기간을 즐긴다. 비록 정부 규제가 큰 문제는 아니지만, 그녀의 회사와 직원들에 대한 세금은 큰 문제가 된다. 메리는 장기적 관점에서 새로운 주가 미래 시장이 될 수 있는 것과 같은 추가적인 성장을 기대하는 것이 최선이라고 생각했다. 메리의 주요 마케팅 요소 중 하나는 사무실을 비즈니스 지역 내 높은 임대료 구역에 위치하는 것이다. 이는 그녀의 직원들을 단장하고 옷을 잘 입는 것만큼 중요하다. 첫인상이 종종 거래를 성사시키기 때문이다.

메리는 결국 제2의 사무실을 여는 것이 반드시 필요하다고 결심했다. 메리는 다음 주 목요일에 직원들과의 회의를 잡았고 이들에게 두 번째 사무실을 여는 이유를 설명하고 선정 기준에 대한 그녀의 생각을 공유할 계획이다. 또한 그녀는 직원 몇몇이 이사를 갈 것이기 때문에 어느 지역이 최선의 입지인지 피드백을 받을 계획이다.

토론사항

1. 이 책에서 입지 선정의 기준으로 사용되는 11가지 주요 지역사회 요인을 열거하였다. 메리는 모든 요소가 중요하다는 것을 알고 있다. 그러나 이 모든 요인을 사용하기에는 각

요인의 가중에 영향을 미치기 때문에 부적절하다. 그러므로 메리는 요인을 다섯 가지로 추리기로 하였다. 사례를 바탕으로, 메리와 그녀의 직원들은 어떤 요인을 선택해야 하는가? 선택한 구체적인 요인들이 메리의 회사와 관련이 있는 이유를 설명하라.

2. 1번 문제를 토대로 당신이 오릴리 매니지먼트 솔루션을 위해 선택한 다섯 가지 요인에 가중을 설정하라. 메리는 어떠한 요인도 같은 가중으로 설정하길 원하지 않는다. 왜 요인들을 이렇게 평가했는지, 즉 왜 한 가지 기준이 다른 기준보다 더 중요하거나 덜 중요한지 설명하라.

3. 메리는 삶의 질이 선택해야 하는 요인들 중 하나일 수도 있다고 생각하고 있다. 그러나 최적의 입지를 나타내는 좋은 지표가 되기에는 너무 일반적인 용어다. 따라서 메리는 삶의 질만을 위해 가중요인등급 매트릭스(weighted factor rating matrix)를 만드는 것이 최선일 것이라고 믿는다. 각 입지는 그 특정 기준을 통해서도 볼 수 있으며, 각 입지가 받은 점수는 더 넓은 선정 매트릭스(broader selection matrix)에 적용된다. 책에는 아홉 가지 삶의 질적 요인이 실려 있다. 이번에는 메리가 하위요인 가중요인등급 분석(subweighted factor rating analysis)에 4개 이하의 요인을 원한다. 어떤 네 가지를 추천하겠는가? 왜 그 네 가지를 추언하였는가? 당신은 어떻게 가중을 두겠는가? 그 이유를 설명하라.

미주

1. "Global Location Trends 2016 Annual Report," IBM Institute for Business Value; https://www-01.ibm.com/common/ssi/cgi-bin/ssialias?htmlfid=GBE03760USEN
2. Locations Quotes, BrainyQuote; https://www.brainyquote.com/quotes/quotes/e/ericschlos528614.html?src=t_locations
3. Senger, E., "The Pros and Cons of Business Clusters," HSBC Global Connections; https://globalconnections.hsbc.com/canada/en/articles/pros-and-cons-business-clusters
4. Amazon.com on Facebook; https://www.facebook.com/pg/Amazon/about/5. 2013 Amazon.com Annual Report; http://phx.corporate-ir.net/phoenix.zhtml?c=97664&p=irol-proxy
6. "Amazon Global Fulfillment Center Network," MWPVL International; http://www.mwpvl.com/html/amazon_com.html
7. Kim, E., "Latest Data Shows Where Amazon Might Be Headed Next—And It Should Terrify UPS and FedEx (AMZN)," *Business Insider*, October 19, 2015; http://www.businessinsider.com/amazon-logistics-facilities-update-2015-10
8. Porter, M., "Clusters and the New Economics of Competition," *Harvard Business Review*, November–December 1998.
9. Global Location Trends—2016 Annual Report, IBM Institute for Business Value, July 2016; https://www-01.ibm.com/common/ssi/cgi- bin/ssialias?htmlfid=GBE03760USENom/services/us/gbs/thoughtleadership/gltr2016/
10. "Behind the scenes at the FedEx Memphis Hub," FedEx Small Business Center; https://smallbusiness.fedex.com/fedex-hub-behind-the-scenes.html
11. "About FedEx," FedEx; http://about.van.fedex.com/our-story/global-reach/
12. Ferdows, K., "Making the Most of Foreign Factories," *Harvard Business Review*, March–April 1997: 73–88.
13. Ibid.
14. Ibid.
15. Ibid.
16. "What Is the WTO?" http://www.wto.org/english/thewto_e/whatis_e/whatis_e.htm
17. Evolution of Regional Trade Agreements in the World, 1948–2016; https://www.wto.org/english/tratop_e/region_e/regfac_e.htm
18. "The European Union at a Glance, Member States of the EU"; http://europa.eu/abc/european_countries/index_en.htm
19. Amadeo, K., "Advantages of NAFTA," *The Balance*, February

13, 2017; https://www.thebalance.com/advantages-of-nafta-3306271

20. "North American Free Trade Agreement (NAFTA)," Office of the United States Trade Representative; http://www.ustr.gov/trade-agreements/free-trade-agreements/north-american-free-trade-agreement-nafta
21. MERCOSUR; http://en.wikipedia.org/wiki/Mercosur
22. Association of South East Asian Nations (ASEAN); http://asean.org/asean/about-asean/
23. COMESA Vision and Mission; http://www.comesa.int/comesa-vision-and-mission/
24. COMESA Vision and Mission; http://www.comesa.int/comesa-vision-and-mission/
25. Common Market for Eastern and Southern Africa (COMESA); http://www.uneca.org/oria/pages/comesa-common-market-eastern-and-southern-africa
26. "Glossary of Statistical Terms," OECED; http://stats.oecd.org/glossary/detail.asp?ID=399
27. "IMD World Competitiveness Center," IMD; http://www.imd.org/wcc/
28. World Competitiveness Methodology and Principles of Analysis; http://www.imd.org/uupload/imd.website/wcc/methodology.pdf
29. "The Global Competitiveness Report 2016–2017," World Economic Forum; http://www3.weforum.org/docs/GCR2016-2017/05FullReport/TheGlobalCompetitivenessReport2016-2017_FINAL.pdf
30. "Competitive Alternatives: KPMG's Guide to International Business Locations Costs," KPMG, 2016 Edition; https://www.competitivealternatives.com/reports/compalt2016_report_vol1_en.pdf
31. Bell, K., "7 States That Don't Have a State Income Tax (And Two That Don't Tax Wage Income)," ABC News; http://abcnews.go.com/Business/states-income-tax-us/story?id=21490926#
32. 2016 Amazon.com Form 10-K; http://services.corporate-ir.net/SEC.Enhanced/SecCapsule.aspx?c=97664&fid=14806946
33. "Competitive Alternatives," KPMG's Guide to International Business Location Costs, 2016 Edition, KPMG; https://www.competitivealternatives.com/reports/compalt2016_report_vol1_en.pdf
34. North American Agreement on Environmental Cooperation: Part One Objectives; http://www.cec.org/about-us/NAAEC
35. "Competitive Alternatives," KPMG's Guide to International Business Location Costs, 2016 Edition, KPMG; https://www.competitivealternatives.com/reports/compalt2016_report_vol1_en.pdf
36. "Sustainable Development," WTO; https://www.wto.org/english/tratop_e/envir_e/sust_dev_e.htm
37. Craver, R., "Ashley Expanding Davie Workforce by 454 Jobs," *Winston-Salem Journal*, October 13, 2015; http://www.journalnow.com/news/local/ashley-expanding-davieworkforce-by-jobs/article_29d2b44e-06d1-5333-a75b-5a8c28aca1d5.html
38. "Fuyao Glass Investing $1 Billion in U.S. Factories: Chairman," *Reuters*, October 7, 2016; http://www.reuters.com/article/us-fyg-usa-idUSKCN1262M0
39. "Meet the Chinese Billionaire Who's Moving His Manufacturing to the U.S. to Cut Costs," *Fortune.com*, December 21, 2016; http://fortune.com/2016/12/22/us-china-manufacturing-costs-investment/
40. Chang, L., "China Is Now the World's Largest Solar Power Producer," *Digital Trends*, February 5, 2017; http://www.digitaltrends.com/cool-tech/china-solar-energy/
41. "Quality of Life," Wikipedia; http://en.wikipedia.org/wiki/Quality_of_life
42. Indicators—Quality of Life Progress Report, Jacksonville Community Council Inc.; www.jcci.org/jcciwebsite/pages/indicators.html
43. "Mexico's Drug War Leads to Kidnappings, Vigilante Violence," Time; http://world.time.com/2014/01/17/mexico-drug-war-kidnapping/
44. "Right-to-Work States"; www.nrtw.org/rtws.htm
45. Lui, K., "Meet the Chinese Billionaire Who's Moving Manufacturing to the U.S. to Cut Costs," Fortune.com, December 21, 2016; http://fortune.com/2016/12/22/us-china-manufacturing-costs-investment/
46. Lui, K., "Meet the Chinese Billionaire Who's Moving Manufacturing to the U.S. to Cut Costs," Fortune.com, December 21, 2016; http://fortune.com/2016/12/22/us-china-manufacturing-costs-investment/
47. Porter, M., "Clusters and the New Economics of Competition."
48. "Business Cluster," Wikipedia; https://en.wikipedia.org/wiki/Business_cluster
49. Manning, S., "New Silicon Valleys or a New Species? Commoditization of Knowledge Work and the Rise of Knowledge Services Clusters," *Research Policy*, 42, 2013: 379–390; https://en.wikipedia.org/wiki/Business_cluster
50. Report of the World Commission on Environment and Development: Our common future; http://www.un-documents.net/our-common-future.pdf
51. The United Nations Framework Convention on Climate Change; http://unfccc.int/2860.php
52. Radford, T., " Spring Moving Forward at Record Rate," *Climate News Network*, March 1, 2017; http://climatenewsnetwork.

net/spring-moving-forward-record-rate/

53. Radford, T., " Spring Moving Forward at Record Rate," *Climate News Network*, March 1, 2017; http://climatenewsnetwork.net/spring-moving-forward-record-rate/

54. "Sustainable Development"; http://en.wikipedia.org/wiki/Sustainable_development

55. Kell, J., "Reebok Is Bringing Some of Its Shoemaking Back to U.S." *Fortune*, October 20, 2016; http://fortune.com/2016/10/20/reebok-new-shoe-manufacturing/

56. "Does New Balance Manufacture Shoes in United States?" New Balance FAQs; https://support.newbalance.com/hc/en-us/articles/213335077-Does-New-Balance-Manufacture-Shoes-In-The-United-States-

57. Raleigh, P., and R. Miel, "Adidas, Reebok to Ramp up Manufacturing in U.S.," *European Rubber Journal and Plastic News*, December 9, 2016; http://www.rubbernews.com/article/20161209/NEWS/311289998/adidas-reebok-stride-toward-u-s-manufacturing

58. France-Presse, A., "Reebok Reshores Shoe Manufacturing, Though Still at a Small Scale," *Industry Week*, October 24, 2016; http://www.industryweek.com/global-economy/reebok-reshores-shoe-manufacturing-though-still-small-scale

59. 3D Printing, Wikipedia; http://en.wikipedia.org/wiki/3D_printing

60. America Makes; https://www.americamakes.us/about/overview

61. Quito, A., "Dentists Will Soon Be Able to 3D Print You a New Tooth in Minutes," *Quartz*, March 28, 2015; https://www.americamakes.us/about/overview

62. Wright, I., "Can 3D Drawing Bring Shoe Manufacturing Back to America?" *Engineering.com*, October 24, 2016; http://www.engineering.com/AdvancedManufacturing/ArticleID/13488/Can-3D-Drawing-Bring-Shoe-Manufacturing-Back-to-America.aspx

63. Brilliant Factory: Boosting Productivity by Re-imagining the Way We Design, Manufacture and Service Products, GE; https://www.ge.com/stories/brilliantfactory

64. Cochet, P., "Viewpoint: From Assembly Line to 'Digital Thread,' the Factory of the Future is Here," *Boston Business Journal*, October 7, 2016; http://www.bizjournals.com/boston/news/2016/10/07/viewpoint-from-assembly-line-to-digital-thread-the.html

65. Scott, A., "Boeing's Space Taxis to Use More Than 600 3D-Printed Parts," *Science News*, Reuters, February 3, 2017; http://www.reuters.com/article/us-boeing-space-exclusive-idUSKBN15I1HW

12장

서비스 응대 실행 계획

SERVICE RESPONSE LOGISTICS

유니온페이(UnionPay)는 시중 은행 및 대형 휴대폰 제조사들과 함께 모바일 퀵패스(QuickPass)를 세계적으로 출시했다. 이는 화웨이, ZTE, 애플과 같은 휴대폰 브랜드에 적용되고 다수의 지불 방법이 있다. 유니온페이는 해외에서의 모바일 퀵패스 출시를 가속화시키고 카드 소유자에게 안전하고 편리하며 국경을 넘나드는 지불 경험을 전달하기 위해 네트워크와 기술력을 이용할 것이다. 클라우드 퀵패스를 세계적인 규모로 확장시키는 것 또한 유니온페이에게는 중요하다.

Cai Jianbo,
CEO of UnionPay International[1]

우리는 서비스 수용력을 충분히 갖고 있지 않다. 우리가 지난 5~7년 동안 판 차량을 가지고 소매업자들은 자신의 이익을 확장에 투자해야 한다.

Tom Doll,
Subaru of America President[2]

학습목표

- 서비스를 위한 공급사슬관리가 제조사의 공급사슬관리와 어떻게 다른지 이해한다.
- 서비스 응답 실행 계획을 정의하고 그 요소들을 설명한다.
- 서비스 레이아웃의 중요도를 이해하고 해당 기법들을 이용해 레이아웃을 분석한다.
- 서비스 용량, 대기시간, 배포 및 품질관리를 위한 전략에 대해 설명한다.
- 대기열 시스템 설계 문제를 이해하고 대기열 특성을 계산한다.
- 고객이 인식하는 대기시간을 관리하기 위해 다양한 기법을 사용한다.
- 서비스에 사용할 수 있는 다양한 유통경로를 이해한다.
- 서비스 품질을 정의하고 이를 측정 및 개선하는 방법을 설명한다.

트럭을 이용한 복합 물류 시스템는 항공화물의 공급사슬에서 항상 중요한 연결고리 중 하나였지만, 화물이 한 공항에서 다른 공항 또는 배송 지점으로 운송되기 때문에 주로 보이지 않는 연결고리로 작용하였다. 캘리포니아에 본사를 둔 멕스프레스 인터내셔널(Mexpress International)은 다음 날 항공 및 2일째 항공(second-day air) 솔루션을 제공하기 위해 미국-멕시코 국경지대를 따라 국경을 넘는 공항 간 복합 물류 서비스를 기반으로 한 사업을 전개했는데, 이는 LTL(less-than-truckload)와 FTL(full-truckload) 트럭 운송을 동시에 이용한 것이었다. 멕스프레스는 짐을 분해하지 않고, 각 트레일러를 그대로 한 트럭에서 다른 트럭으로 이동시킨다. 카를로스 듀론 사장은 "유럽/아시아에서 출발하는 항공화물을 취급하기 때문에, 환적하기 위해서는 미국 입국 서류를 세관 및 국경경비대에 제출해야 한다."고 말했다.

멕시코에는 많은 공항이 항공화물 수송을 처리할 기반 시설이 부족하고, 멕시코시티의 주요 국제공항과의 거리를 감안할 때 아시아와 유럽의 화물 공항과 직접적인 연결이 없기 때문에, 멕스프레스의 보세 서비스(bonded services)는 급속히 확장되었다. 멕시코의 작은 도시들로 향하는 국제화물 중 상당수는 먼저 로스앤젤레스(LAX)나 댈러스(DFW)에 도착한 후, 항공이나 도로를 통해 멕시코로 이동한다. 듀론에 따르면, "일반적으로 국제선을 통하여 운송되는 팔레트의 화물은 광동체 항공기(wide-body aircraft)를 기준으로 적재되어, 국내선에서사용되는 협동체 항공기(narrow-body aircraft)에는 맞지 않기 때문에 먼저 멕시코시티 또는 과달라하라로 운송된 다음, 그곳에서 최종 목적지로 환적/운송하는 방법을 이용하거나, 멕스프레스를 통해서 최종 목적지로 운송는 단순명료한 방법을 선택해야 한다." 판매 총책임자인 마이크 가멜은 멕스프레스가 LAX나 DFW에서 멕시코 중소도시로 FTL 서비스를 제공하는 것이 "항공화물 운송 과정보다 최소한 하루 이상 빠르게 이들 지역으로 도착한다."고 주장한다.

멕스프레스는 국경의 관습을 개선하기 위한 해결책으로 보세 화물운송 사업을 개발했다. 이 프로그램의 초기 승인을 위해서는 멕시코의 내부 수입 서비스인 하키엔다와의 협력이 필요했으며, 멕시코의 보세 트럭 운송 권한을 획득하기 위해서는 멕시코 관세청과의 협력이 필요했다. 한때 관세 없는 국경 통과에 장애물로 여겨졌던 멕시코 세관과 지역 마킬라도라 협회는 이제 멕스프레스 서비스 확장을 지지하는 큰 조력자들 중 하나가 되었다. 목적지 공항에서 통관을 마친 멕스프레스 화물은 과거에는 최종 목적지까지의 배송을 위하여 운송업자를 바꾸는 절차가 필수적으로 적용되었다. 현재 이 회사는 고객에게 멕스프레스사가 최종 목적지까지의 배송을 포함한 모든 과정을 처리하는 옵션을 제공하고 있다. 가멜은 "이 프로그램은 약 1년 동안 진행되어 왔다."고 말했다. 그는 "국경을 넘는 전자상거래 수요가 증가한 결과"라고 덧붙였다. "우리의 고객은 계속해서 이 서비스를 요구하고 있다. 그들의 고객들 – 전자상거래, 제조업자, 화물 운송업자 등 – 이 이 서비스를 계속 요구하기 때문이다."[3]

개요

본문에서 지금까지 논의된 공급사슬관리의 개념은 대부분의 서비스업체에 적용될 수 있지만, 본 장에서는 특히 서비스업체와 제조업체 간의 서비스 활동에 적합한 공급사슬관리 개념을 소개하고 논의한다. 서비스회사들은 최종 제품의 유형성, 생산 과정에서의 고객의 참여, 제품 품질의 평가, 최종 제품에 포함된 노동 내용, 설비 위치 고려사항 등 여러 가지 면에서 제조업체와 다르다. 대다수의 서비스는 고객에게 실질적인 제품을 거의 제공하지 않는 **순수한 서비스**(pure services)로 간주된다. 컨설턴트, 변호사, 연예인, 주식 중개인 등이 그 예다. 또 다른 서비스는 식당, 수리 시설, 운송업체, 공공 창고와 같은 유형 구성요소를 포함하는 형태로, 최종 단계에서 유형의 제품을 제공하는 특징을 가진 서비스로 분류된다. 반면, 대부분의 제조업체는 고객 콜센터 및 유지보수, 보증수리 및 배송 서비스와 같이 비교적 작은 부수적 서비스 구성요소를 가진 유형 제품을 주 품목으로 보유하고 있다.

대부분의 서비스에서 고객은 직접 또는 간접적으로 서비스 자체의 생산에 관여한다. 이런 의미에서 서비스는 **명시적인 효용**(state utility)을 제공하는데, 이는 서비스가 고객이 소유한 물건(예: 물품의 운송 및 보관, 기계 수리, 머리카락 자르기, 건강관리 등)에 무언가를 작용하게 된다는 것을 의미한다. 서비스를 수행하는 동안 서비스회사와 고객 사이의 상호작용을 관리하는 것이 이 장의 주제로서, 서비스 조직의 궁극적인 성공에 가장 중요한 요소에 대하여 설명한다.

소비자의 최초 방문과 반복적인 이용을 위해서는 서비스회사가 고객의 근처에 위치해야 한다. 또한 고객이 원하는 것이 무엇인지 알아야 하고, 이러한 요구들을 효율적으로 신속하게 충족시킬 수 있어야 한다. 이를 위해 서비스회사들은 서비스 제공에 도움이 되는 기술과 장비를 획득해야 하고, 고객을 지속적으로 만족시킬 수 있는 적합한 시설을 갖추어야 하며, 네트워크 및 서비스 절차를 제공하기 위한 직원을 적절히 고용, 훈련 및 배정해야 한다. 또한 서비스 제공 중에 발생하는 문제나 오류는 서비스 제공 시간 증가, 고객 만족도 감소, 서비스 품질에 대한 인식 저하, 현재 및 미래의 매출 손실을 의미한다는 것을 명심해야 한다.

선진국의 서비스업 비중이 증가하며 인터넷에만 존재하는 세계적인 "e-기업"들이 등장함에 따라, 오늘날 세계 경제에서 서비스의 중요성은 더욱 분명해지고 있다. 또한 제조업에서의 생산성이 높아짐에 따라 제품을 만드는 데 필요한 노동자의 수는 줄어들고 있으며, 서비스업에서의 일자리가 감소하는 제조업의 일자리를 대체하고 있다. 예를 들어, 미국에서는 서비스가 2014년 국내총생산(GDP)의 약 78%를 차지했는데, 이는 2006년의 76%에 비해 증가한 것이다. 영국에서는 서비스업이 GDP의 약 80%를 창출하였고, 프랑스에서는 79%를 창출하였으며, 일본에서는 73%를 창출하였다. 이와는 대조적으로, 아프가니스탄, 캄보디아, 에티

오피아, 인도네시아와 같은 개발도상국의 경우에는 서비스업이 GDP를 창출하는 비중이 다소 낮았는데, 각각 54, 42, 43, 45%를 창출하였다. 2014년 기준 국내총생산 대비 서비스 비중이 가장 높은 나라는 홍콩으로 93%였으며, 최하위를 기록한 국가는 콩고로 26%를 차지하는 것으로 나타났다.[4]

오늘날의 성공적인 기업들은 더 나은 가치를 제공하기 위해 제품 전달(product offering)에 있어 고객이 원하는 서비스 요소를 식별하고 개선하는 데 큰 노력을 기울이고 있다. 기업들의 이러한 노력은 서비스 운영과 서비스 대응 계획의 핵심이다. 먼저 서비스 운영을 전반적으로 살펴본 후, 서비스 대응 계획에 대해 구체적으로 논의해보고자 한다.

서비스 운영 개요

서비스에는 소매업자, 도매업자, 운송 및 저장 회사, 의료 제공자, 금융기관, 학교, 부동산 회사, 정부기관, 호텔 및 컨설팅 회사와 같은 조직이 포함된다. 1950년대 이후 미국 노동력 분야에서 제조업과 농업에 대한 서비스가 차지하는 비율은 상당히 크게 증가하고 있으며, 고용시장에 진출하는 현재의 대학 졸업자들은 서비스직에 종사할 가능성이 매우 높다. 여러 선진 경제에서는, 인구가 더 많은 부를 창출했기 때문에, 서비스에 대한 요구가 증가하여 왔다. 예를 들어 1960년에 미국인들은 개인 수입의 46%를 서비스에 지출했다. 오늘날 미국인들은 67% 이상을 서비스에 쓴다.[5]

중국 다음으로 세계 2위의 신흥 경제국으로 부상한 인도는 서비스 부문의 지속적인 성장을 경험하고 있다. 그들의 경제는 전통적인 농업 기반 경제에서 서비스 중심의 경제로 전환되고 있으며, 인도의 전체적 생활수준 또한 향상됨과 동시에 내수소비가 증가하고 있다. 이러한 현상은 인도 회사들의 전반적인 생산성과 경쟁력을 강화시켜 더 높은 가치의 일자리를 창출하는 데 도움이 되었으며, 현재 인도는 GDP에서 약 52%를 서비스가 차지하는 나라가 되었다.[6] 이러한 변화 아래, 그동안 적극적으로 진출하지 않았던 다국적 레스토랑 체인이 인도시장으로 빠르게 진입하고 있다. 타코벨, KFC, 피자헛을 운영하는 기업인 Yum!은 2009년 말 230개에서 2017년 677개로 인도에서 빠른 성장세를 보이고 있으며, 도미노피자 역시 2017년 1127개 점포와 함께 인도에 진출한 후 현재 더 많은 매장 오픈을 계획하고 있다.[7]

재화와 서비스의 차이점 중 일부는 아래와 같다.

- 서비스는 '재고화'될 수 없다. 일반적으로 서비스는 생산되는 동시에 소비된다. 항공기가 착륙하거나, 외과수술을 하거나, 법률적 조언 등을 하면 고객은 서비스를 "소비"하는 것이다. 이러한 이유로, 서비스는 종종 낮은 수요 기간 동안 직원을 어떻게 활용하고 바쁜 기간 동안 어떻게 효과적으로 고객에게 서비스를 제공할 수 있는지에 대한 방법을 찾는

데 어려움을 겪는다.

- 서비스는 유일성 특징을 가지고 있다. 잘 훈련되고 동기부여가 된 직원을 가진 고품질 서비스 제공자들은 각 고객을 만족시키기 위해 서비스를 맞춤화할 수 있는 능력을 가지고 있다. 보험 정책, 법률 서비스, 심지어 패스트푸드 서비스는 독특하게 설계되어 고객에게 제공될 수 있다. 따라서 직원 고용과 훈련은 개별적인 고객 요구를 충족시키기 위한 중요한 문제가 된다.
- 서비스는 고객과 직원 간의 상호작용이라는 특징을 가지고 있다. 서비스에는 구매한 제품을 구매자 시설의 특정 위치에 납품하거나, 데이터를 분석하거나, 고객 질문에 답변하거나, 불만사항을 해결하거나, 기계를 수리하는 등의 높은 수준의 직원의 주의가 필요한 경우가 많다. 요즘은 서비스에서 많은 부분을 자동화 또는 표준화함으로써 비용을 절감하고, 생산성을 향상시키기 위해 일부 서비스를 제공할 때 고객을 활용하는 방법을 찾고 있다. 지난 몇 년 동안 온라인 쇼핑, 식료품점에서의 셀프계산대, 그리고 스스로 세금을 완납하는 것과 같은 자동화된 셀프서비스가 급속하게 성장하는 것은 이에 따른 변화라고 할 수 있다.
- 서비스는 분산되어 있다. 서비스 시설은 서비스를 재고화할 수 없다는 점과 타사와의 경쟁 때문에 분산되어야 한다. 그러므로 교통량이 많은 좋은 장소를 찾는 것은 서비스업에 있어 매우 중요하다. (심지어 인터넷 기반 서비스조차 검색엔진을 사용하는 사람들이 쉽게 볼 수 있는 자리에 광고를 배치해야 한다.)

그러므로 서비스는, 제조업을 영위하는 기업에서는 서비스에 대하여 독립적 조직 또는 소규모 부서 여부를 떠나 다양한 서비스 특성을 고려하고 적용하는 방식으로 관리되어야 한다. 다음은 여러 서비스 요소에 대해 논의한다.

서비스 생산성

생산성의 기본 척도는 다음과 같은 공식으로 나타낼 수 있다.

$$\text{생산성} = \frac{\text{생산된 산출물}}{\text{투입물}}$$

여기서 생산되는 서비스 산출물은 고객 수, 수행된 서비스의 개수 또는 매출일 수 있으며 투입물은 **단일요인에 대한 생산성**(single-factor productivity) 측정의 경우 노동시간 또는 노동임금 등 하나의 요인이 투입된다. **다중요인에 대한 생산성**(multiple-factor productivity)을 측정하는 경우에는 인건비, 재료비, 에너지 및 자본 비용 등 투입요인의 합계로 나타낼 수 있다. 기업 조직에서 사용되는 생산성 측정은 관리자의 선호도 또는 산업표준에 기반하여 수행되며, 기업

SCM PROFILE

서비스 생산성이 경제를 이끈다

변호사, 회계사, 경영 컨설턴트들은 2008년 이후 영국 부족액의 거의 4분의 1을 설명하는 영국의 생산율 문제의 핵심이다. Financial Times 조사에 따르면, 세계 경제위기 이후 생산성 증가의 침체는 주로 전문 서비스, 통신 및 컴퓨팅, 은행과 금융, 제조업 등 4개 부문으로 설명된다. 외환위기 이전 근로자 1인당 국가 생산량 향상에 중요한 역할을 했던 업종들은 이제 빛을 잃었다.

생산성 증가의 감소는 세계 경제의 가장 시급한 문제며 영국은 선진 7개국(G7)의 그 어느 회원국보다도 시급하다. 통계청은 2007년 이후 몇 년간 생산성 증가가 없었던 것은 전후(戰後)에 유례가 없는 일이라고 밝혔다.

전문 서비스의 생산성은 불황으로 인해 사업이 어려움에 직면하는 데도 불구하고 기업이 직원을 해고하는 것을 꺼려함으로써 더 나은 생산성을 위한 신입사원의 채용이 늦어지는 등과 같은 여러 가지 이유로 인해 정체되어 왔다. 2008년 이후 생산성 증가의 부재는, 영국 국민 생활수준의 취약성을 설명하는 좋은 예가 되고 있다.

2008년 금융위기 이전 수십 년간 영국의 연간 생산성 증가율은 평균 1.75%에 달했다. 그럼에도 불구하고 변호사, 회계사, 경영 컨설턴트 등 전문 서비스는 1997년과 2008년 사이에 평균 3.8%를 기록했다. 금위기 이후 생산성은 2008년 최고치보다 약간 낮은 수준으로 유지되어, 생산성 성장이 연간 1.75%로 계속될 것이라고 주장했던 영국은행과 예산책임국(Office for Budget Responsibility)의 예측에 어긋난 결과를 보였다.[8]

들은 생산성을 측정하여 직원 교육, 장비 또는 기술 투자 및 비용 절감 노력에 대한 성공을 측정하고 활용한다.

생산성과 시간의 경과에 따른 성장은 일반적으로 기업 또는 국가의 경제적 성공을 가늠하는 지표로 사용되고 있다. 대부분의 서비스에서 자동화는 생산성을 계산할 때 복잡한 계산을 야기하는 문제가 될 수 있으며, 서비스의 생산량 단위당 노동은 공산품에 비해 상당히 높을 수 있다. 이 두 가지는 한 나라의 경제가 제조업에서 벗어나 서비스 중심의 산업구조로 재편되는 경우에 국가의 생산성 증가율을 감소시키는 요인으로 작용할 수 있다. 미국의 경우 서비스 위주의 산업구조가 고도화되면서, 비농업 노동생산성 증가율은 1950년대 연간 약 2.8%에서 오늘날 연간 약 1.2%로 감소했다.[9] 이러한 복잡성과 영향력으로 인하여 서비스산업의 성장으로 인한 서비스 생산성의 변화는 현재 전 세계의 선진국들을 좌지우지하고 있으며, 이는 2008년 경제불황 이후 생활수준에 큰 혼란을 가져오기도 하였다. SCM PROFILE은 영국에서 발생했던 이와 관련된 문제에 관한 논의이다.

이 생산성 증감 문제는 미국의 저명한 경제학자 윌리엄 바우몰의 이름을 따서 **바우몰병**(Baumol's disease)이라고 불렸다. 1960년대에 그와 그의 동료인 윌리엄 보웬은 생산성 향상이 서비스 중심 경제에서 상대적으로 낮은 경향이 있다고 주장했다. 그리고 이는 1970년대 중반부터 1990년대 중반까지 미국에서의 연평균 생산성 증가율이 1.5%로 상대적으로 낮은 기록을 보이며 실제로 확인되었다. 그러나 1990년대 중반 이후 미국의 생산율은 오르락내리락 하면서, 정보기술의 호황으로 월마트와 같은 많은 대형 유통업체가 큰 생산성 증가율을 실현하게 되었다고 가정하는 **월마트 효과**(Walmart effect)와 같은 다른 이론들도 세워졌다. 오늘날 일부 경제학자들은 심지어 바우몰의 병이 "치유되었다"라고도 말하고 있다.[10] 서비스 생산성의 예는 〈예제 12-1〉에 나타나 있다.

〈예제 12-1〉 울트라 스키숍에서의 생산성

울트라 스키점은 매년 15주 동안 스노우 스키를 대여하고 5명을 고용한다. 사장은 아래 표시된 데이터를 사용하여 생산성을 측정하고자 한다.

투입 및 생산	2015	2016
스키 렌탈 수익	$66,000	$69,500
인건비	$10,800	$11,600
임대료	$24,000	$24,500

단일요인 생산성

2015: 노동 생산성 = $66,000판매/$10,800 = 노동비용당 6.11 판매$
임대 생산성 = $66,000/$24,000 = 임대비용당 = 2.75 판매$

2016: 노동 생산성 = $69,500판매/$11,600 = 노동비용당 5.99 판매$
임대 생산성 = $69,500/$24,500 = 임대비용당 2.84 판매$

다중요인 생산성

2015: $66,000판매/[$10,800 + $24,000] = 투입비용당 1.90 판매$
2016: $69,500판매/[$11,600 + $24,500] = 투입비용당 1.93 판매$

노동 생산성은 2015년에서 2016년까지(5.99−6.11)/6.11=−0.02=−2% 증가했다. 임대 생산성은 2015년에서 2016년까지 (2.84−2.75)/2.75=0.033 또는 3.3% 증가했다. 다중요인 생산성은 (1.93−1.90)/1.90=0.016 또는 1.6%로 증가했다. 울트라 경영진은 2015년부터 2016년까지 스키 수입보다 인건비가 더 빨리 오른 이유를 살펴봐야 한다.

인건비가 높은 서비스에서는 노동비용을 생산성 투입으로 간주하기 때문에 생산성 향상을 위한 방법으로 인건비를 줄이고자 하는 욕구가 있는 경우가 많다. 이것은 기업들이 더 낮은 인건비가 드는 지역으로 옮기거나, 다른 곳에 일자리를 위탁하거나, 더 낮은 비용의 서비스 제공업체를 고용하거나, 근로자를 해고하는 원인으로 작용한다. 하지만 비용 외 측면에서는 재배치를 했을 때 예상치 못한 비용이 발생할 수 있고, 아웃소싱은 경영권을 축소하며, 인력을 줄이는 것은 직원의 사기, 서비스 품질 및 서비스 가용성에 부정적인 영향을 미칠 수 있기 때문에 이러한 전략은 위험할 수 있다.

서비스 생산성을 높이기 위한 다른 전략은 생산성 방정식에서의 분자, 즉 산출물을 조정하는 것이다. 기업이 기술이나 자동화를 사용하여 산출물을 증가시키는 것이 그 한 예다. 펜실베이니아 Pembroke Consulting의 Adam Fein 사장은 "창고에서 무선 네트워크의 생산성 향상은 주문처리, 재고관리 또는 선택과 같은 잠재적으로 오류가 발생하기 쉬운 인간 활동을 기술로 대체하는 데서 온다."고 말한다. 생산성 향상은 또한 더 나은 교육과 훈련을 통해 실현될 수 있으며, 이는 궁극적으로 생산성 방정식의 투입과 생산 모두에 영향을 미칠 수 있다. 영국의 물류회사인 Hallmark Consumer Services는 창고관리 소프트웨어(WMS) 애플리케이션을 구입한 뒤 창고 직원들에게 시스템 운영에 필요한 교육을 제공했다. Hallmark의 Chris Hall 전무이사는 "훈련 비용으로 7,500파운드가 들었는데 첫 해에 생산성 향상만으로 7,000파운드를 벌었다."고 말했다. "WMS는 2만 파운드의 투자였으며, 3년 이내에 인건비 절감액만으로 그 비용을 충당하게 될 것이다."[11]

서비스의 생산성 향상은 소비자의 개인맞춤형 서비스에 대한 욕구, 서비스 자체의 특성에 따른 품질 평가의 어려움 때문에 기업 입장에서의 측정과 달성이 상당히 어려울 수 있다(예를 들어, 차량이 제대로 수리되었는가, 그 고객은 적절하게 변호되었는가, 고용된 코미디언은 재미있었는가 등). 서비스 품질에 대한 논의는 이 장의 뒷부분에서 다뤄질 것이다.

글로벌 서비스 문제

세계 경제가 개선되고 서비스 수요가 늘어나면서, 서비스산업의 성장과 수출이 세계 곳곳에서 일어나고 있다. 몇 년간 지속되는 세계적인 불황에 따라 많은 서비스가 경쟁력을 유지하고 확장하기 위한 방법을 찾고 있다. 플로리다에 있는 노동력 솔루션 제공업체인 ZeroChaos가 북유럽 및 유럽 지역으로 확장한 것은 그에 대한 한 가지 예이다. ZeroChaos의 Harold Mills 대표는 "스웨덴 시장과 북유럽 지역은 확장기에 좋은 지역이다."라고 말하며, "우수한 시장 안정성과 거의 5%의 GDP 성장은 우리의 성장 계획에 많은 기회를 제공했다."고 덧붙였다. 영국의 중소기업 자금 전문가 회사인 Bibby Financial Services는 2011년에 홍콩과 뉴질랜드의 사업을 시작함으로써 아시아 태평양 지역에서 입지를 확장했고 이어서 2012년에 싱가포르에 첫 지점을 열었다. 최고경영자 Simon Featherstone은 "우리의 가장 중요한 목표는 전 세계 수많은 중소기업의 자금 지원 요건을 지원하는 것이며, 이 최근 모험으로 인해 우리는 유연한 무역 금융 패키지를 지속적으로 개발할 수 있을 것"이라고 말했다. 영국의 금융자문기관인 deVere Group은 2011년에 전 세계 100개 지점을 추가로 개설하기 시작했다. 최고경영자 Nigel Green은 "이는 주요 성장 시장에서의 존재감을 높이고 글로벌 성장 전략을 뒷받침하기 위한 deVere의 지속적인 지리적 확장 계획의 일환"이라고 설명했다.[12]

서비스가 해외시장으로 확장될 때, 그것을 성공적으로 관리하는 데는 몇 가지 중요하게 다뤄야 할 문제가 있는데 이는 다음과 같이 정리할 수 있다.

- 노동력, 시설 및 인프라 지원: 문화적 차이, 교육 및 전문성 수준은 지역 인적자원에 익숙하지 않은 기업들에게 문제가 될 수 있다. 기업은 또한 가장 적절한 지원 시설, 공급자, 운송 제공자, 통신 시스템 및 주택을 찾는 데 능숙해야 한다.
- 법적, 정치적 문제: 국내법은 외국 경쟁자를 제한하거나, 특정 자원의 사용을 제한하거나, 가격에 관세를 붙이거나, 그렇지 않으면 외국 서비스에 장벽을 둘 수 있다. 일부 국가에서는 외국 기업이 국내 사업 파트너와 합작회사를 설립하도록 요구하고 있다.
- 국내 경쟁자들과 경제 환경: 회사 경영자들은 지역 경쟁자들, 그들이 제공하는 서비스, 그들의 가격결정 구조, 그리고 지역 경제의 현재 상태를 알고 있어야 한다. 기업들은 지역적 경쟁우위를 얻기 위해 서비스를 수정함으로써 경쟁 전략을 고안할 수 있다.
- 글로벌 고객 식별: 가장 중요한 것은 관리자가 인터넷, 외국 정부 기관, 무역 파트너 또는 외국 무역 중개인을 이용하여 잠재적인 글로벌 고객의 위치를 알아내야 한다는 것이다. 잠재적 고객이 확인되면 관리자는 이러한 고객의 요구에 맞게 서비스 제품을 수정하기 시작할 수 있다.

글로벌 서비스 확장에 대한 자세한 내용은 장 뒷부분에서 확인할 수 있다.

서비스 전략 개발

제조 및 서비스 조직은 비용 우위, 차별화 및 포커스라는 세 가지 일반적인 경쟁 전략 중 하나 이상을 사용한다.[13] 이러한 전략 각각은 서비스와 관련하여 아래에서 간략히 설명된다.

비용 우위 전략

기업이 **비용 우위 전략**(cost leadership strategy)을 사용하기 위해서는 자동화된 생산 장비에 대한 대규모 자본 투자, 비용에 대한 통제 및 절감, 작업의 첫 단추를 잘 꿰는 것, 서비스의 표준화, 비용에 민감한 소비자에 대한 마케팅 집중 등 여러 영역에 대해 심혈을 기울여야 한다. 월마트는 고객을 끌어들이고 유지하기 위한 방법으로 매일 낮은 가격 전략을 사용하는 데 성공했다. 월마트는 판촉을 이용하지 않는 대신 경쟁사보다 저렴한 가격에 제품을 제공함으로써 고객을 유치하는 데 성공하고 있는데, 이는 대량구매와 매우 효율적으로 구성된 공급사슬 체계를 구성하는 데 성공했기 때문이라고 할 수 있다. 맥도날드, 이케아, 사우스웨스트항공 등도 비용 우위 전략을 사용하는 기업이다.[14]

차별화 전략

차별화 전략(differentiation strategy)을 구현하는 것은 독보적이고 독특한 서비스 창출에 기반을 두고 있다. 독특함은 고객서비스 우수성(리츠칼튼 호텔), 브랜드 이미지(구글 로고의 공휴일 변동성), 다양성(베스트 바이의 상품), 기술 사용(사우스웨스트항공의 티켓팅 웹사이트와 이들의 ding 알람) 등 다양한 형태를 취할 수 있다. 이 외에도 차별화 전략은 회사들이 고객의 말에 귀를 기울이는 데 주력하는 것을 통하여 만들어지기도 한다. 서비스기업은 전화, 상점 위치, 카탈로그, 소셜 미디어, 온라인 사이트와 같은 소비자와의 다양한 접점을 통해 보다 효과적으로 고객을 끌어들이고 있다. 뉴욕에 본사를 둔 Citigroup은 소셜 미디어에 정통한 것으로 잘 알려져 있다. "돈은 매우 민감한 주제이다."라고 Citigroup의 글로벌 소비자 최고 마케팅 책임자이자 인터넷 담당자인 Michelle Peluso는 말한다. "소셜 미디어를 통해 우리가 할 수 있는 일 중 하나는 사람들이 우리의 브랜드, 우리의 경쟁자, 우리의 산업, 제품 및 서비스에 대해 말하는 것을 듣는 것이다."[15] 차별화는 반드시 높은 비용과 가격을 의미하지는 않는다. 그것은 단지 서비스회사가 자사 서비스 제품에 독특한 요소를 제공하는 능력을 의미한다. 많은 경우 고객이 기꺼이 해당 기업의 서비스에 대해 더 많은 비용을 지불할 의향이 있음을 의미할 수 있다. 광고, 로고, 이미지, 그리고 회사의 명성은 모두 서비스의 잠재적 고객 사이의 독특성에 대한 인식을 형성하는 데 영향을 주는 요소가 될 수 있다.

집중화 전략

집중화 전략(focus strategy)은 전체 시장을 대상으로 하는 다른 회사들보다 좁은 목표시장이나 틈새시장을 효과적으로 지원할 수 있는 서비스를 말한다. 이러한 틈새시장을 전문으로 하는 회사들은 고객의 특정한 요구에 맞는 맞춤형 서비스와 고객 개개인에 최적화된 전문지식을 제공할 수 있다. 예를 들어, 동네의 작은 취미용품 가게는 까르푸나 월마트와 같은 대형 매장과 같은 제품을 몇몇 판매하지만, 고객으로부터 세부적인 요구사항 확인 등이 용이해 대형마트보다 취미 활동 애호가의 요구를 더 크게 충족시킬 가능성이 높다. 또한 각 시장의 틈새에서 기업들은 차별화 또는 비용 우위 전략의 특성을 보일 수 있다. 플로리다에 본사를 둔 French Fry Heaven은 고급 감자튀김 레스토랑으로 2011년부터 시작해 다양한 종류의 감자튀김과 감자를 판매하고 있다. 그들은 좁은 패스트푸드 업계에서 틈새시장에 집중함으로써 성공을 거두었다. 그들이 제시하는 서비스 임무는 다음과 같다. "지구상에서 최고의 감자튀김을 대접하기 위해서, 사람들이 배고픈 곳이라면 어디든지 있고, 사람들 얼굴에 미소를 남기면서, 그리고 세계에 상당히 긍정적인 영향을 주도록 하라!" 이를 바탕으로 그들은 애리조나, 오하이오, 텍사스, 뉴저지 등 전국적으로 영업망을 확장하고 있다.[16]

서비스 전달 시스템

고객은 서비스를 구매할 때 명시적 서비스 자체(은행에서의 현금 보관 및 사용), 지원 시설(은행 건물, 웹사이트), 상품(청구서식, 잔고증명, 로비의 커피) 및 암묵적 서비스(보안, 은행의 우호적인 분위기, 개인 정보 보호 및 웹 사이트의 사용자 친화성)를 포함한 속성 묶음을 실제로 구매한다. 성공적인 서비스는 비용 절감에 기반한 서비스 속성 묶음을 제공하면서도 고객 요구사항을 불만 없이 충족시키는 것을 의미한다. 서비스 매니저는 회사의 **서비스 묶음**(service bundle)을 정의한 다음, 가장 효과적인 전달 시스템을 설계한다.

서비스 제공 시스템(service delivery system)은 대량 생산과 낮은 고객접촉(예: ATM)과 고도로 맞춤화된 높은 고객접촉 시스템(예: 고급 미용실) 사이에서 설정된 체계를 바탕으로 서비스가 이루어진다. 이의 연장선상에서 기업은 각 기능 영역의 효율성을 극대화하기 위한 방안으로 다양한 관리 기법을 조합하여 사용할 수 있도록 전체적인 프로세스를 접촉이 많은 프론트오피스 프로세스와 접촉이 적은 백오피스 프로세스의 두 가지 차원에서 물리적으로 분리하여 운영하고자 하고 있다. **백오피스 프로세스**(Back-of-the-house operations)는 제조업에서 사용되는 기준을 활용하여 관리되는 경향이 있으며 규모의 경제를 달성하면서 품질의 산출량을 극대화하는 것에 중점을 둔다. 고도의 기술 인력을 명확히 정의된 특정 업무에 채용하고, 생산성을 높이기 위한 다양한 기술적 요소를 도입한다. **프론트오피스 프로세스**(front-of-the-house operations)에는 공감과 홍보와 관련된 능력이 높은 직원 채용하고 고객을 잘 응대하도록 하며, 직원에게 고객의 문제를 신속하고 효과적으로 해결할 수 있는 힘과 자원을 제공하는 것이 특징이다.

병원은 고객과의 접촉수준이 높으며 서비스 간 분리가 명확한 특징을 갖고 있는 조직의 좋은 예시 중 하나이다. 예를 들어 원무과, 실험실, 원내 약국, 중앙공급실 및 주방 등은 병원에서 백오피스 프로세스, 즉 고객과의 낮은 접촉을 하는 운영방식이다. 병원의 서비스 항목 중 이러한 요소들을 관리하는 것은 수익성에 엄청난 차이를 만들 수 있으며, 고객과의 접촉이 없으므로 자재관리, 공간 활용, 자동화 및 기술력에 중점을 두고 관리가 이루어진다. 단, 환자 진료, 처방 서비스, 응급실 및 기타 고객접촉이 높은 서비스의 경우에는 환자들을 직접 서비스 제공에 참여시킬 수밖에 없으며, 이러한 경우, 고객-직원 간 상호작용이 관리되어야만 고객이 필요한 것을 효과적인 방법으로 제공할 수 있게 된다.

서비스 제공 시스템 감사

서비스 번들 제공 시스템은 그 시스템이 비용 효율적인 방법으로 고객의 기대를 충족시킬 수 있는지 정기적으로 감사되어야 한다. 고객 불만 사항 모니터링, 고객과의 대화 및 관찰, 고객 의견 카드 및 웹사이트 의견 양식을 사용하여 (핵심도 파악하며) 고객 피드백을 추적하는 것은 서비스 제공 시스템을 지속적으로 모니터링하는 방법이다. **워크스루 서비스 감사**(walk-through service audits)는 고객이 서비스를 처음 접하는 시점부터 서비스가 종료될 때까지 서비스 시스템 속성을 관찰하는 데 사용할 수 있다. 이를 위해 관리자, 직원 및/또는 고객이 해야 하는 서비스 시스템 설문조사 및 서비스 프로세스 맵(8장에서 설명) 등 몇 가지

도구가 개발되고 사용되어 왔다. 서비스 감사의 목적은 서비스 시스템의 문제점이나 개선이 필요한 분야를 식별하는 것이다.

서비스 입지 및 배치 전략

좋은 입지(location)는 높은 수준의 수요를 창출하지만 서비스의 진입 및 경쟁적 위치 선정에 장벽이 있다. 일단 장소가 확보되면, 기업들은 고객서비스, 서버 생산성 및 서비스 효율성을 극대화하는 데 도움이 되는 배치(layout) 전략을 고려하기 시작할 수 있다. 입지 전략과 분석 모델이 11장에서 논의되었기 때문에, 여기에는 입지 고려사항에 대한 간략한 논의만 포함되며, 이어서 서비스 배치의 설계도 포함된다.

입지 전략

입지 결정은 고객의 방문과 궁극적으로는 회사의 장기적 이익에 큰 영향을 미치기 때문에 대부분의 서비스에서 매우 중요하다(예: 고객이 방문하지 않으면 버려진 것과 다름 없는 쇼핑센터에서 고객이 의류 가게를 방문할 가능성은 얼마나 될까?). 일반적으로 건설, 리모델링 및 이전 비용이 높기 때문에 입지 선정은 중장기적인 결정으로 간주된다. (여기서, 사무실 건물에 작은 법률 사무소를 임대하는 것이나 고객의 집을 방문하는 음악 선생님과 같이 공간에 얽매이지 않는 서비스도 있지만, 주로 서비스 입지는 영구적인 요소라고 가정한다.)

글로벌 시장 기회, 글로벌 경쟁자, 기술 및 인구 변화 등이 좋은 입지의 중요성에 기여한다. 기업은 모든 입지의 평가에 있어서 관리자의 개인적 선호와 직관에 대한 의존도를 줄이기 위해 여러 가지 관련 요소를 고려하는 것이 바람직하다. 비록 개인의 직관이 좋은 위치를 분석하는 도구가 될 수 있지만, 과거의 사례를 볼 때 실패한 입지 결정 대부분이 직관에 근거하여 이루어졌다. 예를 들어, 한때 라스베이거스 도박꾼, 기업가, 그리고 자칭 폴란드 매버릭(maverick: 개성이 강한 사람)이었던 Bob Stupak은 1,149피트 높이의 스트랫스피어 호텔과 카지노를 건설했는데, 이 호텔은 1996년 유명한 라스베이거스대로의 가장자리의 황폐한 동네에 문을 열었다. 불과 몇 달 만에 그 호텔은 재정적인 어려움에 처했는데, 그 이유 중 하나는 그 지역에 사람들의 왕래가 부족했기 때문이다. Stupak은 건설자금을 투자한 채권 보유자들에게 이자를 내지 못했고, 그 후 기업 사냥꾼 Carl Icahn은 8,200만 달러에 채권을 샀다(이는 원가에 반도 못 미친 금액이었다). 그는 1998년에 그 호텔을 장악했다. 그 후, 그의 회사는 2008년에 10억 달러 이상의 이익을 내고 이 카지노와 네바다 카지노 세 곳을 골드만 삭스 그룹의 화이트홀 스트리트 부동산 펀드에 매각했다.[17]

입지를 결정할 때 많은 위치 분석 모델을 보조 도구로 사용할 수 있으며, 이는 가중요인 위치 모델, 위치이탈 모델 및 중력중심 모델을 포함한다(모델 사용에 대해서는 11장 참조).

배치 전략

서비스 배치 전략(service layout strategic)은 입지 결정과 함께 차별화, 저비용 또는 시장중심의 전반적인 비즈니스 전략에 이바지한다. 기업의 업무용 레이아웃은 전문가들이 자원을 공유할 수 있도록 부서별로 분류되는 경향이 있다. 영국계 테스코 PLC와 같은 많은 소매업체는 매장의 레이아웃을 고객이 구매할 물건을 찾도록 돕기 위하여 종류별로 구분하는 경향이 있는 반면, 일부 다른 소매업체들은 고객이 충동적으로 물건을 구입하도록 유도하는 센터를 상점 전체에 가지고 있을 수 있다. 다른 예로, 항공업의 경우에는 고객을 위해 기내 주방과 화장실을 빠르게 재정비하고 사용할 수 있게 하며, 빠른 탑승과 퇴장을 할 수 있게 한다. 카지노의 경우에는 고객을 빨리 들어오게 한 후 그들을 매료시켜 그곳에 가두어두도록 레이아웃을 설계하며, 셀프서비스 식당의 경우에는 고객이 신속하게 이동할 수 있도록 레이아웃을 설계한다. 창고시설의 경우는 레이아웃을 보관할 제품들이 요구하는 특정 구조로 배치시키는 것을 고려한다(이 사례는 SCM PROFILE에서 설명). 이런 예시는 단지 일부에 불과하며, 다양한 서비스가 저마다 해당 레이아웃에 대하여 필요에 따른 다중 배치 전략을 사용하고 있다. 이는 고정적이지 않으며, 고객 선호도, 제품, 기술, 서비스 전략 등 기업이 처한 환경이 바뀌면 레이아웃도 그에 적합하도록 바뀌는 경향이 있음을 이해해야 한다. 아래에는 몇 가지 특정 서비스 레이아웃 설계 도구가 설명되어 있다.

SCM PROFILE

창고 레이아웃 고려사항

창고관리 솔루션(WMS)이 중요한 도구임에도 불구하고, 일반적인 실수로 인해 WMS를 사용하더라도 성공적인 창고 운영을 유지하는 데 어려움을 겪을 수 있다. 일반적인 문제로는 제품에 가장 적합하고 효율적인 창고 레이아웃를 배치하지 못하거나 현재 있는 재고에 대한 지식이 부족하다는 점 등이 있다.

단순한 개념처럼 들릴 수도 있지만, 논리적인 창고 배치를 갖는 것은 창고 솔루션의 성공에 가장 중요하다. 창고를 각 구간이 명확하게 규정되어 있는 탐색하기 쉬운 시스템이라고 생각해보자. 대부분의 창고는 바닥에 흩어져 있는 상자들에 제품 재료를 저장하기 때문에 제품의 위치를 찾기가 어렵고 제품 출하가 지연되며 오류가 발생한다. 이를 피하기 위해 기업들은 창고의 직원들이 빠르고 쉽게 물건을 찾을 수 있도록 상자에 이름을 부여하여 사람들을 그들이 있어야 할 곳으로 데려오기 위한 논리적인 순서를 만들 수 있다. 어떤 사람이 상자의 태그를 보면 그 상자를 찾을 방법을 알 수 있도록 상자에 이름을 짓고 창고에 배치하는 방법을 사용할 수 있다.

직원들이 재고목록을 얼마나 잘 알고 있는지는 WMS의 창고 레이아웃과 최종 성공 여부를 결정하는 데 도움이 된다. 운송 구역에 가까운 곳에 더 자주 운송되는 제품을 배치하고, 결품 보충을 용이하게 하기 위해 벌크 영역을 배치하고, 케이지, 쿨러 및 볼트 저장소가 필요한 항목을 위한 장소를 논리적으로 결정하고, 필요에 따라 주기적으로 창고에서 위치를 재배열할 수 있도록 제품이 어떻게 움직이는지 주시해야 한다.[18]

이동 거리를 줄이는 부서 배치

서비스 레이아웃은 한 구역에서 다른 구역으로 이동할 때 고객이나 직원의 이동 시간을 줄이도록 설계해야 한다. 이것이 주요한 고려사항일 수 있는 배치의 예로는 병원 또는 응급실 등을 들 수 있다. 대기실은 고객이 들어오는 앞쪽에 배치하고, 검사실은 대기실의 근처에 배치하는 것이 적합할 수 있다. 의국은 중앙에 위치할 수 있는 반면에 실험실, 보관실, 엑스레이실은 대부분의 환자로부터 멀리 떨어진 진료구역 뒤쪽에 위치시킬 수 있다. 이때 고려해야 할 가장 중요한 사항은 간호사, 의사, 환자들이 진료소 내의 다양한 영역에 도달하기 위해 얼마나 걸어가야 하는가에 관한 것이다. 이 경우 부서 배치의 목표는 모두가 매일 이동하는 총거리를 최소화하기 위해 교통량이 많은 부서끼리 서로 가깝게 배치하는 것이다. 〈예제 12-2〉는 이러한 유형의 레이아웃에 대한 설계 도구를 제시하고 있다.

〈예제 12-2〉 톰슨 진료소 배치도

톰슨 건강 클리닉은 의사와 간호사들이 진료소 내에서 이동하는 시간을 줄일 수 있는 더 나은 배치가 있는지 알고 싶어한다. 기존의 레이아웃은 각 부서 간 이동 횟수 및 거리와 함께 아래에 나와 있다.

기존 레이아웃

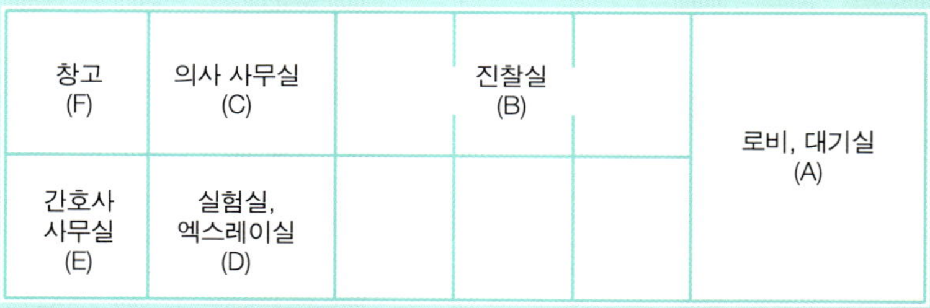

부서 간 의사 및 간호사의 이동/일

	B	C	D	E	F
A	55	0	0	50	0
B		40	15	40	0
C			15	60	10
D				30	0
E					18

부서 간 거리(미터)

	B	C	D	E	F
A	20	40	40	60	60
B		20	20	40	40
C			10	20	20
D				20	20
E					10

기존 레이아웃을 분석하기 위해 하루 총 이동 거리를 다음과 같이 계산한다.

$$\text{총 이동 거리} = \sum_{i=1}^{n}\sum_{j=1}^{n} T_{ij}D_{ij}$$

n = 부서 개수

i,j = 개인 부서

T_{ij} = 부서 i와 j 간 이동한 횟수

D_{ij} = 부서 i와 j 간 거리

목표는 하루 총 이동 거리가 가장 낮은 레이아웃을 찾는 것이다. 위에 나타난 레이아웃을 이용하면,

$$\begin{aligned}\text{하루 총 이동 거리} &= 55(20) + 50(60) + 40(20) + 15(20) + 40(40) + 15(10) \\ &\quad + 60(20) + 10(20) + 30(20) + 18(10) \\ &= 9{,}130 \text{ 미터}\end{aligned}$$

표시된 배치도와 거리를 보면, 간호사실이 로비 및 대기실에 더 가까이, 진찰실과 의사 사무실에도 더 가까이 있어야 한다는 것을 알 수 있다. 이는 부서 E와 D(간호사 사무실과 실험실 및 엑스레이실)를 바꾸면 된다. 그러면 이제 부서 C, B, A는 모두 부서 D에서 멀어질 것이기 때문에 이것은 또한 균형을 이룬다. 일일 총 이동 거리를 계산하려면 다음과 같이 표를 수정해야 한다. 별표 (*)는 변화를 나타낸다.

부서 간 거리(미터)

	B	C	D	E	F
A	20	40	60*	40*	60
B		20	40*	20*	40
C			20*	10*	20
D				20	10*
E					20*

새로운 총 이동 거리는 다음과 같이 계산될 수 있다.

$$\begin{aligned}\text{하루 총 이동 거리} &= 55(20) + 50(40) + 40(20) + 15(20) + 60(10) \\ &\quad + 10(20) + 30(20) + 18(20) \\ &= 7{,}360 \text{ 미터}\end{aligned}$$

이것은 더 나은 배치(꼭 최선은 아니다)이며 가능한 여러 가지 배치 중 하나일 뿐이다. 배치 거리 개선은 $\frac{9130-7360}{9130}$=0.193 또는 19.3% 이다. 일반적으로 가장 낮은 총 거리 배치 또는 다른 합리적인 배치 중 하나가 발견되기 전까지는 다수의 레이아웃이 위와 같은 방법으로 평가된다.

근접성 만족도를 극대화하는 부서 배치

특정 부서들을 서로 더 가깝게 배치하기 위해 서비스 레이아웃을 설계하는 것은 또 하나의 유용한 시설 배치 분석도구로서, 소매업 또는 사무실 레이아웃 등에 자주 사용된다. 여기서는 여러 부서 간의 관계에 중요성을 두고 배치가 이루어진다. 예를 들어, 편의점에서는 점원이 입구에 가까이에 위치하면서 냉장식품 보관 구역 및 구역 출입구에 가까이 있는 것이 매우 중요할 것이다. 사무실 환경에서는, 경영자들을 회의실에 가까이 두되, 리셉션 등 기초 인력들은 사무실의 입구와 문서보관실에 가까이 두는 것이 바람직하다. 이 방법을 사용할 때에는 시설 전체의 만족도를 최대화하는 레이아웃을 설계하는 것을 목표로, 각 부서의 조합에 대한 **근접성 만족도 등급**(closeness desirability rating)을 계산한다. 〈예제 12-3〉은 이 개념에 대해 설명하는 예이다. 실제 현장에서 배치 문제를 해결하기 위해서는 〈예제 12-2〉와 〈예제 12-3〉에 설명된 분석을 모두 사용하는 것이 더 유리할 수 있으며, 이러한 방식을 통하여 이동 거리 및 근접성 만족도 관점에서의 최상의 배치를 도출할 수 있다.

〈예제 12-3〉 사무실 배치도에서의 근접성 만족도 등급

기존 레이아웃

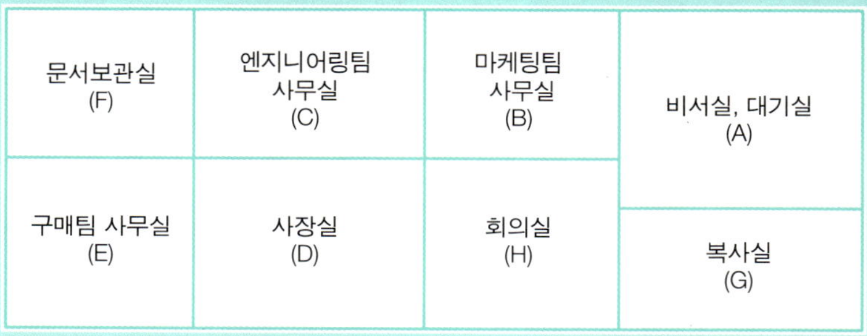

만족도 등급

	B	C	D	E	F	G	H
A	2	0	−1	2	2	3	−1
B		0	2	1	1	0	3
C			2	2	0	0	1
D				1	−1	−1	3
E					3	1	2
F						3	1
G							0

만족도 등급은 −1=바람직하지 않음, 0=중요하지 않음, 1=약간 중요함, 2=보통 중요, 3=매우 중요함 척도에 기초한다. 위의 레이아웃에 대한 점수를 계산하기 위해, 부서들이 서로 인접해 있을 때만 근접성 만족도 점수를 계산한다. 이 레이아웃의 경우

근접성 만족도 점수 = (A/B:2) + (A/H:−1) + (A/G:3) + (B/C:0) + (B/H:3) + (C/F:0)
+ (C/D:2) + (D/E:1) + (D/H:3) + (E/F:3) + (G/H:0)
= 16점

부서 쌍들은 중복 계산되지 않으며 코너만 닿아있으면 계산되지 않는다는 점에 유의해라. 더 나은 배치를 찾기 위해, 우리는 3점을 받은 부서들끼리 서로 인접하게 배치하고, −1점을 받은 부서 쌍들끼리는 인접하지 않도록 배치하면 된다. 예를 들어 문서실(F)은 복사실(G)과 인접하도록 이동할 수 있고, 회의실(H)은 비서와 대기실(A)에서 더 멀리 이동하게 하면 된다.

새로운 레이아웃은 다음과 같다.

새로운 사무실 레이아웃

위의 새로운 레이아웃에 대한 근접성 만족도 점수는:

근접성 만족도 점수 = (A/B:2) + (A/F:2) + (A/G:3) + (B/C:0) + (B/H:3) + (B/F:1)
+ (C/D:2) + (C/E:2) + (C/H:1) + (D/E:1) + (E/H:2)
+ (H/F:1) + (F/G:3)
= 23 점

이 분석에 근거하여, 두 번째 레이아웃이 더 낫다고 결론을 내릴 수 있다. 그러나 이전 예와 마찬가지로, 양호한 레이아웃이 많을 수 있으므로 가장 적절한 레이아웃을 선택하기 전에 많은 레이아웃을 평가해야 한다.

서비스관리 지원

여러 면에서, 서비스 공급 조직은 상품 생산 조직과 같은 특징을 가진다고 볼 수 있다. 둘 다 구매활동을 수반하기 때문에, 공급자와의 거래가 수행되며 이에 따른 주문비용과 재고 운반비용을 발생시킨다. 또한 업무처리과정에서 재고를 운송, 계산, 저장하고 그 품질을 평가에 활용하고 있다. 구체적으로는 소매점과 식당과 같은 서비스의 경우 구매 품목이 제공되는 서비스의 일부분으로 활용되어 기업 입장에서 경쟁우위의 매우 중요한 원천인 반면, 법률 서비스나 미용실과 같은 서비스의 경우에는 상대적으로 중요성이 낮을 수도 있다. 뿐

〈표 12-1〉 서비스에서 운송, 입고 및 재고 관련 고려사항

서비스	운송	입고 및 재고
은행	• 지점 및 운영 센터 간의 수표, 동전/현금 이동 • 연방 예비 처리 센터가 있는 도시로 수표 이동	• 사무용품 및 동전/현금 • 가구와 컴퓨터 • 문서
병원	• 자재 창고로 의료용품 이동 • 환자 이송 • 의료 기록, 검사 결과 및 영상 이동	• 수술/의약품 공급품 • 의약품 공급품 • 사무실 가구 • 의료 장비
휴대폰 회사	• 스위치, 부품 및 장비 입고 • 현장으로 건설 장비 및 물품 운송 • 소매점으로 소비자 제품 발송 절차	• 부품, 장비, 소비자 제품 • 트럭 부품 및 장비 수리 • 건설 자재

자료: Adapted from Drazen, E. L., R. E. Moll, and M. F. Roetter, *Logistics in Service Industries*. Oak Brook, IL: Council of Logistics Management, 1991: 24226.

만 아니라 서비스기업들은 '판매되는 서비스'가 아닌 사내에서 사용되는 컴퓨터, 가구 및 사무용품과 같은 **지원 물품**(facilitating products) 또한 구입하고 관리한다는 점을 잊지 말아야 한다. 〈표 12-1〉은 몇 가지 다른 유형의 서비스에서의 일반적인 운송, 입고 및 재고 고려사항을 보여주고 있다.

한편 또 다른 측면에서 서비스기업은 제조기업과 차이점을 가지는데, 서비스기업의 경우 공급사슬에서 최종고객을 상대하는 반면 대부분의 제조기업은 주로 도매상, 유통업체, 타 제조업체 또는 소매상들과 거래가 이루어진다는 점에서 차이점을 가지고 있다. 다시 말하면, 서비스는 일반적으로 유통경로에 존재하지 않는 고객에게 전달되지 않으며, 서비스의 일부로 제공되는 모든 상품은 일반적으로 서비스의 부속으로써 즉시 소비되거나 이용된다는 점이다.

서비스회사는 고객과 긴밀하게 상호작용하며, 많은 경우 수행되는 서비스는 제조된 제품보다 더 높은 수준의 노동력을 포함하고 있다. 고객은 자신이 구매하는 서비스를 제공하기 위하여 어떤 자원이나 상품들이 투입되었는지 알지 못한다. 오히려 고객의 주된 관심사는 서비스 그 자체와 그것이 제공되는 방식이 어떠한지에 집중된다. 이러한 이유로, 서비스업의 주된 관리는 고객과 직원들이 어떻게 연결되어 있는지를 중심으로 이루어진다. 이것의 좋은 예는 운송업에서도 찾아볼 수 있다. 고객은 물건을 보내기 원할 때, 원하는 것은 고객이 원하는 특정 시간, 특정 장소에 이상 없이 배송되고, 가능한 한 적은 비용으로 보낼 수 있기를 원한다. 이를 달성하기 위하여 오늘날 대부분의 대형 운송회사는 고객이 물품 보관, 운송 모드, 입항 부두, 운송절차, 가격, 및 강화의 최선의 조합을 직접 결정할 뿐만 아니라 배송도 추적할 수 있도록 하는 정교한 정보 시스템을 갖추고 있다.

최근 자동화된 운송 요소 중 하나는 자율트럭이다. 최근 개발되고 있는 53피트짜리 이중 트레일러나 28피트짜리 트레일러가 장착된 자율형 트럭은 기업의 물류비를 상당히 절감할 수 있다. 하지만 교통을 자동화하는 것은 더 많은 기술적 불확실성에 대한 도전을 동반하고 있다. 투자은행인 Stifel Capital Markets의 John Larkin 전무이사는 "자율트럭이 성공하려면 변동적인 기상 조건, 보이지 않는 차선 표시, 해커, 통신 시스템 장애 등을 처리할 수 있는 강력한 자율 기술이 필요하다."고 말했다. "그것 하나만 봤을 때는, 주간 고속도로 시스템에서 운행하는 자율형 트럭은 계속해서 문제되고 있는 운전자 부족 문제를 제거할 가능성이 높고 고속도로와 철도 간의 전환 경제를 파괴할 수 있다."[19]

서비스 품질과 고객

서비스와 관련하여 고객이 경험하는 품질의 만족도 또는 인식수준은 대부분의 서비스의 가장 중요한 관심사다. 서비스 품질의 개념은 많은 요소를 포함하고 있으며, 이러한 개념은 시간이 지남에 따라 변할 수 있다. 예를 들어, 최근 많은 기업의 고객은 서비스 품질의 정의에 지속가능성을 하나의 요소로 포함한다. 음식점의 음식물 쓰레기 문제는 지속가능성과 관련된 요소가 서비스 품질에 영향을 미치는 것 중 하나이다. 물과 에너지와 음식 간 관계에 대해 대중의 인식을 높이고자 하는 뉴욕 기반 그레이스 커뮤니케이션 재단은 "음식점에서 구매한 음식의 약 4~10%는 소비자에게 도달하기 전에 낭비된다."고 말한다. 재단 측은 "식당 내 음식물 쓰레기를 유발하는 요인으로는 너무 많은 음식 제공량, 체인점 관리의 비효율, 너무 넓은 메뉴 선택의 폭 등이다."고 말했다. 평균적으로, 고객은 17%의 음식을 남기고, 식당 전체적으로는 55%의 음식이 남는 것으로 조사되고 있다. 이는 지난 30년 동안 음식의 제공량이 USDA나 FDA 표준보다 2배에서 8배 정도 더 커졌기 때문이기도 하다."라고 이 재단은 지적했다.[20]

서비스 품질 평가는 제공되는 서비스의 유형 및 무형 요소와 서비스를 받는 고객의 만족도에 따라 다르다. 예를 들어, 고객을 만족시키지 못하는 콜센터는 서비스 품질 개선의 기회를 제공한다. 콜센터와 관련하여, 서비스 품질의 가장 중요한 첫 번째 기준은 전화 문제해결 점수(첫 전화에서 문제가 해결되는 콜 사용자의 비율)이다. 캐나다에 본사를 둔 Service Quality Measurement Group과 같은 회사들은 콜센터 고객에 대한 설문조사를 통해 첫 콜에서의 문제해결에 관해 제일 높은 점수를 받은 콜센터가 무엇을 제대로 하고 있는지 파악하고 있다. 이러한 모범사례는 다른 콜센터에 전파되어 이후 고객에게 적용되도록 하고 있다.[21]

공급업체 선정, 운송, 입고, 프로세스 관리, 품질 평가, 유통, 고객서비스를 포함한 공급사슬관리의 모든 요소는 서비스 조직의 장기적인 성공을 위해 전략적 중요성을 갖는다. 앞부분에서는 이러한 요소들에 대하여 많이 논의했지만, 이 장의 나머지 부분은 서비스기업의 가장 큰 관심사인 공급사슬관리와 제조기업의 서비스(실제 서비스의 생산 및 제공과 관련된 활동)를 중점적으로 설명하고자 한다.

서비스 대응 계획의 근본적 고려사항

서비스 대응 계획(service response logistics)은 서비스를 수행하는 동안 조직의 활동을 관리하고 조정하는 것으로 정의된다.[22] 이러한 활동을 관리하는 것은 종종 서비스의 성공과 실패를 가르는 요인이 된다. 서비스 대응 계획의 4대 주요 관심사는 서비스 용량 관리, 대기시간 관리, 유통경로관리, 그리고 서비스 품질 관리이다. 서비스를 재고시킬 수는 없기 때문에, 서비스 용량 관리는 어찌 보면 모든 서비스의 가장 중요한 부분인 다양한 수요를 충족시킬 수 있게 한다. 수요 변동을 적절하게 충족시킬 수 없을 때, 회사는 고객의 만족을 유지하기 위해 대기열이나 대기시간을 관리하는 것에 돌입해야 한다. 수요관리 전략은 서비스회사가 다양한 수준의 수요를 충족시키는 능력에도 한 몫을 한다. 고객 대기시간은 서비스 품질에 대한 고객의 인식과 궁극적으로 고객의 만족도와 밀접한 관련이 있다. 서비스 제공 시간을 적절하게 제공하면서 고객을 끌어들이기 위해서는 대개 서비스가 분산되어야 하기 때문에, 다양한 유통경로의 사용 또한 서비스 제품 전달에 중요해진다. 이러한 각 서비스 요소는 아래에서 자세히 설명된다.

서비스 용량 관리

서비스 용량(service capacity)은 회사의 서비스 제공 시스템이 서비스하도록 설계된 하루 고객 수로 정의되는 경우가 가장 많으며, 근무시간당 고객 또는 근무시간당 고객과 같은 다른 기간일 수도 있다. 수용량 측정은 서비스산업표준에 따라 다소 다르게 명시될 수 있다. 예를 들어, 항공사들은 하루에 이용 가능한 좌석 마일리지를 기준으로 용량을 정의한다. 대부분의 서비스는 대기열과 긴 대기시간이 발생할 가능성을 줄이기 위해 초과 용량을 사용하여 작동하기를 원한다. 고객과 직접 거래하는 서비스 직원의 경우, 서비스 수용력은 주로 서비스를 제공하는 직원의 수와 이러한 활동에 사용하는 장비에 따라 달라진다.

서비스 산출물은 재고를 남길 수 없기 때문에, 기업들은 수요가 용량을 초과하면 고객을 외면하거나, 고객이 줄을 서서 기다리게 하거나, 추가 직원을 고용해야 한다. 채용, 연수, 감독 및 서비스 전문가 섭외는 상당히 비용이 많이 들기 때문에(대부분의 경우 총운영비의 75%) 채용할 서비스 인력의 결정은 비용, 생산성, 그리고 궁극적으로 매출과 이익에 큰 영향을 미친다. 이상적으로, 기업들은 용량을 너무 많이 초과하(거나 비용을 너무 많이 쓰)지 않

SCM PROFILE

모파르가 서비스 용량을 잘 맞췄다

피아트 크라이슬러 자동차(Fiat Chrysler Automobiles: FCA)의 부품 및 서비스 기관인 모파르(Mopar)는 미국 FCA 대리점이 최상의 서비스 용량 전략을 준비하고 예측하는 데 도움이 되는 새로운 소프트웨어 응용 프로그램을 도입하고 있다. 모파르의 Service Capacity Analyzer는 딜러들이 더 나은 고객서비스를 위해 기술자 수, 기술자 고용시간 및 서비스 베이의 개수를 평가 및 계획하며 필요할 때 올바른 변경사항을 도입할 수 있도록 도와주는 온라인 도구이다. "고객에게 훌륭한 경험을 제공하는 것이 우리가 하는 일의 핵심이다."라고 모파르의 사장 겸 CEO인 골리어(Pietro Gorlier)는 말했다. 그는 "올 한 해에만 1,300여 명의 기술자와 700여 명의 서비스 조언자, 500여 개의 서비스 베이를 우리의 딜러 네트워크에 추가하는 것을 추진해온 것도 이 때문"이라고 말했다. "이제 새로운 모파르 Service Capacity Analyzer는 딜러에게 2018년까지의 고객 요구를 예측함으로써 이러한 자원들을 보다 효율적으로 활용할 수 있는 '로드맵'을 제공한다."

이 회사는 알고리즘을 기반으로 한 Service Capacity Analyzer를 통해 딜러가 예상 서비스에 맞게 기술자/서비스조언자 수, 기술자 고용 시간 및 가판대 개수와 같은 물리적 용량 지표를 조정할 수 있다고 말했다. 딜러는 시나리오를 만들고 최적의 서비스 수준에 도달하는 데 필요한 변경사항을 평가할 수 있다. 모파르는 또한 대리점들이 서비스 용량 변경을 이행할 수 있도록 도와주는 도구들을 제공한다고 말했다. 그들은 복잡한 서비스 레인의 함정을 피하면서 딜러가 기존 기회를 포착하는 데 도움을 주기 위해 Service Capacity Analyzer의 일부로 새로운 Service Capacity Guidebook을 출시하고 있다. "고객 여정이란 모파르가 우리의 딜러들과 협력하여 우리가 고객들을 대할 수 있는 도구, 인력, 계획을 가지고 있는지 확인하는 것이다."라고 골리어는 말했다.[23]

고도 가변 수요를 충족할 수 있는 충분한 서비스 용량(또는 서비스 직원)을 원한다. 하지만 이는 수요가 많은 서비스에서 전형적으로 그렇듯이 수요가 일, 주 또는 월 전체에 걸쳐 불규칙하게 변동한다면 까다로운 제안이 될 수 있다. 따라서 서비스 관리자의 중요한 임무 중 하나는 다양한 시간대와 고객서비스 단계별로 수요를 예측한 다음 예상 수요를 충족할 수 있는 충분한 용량을 제공하는 것이다. SCM PROFILE은 모파르가 피아트 크라이슬러 대리점의 서비스 용량을 관리하기 위해 고안한 인터넷 도구를 설명한다.

일이 제대로 해결되면, 서비스는 최적의 **용량 활용도**(capacity utilization)로 운영된다. 용량 활용도는 다음과 같이 정의된다.

$$\text{용량 활용도} = \frac{\text{기간별 실제 고객}}{\text{용량}}$$

활용도가 1.0 또는 100%에 가까워질수록(때로는 심지어 초과될 수도 있음) 서비스가 혼잡해지고, 서비스 시간이 증가하며, 대기시간이 증가하며, 서비스 품질 인식이 저하된다. 활용도가 1.0에 가까우면, 여러 고객에 대한 평균 서비스 시간보다 약간 더 걸린 경우에도 대기열이 매우 길어질 수 있다(예를 들어, 바쁜 의사를 보기 위해 예약 시간보다 한두 시간 이상 기다리는 것을 떠올릴 수 있을 것이다). 따라서 최적의 활용은 어느 정도의 용량(수요의 변동성에 따라 15~25%)을 비활성화해 서비스 시간 및 고객 수요의 변동이 고객 대기시간에 심각한 영향을 미치지 않게 하는 것이다. 트럭 운송업계에서는 최근 경기침체로 인해 일부 기업은 폐업했고, 다른 회사들은 비용을 줄이기 위해 운전자와 장비를 줄여 화물 운송량이 급격히 감소했다. 오늘날 대부분의 트럭 운송회사들은 예비 용량 없이 높은 활용도를 보이고 있으며, 새로운 트럭 구매는 교체에 대한 필요성만 충족시켰다. 2016년 말 미국에서도 약 5만 명의 운전자가 부족했다.[24]

용량관리를 위한 두 가지 기본적인 전략은 **수준 수요 전략**(level demand strategy)(수요 변동에 관계없이 기업이 일정한 용량을 활용하는 경우) 또는 **추적 수요 전략**(chase demand strategy)(수요에 따라 용량 크기가 달라질 수 있는 경우)을 사용하는 것이다. 수준 수요 전략을 사용할 경우, 기업은 과잉 고객을 처리하기 위해 **수요관리**(demand management) 또는 **대기열관리**(queue management) 전술을 사용해야 한다. 추격 수요 전략을 사용할 경우, 이용 가능한 용량을 초과했을 때 서비스 용량을 활용, 이전 또는 축소하고 수요가 용량을 초과했을 때 신속하게 용량을 확대 또는 차용할 수 있는 효과적인 계획을 수립해야 한다. 수요가 서비스 용량을 초과할 때 유용한 용량 관리 기법에 대해 다음으로 설명하고, 이후 서비스 용량이 수요를 초과할 때의 용량 관리에 대해 설명하겠다.

수요가 용량을 초과했을 때 용량관리

가장 기본적인 방법은 고객이 단순히 기다리게 하거나 수요가 기존 용량을 초과할 경우 직원을 고용한 다음 용량이 수요를 초과할 경우 해고하는 것일 수 있다. 그러나 대부분의 기업은 신입사원을 찾고 고용하고 훈련하고 감독하는 비용과 사람들이 줄을 서서 너무 오래 기다릴 때 현재와 미래의 사업의 손실, 그리고 직원들을 해고할 때 회사의 명성에 손상을 입히는 손해 때문에 이러한 선택들을 피하고 싶어할 것이다. 대신, 고용과 해고 비용, 그리고 고객이 줄을 서서 기다는 비용을 최소화하기 위해 많은 다른 방법을 사용할 수 있다. 이러한 방법에는 교차교육 및 직원 공유, 시간제 직원 사용, 고객 이용, 기술 이용, 직원 일정 전략 이용, 마지막으로 수요관리 기법을 사용하여 수요를 원활히 하거나 이동시키는 방법이 포함된다. 이 방법들은 각각 다음에 논의된다.

교차교육 및 직원 공유

소매점에서 물건값을 지불하기 위해 줄을 서서 "왜 그들은 고객의 구매를 유도하기 위해 그냥 서 있는 다른 직원들을 활용하지 않는가?"라고 생각해본 적이 있는가? 많은 서비스회사는 실제로 이 직원 공유 전략을 광범위하게 사용한다. 많은 서비스회사에서는 일부 프로세스가 일시적으로 지나치게 활용되는 반면 다른 프로세스는 덜 활용되거나 활용되지 않는 경우가 많다. 진보적인 기업들은 지나치게 과열된 프로세스에 인력을 추가하기 위해 누군가를 새로 고용하는 대신, 여러 가지 다른 프로세스 기능에 능숙하도록 적절하게 직원들을 고용해 교차훈련을 시켰다. 따라서 수요가 한 영역에서 일시적으로 서비스 용량을 초과하여 고객 대기열을 생성하면 유휴 근로자가 신속하게 해당 프로세스로 이동하여 고객에게 서비스를 제공하고 고객이 대기열에서 대기하는 시간을 줄일 수 있다.

기업은 여러 프로세스에서 직원을 공유함으로써 수요에 따라 신속하게 용량을 확장하는 동시에 고객이 기다리게 하거나 직원을 고용하고 해고하는 비용을 최소화할 수 있는 능력을 확보한다. 이러한 유형의 자원 공유 방식은 소매상에서부터 은행, 병원, 대학에 이르기까지 거의 모든 유형의 조직에서 발생할 수 있다.

시간제 직원 사용

시간제 종업원의 사용은 수용량을 바꾸는 또 하나의 방법이다. 시간제 종업원의 시급과 부가 혜택의 비용은 일반적으로 정규직의 임금보다 낮다. 기업들은 일상 수요의 일정한 부분을 충족시키기 위해 정규직 직원을 사용하는 동시에 특별히 바쁜 기간(점심 및 저녁 시간, 휴일, 주말 또는 바쁜 시즌)에 맞춰 아르바이트생을 채용한다. 파트타임 직원들은 휴가 기간, 정규직의 휴가 기간, 그리고 정규직 직원들의 아픈 날들을 채우기 위해 고용될 수도 있다. 더 여유 있 기간 동안 시간제 근로자를 해고하는 것은 정규직 근로자들에게도 더 잘 받아들여지며 시간제 근로자들 또한 이를 어느 정도 예상한다.

고객 이용

비용을 억제하고 생산성과 경쟁력을 향상시켜야 할 필요성이 계속됨에 따라 기업들은 고객 스스로가 가치를 향상시킨다고 여길 때 특정 서비스를 제공하는 데 기꺼이 이용당할 수 있다는 것을 깨닫고 있다. 셀프 서비스의 이점으로는 기업이 더 적은 직원을 필요로 하기 때문에 더 빠른 서비스, 더 맞춤형 서비스, 그리고 더 낮은 가격 등이 있다. 이 회사들의 혜택은 인건비 절감과 추가 서비스 능력 등이다. 이런 의미에서 고객은 '숨겨진 직원'으로, 회사는 더 적은 수의 직원을 고용하고 필요에 따라 용량을 어느 정도 변경할 수 있다. 고객은 자신이 일의 일부를 담당하는 대가로 서비스 사용료가 조금 더 저렴할 것을 기대한다. 여기에는 식료품 봉지, 음료수 컵 채우기, 세금 신고 등의 서비스가 포함된다.

그러나 다른 경우에는 고객이 자신이 수행하는 작업을 시간 절약 또는 기타 혜택으로 인식하면 식료품점에서 셀프 체크아웃을 사용하거나 24시간 자동 입출금기를 사용할 때, 일반 서비스와 같거나 그 이상의 비용을 지불할 수 있다. 그러므로 기업이 고객이 수행할 수 있는 서비스 프로세스 작업을 식별할 수 있고, 이해 및 학습이 용이한 프로세스 지침을 제공할 수 있으며, 작업을 수행하라는 요청을 받고 있는 고객을 적절히 만족시킬 수 있다면, 고객을 서비스 제공자로 사용하는 용량 관리를 위한 또 다른 방법이 생긴다. 17개국에 2만 7,000여 개의 셀프서비스 포토부스와 2,000여 개의 셀프서비스 세탁소를 보유한 영국에 본사를 둔 Photo-Me International은 셀프서비스 개념으로만 운영된다.[25]

기술 이용

서비스회사 직원에게 컴퓨터, 소프트웨어 애플리케이션 또는 기타 장비의 형태로 기술 지원을 제공하면 서버 처리 능력이 향상되어 더 많은 서비스 용량, 더 빠른 서비스 완료 시간, 더 나은 서비스 품질 및 더 적은 직원의 필요성이 발생한다. 음성인식 전화 대응 시스템, 온라인 뱅킹, 구매, 판매 및 댓글 시스템과 현장 판매 소프트웨어 애플리케이션은 서비스 제공을 돕는 기술의 몇 가지 예에 불과하다. 일부 기술 형태는 Amazon.com 및 기타 온라인 소매업체의 경우처럼 판매 또는 다른 유형의 고객서비스 인력을 완전히 대체할 수 있다. 소프트웨어 기능 및 클라우드 컴퓨팅의 발전으로 인해 서비스는 예약 시스템이나 재산관리 시스템과 같은 고가의 소프트웨어 시스템의 사용을 공유할 수 있게 되었으며, 이는 생산성을 크게 향상시키는 동시에 인건비와 소프트웨어 개발비용을 절감할 수 있었다. 소매업체들 또한 더 나은 고객 경험을 창출하기 위해 인력관리 솔루션을 점점 더 많이 사용하는 동시에, 적절한 관계자를 적절한 장소와 시간에 이용할 수 있도록 보장하고 있다. 인력관리 솔루션은 인력 일정을 수요 예측 및 홍보와 가격 인하와 같은 기업 계획에 맞춰 조정한다.[26]

기술은 또한 자동 입출금기나 티켓팅 기계와 같이 매번 정확히 같은 방식으로 서비스를 제공함으로써 서비스 표준화를 가능하게 할 수 있다. 많은 경우 서비스 표준화는 특정한 주기적인 서비스를 추구하는 고객들에게 있어 차별화를 인식하는 요소로 간주되기도 한다. 고객의 입장에서도 표준화는 서비스 프로세스를 재학습할 필요 없이 언제 어디서나 동일한 서비스를 이용할 수 있는 기준으로 작용한다.

직원 일정 전략 이용

위에서 간략히 언급한 바와 같이, 근로자를 적절하게 스케줄링하는 것은 기업들이 다양한 수요를 수용할 수 있도록 용량을 조정할 수 있게 한다. 기업들은 하루 동안 단시간 단위로 수요를 예측한 다음, 근로자들의 평균 서비스 능력을 감안할 때, 각 기간의 직원 요구 사항으로 수요를 전환한다. 매일 근무시간과 영업일 수, 휴직일 수, 연속 휴직일 수, 근무 일수 선호도 등으로 노동자를 배치하는 문제는 복잡하다. 근로자 스케줄링의 목표는 고객들을 상대하기 위해 최소한의 직원 수를 사용하는 동시에 직원들에게 공평한 근무량을 할당하는 것이다. 직원 스케줄링 소프트웨어는 관리자에게 이 문제에 대한 여러 가지 스케줄링 해결책을 제공할 수 있다.

앞에서 설명한 바와 같이 시간제 근로자를 사용하면 일정을 보다 쉽게 구성할 수 있으며, 이는 〈예제 12-4〉에 설명되어 있다. 이 예에서 매니저는 주 5일 근무가 적용되는 정규직으로 일하는 반면, 시간제 근로자들은 고정된 일정이 아닌 기업의 필요에 의한 근무량을 채우는 데 활용되고 있다.

〈예제 12-4〉 로즈 배관 공급사에서의 인력 배치

로즈 배관 공급(Rose Plumbing Supply)의 매니저는 주 5일 근무에 대한 인력 운영 조건을 아래와 같이 설정했다. 이러한 요구사항을 고려할 때, 빌은 5일 내내 정규직 직원 2명이 필요하며, 결과적으로 표시된 바와 같이 시간제 직원을 고용해야 한다(각 근무일 요건에서 2명을 감소). 이러한 요건을 가장 적은 수의 시간제 근로자로 충족시키기 위해, 그는 시간제 근로자 1번을 최대 근무 일수(월, 목, 금)에 할당하는 것으로 시작한다. 시간제 근로자 2번은 남은 최대 근무 일수(월, 금)에 할당된다. 그리고 시간제 근로자 3번과 4번은 남은 근무일(금)에 배정된다.

	월요일	화요일	수요일	목요일	금요일
필요한 근로자 수	4	2	2	3	6
정규직	2	2	2	2	2
시간제 근로자	2	0	0	1	4
1	1			1	1
2	1				1
3					1
4					1

수요관리 기법 사용

정확한 예측과 양질의 용량관리 기법을 사용해도 수요가 가용 용량을 초과하는 경우가 많다. 앞에서 말한 바와 같이, 고객들에게 줄을 서서 오랫동안 기다리도록 강요하는 것은 현재와 미래의 사업을 잃게 하고 회사의 평판에 손상을 입힐 수 있다. 조직은 여러 가지 단기 수요관리 기법을 사용하여 바쁜 기간 동안 수요를 줄이려고 할 수 있다. 여기에는 수요 감소를 위한 성수기 가격 인상, 비수기 수요 일정 수립을 위한 예약 스크리닝 절차와, 마케팅 광고의 사용을 통한 바람직하지 않은 수요 억제, 더 나은 서비스를 촉진하기 위한 수요 세분화 등이 포함된다. (일등석과 보통석, 급행 및 일반에 대한 스테이션 분리 사용 등이 그 예다.) 이러한 전략은 고객에게 더 나은 서비스를 제공할 수 있는 능력을 기업이 확보할 수 있게 하기 위하여 이전에 설명한 역량 관리 기법과 결합될 수 있다. 다음 부분에서는 서비스 용량이 수요를 초과할 때의 용량관리 기법에 대해 설명한다.

서비스 용량이 수요를 초과했을 때 용량관리

용량이 수요를 초과하면 기업은 유휴 용량을 어떻게 활용할 것인가 하는 문제에 직면하게 된다. 용량이 너무 많으면 고정비가 증가하여 제공되는 서비스의 가격이 더 비싸지고, 고객의 품질에 대한 인식에도 영향을 미칠 수 있다. (제일 붐벼야 하는 저녁식사 시간 식당에 아무도 없을 경우에 가졌던 그 식당에 대한 인식에 대해 떠올릴 수 있을 것이다.) 근로자를 해고하고 입지 규모를 줄이는 장기적 해결책 외에도, 기업들은 서비스 용량을 위한 다른 용도를 찾거나 수요를 촉진하기 위해 수요관리 기법을 사용할 수 있을 것이다.

용량의 다른 용도 찾기

초과 용량을 활용하는 한 가지 방법은 추가 서비스 제품을 개발하는 것이다. 호텔, 항공사, 스키장과 같은 계절적 수요가 있는 서비스의 경우 주기적인 수요 부족이 특히 문제가 될 수 있다. 이러한 서비스의 경우 경영진은 기업 특성상 수요가 뜸한 기간에 제공할 수 있는 서비스 제품을 개발할 수 있다. 여기에는 비수기 기간 동안 휴가 패키지를 제공하기 위해 리조트와 제휴하는 항공사, 비수기에 비즈니스 회의를 예약하는 호텔, 또는 여름 사용을 위한 시멘트 썰매장 또는 산악 자전거 도로를 설계하는 스키 리조트 등이 포함된다. 기업은 또한 교차 훈련을 이용하여 일시적으로 더 많은 인력이 필요한 다른 분야로 직원을 이동시키거나 이전할 수 있다. 예를 들어, 수영장 건설업자들은 겨울철에 수영장을 막기 위해 그들의 건설업자들을 훈련시키고 사용할 수 있다. 캐나다는 전력 과잉의 흥미로운 사용으로 2020년까지 총 50만 대로 추정되는 전기 자동차의 전기 수요를 처리할 준비를 하고 있다. 현재 캐나다의 수력, 석탄, 천연가스, 원자력 발전소는 야간 시간에 대부분 사용되지 않고 있는데, 이 전력은 쉽게 끌 수 없다. 그래서 그것은 낭비자원이 된다. 이에 따라 캐나다는 피크가 아닌 시간대에 전력 사용료를 획기적으로 저렴하게 부과할 수 있는 스마트 전기 계량기를 개발하고 있어 야간에도 전기차를 싸게 충전할 수 있게 할 것이다. 비영리단체인 Electric Mobility Canada의 Al Cormier 전무는 "우리는 자원과 전기를 가지고 있다. 우리는 이 기회를 이용해야 한다."고 말했다.[27]

수요관리 기법 사용

용량이 수요를 초과할 경우 수요관리 기법을 사용하여 수요를 촉진할 수 있다. 여기에는 초창기 저녁식사 특약이나 주중 호텔 요금과 같이 비수기에 해당하는 시간대의 가격을 인하하는 것과 적극적 마케팅 캠페인을 설계하는 것이 포함된다. 예를 들어, 영국의 개트윅 공항은 비수기 기간 동안의 공항 이용을 장려하기 위한 전략으로 대표적 비수기인 겨울의 착륙 요금을 없앴다. 2011년 시행된 이 전략은 전년도에 비해 이용량을 3.3% 증가시켰다.[28]

따라서 서비스 용량 관리는 용량을 조정하고 용량을 수요에 맞추기 위해 수요를 자극하거나 이동시키는 기법을 말한다. 공급 과잉 또는 공급 부족이 발생하면, 서비스 시간, 대기시간, 비용 및 서비스 품질은 모두 회사의 경쟁력을 저하시킨다.

대기시간관리

체크아웃 카운터에서 기다리거나 레스토랑에서 테이블을 기다리거나 휴대폰에서 대기하는 등 고객들에게는 매일 대기시간이 자주 발생한다. 이상적으로, 서비스 매니저는 고객들이 대기열에서 기다릴 필요가 없도록 **대기열 시스템**(queuing system)을 설계하기를 원하지만, 최고 수요와 예기치 않게 높은 수준의 수요를 처리할 수 있는 충분한 초과 서비스 용량을 유지하는 비용은 너무 비싸다. 그러므로 관리자들은 고객 및 서비스 직원들에 대한 정보를 사용하여 적절한 대기 시스템을 설계한 다음 이를 고객이 대기시간을 인식하는 것에 대한 관리에 적용하여, 줄 서서 기다리는 것으로부터 초래되는 부정적인 영향을 최소화한다. 많은 기업이 대기열 길이와 대기시간을 줄이기 위해 문자 메시지를 사용하는 것에 의존한다. 아래의 SCM PROFILE은 문자 서비스에 대해 논한다.

양호한 대기열 관리는 실제 대기시간(actual waiting time)과 대기인식시간(perceived waiting time)

SCM PROFILE

문자 메시지는 대기시간을 줄이는 데 도움이 된다

예약 시간을 지키지 않는 것은 영국 국립보건원(NHS)이 오랫동안 겪어왔던 고민거리로 매년 수십억 달러의 손해비용이 들었지만, 자동화된 SMS 약속 알림(문자 메시지)은 이러한 손실을 줄이는 데 도움이 되고 있다. 차세대 통신 사업자인 Ziron의 Alex Kinch 대표는 "국민건강보험은 예약 시간 확인 시스템의 채택이 늦었지만, 이제는 감을 잡은 것 같다."라고 말했다. "의사와의 약속 24시간 전에 누군가에게 언제, 어디서, 그리고 취소하고 싶다면 무엇을 해야 하는지 상기시켜주는 문자를 보내는 것은 엄청난 돈을 절약시켜준다."

소비자에게 또 다른 문제는 가정 배달 서비스다. 예를 들어 아마존은 고객 대기시간을 최소화하기 위해 SMS 서비스를 보다 대폭 시행하기 시작했다. "그들은 배달 당일 오전에 SMS를 발송하기 시작했으며 소비자에게 '10시에서 11시 사이에 도착할 것이다'라고 말해준다." Kinch가 말했다.

그러나 아마도 가장 중요한 것은 금융업계의 문자 메시지 서비스 사용일 것이다. "금융 거래를 할 때마다 은행으로부터 어떤 거래가 이루어졌는지를 알려주는 문자를 받는다."고 CSG 인터내셔널의 EMEA 부사장인 George Fraser는 말한다. "매번 거래 후 확인받겠다는 생각은 굉장히 안심" 그리고 이것은 전 세계 소비자에게 일상이 되고 있다. 유럽에서는 문자 메시지 제도가 빠르게 채택되고 있지만, 많은 미국 소비자는 여전히 SMS 메시지를 보내는 것뿐만 아니라 받는 것에도 요금을 지불하고 있으며, 이는 미국이 더디게 발전하게 되는 결정적인 요소가 될 수 있다. "여러분이 매번 돈을 지불한다면, 사람들이 계속해서 일련의 메시지를 보내는 것을 원하지 않을 것이다." Kinch의 말이다.[29]

의 관리로 구성된다. 이를 위해 관리자는 다음과 같은 여러 가지 문제를 고려해야 한다.

- 고객의 평균 도착률은 얼마인가?
- 어떤 순서로 고객을 서비스하는가?
- 서비스 제공자들의 평균 서비스율은 얼마인가?
- 고객의 평균 서비스 시간 요구사항은 얼마인가?
- 고객의 도착 및 서비스 시간은 어떻게 분포되어 있는가?
- 고객이 서비스 품질에 대한 인식을 낮추거나 떠나기 전에 줄에서 실제로 얼마나 기다릴 것인가?
- 서비스 품질에 대한 고객의 인식을 낮추지 않고 어떻게 더 오래 줄을 서게 할 수 있는가?

이러한 질문에 대한 해답은 서비스 시스템 비용과 손해비용 및 불만에 찬 고객을 최소화하면서 대부분의 고객에게 수용 가능한 서비스를 제공할 수 있는 대기 시스템을 적절하게 설계할 수 있게 한다. 적절히 고려되고 설계된 대기 시스템은 대기시간을 줄이고 이후 대기시간을 더 관리해야 할 필요성을 줄인다. 그러나 때때로 대기시간 관리 전술은 대기시간에 대한 인식을 줄이기 위해 이용될 필요가 있다.

다음에서는 대기열 시스템의 설계에 대해 먼저 논의하고, 고객의 대기시간 인식에 대한 관리에 대해 설명하겠다.

대기 시스템 설계

네 가지 유형의 대기 시스템 구성이 〈그림 12-1〉에 나타나 있다. 가장 적절한 대기 시스템은 서비스를 받을 고객의 수, 대기열에서 기다릴 고객의 의지, 서비스 구조에 의한 물리적 제약, 그리고 수행할 서비스의 수와 순서에 따라 달라진다. 관리자들이 비교해야 할 다양한 대기열 시스템의 결과는 대기열과 시스템에서의 평균 고객 수, 대기열과 시스템의 평균 대기시간, 평균 서버 활용률("시스템"은 실제 서비스 시간을 포함한다)이다. 앞에서 언급한 바와 같이, 모든 대기 시스템의 주요 요소는 입력 프로세스, 대기열 특성 및 서비스 특성이다. 이 요소들은 다음에 몇 가지 응용 방식과 함께 논의된다.

입력 과정

고객의 도착을 여기서 **수요원**(demand source)이라고 한다. 수요원의 크기는 무한 또는 유한한 것으로 간주할 수 있다. (나중에 다룰 사례와 함께) 많은 상황은 소매점에 도착하는 고객 수와 같이 무제한 또는 무한의 수요원을 가정하는 반면, 또 다른 상황은 티켓이 있는 고객이 경기장에서 경기를 보기 위해 나타나는 것과 같이 한정된 규모의 수요원을 가지고 있다.

고객은 또한 **도착 패턴**(arrival pattern)에 따라 서비스에 도착한다. 학생들이 예정된 수업에

〈그림 12-1〉 대기열 시스템 구조

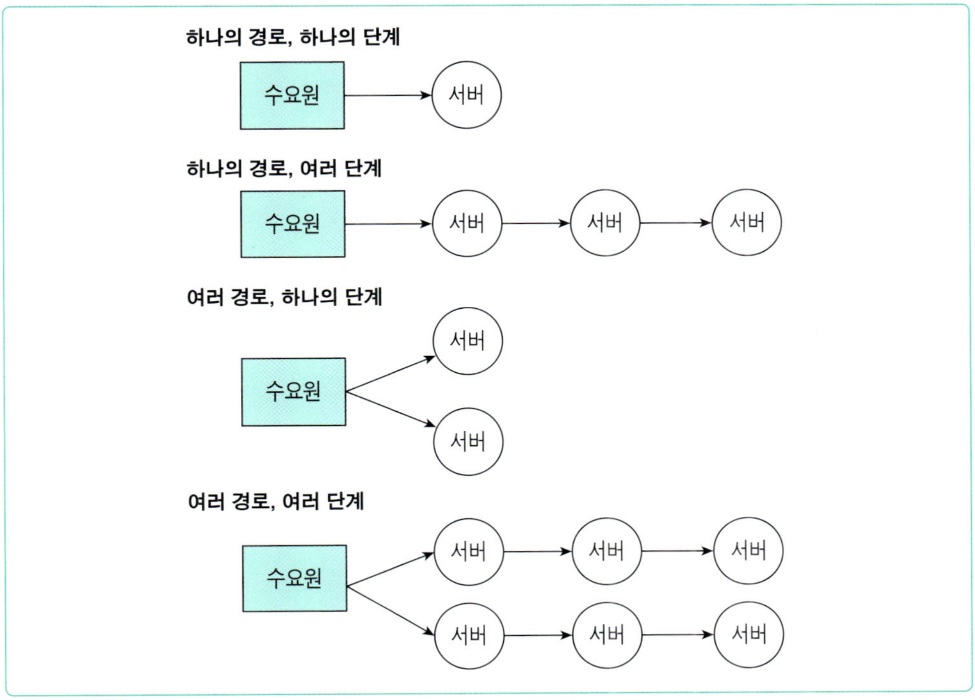

출석할 때, 이것은 알고 있거나 결정론적인 도착 시간 간격의 한 예다. 소매업에서와 같이 많은 경우에 고객은 무작위로 나타나며, 포아송 분포(19세기 프랑스 수학자 포아송(Siméon Denis Poisson)의 이름을 따서 명명)는 일반적으로 이러한 고객 도착 방식을 묘사하는 데 사용된다. 포아송 분포를 사용하여 x-고객이 일정 기간 내에 도착할 확률 T은 다음과 같다.

$$P_{x(T)} = \frac{e^{-\lambda T}(\lambda T)^x}{x!}$$

λ = T기간에 도착하는 평균 고객 수

e = 2.71828 (자연수 로그 밑수)

T = 시간 단위의 시간(time period in hours) (보통 1로 간주)

$x!$ = x 팩토리얼 = $x(x-1)(x-2)\cdots(1)$

〈예제 12-5〉는 이 공식을 나타낸다.

〈예제 12-5〉 Jay's Quick 주유소의 시간당 도착 수

Jay's Quick 주유소는 직원 세 명으로 시간당 평균 4대의 자동차를 서비스할 수 있으며, 주인 Jay는 그의 전체 직원 다섯 명이 아니라 단 세 명으로 토요일에 모든 고객을 처리할 수 있는 확률을 계산하고 싶어 한다. 토요일 시간당 평균 세 명의 고객 도착률을 감안할 때 그는 포아송 분포를 사용하여 다음과 같이 시간당 다양한 고객 도착률을 계산할 수 있다.

도착 수 x	$P(x \text{ for } T = 1\text{시간}) = \frac{e^{-3}3^x}{x!}$	누적확률
0	0.0498	0.0498
1	0.1494	0.1992
2	0.2240	0.4232
3	0.2240	0.6472
4	0.1680	0.8152

Jay는 각 도착 수준에 대한 확률을 합산하여 시간당 수요를 대략 82%로 처리할 수 있다고 계산한다. 반대로, 그는 대략 18%의 시간에서는 시간당 수요가 4명의 고객보다 더 클 것이며, 줄이 발생할 것이라고 예상한다.

시간별 도착 횟수를 λ, 평균 도착률이 포아송 분포라고 가정할 경우, 평균 도착 시간 간격(도착 간의 시간)은 음의 지수 분포에 의해 설명되며, 평균 도착 시간은 $1/\lambda$이다(따라서 평균 도착 속도가 시간당 10인 경우, 평균 도착 시간은 '60분/10개의 도착'으로 6분에 한 명꼴로 도착한다.

대부분의 대기열 모델은 일단 진입하면 고객이 대기열에 머문다고 가정한다. 즉, 고객은 **바킹**(balking)(줄이 얼마나 긴지 확인한 후 줄을 서지 않겠다고 결정하는 일)이나 **리니깅**(reneging)(줄을 서다가 서비스를 받기 전에 나가기)을 하지 않는다. 물론 대부분의 사람은 이런 일을 한 번쯤은 했겠지만, 이러한 상황까지 고려되면 대기 분석은 훨씬 복잡해진다.

대기열 특성

비록 일부 상황(예: 공연에 입장하기 위해 대기하는 티켓이 있는 사람)에서는 적절하지 않을지라도, 대기열 모델은 일반적으로 대기열의 길이가 무한대로 증가할 수 있다고 가정된다. 대기열 구성은 하나 또는 여러 줄(예: Wendy's의 하나의 구불구불한 줄 vs. 맥도날드의 여러 줄)을 포함할 수 있다. 또 다른 대기열 특성은 **대기열 규율**(queue discipline)이다. 그 규율은 고객이 서비스를 받는 순서를 설명한다. 종종 가장 필요한 사람이 우선으로 서비스되거나(응급실) 제일 중요한 손님들이 우선시되는(클럽의 VIP) 규율이 있지만, 가장 일반적인 대기열 규율은 선착순에 의한 방법이다.

가상의 대기열

가상 대기열(virtual queues)이 점점 더 보편화되는 것과 같이, 기술은 대기 시스템에 영향을 미치고 있다. 가상 대기열에서 대기열 내에서의 고객 순서는 고객으로 하여금 핸드폰에 알람이 울릴 때까지 근처를 배회할 수 있도록 전산 시스템에 입력되어 관리된다. 이렇게 하면 고객이 시간을 더 잘 활용할 수 있는 동시에 바킹과 리니깅을 줄일 수 있다. 예를 들어, Lavi Industries' Qtrac 시스템은 스마트폰이나 컴퓨터를 통해 고객을 등록한 다음, 고객에게 예상 대기시간을 알려준다. 이 정보는 지속적으로 업데이트된다. 상하이의 병원에서는 대기 중인 환자들이 다섯 번째 순서가 되면 문자메시지를 보내주는 컴퓨터 시스템을 도입, 휴대전화 번호를 입력해 예정된 진료 시간을 놓칠 염려 없이 현장에서 벗어날 수 있게 하고 있다.[30]

한편, 많은 회사가 대기열 관리에 있어서 고객 간의 차별화를 도입, 순서의 재배열을 허용하고 있는데, 이것은 가상 대기열을 이용할 경우 눈에 보이지 않게 처리할 수 있다. 예를 들어, 콜센터는 신원이 확인된 고객과 아닌 고객에 대하여 차별적으로 전화 대기열에서의 의 응대 우선순위를 정할 수 있다. 이러한 경우가 아니더라도, 많은 기업에서 이미 추가 요금을 지불하려는 고객에게 우선권을 부여하는 정책을 운영하고 있다. 은행, 항공사, 카드사에는 엘리트 고객을 위한 별도의 콜센터 서비스를 운영하고 있으며, 일부 병원의 경우에도 추가 요금을 지불하는 환자에게 진료의 우선권을 주는 경우도 존재한다. 영국에 본사를 둔 Accesso는 전 세계 20개 테마파크에서 테마파크 방문객들이 줄 서는 자리를 예약할 수 있는 휴대용 기기(Q-bots)와 스마트폰 앱(Q-smart)을 운영하고 있다. 해당 프리미엄 옵션은 방문객이 줄을 설 필요가 없게 해준다.[31]

서비스 특징

서비스는 직렬 혹은 병렬로 작동하는 단일 서버나 다중 서버에 의해 제공될 수 있다. 병렬로 동작하는 다중 서버를 **다중채널 대기 시스템**(multiple-channel queuing system)이라고 한다. 직렬로 동작하는 다중 서버를 **다중단계 대기 시스템**(multiple-phase queuing system)이라고 한다. 〈그림 12-1〉은 이러한 대기열 구성을 보여준다.

단일채널-단일단계 구성이 가장 기본이다. 고객 도착 및 서비스 시간의 표준 분포 패턴에 대해, 이러한 유형의 시스템을 평가하는 공식은 매우 간단하다. 1인 소매점(만화가게이나 선물가게 등)이 대표적이다. 단일채널-다중단계 시스템의 경우, 고객은 모두 동일한 서버에 접속하지만, 두 개 이상의 서비스를 받고 각 서비스 줄에 서게 된다. 이런 유형의 서비스는 고객이 프론트에 접수하고, 치위생사가 이를 닦게 하고 치과 보조원이 이를 엑스레이로 찍은 뒤 치과의사로부터 검사를 받는 것을 예로 들 수 있다. 각 서비스의 경우, 이전 고객이 평균보다 긴 시간을 끌었거나 한 단계에서 긴 시간을 끌면 전체 시스템 내에서 대기시간이 길어지는 것을 의미한다. 다중채널-단일단계 시스템의 고객은 시스템에 들어가 여러 서버

중 하나에서 하나의 서비스를 받은 다음 퇴장한다. 소매점의 계산대나 은행 창구 등이 그 예다. 이러한 시스템은 창구마다 줄을 서거나 모든 창구가 하나의 긴 줄에서 손님들을 받을 수 있다. 이 예에서, 고객은 둘 이상의 서버 세트 또는 창구로부터 연속으로 두 개 이상의 서비스를 받을 수 있다. 여기의 예로는 여러 명의 조수 중 한 명이 환자를 접수하고, 여러 명의 간호사 중 한 명이 활력징후를 기록하고, 여러 의사 중 한 명이 진료 상담과 서비스를 받는 대형 의료 클리닉이 있다.

서비스의 또 다른 특징은 제공되는 각각의 서비스를 완료하는 데 필요한 시간이다. 시스템의 각 단계에 대한 서비스 시간은 평균 시간과 확률 분포로 설명된다. 종종, 음의 지수분포는 서비스 시간 분포의 무작위성을 설명하기 위해 사용된다. 서비스 시간 t가 특정 시간 T보다 작거나 같을 확률을 결정하기 위해 다음 공식을 사용할 수 있다.

$$P(t \leq T) = 1 - e^{-\mu T}$$

e = 2.71828 (자연수 로그 밑수)

μ = 평균 서비스율

〈예제 12-6〉은 특정 기간 내에 서비스를 완료할 확률을 계산하기 위한 이 공식의 활용을 나타낸다.

〈예제 12-6〉 Jay's Quick 주유소의 서비스 시간

Jay's Quick 주유소는 시간당 평균 4명의 고객 또는 15분마다 1명의 고객을 서비스할 수 있으며, 3명의 서비스 직원이 있다. 토요일의 평균 고객 도착률은 시간당 3명, 즉 20분에 1명꼴이다. Jay는 실제 서비스 시간 t가 특정 시간 내에 있을 확률을 계산하고 싶어 하며, 그는 음의 지수분포를 이용하여 다음의 확률들을 보여주는 차트를 개발한다.

구체적 시간	$P(t \leq T\text{시간}) = 1 - e^{-4T}$
15분 (0.25시간)	$1-e^{-4(0.25)} = 0.6321$
20분 (0.33시간)	$1-e^{-4(0.33)} = 0.7329$
30분 (0.5시간)	$1-e^{-4(0.5)} = 0.8647$
40분 (0.67시간)	$1-ee^{-4(0.67)} = 0.9314$
45분 (0.75시간)	$1-ee^{-4(0.75)} = 0.9502$

따라서 Jay는 약 시간의 73% 동안 20분 이내에 고객에게 서비스를 제공할 수 있을 것이라고 생각한다.

단일채널 시스템의 경우, 평균 고객 도착률을 고객서비스율로 나누어 평균 용량 활용률을 계산할 수 있다. 예를 들어 도착률이 시간당 3회, 이용률이 시간당 4회라면 평균 용량 활

용률은 75%에 이른다. 그러나 〈예제 12-5〉에서 볼 수 있듯이, 낮 시간의 이용률이 100%에 근접하거나 초과하는 경우가 있을 것이다. 이제 대기 시스템의 모든 중요한 요소를 다루었으니, 다음에서는 모델의 다양한 적용에 대해 다루겠다.

대기 시스템 적용

대기열 모델을 사용할 때 관리자들은 실제 서비스를 위해 도착하는 고객의 수와 실제로 서비스를 받는 고객의 수를 관찰하여 도착률과 서비스율에 관한 데이터를 수집한다. 서비스에 따라 의미 있는 정보를 수합하는 데 며칠 또는 몇 주가 걸릴 수 있다. 아래에 제시된 것은 단일채널-단일단계 대기열 모델 및 다중채널-다중단계 대기열 모델의 응용이다. 이들은 단지 입문용일 뿐이다. 다른 대기열 시스템과 애플리케이션의 예는 상당히 복잡할 수 있으며 이 본문의 범위를 벗어날 수 있다. 관심 있는 독자는 이 주제에 대한 심층적 자료를 위해 경영과학이나 운영 연구 자료를 참고하도록 권장한다. 이를 위해 장 끝에 몇 가지 참고자료가 제공된다.

단일채널-단일단계 대기 시스템 적용

이것은 모든 대기열 시스템 중에서 가장 널리 사용되고 가장 간단하다. 시스템에 대한 가정은 다음과 같다.

- 고객은 무한대의 인구에서 왔으며 포아송은 시간에 따라 분포한다.
- 고객은 선착순으로 서비스된다.
- 바킹 또는 리니깅이 발생하지 않는다.
- 서비스 시간은 음의 지수분포에 따라 분배된다.
- 평균 서비스 속도가 평균 도착 속도보다 높다.

단일채널-단일단계 대기열 모델의 작동 특성을 결정하는 데 사용되는 기호 및 방정식은 다음과 같다.

λ = 평균 도착률
μ = 평균 서비스율
ρ = 평균 서비스 활용률 = λ/μ
L_s = 시스템 내에서 예상되는 고객 수 = $\lambda/(\mu-\lambda)$
L_q = 줄 서는 예상 고객 수 = $\lambda^2/[\mu(\mu-\lambda)] = L_s - \lambda/\mu$
W_s = 서비스 예상 대기시간 = $1/(\mu-\lambda) = L_s/\lambda$
W_q = 대기열에서의 예상 대기시간 = $\lambda/[\mu(\mu-\lambda)] = L_q/\lambda$
P_n = 대기 시스템에 n개의 단위가 있을 확률 = $(\lambda/\mu)^n(1-\lambda/\mu)$

〈예제 12-7〉은 단일채널-단일단계 서비스에 대한 작동 특성 계산을 나타낸다.

〈예제 12-7〉 Kathy의 바느질 상점 운영 특징

Kathy의 바느질 상점은 시간당 5명 정도의 손님을 접대할 수 있다. 지난 2주 동안 캐시는 고객 도착률을 계속 추적해왔으며, 시간당 평균 4명의 고객이 방문하였다. Kathy는 그녀의 가게의 운영 특성을 계산하는 것에 관심이 있으며, 그녀는 고객 중 한 사람인 지역대학의 경영학과 학생에게 도와달라고 부탁하였다. 학생은 다음과 같은 정보를 제공한다.

λ = 시간당 손님 4명
μ = 시간당 손님 5명
$\rho = 4/5 = 0/8$ 또는 80% 활용도
$L_s = \lambda/(\mu-\lambda) = 4/(5-4) = 4$명
$L_q = L_s - \lambda/\mu = 4 - 4/5 = 3.2$명
$W_s = L_s/\lambda = 4/4 = 1$시간 = 60분
$W_q = L_q/\lambda = 3.2/4 = 0.8$시간 = 48분

Kathy는 한 번에 4명 이상의 고객이 가게에 있을 가능성이 얼마나 되는지도 알고 싶어 한다. 그래서 학생은 이것에 대해 생각하고 가게의 0, 1, 2, 3, 4명의 고객이 있을 확률을 결정하고 나서 그들의 합을 1에서 빼기로 결정한다. 그래서 그녀는 다음과 같은 정보를 제공한다.

$n = 0 \quad P_0 = (4/5)^0(1-4/5) = 0.200$
$n = 1 \quad P_1 = (4/5)^1(1-4/5) = 0.160$
$n = 2 \quad P_2 = (4/5)^2(1-4/5) = 0.128$
$n = 3 \quad P_3 = (4/5)^3(1-4/5) = 0.102$
$n = 4 \quad P_4 = (4/5)^4(1-4/5) = 0.082$
$n > 4 \quad P_{n>4} = 1 - (P_0+P_1+P_2+P_3+P_4) = 1 - (0.2+0.16+0.128+0.102+0.082)$
$= 1 - 0.672 = 0.328$

따라서 Kathy는 그녀의 가게에 약 33% 이상의 시간 동안 사람이 4명 이상 있을 것이라고 예상할 수 있다.

Kathy는 또한 한 시간에 10명의 고객으로 그녀의 서비스 비율을 증가시키기 위해 금전등록기가 있는 바코드 스캐너를 구입할 수 있다. 그녀는 이것이 시스템과 대기열에서의 평균 대기시간을 어떻게 변화시킬지 알고 싶어 한다. 학생은 그녀에게 이것이 초래할 매우 중요한 변화를 보여주었다.

$L_s = \lambda/(\mu-\lambda) = 4/(10-4) = 0.67$명
$W_q = \lambda/[\mu(\mu-\lambda)] = 4/[10(6)] = 0.067$시간 = 4분
$W_s = 1/(\mu-\lambda) = 1/6$시간 = 10분

다중채널-단일단계 대기 시스템 응용

위에 제시된 모든 가정은 현재 서버 수가 1대 이상이라는 점을 제외하고는 다중채널-단일단계 시스템에 여전히 적용되며, 대기 시스템은 여러 대기열에서 고객을 대한 여러 서버로 구성되어 있다. 이 대기열 시스템의 작동 특성은 다음과 같다.

λ = 평균 도착률

$s\mu$ = 평균 서비스율, s = 서비스 채널 개수

ρ = 평균 서버 활용률 = $\lambda/s\mu$

$$P_0 = \text{시스템에서 손님이 0명일 확률} = \frac{1}{\sum_{n=0}^{s-1}\frac{(\lambda/\mu)^n}{n!}+\frac{(\lambda/\mu)^s}{s!}\left[\frac{1}{1-(\lambda/s\mu)}\right]}, \quad s\mu > \lambda$$

$$P_n = \text{시스템에 } n\text{명의 고객이 있을 확률} = P_0\frac{(\lambda/\mu)^n}{n!}, \quad n \geq s, \text{ 또는}$$

$$= P_0\frac{(\lambda/\mu)^n}{s!s^{n-s}}, \quad n > s$$

$$L_q = \text{!대기열에서의 예상 고객 수} = P_0\frac{(\lambda/\mu)^s(\lambda/s\mu)}{s!(1-\lambda/s\mu)^2}$$

L_s = 시스템 내 예상 고객 수 = $L_q + \lambda/\mu$

W_q = 대기열에서의 예상 대기시간 = L_q/λ

W_s = 시스템에서의 예상 대기시간 = $W_q + 1/\mu$

〈예제 12-8〉은 비교를 위해 단일채널-단일단계 상점을 2채널-단일단계 상점까지 확장한다.

〈예제 12-8〉 Kathy의 확장된 바느질 상점 운영 특징

Kathy의 바느질 상점은 두 번째 직원을 고용하고, 금전등록기가 구비되어 있는 두 번째 체크아웃 스탠드를 구입하기로 결정했다. Kathy와 두 번째 근로자 모두 시간당 5명의 손님을 상대할 수 있으며 평균 도착률은 시간당 4명이다. Kathy는 다시 새로운 구성의 모든 작동 특성을 알고 싶어 한다. 그 학생 고객이 다시 한 번 그녀를 도와준다.

$\rho = 4/10 = 0.4$ 또는 40% 활용도

$$P_0 = \frac{1}{\frac{(4/5)^0}{0!}+\frac{(4/5)^1}{1!}+\frac{(4/5)^2}{2!}\left[\frac{1}{1-(4/10)}\right]} = \frac{1}{1+0.8+0.32(1.67)} = \frac{1}{2.33} = 0.428$$

$$L_q = \frac{(4/5)^2(4/10)}{2(1-4/10)^2}(0.428) = 0.152\text{명}$$

$L_s = 0.152 + 4/5 = 0.952$명
$W_q = 0.152/4 = 0.038$시간 또는 2.28분
$W_s = 0.038 + 0.2 = 0.238$시간 또는 14.28분

평균 서비스 시간 및 유통 차이 때문에, 채널당 평균 5명의 고객에 서비스를 제공하는 2채널–2단계 시스템이 시간당 10명의 고객에 서비스를 제공하는 단일채널–단일단계 시스템이 있는 것과 같지 않다는 점에 유의해라.

대기인식시간관리

대기시간관리의 마지막 주제는 **대기인식시간**(perceived waiting times)에 대한 관리이다(때로 고객은 대기시간을 실제보다 훨씬 더 길거나 짧게 인식하기도 한다). 대기 시스템을 설계하는 데 심혈을 기울였을지라도, 대기 시스템의 능력을 초과하는 수요가 있을 가능성이 여전히 있다(앞에서 언급한 의사와 약속에서의 2시간 대기와 같은 경우). 이러한 기간 동안, 서비스회사들은 대기시간에 대한 고객의 인식에 영향을 미칠 수 있는 다른 도구들을 가지고 있어야 한다. 대기시간이라는 주제와 관련된 잘 알려진 논문에서, 유명한 교수이자 작가인 David Maister 박사는 다음과 같은 매우 흥미로운 관찰 결과를 제시했다.

첫 번째 및 두 번째 서비스 법칙[32]

- 법칙 1: 만족도 = 인식 – 기대치
  고객이 일정 수준의 서비스를 기대한 후 실제로 받은 서비스가 더 높다고 인식하면 만족하게 된다. 반대로, 서비스가 완료된 후 고객의 서비스 기대치가 그들이 실제 그 서비스를 인식한 정도보다 높을 때 그들은 만족하지 못한다.
- 법칙 2: 뒤쫓는 방식은 어렵다
  서비스를 처음 접했을 때 고객이 만족을 느꼈다면, 지속적인 만족을 유지하는 것은 쉽다. 그러나 만약 그들이 서비스 도중에 불만을 품기 시작하거나 처음부터 불만을 품은 채로 서비스를 받게 된다면 상황을 반전시키는 것은 매우 어렵다.

서비스 법칙 1은 기대와 인식이 반드시 현실에 바탕을 둔 것은 아니라는 점에서 생각해 볼 여지가 있다. 예를 들어, 고객 기대치는 이전의 경험, 마케팅 캠페인, 표지판, 타인으로부터의 정보, 위치 등에 근거하여 형성되는 반면, 고객 인식은 친근한 점원, 분위기 있는 음악, 시각적으로 쾌적한 환경, 그리고 많은 다른 것에 의해 서비스 실행 동안 영향을 받을 수 있다. 이에 따른 일반적인 관행은 "적게 약속하고 과하게 대접하라"이다.

서비스 법칙 2는 기업이 서비스를 개선하고자 할 때 중요하게 고려되어야 한다. 서비스 개선에 대한 투자는 서비스의 초기 접촉 또는 초기 단계에 제일 많이 배치되어 고객과 서비스 간에 초기부터 좋은 성과를 낼 수 있도록 해야 한다.

기업은 고객이 서비스를 위해 대기할 때 그들이 어떠한 영향을 받는지에 대하여 관찰하고 이해함으로써 고객의 기대와 인식을 모두 관리할 수 있다. 이러한 이해에서 비롯되는 대기시간 관리 기법으로는 고객들에게 계속해서 지속적으로 볼거리를 제공하고, 최대한 서비스를 신속하게 시작하며, 고객들의 불안감을 해소하기 위해 고객들에게 정보를 제공하고, 고객을 세부 그룹화하며, 공정한 대기 시스템을 설계하는 방법이 있다.[33] 이들 각각에 대해서는 아래에 간략히 논한다.

손님을 계속 바쁘게

기업들은 줄을 서서 기다리는 고객이 있을 경우, 수요의 소멸을 방지하기 위하여 계속 붙잡아 두는 것이 이득이 된다. 각종 대기장소에서 잡지, 텔레비전 및 어린이들을 위한 장난감이 자주 보이는 이유다. 음악, 창문, 거울, 메뉴와 같은 주의를 끌 만한 요소들은 고객들이 시간의 흐름에 무감각해지도록 만드는 요소의 좋은 예이다. 긴 줄이 큰 문제가 될 수 있는 디즈니랜드와 같은 놀이공원에서는, 줄을 서서 기다리는 고객들에게 미키마우스, 마임, 또는 저글러를 접촉시켜 그로 인한 즐거움을 제공함으로써 대기에 대한 인식수준을 낮추는 방법을 사용하고 있다. 이러한 모든 기법은 시간의 흐름에 대한 인식을 줄이고 대기경험에 대한 고객 만족도에 긍정적인 영향을 미치기 위한 것이다. 일리노이에 본사를 둔 Abt Electronics에서는 이 매장의 상품 픽업 지역이 고객 활동의 중심지다. Abt는 그것을 가게 개성의 상징으로 만들었고, 고객들이 TV나 아이패드를 기다리는 동안 계속해서 자리를 잡도록 하는 방법을 만들었다. "우리는 그 가게의 흥미로운 전통인 '명예의 벽'을 가지고 있다. 사실 상품과는 아무 상관이 없고, 단지 그곳에서 쇼핑을 한 많은 유명인의 사진을 게시해 놓고 있다."라고 공동사장인 Billy Abt는 말하였다. "그리고 공간의 내용은 새로운 사람들이 지속적으로 추가되는 형태로 변화하도록 운영하고 있으며, 새로운 사람에 대한 내용이 설치될때마다 기존에 게시되었던 유명인사들 중 몇 명을 별도의 공간으로 옮기는 식으로 운영하고 있다." 매장에는 1930년대의 링거 와셔(ringer washer), 모터가 달린 낡은 냉장고, 1950년대의 TV, 최초의 매킨토시 컴퓨터 등이 전시되어 있는 가전제품 박물관을 비롯하여, 고객들의 주의를 분산시키기 위한 두 개의 LCD가 설치되어, 화면을 통해 그 날의 모든 Abt사 배송 상황을 보여주고 있다. "고객들은 우리가 하루에 얼마나 많은 다른 이웃을 방문하는지 보는 것에 대해 흥미를 가지고 있었고, 자신의 물건을 찾는 것도 즐거워하였다."라고 그는 말했다.[34]

서비스의 시작은 빠르게

대기 중인 고객에게 메뉴판을 보게 하거나 채워야 할 양식을 배포하는 것, 바의 음료수를 제공하는 것 또는 읽어볼만한 프로그램 소개 등을 배포하는 등의 활동은 모두 고객에게 서비스가 시작되었다는 인상을 심어줄 수 있다. 기업들이 고객에게 전화, 우편, 또는 이메일 등 개인정보에 대한 내용을 수집하는 것은 서비스를 시작하는 가장 기본적이면서 대표적인 예이다. 기업이 고객이 줄을 서기 시작하자마자 시작될 수 있는 사전 활동을 설계할 경우, 이는 고객을 떠나지 않게 하며, 긴 대기시간을 훨씬 짧게 보이게 하는 역할을 할 수 있다. 런던에 본사를 둔 휴대전화 판매업체인 CPW(Carphone Warehouse)는 페이스북과 트위터로 눈을 돌려 고객들의 신속한 참여를 유도하고 고객 만족도를 높이고 있다. 그들은 이것이 불만을 더 빨리 해결하고, 문제에 대한 빠른 피드백을 제공하며, 고객 만족도에 긍정적인 영향을 줄 수 있다는 것을 발견했다. 고객이 특정 도시에 매장 위치가 있는지 알고 싶을 경우 CPW는 매장 링크를 트윗할 수 있고, 고객이 SIM 카드를 제거하는 방법을 알고 싶을 경우 CPW는 해결방법을 트윗할 수 있다.

고객의 불안 해소

고객의 불안은 많은 대기 상황에서 발생한다. 고객은 대기가 길어질수록 본인이 잊혀진 것이 아닌가에 대한 우려를 하게 되며, 얼마나 오래 기다려야 할지 모를 때 혹은 무엇을 해야 할지 모를 때, 잘못된 줄을 선 것은 아닌지에 대해 걱정할 때 불만이 발생할 여지가 발생한다. 관리자들은 고객들을 관찰하고, 그들의 불안을 야기할 가능성이 있는 요소들을 파악한 다음, 그것을 해결하기 위한 계획을 세울 필요가 있다. 이러한 계획에는 단순히 직원들이 고객을 안심시키는 것뿐만 아니라, 얼마나 더 오래 기다릴 것 같은지 말해주거나, 지연 시간을 알리거나, 고객에게 정확한 노선을 안내하는 표지판 등을 사용하는 것 등의 방법이 포함될 수 있다.[35]

고객에게 정보 제공

관리자들은 사전 활동 및 서비스가 진행되는 도중 발생하는 대기시간에 고객들에게 여러 가지 정보를 제공함으로써 고객들의 잠재적 불안감을 예방할 수 있다. 접수처에서 환자들에게 진료가 예정보다 30분 늦어진다고 밝히는것, 조종사들이 승객들에게 비행기가 이륙을 위해 대기 중이라고 밝히는것, 작업자들이 도로 위에 표지판을 세워 운전자들에게 작업 구간의 거리와 시간 지연을 예고하는 것, 놀이공원이 대기 행렬에 표지판을 놓아 그 시점부터의 예상 대기시간을 알려주는 것 등의 정보 제공은 기다리는 고객들이 지연이 일어날 것이라는 사실과 지연의 이유를 알수 있게 하며, 그들을 훨씬 더 참을성 있게 만들 수 있다. 이러한 활동은 결과적으로, 고객들이 더욱 기꺼이 줄을 서면서도 만족도를 유지하며, 서비스를 이용할 의사를 증가시키는 효과를 얻을 수 있다.

고객 그룹화

고객은 일반적으로 혼자 기다리는 것보다 같이 줄을 서서 기다리는 것을 선호한다. 고객들은 대기시간 동안 서로 이야기하고, 걱정을 나누고, 가능하면 서로를 도와주기도 하며 자신과 타인의 걱정, 두려움 및 문제를 완화시키기 위해 행동한다. 이러한 공감은 대기시간에 대한 인식를 줄이고 심지어 대기 경험에 즐거움을 더할 수도 있다. 관리자들은 사람들이 줄을 설 필요가 없도록 더 가까운 좌석, 줄세우기, 번호표 가상 대기열 등의 활용에 있어 혼자 기다리는 대신에 그룹 기다림을 만들거나 장려하는 방법을 생각해야 한다.

공정한 대기 시스템 설계

"새치기" 또는 대기 순서를 조정하는 행위는, 특히 그것이 불공평하게 보일 경우 기다리고 있는 다른 사람들에게 부정적인 자극을 줄 수 있다. 이 양상은 서비스의 종류에 따라 다르게 나타날 수 있다. 일례로 응급실에서 대기하는 대부분의 사람은 나중에 들어오는 다른 사람들이 먼저 진료받을 수도 있다는 것을 인정할 것이다(응급실에서의 서비스는 사람을 구명하는 것이기 때문에 환자의 경중에 대하여 이해한다). 반면 백화점이나 놀이공원 등에서 대기열을 조정하거나 중단시키는 것은 이미 기다리고 있는 사람들로부터 불평과 항의를 야기할 수 있다(이 문제들 중 일부를 제거하는 방법으로 가상 대기열에 대한 이전의 논의를 기억해야 한다). 대기와 관련된 규칙에 선착순이 아닌 다른 것을 추가할 때마다 관리자들은 이것이 야기할 수 있는 잠재적 문제를 인식하고, 고객 입장에서 느낄수 있는 불공평함을 줄이기 위한 조치를 취하거나, 고객을 분할할 필요성이 있다. 비행기에서 일등석과 이코노미석 등 물리적인 방법으로 고객을 구분하는 것, 레스토랑에서 대기예약 시 이름과 단체를 공개적으로 게시하지 않는 것, 소매점 계산대에 "6개 제품 이하"라는 표지를 붙이는 것 등이 그 예가 될 수 있다.

유통경로관리

서비스 대응 계획의 다음 관심사는 유통경로관리다. 서비스기업이 그들의 서비스와 제품을 고객에게 제공하기 위해 사용할 수 있는 몇 가지 유통경로와 전략에 대해 설명한다. 〈표 12-2〉에는 소매점, 은행, 자동차 수리 시설 및 대학의 다양한 유통경로가 제시되어 있다. 이러한 유통경로의 대부분은 모든 사람에게 익숙한 전통적인 것이지만, 오늘날의 서비스기업들은 고객 선호와 습관, 인구통계, 기술 및 경쟁의 변화로 인해 다른 새로운 유통경로들을 실험하고 있다.

일부 유통경로는 서비스기업이 사업을 영위하는 방식에 극적인 변화를 가져오기도 했다. 예를 들어 현금 자동인출기, 직불카드, 그리고 인터넷은 금융 서비스산업의 행태를 완전히 바꾸어 놓았다. 이제는 많은 고객이 은행이나 증권사 지점에는 거의 방문하지 않는다. 그 대신 인터넷이 많은 기능을 대체하게 되었다.

〈표 12-2〉 서비스 유통경로

서비스	유통경로	
소매점	• 프리스탠딩 • 인터넷	• 몰 • 메일 주문
은행	• 본부/본사 • 쇼핑몰 내 지점 • ATM • 휴대폰	• 자율 지점 • 소매상점 지점 • 인터넷
자동차 수리시설	• 프리스탠딩 • 프랜차이즈 아웃렛	• 대형점에 부설 • 모바일 수리 밴
대학	• 국립 • 전문/일반 • 중심 캠퍼스 • 인터넷	• 사립 • 전통/성인 교육 • 지점 • 주간/야간

그 밖의 유통 전략은 신기술이 그것을 가능하게 해준 상황에서, 고객의 요구 또한 등장했기 때문에 생겨났다. Amazon.com의 식료품점인 AmazonFresh는 2007년부터 운영되고 있는데, 시애틀, 캘리포니아, 뉴욕, 필라델피아 일부 지역의 고객에게 당일 또는 다음날 식료품을 배달할 것을 약속하고 있다. 과거 식품의 가정배달 사업은 실패했지만 로봇이나 냉장 토트백, 아마존의 모바일 앱 등 확실한 금전적 여력을 바탕으로 도입한 여러 기술은 성공할 가능성이 크다고 평가받고 있다.[36] 오늘날의 서비스기업이 직면하고 있는 몇 가지 유통채널 대안과 문제에 대해서는 다음에 논의한다.

이터테인먼트, 엔터테일링, 에듀테인먼트

서비스 전달과 관련된 개념이 변화하게 되면서, 이러한 개념을 설명하는 새로운 단어 또한 새롭게 생겨나고 있다. 우선, **이터테인먼트**(eatertainment)는 식당과 오락 요소의 결합을 의미하는 단어로 등장하였다. 여기에 해당되는 서비스는 지역 문화나 역사와 같은 요소를 서비스 디자인에 반영하고, 하나의 장소에서 식사, 음료, 오락, 쇼핑의 모든 기능을 체험할 수 있는 서비스를 제공하고 있다. 맥도날드나 버거킹과 같은 패스트푸드 레스토랑들은 30년 이상 식당 내에서 아이들이 놀 수 있는 장소를 구비해왔으며, Chuck E. Cheese 레스토랑 또한 한동안 존재했던 이터테인먼트 개념의 또 다른 예에 해당된다고 할 수 있다. 이터테인먼트의 또 다른 예시는 2014년 뉴욕 브루클린에 문을 연 로열팜 셔플보드 클럽(Royal Palms Shuffleboard Club)으로, 엔터테인먼트와 고급 음식 및 음료 옵션을 결합한 서비스를 제공하는 것으로 유명하다. 17,000제곱피트의 면적을 갖춘 이 장소는 노인층에게 인기 있던 오락거리를 젊은이에게까지 유행시키는 데 성공하였다. 그 클럽은 10개 정도의의 셔플보드 코트, 수제맥주, 최신 유행 칵테일, 그리고 푸드트럭 식사를 서비스로 제공하고 있으며, 매일 밤마다 바뀌는 푸드트럭의 조합과 열대지방에서의 휴가에서 볼 수 있는 술집 두 곳, 수제맥주를 직접 마셔볼 수 있는 바 등이 서비스로 구성되어 있다. 또한 오두막집 테이블에서 보드 게임을 할 수 있고 밤에는 DJ 음악, 티키 밴드, 심지어 빙고 게임도 할 수 있도록 하고 있다.[37]

엔터테일링(entertailing)은 엔터테인먼트 요소가 반영되어 있는 유통 서비스를 말한다. 오늘날 많은 쇼핑몰은 빙상, 암벽등반, 놀이공원과 같은 오락거리를 함께 제공하도록 시설이 설계되어 있다. 미네소타주 블루밍턴시의 '몰 오브 아메리카'는 420만 제곱피트의 건물로 1992년 문을 연 이래 테마파크, 수족관, 레고 놀이 공간, 미니 골프 공원, 비행 시뮬레이터 센터, 500개 이상의 매장, 연간 400여 개의 행사, 그리고 11,000명의 직원을 보유하고 판매 서비스를 제공하고 있다. 런던의 바디샵은 새로운 "경험 기반" 매장의 원형이다. 65개국 이상에 3,000개 지점을 두고 있는 이 소매업체는 고객이 매장에 들어왔을 때 시간을 끌도록 하기 위해 매장 내에 '정보와 대화 영역'을 도입하는 엔터테일링 모델을 시험하고 있다. 쇼핑객은 '스토리 테이블'에서 이야기를 들으며 손 마사지를 받을 수 있으며, 연고, 로션, 메이크업 등 다양한 상품을 테스트할 수 있다. "소비자가 시제품 매장에서 보내는 평균 시간이 평균 5분에서 10분 이상으로 두 배 이상 늘어난 것을 발견했다. 이것은 우리가 목격한 상호 작용과 의사소통의 깊이를 보여준다."라고 바디샵 인터내셔널의 CEO인 소피 가스퍼멘트는 소개하고 있다.[38]

박물관, 공원, 라디오 쇼, 영화, 그리고 많은 서비스 제공업체도 더 많은 고객을 끌어들이고, 학습 경험을 만들고, 수익을 증가시키기 위해 **에듀테인먼트**(edutainment)나 **인포테인먼트**(infotainment)를 도입하고 있다. 에듀테인먼트는 학습과 오락의 결합을 통해 놀이와 함께 교육을 원하는 고객에게 어필하는 것을 말한다. 미국에서는 주립공원과 국립공원 직원들이 원주민의 동물강연과 쇼 또는 캠프파이어를 통해 관광객들을 즐겁게 하는 동시에 정보를 제공하고 있다. 수년 동안 다큐멘터리 영화는 교육하는 동시에 즐거움을 선사하기 위해 보여졌고, 영국의 라디오 연속극 "아처"와 같은 라디오쇼는 시청자를 (이 경우, 농업 문제에 대해) 교육해왔다. 샌디에이고의 레고랜드와 같은 테마파크는 2세에서 12세 사이의 관객을 겨냥한 재미와 교육을 결합한 볼거리를 제공한다.[39]

프랜차이징

프랜차이징(franchising)은 새로운 서비스가 기존 시장을 침해하지 않으면서도 지리적으로 빠르게 확장되어 시장점유율을 높일 수 있도록 하는 방법이다. 서비스 소유주가 한정된 재원을 가지고 있을 경우, 프랜차이징은 외연의 확장을 위한 좋은 전략으로 선택 가능하다. 프랜차이즈는 브랜드 사용, 창업지원, 광고, 교육, 구체적인 운영기준에 대한 지원 등을 대가로 가맹점주에게 자기자본의 일부 투자 및 매출의 일정 부분에 대한 사용료로 징수를 요구하는 방법이다. 패스트푸드점, 회계 및 세무업, 자동차 대여점, 미용실, 의류점, 아이스크림 가게, 모텔, 기타 소규모 서비스업과 같은 많은 서비스는 프랜차이징을 성장과 경쟁을 위한 전략으로 사용하고 있다.

하지만 가맹점 시스템으로 인한 품질 등의 통제 문제는 프랜차이징에서 가장 크게 이슈가 되기도 하는 요인 중 하나이다. 프랜차이즈 본사들은 주기적으로 가맹점에 대한 재무 및 품질 감사를 실시하고, 개별 가맹점에 대한 방문검사 등을 통해 해당 가맹점이 계약상의 영업 기준을 지속적으로 준수하고 있음을 확인하는 방법으로 통제력을 높이려고 노력 하고 있다. 최근에는 이러한 감사 위주의 통제에서 벗어나, 새로운 방법으로 가맹점에 대한 통제력을 높이고자 하는 노력이 등장하고 있다. 그 예 중 하나는 매사추세츠에 본사를 두고 있는 Wings Over 프랜차이즈이다. Wings Over 프랜차이즈가 가맹점주들에게 개별 레스토랑마다 독특한 체험요소를 제공하도록 하는 명목으로 그들의 매장 인테리어를 주기적으로 바꾸도록 하는 방법은 그 새로운 노력의 대표적인 사례로 들 수 있다. Harold Tramazzo와 Patrick Daly가 1999년 매사추세츠 대학에서 시작한 치킨 윙 배달 사업을 시작했다. 상당히 다르지만 바람직한 틈새를 찾으면서 그 회사는 번창했고, 오늘날에는 주로 미국 동부에 위치한 약 30개의 Wings Over 매장이 있다. 보스턴의 체인점은 'Wings Over Boston'이라고 불리며 감귤류 치파틀 소스가 있고, 노스캐롤라이나의 몇몇 체인점은 마른 루브 소스가 있다. 그리고 대학가에서는 많은 Wings Over 레스토랑들이 오후 4시까지 문을 열지 않고, 새벽 3시나 4시에 문을 닫는다. 이것은 프랜차이즈 업체들에게 지역 업체들과 경쟁할 수 있는 유연성을 준다.[40]

마이크로프랜차이즈(microfranchise)는 또 다른 형태의 프랜차이징 개념으로, 경제적으로 혜택 받지 못한 사람들이 생계를 꾸리는 좋은 방법으로 여겨지는 방법이다. 이 형태는 교육을 거의 받지 못하거나 이용할 수 있는 자본이 거의 없는 사람들에게, 기성 기업들에게 추가적인 분배의 길을 제공하는 동시에 이미 만들어진 위험도가 낮은 일자리를 제공한다는 특징이 있다. 인도에 있는 마이크로프랜차이즈인 Drishtee가 운영하는 키오스크는 1,900개가 넘는 인도의 시골 마을에서 약 200만 명의 고객에게 서비스를 제공하고 있다. Drishtee는 기본적인 건강관리, 금융, 교육, 소매 제품 및 서비스를 판매하는데, 각각의 키오스크는 개별 가맹점주의 관리하에 있으며, 매달 약 30달러의 수익을 가져다 주고 있다.[41]

국제적 확장

기업이 더 크고 더 많은 시장을 찾는 데 쏟는 노력은 서비스가 전 세계적으로 확장되도록 하는 원동력이 되고 있다. 오늘날의 세계는 인터넷을 비롯한 다른 통신 매체, 이동의 자유, 더 많은 공통 통화의 사용 등으로 인하여 본질적 측면에서 과거와 달리 국경 없는 상태에서 경쟁하고 있다.

글로벌 서비스 확장은 좁은 개념으로는 해당 지역의 문화, 시장, 공급자, 경쟁자, 기반 시설 및 정부 규정에 익숙한 파트너와 협력하는 것을 의미한다. 예를 들어, 1990년 맥도날드가 모스크바에 첫 식당을 열었을 때, 맥도날드에 필요한 식자재에 대한 공급사슬이 전체적으로 새로 설계되고 시행되었다. 당시 맥도날드는 사업을 공급하는 데 필요한 작물의 종류와 품질을 결정하고, 적합한 자재를 생산하기 위해 농부들을 훈련시키는 것은 물론, 과잉 생산된 자재의 소비를 담당할 새로운 구매자(예: 모스크바 호텔과 대사관)까지도 일괄적으로 구축한 바가 있다.[42]

최근 중국의 서비스 부문은 중국 경제의 핵심 동력으로 부상하고 있는데, 중국에서 서비스가 차지하는 GDP에서의 비중은 이미 농업을 능가하고 있으며, 매년 약 13%씩의 성장률을 보이고 있다. 이러한 변화는, 많은 외국 서비스가 중국시장에 관여할 가능성을 높일 것으로 예상되고 있다. 예를 들어, 매우 성공적인 테네시주 병원체인인 Chinaco Healthcare는 2014년에 중국 도시인 Cixi에 첫 병원을 열었다. 그들은 Cixi 시립 정부와 합작으로 CHC 국제 병원을 운영하고 있다. Dorenforest Cina Healthcare Group의 설립자인 Sheldon Dorenforest는 "2009년까지 병원 산업은 일정불변의 산업이었다. 하지만 오늘날 성장은 무한하다. 투자자들은 지금이 기회라고 말하고 있다."고 말한다.[43]

국제적 확장에서 주의해야 할 다른 요인은 환율이다. 환율 변동에 노출되면 업체의 서비스 확대에 문제가 생길 수 있어, 기업은 해외 확장에 있어 환율 위험을 줄이기 위한 금융 위험회피 전략을 사용해야 한다. 한 나라의 경기 침체는 종종 다른 나라의 긍정적인 경제 상황으로 상쇄될 수 있기 때문에 기업들은 통화 문제를 상쇄하기 위해 여러 다른 나라에서의 서비스 운영을 통해 대응하고 있다.

언어 장벽, 문화적 문제, 그리고 다양한 지역 문화의 필요성 또한 확장될 때 다루어져야 한다. 지역 경영진은 지역 입맛에 맞게 서비스, 간판, 동반 제품을 다양하게 할 수 있도록 해야 한다. 예를 들어, 식당들은 일반적으로 수용 가능성을 높이기 위해 메뉴에 지역적인 기호식품을 추가한다. 회사들은 가독성과 이해를 높이기 위해 표지판이나 광고의 문구를 적절하게 바꾸려면 언어 번역에 익숙해져야 한다. 예를 들어, 중국의 코카콜라 이름은 처음에는 수천 개의 표지판에 "kee-kou-kou-key-la"로 표기되었다. 이 문구의 의미는 지역 방언에 따라 "왁스 올챙이를 베어물어라" 또는 "왁스로 채워진 암말"이라는 것이 밝혀졌다. 코카콜라 직원들은 결국 4만 글자를 연구해 '입속의 행복'으로 번역되는 음성 등가 'ke-kou-ke-le'를 찾아냈다. 이와 비슷하게, 일본의 두 번째로 큰 관광회사인 Kinki Nippon 관광회사는 미국 고객들로부터 특이한 성지향적인 여행에 대한 요청을 받기 시작한 후 그들의 미국 이름을 바꾸어야 한다고 느꼈다.[44]

인터넷 유통 전략

인터넷에 기반을 둔 '닷컴' 회사들은 1990년대 후반에 폭발적으로 증가하여 나스닥을 역사적인 최고치로 끌어올리고 인터넷에서 수익을 창출할 수 있는 웹사이트에 대한 좋은 아이디어든 나쁜 아이디어든 누구든 부유하게 할 것을 약속하였다. 전자상거래는 소매업에서 다가오는 수조 달러의 혁명으로 선전되었다. 하지만 그 시대의 닷컴 회사들은 오늘날 대부분 사라졌다. 그러나 온라인 소매업은 전통적인 오프라인 소매업보다 더 빠르게 성장하고 있다. 2016년 4분기 전자상거래는 미국 소매 매출의 약 8.3%인 1,027억 달러를 차지했다. 이는 2013년 4분기보다 53% 증가한 것이다. 전자상거래 매출은 매년 약 14%씩 증가하고 있는 반면 총 소매 판매는 매년 약 4%씩 증가하고 있다.[45]

인터넷의 주요 장점 중 하나는 실시간 정보, 통합, 피드백, 비교 쇼핑의 출처를 편리하게 제공하는 능력이다. 개인 소비자들은 인터넷 검색엔진을 사용하여 일자리를 찾고, 기업과 소통하며, 가장 가까운 영화관을 찾고, 상품을 찾고, 물건을 팔고, 물건을 교환한다. 그리고 그들은 이 모든 것을 자신의 사적인 공간인 집에서 할 수 있다. 전 세계적으로도 2016년에 약 2조 건 이상의 온라인 구글 검색이 발생하였다.[46] 기업도 인터넷을 사용하여 통신, 검색 및 공급자로부터 아이템을 구매하고, 개인 소비자와 다른 사업자에게 상품과 서비스를 판매하거나 제공한다. 오늘날, 대부분의 사업체는 웹사이트를 가지고 있거나 만들고 있다. 도메인 이름을 쉽게 구입할 수 있기 때문에 많은 개인도 자신만의 웹사이트를 가지고 있다. 오늘날 많은 소매업자는 인터넷만을 통해서 독점적으로 상품을 판매하기도 하고(단일 전략), 다른 소매업자들은 이를 보충적인 유통경로로 사용하기도 한다(혼합 전략).

단일 인터넷 유통 전략(pure Internet distribution strategy)은 전통적인 오프라인 서비스와 다른 몇 가지 뚜렷한 이점을 가질 수 있다. 온라인 회사들은 더 중앙집중화되어 노동력, 자본 및 재고 비용을 절감하는 동시에 인터넷을 이용하여 기업이나 개별 소비자에게 광범위하게 도달하기 위해 자사 마케팅 노력을 분산시킬 수 있다. Amazon.com은 이 범주에 속한다. 그러나 오늘날에는 전통적인 소매업과 온라인 소매업을 결합하는 **혼합 인터넷 유통 전략**(mixed Internet distribution strategy)이 더 강한 사업 모델로 떠오르고 있는 것 같다. JCPenney와 같은 회사들은 소매점과 인터넷과 상점 카탈로그 둘 다에서 물건을 판매한다. 고객들은 매장에서 구매한 물건을 직접 가져오거나 집으로 배송받을 수 있다. 사우스웨스트항공은 인터넷에 홈페이지를 개설한 최초의 항공사였으며, 2016년 말까지 자사의 업계 선도적인 웹사이트인 www.southwest.com을 통해 온라인 예약에 의해 승객 매출의 약 80%가 창출되었다.[47]

그러나 좋은 고객서비스 역량을 개발하는 것은 어려울 수 있다. 예를 들어, JCPenney 대표자들은 인터넷, 대면, 그리고 우편과 전화를 통해 고객서비스 기능을 수행할 수 있어야 한다. 기업들은 우수한 **고객접촉센터**(customer contact center)를 개발함으로써 이 문제를 해결하고 있다. 이 센터들은 기업의 웹사이트와 전통적인 콜센터를 통합하여 현존 고객들과 잠재 고객들이 전화, 이메일, 채팅방, 전자 게시판 등을 이용하여 회사와 서로 연락할 수 있는 지원을 연중무휴로 제공한다. 이러한 고객센터는 기업이 비교적 적은 수의 고객서비스 직원으로 많은 수의 지리적으로 분산된 고객들에게 서비스를 제공할 수 있도록 한다.

서비스가 서비스 용량과 대기열 관리에 신경을 써야 하는 것처럼, 기업들도 오늘날의 시장에서 경쟁하기 위해 필요한 유통경로를 설계하는 데 투자해야 한다. 서비스 대응 계획 논의의 최종 요소는 서비스 자체의 모든 요소와 그 분배방식에 영향을 미치며, 그것은 바로 서비스 품질의 관리다. 이 주제는 8장에서 이미 다루었지만, 서비스에 집중적으로 맞춰진 품질관리 주제는 추가적인 논의가 필요하며, 이 주제는 아래에 제시되어 있다.

서비스 품질관리

서비스 대응 계획에서 네 번째이자 마지막 주제 영역은 서비스 품질 관리다. 서비스의 경우, 품질은 서비스 제공 과정에서 발생하며 일반적으로 고객과 서비스회사 직원 간의 상호작용을 수반한다. 즉, 서비스 품질은 고객 만족과 밀접하게 연관되어 있다. 서비스에 대한 고객 만족도는 고객이 원하는 것을 제공하는 기업의 능력뿐만 아니라 제공받는 서비스의 품질에 대한 고객의 인식에 따라 달라진다. 고객의 기대치가 충족되거나 초과될 경우 서비스의 품질이 높은 것으로 간주되며, 기대치가 충족되지 않을 경우 품질에 대한 인식이 좋지 않다(Maister의 서비스 법칙 1을 상기해보라). 그러므로 서비스 품질은 기업의 직원과 서비스 시스템이 고객의 다양한 기대를 충족하거나 초과할 수 있는 능력에 크게 의존한다. 고객의 기대, 인식 및 행복의 가변적 특성 때문에 서비스는 8장에 기술된 도구를 사용하여 자신의 서비스 제공 시스템을 지속적으로 모니터링하면서 동시에 품질을 적절히 평가하고 개선하기 위해 고객을 관찰 및 조사하고 그들과 소통해야 한다.

서비스 품질의 다섯 가지 개념

서비스 품질에 대해 많이 인용된 연구 중 일부는 Parasuraman, Zeithaml, 그리고 Berry에 의해 수행된 연구이다.[48] 다양한 서비스와 여러 상황의 고객을 조사한 결과, 그들은 신뢰도, 응답성, 보증, 공감, 유형성 등 서비스 품질을 평가하기 위해 고객이 일반적으로 사용하는 **서비스 품질의 다섯 가지 개념**(five dimensions of service quality)을 식별했다. 신뢰성은 그들의 연구에서 가장 중요한 품질 개념으로 꾸준히 보고되었다. 다섯 가지 개념은 다음과 같다.

- 신뢰성(reliability): 정확하고 신뢰할 수 있는 서비스를 지속적으로 수행
- 대응성(responsiveness): 서비스를 신속하게 또는 적시에 제공
- 보증(assurance): 고객에게 신뢰와 자신감을 전달하는 박식하고, 유능하며, 정중한 직원 활용
- 공감(empathy): 고객에게 개별적 배려와 관심 제공

- 유형성(tangibles): 시설, 점원, 장비, 관련 상품 및 기타 고객을 포함한 서비스의 물리적 특성

세 명의 연구자는 이 조사를 이용하여 위에 열거된 다섯 가지 개념에 대한 고객의 기대치와 서비스 실행 동안 실제로 받은 것에 대한 고객의 인식 사이에 발생하는 차이를 식별할 수 있었다. 이러한 차이를 서비스 품질 "격차(gap)"라고 하며, 따라서 서비스 개선이 필요한 영역을 알아내기 위해 실제 상황에서 사용할 수 있다. 본 조사는 조직이 다섯 가지 서비스 품질 개념과 관련된 구체적이고 측정 가능한 기준을 개발한 다음 고객 의견 카드와 우편 및 이메일로 받은 고객들의 만족도 조사를 통해 데이터를 수집해야 한다는 것을 보여준다. 이를 통해 관리자는 전반적인 서비스 품질 성과를 측정할 수 있다. 〈표 12-3〉은 다섯 가지 품질 개념에 사용될 수 있는 각 평가기준을 제시한다. 물론, 이들은 산업, 제품, 그리고 회사에 따라 다를 것이다. 성과기준 중 어느 하나에서나 약점이나 격차가 발생할 경우, 관리자는 해당 분야에 대한 개선을 시행할 수 있다.

세계적인 서비스기업들은 고객을 알아야만 한다는 것을 깨닫고, 고객의 기대와 인식에 대한 정보를 수집하기 위해 상당한 시간과 노력을 투자한다. 이 정보는 고객을 만족시키고, 시장점유율을 포착하고, 회사의 이익을 창출하는 서비스 및 서비스 제공 시스템을 설계하는 데 사용된다. 이러한 조직은 장기적 경쟁력과 이익에 영향을 미치는 중요한 요소 중 하나가 경쟁업체에 비해 뛰어난 상품과 서비스의 품질이라는 점을 인지하고 있다. 남아프리카항공(SAA)은 2016년 Global Traveler 잡지에서 '아프리카 최고의 항공사'로 선정됐다. 이 잡지는 이 항공사가 꾸준히 세계 최고 수준에 머무르고 13년 연속 그 지역에서 최고 수준을 유지할 수 있게 한, 일관된 고품질 서비스를 인정하였다. SAA는 또한 최우수 기내 서비스, 승무원들을 위한 최우수 항공사 및 명예 공항 라운지의 감투를 받았다. "우리는 다시 한 번 이

〈표 12-3〉 서비스 품질 평가기준 예시

서비스 품질 개념	평가기준	
신뢰성	• 청구 정확도 • 정시 완성도	• 주문 정확도 • 약속 지킴
대응성	• 정시 약속 • 적시에 주문확인	• 시기적절한 콜백
보증	• 직원의 기술 • 직원의 정직성	• 직원에게 제공되는 교육 • 기업의 명성
공감	• 맞춤형 서비스 기능 • 서버-고객 접촉 정도	• 고객 인식 • 고객에 대한 지식
유형성	• 직원의 출현 • 시설 내 고객 수	• 시설물의 외관 • 장비 및 기타 사용되는 물품의 품질

상을 받고, 아프리카 최고의 항공사로서 Global Traveler 독자들에게 인정을 받게 되어 영광이다. 이들은 통찰력이 있는 국제 비즈니스 여행객이며 SAA에 대한 그들의 인식은 우리의 제품을 지속적으로 향상시키고 세계적인 수준의 서비스를 제공하려는 우리의 노력에 대한 검증의 역할을 한다."고 SAA의 Todd Neuman 부사장은 말했다.[49]

서비스 품질 저하로부터 복구

기업의 제품과 서비스가 고객의 기대를 충족하지 못하는 경우가 있다는 것은 의심할 여지가 없다. 대부분의 경우, 이러한 서비스 장애로부터 빠른 회복은 고객의 충성심을 유지시키고 다시 돌아오게 할 수 있으며, 좋은 서비스 회복에 대한 미담이 입소문을 타 그 회사에 대해 광고 역할을 할 수도 있다. 가장 중요한 것은 서비스 장애가 발생할 때 기업은 고객을 만족시키기 위해 신속하고 강력하게 복구할 수 있어야 한다는 점이다. 이를 위해서는 우수한 서비스 담당자가 문제를 식별한 후 신속하고 공감할 수 있는 방식으로 해결책을 제공할 수 있도록 해야 한다.

좋은 서비스는 고객에게 보증을 제공하고, 직원들이 고객이 보증을 요청할 때 신속하고 의미 있는 해결책을 제공할 수 있도록 한다. 미국에서 대부분의 소매업체는 고객이 만족하지 못하면 환불 보증을 제공하고, 구매 후 일정 기간 동안 가격 차이를 환불받는 저가 보증을 제공한다.[50] 많은 경우 서비스 문제에 대한 신속한 해결책은 서비스 과정 중 하나로 설계되고 서비스기업의 홍보방법 중 하나가 된다. 서비스 장애가 발생할 수 있는 장소를 예측하고, 복구 절차를 개발하고, 이러한 절차에서 직원들을 교육한 다음, 직원들이 고객 문제를 해결할 수 있게 하도록 하는 기업은 그들이 가질 수 있는 최고의 서비스 복구 시스템을 갖출 수 있다고 자신할 수 있다.

요약

서비스는 세계 경제의 크게 발전하는 부문을 이루고 있다. 그러므로 서비스의 공급사슬 관리는 서비스의 전반적인 경쟁 전략의 중요한 부분이다. 서비스 고객은 대개 제공되는 서비스의 최종소비자이기 때문에, 성공적으로 서비스 접촉을 관리하는 것에는 생산적 역량 관리, 대기열 관리, 유통경로 관리, 서비스 품질 관리가 포함된다. 이 네 가지 우려사항은 서비스 대응 물류의 기반이며 본 챕터의 주요 초점이었다.

서비스회사는 수요를 정확하게 예측하고, 수요를 적절하게 충족시키기 위한 용량을 설계하고, 가능한 빠르고 효과적으로 고객에게 서비스를 제공하기 위한 대기 시스템을 채택하고, 회사의 고객에게 가장 잘 서비스를 제공하기 위해 유통 시스템을 이용하고, 서비스 프로세스 전반에 걸쳐 서비스 품질과 고객 만족을 보장하기 위한 조치를 취해야 한다. 관리자가 좋은 장소를 선택하고, 효과적인 레이아웃을 설계하고, 서비스 직원을 고용, 훈련, 그리고 적절하게 스케줄링한 다음, 효과적인 서비스 대응 물류 전략을 채택한다면, 기업과 그들의 공급사슬은 경쟁력, 시장점유율 및 수익성을 유지할 수 있다.

토의문제

1. 당신의 대학은 순수한 서비스인가? 설명하라.
2. 미국 등 선진국의 서비스 부문이 제조업보다 더 빠른 성장세를 보이는 이유는 무엇인가?
3. 제품회사와 서비스회사 간의 주요 차이점에 대해 설명하라.
4. 생산성 공식을 이용하여 기업이 생산성을 높일 수 있는 모든 방법을 기술하라. 그중 위험하다고 여겨지는 방법은 무엇인가?
5. 당신 대학에서 사용할 수 있는 몇 가지 단일 요인 및 다중 요인 생산성 측정에 대해 설명하라.
6. 바우몰의 질병과 월마트 효과를 정의하고, 그것들이 미국처럼 서비스 중심 경제에 어떤 영향을 미치는지 토의하라.
7. 글로벌 서비스 관리의 주요 문제를 논의하라.
8. 서비스가 해외시장으로 확대되면서 극복해야 할 문제는 무엇인가?
9. 서비스가 경쟁하기 위해 사용하는 세 가지 일반적인 전략은 무엇인가? 예를 들어라.
10. 서비스가 비용 리더십 전략을 사용하여 경쟁할 때, 이는 서비스가 품질이 낮다는 것을 의미하는가? 설명하라.
11. 고객이 서비스를 구입할 때 실제로 서비스 특징의 묶음을 구입하고 있다. 렌터카 대리점, 편의점, 라디오 방송국을 사용하여 이러한 특징을 나열하고 설명하라.
12. 당신 대학의 서비스 제공 시스템을 어떻게 특징지을 것인가?
13. 집 앞 운영과 집 뒤 서비스 운영의 예를 몇 가지 제시하라.
14. 서비스회사가 고객 만족도를 모니터링하기 위해 할 수 있는 일은 무엇인가?
15. 서비스 위치가 왜 그렇게 중요한가?
16. 대학의 입지 선정에 어떤 전략이 사용되었다고 보십니까? 더 좋은 장소가 있었을까?
17. 서비스 레이아웃에 대한 주요 설계 목표를 논의하라.
18. 공급사슬관리 활동은 서비스회사와 제조회사 간에 어떻게 다른가? 이 활동들은 어떤 면에서 비슷할까?
19. 서비스 대응 계획의 네 가지 우려사항은 무엇인가?
20. 서비스 용량을 정의하고 본문에 기재되지 않은 세 가지 예를 제시해라.

21. 당신 반의 강의실 용량은 얼마인가?
22. 용량 활용도를 정의하라. 이상적인 활용은 무엇인가? 활용도가 100% 이상일 수 있는가? 설명하라.
23. 수준 및 추적 수요 용량 활용 전략을 어떻게 사용하는지에 대해 설명하라. 당신 대학은 어느 전략을 쓰는가?
24. 수요의 변화에 따라 서비스 수용량을 변화시키기 위해 직원을 고용하고 해고하는 것의 대안으로는 어떤 것들이 있는가?
25. 추가 서비스 용량을 제공하는 데 고객을 사용할 수 있는가? 설명하라.
26. 수요가 용량을 초과할 때와 용량이 수요를 초과할 때 사용할 수 있는 수요 관리 기법을 설명하라. 당신 대학은 이 두 가지 상황이 모두 존재하는 기간이 있다. 그들은 무엇을 하는가?
27. 기업은 초과 용량을 어떻게 활용할 수 있을까?
28. 고객 만족도를 극대화하기 위해 대기열을 관리할 때 관리자가 주의해야 할 두 가지 요소는 무엇인가?
29. 대기열 시스템을 설계할 때 고려해야 할 주요 요소는 무엇인가?
30. 레스토랑에서 어떤 종류의 대기 시스템 구성이 사용되는가? 자동차를 판매할 때는 어떤 종류의 대기 시스템 구성이 사용되는가? Zappos에서는 어떠한가?
31. 바킹과 리니깅이라는 용어를 정의하라. 기업은 어떻게 이들을 최소화할 수 있는가?
32. 가상 대기열이란 무엇인가? 언제 사용할 수 있는가?
33. 3채널-4단계 시스템은 는 어떤 종류의 대기열을 가리키는가?
34. 채널 수를 늘리는 것의 장단점은 무엇인가?
35. 당신의 대학은 학생들을 등록시키기 위해 어떤 대기열 규율이 사용하는가? 고급 클럽에서 고객을 앉힐 때는 어떤 대기열 규율이 사용하는가?
36. 마이스터의 1법칙과 2법칙에 대해 설명하고 예를 제시하라(당신의 개인적인 경험을 사용하라).
37. 기업이 효과적인 대기 시스템을 설계했음에도 불구하고 대기시간을 관리하는 연습을 하는 이유는 무엇인가?
38. 기상 서비스의 유통경로 대안은 무엇인가? 기념품 가게와 결혼 상담 서비스, 대학의 대안을 제시해보라.
39. 마이크로프랜차이즈란 무엇인가? 이것이 개발도상국에 도움이 되는가? 미국에는 도움이 되는가?
40. 에듀테인먼트란 무엇인가? 당신의 대학은 이를 사용하는가? 어떤 식으로 사용하는가?

41. 서비스의 국제적 확대에 있어서 중요한 이슈들을 기술하라.
42. 순수한 인터넷 유통 전략과 혼합 인터넷 유통 전략의 예를 설명하고 제시하라. 인터넷에서 그에 대한 예를 찾아라.
43. 서비스 품질은 고객 서비스 및 만족도와 어떤 관계가 있는가?
44. 치과의사 사무실의 서비스 품질의 5개념, 각 개념에서의 성능 측정 방법 및 각 서비스 품질 개념의 장애에 대한 복구 처리 방법에 대해 설명하라.
45. 형편없는 서비스 품질 사건에서 회복하는 것이 좋은 일이 될 수 있는가? 설명하라.

조사연구문제

1. 이터테인먼트, 엔터테일링, 에듀테인먼트의 추가 사례를 인터넷 검색하여 기술하라.
2. 인터넷을 검색하여 마이크로프랜치징의 여러 예를 찾고 보고하라.
3. 인터넷에서 '맥도날드의 탄소 발자국(McDonald's carbon footprint)'이나 '맥도날드의 녹색 이니셔티브(McDonald's green initiatives)'라는 용어를 검색하고, 이 기업의 노력에 대한 보고서를 작성하라.
4. 전 세계에서 월마트의 위치와 배치 전략에 관해 논하라.
5. 가상 대기 시스템의 예를 검색하고 그중 몇 개를 선택해 그 작동방식을 설명하라.

연습문제

1. Bichsel Lounge는 지난 한 달 동안 1,500명의 고객에게 매우 적은 불만을 들으며 서비스를 제공했다. 인건비는 3,000달러, 재료비는 800달러, 에너지 비용은 200달러, 건물 임대료는 1,500달러였다. 한 달 동안 26일 동안 영업하였고, 20개의 좌석을 가지고 있다. 하루 6시간 영업하며, 고객이 머무는 시간은 평균 1시간이다.
   a. 단일요인 생산성과 전체 다중요인 생산성을 계산하라. 이들은 어떻게 생산성을 향상시킬 수 있을까?
   b. 월별 용량과 용량 활용도를 계산하라.
2. Iarussi Legal Aide 사무소는 2013년 6월 126명의 직원을 도왔고, 직원 인건비는 3,240달러였다. 2014년 6월 사무소는 인건비 3960달러로 145명에게 지원금을 지급했다. 1년 동안의 생산성 증가는 얼마인가?
3. Valentine Ski사는 최고급 스키점을 위해 최고급 맞춤 스키를 만든다. 직원은 15명이다. 주인인 크리스는 다음의 데이터를 사용하여 몇 가지 생산성 성능 측정치를 추적하고자 한다.

금융 정보	2017 결과
순매출액	$205,000
판매된 상품 가격 (구매품)	$32,000
납세 후 순수익	$28,200
유동자산	$68,000
유동부채	$22,000
평균 재고 가치	$4,500
투입 및 결과	
제공된 스키	1,000
노동시간	10,800
임대료	$24,000

a. 노동 생산성, 임대 생산성 및 자재 생산성을 계산하라.

b. 다중요인 생산성을 계산하라. 2016년의 다중요인 생산성이 0.004스키/달러였다면 2016년부터 2017년까지의 생산성 성장은 어떠한가?

4. 아래 표시된 사무실 레이아웃에서의 이동 및 거리 매트릭스에 대해 일일 총 이동 거리를 결정하라. 하루 이동 총거리가 더 짧은 다른 레이아웃을 찾아보라.

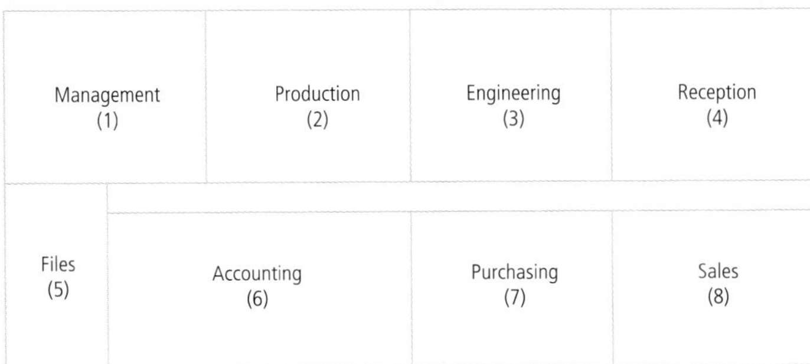

일일 부서 간 이동

	(2)	(3)	(4)	(5)	(6)	(7)	(8)
(1)	6	5	2	1	7	6	15
(2)		12	4	5	2	10	5
(3)			2	9	2	10	8
(4)				18	12	4	2
(5)					0	0	0
(6)						6	14
(7)							6

부서 간 거리(m)

	(2)	(3)	(4)	(5)	(6)	(7)	(8)
(1)	15	30	45	10	20	35	50
(2)		15	30	20	10	20	35
(3)			15	40	20	10	20
(4)				60	50	30	10
(5)					10	30	50
(6)						20	40
(7)							20

5. 문제 4에 나타낸 사무실 레이아웃의 경우, 다음 등급표를 사용하여 근접 만족도 등급을 결정해라. 복도는 무시해라(즉, 생산과 회계 부서가 서로 맞닿아있가도 생각한다). 좀 더 바람직한 레이아웃을 찾을 수 있는가? 레이아웃 대안을 평가할 때 전체 이동 거리 및 근접 만족도를 어떻게 모두 고려할 수 있는가? 두 가지 유형의 기준을 모두 사용하여 상대적으로 좋은 점수를 얻는 레이아웃을 찾을 수 있는가?

부서 간 근접성 만족도

	(2)	(3)	(4)	(5)	(6)	(7)	(8)
(1)	2	2	-1	0	1	3	3
(2)		3	0	0	0	3	1
(3)			0	2	0	2	3
(4)				3	1	2	2
(5)					2	2	1
(6)						0	2
(7)							1

6. Corner's Cat Care는 다음 표시된 바와 같이 주5일 근무제를 실행하기 위해 도움이 필요하다. 가장 적은 인원을 사용하여 풀타임 및 파트타임 근무 일정을 짜라.

	월요일	화요일	수요일	목요일	금요일
필요한 직원 수	2	3	3	4	5

7. 시간당 평균 12명의 고객을 상대한다고 한다면, 평균 도착률이 시간당 10명일 때 기업이 모든 고객을 상대할 확률은 얼마나 될까? 다양한 고객 도착 확률을 계산하려면 푸아송 분포를 사용하라.
8. 시간당 평균 12명의 서비스 이용률과 시간당 평균 10명의 고객 도착률로 실제 서비스 시간이 6분 이하일 확률을 계산하라.
9. 테레사는 1인 만화가게를 운영하는데 시간당 10명 정도의 손님을 받을 수 있다. 고객 도착률은 시간당 평균 약 6명의 고객이다. 테레사의 단일경로-단일단계 대기 시스템의 작동 특성을 알아보라.
10. 테레사가 직원을 뽑아 시간당 20명의 고객으로 서비스율을 늘리면, 테레사의 대기 시스템 운영 특성은 어떻게 변화하는가?

사례문제

1. 데이지 페리

데이지 페리는 애리조나주 피닉스에 있는 가장 큰 자동차 수리점의 감독이다. 데이지는 12살 때부터 25년 넘게 이 작업을 해왔다. 데이지의 아버지는 취미로 자동차를 경주했는데, 그녀는 아버지가 경주용 자동차를 수리하는 것을 돕는 것으로 자동차 수리를 시작했다. 고등학교를 졸업한 뒤 데이지는 기술학교에 입학해 자동차 서비스 우수자(ASE) 자격증을 땄다.

경력 초기에 데이지는 가능한 많은 경험을 쌓기 위해 여러 자동차 제조사를 옮겨 다녔다. 데이지는 전통적인 패밀리밴에서 스포티한 고성능 자동차에 이르기까지 모든 종류의 자동차를 수리해왔다. 그녀의 훌륭한 솜씨 때문에 데이지가 다른 대리점으로 옮겨갔을 때 일부 고객은 사용하는 자동차 브랜드를 바꾸었을 정도로 데이지는 피닉스 전역에서 뛰어난 명성을 가지고 있다. 데이지가 혼자 다목적 자동차 수리점을 열 준비가 되어 있었다.

자신의 사업을 시작하기 위해서는 레이아웃, 위치, 전략 유형, 생산성, 용량 및 고객 대기 시간 등 고려해야 할 사항이 많았다. 데이지는 자신의 사업에서 중요하다고 생각되는 몇 가지 사항을 적기 시작했다.

이 사업의 중요한 한 가지 특징은 ASE 인증을 받은 기술자들을 사용하는 것이다. 이 인증에 더하여 데이지는 그녀의 기술자들이 전문적으로 보이기를 원했다. 그들은 그녀의 회사 로고와 자신의 이름이 새겨진 작업복을 입을 것이다. 그녀는 각 정비사에게 옷 다섯 벌을 주고, 그것들을 보관할 개인 사물함을 제공할 계획을 세웠다. 그녀는 세탁 서비스를 이용해 매일 깨끗한 작업복을 입고 일을 시작할 수 있도록 할 것이다. 데이지는 고객이 공짜를 좋아한다는 것을 알고 있었고 그래서 다섯 번째마다 공짜로 기름을 교체해줄 계획을 세웠다. 보증의 종류는 완료된 작업과 제공된 부품에 달려 있었지만, 데이지는 모든 작업에 대해 최소한 30일 보증을 제공할 계획이었다. 또한 청구서에는 숨겨진 비용 없이 항목별 요금이 표시될 것이다. 수리하기 전에 고객은 견적을 받을 수 있다. 어떤 이유에서든 수리가 당초 생각했던 것보다 더 광범위하다면, 데이지는 작업을 계속하기 전에 고객에게 연락하여 수정된 견적을 제공할 것이다.

대기실에는 와이파이, 전자기기 충전기, 잡지, TV, 음료수와 스낵 기계가 설치될 것이다. 대기실은 시설 중앙에 있을 것이고 창문을 통해 모든 작업을 볼 수 있을 것이다. 이를 통해 고객은 수리 과정을 지켜보고 차량에 주의를 기울일 수 있을 것이다. 각 작업환경에는 최신 장비가 설치될 것이다.

데이지가 걱정하는 한 가지 도전은 일정이었다. 그녀는 일단 문을 열면 현재와 과거의 많은 고객이 올 것이라고 믿었다. 사업이 튼튼하면 일정 조정도 문제될 게 없었다. 그러나 계절적인 이유든 다른 어떤 이유에서든 기술자가 일정 시점이 너무 모여 있으면 관리가 어러울 것이라고 생각했다. ASE 인증 정비사는 파트타임 작업에 관심이 없다. 일주일에 40시간씩 일하는 것이 보통이고, 이러한 정비사는 쉽게 찾을 수 있을 것이다. 수요와 용량의 균형을 맞추기 위해 시간제 직원을 사용하는 것은 선택사항이 될 수 없을 것 같다.

자신의 중요 사항 목록을 검토하면서 그녀는 아직도 해결되지 않은 사항이 많이 있다고 느꼈다. 그러나 데이지가 지난 5년 동안 대리점에서 수리점을 효과적으로 운영했기 때문에 상당히 자신감에 차 있었다. 데이지에게는 그 사업에 많은 친구가 있었고, 몇몇 친구에게 목록을 보여주고 피드백을 받기로 결정했다.

토론사항

1. 데이지는 자신이 집중해야 할 주된 포인트를 고객 만족으로 결정했다. 그렇게 하면 고객의 만족도를 끌기 위해 다른 부분까지 다룰 수 있을 것이라고 생각했다. 데이지가 사업에 필요하다고 믿었던 것의 목록을 평가하라. 서비스 품질의 5개념을 지지하는 아이템이 무엇인지 설명하라. 데이지가 다섯 가지 서비스 품질 개념 중 놓친 부분이 있는가? 놓쳤다면 어떤 것을 놓쳤는가?
2. 데이지가 구현할 계획인 서비스 전략은 무엇인가? 당신이 그 전략을 선택한 이유를 세부적으로 설명하라. 이것이 최선의 전략이라고 믿는가? 그녀가 다른 두 개 중 하나를 고려해야 하진 않는가?
3. 비수기 동안의 일정에 대한 데이지의 우려는 심각하다. ASE 인증을 받은 기술자는 다른 일을 쉽게 찾을 수 있기 때문에 그들의 근무시간을 단축할 수는 없다. 다음 사항을 가정해보자. 첫 해 이후, 데이지가 비수기가 언제인지 결정한다. 몇 번이 안 되지만, 그녀는 그들이 매년 같은 기간에 비수기가 올 것이라고 믿는다. 데이지에게 근무시간 단축은 선택이 아니기 때문에 어떤 옵션이나 이니셔티브를 사용하여 수요를 늘릴 수 있는지 설명하라.

2. 빠른 물류 서비스 공급자를 위한 콜센터 디자인

태국에서 전자상거래가 크게 성장하고 있으며, 그것은 빠른 물류 서비스를 위한 기회를 제공한다. Bangmod는 태국에 본사를 두고 있는 대표적인 물류 서비스 제공업체다. 핵심 사업은 통합 물류, 국제화물 운송, 급행 및 공급사슬 솔루션을 포함한다. 그 회사는 전자상거래의 높은 수요를 충족시키기 위해 주로 급행 물류 서비스에 초점을 맞추고 있다. 많은 전자상거래 기업가들은 패션과 라이프스타일, 화장품, 보조식품과 음료, 그리고 제약업을 포함한 광범위한 산업에서 Bangmod를 고용하고 있다. Bangmod는 증가하는 고객 기반 때문에 전국적으로 고객에게 더 나은 서비스를 제공하기 위해 콜센터를 통해 서비스를 제공해야 한다고 결정했다. Bangmod의 욕구는 고객 제품을 누구보다 빠르고 비용 효율적으로 납품하는 것이다.

Bangmod는 태국 전역의 국내 급행 서비스를 제공하며, 모든 지방과 도시에 당일에서 3일 내 배송 서비스를 제공한다. Bangmod는 빠른 서비스에 대한 고객의 요구를 이해하고 예측함으로써 고객 비즈니스에 실질적인 가치를 창출하여 고객에게 원만하고 비용 효율적인 방식으로 서비스를 제공할 수 있도록 한다. 고객들은 보통 Bangmod의 현장 직원에게 서비스를 요청하지만 관리자들은 그들이 놓치고 있는 판매 기회가 많다고 믿고 있다. 다양한 요구를 충족하기 위해 다음과 같이 다양한 서비스 옵션이 제공된다.

- 당일 배송: 가능한 가장 짧은 시간 내에 즉시 픽업 및 방문 배송
- 이튿날 9:00 이전 배송: 다음 영업일 오전 9시까지 전국 방문 배송
- 이튿날 12:00 이전 배송: 다음 영업일 정오까지 전국 방문 배송
- 이튿날 17:00 이전 배송: 다음 영업일 기준으로 17:00까지 전국 방문 배송
- 3일 경제 배송: 향후 3일 말까지 국내 배송
- 부가 가치 서비스: 가정 배달, 재포장, 전자상거래, 웹 추적, 웹 예약, 현장 서비스, 보관 위치, 현금 배달, 청구서 반환, 예약 배송 등 다양한 부가 가치 서비스도 요청 시 이용할 수 있음

토론사항

1. 현 시점에서 콜센터가 Bangmod에게 득이 될 수 있는가? 콜센터가 어떤 이점을 제공할 수 있을까?
2. 이 사례에서 콜센터 설계의 중요 항목을 파악해 순위를 매겨라.
3. 대기관리, 제품 지원, Bangmod 서비스 품질 등 평소 센터 운영을 위한 중요한 이슈에 대해 토의하라.

3. Benevolence 어린이 병원

Benevolence 어린이 병원은 지난 10년 동안 꾸준히 성장해왔다. 그동안 운좋게 여러 차례 거액의 기부를 받았고, 이는 최근에 새로운 병동을 추가할 수 있게 했다. 이 부문은 사실 병원이 제공하는 완전히 새로운 서비스다. 예전엔 아이들이 수술을 받으려면 다른 지역 병원으로 가야했다. 하지만 이제 Benevolence 어린이 병원은 어린이 전문 수술 서비스를 제공할 수 있다.

지난 3년간 Window Creek의 인구가 기하급수적으로 증가했기 때문에 새로운 병동의 출현 시기는 완벽했다. 그러나 불행히도, 이 병원은 수술의 양에 대한 준비가 되어 있지 않았다. 수술실, 직원, 회복실 등 물리적인 용량은 갖췄지만 고객관리 제반 시설은 턱없이 부

족했다.

Benevolence의 CEO인 메러디스 웹이 수술 서비스에 대한 불만을 들었을 때 그녀는 두 가지 중대한 문제를 보았다. 그녀가 알고 있는 다섯 가지 서비스 품질 개념과 불만 사항들을 연관시켰을 때, 메러디스는 이 병원이 반응성과 공감에 약하다고 믿었다. 고객들은 청구서와 같은 신뢰성에 대한 불만이 없었다. 그들은 의사의 기술과 같은 '확신'에 대한 문제도 가지고 있지 않았다. 직원 외모나 시설 외모 등 유형적인 것은 항상 높은 평가를 받았다.

메러디스는 자료를 검토하고 환자 가족들과 이야기를 나누면서 불만의 근본적인 원인을 이해하기 시작했다. 의사소통이 잘 되지 않았던 것이다. 부모들은 자식의 수술이 적시에 알려졌다고 느끼지 않았다. 그들은 어떠한 업데이트가 제공되기 전에 많은 시간이 걸린다고 인식하고 있었다. 또한 불평이나 칭찬이 있다면 구체적으로 누구를 지목해야 할지 알 수 없었다. 그들은 아이가 수술을 받고 있어서 스트레스를 많이 받았기 때문에, 자신이 어떤 직원과 상호작용을 했는지 기억하지 못했다. 메러디스는 상급 직원들과 이야기를 나누었고 그들은 여러 면에서 이 문제가 대기시간을 관리하는 것과 비슷하다고 결론지었다. 사람들이 줄을 섰을 때 느꼈던 감정과 반응은 기다리는 가족들이 겪고 있는 감정과 비슷했다.

토론사항

1. 병원 직원들은 자신의 신분을 확인하기 위해 이름표를 착용한다. 그러나 위의 경우 가족들은 스트레스를 받아 누구와 교류하는지 기억하지 못하고 있다. 이 문제를 없앨 수 있도록 보장하는 해결책을 추천하라. 자신의 아이를 돌보는 사람들에 대한 가족의 유대감을 향상시키라.
2. 맞춤형 서비스의 느낌을 높여 공감을 높이기 위해 병원에서 어떤 조치를 취할 것을 권고하는가? (힌트: 식당이나 항공사가 더 나은 커뮤니케이션을 가능하게 하기 위해 어떤 일을 하는지 생각해보라.)
3. 위의 질문 1과 2에서 언급된 특정 문제를 해결하기 위해 취해진 조치 또는 이니셔티브 외에 병원이 대기인식시간과 그것이 야기하는 문제를 관리하기 위해 할 수 있는 추가 사항은 무엇인가?

참고자료

Anderson, D., D. Sweeney, and T. Williams, *An Introduction to Management Science*. Mason, OH: South-Western, 2003.

Davis, M., N. Aquilano, and R. Chase, *Fundamentals of Operations Management*. New York: McGraw-Hill, 1999.

Drazen, E., R. Moll, and M. Roetter, *Logistics in Service Industries*. Oak Brook, IL: Council of Logistics

Management, 1991.

Fitzsimmons, J., and M. Fitzsimmons, *Service Management for Competitive Advantage*. New York: McGraw-Hill, 1994.

Heizer, B., and B. Render, *Principles of Operations Management*. Upper Saddle River, NJ: Prentice Hall, 2001.

Markland, R., S. Vickery, and R. Davis, *Operations Management*. Mason, OH: South-Western, 1998.

Metters, R., K. King-Metters, and M. Pullman, *Successful Service Operations Management*. Mason, OH: South-Western, 2003.

Rodriguez, C., *International Management: A Cultural Approach*. Mason, OH: South-Western, 2001.

Taha, H. A., *Operations Research: An Introduction*. Upper Saddle River, NJ: Prentice Hall, 2003.

Taylor, B., *Introduction to Management Science*. Upper Saddle River, NJ: Prentice Hall, 2002.

미주

1. Anonymous, "UnionPay International Accelerates Mobile QuickPass Expansion Overseas," *China Business Newsweekly* March 22, 2016: 193.
2. Walsworth, J., "Subaru Says Dealers Falling Behind on Service: Sales Gains Outpace Departments' Capacity," *Automotive News* 91(6775), 2017: 23.
3. Kauffman, C., "Mexpress Feeder Service Hungry for Expansion," *Air Cargo World* 19(4), 2016: 16.
4. http://data.worldbank.org/indicator/NV.SRV.TETC.ZS?view5chart&year_high_desc5false
5. McCully, C., "Trends in Consumer Spending and Personal Saving, 1959-2009," Survey of Current Business 91(6), 2011: 14223; and see https://www.bls.gov/cex/
6. Same as endnote #1.
7. See http://www.yum.com/company and http://www.dominos.co.in/store-location
8. Giles, C., F. Giugliano, and S. O'Connor, "Professional Services at Heart of UK Productivity Problem," *FT.com* April 19, 2015: 1.
9. https://www.bls.gov/lpc/prodybar.htm
10. Blackstone, B., "Is Productivity Growth Back in Grips of Baumol's Disease?" *Wall Street Journal* August 13, 2007: A2.
11. Pollitt, D., "Warehouse Team Develops IT Skills One Stage at a Time," *Training & Management Development Methods* 23(3), 2009: 5252530.
12. Anonymous, "ZeroChaos Continues Growth and Expansion," *Economics & Business Week* August 13, 2011: 1366; Zafar, A., "deVere Unveils Global Expansion Plan," *Financial Advisor* November 12, 2011: 1; Anonymous, "Bibby Financial Services Continues Global Expansion," *The Secured Lender* 68(10), 2012: 14215.
13. Porter, M., *Competitive Strategy: Techniques for Analyzing Industries and Competitors*. New York: The Free Press, 1980.
14. http://smallbusiness.chron.com/examples-cost-leadership-strategy-marketing-12259.html
15. Melone, L., "Tiptoeing into Social Media," *Computerworld* 47(2), 2013: 26228.
16. http://www.frenchfryheaven.com/locations
17. Ainlay, T., and J. Gabaldon, *Las Vegas: The Fabulous First Century*. Mt. Pleasant, SC: Arcadia Publishing, 2003; Land, B., and M. Land, *A Short History of Las Vegas*. Reno: University of Nevada Press, 2004; http://www.golflink.com/about_4669_historystratosphere-hotel-las-vegas.html; https://www.reviewjournal.com/news/icahnsells-southern-nevada-casinos; http://www.nytimes.com/2007/04/23/business/worldbusiness/23iht-icahn.4.5406280.html
18. Scioscia, J., "Optimizing Warehouse Management," *Pharmaceutical Technology* 38(2), 2014: 54.
19. Kilcarr, S., "Ten Transportation Trends to Watch in 2017," *Fleet Owner*, January 6, 2017: 1.
20. Krummert, B., "Three Tools Aid in Slashing Food Waste," *Restaurant Hospitality*, November 16, 2016: 1.
21. https://www.sqmgroup.com/about-sqm-group
22. Drazen, E. L., R. E. Moll, and M. F. Roetter, *Logistics in Service Industries*. Oak Brooks, IL: Council of Logistics Management, 1991: 34.
23. Anonymous, "Mopar Introduces Service Capacity Analyzer," *Wireless News* August 28, 2015: 1.
24. https://www.trucks.com/2016/06/14/truck-driver-shortage-

self-inflicted

25. http://www.photo-me.co.uk/about-us/who-we-are

26. Anonymous, "Labor Management: Automated Solutions Take Center Stage," *Chain Store Age* 89(3), 2013: 25.

27. Li, H., "Charging Cars for Pennies," *Canadian Business* 82(19), 2009: 24; and http://www.cbc.ca/news/technology/canada-electric-cars-electricity-system-1.3526558

28. Jacobs, R., "Gatwick Beats Rival in Battle for Passengers," *FT.com* November 29, 2011: 1.

29. Hedges, L., "The SMS Renaissance," *Capacity Magazine* July 1, 2014: 1.

30. http://qtrac.lavi.com/virtual-queuing; and Anonymous, "Lavi Industries Inc.," *Marketing Weekly News* March 27, 2010: 200; Anonymous, "North Asia Office Carat China, Shanghai," *Media* December 17, 2009: 36.

31. http://accesso.com/news/accesso-acquired-by-lo-q; and Morris, J., "The Waiting Game," *Management Today* January 2013: 44247.

32. Maister, D., "The Psychology of Waiting Lines," In J. A. Czepiel, M. R. Solomon, and C. F. Surprenant, eds., *The Service Encounter*. Lexington, MA: Lexington Books, D.C. Heath & Co., 1985.

33. Ibid.

34. Klosek, N., "Counter Offensives," *Dealerscope* 55(11), 2013: 24, 26, 28.

35. Petouhoff, N., "The Social Customer Economy," *Customer Relationship Management* 14(3), 2010: 14. Also see www.carphonewarehouse.com

36. Andel, T., "Can Amazon Succeed at Grocery Delivery?" *Modern Materials Handling* 62(9), 2007: 15. Also see their website: http://fresh.amazon.com

37. https://www.whitehutchinson.com/news/lenews/2015/june/article104.shtml

38. Anonymous, "The Body Shop Tests 'Entertailing' in Britain," *www.retailcustomerexperience.com*, May 2012; www.mallofamerica.com/about

39. See http://www.bbc.co.uk/programmes/b006qpgr/features/about for more on The Archers; see http://kidstvmovies.about.com/od/theelectriccompany/fr/ElectricCor.htm for more on The Electric Company

40. See www.wingsover.com

41. See www.drishtee.org and http://nextbillion.net/drishtee-rural-health-franchising

42. Byrne, H., "Welcome to McWorld," *Barron's* 74(35), 1994: 25228; and http://englishrussia.com/2015/01/30/first-mcdonalds-in-soviet-union-biggest-launchevent-in-the-world

43. Kutscher, B., "Eastern Opportunities: HCA Founders Look to Nascent Chinese Market," *Modern Healthcare* 43(5), 2013: 20221.

44. Hoffman, G., "On Foreign Expansion," *Progressive Grocer* 75(9), 1996: 156.

45. https://www.census.gov/retail/mrts/www/data/pdf/ec_current.pdf

46. http://searchengineland.com/google-now-handles-2-999-trillion-searches-peryear-250247

47. Rooney, K., "Consumer-Driven Healthcare Marketing: Using the Web to Get up Close and Personal," *Journal of Healthcare Management* 54(4), 2009: 2412251; also see www.swamedia.com/channels/Corporate-Fact-Sheet/pages/corporate-fact-sheet

48. See, for instance, Parasuraman, A., V. A. Zeithaml, and L. L. Berry, "SERVQUAL: A Multiple-Item Scale for Measuring Consumer Perceptions of Service Quality," *Journal of Retailing* 64(1), 1988: 12240; Parasuraman, A., V. A. Zeithaml, and L. L. Berry, "Conceptual Model of Service Quality and Its Implications for Future Research," *Journal of Marketing* 49, Fall 1985: 41250.

49. Anonymous, "South African Airways Named Best Airline in Africa by Global Traveler Magazine," *Journal of Transportation* December 31, 2016: 107.

50. McWilliams, B., and E. Gerstner, "Offering Low Price Guarantees to Improve Customer Retention," *Journal of Retailing* 82(2), 2006: 105.

5부 공급사슬관리의 통합 이슈

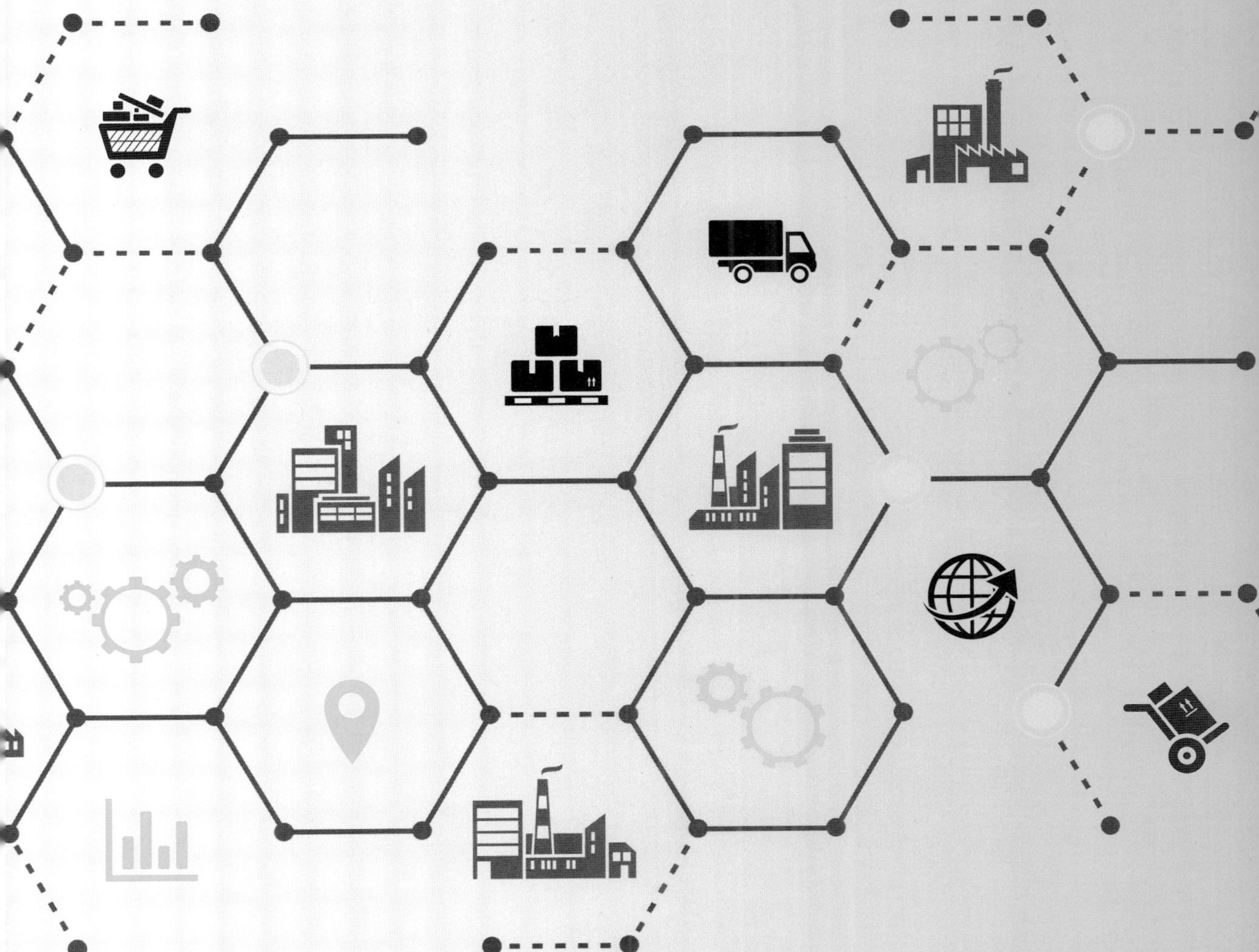

part 5. INTEGRATION ISSUES IN SUPPLY CHAIN MANAGEMENT

13장

공급사슬 프로세스 통합

SUPPLY CHAIN PROCESS INTEGRATION

일부 최종 사용자는 자신이 사용하는 네트워크에 설치된 물리적인 보안 시스템이 얼마나 취약한지를 잘 모르고 있다. 또한 물리적 보안 시스템에 대한 어떠한 보증이나, 발생 가능한 위험에 대한 검토도 매우 드물다. 최종 사용자들은 제조업체에 사이버 보안을 요청해야 하며, 국방 산업과 같은 높은 보안 수준이 요구되어야 하는 산업의 규제가 필요하다.

Andrew Lanning,
cofounder of Integrated Security
Technologies and chairman of
the PSA Cybersecurity Advisory
Committee[1]

고객의 타당한 요구를 우리는 빠르게 해결해야 한다. 공급사슬에서 문제를 일으키는 것이 무엇이든 간에 이를 이해하기 위한 방법을 내부적으로 수립하여야 한다.

Joanne Longo,
G-III Apparel Group Ltd.[2]

학습목표

- 공급사슬관리에 있어서 프로세스 통합의 중요성에 관해 논의한다.
- 프로세스 통합의 장애 요인과 이점에 대하여 기술한다.
- 내부적 프로세스 통합과 외부적 프로세스 통합의 중요한 문제들을 이해한다.
- 공급사슬의 정보 가시성 확보에 있어서의 정보 시스템 역할을 이해한다.
- 공급사슬에서 통합을 필요로 하는 다양한 프로세스에 관해 기술한다.
- 채찍효과의 다양한 원인과 프로세스 통합에 미치는 영향을 이해한다.
- 공급사슬 리스크와 보안에 관한 여러 이슈에 대해 논의한다.

SCM PROFILE

프로세스 통합은 원가를 절감하고 서비스를 개선하는 데 도움을 준다

지난 몇 년 간, 프로세스 통합은 기업이 보다 성공하기 위하여 중요한 요소로 인식되어왔다. 전 세계의 다양한 분야의 기업들이 새로운 공급사슬 효율성을 달성하기 위하여 짝을 이루고 있다.

예를 들어, 미국에서 운송을 관리하는 공급사슬 컨설팅, 보관 및 운송업체인 Schneider Logistics는 포드와 GM의 공급자나 딜러가 겹칠 때, 공급사슬을 최적화하고 있었다. 대리점들은 그룹으로 배치되었으며, 그에 따라 공급 납품업체들도 그룹화되었다. 포드와 GM은 부품 공급사슬과 주문 스케줄을 공유하고 맞춤으로써 많은 비용을 절감하였다.

다른 예로, 미국의 식료품 회사인 Land O' Lakes는 동부 해안을 따라 운송할 때, 여러 대의 빈 트럭을 운행하고 있었다. 이에 온라인 물류 중개 기업인 Nistevo.com과 협력하여 유사한 운송 일정을 가진 타 업체와 파트너 관계를 유지하였다. 특정한 경로에서, General Mills사는 A지점에서 B지점으로 물건을 운송했는데, 이는 Land O'Lakes사가 B에서 A지점으로 물건을 운송하는 것과 비슷한 일정으로 진행되었다. 둘 모두 반대편으로는 빈 트럭만 이동하였기에, 두 회사는 일정을 공유하여 연간 200만 달러 이상을 절약하게 되었다.

미국의 Kimberly-Clark사는 유럽의 수많은 회사와 협력하여 그들의 광범위한 유통망에서 비용 절감을 이룩하였다. Kimberly-Clark사는 네덜란드의 Unilever사와 여러 노선을 공유하고 있음을 발견하고, 합동 물류 계획을 수립 후 Hays Logistics와 협력하여 제품을 저장하는 새 창고를 설립했다. 또한 서로 함께 고객의 주문을 접수했고, 이는 고객에게도 운송비를 절약할 수 있는 기회를 제공했다. Kimberly-Clark사는 재고주기를 줄이고 서비스 수준도 향상시켰으며, 유지비용도 감소시킬 수 있었다. 네덜란드의 Kimberly-Clark 제품의 약 93% 정도가 이러한 공유 노선으로 배송이 되었다. 또한 Kimberly-Clark사는 영국의 Kellogg와도 협력했는데, Kellogg사의 제품은 북부에서 런던으로 보내질 때, 크로스도킹되어 남부 고객들에게 Kimberly-Clark의 제품과 함께 선적되었다. 결국 이러한 관계는 영구적으로 이루어지게 되었으며, 이러한 크로스도킹으로 인해 두 회사는 상당한 이득을 얻게 되었다.[3]

개요

공급사슬관리의 궁극적인 목표는 공급사슬 네트워크에 속한 기업들뿐 아니라 최종소비자들을 위해 가치를 창출하는 일이다. 이러한 목표를 달성하기 위해 공급사슬 네트워크에 속한 기업들은 내부적으로뿐만 아니라 네트워크에 속한 다른 기업들과도 프로세스를 통합해야 한다. 주요 비즈니스 프로세스의 통합은 이 책 전반에 걸쳐 반복적으로 언급되는 주제이다. **프로세스 통합**(process integration)(프로세스 협업(process collaboration)이라고도 불린다)이란 프로세스를 공동으로 관리하기 위해 정보와 자원을 공유하고 협력하는 것을 의미한다. 우리는 이 책 전반에 걸쳐 이 어려운 과제에 관해 다양한 방식과 이슈를 소개·논의해왔고, 주요 프로세스들이 공급사슬의 멤버들 사이에 어떤 식으로든 공유되고 통합되어야 한다는 것을 언급한 바 있다. 이 장에서는 이러한 이슈 중 일부를 다시 다룰 것이다.

또한, 조직 내부와 공급사슬 거래파트너 간의 프로세스 통합을 달성하기 위해 통합의 이점, 과제, 방법 및 도구에 대해 논의할 것이다. 오늘날, 공급사슬 프로세스 통합은 많은 조직에게 중요한 문제로 남아 있다. 실제로 글로벌 공급사슬 프로세스 통합 소프트웨어 시장은 글로벌 기업이 안고 있는 대내외 통합 문제 등을 해결하기 위해 2017년부터 2021년까지 약 1,000억 달러 성장할 것으로 예상된다.[4] 부서 간 프로세스 통합은 공급사슬 거래파트너 간의 성공적인 외부 통합을 위한 필수적인 기반이라고 간주되며, 이 때문에 내부 통합에 문제가 있다면, 외부 통합은 더 어렵다고 생각할 수 있다.

이 장에서는 통합이 필요한 주요 업무 프로세스, 통합이 채찍효과(bullwhip effect)에 미치는 영향, 공급사슬의 내부 및 외부 프로세스 통합, 공급사슬 리스크에 관련된 문제들, 정보를 공유하고 제품이 장거리 운송될 때 발생되는 보안문제, 데이터와 의사소통을 공급사슬 전체에 가능하게 하는 정보기술의 역할과 같은 이슈를 논의한다.

프로세스 통합은 적절한 훈련과 준비, 자발적이고 유능한 거래파트너, 신뢰, 그리고 조직문화에 대한 변화가 요구되기 때문에 아주 어려운 작업일 수 있다. 그러나 공급사슬비용의 절감, 시장변화에 대한 유연한 대응, 안전재고의 감축, 더욱 높은 수준의 품질, 제품의 시장진입시간 단축, 자원의 효율적인 이용 등 협력과 정보 공유를 통해 얻게 되는 이익은 무궁무진하다. 이 장에서는 앞서 나온 모든 주제, 성공 사례를 고려하여 공급사슬관리를 성공으로 이끄는 정보 공유와 프로세스 통합의 의미를 다시 한 번 생각해볼 수 있길 기대한다.

공급사슬 통합모델

〈그림 13-1〉은 중요한 거래파트너에 대한 확인을 시작으로, 공급사슬 전략 개발, 주요 프로세스 목표와 전략의 일관성 확립, 프로세스 성과측정지표의 개발, 주요 프로세스들의 내부적 통합, 각 프로세스에 적합한 공급사슬 성과측정지표의 개발, 공급사슬 거래파트너의 주요 프로세스와 외부적 통합, 2차 공급사슬 파트너로의 프로세스 통합 및 확장, 그리고 마지막 단계인 통합모델의 정기적인 재검토로 이어지는 공급사슬 통합모델을 보여준다. 이제부터 통합모델의 각 요소에 대해 알아본다.

중요한 공급사슬 거래파트너 확인

기업의 제품과 서비스에 있어서 최종생산물을 최종소비자에게 성공적으로 판매하고 배송할 수 있는 **핵심 거래파트너**(key trading partners)를 선정하는 일은 매우 중요하다. 점차 기업들은 성공적인 사업관계를 통해 교역파트너들을 파악하게 되고, 공급자들을 신뢰하게 되며

〈그림 13-1〉 공급사슬 통합 모델

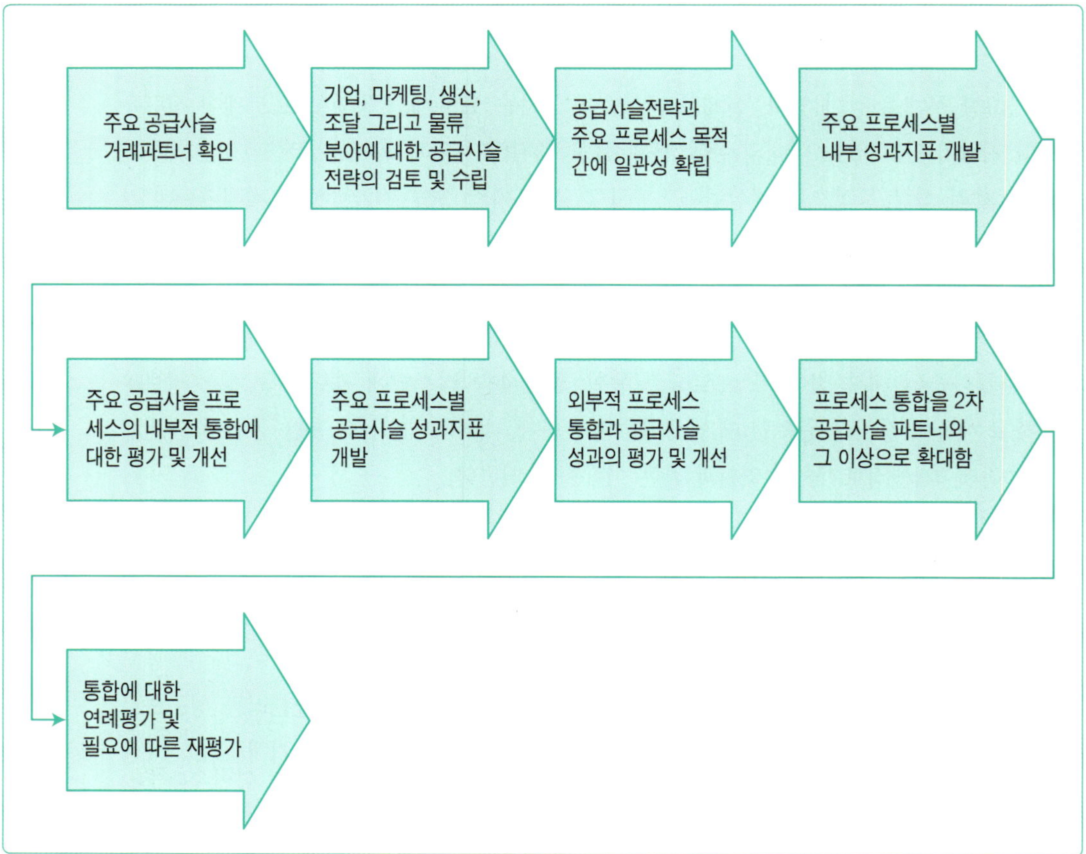

더 많은 주요 부품과 서비스들을 제공받게 된다. 마찬가지로 고객들은 그 기업으로부터 더 많은 제품을 구입하게 될 것이다. 초기에는 공급사슬에 많은 수의 기업을 포함시키는 것이 매우 어렵고 복잡한 작업이다. 특히 기업이 2차, 3차 공급자와 소비자를 향해 확장해갈 때 더욱 그렇다. 이때 주요 거래파트너들에만 우선 집중하면 기업은 그 거래파트너들과 연계된 주요 프로세스를 관리하는 데 시간과 자원을 집중할 수 있고, 이로 인해 공급사슬도 원활하게 작동하게 된다. 다른 불필요한 기업을 포함시키는 것은 공급사슬관리에 오히려 역효과를 불러올 수 있다. Lambert, Cooper, Pagh는 한 유명한 공급사슬 논문에서 주요 공급사슬 멤버를 '특정 고객이나 시장을 위해 특정제품을 생산할 목적으로 설계된 비즈니스 프로세스에서, 실제적으로 운영과 관리를 수행하는 독립 기업이나 전략적 사업단위'라고 정의했다.[5]

기업이 공급사슬 내에서 어느 곳에 위치하느냐에 따라(초기 공급자에 가까운지, 최종제품 소비자에 가까운지, 아니면 그 중간에 있는지) 주요 거래파트너들의 네트워크 구조는 달라진다. 주요 거래파트너들의 네트워크를 작성하는 일은 기업이 공급사슬관리를 위해 어떤 기업을 포함시킬 것인지를 결정하는 데 도움을 주기 때문에 꼭 필요하다. 많은 수의 공급자와 고객을 갖고 있는 기업은 그들이 성공적으로 관리할 수 있는 통합 프로세스의 수를 제한함으로써, 가능한 한 2차 관계를 줄이는 것이 가장 바람직할 것이다. 예를 들어 IBM은 주요 공급자들과 프로세스를 조정하는 것을 매우 중요하게 여겨서 2006년에는 글로벌 조달본부를 미국에서 중국의 심천으로 옮겨서 중국 공급자들과 더 가깝게 위치하였다. 이후, 심천에서 6년 동안의 성공을 거둔 후, IBM은 조달본부를 헝가리의 부다페스트로 다시 옮겼다. IBM은 성장하는 아프리카 시장에도 상당한 금액의 투자를 진행하였고, 가나에 새로운 조달센터를 설립하여 조달 본부를 동유럽 및 아프리카의 공급자들에게 가깝게 이동시켰다. 이는 IBM이 자사의 전문지식을 공유하고 해당 지역의 고객과의 비즈니스를 가속화시키는 계기가 되었다.[6]

공급사슬 전략의 검토와 수립

해마다 경영자는 각각의 제품과 서비스에 관련된 기본적인 공급사슬 전략을 확인해야 한다. 최종생산물이 품질에 기초를 두고 경쟁하고 있다면, 공급사슬 내의 기업들 또한 경쟁력 있는 가격과 서비스 수준에 더해 고품질의 제품을 제공하기에 적합한 전략들을 사용해야 한다. 이 전략들은 다시 내부 부문별 세부정책에 반영되어, 구매 부품의 종류와 해당 공급자들, 생산 프로세스와 공장의 설계, 제품의 디자인, 운송수단, 보증 및 반품 서비스, 직원 교육방식, 정보기술의 종류, 그리고 외주(outsourcing) 물량들을 결정할 때 지침이 되어야 한다. 이들 각 부문의 정책은 공급사슬의 전체적인 품질중심의 전략을 돕기 위해 조정된다.

마찬가지로 최종생산물이 지속가능성을 위주로 하여 경쟁하고 있다면 공급사슬 참여기업들 간의 부문별 정책과 전략은 중간 제품과 서비스가 구매·생산되어 공급사슬을 따라 이동하는 동안 환경적인 영향을 고려한다든가 탄소 발자국을 관리하는 일에 시종일관 초점을 맞춰야 한다. 오늘날 기업들이 더 나은 경쟁방안을 추구하면서 공급사슬 지속가능성은 매우 중요한 이슈가 되었다. 예를 들어 2012년에 글로벌 식품제조업체인 General Mills는 공급사슬에서 천연 환경에 대한 의존도에 대한 연구를 의뢰하여, 온실가스 배출량의 2/3 정도와 물 사용량의 99% 정도가 자사 제품을 생산하기 위해 사용하는 원료의 재배 및 준비 과정에서 발생했음을 발견했다. 결과적으로 General Mills사는 사용하고 있는 원재료의 지속가능성을 개선하고 공급사슬 전체에 물 사용의 영향을 관리하기 위한 소싱 계획을 수립하였다.[7]

공급사슬 전략과 주요 공급사슬 프로세스 목적의 일관성 확립

각각의 공급사슬 최종생산물에 대한 전반적인 전략이 파악되면 경영자는 주요 공급사슬 파트너들을 연결하는 주요 프로세스들을 파악하고, 프로세스 목적을 수립하여 자원과 노력이 기업 내에 효율적으로 배분되어 전체적인 최종생산물 전략을 지원해야 한다. 공급사슬 파트너 사이의 프로세스 연결고리를 통합하고 관리하기 위해 사용하는 주요 프로세스와 방법은 각 기업의 내부구조, 시장의 경제상황, 거래파트너에게 **기능적 사일로**(functional silo)가 존재하는 정도, 공급사슬 내에 존재하는 관계들의 성격에 따라 다양할 것이다. 예를 들면 어느 거래파트너와는 한 가지 프로세스만 통합시키는 것이 최선일 수 있지만, 다른 거래파트너에게는 더 많은 프로세스를 통합시키는 것이 최선일 수 있다.

Lambert, Cooper, Pagh의 연구에 기초하여, **필수 공급사슬 비즈니스 프로세스**(key supply chain processes)로 8개의 프로세스가 확인되었다. 〈표 13-1〉은 이들 주요 공급사슬 프로세스를 보여준다. **프로세스**(process)란 내부 또는 외부 고객을 위해 제품이나 서비스를 생산하도록 설계된 일련의 활동이라고 정의할 수 있다. 간단히 이야기하자면, 어떻게 일이 이루어지는지를 프로세스라고 할 수 있다. 지금부터 이 여덟 가지 프로세스에 대해 알아보자.

고객관계관리

고객관계관리 프로세스(customer relationship management process)는 기업이 체계적으로 고객관계를 개발하고 관리하도록 한다. 이전 장에서 다룬 바 있듯이 고객관계관리란 주요 고객을 확인하고, 고객의 요구를 정확히 파악한 다음, 그들의 요구를 충족시키기 위해 제품과 서비스를 개발하는 것이다. 시간이 지나면서 주요 고객들과의 관계는 정보의 공유, 제품, 배송, 품질, 비용을 향상시키기 위한 기업 간 협력팀 구성, 공동 목표의 개발, 그리고 이익의 분배 방법에 대한 협약과 더불어 거래파트너로 인해 향상된 성과와 수익성 등을 통해 더욱 견고해진다. 기업은 고객관계관리(CRM)의 영향을 재무적인 측면과 고객 만족이라는 두 가지 측면 모두에 대해 측정해야 한다. 시간이 지나면서, CRM은 CRM 프로세스를 지원하는 소프트웨어와 연결되게 된다. 2013년에 마이크로소프트사는 CRM 이벤팅 프레임워크를 클라우드 컴퓨팅 환경으로 확장시키는 특허를 받기도 했다.[8]

고객서비스관리

고객서비스관리 프로세스는 기업과 고객 간에 합의된 어떤 제품과 서비스를 지속적으로 관리함과 동시에 고객에게 정보를 제공한다. 정보는 웹사이트, 개인적인 상호작용, 관련 정보 시스템, 인쇄매체를 포함한 다양한 커뮤니케이션 경로를 통하여 제공된다. 이 프로세스의 목표와 정책은 고객에게 제품과 서비스를 적절히 분배하고, 제품과 배송오류, 고객의 불만 사항 등에 적절히 대응함과 동시에, 제품과 서비스, 정보를 성공적으로 전달하기 위해

〈표 13-1〉 여덟 가지 주요 공급사슬 비즈니스 프로세스[9]

프로세스	설명
고객관계관리	• 주요 고객그룹 확인, 고객요구를 만족시키는 제품 및 서비스 설계, 고객 수익성과 기업이 고객에게 미치는 영향 측정
고객서비스관리	• 제품 가용량, 선적 날짜, 주문 상태, 관리하는 제품과 서비스 정보를 고객에게 제공
수요관리	• 고객 수요와 기업의 생산능력이 균형을 이루도록 조절 • 수요를 예측하고, 생산과 구매, 유통을 조정
주문이행	• 기업의 마케팅, 생산, 배송 계획을 동기화시켜 고객 요구를 충족
제조흐름관리	• 수요를 만족시킬 수 있도록 유연성과 속도가 적절히 혼합된 제조 프로세스의 필요사항 결정
공급자관계관리	• 공급업자와 맺은 제품과 서비스 협약을 관리 • 주요 공급업자들과 긴밀한 업무협조 관계 개발
제품 개발과 상품화	• 수시로 신제품을 개발하여 효율적인 방법으로 시장에 출시 • 제품의 시장도달 시간을 단축시킬 수 있도록 공급자와 고객을 프로세스에 통합
반품 관리	• 사용된 제품 처리, 제품 리콜, 포장 요구를 관리하고, 미래의 반품을 최소화

가장 효과적인 커뮤니케이션 수단을 사용하는 것에 초점을 맞춘다. 이 프로세스는 또한 기업들의 관리노력이 프로세스 목표를 얼마만큼 성취하고 있는지 이해할 수 있도록 고객서비스 성과를 감시하고 보고하는 과정을 포함한다.

수요관리

수요관리 프로세스(demand management process)는 소비자수요와 기업의 생산능력이 균형을 이루게 하는 것이 다. 수요관리는 특히 수요를 예측하여 구매, 생산, 분배기능 내에서 수요와 생산능력을 조율하는 활동을 포함한다. 예측에 사용되는 방법은 시간적인 배경, 예측자의 지식, 판매시점(point-of-sale) 정보 입수 능력, 그리고 ERP 시스템에 포함된 예측모델의 사용에 따라 다양하다. 수요관리의 다음 단계는 수요와 생산능력을 어떻게 동기화시킬지 결정하는 것이다. 5장, 6장, 12장에서 다루었던 것처럼, 수요변동을 완화시키고, 수요와 공급 사이에 불균형이 존재할 때 생산능력을 증가시키거나 감소시키는 효과적인 방법이 많이 존재한다. 또한 수요관리 방법이 실패하거나 예측이 빗나갈 경우를 위해 항상 대비책을 마련해두어야 한다. 성과측정 시스템의 활용은 예측의 정확도를 높이고 다양한 수요관리 활동을 성공적으로 수행하는 데 상당한 도움을 줄 것이다. 미국 조지아주의 임페리얼설탕(Imperial Sugar) 공장은 2008년에 공장 생산능력의 60%를 파괴한 폭발사고가 발생하자 수요관리 소프트웨어를 이용하여 생산부터 판매까지의 상황을 실시간으로 모든 관계자에게 보여주며 어느 고객에게 무엇이 배송될 수 있는지 알려줄 수 있었다. 회사의 정보기술 담당이사인 조지 뮬러는

"그래도 그것이 우리 체면을 살려줬다."라고 말하였다.[10]

주문이행

주문이행 프로세스(order fulfillment process)는 기업들로 하여금 가능한 한 낮은 배송비용으로 고객이 요구하는 수준의 서비스를 제공하면서 소비자의 주문을 이행하는 일련의 활동을 말한다. 따라서 이러한 주문이행 프로세스가 효과적으로 운영되기 위해서는 기업 의 마케팅, 생산, 배송 계획이 통합되어야 한다. 특히 기업의 배송 시스템은 적절한 수준의 고객서비스를 제공하기 위해 설계되어야 하고, 생산 시스템은 필요한 양의 제품을 생산하기 위해 설계되어야 하며, 마케팅 계획과 홍보는 기업의 생산능력과 배송능력을 고려하여 결정되어야 한다. 주문이행과 관련된 문제에는 공급자의 위치, 제품의 입고와 출하에 사용되는 운송방법, 생산설비와 물류센터의 위치, 고객의 주문을 접수·처리·전달하고, 제품을 선적·배송·기록하는 데 사용되는 시스템 등이 있다. 다음의 SCM PROFILE에서는 일부 창고의 자동주문이행 기능에 대해 다룬다.

고객의 요구를 충족시키고, 고객서비스 수준을 유지하며, 공급업체가 주문 사이클타임을 최소화할 수 있도록 돕고, 고객들이 손상되지 않은 좋은 품질의 제품을 제공받도록 하기 위해, 주문이행 프로세스는 고객관계관리, 고객서비스관리, 공급자관계관리, 그리고 반품관

SCM PROFILE

자동주문이행

자동화된 재고관리 솔루션은 완성품이나 원자재에 대한 진보된 데이터 포착 기능과 추적 기능을 제공한다. 미국 미시건주의 Lowry Solutions는 원자재 및 완제품의 이동을 간소화하기 위해 재고관리 데이터를 수집하는 시스템을 제공하고 있다. 소프트웨어 개발 담당 Paul Rakowicz 부사장은 창고의 재고 이동 정보는 작업이 진행되는 즉시 포착된다고 말했다. 시스템은 FIFO(First in First out) 프로토콜을 자동으로 시행하게 된다.

뉴저지주에 위치한 OPEX사는 주문이행을 단순화하도록 설계된 Perfect Pick 시스템을 제공한다. Perfect Pick 시스템은 iBOTs이라는 로봇 운송 차량으로 구성되어 있는데, 이는 재고를 통로의 끝에 위치한 워크스테이션으로 직접 전달하는 로봇이다. 이 인터페이스는 컨베이어 시스템, 엘리베이터나 리프트가 필요 없게 만들었다. Perfect Pick의 트래픽 제어 소프트웨어는 이러한 iBOT의 위치를 감시하고 이동을 지시하여 운영 효율성을 달성한다.

작업자는 워크스테이션의 화면에서 텍스트나 시각화된 프롬프트를 이용하여 작업을 수행하며 이때 앞선 작업이 완료되면 다음 순서에 따라 토트(tote)가 제 위치로 구동된다. 출고 시에는 iBOT이 인체공학적 자세로 기울어진다.

전문가들은 앞으로 이러한 자동화 장비가 다양한 다른 장비에서 데이터를 수집하는 연결된 창고(connected warehouse)를 구상하고 있다. 자동배치 기술은 이러한 멋진 자동화 신세계의 운영자와 장비, 그리고 창고관리 시스템을 연결할 것으로 기대된다.[11]

리 프로세스와 긴밀하게 통합되어야 한다. 미국의 소비자와 공급사슬관리자들을 대상으로 한 2013년의 설문조사에서는 효과적인 주문이행의 중요성을 강조했는데, 이에 따르면 소비자의 89%는 주문이 늦게 전달될 경우, 다른 소매점으로의 이탈이 발생할 가능성이 높다고 응답했고, 54%의 공급사슬관리자들은 이러한 문제가 최근 몇 년간 기업의 수익에 부정적인 영향을 미쳤다고 답했다.[12]

제조흐름관리

제조흐름관리 프로세스(manufacturing flow management process)는 실제로 제품을 만들어내고, 시장의 요구사항을 만족시키기 위해 필요한 유연성을 확보하며, 사이클타임 요구를 만족시키기 위한 생산 시스템을 설계하는 등의 역할을 수행한다. 효과적인 운영을 위해, 제조흐름관리 프로세스는 고객 요구사항을 프로세스를 위한 데이터로 사용하면서, 수요관리 프로세스 및 고객관계관리 프로세스와 협력해야 한다. 고객과 그들의 요구사항이 변화하면 공급사슬과 제조흐름관리 프로세스 역시 기업의 경쟁력을 유지하기 위해 변화되어야 한다. 8장에서 설명한 것처럼 많은 공급사슬의 경우 유연성과 신속반응의 필요성은 기업이 고객 요구사항을 지속적으로 충족시키기 위해 JIT 시스템을 사용하게 만들었다.

제조흐름의 특성은 공급자 요구에도 영향을 미친다. 예를 들어 생산 배치(batch) 사이즈와 리드타임을 줄이라는 요구가 있으면, 공급자의 납품물량이 작아지고 납품빈도수는 더욱 커져 공급자 상호작용과 공급자 관계에 변화를 초래하게 된다. 고객 요구가 생산능력과 공급자에 대한 요구로 상세해짐에 따라 적절한 자재소요계획(MRP) 시스템의 중요성은 분명해진다. 다른 프로세스와 마찬가지로, 제조흐름관리 프로세스 역시 효과적인 성과측정지표를 활용함으로써 성공적으로 수요를 만족시킬 수 있다.

공급자관계관리

공급자관계관리 프로세스(supplier relationship management process)는 기업이 공급자들과의 관계를 관리하는 방법에 대해 정의하고 있다. 앞서 2, 3, 4장에서 논의된 바와 같이, 적극적으로 관리되는 공급사슬에 속한 기업들은 소수의 유능한 공급자를 찾아내어 중요한 재료, 부품, 제품에 대해 비용과 품질, 고객서비스 목표를 만족시킬 수 있도록 이들 공급자와 지속적이며 상호이익이 되는 밀접한 관계를 맺는다. 중요성이 떨어지는 기타 부품에 대해서 기업들은 역경매, 입찰제도, 또는 카탈로그를 이용해 공급자를 선정하기도 한다. 이 프로세스는 공급자의 선정, 제품과 서비스 제공을 위한 협상, 공급자관리, 그리고 공급자의 성과와 향상을 감독하는 활동을 포함한다. 어떤 공급자들은 다기능팀을 구성해 현재 및 장기적 목표를 만족시키기 위한 성과 향상 기록을 관리하는 경우도 있지만, 어떤 공급자들은 공급사슬, 기업, 또는 제품에 따라 거의 관리되지 않는 경우도 있다. 공급자관계관리 담당자는 공급자 및 구매 부품의 성과에 대한 피드백을 얻기 위해 생산부서 직원들과, 소비자에 대한 피드백을 얻기 위해 마케팅부서와 수시로 의견을 교환한다. 또한, 신제품 개발과 성과 피드백을 위해 공급자들과도 수시로 연락을 취한다.

제품 개발과 상품화

제품 개발과 상품화 프로세스(product development and commercialization process)는 변화하는 고객 요구를 만족시키기 위해 신제품을 개발하고, 이들 제품을 효율적이고 신속하게 출시하는 역할을 수행한다. 적극적으로 관리되는 공급사슬에서는 고객과 공급자들이 신제품 개발 프로세스에 관여하며, 제품이 고객의 요구에 적합한지 구매 부품이 제조 요구를 만족시키는지를 확인한다. 제품 개발과 상품화 프로세스는 신제품 아이디어 창출을 위한 방법과 인센티브, 소비자 피드백 장치의 개발, 기능 분야 간·기업 간의 신제품 개발팀 구성, 재무적 영향, 자원 소요, 기존의 제조 및 물류 인프라 시설과의 적합성을 고려한 신제품 아이디어의 선정과 평가, 신제품 모델의 디자인 및 테스트, 마케팅 경로 결정과 제품의 대량생산, 그리고 신제품 각각의 성과를 평가하는 활동을 포함한다. 성공적인 신제품 개발을 위해서는 외부 고객 및 공급업체, 그리고 내부적으로는 제조, 마케팅, 재무 부서의 의견이 필요하다.

갈수록 더 많은 데이터 분석이 신제품을 개발하는 데 사용되고 있다. 빅데이터 사용의 개척자 중 하나는 소매업으로, 나이키와 같은 운동용품을 개발하는 회사는 일년 내내 잘 팔리는 스니커즈 모델을 예측하기 위해 빅데이터를 사용할 수 있다. 빅데이터 분석은 내부의 기업 데이터와 소비자의 웹 탐색 패턴, 운동화업계의 광고 및 소셜 미디어 서비스의 정보들을 결합한다. 또 다른 예로, 방대한 양의 검색 데이터를 분석하여 구글은 독감이라는 단어에 대해 평균 이상의 검색 수요를 알아냈고, 일부 제약회사는 구글에게 해당 정보에 대해 상당한 금액을 지불하기도 했다. 브리티시 에어웨이즈(British Airways)는 고객 데이터를 활용하기 위한 프로그램인 'Know me'를 런칭했다. 이 회사의 마케터들은 승객의 요구를 더 깊은 수준에서 알고 이해함으로써 고객과 회사 간의 상호작용 시 더 나은 의사결정을 내릴 수 있게 되었다.[13]

반품관리

어떤 기업들은 그다지 중요하게 여기지 않지만, **반품관리 프로세스**(returns management process)는 적절한 수준의 고객서비스를 유지하고, 제품 향상 기회를 인지할 수 있다는 점에서 공급사슬관리에 막대한 이익을 가져다줄 수 있다. 반품관리는 환경을 고려한 폐기물 처리와 재활용, 운영 및 수리 지침서 작성, 고장분석과 보증수리, 폐기물 처리지침 개발, 효율적인 역물류 프로세스 설계, 그리고 반품에 관한 데이터를 수집하는 활동을 포함한다. 반품관리 프로세스의 관리자는 반품 프로세스를 실행하는 동안 소비자 및 고객관계관리 담당자, 제품 개발과 상품화, 공급자관계관리의 담당자들과 수시로 의견을 교환한다.

반품관리의 목표 중 하나는 반품을 줄이는 것이다. 이것은 제품 개발자와 공급업체, 그리고 반품문제에 대한 그 밖의 잠재적인 기여자들에게 반품과 수리에 관한 정보를 전달하여, 미래의 제품과 구매 부품의 디자인을 향상시킴으로써 성취될 수 있다. 물류 서비스 또한 반품 피드백 커뮤니케이션 고리 안에 포함될 수 있다. 메사추세츠주에 있는 컨설팅 회사 애버딘 그룹(Aberdeen Group)은 최근 역물류(reverse logistics)와 관련된 조사에서 이를 가장 잘 수행하는 회사는 표준화된 반품 및 수리프로세스, 공급업체로부터의 비용 회수 능력, 시간 및 정보의 실시간 제공, 그리고 다중 채널에 대한 가시성의 특징을 가지고 있다고 밝혔다.[14]

확인된 여덟 가지 프로세스 각각에 대해, 기업은 공급사슬 전략의 실행을 위한 목적과 목표를 개발해야 한다. 기업의 각 기능 분야에서의 일관된 목표는 노력과 자원을 공급사슬 전략에 집중시킴과 동시에 프로세스의 내부적 통합을 돕는다. 예를 들어 공급사슬 전략이 저비용 경쟁을 지향한다면 고객관계관리 프로세스에 대한 마케팅 목표는 보다 저렴한 배송 방법을 찾거나 공급자주도 재고관리(vendor managed inventory: VMI) 방식을 개발하거나 고객 주문 프로세스를 자동화하는 것일 수 있다. 또한 생산부서의 목표는 운송수단 및 배송 시스템과 일치하는 대량 상품포장방법의 개발과 대량생산능력을 늘리는 것, 그리고 특정 제품에 대해 생산비용이 가장 저렴한 지역을 찾아내는 것일 수 있고, 구매부서의 목표는 설계명세서를 만족시키는 가장 저렴한 재료와 부품을 찾고 가능한 경우에 역경매를 활용하는 것일 수 있다. 이처럼 기업은 각 기능 분야의 직원들로 구성된 팀이 각각의 주요 프로세스에서 목표를 개발하도록 함으로써 발전해나갈 수 있을 것이다.

주요 프로세스 효과를 위한 내부 성과지표 개발

앞에서 각각의 주요 프로세스에 대하여 언급한 바와 같이, 여덟 가지 프로세스에 대한 내부성과 데이터를 수집하고 보고하기 위해서는 적합한 절차와 측정지표가 필요하다. 기업은 공급사슬 파트너의 성과를 측정하기에 앞서, 먼저 기능 분야 전체를 통한 내부 성과측정 능력을 키워야 한다. 하지만 이러한 내부 성과측정 능력을 키우는 것은 최근 성과측정 시스템 전문가들을 대상으로 한 조사에서 성과측정 구현의 약 56%가 실패한다는 점을 감안할 때 매우 어려운 일이라고 할 수 있다.[15] 성과측정은 전체적인 공급사슬 전략과 그에 부합하는 프로세스 목표를 일관되게 강조해야 한다. 프로세스가 공급사슬 전략을 지원하도록 하기 위해 각 프로세스에 적합하게 만들어진 측정지표를 사용하여 성과를 지속적으로 측정 및 감시하도록 한다.

앞에서 논의한 바 있는, 공급사슬 전략이 낮은 비용에 기초를 두고 경쟁하는 경우를 생각해볼 때, 고객관계관리 프로세스를 위한 성과지표는 기업의 각 기능 분야에 적합하게 설계되어야 한다. 이 측정지표를 설계하는 책임 역시 각 기능 분야의 목표를 개발하는 팀이 맡을 수 있다. 이 경우 목표는 비용 지향적이기 때문에 성과지표 또한 이를 잘 반영해야 한다. 고객관계관리 프로세스에 있어서 마케팅 성과지표는 평균 배송비용, 새로 개설된 VMI 계좌 수, 새 VMI 계좌의 평균 주문비용과 재고유지비용, 조사기간 동안에 새로 개설된 자동주문 시스템 개수가 될 수 있다. 생산 부문의 성과지표는 주문당 평균 포장비용, 각 제품당 하루 평균 생산능력, 주문당 평균 단위원가 등이 될 수 있다. 구매의 경우 고객관계관리 목표에 대한 성과지표는 구매 부품 각각에 대한 평균 구매비용, 조사기간 동안에 역경매가 사용된 비율 등이 될 수 있을 것이다. 성과지표 역시 각각의 주요 프로세스와 이들 프로세스에 상응하는 기능별 목표를 위해 설계되어야 한다. 이러한 방식으로 기업은 각각의 주요 프로세스의 목표를 더욱 성공적으로 추구하는 능력을 갖게 된다.

주요 공급사슬 프로세스 내부통합의 평가 및 개선

공급사슬관리가 성공을 거두기 위해서는 기업과 그들의 거래파트너 사이의 외부적인 협력은 물론이고 기업 내 기능 분야 간의 내적인 조정과 협력이 요구된다. 기업 내에서 프로세스 통합을 이루기 위해서는 전형적인 기능적 사일로(functional silo)로부터 모든 비즈니스 기능 전체를 통한 팀워크와 협력으로의 변화를 필요로 한다. 내부통합은 기업에 중요한 혜택을 제공하는 것을 볼 수 있었다. 500개 미국 기업에 대한 한 조사에서 부서 간 긴밀한 협력이 사이클타임 단축과 재고 감축을 가져왔다는 결과가 보고되었다.[16] 이러한 내부적 통합을 이루기 위해 직원들은 경영층의 지원, 적절한 자원, 그리고 공급사슬 전략을 지원하는 데 반드시 필요한 협력을 강화하기 위하여 조직을 변화시킬 수 있는 권한위임(empowerment)을 받아야 한다. 주요 프로세스 목표와 이에 수반되는 성과지표를 개발하기 위한 기능 분야 간의 통합팀 구성은 내부적 프로세스 통합을 이루는 데 있어서 바람직한 출발점이다.

통합의 주요 추진요소는 기업의 ERP 시스템이다. ERP 시스템의 중요성과 능력은 오늘날 사용되고 있는 다양한 소프트웨어 애플리케이션이나 모듈과 함께 6장에서 다룬 바 있다. ERP 시스템은 조직 전체를 한눈에 볼 수 있게 해주기 때문에, 각 기능 내에 있는 의사결정자는 ERP 시스템을 통해 고객 주문, 제조계획, 중간재 및 완성품 재고, 수송 중인 출고 물량, 구매주문, 수송 중인 입고예정 물량, 구매 부품 재고, 재무 및 회계에 관한 정보를 얻을 수 있다. ERP 시스템은 이처럼 비즈니스 프로세스를 연결하고 기업의 부서 간에 커뮤니케이션과 정보 공유를 손쉽게 한다. 주요 비즈니스 프로세스가 각 기능 분야에 겹쳐져 있기 때문에 ERP 시스템이 설치되면 기업은 기능 중심에서 프로세스 중심의 조직으로 바뀌게 된다. 이러한 정보 가시성이 결국에는 기업 내의 프로세스 통합을 가능하도록 하는 것이다.

주요 프로세스의 내부적 통합을 평가하려면 기업은 먼저 조직체의 **내부 공급사슬**(internal supply chains)에 대해 이해해야 한다. 내부 공급사슬은 복잡할 수 있고, 특히 기업 내에 많은 부서가 존재하거나 세계 곳곳에 조직구조를 가지고 있다면 더욱 그렇다. 따라서 기업은 프로세스 목표와 성과지표를 개발한 팀이 조직의 여러 부서의 대표들을 다 포함하고 있는지 살펴보아야 한다. 왜냐하면 이들 다기능팀(cross-functional team)은 기업의 내부 공급사슬을 적절히 반영하고 있어야 하기 때문이다. 예를 들어 2009년 세계 금융 위기 때, 기업들은 인력을 감축하고 인력을 이전(transfer)하여 비용을 절감하였다. 그 후, 경영자들은 직원들이 다시 함께 일할 수 있도록 팀 기반 구조를 고려하기 시작했다. 미네소타주에 본사를 둔 러닝키(Learning Key)의 Elizabeth Treher 대표는 많은 직원이 정리해고 때문에 새로운 직무를 맡게 되었고, 고용주들은 새로운 업무에서 직원들을 훈련시키고 새로운 지식 습득량을 늘리기 위해 팀 기반의 비즈니스 게임을 이용하고 있다고 말했다. 또한 그는 팀 기반 비즈니스 게임에 대해 기존 방법에 비해 더 나은 지식 수준을 유지시킬 수 있고, 기억에 남는 학습, 더 즐거운 학습 분위기 등의 장점이 있다고 덧붙였다.[17]

기업은 내부 공급사슬에 대해 이해한 후에 내부 공급사슬 전체의 정보 접근성을 평가할 수 있다. 예를 들어 기업 내의 전체 기능 분야를 다 연결해주는 하나의 ERP 시스템으로 구축되어 있는가? **전통적 시스템**(legacy system)은 ERP 시스템과 연결되어 있는가? 효과적인 결정을 내리는 데 필요한 정보를 얼마나 손쉽게 얻을 수 있는가? 기업의 다양한 부서로부터 데이터를 수집하기 위해 **데이터 웨어하우스**(data warehouse)가 사용되고 있는가? 주요 비즈니스 프로세스를 성공적으로 통합하고 있는 기업들은 글로벌 ERP 시스템과 데이터 웨어하우스를 사용하여 정보를 얻어 더 효율적인 결정을 내리곤 한다. 데이터 웨어하우스는 ERP 시스템과 전통적 시스템으로부터 수집된 정보를 한 곳에 저장하고 사용자는 필요할 때마다 정보를 끄집어내어 그것을 분석하여 의사결정을 돕는다.

글로벌 ERP 시스템은 기업으로 하여금 공통 데이터베이스를 이용해 제품, 소비자, 공급자에 관련된 결정을 내리도록 한다. 정보는 한 번에 모두 입수되어 데이터 입력오류를 줄이며, 실시간으로 제공되어 정보가 공유될 때 지연되지 않고, 조직 전체에 정보의 가시성이 보장되어 시스템을 통해 누구든지 모든 업무처리 과정을 볼 수 있고 접근할 수 있다. 기업이 전통적 시스템 대신 완전 통합된 ERP 시스템으로 전환되고, 조직 전체를 통해 다기능팀이 구성되어 주요 프로세스를 공급사슬 전략과 연결하며, 프로세스 성과를 모니터하고 향상시킬 때, 기업은 통합된 방식으로 주요 공급사슬 프로세스를 관리하는 데 더욱 집중할 수 있을 것이다.

주요 프로세스에 대한 공급사슬 성과지표 개발

앞서 내부 성과측정지표를 개발했던 것처럼, 기업은 또한 주요 공급사슬관리 프로세스에 속해 있는 거래파트너와의 연결을 모니터하기 위해 외부 성과측정지표를 개발해야 한다. 내부 성과지표의 개발에서와 같이 거래파트너의 대표들로 구성된 팀을 만들어 공급관리 전략과 전반적으로 부합하는 성과측정지표를 설계해야 한다.

저비용 위주의 공급사슬 전략을 계속해서 예로 들면, 거래파트너들은 주요 공급사슬 프로세스에 관련된 기업들의 비용을 평균하여 계산한 비용 관련 측정지표들을 모니터해야 한다. 고객관계관리 프로세스의 경우에서는 평균배송비용, 긴급주 문비용, VMI 재고유지비용, 완성품 안전재고비용, 반품비용, 손실비용 등이 성과지표의 예가 될 수 있을 것이다. 지난 몇 년간 급격하게 상승하는 연료비용 때문에 입고와 출하 물류비용은 더욱 면밀한 검토를 받았다. 예를 들어 2001년부터 2015년까지 가솔린연료의 가격은 미국에서 130% 이상 증가하였다.[18] 연료 가격은 더 저렴한 방식으로 적시에 물품을 운송할 수 있는 방법을 찾도록 무역 파트너들에게 압박을 가하고 있으며, 이러한 문제는 특히 저가전략을 구사하는 공급사슬에 문제가 될 수 있다. 외부 성과지표는 내부 성과지표와 일관되게 연결되어야 하지만 구매, 생산, 배송, 고객서비스와 같이 참여 기업들에 따라 차이가 있을 수 있다. 외부 성과지표에 대해서는 14장에서 추가적인 논의가 있을 것이다.

외부적 프로세스 통합과 공급사슬 성과의 평가 및 개선

기업들은 시간이 지남에 따라 부적합한 고객들과 비효율적인 공급자들을 제거하고, 남아있는 공급자 및 고객들과 전략적 연계를 맺어 이익관계를 발전시켜 나가는 데 노력을 기울인다. 이러한 관계를 수립하고 유지하며 강화시켜 나가는 것은 외부적 프로세스 통합을 통해서 가능하다. 공급사슬 파트너 간에 프로세스 통합이 이루어짐에 따라 공급사슬 성과 또한 향상된다. 실제로 2014년에 발표된 연구에서 공급사슬 프로세스 통합은 기업의 경쟁적 지위를 예측하는 데 있어 가장 중요한 요소로 밝혀졌다.[19] 내부적 프로세스 통합을 어느 정도 이루고 나면 주요 공급사슬 프로세스를 외부적으로 통합할 준비가 되는 것이다.

거래파트너들은 자신뿐만 아니라, 공급사슬에 속한 전체 기업의 이익을 극대화하기 위해 신제품, 확장계획, 새로운 프로세스, 판매촉진에 관한 정보와 더불어 판매와 수요예측 정보를 공유하는 데 힘써야 한다. 프로세스 통합에 대한 노력은 기업들 간에 이러한 정보를 공유하고 협력하는 것을 가능하게 할 것이다. 또한 내부적 프로세스 통합에서처럼 프로세스 성과지표를 설계하기 위해 구성된 팀은 외부적 프로세스 통합의 중요한 수단으로 간주되어야 한다. 이 팀들은 공급사슬 프로세스 목표와 그 목표를 달성하기 위해 공유되어야 할 정보의 유형을 결정할 수 있다. 각 프로세스에 대한 성과지표가 설계되면 이 지표들을 모니터함으로써 프로세스 통합에 부족한 점이나 공급사슬의 약점은 없는지 파악할 수 있다. 이에 따라 기업은 주기적으로 프로세스의 성과 및 거래파트너들과의 통합 수준을 공유하고, 이를 개선할 수 있는 방법에 대해 협업을 진행하여야 한다.

다시 한 번 강조하면 정보가 전달되는 방법은 외부적 프로세스 통합에서 아주 중요한 역할을 한다. 오늘날 공급사슬을 통합시키는 데 쓰이는 방법은 인터넷을 통해 구매자와 공급자를 연결해주는 것이다. 일반적으로 **지식경영 솔루션**(knowledge management solutions)으로 알려져 있는 인터넷 애플리케이션은 데스크탑 애플리케이션과 연결되어서 공급사슬 파트너 간에 실시간 협력과 정보 교환을 가능하게 하고, 공급자 또는 고객의 운영 상황을 볼 수 있게 해주고 신속한 의사결정과 공급사슬 성과 정보를 수집할 수 있도록 한다.

공급사슬 커뮤니케이션 기술에는 다루어야 할 문제가 여러 가지 있는데, 예를 들어 기업 간에 물자의 흐름을 돕고, 계약을 협상하고 이행하며, 파트너들 사이에서 수요와 공급을 관리하고, 주문을 주고받고 이행하며, 재정적 결산 등을 도우면서 동시에 높은 수준의 보안을 유지하는 것 등이다. 캘리포니아주에 위치한 섬유 소매업체 애나스린넨(Anna's Linen)사는 100여 개가 넘는 공급자 및 유통업자와 인터넷 포털을 이용하여 의사소통을 하고 있다. 이 시스템을 이용하여 이 회사는 여러 소매유통업체로부터 구매를 하거나 공급사슬의 가시성을 이용하여 국제적 추세를 즉각적으로 파악할 수 있게 되었다.[20]

2차 공급사슬 파트너를 향한 프로세스 통합의 확장

공급사슬관계에 신뢰가 쌓이고 성숙할수록, 그리고 공급사슬 파트너들의 ERP 애플리케이션과 전통적 시스템을 연결하는 데 사용되는 공급사슬 소프트웨어의 기능이 발전되어 더 널리 사용되고 믿을 수 있을 때, 프로세스의 통합은 2차 공급업체와 그 이상을 향해 확대된다. 오늘날 공급사슬 소프트웨어 공급업체들은 거래파트너들끼리 예측과 판매, 구매, 재고에 관한 정보를 교환할 수 있도록 다른 애플리케이션과 더욱 쉽게 통합할 수 있는 시스템을 개발하고 있다. 기업들은 이같은 연결을 이용해 실시간으로 공급자 및 소비자와 협력하여 수요예측과 주문이행을 비교하고 수요와 공급의 불일치를 파악하며 공급자의 성과를 분석할 수 있다.

오늘날 모든 주요 소프트웨어 개발업자는 자사가 개발한 공급사슬 도구들이 기존의 시스템과 더욱 쉽게 통합하고 기업의 공급사슬 어느 곳에서든 쉽게 데이터를 얻을 수 있도록 만들기 위해 노력하고 있다. 그중의 하나는 7장과 9장에서 논의한 **RFID**(radio-frequency identification)이다. 이 소형의 마이크로칩 장치는 제품에 부착되어 제품이 공급사슬을 따라 이동할 때 그 위치에 대한 정보를 알려준다. 따라서 기업의 공급사슬 시스템은 재고 정보에 실

SCM PROFILE

도난 방지 및 온도 제어에 활용되는 RFID 태그

태그 리더를 트럭 트레일러 안에 설치하면 RFID를 실시간으로 읽고 보고할 수 있다. 해당 정보는 출발지에서 적재된 품목을 나타내며, 2시간 후에도 태그가 인식되지 않으면 상품이 다른 목적지로 배송되거나 도난 문제로 인한 화물의 손실 문제를 알아차릴 수 있다.

캘리포니아 소재 인텔리플렉(Intelleflex)사는 100미터 떨어진 곳에서 온도를 읽을 수 있는 RFID 태그를 생산하는 회사이다. 부패하기 쉬운 물품에 태그를 배치하여 전체 온도 변화를 기록하고 보고하는 데 활용할 수 있다. 제품 팰릿이나 컨테이너 수준까지 모니터링하는 해당 기능은 제품의 낭비를 줄일 수 있다.

예를 들어 현장에서 나오는 과일 팰릿에 부착된 태그를 사용해서 이 과일이 원산지에서 적재되고 포장 후 운반되는 동안 해당 제품의 온도가 모니터링되며 동시에 기록된다. 이렇게 수집된 온도 데이터를 통해 다른 과일 팰릿의 유통 기한도 예측이 가능하다. 이에 따르면 과일의 70% 정도가 수확 및 운송 중 조건에 따라 14일이나 그 이상의 최적 보관 수명을 유지한 것으로 나타났다. 나머지 30%는 최적 보관 기간을 유지하지 못했고, 따라서 FIFO(선입선출 방식) 대신에, 먼저 유통기한이 도래하는 제품을 먼저 출하하는 방식(First-Expiry, First-Out)을 사용하여 보관 기간이 얼마 남지 않은 과일을 먼저 가까운 유통센터로 출하할 수 있었다.[21]

시간으로 접근할 수 있고 재고가 적을 경우 보충주문을 낼 수 있다. RFID 태그에는 여러 응용 프로그램이 있으며, 위의 SCM PROFILE에서 일부에 대한 자세한 설명을 기술하였다.

RFID의 가격은 액티브형과 패시브형에 따라 차이가 크게 난다. **패시브형 RFID 태그**(Passive RFID tags)는 파워소스가 없고 태그리더기에서 파워를 공급받아야 하며, 가격은 생산량과 포장 그리고 생산방법에 따라 다르지만 개당 5센트~1달러 정도이며, **액티브형 RFID 태그**(active RFID tags)는 내장형 전지에서 파워를 공급받으며 생산량과 전지 유형에 따라 약 10~70달러 정도이다. 두 형태 모두 사용되고 있는데 패시브형은 팰릿, 상자, 제품단위에 장착되고 주로 여러 형태의 창고에서 사용되고 있다. 소매자 입장에서 패시브형 RFID 사용이 증가하고 있다. 2014년 애틀란타에 본사가 경영컨설팅회사 커트살몬(Kurt Salmon)사의 연구에서는 응답자의 34%가 패시브형 RFID를 구현했거나 실행 중, 시범 운영 중인 것으로 나타났다. 그들의 2016년 연구에서는 RFID 사용률이 2배 이상 증가한 73%를 기록했다. RFID가 성장한 주요 이유들 중 하나는 RFID가 중요한 정보와 결과를 가져오기 때문이다. 그 결과 중 하나는 재고의 정확성이다. 재고 정확도는 가장 널리 사용되는 RFID 측정체계로 Kurt Salmon은 RFID를 사용할 때, 재고 정확도가 평균 25.4% 향상된다는 것을 관찰하였다. 더욱 흥미로운 사실은 소매업자들이 재고 정확도 부족이 전체 매출에서 평균 8.7%의 손실을 가져온다고 응답한 것이다.[22]

사용처의 한 예는 월마트의 요구에 따라 공급자들이 입고 물품에 태그를 부착하고 있는 것을 들 수 있다. 가격이 더 비싼 액티브형은 고가의 이동용 기기의 위치 추적이나 운송트럭들에 부착하고 있는데 이렇게 함으로써 잃어버리는 것을 방지할 수 있기 때문이다. 또 다른 예를 보면 미국 해병대가 해외 운송 물품에 액티브형 태그를 부착하여 위치를 추적하는 것을 들 수 있다. 이런 경우에 태그가 로지스틱 데이터베이스에 정보를 보내고 이것을 다시 위성을 통해 다른 곳으로 정보를 보낼 수 있게 된다.[23]

이같은 공급사슬 소프트웨어 애플리케이션이 개발되기 전에는 1차 공급업체와 고객을 넘어서 프로세스를 통합하는 일은 어렵고 시간이 걸리는 일이었다. 4장에서 논의한 바대로, 기업들은 2차 공급자들과 관계를 발전시키고 1차 공급자들이 그들을 사용할 것을 요구할 수 있으며, 2차 공급자들에 대한 문제를 해결하고 공급자 연계를 보다 잘 관리하도록 하기 위해 1차 공급사슬 파트너들과 긴밀하게 협력할 수 있다. 무엇보다 경쟁적 우위를 유지하기 위해서 오늘날의 기업들은 정보 시스템의 연결과 함께 전통적 방식의 고객과 공급자 관계를 복합적으로 사용해야 공급사슬의 2차 관계를 보다 더 잘 파악하고 관리할 수 있다.

통합모델의 연례적인 재평가

공급사슬 정보 시스템의 개발과 함께 일어나는 극적이고 빠른 속도의 변화와 새로운 제품, 새로운 공급자, 새로운 시장으로 인한 잦은 변화를 생각할 때, 거래파트너들은 공급사슬 내의 변화를 파악하고 이러한 변화가 통합 노력에 미치는 영향을 평가하기 위해 해마다 통합모델을 재점검해야 한다. 더 나은 능력과, 더 다양한 배송 방법, 더 나은 자원을 가진 새로운 공급자가 나타날지도 모르는 일이다. 아니면 기업들이 제품을 재설계하여 다른 종류의 부품 구매나 다른 능력을 가진 공급자가 필요하게 될지도 모른다. 또는 기업이 새로운 해외 시장에 진출하게 되어 완전히 다른 공급사슬을 필요로 하게 될 수도 있다. 이는 얼마든지 일어날 수 있는 일이며, 이로 인해 기업들은 자사의 공급사슬 전략, 목표, 프로세스, 성과지표, 그리고 통합 수준을 재평가해야 한다.

공급사슬 프로세스 통합의 장애 요인

공급사슬의 외부적 프로세스 통합을 방해하는 요인은 여러 가지이며, 이러한 방해 요인은 정보 왜곡, 사이클타임 지연, 재고 부족 사태, 채찍효과 등을 초래하여 공급사슬 전체의 비용을 증가시키고 고객서비스 능력을 감소시킨다. 관리자는 이러한 장애 요인을 파악하고 제거하는 조치를 취함으로써 공급사슬 멤버기업들의 수익성과 경쟁력을 향상시킬 수 있다. 〈표 13-2〉는 이같은 장애 요인에 대해 요약하고 있다.

〈표 13-2〉 공급사슬 통합의 장애 요인

<table>
<tr><th colspan="2">장애 요인</th><th>설명</th></tr>
<tr><td colspan="2">사일로 심리</td><td>전체적인 그림을 보지 못하고, 기업 내의 한 부서 또는 공급사슬 내의 한 기업을 위해서 행동하는 것</td></tr>
<tr><td colspan="2">공급사슬 가시성의 부족</td><td>공급사슬 참여기업 간에 꼭 필요한 거래파트너 정보를 실시간으로 쉽게 공유하거나 검색할 수 없는 것</td></tr>
<tr><td colspan="2">신뢰의 부족</td><td>이용당하거나 정보를 비윤리적으로 사용하지 않을까 하는 불안 때문에 협력이나 정보 공유를 꺼리는 것</td></tr>
<tr><td colspan="2">지식의 부족</td><td>프로세스와 정보 시스템 기술의 부족과, 경영진과 직원들 사이, 또는 기업 내부나 공급사슬 파트너들 사이에서 공급사슬관리의 이익에 대한 지식의 부족</td></tr>
<tr><td rowspan="4">채찍 효과를 초래하는 활동</td><td>수요예측 갱신</td><td>예측, 생산, 스케줄, 구매요구를 수립하고 갱신하기 위해 변동하는 고객 주문을 사용</td></tr>
<tr><td>배치 주문방식</td><td>주문 및 운송비용을 절감하기 위해 한꺼번에 많은 양의 제품을 간헐적으로 주문</td></tr>
<tr><td>가격변동</td><td>구매자에게 가격할인을 제공함으로써 불규칙한 구매행태를 초래</td></tr>
<tr><td>할당과 부족분 게임</td><td>공급량이 부족할 때 구매자들에게 주문량보다 적게 할당함으로써, 구매자들이 미래주문을 실제 필요량보다 부풀리게 함.</td></tr>
</table>

사일로 심리

기업은 자신들의 행위가 공급사슬과 공급사슬의 장기 경쟁력 및 수익성에 미치는 영향에 대해 고려하지 않는 경우가 종종 있다. 이 '너 죽고, 나 살자'식의 **사일로 심리**(Silo mentality)는 싸구려 공급업체를 사용하고, 고객의 요구를 고려하지 않으며, 신제품과 서비스의 설계에 자원 배정을 아주 적게 하는 등의 모습으로 나타난다. 특히 글로벌 공급사슬에 관련된 기업에서 볼 수 있는 사일로 심리는 문화적 차이에서 기인할 수 있다. 영국의 자동차회사 로버(Rover)가 좋은 사례이다. 1980년대에 로버사는 일본의 혼다와 파트너십을 맺고 신모델 프로그램에 제품을 공급하기로 했으나 로버사 매니저들의 거만함과 학습문화의 부재가 파트너십에서 혜택을 얻는 것을 방해했다. 그 후 독일 BMW가 로버사를 매입했을 때 독일 매니저들과의 의사소통과 갈등은 더 심했다. 이는 크라이슬러와 다임러-벤츠가 협업하면서 불거진 경영상의 문제로 결국 파트너십을 중단한 것과 비슷하다.[24]

결국 이러한 내부 및 외부 협력의 부족은 품질, 비용, 납품시기, 고객서비스 문제를 초래하게 되고 공급사슬에 악영향을 미치게 된다. 베스트바이(Best Buy)사의 물류와 운송 담당 부사장인 웨인 번은 자신의 논문에서, 공급사슬관리에서 극복해야 할 가장 심각한 장애 요인으로 일부 기업에 존재하는 사일로 심리를 지적한 바 있다.[25]

사일로 심리는 기업 내의 부서 사이에서도 존재할 수 있다. 예를 들어 운송 관리자는 판매부서의 요구와는 달리 운송비용을 최소화하기 위해 철도 운송을 사용할 수도 있다. 저비용의 운송업체를 지속적으로 사용하여 배달의 불일치(delivery inconsistency)가 발생하면 고객 만족도를 악화시키고 고객 손실까지 초래할 수 있다.

사일로 심리를 극복하기 위해 기업은 공급사슬 목표와 기업의 목표 및 인센티브를 동조시키도록 노력해야 한다. 기능 부서의 결정은 기업 전체의 이익과 공급사슬의 이익에 미칠 영향을 고려해 이루어져야 한다. 관리자의 업적 평가는 프로세스를 내외적으로 통합하고 전체적인 공급사슬 목표를 만족시키려는 노력을 포함해야 한다. 기업 밖에서는 공급업자와 고객에게 그들의 행위가 공급사슬과 최종소비자에게 전체적으로 어떤 영향을 미치는지에 대해 교육해야 한다. 이것은 파트너십 창조와 관리 프로세스의 중요한 부분이 되어야 한다. 또한 공급업자들은 해마다 평가되어야 하며 공급사슬에 대한 그들의 성과가 향상되지 않을 경우 교체할 것을 고려해야 한다. 캘리포니아에 위치한 의사, 병원 및 의료서비스 제공 네트워크인 서터헬스(Sutter Health)사는 모든 부서 간의 통합이 환자들에게 의료서비스를 제공하기에 가장 효율적인 방법이라고 믿고 있다. 실제로 다트머스 의과대학의 조사에 따르면 서터헬스사의 서비스가 전국적으로 벤치마킹할 만한 것으로 평가되고 있다.[26]

공급사슬 가시성의 부족

정보 가시성(information visibility)의 부족 또한 공급사슬 프로세스 통합을 위해 극복해야 할 문제로써 자주 언급되곤 한다. 글로벌 공급사슬에서는 정보 가시성이 특히 중요하다. 새로운 제품안전기준, 무역협정, 보안규정 등은 매일 바뀌기 때문에 정보 가시성은 수출입업자에게 매우 중요한 것이다. 거래파트너들이 시스템으로부터 데이터를 일부 잘라내서 서로에게 전송한 뒤 데이터를 공유하고 평가하기에 앞서 다른 시스템에 데이터를 다시 업로드 해야 할 경우 발생하는 시간 낭비와 데이터 전송 오류는 곧 공급사슬에 속한 기업 전체가 최종소비자를 잃고 더 높은 비용을 부담하게 되며, 높은 재고 수준과 긴 응답시간을 갖는다는 것을 의미할 수 있다. "재고에 대한 가시성을 통해 기업은 고객의 주문을 처리하고 운송 경로를 변경하거나, 시장 조건을 활용하여 공급 및 수요의 균형을 맞추기 위하여 재고를 더 잘 활용할 수 있다. 그러나 이를 위해서는 창고, 상점, 완제품 공급자, 화물운송업자, 3PL 및 지역 운송업자 등 다양한 채널이나 공정의 데이터가 필요하다. 이러한 데이터를 통합하여 사용하지 못한다면, 이러한 가치를 이용하지 못한다." 맨해튼(Manhattan Associates)사의 제품 전략 책임자인 스콧 펜윅의 말이다.[27]

오늘날 **클라우드 기반의 통신 플랫폼**(cloud-based communication platforms)을 활용하여 연결성과 가시성의 부족을 해결하는 것이 용이해지고 있다. 클라우드 시스템은 가시성을 높이고, 출시 기간을 단축하고, 변화하는 시장의 요구에 기업이 더 빠르게 대응할 수 있게 해준다. 클라우드 기반 통신의 추가적인 주요 이점으로는 속도를 들 수 있다. 고객과 공급자는 몇 개월에서 몇 년이 아니라 몇 분이나 며칠 내에 운영될 수 있다. 캘리포니아에 본사를 둔 델몬트(Del Monte)사는 미국 소매시장을 위한 브랜드 식품 및 애완견 제품의 최대 생산자, 유통자 겸 마케터로 클라우드 기반 서비스를 이용하여 글로벌 공급사슬 운영 플랫폼을 강화시켰다. 델몬트는 GT Nexus의 클라우드 기반 시스템을 이용하여 해외 협력사와 재고 및 문서 관리 프로세스를 자동화시켰다.[28]

기업이 해외시장과 공급자를 수용하기 위해 공급사슬의 범위를 확대하고 제조와 물류에 대한 아웃소싱을 계속하면서 실시간 정보를 교역파트너에게 전달할 방안을 찾는 노력도 계속되고 있다. "주문을 받는 것만으로는 충분하지 않다." 매사추세츠주 소재 연구소 애버딘 그룹(Aberdeen Group)의 베스 엔슬로의 말이다. "요즘은 전 세계에 걸쳐 현재 상황과 가능성, 고객과 파트너들에 대한 총비용에 대한 정보를 계속 제공해야 한다. 고객이 예상치 못한 운송비용이나 화물의 배송 지연을 겪거나 더 안 좋은 것은 당신이 그런 문제가 일어난 것을 알지도 못하는 사이에 발생하는 것이다."[29]

앞서 언급한 바와 같이 RFID 태그는 공급사슬 내의 가시성을 개선하기 위하여 사용할 수 있다. 사용자는 상품이 공급사슬의 어느 지점에 있는지 언제라도 정확히 알 수가 있다. 또한 RFID는 시간과 실수를 줄이면서 동시에 오늘날의 UPC와 바코드보다 더 정확하고 구체적인 정보를 때맞춰 얻을 수 있게 한다. 예를 들어 자동차의 좌석이나 엔진에 부착된 RFID 인식표는 재공품(work-in-process)에 대한 데이터를 수집하고 교환하는 데 사용될 수 있다. 장미꽃을 운송하는 상자의 온도가 적정수준 이하로 떨어지면 RFID 시스템은 운송업자에게 그 상자들을 빼내서 가까운 곳으로 보내도록 경고신호를 보낼 수도 있다. 또한 절도범이 운송화물에 침입하면 RFID가 달린 모니터가 관련 업체에게 경고신호를 보낼 수도 있다. 이런 것이 모두 RFID 기술의 응용이다. "잘못된 데이터를 가지면 잘못된 결정을 하게 된다." 조지아주에 있는 기업소프트웨어 제공업자인 인포(INFOR)의 코샬 비아스 이사는 말한다. "실시간으로 여러 곳에서 데이터를 찾고 얻을 수 있어야 하고, 그런 후에 성과를 올리는 데 필요한 부분에만 집중할 수 있어야 한다."[30]

신뢰의 부족

파트너들 사이의 성공적인 프로세스 통합은 신뢰를 필요로 한다. 사일로 심리와 정보 가시성의 부족과 함께 신뢰 부족은 공급사슬관리에 있어서 주된 장애 요인으로 간주된다. 시간이 흐름에 따라 각각의 공급사슬 참여기업이 다른 기업과의 관계에서 신망을 얻으면서 공급사슬 파트너들 사이에서 신뢰가 생기게 된다. 진부한 얘기일지 모르겠지만 신뢰가 바탕이 된 관계는 참여기업 간에 윈-윈(win-win), 또는 윈-윈- 윈 결과를 낳게 한다.

불행하게도 기업 관행과 인간 본성은 하룻밤 사이에 바뀌지 않을 것이다. 기업이 신뢰와 정보의 공유가 그들 모두에게 최대의 이익을 가져온다는 사실을 이해하기 전에는 공급사슬 관리의 성공을 기대하기는 어려울 것이다. 의료업계의 혁신적 기업인 메이요클리닉(Mayo Clinic)과 같은 기업은 협력적인 태도와 환자 치료에 관해 공통적인 가치를 가진 전문가들을 고용함으로써 협력적인 문화를 이룩해나갔다. 컴퓨터업계의 대기업인 IBM의 CEO인 샘 팔미사노는 개인주의에 바탕을 둔 계층적 문화를, 수천 명의 IBM 사원들과 수십 명의 교역파트너들이 참여하는 온라인 타운 미팅을 조직하여 협력적인 문화로 변화시켰다. 이런 미팅에서 협력적인 프로젝트들이 시작되었다. IBM은 회사의 로고가 찍힌 셔츠와 배낭 등을 나누어주는 '감사상'을 시행하여 협력적인 분위기를 더욱 강화하였다.[31]

협력과 신뢰의 창조에 대한 몇 가지 유익한 충고가 IT와 기타 경영자들을 위한 비즈니스 저널인 「CIO」에 실린 기사에 잘 요약되어 있다. 그들은 성공에 이르는 여섯 가지 방법을 추천했다.[32]

1. 작은 것부터 시작하라. 작은 규모로 협력하는 것부터 시작하라. 투자에 대한 수익이 양쪽 모두에게 빨리 돌아올 수 있는 프로젝트를 선택하라. 신뢰와 협력이 이익을 창출한다는 것이 증명되면 더 큰 프로젝트로 옮겨라.
2. 내부를 주시하라. 외부 파트너들과 신뢰를 확립하기 위한 필수 전제조건은 내부 요소들과의 신뢰를 확립하는 것이다. 내부 커뮤니케이션과 통합을 막는 장벽을 무너뜨려라.
3. 직접 대면하라. 신뢰를 확립하는 최선의 방법은 테이블에서 직접 얼굴을 마주 하는 것이다. 반대의견을 경청하고, 의견을 나누고, 점심을 같이 하라. 그리고 이를 반복하라. 왜냐하면 사람들은 계속 떠나고 바뀌기 때문이다.
4. 윈-윈을 얻기 위해 노력하라. 협력은 사업을 하는 새로운 방법으로, 대기업이 공급사슬의 소규모 파트너들을 위협하는 대신, 공급사슬에 속한 모든 기업이 최적의 결과를 위해 노력하는 환경을 만들도록 도와주는 것이다.
5. 모든 것을 다 주지는 말라. 누구든 자신의 모든 정보를 공유할 필요는 없다. 어떤 정보는 독점되어야 한다. 수요, 구매, 예측정보를 교환하는 것으로도 효과는 충분하다.
6. 지금 바로 시작하라. 신뢰를 쌓기 위한 가장 좋은 방법의 하나는 실제적으로 정보를 공유하기 시작하는 것이다. 모든 일이 잘 진행되면 성공은 신뢰를 가져올 것이고, 신뢰는 파트너들이 더 큰 일을 같이 할 수 있도록 만들 것이다.

지식의 부족

기업들은 몇 년 전부터 협력과 프로세스 통합을 향해 지속적으로 움직여왔지만, 과학기술이 이 비전을 따라잡아 공급사슬 전체에 프로세스 통합을 가능하게 한 것은 최근의 일이다. 여러 기업과 그 직원들이 성공적으로 협력하도록 만들기 위해서는 매니저들은 자신의 기업과 거래파트너가 일을 옳게 처리하도록 설득하고 교육해야 한다. 기업 간의 문화, 신뢰, 프로세스 지식의 차이 때문에 공급사슬을 성공적으로 관리하기 위해서는 기업들이 자신과 거래파트너의 능력을 향상시키는 데 많은 시간을 투자해야 한다.

공급사슬 파트너 기업의 직원들을 교육시키는 것을 **협력적 교육**(collaborative education)이라고 하며 성공적인 공급사슬과 높은 파트너 기업의 수익률을 가져온다. 기술이 발전하고 아웃소싱이 증가하고 공급사슬이 해외시장과 공급자에게 확대됨과 아울러 소프트웨어와 경영 교육도 파트너 기업까지 확대해야 할 필요성이 늘고 있다. 보잉사의 통합방어체계 부문의 공급자 개발 담당임원인 릭 베렌스에 의하면 "우리는 공급자를 보잉사의 연장선으로 간주한다. 우리가 직원들의 교육과 훈련에 많은 투자를 하듯이 우리 공급자들의 교육과 개발에 투자를 하지 않을 이유가 없다." 다른 예로써 농기구 및 건설기계 제조업체인 존디어(John Deere)사는 주요 공급업자들을 교육시키기 위한 글로벌 학습센터를 개설하였다.[33]

변화와 정보 공유는 어떤 사람들에게 위협이 되기도 한다. 그들은 직업을 잃을까 걱정하는데 특히 프로세스 통합에 아웃소싱이 수반될 때는 더욱 그렇다. 기업이 공급사슬 정보 인프라를 구축할 때, 다수의 ERP 시스템이 구축되어 있는 것을 발견하게 될지도 모르는데 메인프레임으로 구축된 생산 애플리케이션과 데스크탑으로 구축된 분석과 디자인 소프트웨어로서 내부와 외부를 합하여 모두 통합의 대상이 되는 것이다. 따라서 기업들은 그 시스템을 사용하는 사람들도 구매결정이나 실행 프로세스와 교육에 초기부터 참여할 필요가 있다는 것을 인식해야 한다.

모든 조직에서 성공적인 공급사슬관리는 끊임없는 훈련을 필요로 한다. 교육과 훈련이 없다면 혁신도 없고, 혁신이 없으면 공급사슬의 경쟁력도 생길 수 없다. 인간의 실수는 공급사슬에 막대한 영향을 미치며, 자신감과 신뢰의 상실 및 실수와 수정에 따른 막대한 비용을 공급사슬 전체에 초래한다. 산업무역 전시회, 컨퍼런스, 최첨단 솔루션 박람회, 구매와 공급사슬관리에 대한 연례 심포지움, GSI Connect Conference 같은 모임이 공급사슬관리에 대한 이해, 아이디어 교환, 새로운 정보 수집을 위해 소중한 기회를 제공할 것이다.[34]

채찍효과를 초래하는 활동

1장에서 논의했듯이, **채찍효과**(bullwhip effect)는 공급사슬 전반에 걸쳐 파장이 크고 고비용을 초래할 수 있는 문제이며, 공급사슬 참여기업들이 통제해야 하는 수많은 요인에 의해 발생한다. 최종 소비품목의 수요가 비교적 일정하다고 해도 공급사슬을 따라 상류(upstream)로 올라갈수록 예측과 그에 상응하는 주문은 확대될 수 있고, 그것은 채찍효과라 불리는 현상을 초래한다는 것을 이미 언급했다. 이러한 수요변동은 능력계획, 재고관리, 노동력과 생산 스케줄에 대한 문제를 초래하고 결국은 고객서비스 수준을 저하시키고 공급사슬 비용을 증가시키는 결과를 초래한다. 채찍효과에 관한 초기 연구논문에서, 하우 리(Hau Lee) 박사와 그의 동료들은 채찍효과의 주요 원인 네 가지를 밝혔다. 또한 최근에 경제위기 때문에 채찍효과가 다시 재발되는 것 같으나 기업들은 수요에 대해 이해하고 가시성을 확보하고 파트너들과 협력을 강화하면서 충분히 채찍효과를 통제할 수 있을 것이라고 언급하였다.[35] 지금부터 채찍효과의 원인과 그에 대처하는 방법에 대해 알아보기로 하자.

수요예측의 갱신

구매기업이 주문을 낼 때마다 판매기업은 이 정보를 미래수요의 예측에 사용한다. 판매업자들은 이 정보에 기초하여, 수요예측 및 공급업자에 대한 주문을 갱신한다. 발주에서 납품까지의 리드타임이 길어질수록 안전재고 또한 증가하게 되고 이들은 공급사슬을 거슬러 올라가면서 발주되는 주문에 포함된다. 이런 식으로 주문이 매기간 달라지고 재고검토 기간이 변함에 따라 변동이 증대되며, 따라서 **수요예측 갱신**(demand forecast updating)이 빈번하게 된다. 이는 채찍효과의 주된 원인이 된다.

이 문제에 대한 한 가지 해결책은 기업의 공급업체들에게 실제 수요정보를 제공하는 것이다(5장에서 배운 CPFR을 기억해보자.) 더 나은 것은 모든 판매시점(POS) 데이터가 공급사슬의 상류 공급업체에게 제공된다면, 공급사슬 내의 모든 기업은 동일한 데이터를 사용하며 수요예측 업데이트를 자주 하지 않아도 된다. 이 실시간 수요정보는 또한 안전재고를 감소시키고 공급사슬상의 주문의 변동성을 줄이는 데 이바지한다. 여기에서도 공급사슬상의 정보 가시성이 얼마나 중요한지 알 수 있다.

동일한 예측기술과 구매방식을 사용하는 것도 또한 공급사슬 기업들 사이에 수요 변동성을 완화시키는 데 도움을 준다. 구매자 대부분은 공급자가 수요를 관찰하고 예측을 하여 공급 스케줄을 결정하도록 하는데, 이러한 방식을 이른바 공급자 주도 재고관리(VMI)라고 하며, 재고를 대폭 감소시키는 효과가 있다.

공급사슬의 길이를 줄이는 것 또한 예측이 행해지는 횟수를 감소시킴으로써 채찍효과를 줄일 수 있다. 이러한 방식의 좋은 예가 드럭스토어닷컴과 아마존닷컴으로, 유통업자와 소매업자를 거치지 않고 고객에게 바로 제품을 판매하는 기업들이다. 기업들은 이런 방법을 통해 실질적인 최종고객수요를 알아냄으로써 더욱 정확한 예측을 할 수 있는 것이다.

결국 주문에서 납품까지의 리드타임을 줄이는 것이 채찍효과를 감소시킨다. 적시에 주문하고 납품하는 능력의 개발은 주문과 납품을 소규모로 더 자주 발생하게 하여 공급이 수요패턴과 밀접하게 조화를 이루게 할 것이다.

배치식 주문

전형적인 구매자/공급자 관계에서 수요는 재고를 감소시키고 재주문점(reorder point)에 이르면 구매자가 공급자에게 주문을 발주하게 된다. 재고 수준, 안전재고, 그리고 트럭 또는 컨테이너에 가득 채워 주문하려는 욕구는 주문 간격을 한 달 혹은 그보다 훨씬 더 길게 만들거나 주문 간격을 불규칙하게 만든다. 이런 방법으로 공급업자들은 어느 시점에 많은 양의 주문을 받고 나서 다음 주문이 발생할 때까지 공급자의 물품에 대한 수요는 전혀 없다. 이로 인하여 공급자는 여분의 안전재고를 보유하게 되고, 이에 따라 주문을 일괄 처리하는 것, 즉 **배치주문**(order batching)은 수요 변동성을 증폭시켜 안전재고량을 늘려 채찍효과를 발생시키는 경향이 있다.

또 다른 종류의 배치주문은 판매직원이 분기말 또는 연말 할당량을 채워야 하거나 구매자가 연말 예산 할당량을 소진하고자 할 때 발생할 수 있다. 판매 할당량을 맞추기 위해 노력하고 예산을 초과하여 구매하는 것은 소비와 생산에 불규칙적인 증가를 초래하게 되므로, 짐작하는 대로 채찍효과를 발생시키는 원인이 될 수 있다. 또한, 기업의 고객 여럿이 동시에 이러한 급증현상을 보인다면 채찍효과는 심각할 수 있다.

위에서 논의된 수요예측의 업데이트 경우에서처럼, 정보 가시성이 있고 소규모의 주문을 자주 발주한다면 배치주문 문제를 줄일 수 있을 것이다. 예를 들어 대량주문이 예산을 지출하기 위한 것임을 안다면 공급자들은 이 정보에 근거해 수요예측을 수정하지 않을 것이다. 또한 컴퓨터 주문 시스템이나 자동화된 주문 시스템을 사용하면 주문비용은 감소하게 되고, 이는 기업으로 하여금 주문을 더 자주 발주할 수 있도록 할 것이다. 품목을 트럭 또는 컨테이너에 가득 채워 구매하려는 욕구를 줄이기 위해, 기업은 공급업자에게 여러 품목의 소규모 주문을 동시에 발주하거나, 만차나 컨테이너 단위의 주문량에 미달될 때 발생하는 높은 운송단가를 피하기 위해 화물 운송업자를 이용해 혼합적재를 하도록 할 수 있다.

가격변동

공급업자들이 특별 판매촉진, 수량할인, 또는 그 밖의 가격할인을 시행할 경우, 이에 따른 가격변동은 낮은 가격을 이용하여 미리 재고를 확보하려는 구매자들 사이에서 심각한 **선구매**(forward buying) 행위를 초래한다. 선구매는 공급사슬 각 단계에서의 판매촉진으로 인해 소매업자와 소비자, 유통업자와 소매업자, 제조업자와 유통업자 사이에서 발생하며, 불규칙적인 구매패턴과 그에 따른 채찍효과를 초래한다. 이같은 가격할인이 자주 시행되면 기업들은 가격이 할인되지 않을 때에는 구매하지 않고 있다가, 가격이 할인될 때만 구매할 것이므로 채찍효과는 훨씬 더 심각해질 것이다. 이같은 수요의 급증현상에 대처하기 위해, 제조업자들은 직원들을 초과 근무나 휴무를 시켜 생산능력을 조절해야 할 것이고, 많은 재고를 쌓아둘 저장공간을 확보해야 하고, 운송비용을 더 부담해야 하며, 재고가 더 오랜 기간 유지될 경우 높은 재고손실을 감수해야 하는 문제를 안게 될 것이다.

가격변동으로 초래된 문제를 줄이는 확실한 방법은 공급사슬 기업 간에 가격할인을 없애는 것이다. 제조업자들은 고객에게 획일적인 도매가격을 제공함으로써 선구매를 줄일 수 있다. 현재 많은 소매업자는 **상시저가**(everyday low pricing: **EDLP**) 정책을 채택하고 있으며, 선구매를 초래하는 바겐세일이나 판매촉진을 없앴다. 마찬가지로 구매자들은 공급업자가 판매촉진을 없애고 EDLP를 제공하도록 협상할 수 있다. 예를 들어 타깃(Target)은 2016년에 재정적으로 좋지 않았다. 타깃의 CEO인 Brian Cornell은 2016 회계 연도에서 예상보다 좋지 않은 결과가 발표된 후 2017년에는 핵심적인 카테고리 상품에서 초심으로 돌아가 EDLP 정책으로 돌아갈 것이라고 이야기했다.[36]

할당과 부족분게임

할당(rationing)은 수요가 공급자의 완성품 재고를 초과할 때 발생할 수 있다. 즉 공급자는 구매자의 주문에 비례하여 공급량을 할당하게 된다. 그러므로 제품의 공급량이 전체 수요의 75%라고 한다면 구매자들은 그들이 주문한 양의 75%를 할당받게 될 것이다. 구매자들이 주문량과 공급량 사이의 이같은 관계를 파악한다면 그들은 필요한 양을 공급받기 위해 주문을 부풀리게 되기 쉽다. 이러한 전략은 **부족분게임**(shortage gaming)이라고 알려져 있다. 이 경우 공급업자와 또 그들의 공급업자들은 더욱 높아진 수요 수준을 만족시키기 위해 애쓸 것이고, 그로 인해 공급문제는 더욱 악화될 것이 분명하다. 이와는 반대로 생산능력과 수요가 일치하고 주문이 완전히 충족될 때는 구매기업들이 그들의 초과재고를 방출하려고 하기 때문에 수요는 실제 수준 이하로 급격히 감소하게 된다. 이러한 상황은 미국을 비롯한 세계 여러 나라의 가솔린 공급이나 2012년의 호스테스 트윙키(Hostess Twinkies)와 같은 문제에서 종종 발생하고 있다. 공급부족이 발생할 것 같다는 기미를 알아챈 순간 소비자들은 탱크 가득 가솔린을 채우거나 비축하려고 하기 때문에 수요는 급격히 증가하게 되고, 그 결과 실제 공급량 부족현상이 발생하게 된다. 부풀려진 주문량으로 인해 이같은 부족이 발생할 경우 공급업체들은 더 이상 실수요를 판단할 수 없게 된다. 이는 결국 생산능력, 저장공간, 운송투자에 대한 불필요한 증가를 초래할 수 있다. 2012년 12월, 호스테스 브랜드가 청산에 들어간 후, Twinkies, Ding Dongs 등 여러 호스테스 제품이 진열대에서 빠지면서 대량 패닉의 시기를 촉발했다.[37] 이런 형태의 부족이 발생하기 시작하면 부족분게임에 따라 공급자들은 더 이상 고객의 진짜 수요를 파악할 수 없게 되고, 이는 불필요한 생산능력, 창고공간, 운송비용 등을 추가하는 결과를 초래할 수 있다.

공급량 부족으로 인해 주문을 부풀리는 부족분게임을 없애기 위한 한 가지 방법은 판매업자가 고객의 주문이 아니라 과거수요 기록에 기초해 부족한 공급량을 할당하는 것이다. 이렇게 하면 고객이 주문을 부풀리는 것을 막을 수 있다. 그리고 역시 제조업자와 고객이 생산능력과 재고 정보를 공유한다면 공급량 부족에 대한 고객의 불안을 제거하고 주문량을 부풀리지 못하도록 하는 데 도움이 될 것이다. 또한 공급업체와 미래의 주문 계획을 공유한다면 공급업체가 필요에 따라 생산능력을 증가시킬 수 있도록 하여 할당이 일어나는 상황을 피하게 할 수 있을 것이다.

이처럼 구매자와 공급자 입장에서 내리는 다수의 합리적 결정이 오히려 채찍효과를 초래하는 경향이 있다. 거래파트너들이 앞에서 말한 전략들을 사용하여 채찍효과를 줄일 때, 공급사슬을 따라 정보 공유, 협력, 그리고 프로세스 통합의 발전을 이룰 수 있다. 데이터와 예측, 계획, 그리고 그 밖의 정보 등을 공유하기 위해 노력하는 기업은 채찍효과를 현저히 감소시킬 수 있다.

공급사슬 리스크와 보안관리

공급사슬이 확대되어 해외 공급자와 고객을 포함할 정도로 되면서 그에 상응하여 날씨나 운송지연, 인프라 시설의 문제, 정치적 문제, 불법행동이나 테러 공격과 같은 공급사슬의 혼란도 증가되고 있다. 예를 들어 지난 몇 년 동안 미국 전역에서 시민권 시위가 있었고, 중국 베이징의 홍수, 유럽, 아시아 및 미국 전역의 많은 국가에 대한 랜섬웨어를 활용한 사이버 공격, 대만의 태풍, 중국 및 필리핀 지진, 수많은 항공사에 대한 자살폭탄테러 등을 들 수 있다. 이런 사건 사고들이 생명에 미치는 영향은 물론이고 글로벌 공급사슬에 막대한 재무적 리스크와 고객서비스 리스크를 초래하므로 리스크를 줄이기 위한 보안 강화가 필요하다.

확대된 공급사슬이 노동력과 자재비용의 절감과 상품 질의 향상을 가져왔지만 또한 보안 비용을 높이고 리스크를 높여서 잠재적으로 수익이 악화되고 고객서비스 수준도 나빠지게 될지 모른다. 공급사슬의 리스크와 보안에 관해 다음에서 자세히 논의하도록 한다.

공급사슬 리스크관리

1장에서 설명했듯이 **공급사슬 리스크**(supply chain risk)는 비용 증가와 더불어 서비스 수준, 제품 품질 및 판매량의 잠재적인 감소를 초래하는 내외부 사건의 가능성으로 정의된다. 던앤브래드스트리트(Dun&Bradstreet)의 차터드 조달 및 공급 위험지수(Chartered Institute of Procurement and Supply Risk Index)에 따르면 2009년 글로벌 금융 위기 이후 세계적으로 공급사슬 리스크가 커지고 있다. 던앤브래드스트리트의 글로벌 리더인 오아나 아리스타이드는 "2015년 4분기에 파리 테러와 유럽 난민 등과 같인 비경제(noneconomic) 뉴스가 지배적이었다."고 설명했다. 이런 다양한 지표는 점점 더 많은 기업이 신시장으로 진출하면서 공급사슬 리스크가 증가하고 있다는 것을 지적하고 있다.[38]

예를 들어, 정보기술의 진보는 사이버 테러를 더 흔하게 만들었다. 피넥스(FINEX)의 부사장 토마스 스레일은 "해커와 침입자들은 시스템의 가용성에 영향을 미칠 수 있으며, 어디에서든 올 수 있다."고 강조했다. 주리치글로벌(Zurich Global)사의 전략사업 리스크 담당 이사인 린다 콘래드는 해커들이 공급사슬을 통해 기업의 데이터에 접근하게 되면 데이터 자체의 손실이나 평판 손상, 규제, 벌금 등의 원인이 될 수 있다고 말한다. 이 회사의 이러한 데이터베이스에 따르면, 1년간 공급사슬 장애의 52%가 구매자와 공급자 사이의 정보기술이나 통신 장애로 인하여 발생했다고 한다.[39]

펜실베이니아 주지사를 역임하고 현재 리스크관리 컨설팅 회사 릿지글로벌(Ridge Global)의 대표로 있는 톰 릿지는 공급사슬은 2차, 3차, 4차 공급자 단계까지도 관리해야 하며, 다국적 기업은 공급사슬 파트너가 아무리 낮은 단계에 있더라도 리스크관리에서 소홀히 여기면 안 된다고 말한다. 2010년에 멕시코만에서 발생한 BP사의 원유유출사고가 좋은 예이다. 트랜스오션(Transocean)사는 BP사의 공급자로 해양석유시추선 운영자이다. 사고조사에 의하면 적어도 트랜스오션사는 폭발사고와 시추선 붕괴, 작업자의 사망에 대해 일부의 책임이 있는 것으로 보인다. 한 기업과 그 주요 1차 공급자 사이에 의사소통이 이런 식으로 붕괴될 수 있다면 2차 및 3차 공급자와의 사이에 발생할 수 있는 금전적인 또 회사의 명성과 고객서비스의 리스크는 어떠할지 심각하게 고려해야 할 것이다.[40]

공급사슬 리스크를 관리하기 위하여 몇 가지 방안이 제시되었고 성공적으로 공급사슬 리스크를 관리한 몇 개의 좋은 예도 있다. 〈표 13-3〉은 리스크관리 활동을 설명하고 있으며, 자세한 논의가 다음에 제시되어 있다.

안전재고와 선구매 증가

공급사슬 교란을 우려한다면 적절한 대체 공급원을 찾을 때까지 필요한 양의 안전재고를 유지할 수 있다. 구매 물품이 다른 공급원으로부터 쉽게 구할 수 있는 것이라면 안전재

〈표 13-3〉 공급사슬 리스크관리 활동[41]

리스크관리 활동	설명
안전재고와 선구매를 늘릴 것	• 비용이 많이 든다. 일시적 대안임
대체 공급자와 물류 서비스를 파악해둘 것	• 현재 파트너와 관계를 해칠 수 있음 • 공급자관계관리에 추가적인 시간과 노력 필요
공급기반을 다양화할 것	• 교란의 영향을 최소화하기 위해 지리적으로 산재된 공급자를 이용할 필요
공급사슬 IT 시스템을 활용할 것	• 공급사슬 파트너와 적절한 정보를 수집하고 공유할 것
공식적인 리스크관리 프로그램을 개발할 것	• 잠재적인 교란 요소를 파악하고 대응방안을 마련해둘 것

고의 양은 상대적으로 적을 수 있다. 반대로 그 물품이 부족한 것이거나 공급 교란이 오래 갈 가능성이 있거나 가격이 계속 상승할 것 같으면 대량으로 구입할 필요가 있는데 이는 비축(stockpiling) 또는 선구매라고 불린다. 안전재고나 선구매는 일시적 대안으로 생각해야 하는데 왜냐하면 재고유지비용을 급격히 증가시킬 수 있기 때문인데 특히 구매 물품이 많은 기업일 때는 더욱 그렇다.

어떤 경우에는 비축이 리스크를 관리하는 유일한 단기적 대안이 될 수 있다. 2006년에 많은 기관이 잠재적인 조류독감의 창궐에 대비해 독감약 타미플루(Tamiflu)를 대량으로 비축한 적이 있었는데 이는 세계적으로 약품의 부족을 이미 겪었기 때문이다. 미국에서는 정부와 300개의 기업이 2006년 여름까지 상당량을 비축하고 있었다. 그 이후에 항바이러스 약품의 공급이 증가되었고 약품 비축의 관행은 점차 줄어들었다.[42]

대체 공급자와 물류 서비스의 파악

선호하는 공급자와 물류 서비스가 확보되지 않을 때 구매 물품과 물류 서비스의 지속적인 공급을 보장하는 또 하나의 단순한 전략은 대체할 공급자와 운송 및 창고 서비스, 제3자 물류 서비스를 파악해 놓는 것이다. 이 주제는 2장에서 단일 또는 단수 공급원과 관련하여 논의하였다. 이 전략의 단점은 대체 공급자를 찾고 자격을 검증 하고 가치를 증진시킬 관계를 수립하는 데 시간이 필요하다는 것이다. 또한 이 전략은 기존의 공급자나 물류 서비스업자와의 관계를 해칠 우려가 있다는 것이다. 대체 공급원이 총수요 중에 일부만을 공급한다면 그들이 보기에 관계가 한정된 가치를 가질 것이고 가격도 높을 것이며 기존의 공급자들은 대체 공급원의 사용을 자신들의 사업이 점차 줄어들 신호로 받아들일 가능성도 있다. 아울러 다수의 공급자를 사용하면 특허 기술이나 디자인이 유출되는 또 다른 리스크가 발생할 가능성도 있다.

대체(backup) 또는 **긴급 공급자**(emergency sourcing)와 다수 공급자(multiple sourcing)는 특정한 상황에서는 안정된 전략일 수 있다. 2002년 미국 서부지역 항만노동자 파업 때에 항공 운송 능력이 급격히 소진되고 화물운송 요금은 급등하면서 기업들은 화물을 신속하게 운송할 수 없었다. 그러나 유사시 항공 운송서비스 계약을 체결해놓았던 기업들은 항만 하역파업 기간 동안에도 운영을 지속할 수 있었다.[43] 영국의 슈퍼마켓 체인인 세인즈버리즈(Sainsbury's)는 여러 구매 상품에 대해서 다수 공급자를 사용하고 있는데 이는 사업지속 계획의 일환으로 1990년대 아일랜드 공화군의 폭탄 공격, Y2K 컴퓨터 버그, 2001년 연료 부족 사태, 영국에서의 구제역 발생과 같은 상황에 대비하여 수립된 것이다. 아울러 그들의 주요 공급자들도 이러한 사업지속 계획을 갖추도록 하고 있다.[44]

공급기반의 다양화

전 세계 바닐라 공급량의 반을 제공하던 마다가스카르섬은 2000년 사이클론 후다에 의해 바닐라 과수원의 30%가 파괴되었다. 또한 2002년에는 정치적인 혼란 때문에 주요 수출항이 여러 주 동안 봉쇄되었다. 이 두 가지 사건 때문에 바닐라 가격이 치솟아 다른 국가의 바닐라 생산자가 생산량을 늘릴 때까지 오랜 기간 동안 계속되었다. 여러 국가에 바닐라 공급계약을 체결해 놓았던 구매자들은 이런 가격 문제를 피할 수 있었다. 결국에는 바닐라 마켓이 더 다양화되고 요즘에는 마다가스카르섬 이외에도 구매자들이 바닐라를 구할 수 있는 공급원이 다양화되었다.[45] 액화천연가스인 LNG의 공급량 대부분이 아라비아해 인근의 국가나 러시아에서 오기 때문에 공급이 위험에 처할 수 있다. 따라서 LNG 소비자들은 구입선을 노르웨이, 알제리, 리비아 등과 같은 다른 국가들로 다양화하려고 노력하고 있다. 또한 LNG 운송선박과 보관시설, 가스화 공장의 증설계획은 궁극적으로 LNG 공급과 운송 서비스의 다양화를 초래할 것이다.[46] 2011년 일본의 지진 및 쓰나미로 인해 여러 제조공장에서 자동차 및 자동차 부품 생산이 중단되었다. 예를 들어 인도에서는 스즈키나 혼다의 생산 및 소매 시설은 그들의 모기업과 부품 공장이 쓰나미의 피해를 입었기 때문에 한동안 운영을 중단해야만 했다.[47]

위의 사례들 모두가 한 공급자에게 구매를 집중시킬 때 공급 리스크가 늘어나는 것을 보여주고 있다. 지역적으로 산재한 공급자들로부터 물품을 구매하는 것이 정치적 혼란이나 날씨로 인한 재해 등의 문제로부터 공급중단을 겪을 위험은 줄일 수 있지만 지역적으로 산재한 공급기반이 가져올 다른 공급사슬 리스크를 고려할 필요가 있다. 즉 지역적인 공급중단의 위험을 줄일 가능성도 있지만 여러 국가에 퍼져있는 공급자들을 이용하면 그만큼 구매자는 추가적인 정치적 문제, 세관 통과, 환율위험, 보안위험 등에 노출되는 것이다.

공급사슬 IT 시스템 활용

6장에서 공급사슬 커뮤니케이션과 정보 시스템의 중요성에 관해 논의했다. 오늘날 기업들은 공급사슬을 지리적으로 확대하면서 세관통과에 필요한 요건과 서류절차가 과거보다 더 자세하고 복잡해졌다는 것을 알았다. 이런 규정에 맞추기 위해서는 공급사슬 참여자들 간에 정보와 데이터 가시성이 필요하고 모든 주요 파트너들의 참여가 요구된다. 6장에서 논의된 것처럼 정확한 데이터의 전송은 재고품절을 줄이고 공급사슬에 많은 비용과 위험을 초래하는 예측과 주문 부정확성 및 납품지연에 의해 야기되는 채찍효과를 줄이는 데 도움이 된다.

정보 시스템은 공급사슬 리스크를 줄이는 데 도움이 되도록 설계되어야 한다. 세계적인 감사기업인 KPMG의 공급사슬 관련 부서의 책임자인 줄리안 토마스는 "리스크를 논의에 포함시켜야 하며 시스템을 구축할 때 리스크를 지속적으로 감시하고 평가할 수 있는 시스템을 설치해야 한다."고 했다.[48] 테네시주에 있는, 농장과 목장용품 소매체인인 트랙터서플라이(Tractor Supply)사는 리스크를 줄이기 위해 유연하고 신속한 의사결정을 지원하도록 정보기술을 활용하는 기업의 좋은 예이다. 이 회사는 물류센터에 운송관리 시스템(TMS), ERP 시스템과 목소리인식 솔루션을 사용하고 있다. "2005년에 허리케인 카트리나가 휩쓸고 간 후에 운송능력이 정말 부족했다. 그러나 우리 TMS는 운송서비스를 저비용에서 고비용 제공자로 확대할 수 있었고 시장의 모든 운송업자가 고용된 상황이면 다른 시장에서 운송업자를 데려와야 했다."라고 물류 부문 부사장 마이크 그래햄이 말했다. "또한 우리는 물류센터 네트워크에도 유연성을 갖고 있어서 문제가 생기면 상점을 한 물류센터에서 다른 물류센터로 옮기는 식으로 신속하게 반응할 수 있다."[49] 이와 비슷한 자빌서킷의 공급사슬 리스크 플랫폼의 설계 사례를 SCM PROFILE에서 설명한다.

공식적인 리스크관리 시스템 개발

가장 적극적인 리스크관리 활동은 기업과 관련 공급사슬 참여자들을 포함하는 공식적인 리스크관리 계획을 수립하는 것이다. 리스크관리는 임원급 수준에서 다루어져야 한다.

SCM PROFILE

자빌의 공급사슬 리스크 플랫폼

플로리다에 본사를 둔 자빌서킷(Jabil Circuit)의 물류 및 공급팀은 2012년에 제품과 정보가 공급자에서 유통업체, 최종사용자까지 흘러가는 동안 공급사슬의 붕괴로부터 보호하여 보다 효율적인 글로벌 공급사슬을 구축하는 방안을 고민하기 시작했다. 엑셀의 스프레드시트가 이것을 해결해주지는 않으리라는 것을 깨닫고, 매니저와 직원들의 집단지성을 활용하고 전체 공급사슬에 기여하는 기능 등을 탐색함으로써 공급사슬 리스크 플랫폼을 구축하기 시작했다.

3개월도 채 되지 않아 매출, 수익성, 현금 흐름, 작업 자본, 서비스 수준 등 5개의 핵심 분야에 걸쳐 이 가치를 입증하는 제품이 나왔다. 이 플랫폼은 진보된 계획을 가능하게 했고, 회사가 수요의 변화를 파악한 후에 운영을 이에 맞게 조정할 수 있도록 하였다. 이에 자빌사는 재고를 보다 효율적으로 활용하고 할당할 수 있게 되었다. 이러한 정보를 바탕으로 자빌사는 상용 플랫폼의 두 번째 플랫폼 개발에 수백만 달러를 투자하였다.

현재까지 공급사슬 붕괴를 사전에 방지함으로써 재고비용을 13% 이상(3억 달러) 절감하고 고객서비스 수준을 20% 정도 향상시킬 수 있었다. 이 플랫폼을 통해 고객은 회사의 중요한 제조 및 유통을 최적화하여 총비용을 낮추게 했다.

2015년, 중국 톈진항에 있는 컨테이너 보관소에서 폭발이 발생했을 때, 자빌사는 폭발로부터 150마일 반경에 있는 공급자들을 빠르게 파악했다. 이후 공급사슬 가시화 플랫폼을 이용하여 회사는 현재 운송 중인 재고와 공급 차질에 따른 잠재적 영향을 가늠해볼 수 있었다. 이 회사의 공급사슬 및 글로벌 물류 담당 부사장 프레드 하텅은 "우리는 이 모든 정보를 몇 분 만에 얻었고 즉시 대체 공급 전략을 연구하였다."고 말하면서 "이 작업을 완전히 이해하려면 약 3~4주가 소요된다."고 덧붙였다.[50]

잠재적인 리스크를 파악하고 등급을 매기고 공급사슬의 교란을 최소화하기 위해 적절한 대응조치를 마련해야 한다. 또한 기업의 명성과 고객의 만족에 미치는 피해를 최소화하고 신속하고 효율적으로 원상으로 회복시킬 수 있는 체계를 구축해놓아야 한다. 끝으로 지속적으로 리스크관리 능력을 감시할 수 있는 성과지표를 개발해야 한다. 테네시 대학의 공급사슬 전공 케이트 비타섹 교수는 "위험은 발생한다."고 언급하며, "위험에 대한 계획을 세워라. 공급사슬의 파트너들과 협력하여 그것을 완화시키고 제거하며, 당신의 머리를 모래에 파묻지 마라."고 조언한다.[51]

기업에서는 리스크관리 노력을 전반적으로 살피고 조정하기 위한 공급사슬 리스크관리 매니저 직책을 만들어야 한다. 리스크매니저는 부서장에게 지침과 지원을 제공하고 교역 파트너 기업의 리스크매니저들과 연락을 취하고 리스크를 파악하고 순위를 매기고 줄이기 위한 지식과 계획을 수립할 수 있는 지식을 갖추어야 한다. 앞에서 나왔던 트랙터서플라이사는 2005년에 전체적인 리스크관리 전략의 일환으로 재해복구 계획을 수립하였다. 일 년 후에 텍사스주 와코 소재의 물류센터가 토네이도에 피해를 입어 시설이 물에 침수되고 물품이 사방에 흩어졌다. 물류 부문 부사장 마이크 그래햄이 다음날 아침 출근했을 때 피해를 복구하기 위한 계획이 벌써 준비되어 있었고 몇 시간 내로 와코 센터로부터 공급받던 고객들은 다른 지역의 시설로 연결될 수 있었다. "그 다음 주에는 놓친 배송이 한 건도 없다. 5월은 성수기인데도 말이다." 그래햄은 자랑스럽게 말했다.[52]

KPMG 리스크 자문서비스 그룹의 리차드 샐먼이 리스크관리 계획을 수립하는 법에 대해 조언했다. "기업들은 사업상 발생 가능한 모든 리스크에 대해 생각해보고 그것을 어떻게 관리할지 스스로 질문을 해볼 필요가 있다." 또 다른 것은 우리가 누구를 상대로 사업을 하고 있는지 알고 그들이 적정한 노동력을 사용하는지 확인하고 제품 안전지침을 준수하고 우리 기업의 명성에 맞는 절차를 사용하는지 확인하는 것이다. "파트너에 대해 파악해야 한다. 그것을 대신할 방법은 없다."라고 컨설팅기업인 프라이스워터하우스쿠퍼스(PricewaterhouseCoopers)사의 브라이언 조셉이 말했다.[53] 해외의 기업에 아웃소싱을 줄 때 적절한 품질관리 방안을 마련해놓는 것도 필요하고 공급업자에게 그들의 제품이 설계요구에 부합하는지 점검하고 정기적으로 보고하도록 요구할 필요가 있다.

공급사슬 보안관리

공급사슬이 세계화되고 기술적으로 복잡해짐에 따라 보안 필요성도 점점 더 복잡해지고 있다. **공급사슬 보안관리**(supply chain security management)는 제품과 정보의 도난과 직원에 대한 위협적 행동 또는 공급사슬 인프라에 대한 사보타지 등과 같이 공급사슬 운영이 고의에 의해서 중단되는 위험을 줄이는 데 있다. 1998년에 스코틀랜드의 로커비에서 발생했던 팬암

103 항공편의 추락은 당시 공항의 보안 시스템의 취약점을 잘 보여줌과 동시에 전체 공급사슬이 각 멤버의 보안능력에 의존하고 있다는 것을 노출시켰다. 팬암 항공사의 보안절차는 103 항공편에 폭탄이 실리도록 허용하지 않았다. 폭탄이 담긴 가방을 수화물 시스템에 들어가도록 허용한 것은 말타항공사의 보안 시스템이었다.[54] 미국에서 2001년 9월 11일 발생한 테러공격은 많은 기업으로 하여금 공급사슬 보안 시스템의 필요성을 평가하기 시작하도록 만든 계기가 되었다. 그 전까지는 대부분의 경영자가 자사의 운영이 보안문제에 취약하다는 것을 짐작하면서도 정부나 기업들 모두가 보안절차를 개선하는 것을 뒤로 미루고 있었던 것이다.

공급사슬은 그중의 가장 약한 고리만큼 안전하다는 개념은 위에서 언급한 팬암 항공기 추락사고에서 예로 잘 볼 수 있었다. 따라서 오늘날의 기업들은 자사의 보안조치뿐만 아니라 공급사슬 파트너들의 보안조치까지도 관리할 필요가 있다. 결국에는 공급사슬 및 교역 파트너들과의 관계가 성숙됨에 따라 보안관리도 중요한 공급사슬 프로세스로 인식될 것이다. 그러나 공급사슬 보안이란 아주 복잡한 문제이다. 보안활동은 제품이 포장되고 출고되는 공장에서부터 시작되고 그것들을 항구로 운송하는 물류회사가 포함되며 항만터미널과 세관의 작업자들과 해상 운송 선박, 도착지 항구와 세관의 작업자들, 추가적인 운송회사들, 물류센터와 작업자들 그리고 마지막 배송을 맡고 있는 기업들을 모두 포함한다. 이 모든 참여자를 연결해주는 것은 다양한 정보 시스템이며 이것들 또한 보안조치가 필요한 것이다.

보안관리를 위한 협력은 보안 시스템을 위한 계약상의 요구사항들, 제품이 공급사슬을 따라 운송될 때 운송과 보관에 대한 관리표준, 보안요원이나 보안계획 컨설턴트의 고용, 사건의 조사에 관한 여러 사항을 포함한다. 버지니아주 소재의 보안 관련 회사 리디인터내셔널(Liddy International)사의 CEO이며 국제적으로 잘 알려진 보안전문가이면서, 워터게이트 사건의 범인이자 토크쇼 사회자인 고든 리디의 아들인 제임스 리디는 다음과 같이 말한다. "당신의 진짜 취약한 부분이 무엇인가에 집중하고 모든 위협요인에 대해 안전대책과 준비를 하라. 안전절차를 개선하고 그것을 보안 시스템에 통합시키면 더 효율적일 것이다."[55] 〈표 13-4〉는 4단계로 점차 상승하는 공급사슬 보안 시스템 준비상황을 기술하고 있다.

기본적 조치

가장 기본적 수준에서 보안 시스템은 사무실, 제조 공장, 창고 시설의 보안을 위한 절차와 정책을 포함하고 직원, 전산 시스템, 화물 운송을 위한 보안조치를 제공해야 한다. 매니저들은 보안신분증과 경비원을 사용하고 지원자들의 신원조회를 실시하며 컴퓨터 바이러스를 막는 소프트웨어와 패스워드를 사용하고 화물 운송추적 기술을 사용하여야 한다.

오늘날 화물 절도는 공급사슬이 당면한 큰 문제 중의 하나이며 이를 줄이기 위해 기본적인 보안조치가 사용될 수 있다. 미국에서 절도로 인한 손해는 연 100억 달러에서 300억

〈표 13-4〉 공급사슬 보안 시스템 반응 단계[56]

보안 시스템 반응수준	설명	
기본적 조치	• 물리적인 보안조치들 • 표준화된 리스크 평가 • 지속 계획	• 직원 보안 • 기초적인 전산보안 • 화물 보호
반사적 조치	• 대규모 보안 조직 • 공급기반 분석 • 제한적인 훈련	• C-TPAT 규정준수 • 공급지속 계획
선도적 조치	• 보안담당 이사 • 공식적인 보안위험 평가 • 보안 그룹에의 참여	• 전직 군인이나 정부 경험을 가진 직원 • 고급 전산보안
진보적 조치	• 고객/공급자 협력 • 공식적인 보안 전략 • 위기관리 센터	• 과거로부터의 교훈 • 공급사슬 훈련, 시뮬레이션, 연습

달러 정도로 추산되고 있다. 기술이 가능하고 위험부담이 별로 없어 절도범들은 과거보다 더 지능적이고 대담해졌다. 훔친 물건들은 절도사 실이 발견되고 보고되기도 전에 창고로 운반되어 하역되고 재포장된 후 명세서를 다시 만들어 다른 차량에 실리곤 한다. 온라인 마켓과 옥션 사이트가 도난된 물건의 이동과 판매를 더욱 쉽게 만들고 있다.[57] 식음료 제품의 화물 절도가 더 빈번한 이유는 특히 유명 브랜드의 경우 재판매가 쉽고 70% 정도로 재판매 가치가 높기 때문이라고 한다.[58]

부정부패는 기업들이 관리해야 할 또 하나의 잠재적 문제이다. 최근의 조사에서 독일에서 만들어진 국제투명성부패지수(Transparency International Corruption Index)가 각국의 부패 정도를 판정하기 위해 사용되었다. 척도는 0(매우 부패함)부터 10(부패하지 않음)까지이다. 이 지수는 가격, 기업, 정치적인 부패 정도를 통합하였다. 2009년의 순위에서 일본, 영국, 미국은 각각 17위, 18위, 19위를 차지했다. 뉴질랜드, 덴마크, 싱가포르는 상위권을 점했고 미얀마, 아프가니스탄, 소말리아는 180개국 명단 중에 하위에 속하는 것으로 나타났다. 2016년의 세계 평균 점수는 놀랍게도 저조했다. 영국, 일본, 미국은 각각 10위, 18위, 20위를 기록했고, 덴마크, 뉴질랜드, 핀란드 등이 계속해서 세계 최상위인 반면, 북한과 남수단, 소말리아는 176개국 중 최하위에 속했다. 2015년에 비해 개선된 국가보다 심각해진 국가가 많아 부패를 막기 위한 조치가 시급함을 보여주었다. 국제투명성기구의 José Ugaz 회장은 "많은 나라에서 많은 사람들이 굶주린 채 잠이 드는 반면, 강력하고 부패한 사람들은 호화로운 생활을 누린다"고 말했다.[59]

반사적 조치

반사적 보안조치는 기본적 조치보다 보안관리에 좀 더 심도 있게 접근하는 것을 말하지만 아직도 보안관리에 대해 회사 전반적으로 일관된 계획을 조직적으로 추진하는 노력은 부족한 상태이다. 이 단계에 속하는 많은 기업은 2001년의 9월 11일 테러공격에 반응하는 식으로 보안 시스템을 실행하였다. 이런 조치들은 C-TPAT 규정을 따르고 공급자의 보안절차를 평가하고 각종 사건에 대비한 지속적인 계획을 개발하고 구체화된 훈련과 교육 프로그램을 실행하는 것을 포함한다.

C-TPAT는 Customs-Trade Partnership Against Terrorism의 약자로 미국 세관과 국제화물보안협회(International Cargo Security Council)(운송에 관련된 미국 기업과 개인으로 이루어진 비영리협회), 핀커튼(Pinkerton)사(뉴저지주 소재의 글로벌 보안자문회사) 간의 파트너십으로 기업들이 그들의 공급사슬에서 보안조치를 강화하는 대신에 미국-캐나다 간 국경과 미국-멕시코 간 국경에서 신속한 국경통과를 보장받는 것을 내용으로 하고 있다. 이 조치에 참여하는 각 기업은 자체 시설과 파트너 기업의 시설을 자체적으로 평가하고 C-TPAT의 보안규정을 맞추기 위해 보안정책을 업데이트하고 신청서를 제출해야 한다. 2016년 말을 기준으로, 약 11,400개의 C-TPAT 인증 회사가 존재한다. 미국 세관과 국경경비대에 의하면 이 조치에 참여하지 않는 자는 미국 국경 통과 시에 보안 관련한 화물 검사를 받을 가능성이 6배나 더 높다고 한다.[60] 미국 정부는 비슷한 프로그램을 실행하기 위해 다른 국가들과 협력하고 있다. 정부의 여러 조치가 또한 반사적 조치의 범주에 속하는데, 미국으로 들어오는 모든 컨테이너에 대한 '10+2' 또는 수입보안보고 규정이나 모든 항공화물에 대한 인증화물조사프로그램 등이 그것이다.[61]

선도적 조치

선도적 보안관리 조치는 기업 외부로 확장하여 공급자와 고객들을 포함하고 기업 내부에서도 좀 더 공식적인 보안관리 방안을 취한다. 이 범주의 기업들 간에 취하는 보안 활동은 기업보안 담당이사와 같은 임원급 직책의 설정과 보안관리의 경험을 가진 전직 군인, 정보 분야나 사법 분야에 근무했던 사람들을 채용한다든가, 회사의 보안위험 정도를 평가하기 위해 공식적이고 종합적인 조치를 취하고 사이버 침입을 방지하는 시스템이나 기타 고급화된 정보보안 절차를 사용하며 제3자 물류회사와 협력하여 화물 보안계획을 수립하고, 산업계의 보안협회나 회의에 적극적으로 직원들을 참여시키는 등의 조치를 포함하고 있다. 홈데포(Home Depot)사는 그들의 공급사슬 취약점을 파악하고 적절한 보안조치들을 설계하기 위해 컴퓨터 리스크모델을 사용하고 있다. "우리는 세계적으로 35개의 리스크 요인들을 파악했는데 그중의 하나가 테러리즘 위협이다." 글로벌 무역서비스 매니저인 벤자민 쿡의 말이다. "우리는 이 테크닉을 사용하여 우리가 공급자를 갖고 있는 각국에 가장 적합한 보안전략을 구상한다."[62]

매사추세츠주 소재의 생명보험회사인 매스뮤추얼(MassMutual)사는 웹사이트와 여러 개의 애플리케이션 프로그램 1,200만에 달하는 기업 및 개인 고객계좌를 포함하는 IT 시스템의 보안을 확보하고자 했다. 이를 위해서 정보보안 담당 부사장을 임명했고 보안전문가를 포함한 내부 컨설팅팀과 방화벽을 지원하는 엔지니어팀, 보안감시 시설을 분석하는 보안확보팀, 신분 관리를 담당하는 팀을 합하여 50명으로 이루어진 보안그룹을 가동시켰다. 또한 보안관리 소프트웨어를 구입하여 보안팀이 위험요인을 신속하게 파악하고 평가할 수 있도록 하였다. 이것은 각 애플리케이션과 시스템에 대해 종합적인 리스크 점수를 산정하여 어떤 위험요인을 먼저 처리해야 할지 결정할 수 있도록 해준다.[63]

진보적 조치

진보적인 보안관리 시스템을 갖춘 기업들은 보안조치에 관해서는 업계의 선두주자로 인식되고 있다. 이 범주에 속한 활동은 공급사슬의 중단사태가 발생할 때 주요 공급자와 고객들과 신속한 회복과 지속 계획의 개발을 위해 전면적인 협력을 추진하며, 종합적이고 효과적인 보안 시스템을 개발하기 위해 다른 기업의 보안실패 사례를 검토하고, 모든 주요 교역 파트너가 실행할 완전한 공급사슬 보안관리 계획을 설계하고, 보안문제에 대해 공급사슬의 내구성을 시험한다든가 관련자들을 교육시키고, 예기치 못한 공급사슬 중단사태에 대응하는 위기관리센터의 운용 등을 포함한다.

업계의 보안 관련 선두주자인 미시간주 소재 다우케미컬(Dow Chemical)사는 공급사슬 보안을 단순히 좋은 사업으로 보고 있다. 운송 보안 및 안전 담당 이사인 헨리 워드의 말이다. "우리는 보안문제를 시장에서 신뢰성 있는 공급자로 남기 위해 우리가 취해야 할 하나의 단계로 간주한다." 공급사슬 가시성과 보안을 개선하기 위한 다우케미컬사의 노력은 교역운송 문제를 파악하고 해결하기 위해 사용한 시간의 50% 개선과 입고터미널에서 20%의 재고감축을 가져왔다. 다우케미컬사는 RFID와 GPS를 사용하여 대형 컨테이너가 북미에서 아시아로 운송되는 과정을 추적하였다. 또한 정부와 공급사슬 파트너들과의 협력을 성공의 주요인으로 여기고 있다. "우리는 공급사슬 보안에 대해 통합된 접근법을 사용한다. 즉 전체적인 시각에서 파악한다는 얘기다."[64]

공급사슬 참여자들은 서로 다른 여러 목적을 가지고 있다. 한 기업은 공급사슬 비용을 줄이고 화물처리 속도를 개선하여 경쟁력과 수익성을 개선하고자 하고 다른 기업은 리스크와 보안침해의 비용을 관리하고자 한다. 불행히도 공급사슬이 저렴한 자원을 찾아서 여러 국가들로 확대해가고 운송시간을 줄이기 위한 관행들을 실행하면서 보안 위험은 확대되고 있다. 매니저나 정부 관리들은 10년 전과 비교하면 오늘날에는 문제를 훨씬 더 잘 이해하고 있고, 이런 것이 리스크와 보안문제를 더 잘 관리할 수 있도록 하는 시발점이 되고 있다.

요약

이 장에서는 기업 내부와 공급사슬 파트너 사이에서의 프로세스 통합이라는 주제로, 프로세스 통합을 이루기 위해 필요한 단계, 프로세스 통합의 이점, 그리고 극복해야 할 장애요인에 대해 다루고 있다. 프로세스 통합은 분명 성공적인 공급사슬관리를 실행하기 위한 가장 중요한 수단으로 간주되지만, 대부분의 기업이 공급사슬관리를 시작한 후 많은 어려움을 겪고 있는 문제이기도 하다. 왜냐하면 적절한 지원, 훈련, 도구, 신뢰, 준비가 없다면 프로세스 통합을 완전히 성취하는 것은 아마도 거의 불가능한 일이기 때문이다.

공급사슬 통합 모델은 처음에는 기업 내부에서, 다음은 거래파트너들 사이에서 프로세스를 통합하는 기본 틀을 제공하며, 이 장의 토대로써 사용되었다. 통합을 평가하고 향상시키는 데 사용된 성과지표의 역할도 논의되었다. 마지막으로 공급사슬 리스크와 보안관리에 관한 논의를 통해 기업과 교역파트너들이 공급사슬 중단의 위험을 평가하고 해결책을 실행하기 위해 효과적인 전략을 개발하는 데 협력 할 필요가 있다는 것을 제시하였다.

토의문제

1. 프로세스 통합이란 무엇인가? 통합을 이루기 어려운 이유는 무엇인가?
2. 무엇이 공급업자 또는 고객을 주요 공급사슬 파트너로 만드는가? 이들 파트너 기업들을 중심으로 공급사슬관리를 시작하는 것이 중요한 이유를 설명하라.
3. 공급사슬 전략과 내부 기능 전략, 정책 간의 연계에 대해 기술하라.
4. 기능적 사일로는 프로세스 통합을 어떻게 방해하는가?
5. 주요 공급사슬 비즈니스 프로세스 8개는 무엇이고, 왜 중요한가?
6. 고객서비스관리 프로세스와 고객관계관리 프로세스의 차이점은 무엇인가?
7. 소매업자들의 고객서비스가 지난 몇 년 동안 향상되었다고 생각하는가? 예를 들어 설명해보라.
8. 독점적인 식당이 수요가 수용력을 초과할 때 어떤 종류의 수요관리 기법을 사용하겠는가? 맥도날드의 예시를 들어보자. 어떤가?
9. 각 공급사슬 비즈니스 프로세스별로 내부 성과 대책이 필요한가? 왜 그런가? 혹은 왜 그렇지 않은가?
10. 내부적 통합과 외부적 통합 중에 어느 것이 선행되어야 하는가?
11 프로세스 통합, 조정, 협업의 차이점을 설명하라.
12. 프로세스의 내부와 외부통합에 있어서 ERP 시스템이 중요한 이유는 무엇인가? 다른 IT 관련 고려사항은 무엇인가?

13. 탁월한 고객서비스를 지향하는 전략을 가정하고, 여덟 가지 주요 공급사슬 비즈니스 프로세스 중 몇 개를 선택해 공급사슬 성과지표에 어떠한 것들이 있는지 생각해보라.
14. 내부 공급사슬이란 무엇인가?
15. 지식관리 솔루션은 무엇이며, 기업의 공급사슬 통합 노력을 어떻게 지원할 수 있는가? 예를 들어보라.
16. 조직들은 어떻게 프로세스 통합을 2단계 공급업체와 고객으로 확장하는가?
17. RFID는 기업의 공급사슬관리 능력을 어떻게 개선할 수 있는가?
18. 액티브형 RFID와 패시브형 RFID의 차이점은 무엇인가?
19. 신뢰의 부족이 공급사슬관리에 장애 요인이 되는 이유는? 이 장애 요인을 극복할 수 있는 방법은 무엇인가?
20. 프로세스를 통합할 때 가시성은 왜 중요한가?
21. 채찍효과에 대해 정의를 내리고, 채찍효과가 공급사슬 통합에 미치는 영향과, 통합이 채찍효과에 미치는 영향을 기술하라.
22. 클라우드 기반 공급사슬관리는 무엇이고 프로세스 통합에 어떤 영향을 미치는가?
23. 공급사슬관리와 공급사슬 통합의 차이를 설명하라.
24. 협력적 교육의 개념을 정의해보고, 이것이 공급사슬관리와 어떻게 연관되는지 설명하라.
25. 개인적으로 또는 업무적으로 부족분게임을 경험했던 사건에 대해 기술하라.
26. 주문 일괄 처리란 무엇인가? 이것은 채찍효과를 감소시키는가?
27. 공급사슬의 길이를 줄이는 것이 어떻게 채찍효과를 줄일 수 있는가?
28. 상시저가 정책이란 무엇이며, 이것은 채찍효과에 어떤 영향을 미치는가?
29. 할당이나 부족분게임을 경험한 적이 있는가? 예시를 들어 설명하라.
30. 공급사슬 리스크관리와 공급사슬 보안관리의 차이는 무엇인가? 어느 것이 더 중요한가?
31. 대부분의 중소기업은 공급사슬 위험을 줄이기 위해 어떤 행동을 하는가? 더 효과적으로 리스크를 감소시키기 위해서는 어떻게 해야 하는가?
32. 2장에서 배운 단수공급자 발주나 단일공급자 발주가 공급사슬 위험을 증대시키는가?
33. 어떤 종류의 공급사슬이 리스크와 보안문제에 영향을 많이 받는가? 그 이유는 무엇인가?
34. 위험관리나 보안관리에서 가장 중요한 요소는 무엇인가?
35. 공급사슬 리스크를 줄이고 보안수준을 높이기 위해 기업들이 취할 수 있는 조치를 열거하라.
36. C-TPAT이란 무엇인가? 어떠한 회사가 이를 활용하였을 때 가장 많은 이득을 보는가?
37. 공급사슬 거래파트너의 성공을 위해 공급사슬 프로세스 관리가 중요한 이유에 대해 설명하라.

조사연구문제

1. www.ism.ws에서 최신 연간 ISM 국제공급관리학술활동 리스트를 찾아보라. 그런 다음 컨퍼런스 프로시딩을 찾아 이 장에서 다룬 주제에 관해 발표된 논문에 대해 설명하라.
2. 내부 및/또는 외부 프로세스 통합을 성공적으로 활용하고 있는 회사를 온라인에서 찾아 그 사례를 소개하라.
3. 여러 공급사슬 보안 및 위험 평가 업체의 웹사이트를 찾아 이들의 전문성과 경영경험에 대해 소개하라.
4. Customs-Trade Partnership Against Terrorism 또는 C-TPAT라는 용어를 검색하여 C-TPAT의 역사와 오늘날 어떻게 사용되고 있는지를 설명하라.
5. "공급사슬 보안 문제"라는 용어를 키워드로 하여 검색하고 현재의 문제점과 해결 방법에 대한 보고서를 작성하라.

사례문제

1. 3D 프린팅: 적층가공이 채찍효과를 해결할 수 있을까?

PP(Precision Parts)사는 2017년, 최첨단 3D 프린팅 기술을 사용하여 적층가공(additive manufacturing) 형식으로 전환하기 전까지 건설장비 업계의 OEM 부품을 생산 및 제조하는 전통적인 기계공장이었다. 작년 초, PP사의 매출의 35%(이익의 47%)를 차지하는 고객사인 2개 회사가 산업용 그레이드 패스너(grade fasteners)의 주문을 75% 정도 줄이겠다고 통보했다. 이 두 제조회사는 2단계 부품 공급업체 통합 노력에서 부품 공급업체와 파트너에 대한 재평가의 일환으로 공급업체 풀의 변화가 생겼다고 설명했다. 다행스럽게도 그레이드 패스너 판매팀은 크레인-테크 제조사(C-TM)과 협력하여 PP사의 부품을 1차 부품 공급업체 중 하나로 포함시켰다. C-TM사는 건설업에 사용되는 크레인 장비를 생산하는 OEM 공정과 수리나 교체에 사용되는 애프터마켓 부품에 그레이드 패스너를 사용하고, 이 계약은 주문이 세 배로 늘어 손실된 수익의 약 90%를 회복하게 될 것이다. 이 계약은 부품, 재고 및 운송의 비용 절감 관행에 대한 협력, 20년간 판매된 장비에 대한 OEM 부품과 애프터마켓 부품의 적절한 재고 수준 유지, 주문 일괄 처리, 부품 리드타임의 단축 등의 요구를 포함하고 있다.

2016년에는 PP사가 HP 멀티젯 퓨전 4200이라는 3D 프린터 3대에 투자하여 프린터당 평균 20만 달러의 수익을 올렸다. 각 프린터는 디지털 디자인과 플라스틱 원료를 활용하여 PP사의 패스너 라인 전체를 생산할 수 있었다. PP사의 연구개발팀에서는 C-TM사가 구매하는 제품을 시작으로 모든 제품사양을 테스트하고 승인한다. PP사는 C-TM사의 가장 큰 세 개의 제조설비와 인접한 전략적으로 분산된 장소에 HP의 3D 프린터 세 대를 위치시킬 예정이다.

3D 프린팅은 디지털 파일을 활용하여 3차원 물체를 생산하는 적층 제조공정이다. 3D 프린터로 제작한 제품은 컴퓨터를 활용하여 설계한 제품의 생산 시까지 재료를 계속해서 층마다 까는 형식으로 제조한다. 3D 프린팅에 사용되는 재료는 금속 가공보다 훨씬 더 다양하며, 금속(알루미늄, 금, 은, 강철 등), 도자기, 도자기, 플라스틱, 아크릴, 사암 등 여러 가지 재료가 있다. 3D 프린팅은 재료 투입량을 줄여 재료 낭비를 줄여준다. 3D 프린팅은 무게와 원재료비를 아껴주는 대체 소재나 디자인도 사용할 수 있으며, 부품과 횡단 구성요소를 통합하도록 부품을 재설계할 수 있다. 또한 3D 프린팅 설계 기능은 전통적인 가공작업에 필요했던 툴링의 개발이나 제작의 필요성을 불필요하게 만들었고, 디지털 디자인과 싱글피스 효율성을 통해 생산량이 적더라도 부정적인 영향을 받지 않는다. 소량 3D 부품의 리드타임은 설계에서 생산 부품 제작까지의 리드타임이 전통적인 가공 작업에 비해 매우 짧다. 주문형 부품의 경우 공정재고(WIP)와 완제품 재고가 불필요해짐에 따라 인건비와 보관비를 줄일 수 있다. 이 과정에서 발생하는 폐기물 역시 3D 프린팅이 재활용 플라스틱을 사용할 때 재활용될 수 있다.

C-TM사는 PP사를 엘리트 공급자 프로그램(Elite Supplier Program)에 입찰하도록 하였다. PP사는 C-TM이 적층 제조업체와 계약을 체결할 경우 C-TM의 핵심 이점에 중점을 두어 입찰한다. PP사는 주문서와 함께 디지털 설계파일을 제출하여 3일 내에 주문, 설계, 생산, 배송이 모두 가능한 주문 제작 부품을 생산하고 배송해야 한다. PP사는 C-TM사의 설비에 부품을 납품하기 10일, 3일, 1일 전에 납품 날짜와 함께 주문 시 1일 생산 + 1일 배송 납기를 약속할 예정이다(CNC 기계 부품의 일반적인 리드타임 표준은 업계 통상 약 4주이다). PP사의 주문 제작 능력은 PP사가 새로운 장비 모델을 위한 새로운 부품의 설계를 가능하게 만들었다. PP사의 적층 제조 능력은 단종된 장비의 부품을 재고에 보관하지 않아도 필요에 따라 생산할 수 있다는 장점도 가지고 있다. 이 기능은 노후화 위험을 줄이고 노후한 장비에 대한 적절한 재고를 유지해야 할 필요성을 대체할 수 있을 것이다. PP사의 3D 프린팅 부품은 C-TM의 OEM 설비에 의한 생산 가동에 필요한 만큼 프로토타입 제작이나 공동 연구 개발에 사용될 수 있을 것이다.

토론사항

1. PP사의 3D 인쇄 기능을 사용하여 고객의 장비 생산 및 애프터마켓 부품 주문을 개선할 경우 크레인-테크 제조의 당면한 과제와 이점은 무엇인가?
2. 애프터마켓 판매에 사용되는 새로운 3D 프린팅 부품을 포함하기 위해 C-TM의 창고 공간은 얼마나 더 확장되어야 하는가?
3. PP사와의 공급사슬 제휴로 크레인테크 제조사의 건설장비 및 애프터마켓 부품산업에서의 지속 가능한 경쟁우위가 향상될 것이라 보는가?

2. 공급사슬 보안관리

WSP(Warehouse Security Professionals)사는 창고, 건설현장, 부동산 등에 사설 경비원을 제공하고 있다. WSP는 250명의 보안요원이 있는 잉글랜드에 본사를 둔 사설 보안업체였는데, 불과 5년 만에 미국 전역에서 만 명 이상의 고도로 훈련된 민간 보안요원을 제공하는 회사로 성장하였다. 이러한 급속한 성장에 WSP사는 높은 이직률과 고비용의 책임 보험 문제를 해결하기 위해 노력하였다. 매년 매출액이 업계 평균의 두 배에 달하고, 책임 보험 비용도 함께 증가함에 따라 WSP는 Secure Check라는 독점적 백그라운드 점검 시스템을 개발하였다. Secure Check는 애플리케이션 리뷰, 텍스트 분석, 인터뷰, 전과 기록, 소셜 미디어 검색을 포함한 일반적인 백그라운드 점검을 포함하는 광범위한 선별 프로세스를 사용하여 빅데이터 분석을 통한 최고 성과자 프로필(Best Performer Profile)을 개발하였다. 초기에 이 프로세스는 WSP의 신입 사원의 질을 향상시키기 위하여 사용되었다.

WSP는 이 프로세스를 활용하여 이직률, 직원 절도, 보험 청구 횟수 등을 줄이는 데 성공하였고, 이를 창고, 건설회사, 상업 및 산업 단지의 기존 고객들을 대상으로 홍보하기 시작했다. 이 회사의 마케팅 팀은 최근 물류, 운송, 창고, 도매업, 3PL, 소매업자를 포함한 폭넓은 공급사슬을 가진 전자회사에 이 프로세스를 판매하는 데 주력하고 있다.

GE(Global Electronics)는 공급사슬의 보안을 관리하기 위해 직원의 백그라운드 검증 절차를 포함하는 공급사슬 통합 계획을 개발하고 있다. GE는 WSP의 도움을 받아 이직, 도난, 보험금 청구 손실 등의 내부 성과 보안 대책을 개발했으며 앞으로 6개월 동안 보안 대책을 위한 내부통합을 평가 및 개선할 예정이다. GE사가 WSP의 Secure Check를 내부에 적용하게 되면, 1차 협력업체를 위한 외부 공급사슬 보안 성과 대책도 개발할 예정이다. GE는 공급사슬 파트너의 보안 성능 평가 및 개선의 일환으로 새로운 보안 성능 목표 준수를 위한 보안 점검을 제공할 예정에 있다.

Secure Check는 백그라운드 정보를 수집하는 프로세스를 사용하고 상호작용 알고리즘 기반 모델을 이용한다. 예측 모델은 회사의 특정 정보와 다양한 출처의 데이터 스트림을 활용하고 수집된 정보 중 적절한 수준의 백그라운드 체크 레벨을 추천하고 이상적인 후보(Best performer) 프로필을 제공한다. Secure Check의 기본은 두 가지인데 첫 번째는 이와 같이 공급사슬 파트너의 인적자원 위험을 탐지하는 것이다. Secure Check를 사용하는 두 번째 목적은 가장 적합한 후보자를 채용하는 것을 용이하게 하는 것이다. 이를 이용해 누구를 채용하지 않을 것인가와 어떤 후보가 가장 적합한가에 대한 질문에 방향을 제시한다. Secure Check는 실패한 채용(failed hire)이나 잘못된 채용(bad hire)의 리스크를 절감시킨다. 실패한 채용이란 중단된 채용이나 해당 채용에 대해 기대한 기대치가 실현되기 전에 떠나는 채용을 의미한다. 이와 관련된 비용은 실업세 증가, 초과근무수당이나 비상근인력 보충, 추가 승진,

채용비용, 약물검사 및 신원조회비용, 오리엔테이션, 연수 등과 관련된 채용 제반 비용이다. 나쁜 채용은 성과에 대한 기대에 부응하지 못하는 직원을 뽑았을 때 발생하는 것으로 업무 품질 및 생산성의 저하, 훈련 및 시간외 비용의 증가, 감독 비용 증가 등이 있다. 나쁜 채용으로 발생할 수 있는 비용으로는 시간 손실, 고객 재산 손실, 법정 및 보험 비용 증가와 관련 있는 도난이나 기타 불법적인 행위가 포함된다.

WSP와 GE는 실패한 고용의 평균 비용을 급여의 약 25~30%, 나쁜 고용의 비용을 130%로 집계했다. 실패한 고용과 나쁜 고용의 위험을 완화하기 위해 Secure Check는 위험 요인(직원 및 고객 안전, 보험 및 책임 문제 등), 기술 및 직무 관련성, 유죄 판결 이후의 시간 등 모든 요건을 포함하여 데이터를 입력한다.

토론사항

1. Global Electronics가 Warehouse Security Professionals와 협력하고 Secure Check를 통합함으로써 대처하고자 하는 보안 시스템 대응 수준을 파악하라. 보안 점검이 해당 목표를 어떻게 충족시키는지 설명하라.
2. Global Electronics는 공급사슬 전체에서 Secure Check를 사용하기 위해 어떤 어려움을 겪을 것으로 보이는가?
3. 제품과 서비스의 공급사슬 보안 포트폴리오를 발전시키기 위해 WSP에게 어떤 조언을 할 수 있을까? 논의해보라.

3. 3자 물류업체의 공급사슬 통합

BLS(Bobcat Logistical Solutions)사는 콜럼버스, 신시내티와 클리블랜드의 오하이오 시장에서 3자 물류 서비스(3PL)를 제공하는 업체로 대형 식음료 운송업체, 식음료 가공업체, 유통업체의 파트너사다. BLS는 현물시장(spot market)을 위해 사용되는 트럭을 소유하고 있다. 현물시장은 식료품 점, 대형 식료품 서비스 운영 기관(학교 및 교도소, 단체 등), 프랜차이즈 및 개인 레스토랑, 대형 오락 시설로 음식 및 음료 배달 등에 대한 최종 목적지다. 대형 화주들은 추가 용량이 필요하거나 주요 기상 문제로 인해 대형 트럭을 배차할 수 없을 때, 3PL 서비스를 이용한다. 중개업자들은 대개 운송업자 네트워크를 활용하여 시장에 제품을 배달할 수 있게 한다. 미국 최대 식음료 납품업체는 3년 연속 혹한, 허리케인, 토네이도, 홍수 등의 피해를 받고 있다. 경제가 성장하면서 운송업자들은 불황기에 자산을 축적하지 못한 운송업자들은 현재 수용력(capacity) 한계로 어려움을 겪고 있다. 지난 3년간의 혹독한 상황에서 3PL의 사용이 폭발적으로 증가하였고, 미국 전역에서 취급되는 트럭을 통한 운송이 비수기의 수요에 비해 두 배가 되었다.

BLS사는 지난 5년간 매년 평균 10% 정도의 매출 증가로 꾸준한 성장을 이룩하였다. 또한 BLS는 최근 3PL의 성장과 함께 성장한 현물시장을 이용하고 있다. BLS의 전략 계획으로는 트럭을 추가하고, 주요 위치에 창고를 설립하고, 정부의 요구 이전에 전자 로깅 장치를 차량에 포함시키는 것, 안정적인 운전자 풀을 구축하는 것 등이 있었다.

창고 공간의 증가는 BLS를 다른 3PL 회사와 화물 처리 능력 면에서 차별화시키는 효과를 가져왔다. BLS는 연료 소비, 전기 요금, 온실가스 배출을 줄여 지속가능성을 높이고, 또한 RFID 기술을 이용해 24시간 운영되는 유통센터의 운영도 개선하는 등 지속가능성 목표를 위해 대학과 함께 창고관리시스템인 WMS(warehouse management system)을 개발했다. WMS는 다음과 같은 네 가지 영역에서 데이터를 제공한다는 가치를 지닌다.

1. 에너지 절감 효과로 인한 운영 효율성 달성: Inventory Movement Analysis는 유휴 시간 동안 컨베이어 벨트를 껐다가 켜거나 빈 랙 영역에서 불을 끄는 센서로 조명을 관리함으로써 에너지 비용을 절감할 수 있는 기회를 포착했다.
2. 전력 회사들과의 제휴: 에너지 사용에 관한 데이터를 통해 지역 전력회사들과 협력하여 사용량이 적은 시간대의 전력을 저렴한 요금으로 구입하고 이에 맞춰 장비 일정을 조정하였다.
3. 픽업 경로 스케줄링: 재료 이동 스케줄을 통해 보다 효율적이며, 에너지를 절약하며, 노동 효율을 향상시키는 경로를 만들 수 있었다. 효율적인 라우팅은 필요한 포크리프트(folklift) 수와 기존 장비의 활용도, 연료 비용 절감, 배출량 감소 등을 통해 포크리프트 사용을 줄일 수 있었다. 최적화된 루트는 주문 기반 선택(한 번에 한 주문씩 선택)이 아니라 WMS의 선택 시스템을 사용하여 불필요한 이동을 제거할 수 있었다.
4. 포장비용 절감: WMS로부터 얻은 정보를 활용하여 포장재료의 크기와 양을 최적화하여 포장재료를 줄이고, 트럭에서 큐브를 최대화하고, 물품의 손상을 최소화함으로써 포장재료를 줄이는 데 도움이 되었다.

3PL의 활용도가 증대됨에 따라 현물시장에 도달하는 능력이 높아진 반면, 중개수수료 추가 비용 및 3PL 및 중개업자의 용량 증가는 BLS가 서비스하는 대형 화주들의 예산을 증가시켰다. 전국의 대형 식품 공급업자들은 3PL 및 중개업자들을 사용하는 것과 관련하여 새로운 전략적 계획을 설정하고 있다. 그들은 불안정한 현물시장을 줄이고, 서비스 일관성을 높이고, 용량을 더 정확히 예측하고, 3PL 및 중개업자의 비용을 줄일 필요가 있다. 많은 대형 식료품 업체들은 사용하고 있는 3PL을 대폭 삭감하여 새로운 네트워크 목표를 설정하였다. 이 계획은 3PL 및 중개업자의 추가 마진, 지리적인 중복, 일관성 없는 서비스 비용을 제거하기 위해 수립되었다. 몇몇 화주의 두 번째 접근법은 자산 기반 3PL 업체와 더 강력한 네트워크를 형성하는 것이었다. 이 계획은 자산 기반 3PL과 함께 일하거나 직접적으로 일

하는 소수의 중개업자와의 전략적 제휴에 초점을 맞추었다. 이러한 제휴는 일반적으로 수량을 최적화하고 제품 취급 및 용량을 확보하도록 하는 계약에 기반을 두고 있다. 가장 바람직한 3PL 협력사는 주요 현물시장에 위치하며, 더 많은 기술 기반 공급자가 될 것이다. 다음 계획은 전략적인 지리적 위치의 3PL을 인수하거나 연계하는 것이 포함되어 있다. 이러한 3PL 협력사와의 전략적 제휴는 창고 운영의 확대, 서비스 확대, 지리적 범위의 확장, 더 많은 자산이나 기술, 더 많은 산업을 대상으로 한 많은 지식이라는 장점과 중개업자 네트워크에 대한 필요성을 감소시킨다는 이점을 제공한다.

한 대형 식음료업체는 공급사슬 통합 관리 노력의 일부로 BLS와 협력했다. 중서부 식품음료운송(Midwest Food and Beverage Transportation: MFBT)는 최대 규모의 식음료 운송업체를 넘어 2단계 공급사슬 파트너까지 공급 통합의 반경을 확대하고 있으며, 여러 3PL 업체를 목표로 하고 있다.

토론사항

1. BLS사의 협력 제안서에 MFBT의 공급사슬 통합 노력과의 3PL 계약 확보를 위해 포함시켜야 할 주요 사항에는 무엇이 있는지 논의하라.
2. 이 협력을 통해 BLS가 얻을 수 있는 이점은 무엇인가?
3. MFBT가 BLS와 협력하여 2단계 공급사슬 파트너까지 공급 통합을 하게 되었는데, 이의 장점은 무엇인가?
4. 이 상황에서 잠재적인 위험요소에는 무엇이 있는가?

참고자료

Chopra, S., and P. Meindl, *Supply Chain Management: Strategy, Planning, and Operation*. Upper Saddle River, NJ: Prentice Hall, 2001.

Croxton, K. L., S. J. Garcia-Dastugue, D. M. Lambert, and D. S. Rogers, "The Supply Chain Management Processes," *International Journal of Logistics Management* 12(2), 2001: 13–36.

Handfield, R. B., and E. L. Nichols, *Supply Chain Redesign: Transforming Supply Chains into Integrated Value Systems*. Upper Saddle River, NJ: Financial Times Prentice Hall, 2002.

Lambert, D. M., M. C. Cooper, and J. D. Pagh, "Supply Chain Management: Implementation Issues and Research Opportunities," *International Journal of Logistics Management* 9(2), 1998: 1–19.

Simchi-Levi, D., P. Kaminsky, and E. Simchi-Levi, *Designing and Managing the Supply Chain*. New York: McGraw-Hill/Irwin, 2003.

미주

1. Meyer, C., "When Cyber Met Physical: It's Time to Evaluate Your Security System's Cyber Risks," *Security* 54(4), 2017: 36–38.
2. Shappell, B., "Steve Savino: Extending Credit's Role by Breaking Down Barriers," *Business Credit* 116(3), 2014: 14–15, 17–19.
3. Saenz, M., R. Gupta, and C. Makowski, "Finding Profit in Horizontal Collaboration," *Supply Chain Management Review* 21(1), 2017: 16–22.
4. Anonymous, "Research and Markets—Global System Integration Market Value of USD 387.85 Billion by 2021—Trends, Technologies & Opportunities Report 2016-2021," *PR Newswire Europe* November 22, 2016: 1.
5. Lambert, D., M. Cooper, and J. Pagh, "Supply Chain Management: Implementation Issues and Research Opportunities," *International Journal of Logistics Management* 9(2), 1998: 1–19.
6. Siu, S., "CargoSmart Ltd.," *Journal of Commerce* January 8, 2007: 1; and http://www-03.ibm.com/procurement/proweb.nsf/contentdocsbytitle/United+States~IBM+Chief+Procurement+Officer+transition+to+Budapest,+Hungary?OpenDocument&Parent=Supplier+letters
7. Andel, T., "General Mills Releases Its Sustainable Supply Chain Strategy," *Material Handling & Logistics* April 30, 2013: 1.
8. Anonymous, "Microsoft Corporation—Patent Issued," *Marketing Weekly News* October 12, 2013: 465.
9. These processes are discussed in detail in Lambert, D. M., M. C. Cooper, and J. D. Pagh, "Supply Chain Management: Implementation Issues and Research Opportunities," *International Journal of Logistics Management* 9(2), 1998: 1–19; and in Croxton, K. L., S. J. Garcia-Dastugue, and D. M. Lambert, "The Supply Chain Management Processes," *International Journal of Logistics Management* 12(2), 2001: 13–36.
10. Overby, S., "Managing Demand after Disaster Strikes," *CIO* 23(9), 2010: 1.
11. Lorenzi, N., "Warehouse Management Solutions," *Snack Food & Wholesale Bakery* 106(4), 2017: 64, 66.
12. Andel, T., "Many Retailers Not Ready for Holiday Order Fulfillment," *Material Handling & Logistics* November 21, 2013: 1.
13. Borkowsky, M., and B. Walther, "The Next Big Thing," *Air Transport World* 51(6), 2014: 34.
14. Dutton, G., "Reverse Logistics: Money Tree or Money Pit?" *World Trade* 23(7), 2009: 28–32.
15. Haywood-Sullivan, M., and N. Stuart, "Does Functional Experience Impair Crosspollination of the Balanced Scorecard?" *Management Accounting Quarterly* 17(4), 2016: 34–44.
16. Wilding, R., "Playing the Tune of Shared Success," *Financial Times November* 10, 2006: 2.
17. Anonymous, "Companies Are Using Team-Based Business Games to Increase Productivity," *CPA Practice Management Forum* 6(5), 2010: 22.
18. https://energy.gov/eere/vehicles/fact-915-march-7-2016-average-historical-annualgasoline-pump-price-1929-2015
19. Mellat-Parast, M., and J. Spillan, "Logistics and Supply Chain Process Integration as a Source of Competitive Advantage: An Empirical Analysis," *International Journal of Logistics Management* 25(2), 2014: 289–314.
20. Wilson, M., "A Blanket Solution," *Chain Store Age* 86(1), 2010: 39.
21. Trunick, P., "Auto ID: Getting Comfortable with RFID," *Material Handling & Logistics* March 18, 2015: 1.
22. http://www.kurtsalmon.com/en-us/Retail/vertical-insight/1628/Kurt-Salmon-RFID-in-Retail-Study-2016
23. See, for instance, www.rfidinc.com, www.rfidjournal.com; Andel, T., "RFID: The Only Thing Passive About the Marines," *Modern Materials Handling* 62(8), 2007: 61; Fink, R., J. Gillett, and G. Grzeskiewicz, "Will RFID Change Inventory Assumptions?" *Strategic Finance* 89(4), 2007: 34–39; and Joch, A., "'Active' Assistance," *Hospitals & Health Networks* 6(3), 2007: 36–37.
24. Lester, T., "Masters of Collaboration—How Well Do U.K. Businesses Work Together," *Financial Times* June 29, 2007: 8.
25. Trunick, P., "It's Crunch Time," *Transportation & Distribution* 43(1), 2002: 5–6.
26. Anonymous, "Robert Reed on Hospital-Physician Integration," *Healthcare Financial Management* 64(6), 2010: 30.
27. Fenwick, S., "Why Supply Chain Visibility Matters," *Manufacturing Business Technology* July 29, 2015: 1.
28. Anonymous, "Del Monte Looks to the Cloud for Inventory Visibility," *Material Handling & Logistics* May 4, 2011: 1.
29. Beasty, C., "The Chain Gang," *Customer Relationship Management* 11(10), 2007: 32–36.
30. Field, A., "Sound the Alarm," *Journal of Commerce* May 7, 2007: 1.
31. Maccoby, M., "Creating Collaboration," *Research Technology Management* 49(6), 2006: 60–62.
32. Paul, L., "Suspicious Minds: Collaboration Among Trading

Partners Can Unlock Great Value," *CIO* 16(7), 2003: 74–82.

33. Maylett, T., and K. Vitasek, "For Closer Collaboration, Try Education," *Supply Chain Management Review* 11(1), 2007: 58.

34. Information about these annual conferences can be found at www.sensorsexpo.com, www.ism.ws, and www.gs1us.org

35. Lee, H., V. Padmanabhan, and S. Whang, "The Bullwhip Effect in Supply Chains," *Sloan Management Review* 38(3), 1997: 93–102; Lee, H., "Taming the Bullwhip," *Journal of Supply Chain Management* 46(1), 2010: 7.

36. Hamstra, M., "Target Invests in Price, Small Formats, Online Fulfillment," *Supermarket News* March 1, 2017: 1.

37. Hines, A., "Twinkie Shortage Shows Hostess Fans Went a Little Crazy Over Bankruptcy," *Huffington Post Business* November 16, 2012, found at: http://www.huffingtonpost.com/tag/twinkies-shortage

38. Anonymous, "Global Supply Chain Risk Increasing," *Material Handling & Logistics* March 18, 2016: 1.

39. Zolkos, R., "Cyber Exposures Threaten Supply Chain Risk Management," *Business Insurance* 47(26), 2013: 4–29.

40. Anonymous, "A BP Lesson: Supply-Chain Risk," *Institutional Investor* June 2010: 1.

41. Field, A., "How 'Free' Is Free Trade?" *Journal of Commerce* December 18, 2006: 1–3; Kline, J., "Managing Emerging Market Risk," *Logistics Management* 46(5), 2007: 41–44; Swaminathan, J., and B. Tomlin, "How to Avoid the Risk Management Pitfalls," *Supply Chain Management Review* 11(5), 2007: 34–43.

42. Esola, L., "Employers Questioned on Pandemic Drug Plan," *Business Insurance* 40(49), 2006: 4–5.

43. Swaminathan, J., and B. Tomlin, "How to Avoid the Risk Management Pitfalls," *Supply Chain Management Review* 11(5), 2007: 34–43.

44. Anonymous, "Supply Disruption Discussed," *Business Insurance* 37(22), 2003: 17.

45. Swaminathan, J., and B. Tomlin, "How to Avoid the Risk Management Pitfalls," *Supply Chain Management Review* 11(5), 2007: 34–43.

46. Anonymous, "Supply Diversity Cuts Risk Exposure," *Oil & Gas Journal* 105(17), 2007: 65–68.

47. Tieman, R., "It's About Common Sense," *Financial Times* September 10, 2007: 5; Chauhan, C., "Importer of Japanese Automobiles, Spare Parts to Stop," *The Economic Times Online* March 13, 2011: 1.

48. Tieman, R. (See note 50.)

49. Anonymous, "Flexing Supply Chain Muscle," *Chain Store Age* 83(9), 2007: 10A.

50. McCrea, B., "Jabil: Automating Supply Chain Decision-Making," *Logistics Management* 55(9), 2016: 40–42, 44.

51. Shacklett, M., "What to Do About Risk," *World Trade* 26(10), 2013: 22–27.

52. See note 52.

53. Felsted, A., "Lessons from Barbie World," *Financial Times* September 10, 2007: 1.

54. Rice, J., "Rethinking Security," *Logistics Management* 46(5), 2007: 28; Knowles, J., "The Lockerbie Judgments: A Short Analysis," *Case Western Reserve Journal of International Law* 36(2/3), 2004: 473–485.

55. Terreri, A., "How Do You Balance Shipment Speed with a Secure Supply Chain?" *World Trade* 19(11), 2006: 18–22.

56. Rice, J., "Rethinking Supply Chain Security," *Logistics Management* May 1, 2007.

57. Anderson, B., "Prevent Cargo Theft," *Logistics Today* 48(5), 2007: 37–38.

58. Kilcarr, S., "Brand 'Damage' a Side Effect of Cargo Theft Issue, Expert Says," *Fleet Owner* October 29, 2013: 1; and https://www.ajot.com/news/cargonets-2016-cargo-theft-trend-analysis

59. Information found at www.transparency.org

60. See, for example, the website www.cargosecurity.com/ncsc/education-CTPAT.asp; and https://www.cbp.gov/border-security/ports-entry/cargo-security/c-tpat-customs-trade-partnership-against-terrorism

61. See https://www.securecargo.org/content/what-certified-cargo-screening-program-ccsp-0

62. Terreri, A., "How Do You Balance Shipment Speed with a Secure Supply Chain?"

63. Greenemeier, L., "MassMutual Gets Control of Its Security Data," *InformationWeek* September 17, 2007: 108–109.

64. Michel, R., "Profit from Secure Supply Chains," *Manufacturing Business Technology* 24(11), 2006: 1.

14장

공급사슬 성과측정

PERFORMANCE MEASUREMENT ALONG SUPPLY CHAINS

업계에서 뛰어난 분석 기능과 미국 지방정부의 성과지표의 큰 저장소 중 하나인 ICMA 인사이트 같은 서비스를 통해서 우리는 많은 지방자치단체의 비교 성과 툴을 적용할 수 있고, 또한 현대의 보다 복잡한 서비스 제공 문제에 대해 예측해볼 수 있다.

Bob O'Neill, executive director, International City/County Management Association (ICMA)[1]

만약 우리가 혈압을 성과의 척도로 사용한다면, 정확하게 측정해야 한다. 가장 좋은 방법을 찾아 그 방법을 표준화하고, 모든 의사가 3년 동안 같은 방식으로 측정하여야 한다. 개선한 것에 대해 보상하고 '게이밍'이 되는 것을 경계하라. 스스로 측정하는 것보다는 중요한 몇 가지 일을 잘하도록 노력하라. 그래야만 최소한 혈압을 더 잘 조절할 수 있을 것이고, 좋은 성과측정의 활용이 될 것이다.

Robert Berenson, MD, a fellow at the Urban Institute in Washington, DC[2]

학습목표

- 공급사슬과 기업의 성과를 측정하고 평가할 필요성에 대해 기술한다.
- 재무적 및 비재무적 성과지표의 이점에 대해 논의한다.
- 전통적 및 세계적 수준의 성과측정 방법을 나열, 기술 및 계산한다.
- 균형점수카드와 SCOR 모형에 대해 설명한다.
- 공급사슬 성과측정 시스템의 설계에 대해 기술한다.

SCM PROFILE

미주리주 클레이톤의 성과점수카드 사용

미국 미주리주 클레이톤의 세인트루이스 지역은 작은 도시가 성과관리에서 얼마나 뛰어날 수 있는지를 보여준다. 클레이턴은 2011년부터 매년 ICMA 성과분석센터로부터 성과관리 우수인증을 받았다.

클레이톤은 내부적으로 성과관리를 포용하는 문화를 육성하고 있다. 도시의 새로운 직원들은 오리엔테이션에서 매니저인 크레이그 오웬스의 도시 성과관리 전략을 들어야 한다.

클레이톤에서는 매년 공식적으로 점수카드를 사용하여 8년 이상 성과 자료를 수집해왔다. 매년 연간 자료를 수집할 때, 해당 스태프들에게 자료 수집 기간이 시작되었음을 알린다. 최소한 분기마다 오웬스는 성과 자료를 각 부서장들과 함께 검토하며, 성과 결과는 직원들에 대한 성과평가의 일부로 논의되고 있다.

클레이톤은 캔자스와 미주리의 30개 이상의 도시에서 조사되는 45개의 측정지표를 이용하여 매년 지역사회에 대한 조사를 실시하고 있다.

예를 들어, 2014년의 조사 결과에서 클레이튼은 전국 평균 및 캔자스/미주리주의 평균을 상회한다는 것이 나타났다. 클레이튼은 거주자의 만족도, 비용 및 수익, 경찰, 소방, EMS 응답시간, 직원 훈련 시간, 시설 사용 등을 보여주는 특별한 도시 서비스 점수카드를 개발하였다.

이는 클레이톤 시의 예산 책자에 실리며, 회계 연도의 목표와 연계된 과거 및 현재의 성과 데이터를 요약하고 있다. 이 점수카드는 내부 직원이 참여한 조사의 결과도 함께 포함되어 있다.

최종 분석에서 클레이턴은 성과관리를 조직 전반의 가치로 인식시키고, 지방정부 운영의 정확한 자료 수집 및 검증을 보장하며, 해당 결과를 공유하며 벤치마킹 대상 도시와의 성과 비교 등을 통해 지속적으로 개선하고 있다.[3]

개요

이번 장에서는 기업과 기업의 공급사슬을 위한 성과측정의 역할과 중요성에 대하여 논의한다. '측정할 수 없는 것은 향상시킬 수 없다'는 옛 격언은 기업과 기업의 공급사슬에 확실히 맞는 말이다. 10년 이상 세계에서 가장 성공적인 공급사슬 순위를 발표한 가트너는 2016년도의 경우 상위 3개의 기업으로 유니레버, 맥도날드, 아마존을 꼽았다. 최고 수준의 공급사슬을 가진 이 기업들은 전략적 수준에서의 성과측정의 계층을 만들었다. 이 기업들은 전략적 목표를 달성하기 위해서 실행상의 문제를 파악하기 위한 명확한 성과측정이 있어야 성공할 수 있다는 것을 인지하고 있었다.[4] 이미 앞서 몇 가지 종류의 성과지표가 논의되었지만, 기업들은 경쟁력을 유지하기 위해서 의미 있는 성과지표 시스템을 개발할 필요가 있으며, 이것은 특히 공급사슬을 관리할 때는 절대적으로 필요한 사항이다.

성과측정 시스템들은 회사마다 크게 차이가 난다. 예를 들어 많은 기업의 성과지표는 대부분 회사의 비용과 이익에만 집중한다. 경영자에게 비용이 중요하기는 하지만 비용에만 초점을 맞추어 의사결정을 하면 재무적 성과의 근본적인 원인을 놓칠 수 있다는 것을 깨달아야 한다. 재무적 성과에 직접적이나 간접적으로 영향을 미치는 활동들에 대한 표준을 만들고 성과를 감시하는 것이 의사결정에 더욱 도움이 되는 정보를 제공해줄 수 있다.

2009년의 불황기 동안, 세계적으로 제품과 서비스에 대한 수요가 줄었음에도 기업은 공급사슬관리 기법들을 활용하여 비용을 절감하고 매출수익을 개선하였다. 매니저들에 대한 최근의 조사에 따르면 요즘 주목받는 세 가지 항목은 구매, 물류, 성과측정이다.[5] 공급사슬 혁신기업인 월마트는 5년 내에 개별상표 제품의 80%를 공급자들로부터 직구입하기로 결정하였는데 이는 현재 구매량 20%에서 비약적으로 상승한 것이며 수십억 달러의 비용 절감을 갖고 올 것으로 기대되고 있다.[6] 공급사슬의 선도기업은 교역파트너들과 밀접하게 협력하여 가치를 창출하지 못하는 업무들을 찾아내고 제거하고 있으며, 변화하는 고객 요구사항을 파악하여 제품과 서비스에 포함시키려고 노력하고 있다. 그리고 이런 활동들을 지원하고 이끌어주는 것이 바로 성과측정 시스템이다.

고객을 끌기 위해 낮은 가격에 의지하는 월마트(가트너가 발간하는 상위 25개 공급사슬에 오랫동안 랭크된 회사로 2016년에는 16위에 올랐다) 같은 회사들조차 적시에 적절한 품질의 제품을 공급하는 걸 도외시하고 비용에만 치중하면 성공할 수 없을 것이다. 세계적인 수준의 기업이 되기 위해서 경영자들은 고객이 원하는 제품과 서비스를 생산하고 그것을 고객이 만족하는 방법으로 배송하는 것이 초기에는 비용이 많이 든다는 것을 이해해야 한다. 따라서 비용 성과와 동시에 적절한 품질 그리고 고객서비스 수준을 달성하고, 그 후에 이들 성과지표에서 기업이 목표하는 수준까지 계속적인 향상을 이루도록 노력해야 할 것이다. 이러한 비전을 추구하기 위해서는 적절한 성과측정 시스템을 사용해야 한다.

불행하게도 오늘날 많은 기업은 적절하게 성과측정을 하지 못하고 있는 실정이다. 2006년 캐나다의 제조업 기업에 대한 조사에 의하면 약 50% 정도의 기업만이 보통 수준의 성과측정 시스템을 갖추고 있을 뿐이다. 또한 75%의 기업들이 성과 관련 정보를 제공받기 위해 공급자에게 의존하고 있다고 한다.[7] 다른 경우에는 기업들은 눈에 보이는 모든 것을 측정하기 위해 분주하고 그러는 와중에 잘못 측정하고, 다른 것을 측정하고, 기업을 좋게 보이게 하는 것만 측정하여 때로는 이것 때문에 발표를 번복해야 하고 이런 행동들이 신뢰를 저하시키고 위험을 초래하기까지 한다(엔론과 월드컴 사건을 기억해볼 것). 매니저들은 훌륭한 성과측정지표들을 개발하는 것이 중요함을 깨달아야 하며 이것이 이 장의 주된 목적이다.

공급사슬에 추가적으로 공급자와 고객들의 계층을 몇 개 더하면 이미 아주 어려운 성과측정 문제가 더욱 복잡해진다. 공급사슬의 시스템은 여러 가지 관계와 상호작용으로 특징지어진다. 최종 완제품 수준의 성과는 공급사슬상의 1차 교역 회사들이 적절한 수준의 성과를 내느냐에 달려있다. 그러므로 성과지표는 모든 공급사슬 구성원에게 알려져야 하고 경영자들은 전체 공급사슬 구성원들에게 이익을 줄 수 있도록 계속적으로 협력해야 한다. 실제로 몇몇 공급사슬 멤버 기업의 비용은 최종소비자가 원하는 것을 제공해주기 위해서 다소 높아지는 경우도 있을 수가 있다. 그러므로 공급사슬 전체를 통해 효율적인 성과측정 시스템이 만들어지기 위해서는 협력이 필요하고 계획과 이익을 공유하는 것이 필수적이다.

이 장에서는 비용 관련 지표를 포함한 전통적인 성과측정의 기본에 관해서 소개한 후 세계적인 기업들에서 많이 사용되고 있는 효율적인 측정 시스템에 대하여 논의할 것이다. 그 후에 공급사슬 전체의 성과를 측정하는 문제에 대한 논의를 거쳐, 공급사슬관리에서 매우 효과적으로 이용되고 있는 균형점수카드(balanced scorecard)와 SCOR 모형을 소개하고 논의하는 것으로 마무리하고자 한다.

경쟁력으로서의 공급사슬

공급사슬의 궁극적 목적은 성공적으로 최종소비자에게 제품과 서비스를 전달하는 것이다. 전통적으로 소비자의 욕구를 충족시키기 위해, 공급사슬의 기업들은 완제품을 소매업체의 진열대, 창고, 그리고 공장에 가득히 채우곤 했었다. 오늘날 이러한 전략은 재고비용과 상품가격을 너무 높게 만들어 결과적으로 회사의 경쟁력을 떨어뜨린다. 기업과 그 공급사슬이 효과적이라는 것은 공급사슬상의 고객과 최종소비자들을 만족시킨다는 것이다. 따라서 기업은 고객과 공급사슬 파트너들을 이해하기 위해 노력과 시간을 투자해야 하며, 또한 그들의 욕구를 충족시키기 위한 공급사슬의 능력을 획득해야 한다. 이러한 과업을 달성하기 위해서 최고경영자는 기업의 개선 작업을 지원하고 직접 관여해야 한다. 궁극적으로 성과측정 시스템이 각각의 공급사슬 파트너들에게서 잘 설계되고 공급사슬 전체를 통해 통합되어 이 기업들과 전체 공급사슬의 능력을 제고하고 조정하기 위해 실행되어야 한다.

최종소비자에 대한 이해

10장에서 논의된 것처럼 기업은 서비스 요구에 따라 우선 고객을 분리한 후 이들 고객의 요구를 충족시키기 위한 배송 네트워크를 설계한다. 다시 말해 제품 설계와 배송에 있어서 한 가지 접근방식만을 사용하는 대신에, 기업과 공급사슬은 시장세분화에 따른 각각의 고객그룹의 요구를 파악할 필요가 있다. 즉 다음과 같은 소비자의 요구를 살펴야 한다.

- 요구되는 제품의 다양성
- 필요한 양과 배송 빈도
- 요구되는 품질

- 추구하는 지속가능성 수준
- 제품 가격

기업과 그들의 공급사슬이 공급하는 고객의 범위에 따라 다양한 복수의 고객집단이 있고 요구사항이 다를 것이다. 예를 들어 소셜 마케팅과 지원의 일인자인 컴퓨터 제조업체인 델(Dell)은 트위터 데이터를 통합하여 브랜드 매니저와 지원팀이 트위터에서 발생되는 트윗을 추적할 수 있도록 한다. 이 자료들은 대체로 업무 시간 동안 커피숍을 자주 방문하는지, 90분 이상 출퇴근을 하는지, 주중에 국제 항공편을 이용하는지, 비즈니스 호텔에 머무는지, 미식축구에 열정이 있는지, 환경친화적인지, TV를 많이 보는지 등으로 구성되어 있다.[8]

공급사슬 파트너의 요구에 대한 이해

일단 기업이 최종소비자의 요구를 이해하면 다음 과정은 공급사슬이 이 요구들을 어떻게 충족시켜줄 수 있는지 결정하는 것이다. 공급사슬 전략은 비용, 품질, 공급량, 그리고 서비스 요구사항들 사이에 존재하는 상호교환(trade-off)을 고려해야 한다. 예를 들어 납기 준수, 리드타임 단축, 공급량 확보, 높은 수준의 고객서비스 제공 등의 공급사슬 반응성을 높이는 일은 비용이 수반된다. 반응성을 요구되는 수준으로 높이기 위해서는 공급사슬 기업들이 생산능력과 빠른 운송수단에 투자해야 한다. 마찬가지로 공급사슬의 질이나 신뢰도(요구된 제품의 품질을 고객에게 제공함)를 높이기 위해서는 새로운 장비, 고도의 기술, 더 나은 품질의 재료와 부품에 투자해야 한다.

반대로 공급사슬 효율성(소매업자들이 낮은 가격에 물건을 제공할 수 있게 함)을 높이기 위해서는 공급사슬 파트너들이 생산과 배송 능력을 조정하여 비용을 낮출 필요가 있다. 이것은 느린 운송수단의 사용이나 대량 구매와 배송 그리고 부품 품질의 저하 등을 포함할 수 있다. 궁극적으로 공급사슬의 기업들은 현재와 미래에 고객의 어떤 종류의 요구들에 맞추어 공급사슬을 운영할 것인지 결정해야 할 것이다. 예를 들어 2016년에는 세계적인 수면장애 장비 제조업체인 ResMed가 공급사슬 비용을 절감하려 했다. ResMed는 공급사슬 효율을 향상시키기 위한 두 가지 매우 간단한 방법인 더 많은 운송량을 항공 화물에서 해상 화물로 변경하는 것과 더 낮은 비용의 공장에서 제조하는 생산량을 증가시키는 것을 목표로 삼았다.[9]

공급사슬 멤버 능력의 조정

공급사슬 멤버들은 자신이 가진 능력과 거래파트너의 능력을 감독하여 자신이 잘 하는 일이 공급사슬의 다른 멤버나 최종소비자의 요구와 일치하는지를 살펴볼 수 있다. 몇몇 회사는 원하는 수준의 비용, 품질 및 고객서비스 성과를 생산할 수 있도록 좋은 위치에 있을 수 있지만, 다른 회사들은 그렇지 않을 수도 있다. 공급사슬 멤버들의 능력과 최종소비자의 요구사항을 맞추는 일은 아주 어려운 작업일 수 있다. 특히 기업들 간의 커뮤니케이션과 협력이 원활치 못하거나 기업이 복수의 공급사슬에 속해 있거나 아니면 고객그룹이 다양한 능력을 요구하는 경우라면 더욱 어려울 것이다.

많은 경우에 공급사슬에서 우위를 점하는 기업(예를 들어, 월마트)이, 공급업자들이 공급사슬의 요구사항에 맞추도록 자사의 구매력을 이용하여 수요를 조절하기도 한다. 소비자의 취향과 경쟁환경이 시간에 따라 변화하기 때문에 공급사슬은 소비자의 요구사항을 충족시키고 경쟁력을 유지하기 위해 현재의 전략을 재평가하고 재설계할 수 있다. 예를 들어 인터넷은 많은 기업의 경쟁 전략의 중요한 부분이 되어, 기업이 과거에 비해 훨씬 다양한 제품과 편리함을 제공할 수 있도록 한다.

그러므로 공급사슬의 능력과 최종소비자의 요구를 조화시킨다는 것은 기업과 공급사슬 파트너들이 지속적으로 소비자 요구사항에 비추어 성과를 평가한다는 것을 뜻한다. 이것은 성과측정의 중요성을 다시 확인시킴과 동시에 공급사슬의 각 멤버의 성과와 최종소비자 요구에 대한 공급사슬의 성과에 관한 정보를 전달하는 능력이 얼마나 중요한지를 다시 한 번 알려주는 것이다. 오늘날의 성공적인 공급사슬이란 고객의 요구 변화에 따라 비용, 품질, 고객서비스를 적절히 조합하여 계속해서 제공할 수 있는 공급사슬을 의미한다. 이러한 능력 중의 어느 하나만 약해도 그 공급사슬의 멤버들은 경쟁력이 저하되고 수익성을 잃게 되는 것이다. 오늘날 최상의 공급사슬 실행자들은 고객의 요구에 더 빨리 반응하며 시장의 변화를 빠르게 예측할 수 있고 비용관리를 더 잘함으로써 더 큰 이익을 남긴다. 다음 SCM PROFILE에서는 맥도날드가 공급사슬의 지속가능성을 높이기 위해 한 노력을 설명한다. 다음 절에서는 전통적인 성과측정지표에 대해 논의하도록 한다.

전통적인 성과지표

오늘날 기업이 사용하는 대부분의 성과지표는 주주들에게 보고되는 연례보고서나 재무제표 등에 포함된 전통적인 비용 위주의 재무적인 지표들이다. 이러한 정보는 잠재적 투자자나 주주들이 주식거래를 하거나 기업들이 성과 보너스를 결정하는 데 사용되었다. 불행하게도 재무제표나 기타 비용에 기초한 정보들은 기업의 생산 시스템의 성과를 제대로 반영하지 못했다. 텍사스의 엔론(Enron), 미시시피 기반의 장거리 통신회사 월드콤(WorldCom), 그리고 뉴욕 기반의 버나드매도프(Bernard Madoff Investment Securities) 등을 보면 알 수 있을 것이다. 즉, 이러한 사기성 사례를 통해 우리는 기업이 비용과 수익 정보를 숨기거나 조작해 실적을

SCM PROFILE

맥도날드의 공급사슬 지속가능성을 위한 노력

맥도날드의 공급사슬은 자사의 전략적 프레임워크 및 정책, 그리고 전 세계 공급사슬을 다루는 부서를 이용하여 수많은 지역 및 로컬 공급사슬을 연결한다. 지속가능성의 이슈와 관련해서는, 2007년에 지속가능공급운영위원회(Sustainable Supply Steering Committee: SSSC)가 만들어졌다. SSSC는 맥도날드가 보다 지속 가능한 공급을 하는 방향으로 흘러갈 수 있도록 노력하고 있다. 맥도날드의 쇠고기 및 감자 구매자는 구매 전략에 지속가능성 계획을 포함시킨다.

맥도날드는 2015년 공급사슬을 보다 인간적으로 운영하라는 동물보호단체의 압력에 향후 10년간 미국 및 캐나다의 우리에서 사육된 닭의 달걀 사용을 중단할 계획이라고 발표했다. 맥도날드의 사장 마이크 안드레스는 "우리의 음식에 대해, 그리고 그 음식이 어디에서 왔는지에 대해 알고 싶어 하는 고객이 늘고 있다."고 말한다. 맥도날드는 "농장에서 매장 카운터까지 듣고 배우고 협력할 것이다."라고 언급하면서 지속 가능한 쇠고기의 공급처로 공급사슬을 옮길 것이라고 했다. 맥도날드는 지속 가능한 쇠고기를 위한 세계원탁회의(Global Roundtable for Sustainable Beef)를 만들기도 했다.

또한 맥도날드는 매년 30억 파운드가 넘는 감자를 구매한다. 맥도날드의 미국 품질 시스템 및 농산품 담당자인 밋치 스미스는 "만약 우리가 더 적은 투입물(물 혹은 어떤 것이라도)을 찾을 수 있다면, 그것이 바로 우리가 찾고 있는 것이다. 현재까지 충분히 일관성 있게 성과를 내는 품종은 많지 않다. 가장 좋은 맛을 제공하지만 몇 가지 상당한 한계(성장하는 데 오래 걸리고, 물을 많이 소비하며, 냄새와 질병에 취약한)를 가지고 있는 Russet Burbank 품종이 주류를 이루고 있다. 마지막으로 양상추를 담은 자루는 산소를 제거하고, 이를 질소로 대체하는데 이를 통해 맥도날드는 14일간의 신선한 배송을 할 수 있다."고 말하며 "매우 긴밀한 유통망을 가져야 한다."고 언급했다.[10]

실제보다 더 좋아 보이게 할 수 있다는 것을 알 수 있다.

엔론은 2000년도에 1,110억 달러의 매출을 보고했다. 그해에 「포춘(Fortune)지」는 엔론을 '미국에서 가장 혁신적인 회사'로 선정하였다. 그 다음 해에 유명한 매니저들이 회사를 떠나고 엔론은 파산 신청을 하였으며 그들의 사기적인 기업회계의 방식이 공개적으로 알려졌으며 2004년에는 미국 역사상 비용적으로 가장 큰 규모의 파산신청 사례가 되었다. 직원들은 직업을 잃었고 임원들은 수감되었으며 아서앤더슨(Arthur Andersen) 회계법인도 해체되었다.[11]

이 예에서 보듯이 현재의 주식가격만을 극대화하기 위해서 취해지는 결정은 현재 그 기업이 잘 운영되고 있거나 미래에도 계속 잘 될지를 반영하지 못한다. 성공은 기업이 내부적인 능력을 고객이 원하는 제품과 서비스로 변환하는 능력에 달려있으며 동시에 적절한 가격에 적절한 품질의 제품을 제공하고 고객서비스 수준을 유지하는 데 달려있다. 이런 점에서 재무성과지표는 중요한 지표이기는 하지만 이런 분야에서 기업이 뛰어난 능력을 가졌는지 적절히 평가하지 못한다.

조직비용, 수입, 수익성 지표의 사용

비용과 수입, 이익은 처음에는 유용한 성과지표처럼 보이지만 성과측정에 사용하는 데 몇 가지 문제점이 있다. 석유산업에서 가끔 일어나듯이 공급중단으로 인해 갑작스럽게 가격이 상승해서 발생하는 뜻밖의 큰 이익은 한 예를 보여준다. 유가가 상승했을 때, 항공사 같은 기업은 평소보다 큰 비용 상승과 수익의 감소를 보이게 된다. 예를 들어 2012년에 엑손모빌(Exxon Mobil)은 전 세계에서 가장 큰 449억 달러의 이익을 냈고, 로열더치셸(Royal Dutch Shell)은 4,817억 달러의 매출을 올렸다. 엑손모빌은 2009년 및 2011년에도 이익 기준 1위를 달성했으나 2010년과 2013년에는 2위를 기록했다. 그 후 2015년에는 엑손모빌은 2위, 쉐브론(Chevron)은 5위를 기록했다. 이 외에도 몇몇 석유회사가 자주 10위 내에 진입했다.[12] 이와 유사하게, 라스베이거스와 같은 많은 관광지는 2008년에서 2010년 경제 불황 동안 방문자 수가 급격히 감소하여 호텔과 테마파크가 이 기간 동안 훨씬 더 낮은 객실 점유율과 이익을 낸 것으로 보고되었다. 예를 들어 2008년 초반에 라스베가스는 1970년 라스베이거스 컨벤션 방문국(Las Vegas Convention and Visitors Authority)이 해당 수치를 추적하기 시작한 이후 처음으로 방문자 수, 게임 수익, 숙박예약률, 하루 평균 객실 요금이 급락했다. 호텔들은 25,000명 이상의 직원들을 해고했고 몇몇 리조트들은 파산 신청을 했다.[13] 이러한 수익의 변동은 그 기업들이 특별히 뭘 잘했다든가 혹은 잘못한 결과가 아니었다. 이러한 사건들은 대부분이 통제할 수 없는 환경적 상황으로 야기된 것이었다. 다시 말해서, 이런 비용과 이익에 관한 통계수치들의 변화는 그 기업의 진정한 능력을 많은 경우에 정확히 반영하지 못할 수 있다.

성과지표로서 비용과 수입, 이익을 사용하는 데 따르는 또 다른 문제는 대부분의 경우에 이러한 비용, 수입, 이익에 대한 기업의 각 부서별 공헌도를 결정하기가 어렵다는 것이다. 많은 부서가 상호의존적이며 비용과 장비, 인원, 그리고 수입을 공유하기 때문에 공평하게 비용과 수입을 분할하기가 극히 어렵다. 또한 비용을 사업부서의 성과지표로 이용하는 것이 기업 전체의 비용을 높이는 행동을 유발할 수 있다. 예를 들어 비용 최소화를 기초로 구매부서를 보상한다면 낮은 질의 부품 구매로 인한 수리비용과 제품의 반품 비율을 증가시킬 수 있다. 또한 운송비용의 최소화는 고객서비스 수준을 낮추게 되어 고객을 잃는 결과를 낳을 수 있다. 끝으로 부서의 직접노동시간에 비례하여 간접비를 할당하면 관리자들이 간접비용 할당을 줄이기 위해 직접노동시간을 줄이려고 시간낭비하게 만들 것이다. 그러나 오늘날 직접노동비는 전체 비용 중에서 아주 작은 부분만을 차지할 따름이다. 요약하자면, 이런 간접비용은 결국 기업 내의 어느 곳인가에 떠넘겨질 것이며 기업을 더 낫게 만드는 것과는 상관없이 가치 있는 인적자원의 손실로 인해 상태가 더 안 좋아지게 만들 가능성이 있다.

성과표준과 편차의 사용

성과를 비교하기 위해 표준을 수립하는 것은 특히 문제가 될 수 있으며 조직에 해를 끼칠 수 있다. 하루에 천 개라든가 시간당 10개 등의 생산표준을 수립하면 직원과 관리자들이 무슨 짓을 하든지 그 목표를 달성하기 위해 일하도록 만들 것이며, 이러한 목표는 형편없는 제품을 생산하게 할지도 모른다. 성과에 대한 기대가 충족되지 않는다면, 완벽하게 좋은 제품, 직원이나 부서도 패배자로 낙인찍힐 수 있다. 또한 만약 목표가 달성되게 되면, 계속적 개선에 대한 동기가 없어지게 된다.

표준에 도달되지 못하였을 때 표준과 실제 성과 사이의 차이인 성과편차가 생기게 된다. 조직이 매니저들을 성과표준으로 묶어놓으면 성과편차가 생길 것이고 매니저들은 이 성과편차를 줄이기 위한 방법을 찾게 되는데, 이러한 상황은 장기적으로 기업에 좋지 못한 방향의 결정을 초래할 수 있는 것이다. 현재 완제품 재고 수준과 관계없이 생산 할당량을 채우기 위해 생산을 한다든가 부서의 예산을 집행하기 위해서 필요치 않은 물품을 구매하는 것 등은 조직에 진정 도움이 되는 성과가 무엇인지 고려하지 않고 성과표준이 적용될 때 발생할 수 있는 것들의 예이다. 성과표준이 기능부서의 수준에 적용이 되면 기능적 사일로(functional silos)의 사고방식을 강화시키는 역할을 한다. 이렇게 되면 각 부서는 기업이나 공급사슬의 성과를 최적화하기보다 기능부서의 표준에 의해 평가받게 될 것이다.

생산성과 활용도 측정

기업 전체의 **총생산성 지표**(total productivity measures)와 **단일요소 생산성 지표**(single-factor productivity measures)는 다음과 같다.

$$\text{총생산성 지표} = \frac{\text{산출}}{(\text{노동}+\text{자본}+\text{에너지}+\text{재료})\text{의 비용}}$$

$$\text{단일요소 생산성 지표} = \frac{\text{산출}}{\text{직접노동비용}}$$

잠재적으로는 유용하지만 성과평가에 대한 수입과 비용, 그리고 이익의 사용과 동일한 문제들을 가지고 있다. 이들 지표는 기업이 어떤 투입물(예를 들어 노동비용)이 산출물(예를 들어 생산량)에 미치는 영향을 평가할 수 있도록 하지만 이 요소들의 실제적인 성과를 파악하지는 못한다. 생산성을 증가시키기 위해 취해진 결정들이 실제적으로는 회사의 비용을 증가시키고 장기적으로 품질과 생산량 그리고 궁극적으로는 생산성을 감소시키는 결과를 낳을 수 있다. 예를 들어 한 사업부가 재고와 재고보관 비용이 증가함에도 불구하고 생산성을 높이기 위해 수요보다 더 생산하고자 할 수 있다. 매니저들은 제품의 품질, 고객서비스,

직원들 사기를 고려하지 않고 노동자를 해고하거나 가장 싼 재료를 구입해서 생산성 비율을 극대화하고자 할지도 모른다. 그러므로 생산성 지표는 부적절하게 사용한다면 큰 손실을 줄 수도 있다. 〈예제 14-1〉은 생산성 계산 사례와 함께 생산성만을 고려해서 결정을 내릴

〈예제 14-1〉 스키 공장의 생산성 지표

울트라스키사는 열다섯 명의 직원이 최고급 스키를 제작하여 고급 스키상점과 그들이 소유한 작은 소매점에 공급한다. 회사대표는 지난 두 시즌 동안 매출이 늘지 않고 있었기 때문에 생산성을 증가시킬 방법을 찾아야 한다고 생각하고 있다. 다음의 정보로 그는 단일요소 생산성과 총생산성을 계산하였다.

노동 생산성 = 스키 1,000개 ÷ 10,800시간 = 노동시간당 0.093개
재료 생산성 = 스키 1,000개 ÷ 18,000달러 = 재료비 11달러당 0.056개
임대료 생산성 = 스키 1,000개 ÷ 24,000달러 = 임대료 1달러당 0.042개

투입물과 산출물	작년 수치
스키 생산량	1,000개
노동시간	10,800시간
재료구매비	18,000달러
임대비	24,000달러

그는 노동시간에 시간당 17달러의 평균 임금을 곱하여 총생산성을 계산하였다. 결과는 다음과 같았다.

총생산성 = 스키 1,000개 ÷ [10,800(17달러) + 18,000달러 + 24,000달러]
= 1달러당 스키 0.0044개

회사대표는 좀 더 싼 공급업자를 찾고 임대료가 싼 지역으로 점포를 옮기고 그리고 여섯 명의 직원을 해고하면(노동력을 40% 줄임) 생산성을 크게 높일 수 있을 것으로 판단하고, 다음과 같이 새로운 단일요소 생산성을 계산하였다.

노동 생산성 = 스키 1,000개 ÷ [10,800(0.6)시간] = 0.154 (66% 증가)
재료 생산성 = 스키 1,000개 ÷ $12,000 = 0.083 (48% 증가)
임대료 생산성 = 스키 1,000개 ÷ $18,000 = 0.056 (33% 증가)

그리고 새로운 총생산성은

총생산성 = 스키 1,000개 ÷ [10,800($17)(0.6) + $12,000 + $18,000]
= 1달러당 스키 0.0071개 (61% 증가)

계산을 끝낸 후 회사는 다음 해에 이와 같은 변화를 시도하였다. 하지만 낮은 품질의 재료와 좋지 못한 점포의 위치 그리고 사기가 떨어진 직원들로 인해 6개월 만에 파산하였다.

때 발생할 수 있는 문제점을 보여준다.

노동과 기계 활용도는 다음과 같이 표시할 수 있다.

$$\frac{\text{실제 생산량}}{\text{표준 산출량}} \text{ 또는 } \frac{\text{실제 사용시간}}{\text{총가용시간}}$$

이들 성과지표는 기업이 노동자 수를 줄여서 직원들을 과로하게 만들고 작업이 쌓이며 고객을 기다리도록 만들고 직원의 사기를 떨어뜨리며 품질과 고객서비스 수준의 저하를 초래하게끔 한다. 또한 이미 논의된 지표들에 추가해서 단지 기계와 사람들을 계속적으로 활용할 목적으로 생산을 계속해서 재고를 늘리는 경향이 있다. 점점 더 적은 시간을 예방차원의 유지관리와 훈련 그리고 미래의 더 나은 성과와 이익을 낼 수 있는 프로젝트에 사용하기도 한다. 이처럼 활용도를 극대화하려는 것이 수요를 충족시키고 노동비용을 최적으로 유지하는 데에는 확실히 도움이 되지만 의외로 기업에게 비싼 대가를 치르게 할 수 있다.

그러므로 회사의 재무, 산출량, 생산성 또는 활용도와 같은 일반적인 기준으로 본 전체적인 성과를 강조하는 것은 전체적인 상황을 말해주지 못한다. 분명히 재무적인 강점과, 높은 수준의 활용도와 생산성이 기업에게 중요하지만 이 지표들이 기업의 성과에 관하여 자세히 알려주지는 않는다. 이처럼 일반적이고 내부적인 것에 초점을 둔 지표의 사용은 존재할지도 모르는 특정한 문제나 그 해결 방법에 관해 아무 실마리도 제공하지 못한다. 매니저들은 어떤 종류의 행동이 필요한지 추측해야 하고, 또한 이러한 조치가 실질적으로 의도한 효과를 나타냈는지에 대해 알 수가 없게 된다. 따라서 조직 전체와 공급사슬 파트너들에게 필요한 것은 기업 및 공급사슬 전략과 일치되는 구체적인 성과지표들이다. 이러한 지표들은 매니저들이 실패의 원인을 찾게 하며 궁극적으로 문제를 해결할 수 있게 도와준다.

전통적인 성과지표는 또한 단기적인 성향을 갖고 있다. 다음 분기(upcomping quarter)에 최대한의 이익을 내기 위해, 예를 들어 회사들은 자본 투자를 연기하고 자산을 매각하고 새로운 프로젝트 제안을 기각하고 작업을 계약으로 외주를 주고 장비를 구매하는 대신 임대하는 등의 일에 시간을 쓸지도 모른다. 그러나 이러한 활동들은 기업의 신제품 개발능력 을 심각하게 저하시키고 경쟁력을 떨어뜨릴 수 있다. 신제품 개발, 신기술의 구매, 새로운 시설, 그리고 새롭게 교육받은 직원들, 이 모두가 기업의 능력을 향상시키고 계속적으로 변하는 고객의 요구에 부합할 수 있게 만드는 것이다. 그러나 이러한 것들은, 처음에는 지금까지 우리가 논의한 성과지표들을 악화시킨다. 그럼에도 불구하고 이러한 아이디어와 자본투자가 없으면 기업들은 궁극적으로 좋은 성과를 낼 수가 없다.

반면에 세계적인 조직들은 기업의 전략이 지속적으로 제품과 서비스비용, 품질, 신뢰성, 유연성, 혁신에 대한 고객의 기대를 충족시키고 능가하도록 지향할 때 장기적인 경쟁력이 창출됨을 알았다. 이 기업들은 능력을 향상시키기 위한 투자가 결국 열매를 맺을 것이며 장기적으로 기업이 성공할 수 있도록 한다는 것을 인식하였다. 여기서 효율적인 성과측정 시스템은 현재의 운영특성을 이 장기적 전략 및 목적들과 연결시켜주는 역할을 한다. 애리조나 주의 페오리아는 피닉스 북서쪽에 위치한 인구 15만 명의 도시로서 수년 동안 성과지표를 잘 이용하여 여러 표창을 받았다. 가장 효과적이었던 것은 프로그램의 목표와 내용을 성과지표와 함께 이야기식으로 만들어 사용한 것이다. 여러 프로그램이 고객에 의해 결과가 평가되는 만족도 조사를 포함하고 있었다. 또한 미국 내의 150개 도시와 비교하여 성과를 벤치마킹하였다.[14]

세계적 수준의 성과측정 시스템

기업이 특화된 경쟁력을 확보하여 증대되는 경쟁 압력에 대응하려고 함에 따라 기업전략과 운영상의 의사결정을 연계시켜주는 효과적인 성과측정 시스템의 필요성도 따라서 증가한다. 기업이 전략적 목표를 이룰 수 있도록 기업의 의사결정을 이끌어주는 성과기준은 실행하기 쉽고 이해하기 쉽고 측정하기 쉬워야 한다. 그것들은 유연하고 기업의 목적과 일치되어야 하며, 또한 기업의 성공에 직결되는 분야에서 실행되어야 한다. SCM PROFILE에서는 월드뱅크(World Bank)가 조달 노력을 개선하기 위해 성과측정 시스템을 사용하는 예를 설명한다.

따라서 효과적인 성과측정 시스템은 외부 보고 목적을 위한 전통적 재무정보와 함께 기업의 경쟁적 능력을 평가할 수 있는 전술적(tactical) 수준의 성과기준으로 구성되어야 하며 기

SCM PROFILE

월드뱅크의 성과측정을 통한 조달 개선

워싱턴DC에 있는 월드뱅크그룹(World Bank Group)은 140개 이상의 글로벌 지사를 가지고 있다. 월드뱅크의 조달 부서는 워싱턴DC에 50명, 인도에 있는 20명으로 구성되어 있으며 16억 달러의 연간 지출을 담당한다. 최적의 품질, 최소한의 비용으로 개발도상국에 상품과 서비스를 제공한다는 미션을 가지고 2012년에 3개년 개선 프로그램을 시작했다.

당초 월드뱅크는 종합적으로 조직을 분석하고 주요 선도적 공공 및 민간 부문의 부서를 벤치마킹했다. 이를 통해 성과 격차를 발견하고, 이 격차를 통해 개선 계획을 수립하였다. 여기서 조직 설계 및 조정, 조달 프레임워크 및 공정, 조달 계획 및 감독, 카테고리 관리, 조달 시스템 및 도구, 성과측정 등 여섯 가지의 개선 가능점이 발견되었다.

성과측정에서는 사이클타임, 적립액 목표, 질적 성과측정을 포함한 점수카드와 지표가 구현되었다. 이러한 측정으로 조달 프로세스의 가시성 및 투명성이 좋아져 2015년까지 내부 이해관계자와 조달팀 간의 계획, 혁신 및 협업이 향상되었다. 고위경영진에 대한 지속적인 모니터링을 위하여 27개의 분야의 조달점수카드를 만들어 이를 전략 목표에 정렬하였다. 이 과정에서 이해관계자의 참여로 조달 부서 외부에서 폭넓은 경영 지원을 가능하게 하여 조달 부서와 거래처 간의 지속적이고 개선된 협력이 이루어졌다.[15]

타 필요한 능력을 달성할 수 있도록 노력을 유도할 수 있어야 한다. 간단히 말하자면, 좋은 성과는 그 기업이 목표를 달성하는 데 도움이 된다. 또한 우수한 성과측정 시스템에는 고객에게 중요한 것이 무엇인지에 대한 평가가 포함되어야 한다. 예를 들어 제조 및 서비스 회사의 임원들을 대상으로 한 조사에서 성공적인 린 운영과 식스시그마 프로그램을 가진 회사들에서 재무 및 비재무 성과지표를 폭넓게 사용한다는 것을 밝혀내었다.[16]

세계적 수준의 성과지표의 개발

세계적인 성과측정 시스템의 개발에는 다음 단계가 포함된다.[17]

- 기업의 전략적 목표를 확인한다.
- 전략적 목표를 성취하기 위해 필요한 각 기능영역의 역할과 능력에 대해 이해한다.
- 각 기능영역의 능력을 적절히 추적할 수 있는 성과지표를 설계하고 기록한다.
- 사용할 성과지표들의 적합성과 전략적 관점을 확인한다.
- 새로운 성과감시 시스템을 실행한다.
- 장기간에 걸쳐 기업과 그 성과에 영향을 미치는 내부 및 외부의 추세를 파악한다.
- 경쟁 전략과 제품과 고객이 변화함에 따라 성과측정 시스템을 정기적으로 재평가한다.

세계 수준의 기업들은 이와 같이 품질, 비용, 고객서비스의 카테고리 내에서 기능별로 전략적인 성과기준을 마련한 후에, 문제가 해결되고 경쟁과 고객 요구사항이 바뀌고 공급사슬과 기업의 전략이 변함에 따라 이 성과기준들을 다시 점검해보아야 한다.

예를 들어 캘리포니아의 샌디에이고 동물원은 환경보호 분야의 세계적인 리더로서 자체적인 폐기물 재활용 성과를 검사한다. 초기에는 고객과 직원들의 제안을 받아들여 재활용과 자연보호 노력에 관심을 가졌다. 현재는 시설 내에서 발생하는 전체 폐기물의 90% 이상을 재활용하여 2013년 이후로 10%의 개선이 있었다. 캘리포니아의 샌디에이고 동물원은 매년 2.6톤의 음식 찌꺼기를 퇴비로 만든다. 식사도구, 접시, 그릇, 컵 등도 퇴비로 변형이 가능하다. 심지어 테이크아웃 박스(to-go box)도 재활용된 플라스틱 용기로 만들어진다. 게다가 대부분의 재활용되지 않은 폐기물은 퇴비가 가능하다는 것을 발견했다. 이에 따라 사파리공원을 포함하여 새로운 프로그램들이 개발돼 폐기물 복구 성과를 더욱 향상시켰다.[18]

〈표 14-1〉은 기업의 각 기능별로 목적을 성취하고 제품과 서비스의 가치를 향상시키며 고객 만족을 증가시키는 데 사용될 수 있는 성과지표를 수록하고 있다. 기업들이 공급사슬을 관리하는 데 더욱 전향적이 되면서 성과지표도 이런 노력에 포함되어야 한다. 다음은 공급사슬의 성과측정에 대해 논의하도록 한다.

〈표 14-1〉 세계적 수준의 성과지표

능력 분야	성과지표	
품질	1. 생산 단위 및 구매 단위당 불량 숫자 3. 매출 단위당 보증수리 요구 5. 불량의 발견에서 수리까지의 시간 7. 품질 인증을 받은 공급업자의 수	2. 매출 단위당 반품 숫자 4. 사용된 공급업자의 수 6. 통계적 프로세스 관리를 사용하는 작업센터의 수 8. 품질 관련 심사에 신청한 횟수; 상을 받은 횟수
비용	1. 작업센터당 폐기물로 인한 손실 3. 평균 셋업타임 5. 평균 재고 수준 7. 기계 고장으로 인한 중지시간	2. 평균 재고회전 4. 종업원 이직률 6. 납기를 맞추기 위해 요구되는 긴급주문의 횟수
고객서비스	**유연성** 1. 노동 기술의 평균 숫자 3. 이용 가능한 고객화된 서비스 갯수 **신뢰성** 1. 평균 서비스 대응시간 또는 제품 리드타임 3. 출고단위당 평균 지체일수 5. 보증수리 요구를 처리하는 데 걸리는 시간(일) **혁신** 1. 연간 R&D 투자액 3. 신제품 및 신서비스 출시 숫자	 2. 평균 생산 로트(lot) 크기 4. 특별 및 긴급 주문을 처리하는 데 걸리는 시간(일) 2. 약속기일 충족률 4. 제품당 재고 부족 횟수 6. 엔지니어가 고객과 같이 보낸 평균 시간 2. 자동화된 프로세스의 비율 4. 제품당 프로세스 단계의 숫자

공급사슬 성과측정 시스템

공급사슬의 성과측정 시스템은 최종사용자가 만족할 만한 성과를 달성하기 위해 공급사슬 거래파트너들을 효과적으로 연결시켜주어야 한다. 〈표 14-1〉에서 제시된 성과지표는 세계적인 수준의 실적을 위한 것이다. 협력적 공급사슬에서는 이러한 지표들이 각 기업의 공급사슬 전략과 최종소비자를 만족시키는 데 기여하도록 전체 공급사슬을 포괄적으로 고려해야 한다. 성공적인 공급사슬에서는 구성원들이 공동으로 공급사슬 성과측정 시스템을 결정한다. 이러한 시스템은 최종고객을 위한 가치 창출에 초점을 맞추어야 한다. 왜냐하면 고객 만족이 모든 공급사슬 멤버의 매출을 좌우하기 때문이다.

비록 실행이 어렵기는 하지만, 공급사슬관리 모범 기업들은 대체적으로 잘 진행하고 있다. 1995년부터 2000년까지 매사추세츠주 소재의 퍼포먼스메저먼트그룹(Performance Measurement Group)에 의해 시행된 연구에서 공급사슬관리 모범 기업들이 반응성과 신뢰성 공급사슬 총비용 분야에서 선두를 달리고 있는 것으로 확인되었다. 또한 2008년에 AMR 리서치사가 시행한 287개 기업에 대한 조사에서는 성공적인 공급사슬은 성과측정에서 중앙집중화되고 통합되고 글로벌화되어 있다는 사실이 밝혀졌다. 마지막으로, 2004년 이후 매년 가트너가 집계한 공급사슬 랭킹 25위에서 공통된 특성 하나는 운영 성과를 향상시키는 것에 대한 측정에 초점을 두고 있다는 것이다.[19]

공급사슬 환경 성과

환경지속성(environmental sustainability)은 이 책에서 반복적으로 언급되는 주제이다. 소비자, 정부, 기업가 등이 환경 보호의 필요성과 온실가스 배출을 줄여야 한다는 것을 언급하기 시작하면서 제품과 서비스의 수요가 변화할 것이고 공급사슬의 운영에 영향을 미치는 규제도 바뀔 것이다. 결과적으로 공급사슬의 성과에는 환경 성과에 대한 평가가 포함되어야 한다. 예를 들면, 미국 샌프란시스코의 힐튼 유니온 스퀘어 호텔은 지속가능성 평가를 사용하고 있다. 이 호텔의 지속가능 코디네이터인 트리스탬 코펀은 "우리는 연간 에너지 절감 목표를 설정해야 한다. 이를 위해 개선 프로젝트를 시행하고, 200개 이상의 지속가능성 지표를 평가하는 기업의 책임 성과평가 시스템을 사용해야 한다."고 언급하면서 "우리는 효율성 프로젝트를 통해 5억 5,000만 달러를 절감했고, 우리 회사는 에너지 관리 ISO50001 인증을 받는 최초의 관광 기업이다."라고 말했다.[20]

궁극적으로 **친환경적 공급사슬관리**(Green Supply Chain Management: GSCM)가 효율적인 공급사슬 환경 성과 시스템의 목적이다. GSCM은 기업과 교역파트너를 넘어서 구매, 제조, 자재관리, 유통, 반품 등의 프로세스를 포함한다. GSCM은 이런 각각의 분야에서 환경에 대한 책임의 공유를 촉진하여 환경적으로 안전한 관행이 사용되고 글로벌 환경에 대한 악영향이 최소화되도록 만들어야 한다.[21] 월마트는 세계 최대의 GSCM 계획을 시행하고 있다. 월마트의 목표는 재생에너지로 100% 공급하고, 폐기물을 배출하지 않고, 건강과 환경을 유지하는 제품을 판매하는 것이다. 2011년까지 미국에서 실제 폐기물의 80.9%가 재활용되었고, 재활용 수익과 기타 비용 회피로 인해 2억 3,100만 달러 수익을 올린 것과 같은 가치를 창출했다. 2013년 말까지 월마트는 760만 톤의 온실가스 배출량을 줄였다. 또한 2015년 말까지 18MMT(million metric tons)의 온실가스 배출양을 없앤 다른 프로젝트도 시행하였다. 2011년 월마트는 지속가능성 측면에서 공급업체들의 제품을 평가하여 공급업체의 지속가능성 지수를 자사의 비즈니스에 통합하기 시작하였고, 구매 에이전트들이 이런 방식으로 제품을 평가하는 것을 지원하기 위해 점수카드도 개발했다.[22]

효과적인 친환경 공급사슬 성과 시스템의 설계에는 모든 공급사슬 멤버가 참여해야 하며 기존의 성과감시 시스템과 맞아야 한다. 13장에서 논의된 것처럼 한 기업의 환경기준 부합에 관한 ISO14000 환경관리 기준은 공급사슬 파트너들 간에 친환경 공급사슬 전략을 수립하는 적당한 출발점이 될 수 있다. 오늘날, 무역 파트너들은 녹색공급사슬이 필수 조건이라는 것과 더불어 공급사슬의 다른 구성원과 최종소비자들에게 비용 절감, 추가 이익 및 더 저렴한 가격을 제공한다는 것을 인지하고 있다. 이러한 이유로 환경에 대한 지속가능성 평가의 사용은 일반적인 관행이 되어오고 있다.

요즘에는 기업이 공급사슬의 **탄소 배출량**(carbon footprints)을 분석하고 줄일 수 있도록 다양한 설계와 방안을 개발하고 평가하는 소프트웨어가 존재한다. 이것은 또한 비용이 저렴해졌다는 것을 뜻하기도 한다. 많은 수의 소프트웨어 공급자는 기존의 응용소 프트웨어를 확대하여 운송과 재고 관리와 같은 분야를 측정하고 최적화하여 공급사슬을 친환경적으로 만드는 데 도움을 줄 수 있도록 하고 있다. 이와 관련하여 carbonfootprint.com, thinkstep.com, carbontrust.com 등의 몇 가지 예를 들 수 있다.

위에서 언급된 성과를 성취하기 위해서는 구체적인 지표를 채택해서 거래파트너들이 공급사슬의 목적에 맞추어 각자의 성과를 조정하도록 해야 한다. 다음은 구체적인 지표들을 나열해놓은 것이다.[23]

1. 공급사슬관리 총비용: 주문처리, 자재구매, 재고관리, 그리고 공급사슬 재무 및 계획과 정보 시스템을 관리하는 데 소요되는 비용. 선도기업들은 매출의 4~5% 를 지출하는 데 비해 평균적인 기업들은 5~6% 지출한다.
2. 공급사슬 현금화(cash-to-cash) 사이클타임: 원자재 구매비용을 지불한 날부터 공급사슬 거래파트너들이 제품에 대해 지불을 받을 때까지의 평균 일수(공급재고일 수 + 미결제된 매출액 − 평균 재료비 지불기간). 이 지표는 재고가 기업과 공급사슬을 통한 현금흐름에 미치는 영향을 보여준다. 선도기업들은 약 30일 정도의 현금화 사이클타임을 보여 평균적인 기업들보다 훨씬 적다. 이때 거래파트너들은 늦게 지불하는 것을 더 이상 좋은 전략으로 간주하지 않는다.
3. 공급사슬 생산유연성: 공급사슬 멤버가 계획되지 않은 지속적인 20%의 생산량 증가를 달성하기 위해 필요한 평균시간. 공급사슬이 예측하지 못한 수요의 급증에 빨리 대응할 수 있으면서 동시에 목표한 재무상태를 벗어나지 않는 능력은 대단한 경쟁적 이점이다. 예측하지 못한 수요증가에 신속히 대응하기 위해 흔히 사용하는 한 가지 방법은 부품재고를 지역창고에 유지하는 것이다. 최고 수준 기업의 평균 생산유연성은 1~2주 정도이다.
4. 공급사슬 배송 성과(delivery performance): 요청된 납기일 또는 이전에 충족된 주문의 평균비율. 최고 수준의 공급사슬에서는 납기일 준수가 94~100%이다. 평균적인 기업에서는 배송성과가 70~80% 정도이다. 고객에게 주문의 배송 예정일에 대해 업데이트 해주는 것은 많은 공급사슬에서 일반적인 전자 서비스가 되었다.
5. 공급사슬 완전주문충족(perfect order fulfillment) 성과: 정시에 완전하고 결함 없는 상태로 도착하는 주문의 평균비율. 이 성과지표는 배송성과의 표준으로 빠르게 수립되고 있으며 최고 수준의 공급사슬과 그 멤버 기업들에게 중요한 경쟁적 이점의 원천으로 여겨지고

있다.

6. 공급사슬 e-비즈니스 성과: 모든 공급사슬 멤버가 수주한 전자주문의 평균비율. 1998년에는 모든 기업의 구매주문의 2%만이 인터넷으로 이루어졌다. 사무용품 소매업체 스테이플스(Staples)사는 2007년에 주문의 90%가 전자주문으로 들어왔다고 밝혔다. 또한 전자구매는 주문비용의 90%까지 절약할 수 있도록 해주었다.[24] 오늘날 공급사슬 기업들은 인터넷 기반의 주문처리 시스템, 인터넷을 이용한 마케팅 전략과 커뮤니케이션 및 조사에 많은 투자를 하고 있다.
7. 공급사슬 환경 성과: 공급사슬 파트너 중에 ISO14000 인증을 받은 비율, 환경지속성 담당관리자 직책을 설치한 공급사슬 교역파트너의 비율, 환경 목표를 달성한 평균비율, 온실가스 배출을 줄이기 위해 채택된 정책의 평균 숫자, 안전한 환경관행으로 상쇄된 탄소배출의 평균비율. 이 성과지표는 공급사슬과 산업별로 다를 수 있지만 공급사슬 환경성과에 관한 협력을 시작하는 바탕을 제공할 것이다.

여기서 소개된 지표들은 〈표 14-1〉의 세계적인 성과지표와 함께 공급사슬 거래파트너들이 공급사슬 전략에 그들 기업을 일치시키고 시장에서 우월한 위치를 차지할 수 있는 능력을 갖추도록 도와준다. 실제적으로, 2004~2007년 동안 선도적인 공급사슬관리 회사들과 그 주요 경쟁업체들에 대한 재무 분석에 따르면, 주요 공급사슬관리 회사들은 규모나 금융 리스 등 다른 요소들을 고려한다고 하더라도 대부분의 경쟁회사에 비해 뛰어난 재무적 성과를 보였다. 이러한 선도적인 공급사슬관리 회사들은 2004년부터 2007년동안 더 큰 주식 수익률과 경제적 부가가치 창출을 달성했다.[25]

균형점수카드

균형점수카드(balanced scorecard: BSC)는 성과측정의 방법으로 1992년 로버트 캐플런과 데이비드 노턴, 그리고 여러 기업의 대표들에 의해 개발되었다. BSC는 조직의 성과지표를 전략적 계획 및 목표와 일치시키는 방법으로 기업이 재무지표에만 의존하는 것에서 탈피하여 경영 의사결정을 향상시키도록 해준다.[26]

이것은 단순히 점수카드라고도 불리는데 미국 대기업의 80%가 사용해본 적이 있거나 현재 사용하고 있으며 유럽의 기업들은 현재는 소수지만 점차 사용하는 비율이 늘어나고 있다. 많은 기업이 BSC를 사용하여 주목할 만한 성공을 거두었다고 보고하였으며, 여기에는 Mobil Oil, Tenneco, Brown & Root, AT&T, Intel, Allstate, Ernst & Young 그리고 KPMG Peat Marwick과 같은 기업들이 포함되어 있다.[27] 쉘 캐나다(Shell Canada)의 인사관리 책임자 존 호프마이스터에 의하면 "이것은 우리 회사의 전체 운영단위를 일관성 있게 만들어주고 있으며 중요한 이슈와 결과에 관심을 집중하도록 도와준다. 또한 우리 회사의 보상체계가 점수카드제에 직접 연관되어 있다."[28] 또한, 본 장의 도입 부분 SCM PROFILE에서 소개한 대로 점수카드는 지방자치단체에서도 인기를 얻고 있다.

그러나 BSC가 사용하는 데 문제점이 있고 비용이 비싸며 때로는 성공적이지 못하다는 평가도 있다. 미국의 벤치마킹 회사인 해켓그룹(Hackett Group)의 연구에 의하면 그들의 데이터베이스에 있는 기업의 82%가 점수카드를 사용하는데 27%만이 궤도에 오른 것으로 파악된다. 대부분의 기업은 BSC 개념을 현실화하는 데 어려움을 겪고 있다. 해켓그룹의 선임자문역 존 맥마헌은 "대부분의 기업은 점수카드에서 거의 혜택을 보지 못하는데 그 이유는 점수카드를 효과적으로 만드는 기본 규칙을 따르지 않기 때문이다."라고 했다. 예를 들어 미국에서 사용되는 지표의 평균 개수는 아주 많아서 때로는 132개나 되는데 캐플런과 노턴은 20개에서 30개 정도의 지표 사용을 권장하고 있다.[29] 또한 많은 경우에 컨설턴트를 사용하여 기업의 전략을 수립하고 성과에 대한 영향을 파악하고 성과지표를 선정하는 데 도움을 받고 있다. 더욱이 점수카드에 필요한 정보를 얻기 위해 비용을 많이 들여서 정보 시스템을 수정해야 할 때도 있다. BSC의 다른 약점은 경쟁자가 무엇을 하는지 보여주지 못한다는 점과 직원과 공급자 및 파트너기업의 기여도가 제외되어 있고 하향식의 지표에 의존한다는 것이다.[30]

그럼에도 불구하고 BSC는 기업들이 성과를 추적하고 약점을 파악하는 데 널리 사용되고 있다. 성과점수카드(performance scorecards)는 매니저들에게 단기와 장기 계획기간에 걸쳐 재무적 성과와 비재무적 성과 간에 균형을 이룰 수 있도록 정형적인 분석틀을 제공해주기 위해 만들어졌다. BSC 분석틀은 〈그림 14-1〉에 보이듯이 네 가지 관점으로 구성되었다.

- 재무적 관점: 수입과 이익의 증가, 제품믹스, 비용 절감, 생산성, 자산활용도, 투자전략을 다루는 지표. 전통적 재무지표가 일반적으로 사용된다.
- 내부적 비즈니스 프로세스 관점: 품질, 신상품, 유연성, 프로세스의 혁신적 요소들. 시간 관련 지표들을 포함하여 조직의 가장 중요한 내부 비즈니스 프로세스의 성과에 초점을 둔다.
- 고객 관점: 고객 만족점수, 신뢰성과 반응성, 고객유지, 새로운 고객 유치, 고객 가치속성, 고객수익률을 포함한 고객요구와 만족에 초점을 둔 지표.
- 학습과 성장 관점: 직원 유지와 교육, 정보기술과 시스템의 개선, 직원 안전과 건강, 환경 지속성 이슈들을 포함하는 조직의 사람과 시스템과 외적 환경에 초점을 둔 지표.

이 관점들은 네 가지 분야의 성과지표를 통해 함께 연결되어 있다. 측정지표는 조직의 전략 계획 내의 각각의 목표를 고려하여 개발되었으며, 결과와 추진 요인에 관련된 지표를

〈그림 14-1〉 균형점수카드 분석틀

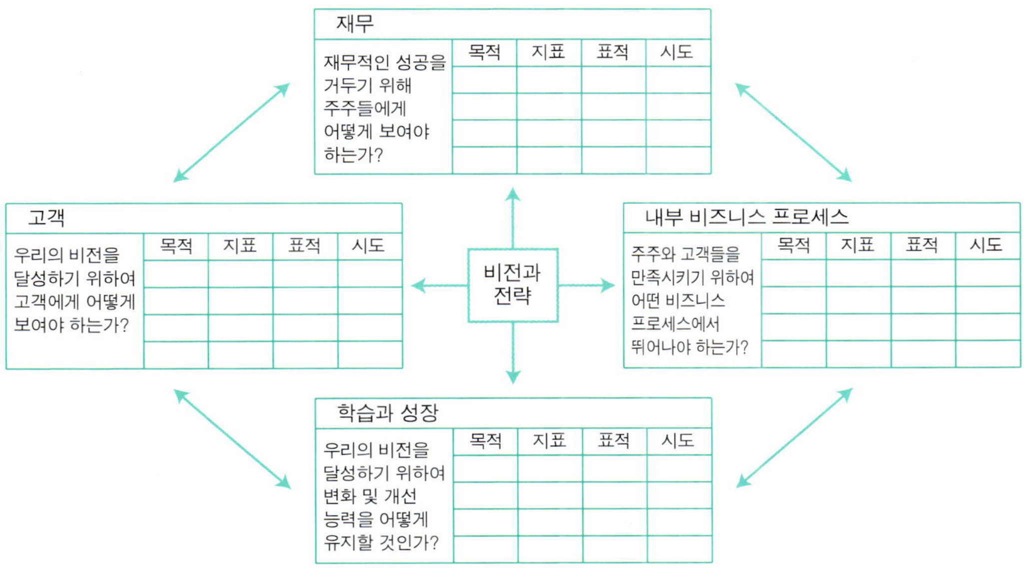

주: Figure based on Kaplan, R. and D. Norton, "Linking the Balanced Scorecard to Strategy," *California Management Review* 39(1), 1996: 53-79.

모두 포함하고 있다. 균형점수카드를 실행함으로써 경영자들은 조직의 특정한 능력을 기업 목표를 달성하는 방향으로 유도할 수 있다. 적절히 설계된 점수카드는 기업의 전략을 지원해야 하며, 일관되고 상호 보완하는 일련의 지표들로 구성되어야 한다. 각각의 관점에 적합한 성과지표를 개발함으로써 기업은 문제가 커지기 전에 미리 발견할 수 있고 원인을 추적하고 문제를 해결하여 개선을 이룰 수 있다.

점수카드의 개발 과정은 기업의 전략을 수립하는 것으로 시작한다. 일단 기업의 전략이 상위 경영자들에 의해 이해되고 합의되면 다음 단계는 전략목표를 성과지표로 전환시키는 것이다. BSC 안의 네 가지 관점은 각각 4~7개의 성과지표를 필요로 하고, 이것은 하나의 전략에 관련된 20여 개 정도의 지표로 구성된 점수카드로 만들어진다. 그러나 위에서도 지적했듯이 만일 기업이 무엇을 성취하고자 하는지 분명히 알지 못하거나, 기업전략과 연결된 적합한 성과지표들로 구성된 최적의 점수카드를 만들려는 확고한 의지가 없으면 실패할 가능성도 존재한다.

BSC는 내부적인 관점을 확대시켜 공급사슬을 특징짓는 기능 상호 간 관계 및 파트너 관점을 포함시켜 협력적 공급사슬 환경에서도 활용될 수 있다. 예를 들어 이런 방식으로 기업의 직원들은 자기 회사의 성과와 전체 공급사슬의 성공을 비교하려는 노력을 할 수 있다.

따라서 앞에서 논의된 공급사슬 관련 지표들을 내부적 관점에 중점을 둔 전통적인 균형점수카드에 추가하여 기업과 공급사슬이 목적을 이루도록 도울 수 있다.

BSC는 정부 부문에서도 사용되고 있으며 많은 긍정적인 성과를 내고 있다. 한 예는 미국 경제개발부서(EDA)이다. EDA는 BSC를 세계적 수준의 성과측정 시스템을 개발하는 데 사용하고 있다. BSC를 사용하면서 그들은 조직 전체를 공동의 목표에 맞추고 투자의 질적 향상을 이루고 효율성을 높였으며 질적으로 높은 수준의 일자리를 창출하였다.[31]

웹 기반의 점수카드

요즘에는 점수카드를 디자인하는 데 도움을 줄 수 있는 소프트웨어 애플리케이션 을 웹으로 기업의 소프트웨어 시스템과 연결될 수 있는 것이 많이 개발되어 있다. 웹 기반의 점수카드 애플리케이션은 일명 **성과 대시보드**(performance dashboards)라고도 불린다. 이것은 사용자가 ERP 데이터베이스에서 자료를 쉽게 뽑을 수 있게 해주고 여러 장소에서 접속이 가능하며 동시에 보안기능을 갖추고 있다. 오늘날 대시보드는 주요 프로세스 성과와 전술적인 상세 자료 및 전체적인 기업의 목표들을 추적하는 데 사용되고 있다. 이러한 웹 기반의 대시보드를 사용하면 매니저들은 실시간으로 기업목표의 마일스톤과 비교하여 진전 상황을 파악할 수 있고 결정을 내릴 때 전체적인 전략과 일관되는지 확인할 수 있다.

실질적으로 모든 회계 애플리케이션이 BSC 기능을 제공하고 있는데 마이크로소프트, SAP, IBM, 오라클이 그에 속한다. 최근 성과 대시보드 애플리케이션이 보편화되고 있다. 예를 들어 미국의 보훈처는 성과 대시보드를 사용하여 IT 직원에게 고객 문제 해결의 효과성을 시각적으로 보여준다. 더불어 최고 수준의 공급사슬관리 회사들은 팀별 실적을 비교하기 위해 대시보드를 사용하고, 이를 통해 팀들이 더 좋은 성적을 거두도록 동기를 부여할 수 있다. 미국의 에너지 회사인 코노코필립스(ConocoPhillips)는 여러 개의 석유 및 가스 사업장에서 성과 대시보드를 사용하여 가스의 흐름을 제한하는 액체가 축적되는 것을 조정하기 위해 플런저-리프트(Plunger-lift) 작동 시스템을 조정해야 할 때 운영자에게 알려준다. 이러한 대시보드를 사용했을 때, 생산량이 약 30%까지 증가하였다. 미국 환경보호국(EPA)는 전국의 주 및 EPA 시행 준수 프로그램의 성능에 대한 정보를 대중에게 제공해주는 주 대시보드 및 비교 지도를 사용한다. EPA의 시행 및 준수 보증 사무국의 보조 관리자인 신시아 길레스는 "투명성과 모든 수준의 정보에 대한 접근은 환경 성과를 개선하는 데 도움이 된다."고 말했다.[32]

공급사슬운영참고 모형

공급사슬 통합과 그 멤버들의 성과를 측정하는 데 잘 알려진 방법 중 하나는 공급사슬 컨설팅 회사인 PRTM(Pittiglio Rabin Todd & McGrath)과 AMR 리서치(AMR Research)가 1996년에 개발한 공급사슬운영참고(supply chain operations reference: SCOR) 모형이다. 이 기업들은 또한 SCOR 모형을 관리하기 위해 비영리 세계기구인 공급사슬협의회(Supply Chain Council: SCC)를 창립하였는데 현재 약 천 개의 기업이 회원으로 참여하고 있다. 2014년에는 글로벌 공급사슬관리 협회인 APICS가 SCC와 합병하여 APICS SCC를 결성하였으며, 오늘날에는 이 APICS SCC가 SCOR 모형을 관리하면서 회원들에게 교육 기회도 제공하고 있다.[33]

SCOR 모형은 판매자의 배송(delivery) 업무와 구매자의 조달(sourcing) 업무를 연결하여 공급사슬 구성원들의 프로세스를 통합해준다. 2013년부터 SCOR-P 인증으로 알려진 SCOR 모형의 지식 및 방법에 대한 전문적인 인증을 취득할 수 있다. 또한 2013년에는 〈그림 14-2〉의 모형과 같이 SCOR 모형의 새로운 프로세스 범주인 ENABLE이 새롭게 추가되었다.[34]

SCOR 모형은 공급사슬관리의 진단, 벤치마킹 그리고 프로세스 개선을 위한 도구로 세계의 여러 산업의 제조기업과 서비스기업에서 사용되고 있다. SCOR 모형을 사용하여 성공을 거둔 유명한 기업에는 인텔, IBM, 3M, 시스코(Cisco), 지멘스(Siemens), 바이엘(Bayer) 등이 있다. 최고의 통신 공급사슬을 만들기 위해 알카텔(Alcatel)사는 2001년 경제침체 이후에 그들의 성과를 측정하고 벤치마킹하고자 SCOR 지표를 사용하였다. 주된 개선이 이루어진 분야는 배송 성과, 조달 사이클타임, 공급사슬관리비용, 그리고 공급재고일수 등이다.[35] 시스코는 2005년에 SCOR 모형을 이용하여 공급사슬을 정리하고 세계적으로 성장하는 기업 상황을 모니터하려는 작업을 시작하였다. 이를 위해 부사장을 SCOR 모형 기능담당 책임자로 임명하였다.[36] 2010년 독일의 반도체 제조업체 인피니온(Infineon)은 SCOR 모형을 사용하여 민첩하고 적응력이 뛰어난 공급사슬을 구축했다. 수백 명의 직원, 고객, 공급업체, 생산 파트너들이 18개월 프로젝트에 참여했다. 그 결과 유연성의 향상, 전체 완제품 재고 수준의 감소를

〈그림 14-2〉 SCOR 모형 연결구조

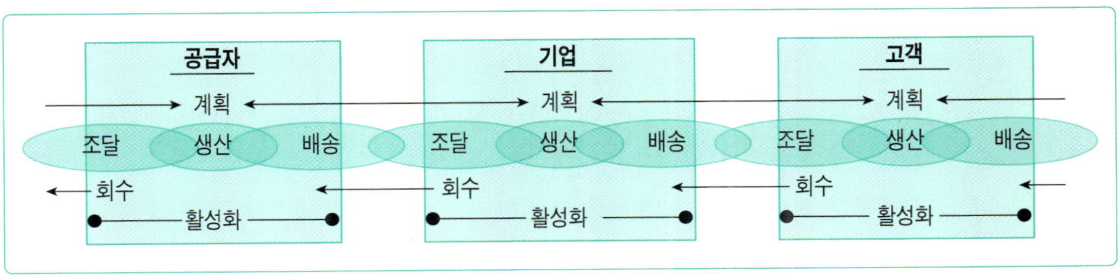

포함하여 주주 신뢰도와 주가 상승이라는 결과를 얻게 되었다. 마지막으로 2017년에 APICS는 중국의 전자상거래 업체인 JD.com과 제휴해 공급사슬 인재개발센터와 전자상거래의 공급사슬을 연구하는 센터인 JD University 내에 JD Supply Chain Academy를 설립하기로 했다. APICS와 JD.com도 중국을 위한 특정 SCOR 모형의 개발을 위해 JD.com의 데이터 베이스와 SCOR 모형을 참조하기 위해 협력한다.[37]

SCOR 모형은 공급사슬 운영을 계획, 조달, 생산, 배송, 회수, 활성화의 6개의 프로세스 카테고리로 분리하였다.[38]

- 계획(plan): 자원과 요구의 균형을 맞추는 것을 포함한 수요와 공급계획. 공급사슬을 위해 계획을 수립하고 전달한다. 비즈니스 규칙, 공급사슬 성과, 자료수집, 재고, 자본, 운송, 규제사항 등을 관리한다.
- 조달(source): 재고, 주문생산, 주문설계 생산에 대한 조달업무로 배송시간계획과 제품의 접수, 확인, 전달을 포함한다. 공급자에 대한 지불, 공급자 파악과 선정, 공급자 평가, 입고되는 재고와 공급자 합의사항의 관리를 포함한다.
- 생산(make): 생산활동의 스케줄링을 포함하는 재고생산(make-to-stock), 주문생산(make-to-order), 주문설계생산(engineer-to-order)의 실행, 생산, 테스트, 포장, 설치, 배송을 위한 제품출하 작업을 포함한다. 주문설계생산 제품을 위한 설계의 완성, 중간품재고, 장비, 시설, 그리고 생산 네트워크를 관리한다.
- 배송(delivery): 재고와 주문생산 및 주문설계생산 제품을 창고보관하거나 운송, 설치 관리하는 프로세스로, 주문문의에서부터 가격제시, 선적계획과 운송업자 선정의 모든 주문처리 업무를 포함한다. 제품의 입고, 선별, 선적과 출하의 창고관리업무를 포함한다. 고객에게 청구서 발송, 완제품 재고관리, 수입과 수출 요구사항 관리 업무를 포함한다.
- 회수(return): 구매 재료를 공급자에게 반송, 고객으로부터 반품된 완제품 수납 및 확인과 반송계획, 불량품과 초과 물품의 수납 및 확인과 처분, 반품의 재배치와 환불, 반품재고의 관리 등을 포함한다.
- 활성화(enable):공급사슬 운영에 필요한 정보, 관계, 자원, 자산, 사업 규칙, 준수 및 계약 설정, 유지 및 모니터링과 관련된 프로세스로, 활성화 프로세스는 공급사슬의 계획 및 실행 프로세스의 설계 및 관리를 지원한다.

SCOR 모형은 〈표 14-2〉의 성과 속성에 다섯 가지 카테고리를 사용한다.[39] SCOR 모형을 구현하는 것은 단순한 작업이 아니며, 회사 내부 및 공급사슬 파트너들 사이의 상당한 시간 및 개방된 의사소통이 필요한다. 2017년에는 12번째 버전의 SCOR이 출시되었다. 이 모델에는 성숙도 모델, 모범사례 및 용어에 대한 업데이트가 포함되어 있다. APICS의 Abe

〈표 14-2〉 SCOR 성과의 범주 및 속성

성과 카테고리	성과 속성			
신뢰성	1. 배송 성과	2. 충전율	3. 완전주문이행	
반응성	1. 주문충족 리드타임			
유연성	1. 공급사슬 대응시간	2. 생산유연성		
비용	1. 공급사슬관리 비용	2. 원자재 비용	3. 부가가치 생산성	4. 보증 및 반품처리 비용
자산	1. 현금화 사이클 타임	2. 공급재고일수	3. 자산회전율	

Eshkenazi 대표는 "SCOR의 새로운 버전에서는 빅데이터, 옴니채널, 자동화 등과 같은 공급사슬 성공의 많은 새로운 동인을 통합하고 있다"고 말하면서, "SCOR은 지난 20년 동안 공급사슬 사업 성과를 다루고, 개선하고, 소통하는 데 주도적인 역할을 해왔으며, 산업 간 세계 표준으로 SCOR의 위상을 유지하는 것이 우리의 목표다."라고 언급했다.[40]

SCOR 모형은 공급사슬 구성원들끼리의 효과적인 의사소통, 성과측정 및 프로세스 통합이 가능하도록 설계되었다. 표준화된 참조모형은 경영진이 관리 문제에 초점을 맞추고, 내외부 고객을 지원하며, 공급사슬을 따라 개선을 유도하는 데 도움이 된다. SCOR 소프트웨어를 사용하면 모범사례(best practice)에 따라 사실상 모든 공급사슬을 구성, 평가, 벤치마킹할 수 있게 되므로, 공급사슬 참여 구성원에 대한 지속적인 개선과 지속 가능한 경쟁우위를 달성할 수 있다.

SCORmark는 APICS SCC의 최신 기법 중 하나로, APICS SCC의 회원사들이 웹사이트에서 벤치마킹 포털을 이용하여 동료 회사들에 대한 성과를 벤치마킹할 수 있게 해준다. 회원사들은 SCOR 모형 메트릭스에 기반한 벤치마킹 정보를 활용할 수 있고, 이들은 일반적으로 SCOR 기반의 벤치마킹을 사용하여 다음과 같은 목적을 달성한다.

- SCOR 모형에 기초하여 합리적 성과 목표를 설정하고,
- 글로벌 데이터베이스에 따라 성과 격차(performance gap)를 계산하고,
- 공급사슬의 경쟁력 확보를 위한 회사별 맞춤 로드맵을 개발한다.

이는 기업들이 벤치마킹에 대한 연구를 수행하는 데 걸리는 시간을 몇 달에서 몇 주, 혹은 며칠로 크게 단축시켰다. SCORmark 포털은 회원사들이 정확하고 시기 적절한 벤치마킹 보고서를 얻을 수 있도록 비용에 대한 장벽도 제거하였다.

요약

오늘날 극도로 경쟁적이고 급속히 변하는 시장 상황에서 공급사슬의 근본적인 문제를 파악하고 최종소비자를 만족시키기 위해서는 공급사슬과 그 멤버들의 성과를 측정하는 것이 매우 중요하다. 불행히도 많은 기업은 엉뚱한 것을 측정하는 성과측정 시스템을 채택하고 있으며 이에 따라 전략적 목표를 달성하고 그 목표들을 다른 공급사슬 멤버나 공급사슬 전체의 목표와 일치시키는 데 어려움을 겪고 있다. 좋은 성과지표는 기업의 프로세스와 공급사슬을 개선시키도록 도와준다.

재무적 성과는 주주들에게는 중요하지만 고객을 만족시키기 위한 기업의 장기적인 능력에 대한 정보는 별로 제공해주지 못한다. 그래서 제품의 품질, 생산성, 고객서비스 능력에 관해 무언가를 알려주는 지표를 많은 조직에서 사용하기 시작하였다. 세계적인 조직들은 전략을 그 조직의 인원 및 프로세스의 성과와 일치시키는 것이 얼마나 중요한지 알고 있으며, 성과측정 시스템은 이러한 기업이 자사의 노력과 능력을 장기적으로 기업이 성취하고자 하는 방향, 즉 전략적 목표를 달성하고 고객을 만족시키는 쪽으로 유도하는 수단을 제공해준다.

이 장을 통해서 논의된 바대로 성과측정 시스템은 기업의 활동을 경영층이 수립한 전략에 효과적으로 연계시켜주는 재무적 및 비재무적 지표, 계량적 및 정성적 지표, 비용과 프로세스와 고객 관련 지표들의 혼합으로 구성되어야 한다. 공급사슬을 관리하고자 하는 기업들은 추가적인 성과지표들이 필요한데, 즉 멤버 기업들의 운영을 연결시켜주고 기업들의 활동을 공급사슬의 경쟁 전략과 연결시켜주는 지표들을 추가해야 한다. 공급사슬에서 성과를 모니터하고 연결하는 데 성공적으로 사용되는 몇 가지 성과측정 모델 중 균형점수카드와 공급사슬운영참고 모형을 이 장에서 소개하였다.

토의문제

1. 월마트의 성공은 저렴한 가격 때문으로 알려져 있다. 그렇다면 월마트는 왜 가격 성과 외의 것들까지 모니터링해야 하는지를 설명하라.
2. 성과측정이 기업의 경쟁력 및 수익성과 어떻게 관련되는지 설명하라.
3. IKEA가 지속가능성 성과를 측정하는 데 관심을 보이는 이유는 무엇인가?
4. 고객은 좋은 성과지표와 어떻게 관련되는가?
5. 공급사슬 관점에서 성과지표는 어떻게 보여야 하는가?
6. 공급사슬의 경쟁력을 높이는 과정에서 고려해야 할 교환조건(trade-off)에는 무엇이 있는가?
7. 매니저가 기업의 성과를 재무적인 관점에서만 바라본다면 어떤 위험이 있는가?
8. 전통적인 성과지표의 예를 몇 가지 들고, 오늘날의 경쟁 환경에서 이들의 가치를 논하라.
9. 성과표준과 편차의 사용에 대해 논의해보라. 대학에서는 이 지표들을 사용하는가? 이

지표들이 어떻게 조직에 해가 될 수 있는가?

10. 성과 기준이 기능적 사일로를 만드는 것에 대해 설명하라.
11. 총생산성 지표와 단일요소 생산성 지표의 차이는 무엇인가? 예를 들어보라.
12. 식당, 오일교환 정비업소, 익일배달 서비스를 위한 총생산성 지표와 단일요소 생산성 지표를 몇 개씩 예를 들어보라.
13. '산출물/투입물=생산성' 공식을 이용하여 생산성을 증가시킬 수 있는 모든 방안을 논하라.
14. 미국과 한국의 생산성 증가율을 비교하고, 이를 비교하여 설명해보라.
15. 노동활용도를 성과지표로 사용할 때의 장점과 단점은 무엇인가? 기계활용도에 같은 질문을 적용시켜보라.
16. 어떻게 하면 노동활용도를 높이지 않고 노동생산성을 증가시킬 수 있는가?
17. 활용도의 공식을 사용하여 교실의 활용도를 계산하라.
18. 공장과 식당에 적합한 노동활용도는 어느 정도라고 생각하는가?
19. 세계적 수준의 성과지표는 재무성과지표와 어떻게 다른가?
20. 성과지표를 개발하기 위해 제안된 절차를 이용하여 호텔의 프론트데스크, 관리 부서, 룸서비스 직원들을 위한 세계적인 성과지표를 각각 몇 가지씩 만들어보라.
21. 기업은 다른 공급사슬 멤버를 포함하기 위해서 성과지표를 어떻게 확대해야 하는가?
22. 수요주도의 공급 네트워크는 무엇이고 이 네트워크에서 성과지표는 무슨 역할을 하는가?
23. 전체 공급사슬에 대한 성과측정은 어떻게 시행하면 좋을지 논의해보라.
24. 공급사슬은 왜 친환경 성과지표를 사용하기 시작했는가? 친환경 공급사슬 성과지표의 예를 들어보라.
25. 탄소배출량은 무엇이고 기업은 어떻게 이를 줄일 수 있는가?
26. 완전주문충족이란 무엇인가? 현금화 사이클타임이란 무엇인가?
27. 균형점수카드의 네 가지 관점을 기술하라. 이 모형은 세계적 수준의 성과지표와 어떻게 다른가?
28. 균형점수카드를 개발하는 절차는 무엇인가?
29. BSC의 단점에 대해 논의해보라.
30. 점수카드는 대시보드와 어떻게 다른가?
31. SCOR 모형의 6개의 카테고리에 대해 설명하고, 그중 자신이 가장 중요하다고 생각하는 카테고리를 골라 왜 그것이 가장 중요한지 설명하라.
32. BSC와 SCOR의 유사점, 차이점에 대해 논의해보라.
33. 균형점수카드와 SCOR 모델 중에서 어느 것이 공급사슬 성과를 측정하는 데 더 적합한가? 그 이유는 무엇인가?
34. SCORmark는 회원사들의 조직에 어떤 도움을 주는지 논의해보라.

조사연구문제

1. 미국 노동통계국의 웹사이트(www.bls.gov)에서 자료를 수집하여 미국의 노동 생산성에 대한 보고서를 작성해보라.
2. 지속가능성에 다한 성과측정기법을 이용한 회사를 찾아 협력업체 및 해당 회사를 평가하고, 이 회사와 성과측정기법에 대해 보고서를 작성하라.
3. 가트너가 발표하는 공급사슬 Top 25 리스트(http://www.gartner.com/technology/supply-chain/top25.jsp)에서 회사를 하나 선정하여 해당 회사의 성과측정에 대해 조사하고 논의하라.
4. BSC와 SCOR 모형을 사용하고 있는 기업을 찾고, 최근 성공 사례에 대해 논의하라.

연습문제

1. Cindy Jo의 헤어숍은 에너지, 물품, 인건비 등의 상승에 대해 우려하고 있어서 더 좋은 장비에 투자하는 것을 고려하고 있다. 더 좋은 장비를 구매하면 헤어스타일링을 하는 데 필요한 시간을 줄일 수 있고, 고객에게 더 좋은 품질을 제공할 수 있다. 또한 헤어드라이어 신제품의 경우, 전기를 적게 사용하기 때문에 에너지 비용도 절감할 수 있을 것으로 전망된다. 다음 정보를 이용하여 현재 예상되는 단일요소 생산성과 총생산성에 대한 대책을 결정해보라. 총생산성의 변화율은 얼마인가? 당신이 투자한다고 했을 때, 이러한 장비에 대한 투자를 결정하기 전에 어떤 다른 항목들을 고려하면 좋을지 논의해보라. 생산량의 증가가 자본 비용을 극복할 수 있을 것이라 생각하는가?

투입과 산출	현재 (올해)	기대치 (내년)
머리손질 횟수	250회	300회
주당 노동비용	960달러	1,010달러
주당 에너지비용	400달러	350달러
주당 재료비용	300달러	325달러
자본투자	0달러	12,000달러

2. 4개월에 대해 월별 노동 생산성 및 월별 생산성 증가를 계산하라.

	3월	4월	5월	6월
생산량	1,260	1,340	1,293	1,324
노동시간	328	332	321	318

3. 아래 정보를 활용하여 단일요소 생산성과 총생산성을 계산하라.

산출	투입
325,000개 판매금액: 개당 $1,249.00	6,400 노동시간, 시간당 $15.00 재료비: $40,625,000 공공요금: $4,400

사례문제

1. 공급사슬관리를 위한 생산 노동자의 발주

75% 이상의 미국 제조업체가 일부 업무를 아웃소싱하는 것으로 나타났다. 비용 절감을 위해 해외 아웃소싱을 하던 업체들이 일부 업무는 미국 내에서 업무를 진행한다. 의료용품 및 보행키트 제조업체인 BMS(Brook Medical Supplies)사는 최근 품질개선 및 비용 절감을 위해 해외로의 아웃소싱을 그만두었다. 대신 현지에서 반숙련 노동력을 아웃소싱하는 원가 절감 프로젝트를 선택하였다. 이 프로젝트에서는 제품 품질에 대해 완전하게 감독하면서 전체 비용을 해외 아웃소싱보다 낮게 설정하였다. 이러한 비용 절감의 긍정적인 결과 BMS가 생산 현장뿐 아니라 사무직 인원 등 노동력 확보가 확대되는 효과를 가져왔다. BMS는 현재 공장 내의 기존 직원의 교체 없이 자재를 처리하는 것, 스테이징, 유지보수 및 폐기물 처리에 반숙련 노동력을 활용하고 있다. 이러한 반숙련 노동자들을 고용, 훈련, 감독하여 BMS는 품질, 표율성, 제품 개선 등에서 발전을 이룩할 수 있었다.

스톨팩(Stor-Pak) 유통센터는 뉴잉글랜드에서의 BMS 유통의 90%를 처리하는데, 여기엔 약물 테스트 키트를 위한 부품과 조립이 포함된다. 스톨팩은 고객-공급자 관계뿐 아니라, BMS와 최우수업체로 협력하고, 미국 제조업체 및 유통센터가 가입되어 있는 전국협회를 통해 벤치마킹 멘토링을 수행한다. 스톨팩은 BMS의 공급사슬관리 통합 노력의 일환으로 상주하는 직원과 함께 노동력을 확대할 수 있는 대안에 대해 평가할 것을 권고했다. 스톨팩은 정규직 창고 직원의 채용 및 임시 고용 대행 회사와의 인력확충계약, 생산 및 창고 운영을 위한 계약, 전문 인력 공급업체와의 계약 등 세 가지 대안을 제시하고 있다. 스톨팩은 정규직 노동비용에 대해 내부 데이터를 수집하고 있으며, RFP에 대홍한 대규모 임시 고용 풀을 소유하고 있다. 전문인력 양성업체로 확인된 제안서는 오직 한 건뿐이었다.

BCS(Bethel Consulting Services)는 제3의 인력소싱 업체로 반숙련 창고 직원의 심사, 선발, 훈련, 감독에 전문지식을 갖추고 있다. BCS는 학습 시간을 단축하고, 작업 품질을 향상시키는 자재 취급, 픽업, 포장, 조립, 키트제작 등의 창고 직원 교육에 역량을 가진 사내 기업이나 현장 서비스를 제공하고 있다. BCS의 독점적인 역량 기반 채용 시스템과 현장 감독으로 인해 이들의 고객사의 지각, 이직, 안전 문제는 줄어들고 있다. BCS의 전문 인력 양성 시스템은 창고 운영에 필요한 기술과 활동을 평가하고, 훈련 및 성과평가를 위한 SOP(표준운영절차)를 도입한다. BCS의 데이터 및 성과 기반 시스템은 BCS 직원들에게 인센티브를 제공함과 동시에 계약 파트너들에게 공유할 수 있는 기회를 얻게 된다.

BCS는 창고 및 유통센터들이 전문인력 양성업체와 계약을 맺는 경우 사용되는 자료를 보유하고 있다. 이 자료들을 이용하여 BCS 비용과 성과측정치를 상근직원 고용 및 이시 기관 계약과 비교한다. 해당 자료에 따르면 전체 노무비용의 20~40%를 절감한다고 한다. 또한 해당 자료는 작업 품질 향상, 성과 향상, 안전도 향상 등을 보인다고 한다. BCS 시스템은 유통업에 종사하는 고객이 반숙련 노동자를 감독하는 데 쓰는 노력을 숙련된 노동자로 바꾸고, 그들의 비용을 절감할 뿐만 아니라 핵심역량에 집중하게 해준다.

토론사항

1. BCS와 계약을 맺게 된다면, 스톨팩은 BMS와 세계적인 공급사슬 파트너가 될 수 있을까? 만약 그렇다면 어떻게 될지 논의하라.
2. 스톨팩은 BCS와 같은 제3의 인력 소싱업체를 사용하거나, 과거와 비슷하게 임시적인 에이전시를 사용할 수 있다. 이때 비용을 고려한다면 어떤 선택을 내려야 할지 논의하라.
3. BCS에 의해 비용이 절감된다고 한다면, 스톨팩이 겪게 될 추가적인 위험이 있을지에 대해 논의하라.

2. 창고와 유통센터의 로봇화

RSM(Rack and Shelving Manufacturing)사는 85년 역사를 자랑하는 미국의 화물 보관 설비 및 선반 제조업체다. RSM은 대량 리셀러에게 물건을 판매하고, B2B 전자상거래로 소규모의 최종소비자에게 판매된다. 철강 가격의 변동, 재고관리 부실, 최대 생산 공장에서 노조와의 문제 등으로 인해 RSM은 재정적으로 곤경에 빠지게 되었다. RSM은 한정된 제품군에서 고품질 제조업자로 인식되어 있으며, 보관장비산업 분야에서는 점유율이 낮은 편이다. 최근 화물 보관 설비인 팰릿 랙(pallet rack)이 픽업이나 포장, 그리고 선적센터의 혁신을 수용할 수 있도록 개선되었는데, 이 팰릿 랙 라인을 팰릿플러스(Pallets Plus)라 한다. 팰릿플러스는 프레임 사이에 삽입된 두 개의 직립 프레임과 선반 기둥이 특징인 표준 선택 랙 시스템이다. 그들의 고품질 랙은 가장 유연한(모든 레이아웃에 쉽게 적용할 수 있는) 랙 중의 하나이며, 또한 더 복잡한 팰릿 랙인 드라이브랙, 롤러랙과 비교했을 때, 팰릿에 더 빠르게 접근할 수 있다는 점에서 경제적이라 할 수 있다. 팰릿플러스 시스템은 다양한 품목이 있고, 중간 이하의 회전율을 가진 제품의 제조나 창고 보관 시 이상적이다. 팰릿플러스 라인의 혁신은 10년 이상 시장에 알려지지 않았다. 랙 보관 분야의 성장은 고밀도의 랙 시스템의 최적화를 통해 많은 품목 수와 높은 회전율에 초점을 맞추어 진행되어 왔다. 이러한 랙 시스템은 팰릿플러스 랙 시스템보다 훨씬 비싼 반면에, 창고의 바닥 공간을 60~75% 정도 더 사용할 수 있다.

RSM은 미국의 Material Handling Industry가 시카고에서 개최한 최근의 ProMat에 참

가했다. ProMat은 북비 지역의 자재 처리, 공급사슬 및 물류 솔류션의 국제적인 전시회다. ProMat에서 RSM은 자사의 새로운 팰릿 시스템의 영감을 얻으려 했다. 기존의 고밀도 팰릿 시스템을 뛰어넘는 창고 전용 자동 가이드 차량(AGV)을 제조하는 회사와 제휴하기로 했다. RSM은 현재 AST(Automated Storage Technology)의 로봇 라인을 만들기 위한 조건을 충족하는 새로운 팰릿 랙과 선반 제품 라인을 구축하는 데 초점을 맞추고 있다.

RSM의 새로운 기술 파트너인 AST의 기술은 자동 저장 및 회수 시스템의 선도 기술이다. AST는 최초로 AGV를 시험하였으며, 완전한 로봇식 지게차의 프로토타입을 개발하기 위한 여러 세대의 혁신을 진행해왔다. RSM과 마찬가지로 AST는 대형 팰릿 랙과 관련된 시스템에서 픽업, 포장, 선적 센터와 관련된 자동화 로봇을 진화시켜왔다. AST의 AGV 기술은 공장이나 창고, 유통센터 등에서 픽업, 운반, 인계 등의 작업을 지원한다. 유도 기술 및 네비게이션 기술은 자율주행차와 유사한 자율주행 자재 운반 자동차에 의해 레이저로 유도된다. AST는 시설물을 스캔하여 데이터를 수집하고, 해당 시설의 바닥 지도를 상세하게 작성한 뒤, 레이저와 내비게이션 등을 사용하여 참조지도를 따라 어떤 경로든 탐색이 가능하다. AGV 시스템은 자동차가 원래 입력된 경로에서 벗어날 때, 자동차 GPS가 다시 길을 찾는 것과 유사하게 경로를 스스로 계획하고 따를 수 있게 만든 스마트 기술이다. 운영자는 차량의 픽업 및 인계를 위해 드래그 앤 드롭(drag and drop)으로 지침을 내릴 수 있다. AST는 창고 및 재고 관리가 태블릿 PC, 스마트폰, 노트북 등의 애플리케이션을 이용하여 AGV들을 제어할 수 있는 내비게이션 시스템을 개발 중이다.

RSM은 미래에 창고 보관 및 회수 산업에서의 틈새시장을 찾아 점유하려는 전략을 세우고 이에 투자하고 있다. RSM은 새로운 RSM 팰릿과 보관 시스템을 AST와 파트너십을 통해 이를 자동 저장 및 회수하는 시스템을 이용하여 틈새시장을 가장 먼저 장악해야 한다. 새로운 팰릿과 선반 제품의 프리미엄 가격에 대한 가격책정(pricing) 전략은 전체 자동화된 창고 시스템 및 설계의 매우 작은 비율에 기반하여 책정된다. 이 틈새시장은 작기 때문에 처음에는 경쟁자에게는 매력적이지 않을 수 있으며, RSM 추후 예상되는 첨단기술 창고의 성장과 함께 성장할 수 있을 것이다.

토론사항

1. RSM의 신제품 개발 전략(새로운 랙과 선반 제품을 자동화하는 AGV/로봇 혁신 사이클)에 대해 설명하라.
2. RSM과 AST의 AGV 장비와 보관 랙을 이용하여 고성능 공급사슬을 구축하는 업체와 그 업체가 소속된 공급사슬의 파트너는 어떤 혜택을 얻게 될지 논의하라.
3. RSM과 AST가 창고나 보관, 물류 분야에서 창고를 로봇화하는 속도에 따른 위험은 무엇인가? (www.mhi.org, www.ProMatshow.com. General information on robotics for

warehousing can be found at www.dcvelocity.com. 등의 사이트를 참고하라.)

3. 균형점수카드 접근법

PJEx(PJ Express)사는 'last-mile' 배송을 전문으로 하는, 뉴잉글랜드의 B2C 기업 중에서 꽤 큰 규모의 회사 중 하나이다. PJEx는 새로운 리더십을 갖춘 회사지만, 최근 판매와 수익이 2년 연속 감소하였으며, 최근에는 성공적인 경쟁업체를 인수 대상으로 선정했다. UPS, FedEx, Amazon 등이 소규모 Tier 2 유통 허브로 이동함에 따라서 주택 소비자에 대한 야간 배송이 경쟁 압력으로 증가했다. 주요 유통업체들이 출하 성수기(공휴일 등) 이후에도 계속 '무료 배송' 혜택을 제공하여 전 운송업체의 수익이 크게 줄어들었다.

PJEx의 이사진은 FedEx에서 인수한 운송회사를 성공적으로 전환시킨 후 FedEx를 떠난 새로운 CEO가 이끌고 있다. FedEx에서 운송회사를 전환시킨 성공은 바로 균형점수카드(balanced scorecard: BSC) 프레임워크를 이용한 집중된 전략 덕분이었다. 새로운 CEO는 PJEx의 최근 BSC 성과 프레임워크를 3개년 전략 계획에 사용하기 시작하면서 선임되었다. 지난해 PJEx는 BSC 프레임워크에 대한 재무 관점팀, 내부 프로세스 관점팀, 고객 관점팀, 학습 및 성장 관점팀 등 4개 팀을 발족시켰다. 이러한 BSC로의 전략 전환을 가속화하기 위해 학습 및 성장 관점팀에서는 BSC 관련 컨설팅회사인 BSS(Balanced Scorecard Systems)와 계약을 했다. 다른 팀들에 비해 해야 할 일이 많았던 학습 및 성장 관점팀에게 BSS는 초안을 제시하였다.

조직의 성과 향상에 초점을 둔 학습 및 성장 관점팀의 부분적인 학습, 성장에 대한 점수카드는 다음과 같다.

목표:

a. 조직 학습 노력
b. 훈련 효과 향상

측정:

a. 조직 학습 구성요소: 관찰, 파악, 저장, 액세스, 배포 및 평가
b. 식스시그마 프로그램의 비율 상승: 그린벨트(45%), 블랙벨트(20%), 마스터 블랙벨트(15%)

대상:

a. 지식관리시스템(KMS) 개발
b. 고성과 개선팀(high-performance improvement teams: HPT) 구축

계획:

a. 벤치마킹: 지식관리시스템에 대한 외부 및 내부 자료를 통해 새로운 개념을 학습한다.
   - 계획(plan): 주요 성과지표 관련하여 새로운 지식이 필요한 곳을 평가

- 찾기(find): 내부 및 외부 조직 중, KMS를 더 잘 수행하는지 여부를 비교
- 관찰(observe): 벤치마킹된 KMS의 성능 모니터링 및 차이 기록
- 분석(analyze): 성과 차이에 대한 요인 분석
- 적용(adapt): 모범사례를 선택 후 KMS에 수정 적용
- 개선(improve): 새 학습을 프로세스 개선과 통합

b. 식스시그마 콘텐츠에 대한 프로젝트 기반 교육으로의 전환
- 부서의 교육 요구 사항 분석: 전 직원이 HPT에 종사할 수 있도록 하는 적합한 '벨트belt'의 수와 수준을 결정
- 교육 과제 분석: 그린벨트, 블랙벨트, 마스터블랙벨트 수준 요구 기술의 상세기술
- 교육 목표의 평가법 개발: 품질 도구에 대한 지식, 통계 분석, 개선 프로세스, 개선 실험 설계 등에 대한 평가
- 교육 내용: 식스시그마, DMAIC, 벨트 요구 조건에 대한 교육 자료 및 주제별 전문가 확보
- 교육 방법 결정: 프로젝트 기반 교육 방법
- 교육 자원 결정: 식스시그마 안내서
- 교육 계획 완성
- 파일럿 교육
- 파일럿 교육 평가 및 조정 후 KMS에 포함시키기 위해 HR 부서에 제출

신입 임원진으로의 전환은 PJEx의 최근 전략 및 기획 활동에 영향을 미칠 것이 확실하다. 신임 CEO는 이전 토론에서 과거 BSC 성공 경험을 바탕으로 BSC 계획을 추진할 것이라고 언급했다. 하지만 공개 토론회에서 신임 임원진에 대한 직원들의 불만이 커져갔다. 공통적인 불만 사항은 기존에 PJEx가 진행했던 전사적 품질관리, Lean 운영, 적시운영체제(JIT), 제약이론(TOC) 등이 막대한 시간과 돈을 투자한 것에 비해 성과는 적었기 때문이었다. 모든 과거 프로그램들은 긍정적 결과를 얻을 것이라고 생각하고 시작했지만, 결국 끝이 좋지 못했다. 또한 BSC의 내부 사업 프로세스 관점(IBP)에 배정된 제조업체 그룹은 새로운 목표를 달성하기 위한 노력으로 BSC 대신 볼드리지상 프레임워크로의 전환을 제안하고 있다.

토론사항

1. 신임 CEO가 새로운 BSC 계획을 제시하기 전에, 학습 및 성장 관점팀은 과거의 BSS와의 관계를 끊어야 하는가? 학습 및 성장관점팀이 BSC 운영위원회에 제시할 수 있는 긍정적/부정적 응답에 대해 논의하라.
2. BSC를 실행할지의 여부를 논의하는 차기 회의에서 새로운 CEO에게 당신은 무엇을 조언할 수 있겠는가?
3. 제조업체 그룹이 제시하고 있는 볼드리지상 프레임워크로의 전환은 BSC에 대한 대안이

될 수 있는가? 혹은 함께 진행할 수 있겠는지 논의해보라.

참고자료

Kaplan, R. S., and D. P. Norton, "Linking the Balanced Scorecard to Strategy," *California Management Review* 39(1), 1996: 53–79.

Evans, J. R., and W. M. Lindsay, *The Management and Control of Quality*. Mason, OH: South-Western, 2002.

Metters, R., K. King-Metters, and M. Pullman, *Successful Service Operations Management*. Mason, OH: South-Western, 2003.

Nicholas, J. M., *Competitive Manufacturing Management*. New York: McGraw-Hill, 1998.

Wisner, J. D., and S. E. Fawcett, "Linking Firm Strategy to Operating Decisions through Performance Measurement," *Production and Inventory Management Journal* 32(3), 1991: 5–11.

미주

1. Young, G., "Decades of Leadership," *Public Management* 97(11), 2015: 15–17.
2. Burns, J., "MIPS: The 'Death Knell' for Small Practices?" *Medical Economics* 93(4), 2016: 32, 34–36.
3. Moore, B., "Excellence in Performance Management," *Public Management* 97(11), 2015: 26–28.
4. http://www.gartner.com/newsroom/id/3323617
5. Poirier, C., M. Swink, and F. Quinn, "Progress Despite the Downturn," *Supply Chain Management Review* 13(7), 2009: 26.
6. Biederman, D., "The Customer Is King, Again," *Journal of Commerce* May 10, 2010: 1.
7. Henri, J., "Are Your Performance Measurement Systems Truly Performing?" *CMA Management* 80(7), 2006: 31–35; Biddick, M., "Time for a SaaS Strategy," *InformationWeek* January 18, 2010: 27–30.
8. Woodcock, N., N. Broomfield, G. Downer, and M. Starkey, "The Evolving Data Architecture of Social Customer Relationship Management," *Journal of Direct, Data and Digital Marketing Practice* 12(3), 2011: 249–266.
9. Beaulieu, L., "ResMed's Flow Gen Sales Blow Up," *HME News* 21(9), 2015: 20–21.
10. Anonymous, "Mitch Smith—Director, U.S. Quality Systems, Agricultural Products, McDonald's Corporation," *Boardroom Insiders Profiles*, Boardroom Insiders, Inc., January 9, 2017: 1.
11. Fusaro, P., and R. Miller, *What Went Wrong at Enron: Everyone's Guide to the Largest Bankruptcy in U.S. History*. Hoboken, NJ: Wiley, 2002.
12. Found at CNN Money: http://money.cnn.com/magazines/fortune/fortune500/2010/index.html, and https://www.usatoday.com/story/money/personalfinance/2015/10/24/24-7-wall-st-most-profitable-companies/74501312
13. Stoessel, E., "Reaching New Heights," *Lodging Hospitality* 67(4), 2011: 1.
14. See Christensen, P., and K. Gregory, "Becoming a Data-Driven Organization: City of Peoria, Arizona," *Government Finance Review* 26(2), 2010: 57–59; and http://transformgov.org/en/Article/107738/Valley_Benchmark_Cities_Releases_FY_201415_Data_Trends_Report
15. Cook, B., "Making Good," *Supply Management* 20(5), 2015: 32–34.
16. Debusk, G., and C. Debusk, "Characteristics of Successful Lean Six Sigma Organizations," *Cost Management* 24(1), 2010: 5–10.
17. Adapted from Nicholas, J. M., *Competitive Manufacturing Management*. New York: McGraw-Hill, 1998; and Wisner, J., and S. Fawcett, "Linking Firm Strategy to Operating Decisions Through Performance Measurement," *Production and Inventory Management Journal* 32(3), 1991: 5–11.
18. Hae, E., and D. Ballou, "Raising the Recycling Rate at World-Class Zoo," *BioCycle* 50(10), 2009: 31–33. Also see p. 4 in http://www.sandiego.gov/environmentalservices/pdf/geninfo/news/2013RecyclingAwardFS.pdf, and https://www.sandiego.gov/sites/default/files/legacy/environmental-

services/pdf/recycling/ro/SanDiegoZooGlobal.pdf

19. Geary, S., and J. Zonnenburg, "What It Means to Be Best in Class," *Supply Chain Management Review*, July 2000: 42–50; Aquino, D., and K. O'Marah, "What Makes a Modern Supply Chain Professional?" *Supply Chain Management Review* May 2009: 12–13; Hofman, D., and S. Aronow, "The Supply Chain Top 25 Raising the Bar," *Logistics Management* 51(9), 2012: 54–64.

20. Anonymous, "Hilton Has Room to Improve with Plug Loads and LEDs," *Buildings* 110(8), 2016: 20.

21. Hervani, A., M. Helms, and J. Sarkis, "Performance Measurement for Green Supply Chain Management," *Benchmarking* 12(4), 2005: 330–354.

22. Editorial staff, "Green Supply Chain News: Walmart's Vast Efforts and Progress in Sustainability," found at http://www.thegreensupplychain.com/news/12-04-18-1.php, April 18, 2012; http://corporate.walmart.com/global-responsibility/environment-sustainability/sustainability-index-leaders-shop

23. Adapted from Geary, S., and J. P. Zonnenburg, "What It Means to Be Best in Class," *Supply Chain Management Review* July 2000: 42–50.

24. Varmazis, M., "What to Look for in Online Office Supply Catalogs," *Purchasing* 136(11), 2007: 33.

25. Swink, M., R. Golecha, and T. Richardson, "Does Supply Chain Excellence Really Pay Off?" *Supply Chain Management Review* 14(2), 2010: 14.

26. See, for example, DeBusk, G., and A. Crabtree, "Does the Balanced Scorecard Improve Performance?" *Management Accounting Quarterly* 8(1), 2006: 44–48; Kaplan, R. S., and D. P. Norton, "The Balanced Scorecard—Measures That Drive Performance," 70(1), 1992: 71–79; Lester, T., "Measure for Measure, the Balanced Scorecard Remains a Widely Used Management Tool," *Financial Times* October 6, 2004: 6; and Lawson, R., W. Stratton, and T. Hatch, "Scorecarding in the Public Sector: Fad or Tool of Choice?" *Government Finance Review* 23(3), 2007: 48–52.

27. Chow, C. W., D. Ganulin, K. Haddad, and J. Williamson, "The Balanced Scorecard: A Potent Tool for Energizing and Focusing Healthcare Organization Management," *Journal of Healthcare Management* 43(3), 1998: 263–280.

28. Lester, T., "Measure for Measure, the Balanced Scorecard Remains a Widely Used Management Tool."

29. Lester, T., "Measure for Measure, the Balanced Scorecard Remains a Widely Used Management Tool."

30. Alsyouf, I., "Measuring Maintenance Performance Using a Balanced Scorecard Approach," *Journal of Quality in Maintenance Engineering* 12(2), 2006: 133–143.

31. Bush, P., "Strategic Performance Management in Government: Using the Balanced Scorecard," *Cost Management* 19(3), 2005: 24–31.

32. Anonymous, "New Look at State Enforcement of Regs," *Pollution Engineering* 45(3), 2013: 14–15; Blanco, E., "Seeing Is Believing: Harnessing the Power of Visualization," *Supply Chain Management Review* 17(5), 2013: 10–11; Henschen, D., "Drilling Down into Big Data," *InformationWeek* September 9, 2013: 15–17; Mayor, T., "IT Takes on Bureaucracy," *Computerworld* 47(10), 2013: 24–26.

33. Interested readers can visit http://www.apics.org/about/overview/about-apics-scc

34. McCrea, B., "Certification: The Career Enhancer," *Supply Chain Management Review* 16(4), 2012: S3–S11; Anonymous, "SCOR Model Enhances How Supply Chains Are Enabled," *Material Handling & Logistics* December 4, 2012: 1.

35. Taken from the online proceedings of the Supply-Chain World—Latin America 2002 conference, Mexico City, Mexico (www.supplychainworld.org/la2002/program.html).

36. Harbert, T., "Why the Leaders Love Value Chain Management," *Supply Chain Management Review* 13(8), 2009: 12–16.

37. Anonymous, "SCC Names Supply Chain Excellence Winners," *Material Handling & Logistics* November 1, 2010: 1. Also see Anonymous, "APICS Joins Forces with JD.com, Forms Corporate Advisory Board," *Manufacturing Close-Up* April 17, 2017: 1.

38. For more information, see www.supply-chain.org

39. For more information, see www.supply-chain.org. Also see, Myerson, P., "How Do You Know If Your Supply Chain Is Lean Enough?" *Material Handling & Logistics* July 9, 2012: 1; Georgise, F., K. Thoben, and M. Siefert, "Adapting the SCOR Model to Suit the Different Scenarios: A Literature Review & Research Agenda," *International Journal of Business and Management* 7(6), 2012: 2–17.

40. http://www.mmh.com/article/apics_to_update_industry_recognized_scor_model_in_its_20th_year

부록

표준정규분포표

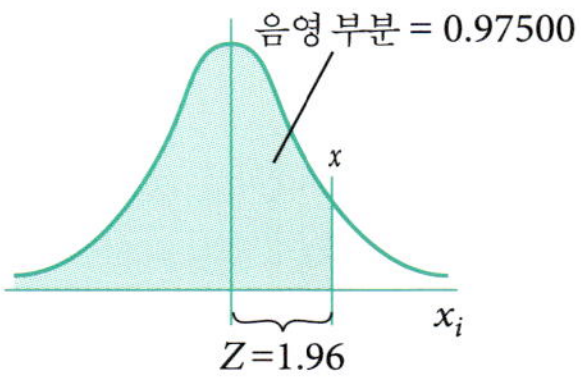

아래 표는 표준정규분포 곡선에서 마이너스 무한대부터 x까지의 면적을 확률값으로 보여준다. x는 평균으로부터 표준편차를 나타내는 Z값을 의미한다. 예를 들어 Z=1.96일 때 곡선 아래의 음영 부분의 확률을 표에서 찾으면 0.97500이다.

Z	00	.01	.02	.03	.04	.05	.06	.07	.08	.09
.0	.50000	.50399	.50798	.51197	.51595	.51994	.52392	.52790	.53188	.53586
.1	.53983	.54380	.54776	.55172	.55567	.55962	.56356	.56749	.57142	.57535
.2	.57926	.58317	.58706	.59095	.59483	.59871	.60257	.60642	.61026	.61409
.3	.61791	.62172	.62552	.62930	.63307	.63683	.64058	.64431	.64803	.65173
.4	.65542	.65910	.66276	.66640	.67003	.67364	.67724	.68082	.68439	.68793
.5	.69146	.69497	.69847	.70194	.70540	.70884	.71226	.71566	.71904	.72240
.6	.72575	.72907	.73237	.73536	.73891	.74215	.74537	.74857	.75175	.75490
.7	.75804	.76115	.76424	.76730	.77035	.77337	.77637	.77935	.78230	.78524
.8	.78814	.79103	.79389	.79673	.79955	.80234	.80511	.80785	.81057	.81327
.9	.81594	.81859	.82121	.82381	.82639	.82894	.83147	.83398	.83646	.83891
1.1	.86433	.86650	.86864	.87076	.87286	.87493	.87698	.87900	.88100	.88298
1.2	.88493	.88686	.88877	.89065	.89251	.89435	.89617	.89796	.89973	.90147
1.3	.90320	.90490	.90658	.90824	.90988	.91149	.91309	.91466	.91621	.91774
1.4	.91924	.92073	.92220	.92364	.92507	.92647	.92785	.92922	.93056	.93189
1.5	.93319	.93448	.93574	.93699	.93822	.93943	.94062	.94179	.94295	.94408
1.6	.94520	.94630	.94738	.94845	.94950	.95053	.95154	.95254	.95352	.95449
1.7	.95543	.95637	.95728	.95818	.95907	.95994	.96080	.96164	.96246	.96327
1.8	.96407	.96485	.96562	.96638	.96712	.96784	.96856	.96926	.96995	.97062
1.9	.97128	.97193	.97257	.97320	.97381	.97441	.97500	.97558	.97615	.97670
2.0	.97725	.97784	.97831	.97882	.97932	.97982	.98030	.98077	.98124	.98169
2.1	.98214	.98257	.98300	.98341	.98382	.98422	.98461	.98500	.98537	.98574
2.2	.98610	.98645	.98679	.98713	.98745	.98778	.98809	.98840	.98870	.98899
2.3	.98928	.98956	.98983	.99010	.99036	.99061	.99086	.99111	.99134	.99158
2.4	.99180	.99202	.99224	.99245	.99266	.99286	.99305	.99324	.99343	.99361
2.5	.99379	.99396	.99413	.99430	.99446	.99461	.99477	.99492	.99506	.99520
2.6	.99534	.99547	.99560	.99573	.99585	.99598	.99606	.99621	.99632	.99643
2.7	.99653	.99664	.99674	.99683	.99693	.99702	.99711	.99720	.99728	.99736
2.8	.99744	.99752	.99760	.99767	.99774	.99781	.99788	.99795	.99801	.99807
2.9	.99813	.99819	.99825	.99831	.99836	.99841	.99846	.99851	.99856	.99861
3.0	.99865	.99869	.99874	.99878	.99882	.99886	.99889	.99893	.99896	.99900
3.1	.99903	.99906	.99910	.99913	.99916	.99918	.99921	.99924	.99926	.99929
3.2	.99931	.99934	.99936	.99938	.99940	.99942	.99944	.99946	.99948	.99950
3.3	.99952	.99953	.99955	.99957	.99958	.99960	.99961	.99962	.99964	.99965
3.4	.99966	.99968	.99969	.99970	.99971	.99972	.99973	.99974	.99975	.99976
3.5	.99977	.99978	.99978	.99979	.99980	.99981	.99981	.99982	.99983	.99983
3.6	.99984	.99985	.99985	.99986	.99986	.99987	.99987	.99988	.99988	.99989
3.7	.99989	.99990	.99990	.99990	.99991	.99991	.99992	.99992	.99992	.99992
3.8	.99993	.99993	.99993	.99994	.99994	.99994	.99994	.99995	.99995	.99995
3.9	.99995	.99995	.99996	.99996	.99996	.99996	.99996	.99996	.99997	.99997

찾아보기

ㅅ

ㅎ

기타

김수욱
서울대학교 경영대학 교수

서울대학교 경영대학에서 경영학사, 서울대학교 대학원에서 경영학 석사와 박사 학위를 받았으며, 미국 Michigan State University에서 경영학 박사 학위를 취득하였다. 서울대학교 경영대학 부학장 및 경영정보연구소장을 역임하였으며, 한국경영학회 상임이사, 한국품질경영학회 부회장, 한국생산관리학회 부회장, 창조경제실천연합 창조경제융합연구소 소장, 국방부군수혁신위원회 위원, 고용노동부 사회적기업육성위원회 위원직 등을 수행 중이다. 주요 관심 분야는 서비스운영 관리, 서비스 사이언스, 공급사슬관리 등이다.

양종곤
단국대학교 상경대학 경영학부 교수

단국대학교 경제학과를 졸업하고 네브래스카대학교에서 경영학 박사를 받았다. 한국표준협회와 IBM BCS에서 경영컨설턴트로 근무했으며, 포스코, 삼성SDI와 삼성 SDS에서 6시그마 컨설팅과 교육을 담당했다. 현재는 한국생산관리학회 부회장과 단국대학교 정책경영대학원 원장과 경상대학 학장을 거쳐 대외협력처장으로 일하고 있다. 주요 관심 분야는 6시그마, 경영혁신, SCM, 린 경영이다.

김창희
인천대학교 경영대학 경영학부 교수

성균관대학교 경영학과를 졸업하고 서울대학교에서 석박사통합과정에 진학하여 경영학 박사 학위를 받았다. 현재 KORAIL 경영혁신 자문위원, 한국수자원공사 미래경영포럼 위원, 관세청 보세판매장 특허심사위원 등으로 활동하고 있다. 주요 관심 분야는 서비스 운영 관리, 공급 사슬 관리, 제조 및 서비스 프로세스 효율성 측정 등이다.

부제만
한양대학교 경영학과 교수

한양대학교 수학과를 졸업하고 한양대학교 경영학과 생산/서비스 전공 석사, 한양대학교 경영학과 생산/서비스 전공 박사를 받았다. 한양여자대학교 경영과 겸임교수와 명지대학교 강사로 근무했으며, 현재는 한양대학교 경영학과 부교수로 재직 중이다. 관심 분야는 공급사슬관리, 생산운영관리, 경영과학, 프로젝트관리 등이다.

최강화
한성대학교 경영학부 서비스운영관리 전공 교수

숭실대학교 불어불문학과를 졸업하고, 서울대학교 경영학과에서 경영학 석사와 박사 학위를 받았다. 주요 관심 분야는 서비스 운영관리, 서비스 품질, 서비스 생산성, 공급사슬관리 분야로, JOM, EJOR, SCMIJ, JORS, ESWA, JATM, SBJ 등의 해외 저널과 경영학 연구, 생산관리연구, 경영과학회지, 품질경영학회지, 서비스경영연구 등의 국내 저널에 다수의 논문을 게재하였다.

공급사슬관리 (5판)

역 자 김수욱, 김창희, 부제만, 양종곤, 최강화

발행일 2020년 2월 25일

발행처 **한경사**

발행인 이계남

등록사항 제10-1951호 2000년 4월 14일

주 소 서울시 마포구 신수로 59-1 (3층)

전화번호 02_717_7264~5

팩스번호 02_717_7226

홈페이지 hankyungsa.co.kr

이메일 hankyungsa@hanmail.net

ISBN 978-89-6844-214-8 93320

가 격 33,000원